CAUSES CÉL[...]

DE

TOUS LES PEUPLES

PAR A. FOUQUIER

CONTINUATEUR DE L'ANNUAIRE HISTORIQUE DE LESUR

ÉDITION ILLUSTRÉE

« Homicide point ne seras »

PARIS

LEBRUN ET Cⁱᵉ, ÉDITEURS

8, RUE DES SAINTS-PÈRES

CAUSES CÉLÈBRES

TABLE-AVIS

Ce quatrième volume des CAUSES CÉLÈBRES comprend :

Chaque procès ayant sa pagination propre et distincte, l'indication ci-dessus est tout simplement le rappel de l'ordre de publication.

Nous avons été amené à adopter le mode de séparation, de préférence à l'ordre alphabétique ou chronologique, parce qu'il a pour effet d'éviter jusqu'à l'apparence d'un rapprochement entre des faits et des hommes qui n'ont entre eux aucun rapport comme date, et surtout comme moralité, et parce qu'il laisse au souscripteur la faculté d'isoler ou de combiner, selon ses répulsions ou ses préférences, les CAUSES, si diverses, appelées par leur retentissement à faire partie de la collection des CAUSES CÉLÈBRES.

MODE DE PUBLICATION, CONDITIONS DE VENTE ET D'ABONNEMENT :

La collection des **Causes célèbres illustrées** est publiée, depuis 1857, par cahiers de cinq feuilles in-4° double, à deux colonnes de texte, avec gravures. Cinq cahiers forment, réunis, un magnifique volume de 400 pages, orné de 80 à 100 gravures.

Abonnement à 5 cahiers (ou Volume) : Paris, 6 fr. ; Départements, 7 fr.

Chaque cahier se vend séparément 1 fr. 25 c.

LES PROCHAINES LIVRAISONS CONTIENDRONT :

Fualdès; les Forçats innocents : Lesnier, Louarn et Baffet; les Girondins ; Jeanne d'Arc ; Desrues; les Manieurs d'argent devant la Justice; les procès aux Cadavres : l'horloger Billon, de Senlis, la première machine infernale, etc.

La traduction et la reproduction sont interdites.

Paris. — Imprimerie de Ad. R. Lainé et J. Havard, rue Jacob, 56.

CAUSES CÉLÈBRES

DE

TOUS LES PEUPLES

PAR A. FOUQUIER

CONTINUATEUR DE L'ANNUAIRE HISTORIQUE DE LESUR.

Édition illustrée.

LIVRAISONS 76 A 100.

PARIS

LEBRUN ET Cⁱᵉ, ÉDITEURS

8, RUE DES SAINTS-PÈRES,

1861

TABLES

GÉNÉRALE, MÉTHODIQUE ET ALPHABÉTIQUE

DES TOMES I A IV. — LIVRAISONS 1 A 100. —

DES

CAUSES CÉLÈBRES ILLUSTRÉES

TABLE GÉNÉRALE PAR ORDRE DE PUBLICATION

TOME I.

TABLE MÉTHODIQUE

TABLE ALPHABÉTIQUE

FIN DES TABLES.

CAUSES CÉLÈBRES

DE

TOUS LES PEUPLES

LES RÉGICIDES.

LES ASSASSINS DE HENRI IV. — RAVAILLAC, ETC. (1610).

François Ravaillac, d'après une gravure du temps.

Le vendredi 14 mai 1610, le roi Henri IV avait été, sur les dix heures du matin, entendre la messe aux Feuillants. Au retour, il s'était retiré dans son cabinet. Le duc de Vendôme, son fils naturel, vint l'y trouver et lui dit que l'astrologue La Brosse avait annoncé que la constellation sous laquelle le roi était né, le menaçait d'un grand danger pour ce jour-là; qu'il eût donc à se garder. — « La Brosse, répondit Henri, est un vieil matois qui a envie d'avoir votre argent, et vous un jeune fol de le croire. Nos jours sont comptés devant Dieu. »

Le duc de Vendôme n'en persista pas moins dans

ses craintes. Il fit avertir la reine, et Marie de Médicis fit prier instamment le roi de ne pas sortir du Louvre de cette journée. Henri répondit à la reine ce qu'il avait répondu au duc de Vendôme.

Voilà, au moins, ce que racontent le *Mercure françois* de 1611 et le Supplément à Lestoile (*Supplément au Journal du règne d'Henri IV, tiré sur un manuscrit du temps*, etc., t. Ier).

Dupleix et quelques autres historiens confirment la prédiction de La Brosse. Mais un contemporain, Pierre Petit, intendant des fortifications, dans sa *Dissertation sur les comètes*, dément cette invention, sur l'autorité même du duc de Vendôme. La Brosse prédit après coup, ce qui est le plus ordinaire.

Si l'astrologue La Brosse n'avait pas, à l'avance, désigné le 14 mai comme un jour de danger mortel pour le roi, il est au moins certain que l'année 1610 était, depuis quelque temps, considérée comme l'année climatérique du règne. En Allemagne, dès 1607, un livre d'astrologie annonçait la mort d'Henri IV pour la cinquante-neuvième année de son âge; ce livre était parvenu en France, avait été saisi et brûlé par ordre du Parlement de Paris.

En Espagne, le théologien Oliva avait aussi, en 1609, fixé cette date de 1610; et Henri IV avait été, plus d'une fois, averti que les assassins menaçaient sa vie. Mais de pareils dangers n'étaient pas nouveaux pour lui, et, d'ailleurs, ses jours n'étaient-ils pas comptés?

Le roi, à ce moment, était préoccupé de choses plus sérieuses que de niaiseries astrologiques ou de périls vulgaires. Il allait couronner l'œuvre de toute sa vie, porter un dernier coup à la maison d'Autriche, et placer, à la tête de l'Europe refondue et remaniée, la France étendue jusqu'à ses limites naturelles.

A la veille de fondre sur l'Allemagne, avec une armée dont la force annonçait la grandeur de ses projets, Henri n'avait pu laisser la France sans un gouvernement régulier. Le 13 mai, Marie de Médicis avait été sacrée à Saint-Denis; le 15 mai, elle devait faire, dans Paris, son entrée solennelle, et un conseil de régence avait été établi, à la tête duquel était placée la reine.

Tels étaient les vastes intérêts qui occupaient Henri IV, en cette journée du 14 mai; le 18 mai était la date fixée pour son départ.

Le jour du couronnement, le roi avait été d'une gaieté bruyante; le vendredi, il se sentait accablé de tristesse. Après le dîner, c'est-à-dire dans l'après-midi, il se jeta sur son lit pour dormir. Mais le sommeil ne vint pas. Tout inquiet et rêveur, le roi se promena quelque temps par la chambre, puis, se jeta de nouveau sur le lit. Mais, ne pouvant dormir encore, il se leva, et demanda à l'exempt des gardes quelle heure il était. — « Quatre heures, Sire, » répondit l'exempt. Et, avec la familiarité qu'Henri autorisait d'ordinaire chez ses serviteurs, l'exempt ajouta : — « Sire, je vois Votre Majesté triste et toute pensive; il vaudrait mieux prendre un peu l'air. »

Le roi goûta de l'avis, et ordonna qu'on lui préparât son carrosse. Sully, sur qui roulait, en grande partie, l'exécution du grand dessein politique, était un peu malade à l'Arsenal; Henri résolut de l'y aller voir. En même temps, il jetterait un coup d'œil, en passant, sur les préparatifs faits à l'Hôtel de Ville pour la réception de la reine.

Le carrosse prêt, à l'entrée de la cour du Louvre, le roi sauta dedans et se mit au fond; il y fit entrer avec lui les ducs d'Epernon et de Montbazon, Ro-

quelaure, le maréchal de Lavardin, La Force, Mirebeau et le premier écuyer Liancourt. Le capitaine des gardes, Vitry, s'apprêtait à suivre le roi; celui-ci refusa l'escorte, et dit à Vitry d'aller presser les préparatifs de la réception royale.

Le vaste et lourd véhicule s'ébranla; précédé seulement de quelques serviteurs à cheval et accompagné de quelques valets de pied. Le cocher ayant demandé où il fallait toucher, le roi avait répondu, d'un ton chagrin : — « Mettez-moi hors d'ici. »

Comme le temps était beau, le roi, dès qu'on eut dépassé la première porte, fit lever des deux côtés les mantelets du carrosse.

On arriva dans la rue de la Ferronnerie, devant le cimetière des Innocents. A cet endroit, la rue se resserrait, rendue plus étroite encore par des boutiques adossées à la muraille du cimetière. Deux grosses charrettes, chargées, l'une de vin, l'autre de foin, étaient arrêtées là, et fermaient le passage au carrosse royal. Les gens de cheval et quelques-uns des valets de pied se portèrent en avant, pour faire débarrasser le chemin, ou pour gagner la rue Saint-Denis par les charniers. Un seul valet de pied était resté près du carrosse; il se baissa pour rattacher sa jarretière.

A ce moment, un homme met le pied sur un des rayons de la roue de derrière, du côté où était le roi, s'appuie d'une main sur la portière, et, passant l'autre au-dessus de la roue, frappe le roi d'un couteau tranchant des deux côtés, redouble, et Henri, qui tournait alors le visage et était penché du côté du duc d'Epernon, se laisse aller sans vie.

Le *Mercure françois* dit que le premier coup, « porté entre la cinquième et sixième côte, perça la veine intérieure vers l'oreille du cœur, et parvint jusques à la veine cave, qui, se trouvant coupée, fit à l'instant perdre la parole et la vie...; quant au second, il ne pénétra pas avant, et n'effleura guère que la peau. » Péréfixe, Mézerai et quelques autres historiens disent, au contraire, que le premier coup « glissa entre les deux premières côtes et n'entra pas dans le corps; le second lui coupa l'artère veineuse au-dessus de l'oreille gauche du cœur, si bien que le sang, en sortant avec impétuosité, l'étouffa en un moment, avant qu'il pût proférer aucune parole. »

Les deux coups avaient été portés si rapidement qu'aucun de ceux qui étaient dans le carrosse n'avait vu frapper le roi. Si l'assassin avait jeté son couteau, peut-être n'eût-on pu savoir à qui attribuer le crime. Mais il demeura immobile auprès du carrosse, tenant à la main le couteau tout sanglant. En même temps, le roi s'affaissait, et les seigneurs s'apercevaient de cette défaillance. Un d'entre eux, voyant qu'Henri ne parlait point et que le sang lui sortait par la bouche, s'écria : « Le roi est mort! »

Les seigneurs, cependant, avaient rapidement ouvert les portières, les uns s'empressant autour du roi, les autres saisissant le meurtrier, qui ne bougeait pas. A ce cri : Le roi est mort! l'homme eût été mis en pièces, si d'Epernon et quelques autres n'eussent protégé sa vie pour la conserver à la justice.

La nouvelle de la mort du roi commençait à se répandre dans la foule; les habitants et les curieux, saisis de terreur, se jetaient dans les allées et dans les boutiques, et il semblait que ce fût quelque rue d'une ville prise. Alors, un d'entre les seigneurs, mieux avisé que les autres, eut l'idée de crier que le roi n'était que blessé, et qu'il lui avait pris une faiblesse. On demanda du vin pour le réconforter, et, tandis que quelques marchands s'empressaient d'en aller quérir, on abattit les mantelets du carrosse et on regagna rapidement le Louvre.

On conduisit l'assassin à l'hôtel de Retz, situé rue du Petit-Bourbon, à peu près sur l'emplacement occupé aujourd'hui par la colonnade du Louvre.

L'alarme s'était rapidement répandue dans tout le quartier voisin du palais. Les ducs de Guise et d'Epernon montèrent à cheval, avec tout ce qu'ils purent rassembler de noblesse, et s'en allèrent par la ville, disant que le roi n'était que blessé, et veillant à ce qu'il ne se formât pas de rassemblements dans les rues. Sully, accouru l'un des premiers, fit mettre la Bastille en état de défense. Le Lieutenant-civil Le Jay, et Sanguin, Prévôt des Marchands, reçurent ordre de faire fermer les portes de la ville, et d'empêcher toute émotion populaire. Les compagnies des gardes, cantonnées dans les faubourgs, arrivèrent au pas de course et prirent position dans les cours du Louvre.

Toutes ces précautions démentaient les paroles rassurantes des autorités civiles et militaires. « Le roi est mort! » ce mot sinistre vola de bouche en bouche; les portes et les boutiques se fermèrent; on n'entendit de tous côtés que clameurs et gémissements. « Que deviendrons-nous? disait le peuple avec larmes; le roi est mort! »

Comment un prince si regretté, si Français, dont la vie avait été si glorieuse et si utile, dont la mort était un malheur public, avait-il été si souvent en butte à des complots assassins? L'histoire d'Henri IV n'offre pas moins de dix-sept de ces attentats. Quelles passions les avaient suscités? quelles causes persistantes avaient armé tant de bras régicides? Voilà ce qu'il faut rapidement étudier dans l'histoire entière de ce règne; on en comprendra mieux le dernier de ces crimes, qui se lie étroitement à tous les autres et qui les couronne.

La légende de *la Poule au pot*, le vers fameux de Voltaire :

Le seul roi dont le peuple ait gardé la mémoire,

sont les poétiques formules d'une vérité désormais consacrée par l'histoire. Henri IV, malgré ses défauts, trop souvent déguisés en qualités aimables, fut vraiment le roi le plus national, le plus dévoué à la prospérité et à la grandeur de la France. Lorsqu'il monta sur le trône, la royauté s'était avilie par ses vices et ses faiblesses. Au dedans, régnaient l'anarchie morale et matérielle, la misère; le pays, disputé à la couronne par de puissantes maisons seigneuriales, retournait à la féodalité; deux croyances contraires armaient les citoyens les uns contre les autres : guerres civiles, guerres religieuses, des finances anéanties, une dette publique de 245 millions, un milliard d'aujourd'hui. Au dehors, la France abaissée devant la maison d'Autriche, dont les deux branches, allemande et espagnole, s'acheminaient, par l'intrigue et par la force ouverte, vers la monarchie universelle; les principaux seigneurs et Paris lui-même vendus à l'étranger.

Vingt ans de règne métamorphosent la France. Henri IV, mourant, laisse le pays réconcilié avec lui-même; le pouvoir royal consolidé par la soumission des seigneurs féodaux; la liberté de conscience proclamée, établie; les luttes religieuses apaisées; le commerce et l'industrie recréés; les finances prospères : voilà pour l'intérieur. Au dehors, le royaume a reconquis sa place : l'Espagne est en décadence; l'Autriche affaiblie, et un salutaire équilibre s'est formé en Europe par le concert des nations armées pour l'indépendance politique et pour la liberté de conscience contre les entreprises d'une monarchie envahissante et despotique.

Voilà ce qu'avait fait Henri IV; mais chacun des ennemis qu'il avait abattus l'avait menacé à son tour; toutes ces victoires, il les avait failli payer de son sang, et chacun des poignards levés contre sa poitrine porte sur la lame le nom d'un des vaincus : Féodalité intérieure, ambition étrangère, fanatisme religieux.

L'histoire des assassins d'Henri IV est l'histoire même des protestations sauvages du vieux monde expirant contre le monde moderne. On comprendra maintenant la sanglante litanie du régicide entre ces deux dates : 1589 et 1610.

Le 2 août 1589, Henri de Bourbon, roi de Navarre, avait succédé à Henri III de Valois, comme descendant du sixième fils de saint Louis. Mais le méprisable Valois avait soulevé contre lui, par le meurtre des Guises, la France catholique, les seigneurs féodaux et ces ligueurs qui, dit Bossuet, « corrompus par les intrigues de l'Espagne, aimaient mieux être Espagnols ou Lorrains que Français (1). » Henri III était mort lui-même sous le couteau du dominicain Jacques Clément.

Henri IV, huguenot, forcé d'assiéger la capitale de son royaume, fut aussitôt dévoué aux tentatives homicides des féodaux, des ligueurs, des étrangers, des catholiques violents. Echappons un instant à nos idées modernes; reportons-nous, par la pensée, dans l'obscure atmosphère de ces temps demi-barbares, et nous pourrons comprendre ce qu'était ce roi nouveau aux yeux de beaucoup de gens, même honnêtes et sincères. Les Etats de Blois l'avaient par deux fois exclu de la couronne. Dès le 10 septembre 1585, il avait été excommunié par le pape Sixte-Quint et déclaré incapable de jamais régner sur la France. Déjà, il est vrai, le génie français repoussait cette immixtion des papes dans le pouvoir temporel des rois; mais enfin les foudres du Vatican n'étaient pas encore devenues des armes impuissantes; et si Henri III mourant avait, par un édit royal, reporté son droit royal sur la tête de Henri IV; si une assemblée d'Etats avait ratifié cette transmission, le huguenot excommunié n'en était pas moins retranché de la société des fidèles, en horreur à la France catholique.

Une idée règne alors despotiquement sur les âmes, idée barbare, en contradiction flagrante et sanglante avec la doctrine de charité prêchée par Jésus-Christ : c'est le dogme de la religion absolue, inconciliable, ennemie sans pardon de tout ce qui n'est pas elle, trouvant tous les moyens bons pour détruire l'hérésie en tuant l'hérétique. Cette idée, c'est l'absolutisme spirituel et temporel, c'est l'Inquisition. Deux puissances gigantesques la représentent dans le monde : la maison d'Autriche et la Société de Jésus. Par l'une, elle domine l'Europe presque tout entière, et partie de l'Autriche et de l'Espagne; pèse sur le Portugal, sur l'Italie, sur les Pays-Bas; elle décime les Maures mahométans; elle dépeuple l'Amérique idolâtre; elle aspire à régner sur le monde entier; elle rêve le massacre en masse des Anglais hérétiques. Par l'autre, elle s'introduit plus doucement, mais plus fortement dans les âmes; prétend à former les jeunes intelligences et prépare

(1) *Defensio declarat. Cleri gallicani*, Lib. III, c. 28.

sourdement l'humanité à subir le joug d'une théocratie universelle.

Il ne faut pas oublier que la religion catholique était alors ainsi comprise. Les papes eux-mêmes, asservis par ces deux puissances tyranniques, n'en étaient le plus souvent que les aveugles instruments.

Aussi vit-on, le 12 février 1591, alors qu'Henri IV combattait encore pour réduire la France et Paris, un pape, Grégoire XIV, excommunier de nouveau le roi huguenot. Le clergé ligueur accueillit la bulle par des prédications sanguinaires. « Il est grandement temps, s'écriait dans la chaire de Saint-Germain-l'Auxerrois le curé Boucher, de mettre la main à la serpe et au couteau. » Sus au Béarnais ! Ce cri retentissait dans toutes les églises. « Tuez ce chien ! disait encore Boucher, c'est le plus plaisant et agréable sacrifice qu'on puisse faire à Dieu. »

Déjà Henri IV avait compris qu'il ne pourrait être vraiment roi de France qu'en se faisant roi catholique ; mais une abjuration forcée déplaisait à sa fierté légitime ; il voulait vaincre d'abord et se convertir après. Sa finesse de Béarnais et son grand sens politique lui faisaient deviner l'ambition espagnole derrière les déclamations homicides des prêtres. Il pressentait déjà les prétentions futures de Philippe II, qui bientôt, en effet, allait réclamer le trône de France pour sa fille. Il savait pour quel intérêt caché s'aiguisaient les sacrés couteaux, pour qui, à Madrid et à Paris, on organisait l'assassinat pieux contre lui-même et contre la reine d'Angleterre, Élisabeth.

Henri, cependant, avait conquis un à un ses sujets. Paris tenait encore, mais divisé, affaibli. L'esprit des Seize, de la Ligue et de l'Espagne y perdait tous les jours du terrain. On y ressentait un grand besoin de paix, d'ordre, de réparation. L'habile Henri vit le moment venu ; son abjuration fut annoncée.

Alors, redoublèrent les violences de la chaire. Le curé Boucher déclara que, même converti, le Bourbon serait inhabile à régner ; qu'il fallait *débourber* la France, et que ce n'était *à tel boueux* que la couronne appartenait. Le curé de Saint-Jacques ne se contenta pas de paroles ; le 6 juin 1593, il envoya au camp deux ligueurs pour tuer le roi : ces deux misérables ne purent réussir à l'approcher.

Le 25 juillet 1593, Henri abjura, et fut solennellement relevé et absous par la partie vraiment nationale du clergé. Mais le clergé ligueur et les Jésuites n'avaient pas pardonné. On chercha un fanatique qu'on pût lancer contre le roi ; on trouva un aventurier d'Orléans, nommé Pierre Barrière, batelier, puis soldat, presque mendiant. Ce malheureux fut endoctriné par un capucin et par un carme de Lyon, ensuite encouragé par un curé de Paris, Aubry, et par le recteur du collège des Jésuites, le père Varade. On échauffa son zèle, on lui promit le paradis en récompense d'un coup de couteau, et Pierre Barrière partit pour Melun, où était le roi. Mais l'assassin s'était ouvert à un dominicain, le père Bianchi, pendant son séjour à Lyon. Le père Bianchi dénonça le projet homicide, et, le 27 août 1593, Pierre Barrière fut arrêté à Melun. Le misérable fut rompu vif.

Ses aveux sont consignés dans le *Brief discours du procès criminel fait à Barrière et extrait des registres du Parlement,* dans les *Archives curieuses* t. XIII. Ils font toucher du doigt la complicité criminelle :

« Ledit Barrière ayant déclaré audit curé (Aubry) son intention et résolution qu'il avait de tuer le roy, ledit curé l'assura que ce seroit bien fait, et gagneroit une grande gloire en paradis : cette parole le confirma et invita fort à continuer sa résolution... Ledit curé lui dit qu'il falloit aller vers un Jésuite qu'il lui nomma lors (Varade), pour l'advertir de cette volonté et résolution qu'il avoit de tuer le roy... L'ayant trouvé, il lui découvrit sa mauvaise volonté et intention, que ledit Jésuite loua, lui disant que c'étoit une belle chose, avec autres propos semblables, l'exhorta d'avoir bon courage, d'estre constant, et qu'il se falloit bien confesser et faire ses pasques. Et, après l'avoir excité de continuer, et assuré qu'il gagneroit paradis, ledit Jésuite lui bailla sa bénédiction, disant qu'il eust bon courage, qu'il priast bien Dieu, et Dieu l'assisteroit en son entreprise. »

Après l'abjuration, Paris ouvre ses portes ; les chefs de la Ligue se soumettent les uns après les autres. Seuls, les Capucins et les Jésuites se refusent à reconnaître Henri pour leur roi. Il faut qu'il soit relevé par un pape de l'excommunication qu'un pape a lancée. Tant que le chef de l'Église n'aura pas prononcé, le roi, accepté par la France tout entière, ne sera à leurs yeux qu'un usurpateur, qu'un hérétique, partant bon à tuer.

Un nouvel attentat fut le fruit de ces doctrines.

Le 27 décembre 1594, Henri IV revenait, victorieux, de Picardie. Il était allé visiter, en toute hâte, Gabrielle d'Estrées, qui demeurait à l'hôtel du Bouchage, situé près du Louvre, sur l'emplacement occupé aujourd'hui par les bâtiments de l'Oratoire.

Plusieurs seigneurs s'y rendirent pour faire leur cour. Dans le moment où le roi se baissait pour relever un seigneur agenouillé devant lui, un jeune homme, presque un enfant, qui s'était glissé dans la foule auprès du prince, lui porta un coup de couteau. L'arme frappa le roi à la mâchoire supérieure, lui fendit la lèvre et lui brisa une dent.

Henri crut d'abord que le coup partait de Mathurine, sa folle, qui se trouvait près de lui, et cria colère : « Au diable soit la folle ! Elle m'a blessé. » Mathurine se récria, et courut fermer la porte de la salle, afin de prévenir l'évasion de l'assassin. Alors, le sieur de Montigny, avisant le jeune homme, lui dit, en le saisissant : « C'est par vous ou par moi que le roi a été blessé. »

Le jeune assassin fut fouillé ; on trouva sur lui le couteau dont il venait de frapper le roi. Il avoua son crime sans hésiter. Il se nommait Jean Chastel (Châtel), et était fils d'un bourgeois de Paris, marchand drapier. Bien que très-jeune encore, il s'était abandonné à de monstrueux instincts de débauche, et, pour mériter, sinon son pardon, au moins quelque adoucissement aux peines qui l'attendaient dans l'enfer, il n'avait pas trouvé d'autre moyen que de tuer le roi. On lui avait tant répété que ce serait acte pie, agréable à Dieu, qu'il en était arrivé à considérer le régicide comme une source d'indulgences. Châtel était élève des Jésuites.

Voici ses aveux, consignés dans la *Procédure faite contre Jehan Chastel (Archives curieuses,* t. XIII) :

« A dit qu'ayant opinion d'estre oublié de Dieu, et estant assuré d'estre damné comme l'Ante-Christ, il vouloit de deux maux éviter le pire, et estant damné aimoit mieux que ce fust *ut quatuor* que *ut octo* (dans la proportion de quatre, que dans celle de huit) ; qu'il croyoit que cest acte estant fait par luy, serviroit à la diminution de ses peines, estant certain qu'il seroit plus puni, s'il mouroit sans avoir attenté de tuer le roy, et qu'il le seroit moins, s'il faisoit effort de luy oster la vie... Enquis si les propos de tuer le roy n'estoient pas ordinaires aux Jésuites, a dit leur avoir ouy dire qu'il estoit loisible de tuer le roy, et ne falloit lui obéir, ny le tenir pour roy jusqu'à ce qu'il fust approuvé par le pape.»

Et, dans les *Mémoires de Condé :*

« Enquis pourquoi il avait eu si pernicieux et abominable dessein, —A dit que c'est à cause qu'il n'est point dans le giron de l'Église, jusqu'à ce qu'il ait l'approbation du pape, et qu'*il est permis de tuer les rois,* suivant *la doctrine du père Marion, tirée de l'Écriture sainte ;*

« Enquis où il a appris une telle doctrine, si abominable et si fausse, — A dit y avoir répondu, et qu'il l'a vu et remarqué, comme il a déjà dit ;

« Enquis s'il a communiqué son meschant dessein à ses père et mère, et à Guéret, son précepteur, — A dit qu'il ne l'avait point dit à ses père et mère, ni audit Guéret, et que *cette doctrine est commune ;*

« Enquis où il a pris le couteau, · A dit qu'il l'avait acheté d'un mercier dans une rue, qu'il avait payé quatre sols pour le prix d'icelui ; qu'il ne connaît point ledit mercier, pour ne l'avoir jamais vu, que lorsqu'il acheta de lui ledit couteau, et qu'il ne lui dit point ce qu'il voulait faire d'icelui. »

Châtel fut condamné à l'affreux supplice des parricides, tenaillé, tiré à quatre chevaux. Au milieu de ses tourments, il ne lui échappa aucune plainte ; il était persuadé que ses souffrances seraient reçues en compensation de ses péchés. Ce jeune fanatique n'avait que dix-neuf ans.

Quand Henri IV sut quelles doctrines avaient armé le bras de cet enfant, il s'écria, faisant allusion à sa blessure : « Fallait-il donc que les Jésuites fussent convaincus par ma bouche? » A ce moment là, justement, la Société de Jésus était en lutte avec le Parlement de Paris, qui lui avait intenté une action pour entreprise sur les attributions judiciaires et méditait son expulsion ; le procès était pendant; l'influence seule du roi avait fait ajourner la cause. On la reprit, sous l'impression de curieuses découvertes.

En effet, quelques-uns de Messieurs, députés par la Cour, s'étaient transportés au collége de Clermont et y avaient saisi des papiers, parmi lesquels plusieurs manuscrits du jésuite Jean Guignard ; entre autres aménités à l'adresse des rois, il y était dit :

Que si, en l'an 1572, au jour de Saint-Barthélemy, on eût *saigné la veine basilique* (royale), on ne fût pas tombé de fièvre en chaud mal, mais

. . . . *Quidquid delirant reges, plectuntur Achivi.*

(Toutes les folies des rois, c'est le peuple qui les paye); *pour avoir pardonné au sang, ils ont mis la France à feu à sang ;*

On y lisait encore que *le Néron cruel a été tué par Clément, et le moine simulé dépêché par la main d'un vrai moine;.... Appellerons-nous rois un Néron, Sardanapale de France, un Renard de Béarn, un Lion de Portugal, une Louve d'Angleterre, un Griffon de Suède, et un Pourceau de Saxe?... Pensez qu'il faisait beau voir trois rois, si rois se doivent nommer, le feu tyran, le Béarnais et ce prétendu monarque de Portugal don Antonio... Et plus loin, que le plus bel anagramme qu'on trouva jamais sur*

le nom du tyran deffunct, (Henri III de Valois), *était celui par lequel on disait : O le vilain Hérode!*

L'acte *héroïque* de Jacques Clément, ajoutait ce libre penseur, le père Guignard, vrai *don du Saint-Esprit,* avait été justement loué par le feu prieur des Jacobins Bourgoing, *confesseur et martyr.*

La couronne de France, écrivait-il encore, devait être transférée en une autre famille que celle de Bourbon. Quant au Béarnais, il disait de lui spécialement que, bien que converti à la foi catholique, ce serait le traiter plus doucement qu'il ne le méritait, que de lui donner la couronne monacale, en quelque couvent bien réformé, *pour y faire penitence de tant de maux qu'il a faits à la France. Que si on ne le peut déposer sans guerre, qu'on guerroie; que si on ne peut faire la guerre, qu'on le fasse mourir.*

C'étaient là des pensées criminelles, mais ce n'étaient que des pensées. Néanmoins l'esprit de réaction et la barbarie du temps firent assimiler la pensée régicide à l'attentat même. Le bibliothécaire du collége de Clermont, Guignard, fut condamné à mourir sur la potence; son corps fut brûlé, ses cendres jetées au vent. Ce qui n'empêcha pas le curé Boucher de composer un gros livre, où il soutint que l'attentat commis par Châtel était un acte héroïque et saint; sa mort, celle d'un martyr.

Le procès de Châtel fut, à vrai dire, le procès des Jésuites. On le verra par le réquisitoire suivant, dont l'arrêt ne fut que la copie.

« Veu le procès criminel fait extraordinairement à ma requeste, et commencé par le grand Prévost de l'hostel du roy, et depuis évoqué et continué par la Cour, à l'encontre de *Jean Chastel,* escolier estudiant en l'Université de Paris, sous les Jésuites, au collége de Clermont, deffendeur et accusé,

« Je requiers pour le roy qu'il soit dit que ledit Jean Chastel est déclaré deûment atteint et convaincu du crime de lèze-majesté divine et humaine, au premier chef, pour avoir, comme tenté du Diable, commis le très-meschant, très-détestable et très-abominable parricide et attentat sur la personne du roy ; pour réparation duquel crime, qu'il soit condamné à faire amende honorable devant la principale porte de l'église de Paris, où il sera mené dans un tombereau, estant nud en chemise, tenant une torche de cire ardente en ses mains, du poids de deux livres, et illec à genoux, teste nuë, la corde au col, dire et déclarer, que meschamment, malheureusement et proditoirement, il a attenté ledit très-meschant, très-inhumain et très-détestable parricide, blessé le roy d'un coup de couteau à la face; et que, par fausses et damnables instructions et mauvaise doctrine, il a dit et déclaré au procès, par ses réponses aux interrogatoires qui luy ont esté faits, estre permis de tuer les roys, et que le roy Henri quatrième, à présent régnant, n'est point en l'église, jusqu'à ce qu'il eût l'approbation du pape : dont il se répent, et demande pardon à Dieu, au roy et à justice. Ce fait, qu'il sera amené et conduit en la place de Grève, où estant, qu'il sera tenaillé aux bras et aux cuisses; et sa main droite, tenant en icelle le couteau duquel il s'est efforcé de commettre ledit parricide, bruslée, et par après que son corps soit tiré et démembré avec quatre chevaux, et ses membres et corps jetés au feu et réduits en cendres, et ses cendres esparses au vent: que la Maison en laquelle il a esté nay, size devant le palais, sera razée et démolie, avec deffense d'y bâtir à l'avenir, pour quelque cause et occasion que ce soit; que Pierre Chastel et Denise Hazard sa femme, père et mère dudit Jean Chastel, assisteront à sa mort, et, dans quinzaine après, seront tenus de sortir hors du royaume de France, et deffenses à eux d'y jamais entrer et revenir à peine de la vie; tous les biens dudit Jean Chastel confisquez au roy, sur iceux préalablement pris la somme de dix mil livres, applicable au pain des pauvres prisonniers de la Conciergerie du palais; qu'avant l'exécution dudit Jean Chastel, il sera appliqué à la question ordinaire et extraordinaire, pour sçavoir la vérité de ses complices, et d'aucuns autres cas résultans du procès; que deffenses soient faites à toutes personnes, de quelque qualité et condition qu'ils soient, sur peine d'estre déclarez criminels de lèze-majesté, de dire ou proférer en aucun lieu public ni autre quelconque, les susdits propos, lesquels seront déclarez scandaleux, séditieux, contraires à la parole de Dieu, et condamnez comme hérétiques, par les saints décrets et constitutions canoniques; qu'il soit aussi ordonné que tous les prestres et escoliers du collége de Clermont, et tous autres soidisant de la société des Jésuites, comme corrupteurs de la jeunesse, perturbateurs du repos public, ennemis du roy et de l'Etat, videront dedans trois jours après la signification de l'arrest qui interviendra sur ledit procès, hors de Paris et autres villes du royaume, et lieux, pays, terres et seigneuries de l'obéissance du roy, où sont leurs colléges; et dedans quinzaine après, qu'ils sortiront de France, sur peine, où ils seront trouvez dans ledit temps diceluy passé, d'estre punis comme criminels et coupables dudit crime de lèze-majesté; que tous les biens, tant meubles qu'immeubles à eux appartenans, seront vendus au plus offrant et dernier enchérisseur, en la manière accoutumée, les deniers en provenant employez en œuvres pieuses, et la distribution d'iceux faite, selon et ainsi qu'il sera ordonné par la Cour en ma présence, ou l'un de mes substituts; que très-expresses inhibitions et deffenses soient faites à tous les sujets du roy, de quelque qualité et condition qu'ils soient, d'envoyer des escoliers au collége de ladite société qui sont hors du royaume, pour y estre instruits, à la mesme peine de crime de lèze-majesté; *que le procès et toutes les procédures criminelles faites contre ledit Jean Chastel, seront bruslées avec son corps;* que les copies et extraits de l'arrest qui interviendra sur ledit procès, soient envoyées en tous les bailliages et sénéchaussées du ressort de ladite Cour, pour estre exécuté selon sa forme et teneur; qu'il soit enjoint aux baillifs et sénéchaux, leurs lieutenants généraux et particuliers, de procéder à l'exécution dudit arrest dedans le délay qui sera contenu en iceluy à la diligence de mes substituts, qui tiendront la main à ladite exécution, et qu'il soit informé à ma requeste, des contraventions qui y pourroient estre faites, pour, les informations venües, rapportées et à moy communiquées, prendre sur icelles telles conclusions que je voiray bon estre, et par ladite Cour ordonné ce qu'elle avisera à faire par raison. »

L'arrêt d'expulsion, porté conformément à ces réquisitions, est à la date du 19 décembre 1594. Le Parlement de Dijon et celui de Rouen fulminèrent des arrêts semblables; les Parlements de Bordeaux et de Toulouse s'abstinrent; en sorte que la société dut quitter la partie la plus étendue et la plus importante du territoire français. Le père Guéret, précepteur de Châtel, et un père Hay, qui avait formé des vœux pour la mort du roi, furent, nominativement, bannis à perpétuité.

L'arrêt d'expulsion ajoute à la guerre de doctrine une guerre d'intérêt particulier. Maintenant, que l'Eglise se réconcilie avec Henri, la Société de Jésus ne ratifiera pas la paix. Le prétexte de l'excommunication ne tardera pas à lui manquer.

Tant que l'Espagne est toute-puissante, le pape refuse l'absolution; mais quand la France est pacifiée, quand Henri IV, à son tour, peut menacer l'Espagne, alors Clément VIII, qui sent se relâcher les liens qui l'unissaient à la cour de Madrid, accorde au roi de France une réconciliation complète. L'absolution papale est prononcée le 17 septembre 1595.

La France continue à monter, l'Espagne ne cesse de descendre, et, le 2 mai 1598, l'Espagne ruinée, affaiblie, signe la paix de Vervins. Alors, s'ouvre la série des complots politiques. Mais cherchez bien : derrière chacune des tentatives homicides, vous retrouverez la main de la maison d'Autriche, la main de la Société de Jésus.

C'est un traître Biron, qui, de concert avec le duc de Bouillon et le comte d'Auvergne, joue la partie de féodalité, au profit de la Savoie et de l'Espagne. Profitant d'une des trop nombreuses faiblesses de Henri, il entraîne dans ses intrigues une femme artificieuse, Henriette Balzac d'Entragues. Le roi avait promis d'épouser cette maîtresse, si elle lui donnait un enfant mâle; folle promesse qui ne put, heureusement, recevoir son exécution. Aussi, après qu'en 1600, Henri eût épousé Marie de Médicis, deux fois les d'Entragues cherchèrent à le faire assassiner. Une troisième fois, pendant la guerre de Savoie, Biron, qui vendait à l'ennemi son honneur et la France, fit choix d'un soldat de Savoie dont l'adresse était éprouvée, et promit d'amener Henri IV à portée de son mousquet. Mais, au moment d'exécuter sa promesse, le cœur lui manqua.

C'est en 1596, la tentative régicide de Jean Guédon, avocat d'Angers; en 1597, celle d'un tapissier de Paris. Ce dernier indique sa filiation criminelle, en proclamant que, si Châtel a manqué son coup, lui, ne manquera pas le sien. En 1598, Pierre Ouin, chartreux, est induit à tuer le roi par le conseil de l'agent espagnol Ledesma. En 1599, les intrigues et l'or espagnol gagnent au régicide deux jacobins de Gand, Ridicoux et Argier. On promène ces deux fanatiques à Bruxelles, à Rome, à Milan; le légat romain Malvezzi échauffe leur zèle; le jésuite flamand d'Hodun, consulté, ne trouve à redire au projet que la chétive apparence du frère Ridicoux, qu'on lui présente. « Cela, dit-il, demanderait un homme plus robuste.» Les deux jacobins s'adjoignent un capucin du diocèse de Toul, Langlois, et tous trois partent pour Paris. Ils sont arrêtés, et exécutés le 3 avril.

En 1600, un Nicolas Mignon attente à la vie du roi; mais, cette fois, ce n'est plus du couteau, c'est du poison qu'on essaye. En 1602, Julien Guédon reprend l'œuvre manquée par son frère. Il confie son projet homicide au grand pénitencier de l'évêque d'Angers, qui le révèle. En 1603, un prêtre et un gentilhomme de Bordeaux complotent de tuer Henri à coups d'arbalète.

Voilà la liste à peu près complète des assassins d'Henri IV. Toujours saisis, toujours punis, l'insuccès et l'énergie des supplices ne rebutaient pas leurs imitateurs. C'est que les causes de mort persistaient; les sources du crime n'étaient pas taries.

Henri voulut au moins en tarir une. Il résolut de

se réconcilier personnellement avec la terrible Société. En 1603, malgré la résistance des Parlements de Paris, de Normandie et de Bourgogne, il rappela les Jésuites. Les lettres de rétablissement furent enregistrées en septembre. Sur l'emplacement de la maison de Jean Châtel, en face du Palais-de-Justice, vers la partie méridionale de la place semicirculaire qui précédait l'entrée de ce monument, on avait érigé une pyramide commémorative du crime de Châtel et de la complicité des Jésuites. L'ordre obtint qu'on la fit abattre, et le Père Cotton devint le confesseur du roi. A partir de ce moment les attentats cessèrent.

Six années se passèrent au milieu de cette paix, source de prospérités pour la France. Puis, tout à coup, en 1609, un bruit vague courut par la chrétienté qu'Henri IV allait faire la guerre aux catholiques et au pape. Le roi avait, en effet, conçu un vaste dessein, qui n'allait à rien moins qu'à remanier l'Europe. La maison d'Autriche, personnification de la vieille politique d'absolutisme théocratique, d'intolérance et de barbarie, serait réduite à ses provinces d'origine ; l'Allemagne et l'Italie seraient rendues à elles-mêmes ; la France s'enfermerait fortement dans ses barrières naturelles, en s'agrandissant du Roussillon, au sud ; à l'est et au nord, de la Savoie, de la Lorraine, du Luxembourg, de l'Artois, du Cambrésis, du pays de Tournay et de la province de Namur. C'est la première esquisse de la grande politique française, depuis lors toujours reprise et toujours combattue ; que, tour à tour, soutinrent Richelieu, Louis XIV, la République française ; que Napoléon 1er réalisa en l'exagérant, en la compromettant par des excès de conquête, et que la seconde partie du XIXe siècle voit enfin s'accomplir (1). Par des prodiges d'habileté diplomatique, Henri IV avait peu à peu réuni dans une même pensée les Anglais, les protestants d'Allemagne, les Suisses, une partie de l'Italie. L'Espagne était définitivement tombée dans la décadence. Les deux souverains qui représentaient les deux branches de la maison d'Autriche étaient incapables, impuissants. Une occasion d'intervenir en Allemagne était offerte par la succession de Juliers, qui mettait aux prises les princes protestants et l'empereur Rodolphe II. Henri IV l'avait saisie, et c'est pour commencer l'exécution de son plan gigantesque qu'il venait de mettre sur pied une armée formidable, et qu'il allait partir pour rallier ses contingents coalisés et écraser l'armée des archiducs.

L'histoire des complots et des attentats depuis le commencement du règne montre assez que l'ennemi le plus dangereux qu'Henri allait avoir à combattre ne serait pas l'armée autrichienne. A peine eut-on à Vienne, à Madrid, à Rome, pressenti le projet du roi, que le poignard des doctrines absolutistes et théocratiques sortit de nouveau de sa gaîne. La guerre de sermons recommença ; le jésuite Gauthier fit, à Paris, des discours dignes des plus beaux temps de la Ligue. Pour les catholiques violents, Henri redevint l'hérétique d'autrefois.

C'est cette situation que venait de trancher d'un coup de couteau l'homme de la rue de la Ferronnerie.

Qui était cet homme ? La procédure entamée le jour même du crime va nous le dire.

L'instruction avait été confiée au Président Jeannin, au Secrétaire d'État de Loménie, et au Conseiller d'État Bullion. L'assassin fut conduit devant eux, au logis de l'hôtel de Retz, près du Louvre.

Après qu'on lui eût fait prêter le serment, en la teneur ordinaire, on lui demanda son nom. Il répondit :—François Ravaillac, âgé de trente-deux ans, demeurant en la ville d'Angoulême.

Interrogé sur sa profession :

« A dict qu'il mosntre aux enfants à prier Dieu en la religion Catholique, Apostolique et Romaine (1).

« Depuis quel temps il est en ceste ville ?

« Dict qu'il y a quinze iours ou trois sepmaines, et est logé au faulbourg Sainct-Iacques, aux Cinq-Croix, où il a tousiours demouré, fors que deux ou trois iours après, estant arrivé en ladicte hostellerie, il s'en alla pour deux ou trois iours loger au faulbourg Sainct-Honoré, à l'enseigne des Trois-Pigeons, devant l'Eglise Sainct-Roch. »

On lui demanda si, pendant ce temps, il avait eu quelques fréquentations dans ce logis, et avec quelles personnes. Il répondit n'avoir hanté personne.

Pourquoi était-il venu à Paris ?

Pour poursuivre un procès qu'il avait au Parlement contre les acquéreurs des biens de Geoffroy Phyar, lequel procès avait été jugé, longtemps auparavant, sur le rapport de M. Sanguin, Conseiller au Parlement. Ravaillac était venu à Paris faire taxer les dépens. Il résulta de ses explications qu'il avait été *poursuivi pour une accusation de meurtre*, dont, dit-il, il était innocent.

M. le Conseiller de Bullion ne put s'empêcher de s'écrier que c'eût été un grand bien pour la France et pour Ravaillac lui-même, si on l'eût puni alors, parce qu'il n'aurait pas attenté sur l'oint du Seigneur, et donné la mort à un roi très-chrétien. — *Très-chrétien !* répéta Ravaillac *en ricanant*, et il ajouta que c'était la question de savoir s'il était véritablement roi très-chrétien ; car, s'il eût été tel, comme on le supposait, il eût fait la guerre aux sectateurs de la religion prétendue réformée qu'il protégeait.

Un des magistrats lui dit alors que le coup qu'il avait donné au roi n'était pas mortel.

Il répondit qu'il savait bien que le roi était mort, par le sang qu'il avait vu à son couteau et l'endroit où il avait frappé ; mais qu'il n'avait point de regret de mourir, puisque son entreprise était venue à effet.

D. S'il est vrai que le roi soit mort, que pensez-vous devenir ?

Il répondit *assez fièrement* qu'il ne voulait point de pitié, et que si le coup était à faire, il le ferait encore.

D. Avez-vous jamais reçu quelque outrage du roi, vous ou vos parents ? et qui vous a poussé à entreprendre un acte si méchant ?

R. Je n'ai reçu, ni moi ni les miens, aucun outrage de Sa Majesté ; je n'ai été mû ni induit par personne pour entreprendre cet attentat, mais je l'ai fait par ma mauvaise et diabolique intention : et si l'occasion de mon voyage était de faire faire la taxe de mes dépens, c'était aussi mon intention d'attenter contre Sa Majesté.

On lui fait remarquer qu'il n'est pas vraisemblable

(1) *Voyez* sur le *grand dessein* d'Henri IV, l'excellente *Histoire du règne d'Henri IV*, par A. Poirson, Paris, L. Colas, 2 vol. in-8°, 1856.

(1) Pour la plus grande commodité du lecteur, nous traduirons le plus souvent l'orthographe du temps, nous contentant de rapporter, comme spécimens, quelques passages de chaque document, et, sans y rien changer, les phrases les plus originales.

qu'ayant été tenté si longtemps, Dieu, s'il avait eu recours à lui, ne lui eût pas ôté cette mauvaise volonté. Il y avait donc apparence qu'il l'avait fait à la poursuite et sollicitation de quelques-uns.

Il répondit que non; que quelquefois il adhérait à ses tentations, quelquefois non.

D. A quelle heure êtes-vous sorti aujourd'hui de votre logis? où avez-vous été? à qui avez-vous parlé?

R. Je suis sorti de mon logis entre six et sept heures. J'étais seul, et je m'en suis allé à l'église Saint-Benoît, où j'ai entendu la messe. Personne ne m'a parlé, ni par les chemins, ni dans l'église. Ayant ouï la messe, je m'en suis retourné à mon logis, où j'ai dîné avec l'hôte, et un jeune homme de cette ville, nommé Colletet, qui est marchand.

D. Connaissez-vous ce Colletet?

R. Je n'ai aucune autre connaissance de ce Colletet, sinon depuis que je suis venu loger dans cette hôtellerie, où ledit Colletet vint loger deux ou trois jours après que j'y fus arrivé.

D. Où avez-vous appris à lire et à écrire, et quels sont les maîtres qui vous ont enseigné!

R. Il y a plus de vingt ans que je n'ai eu de maîtres; j'ai appris à lire et à écrire sous deux prêtres.

D. Êtes-vous marié?

R. Je ne le fus jamais.

Admonesté par plusieurs fois de considérer combien est méchant l'attentat qu'il a voulu faire, et qu'il doit espérer de la miséricorde de Dieu qui est vivant, qu'il évitera la punition, et sauvera son âme en disant la vérité:

A dit ne savoir autre chose que ce qu'il a dit ci-

Attentat de Jean Chastel, d'après une gravure du temps.

dessus, et qu'il n'a été induit par personne à commettre ce qu'il a fait; bien confesse-t-il que c'est lui qui a blessé le roi d'un couteau, qu'il déroba il y a dix ou douze jours en une hôtellerie, proche les Quinze-Vingts, où il entra pensant y loger; mais on ne l'y voulut recevoir, et il déroba ledit couteau en intention de tuer le roi.

D. Vintes-vous d'autres fois au Louvre ou en autre lieu, pour y trouver le roi et commettre ledit acte?

R. J'y suis venu deux autres fois, savoir à la Pentecôte dernière, et, depuis, à Noël dernier; mais ce n'était pas en intention de faire ce mauvais acte, mais pour parler au roi et l'induire à faire la guerre à ceux de la religion prétendue réformée.

Comme on avait trouvé dans les hardes de Ravaillac quelques papiers, dont un contenant des stances en « rithmes françoises, » pour être dites par un criminel que l'on mène au supplice, on lui demande si c'est lui qui a fait ces stances, et si c'est pour lui-même qu'il les a composées:

Il répond qu'il ne les a pas faites, mais qu'elles lui furent données, il y a environ six mois, en la ville d'Angoulême, par un nommé Pierre Bertheau, habitant de ladite ville, pour voir si elles étaient bien faites, d'autant que ledit déposant *se mêle de poésie*, ledit Bertheau lui ayant dit qu'il les avait faites sur le sujet d'un homme que l'on menait au supplice, que ledit déposant avait pris et mis en poche.

Remontré que, s'il craignait la vengeance de Dieu vivant, il devait dire la vérité et révéler qui sont ceux qui l'ont mû à cet attentat:

A dit que *ce sont les sermons qu'il a ouïs, auxquels il a appris les causes pour lesquelles il était nécessaire de tuer un roi.*

(Aussi, dit l'auteur du *Procès du parricide François Ravaillac*, 1610, sur la question s'il était loisible de tuer un tyran, « il en sçavoit toutes les deffaictes et distinctions, et estoit aysé de recognoistre qu'il avoit esté soigneusement instruit en ceste matière; car, en tout aultre poinct de théologie, il estoit ignorant et meschant, tantost disant une chose et puis la niant. »

On lui demanda, enfin, qui lui avait donné le conseil de parler au roi, pour l'induire à faire la guerre à ceux de la religion prétendue réformée :

A respondu que *c'est chose qui passe nostre cognoissance, et qu'il n'en desclarera la vérité qu'au prebstre, en confession et non ailleurs.*

On envoya à Ravaillac les archevêques d'Aix, d'Embrun et quelques évêques, pour tâcher d'obtenir de lui des aveux plus explicites. Ils n'en purent rien tirer, que des divagations sur ses visions, sur ses obsessions, sur ses doctrines régicides. Le grand prévôt de l'Hôtel du roi, de Bellangreville, essaya de la torture. Il lui fit cruellement serrer les pouces avec un rouet d'arquebuse. Ravaillac lui demanda ironiquement s'il se croyait plus habile que les autres, et l'appela huguenot.

Il ne restait plus qu'à saisir le Parlement. Tous les parents, tous les alliés de l'assassin, tous ceux qui avaient eu avec lui quelque relation d'affaires, furent décrétés de corps, et, le 15 mai, Ravaillac fut mené à la Conciergerie du Palais. Les registres d'écrou de la prison portent, à cette date, la mention suivante :

« *François* RAVAILLAC, *praticien, natif d'Angoulesme, amené prisonnier par M. Joachim de Bellangreuille, chevalier, s. du Neuuy, preuost de l'hostel du Roy et g. and preuost de France par le command. ment du Roy por l'inhumain paricide par luy commis en la personne du roy Henry quat.me* »

Messire Achille de Harlay, Nicolas Pottier et

Assassinat de Henri IV par Ravaillac, d'après une gravure du temps.

Blanesmesnil, premier et seconds présidents, et maîtres Bavin et Courtin, conseillers, commissaires députés pour le procès, travaillèrent diligemment à l'instruction. Docteurs, religieux, avocats du roi, tous envoyés par la reine, se succédèrent auprès de l'assassin, sans pouvoir tirer de lui autre chose que sa réponse invariable, « qu'il n'avait été inspiré ni conseillé de personne que de lui-même. » Le père d'Aubigny, jésuite, que Ravaillac avait dit avoir consulté pour un cas de conscience, fut mandé, et répondit « que Dieu lui faisait la grâce d'oublier dans le même moment ce qu'on lui révélait sous le sceau de la confession. » Les interrogatoires suivants jetteront quelque jour sur ces relations de Ravaillac avec les pères de la Société.

Le 17, le prisonnier fut conduit devant Messieurs de la Cour, les Chambres assemblées. Sa tête était couverte d'un voile, qui fut enlevé seulement quand on l'eut amené au milieu du parquet. Placé sur la sellette, il regarda froidement les juges, se mit à genoux, fit le signe de la croix, baisa la terre, et répondit avec calme.

Dans ce second interrogatoire, fait, le 17 mai, par le premier Président Achille de Harlay, et par les Conseillers Jean Courtin et Prosper Bavin, le prisonnier déclara :

Qu'il avait de trente et un à trente-deux ans; qu'il était employé, depuis quatorze ans, à solliciter des procès en la Cour, ayant été nourri à la pratique à Paris et à Angoulême. Il a logé aux Rats, devant le Pilier-Vert, rue de la Harpe, chez un savetier, et près les Trois-Chapelets, rue Callandre (1). Dans le dernier voyage qu'il vient de faire à Paris, il a eu un instant la pensée de s'en retourner, et il a été par là Etampes, à un *Ecce-H mo.* Ce qui l'a fait revenir sur ses pas, c'est la volonté de tuer le roi. Il a eu pour cela plusieurs raisons, entre autres celle-ci, que le roi n'avait pas voulu, comme il en avait le

(1) Rue Calende, dit une autre version.

pouvoir, réduire la religion prétendue réformée à l'Église Catholique, Apostolique et Romaine.

Interrogé sur ses autres raisons, il répond qu'il était venu à Paris pour parler au roi, l'avertir de réduire ceux de la religion prétendue réformée à la religion catholique. A cette fin, il a été au Louvre plusieurs fois chercher Sa Majesté; il a été chez Madame d'Angoulême chercher quelqu'un qui le pût introduire; il a été aussi au logis de M. le cardinal du Perron, auquel il ne put parler, mais seulement à quelqu'un de ses aumôniers. Il ne connaît pas de nom cet aumônier, mais il le reconnaîtrait bien, s'il le voyait. Il parla encore au père d'Aubigny, Jésuite, au précédent voyage qu'il fit à Paris peu avant Noël, ainsi qu'au curé de Saint-Séverin, et au père Sainte-Marie-Magdelaine, provincial des feuillants.

C'est à l'église, rue Saint-Antoine, à l'issue de sa messe, qu'il parla au père d'Aubigny. Parti du pays treize jours *après* (il vient de dire *avant*) Noël, il mit quatorze jours à venir à Paris. Trois ou quatre jours après son arrivée, il alla à la maison des Jésuites, près la porte Saint-Antoine, où le père d'Aubigny disait la messe. Après l'office, il pria l'un des frères convers de le faire parler au père; et celui-ci l'ayant entendu, il « lui donna à entendre plusieurs *visions* précédentes de ses méditations, qu'il avait faictes par la permission de son père dom François-Marie-Magdelaine, son provincial des Feuillants. »

Car, ajouta Ravaillac, c'est dom Marie-Magdelaine qui m'a reçu convers aux Feuillants. J'ai eu l'habit de Feuillant environ six semaines, et on me l'a ôté « pource que j'avois des *méditations* et *visions.* »

Il dit encore que, depuis, il l'a redemandé, mais qu'on le lui a refusé, à raison de ses méditations.

Sur ce, Ravaillac commença à *pleurer*, disant que Dieu lui avait donné cet habit, et son regret était qu'on ne le lui avait voulu rendre.

Sur une demande qu'on lui adresse, il déclare ne pas connaître le sous-prieur des Feuillants par son nom. Il n'a pas redemandé son habit; mais, parce que Notre-Seigneur voulait qu'il demeurât au monde, dont il désirait se retirer, il eût voulu servir comme frère lai.., Et, *en s'exclamant avec pleurs*, a dit avoir beaucoup de déplaisir de n'être demeuré avec les Feuillants en faveur de Dieu.

D. De quelles visions parlâtes-vous au père d'Aubigny?

R. Ayant été prisonnier à Angoulême, pendant qu'il y était retenu *pour dettes*, il a eu des visions « comme des sentiments de feu de soufre et d'encens. » Etant hors de la prison, le samedi d'après Noël, ayant de nuit fait sa méditation *accoutumée* (1), les mains jointes et les pieds croisés dans son lit, « avoit senti sa face couuerte et sa bouche d'une chose qu'il ne peust discerner, parce que c'estoit à l'heure de matines, c'est-à-dire à minuit, et estant en cest estat, eust volonté de chanter les Cantiques de David commençant DIXIT DOMINUS, iusques à la fin du Cantique, avec le MISERERE et DE PROFUNDIS tout au long; il luy sembla que les chantant il auoit à la bouche une trompette faisant pareil son qu'une

(1) Excellente variante, qui donne une indication précieuse de tempérament et de caractère. Les *Mémoires de Condé* disent *à continué*, ce qui n'a pas de sens. Cette variante appartient à un manuscrit trouvé dans les papiers du Procureur général Joly de Fleury, et publié par Aubry, Paris, 1858, sous ce titre: *Procès du très-meschant et détestable parricide Fr. Ravaillac, natif d'Angoulême, publié pour la première fois sur des manuscrits du temps.* Ce sont les mêmes documents que ceux insérés dans le *Mercure françois* et dans les *Mémoires de Condé*; le texte en est identique, à l'exception de quelques bonnes variantes

trompette à la guerre; le lendemain matin, s'estant levé et faict sa méditation à genoulx, recollligé en Dieu à la manière accoutumée, se leua, s'assit en une petite chaise deuant le foyer, et puis s'estant passé un peigne par la teste, voiant que le jour n'estoit encor venu, apperceut du feu en un tison, s'acheua d'habiller, print un morceau de sarment de vigne, lequel aïant allié avec le tison où estoit le feu, meist les deux genoulx en terre et se print à souffler, veit incontinent aux deux costez de sa face à dextre et à senestre, à la lueur du feu qui sortoit par le soufflement, des hosties semblables à celles dont l'on a accoustumé faire la communion aux catholiques en l'Église de Dieu, et au dessoubs de sa face, au droict de sa bouche, voïoit par le costé un rouleau de la mesme grandeur que celle que leue le prestre à la célébration du service divin à la Messe, dont il auoit faict révélation au dict d'Aubigny, qui luy féi réponse qu'il ne se debvoit arrester à tout cela, *craignoit qu'il eust le cerveau troublé*, debvoit dire son chappelet et prier Dieu, et s'estant deu adresser à quelque grand pour parler au Roy. »

D. Demanda-t-il au père d'Aubigny si, ayant eu des visions qui passaient sa puissance, comme même de tuer les rois, il s'en fallait confesser? — R. Non. Il ne dit pas autre chose au père, sinon qu'il voulait dire au roi qu'il chassât et convertît ceux de la religion prétendue réformée.

D. Que répondit ledit d'Aubigny? — R. Il lui dit qu'il devait ôter tout cela de son esprit, prier Dieu et dire son chapelet.

D. Eut-il d'autres propos avec le père et ne le vit-il que cette fois? — R. Il n'eut pas d'autres propos et ne le vit que cette fois.

D. Pourquoi s'adressait-il à d'Aubigny plutôt qu'à un autre? — R. Parce qu'étant hors des Feuillants, il avait eu volonté de se rendre Jésuite, ou de prier le père de parler à son provincial pour le faire remettre aux Feuillants. Mais, ne l'ayant trouvé la première fois, l'un des convers lui dit que l'on ne recevait en leur maison ceux qui avaient été d'autre religion. N'ayant pu parler au roi, il retourna aux Jésuites pour la seconde fois; il parla à d'Aubigny, comme il a dit, « et luy monstra un petit cousteau auquel il y auait un cœur et une croix, luy disant que le cœur du roy debuoit estre porté à faire la guerre aux Huguenots. »

D. Qui l'a empêché de parler au roi? — R. Ce fut le grand prévôt (M. de Bellangreville), « qui luy a baillé la question du chien de son arquebuse, depuis qu'il a esté prisonnier à l'hostel de Retz. »

D. A qui s'est-il adressé pour parler au roi? — R. A des archers qui l'avaient renvoyé et mené parler au grand prévôt, qui lui dit que le roi était malade.

D. Quand fut-il au Louvre? — R. Ce fut après Noël, et quelque chose jours après, il rencontra Sa Majesté près Saint-Innocent en son carrosse, lui voulut parler, et s'écria en ces mots: « Sire, au nom de Notre-Seigneur Jésus-Christ et de la sacrée Vierge Marie, que je parle à vous. » Mais il le repoussa avec une baguette et ne le voulut ouïr parler; lors, l'accusé délibéra se retirer en son pays, où il s'en alla, et, étant à Angoulême, fut trouver frère Gilles Cheré (Chérau, Ozière, Ozère, disent d'autres leçons), qui aupavant gardien des Cordeliers de Paris. Il lui confessa ses visions et méditations, lui dit qu'il voyait que Notre-Seigneur voulait réduire à la religion Catholique, Apostolique et Romaine ceux de la religion prétendue réformée, à quoi ledit gardien lui fit réponse qu'il n'en fallait point douter. Peu de jours après, le premier dimanche de Carême, l'accusé s'en alla à la messe au même monastère des Cordeliers d'Angoulême, se réconcilia avec Dieu, se confessa à un religieux de l'ordre dont il ne sait le nom, *se confessant de cet homicide volontaire*.

D. Qu'entendez-vous par ce mot de volontaire ? — R. C'est de venir en cette ville en intention de tuer le roi, ce que néanmoins il ne dit pas à son confesseur, lequel aussi ne lui demanda pas l'interprétation de ces mots. Lors, il avait perdu cette volonté ; mais retournant en cette ville (Paris) le jour de Pâques dernier, dès lors de son partement il reprit sa volonté. Il vint à pied à Paris, et arriva huit jours après son partement.

Il fut loger aux Cinq-Croissants (et non aux Cinq-Croix, comme il l'avait dit d'abord), et, pour être proche du Louvre, se logea aux Trois-Pigeons, où allant, passa pour loger à l'hôtellerie proche des Quinze-Vingts, à côté, où y avait trop d'hôtes ; fut refusé, et sur la table prit un couteau, non à cause du refus, «mais pour luy sembler le couteau propre à exécuter sa volonté ; le garda quelque quinze jours ou trois sepmaines, l'aïant en un sac en sa pochette. S'estant désisté de sa volonté, il prit le chemin pour s'en retourner, fust jusques à Estampes, où y allant rompit la pointe du cousteau de la longueur d'environ un poulce à une charrette deuant le iardin de Chanteloup, et estant deuant l'*Ecce-Homo* du faulbourg d'Estampes, lui reuint la volonté d'exécuter son dessein de tuer le Roy, et ne résista pas à la tentation comme il auoit fait auparauant ; sur ce, reuinst en ceste ville auec ceste délibération, parce qu'il (le roi) ne conuertissoit pas ceulx de la religion prétendue réformée, et qu'il auoit entendu qu'*il vouloit faire la guerre au Pape, et transférer le Saint Siége à Paris.*»

D. Enquis où il logea, et qui le fit loger en cette ville ? — R. Il chercha l'occasion de tuer le roi : à cette fin refit la pointe au couteau avec une pierre et attendit que la reine fût couronnée et retournée en cette ville, estimant qu'il n'y aurait pas tant de confusion en la France de le tuer après le couronnement que si elle n'eût pas été couronnée.

Remontré que puisqu'il différait, espérant qu'il y aurait moins de divisions après le couronnement, il pouvait assez juger que le couronnement ne ferait pas cesser tant de troubles que la mort du roi apporterait.

A dit qu'il se soumettait en la puissance de Dieu.

D. Où a-t-il cherché le roi ? — R. Il l'a cherché au Louvre, où a été plusieurs fois depuis son dessein, faisant état de le tuer dans le Louvre, là où fut vendredi dernier, entre les deux portes, le voyant sortir en son carrosse, le suivit jusque devant les Innocents, environ le lieu où il l'avait autrefois fortuitement rencontré ; il ne voulut parler à lui, et voyant son carrosse arrêté par des charrettes, « Sa Majesté au fond, tournant le visage et penché du costé de monsieur d'Espernon, luy donna dans le costé un coup ou deux de son cousteau, passant son bras au-dessus de la roue du carrosse. »

Enquis ce qu'il pense avoir fait par cet acte : A dit qu'il pense avoir fait une grande faute, et dont il demande pardon à Dieu, à la reine, à monsieur le Dauphin, à la Cour et à tout le monde qui peut en recevoir préjudice.

Lui avons représenté le couteau, mis par devers nous, tranchant des deux côtés par la pointe, ayant le manche de corne de cerf :

L'a reconnu être celui dont il nous a parlé, duquel a frappé le roi, qui lui fut à l'instant ôté par un gentilhomme qui était à cheval.

Remontré qu'il n'a eu de sujet de faire un si méchant et déloyal acte, auquel vraisemblablement a été poussé d'ailleurs :

A dit que personne quelconque ne l'a induit à ce faire, « que le commun bruit des soldats, qui disoient que si le Roy, qui ne disoit son conseil à personne, vouloit faire la guerre contre le Sainct-Père, qu'ils luy assisteroient et mourroient pour cela, à laquelle raison s'est laissé persuader à la tentation qui l'a porté de tuer le Roy, parce que faisant la guerre contre le Pape, c'est la faire contre Dieu, d'aultant que le Pape est Dieu et Dieu est le Pape. »

Enquis du temps qu'il ouït tenir les propos aux soldats :

A dit que c'est depuis qu'il a logé aux Cinq-Croissants.

Remontré que le prétexte qu'il prend est faux et mensonger, parce qu'il nous a dit s'être mis en chemin pour s'en retourner en son pays, ayant perdu là volonté ; et qu'étant à Etampes, avait repris la volonté, ce qui fait connaître faux qu'il a repris cette volonté sur les discours des soldats :

A dit qu'il avait auparavant parlé à eux, néanmoins, il avait changé de dessein, et qu'étant à Etampes, se ressouvenant de ce que les soldats lui avaient dit, il reprit la volonté.

Nous a demandé à voir un papier qu'il avait lors de sa prise, où sont peintes les armes de France, à chaque côté deux lions, l'un tenant une clef et l'autre une épée, lequel lui avons représenté :

Et il a dit qu'il l'avait apporté d'Angoulême, avec cette intention de tuer le roi ; que qu'étant à la maison d'un nommé Béliart, il dit avoir entendu que l'ambassadeur du Pape avait de sa part dit au roi que s'il faisait la guerre, il l'excommunierait ; que Sa Majesté avait fait réponse que ses prédécesseurs avaient mis les papes en leur trône, et que s'il l'excommuniait, il l'en déposséderait ; et qu'ayant entendu, se résolut dès lors de le tuer, et, à cette fin, mit de sa main au-dessus de ces deux lions :

Ne souffre pas qu'on fasse en ta présence,
Au nom de Dieu aucune irrévérence.

Enquis si, lorsqu'il a pris le couteau, il avait le manche qu'il a à présent :

A dit que non, et qu'il en avait un de baleine, lequel s'étant rompu, y avait fait mettre celui de corne par le frère de son hôte nommé Jehan Barbier (Barbut, selon d'autres versions), du métier de tourneur, demeurant au fauxbourg Saint-Jacques ; ne lui parla point ce qu'il en vouloit faire, ni mettre plutôt de la corne qu'autre chose.

Enquis si ce Béliart est de la religion prétendue réformée :

A dit que non et qu'il est catholique, toutefois tenait ces propos lesquels prit sa résolution.

Remontré que sur la parole d'un homme seul ni autrement ne devait prendre une résolution si déterminée et abominable :

A dit qu'il s'était résolu de tuer le roi pour l'avoir ouï dire non-seulement à cet homme, mais aussi à des soldats à Paris, entre autres au sieur de Saint-Georges qui disait que si le roi voulait faire la guerre au Saint-Père, il lui obéirait y étant tenu, et que s'il la faisait à propos, cela tournerait sur lui.

Lui avons représenté « un cœur de Cotton » :
Qu'il a reconnu lui avoir été pris, et a dit lui avoir été baillé par monsieur Guillebaud, chanoine d'An-

goulême, l'accusé étant malade, pour le guérir de la fièvre, disant qu'il y avait un peu de bois de la vraie croix, lequel avec le nom de Jésus sacré par les pères Capucins, avait cette vertu, et, à cette fin, l'accusé aurait envoyé Marie Moiseau, son hôtesse, aux Capucins; depuis, l'a toujours porté au col.

Avons fait faire ouverture dudit cœur en sa présence, ne s'y étant trouvé aucun bois :

A dit que ce n'est pas lui qui s'est trompé, mais celui qui lui a baillé.

Lui avons représenté un papier auquel en trois lieux est écrit le nom de Jésus :

L'a reconnu avoir été pris sur lui.

Lui avons représenté un chapelet :

Qu'il a dit avoir acheté rue Saint-Jacques, il y a sept ou huit jours, a fait ses prières avec icelui, l'a toujours porté.

Enquis de ceux qu'il a fréquentés, depuis qu'il est revenu en volonté d'exécuter son intention :

A dit qu'il ne fréquentait que des religieux de son pays, qui sont aux Jacobins, où il allait ouïr la messe et vêpres.

Enquis quels propos il a eus avec eux, et s'il leur a parlé de ses visions :

A dit que oui, leur faisant entendre ce qu'il a dit aux autres.

Enquis de la connaissance qu'il a d'un nommé Colletet, et des propos qu'ils ont eus ensemble :

A dit qu'il ne le connaît que pour avoir logé en même logis et couché ensemble, ne lui a parlé de son dessein.

S'il a communiqué avec d'autres religieux :

A dit que non, de ce dernier voyage.

S'il a communiqué avec un Cordelier qui est d'Angoulême :

A dit que oui, et ne lui parla point de son entreprise et imaginations.

Remontré qu'il ne dit la vérité, et qu'il lui a parlé des imaginations, demandé s'il celui qui les a eues lui doit déclarer à son confesseur :

A dit qu'il n'en a parlé à celui de son pays, mais bien à un autre qu'il trouva proche du Bourg-la-Reine, avec lequel prit accès pour l'accompagner, et parce qu'il n'avait connaissance en cette ville, le logea en son logis, portait des lettres de ses amis pour être reçu au couvent, aussi lui portait des hardes, lequel religieux se nommait Le Febvre.

Lui a été remontré que, pendant la lecture de l'interrogatoire, en ce qui fait mention des coups par lui donnés, il en demandait pardon à Dieu, et que, pour l'obtenir, le vrai moyen était reconnaître la vérité; et que le prétexte par lui pris est si léger, qu'il est fort vraisemblable qu'il a été porté par quelqu'un qui avait intelligence au malheureux événement dont nous ressentons les effets :

A dit que depuis qu'il est prisonnier, plusieurs personnes l'ont invité à faire cette reconnaissance, même monsieur l'archevêque d'Aix et plusieurs autres, mais qu'il n'a été poussé par personnes quelconques que par sa volonté seule, et quelque tourment que l'on lui puisse faire, n'en dira autre chose; que si le tourment le lui devait faire confesser, il en a reçu assez par la question que lui a donnée un huguenot, de son autorité privée, le tenant prisonnier à l'hôtel de Retz, dont a les os du pouce rompus.

Remontré qu'il a été choisi à faire cet acte comme organe propre à faire mal, que toute sa vie a été méchante, qu'il a commencé en outrageant ses père et mère, réduits à la mendicité ;

A dit que son père et sa mère sont encore vivants, qui diront tout le contraire, aussi tout le peuple; et bien a été accusé et condamné, mais par faux témoignage, étant innocent.

Enquis en quel temps il a été à Bruxelles?

A dit qu'il ne sortit jamais du royaume et ne sait où est Bruxelles.

Le troisième interrogatoire reproduit les formules et les réponses des deux autres. Ravaillac ajoute seulement un nouveau grief à ceux qu'il a déjà énumérés contre le roi. — Il a été induit à son entreprise d'autant que le roi n'avait voulu que la justice fût faite des huguenots, pour raison de l'entreprise par eux faite de tuer tous les catholiques le jour de Noël dernier, dont aucuns ont été prisonniers, amenés en cette ville, sans qu'il en ait été fait justice, comme il a ouï dire à plusieurs personnes.

On lui demande pourquoi, gagnant honorablement sa vie avec les écoliers, il ne s'est tenu à cette existence : — J'ai cru, dit-il, qu'il fallait préférer l'honneur de Dieu à toutes choses.

Mais, lui objecte le commissaire, l'honneur de Dieu n'est pas de tuer son roi; c'est là un acte du diable. — C'est une mauvaise tentation, répond-il, qui vient de l'homme par son péché, et non pas de Dieu.

Interrogé s'il n'a pas horreur d'un coup si abominable et préjudiciable à toute la France : — A dit qu'il a déplaisir de l'avoir commis, mais, parce qu'il est fait pour Dieu, lui fera la grâce pouvoir demeurer jusqu'à la mort d'une bonne foi, une espérance et une parfaite charité, et qu'il espère que Dieu est plus miséricordieux, et sa passion plus grande pour le sauver, que l'acte qu'il a commis pour le damner.

Remontré qu'il ne peut être en la grâce de Dieu après un acte si misérable, — a dit qu'il espère que Notre-Seigneur tout-puissant fera qu'il n'en arrivera aucun inconvénient.

On insiste pour savoir s'il n'a pas été conseillé et fortifié dans son criminel dessein, il répond : — Que la cause pourquoi il n'a déclaré cette pernicieuse intention aux prêtres et hommes ayant charge d'âmes, a été pour être tout certain que, s'il leur eût déclaré l'attentat qu'il voulait faire contre le roi, c'était leur devoir se saisir de sa personne, et le rendre entre les mains de la justice, d'autant qu'en ce qui concerne le public, les prêtres sont obligés de révéler en ce secret cas; occasion qu'il ne l'a oncques voulu déclarer à personne, craignant que l'on le fît aussitôt mourir de la volonté que de l'effet qu'il a commis, dont il requiert à Dieu pardon.

Remontré que l'Église commande déclarer les mauvaises pensées, s'en confesser, autrement on est en péché mortel; qu'il en a donc parlé, : — a dit que non.

Remontré qu'il s'est découvert à un Cordelier, et est par conséquent menteur, lui ayant demandé, quand l'on a des visions des choses étranges, comme vouloir tuer un roi, s'en faut confesser : — a dit que la vérité est qu'il a fait cette consultation, mais n'a dit qu'il le voulait faire.

Enquis avec qui il avait fait cette consultation : — a dit au jeune enfant Le Febvre, Cordelier, auquel demanda si, ayant eu une tentation comme de tuer un roi, s'il s'en confesserait au pénitencier, il serait tenu la révéler. Sur ce, fut ledit Le Febvre interrompu par d'autres Cordeliers, ne lui en rendit la résolution qu'il ait mémoire;

Remontré qu'il ne dit vérité, et que ledit Cordelier lui fit réponse, s'il l'en veut croire, — a dit qu'il le veut croire, qu'il pense bien que, s'il lui a donné résolution, c'est qu'il le faudrait révéler, mais fût interrompu, et ne lui donna réponse, aussi ne lui proposa cela comme l'ayant l'accusé en intention, mais lui fit une proposition en général, si un homme l'avait.

Remontré qu'il n'a reconnu la vérité, et qu'il lui a déclaré sa volonté, — a dit qu'il n'y a aucune apparence, et que s'étant adressé, tant à séculiers que autres, même à un écuyer de la reine Marguerite, nommé de Ferrare, déclaré ses visions, le priant de faire parler au roi, lui aurait répondu qu'il fallait voir, pour ce qu'au récit qu'il lui fit, il jugea qu'il fallait que ce fût un saint personnage et homme de bien ; à quoi lui accusé répliqua qu'il pensait d'être aussi homme de bien pour parler au roi ; et peut-être, s'il eût parlé au roi, eût perdu sa tentation ; par après, s'adresser au secrétaire de Madame d'Angoulême, qui lui dit qu'elle était malade, et encore chez monsieur le cardinal du Perron, où on lui fit la réponse qu'il nous a dite, qu'il eût mieux fait de se retirer en sa maison.

Remontré que c'était bon conseil, qu'il devait suivre, — a dit qu'il est vrai, mais qu'il a été si imbécile, et tellement aveuglé du péché, que le diable l'a fait tomber en cette tentation.

Remontré qu'il y a autre que le diable qui s'est servi à le tenter, — a dit que jamais homme ne lui en a parlé.

Remontré qu'il ne peut espérer la grâce de Dieu sans décharger sa conscience, — a dit qu'il a la crainte, mais aussi l'espérance en la grâce de Dieu.

Remontré qu'il ne la peut espérer qu'en déclarant la vérité, — a dit que, s'il avait été induit par quelqu'un de la France, ou par étranger, et qu'il fût tant abandonné de Dieu que de vouloir mourir sans le déclarer, il ne croit pas être sauvé, ni qu'il y eût paradis pour lui, parce que, comme il a appris des prédicateurs de Notre-Seigneur qu'un abîme de péché en attirait un autre, partant que ce serait redoubler son offense, que le roi spécialement, la reine et toute la maison de France, les princes, la Cour, la noblesse et tout le peuple seraient portés à son occasion à offenser Dieu, leur esprit demeurant en inquiétude perpétuelle, soupçonnant injustement, tantôt l'un, tantôt l'autre de leurs sujets, lesquels il ne croit pas avoir été si mal avisés d'avoir jamais pensé d'être autres que fidèles à leur prince.

Remontré qu'ayant cette croyance, il doit de tout plutôt déclarer qui l'a persuadé, — a dit que jamais étranger, Français ni autre ne l'a conseillé, persuadé, ni parlé, comme l'accusé, de sa part, n'en a parlé à personne, ne voudrait être si misérable que de l'avoir fait pour autre que le sujet qu'il nous a déclaré : qu'il a vu que le roi voulait faire guerre au pape.

Remontré qu'il a pris un faux prétexte, — a dit qu'il en avait déplaisir, suppliant tout le monde qui se serait porté à cette défiance, d'ôter et croire que tout est venu de lui accusé, et n'en regarder, ni de l'œil ni de l'âme, personne de mauvaise volonté ;

Enquis s'il a servi défunt Roziers, Conseiller à Angoulême, et demeuré avec des procureurs décédés ; a été page, ou laquais, ou valet de chambre de quelque grand ou autre, — a dit que non, sinon servant de clerc au conseiller Roziers, le servait aussi de valet de chambre.

S'il a vu le couronnement jeudi dernier à Saint-Denis, et s'il y a suivi le roi, — a dit que non.

S'il a été sur le chemin de Saint-Denis, — a dit qu'il n'y a point été ce voyage, bien à celui de Noël, y allant chercher l'aumône.

S'il y a été la dernière semaine, — a dit qu'il n'a passé Saint-Jean en Grève et le pont Notre-Dame ;

S'il a eu des caractères (sorts), et qui lui en a baillé, — a dit qu'il croirait faire mal (d'en avoir).

Lecture faite, a persisté en ses réponses et signé : *Ravaillac*, ajoutant ces deux vers, à la suite de la signature :

> Que toujours en mon cœur
> Jésus soit le vainqueur.

Au quatrième interrogatoire, à la date du 19, il dit que — ce qui lui reste à déclarer, est une intention et désir qu'il a de se relever de péché ; que comme tout le peuple, à son occasion, se persuadant et se laissant transporter à leur opinion, que l'accusé a été induit à tuer le roi par argent, ou par aucun de la France, ou des rois et princes étrangers désireux de s'agrandir, à quoi tendent communément la plupart des rois potentats de la terre, sans considérer si la raison pourquoi se résolvent à faire la guerre est conforme à la volonté de Dieu ou à un désir de s'approprier de la terre d'autrui injustement, mais qu'à la vérité lui accusé n'a été induit ni persuadé par aucun qui soit au monde, et que si tant était que cela fût vrai, qu'il eût été si abominable que d'avoir consenti à un tel acte par argent ou en faveur des étrangers, il l'eût reconnu de prime face devant la justice de Dieu, devant laquelle il répond maintenant la vérité. Sur ce, nous a dit : Faites deux points ; mais qu'il prie la Cour, la reine et tout le peuple de cœur, qu'il sent son âme déchargée de la faute qu'ils commettent erronément, de penser qu'autre que lui l'ait porté à commettre l'homicide qu'il a toujours confessé, et pour ce les supplie de cesser l'opinion qu'ils ont qu'autre que lui ait participé à cet homicide, pour ce que le péché tombe contre l'accusé pour les avoir laissés en cette incertitude, n'y ayant personne pour juger du fait, qui est tout ce qu'il a confessé.... Qu'il n'y a nulle apparence qu'il ait été induit par argent, ou suscité par gens ambitieux du sceptre de la France ; car si tant est, ou eût été porté par argent, ou autrement, il semble qu'il ne fût pas venu jusqu'à trois fois, et à trois voyages exprès d'Angoulême à Paris, distants l'un de l'autre de cent lieues, pour donner conseil au roi de ranger à l'Église Catholique, Apostolique et Romaine, ceux de la religion prétendue réformée, gens du tout contraires à la volonté de Dieu et de son Église ; parce que, qui a volonté de tuer autrui par argent, dès qu'il se laisse aussi malheureusement corrompre par avarice pour assassiner son prince, ne va pas le faire avertir, comme il a fait trois diverses fois, ainsi que le sieur de la Force, capitaine des gardes, a reconnu, depuis l'homicide commis par l'accusé, avoir été dans le Louvre et prié instamment de le faire parler au roi ; lui fit réponse qu'il était un *papault et catholique à gros grains*.

On lui demande si, le jour de Pâques et celui de son départ d'Angoulême, il fit la sainte communion ; il répond que non ; — mais néanmoins qu'il fit célébrer le saint sacrifice de la sainte messe en l'église Saint-Paul d'Angoulême, sa paroisse, comme se reconnaissant indigne d'approcher de ce très-saint et très-auguste sacrement, plein de mystère et incompréhensible vertu, parce qu'il se sentait encore vexé de cette tentation de tuer le roi : en cet état ne voulait s'approcher du précieux corps de son Dieu.

Mais, lui objecte-t-on, puisque vous vous sentiez indigne de la sainte communion, quelle dévotion pouviez-vous avoir à ce saint sacrifice? A cette subtilité théologique, Ravaillac demeure un instant pensif, et dit :

— Qu'il est bien empêché à répondre à cette remontrance; puis après, a dit se ressouvenir que l'affection qu'il avait au très-saint sacrement de l'autel, le lui avait fait faire, parce qu'il espérait que sa mère, qui alla recevoir son Dieu en ce sacrifice qu'il faisait faire, il serait participant de sa communion, la croyant, depuis qu'il est au monde, être portée d'une plus religieuse affection envers son Dieu que lui accusé; c'est pourquoi il prie alors Dieu.

En donnant cette explication, Ravaillac se prit à pleurer.

Enquis s'il a connu un nommé Dubois de Limoges, et s'ils ont logé ensemble en cette ville, couché en même chambre, — a dit que oui, devant le *Pilier-Vert*, rue de la Harpe, au logis où a été l'enseigne des Rats.

S'il voulait croire ledit Dubois de ce qu'il dirait, — a dit que oui.

Si, étant couché avec ledit Dubois, il ne fit pas une conjuration, invoquant les démons, et en quelle forme, — a dit que tant s'en faut que ce qu'on lui demandait fût véritable: qu'au contraire, il n'était couché en même chambre que ledit Dubois, mais en un grenier au-dessus, dans lequel étant environ l'heure de minuit, fut prié et requis plusieurs et diverses fois par icelui Dubois de descendre en sa chambre; criant ledit Dubois par trois fois : *Credo in Deum; Ravaillac, mon ami, descends en bas*, en s'exclamant: *Mon Dieu, ayez pitié de moi!* Alors l'accusé voulut descendre, pour voir qui le mouvait à implorer son secours de la façon et avec telles exclamations; mais les personnes couchées où était l'accusé ne lui voulurent permettre, pour la crainte et frayeur qu'ils eurent; de sorte qu'il ne descendit point parler audit Dubois que longtemps après; que ledit Dubois lui dit qu'en la chambre au-dessous de l'accusé il avait vu un chien noir d'excessive grandeur et fort effroyable, qui s'était mis les deux premiers pieds sur le lit seul où il était couché; dont eut telle peur de cette vision, qui l'avait mû à faire telles exclamations et d'appeler l'accusé pour lui tenir compagnie en sa peur; ce qu'ayant entendu, l'accusé aurait, le lendemain matin, donné avis audit Dubois que, pour renverser ses horribles visions, il devait avoir recours à la sainte communion ou à la célébration de la sainte messe, ce qu'il fit; et furent ensemble, le lendemain matin, au couvent des Cordeliers, faire dire la sainte messe, pour attirer la grâce de Dieu, et se préserver des visions de Satan, ennemi commun des hommes.

Remontré qu'il n'y a apparence que ledit Dubois l'ait appelé d'en haut (*sic*), et qu'il n'a ouï sa voix, — a dit que c'est chose triviale, commune, et l'une des propriétés de la voix, monter en haut; et, de peur que nous n'ajoutions pas de foi à ses réponses, cette vérité serait attestée par ceux qui étaient en la chambre où il était couché, qui l'empêchèrent de descendre parler audit Dubois, qui étaient l'hôtesse de la maison, Marie Moisneau, et une sienne cousine nommée Jeanne Leblond, qui étaient en la chambre où l'accusé était, le priant n'y aller, à cause qu'elles

avaient entendu un grand bruit qui s'y était fait, occasion pour laquelle il avait quitté ladite chambre où il couchait auparavant avec ledit Dubois.

Remontré qu'il n'a point eu de volonté changer son malheureux dessein, ne voulant recevoir la communion le jour de Pâques, parce que c'eût été le moyen de s'en divertir, duquel moyen n'ayant usé, et s'étant ainsi éloigné de la sainte communion, il a continué en sa mauvaise entreprise, — a dit que ce qui l'empêcha de communier, fut qu'il avait pris cette résolution le jour de Pâques, venir tuer le roi; ne voulant, pour cette raison, communier réellement et de fait au précieux corps de Notre-Seigneur; mais avoir ouï la sainte messe avant que partir, croyant que la communion réelle que sa mère faisait ledit jour, était suffisante pour elle et pour lui; et aussi requit à Dieu lors, et requiert maintenant et jusques à sa mort, qu'il soit participant de toutes les saintes communions qui se font par les religieux, religieuses, sœurs et bons séculiers, et autres qui sont de l'Eglise Catholique, Apostolique et Romaine, communiant en la foi de notre mère sainte Eglise, le précieux corps de Notre-Seigneur et Rédempteur, que la réception qu'ils en font lui soit attribuée, comme croyant être l'un des membres avec eux, en un seul Jésus-Christ.

Remontré que lui ayant cette méchante intention de commettre cet acte, il était en péché et danger de damnation, ne pouvait participer à la grâce de Dieu et communion des fidèles chrétiens, pendant qu'il avait cette mauvaise volonté, dont il devait se départir pour être en la grâce de Dieu, comme catholique et fidèle, — a dit qu'il ne fait pas de difficulté qu'il n'ait été porté d'un propre mouvement et particulier, contraire à la volonté de Dieu, auteur de tout bien et de toute vérité, contraire au diable, père de mensonge; mais que maintenant, à la remontrance que nous lui faisons, il reconnaît qu'il n'a pu résister, ou n'a voulu résister à cette tentation, *étant hors du pouvoir des hommes de s'empêcher du mal*, et qu'à présent qu'il a déclaré la vérité entière, sans rien retenir et cacher, il espérait que Dieu tout bénin et miséricordieux lui ferait pardon et rémission de ses péchés, étant plus puissant pour dissoudre le péché, moyennant la confession et absolution sacerdotale, que les hommes pour l'offenser : priant la Sacrée Vierge, Monsieur Saint-Pierre, Monsieur Saint-Paul, Monsieur Saint-François, en pleurant, Monsieur Saint-Bernard et toute la Cour céleste du Paradis, requérir et être ses avocats et intercesseurs envers Sa Sacrée Majesté, afin qu'il impose sa croix entre sa mort et jugement de son âme et l'Enfer; par ainsi requiert et espère être participant des mérites de la passion de Notre-Seigneur Jésus-Christ, le suppliant bien humblement lui faire la grâce qu'il demeure associé aux mérites de tous les trésors qu'il infère en la puissance apostolique, lorsqu'il dit : *Tu es Petrus*...

Ravaillac fut confronté avec le père d'Aubigny; celui-ci prétendit n'avoir jamais vu l'accusé « qu'il sache, » et que Ravaillac mentait impudemment. Ravaillac affirma de nouveau son entrevue avec le père, qui aurait répondu à ses questions : — Vous n'avez pas de visions, mais des imaginations; prenez de bons potages. Le père, évidemment, avait eu une conférence avec Ravaillac; mais il n'avait vu en lui qu'un fou ridicule. Il niait aujourd'hui, craignant de se compromettre.

Le 27, l'arrêt fut prononcé. Ici, nous ne nous contenterons plus d'emprunter au petit volume publié par Aubry quelques bonnes variantes ; nous y puisons le texte littéral de l'arrêt, comme nous ferons encore pour le procès-verbal de torture et d'exécution.

« Veu par la Cour, les Grand'Chambre, Tournelle et de l'Édict, assemblées, le procez criminel faict par les Présidens et Conseillers à ce commis, à la requeste du Procureur général du roy, à l'encontre de *François Rauaillac*, praticien de la ville d'Angoulesme, prisonnier en la Conciergerie du Palais ; information, interrogatoire, confessions, dénégations, confrontations de tesmoings, conclusions du Procureur général du roy ; oy et interrogé par ladicte Cour, sur les cas à luy imposez, procez verbal des interrogatoires à luy faicts à la question, à laquelle de l'ordonnance de ladicte Cour auroit esté appliqué le 25 de ce mois, pour la réuélation de ses complices, tout considéré.

« Dict a esté que ladicte Cour a desclaré et desclare ledict Rauaillac denement atteint et conuaincu du crime de leze Maiesté, diuine et humaine, au premier chef, pour le tres-meschant, tres-abominable, et tres-détestable parricide, commis en la personne du feu Roy HENRY IIII, de tres-bonne et tres-louable mémoire. Pour réparation duquel l'a condemné et condemne faire amende honorable deuant la principale porte de l'Eglise de Paris, où il sera mené et conduict dans vn tumbereau, là nud en chemise, tenant vne torche ardente du poids de deux liures, dire et desclarer que malheureusement et proditoirement il a commis ledict tres-meschant, tres-abominable, et tres-détestable parricide, et tué ledict Seigneur Roy, de deux coups de cousteau dans le corps, dont se repend, demande pardon à Dieu, au Roy, et à Iustice ; de là conduict à la place de Grève, et sur vn eschafaut qui y sera dressé, tenaillé aux mammelles, bras, cuisses, et gras des iambes, sa main dextre y tenant le cousteau duquel a commis ledict parricide ards et bruslez de feu de souffre, et sur les endroits où il sera tenaillé, ietté du plomb fondu, de l'huille bouillante, de la poix raisine bruslante, de la cire et souffre fondus ensemble. Ce faict, son corps tiré et desmembré à quatre cheuaux, ses membres et corps consommez au feu, reduicts en cendres, iettées au vent. A desclaré et desclare tous et chacuns ses biens acquis et confisquez au Roy. Ordonné que la maison où il a esté nay sera desmolie, celuy à qui elle appartient préalablement indemnisé, sans que sur le fonds puisse à l'aduenir estre faict autre bastiment. Et que dans quinzaine après la publication du présent arrest à son de trompe et cry public en la ville d'Angoulesme, son père et sa mère vuideront le Royaume auec deffences d'y reuenir iamais, à peine d'estre pendus et estranglez, sans autre forme ni figure de procez. A faict et faict deffenses à ses frères, sœurs, oncle, et autres, porter cy-après ledict nom de Rauaillac, leur enioint le changer en aultre sur les mesmes peines. Et au Substitut du Procureur Général du Roy faire publier et exécuter le present arrest, à peine de s'en prendre à luy. Et auant l'exécution d'iceluy Rauaillac, Ordonné qu'il sera derechef appliqué à la question, pour la réuélation de ses complices.

« Prononcé et exécuté le *xxvij May, mil six cens dix.*

« Signé, VOYSIN. »

Une première fois, le 25, la question avait été donnée à Ravaillac, mais avec modération, pour qu'il pût résister aux tourments suprêmes qu'on lui réservait. La pièce suivante nous montre le régicide au milieu des atroces tortures de la question finale et du supplice.

« Dv vingt-sept may 1610, à la leuée de la Cour, en la chambre de la Beuuette.

« Pardeuant tous messieurs les Présidens et plusieurs des Conseillers, a esté mandé François Rauiallac, accusé et conuaincu du Parricide du feu Roy, auquel estant à genoulx a esté par le Greffier prononcé l'arrest de mort contre luy donné et que pour réuélation de ses complices sera appliqué à la question, et le serment de luy prins, exhorté préuenir le tourment et s'en rédimer par la recognoissance de la vérité, qui l'auoit induit, persuadé, fortifié à ce meschant acte, à qui il en auoit communiqué et conféré :

« A dict, *que par la damnation de son ame, n'y a eu homme, femme ni aultre que luy qui l'aye sceu.*

« Appliqué à la question des brodequins, et le premier coing mis :

« *S'est escrié que Dieu eust pitié de son ame, luy feist pardon de sa faulte et non pas d'auoir recelé personne,* ce qu'il a réitéré auec mesmes dénégations comme il a esté interrogé.

« Mis le deuxiesme coing :

« *A dict auec grands cris et clameurs : Ie suis pescheur, ie ne scay aultre chose, par le serment que i'ay faict et doibs à Dieu et à la Cour, ie n'en ay parlé que ce que i'ay dict au petit Cordellier, soit en confession, ou aultrement, n'en a parlé au gardien d'Angoulesme, ne s'est confessé en ceste ville et que la Cour ne le feist désespérer.*

« Continuant de frapper le deuxiesme coing :

« *S'est escrié : Mon Dieu, prenez ceste pénitence pour les grandes faultes que i'ay faictes en ce monde : o Dieu, receuez ceste peine pour la satisfaction de mes peschez, par la foy que ie doibs à Dieu, ie ne scay aultre chose et ne me faictes désespérer mon ame.*

« Mis au bas des pieds le troisiesme coing, entré en sueur vniuerselle et comme pasmé, luy aïant esté mis du vin à la bouche, ne l'a reçeu, la parole luy faillant, a esté relasché et sur luy ietté de l'eau, puis faict prendre du vin ; la parole reuenue, a esté mis sur vn matelas au mesme lieu, où a esté iusques sur midy, que la force reprinse, a esté conduit à la chapelle par l'exécuteur qui l'a attaché, et mandez les docteurs Filsac et Gamaches, il a eu à disner, puis auant que d'entrer en conférence auec les docteurs, par le greffier a esté admonesté de son salut par la nue recognoissance de la vérité, qui l'auoit poussé, excité et fortifié ou induict à ce qu'il auoit commis et de si long temps proiecté, qu'il n'y a auoit apparence qu'il l'eust conceu et entreprins luy seul et sans en auoir communiqué :

« *A dict qu'il n'est si misérable de retenir s'il sçauoit plus que ce qu'il a desclaré à la Cour, sçachant bien qu'il ne peust auoir la miséricorde de Dieu qu'il attend s'il retenoit à dire, et n'eust pas voulu endurer les tourments qu'il a reçeus ; s'il sçauoit dauantage l'eust desclaré, bien auoit-il faict vne grande faulte ou la tentation du Diable l'auoit porté, prioit le Roy, la Royne, la Cour et tout le monde de luy pardonner, faire prier Dieu pour luy, que son corps porte la pénitence pour son ame.*

« Et plusieurs fois admonesté n'aïant faict que répéter ce qu'il auoit dict, a esté délaissé aux deux Docteurs pour faire ce qui est de leur charge.

« Peu après deux heures, le Greffier mandé par les deux Docteurs, luy ont dict :

« *Que le condemné les auoit chargés le faire venir, pour luy dire et signer comme il entendoit que sa confession fust réuélée, mesmes imprimée, afin qu'elle fust sceue par tout ; laquelle confession iceulx D* teurs ont desclaré estre que aultre que luy n'auoit faict le coup, n'en auoit esté prié, sollicité ni induict par personne ni communiqué, recognoissant comme il auoit faict en la cour auoir commis une grande faulte dont il espère la miséricorde de Dieu plus grande qu'il n'estoit pescheur, et qu'il ne s'y attendroit s'il retenoit à dire.

« Sur ce par le Greffier ledict condamné requis de la recognoissance et confession qu'il vouloit estre sceue et rénélée, derechef admonesté de recognoistre la vérité pour son salut :

« Dict auec serment qu'il auoit tout dict, que personne du monde ne l'auoit induict et n'en auoit parlé ni communiqué à aultres qu'à ceulx qu'il a nommés au procès.

« Incontinent après trois heures tiré de la chapelle pour sortir de la Conciergerie, les prisonniers en multitude et confusion auec iniures, meschant, traistre, et aultres semblables, l'ont voulu offenser sinon que les archers et aultres officiers de la iustice présens pour la main forte et en armes les ont empeschez.

« Sortant la Conciergerie pour monter au tumbereau et y estant, le peuple de tous costez et en si grand nombre qu'il estoit difficile aux archers de passer, s'est mis à crier, les vns, meschant, les aultres, parricide, les aultres, le traistre, les aultres, le meurtrier, et aultres parolles d'indignation et opprobres, et s'efforsant plusieurs de l'offenser et se ietter sur luy, dont la force les a empeschez; après un long Paix-là! et Vors-Escoutez! de par le Roy (dict par trois fois), on se tut pour escouter l'arrest; mais à ces mots : tué le Roy de deux coups de cousteau, recommencé leurs cris à plus haulte voix, et les mesmes opprobres qui ont continué iusques à l'Eglise de Paris où la clameur et cris ont esté semblables à la lecture de l'arrest, qui a esté là exécuté pour l'amende honorable; puis conduit à la Grève, receuant en cheminant les mesmes iniures et clameurs d'indignation du desplaisir de tous, plusieurs se voulant ietter sur luy.

« Le cri faict à la Grève, avant que descendre du tumbereau pour monter sur l'eschaffault, encore admonesté, a réitéré les précédentes desclarations et prières au Roy et à la Royne, et à tout le monde, de luy pardonner la grande faulte qu'il auoit faicte et faire prier Dieu pour luy; le peuple continuant ses clameurs d'iniures et d'indignation contre luy.

« Monté sur l'eschaffault y a esté consolé et exhorté par les Docteurs, qui aïant faict ce qui estoit de leur profession, le Greffier d'abondant l'a exhorté, tinissant la vie, penser à son salut par la nue vérité, à quoy n'a voulu dire que ce qu'il auoit dict au précédent.

« Le feu mis à son bras, sa main droitte percée de part en part d'un cousteau rougi au feu de soufre; ensuite on luy deschira les mammelles et le gras des iambes avec des tenailles rouges qui luy firent faire des cris..... tenant le cousteau s'est escrié : Adieu (ah! Dieu!), et plusieurs fois dict : Iésus Maria; par après tenaillé, il a réitéré les cris et prières, faisant lesquelles plusieurs fois admonesté à recognoistre la vérité, n'a dict que comme au précédent et le peuple auec grand rumeur crié et répété les opprobres et iniures, disant qu'il le falloit là laisser

languir, puis aux interualles le plomb fondu et huillé iettés sur les plaies où il auoit été tenaillé a continué fort haultement ses cris.

« Sur ce les Docteurs luy ont derechef parlé, et à ce faire invitez par le Greffier, ont voulu faire les prières accoustumées pour le condamné, se sont debout descouuerts et commencé publiquement, mais tout aussitost le peuple en turbe et confusion a crié contre eulx, disant qu'il ne falloit point prier pour ce meschant et condamné, et aultres parolles semblables, telles qu'ils ont esté contraincts cesser.

« Et lors le Greffier lui a remonstré comme la grande indignation du peuple estoit le iugement contre luy, qui l'obligeoit à se disposer de tant plus à la vérité, il a continué, dict : Il n'y a que moy qui l'aye faict.

« Faict tirer les cheuaux enuiron demie heure, par interualle arrestez, enquis et admonesté, a perséuéré en ses desnégations; et le peuple de toutes qualités qui là estoient proche et loing, continué ses clameurs et tesmoingnages de ressentiment du malheur de la perte du Roy, plusieurs mis à tirer les cordes auec telle ardeur que l'vn de la noblesse qui estoit proche, a faict mettre son cheual au lieu de l'vn de ceulx qui estoit recreu, et enfin par vne grande heure tiré sans estre desmembré, a rendu l'esprit, et lors desmembré, le peuple de touttes qualitez se sont iettez auec espées, cousteaux, bastons et aultres choses qu'ils tenoient, à frapper, couper, deschirer les membres, ardemment, mis en diuerses pièces, rauis à l'exécuteur, les traisnant qui çà qui là par les rues de tous costez auec telle fureur que rien ne les a peu arrester, et ont esté bruslés en diuers endroits de la ville.

« Quelques manans des enuirons de Paris aïant trouué le moïen d'en auoir quelques lopins et aulcuns des entrailles, les traisnèrent brusler iusques en leurs villages. Ainsy finist ce misérable, qui estoit de taille assez haulte, puissant et gros de membres, aïant le poil de la couleur de roux noir, comme on dict auoir esté celuy de Iudas : on l'a depuis ainsy appelée couleur à la Rauaillac. »

Quelques historiens, M. Michelet entre autres, ont voulu voir dans Ravaillac un instrument direct de l'Espagne et de Rome, un séide envoyé par d'Epernon, les d'Entragues, les Concini et Marie de Médicis elle-même. Angoulème était une place de d'Epernon, et Ravaillac avait sollicité des procès pour le duc. Une femme d'Escoman, un aventurier du nom de Dujardin-Lagarde ont prétendu que Ravaillac avait reçu ses instructions à Naples. C'est là de la fantaisie historique, ce n'est pas de l'histoire. Ravaillac, tout son procès le prouve, fut un fanatique sincère, un monomane obsédé par une idée funeste. Il est de la famille des Louvel et des Alibaud. (Voyez ces noms.) Les fausses doctrines trouvent toujours ainsi des interprètes convaincus, désintéressés, pour les pousser jusqu'à leurs dernières conséquences. Et, chose triste à dire, ce sont, d'ordinaire, des âmes courtes mais honnêtes, vigoureuses, profondément empreintes d'un esprit de justice mal compris, qui se font ainsi les instruments d'une pensée criminelle, en croyant accomplir l'œuvre de Dieu.

Paris. — Typographie de Firmin Didot frères, fils et Cⁱᵉ, 56, rue Jacob.

LES QUATRE SERGENTS DE LA ROCHELLE (1822).

LE CARBONARISME. — BORIES, POMMIER, GOUBIN ET RAOULX.

Raoulx, qui devait passer le premier, demanda à embrasser ses camarades. . . (PAGE 48.)

La mort des quatre sergents de La Rochelle est devenue dans les souvenirs du peuple, comme l'a bien dit M. de Vaulabelle, une héroïque et touchante légende. Ces quatre adolescents livrant, avec une résignation souriante, leurs têtes au bourreau, et saluant la mort d'un dernier cri de *Vive la liberté!* sont, en quelque sorte, les types les plus purs et les plus intéressants du martyr de la démocratie. L'histoire de leur vie et du procès qui la termina, si elle diminue quelque peu leur taille légendaire, n'a rien du moins qui puisse affaiblir l'immense pitié inspirée par leur sort. Ils ont dévoué leur vie à une idée; qu'ils aient eu raison, qu'ils aient eu tort, ils n'en furent pas moins courageux, honnêtes et sincères. S'ils ont manqué à leur serment militaire, ils ont assez cruellement expié leur faute pour que la postérité les ait absous en condamnant leurs juges, et la cause à laquelle ils ont donné leur sang était bien la cause de la France.

Plus d'une leçon ressortira vivement de ce pro-

cès : on y verra ce que vaut la passion politique et quels malheurs elle enfante; on y verra quels trésors de haines s'amassent pendant les discordes civiles, comment un fanatisme engendre toujours le fanatisme contraire, comment des sujets peuvent se changer en ennemis, des rois et des juges en bourreaux.

La conspiration de La Rochelle et le procès qui en fut la suite, ne sont pas des faits isolés. Ils se relient à une situation générale, à une série de faits semblables, et ils sont comme le dénoûment d'un drame qui commence à 1815 et finit à 1822. Il est donc nécessaire, pour l'intelligence de ce récit, d'exposer brièvement cette situation, de dérouler cette série d'événements que clôt le supplice des quatre sergents de la Rochelle.

La restauration des Bourbons, acclamée d'abord par la France épuisée comme un remède héroïque, avait ramené, avec l'ancienne monarchie, les prétentions d'un passé qui ne pouvait plus revivre. La Charte avait, il est vrai, consacré les principes de liberté et d'égalité conquis par la France de 1789; mais ces droits avaient été octroyés en pur don; mais ni la nation, ni ses nouveaux chefs n'étaient mûrs pour les tempéraments d'un état constitutionnel. L'une avait désappris la liberté sous les glorieuses étreintes d'un despotisme militaire; les autres n'avaient pas assez oublié.

Ce désaccord naissant éclata lors du coup de main des Cent-Jours, et les humiliations d'une défaite nouvelle ne firent que l'accroître. Une première fois, la France avait été sauvée par la monarchie; la seconde fois, il lui sembla qu'elle était vaincue par elle.

Après le suprême désastre, la nation se trouva partagée en deux camps : l'un, peu nombreux, mais soutenu par les baïonnettes de l'Europe, altéré de vengeance, affamé de récompenses dues à sa fidélité; l'autre, immense mais désarmé, buvant impatiemment ses hontes et comprenant qu'on allait lui faire payer bien cher sa dernière aventure. Les uns, plus royalistes que le roi, réclamèrent ou obtinrent les têtes glorieuses d'un Ney, d'un Linois, d'un Labédoyère, d'un Cambronne, d'un Debelle, d'un Travot, d'un Chartran, d'un Lefebvre-Desnouettes, d'un Clausel, d'un Radet, d'un Drouet-d'Erlon. On vit des dames royalistes danser sur la place où était tombé fusillé Mouton-Duvernet, et, dans un banquet royaliste donné en réjouissance de cette mort, on vit des convives larder à coups de couteau un foie de *mouton* saignant.

Pendant que des cours prévôtales lançaient les condamnations par milliers, les royalistes, ignobles émules de Danton, promenaient dans l'Ouest et dans le Midi la *Terreur blanche*, et refaisaient, au cri de *Vive le Roi!* les journées de septembre.

A cette époque de folle réaction, tout ce qui n'est pas ancien émigré, prêtre ou fonctionnaire, est un ennemi de l'Etat. La France est un suspect. Vous tiendrez pour ennemi de l'Etat, dit M. Decazes, ministre de la police, « tout homme qui se réjouit des embarras du gouvernement,... qui, par ses discours ou des *insinuations* perfides, tend à dissuader les jeunes gens de s'enrôler,... qui, par ses propos, ses *gestes* ou son ATTITUDE, décèle la haine ou le mépris pour les habitants paisibles et subordonnés.... » (*Circulaire* aux fonctionnaires, 28 mars 1816).

Sous l'empire de cette inquisition formidable, les prisons s'encombrent; les dénonciations pullulent, les destitutions pleuvent. Zèles excessifs, convictions fanatiques, ambitions avides, lâchetés cruelles, toutes les passions mauvaises entendent et outrent le mot d'ordre.

Que de semblables persécutions aient soulevé l'indignation des victimes, que de secrets complots soient nés de cette tyrannie, il ne s'en faut pas étonner.

La première tentative faite contre le trône des Bourbons fut l'échauffourée de Grenoble, en 1816 : le chef, Didier, travaillait à l'établissement d'une dynastie nouvelle, celle de la famille d'Orléans; les adhérents ne se soulevaient qu'au cri de *Vive Napoléon!* Ce mouvement hybride finit par l'arrestation et par la mort des principaux meneurs; et le gouvernement souilla sa facile victoire par l'immolation barbare de vingt et un enfants et d'un vieillard : une boucherie déguisée sous le nom de justice.

La même année, quelques niais, conduits à leur perte par un agent de police, et dont tout le crime consistait dans des distributions de cartes de reconnaissance, furent, à Paris, condamnés au dernier supplice. La police se vanta hautement d'avoir constamment tenu tous les fils de ce complot ridicule, et de n'avoir pas craint un seul instant des bavards sans dessein arrêté, sans moyens d'exécution. Trois de ces malheureux, décorés du nom pompeux de *Patriotes de* 1816, n'en furent pas moins guillotinés, après avoir vu tomber leur poing sous le couperet du bourreau.

En 1817, la police de M. Decazes monta un autre complot de cabaret, qui aboutit à l'exécution de Desfontaines et de Raymond, du capitaine Bédrine, de Cassaigne, des fourriers Desbans et Chayoux, accusés d'avoir *conçu le projet* de tirer sur les princes. L'agent de police Randon, commis par ses chefs pour mener cette affaire, fut sacrifié à la dernière heure et périt sur l'échafaud avec ses victimes.

En même temps, une conspiration excitée à Lyon par des agents provocateurs militaires procurait au gouvernement l'*exemple salutaire* de *vingt-huit* condamnations à mort. Dans ce complot de Lyon, dit M. Dupin aîné (*Mémoires*, Paris, 1855,)« le parti ultra fut pris la main dans le sang... L'action des agents provocateurs fut clairement démontrée par les rapports mêmes de la police... En tout, horrible affaire ! »

On recule d'étonnement, de consternation, en face de pareils crimes; on se prend à douter; on se demande s'il est possible que des hommes éminents, un duc Decazes par exemple, aient pu recourir à de semblables moyens de gouvernement. Porté par ses antécédents, par son intelligence, vers les idées libérales, le duc Decazes en fut longtemps le représentant le plus convaincu dans l'administration du roi Louis XVIII. Mais, par là même suspect aux royalistes, pris entre la défiance des uns, la haine et le mépris des autres, il recourut, pour garder le pouvoir, à ce système immoral de *bascule*, qui, sans satisfaire aux intérêts d'aucun parti, les flatte et les sacrifie tour à tour. Il fut de ceux dont parle Tacite, qui sont capables de tout pour dominer.

A partir de 1818, les défiances s'apaisent, les colères se calment, du moins à la surface. La nation se recueille; mais tout fermente en dessous. Les opinions, les passions s'organisent. La jeunesse des villes, aussi peu enthousiaste du despotisme militaire que de l'absolutisme de droit divin, se prend d'une passion sérieuse pour l'égalité, pour la liberté. La Société de l'*Arc-en-ciel*, celle des *Amis de la liberté de la presse*, travaillent ostensiblement à l'enseignement du droit individuel et du droit populaire. L'esprit de nationalité, d'indépendance, souffle en France et par toute l'Europe; unit, en Allemagne, les membres du *Tugend-Bund* contre l'oppression des monarques oublieux de leurs promesses; soulève en Espagne, à Naples, dans le Piémont, en Grèce, les peuples révoltés.

C'est au milieu des inquiétudes provoquées par ce mouvement général des esprits, que, le 13 février 1820, éclata l'attentat isolé de Louvel (*Voyez* ce procès). Ce fut le prétexte d'une politique nouvelle, politique à outrance, qui prétendit voir un crime dans toute aspiration vers la liberté, qui sacrifia, comme révolutionnaire, M. Decazes lui-même.

A partir de ce jour, plus de soupape de sûreté,

plus de libre parole : aussi, la vapeur s'amasse dans les flancs de la chaudière, de formidables explosions se préparent dans l'ombre. C'est à ce moment que naît, en France, la *Charbonnerie*.

Deux Français, Dugied et Joubert, l'avaient rapportée de Naples, où, créée contre l'étranger, elle s'était retournée bientôt contre la royauté qui s'en était servie comme d'un instrument terrible. La division des affiliés en groupes désignés sous le nom de *Ventes*, correspondant par le moyen d'un seul délégué et dont les éléments s'ignoraient entre eux, favorisait la propagation rapide de la secte; l'obéissance aveugle de chaque groupe particulier aux ordres partis du groupe suprême assurait l'unité de pensée, l'énergie d'action. Les premiers adeptes de cette religion démocratique furent MM. Bazard, Buchez, Guinard, de Corcelles fils, Rouen, Sautelet, Flotard. La jeunesse des Écoles civiles et militaires se précipita, en masse, dans les mystérieuses pratiques du dogme nouveau. Bientôt, de grands noms, consacrés par de glorieux souvenirs, de hautes situations, des talents éminents, ne craignirent pas de prendre place à la tête de cette armée de l'avenir. MM. de Lafayette père et fils, de Corcelles père, Voyer d'Argenson, Dupont (de l'Eure), de Schonen, Jacques Kœchlin, Manuel, Fabvier, Barthe, Mérilhou, les frères Scheffer, Trélat, apportèrent dans cette société d'égaux l'autorité de leur passé, de leurs fortunes ou de leur talent.

La Charbonnerie, ou *Carbonarisme*, se recrutait principalement dans les professions libérales, dans la classe moyenne. La bourgeoisie infime, la classe ouvrière, les populations agricoles avaient leurs associations parallèles, par exemple la Société des *Chevaliers de la liberté*.

En dehors de cette conspiration latente, qui s'étendait silencieusement sur la France, vingt mille officiers, condamnés au repos et, pour la plupart, à la misère; un plus grand nombre encore de sous-officiers et de soldats, renvoyés à la charrue et au métier, ou mis en suspicion dans les cadres de l'armée nouvelle, rappelaient de leurs vœux secrets ce drapeau dont le poëte populaire disait :

> J'ai mon drapeau dans ma chaumière,
> . . . .
> Quand secouerai-je la poussière
> Qui ternit ses nobles couleurs?

Tels étaient, au commencement de 1821, les éléments de guerre civile que recélait la France.

La première tentative sérieuse, le premier coup de main préparé par une organisation vigoureuse, avait été l'affaire du *Bazar français* (19 août 1820). Cette conspiration eut ces remarquables caractères, de s'attaquer au cœur même de la monarchie, à Paris, et de s'appuyer exclusivement sur l'armée. Il s'agissait d'enlever les membres de la famille royale, de surprendre Vincennes; à la faveur du mouvement parisien, les affiliés de l'Est, de l'Ouest et du Sud s'empareraient de la Fère, de Béfort, de Lyon, de Grenoble, de Nantes. Cette conspiration vraiment redoutable avorta par les révélations de quelques sous-officiers. M. le duc de Richelieu en tenait les fils; il se conduisit en honnête homme, et se refusa à laisser se perdre entièrement des malheureux qu'il eût fallu immoler.

Ce mouvement, bonapartiste en apparence, n'avait, au fond, aucun autre but bien précis que le renversement de la dynastie régnante. Ce qu'on mettrait à la place, on ne s'en inquiétait guère. La

mort de Napoléon, arrivée le 5 mai 1821, rallia à l'action des sociétés secrètes civiles un grand nombre de militaires, et, vers la fin de 1821, les *Chevaliers de la liberté* dans l'Ouest, et les *Carbonari* dans l'Est, reçurent ordre de se tenir prêts. C'était le Comité-Directeur de la *Charbonnerie* qui conduisait la nouvelle entreprise.

Le plan en était bien étudié, les moyens d'exécution des plus puissants. Dans le Midi, on travaillait activement des populations peu accessibles aux idées bonapartistes et républicaines; on espérait entraîner Marseille. Dans l'Ouest, les *Chevaliers de la Liberté* pensaient tenir dans leur main Saumur. Dans l'Est, à Béfort, à Neuf-Brisach, à Huningue, des officiers retraités avaient travaillé les régiments, et y avaient pratiqué des affiliations nombreuses; MM. Buchez, Kœchlin et Voyer d'Argenson étaient sûrs de Mulhouse; M. Petit-Jean, avocat, répondait du Haut et du Bas-Rhin; MM. Bazard et Joubert arrivaient, délégués par la Vente suprême. Un général de cavalerie en demi-solde, M. Dermoncourt, devait se porter sur Colmar. Le colonel Brice intercepterait les chemins entre l'Alsace et Paris, et couperait les Vosges avec les débris des corps francs qu'il avait organisés en 1814 et 1815. A Paris, la Vente suprême croyait pouvoir compter sur 25,000 affiliés, pour qui un succès obtenu en province, une base d'opérations conquise contre la monarchie, seraient un puissant encouragement. Tout était prêt pour le 1er janvier 1822, et l'on comptait tellement sur un succès, que les chefs mystérieux de la *Charbonnerie* s'étaient décidés à prendre eux-mêmes le commandement de l'insurrection.

Déjà, M. Buchez était à Strasbourg; on attendait M. de Lafayette, qui acceptait la direction du mouvement et dont le nom devait être proclamé à Béfort, avec ceux de MM. d'Argenson et Kœchlin, comme chef d'un gouvernement provisoire.

Comme il arrive si souvent dans les conspirations les mieux ourdies, la grande insurrection de l'Est, pivot de la révolution générale, avorta par suite de retards apportés par les chefs, de dissentiments soulevés entre les membres du Comité-Directeur, d'imprudences commises. Au moment où tout allait éclater, les autorités militaires de Béfort eurent l'éveil. Les conjurés se dispersèrent, laissant aux mains du commandant de la place quelques-uns d'entre eux, dont les démarches révélaient un complot dont on ne put cependant parvenir à prouver l'existence et à mesurer l'étendue. M. de Lafayette et quelques autres chef, n'eurent que le temps de rebrousser chemin.

Pareille issue était réservée à la *Charbonnerie* à Marseille. Un ancien capitaine de la garde impériale, Vallé, y avait organisé, ainsi qu'à Toulon, une active propagande, quand, le 9 janvier 1822, à la suite d'un déjeuner auquel il avait convié, dans un café, quelques anciens militaires non affiliés, il eut l'imprudence de leur proposer leur admission dans la Société secrète dont il était l'émissaire. Ce jour-là même, on avait appris, à Marseille, la découverte du complot de Béfort. Un des déjeuneurs crut voir dans Vallé un agent provocateur, et Vallé fut arrêté, sans avoir eu le temps de faire disparaître un programme écrit du but et des conditions d'initiation de la *Charbonnerie*.

Ce fut le premier rayon de lumière qui montra au gouvernement, sans en éclairer les profondeurs, la vaste association qui menaçait son existence.

A ce moment, un changement significatif venait

d'avoir lieu dans la politique intérieure de la France. Au ministère modéré de l'honnête et patriote duc de Richelieu, venait de succéder l'administration de M. de Montmorency.

Les membres de ce ministère nouveau, parmi lesquels les plus considérables étaient MM. de Villèle, de Peyronnet, Corbière, appartenaient tous, à l'exception d'un seul, à la puissante Société secrète dite *Société royaliste de la Congrégation*. Au fanatisme républicain ou impérialiste, cette société célèbre, dont on a vainement cherché à nier l'existence, opposait le fanatisme absolutiste et religieux. Elle venait de saisir le pouvoir, et de placer, à côté, pourquoi ne pas dire au-dessus du trône, son chef reconnu, M. le comte d'Artois.

Ainsi, au moment où se place ce récit, deux Frances étaient en présence, également passionnées, irréconciliables : la France de la révolution et la France de la contre-révolution.

Sans doute, tout gouvernement a le droit de se défendre; mais il est des moyens de défense que les gouvernements honnêtes, ou seulement habiles, doivent se garder d'employer. A peine M. le duc de Richelieu fut-il descendu du pouvoir, qu'on s'aperçut aussitôt d'un abaissement dans la moralité de l'administration. Les procédés de provocation qui avaient signalé l'administration de M. Decazes, reparurent et furent même dépassés. Les exécutions recommencèrent; le sang coula à flots.

C'est ainsi que deux malheureux, anciens officiers de l'Empire, Caron et Roger, dont l'intention première n'était que de délivrer les prisonniers du complot de Béfort, furent amenés, par une provocation hideuse, à faire acte public de conspiration. On vit les officiers, déshonorant leur épaulette, jouer l'ignoble comédie de la révolte; on vit deux escadrons feindre la désertion, parcourir la route de Colmar aux cris de *Vive Napoléon II*, exciter à se perdre les populations de ces campagnes, dont la prudence déjoua ce honteux calcul. Et, lorsque Caron, distrait de ses juges naturels, eut été fusillé sur l'arrêt d'un conseil de guerre, on vit un général récompenser par des grades et par des sacs d'argent, devant leurs régiments assemblés, les misérables qui avaient tendu ce piége.

Cependant, l'Anjou et la Bretagne avaient, en même temps que l'Alsace, reçu du Comité directeur de la *Charbonnerie*, l'ordre de se préparer à l'action. Saumur, que son École de cavalerie, dont les élèves étaient presque tous affiliés, désignait naturellement pour foyer de l'explosion, devait être surpris le 25 décembre 1821. Des révélations incomplètes faites par deux sous-officiers, des notes et des listes trouvées sur un *Chevalier de la liberté* mort par accident, donnèrent l'éveil au commandant de l'École, et amenèrent l'arrestation d'une quarantaine de conjurés.

Ainsi, au mois de janvier 1822, les tentatives révolutionnaires des sociétés secrètes avaient échoué, presque au même instant, dans l'Ouest, dans le Midi, dans l'Est, à Béfort, à Marseille, à Saumur. Trois instructions étaient commencées : à Colmar, contre quarante-quatre accusés; dans le Var, contre dix; à Tours, contre onze. Partout, la justice et la police cherchaient, sans le trouver, le fil qui reliait évidemment ces mouvements simultanés.

C'est au milieu de ces circonstances que se place la conspiration de La Rochelle. Elle fait partie de cet ensemble; elle est un des rouages de cette grande machine révolutionnaire; tout ce qui l'entoure, tout ce qui la précède, l'explique; elle est aussi le dernier effort de l'insurrection violente, à force ouverte. Après elle, la révolution en appellera à deux instruments bien autrement puissants que le poignard du charbonnier ou le fusil du conspirateur : la *Parole* et la *Presse*.

Le 45e régiment de ligne, ancienne légion d'Eure-et-Loir, avait été formé à Chartres, en 1816, des débris de l'armée de la Loire et d'un certain nombre d'engagés volontaires. C'est dire que beaucoup des soldats qui le composaient étaient d'anciens sous-officiers de l'Empire, dont le gouvernement de la Restauration avait maladroitement refusé de reconnaître les grades. L'émigration lui avait apporté la plupart de ses officiers supérieurs, et on avait plutôt consulté, pour ces choix, le zèle bruyant, la fidélité besoigneuse de Coblentz ou de Bruxelles, que l'expérience militaire et la capacité. Un marquis de Toustain, ancien émigré, avait été nommé colonel de ce régiment.

Plusieurs capitaines de l'Empire, bons et braves soldats, étaient restés, faute de sujets nouveaux, à la tête de leurs compagnies. Ils n'y durèrent pas longtemps. Sur les plaintes réitérées du marquis de Toustain, quatre d'entre eux furent renvoyés en 1820 : c'étaient les plus capables, les plus aimés du soldat.

Aussi, l'esprit du 45e régiment de ligne était-il, comme celui de l'armée tout entière, hostile au gouvernement nouveau. Des officiers suspects; des soldats et des sous-officiers qui se sentaient enfermés pour toujours dans les grades inférieurs, et qui voyaient tout espoir d'avancement subordonné à des conditions impérieuses de zèle monarchique et religieux, de noblesse et de recommandations puissantes; des officiers supérieurs qui n'avaient rien de commun avec le soldat, ni l'origine, ni les idées, ni la vie militaire : telle était alors la physionomie d'un régiment français, telle était celle du 45e de ligne.

Les épurations faites par le colonel de Toustain n'eurent pas pour effet de ramener à lui les sympathies de ses soldats. Il y parut quand on essaya de faire prendre au 45e l'air de Paris. L'étrenne du régiment dans la capitale fut une parade de plusieurs heures sous une pluie battante, et, quand arriva l'officier général qui devait le passer en revue, le cri de *Vive le Roi !* proféré par cet officier comme une question dont on exigeait la réponse, ne trouva pas un écho parmi les sous-officiers ni les soldats. Le régiment gangrené fut, au plus vite, éloigné de Paris.

Au commencement de 1821, le marquis de Toustain réussit à faire oublier ces fâcheux souvenirs, et obtint de ramener son régiment à Paris. Le 18 avril, le 45e quitta Dieppe et le Havre, et ses deux bataillons furent casernés à Paris, l'un rue du Foin-Saint-Jacques, l'autre rue Saint-Jean-de-Beauvais.

C'était la frontière du quartier des Écoles, c'est-à-dire, à cette époque, du jeune libéralisme, ardent, remuant, toujours prêt aux frondes et aux émeutes du cours ou de la rue.

Les affinités secrètes qui existaient entre les étudiants et les soldats ne tardèrent pas à les rapprocher. Un ancien élève de l'École de médecine découvrit, parmi les soldats du 45e, un de ses anciens condisciples, le sergent-major Bories.

Jean-François-Louis Leclerc Bories était né à Villefranche (Aveyron), en 1795. Sa jeune imagination avait été, de bonne heure, exaltée par la lecture des *Annales de la République française*. Bien fait, intelligent, brave, doué d'une certaine éloquence naturelle, il se sentait capable de parvenir, et l'établissement nouveau lui déplaisait peut-être autant parce qu'il barrait la route à ses ambitions, que parce qu'il comprimait ses instincts de gloire et de liberté.

L'ancien camarade de Bories était franc-maçon; Bories ne tarda pas être initié. Puis bientôt, derrière la Loge, trop facilement accessible à la police, on lui laissa entrevoir une initiation plus haute, plus mystérieuse; plus pratique. Il fut *Carbonaro*. A peine recruté, il recruta à son tour. Sa première conquête, dans le 45e de ligne, fut un simple soldat, Lefevre, ancien sous-officier des Cent-Jours, à qui la Restauration avait enlevé ses galons. Lefevre n'avait plus que quelques mois à passer au régiment, et l'époque de sa libération devait être aussi celle de son mariage, et de son établissement à Paris, où il avait une partie de sa famille. Cette perspective ne put empêcher Lefevre de s'associer à la secrète conspiration qui réunissait alors contre les Bourbons toutes les forces vives de la France. Il avait, il l'a dit lui-même (1), « quelque facilité à saisir les ridicules et à les présenter dans des chansons appropriées à l'esprit du soldat. » Le premier, il avait introduit Béranger dans la caserne, et, aux veillées du corps de garde, il racontait, à sa façon populaire et caustique, les épopées de l'Empire, qu'il savait opposer aux humiliations du temps présent. Lefevre était un homme *important* dans le 45e, comme le disait aigrement le colonel de Toustain, qui voyait d'un œil inquiet cette influence hostile. Mais Lefevre était aussi un homme de bon sens, et les jongleries mystiques du *Carbonarisme*, surtout les poignards, le laissèrent assez froid et lui inspirèrent quelque défiance.

Il n'en fut pas de même pour les autres recrues que fit Bories. Les serments de mort faits sur le poignard n'étaient pas, à leurs yeux, l'attrait le moins puissant de la *Charbonnerie*. Plus d'un ressentait un puéril plaisir à cacher dans ses vêtements cette arme dramatique.

En peu de jours, Bories eut initié trois sergents-majors, Pommier, Labouré et Castille; quatre sergents, Goubin, Huc, Cochet et Barlet; trois caporaux, Gauthier, Thomas et Lecoq. Goubin conquit à l'association le sergent Raoulx et le caporal Demait; Pommier fit recevoir le sergent Dutron et le fusilier Bicheron; Labouré devint, en *Charbonnerie*, le précepteur du sergent Asnès; Raoulx, celui du sergent Perreton.

Au milieu de décembre 1821, la plupart des sous-officiers du 45e appartenaient à la grande société secrète; il n'était pas besoin d'y initier les soldats, qui, à l'occasion, marcheraient à la voix sympathique de leurs chefs immédiats.

Un incident imprévu vint le démontrer. Une nuit de décembre, la sinistre générale résonne tout à coup dans les rues voisines de la caserne. Le sergent Goubin l'entend. Son imagination mêle à ces sons la voix du sergent-major Bories. Plus de doute, c'est le signal impatiemment attendu; c'est le moment de se lever pour la liberté. Il réveille à la hâte les soldats de sa compagnie, leur ordonne de charger leurs armes, et descend avec eux dans la cour de la caserne. Là, il trouve un officier d'état-major, montant un cheval tout ruisselant de sueur, qui lui apprend que le feu est à la manufacture royale des Gobelins. Goubin fait rentrer les armes, dont on retire précipitamment les cartouches. Ses hommes avaient compris, pas un d'eux ne parla. Le lendemain, seulement, quelques soldats causaient, en riant tout bas, de l'alerte de la veille, et regrettaient *qu'il n'y eût pas eu quelque chose*.

A quelques jours de là, le colonel marquis de Toustain eut à subir un nouveau mécompte.

On avait organisé, à Paris, une police militaire, dont les agents surveillaient l'esprit de la troupe, et cherchaient, dans les rangs des soldats et des sous-officiers, la piste des influences libérales. Triste moyen, qui ne devait donner que de tristes résultats. Les instruments qu'on se procurait ainsi ne brillaient pas par la moralité. Un de ces hommes, sergent-major au 45e, désespéré de ne rien découvrir qui pût lui procurer avancement ou argent, las de ne porter au bureau secret du marché Saint-Honoré que des rapports pleins de mots et vides de choses, imagina de construire lui-même, de toutes pièces, une tentative d'embauchage dont il pût être à la fois le révélateur et le héros.

Il s'entend avec deux autres agents de la police militaire, un sergent-major et un sergent. Tous trois vont trouver M. de Toustain, et lui confient que des conspirateurs tentent, depuis quelques jours, de les affilier à un complot contre le Roi. Rendez-vous leur a été donné, à minuit, dans les Champs-Élysées. Leur fidélité au drapeau et à la dynastie légitime a pu, seule, les porter à contenir leur indignation, et à accepter le rendez-vous, où ils réclament, comme une récompense, la mission de prendre sur le fait les coupables. Le marquis de Toustain voit là une heureuse occasion de faire éclater son zèle et l'incorruptible fidélité de son régiment. Il recommande aux trois sous-officiers le secret le plus absolu, leur donne vingt hommes et, à onze heures du soir, on ouvre au détachement les portes de la caserne. Arrivés dans les Champs-Élysées, les trois sous-officiers disséminent leurs hommes, en leur recommandant de se cacher derrière les arbres et d'accourir au signal convenu, au cri de *Vive le Roi!* Ils s'éloignent, et, quelques instants après, un coup de feu retentit dans la nuit, suivi du cri plusieurs fois répété de *Vive le Roi!* Les soldats accourent, et ne trouvent que leurs sous-officiers, courant çà et là, très-échauffés, à la recherche d'un ennemi invisible. Il va sans dire qu'on ne trouva personne, et le détachement rentra à la caserne, rapportant en triomphe, comme preuve de la lutte entre les sous-officiers et les embaucheurs, le shako du sergent-major, auteur de l'imbroglio; ce shako était percé d'une balle.

Le lendemain, le marquis de Toustain adresse un pompeux rapport à la place. Cependant les soldats ont raconté, commenté la singulière expédition de la nuit. On veut voir le shako du sergent-major, et celui-ci le montre avec orgueil. Mais Bories : « Savez-vous qu'il est bien heureux pour vous que vous ne l'eussiez pas sur la tête? — Comment? Que voulez-vous dire? — Je dis, farceur, que, si vous

(1) *Souvenirs de la Conspiration de La Rochelle, dite des Quatre Sergents*, par J. S. Lefevre, in-8o de 97 pages, Rouen, 1845. C'est une reproduction de quelques articles insérés dans la *Revue de Rouen et de la Normandie*. On y trouve, sur la conspiration de La Rochelle, des indications d'autant plus précieuses, que le narrateur y fait preuve de simplicité et de modestie, et dit que ce qu'il a vu, et sait échapper à la tentation, trop ordinaire en pareil cas, d'exagérer sa part personnelle dans les événements.

l'eussiez porté sur la tête, la balle vous perçait le crâne. »

Et c'était vrai : on ne pense pas à tout. La chose vint aux oreilles du lieutenant général comte Defrance, commandant la division. Le général trouva la comédie indécente, lança vertement le crédule colonel et lui infligea quelques jours d'arrêts. On éloigna prudemment les trois comédiens gagistes de la police militaire; et le disgracié 45e reçut ordre de se préparer à quitter Paris pour La Rochelle.

Ce départ était un contre-temps sérieux pour les directeurs de la *Charbonnerie*, qui se promettaient d'avoir bientôt sous la main tout un régiment gagné à leur cause. L'organisation secrète du 45e, quelques espérances qu'elle donnât pour l'avenir, n'était encore qu'ébauchée. Bories, initiateur du régiment, était, selon les habitudes du *Carbonarisme*, en même temps président de la Vente militaire du 45e et député de cette Vente particulière à la Vente centrale dans laquelle il avait été reçu d'abord, la Vente *Washington*. Cette Vente centrale était présidée par un avocat stagiaire, Baradère. Les membres les plus actifs étaient Hénon, ancien militaire, chef d'institution dans le faubourg Saint-Marceau; Rosé, employé à la Compagnie royale d'assurances; Gauran, chirurgien à l'hospice Beaujon.

Lorsque le 45e eut avis de son prochain départ pour l'Ouest, le Comité-Directeur résolut d'utiliser les dispositions de ce régiment pour un mouvement nouveau que le général Berton préparait à Rennes, à Nantes et à Saumur. Bories reçut donc l'ordre de convoquer ses hommes les plus sûrs, et d'échauffer leur zèle en leur montrant le but prochain et pratique de la conspiration, jusque-là renfermée dans un nuage d'abstractions. Bories réunit les membres de sa Vente, dans une salle particulière qu'on avait louée, sous le prétexte d'un assaut d'armes, à un marchand de vins établi sur la Montagne Sainte-Geneviève, derrière Saint-Étienne du Mont, à l'enseigne du *Roi-Clovis*. Là, un frugal déjeuner avait été préparé. Les sous-officiers du 45e s'y rendirent par groupes de deux ou trois, pour ne pas éveiller l'attention. Trois députés de la Vente centrale assistaient à la réunion. Hénon prononça un discours dans lequel, après avoir rappelé la gloire des armées de la République, alors qu'elles marchaient à la conquête de la liberté, et que le bruit de leurs pas ébranlait les trônes de l'Europe, il disait que l'armée de la France nouvelle se montrerait digne de ses aînées, et qu'elle imiterait le noble exemple des bataillons espagnols, conduits par les Quiroga et les Riégo. La devise, nettement formulée par Hénon, fut : République, Constitution de 1791. Il ajouta qu'il fallait, à chaque heure du jour ou de la nuit, se tenir prêt à répondre à l'appel de la révolution libératrice. Ce discours fut salué par des applaudissements unanimes.

Lorsqu'on se sépara, les délégués de la Vente centrale remirent à Bories des poignards, et une somme d'argent destinée à être distribuée parmi les initiés du 45e. Il y en eut qui blâmèrent ce mode de recrutement, comme peu digne et peu sûr. Lefevre fut du nombre. Il n'avait pas voulu assister à la réunion du *Roi-Clovis*, et il fut d'avis que les poignards ne serviraient qu'à mettre sur la trace de la conspiration, et que l'argent ne gagnerait à la cause, selon son expression triviale et énergique, que des *carottiers*.

Bories, qui recevait des ordres de plus haut, ne tint pas compte de ces observations. Il était enivré par les perspectives qui venaient de s'ouvrir devant lui; un des membres de la Vente centrale, M. Laresche, l'avait présenté au président du Comité-Directeur, au chef illustre du *Carbonarisme* français, au général de Lafayette. Bories, dont la modestie avait tout d'abord décliné cet honneur, avait reçu des cartes découpées et des signes de reconnaissance, au moyen desquels il pouvait correspondre, par toute la France, avec les Ventes des différents grades, et même avec les associations qui ne faisaient pas partie de la *Charbonnerie* proprement dite, par exemple les *Amis de la vérité*.

Le 22 janvier 1822, le 45e de ligne quitta Paris. Le bataillon dont faisaient partie Bories et la plupart de ses amis, arriva à Orléans un jour après le bataillon qui le précédait. La veille, une collision avait eu lieu entre les soldats du 45e et les Suisses en garnison à Orléans. De pareilles luttes étaient fréquentes à cette époque; car les Suisses avaient, aux yeux des soldats français, le double tort d'être étrangers et aveuglément dévoués aux Bourbons. Le colonel de Toustain, aussi heureux qu'à l'ordinaire, s'empressa de donner tort à son régiment, et de fulminer un menaçant ordre du jour, dans lequel il annonçait sa résolution d'infliger les peines les plus sévères à ceux de ses soldats qui, *à tort ou à raison*, auraient une collision avec des Suisses.

Bories, pour prévenir des luttes qui n'auraient d'autre résultat que de priver la Vente militaire de ses moyens d'action, réunit à l'auberge de *la Fleur-de-Lys* les principaux initiés, leur recommanda la réserve et la prudence la plus absolues, et leur dit en les quittant : — « Ne vous compromettez pas inutilement dans des rixes sans but; on aura besoin de vous bientôt. »

Le lendemain, Bories, un autre sergent et le fusilier Lefevre entrèrent dans un café. A peine y étaient-ils installés, qu'un sergent du 7e Suisses s'approcha de Bories, un verre de bière à la main, et lui dit : — « Sergent-major, il faut trinquer avec nous. » Bories, craignant un conflit, se leva et voulut sortir. Le Suisse lui barra la porte, répétant, avec obstination : — « Il faut trinquer avec nous. » Bories repoussa le verre que le Suisse lui portait sous le nez, et le Suisse lui en jeta le contenu à la figure.

« Sortons, » s'écrie Bories, indigné; ses deux camarades le suivent. On fait quelques pas dans la rue, en compagnie du sergent suisse, qui parle bas à un de ses camarades. Bories et les siens s'imaginent qu'il est question de trouver un second témoin; mais, bientôt, le camarade du sergent suisse arrive avec plusieurs autres Suisses du 7e : ils entourent Bories et veulent le conduire au corps de garde. Une lutte s'engage; quelques soldats du 45e et quelques habitants accourent : Bories et les siens sont dégagés. Mais on a prévenu le poste suisse le plus voisin; une vingtaine d'hommes en sortent; croisent la baïonnette sur les Français, frappent en aveugles. Bories et Lefevre sont arrêtés, Lefevre blessé légèrement au front, Bories blessé de deux coups de baïonnette au-dessous des yeux.

Arrivés au poste, Lefevre, profitant du trouble du jeune officier qui commande les Suisses, s'échappe et regagne le quartier sans encombre. Bories, signalé comme fauteur de désordres, est rendu au colonel de Toustain, qui l'envoie à la garde du camp.

Cet incident fâcheux surprenait et paralysait Bories, au moment où il s'attendait à recevoir le signal de l'action.

Le 1er bataillon repartit d'Orléans, alla coucher à Beaugency, à Blois, à Amboise. A cette dernière étape, Bories, souffrant de ses blessures et toujours surveillé de près, réussit à parler à Lefevre et à lui donner ses instructions. Il s'agissait de prévenir, au besoin, les affiliés du 2e bataillon, et de se rendre, au plus vite, au rendez-vous des envoyés de la Haute-Vente de Paris, qui devaient apporter l'ordre de seconder le mouvement du général Berton. Le lendemain soir, on serait à Sainte-Maure, et là, pendant la nuitée, Lefevre remplacerait Bories à l'entrevue.

Sur les indications de Bories, Lefevre, après l'appel du soir à Sainte-Maure, gagna un endroit désigné sur la route de Chinon. Là, il trouva une sorte de paysan, en blouse bleue, qui tenait en main deux bons chevaux de selle. Lefevre déploya une moitié de foulard; l'inconnu montra l'autre, et tous deux, sans mot dire, montèrent à cheval. Pendant plus de deux heures, les deux compagnons dévorèrent le chemin, sans échanger une parole. Enfin, Lefevre: — « Savez-vous, camarade, que j'ai déjà avalé mes dix lieues à pied aujourd'hui? le trot de ce cheval me fatigue horriblement! » — « J'en suis bien fâché, » répondit sèchement l'homme à la blouse bleue, qui retomba dans son silence.

On arriva, enfin, devant une maison isolée de belle apparence. Le conducteur de Lefèvre mit pied à terre, sonna à la grille, échangea un mot de passe avec un homme qui vint ouvrir, et Lefevre fut conduit dans un petit salon, éclairé par la lueur tremblante d'une seule bougie. Là, il trouva un jeune homme, aux traits intelligents et énergiques, à l'apparence militaire sous ses habits bourgeois. C'était, Lefevre ne le sut que longtemps après, un des aides de camp les plus actifs et les plus dévoués de Berton, le lieutenant d'artillerie Delon, déjà compromis dans la première conspiration de Saumur. Delon apprit au jeune soldat que le mouvement de Saumur était retardé par des circonstances imprévues. Il fallait toujours se tenir prêt, mais sans attirer l'attention par aucune imprudence.

Après avoir reçu ces communications, Lefevre repartit, comme il était venu, toujours accompagné de son muet conducteur. A trois heures du matin, il était de retour à Sainte-Maure.

Le bataillon se remit en marche, et arriva à Tours, puis à Châtellerault. Là, trois sous-officiers initiés, Cochet, Labouré et Perreton, effrayés sans doute de l'arrestation du président de la Vente, déclarèrent à leurs camarades qu'à partir de ce moment ils ne faisaient plus partie de l'association.

A Poitiers, Bories ne fut pas, comme aux autres étapes, enfermé dans la prison du corps de garde. Il reçut un billet de logement chez un ancien officier, habitant de la ville. C'était un piège qu'on tendait à son inexpérience. La police de Paris avait fait avertir M. de Toustain que son régiment était activement travaillé par les sociétés secrètes, et le colonel lui-même avait conçu quelques soupçons lors de l'affaire des Suisses, et à l'occasion de dépenses ostensiblement faites par ses sous-officiers, au delà de leurs ressources connues.

Chez son hôte de Poitiers, qui afficha les principes les plus libéraux, le trop confiant Bories ne put retenir sa langue; il parla de ses espérances, de ses moyens d'action, des dispositions du régiment, d'une occasion prochaine qui les ferait éclater, il montra une bourse pleine d'or. Il s'ouvrit encore au sergent-major Choulet, créature et espion du colo-

nel, qui s'empressa de reporter ce qu'il avait pu apprendre.

A Niort, d'autres imprudences furent commises. Les camarades de Bories acceptèrent un dîner qui leur fut offert par des habitants au café Bellegarde. Ce café, ainsi nommé du nom de son propriétaire, ancien soldat de l'Empire, était le rendez-vous ordinaire, incessamment surveillé, des libéraux de la ville. On but, on s'échauffa, on porta des toasts compromettants.

Le 14 février, le régiment arriva à La Rochelle. A peine y était-on, que Bories fut conduit à la maison d'arrêt de la ville. C'était une mesure grave, et de nature à éveiller les inquiétudes de ses camarades. Elle ne pouvait avoir été dictée que par l'officier supérieur commandant la place. Il s'agissait donc de quelque chose de plus sérieux que de la rixe avec les Suisses.

En effet, la police de Niort n'avait pas manqué de faire connaître au maréchal de camp vicomte de Malartic, commandant le département, les propos tenus au café Bellegarde. Transmis au commandement de la division militaire, et rapprochés des confidences faites à Poitiers, par Bories, ces propos avaient motivé la mesure de La Rochelle.

Si l'arrestation de Bories plongea dans l'inquiétude les sous-officiers et les soldats affiliés, elle parut inquiéter plus vivement encore Bories lui-même. Mais ses craintes n'avaient pas tant pour objet sa sûreté personnelle, que le succès même de la conspiration générale. Il s'en ouvrit à quelques-uns de ses camarades les plus dévoués, dans quelques entrevues qu'il réussit à se procurer avec eux dans la maison d'arrêt. — « Il faut, dit-il avec angoisse à Pommier, à Goubin, à Raoulx, à Lefevre, qui vinrent le visiter, il faut absolument que j'aie une heure de liberté! Il faut que je fasse disparaître une malle qui peut nous perdre tous, qui peut compromettre un brave officier du régiment. Il le faut, à quelque prix que ce soit, de quelque façon que ce soit. »

Il ne fut pas difficile, pour les affiliés, de comprendre que cette malle si dangereuse contenait des poignards, des cartes de reconnaissance, peut-être des papiers. Quant au brave officier, ce ne pouvait être que le capitaine Massias.

Le capitaine Massias, récemment entré au 45e de ligne, était un ancien officier de l'Empire, brave, intelligent, d'autant plus suspect au colonel de Toustain. Jamais il n'avait assisté à aucune réunion de la Vente militaire; mais les affiliés se disaient à l'oreille qu'au premier signal il apparaîtrait à leur tête. A Tours, quand Bories prévoyait déjà les difficultés qu'apporterait à son action sa position nouvelle, il avait fait la nuit, en compagnie de Goubin, mais sans le mettre plus avant dans la confiance, une démarche auprès du capitaine. A Sainte-Maure, il avait chargé Goubin d'adresser au capitaine cette question: — « Y a-t-il quelque chose de nouveau à Paris? » Le capitaine avait répondu, d'un ton indifférent: — « Je n'ai rien reçu; mais j'attends tous les jours de Paris une estafette. » Ce fut tout; mais c'en était assez pour montrer dans le capitaine Massias un mystérieux affilié, et, pour le jour de l'action, le président véritable de la Vente, le chef autorisé d'un coup de main.

Il fallait donc procurer à Bories une heure de liberté, non-seulement sans doute pour faire disparaître la malle, mais pour se concerter avec le capitaine. Les camarades de Bories mirent dans leurs intérêts la veuve du concierge titulaire de la maison d'arrêt, récemment défunt. Le concierge provisoire était un ancien gendarme, Bolsingre; cet homme, pour faire plaisir à la veuve de son prédécesseur, consentit à laisser Bories sortir pendant une heure, mais sous la condition de ne pas le perdre de vue. Bories vit un instant le capitaine, fit mettre la malle en lieu sûr, et rentra, le cœur plus léger, dans la maison d'arrêt.

Il avait été rapidement convenu que, désormais, Pommier servirait d'intermédiaire entre les affiliés militaires et le capitaine Massias. C'était un choix malheureux. Goubin, il est vrai, était peu intelligent, mais doux, calme, prudent, très-dévoué à la cause de l'association. Pommier, très-ardent, était brusque, emporté, obstiné, un peu indiscret.

Pommier, promu de fait à la présidence active de la Vente militaire, s'empressa de jouer un rôle, et de se mettre en rapport avec les libéraux de La Rochelle. Il y avait dans cette ville, outre une Vente centrale civile de *Carbonari*, des groupes indépendants, formant avec la Vente toute une société politique très-remuante, très-décidée, dont les traditions républicaines remontaient aux premières années du Directoire. Moreau avait formé alors, à La Rochelle, une société secrète dite des *Philadelphes*, et c'est à La Rochelle et à Rennes qu'avait été tramée entre Bernadotte et Moreau, contre le premier Consul, la *conspiration du pot de beurre*. (Voy. le procès du duc d'Enghien.)

En 1822, à ses éléments civils, la société républicaine de la Rochelle ajoutait un élément mili-

Raoulx.

Bories.

taire, deux bataillons d'infanterie coloniale cantonnés à l'île de Rhé, dont les sympathies étaient acquises à la révolution.

Tandis que Pommier pratiquait ses intelligences, deux coups de foudre atteignirent coup sur coup la conspiration de La Rochelle.

Le matin du 21 février, le colonel de Toustain reçut du lieutenant général Despinois l'ordre de faire transférer à Nantes le sergent-major Bories. Royaliste exalté, plus clairvoyant que le colonel, le général avait deviné dans les propos et dans les démarches de Bories plus qu'on ne lui montrait; il voulait l'interroger lui-même.

Pendant que les affiliés militaires commentaient, avec inquiétude, ce transfert menaçant, la nouvelle se répandit dans La Rochelle qu'un mouvement venait d'éclater à Saumur, et avait été aussitôt comprimé.

Voici ce qui était arrivé :

Le 18 février, le général Berton s'était rendu, sous

un déguisement, à Saumur. Il y avait trouvé Delon, que son premier échec n'avait rendu que plus ardent, et qui lui dit avoir des éléments d'insurrection aussi puissants qu'avant le contre-temps du 25 décembre. Les Ventes des départements voisins n'étaient nullement découragées : Rennes, Nantes, Angers promettaient leur concours. Le mouvement fut résolu pour le 23 février; il devait partir de Saumur, où, sous prétexte du marché hebdomadaire, se rendraient les *Chevaliers de la liberté*, des campagnes voisines. La garde nationale de Saumur était, en grande partie, acquise au complot; l'Ecole n'avait pas changé de sentiments.

Cette fois encore, des dissentiments s'élevèrent parmi les conjurés; le plan d'attaque fut changé à la dernière heure, et on décida qu'au lieu de prendre Saumur pour centre, on le prendrait pour objectif. On résolut de commencer le mouvement à Thouars, petite ville fermée, sans autre force armée que cinq gendarmes, éloignée seulement de sept

Paris. — Typographie de Firmin Didot frères, fils et Cⁱᵉ, rue Jacob, 56.

lieues. On y proclamerait l'insurrection, et, de là, on marcherait sur Saumur.

Cette modification tardive dans les plans primitifs eut pour résultat de jeter l'indécision et l'inquiétude parmi les paysans affiliés. Le plus grand nombre manquèrent à l'appel. Une centaine d'hommes seulement s'avancèrent sur Thouars des localités environnantes.

Dans la nuit du 22 au 23 février, ces groupes, réunis en troupe armée, s'emparent de Thouars, aux cris de *Vive le peuple! Vive la liberté!* proclament qu'un mouvement uniforme soulève toute la France, déploient le drapeau tricolore, marchent, le lendemain, sur Montreuil qu'ils enlèvent, et arrivent devant Saumur, à la nuit close. La ville, surprise, n'avait à opposer à Berton que quelques gardes nationaux et un détachement d'élèves de l'Ecole militaire, presque tous affiliés. Le détachement se replia devant la troupe de Berton, qui ne vit plus devant elle qu'une quarantaine de gardes nationaux, sous les ordres d'un courageux royaliste, M. de Maupassant, maire de Saumur. Soit indécision, soit qu'il comptât sur un mouvement parti de la ville, Berton parlementa pendant plusieurs heures avec les rares défenseurs de Saumur, leur laissa le temps de se reconnaître, de grossir leurs rangs, et dut enfin donner à ses hommes le signal de la retraite.

C'était un coup manqué. La troupe de Berton se débanda, et les conjurés se dispersèrent dans diverses directions.

C'est cet insuccès de mauvais augure dont la nouvelle venait de parvenir à La Rochelle.

Goubin.

Pommier.

La conspiration civile et militaire y resta, pendant quelques jours, étourdie de ce coup; puis, on reprit peu à peu confiance; les entrevues recommencèrent: les *Carbonari* de La Rochelle apprirent aux affiliés du 45ᵉ que c'étaient les *Chevaliers de la liberté* qui, sous Berton, avaient faibli devant Saumur. On saurait mieux faire; il ne fallait pas se décourager. La prudence, toutefois, était nécessaire, et on attendrait, avant de rien tenter, l'arrivée d'un envoyé de la Haute-Vente de Paris.

L'envoyé ne tarda pas à paraître. Pommier fut averti qu'il pourrait le voir à Marans; il s'y rendit, à l'insu de ses camarades eux-mêmes. Le député parisien demandait à la Vente militaire un effort prochain; on voulait une revanche de Saumur: un général devait arriver, pour prendre le commandement des révoltés de la Charente-Inférieure. L'insuccès de Saumur n'était, dans le vaste ensemble, qu'un détail sans importance; et, sous quelques jours, la France entière serait debout.

Ainsi réconforté, pressé, Pommier revint à la caserne, chargea Goubin d'annoncer la présence du député de la Haute-Vente, l'arrivée prochaine d'un général, et indiqua aux affiliés un rendez-vous général pour le 11 mars, à l'auberge du *Lion-d'Or*. Cette auberge était une sorte de guinguette, située dans le petit village de Lafond, à un quart de lieue de La Rochelle. Goubin, Raoulx, Lefevre firent des objections. Ne pouvait-on donner un mot d'ordre, sans attirer l'attention par une réunion nombreuse, dans un lieu aussi fréquenté? Pommier persista.

Le 11 mars, les membres de la Vente militaire se réunirent dans une salle du *Lion-d'Or*. Là, on se compta. Trois membres manquaient à l'appel, c'étaient Cochet, Labouré et Perreton. Ils persistaient dans leur retraite; cette défection produisit un fâcheux effet sur les conjurés. Thomas et Lecoq étaient absents aussi, mais pour une autre cause; ils faisaient partie de deux compagnies envoyées pour traquer dans les bois les fugitifs de Thouars et de Saumur. Pommier n'en annonça pas moins aux membres présents l'arrivée d'un commissaire de la Haute-Vente et d'un général chargé de commander l'insurrection. — « Il peut bien ne pas se presser, dit Demait, si ça doit aller ici comme à Saumur. » — « Vous ne pouvez savoir tout ce qui se passe, répondit Pommier; soyez sûrs d'une chose pourtant, c'est que toute la France est prête à marcher. Au premier signal, levez-vous : pas un officier ne pourra arriver au quartier; les bourgeois se chargent de leur barrer le passage. »

Aucun projet ne fut arrêté dans des termes plus précis. Et cependant, s'il y avait là des inquiets, des pusillanimes, il y avait aussi des impatients, des exaltés. Un des nouveaux initiés, Goupillon, ne parlait de rien moins que d'enlever le régiment, de mettre le feu aux casernes. Les plus sages, Raoulx, Goubin, couvrirent de leurs murmures ces propositions violentes. En somme, on se sépara, comme toujours, après avoir échangé des phrases. On avait soif de liberté, on ressentait une haine vigoureuse pour la monarchie qui ramenait la France en arrière; mais, à La Rochelle comme à Saumur, on avait une répugnance instinctive pour la guerre civile. « Notre projet, dit Lefevre, à une époque où il pouvait tout dire, n'était pas de faire soulever le régiment, mais de disposer des esprits à briser, quand le temps serait venu, le joug humiliant sous lequel on voulait courber l'armée. »

Le surlendemain, 13 mars, Goubin fut mis à la salle de police; il s'agissait, croyait-on, d'imprudences commises au café Bellegarde. Ce jour-là, commencèrent à arriver à La Rochelle quelques-uns des fugitifs de Thouars. Ce point de la côte offrait des facilités particulières pour un embarquement furtif. Delon, que la Cour d'assises de Tours venait de condamner à mort par contumace, était attendu par le capitaine d'un navire de commerce en partance pour l'Espagne. Avant de s'embarquer, il vit les *Carbonari* de la Rochelle et Pommier; triste, mais non découragé, il accusait Berton de l'insuccès de Saumur, mais ne désespérait pas du succès d'une insurrection générale. Berton refusa de partir avec lui; il voulait se justifier par la victoire ou par la mort.

Le 14 mars, Pommier devait se rendre à une entrevue concertée avec Berton; déguisé en paysan, un gros bâton à la main et feignant de boiter, il allait sortir du quartier après l'appel; il avait déjà dépassé le seuil de la caserne, quand un adjudant sous-officier crut démêler un déguisement. Il interpella le faux paysan, qui se mit à fuir. L'adjudant Leconte lui donna la chasse, l'arrêta, et Pommier fut consigné à la salle de police. Ces arrestations successives, si elles ne signifiaient pas qu'on fût sur la trace du complot, laissaient au moins entrevoir, chez les chefs militaires, une attention éveillée, soupçonneuse. Les affiliés, inquiets, cherchèrent à en pénétrer le sens. Goubin seul, avec Pommier, était accrédité près de la Vente civile et des chefs du complot; il fallait, à tout prix, qu'ils pussent leur faire part des incidents survenus à la traverse du projet général, et prendre leur avis sur la situation nouvelle. Goubin, le premier, réussit à sortir de la maison d'arrêt, par le moyen de Bolsingre. Sa mission accomplie, il revint. Raoulx et Lefevre, le voyant prêt à reprendre sa place dans son cachot, et travaillés de sinistres pressentiments, lui dirent: — « Tu ferais mieux, peut-être, de filer. Tu es encore libre; joue des jambes. » — « Non, répondit Goubin; la veuve et le vieux Bolsingre ont ma parole. Et d'ailleurs, pouvons-nous abandonner ainsi tant de braves gens, de bons camarades, qui se sont compromis avec nous et par nous? En avant! » — « Tu as raison, rentre, et au bout du fossé la culbute. »

Le lendemain, la présence de Pommier était nécessaire à Marans. Raoulx et Asnès allèrent trouver le sergent de garde, et le conjurèrent de laisser à Pommier deux heures de liberté; il s'agissait, dirent-ils, d'un rendez-vous galant: c'était là aussi la raison que Pommier avait donnée de son déguisement. Le sergent ne fut point touché de leurs instances. Alors, Pommier pensa à se faire suppléer par Raoulx; mais, dans son trouble, il oublia de remettre à son remplaçant les cartes de reconnaissance. Raoulx se présenta au rendez-vous de Marans; mais le délégué de la Haute-Vente, ne le voyant pas exhiber les signes convenus, pense que cet homme peut être un traître; il refuse de l'écouter. Pommier, informé du contre-temps, se décide à tenter une évasion. Asnès, Bicheron, Raoulx lui prêtent leur aide. — « Il faut, dit Raoulx, que Goupillon s'empare des clefs; je tiens à voir s'il se compromettra carrément: les allures de ce garçon-là me sont suspectes. »

Goupillon s'employa, sans hésiter, à ce qu'on attendait de lui; les clefs prises, Pommier sortit, courut à Marans et revint, après avoir accompli sa mission.

Goupillon, cependant, si partisan des violences, était, non pas un traître, mais un esprit faible, incapable de suite et de secret; les arrestations successives qui avaient décapité la Vente militaire avaient redoublé ses angoisses; car, il faut le dire à la honte de certains hommes et à la condamnation de la *Charbonnerie*, les serments mystiques sur le poignard, les menaces d'assassinat contre les faux-frères, toute cette mise en scène à l'italienne, puérile et inoffensive aux yeux des forts, troublait singulièrement les timorés. Depuis sa réception dans la Vente, Goupillon vivait dans des transes continuelles et voyait dans ses rêves le poignard des *Bons Cousins* incessamment levé contre lui. Après qu'il eut, par terreur, aidé à l'évasion de Pommier, Goupillon eut un accès de faiblesse et de désespoir. Il se prit à pleurer, partagé entre la crainte du châtiment réservé aux traîtres et le désir d'échapper aux périls d'un complot dont tout annonçait la prochaine découverte.

L'homme du colonel, Choulet, vit ces larmes accusatrices. Il pressa Goupillon de parler; pendant deux jours, Goupillon résista à ses instances. Mais enfin, le 19 mars, Goupillon apprend qu'une information est ouverte sur les tentatives de séduction faites auprès du sergent de garde de la prison; son nom a été prononcé; Pommier vient d'être appelé chez le colonel : plus de doute, le complot est découvert, et Pommier va sauver sa tête par un aveu.

Pommier avait, en effet, sollicité une audience de son colonel; mais il ne voulait que proposer pour excuse à son déguisement et à sa tentative d'évasion une amourette prétendue.

Frappé de cette idée que Pommier va révéler le complot, Goupillon veut le prévenir. Le sergent-major Choulet l'y exhorte : Goupillon va trouver son colonel. Là, en présence de son chef, tiraillé entre la terreur des poignards carbonari et celle des châtiments militaires, tiraillé entre deux serments contraires, il hésite, il balbutie, il sanglote. Il essaye d'abord de se disculper d'avoir favorisé l'évasion de Pommier; puis, il s'arrête. Son secret l'étrangle; son angoisse est visible. Le colonel, qui sait déjà ce que Goupillon va lui dire, le presse paternellement, lui rend confiance, et tire de lui peu à peu les renseignements les plus précis sur le complot, et jusqu'au nom des conjurés.

A l'appui de cette confession verbale, Goupillon laissa entre les mains de son colonel une note que celui-ci lui fit rédiger. La note était ainsi conçue :

« D'après tous les serments que l'on me fit prêter sur un poignard, ma conscience m'engage cependant à révéler tout ce qui se trame contre la dynastie royale. Dimanche dernier, Pommier, sergent-major, membre de la commission des *Carbonari*, vint, immédiatement après la parade, nous prévenir de nous tenir prêts, parce qu'il devait arriver le député et le commissaire avec lesquels il allait se concerter pour que le lendemain, sur les quatre heures du matin, les *Carbonari* pussent s'assurer des hommes dont ils sont bien sûrs dans leurs compagnies respectives, afin d'arborer la cocarde tricolore, et de s'emparer du colonel et des deux chefs de bataillon; ce que j'affirme, signé Goupillon. »

Rien ne transpira dans la caserne des révélations de Goupillon; ses camarades, seulement, s'étonnèrent de ne pas le voir. Le colonel l'avait chambré.

Le soir, vers neuf heures, après le contre-appel, les hommes couchés, l'adjudant-major de Goguet et quelques officiers choisis, visitèrent silencieusement les chambrées, le pistolet au poing. Chacun des conjurés désignés par Goupillon fut arrêté sans bruit et conduit séparément dans la vaste chambre qu'occupait l'adjudant-major. Sur le palier de cette chambre était rangée une compagnie de grenadiers. Lefevre, Castille, Dariotseq, Bicheron, Asnès, Gauthier, Demait, Hue, Raoulx et Goubin furent amenés tour à tour, déshabillés et minutieusement fouillés. Les nobles officiers du marquis de Toustain s'empressèrent de montrer leur zèle pour le roi, en descendant jusqu'à fouiller eux-mêmes les prisonniers.

On trouva dans la paillasse du lit d'Asnès une lame de poignard enveloppée d'un mouchoir noir; dans celle de Goubin, on découvrit un poignard emmanché, dix cartouches de poudre fine et ces cartes découpées; dans celle de Pommier, on saisit deux poignards emmanchés et onze lames, et, dans son portemanteau, trente-sept cartouches à balle et un cornet de poudre. Pommier portait habituellement sur lui le poignard du *Carbonaro*, et il avait pratiqué sous sa capote une poche en forme de gaîne, pour y placer ce jouet ridicule; on saisit la capote de Pommier. Tous les prisonniers furent conduits à la prison de ville.

Interrogés d'abord par le colonel de Toustain, les affiliés avaient nié l'existence d'un complot; mais Goubin et Pommier avaient avoué leur présence au café Bellegarde, et les propos compromettants tenus par eux dans ce lieu public. Devant l'autorité judiciaire, quelques-uns des prisonniers faiblirent. Si Lefevre, si Raoulx jurèrent qu'ils ne savaient ce qu'on voulait dire; si, fidèles au mot d'ordre donné à l'avance, ils affirmèrent qu'ils n'avaient fait partie que d'une société philanthropique, d'une sorte d'assurance mutuelle entre sous-officiers et soldats, il n'en fut pas de même de plusieurs autres.

Le 21 mars, Hue reconnut que Bories lui avait proposé de faire partie d'une société dite des *Carbonari*. On lui avait annoncé qu'il recevrait la mort,

s'il dévoilait les secrets qu'on allait lui confier. Hue déclara avoir fait partie du banquet d'Orléans, et, à partir de cette époque, avoir quitté une association dont le but lui paraissait criminel. Il n'en avait pas moins été tenu au courant des trames de ses anciens camarades, et Pommier lui avait dit, à La Rochelle, que le général Berton devait prendre le commandement de la ville; que plus de cinq cents bourgeois seraient de l'affaire, et qu'il y aurait de l'avancement. Le lendemain de l'arrestation de Pommier, Raoulx lui avait dit : « Si Pommier n'avait pas été arrêté, l'affaire aurait éclaté cette nuit. »

Le 21 mars, Labouré fit les déclarations suivantes :

« Au mois de novembre dernier, je fus admis par Bories dans la société des *Carbonari*; je prêtai serment, je reçus les signes, et j'appris que cette société se divisait en une Haute-Vente, composée de gens fort riches; en Vente centrale et en Ventes particulières; nous étions tous de cette dernière classe, à l'exception de Bories, qui était admis à la Vente centrale, et qui était notre chef.

« Lors de notre passage à Orléans, Bories nous a invités à souper à l'auberge de l'enseigne de *la Fleur-de-Lys;* il nous dit que nous n'irions sans doute pas jusqu'à La Rochelle; que l'affaire commencerait avant, et que nous irions du côté de Saumur nous joindre aux révoltés. Il chercha à nous encourager dans cette entreprise par des promesses d'avancement. Connaissant alors le véritable but du complot, je pris la résolution, avec Perreton et Cochet, de rompre dès ce moment avec une société coupable; nous cherchâmes ensemble Bories pour lui dire qu'il ne devait plus nous compter parmi les affiliés. Je ne pus le rencontrer qu'à Saint-Maixent, et lui dis, tant en mon nom qu'au nom de Perreton et de Cochet, que nous n'étions plus des siens, et qu'il nous avait trompés. Bories me répondit qu'il me donnait vingt-quatre heures pour y réfléchir; j'ajoutai que mes réflexions étaient toutes faites, et alors il ajouta : « Vous êtes des lâches; rentrez dans la classe d'où vous sortez. »

Autant en dit Perreton.

Cochet, le 25 mars, confirmait de la façon suivante les révélations de Labouré :

« Perreton et moi, nous prîmes la résolution de nous séparer de Bories et de sa clique, et d'en prévenir positivement Bories, qui était le chef; car nous voyions bien qu'on voulait nous entraîner dans une mauvaise action. Gindral (autre affilié militaire qui ne figure pas au procès) partageait nos sentiments; je l'ai vu à Tours, passant devant le corps de garde où Bories était détenu, et cherchant l'occasion de lui parler; il disait en pleurant : Ces coquins nous ont trompés, ils veulent nous faire d'un moment à l'autre, s'ils exécutent leur dessein; je veux me retirer de leur société. Ce n'est qu'à Saint-Maixent que Labouré a pu voir Bories de notre part; il lui a déclaré formellement que nous nous retirions, et lui donna jusqu'au lendemain pour y réfléchir, et Labouré ayant persisté, il lui répliqua : *Vous êtes indignes du nom de Français; rentrez dans la classe d'où vous sortez.* »

Il était facile de faire parler Bicheron. Voici ce qu'il dit : « J'ai été reçu à Paris le 12 janvier, dans la chambre de Pommier, en présence de Goubin et Raoulx; ils me donnèrent les attouchements et le mot d'ordre des *Carbonari;* mais Bories, qui était le chef, n'étant pas présent, on ajourna ma réception définitive jusqu'à Orléans. Elle eut lieu dans cette ville au banquet de l'auberge de *la Fleur de Lys* où Bories nous dit qu'il espérait que nous n'irions pas à La Rochelle avant d'agir, et qu'il attendait des nouvelles à chaque instant. J'assistai le 10 mars à la réunion du *Lion-d'Or*, où l'on s'entretint du complot et où l'on délibéra sur ce qu'il fallait faire des officiers. On convint que les *Carbonari* se feraient reconnaître à la cocarde tricolore qu'ils auraient à leurs shakos.

« A La Rochelle, j'ai porté au capitaine Massias une lettre que m'a donnée Goubin.

« Je n'ai jamais reçu d'argent, mais j'ai su qu'avant de quitter Paris plusieurs sous-officiers en avaient reçu, et que notamment Goubin en avait mis en dépôt chez une cantinière du régiment. »

Armée de ces premiers aveux, facilement obtenus de gens qui ne se considéraient pas comme coupables, l'instruction s'attacha à démontrer aux principaux meneurs que rien n'était ignoré des circonstances du complot. On laissa entendre à Goubin, à Pommier, à Raoulx que chacun d'eux avait parlé. Goubin et Pommier parlèrent.

Le 25 mars, le Procureur du roi fit avouer à Pommier qu'il était *Carbonaro*, qu'il avait été reçu par Bories ; que, pendant une maladie de Bories, il l'avait remplacé deux fois en qualité de député à la Vente centrale ; que cette Vente était tenue chez un étudiant en droit nommé Baradère, président, demeurant alors rue de Sèvres, au coin de la rue du Bac, et depuis, rue de l'Université, n° 31. On se réunissait chez Baradère tous les vendredis.

« Au mois de décembre dernier, dit encore Pommier, Bories me remit le poignard qui fut, depuis, trouvé dans la paillasse de mon lit. Plus tard, Bories me fit remettre par Goubin un paquet de douze lames de poignards environ, que j'étais chargé de distribuer. »

Pommier donna sur les jours qui avaient précédé l'arrestation des conjurés des détails remarquables. « Depuis notre arrivée à La Rochelle, dit-il, nous nous attendions tous les jours à exécuter le complot. Nous devions établir trois postes dans le voisinage des casernes, composés de sous-officiers et soldats, sur lesquels nous pouvions compter pour empêcher les officiers du régiment de se rendre aux casernes... Les villages d'alentour devaient suivre La Rochelle ; Berton, attendu dans cette ville, y devait arborer le drapeau tricolore. Bories ayant été conduit à la tour, remit ses fonctions à Goubin. Il me dit un soir que le général Berton avait déjà commencé à Thouars. Goubin allait souvent voir à la campagne le député de Paris, qui était aux environs de La Rochelle. Je suis allé le voir le 17 de ce mois, je lui ai parlé pendant une demi-heure ; il me dit que l'on commencerait dans six jours ; c'est un homme de trente ans environ, de cinq pieds cinq pouces, un peu courbé, le col enfoncé dans les épaules, etc... Cette campagne où je suis allé est située à une lieue environ de la ville ; on y va en sortant de la porte Dauphine, on détourne à gauche, après la barrière on passe près de la fontaine, etc. »

Le soir, ajouta Pommier, j'eus un second rendez-vous avec le commissaire. « Il finit par me dire que, dans le moment où nous serions occupés à empêcher les officiers de communiquer avec les casernes, le général (il ne me l'a point indiqué, et je croirais, de la manière dont il s'est exprimé, qu'il voulait parler de lui) arriverait avec la garde nationale, qu'il déploierait le drapeau tricolore, ferait battre aux champs, et que l'affaire serait bientôt terminée, etc. ».

Dès le début de son premier interrogatoire du 26 mars, Goubin faisait au Procureur du roi les aveux les plus explicites.

« D. Persistez-vous à soutenir que vous ne faites pas partie d'une société secrète dite des *Carbonari* ? — R. Non, je vais, dans l'intérêt du roi autant que dans le mien, et cédant à la voix d'un sincère repentir, vous déclarer franchement tout ce que je suis. »

Goubin avoua avoir été reçu par Bories, assisté de deux membres de la Vente centrale. Il alla jusqu'à déclarer, dans son interrogatoire du 8 mai, qu'il avait été adressé par Bories au capitaine Massias, qu'il avait pris ses ordres à Tours, que le capitaine lui avait répondu n'avoir encore rien reçu de Paris ; qu'à La Rochelle, un député de Paris l'avait envoyé déployer devant le capitaine un mouchoir tricolore, signe de reconnaissance ; qu'enfin, lui, Goubin, avait fait parvenir à Massias une lettre où il lui demandait un rendez-vous.

« La Vente centrale, ajouta Goubin, a remis trois ou quatre poignards à Bories pour nous les distribuer ; on m'en a donné un. Au moment de son arrestation, Bories me confia un petit carton, sans me dire ce qu'il contenait, et me recommandant de le remettre à Pommier ; je le portai à celui-ci, qui, l'ayant ouvert en ma présence, y trouva treize ou quatorze lames de poignards non montées ; il les cacha, et on les a trouvées dans le même état. »

La réunion militaire de l'auberge du *Roi-Clovis*, une entrevue au Palais-Royal avec plusieurs bourgeois, qui le félicitèrent sur l'esprit du 45e de ligne, furent encore avouées par Goubin. Il avait assisté au repas d'Orléans, et y avait entendu les propos tenus par Bories sur l'exécution prochaine du complot. « Pendant le dîner, Bories nous dit que nous commencerions l'exécution du complot à l'étape de Tours ; que nous marcherions sur Saumur, dont les portes nous seraient ouvertes par la garnison du château ; que ce serait à Tours qu'il recevrait ses derniers ordres et ses dernières instructions. » A Niort, Goubin reconnaissait s'être abouché avec les *Carbonari* de cette ville, en avoir reçu des confidences relatives à l'insurrection générale et avoir chanté avec eux des couplets séditieux. Il avait, ainsi que Pommier, remplacé Bories auprès des députés de la Vente centrale, et tous deux, avaient, pour cette mission, reçu des cartes de reconnaissance.

Le 8 juin, Dariotseq avoua encore les faits suivants : « Dans une réunion qui eut lieu à l'auberge du *Lion-d'Or*, à Lafond, Goubin dit que le général Berton était attendu d'un jour à l'autre à La Rochelle, et qu'il viendrait nous commander ; que les bourgeois devaient s'emparer du logement des officiers : ils devaient se charger de conduire à la tour le colonel et les deux chefs de bataillon. Un moment auparavant, Goupillon avait proposé de les assassiner, et de mettre le feu aux casernes. Cette proposition a été rejetée. Un autre a donné l'avis de les mettre à la tour ; et cet avis l'a emporté. »

Castille, après avoir nié, dans son premier interrogatoire du 25 mars, qu'il eût jamais été initié à une société secrète, fut confronté avec Cochet et Goupillon, et n'osant plus persévérer dans ses dénégations en présence des deux témoins de son initiation, il avoua qu'en effet, il était *Carbonaro* ; qu'il avait également assisté à la réception de Goupillon et de Lefèvre, en présence de Pommier, de Goubin, de Raoulx et d'Asnès : on lui avait expliqué le but du complot, qui était d'arborer le drapeau tricolore et de se joindre aux révoltés. Voilà tout ce qu'il savait. Dégoûté, effrayé par ces confidences, il s'était néanmoins rendu à la réunion du village de Lafond.

Asnès dit avoir été reçu, à Paris, par Bories, qui lui fit prêter, sur la lame d'un sabre, le serment de ne jamais révéler les secrets de l'association, « dont le but était de rétablir les droits de la liberté, à main armée. A cet effet, chacun devait avoir un fusil, une baïonnette et vingt-cinq cartouches. »

Il n'y eut pas jusqu'aux plus fermes, Raoulx et Lefevre, qui ne laissassent échapper quelques lambeaux d'aveux.

Raoulx reconnut, après de longues hésitations, avoir écrit, sous la dictée de Goubin, la lettre qui avait été portée par Bicheron au capitaine Massias. Confronté avec Perreton, avec Bicheron, placé en face des aveux de Pommier, il déclara avoir assisté à la réunion du *Roi-Clovis*, où il avait entendu un bourgeois lire un discours écrit. A Orléans, il s'était trouvé, avec Bories et dix-sept autres, à l'auberge de *la Fleur-de-Lys* : on avait nommé au scrutin des censeurs, « comme cela se pratiquait ordinairement ; » Bories avait dit qu'il attendait des ordres. A Niort, Raoulx avait fraternisé avec des bourgeois, qui lui avaient donné à lire une chanson séditieuse.

Lefevre, dans le récit dont nous avons parlé, prétend qu'il sut garder un silence absolu. Le fait est qu'il nia d'abord, mais il semble que, placé ensuite devant les aveux unanimes et concordants de ses camarades, il parla. L'instruction porte (Interrogatoire du 25 mars) :

« J'ai été reçu, dit Lefevre, le même jour que Goupillon par Goubin, qui m'a fait prêter serment sur un poignard de ne pas révéler les secrets de la société ; on me dit que le but de cette société était de défendre la liberté ; que nous n'aurions rien à faire ; que c'étaient les bourgeois *Carbonari* qui devaient agir. Le sergent-major Pommier me dit d'aller à sa chambre chercher un poignard ; je lui répondis que je n'en avais pas besoin, puisqu'il n'y avait rien à faire. Je me suis trouvé à la réunion du dimanche 10 mars au village de Lafond, où l'on dit que le général Berton allait arriver à La Rochelle. »

Comment concilier ces détails avec les dires de Lefevre lui-même, racontant plus tard qu'il fut reçu à Paris, un des premiers, le premier peut-être, par son camarade Bories? Goupillon, nous le savons, avait été une des dernières recrues de l'association. Nous signalons la contradiction, sans avoir la prétention de l'expliquer. Contentons-nous de dire que la plupart des accusés prétendirent, lors des débats, que les magistrats instructeurs avaient *habillé* et défiguré les phrases insignifiantes que leur arrachait l'interrogation.

Si nous avons scrupuleusement analysé les résultats de l'instruction première, c'est qu'ils seront vivement discutés en audience publique ; c'est aussi parce qu'ils nous montrent clairement la marche des découvertes faites par la justice au milieu des ténèbres de ce procès. Pour la première fois, elle tient un fil conducteur, elle aperçoit quelque chose de plus qu'un complot vulgaire ; elle devine une trame immense, et ses efforts vont se multiplier pour arriver à la possession du secret tout entier.

De son côté, le général Despinois, à Nantes, avait interrogé Bories ; mais celui-ci s'était retranché dans un système de dénégation absolue. Le général Despinois accourut à La Rochelle, et voulut interroger lui-même les principaux accusés. Il espérait trouver à La Rochelle la solution d'une énigme dont la Cour d'assises de Nantes cherchait en vain le mot.

En ce moment, en effet, une instruction était dirigée contre quelques anciens militaires, et contre des officiers et sous-officiers du 13e régiment de ligne. On savait qu'une initiation mystérieuse avait eu lieu dans une maison particulière de Nantes ; qu'un député, arrivé du Mans ou de Saumur, avait présidé cette réunion, où il avait été question de renverser le gouvernement au moyen d'une vaste association secrète ; on savait que des signes de reconnaissance étaient échangés entre les affiliés, par exemple, l'attouchement des mains, pratiqué de manière à ce qu'en se prenant les mains droites, les deux pouces formassent un N. Mais c'était tout ce qu'on savait.

Le général Despinois, soupçonnant des ramifications entre les conspirateurs de La Rochelle et les affiliations mystérieuses de Nantes, fit mander devant lui Pommier et Goubin.

Quels moyens employa le général pour arracher à ces deux accusés des aveux plus explicites encore que ceux qu'ils avaient faits déjà, des aveux écrits de leur propre main?

Nous ne saurions le dire. Ecoutons M. Trélat (1) :

« Le général Despinois se rendit dans leur prison ; le misérable essaya de les attendrir en feignant de partager leur douleur ; il leur parla de leurs mères, il alla jusqu'à pleurer, et, voyant qu'il n'en obtenait rien, il changea tout à coup de système, et se porta contre eux à la plus grande fureur et aux plus grossières brutalités. Ces âmes généreuses réagirent contre une pareille lâcheté, et laissèrent échapper, sous forme de menace, quelques aveux au milieu de l'expression de leur mépris. C'était tout ce que voulait l'espion. »

Nous ne savons sur quelle autorité se fonde M. Trélat pour diriger contre le général Despinois des imputations aussi graves. Le général était, nous l'avons dit, un royaliste exalté, et la passion politique, en ces temps malheureux, ne s'arrêtait pas toujours devant les scrupules d'honneur, de dignité, d'humanité, qui sont de nos jours la règle commune des partis ; mais, enfin, il n'y a, dans l'instruction, d'autre trace de l'intervention du général que deux lettres de Pommier et de Goubin. Ces lettres, où les deux prisonniers, loin de recourir à la menace, exprimaient humblement leur repentir, ce n'est pas à nous de deviner comment on les avait obtenues. Ce point sera discuté dans les débats publics, et le lecteur appréciera.

L'instruction avait cherché surtout à porter la lumière au delà du cercle étroit de la Vente militaire. Le capitaine Massias lui paraissait être le lien véritable des affiliés du 45e avec les groupes supérieurs. On eut beau interroger Massias, il se renferma dans le silence. Il ne nia pas que deux personnes ne fussent venues le demander, la nuit, à son logement de Tours ; qu'un sergent-major ne lui eût demandé des nouvelles de Paris, question qui lui parut étrange. Mais ce fut tout. Évidemment, il fallait renoncer à rien découvrir de ce côté : la conduite du capitaine avait été cuirassée de réserve et de prudence.

On espérait davantage du côté des affiliés civils de Paris. Sur les premières indications de Pommier,

(1) *Trélat*, la *Charbonnerie*, curieuse esquisse des Sociétés secrètes, insérée dans le tome II de *Paris Révolutionnaire*.

la police de Paris avait arrêté Baradère. Ce président de la Vente centrale du faubourg Saint-Germain resta impénétrable ; il ne savait pas ce qu'on voulait dire : si on l'accusait d'un délit ou d'un crime, il s'expliquerait aux débats.

Mais d'autres noms avaient été prononcés, à propos de la réunion du *Roi-Clovis*. Le chirurgien Gauran fut arrêté, et on trouva dans son domicile vingt-cinq cartouches, le nombre exigé par les statuts de la *Charbonnerie*. Ces cartouches n'étaient pas de celles qu'on distribue à la troupe ; elles étaient composées de poudre fine. Gauran prétendit qu'il s'exerçait au tir du pistolet, se reconnut franc-maçon et déclara n'avoir connu Baradère et les autres inculpés qu'à la loge des *Amis de la Vérité*. Rosé, qu'on arrêta également, tint le même langage.

Mais Hénon, désigné par quelques soldats comme le *bourgeois* qui avait prononcé le discours à l'auberge du *Roi-Clovis*, Hénon finit par tout avouer. Le 8 avril, devant le Préfet de police, et le 12 avril, devant le Juge d'instruction, il reconnut avoir fait partie d'une Vente qui se réunissait chez Baradère ; il déclara que Bories était député à cette Vente, comme président d'une Vente militaire ; il dit avoir composé, sur les idées de Baradère, le discours lu par lui à la réunion du *Roi-Clovis* ; il indiqua un de ses amis, Marcel, comme l'ayant affilié à la secte des *Carbonari*. Le but de la secte, ajouta-t-il, était de conquérir la liberté à main armée ; à cet effet, chaque initié devait se procurer un fusil et vingt-cinq cartouches, et se tenir prêt à marcher à toute réquisition de la Haute-Vente. Il y avait des opinions très-divergentes dans la *Charbonnerie* ; les uns voulaient la République, les autres Napoléon II ; mais on s'accordait sur ce point, qu'il fallait d'abord attaquer le gouvernement des Bourbons, sauf à s'entendre ultérieurement sur les moyens d'établir un nouvel ordre de choses. Après l'échec de Saumur, Baradère avait dit à Hénon que le général Berton avait agi, dans cette affaire, sans ordre supérieur (1), qu'il avait tenté un coup désespéré, que néanmoins, les Ventes avaient dû venir à son secours. Enfin, quand le complot de La Rochelle avait été éventé, Baradère et Hénon s'étaient concertés sur les réponses à faire si on était arrêté : il avait été convenu qu'on n'avouerait pas autre chose qu'une affiliation à la loge des Amis de la Vérité.

Voilà tout ce qu'on put tirer d'Hénon, et il est probable qu'il n'en savait pas davantage. La lumière avait atteint le second cercle d'initiation ; mais elle ne pénétrait pas plus loin ; elle n'éclairait pas les mystérieuses hauteurs de la Vente suprême, ni celles surtout de ce Comité-Directeur, dont on retrouvait partout l'action sans pouvoir le saisir nulle part. Baradère, intermédiaire entre la Vente centrale et la Haute Vente, eût seul pu parler ; Baradère ne parla pas.

Tous les prévenus avaient été transportés à Paris ; car la Cour d'assises de la Seine avait réclamé l'affaire comme étant de sa compétence, puisque c'était dans son ressort que le complot avait pris naissance et qu'une partie des accusés y résidaient.

D'abord séparés à la Force, les prévenus avaient été réunis à la Conciergerie. Là, la sage influence de Bories avait repris son empire sur ces jeunes

(1) C'était vrai. Le Comité-Directeur avait choisi pour commandant de l'insurrection dans l'Ouest le général Pajol. Berton n'avait reçu son mandat que d'un simple député de la Haute Vente, Grandménil. Le général Pajol ne se pressa pas assez ; Berton se pressa trop.

têtes, promptes au dévouement comme au désespoir. Quand ils lui avouèrent leurs défaillances, leurs révélations, lui, qui avait été assez fort pour ne pas parler, il ne leur adressa pas de reproches ; il les embrassa, en pleurant, s'accusant de les avoir compromis, entraînés, perdus.

Ces malheureux n'échangèrent aucunes récriminations sur le passé ; ils cherchèrent plutôt à le comprendre. Par quels moyens était-on parvenu à leur arracher des lambeaux de leur secret ? Jusqu'à quel point l'avaient-ils dévoilé ?

En se racontant mutuellement leurs souffrances, ils arrivèrent à constater ceci : Massias et Bories n'avaient rien dit ; les autres avaient avoué l'existence d'une Vente militaire dans le 45e, signalé les principales réunions de cette Vente, ses rapports avec une Vente centrale. C'était en acceptant le prétendu prétexte d'une Société philanthropique, en écartant des questions toute pensée politique, que les habiles interrogations de MM. Debelleyme et de Cassini, les magistrats instructeurs, avaient fait peu à peu reconnaître à chacun des prévenus sa présence aux réunions suspectes. De la concordance de ces aveux, de quelques paroles imprudentes, on avait tiré des conclusions, qu'on avait présentées aux prévenus comme le résultat des révélations plus explicites de quelques-uns d'entre eux. Le peu que savaient Goupillon et quelques autres avait servi à deviner le reste. Le mal était fait ; on était tombé dans le piège, et il ne fallait pas se dissimuler qu'on était perdu. Mais fallait-il entraîner dans cette perte les destinées plus hautes de l'association, les espérances futures de la liberté ? Non, il fallait se sacrifier, mais, en se sacrifiant, couvrir la Vente centrale, et, par là, sauver la Vente suprême et le Comité-Directeur. Il fallait rétracter tous les aveux, surtout ceux qui montraient la Vente militaire en contact avec la Vente centrale, intermédiaire elle-même entre la Vente militaire et la direction mystérieuse du parti. Non qu'une telle rétractation pût tromper les juges ; mais elle empêcherait la justice de pénétrer plus avant dans ses découvertes.

Voilà l'immolation que proposa Bories, le généreux mensonge qui fut accepté par tous ses camarades. Ce fut aussi le conseil que leur donnèrent leurs avocats ; et on peut bien faire remarquer quel intérêt plusieurs d'entre eux avaient à ce que ce conseil fût suivi. Me Barthe, par exemple, et Me Mérilhou faisaient partie de la Haute-Vente.

Cette résolution prise, les prévenus de La Rochelle se partagèrent en deux camps. Le capitaine Massias et les prévenus civils s'isolèrent des autres ; Bories, dont la prudence était plus grande que celle de ses compagnons, servit d'intermédiaire aux deux groupes. Hénon, le seul prévenu civil qui eût avoué, promit la rétractation la plus formelle.

Pendant que la justice rassemblait, à Paris, les éléments de ce grand procès, de sinistres nouvelles, dont l'écho passait à travers les portes de fer de la Conciergerie, venaient, de jour en jour, apprendre aux prévenus de La Rochelle le sort qui les attendait. Vallé, condamné à mort le 4 mai, montait, le 10 juin, sur l'échafaud. Le 1er mai, Sirejean, principal instigateur, avec Delon, du premier complot de Saumur, avait été fusillé à Tours. Le 17 juin, Berton avait été arrêté par un sous-officier des carabiniers de Monsieur, qui, digne émule des agents provocateurs de Colmar, s'était insinué dans la confiance du malheureux général et l'avait poussé à une conspiration nouvelle. Le 22 juillet, s'était ouvert, à

Colmar, le procès de Béfort. A Poitiers, M. le Procureur général Mangin poursuivait l'instruction des complots de Berton et de trente et un complices.

Mais, si quelques hommes étaient sacrifiés ou menacés, la *Charbonnerie* n'avait encore rien à craindre. Vallé était mort en brave, sans parler; Sirejean avait silencieusement salué les fusils homicides; l'instruction de Béfort ne rencontrait que ténèbres; l'instruction de Poitiers prétendait à soulever le voile, et M. Mangin se vantait hautement de démasquer les plus élevés parmi les plus coupables. Mais l'acte d'accusation de Poitiers, publié plusieurs semaines avant l'ouverture des procès de Berton et de La Rochelle, vint rassurer la *Charbonnerie* inquiète. M. Mangin ne savait rien que ce que ces quelques lignes écrites par Vallé, ou de vagues déclarations de témoins ignorants lui avaient permis de supposer.

La découverte que M. Mangin s'était si fort pressé de publier, consistait en ceci : Il y avait une vaste conspiration, dans l'Ouest de la France, pour renverser le gouvernement; cette conspiration avait été préparée dans une société secrète dite des *Chevaliers de la liberté;* les chefs mystérieux de cette société, les directeurs « qui se cachaient derrière leurs séides, » étaient MM. de Lafayette, Benjamin Constant, Foy, Kératry, Manuel, Laffitte et Voyer d'Argenson.

Cette dénonciation était doublement malheureuse : elle ne s'appuyait que sur des présomptions, et elle atteignait des hommes qui n'avaient jamais fait partie d'une société secrète, MM. Foy, par exemple, Benjamin Constant, Kératry et Laffitte. Et ces hommes siégeaient aux conseils de la nation, pouvaient foudroyer de leurs démentis méprisants l'imprudent Procureur général, du haut de la tribune législative. Ils le firent; ils flétrirent, à la face du pays, ce *guet-apens judiciaire,* réclamèrent une enquête et la traduction du magistrat à la barre de la Chambre. L'enquête et la mise en accusation furent repoussées par le parti royaliste.

C'est à travers ces scènes sanglantes et ces débats irritants, contemplés et suivis par la France tout entière avec une curiosité fiévreuse, que l'instruction du procès de La Rochelle arriva à son terme.

Le 24 juillet, la chambre d'accusation de la Cour royale de Paris, réunie à la chambre des appels de police correctionnelle, renvoya, pour y être jugés, devant la Cour d'assises de la Seine, les douze accusés dont les noms suivent : Massias, Bories, Baradère, Hénon, Gauran, Rosé, Goubin, Pommier, Raoulx, Asnès, Goupillon et Bicheron, comme ayant pris part à un complot contre l'État; et les treize accusés suivants : Labouré, Cochet, Castille, Dutron, Barlet, Perreton, Lefevre, Hue, Thomas-Jean, Gauthier, Lecoq, Dariotseq et Demait, comme ayant eu connaissance du complot, et n'en ayant pas fait la révélation.

Le 21 août, les vingt-cinq accusés comparurent devant la Cour d'assises.

A dix heures et demie du matin, les accusés sont introduits dans la salle d'audience, et placés sur un triple rang de bancs, séparés les uns des autres par un gendarme. Le plus âgé des accusés militaires a 27 ans; c'est Bories. La belle et calme figure de Bories excite une curiosité sympathique. L'attitude de tous ces jeunes gens est simple et grave.

Les jurés prennent place. Ce sont : MM. Trouvé, chef du jury; Doilot, Perrin, Bernard de la For-tette, Pavet de Courteille, de Loynes, de Viany, Rodier, Faveret, Pannetier, le vicomte d'Arlincourt. M. Trouvé est chef du jury par le refus de M. Doilot. Les deux jurés suppléants sont MM. de Rely et Dubocq.

Les huissiers annoncent la Cour. Elle est composée de MM. de Monmerqué, président; de Frasans, Chevalier-Lemore, de Berny, conseillers; Froidefond, Noël du Payrat, conseillers auditeurs.

Le siége du ministère public est occupé par MM. de Marchangy, avocat général; de Broë, substitut.

Au banc de la défense s'associent : Me Berville, pour Baradère; Me Barthe, pour Gauran; Me Mocquart, pour Massias et Hénon; Me Mérilhou, pour Bories; Me Chaix-d'Est-Ange, pour Bicheron; MMes Coffinières, Aylies, Visinet, Legouix, Rumilly, Boulay de la Meurthe, Renopard, Plougoulm, Delangle, Dalloz, etc., pour les autres accusés.

La première audience est remplie tout entière par la lecture de l'acte d'accusation. Plus prudent que M. Mangin, M. de Marchangy s'est contenté d'y exposer les faits de l'instruction, tout en les groupant autour d'une conspiration générale du *Carbonarisme,* dont il trace à grands traits la marche et les progrès. Dans cette première esquisse, l'*Avocat général* réserve ses moyens et ses informations, qu'il se propose de développer dans le morceau à effet, le réquisitoire. Il trace rapidement l'organisation intime du *carbonarisme,* évitant d'entrer dans les détails et laissant supposer qu'il en sait plus qu'il n'en veut dire. Pour les initiés, toutefois, il trahit son ignorance en faisant arriver en France le *carbonarisme* par l'île de Corse, en lui assignant une parenté avec la doctrine de l'*égale répartition des biens.*

L'acte d'accusation signale une évidente concordance entre les mouvements de Béfort, de Saumur, de Colmar, les tentatives de Nantes, de Toulon, et le complot de La Rochelle. Tout trahit l'action uniforme d'un « comité occulte et directeur, qui a jusqu'à présent échappé encore aux preuves judiciaires, quant aux membres qui le composent, mais que dénoncent de toutes parts aux incrédulités les plus rebelles ses propres instruments, quant à l'impulsion qu'il donne, et quant à l'action criminelle qu'il propage. »

Rappelant, ensuite, les faits qui se rattachent spécialement au complot dont la connaissance est déférée à la Cour, l'acte d'accusation y trouve la preuve suffisante que les accusés de la seconde série ont fait partie d'une association secrète tendant à renverser la dynastie légitime; s'ils ont paru avoir renoncé au complot, les uns très-hautement et en exprimant leur repentir, les autres tacitement et de fait, aucun cependant n'a révélé dans le délai exigé par la loi (c'est-à-dire dans les vingt-quatre heures). Quant aux accusés de la première série, il y a charges suffisantes qu'ils ont fait partie de l'association, qu'ils ont pris part au complot et qu'ils ont persévéré dans leur crime.

Après cette lecture, le greffier appelle les témoins à charge, au nombre de cinquante-huit, et ceux à décharge, assignés au nom des accusés. Cité à la requête de Goubin et de Pommier, le général Despinois ne comparaît pas.

Le 22 août, les interrogatoires commencent. C'est par le plus intéressant des *Carbonari* civils qu'on a résolu de les ouvrir.

M. le Président fait sortir les accusés Baradère, Gauran et Rosé, et commence l'interrogatoire de l'accusé *Hénon.*

D. Vous avez déclaré que vous aviez fait partie d'une société secrète; persistez-vous dans cette déclaration? — R. Non, Monsieur.

D. Qui a donc pu vous pousser à faire des déclarations contraires à la vérité? — R. Je croyais par là obtenir promptement ma mise en liberté. Je suis père de famille, à la tête d'un établissement que huit jours d'absence peuvent renverser, et c'est ce qui est arrivé. M. le Préfet de police m'a donné à entendre qu'un aveu quelconque de ma part me ferait mettre immédiatement en liberté. J'avais déjà fait quelques jours de détention, et la patience commençait à m'abandonner. M. le Préfet de police s'est efforcé de me persuader qu'en faisant des révélations, je me tirerais d'affaire, et que je pourrais même sauver mes camarades. Je l'ai cru, et j'ai dit tout ce qu'on a voulu me faire dire.

M. le Président repousse ces allégations comme invraisemblables, et donne lecture des deux interrogatoires subis par l'accusé, l'un devant le Préfet de police, l'autre devant M. Debelleyme, juge d'instruction.

Hénon n'en persiste pas moins à démentir les déclarations par lui faites devant le Préfet de police. Il dit que, non-seulement il a été porté à les faire par l'espérance de la liberté, mais qu'il a pu céder encore à un mouvement de générosité à l'égard de son ami Marcel, qu'il craignait de voir compromis.

M. le Président ordonne, en vertu de son pouvoir discrétionnaire, que le Préfet de police sera appelé devant la Cour.

Pommier, interrogé à son tour, avoue avoir fait partie de la réunion des sous-officiers du 45e chez un marchand de vin; mais il dit ne se rappeler ni le nombre des assistants, ni l'époque de la réunion. Il déclare n'avoir jamais eu d'entrevue avec des bourgeois, et nie avoir été reçu *Carbonaro* à Paris.

D. Vous avez déclaré que vous aviez été reçu par Bories et deux bourgeois? — R. J'ai fait cette déclaration, cela est vrai, mais c'est la faute du général Despinois, qui m'y a forcé par ses menaces et ses promesses.

M. le Président. — Votre déclaration première est écrite de votre propre main.

Pommier. — Cela est vrai; mais elle m'a été dictée presque tout entière par le général Despinois. C'est lui qui m'a donné tous les renseignements sur la société des *Carbonari*.

D. Comment se fait-il que, dans vos interrogatoires ultérieurs, vous ayez persisté dans cette déclaration? — R. Parce que M. le général Despinois me l'avait recommandé, en me disant que je serais sauvé.

On fait rentrer Baradère, Gauran et Rosé.

M. le Président à Bories. — Bories, il résulte de tous les faits de la cause que vous avez fondé dans le 45e régiment de ligne une société secrète, une Vente particulière, composée de sous-officiers?

Bories. — C'est faux, Monsieur le Président. Il a été question d'établir une société philanthropique pour donner des secours aux militaires malades; il y en avait beaucoup. Comme l'argent des souscripteurs n'était pas distribué également, j'ai proposé de former une société avec un secrétaire et un trésorier. J'avais déjà, au Havre, parlé de ce projet de société à Goubin et à Pommier. Je déclare qu'elle n'a jamais porté le nom de *Chevaliers de la Liberté* ou de *Carbonari*.

D. Comment entrait-on dans cette société philanthropique? — R. En donnant vingt sous par mois.

On faisait prêter un serment pour intriguer les sous-officiers et les engager à entrer dans cette société.

Quant aux poignards qu'il est accusé d'avoir fournis aux membres de cette société, Bories déclare que c'est Pommier qui les a fournis; que Pommier dit que c'était un signe *mystique*, et que ceux qui en voudraient en prendraient.

Bories déclare, en outre, que c'est lui qui a payé le dîner à Orléans sur les fonds de la société, mais qu'à cette réunion, il n'a pas été question de politique.

M. le Président rappelle à Bories la querelle avec les soldats suisses, à Orléans, querelle à la suite de laquelle il avait été cassé provisoirement, et aurait eu, à Tours, une entrevue avec le capitaine Massias.

Bories déclare que cette entrevue fut sans importance, que l'objet, assez insignifiant pour qu'il n'en ait point gardé le souvenir, était étranger à la politique.

M. le Président à Goubin. — Accusé, vous avez déclaré que vous faisiez partie d'une société secrète destinée à conquérir la liberté?

Goubin. — Le fait est faux; j'ai déclaré que c'était pour maintenir le roi et la royauté. On faisait le serment de ne pas nommer les membres de cette société.

D. Vous avez dit qu'on prêtait le serment sur un sabre ou sur un poignard?

Goubin. — J'ai fait cette déclaration d'après une lettre que Pommier me jeta dans mon cachot lors de mon arrestation à La Rochelle; on m'y traçait le plan de conduite que je devais tenir comme un général Despinois. Lorsque je fus amené devant le général, il me demanda où j'avais été reçu *Carbonaro*. Je lui répondis que c'était à La Rochelle. Le général Despinois me dit alors : Vous allez être fusillé sous peu de jours; si vous voulez me faire une lettre telle que celle que Pommier m'a écrite, je vous promets, foi de général, que je vous sauverai, ainsi que tous vos camarades.

M. le Président donne lecture de la déclaration faite par Goubin devant le Procureur du roi de La Rochelle.

Goubin repousse comme mensongers les aveux qui résultent de cette pièce, et persiste à soutenir que c'est le général Despinois qui l'a engagé, ainsi que Pommier, à faire ces déclarations, qu'ils ont signées dans l'espoir d'échapper au danger de leur position. Mais aujourd'hui, devant la justice, il veut déclarer toute la vérité.

Le 23 août, *M. le Préfet de police* est entendu. (C'était alors M. Delavau.)

M. le Président. — Nous sommes obligé d'adresser à M. le Préfet une question dont il nous est cependant facile de pressentir la réponse. L'accusé Hénon prétend que vous seriez allé au delà des devoirs prescrits à tout magistrat, au point de lui dire que, s'il faisait des déclarations, il aurait la liberté?

M. le Préfet. — Je n'ai pas dû lui promettre ce qu'il n'était pas en mon pouvoir de tenir. Je l'ai interrogé, Monsieur le Président, comme il m'est souvent arrivé, sur le siège que vous occupez, d'interroger les accusés. J'ai engagé, sans doute, Hénon à dire la vérité, d'abord par respect pour la justice, et ensuite comme un moyen de se concilier plus d'indulgence par la franchise, et *peut-être aussi* l'espoir de la clémence royale. C'est là, à peu près, les expressions dont je me suis servi.

Hénon. — La déclaration de M. le Préfet est parfaitement vraie, excepté sur un point; il m'a lu ma déclaration détail par détail; mais il n'a point fait la lecture générale. Il m'a proposé de lire tout le procès-verbal ; mais, comme il était deux heures du matin, j'ai cru pouvoir l'en dispenser.

M. le Préfet. — J'affirme que le procès-verbal entier a été lu.

Hénon, avec force. — Je jure, devant Dieu qui nous jugera tous, que je déclare ici la vérité.

M. le Président. — Ne hasardez point de serments.

M. Delavau. — Le fait pourrait être attesté par les deux fonctionnaires qui ont assisté à la déclaration. Hénon annonçait, par son attitude, son langage, sa physionomie, un homme profondément pénétré ; et, je puis le dire en ce moment, tout en lui était digne d'intérêt.

M. le Président. — Hénon, si, par une fausse espérance, par *une interprétation malheureuse* de la conversation de M. le Préfet, vous avez pu compter sur la promesse d'obtenir immédiatement la liberté, comment n'avez-vous pas été détrompé quand vous avez paru devant le Juge d'instruction et devant le Commissaire instructeur de la Cour ?

Hénon. — Je me suis accusé pour sauver Marcel ; je suis victime de mon dévouement à l'amitié.

La réunion à l'auberge du *Roi Clovis* (PAGE 6.)

M. de Marchangy. — Comment se fait-il, si vous prétendiez sauver Marcel, que vous l'ayez inculpé de préférence à tout autre, en l'accusant de vous avoir initié ?

Hénon. — Il fallait bien nommer quelqu'un. Si j'ai fait des mensonges, c'est uniquement pour sauver Marcel. Je n'ai reconnu mon erreur que, lorsqu'étant en prison avec lui, je l'ai pressé, pour son propre intérêt, de se déclarer coupable, et qu'il m'a soutenu qu'il était innocent. Quant à mon opinion politique, je suis pour les Bourbons et pour la Charte ; j'ai toujours aimé les Bourbons, et je défie qu'aucune action de ma vie prouve le contraire.

M. le Président. — Comment auriez-vous pu deviner l'existence des sociétés secrètes dont vous parliez avec tant de détails, si vous n'aviez pas été réellement affilié ?

Hénon. — Ce n'était que des inventions qui m'étaient inspirées par les pressantes exhortations du Préfet de police. J'ai parlé de sociétés secrètes, c'était tout simple : les journaux du ministère ne cessaient de proclamer leur existence, et, très-certainement, des révélations où il n'y aurait pas eu de sociétés secrètes, n'eussent pas satisfait complètement l'autorité.

Me Aylies. — M. le Préfet n'a-t-il pas fait solliciter Hénon par l'inspecteur des prisons, le sieur Bonneau, et ne lui a-t-il pas offert ou même donné des secours ?

M. le Président. — *Ceci est étranger aux débats.*

M. le Préfet. — Je demande, au contraire, à répondre, afin de ne laisser rien de *louche* dans ceci. Hénon se trouvant dans le dénûment, et n'ayant au dehors ni famille ni amis pour lui venir en aide, il lui a été accordé un secours qui est, *je crois,* d'une somme de 30 francs.

Me Aylies. — Pourquoi ce secours extraordinaire ? Est-ce que tous les détenus ne vivent pas du pain de la prison ?

M. le Président. — Vous savez bien que la sub-

sistance des prisonniers se réduit au strict nécessaire, et que c'est une position bien fâcheuse pour
un homme habitué à quelque aisance.

M. de Broë. — On a l'air de s'armer du *bienfait*
contre le *bienfaiteur*; un tel système de défense
pourrait être fatal.

M. le *Président* à Hénon. — Quel motif aurait
donc pu vous porter à faire des déclarations qui ne
seraient pas conformes à la vérité? Encore une fois, je
vous le demande.

R. Un motif bien simple; celui d'obtenir prompt-
tement ma liberté. Je suis père de famille, je tiens
un établissement d'instruction primaire; une détention de huit jours.....

M. le *Président*. — Vous sentez bien au fond
de votre âme que vous ne dites pas la vérité dans
ce moment?

Hénon, avec hésitation. — Je vous demande pardon; ma conscience ne me reproche rien.

M. le *Président*. — Ce qui le prouve, c'est le
trouble même avec lequel vous prononcez cette dénégation.

A ce moment du procès, on a déjà pu voir se
dessiner le système général de la défense. Les premiers aveux n'ont été obtenus que par la ruse ou la
menace. Les accusés n'ont fait partie d'aucune société secrète; tout est mensonge dans l'instruction,
tout est erreur dans l'acte d'accusation. Mais la concordance des aveux, la similitude éclatante des détails donnés à Paris par Hénon, à La Rochelle par
chacun des accusés isolé de tous les autres, disent
assez ce que vaut ce système. L'accusation portée par
Hénon contre le Préfet de police est une évidente calomnie. Peut-être des promesses d'adoucissement
ont-elles été faites; mais, assurément, M. Delavau n'a
pas inventé tout un long procès-verbal signé par
Hénon, n'a pas falsifié toute une série de réponses.

Cette attitude indisposa tout d'abord le jury,
fournit des armes à l'accusation et ne fut pas pour
peu de chose dans les sévérités du verdict.

On reprend l'interrogatoire de *Goubin*. Il persiste
à rejeter les aveux qu'il a faits sur les menaces dont
a usé envers lui le général Despinois.

M. le *Président*. — Vous ne persuaderez jamais
que le général a tenu une pareille conduite.

Goubin. — Qu'il paraisse ici comme témoin, et je
le démasquerai devant toute la Cour.

M. de *Marchangy*. — Vous n'étiez nullement sous
l'influence du général Despinois, quand vous avez fait
votre déclaration devant le Procureur du roi de La
Rochelle; vous prétendez même n'avoir fait que cal-
quer fidèlement une lettre que Pommier vous a
fait parvenir dans la prison.

Goubin. — Cette lettre était pour me dire que, si
je ne déclarais tout ce que Pommier avait déclaré,
nous serions punis tous les deux. Le général m'a
ensuite donné *sa parole de général Despinois*, que
si je venais à être condamné, il me ferait obtenir
ma grâce.

Pommier, à qui on lit les déclarations qu'il a
faites pendant l'instruction, à Paris. — Devant M. de
Cassini, j'étais encore intimidé par les menaces
du général Despinois; je me suis réservé de m'expliquer aux débats.

M. le *Président*. — Le général Despinois n'avait
plus d'empire sur vous.

Pommier. — Pardonnez-moi, il est général, et
moi je suis militaire

M. le *Président*. — Pouvez-vous supposer qu'un
général français commette la *lâcheté insigne* de
vous intimider au point d'exiger d'un accusé de
fausses déclarations; non-seulement de vous extor-
quer l'aveu d'un crime dont vous seriez innocent,
mais ensuite de vous faire compromettre par de
fausses déclarations d'autres sous-officiers et deux
individus non militaires?

Pommier. — Jamais je n'ai connu de bourgeois
comme initiés dans la société qu'à La Rochelle.

M. le *Président*. — On comprend votre réponse.
Quelles sont les menaces que vous a faites le général
Despinois?

Pommier. — Il m'a dit que si je ne consentais à
déclarer tout ce qu'il allait me dicter, il me livrerait
à un conseil de guerre; que les membres de ce conseil étaient déjà nommés, et que, dans cinq ou six
jours, mes camarades et moi, nous serions tous fu-
sillés. Après cela, il a paru se radoucir et m'a offert
de l'argent pour m'engager à faire des révélations,
me promettant de demander ma grâce au Roi.

D. D'où venaient les poignards qu'on a saisis dans
vos effets?—R. Je les ai achetés à Paris, dans la rue
du Foin, à un marchand d'habits qui passait. Ils
étaient destinés à une société *philanthropique* dont
j'étais membre. Les maçons ont des armes et des
symboles semblables.

On interroge *Goupillon*. — Avant d'entrer dans
aucun détail, dit cet accusé, je désirerais expliquer
les circonstances qui ont précédé ma déclaration.
Ce fut le 18 mars que je fis au colonel la déclaration du *soi-disant* complot qui existait dans le régiment. Je n'en donnai qu'une légère explication.
Le dimanche, vers les cinq heures du matin, M. Leloup, officier du régiment, vint me réveiller et me
dit, de la part du colonel, qu'il fallait faire un rapport circonstancié de tous les faits qui résultent du
complot; que mes aveux engageraient mes camarades à en faire de plus étendus, parce qu'ils en savaient plus que moi. Il ajouta qu'aucun de nous
ne serait puni, mais seulement ceux qui les auraient
mis en jeu. Je me rendis chez le colonel avec
M. Leloup; et c'est en présence de M. Leloup que
je fis ce rapport.

En somme, *Goupillon* confirme en partie ses déclarations premières, et les modifie sur quelques
points. Il convient avoir été reçu *Carbonaro*, et avoir
reçu le signe de reconnaissance, qui se trace avec le
doigt index sur la paume de la main. « Voici comment cela se fait, dit-il, en saisissant la main du gendarme; on place son doigt perpendiculairement sur
le plat de la main de celui qu'on veut reconnaître,
on trace deux lignes droites; on fait ensuite une
espèce de X, on tape trois petits coups, et c'est fait.»
Au reste, il ajoute que, dans sa déclaration autographe, *on l'a un peu aidé!* Puis, on lui a fait parler
de M. Benjamin Constant et du général Foy, qu'il
ne connaissait pas et dont il n'a jamais dit un
mot.

Goubin. — Dans une réunion qui eut lieu entre
nous, Goupillon opina pour qu'on assassinât le colonel et les chefs de bataillon. A cette occasion, il
tira son sabre et dit : « Je jure que je vengerai les
mânes de mon père, qui a été outragé par le gouvernement actuel. »

Pommier. — C'est vous, Goupillon, qui, lorsque
j'étais à la salle de police, vîntes me prendre les
mains à travers les barreaux, en me disant : «Il faut
attaquer cette nuit, ou nous sommes perdus »...
C'est vous qui m'avez parlé de pièces d'artillerie

qu'on pouvait prendre à l'arsenal... C'est vous qui avez offert de proposer des espingoles...

M. le Président. — Goupillon a fait des révélations : c'est pour cela que plusieurs de ses coaccusés s'entendent pour l'incriminer.

Gauran et *Rosé* nient tous deux avoir jamais fait partie d'une société de *Carbonari*, et avoir assisté à un dîner prétendu fait au *Roi-Clovis*. — Je demande, dit *Rosé*, à être confronté avec le *délateur*, ou plutôt le calomniateur qui m'a fait arrêter.

M. le Président à Baradère. — Ne paraîtrait-il pas résulter des premiers aveux de vos co-accusés, et même de leurs tardives rétractations, que vous apparteniez à une société secrète organisée contre le Gouvernement ; que vous étiez, dans cette société, président d'une Vente centrale et député à la Vente suprême ?

Baradère. — Avant de répondre à la question qui m'est adressée, je dois faire observer que je suis accusé de complot et non de *Carbonarisme* ; que le *Carbonarisme* est tellement en dehors de l'accusation de complot, que plusieurs de mes co-prévenus, qui d'ailleurs avaient formellement avoué leur qualité de *Carbonari*, n'en ont pas moins été mis hors de cause par la chambre d'accusation. Vainement dira-t-on qu'en qualité de président de Vente centrale et de député de Vente suprême, je dois être considéré comme ayant eu des rapports habituels avec le Comité-Directeur (source, dit-on, de tout complot), et traité, en conséquence, comme complice immédiat des membres de ce Comité ; j'invoquerais encore, et j'invoquerais avec succès, la jurisprudence de la chambre d'accusation. Des présidents de Vente avoués, des députés formellement reconnus, ont été mis en liberté par ses arrêts.—Répondant à présent à la question, je déclare formellement que, bien qu'il n'y ait ni crime ni délit dans les qualités qu'on m'attribue, bien que je puisse dès lors les avouer sans danger si elles m'appartenaient en effet, il est faux que j'aie jamais été député ni président de Vente, ni *Carbonaro*, ni membre d'aucune sorte de société secrète.

M. le Président. — Vous n'avez point à vous préoccuper de ce qui a été statué à l'égard de vos co-prévenus, sur le compte desquels il ne s'est pas trouvé de charges suffisantes pour déterminer leur mise en accusation ; l'arrêt qui les met hors de Cour n'est, en aucune façon, la justification de la société secrète dont on vous accuse de faire partie. Au surplus, je vous demande si le but de cette société n'était pas de conquérir la liberté, de la conquérir à main armée, de renverser la dynastie régnante et d'y substituer un autre gouvernement ?

Baradère. — Je sais que c'est là, suivant l'accusation, le but de l'association dont elle poursuit aujourd'hui les membres. Je n'essaierai pas de la justifier, parce que, n'en faisant point partie, je ne puis en connaître l'objet.

M. le Président. — Vous persistez donc à nier que vous soyez membre de cette association ?

Baradère. — Oui, je le nie. J'ajouterai, quant aux déclarations de Pommier, qu'elles doivent inspirer d'autant moins de confiance, que, lors de la confrontation qui a eu lieu entre nous, il a déclaré ne point me connaître.

Notons ici que *M. le Président,* avant de faire à Baradère aucune question, lui fit remarquer que sa prétention de ne s'expliquer qu'aux débats est de nature à faire craindre une défense imprudente ; que son intérêt n'est point d'affecter, par une semblable attitude, d'être le directeur du procès et le chef des conjurés. Baradère a compris ce bienveillant conseil.

Le tour de *Bories* est venu.

M. le Président. — Bories, vous avez organisé une Vente dans le 45e régiment ?

Bories.—C'est faux. Avant notre départ du Havre, il fut question d'établir une société philanthropique, dont l'objet était de former une caisse de secours mutuels pour les sous-officiers qui tomberaient malades ; c'est effectivement dans ce seul but qu'elle a été formée. J'affirme que jamais ses membres n'ont porté le titre de *Carbonari* ou de *Chevaliers de la liberté* ou tout autre semblable. Chaque membre donnait vingt sous par mois, et tout était dit.

D. Cette société était secrète ? — *R.* Oui, Monsieur le Président ; mais c'était uniquement pour exciter la curiosité des sous-officiers, et les déterminer, par ce moyen, à se faire affilier.

D. Les nouveaux membres s'engageaient par un serment ?—*R.* Oui, Monsieur.

D. En quoi consistait ce serment? — *R.* A tenir secret le nom des membres de la société.

D. A quelle peine se soumettait-on en cas de parjure ? — *R.* A aucune.

D. Le serment n'était point fait sous peine de mort ?—*R.* Non, Monsieur le Président ; en pareille matière, il serait à la fois rigoureux et absurde de s'en rapporter à la lettre du serment. Je suis maçon, et je puis dire que les serments de la maçonnerie sont bien autrement terribles que les nôtres ; ils sont prêtés, non sur un sabre, mais sur un poignard ; et, néanmoins, je ne sache pas que leur violation ait jamais coûté une seule goutte de sang.

D'ailleurs, *Bories* affirme qu'il n'a point distribué de poignards aux membres de l'association ; il avoue qu'il a donné, à Orléans, un dîner à ses camarades, sur les fonds de la société, dont il était tout à la fois le trésorier et le secrétaire ; mais il nie les propos et les démarches qu'on lui prête sur la route d'étapes, et il ajoute :

—« L'accusation me place dans une position bizarre ; elle prétend tantôt que je reçois des ordres du Comité-Directeur lui-même, tantôt que j'en reçois de Baradère, qui était simple président de Vente ; tantôt, enfin, que j'en reçois de Massias, qui, lui-même, serait le subordonné de Baradère. Qu'elle fixe au moins ma place dans la hiérarchie du *Carbonarisme*, et qu'elle ne fasse pas de moi tout à la fois le correspondant immédiat du Comité-Directeur, et l'agent soumis aux ordres d'un simple président de Vente. »

Quant à ses relations avec Massias, *l'accusé* les nie également.

A l'audience suivante, *M. le Président* revient sur les dénégations actuelles de Goubin, sur ses aveux premiers, sur sa lettre au général Despinois.—Vous prétendez, dit-il, que le général Despinois, oubliant tous ses devoirs, abjurant tout sentiment d'honneur et de délicatesse, a suggéré les déclarations que vous avez faites contre vos co-accusés, et qu'il s'est ainsi rendu complice des fausses déclarations dont vous n'avez pas craint de vous faire l'organe ?

Goubin. — Oui, Monsieur le Président ; je l'ai dit et je le répète. Mais c'est devant le général surtout qu'il me tarde de m'expliquer sur ce point.

M. le Président. — Vous savez qu'il est à cent cinquante lieues d'ici. *Enfin, il viendra peut-être.*

Goubin.—C'est tout ce que je souhaite.

M. le Substitut fait remarquer que tous les co-accusés militaires avouent maintenant qu'ils ont été reçus à La Rochelle dans une société philanthropique, tandis que, dans leurs précédents interrogatoires, ils niaient tous qu'ils eussent été reçus dans aucune société secrète. Que si cette société avait eu réellement pour but de se donner des secours mutuels, il était naturel de déclarer qu'on en faisait partie.

Raoulx, interpellé sur ce point, répond qu'à l'époque où ils furent interrogés, leur société, quoique innocente, avait été incriminée, et que, par ce motif, ils n'avaient pas dû en avouer l'existence.

Interrogé sur l'achat des poignards, *l'accusé* déclare qu'ils ont été achetés par Pommier à un marchand d'habits, rue du Foin.

Bicheron déclare avoir vu des poignards entre les mains de Raoulx, de Pommier et de Goubin. Ces trois sous-officiers lui ont proposé de faire partie d'une société secrète, mais il n'est pas vrai que cette société eût pour but le changement du gouvernement.

Les réponses des autres accusés n'apportent aucune charge à l'appui de l'accusation ; la plupart avouent avoir fait partie d'une société secrète, mais instituée seulement pour procurer à ses membres des secours mutuels.

L'audience suivante s'ouvre par l'audition des témoins à charge.

M. le marquis de Toustain, colonel du 45ᵉ régiment de ligne, reconnaît tous les accusés qui ont fait partie de son régiment. Le capitaine Massias lui avait été signalé pour ses opinions libérales ; mais il n'a à donner sur son compte que les renseignements les plus satisfaisants. Il lui est revenu sur Bories des rapports qui l'engagèrent à surveiller exactement ce sous-officier.

Le témoin rapporte les faits déjà connus qui se passèrent à Orléans et à Niort, et dans lesquels Bories se trouve gravement compromis. Peu de temps après, le lieutenant général de Malartic écrivait au témoin pour se plaindre de la conduite répréhensible que Bories avait tenue à Poitiers. De là, la translation de Bories des prisons de La Rochelle dans celles de Nantes. Averti de nouveau par le général Despinois des réunions suspectes de Niort, le colonel de Toustain manda près de lui Raoulx, Goubin et Pommier, et leur demanda compte de leur conduite. Pommier et Raoulx répondirent qu'ils avaient été avec leur hôte dans un café, où ils s'étaient conduits de la façon la plus innocente ; mais Goubin ne fut pas d'accord avec eux ; selon lui, l'hôte ne s'était pas trouvé au café. Cette contradiction éveilla les soupçons du colonel, qui fit arrêter Goubin.

— Le jour suivant, Goupillon vint me trouver. Il paraissait vivement affecté. Je crus qu'il me cachait quelque secret ; je le pressai de ne pas persister dans son crime, s'il était coupable. Je lui dis d'aller trouver le sergent-major Choulet, avec lequel, *je le savais*, il s'était déjà ouvert de l'intention qu'il avait de tout révéler. Il fut ébranlé, versa des larmes, et m'avoua qu'il y avait dans le régiment un complot dont le but était d'arrêter le colonel et les chefs de bataillon, d'arborer le drapeau tricolore. J'étais alors avec le chef de bataillon, M. de Courson ; je fis passer Goupillon dans mon cabinet, et j'écrivis sous sa dictée la liste des conjurés. Alors, je le vis extrêmement tremblant. Il me dit qu'il était sûr d'en être la victime ; qu'on lui avait fait prêter serment, sur un poignard, de ne pas révéler, sous peine de mort, l'existence de la société des *Carbonari*.

Le capitaine Massias. — J'ai toujours passé pour libéral ; mais je ne me suis jamais cru pour cela indigne de faire partie de l'armée. Fatigué des bruits qui couraient sur mon compte, j'allai trouver le colonel, et je protestai devant lui de n'avoir jamais fait partie d'une association contre le gouvernement. Je sais trop à quoi l'honneur m'engage, pour tourner contre le gouvernement des armes que j'ai reçues pour sa défense. Le colonel me répondit : Mais je ne vous ai pas cru, pour cela, indigne de servir le gouvernement du roi. Je voudrais, ajoute *l'accusé*, que Pommier rendît compte de ce qui s'est passé entre lui et le général Despinois à mon sujet ; et, dès à présent, je fais observer que je n'ai été arrêté que huit jours après ce sous-officier.

Pommier. — Le général Despinois, à la suite de mon premier interrogatoire, m'a engagé à désigner le capitaine Massias comme *Carbonaro*.

M. le Président. — Comment ferez-vous croire qu'un général français, qu'un officier sans peur et sans reproche ait eu recours à des suggestions aussi lâches, aussi criminelles?...

Pommier. — Il est allé jusqu'à se dire *Carbonaro*...

M. le Président. — Que dites-vous là?

Pommier. — Oui, Despinois, pour m'arracher des aveux, m'a dit que lui-même était *Carbonaro*, qu'avant un mois, il livrerait Nantes, et que je n'avais rien à craindre de lui.

M. le Président. — C'est une monstrueuse absurdité. Il est trop invraisemblable qu'un brave guerrier qui a toujours bien servi son roi, soit descendu à de telles bassesses, à de si monstrueuses perfidies.

Mᵉ Mocquart. — Il y a une distinction à faire entre l'impossible et l'invraisemblable. Quelle que soit, Monsieur le Président, l'étendue de votre pouvoir discrétionnaire, il ne va pas jusqu'à reculer les bornes de l'impossible. Il est des généraux fidèles à l'honneur ; il en est aussi qui ont forfait à l'honneur.

M. de Marchangy se lève et déclare que de pareilles expressions sont un oubli de toutes les convenances.

— Ce ne sont que des généralités, répond *Mᵉ Mocquart.*

M. l'Avocat général requiert contre l'avocat l'application du décret du 14 décembre 1810.

Tous les avocats se lèvent et demandent la parole pour défendre leur confrère ; mais *M. le Président*, voyant *Mᵉ Mocquart* s'obstiner à être entendu, ordonne, pour défendre l'avocat contre les vivacités de sa parole, que *Mᵉ Mérilhou* sera chargé de présenter pour lui des explications. *Mᵉ Mérilhou* se hâte de profiter de cette intention bienveillante pour déclarer que son confrère n'a pas eu la pensée de diriger contre le général une accusation personnelle. La Cour prononce qu'il n'y a pas lieu à statuer sur le réquisitoire, mais elle engage le défenseur à être plus circonspect à l'avenir.

Boisset, sergent-major au 45ᵉ de ligne, dépose que Bories lui a demandé, à Paris, s'il voulait faire partie d'une société des *Chevaliers de la Liberté* ; qu'on donnait vingt sous par mois, et que c'était pour se secourir les uns les autres. Le témoin ayant refusé, Bories lui recommanda le secret, en lui disant que ceux qui dévoileraient cette société encourraient la peine de mort.

À La Rochelle, Raoulx dit au témoin qu'il avait mal fait de n'avoir pas voulu entrer dans cette société, à Paris, et Goupillon, qui était présent, tira de sa bottine un poignard, et lui donna ainsi à entendre qu'il ne fallait pas entrer dans cette société. Goupillon, une autre fois, lui parla d'un complot et des galériens de Belle-Croix.

Laumeau, sergent au 45ᵉ, dit qu'étant à Paris, à

la caserne, rue Saint-Jean-de-Beauvais, on vint l'avertir qu'un bourgeois l'attendait à la porte. C'était un homme décoré, qui l'invita à prendre une demi-tasse. Ayant accepté, le témoin vit dans le café deux autres bourgeois décorés. On lui proposa d'entrer dans une espèce de société de *francs-maçons*. On lui fit des promesses brillantes, qu'il prit pour des *gasconnades*, et il répondit : Je verrai.

Le 16 mars, le témoin vit Raoulx, qui lui parut ivre. — « Nous sommes malmenés dans le régiment, disait Raoulx, ça ne durera pas toujours. »

Les témoins *Fremand* et *Poitrinole* déclarent avoir entendu dire à Asnès, lorsque deux compagnies de voltigeurs étaient parties à la poursuite de Berton : « Il n'est pas sûr que les voltigeurs reviennent : la garnison de Nantes a brûlé ses drapeaux; l'école de Saumur est en pleine révolte : dans quelques jours, il y aura du changement. » Asnès affirma au témoin Fremand que le général Berton avait passé à La Rochelle avec deux millions. Fremand était tambour de la compagnie; Asnès, le voyant à la cantine, lui dit : « Ne buvez pas, parce que vous battrez cette nuit la générale; c'est cette nuit que se fera le grand coup. »

Le gendarme *Poignant* a été chargé de transférer Pommier de Poitiers à Nantes. Il déclare que, dans la route, Pommier lui dit : « Je suis bien malheureux que l'affaire n'ait pas réussi, j'aurais été nommé capitaine et décoré; j'ai mon brevet du ministre de la guerre. Je devais toucher du général Berton une gratification de 600 francs. J'ai diné à La Rochelle avec le général Berton. Cette conspiration est très-étendue; il y a plus de 300,000 personnes; on compte parmi elles des maréchaux et des pairs de France; trente à quarante mille Espagnols doivent se joindre à nous. »

Quant à Goubin, cet accusé lui confia que la conspiration de La Rochelle était commencée depuis trois ans; qu'elle s'étendait depuis Lyon jusqu'à la Belgique; que, sans un sergent du 45e, leur coup aurait réussi, et que l'argent ne leur aurait pas manqué; que La Rochelle fournissait trente millions, et Poitiers autant; qu'il savait bien qu'il serait fusillé, mais qu'il ne dénoncerait personne.

Goubin, souriant avec ironie. — Le témoin ne dit pas encore tout. Il m'a demandé quel était le chef de la conspiration, et je lui ai répondu que c'était un prince de la famille royale.

Pommier. — Si j'avais réellement trempé dans un complot, je ne l'aurais pas confié à un gendarme; on sait qu'ils sont à peu près tous payés par la police.

Le fourrier *Lucas* dépose que, tous les jours, Goubin recevait dans sa chambre Pommier, Raoulx, Asnès, Thomas, et quelques autres, parlant sans cesse à voix basse, et se taisant tout à coup avec défiance lorsqu'il voyait approcher le témoin; qu'en outre, souvent Goubin, assis sur son lit, entouré des mêmes individus, discutait devant une carte de France déployée, en disant : *Voilà notre point de direction.* La carte fut en effet trouvée dans la paillasse de Goubin.

Gaucherot, l'aubergiste du *Roi-Clovis*, et sa femme, ne reconnaissent pas les accusés, à l'exception de Hénon, qui est venu retenir la salle, sous prétexte de faire des armes. Ils déclarent que trois bourgeois assistaient à la réunion qui eut lieu dans leur domicile, qu'il y avait aussi plusieurs militaires. Il leur est impossible de fixer la date de cette réunion, qui, pourtant, ne remonte pas au delà de février.

Le sergent-major *Choulet* dépose que, sur la route

d'Orléans à La Rochelle, Bories l'engagea à prendre parti contre le Gouvernement, en lui disant que les choses ne pouvaient rester comme elles étaient, que les militaires n'avaient plus d'avancement et qu'ils ne resteraient pas longtemps sous le joug. Le témoin ayant refusé d'accéder à ces propositions, Bories lui dit : « Quel diable d'homme êtes-vous donc? si tout le monde était comme vous, on ne ferait jamais rien. »

Le témoin déclare avoir passé les nuits des 17 et 18 mars avec deux officiers et sous-officiers, dans la crainte qu'un mouvement n'éclatât dans la caserne. Interrogé si ceux qui veillaient avec lui étaient instruits du motif de cette précaution, il répond que non. « *Personne* n'était instruit, dit-il, de ce qui devait arriver, et je voulais laisser à Goupillon le mérite de la révélation. »

Rapprochées du *je le savais* de la déclaration du colonel de Toustain, ces paroles du témoin dessinent suffisamment son attitude dans toute cette affaire.

Collignon, cantinier au 45e. — Pommier m'a dit, sur la route, qu'on n'irait pas jusqu'à La Rochelle. Je lui demandai pourquoi, il me répondit : « Il faut que je sois capitaine ou mort. » Arrivés à La Rochelle, je voulais établir une cantine devant le quartier; Pommier m'engagea à ne point acheter beaucoup de vin, parce qu'il y aurait bientôt du changement.

La femme *Collignon* dépose que Raoulx, se trouvant à déjeuner chez elle avec Denait, le lendemain de l'arrestation de Pommier, dit que, s'il eût été à la place de ce dernier, il aurait poignardé l'adjudant Marteau. — « Et où auriez-vous trouvé le poignard? » demanda le témoin. — « Je n'aurais pas été embarrassé, » répondit Raoulx.

Le sergent *Genty* dépose qu'il eut occasion de faire des reproches à Asnès de ce qu'il chantait des chansons séditieuses.

Le soldat *Hersent* dépose qu'Asnès lui dit plusieurs fois de se tenir prêt; que, sous peu de jours, il y aurait du nouveau.

Le sieur *Bonneau* dépose que Thomas-Jean a fait près de lui des tentatives pour l'affilier à la société des *Carbonari*. Il est revenu plusieurs fois à la charge, et, pour l'amorcer, il disait que, dans cette société, on se promettait assistance mutuelle; qu'il était fort heureux d'avoir trouvé des amis semblables, qu'il avait du pain d'assuré. Il ajouta qu'on désirait y faire entrer d'anciens militaires, et qu'il s'y réunissait des généraux.

Le lieutenant *Leloup* dépose que Labouré lui dit ne s'être aperçu du but de la société qu'à deux époques : la première, dans une conversation qu'il eut à Paris, avec Bories; l'autre à Orléans, où il apprit le complot.

On passe à l'audition des témoins à décharge.

Recurt, étudiant en médecine, déclare que c'est lui qui a donné à Gauran les cartouches trouvées en sa possession, cartouches que lui avait vendues, après le licenciement de l'armée de la Loire, un artilleur nommé Gail.

Forest, *Colson* et *Dubourg*, tous trois étudiants en médecine, déposent dans le même sens.

Plusieurs autres témoins sont entendus à la décharge de Gauran et de Rosé; tous donnent des éloges à la bonne conduite de ces jeunes gens.

Le 29 août, les débats sont fermés. *M. l'Avocat général* prononce son réquisitoire.

Ce n'est pas un morceau d'éloquence vulgaire que

ce réquisitoire de M. de Marchangy ; il est resté célèbre dans les fastes de la magistrature ; il fut, par ordre, publié dans tous les journaux du temps ; l'empereur Alexandre de Russie daigna témoigner officiellement à son auteur sa haute satisfaction : c'est un véritable document historique. Plus d'une fois avant M. de Marchangy, on avait signalé l'existence, en France, d'une vaste et perpétuelle conspiration contre le trône restauré. Les récentes tentatives qui avaient éclaté ou avorté sur tous les points du territoire, en avaient démontré la réalité. Dans le cours de 1821, trente-cinq préfets avaient dénoncé à la fois des sociétés secrètes organisées dans la circonscription de leurs départements. Mais on n'avait pas encore, comme le fit M. de Marchangy, réuni tous ces symptômes d'un mal profond dans une effrayante synthèse ; on n'avait pas, avec cette franchise, avec cette hauteur de vues, diagnostiqué le cancer politique de la Restauration. Peut-être même le magistrat prouva-t-il plus qu'il n'eût voulu, et il est certain que la conséquence la plus naturelle à tirer de son cri d'alarme, c'est que les Bourbons sont perdus.

Voilà pour le fond du réquisitoire ; quant à la forme, elle montre, à un degré supérieur, les grandes qualités et les défauts de cet esprit vraiment distingué. C'est ici qu'il faut juger M. de Marchangy, et non dans ces luttes intimes, où, comme lors des procès de Béranger (Voyez ce nom), il tourne contre un ennemi qui échappe à ses coups par son exiguïté même, les efforts disproportionnés de sa passion. S'il s'attaque à la chanson, au pamphlet moqueur, avec l'âpreté qu'il appliquerait à l'attentat politique, le magistrat s'amoindrit lui-même en oubliant le ton et la mesure. C'est le défaut que ne sut pas toujours éviter M. de Marchangy, et l'opposition libérale ne lui épargna pas les représailles du ridicule. Mais ici, il est dans le ton ; son habituelle emphase est bien à la taille d'une conspiration immense. S'il force un peu la voix, c'est qu'il faut effrayer encore plus que prouver, et tout ce réquisitoire peut être considéré comme un morceau à effet, chargé et disposé de façon à inspirer à tous les partis de salutaires épouvantes.

M. de Marchangy avait alors 40 ans à peine. Magistrat depuis l'âge de 25 ans, il avait commencé par être un admirateur enthousiaste de Napoléon. Esprit excessif, il ne comprenait, il ne goûtait que les situations outrées, et il était l'instrument né d'un pouvoir absolu. Frêle, nerveux, concentré, il avait le tempérament âcre et les sombres ardeurs du justicier de l'Inquisition : sincère d'ailleurs et courageux dans ses convictions. Appartenait-il, comme son substitut M. de Broë, à la Congrégation : nous ne saurions l'affirmer ; mais cela est infiniment probable, d'autant plus que M. de Marchangy était un des familiers du pavillon Marsan et un des conseils de Monsieur (Charles X). Ajoutons un dernier trait : M. de Marchangy avait fait d'assez mauvais vers, et, en 1813, il avait publié une sorte de roman-épopée en prose, la Gaule poétique, remarquable à la fois par l'imagination et par l'emphase, par l'ambition du style et par le tour gothique de la pensée.

Nous ne nous contenterons pas d'esquisser ou d'analyser le réquisitoire (1) de M. de Marchangy ;

il faut le serrer de près et en citer les grandes parties. C'est le manifeste de la monarchie du droit divin.

M. l'Avocat général entre en matière par ce simple exorde :

« Messieurs les jurés, une conspiration, dont le but était de renverser le Gouvernement, devait éclater dans les murs de La Rochelle. Déjà, le jour et l'heure étaient choisis, lorsque les conjurés furent arrêtés, armés des poignards que leurs serments consacraient à des attentats. »

Il ne s'agissait pas seulement d'un complot ; l'instruction découvrit les preuves d'une société secrète, dont les initiés, répandus en cent lieux divers, marchaient vers un même but, par les mêmes moyens. On reconnut que le fil de ces trames nombreuses partait de la capitale, et que, « si l'on trouvait ailleurs des agents corrompus, on ne trouverait qu'à Paris les agents corrupteurs. »

Mais quel contraste entre l'accusation et les accusés ! « Préoccupés de l'idée d'une conspiration hardie et d'un bouleversement général, nous cherchons sur ces bancs de puissants instigateurs, des hommes dignes par la séduction de leur opulence, ou le bruit de leur renommée, d'aspirer aux promotions de la révolte, d'obtenir les courtes faveurs d'une révolution, d'exploiter à leur profit nos divisions intestines, et cependant que voyons-nous ici ? des êtres obscurs, des jeunes gens égarés, des soldats sans nom... Que pouvaient-ils donc par eux-mêmes ? Rien ! s'écrient leurs défenseurs. S'il est vrai, Messieurs, que les accusés n'aient rien pu tenter d'eux-mêmes, leur propre insuffisance sera la première démonstration d'une vérité qui couvrira toute la discussion de sa lumière : c'est qu'ils faisaient partie d'une association flagrante, dont la force était dans le nombre de ses adeptes et dans la mystérieuse impulsion qui les faisait mouvoir. Fanatiques instruments d'une volonté étrangère, ils ne pouvaient rien isolément ; ils pouvaient beaucoup sans doute, concourant à une action simultanée ; et lorsqu'on voit les criminels projets de La Rochelle conniver avec ceux de Béfort, de Saumur, de Nantes, de Thouars, de Brest, de Saint-Malo, de Toulon de Strasbourg, on devine comment, sans un crédit notoire, sans une haute capacité personnelle, des individus auraient pu accomplir de sinistres vœux, et comment tant de faibles roseaux auraient, en s'unissant par un lien commun, formé le sanglant faisceau des décemvirs. »

Pour prononcer sur l'un de ces complots, il faut donc en connaître l'ensemble, suivre les traces des affiliations ténébreuses ; le procès de La Rochelle se rattache à la découverte d'un vaste plan d'insurrection : M. de Marchangy va donc tracer l'histoire des menées révolutionnaires depuis la restauration du trône des Bourbons. Nous ne le suivrons pas dans cette énumération, que nous avons esquissée nous-même, et dont les éléments principaux se retrouveront d'ailleurs dans notre collection. Contentons-nous d'appeler l'attention du lecteur sur la théorie préliminaire de l'esprit de révolution, développée dans ce réquisitoire par l'organe du ministère public : ce n'est pas l'opinion isolée de M. de Marchangy, c'est l'acte de foi d'un parti que l'on va lire.

« Oui, l'Europe entière est attentive à des débats, où elle cherchera l'explication des troubles qui la tourmentent, l'origine des partis qui la divisent ; elle y apprendra peut-être comment vingt nations

(1) Il a été publié en entier, avec la réplique, sous le titre de *Plaidoyer de M. de Marchangy*, etc., Paris, Boucher, 1822, in-8° de 241 pages

qui diffèrent ensemble par leur civilisation, leurs mœurs, leurs besoins et la forme de leur gouvernement, ont néanmoins éprouvé à la fois la commotion du même délire, reçu les mêmes conseils, les mêmes instructions, et entendu proclamer les mêmes doctrines et les mêmes textes de rébellion. Il serait aussi monstrueux de voir des arbres de diverse nature porter des fruits pareils, que de voir des peuples qui n'ont, par leur position sociale, aucune analogie entre eux, manifester spontanément des systèmes et des prétentions semblables.

« Les révolutions actuelles ne sont donc point *innées*; elles sont *apprises*, et la même leçon, circulant du Nord au Midi, explique la conformité de tant d'erreurs.

« Voilà pourquoi Naples, si heureuse de ses beaux-arts, des bienfaits de son ciel et de la mansuétude de ses Bourbons, s'étonna d'entendre ses propres enfants répéter mot pour mot le langage des vétérans de nos discordes civiles; voilà pourquoi l'Espagne, que sa superbe et dédaigneuse ignorance, que son fanatisme héroïque et son culte pour ses traditions premières devaient préserver des sophistes, s'indigne de voir un ramas de perturbateurs affamés du régicide et copistes serviles des excès de 93; voilà pourquoi l'Allemagne, qui tant de fois eut à maudire nos révolutions, contre lesquelles ont protesté ses armes, sent avec effroi leur poison se glisser jusqu'au cœur de sa jeunesse; voilà pourquoi le Piémont, qui bénissait les races patriarcales de ses vieux princes, et qui, rendu à des coutumes héréditaires qu'il ne cessa de regretter, n'avait plus aucun vœu politique à former, eut à frémir de voir du milieu d'un règne paisible s'élancer l'anarchie tout armée; voilà pourquoi LA GRÈCE, qui avait presque usé ses fers en les portant depuis des siècles, reçut tout à coup l'avis de sa servitude, et pourquoi, *induite en insurrection*, elle appela sur elle-même l'implacable vengeance d'un maître qui s'était endormi. Tels sont les déplorables résultats des principes colportés par les promoteurs de désordre, par les envoyés de la révolte, eux qui ne veulent point souffrir que les missionnaires d'une religion de paix et de concorde aillent restaurer la parole de vie des mœurs énervées et une foi mourante ; eux qui désirent étouffer dans le bruit de leurs déclamations intolérantes la voix des apôtres de nos croyances, tandis que se faisant un privilège exclusif du prosélytisme, ils vont afficher, depuis les Apennins jusqu'au Bosphore, et depuis Lisbonne jusqu'aux bords de l'Orénoque, l'enseignement et les programmes de la sédition. »

L'esprit de révolution, c'est une *épidémie morale*, qui appelle les consultations des souverains réunis en Congrès; il ne s'agit plus de conquérir aujourd'hui, mais de vaincre l'ennemi commun, la révolution. La France, particulièrement, est infectée de principes délétères, « soit que le règne doux et paternel des Bourbons, succédant au vigilant despotisme du précédent gouvernement, ait, à force de contraste, paru incompatible avec l'idée d'une répression sévère; soit que, trop longtemps privés de liberté, et en ayant perdu l'usage, quelques-uns l'aient prise pour la permission de mal faire et la garantie de l'impunité; soit que la transition d'un régime à l'autre ait envenimé les regrets, et armé les ressentiments, ait aigri les prétentions trop souvent confondues avec les droits; soit que l'anarchie des ambitions et les saturnales de la fortune aient fait sortir toutes les classes de leur repos,

comme de leur condition, pour les précipiter vers des honneurs qui vont les satisfaire un jour et les agiter toute la vie; soit enfin que nulle institution n'ait été profondément creusée au milieu de nous pour absorber ce déluge, pour purifier les lumières et pour laisser déposer les passions.

« Et d'ailleurs la France, marchant la première à la tête de la civilisation, ne court-elle pas le risque d'arriver aussi la première à ce rendez-vous de l'abîme, où les peuples aboutissent lorsque, ayant échangé les *vertus* pour les *connaissances*, les *mystères* pour les *découvertes*, et l'*instinct* pour le *raisonnement*, il ne leur reste, au milieu d'illusions, que les métamorphoses de l'erreur ou les caprices du dégoût! Ainsi périrent les nations de l'antiquité; mais espérons qu'un pareil anathème n'éclatera pas sur les nations modernes. Elles ont ce que n'avaient pas leurs aînées pour prévenir l'entière corruption. C'est la religion qui a donné à la terre le secret de faire fleurir éternellement les sociétés des hommes, et qui trouve, jusque dans leurs égarements, un moyen de les ramener à la vérité. Déjà la France, malgré les efforts d'une secte impie, ressent cette merveilleuse influence: étudiez ses goûts, ses penchants et ses souvenirs de prédilection, vous la verrez exprimer le vague désir d'une régénération morale, et se placer d'elle-même à l'ombre des pouvoirs légitimes. Aidons-la dans ce mouvement généreux, protégeons cette heureuse disposition à la convalescence de la patrie ; prévenons ses rechutes, et ne souffrons pas qu'elle retombe sous le souffle mortel des anarchistes. L'un des remèdes les plus salutaires qui puissent hâter sa guérison, celui qu'il vous appartient d'appliquer en ce jour, c'est une justice intrépide, c'est le triomphe des lois, c'est la fermeté des gens de bien. »

Voilà la théorie complète, absolue, du droit des gouvernements et des devoirs des peuples, exposée très-nettement, très-sincèrement, en fort bons termes, par un honnête homme très-convaincu. L'insurrection, quel que soit son principe et quelle que soit sa cause, c'est l'anarchie, c'est le crime. La Grèce elle-même a eu grand tort de réveiller son maître; et M. de Marchangy ne prévoit guère que les Colocotroni, les Marco Botzaris, les Miaulis, ces promoteurs de désordre, auront, cinq ans plus tard, pour complices, les officiers et les matelots envoyés par le roi de France dans la rade de Navarin. Pour M. de Marchangy, esprit cultivé, rhéteur élégant, les *vertus*, les *mystères*, l'*instinct*, voilà le véritable patrimoine des peuples; que s'ils s'avisent de rechercher les *connaissances*, les *découvertes*, le *raisonnement*, les voilà bel et bien infectés et en bon train de périr.

Nous n'avons pas à discuter cette opinion, qui a passé de mode, comme beaucoup d'autres; il nous suffira de l'avoir mise en vive lumière, afin que le lecteur n'oublie pas un instant, en lisant ce procès, quelle espèce particulière de fanatisme inspire les accusateurs et les juges. Qu'il n'oublie pas non plus, s'il se sent animé de quelque sévérité pour ces doctrines et pour les excès qu'elles enfantèrent, que le fanatisme contraire a laissé dans l'histoire une trace tout autrement sanglante.

De l'histoire des sociétés secrètes depuis 1815, l'Avocat général conclut qu'il y a eu, de la part des conjurés, *permanence, unanimité*; ils ont discipliné l'esprit d'insurrection, organisé le désordre; ils ont administré la sédition, et en ont fait, en quelque sorte, un département à portefeuille : c'est la *Char-*

bonnerie, à qui revient le mérite de cette organisation, qui s'est sourdement emparée de toute l'Europe.

M. de Marchangy cherche ici, c'était son droit, à flétrir cette organisation oppressive, fondée sur l'obéissance passive, sur la soumission aveugle aux ordres d'une Vente souveraine, invisible. Contradiction étrange pour des amis de la liberté! Féodalité nouvelle, « plus humiliante, plus odieuse mille fois que celle contre laquelle on ne cesse de déclamer, bien qu'elle soit à jamais ensevelie depuis des siècles dans la poussière de ses vieilles châtellenies. Là, du moins, on ne se servait point de poignards ; là, le feudataire ne refusait pas de partager les dangers où il menait vaillamment ses fidèles ; là, on ne s'engageait point par d'exécrables serments à répandre le sang d'un frère pour des tyrans cachés, pour de lâches rhéteurs, dont le premier soin est d'obliger les malheureux qu'ils égarent à ne pas chercher à les connaître, et néanmoins à mourir pour eux. Fut-il jamais un fanatisme aussi insensé, une servitude aussi révoltante? Dans les associations les plus abjectes, parmi les brigands et les corsaires, les chefs combattent à la tête de leurs compagnons, leurs risques sont communs, ils ont également à redouter les poursuites de la justice, ils marchent de front à l'échafaud, ils tombent ensemble dans le gouffre qu'ensemble ils ont creusé. Mais cette égalité n'est pas la règle des seigneurs de la Haute-Vente, de ces privilégiés de l'anarchie, qui, du fond de leur comité invisible, prennent leurs sûretés contre les chances auxquelles ils exposent leurs

Il déploya une moitié de foulard ; l'inconnu montra l'autre (PAGE 7).

séides. « Allez, leur disent-ils, dans l'insolence de leur turbulente aristocratie ; allez tenter pour nous les hasards d'une insurrection dont nous sommes les actionnaires ; allez moissonner pour nous sous les coups de la tempête que nous avons allumée, tandis que nous attendrons, à l'abri, que vous ayez frayé un facile accès à notre pouvoir. Nous paraîtrons au signal de vos succès, nous irons vous secourir dans vos triomphes ; si la vigilance des tribunaux déconcerte votre entreprise, nous livrerons aux haines populaires les magistrats liberticides appelés à vous juger ; nous ferons de leur devoir un péril, et de leur impartialité un titre de réprobation ; nous les tiendrons à l'étroit entre la crainte du libelle et celle du poignard. Si vous succombez dans une agression tumultueuse, nous vous érigerons, à grand bruit, des tombeaux ; nous ferons sortir des étincelles de votre cendre agitée ; nous sourirons aux larmes commandées pour vos funèbres anniversaires, et nous irons jusque dans le temple d'un Dieu de paix chercher des occasions de trouble et des prétextes de vengeance. »

Ici, M. de Marchangy est dans le vrai, et, s'il pouvait lire dans l'avenir, il verrait ces chefs prudents, qui ne paraissent jamais, monter à leur tour au pouvoir, exercer le redoutable ministère de la justice, et, au nom de la société qui ne veut pas périr ou vivre dans de continuelles alarmes, réclamer la punition de leurs frères d'autrefois.

Ce sont là des leçons utiles, et il est bon de rapprocher ainsi les dates. En l'année 1834, M. Berryer, parlant, à la chambre des députés, contre un projet de loi sur les associations présenté par le ministère, rappelle à MM. Barthe, Guizot, le duc de Broglie, qu'ils ont eux-mêmes fondé des sociétés secrètes. « Remontez, s'écrie le puissant orateur, à une date antérieure à 1830. Quelles sociétés secrètes étaient alors organisées? qui y a siégé? qui s'y est entouré de la jeunesse? qui a endoctriné ce peuple toujours jeune dans sa passion? Et que serait-ce, grand

Dieu! s'il se trouvait qu'un de ces accusés, cherchant dans vos conseils, *à la tête de votre justice*, au *milieu de vous, peut-être au milieu de ses juges*, reconnût un homme et lui dit : *Sur le même poignard nous avons juré l'un et l'autre haine éternelle à la royauté!!!* »

M. de Marchangy a donc raison de comparer ces pauvres et obscurs conspirateurs aux *hachichins*, aux séides fanatiques du Vieux de la Montagne.

L'Avocat général montre la *Charbonnerie* française faisant, en juin et en août 1820, ses premières campagnes régulières. La secte étend ses ramifications, et, grâce à son organisation perfectionnée, le Comité-Directeur devient un gouvernement occulte. Durant le cours de 1821, on le voit déployer les ressources et prendre l'attitude d'une puissance qui a

des trésors, des ambassadeurs, des sujets et des armées. Il correspond avec la révolution espagnole, et lui envoie ses régiments. Il s'insinue dans l'armée française, et quand le mouvement de Berton échoue dans l'Ouest, il ne se décourage pas et n'accuse de l'insuccès que la précipitation imprudente du général.

Tout cela est-il croyable? s'écrie M. de Marchangy. Est-il bon d'avouer une situation aussi effrayante? Oui : le scepticisme et l'indifférence seraient plus fatals que la franchise inquiète. Il ne faut point se flatter sur l'état moral de la patrie, mais sonder courageusement ses plaies pour la rendre à la santé.

Il faut prouver l'existence de la conspiration du Comité-Directeur. Eh! qui pourrait méconnaître son

Il interpella le faux paysan qui se mit à fuir (PAGE 10).

action « dans cette tactique soutenue, où les plus simples découvrent un plan concerté par les chefs, docilement suivi par des agents subalternes; dans ces joies prophétiques, dans ces espérances menaçantes, dans cette arrogance prématurée, qui devancent de quelques jours les nouvelles fâcheuses pour les gens de bien et favorables aux méchants; dans cette alternative de repos et d'agitations à laquelle se soumettent les factieux, selon qu'ils sont surveillés ou ménagés, afin d'endormir, par leur inaction momentanée, la vigilance de l'autorité, comme ces malfaiteurs nocturnes qui, craignant d'être trahis par le bruit de l'effraction, suspendent et reprennent tour à tour une œuvre criminelle. » Et les pétitions, les brochures, les rassemblements, les nouvelles sinistres annoncées aux événements, tout cela ne démontre-t-il pas une immense solidarité d'intrigues?

Mais ce ne sont là que des preuves morales, insuffisantes pour des jurés. Il faut apporter les preuves

les plus irrécusables, les aveux des accusés eux-mêmes, les pièces trouvées en leur possession. Ces preuves découlent des procédures suivies à Béfort, à Tours, à Aix, à Strasbourg et à Paris; leur réunion établit l'évidence.

En décembre 1821, le Comité-Directeur, renonçant à l'insurrection en masse, se décide à tenter des insurrections partielles qui, éclatant tout à la fois dans diverses provinces, serviront de point de ralliement à tous les mécontents. Ce plan lui permettra de diviser ses forces, pour former ensuite, de ces ruisseaux grossis dans leur course, un torrent irrésistible.

L'attaque aura donc lieu à la fois dans les départements de l'Est, de l'Ouest et du Midi. Le Comité cherchera à se ménager des places fortes. Il corrompra plusieurs officiers du 29ᵉ, et enverra sur Béfort, de tous les points de la France, sur cette place, des émissaires armés. Les aveux de Letellier, les cocardes et drapeaux tricolores, les shakos à l'aigle, les lettres saisies, ont divulgué le plan et les moyens des conspirateurs.

Vallé, à Toulouse, s'est laissé surprendre, malgré les prohibitions de la Vente suprême, un écrit développant l'organisation de la vaste société secrète qui enserre la France.

Le Comité-Directeur a voulu avoir Saumur, et un certain nombre de sous-officiers ont été initiés à la secte. Delon a fait Carbonari Sirejean et Coudert. Les indiscrétions, les vanteries ont éveillé l'attention des chefs, et, quelques conjurés ayant été arrêtés, le Conseil de guerre de Tours a prononcé sur leur sort.

À la même époque, c'est-à-dire au mois de janvier, mois choisi pour faire déborder partout le cratère, la lave révolutionnaire devait ravager Nantes. Le complot Raymond-Delhaye, attisé par un député du Comité de Paris, n'a pas été suivi d'exécution, et le jury a cru devoir en absoudre les auteurs. Mais la plupart d'entre eux, en avouant eux-mêmes leur culpabilité, ont renoncé à la présomption d'innocence que leur absolution semblait proclamer. Il restait donc constant que là aussi s'étendaient les ramifications d'une association criminelle.

Ainsi donc, tous les complots préparés pour le mois de janvier 1822 avaient manqué leur effet. « Le Comité-Directeur sera-t-il enfin découragé par ce peu de succès? Non, Messieurs, vous allez le voir conspirer encore. Et pourquoi se serait-il avoué vaincu? N'avait-il donc pas toujours des ressources immenses dans la publicité de ses principes séditieux, qui, exerçant sur les générations européennes une sorte de conscription universelle, fait passer chaque année, chaque jour, dans les rangs de la faction, une foule d'êtres égarés? Pourquoi se fût-il avoué vaincu? N'avait-il pas toujours pour auxiliaires le besoin de parvenir par tous les moyens, le mépris des devoirs sociaux, l'abolition des respects humains, la défiance et l'insubordination envers les autorités paternelles et protectrices, la présomption d'une jeunesse prématurée, rejetant avec une dérision bruyante l'expérience qui coûte si cher et dont on profite si peu? N'avait-il plus des intelligences dans notre propre camp? n'était-il plus servi en secret par l'indulgence irréfléchie d'une foule de citoyens et même des plus fidèles, indulgence aussi éloignée d'une véritable modération que l'exagération, qui n'est que la colère de la faiblesse, est éloignée de la véritable force? N'avait-il plus dans ses intérêts une philanthropie imprudente et toutes ces fausses vertus du siècle, qui blâment l'énergie comme de l'exaltation; et qui conseilleraient de capituler à la victoire elle-même? Ne pouvait-il plus compter sur l'inaction des bons et l'activité des méchants, sur l'absence de toute institution grande, généreuse, monarchique, et capable de ramener au sentiment du bien des esprits inquiets, empressés d'explorer le mal pour y trouver des émotions qui ne leur sont plus offertes ailleurs? Pourquoi enfin se serait-il confessé vaincu? avait-il perdu ses trésors? lui avait-on enlevé ses chefs? était-il étroitement cerné, ou bien l'avait-on réduit, par un avantage décisif, à résigner son insolente souveraineté? Non, il était encore la puissance du mal, comme la légitimité est la puissance du bien; ses domaines étaient encore entiers, ils étaient immenses, ils s'étendaient jusqu'aux bornes de la patience du gouvernement, qui mesure sans doute sa modération au noble sentiment de ses droits et à la conscience de sa durée.

« Le Comité-Directeur pouvait donc conspirer encore, et il conspira; ou plutôt il était, sous ce rapport, en permanence, ayant donné ordre à ses affidés de saisir toute occasion de conspirer, attendu que la France entière était préparée à une explosion générale, qui, pour éclater, ne souhaitait que le noyau d'une insurrection pour se grouper à l'entour. D'après ces instructions, chaque Vente de Carbonari épiait donc l'instant favorable à ses projets.

Ici se placent les complots de Thouars, de Strasbourg, et plus particulièrement celui de La Rochelle.

Le premier complot de Saumur devait se combiner avec l'insurrection des départements de l'Ouest. L'échec ne ralentit pas le zèle de ceux qui étaient initiés au projet de ce mouvement, dirigé par l'ex-général Berton. Celui-ci n'avait pas discontinué ses menées incendiaires. Il avait parcouru la Bretagne, prophétisant partout une révolution prochaine, publiant que les temps étaient arrivés, montrant vingt départements prêts à se soulever à la fois au signal parti de la capitale, désignant nominativement les membres du gouvernement provisoire. « Aidé d'une foule de Carbonari, de Chevaliers de la Liberté et de militaires en retraite, il égara quelques citoyens indignes de fouler ce sol héroïque de la Vendée et de la Bretagne, terre classique du véritable honneur et de vertus monarchiques, terre native des Lys, et de qui l'on pourrait dire qu'il faudrait y chercher la fidélité, si elle se perdait en France. »

Tout porte à croire, bien que l'instruction faite à Poitiers ne l'ait pas prouvé, que, lorsque le général Berton crut avoir suffisamment préparé l'insurrection de l'Ouest, il revint clandestinement à Paris, afin de s'aboucher avec les coryphées de la faction, pour prendre ses dernières instructions et s'enquérir si la découverte des complots de Toulon, de Saumur, de Tours et de Nantes, n'avait rien changé aux dispositions générales. Mais on est sur ses traces, il quitte précipitamment Paris, et se persuade qu'il n'est plus pour lui de sécurité qu'à la tête des Carbonari, qui ont pris la ville de Thouars pour quartier général. C'est cette précipitation qui aurait fait échouer l'entreprise; et on dit que le Comité-Directeur fut vivement irrité de voir que le général Berton eût agi sans avoir reçu ses derniers ordres.

On sait quelle fut la signification du mouvement dirigé par le général Berton : une ville prise, livrée aux confiscations : l'étendard aux trois couleurs planant sur cette anarchie; le buste du Roi outragé, le renversement de l'autorité royale proclamé par le général commandant de la prétendue armée nationale de l'Ouest; des complices accourant de tous les pays d'alentour aux cris de : Vive la Liberté! Vive Napoléon II! et tous ces efforts se heurtant contre une ville fidèle.

Tandis que l'on conspirait à Thouars, on conspirait aussi à Strasbourg. Mêmes moyens employés pour séduire, mêmes expressions dans la bouche des adeptes, mêmes renseignements sur l'organisation, le but, les ressources, les actes de la secte et sur l'existence d'une Vente suprême instituée à Paris.

Identité de chefs, de but et de moyens, prouvée par tous les complots qui précèdent celui de La Rochelle : voilà la revue naturelle du procès à juger; ou plutôt, cette revue est une partie inhérente à ce procès, sur lequel on ne peut statuer qu'en le considérant dans son ensemble, dans le système général auquel il se lie. La cause d'aujourd'hui n'est qu'un fragment d'une grande accusation partagée entre les tribunaux du Var, d'Indre-et-Loire, de la Vienne, du Haut-Rhin et de la Seine.

Telle est la pensée qui doit dominer toute la discussion spéciale que va aborder le réquisitoire.

Dans cette première partie, peinture magistrale de l'esprit révolutionnaire, on ne pourrait noter qu'un peu d'exagération dans l'ensemble, un peu de minutie dans les détails. M. de Marchangy assombrit le tableau, comme à plaisir; il grossit outre mesure les ressources et l'organisation de la *Charbonnerie;* il la fait remonter trop haut dans le temps et lui attribue des faits antérieurs à son existence; il lui prête des moyens d'action, une administration, des finances, qui en eussent fait un Etat dans l'Etat: enfin, vanité de magistrat qui veut paraître tout savoir, il apporte les plans d'organisation intérieure de la société, il cite, *ex professo,* l'article 58, titre IV, chapitre XII, du règlement général; pour un peu, on croirait qu'il s'est glissé, invisible, dans les réunions de Ventes, ce qui ne l'empêche pas de confondre la *Franc-maçonnerie,* le *Carbonarisme* et l'association des *Chevaliers de la Liberté,* dont il fait le noviciat du *Carbonarisme.*

Après avoir ainsi assuré et élargi son terrain, après avoir solidement rattaché l'affaire de La Rochelle à l'ensemble, *l'Avocat général* entre dans la cause particulière.

Venu à Paris au printemps de 1821, le 45ᵉ de ligne, commandé par un colonel dévoué, secondé d'un corps d'officiers recommandables, et composé de soldats fidèles, ne renfermait alors que deux individus d'opinions suspectes, le capitaine Massias et le sergent-major Bories; mais le séjour de la capitale avait exposé ce régiment aux moyens de captation que le parti sait artistement préparer. « C'est principalement autour des écoles et des casernes que la politique de la Vente suprême a tendu ses filets. C'est là que circulent, et ses adulations hypocrites, et ses perfides séductions, et ses adroits mensonges, et toutes les ruses de sa perversité. » On n'a pas oublié la déposition de Laumeau.

Le capitaine Massias et Bories furent facilement embauchés, et ce dernier, plus entreprenant, plus actif que son supérieur, fut chargé d'organiser une Vente dans le sein de son régiment. Des sous-officiers, les uns s'effrayèrent du serment, les autres de l'entreprise. Cependant, il reçut les sergents-majors Pommier, Labouré, Castille; les sergents Goubin, Hue, Cochet, Barlet; les caporaux Gauthier, Thomas, Lecoq. Ceux-ci firent des recrues à leur tour. Labouré séduisit le sergent Asnès; Goubin entraîna le sergent Raoulx et le caporal Demait. En suivant cette généalogie contagieuse, on voit Pommier engendrer pour la *Charbonnerie* le sergent Dutron, et, en attendant mieux, le soldat Bicheron; Raoulx, gagner le sergent Perreton et le soldat Lefevre.

C'est Bories, créateur de la Vente, qui la présidait, qui procédait à la réception des adeptes, accueillait leurs serments. Il se trouvait de droit député de cette Vente particulière à la Vente centrale dans le ressort de laquelle il agissait, la Vente Washington. Là, un plus grand horizon s'étendait devant lui; car cette Vente centrale, ainsi que toutes les Ventes de ce rang intermédiaire, communiquait, par l'entremise de l'un de ses membres, avec la Haute-Vente dont elle recevait immédiatement les ordres. Cette espèce de soupirail ouvert en quelque sorte sur le repaire du gouvernement occulte, laissait arriver jusqu'à la Vente centrale où Bories se

trouvait appelé, les exhalaisons de ce nouvel enfer: aussi, chaque fois que le président de la Vente du 45ᵉ y était admis, il allait ensuite échauffer du feu dont il était embrasé les tièdes résolutions des membres de cette Vente roturière éloignée du foyer principal.

Bories avait acquis, dans ses relations avec la Vente Washington, toutes les qualités d'un conspirateur. Sous son influence active, la Vente militaire du 45ᵉ régiment s'était complétée; elle était prête à seconder de tous ses efforts le mouvement général. Bories fit part de ces dispositions à Baradère, et lui apprit en même temps que le régiment devait partir, le 21 janvier 1822, pour La Rochelle. Ils convinrent ensemble qu'avant ce départ il fallait procéder à la distribution des poignards.

« C'est un spectacle abject et déplorable, que cette importation de poignards en France, que cette apostasie de l'honneur national. Ici, vous voyez, comme en toutes les autres occasions, les discours des factieux démentis par leurs actions; car, tandis qu'ils ne cessent d'exalter la gloire militaire, ils voudraient la flétrir en imposant à nos guerriers l'arme des traîtres et des lâches. C'est ainsi qu'on vit leurs aînés, durant la Révolution, pénétrer dans les camps sous le titre de proconsuls, pour y déshonorer la victoire par de froides atrocités. Dans ces temps de terreur et d'épouvante, les soldats osaient cependant refuser l'office de bourreaux; faut-il que, de nos jours, il s'en soit trouvé qui aient prononcé les serments et agréé le fer des assassins! Que cette honte soit leur première punition! leur main, qui a touché le poignard, sera condamnée à trouver pesante l'épée du brave, et ils baisseront désormais les yeux en passant devant les trophées de leurs frères. »

Les hésitations, les inquiétudes des conjurés, on chercha à les calmer par des libations dont la Haute-Vente faisait les fonds; on releva les courages par l'envoi de députés de la Vente centrale, chargés de haranguer les frères militaires et de fraterniser avec eux. Hénon a avoué sa recherche d'un local convenable pour l'entrevue; Gaucherot, sa femme ont témoigné qu'Hénon, Gauran et Regé ont demandé, en entrant, la réunion des militaires.

On a voulu forcer l'accusation à déterminer la date précise de cette réunion, et on a paru induire de ce que Gaucherot a déclaré, le 15 avril, qu'elle avait eu lieu il y avait peut-être deux mois environ, qu'elle ne remontait pas au delà de février, ce qui serait un *alibi* pour tout le 45ᵉ régiment, qui partit pour La Rochelle le 21 janvier. « Nous répondrons que Gaucherot et sa femme ont dit qu'ils étaient dans l'impossibilité de fixer cette date d'une manière précise; que du reste ils n'ont eu que cette fois une réunion de militaires; que cette fois seulement ils ont défait la cloison d'une pièce particulière: nous ajouterons que plusieurs des accusés militaires ont avoué qu'ils en faisaient partie, et que, par conséquent, cette réunion, comme ils le déclarent en effet, a eu lieu au mois de janvier, avant le 21, jour de leur départ. Enfin, ils déclarent encore qu'il y avait trois bourgeois à cette même réunion, et que l'un d'eux avait lu un discours; faits précis, qui se trouvent également consignés dans la déclaration d'Hénon. Il est donc impossible d'équivoquer sur un fait aussi clairement établi. »

Goubin a avoué une autre entrevue avec de *Bons-Cousins,* au Palais-Royal. Il prétend ne pas connaître ces frères mystérieux; mais il dit qu'il les félicitèrent, lui et Bories, de l'esprit qui régnait dans le 45e, et leur parlèrent de l'appui qu'ils trouveraient dans plusieurs régiments gagnés.

Armé de poignards et d'encouragements, le 45e part pour l'Ouest et arrive à Orléans. Il faut préparer les complices à une explosion prochaine : Bories les réunit à un grand dîner, à l'auberge de *la Fleur-de-Lys*.

Pommier a déclaré qu'il s'y trouva dix-neuf à vingt personnes. Goubin, Raoulx, Asnès, Bicheron, Barlet, Demait, Dutrou, Gauthier, Labouré, Lecoq et Thomas, avouent qu'ils y ont assisté. Bories, après la réception de Bicheron, y prit la parole, et dit qu'à la veille d'agir, il était important que les conjurés connussent bien le plan, le but et les moyens de la conspiration. L'analyse de son discours ressort de quatorze déclarations. Il leur rappela d'abord qu'étant *Carbonari*, ils devaient se pénétrer du serment et des obligations que ce titre leur avait imposées; que le moment de vaincre ou mourir pour la liberté était arrivé; que, selon toute apparence, le régiment n'irait pas jusqu'à La Rochelle, et qu'il s'arrêterait après l'étape de Tours, c'est-à-dire à Sainte-Maure, où commencerait l'exécution; que la destination présumée du 45e régiment, d'après le plan général, était de se joindre aux insurgés du pays et de marcher sur Saumur, dont les portes lui seraient livrées par la garnison qui était gagnée; il ajouta qu'il attendait, chaque jour, ses dernières instructions, et qu'il les recevrait sans doute à Tours.

« Ces explications positives dévoilaient tout le complot, et les *Carbonari* du 45e régiment savaient dès lors à quoi s'en tenir. Les moins résolus, ceux qui déjà avaient montré quelque hésitation à Paris, et ceux qui n'avaient pas encore médité sur l'énormité du crime où ils étaient entraînés, firent bientôt des réflexions salutaires; ils prirent la résolution de rompre les liens qui les attachaient à la conjuration, dont ils cessèrent de faire partie, mais que cependant ils ne révélèrent pas, ainsi qu'ils le devaient aux termes de la loi. »

Cette défection n'avait pas découragé Bories; mais l'incident qui le fit casser provisoirement lui ayant fait craindre de ne pouvoir à l'avenir agir assez librement, le porta à charger Goubin de le remplacer près des *Carbonari* du régiment. De là, pour lui, la nécessité de mettre en rapport avec lui le capitaine Massias, ce mystérieux intermédiaire avec qui devaient correspondre les agents du Comité Directeur; de là, cette démarche nocturne et cette entrevue du point du jour. Goubin savait si bien ce qu'était le capitaine Massias, qu'il avoue lui avoir demandé « S'il y avait quelque chose de nouveau dans Paris; » à quoi l'officier répondit « Qu'il n'avait rien reçu, mais qu'il attendait tous les jours de Paris une estafette. »

A Niort, Pommier, Barlet, Goubin et Raoulx entrent en rapport avec une société des *Amis de la liberté*, puis, avec la Haute-Vente de Niort, où ils apprennent qu'à Niort et à La Rochelle, plusieurs millions de francs vont stimuler l'insurrection que le département des Deux-Sèvres attend avec impatience.

Arrivés à La Rochelle, Bories a si bien éveillé l'attention de ses chefs par ses manœuvres et ses propos, qu'ordre est donné de le faire transférer à Nantes. Avant son départ, il remet à Goubin et à Raoulx quatorze poignards et des cartes de reconnaissance.

Ces deux derniers, livrés à eux-mêmes, font trois recrues nouvelles, Goupillon, Dariotseq et Lefevre. Le président de la grande Vente de La Rochelle leur annonce officiellement que Saumur et Nantes sont prêts. Goubin court arracher Massias à sa nonchalance habituelle; mais Massias, effrayé par l'arrestation de Bories, informé des échecs de Saumur et de Nantes, craint de compromettre ses épaulettes.

Goubin et Pommier ne se découragent pas. Ils voient au café du Port un délégué qui leur annonce l'arrivée du commissaire de Paris, et du général chargé de commander l'insurrection. Goubin l'avoue, tout en gardant le silence sur les noms. Mais tout démontre que le général n'est autre que Berton, qui, après l'équipée de Thouars et de Saumur, cherchait à réparer son échec et à former un point de ralliement à tous les *Carbonari* de l'Ouest.

On invita Goubin à venir conférer le lendemain avec ces deux personnages.

Fier d'un pareil honneur, et n'imaginant pas comment le capitaine Massias le décline, Goubin l'invite, par écrit, à se rendre à la conférence. Massias avoue qu'il a reçu la lettre, mais il n'a point assisté à l'entrevue.

Goubin s'y rend seul, muni des cartes de reconnaissance. Un guide le conduit dans un lieu solitaire, va s'enquérir auprès du député de Paris s'il lui plaît de recevoir un *Carbonaro* du troisième ordre, et conduit Goubin auprès du député, dans une maison isolée. Le député, étonné de ne pas voir le capitaine Massias, s'écrie que son refus de comparaître est une violation des promesses faites à Paris; il charge Goubin d'aller lui porter, comme réminiscence de ses serments, un mouchoir à carreaux rouges, blancs et bleus. Le capitaine, sur ce signe, devra venir au rendez-vous; il prendra un côté de la route, tandis que le commissaire suivra l'autre côté; chacun d'eux devra avoir un livre à la main, et on pourra ainsi s'aborder sans danger. (Interrogatoires de Goubin, 26 mars et 8 mai.)

Goubin s'acquitte de sa mission; le capitaine Massias refuse de déférer à l'injonction.

Peu de jours après, des bourgeois se présentent à la caserne, font à Goubin les signes de reconnaissance des *Carbonari*, et se rendent avec lui au café du Port. De là, un guide conduit Goubin sur la route de l'Aumont, où doivent se rendre le commissaire et le général. Le commissaire, seul des deux, s'y trouve avec plusieurs militaires en habit bourgeois. Le député du Comité-Directeur se fait rendre compte du nombre et de l'esprit des *Bons-Cousins* du 45e; il dit que le moment de l'exécution s'approche; qu'il est temps de s'entendre avec les bourgeois; que Poitiers, Niort et d'autres villes seconderont le mouvement de La Rochelle. Goubin reçoit le plan d'attaque, et le lendemain, on lui fait savoir que le général Berton est à quelques lieues de la ville.

Goubin devait faire part aux conjurés de ces instructions et de ces nouvelles; il les convoque, le 10 mars, à l'auberge du *Lion-d'Or*, dans le village de Lafond. Là, tout est arrêté et convenu, et Goubin n'attend plus que le signal prochain, l'ordre du commissaire.

Cependant, le colonel du 45e n'a pu ignorer qu'on cherchait à séduire une partie de son régiment. Sa vigilance est éveillée depuis quelque temps; les démarches et les propos suspects de quelques sousofficiers la redoublent. Goubin est arrêté.

Aussitôt, Pommier succède à Goubin, comme représentant des conjurés auprès du commissaire. Il exhibe ses cartes, justifie de sa qualité, et convoque à son tour ses complices. Goubin parvient à s'échapper, et va souper avec eux. Pommier leur apprend que, six heures avant l'attaque, le général Berton entrera en ville pour prendre le commandement, et qu'on donnera aux chefs des conjurés de l'argent et des cartouches à distribuer.

Dès lors, toutes les oreilles épient le bruit de la générale ou du tocsin. Pommier distribue quelques poignards, et, comme les arrestations successives de Bories et de Goubin font craindre certaines révélations, l'explosion est fixée au 17 mars.

Que cette nuit ait été choisie, les indiscrétions d'Asnès au tambour Fremand le prouvent.

Le soir même, Pommier est arrêté, déguisé en paysan. Son absence va faire tout manquer, tout découvrir peut-être; aussi voit-on trois de ses complices, Raoulx, Asnès et Goupillon, conjurer le sergent de garde de rendre à leur camarade quelques instants de liberté. Sur le refus du sergent, Raoulx va suppléer Pommier près des commissaires; mais il a oublié de se munir des signes de reconnaissance; il est éconduit.

Il faut alors que Pommier ait une heure de liberté; Asnès et Bicheron la lui procurent, et, après une courte entrevue de Pommier avec le député et le général, l'exécution est remise à trois jours.

Un des conjurés, cependant, est assailli de tristes pressentiments; ces trois arrestations successives l'inquiètent; l'information ouverte par le colonel sur les tentatives d'évasion de Pommier lui fait croire que le complot est découvert; Pommier a sollicité une audience du colonel, il va tout révéler sans doute : et alors, Goupillon, les yeux roulant des pleurs, obsédé par son secret, découvre à son colonel tout ce qui s'est fait, tout ce qui va se faire.

La première note, improvisée par Goupillon dans l'émotion du premier moment; sa seconde déclaration, faite avec réflexion devant les officiers informateurs; l'écrit autographe dans lequel il l'a renouvelée entre les mains de son colonel; les nombreux interrogatoires de l'accusé : tout confirme ses aveux, avec des circonstances qu'on retrouve dans les déclarations des autres conjurés.

Les complices arrêtés, on trouve sur eux des poignards, des cartes de reconnaissance. Les uns nient tout, d'autres font des demi-aveux, quelques-uns disent tout ce qu'ils savent. Plus tard, amenés séparément devant l'autorité judiciaire de La Rochelle, ils font des déclarations conformes entre elles, et qui ne diffèrent que dans les circonstances imaginées par chacun d'eux pour affaiblir sa propre culpabilité. Or, ils s'accordent sur le fond, et ils n'ont pu communiquer ensemble.

Il y a donc eu un complot, ourdi à Paris, conduit à La Rochelle par des émissaires de Paris. Goubin et Pommier, en effet, font connaître la hiérarchie des Ventes, et on réussit à arrêter plusieurs des membres de la Vente centrale parisienne. Mais ils ont été avertis à temps, et ils font disparaître les pièces qui auraient pu les compromettre. On n'a trouvé chez eux que des armes de *Charbonnerie*. Leurs dénégations, au reste, sont rédigées sur un patron commun, et il y aurait là une indication suffisante du concert, quand même Hénon n'aurait pas tout avoué.

Voilà les éléments de ce procès, d'où doit sortir la démonstration de cette importante vérité, qu'il

existe en France des sociétés secrètes de *Carbonari*, gouvernées par un Comité-Directeur, et travaillant sans relâche à la destruction de la monarchie. Vingt complots éclatent dans des lieux différents; mais une puissance cachée a dû mettre en mouvement ces ressorts nombreux; tous ces rouages compliqués sont néanmoins soumis à une monstrueuse harmonie par une seule et même volonté. Les conjurés secondaires, agissant simultanément, mais en différents lieux, tiennent à leurs adeptes les mêmes discours, révèlent les mêmes desseins, indiquent tous Paris comme l'Orient d'où partent la lumière et la foudre. De cette identité de langage, de pratiques et de moyens, comment ne pas conclure à un plan uniforme, docilement exécuté? Des êtres sans aveu, sans ressources pécuniaires, étalent tout à coup des sommes considérables, font des dépenses excessives : ces agents obscurs sont donc soldés par de riches commettants.

Le système de conspiration permanente ainsi démontré, le réquisitoire étudie le degré de culpabilité individuelle de chacun des accusés.

Et d'abord, la vue de ces accusés inspire une réflexion pénible. On ne voit sur ces bancs que des militaires et des enfants. L'armée et la jeunesse sont-elles donc, en effet, l'espérance de la faction? L'armée, à quelques ambitieux près, elle est restée inébranlable. La jeunesse : « à Dieu ne plaise que nous laissions tomber sur elle d'inflexibles paroles et une sorte d'anathème. Moins coupable mille fois que ceux qui, de sang-froid, la trompent à leur profit, elle est à plaindre sans doute, puisqu'elle est abusée. On l'a flattée pour l'empoisonner, nous voudrions la louer au contraire pour l'élever par le sentiment d'elle-même hors du piége où l'on cherche à l'engager. Mais qu'importent les qualités qui la distinguent, si elles ne peuvent la prémunir contre les doctrines dévorantes qui la consument dans sa fleur? Nous vanterons, si l'on veut, en elle cette soif de connaître, toujours recommandable, *alors même qu'elle agrandirait la sphère de l'intelligence aux dépens du bonheur;* nous vanterons en elle cette imagination qui, enhardie sous les orages de nos révolutions, a pris son vol à un âge où naguère l'âme reposait encore dans la paix des illusions, nous vanterons cette ardeur de vie qui demain serait peut-être un foyer de vertus morales et religieuses, si elle cessait d'être absorbée dans le régime de l'erreur : tous ces avantages de la jeunesse ne sauraient suppléer à la maturité du jugement ni aux leçons de l'expérience. Même en ne l'exhortant ici qu'au nom de son intérêt personnel, ce serait déjà la servir que de l'engager à n'afficher une opinion que lorsqu'elle pourra en combiner les conséquences avec sa position sociale. Elle ne sait pas encore ce qu'elle doit accueillir ou réprouver; elle ignore si, plus tard, sa raison, ses devoirs, ses alliances ne la forceront pas à rougir du parti qu'elle adopta sans discernement. Un jour viendra que son idolâtrie sera peut-être foudroyée par ces paroles mémorables : *Brûle ce que tu as adoré, et adore ce que tu as brûlé.* Pourquoi donc va-t-elle si vite au-devant d'un repentir? Pourquoi aspire-t-elle à se rétracter et à se préparer un triste sujet d'amende honorable et d'abjuration? Quel fanatisme l'entraîne dans *une politique aride, que le plus beau privilége de son âge est de ne point comprendre,* et qu'elle devrait en effet abandonner aux cœurs flétris que le dégoût a mis hors de la nature, où ils ne trouvent, pour dernier aliment, que de stériles abstractions et des sophismes glacés? Mais elle, à qui sont prodiguées toutes les promesses de la vie, pour qui va-t-elle sacrifier tant d'inappréciables trésors? Pour des hommes dont le premier soin, s'ils ressaisissaient le pouvoir qui porta l'empreinte de leurs mains sanglantes, serait de comprimer sous leur despotisme de fer cet impétueux essor qu'ils encourageaient quand il fallait détruire, et qu'ils redouteraient s'ils avaient à conserver le fruit de leur usurpation. Que la jeunesse se hâte donc de rompre la funeste alliance dont elle est à la fois l'instrument et la dupe; bientôt le mal serait irréparable. Déjà s'est altéré visiblement le caractère français, que rehaussaient naguère les grâces de l'urbanité et les vertus hospitalières. Déjà je ne sais quoi d'inquiet, d'amer et de sombre dénature ce caractère distinctif, qui était offert à tous les peuples comme le type de la civilisation et de la courtoisie. Chaque jour, une grossièreté d'habitudes et de langage succède au sentiment des convenances; la modestie fait place à une présomption aveugle, qui heurte avec arrogance, et les dogmes de la religion, et les oracles de la vieillesse, et les volontés des lois. *Une politique atrabilaire tend à isoler les peuples et les hommes, que ne resserre plus aucun lien commun. On se sert maintenant des lumières pour retourner à la barbarie,* comme de ces flambeaux avec lesquels on descend dans les sépulcres et les abîmes.

« La jeunesse, qui tient pour ainsi dire dans ses mains les clefs de notre avenir, peut surtout concourir à perdre ou à sauver la société. Puissent nos conseils prévenir désormais ses écarts, et n'avoir plus besoin d'être fortifiés par des exemples de punition que notre ministère nous force à réclamer aujourd'hui! »

Singulières doctrines, on ne saurait s'empêcher de le remarquer, que celles de M. de Marchangy! Curieuse profession de foi, qui est comme le vrai programme du gouvernement de la Restauration! La vérité s'y mêle à l'erreur, comme l'ordre ancien se mêle fatalement et continuellement à l'ordre nouveau. Cette défiance de la jeunesse et de l'intelligence, ce besoin d'étouffer tout ce qui brille et d'arrêter tout ce qui marche, cet anathème jeté aux abstractions, sur les théories politiques, tout cela est à la fois l'excuse et la condamnation de la vieille autorité qui règne sur la société nouvelle. Elle sent qu'elle n'a de ceux qu'elle est chargée de conduire ni l'âge ni les idées. Elle s'effraye de leur pétulance, qui n'est que l'expansion de la vie. Son idéal social, c'est le sommeil, et la seule forme d'obéissance qu'elle admette, c'est l'anéantissement dans l'adoration. La pensée, à ses yeux, c'est déjà la révolte; et le mouvement, c'est l'indiscipline. Lutte impuissante et lamentable du passé contre le présent et contre l'avenir!

L'Avocat général, après cette tirade significative, revient aux charges du procès. Il y en a d'individuelles, il y en a de collectives. Celles-ci, communes à plusieurs accusés, consistent surtout dans leurs aveux, coïncidant, avec les circonstances extérieures, à chacun de ceux qui révèlent. Ces aveux sont des preuves, en même temps, contre le révélateur et contre les tiers. Peu importe qu'on les rétracte ou qu'on les atténue à l'audience. Rétractations, atténuations, ce ne sont que des combinaisons calculées de la défense, des mensonges maladroits, plus coupables encore que la faute elle-même.

On cherchera, peut-être, à accuser quelques-uns

des révélateurs, à montrer en eux des agents provocateurs. Mais ces provocateurs prétendus ont été entraînés par ceux qui les dénoncent; et, à l'exception d'un seul, ils n'ont révélé qu'après la découverte du complot.

Autre charge collective, les poignards, ces lames fanatiques, signe cabalistique du crime qu'on commande et qu'on opère. On en armait, dit-on, les affiliés à cette société philanthropique. Philanthropie et poignards! Quelle monstrueuse alliance de mots!

Ces poignards, achetés, a-t-on dit, à un marchand d'habits qui passe, Bories les tenait de la Vente centrale. Cette arme de la vengeance et du crime était destinée à lier les affiliés à un pacte infernal, à frapper leurs imaginations par un appareil dramatique et mystérieux. Le poignard, c'est le diplôme de l'affiliation à la secte des *Carbonari;* il se retrouvera dans la poitrine de Kotzebüe, dans les mains de l'exécrable *Louvel.* (*Voyez* le procès de Louvel, où nous démontrons que l'assassin du duc de Berry ne fut qu'un fanatique isolé.)

Les charges individuelles du procès établissent entre les accusés des nuances distinctes. Les uns, comme Baradère, participent, en quelque sorte, de la réserve mystérieuse des membres du Comité-Directeur; ils se contentent de pousser les autres au crime, effaçant soigneusement les traces de leur propre complicité. Mais Baradère a été dévoilé par Pommier, qui a montré en lui le président de la Vente Washington; par Hénon, qui confirmait à Paris les dires de Pommier. En vain Hénon a rétracté ses aveux, accusant un honorable magistrat qu'il n'est pas besoin de défendre. Hénon s'avouait coupable, a-t-il dit, pour acquérir sa liberté. Que cela est absurde! Et d'ailleurs, cette liberté, on ne la lui rend pas, et il persiste dans ses aveux. Hénon dit encore qu'il s'est sacrifié à Marcel; mais Marcel n'a été un moment impliqué dans cette affaire que sur la dénonciation d'Hénon lui-même.

Hénon, dont les révélations portent un grand caractère de franchise, puisqu'elles provoquent la condamnation de leur auteur, prouve à la fois contre lui-même et contre Baradère, et subsidiairement contre Bories, Gauran et Rosé, qu'il montre formant le trait d'union entre la Vente centrale et la Vente militaire.

Gauran et Rosé sont encore convaincus par la déposition de l'aubergiste Gaucherot. On a trouvé chez Gauran les vingt-cinq cartouches exigées de tout *Carbonaro.* En vain le témoin Recurt dit tenir ces cartouches des soldats licenciés de l'armée de la Loire; les militaires n'ont pas des cartouches de poudre fine.

Parmi les accusés mystérieux dont l'attitude décèle les rapports secrets avec le Comité-Directeur, il faut compter encore un personnage presque impalpable, qui a plutôt glissé qu'il ne s'est arrêté sur la conspiration : c'est le capitaine Massias. Il était des initiés, cela était de notoriété dans le 45ᵉ, et cela résulte des déclarations de Goubin, de Raoulx, de Goupillon et de Pommier; ses opinions étaient suspectes, et il était, pour son colonel, un objet de défiance et d'inquiétude. Massias a avoué lui-même que deux personnes vinrent le demander, la nuit, à son logement de Tours; que Bories lui demanda s'il n'était point chargé de quelque chose pour lui, ce qui le surprit, dit-il, pas assez cependant pour lui faire exiger une explication. Dès l'abord, Massias nie tout; il n'a rien entendu, rien compris de tout ce qui se passait de mystérieux autour de lui. Plus tard il a changé de système, il a tout entendu, tout compris : il a trouvé tout naturel, même la démarche mystérieuse de Goubin, même les deux lettres de Goubin. L'indifférence de Massias, ses explications équivoques, tout cela est transparent.

Voilà les accusés dont la conduite est environnée de nuages : Baradère, Gauran, Rosé, Massias s'enveloppent de doute et marchent dans les ténèbres. Mais les autres accusés sont en pleine lumière. C'est Bories, chef de la conspiration, fondateur de la Vente militaire, désigné comme tel par tous ceux qu'il a entraînés après lui ; député de la Vente centrale, distributeur de poignards et d'argent, corrupteur convaincu par les crimes de ceux qu'il a séduits, comme par la résistance de ceux qu'il n'a pu faire tomber dans l'abîme.

Bories a tracé la marche à tous ses co-accusés militaires : d'abord, il avoue ; puis, à l'ouverture des débats, il invente l'inadmissible explication de la société philanthropique ; puis, il cherche à rompre le fil de communication entre Paris et La Rochelle, en localisant à La Rochelle et non à Paris la cérémonie de l'initiation.

Goubin, outre ses propres aveux, est signalé par ses camarades comme un des membres les plus actifs de la *Charbonnerie* ; il a débauché quatre d'entre eux ; il a proposé ou distribué des poignards, et on en a trouvé dans son lit. Il avoue avoir fait partie de la réunion à l'auberge du *Roi-Clovis*, et à l'entrevue avec les bourgeois du Palais-Royal. Il a suppléé Bories auprès des députés de la Vente centrale. Il a jeté ses aveux à tous les gendarmes qui l'ont conduit de La Rochelle à Paris.

Pommier marche de près sur les traces de Goubin : il avait, comme lui, la confiance de Bories ; il a recruté huit complices dans la société ; il a été en rapport avec les commissaires de Paris. Arrêté, il s'évade un instant, et veut qu'on lui tienne compte de son retour à la prison comme d'une preuve d'innocence, comme s'il n'avait pas fallu qu'il revînt notifier le contre-ordre à ses complices. C'est Pommier qui avait été constitué le dépositaire des poignards, et il en portait habituellement un sur lui ; il avait une provision de cartouches dérobées au dépôt de La Rochelle. Il a avoué ses criminelles espérances à onze gendarmes différents.

On opposera l'incrédulité à ces dires des agents de la force publique : mais quand Goubin et Pommier faisaient ces aveux, ils ne voyaient en n'y avait plus pour eux aucun espoir de salut. Leur langage était sans imprudence, puisqu'il était sans espoir. N'avaient ils pas déjà fait à La Rochelle tous les aveux qui constituaient un crime capital ? Et les détails donnés par eux sur l'organisation secrète de leur société, les gendarmes ont-ils pu les inventer ?

Ici, il faut bien que M. l'*Avocat général* touche, en passant, l'accusation portée par Goubin et par Pommier contre le général Despinois. Déjà, à propos des rétractations de Hénon, il s'est élevé avec force contre le mensonge qui met en cause M. le Préfet de police, qui le présente comme ayant falsifié l'instruction. Il a facilement démontré l'absurdité du système de Hénon, dont l'écriture est çà et là disséminée en notes marginales dans le procès-verbal d'interrogatoire qu'il prétend ne pas lui avoir été lu. Mais, lorsqu'il s'agit de justifier le général, l'organe du ministère public semble être moins à son aise. Il regrette que M. Despinois, assigné à la requête

des accusés, n'ait pu se rendre à Paris. Mais, après tout, n'y a-t-il pas « inconvenance et danger » à de pareils déplacements? N'est-ce pas « dégrader le caractère des fonctionnaires que de les traduire, au gré des accusés, à la barre des tribunaux, pour rendre compte, en quelque sorte, de leur conduite, quand la loi attache à leurs actes une authenticité qui existe jusqu'à preuve de faux ?... Les fonctionnaires publics ne peuvent être ainsi transformés en commis voyageurs... » D'ailleurs, les deux lettres écrites par Goubin et par Pommier au général Despinois, l'accusation n'en parle pas. « Qu'on les retranche, si l'on veut, de la cause. »

Il y a, entre ces deux justifications, une nuance évidente. Nous ne voulons pas en tirer de conclusion ; il nous suffira de l'avoir signalée.

Le réquisitoire rentre dans l'analyse des charges individuelles.

Raoulx, élève de Bories, de Goubin et de Pommier, a avoué aussi son affiliation. Perreton, Bicheron déclarent avoir été séduits par lui ; il a distribué, montré des poignards, et on a trouvé une de ces armes et dix cartouches dans la paillasse de son lit. Il a assisté à la réunion du *Roi-Clovis*, à celle de *la Fleur-de-Lys*; il a fraternisé, à Niort, avec les *Carbonari* de cette ville : ses aveux, les déclarations de ses complices prouvent tous ces faits. Les témoins Boisset et Launeau l'ont accusé de tentatives de corruption, et il a cherché à regagner à l'affiliation l'accusé Hue. Le propos tenu par lui devant les époux Collignon le peint tout entier. C'est encore Raoulx qui a cherché à faire évader Pommier. Enfin, Raoulx s'est trahi maladroitement au milieu des mensonges à l'aide desquels il a cherché à reprendre ses aveux : la proposition qu'il prête à Goupillon n'est conciliable qu'avec l'existence d'un complot.

Quant à Goupillon, « il a sans cesse offert, avant et après les débats, le spectacle étrange d'un homme qui passe alternativement des effusions du repentir aux dénégations les plus opiniâtres, des larmes aux déclamations, et de l'accent pathétique d'un cœur vraiment pénétré à toutes les diatribes de l'esprit de parti. L'énigme de cette conduite est trop facile à deviner. Goupillon, laissé à lui-même, est susceptible de revenir au bien et à la vérité ; il éprouve aisément des remords, il les manifeste par une abondance de pleurs ; il cherche le sein d'un ami où d'un protecteur pour y verser les secrets douloureux qui déchirent sa conscience ; puis, tout à coup, la crainte d'être frappé par le poignard de ses complices vient glacer ses heureuses dispositions. C'est ainsi qu'on le vit, le 18 mars, triste, rêveur, oppressé, et allant tour à tour vers son ami Choulet, vers le lieutenant Leloup, vers le lieutenant Lambert, pleurant vers chacun d'eux, laissant échapper quelques paroles tragiques, puis, cédant au cri de sa conscience et faisant l'aveu de sa faute. C'est ainsi qu'on le vit, le lendemain, se rendre près du colonel, et, devant le chef, garder d'abord le silence, puis le rompre par des sanglots, puis s'obstiner encore à se taire, malgré les symptômes de trouble qui éclataient dans ses yeux et sur son front consterné ; puis, enfin, révélant tout le complot, d'abord verbalement, et ensuite dans une note rapidement improvisée, et encore dans un grand nombre de révélations successives, tant à La Rochelle qu'à Paris. Mais sans cesse le spectre de la *Charbonnerie* semble l'arrêter et le glacer d'épouvante sur le chemin du repentir. Il exprime ses terreurs ; il dit partout qu'il sera assassiné, il découche, il rompt ses habitudes, il change le numéro de sa compagnie, il voudrait quitter le régiment, il parle d'un écrit anonyme où il est menacé de la mort. Un individu si versatile dans ses émotions, si chancelant et si faible dans ses résolutions, a dû se laisser aisément intimider par ses complices; il a dû, en leur présence, sentir renouveler toutes les angoisses de la terreur qui l'avaient tant de fois assailli lorsqu'il hésitait à faire sa déclaration. Vous ne serez donc pas étonnés de l'avoir vu, à cette audience, adopter aveuglément le système de dénégation où se renferment les accusés. Mais, bientôt, il est revenu devant vous à ses larmes, à son repentir, et, dès le second jour des débats, il a reconnu que ses déclarations contenaient la vérité, et il n'y a mis d'autre restriction que quant à la date du jour où le complot devait éclater. Mais, dans l'intervalle des audiences, Goupillon a été réconforté pour le mensonge; les menaces ou les mauvais raisonnements de ses complices l'ont ramené à des dénégations, qui ensuite se sont dissipées par degrés à l'audience du lendemain; toute sa défense n'a été qu'une alternative de mensonges et d'aveux. »

Quoi qu'il en soit, il résulte des débats que Goupillon avait confié son secret à Choulet, qu'il l'avait fait pressentir à l'officier Lambert, qu'il l'a enfin révélé dans dix interrogatoires. Enfin, les déclarations de Pommier, les accusations portées à l'audience contre Goupillon par ses camarades Goubin et Pommier, suffiraient seules à démontrer la culpabilité de Goupillon. Et ces accusations mêmes, est-ce qu'elles ne prouvent pas autant contre Goubin et contre Pommier? Si Goupillon est venu dire à ce dernier : « Il faut attaquer cette nuit, ou nous sommes perdus; » si Goupillon a proposé, à la réunion de Lafond, de s'emparer des officiers, de mettre le feu aux casernes, c'est donc qu'il y avait un complot, complot tramé depuis longtemps, complot près d'éclater.

Asnès a été reçu *Carbonaro* : Pommier, Huc, Cochet, Goupillon l'ont déclaré. Il était à la réunion du *Soleil-d'Or*, et il a dérobé les clefs qui devaient ouvrir à Pommier les portes de sa prison. Genty, Hersent, Poitrimole, Fremand ont fait connaître ses propos séditieux. Enfin, Asnès a été trouvé possesseur d'un poignard.

Reste Bicheron, le dernier des accusés de la première classe. Ses aveux ont été des plus explicites, confirmés d'ailleurs par plusieurs déclarations. Il a porté à Massias la lettre de Goubin; il a fait évader Pommier; il avait un poignard.

Telles sont les charges individuelles relevées pour chacun des accusés de cette catégorie. Sont-elles suffisantes pour les faire déclarer coupables de complot et d'excitation à la guerre civile? M. de Marchangy pense qu'il ne saurait y avoir de doute à ce sujet.

Mais on dira : Il n'y a pas culpabilité là où il n'y a pas eu attentat, c'est-à-dire commencement d'exécution.

« Déplorable erreur! Dans les crimes ordinaires, la loi n'assimile la tentative du crime au crime lui-même que si elle a été manifestée par des actes extérieurs, suivis d'un commencement d'exécution, et si elle n'a été suspendue ou n'a manqué son effet que par des circonstances fortuites ou indépendantes de la volonté de son auteur. Mais ces conditions ne sont point nécessaires quand il s'agit de complot, et il n'est pas besoin, pour que ce com-

plot soit un crime et pour qu'il soit punissable, qu'il y ait tentative manifestée par des actes extérieurs et arrêtée par un événement étranger à la volonté. »

Les termes de la loi sont formels(1). « En statuant avec cette mâle sévérité, le législateur s'est élevé à de hautes considérations, et d'abord il a pensé qu'il y avait une partie du mal opérée, même par le simple projet de conspirer. En effet, toute résolution de conspirer suppose un embauchage moral et un travail de perversité dont une nation peut porter longtemps les marques. L'édifice social n'est point renversé, mais le terrain est miné et résistera moins bien à la secousse prochaine; le sang n'a point coulé; mais qui nous dira dans combien de cœurs on a répandu le venin, et quel peu d'efforts il faudrait encore pour achever de ruiner une foi chancelante et une fidélité ébranlée?

« Il y a plus : un gouvernement ne peut trouver sa sûreté que dans la punition des résolutions de complot; car il serait sans capacité pour réprimer la consommation du complot dont le succès aurait, pour premier effet, de substituer un nouvel ordre de choses, sous lequel, ce qui la veille était criminel, ne manquerait pas le lendemain de défenseurs et d'apologistes. Où est la possibilité d'atteindre des criminels qui trouvent, dans l'exécution même de leur crime, sauvegarde et protection? Quand un complot a réussi, ce n'est plus au conspirateur à trembler, c'est à l'autorité légitime. Nos récentes annales en offrent de tristes exemples. Pour n'avoir pas puni les simples résolutions d'agir, on fut plus d'une fois réduit, de nos jours, à subir l'ignominie d'une puissance usurpée, et à se taire devant des forfaits ratifiés. L'inaction des lois au 13 juillet fit éclore la journée du 14; et pour n'avoir pas arrêté les projets du 10 août, cette autre journée fut offerte comme une journée glorieuse et nationale, tandis qu'elle n'était que le triomphe d'une troupe de révoltés mercenaires poussés par des hommes dont l'audace et les principes sont devenus l'héritage des conspirateurs d'aujourd'hui. Disons-le donc : le législateur doit, surtout, frapper le projet d'un complot, parce que le crime, s'il était consommé, échapperait à la vindicte publique, et se ferait absoudre et couronner par une aveugle fortune. Mais s'il eût été illusoire de ne déclarer punissable que la consommation du complot, c'est-à-dire le succès du crime, il eût été imprévoyant de ne qualifier de crime que le complot accompagné d'attentat; car, entre le complot, c'est-à-dire la résolution d'agir, et l'attentat, c'est-à-dire l'acte commis pour parvenir à l'exécution du crime, il y a un immense intervalle, dont la malveillance aurait pu prendre possession pour y couvrir de provocations contagieuses, de projets séditieux, de machinations infernales. Elle eût pu à loisir y concerter son plan d'attaque, y rassembler les éléments combustibles, et le tout sans craindre la loi, attendu qu'on n'aurait pas encore apporté la flamme qui doit causer l'embrasement, et qui, seule, peut être considérée comme le commencement d'exécution.

« Les intérêts de la patrie sont donc trop gravement compromis, lorsqu'il s'agit de complot, pour

(1) Il y a *complot* (art. 89), dès que la résolution d'agir est concertée et arrêtée entre deux conspirateurs, ou un plus grand nombre, quoiqu'il n'y ait pas eu attentat. — Il y a *attentat* (art. 88), dès qu'un acte est commis ou commencé pour parvenir à l'exécution de ces crimes, quoiqu'ils n'aient pas été consommés — L'art. 87 punit également le complot ou l'attentat.

Paris. — Imprimerie de Firmin Didot frères, fils et Cⁱᵉ, rue Jacob, 56.

que la loi puisse se fier à ses règles communes ; elle a dû en proclamer de spéciales, capables d'intimider les conjurés, et voilà pourquoi elle punit également ou le complot, ou l'attentat résultant de complot. »

Or, dans la cause, il y a eu complot, c'est-à-dire résolution concertée et arrêtée entre plusieurs conspirateurs ; il s'agissait bien de changer l'ordre de successibilité au trône, d'exciter les citoyens à la révolte, à la guerre civile. Il suffit d'un de ces projets pour qu'il y ait complot, et tous ces projets étaient réunis, ou plutôt le complot devait avoir tous ces crimes pour conséquence.

Mais la culpabilité de tous les accusés n'arrive pas au même degré d'évidence. De fortes présomptions s'élèvent contre le capitaine Massias ; mais des présomptions, toutes fortes qu'elles soient, pourront-elles suppléer aux preuves dans une accusation capitale? C'est aux jurés qu'il appartient de le dire.

Sans faire, à l'égard de Gauran et de Rosé, une concession aussi positive, le réquisitoire ne cherche pas à cacher les doutes qui peuvent s'élever sur le degré de la participation de ces deux accusés au complot.

Quant à Goupillon, il a le droit d'invoquer le bé-

Les serments sur le poignard (PAGE 5).

néfice de l'article 108 du Code pénal, qui prononce une exemption de peine contre ceux des coupables qui, avant toute exécution ou tentative de complots, et avant toute poursuite commencée, auront les premiers révélé à l'autorité leurs auteurs ou leurs complices. Goupillon, bien qu'il se soit montré, par ses dénégations postérieures, peu digne du bienfait de la loi, a cependant révélé en temps utile.

L'autre série de prévenus renferme ceux qui n'ont pas fait la déclaration du complot dont ils ont eu connaissance.

« Le délit de non-révélation est, nous le savons, un de ceux qu'une fausse philanthropie affecte de prendre sous sa protection ; et, depuis quelque temps, on s'efforce de faire considérer les révélations comme de lâches complaisances envers le pouvoir, comme les faiblesses d'une âme timorée. A la vérité, la plupart de ceux qui tentent d'accréditer ce dangereux paradoxe ont leurs raisons pour en agir

ainsi ; de même qu'ils demandent l'abolition de la peine de mort dans les délits politiques, afin que l'on puisse conspirer plus commodément, de même aussi ils veulent proscrire les révélations, pour que les complots soient plus rarement découverts. On objecte que de pareilles opinions ont pu être professées par des citoyens estimables et amis de leur pays. Eh bien ! s'ils aiment leur pays, par quelle étrange contradiction repoussent-ils de leurs dédaigneux préjugés ceux qui peuvent le sauver d'un péril éminent et certain, en divulguant des machinations criminelles? Comment peuvent-ils mettre dans la balance le salut de l'État avec leur compassion irréfléchie pour l'être odieux dont l'ambition a besoin des désastres publics et des guerres civiles! On regarderait comme un complice celui qui laisserait brûler la mèche dont la flamme va bientôt allumer l'incendie, et l'on voudrait protéger celui qui laisse ourdir un complot dont le but est de bouleverser le royaume !

« Remarquons ici la confusion des notions du bien et du mal, et une sorte de rétrécissement de conscience qui n'admet pas les mâles devoirs, et qui mutile les grandes obligations pour les proportionner à une faiblesse, à une défaillance morale, que l'on ose décorer des noms de modération et d'humanité.

« Pour dissimuler encore davantage cette déplorable extinction de l'esprit national, ou plutôt pour isoler le pouvoir de toute affection et le mieux livrer aux coups des factieux, les maîtres des doctrines nouvelles ont prétendu que c'était à ce pouvoir à se maintenir comme il l'entendrait; que l'exécution des lois et la découverte des complots étaient son affaire et non celle des citoyens qui payaient pour être gouvernés. Voilà donc à quoi les nouveaux publicistes ont réduit l'amour de la patrie! Ils voudraient la donner à ferme pour n'avoir plus à s'en occuper! Le pouvoir n'est pas un impôt, une charge publique; c'est une condition de la vie sociale; c'est une mise en communauté, pour le profit général, de toutes les volontés et de toutes les forces individuelles: on ne peut donc en retirer ce qu'on y a mis sans renoncer à toute existence civile. Qu'importe qu'un pouvoir soit institué, s'il est trahi et délaissé par l'indifférence des citoyens? Qu'importe que les lois soient proclamées, si chacun peut en amortir l'exécution par des préjugés et des opinions arbitraires?

« La sagesse de tous les peuples a dit : *Que le salut de l'État soit la loi suprême*; et, aujourd'hui, on querelle le législateur d'avoir fait quelque chose pour le salut de l'État, en infligeant une peine légère, une simple peine correctionnelle, à ceux qui ne divulgueraient pas les complots dont ils auraient connaissance; à ceux qui, coupables d'une réticence funeste, semblent bien moins arrêtés par un sentiment déplacé d'humanité, qu'ils ne semblent séduits par les complots que favorisent d'indignes ménagements.

« Nous insistons sur ces principes (1), parce qu'il est trop commun, en de pareilles causes, d'entendre les défenseurs traiter l'obligation de révéler de disposition immorale, digne des conceptions de Tibère. Dans leur zèle irréfléchi, ils assimilent les révélateurs obligés à ces vils délateurs que repoussaient avec mépris les Trajan et les Titus, et qui, encouragés sous le régime de la Terreur, sont retombés de nos jours dans le mépris, dont leurs services mêmes ne sauraient jamais les affranchir. Les délateurs sont ceux qui, sans y être engagés par la loi, découvrent un fait particulier, plutôt pour satisfaire leur haine ou leur ambition que dans l'intérêt de la chose publique : les révélateurs, au contraire, sont ceux qui divulguent ce qui doit être divulgué au nom de la loi et de la sûreté générale. Le délateur est celui qui, sans devoir ni mission, indique le refuge d'un proscrit ou trahit les épanchements de l'amitié en dénonçant une opinion. Le révélateur garde le silence sur tout ce qui ne compromet point la sûreté de l'État, car il n'est pas obligé à autre chose par une loi, trop humaine et trop morale pour avoir exigé des citoyens une exploration inquisitoriale. »

Dans l'espèce, il n'est pas, peut-être, un des prévenus de non-révélation qui n'ait à s'imputer quelque chose de plus que le silence. Tous ont fait par-

(1) La loi du 28 avril 1832, modificative du Code Pénal, a donné tort à la théorie de M. de Marchangy, en faisant disparaître de nos Codes le délit de non-révélation.

lie de la secte des *Carbonari*, et c'est contre eux une prévention fâcheuse.

Le réquisitoire fait la part de chacun d'eux, apporte les preuves qui résultent des aveux des prévenus eux-mêmes ou des dépositions des témoins.

« L'accusation est épuisée, et cependant, Messieurs les Jurés, on se demandera peut-être si notre tâche est remplie, quand la puissance mystérieuse et cachée que nous avons tant de fois signalée dans le cours de ces débats comme la source de tous les désordres, est encore à l'abri des foudres de la justice, et trame peut-être de nouvelles conjurations? On se demandera si elle est remplie, quand vous n'êtes appelés qu'à sévir contre des agents subalternes qui seront aisément remplacés par d'autres adeptes non moins obscurs, race toujours renaissante sous le souffle corrupteur qui la fait éclore?... Oui, Messieurs, notre tâche est remplie, parce que nous avons rendu compte à la loi des seuls accusés qu'elle nous avait livrés, et qu'en attaquer d'autres, lorsque nous n'avons point mission à cet égard, ce serait sortir de nos fonctions, et tomber du devoir dans l'arbitraire : il nous suffit d'avoir brisé la pierre de l'antre, et fait pénétrer la lumière à travers les intrigues ténébreuses et les affiliations des conspirateurs; il suffit d'avoir arraché le masque dont ils se couvraient, et indiqué leurs pratiques, leurs ressources, leurs moyens de corruption. Ce serait sans doute un triomphe éclatant pour la vindicte publique, si les chefs d'un Comité suborneur étaient judiciairement connus et punis; mais ce serait une victoire encore plus désirable, parce qu'elle serait plus décisive, si, ne pouvant atteindre ces individus, on s'attachait à détruire les principes qui font leur crédit, leur force, leur audace. Celui qui arrête la tempête ne s'adresse pas aux flots, mais aux vents qui les agitent, et le calme est rétabli : de même le législateur, qui veut en finir avec les révolutions, ne s'attache point aux effets, mais à leur cause; car ici la question est moins dans les personnes que dans les choses. Si l'état de délabrement où languit l'Europe entière ne changeait pas; si l'on ne trouvait point à remplir, par une grande création, ce vide immense où s'égarent les esprits, ce néant social où rien ne parle fortement à l'âme, qu'importerait au salut de la patrie la disparition de quelques êtres pervers? Le reste de la génération n'en respirerait pas moins un air contagieux. La justice peut bien réprimer les égarements isolés et les désordres partiels; mais si l'épidémie devenait générale, elle serait insuffisante. Si, au contraire, le secret de la vie politique est retrouvé, les perturbateurs n'attendront pas l'action des tribunaux, et reviendront bientôt à l'ordre, comme on les a vus naguère revenir de l'anarchie au despotisme. Oui, notre tâche est remplie, et cette cause fait sentir de plus en plus que ce n'est pas seulement par les moyens ordinaires et le courant administratif ou judiciaire, mais par des conceptions élevées, qu'on peut réprimer le débordement d'une faction qui, par degrés, est devenue une impulsion vers le mal, puis l'organisation du mal, puis la direction et la souveraineté du mal étendant ses conquêtes sur tous les peuples; en telle sorte que, se sentant maintenant assez forte pour devenir offensive et intolérante, elle menace, intimide et persécute. Ses pensées sont des complots, ses mouvements, des insurrections, sa parole est scandale, son souffle est l'incendie.

« Si nous osons nous abandonner à ces réflexions, qui semblent appartenir au publiciste plus qu'au magistrat, c'est que la cause, qui sort elle-même des bornes judiciaires pour répandre un intérêt lumineux sur la situation européenne, nous en fournit naturellement le sujet, en nous offrant une preuve irrécusable de l'intérêt qui nous pousse vers de fortes institutions. Lorsqu'en effet nous voyons une jeunesse ardente se plonger toute vive dans l'ombre des sociétés secrètes, où elle accepte une aveugle obéissance, se soumet aux ordres absolus d'une hiérarchie invisible, et souscrit contre elle-même des serments qui peuvent devenir des arrêts de mort; lorsque enfin elle choisit par goût ce que le plus rigoureux despotisme craindrait de lui infliger, ne prouve-t-elle pas assez combien le cœur humain est fait pour la discipline et pour le servage des devoirs, puisqu'il cherche, jusque dans l'erreur et dans le crime, le simulacre de quelque institution qu'il eût accueillie avec transport, si elle lui eût été préparée dans le sein de la morale et de la vertu?

«Oh! que ce serait un noble et imposant spectacle, que de voir, au faîte de la civilisation d'où les empires tombent et s'écroulent, une monarchie, toute chargée de glorieux souvenirs, méditer une nouvelle ère de force et de prospérité, là où les anciens peuples n'ont trouvé que la corruption et la mort! Ainsi seraient vengées les lumières que l'on a souvent accusées de dissoudre les sociétés, et qui enfin auraient servi à nous éclairer sur les écueils où tant d'autres se sont brisés.

«Puisse cette régénération politique illustrer le règne des Bourbons! Mais la sagesse la plus consommée ne peut l'opérer qu'avec lenteur; car les plus belles institutions viennent des mœurs, et les mœurs ne prennent naissance que dans le culte des foyers domestiques et des coutumes héréditaires. Si avant qu'on nous ait préparé ces garanties, si avant qu'on ait substitué l'art de gouverner à l'art d'administrer, le désordre se manifeste encore, c'est à nous qu'il appartient de veiller autour du sanctuaire où méditera la prudence du père de la patrie, pour que les perturbateurs ne viennent point troubler ses conceptions salutaires. Dans cet interrègne forcé des grandes institutions morales, la justice doit sentir redoubler son zèle et sa vigueur. Vous êtes donc, Messieurs, un des fermes supports de la société; vos serments sont sa dernière espérance. Les factieux, en s'efforçant d'ébranler les consciences du jury français, prouvent assez ce qu'ils auraient à gagner par sa faiblesse, et à redouter de sa fermeté.

«Leurs menaces sont les cris de leur impuissance; ils sont faibles, puisqu'ils essaient de corrompre; ils ne seront forts que si vous renoncez à l'être. Ce n'est pas que nous cherchions à dissiper les vaines terreurs dont leur secte voudrait vous entourer, car vous seriez trop heureux d'avoir quelque grand sacrifice à faire à l'honneur et à la vertu. Ah! s'il était possible que quelque chose pût ajouter à la noble volupté qu'éprouve l'homme de bien, remplissant un devoir, c'est le sentiment du péril, c'est le péril lui-même qui fait de ce simple devoir une gloire impérissable. Oui, s'il était vrai que vous fussiez en butte au poignard, que la torche incendiaire fût à vos portes, que vos noms inscrits sur un livre de sang fussent promis à un avenir de terreur, loin de vous dissimuler ces dangers, nous vous féliciterions d'avoir à les braver dans l'intérêt de vos serments; nous nous applaudirions d'avoir à les partager avec vous. Honte éternelle à ceux qui, au lieu de fouler à leurs pieds de semblables craintes, les auraient laissées monter jusqu'à leurs cœurs! Quant à vous, Mes-

sieurs, si vous n'avez point à les combattre, tenez-vous en garde contre d'autres ennemis d'autant plus dangereux, qu'ils se cachent sous une apparence d'humanité. Défiez-vous de ces sophismes perfides, de ces déclamations hypocrites, de tous ces pièges modernes que l'on ne cesse de tendre au jury. On attend de sa complaisance le prix des éloges insidieux qu'on a prodigués à son institution, et c'est à condition qu'elle se laisserait désarmer, qu'on a consenti à l'appeler une institution nationale. Montrez qu'elle est en effet nationale en sauvant vos concitoyens des efforts du conspirateur, et qu'on puisse dire à votre louange: Si c'est à Paris que s'est organisé un Comité corrupteur qui a mis à l'entreprise le bouleversement de la société, c'est aussi là qu'il s'est trouvé des hommes intègres et inébranlables qui, en brisant les instruments des complots, ont prouvé que, dans la capitale des Lys, fleurissent encore l'amour de la justice et la fidélité. »

Tel fut le réquisitoire de M. de Marchangy. Nous l'avons assez scrupuleusement analysé, nous en avons assez fait ressortir toutes les parties remarquables, pour que le lecteur ait pu juger par lui-même des rares qualités oratoires qui le signalent à l'admiration, et de la vigoureuse contexture qu'il y faut louer sans restriction. Mais, nous l'avons dit, ce n'est pas seulement un morceau achevé d'éloquence judiciaire; c'est encore, c'est surtout le factum de la contre-révolution. A ce point de vue, il est impossible d'en accepter les tendances. Laissons de côté la doctrine politique, pour ne nous occuper que de la valeur judiciaire de ce document. L'esprit en est regrettable. Qu'est-ce que cette introduction générale, que ce prologue vague et bruyant?

C'est, il faut bien le dire, une manœuvre de parti, une tactique perfide, renouvelée des plus mauvais temps de l'histoire judiciaire. Jefferies, d'infâme mémoire, ne procédait pas autrement dans le procès de Sydney. Cette tactique, à l'usage des magistrats qui font de la justice la servante de la politique, elle n'apparaît qu'aux époques néfastes où, comme le dit si bien Montesquieu, la puissance de juger tend à se confondre avec la puissance exécutive, ce qui est l'indice d'une corruption de la liberté. Cette tactique, dit un grand homme d'Etat, « elle fut pratiquée dans tous les temps par la tyrannie, quand, ne pouvant trouver le crime dans les hommes qu'elle redoutait, elle est allée le chercher partout, pour y placer ensuite ces hommes. »

Et ce penseur illustre ajoute éloquemment : « De tous les moyens par lesquels la justice peut être pervertie, l'intervention des *faits généraux* est un des plus dangereux. Elle substitue les considérations vagues aux motifs légaux, les inductions aux preuves; elle dénature la situation des accusés pour les plonger dans une atmosphère obscure et douteuse, où, de moment en moment, il devient plus difficile de démêler la vérité en ce qui les touche. Elle caractérise, enfin, *cet envahissement de la justice par la politique*, symptôme assuré de la présence du despotisme ou de l'approche des révolutions. » (M. Guizot, *De la justice politique.*)

Un de nos plus grands jurisconsultes modernes, M. Dupin aîné, exprime en ces termes la même opinion, partagée par tous les esprits calmes et vraiment justes. « En matière criminelle, *il n'y a pas de faits généraux*. Tout doit être précisé. C'est un drame dont l'action est circonscrite dans ce qui a directement rapport à un fait positif, à des acteurs déterminés. Là, chaque personnage doit être jugé sur ses propres actes, et non sur les faits généraux dans lesquels on aurait essayé de les encadrer. » (*Observations sur* plusieurs points de notre législation *criminelle*, Paris, juin 1821.)

Ainsi, M. Dupin aîné condamnait la tactique de M. de Marchangy, plus d'un an avant que le magistrat l'employât contre les accusés de La Rochelle. Il avait en vue un scandale récent, qui avait affligé et révolté la France, lors des débats judiciaires sortis de ces émeutes parisiennes de 1820, dans lesquelles le jeune Lallemand avait perdu la vie. L'acte d'accusation concernant Duvergier (24 mars 1821) avait accumulé contre l'accusé tout un ensemble de généralités, tandis que le Président des assises de Paris, M. Vatisménil, avait obligé le défenseur à se renfermer strictement dans les faits particuliers de la cause.

Le 30 août, la parole est aux défenseurs. Ce sont, on l'a vu, les plus jeunes et les plus distingués parmi les avocats du barreau de Paris. Un des plus élégants, des plus aimés du public, M⁰ *Berville*, se lève pour Baradère.

Après avoir rappelé les liens professionnels qui l'unissent à l'accusé, l'avocat signale les dangers et les injustices du système de l'accusation.

« Quelle est la position d'une accusation, celle d'un demandeur? Tout demandeur doit prouver sa demande, et cette obligation est plus étroitement encore imposée à l'accusation qui plaide contre la présomption de l'innocence, qui ne demande point de l'argent, mais du sang humain; qui, si elle gagne sa cause, ne procédera point par des expropriations et des saisies, mais par des supplices et des échafauds.

« En matière de complots particulièrement, l'accusation ne peut prendre ses éléments de conviction que dans les faits personnels aux accusés. En effet, ici le corps du délit n'est point un fait matériel, certain par lui-même, inaltérable; c'est une pensée fugitive qu'il faut saisir, fixer, et qu'on ne peut exactement connaître qu'en la prenant dans le débat.

« A-t-on suivi cette marche? Quel abus des faits généraux! quelle disproportion entre l'importance de l'accusation et l'importance des accusés! C'est à propos du soldat Bicheron que l'on nous a ramenés dans toute l'Europe et jusque dans la Grèce! c'est le sergent-major Goupillon que l'on appelle à répondre sur l'excès de la civilisation!...

« Parmi ces faits généraux, il en est de deux ordres différents. Les premiers sont des faits de *Carbonarisme* : ils ne sont point l'objet de l'accusation; tous les prévenus qui n'étaient accusés que de *Carbonarisme* pur et simple ont été relâchés. Mais ces faits sont une sorte de cortège introduit dans la cause pour effrayer votre imagination. Voyons si cet effroi est fondé.

« On parle de poignards, de serments, d'exécrations... Oh! si j'avais à poursuivre une loge maçonnique, qu'il me serait facile d'amonceler devant vos yeux des images plus effrayantes! Quels serments terribles, quelles épreuves épouvantables ne pourrais-je pas établir à vos yeux! Et pourtant tout le monde sait que les loges de maçonnerie ne sont que des sociétés de plaisir et de bienfaisance.

« Au surplus, jamais, depuis que nous avons des *Carbonari* en France, personne n'a reçu de leur part la moindre égratignure. Le fait est une réponse suffisante aux suppositions effrayantes de l'accusation. »

Et le défenseur rappelle la condamnation des Templiers, également fondée sur de vagues et terribles imputations, dont l'histoire a lavé leurs mémoires.

« Mais voulez-vous rendre, en effet, ces associations dangereuses? Persécutez, faites des martyrs : alors le fanatisme s'irritera contre vos persécutions; les seuls hommes d'une volonté forte s'enrôleront dans ces sociétés; ils voudront compenser leurs dangers par l'importance de leurs succès; les indiscrétions, devenues homicides, seront comprimées par la terreur; l'esprit de prosélytisme deviendra plus actif. Ainsi vos sévérités redoubleront elles-mêmes le danger que vous voudriez prévenir. »

Mais le *Carbonarisme* simple n'est pas en cause, et l'avocat se hâte de quitter ce terrain brûlant pour parler des faits généraux relatifs au complot.

« *L'accusation dénonce une vaste conjuration tramée contre l'ordre social et contre tous les trônes*. Mais que voyons-nous sur le banc des accusés? Un avocat stagiaire, un maître d'école, un étudiant en médecine, un employé, des sergents, un soldat!... Mais on parle d'un Comité-Directeur. Où est-il? Qui constate son existence? Il échappe, nous dit-on, aux preuves judiciaires. A quel titre donc en parlez-vous dans une instance judiciaire? Mais il se manifeste par ses actes. Où sont-ils?

« Si l'on avait cru réellement voir dans cette cause une *conspiration européenne*, pourquoi ne sommes-nous pas devant la Cour des Pairs? Quoi! la civilisation tout entière serait menacée, et l'on n'aurait pas daigné investir de la connaissance du procès ce tribunal auguste, désigné par la constitution elle-même. »

M⁰ *Berville* examine ensuite la question au point de vue de la légalité des preuves, et discute les faits imputés à son client par l'accusation. Il termine en ces termes:

« N'est-il pas bien singulier, Messieurs les Jurés, que ce soit le ministère public, lui qui vous presse de condamner, que ce soit lui qui vienne vous dire : « Tremblez: si vous condamnez, la mort vous menace de toutes parts; vous êtes entourés de poignards; » tandis que nous, qui vous sollicitons d'absoudre, c'est nous qui vous répétons : Ne craignez rien; ces frayeurs sont imaginaires; méprisez ces fantômes vains; jugez selon votre conscience. Oui, Messieurs les Jurés, veuillez nous en croire : ces dangers dont on vous épouvante n'ont point de réalité; ce sont les chimères de l'accusation. Il en est de plus réels, mais dont votre impartialité saura vous défendre; c'est de verser le sang innocent, c'est de laisser s'égarer dans vos mains le glaive de la justice.

« Ceux-là, je ne les redoute pas. Vous vous pénétrerez des nobles fonctions du jury; vous n'écouterez que la voix de la justice et de la vérité. Qu'elle est belle exercée ainsi la fonction du juré! Quel doux moment, pour celui qui vient de la remplir, lorsque, après avoir étouffé, en présence de la justice, les passions, les préjugés, les affections qui pouvaient abuser sa conscience, il rentre dans sa famille, dans la société; il reçoit les embrassements de ses enfants et de son épouse, et il peut dire avec un légitime orgueil : Oui, prodiguez-moi vos embrassements, je les reçois, j'en suis digne; je viens de faire mon devoir. »

A M⁰ Berville succède M⁰ *Barthe*, défenseur de Gauran. Déjà nous avons signalé la position délicate de deux au moins entre les avocats. *Carbonari*, conspirateurs, complices de leurs clients, leur tâche devait être lourde à leurs consciences. *M° Barthe*, heureusement, n'avait à défendre qu'un des moins compromis parmi les accusés. Il s'attacha d'abord à repousser les longs et sinistres préludes dans lesquels l'accusation s'était engagée. Il combattit surtout la nature de preuves à l'aide desquelles le ministère public avait prétendu former la conviction des jurés. On en avait appelé surtout à l'instruction écrite. Or, « les jurés ne sont point appelés à prononcer sur ce qui n'a pas été dit devant eux ; on ne saurait les contraindre à déserter les débats publics, pour descendre dans le cabinet d'un Juge d'instruction ou d'un Préfet de police, et pour aller chercher dans les actes *clandestins* de ces magistrats une conviction que les débats ne leur ont point donnée... »

M. le Président s'élève contre cette expression flétrissante appliquée à l'instruction préparatoire faite par le Préfet de police. Il ne pouvait moins faire que de défendre le haut fonctionnaire si malheureusement mêlé aux débats. Et cependant, d'éminents jurisconsultes ont blâmé cette intervention de la police dans l'instruction première. « Elle est tolérée, dit M. Dupin aîné, mais elle ne devrait être reçue que *comme simple renseignement* dans l'instruction judiciaire. Pourquoi l'invoquer lors des débats publics, *où tout doit être oral* ? »

Ce sont les vrais principes, trop souvent méconnus en France. *M° Barthe* les rappelle. Examinant quel doit être, judiciairement, le mérite d'un aveu fait par l'accusé avant l'ouverture des débats, il fait remarquer la supériorité de la procédure anglaise, où, lorsqu'un accusé veut plaider *non coupable*, l'accusation ne peut plus invoquer contre lui des aveux arrachés par l'instruction. (*Voyez* notre procès Palmer.)

Il ne fallait donc pas, conclut le défenseur, oublier, comme on l'avait fait, que la conviction du jury doit se former des éléments de l'audience (1).

M° Mérilhou, défenseur de Bories, fit également un reproche au réquisitoire d'avoir faussé l'accusation et d'en avoir outrepassé les limites légales.

« Quant à nous, puisque nous déclarons que la marche du ministère public nous paraît propre à troubler vos consciences et à induire vos esprits en erreur, c'est vous dire assez que nous suivrons une marche opposée : quand il a tout dénaturé en tout confondant, nous rétablirons la vérité, en distinguant les faits, qui, appartenant à divers individus, ne devaient pas être confondus ; et j'ose croire que, lorsque nous aurons débarrassé l'accusation des portraits brillants, des métaphores pompeuses, des assertions sans preuves et des sophismes dont on a voulu déguiser sa nudité, vous serez surpris que, dans cette œuvre heureuse pour l'orateur du ministère public, il reste si peu de chose pour le procès. Et dans ce peu de mots utiles à la cause, que peut-on appliquer encore à Bories ? Un fait unique, un fait sans antécédents et sans conséquences, un fait d'un caractère équivoque, et qui, en admettant les assertions du ministère public, resterait sans qualification légale. Que peut-on appliquer encore à Bories ? Une

argumentation dont le moindre vice est de se réfuter elle-même, et des assertions frivoles pour lesquelles vous rougiriez de condamner un voleur de mouchoirs à quatre jours de prison.

« Je me bornerai donc aux faits personnels à Bories, en laissant aux autres accusés les faits qui les concernent, et à la partie publique les faits qui ne concernent personne.

« Bories a vingt-sept ans ; voué de bonne heure au métier des armes, il était sous-officier dans l'ancienne armée. A Waterloo, il fut blessé. Rentré dans ses foyers, il reprit bientôt du service dans la garde Royale, passa comme sergent-major dans le 45° régiment, et, après avoir tenu garnison au Havre, il vint avec son corps à Paris, le 18 avril 1821, et en partit, *toujours avec son corps*, le 21 janvier 1822, pour La Rochelle.

« C'est son séjour à Paris que l'on veut indiquer comme l'occasion de son initiation dans une conspiration contre l'État ; à cette occasion, le ministère public s'est montré, plus qu'en aucune partie de la cause, prodigue d'assertions et avare de preuves.

« Bories, dit-il, est devenu à Paris le commissaire du *Comité-Directeur*, pour initier au complot le 45° régiment.

« D'abord, qu'est-ce qui prouve l'existence d'un *Comité-Directeur*? Tout prouve cette existence, répond M. l'Avocat général : voyez l'Espagne, le Portugal, l'Amérique, la Grèce, Saumur, Toulon, Béfort, etc. ; c'est-à-dire que tout prouverait le *Comité-Directeur* hors du procès, mais que rien ne le prouve dans ce procès : or, c'est pourtant les preuves de ce procès qu'il faudrait produire.

« Pendant son séjour à Paris, qui n'a été que de neuf mois, Bories a presque toujours été malade. Atteint d'une fièvre continue, entré deux fois à l'hôpital, d'où il n'est sorti la dernière fois que le 24 novembre, comment aurait-il eu le temps de se livrer aux manœuvres vastes et persévérantes qu'exige le titre dangereux de chef de complot?

« Pendant ce temps, objet d'une surveillance spéciale, si l'on en croit son colonel, on ne peut citer de lui aucune démarche équivoque, aucune dépense qui surpasse ses facultés, aucune liaison qui justifie l'accusation... »

Nous ne suivrons pas le défenseur dans l'impuissante discussion des faits relatifs à son client. Toute cette partie du plaidoyer est gênée, sèche, terne. L'orateur relève un peu dans sa péroraison.

« Messieurs les Jurés, en terminant une discussion à laquelle le ministère public s'est efforcé de mêler tant d'autres intérêts d'une nature plus grave encore, j'ose espérer que vous aurez remarqué le respectueux relève que je me suis imposé sur des objets qui, étrangers à ces débats et trop élevés au-dessus de notre ministère, ne pourraient que troubler vos consciences sans éclairer votre religion.

« Plus le ministère public a voulu nous attirer hors de l'accusation, plus j'ai cru de mon devoir de m'y renfermer ; j'ai évité de convertir une discussion judiciaire, destinée à convaincre, en un combat politique qui ne pourrait que nous aigrir sans nous éclairer. Persuadé que je suis que la pompe des images ne suppléera pas à la faiblesse des moyens et ne couvrira pas les plus violentes contradictions, j'ai passé sous silence ce que la langue des réquisitoires appelle des *faits généraux* ; car je ne puis parler que de ce qui est en discussion : or, ce n'est pas le *Comité-Directeur* qui est accusé ; l'esprit du siècle n'est pas décrété de prise de corps, et vous n'avez pas à décider si l'assassin de Kotzebue appartenait à la secte des *Carbonari*.

« Pourquoi citer à votre barre des peuples voisins et amis, pour insulter à leurs lois, accuser leur caractère et déshonorer leur avenir par de sinistres prophéties ? Que nous importent Naples et Lisbonne ? Que nous importent Turin et les deux Amériques ? Par quelle série de raisonnements, pour attaquer la vie de quelques soldats français, a-t-on cru nécessaire de blâmer avec amertume cette nation admirable de héros martyrs, qui, sur la tombe de Socrate et de Périclès, meurent pour la liberté en embrassant la croix du Dieu vivant ?

« Quand nous admirerions avec le ministère public la *paternelle mansuétude* des tyrans du sérail, quel progrès l'accusation ferait-elle par là dans vos esprits ; et faudra-t-il que douze Français perdent leurs têtes, pour prouver que les Grecs, endormis dans leurs douces chaînes, auraient renoncé sans effort à l'héritage de liberté que leur légua l'Évangile, si le Comité-Directeur ne leur eût révélé le secret de leurs droits et de leurs souffrances, et si ces casuistes n'eussent décidé que le fer pouvait briser le joug que le fer avait imposé ?

« *Comité-Directeur !* puissance redoutable, parce qu'elle est inconnue ! Ce nom mystérieux doit-il frapper aujourd'hui de terreur les imaginations européennes, comme jadis le sortilège et la nécromancie ! Aux raisonnements, aux absurdités, aux impossibilités, aux preuves, on répond d'un seul mot, le *Comité-Directeur*, et la raison doit se taire, et tous les doutes sont dissipés. Ses armées sont innombrables, et on ne les trouve nulle part ; ses trésors sont immenses, ses vengeances sont inévitables et terribles, et ses agents prétendus, après avoir langui dans le besoin, périssent dans les supplices, et leurs dénonciateurs deviennent riches et vivent en paix.

« Aussi immense par ses œuvres qu'imperceptible dans ses moyens, à sa voix, nous dit-on, les rois descendent de leurs trônes, et les nations, dociles, s'empressent de briser leurs antiques lois : plus étonnant que ces grands conquérants dont le passage a sillonné la terre, il exercerait en paix, sans armée et sans trésors, cette monarchie universelle que briguaient en vain Alexandre et Charlemagne.

« Étrange création de l'esprit de parti, fable populaire qui, comme toutes les fables, tire son autorité de son absurdité même, et impose à la raison en subjuguant l'imagination ! Pourquoi de telles chimères viennent-elles envahir le domaine de la raison et de la vérité ?

« Mais, nous dit-on, l'existence du Comité-Directeur s'annonce par ses œuvres. Ainsi parlaient il y a trois cents ans les adeptes de la magie, de l'astrologie, et de tant de misérables rêveries devant lesquelles l'esprit humain s'est humilié..... N'avez-vous pas, disaient-ils, les aveux de ceux-là mêmes qui entretenaient avec le démon un commerce impie ? et pour mieux prouver la magie, on brûlait les magiciens ; et des tribunaux de bonne foi, sans doute, mais subjugués par des erreurs populaires, envoyaient à la mort des malheureux pour des crimes imaginaires que la raison n'osait analyser.

« Les cris des victimes expirantes dans les bûchers sont montés jusqu'au ciel. Qui pourra dire si ceux-là trouveront grâce au tribunal suprême, qui auront fait couler le sang innocent, de bonne foi, sans haine et sans vengeance, mais en renonçant à l'usage de leur propre raison, en la soumettant à une raison étrangère passionnée ou prévenue ? »

Que furent, en réalité, ces plaidoyers des trois avocats les plus aimés du libéralisme ? Il serait difficile d'en juger par les analyses décolorées de la presse contemporaine. Si nous consultons les contemporains sympathiques qu'aveugle la passion de la liberté, l'éloquence en fut saisissante, l'effet inouï. Si nous nous en rapportons à des souvenirs plus dégagés d'influences passagères, chacun des célèbres avocats fut là ce qu'il avait été, ce qu'il devait être toujours. Me Berville fut disert, ingénieux, poli, un peu faible ; Me Barthe fut lourd, inégal, un peu emphatique, et ne fit pas jaillir dans cette cause ces rares éclairs d'énergie généreuse qu'il avait trouvés dans le procès de Colmar ou sur la tombe du jeune Lallemand. Me Mérilhou fut roide, sec, éteint. C'étaient, les deux derniers surtout, des avocats de parti, et le libéralisme, reconnaissant, leur rendait en réputation ce qu'ils lui donnaient en dévouement. Qu'on ajoute à ces indications l'absence à peu près complète d'action chez les trois orateurs, et on comprendra mieux ce qu'étaient les ardeurs de ce temps-là, et comment elles arrivaient à transfigurer des hommes, en leur prêtant un éclat et des flammes qu'un spectateur de sang-froid rarement eût aperçus.

M. de Marchangy avait assez visiblement abandonné l'accusation contre le capitaine Massias ; mais des questions subsidiaires pouvaient être posées : aussi, Me Mocquart prit-il la parole pour l'accusé. Il fit remarquer que, si son client eût été coupable, rien ne lui était plus facile que de fuir. L'arrestation des sous-officiers avait précédé la sienne de huit jours. Après les débats, qu'était-il resté contre Massias ? Une vague imputation dénuée de preuves.

« Massias est *Carbonaro !* Voilà le grand mot, celui sur lequel on fonde tant d'espérances ! On n'attend pas un médiocre effet de la terminaison italienne ; elle vient, à propos, rajeunir ce qui vieillissait déjà, et rompre la monotonie de ce genre d'accusation. Il en est trop qu'on voit échouer ; le caractère français, on le sait trop, n'est pas celui du conspirateur ; le silence profond, la résolution solitaire ne lui conviennent pas. Aussi, a-t-on voulu saisir les imaginations. Pour mettre les tableaux à l'effet, on a chargé les couleurs. On a jeté l'alarme par les grands mots ; enfin, on est allé jusqu'à aiguiser les poignards ultramontains, et emprunter ses terreurs à l'Autriche. Car, en vérité, maintenant, quand on aura dit de quelqu'un : *Il est Carbonaro*, il faudra que mort s'ensuive. Ainsi Juvénal des Ursins rapporte qu'à l'époque du terrible ascendant de la faction de Bourgogne, après l'assassinat de Jean-sans-Peur, pour faire tuer un homme, il suffisait de dire : Celui-là est un Armagnac. »

Ce serait une fastidieuse et inutile analyse que celle des autres plaidoyers. Sur les faits généraux, tous reproduisent la même doctrine, celle qu'on a vue développée tout à l'heure, et que Me Barthe avait exposée, pour la première fois, avec une bien autre vigueur, dans le procès de Colmar.

« Les faits généraux, s'écriait-il alors éloquemment, en présentant la défense de Guinand, les faits généraux ! Ici, nous avons entendu se développer dans tout son luxe et dans tout son éclat ce système qui, d'ailleurs, n'est pas nouveau. Le système des faits généraux, des preuves générales, est toujours injuste; quelquefois, il est immoral. C'est une information faite à grands frais, contre la société, pour la faire retomber sur un seul homme, qui n'a pas les moyens de la repousser. Tantôt, on dit qu'il y a eu trame des sociétés secrètes; tantôt, il s'agit d'un Comité-Directeur invisible, et pour le compte duquel, en attendant mieux, on ferait tomber la tête d'un jeune homme qui ne connaît ni sociétés secrètes, ni Comité-Directeur. Malheureuse conception de l'esprit de parti et de persécution! On imagina aussi le Comité-Directeur, lorsque, en 1793, la Commune de Paris voulut détruire la Gironde; on disait qu'il était composé des députés girondins, et c'est avec une semblable allégation qu'on les conduisit à l'échafaud. »

Belles paroles, assurément; plus belles encore, si l'avocat n'eût été qu'un défenseur convaincu, non l'heureux et impénétrable complice de son client; plus belles, surtout, si quelques années plus tard, le garde des sceaux s'était toujours rappelé l'avocat!

Quant aux faits particuliers reprochés aux accusés de la première catégorie, les défenseurs cherchèrent surtout à établir que les diverses réunions auxquelles ils avaient assisté n'avaient pas eu pour objet un complot; que les premiers aveux de quelques-uns ne pouvaient faire foi contre les autres; que les poignards trouvés dans les paillasses pouvaient y avoir été placés par la malveillance; qu'enfin, les charges produites par l'accusation n'établissaient pas, de la part des accusés, la résolution d'agir concertée et arrêtée.

Quant à la seconde catégorie, celle des prévenus de non-révélation, toutes les défenses furent identiques en point de droit et succinctes. Les avocats cherchèrent à établir qu'il n'y avait pas de complot, et ils en concluaient que leurs clients ne pouvaient être tenus de révéler ce qui n'existait pas. Quelques propos indiscrets, inconsidérés, coupables, peut-être, n'avaient pas dû, à leurs yeux, constituer un complot dans le sens fixé par la loi, et ne les avaient pas mis dans la nécessité d'en dénoncer les auteurs.

De toutes ces défenses du second plan, nous n'en voulons placer qu'une seule en lumière, celle d'abord de Bicheron, par *Mᵉ Chaix-d'Est-Ange*. Dans une autre cause (*Voyez* Benoît le parricide)., se montrera à son aurore, et déjà puissante et lumineuse, cette éloquence qui devait jeter plus tard un si vif éclat. Ici, nous sommes encore au crépuscule de ce beau talent. Avec la voix, les traits, la taille d'un enfant, *Mᵉ Chaix* montra déjà, dans le procès de La Rochelle, les précieuses espérances d'une éloquence souple, agile, imprévue, imagée, dramatique quelquefois jusqu'à l'excès, plus éclatante que substantielle, cherchant et trouvant ses effets à la surface plutôt que dans la profondeur.

« Messieurs les Jurés, dit-il, de jeunes militaires sont poursuivis par une accusation capitale. Défenseurs de la patrie, ils ont besoin d'être défendus à leur tour; et ceux qui, un jour, sauront braver pour nous les dangers de la guerre, nous appellent maintenant pour les secourir contre des dangers d'un autre genre. Cet appel, nous y répondrons, Messieurs, notre zèle ne manquera pas à de pareils clients. Oui, nous élèverons la voix aujourd'hui, en

faveur de ceux qui, bientôt peut-être, iront verser leur sang pour nous défendre; et nous, du moins, nous saurons combattre pour eux, comme ils sauraient mourir pour nous. »

Après cet exorde élégant, aux antithèses un peu apprêtées, l'avocat entre en cause.

« Si mon client est un conspirateur, il faut convenir que là, du moins, il ne semblait pas né pour conspirer; et certes, lorsqu'après avoir tiré à la milice, il a quitté sa charrue pour endosser l'uniforme, il aurait été bien étonné si quelque sorcier de son village lui avait prédit que le nom du pauvre soldat Bicheron allait bientôt devenir fameux et attirer sur lui l'attention de la France.

« Voilà, cependant, qu'une déplorable célébrité lui arrive! Voilà que, après avoir dormi longtemps dans sa paisible obscurité, il se réveille tout à coup sur les bancs de la Cour d'assises et sous le poids d'une accusation capitale. »

Son client ainsi rapetissé, le jeune avocat examine les charges particulières accumulées contre lui. Il se demande ce que Bicheron a pu faire au dîner d'Orléans, au dîner de Lafond : car il semble que le complot s'organise d'étape en étape, de dîner en dîner.

« Si Bicheron a prêté des serments, ils sont assurément moins terribles que ceux des francs-maçons; s'il possédait un poignard, les maçons en ont aussi; j'en possède un moi-même, et le voici ! »

Et le jeune orateur agite un joli petit poignard, aux yeux des magistrats et des jurés stupéfaits.

« C'est, continue-t-il sans se troubler, c'est un emblème qui n'a rien que de très-innocent. Je vous assure même qu'en touchant cette arme tragique, je ne conçois ni ces pensées sombres, ni ces émotions surnaturelles dont parlait M. l'Avocat général. Je vous assure qu'elle n'a jamais troublé mon sommeil, ni troublé mon cœur. »

Cette moqueuse boutade, accompagnée d'une plaisante pantomime, arrache à l'assemblée un rire général. Il semble que cette épingle inoffensive, agitée par le caustique orateur, ait tout à coup dégonflé l'emphatique ballon de M. de Marchangy.

Quant aux aveux de Bicheron, seule preuve que puisse invoquer l'accusation, *Mᵉ Chaix* cite un arrêt ancien condamnant, sur ses propres aveux, un paysan possédé du diable et loup-garou.

Il cite encore un arrêt plus récent, celui qui frappa Pouvril, berger qui s'accusait d'incendie, et fut, plus tard, convaincu d'innocence.

Mᵉ Chaix termine ainsi :

« Quelle étrange contradiction entre cette formidable accusation et ces malheureux accusés! et qu'y a-t-il de commun entre les faits que l'on raconte et les hommes que l'on poursuit? De quoi nous parle-t-on dans cette affaire? Le fléau de la civilisation menace d'envahir, de dévorer le monde. C'est lui qui a engendré ces sociétés secrètes, ces sectes mystérieuses qu'ignoraient sans doute la simplicité des temps passés et l'innocence des siècles de barbarie; ces sociétés, elles se répandent, elles se propagent en tous lieux.

« Rappelez-vous les paroles du ministère public : Chez vingt nations diverses, depuis les Apennins jusqu'au Bosphore, depuis Lisbonne jusqu'aux bords de l'Orénoque, partout pénètre leur influence, partout leur séduction se fait sentir. Cependant, la France, plus civilisée, et par conséquent plus coupable, marche la première à ce *rendez-vous de l'abîme;* c'est dans son sein que s'agitent les séditions et les complots qui vont désoler le monde ; c'est là que, sous la surveillance la plus ombrageuse, un gouvernement occulte est organisé au sein d'un gouvernement légal ; c'est là qu'on élève autel contre autel, puissance contre puissance ; c'est là que réside enfin le *Comité-Directeur*.

« On le connaît sans doute, car on en parle sans cesse ; et, dans une accusation capitale tout doit être prouvé, et chaque parole du magistrat accusateur doit être religieusement méditée. On le connaît ! Où est-il donc ce *Comité-Directeur* ? Où sont-ils ces hommes puissants et ces redoutables conspirateurs qui, depuis plusieurs années déjà, ont épouvanté le monde et menacé la coalition de l'Europe ? Je vous le demande, Messieurs, quels sont-ils ? choisissez : voilà *le soldat Lefevre et le fusilier Bucheron*. »

Cependant, le moyen oratoire inventé par Mᵉ Chaix-d'Est-Ange a fait scandale, et une vive indignation s'est manifestée au banc du ministère public. *M. le Président* ne peut s'empêcher d'intervenir. Il s'adresse, en ces termes, au jeune avocat :

—« Maître Chaix-d'Est-Ange, la Cour vous a entendu avec intérêt, et je n'ai pas voulu vous interrompre. Mais, à présent, je dois vous rappeler que l'art. 314 du Code pénal punit d'une amende de 16 fr. à 200 f. tout porteur d'armes prohibées ; or, vous venez de vous avouer possesseur d'un poignard ; je vous invite à le déposer sur le bureau... »

En remplissant ce devoir, *M. de Monmerqué* ne peut s'empêcher de sourire, et on sent que la réprimande n'a rien de bien sérieux.

Mᵉ Chaix. —Je vais, monsieur le Président, vous

Dans la paillasse de Goubin, on découvrit un poignard emmanché (PAGE 11).

donner une explication bien simple. Mon père était franc-maçon, je le suis moi-même...

M. le Président, souriant avec bienveillance. —Nous pensions bien que vous ne faites pas un usage habituel de cette arme.

Mᵉ Chaix. — Oh ! sans doute. Je ne l'ai apportée que pour le besoin de la cause. (On rit.) Les francs-maçons ont des poignards, et j'ai voulu prouver ce fait, parce qu'il a été contesté par M. le Président, qui, peut-être, n'est pas franc-maçon.

Mouvement négatif de *M. de Monmerqué*, qui, cette fois, rit aux éclats, comme toute l'assistance. Puis, reprenant sa gravité. — Je vous invite, cependant, à n'en faire usage que dans l'intérieur des loges, et jusqu'à ce que l'autorité intervienne.

Notons enfin, dans la défense de Lecoq par Mᵉ Plougoulm, encore un beau talent qui s'annonce, une chaleureuse protestation en faveur de la jeunesse, calomniée par M. de Marchangy.

Nous sommes arrivés au 4 septembre. Les plaidoiries sont terminées. *M. l'Avocat général* se lève pour répliquer.

Il annonce qu'il ne reviendra pas sur les faits et les charges du procès, ce qui éterniserait les débats, en appelant vingt-cinq répliques. Il ne veut que réfuter quelques sophismes dangereux. A ses yeux, la doctrine des preuves orales est un de ces sophismes. Toute la jurisprudence française est dans ces mots adressés au jury : *Avez-vous une intime conviction ?* Qu'elle admette des preuves orales, des preuves écrites, des aveux de l'accusé, les sources de cette conviction doivent être respectées. Autre sophisme : la secte des *Carbonari* n'est point punie par les lois. Mais ce n'est point comme *Carbonari* qu'il faut punir les accusés, c'est comme conspirateurs. D'ailleurs, si tout *Carbonaro* n'est pas conspirateur, « il y a une forte présomption que tout *Carbonaro est en état de disponibilité pour le fait de conspiration*. »

Prouvez, a-t-on dit, que les *Carbonari* conspirent: le ministère public l'a fait, et voilà qu'on lui crie: Vous sortez de la cause. Il n'y a ici que de pauvres sous-officiers et un maître d'école.

Cris inutiles: tout ce qu'il fallait prouver est prouvé. Le *Carbonarisme* n'est pas une société charitable, philanthropique, c'est une association menaçante, tout autrement sérieuse que « cette franc-maçonnerie surannée, qu'on épargne parce qu'on la méprise. » Le *Carbonarisme* a des poignards; mais ce ne sont pas, entre ses mains, des attributs mystiques.

Il est curieux de relire aujourd'hui le passage aigre et menaçant de cette réplique, qui s'adresse au jeune avocat dans lequel M. de Marchangy ne pouvait soupçonner alors une des gloires futures du barreau français, de la magistrature française:

« On a voulu dissiper l'impression qu'avait pu causer la vue de ces poignards, par une scène grotesque, indigne sans doute de la majesté de l'audience et de la gravité des faits. Le plus jeune des avocats, et sa jeunesse même ne peut l'excuser, pour vous démontrer que chacun pouvait posséder une arme pareille sans mauvais dessein, a exhibé un petit poignard fabriqué le matin pour la cause, bien innocent assurément; mais, à défaut des crimes dont il ne sera jamais souillé dans les jeunes mains qui le présentent comme un hochet, il a fourni au défenseur le texte de facéties qui ont dû exciter plus que de la surprise; mais si, par respect pour la défense, nous ne l'avons pas interrompu par un réquisitoire formel, nous nous réservons de signaler à la chambre de discipline des avocats l'indécente parade

Voici comment cela se fait, dit-il en saisissant la main du gendarme (PAGE 18).

que s'est permise devant la Cour M. Chaix-d'Est-Ange. »

L'argument favori des défenseurs, c'est la ridicule faiblesse des conjurés, l'exiguïté de leur nombre, de leurs ressources. Eh bien! ils se sont précipités en aveugles, ils devaient échouer, mais ils n'en sont pas moins conspirateurs. Ne punira-t-on que les chances de succès?

Étaient-ils d'ailleurs si faibles et si isolés, et ne comprend-on pas qu'ils n'étaient que les auxiliaires d'une force destinée à apparaître au moment de l'exécution? Ils sont douze, mais ne comptera-t-on pas avec eux cinq ou six cents habitants de La Rochelle, les invisibles recrues de Berton, les prisonniers de la Tour, les galériens de Belle-Croix, les *Chevaliers de la Liberté* de l'Ouest, une partie de la population, de l'armée? On ne tient ici que « les enfants perdus, les agents subalternes, destinés à disparaître, au jour du succès, devant les grands noms et les grandes fortunes. Les conspirations ont

aussi, en quelque sorte, leurs éditeurs responsables, dans la personne de quelques fanatiques dévoués, dont l'obscurité officieuse ne trahit point leurs commettants. »

On a voulu encore obscurcir la définition du complot, de la résolution d'agir concertée et arrêtée. On a demandé quand cette résolution avait été prise, comme s'il était nécessaire que tout fût concerté, arrêté, d'un coup, au même instant, dans un seul et même conciliabule. On a eu l'habileté de morceler l'accusation, d'isoler les faits, comme si la résolution d'agir ne s'était pas composée peu à peu des démarches, des propositions, des consentements successifs. L'accusation avait coordonné tous ces faits, on a voulu briser la trame.

Et *M. l'Avocat général*, reprenant un à un tous les fils de cette trame, recompose, de nouveau, l'ensemble de la conspiration, tel qu'il lui paraît ressortir des réunions de la Vente militaire, des conciliabules secrets, des propositions faites et acceptées.

Il fait, une fois de plus, la part de chacun des accusés dans ce criminel ensemble. Il insiste principalement sur la culpabilité du chef de la Vente militaire.

« Quant à Bories, s'écrie M. de Marchangy, *toutes les puissances oratoires ne pourraient l'arracher à la vindicte publique*, et l'accusation persiste à voir, dans ce chef de la Vente militaire, le plus coupable de tous les conjurés. On voudrait circonscrire son influence, et la faire à la fois naître et expirer au dîner d'Orléans. Non, non! le crime de Bories ne s'arrête pas là; il vient de plus loin et va plus avant. N'est-ce donc pas lui qui a soufflé en quelque sorte l'esprit du *Carbonarisme* sur une partie de ce régiment, qui était tout entier si pur et si fidèle? N'est-ce pas lui qui sortit du repaire de cette association secrète avec des poignards dont il arma ses adeptes? N'est-ce pas lui qui allait chercher des ordres criminels dans cette Vente centrale où Hénon l'a connu, où Pommier l'a remplacé plusieurs fois? N'est-ce pas à sa requête que Baradère et Hénon composèrent cette harangue prononcée par ce dernier, pour donner l'exemple et la dernière impulsion à des soldats parjures? N'est-ce pas lui qui, peu de jours après, ainsi que le déclare Goubin, s'entretint au Palais-Royal avec plusieurs *Carbonari*, sur l'insurrection prochaine et toutes les ressources des conjurés? Voilà, voilà les faits qui tous doivent darder leur lumière foudroyante sur la réunion d'Orléans, où dès lors Bories paraîtra ce qu'il était véritablement, un révolté donnant l'ordre du jour à ses complices, et leur apprenant que le moment de l'exécution approchait, et qu'il recevrait bientôt ses dernières instructions. »

Goubin, Pommier, Raoulx, ne sauraient davantage se défendre de l'accusation de complot militaire, et l'organe du ministère public croit pouvoir fixer la nuit du 17 mars comme le moment arrêté entre les conjurés pour l'explosion. Si elle fut différée, ce fut par suite d'incidents indépendants de la volonté des conspirateurs; et d'ailleurs, un complot peut être arrêté sans que son jour soit pris, et le choix de ce jour peut dépendre, soit d'une certaine opportunité, soit des ordres d'un chef.

L'accusation a donc résisté aux efforts de la défense, quant à ce qui regarde les accusés de la première série. Quant aux non-révélateurs, on s'est borné à dire que, pour révéler, il fallait qu'il y eût un complot. Le complot est prouvé, et les prévenus en ont eu connaissance.

« Vous voyez, Messieurs les Jurés, quelle confiance nous avons dans vos religieux souvenirs, puisque nous ne rentrons pas dans les faits et les détails de l'accusation. Vous voyez quelle opinion nous avons de votre jugement, puisque nous croyons également inutile de réfuter cette foule de doctrines erronées, d'assertions téméraires, dont la plus répréhensible est sans doute de présenter cette affaire comme une création du ministère public, et dont la plus innocente, parce qu'elle est aussi la plus naïve, est de vous exhorter à ne pas irriter par des punitions les hommes de parti, qu'on pourrait rendre ainsi fanatiques et dangereux. Un des défenseurs a même pris sur lui de faire intervenir la patrie, et de lui prêter un discours dans lequel elle vous dit qu'elle punit quelquefois et ne frappe jamais; que d'ailleurs les injures dont il s'agit lui sont personnelles, et qu'en bonne mère elle entend les pardonner. Vous remarquerez toutefois que les injures personnelles de la patrie, qui n'est que la personnification des intérêts collectifs, ne sont guère que des injures communes à tous les citoyens. A quoi se réduisent toutes ces phrases? A ce simple mot: *Laissez faire ceux qui conspirent*. Voilà ce qu'on a dit dans toutes les révolutions.

« Il y a longtemps, Messieurs, qu'on se mêle de faire parler la patrie, qui ne ratifie pas toujours ce langage sans aveu.

« Un homme qui se croyait l'orateur de la patrie, parce qu'il était le mandataire de la révolution; un homme qui fut une des plus fortes puissances de cette révolution, et qui voulut renverser la société pour se venger de ses mépris, disait aussi au nom de la patrie, et avec peut-être plus d'éloquence encore que le défenseur du sergent-major Pommier, car cet homme était Mirabeau:

« Sire, la patrie vous conjure de n'avoir pour garde que l'amour de 25 millions de Français; l'autorité que les cœurs vous défèrent est la seule pure, la seule inébranlable..... » Louis céda; il écarta la force prête à comprimer la sédition; bientôt désarmé et captif, il ne put se réfugier dans les cieux qu'en y montant par des degrés sanglants!....

« Les peuples sont comptables du malheur des bons Rois. Il nous vint des philanthropes de 93 une anarchie si terrible, que le despotisme qui lui succéda nous parut libérateur; et lorsque, par tant de calamités expiatoires, nous avons reconquis nos princes, voilà que la même bonté ramène la même audace, qui réclame la même impunité, avec cette différence que nous joignons aux précédentes erreurs le mépris de l'expérience et l'oubli des leçons les plus mémorables. Quand donc cesserons-nous enfin de nous laisser abuser par des doctrines vagues et débiles? Et nous aussi nous ferons parler la patrie, mais en lui attribuant le seul langage qui lui convienne, le langage de la loi, qui est l'expression de tous les citoyens. Cette loi vous dit de frapper les conspirateurs, autant pour les punir de leur crime qu'afin d'arrêter par l'effroi de ce châtiment tous ceux qui voudraient marcher sur leurs pas. »

Ici, *M. de Marchangy* se tourne vers la Cour, et annonce qu'il va répondre par un réquisitoire à la communication faite par la Cour au ministère public, de certaines pièces se rattachant au procès.

Il s'agissait d'un de ces incidents qui démontrent l'impuissante folie des sociétés secrètes. Un certain nombre de jeunes *Carbonari*, indociles aux conseils de la Vente suprême, avaient imaginé de jeter l'alarme dans le jury et dans la Cour par de ridicules et odieuses menaces; ils avaient adressé aux jurés, à leurs femmes, à l'Avocat général, des lettres imprimées, contenant les noms et adresses des jurés de la cause. Au bas de ces listes, une main anonyme avait écrit: LA MORT! POIGNARD! LE SANG VEUT DU SANG!

Un des défenseurs l'avait dit aux débats: Le poignard ridicule des *Carbonari* n'avait encore tué personne; et nous ne connaissons, dans ces temps de colères si vives et de rancunes mutuelles, qu'un exemple de violence assassine, une tentative de meurtre dirigée, à la suite des débats de Poitiers, contre le misérable agent provocateur qui avait entraîné Berton dans le guet-apens mortel. Encore, est-il juste de dire que l'action des sociétés secrètes n'était pour rien dans ce crime isolé, fruit d'une indignation aveugle. Il est, en tout temps, des hommes qui se font ainsi, sans mandat, les instruments de la justice divine, qui croient follement laver le sang avec du sang, et qui punissent l'infâme en l'imitant. C'est un de ces insensés qui, sans aoute, frappa sur une grande route d'Allemagne le hideux renégat qui vendit la duchesse de Berry. Mais, en France surtout, les associations d'hommes, quelque violentes qu'on les suppose, ne mettent jamais en pratique ces théories de guerre à outrance, de *vendetta* au couteau, dont on releva quelquefois le ragoût des initiations mystérieuses. Le Français, grand parleur, un peu vantard, n'aime que trop l'émeute ou la bataille au grand jour; mais ses instincts de courage et de justice, la douceur de ses mœurs, répugnent invinciblement au meurtre de surprise et d'embuscade.

Ceux là, donc, qui avaient écrit les sinistres menaces adressées aux juges du procès de La Rochelle, calomniaient les sociétés secrètes et leur pays. Ils faisaient pis encore : ils donnaient une arme terrible à l'accusation, qui s'empressa d'en profiter.

On a craint, s'écria *M. de Marchangy*, que des hommes ne fussent au-dessus de pareilles menaces; on a espéré « qu'un sexe plus faible serait plus facile à alarmer, et pourrait ébranler les consciences par ses terreurs, les amollir par des larmes, et jeter l'épouvante au milieu des devoirs par de tristes pressentiments. Et, en cela même, les lâches auteurs de ces méprisables écrits se sont trompés; car les femmes ont de la force au jour du péril, quand ce péril est honorable; on les a vues, en des temps de funeste mémoire, réclamer comme un droit leur portion de dangers et leur place dans les fers et sur l'échafaud; partout où il y avait de la gloire à mourir, ce sexe courageux eût rougi d'être épargné. »

Et, chargeant de couleurs violentes le tableau de quelques désordres excités dans la Vienne, dans la Loire-Inférieure et dans l'Alsace par les populations qu'indignaient les vengeances de la justice, l'*Avocat général* montrait, par toute la France, l'incendie et l'émeute complices de la révolte, essayant d'effrayer les juges.

« Paris, où sont les modèles, où sont les chefs, où sont les héros de la conspiration générale, ne pouvait rester spectateur oisif de ces criminelles entreprises dirigées contre le sacerdoce judiciaire, pour l'effrayer dans son action et le paralyser dans ses devoirs. Tout ce qu'il renferme d'êtres impurs a tressailli à l'aspect de la justice prête à frapper des révoltés, et le trait lancé du milieu des ténèbres ne fait que démontrer encore davantage la solidarité d'une ambition immense. »

Après avoir ainsi tiré parti de l'incident, M. de Marchangy ajoutait, il est vrai : « Bien que ces lettres aient été évidemment écrites par des conjurés que nous ne connaissons pas au profit des conjurés que nous connaissons, ceux-ci n'en sont point les auteurs, et c'est sans doute un motif pour que cet incident n'ait aucune influence sur messieurs les Jurés, alors même que leur générosité personnelle ne leur eût pas déjà dit de ne point faire entrer leur propre intérêt dans les motifs de leur détermination. » Puis il s'écriait avec une habileté sinistre : « Mais cette générosité ne peut pas aller non plus jusqu'à leur faire trahir la société, en leur persuadant qu'ils doivent être indulgents parce qu'ils sont offensés. Qu'ils prononcent donc en s'isolant de cet incident déplorable, auquel, nous le répétons, les accusés sont, sans doute, étrangers, bien qu'il soit indubitablement le résultat des manœuvres de leur parti, et qu'il puisse, sous ce rapport, ajouter une nouvelle page à l'histoire des *Carbonari*. »

L'envoi des lettres était si peu une manœuvre de parti, qu'aux premiers mots du réquisitoire, accusés et défenseurs s'agitèrent, indignés, sur leurs bancs. Bories, qui avait dormi le plus paisiblement du monde, pendant le réquisitoire général, manifestait la plus vive douleur de cette manœuvre insensée, qu'il attribuait injustement à la police. M⁰ *Barthe* se leva, et, au nom de tous les accusés, protesta contre cette manœuvre « ténébreuse ». Quelle était « la main perfide » qui avait envoyé ces lettres? Le ministère public avait fait ses conjectures; il devait être permis aux accusés d'avancer les leurs. Sans doute, des passions diverses s'agitaient autour du sanctuaire de la justice. N'avait-on pas le droit de croire que quelques-unes de ces passions avaient eu recours à la perfidie pour obtenir une condamnation? « Et quelle autre main qu'une main ennemie des accusés aurait pu s'efforcer de révolter contre eux tous les sentiments généreux des jurés, d'attacher, pour ainsi dire, leur honneur à une condamnation capitale? »

Aussitôt après cet incident, commencent les répliques des défenseurs. Celle de M⁰ *Mérilhou* pour Bories fut signalée par quelques-uns de ces beaux mouvements d'éloquence émue, qui n'avaient que trop manqué jusque là à la défense de l'accusé principal.

« Toutes les puissances oratoires ne le sauveront pas, dites-vous? Qui vous l'a dit? quelle puissance vous a rendu maître de son avenir? qui vous a initié au secret des jurés? qui vous a révélé le nombre et la nature des preuves qui doivent faire fléchir la balance où se pèsent la vie et la mort des citoyens? Et pourquoi anticiper ici avec tant de chaleur sur un moment dont l'approche devrait vous plonger dans une religieuse tristesse?

« Bories n'échappera pas, dites-vous?... Pourquoi prophétiser l'échafaud avec tant d'assurance? Vous énoncez votre opinion, comme si les opinions du ministère public n'avaient pas succombé plus d'une fois dans cette enceinte. Et nous aussi nous avons entendu plusieurs fois sortir de la chaire où vous parlez ce mot terrible : *L'accusé est perdu sans retour*. Les Jurés prononçaient, et, quelque temps après, l'accusé sortait avec son innocence et sa liberté : en ce jour aussi, les prédictions du ministère public resteront vaines, je l'espère; il sera sauvé, j'en atteste la conscience de messieurs les Jurés. Ce n'est pas à la puissance oratoire de son défenseur qu'il devra son salut, c'est à la simplicité de sa défense; c'est aux contradictions dans lesquelles l'accusation s'est volontairement enlacée; c'est aux absurdités qu'elle traîne à sa suite et contre lesquelles vous la voyez se débattre vainement; c'est aux preuves par vous préparées contre lui, et qui, dans cette audience, se sont, par l'ascendant de la vérité, tournées toutes en sa faveur. Bories sera sauvé, et c'est à vous qu'il le devra, à vous-même, plus qu'à son défenseur; car, après quinze jours de débats et une instruction de six mois, vous n'avez pu y trouver un corps de délit, pas un témoin qui déposât contre lui, pas un raisonnement qui soit devenu un moyen de défense. Bories vous devra son salut, à vous qui, subjugué par la force de la raison, avez successivement abandonné Poitiers, Niort et Tours; à vous qui, forcé de confesser sa présence dans les prisons de Nantes, avez proclamé d'avance son innocence, en déclarant que, si le fait d'Orléans était isolé, Bories ne serait pas coupable. J'ai séparé Orléans de La Rochelle par les cachots de Nantes. L'innocence de Bories est donc proclamée par vous.

« Oui, c'est au ministère public, plus qu'à son défenseur, que Bories devra son salut; car le ministère public a reconnu l'innocence légale du *Carbonarisme*, et prouve anjourd'hui, d'une manière plus éclatante que jamais, son indigence de toutes preuves, en ne donnant qu'une opinion personnelle et des épithètes sonores, à l'appui du plus formidable anathème qui ait jamais retenti du haut de la chaire du magistrat. Mais cette opinion n'est pas une loi pour vous, Messieurs les Jurés, elle n'est pas un jugement, car, s'il en était ainsi, votre ministère serait inutile; elle n'est pas une preuve, car, si elle l'était, on n'aurait pas besoin de témoins dans les matières criminelles; et la défense, cette fille favorisée de nos lois modernes, ne serait plus qu'un ministère dérisoire. Cette opinion ne pèsera pas plus dans la balance de la justice que le vœu que je fais, que l'espoir non moins sincère où je suis, que, sur des présomptions frivoles, sur des faits étrangers à Bories, sur des témoignages intéressés, vous ne condamnerez pas ce jeune homme si distingué par ses vertus privées, sa bonne conduite militaire et la tendre affection de ses compagnons d'infortune; et que vous ne ferez pas couler sur l'échafaud un sang qui, jeune encore, a coulé noblement et coulerait encore, s'il le fallait, sur le champ de bataille, pour le prince et pour la patrie. »

Le dernier jour des débats est arrivé (5 septembre). *M. le Président* demande à chacun des accusés s'il n'a rien à ajouter à sa défense. *Bories* se lève. Le noble jeune homme va essayer de compléter l'œuvre de dévouement qu'il s'est assignée. Il s'est immolé à la direction mystérieuse du parti; il tente de s'immoler encore pour le salut de ses complices. — « M. l'Avocat général, dit-il avec calme, en s'adressant aux Jurés, n'a cessé de me présenter comme le chef du complot.... Eh bien! Messieurs, j'accepte; heureux si ma tête, en roulant sur l'échafaud, peut sauver celle de mes camarades ! »

Cette généreuse immolation, qui semble un sinistre pressentiment d'un avenir trop certain, excite, sur le banc des défenseurs et dans l'auditoire, un mouvement d'effroi mêlé de pitié. *Me Mérilhou* saisit son client dans ses bras, le force à se rasseoir, et, d'une voix altérée :

« Magistrats et Jurés, vous tous également appelés à prononcer sur le sort de Bories, vous venez d'entendre de la bouche même de ce jeune accusé ces paroles graves et solennelles dont le souvenir caractérisera ce procès dans l'histoire : « C'est avec « surprise,' vous a dit mon jeune et courageux « client, c'est avec surprise que vous avez entendu « s'échapper de la bouche de M. l'Avocat général « cette phrase : *Aucune puissance oratoire ne pourra* « *l'arracher à la vindicte publique*. Le ministère « public m'a désigné comme chef d'un complot. « Eh bien ! j'accepte cette qualification, pourvu que « ma tête, en roulant sur l'échafaud, puisse sauver « celle de mes camarades. »

« Messieurs les Jurés, ces accents sont nouveaux dans cette enceinte, où d'ordinaire les accusés luttent entre eux pour conserver la vie, et non pour se sacrifier les uns aux autres. Je ne sais quels sentiments ce spectacle a pu soulever au fond de vos cœurs. Quant à moi, attendri et troublé par mille pensées diverses, je ne puis que vous dire que celui-là est digne de conserver la vie, qui ne craint pas de l'offrir pour ses frères d'armes, et qui demande de sceller de son sang leur innocence et leur salut.

« Mais vous, ministres de la loi, vous n'êtes pas ici pour sanctionner par votre suffrage l'exaltation de l'amitié; vous n'êtes pas ici pour signer des capitulations homicides; vous êtes ici pour faire justice à tous et juger chacun selon ses œuvres. Vous jugerez Bories d'après les éléments du procès, d'après les explications qu'il vous donne; vous n'écouterez comme des preuves, ni le vœu de la partie publique qui demande sa tête, ni le consentement de l'accusé qui l'abandonne. N'écoutez pas, vous crie la loi, n'écoutez pas l'accusé qui veut mourir; ne vous·rendez pas complices du suicide qu'il veut commettre. Rejetez ce funeste dévouement qui le porte à sacrifier son innocente vie, pour détourner le glaive qu'on promène sur ces bancs; n'accueillez pas ce dégoût de l'existence, qui accable un malheureux fatigué de lutter contre de fausses apparences et d'ardentes préventions.

« Et vous, Bories, de quel droit venez-vous ici détourner l'ordre de la justice et faire violence à la nature? Vos jours ne vous appartiennent pas; ils appartiennent à la loi, qui seule peut en disposer: laissez faire cette loi qui vous protège, cette Providence qui veille sur vous. Ce consentement que vous donnez serait inutile si vous étiez coupable, c'est un suicide criminel si vous êtes innocent. N'avez-vous donc aucun lien qui vous attache à la vie? ne craignez-vous pas les larmes d'une mère? Les regrets de l'amitié sont-ils sans prix pour vous? et cet avenir de gloire que la valeur promet aux héros, a-t-il perdu à vos yeux cet attrait tout-puissant qui dès l'enfance vous entraînait au champ d'honneur? Vivez, Bories, vivez pour entendre du Président de cette Cour cette déclaration d'innocence qui doit briser vos fers. Vivez pour répondre au ministère public par une vie utile et honorable, soit que le devoir vous appelle encore dans les combats, soit que vous rentriez dans la vie privée. Vivez pour justifier le dévouement sans réserve de votre défenseur, et pour prouver que, si des présomptions peuvent amener un innocent sur le banc des accusés, elles ne peuvent prévaloir contre les lumières d'un débat, et contre la raison et l'indépendance d'un jury français. »

M. le Président fait le résumé de l'affaire, avec la plus honorable impartialité, avec une exactitude bienveillante, à laquelle la défense et l'opinion publique ne purent s'empêcher d'applaudir. L'histoire, en retraçant les luttes de ces temps si troublés, doit, elle aussi, noter la sage attitude de cet honnête magistrat. Elle était rare alors.

Déjà, dans le cours des débats, on a vu *M. de Monmerqué* s'interposer plus d'une fois entre le ministère public, les accusés et la défense. Ce rôle conciliateur, il ne l'oublia pas un instant pendant ces longues et orageuses audiences. La physionomie de ce procès ne serait pas complète, si nous ne donnions pas quelques exemples de cette impartialité.

Pendant l'audience du 23 août, *Bories* a signalé à M. le Président un assistant, le nommé Daniès, qui communique incessamment avec les témoins à charge. — « Cet homme, dit-il, est un espion du colonel. Il *vend* le débat, et nous vous supplions de le faire sortir. » M. *de Monmerqué* s'est empressé de faire droit à l'observation, et a ordonné que des mesures soient prises pour qu'aucun étranger ne s'introduise dans la salle des témoins. Mais *M. de*

Marchangy a riposté aigrement. — « L'observation de Bories *est de peu d'importance*. Nous aurons probablement à lui adresser un reproche beaucoup plus grave, celui d'avoir tenté de suborner des témoins. »

Bories. — Un reproche de cette nature doit être prouvé. J'attends le ministère public à la preuve.

M. le Président. — Je souhaite de tout mon cœur que les reproches du ministère public ne soient pas prouvés.

Lorsqu'il a été question des accusés de la seconde série, *M. le Président* n'a pas hésité à faire cette déclaration : — « Il est certain que les accusés de non-révélation n'ont eu une connaissance parfaite de tous les détails de l'affaire. »

Si *Thomas-Jean* soutient, comme Bories, que les poignards n'ont été achetés que pour donner un air mystérieux à l'association philanthropique, *M. de Marchangy* s'empare de la phrase et la complète par ces mots : « *Et pour la soutenir.* » *M° Thorel de Saint-Martin* proteste contre cette addition perfide et s'écrie : — « L'accusé n'a point ajouté le second membre de phrase. » — « Ce ton affirmatif vous sied mal, riposte avec dureté *M. l'Avocat général; c*'est ainsi que je l'ai entendu, c'est ainsi qu'il l'a dit. Quand la vérité est sur le point de sortir de la bouche des accusés, il est incroyable que les défenseurs s'empressent de la refouler. »

A ce reproche inattendu, à cette tentative malheureuse d'imputer à blâme la légitime protection que le défenseur doit à son client, tous les avocats se lèvent émus. — « Les défenseurs, s'écrie l'un d'eux, M° *Renouard,* n'ont, comme le ministère public, d'autre intérêt que celui de la vérité. Ils ont droit de s'étonner qu'on leur suppose des intentions d'une autre nature. »

M. de Marchangy ne se rend pas à cette leçon de convenance, et, d'un ton impérieux : — « J'invite l'avocat à mettre moins de vivacité dans ses paroles. Ce que j'ai rapporté, je l'ai entendu. MM. les jurés *ont dû l'entendre aussi, et, sans doute, ils s'en souviendront.* »

Alors *M. de Monmerqué,* n'écoutant que la voix de sa conscience, de la vérité, de la justice, termine le débat par ces nobles paroles : — « Je regrette de dire à M. l'Avocat général que *je crois qu'il s'est trompé.* »

Lorsque sont intervenues les dépositions à charge des gendarmes qui ont eu mission de transférer Goubin et Pommier de La Rochelle à Paris, ces deux accusés se sont plaints amèrement que quelques-uns des ridicules aveux que ces témoins leur imputent leur aient été arrachés par la violence. — « On nous a fait, disent-ils, passer la nuit dans un cachot, *avec un collier de fer au cou !*

— « C'est faux ! s'écrie le gendarme *Noyon.*

— « C'est vrai ! ripostent avec fermeté les deux sergents.

— « Gendarme, dit *M. de Monmerqué* avec autorité, qu'est-ce donc que ce collier dont il s'agit ? »

Noyon. — « Eh ! mon Dieu ! ce n'est rien du tout : c'est un vieux collier qui est scellé dans les murs d'un cachot, et dont on ne se sert plus depuis longtemps. »

A cet aveu d'une infamie que l'on cherchait à nier, les traits de *M. le Président* s'empreignent d'une indignation douloureuse. — « Dans les prisons de Melun, dit-il d'une voix altérée, il y avait aussi des colliers de cette espèce. Aussitôt que leur existence me fut révélée, j'en écrivis au ministre; ils

ont disparu sur-le-champ. *Il doit en être de même par toute la France.* »

Goubin. — Pourtant, vous voyez, monsieur le Président, qu'il y en a encore dans la prison de Châtellerault. »

M. le Président. — « Sans doute ils ne tarderont point à disparaître. Les fers ne doivent être employés qu'autant qu'ils sont nécessaires pour empêcher le prisonnier de s'évader, ou pour le protéger contre ses propres fureurs. Mais il est du devoir du magistrat d'empêcher qu'il en soit fait usage quand ils ne sont que les instruments d'une torture inutile. »

Cela est triste à dire, mais une telle attitude était courageuse en ce temps. Quand M. de Marchangy gourmandait la *patience* et la *modération* du gouvernement, et cette « philanthropie imprudente et toutes ces fausses vertus du siècle, qui blâment l'énergie comme de l'exaltation, et qui conseilleraient de capituler à la victoire elle-même; » quand M. le premier Président Séguier, signalant, lui aussi, la conspiration permanente contre le trône, s'écriait : « Oh ! Sire, si Votre Majesté pensait que ses magistrats pussent la servir encore efficacement, rendez-leur des moyens dont l'utilité n'est point oubliée, et, quelque périlleuse que devienne leur condition, *rien ne les rebutera, rien ne les arrêtera;* » quand, à Poitiers, un magistrat éminent, M. Mangin, outrageait, torturait Berton, lui défendait les consolations de sa famille, lui refusait un défenseur, intimidait les témoins à décharge, les flétrissait comme des complices, tançait et faisait suspendre les avocats, l'humanité, l'impartialité de M. de Monmerqué n'étaient plus seulement les vertus naturelles du magistrat : être bon et juste, c'était être indépendant et courageux.

L'évidente sympathie que cet honnête homme témoigna aux défenseurs pendant tout le cours de ce procès était aussi une exception. En ce temps-là, un juriste distingué, M. Toullier, parlant d'une affaire d'autrefois, où l'Avocat-général (de Barantin) avait pris la défense d'un avocat, disait : « La magistrature était alors l'amie et la protectrice de l'ordre des avocats, qui, de leur côté, l'avaient portée au plus haut degré de confiance et de respect dans l'esprit des peuples, et qui, dans toutes les occasions difficiles, faisait cause commune avec elle... Que les temps sont changés ! Il n'est aujourd'hui mince Conseiller ou membre d'un Parquet, à peine sorti des bancs de l'école, qui ne croie s'honorer en les harcelant à la seule apparence du tort le plus léger. » (*Cours de droit français,* t. IX.)

M. de Monmerqué peut être considéré comme le type le plus noble et le plus complet du Président d'assises, du magistrat qui préside et ne juge pas, grave et calme, droit, ennemi des questions captieuses et des interrogations subtiles. Il est, avec M. le chancelier d'Ambray, la plus belle figure de magistrat à cette époque.

M. le Président donne lecture des questions qui vont être soumises au jury : elles sont au nombre de vingt-sept. Les douze premières sont relatives aux accusés de la première catégorie, c'est-à-dire à ceux qui sont accusés de complot : Baradère, Hénon, Gauran, Rosé, Massias, Bories, Goubin, Pommier, Raoulx, Bicheron, Asnès et Goupillon.

En voici la formule :

N... est-il coupable d'avoir, dans les derniers mois de 1821 et dans les premiers mois de 1822, participé à un complot concerté et arrêté entre plusieurs individus, ayant pour but, soit de détruire ou changer le gouvernement, soit de changer l'ordre de successibilité au trône, soit d'exciter les citoyens ou habitants à s'armer contre l'autorité royale, soit d'exciter la guerre civile, en armant ou en portant les citoyens ou habitants à s'armer les uns contre les autres?

Les 13e et 14e questions sont particulières à Goupillon. En voici le texte :

Goupillon a-t-il, le premier, et avant toute exécution, tout commencement d'exécution, avant toute poursuite commencée, fait connaître au gouvernement ou aux autorités administratives ou de police judiciaire, les circonstances du complot auquel il aurait participé?

Goupillon a-t-il, depuis le commencement des poursuites, procuré l'arrestation de quelques-uns des auteurs ou complices du complot?

Les treize autres questions sont relatives aux accusés non révélateurs : Labouré, Castille, Cochet, Dutron, Hue, Barlet, Perreton, Lefevre, Thomas-Jean, Gauthier, Lecoq, Dariotseq et Demait. Elles sont ainsi conçues :

N... est-il coupable, ayant eu connaissance d'un complot concerté et arrêté entre plusieurs individus, et ayant pour but, etc., de n'avoir point fait la déclaration de ce complot, et de n'avoir pas révélé au gouvernement... les circonstances qui en sont venues à sa connaissance, le tout dans les vingt-quatre heures qui ont suivi ladite connaissance?

Me Mérilhou se lève et prend les conclusions suivantes :

«Plaise à la Cour ordonner qu'à la suite des questions principales résultant de l'acte d'accusation, M. le Président soumettra à MM. les Jurés les questions suivantes :

« Bories s'est-il rendu coupable du crime de proposition faite et non agréée, pour arriver au crime mentionné dans l'art. 87 du Code pénal, par des discours tenus dans la réunion dite le Dîner d'Orléans ?

« Goubin, Raoulx et Pommier se sont-ils rendus coupables du crime de proposition faite et non agréée pour arriver au crime mentionné dans l'article 87 du Code pénal, par des discours tenus dans la réunion du dîner du 10 mars ? »

C'était à regret que les accusés principaux avaient laissé leurs défenseurs s'efforcer de faire admettre ces questions subsidiaires : ils savaient trop bien quel sort leur était réservé. Les défenseurs avaient insisté; l'intérêt était si grave! Résolues affirmativement, les questions subsidiaires donnaient au Jury le moyen d'échapper à un verdict de mort; elles assuraient la peine de la déportation à quelques-uns, l'acquittement à tous les autres. Elles rétablissaient, il faut bien le dire aujourd'hui, la situation véritable, telle qu'elle eût apparu au Jury si les accusés principaux, obéissant à d'honorables scrupules et à un mot d'ordre secret, n'avaient pas nié, contre toute évidence, les faits de société secrète et les réunions d'Orléans et de La Rochelle. S'ils avaient avoué ces réunions, s'il avait été possible d'en discuter la criminalité véritable, peut-être eût-il été facile de prouver qu'aucune résolution d'agir n'avait été arrêtée dans ces banquets. Aujourd'hui, il n'était plus temps, et le bon sens des accusés leur montrait dans les conclusions de Me Mérilhou une démarche fausse et inutile.

M. de Marchangy s'opposa, avec une violence contenue, à la position de questions nouvelles. Il les qualifia d'obstacles pusillanimes que les accusés opposaient aux justes sévérités de la loi. Paroles sauvages, paroles d'ennemi qui triomphe, non de magistrat. En ces temps de luttes civiles, le ministère public oubliait trop souvent la justice pour la vengeance ; l'Avocat du roi faisait la chasse à l'homme, et son habileté se mesurait au nombre de pièces abattues. L'avancement était pour les heureux et pour les adroits; et quand un Procureur général avait obtenu des têtes, il pouvait demander son salaire. Ainsi se corrompait, par l'esprit de parti, cet admirable ministère institué pour représenter et pour défendre la société.

La Cour se retire pour délibérer. Après trois quarts d'heure, elle rentre en séance, et déclare qu'il n'y a lieu à poser les questions nouvelles.

A six heures et demie, les Jurés entrent dans la chambre de leurs délibérations, et l'on fait sortir les accusés de la salle d'audience. A neuf heures et demie, l'audience est reprise, et M. le baron Trouvé, chef du Jury, la main sur le cœur, prononce la décision suivante : .

— Oui, les accusés Bories, Goubin, Pommier et Raoulx sont coupables du crime de complot, lequel embrasse à la fois les quatre buts différents spécifiés dans la question; oui, Hénon est coupable du même crime, mais à la majorité de sept voix contre cinq seulement; oui, Goupillon est coupable de complot, mais avec cette modification, qu'il a révélé en temps utile; oui, Labouré, Cochet, Castille, Perreton, Barlet, Lefevre et Dariotseq sont coupables du délit de non-révélation.

Les questions relatives aux autres accusés sont résolues négativement.

La Cour, après en avoir délibéré, déclare, quant à Hénon, se réunir à la minorité du Jury; en conséquence, elle déclare Hénon non coupable. On fait entrer les accusés absous par le verdict, et M. le Président prononce leur acquittement. Les autres accusés sont ensuite introduits. Ils pressentent déjà leur sort. Ceux de leurs camarades qui ont été appelés les premiers n'ont pas été fouillés comme d'ordinaire ; eux ont été fouillés minutieusement.

Il est plus de onze heures du soir. Quelques pâles bougies éclairent mal le bureau des juges, le banc des jurés, celui des avocats. Toute la salle est dans une obscurité profonde. Un seul point brille, en pleine lumière ; c'est, entre la Cour et le Jury, le siège où apparaissent les figures fatiguées de l'Avocat général et de son substitut. Un morne silence règne dans l'auditoire.

Le greffier donne lecture de la déclaration du Jury. Quand le oui fatal est prononcé pour Bories, un cri de douleur éclate. —Taisez-vous donc! s'écrie aigrement M. de Marchangy.

Ce cri, ce n'est pas Bories qui l'a laissé échapper ; il est calme et souriant.

L'Avocat général requiert contre les accusés l'application des peines portées contre la loi.

Bories demande la parole, et, d'une voix assurée :

— «Monsieur le Président, nous vous demandons de n'être point séparés; cette grâce est bien peu de chose; nous pensons qu'on ne nous la refusera pas. »

M. le Président.— Cela regarde l'autorité administrative. Je lui transmettrai votre demande; mais il n'appartient pas à la Cour de s'en occuper.

Cependant, Me Berville a demandé la parole.—

« Messieurs, dit-il, d'une voix étranglée par la douleur...

— « Parlez plus haut, je n'entends pas », s'écrie *M. de Marchangy.*

Me Renouard. — Comment voulez-vous qu'il ait la force de parler?

M. de Marchangy. — C'est dans l'intérêt même des accusés.

Me Boulay (de la Meurthe). — Tout le monde n'a pas même puissance d'organe dans un aussi triste moment.

Me Berville rassemble ses forces, et, d'une voix moins étouffée, fait remarquer que la déclaration du Jury présente quelque chose de contradictoire. Elle confond les quatre corps du délit qui sont spéciaux, indépendants. *Me Berville* demande donc que la Cour ne statue pas quant à présent.

La Cour se retire de nouveau pour délibérer.

Alors éclatent librement les douleurs contenues. Des larmes jaillissent de tous les yeux; les condamnés, seuls, sourient et consolent leurs défenseurs et leurs amis. Me Mocquart a fait à Bories un signe d'intérêt profond et de tendre pitié : — « Non, non, dit Bories, il n'y a qu'un criminel qui tremble; le cœur ne me bat pas. Cette condamnation n'est point déshonorante pour nos familles... C'est comme pendant la Révolution. »

« Et dire, s'écrie Goubin, que, pendant trois mois, j'ai pu être royaliste, avoir la même opinion que cette hyène ! » Il montre le siège de l'Avocat général.

« Tout ce qui me fâche, dit Raoulx, c'est l'appareil de l'échafaud. Si c'était la fusillade, j'irais comme à l'exercice. » — « Moi aussi, répond Bories, avec un sourire, je voudrais conserver ma tête. Mais qu'y faire? » Et, quittant ce ton d'indifférence, il ajoute avec une touchante expression, en parlant à ses trois compagnons désignés pour la mort : — « Si du moins ma tête avait pu sauver la vôtre ! »

Un des avocats s'est approché de Bories, et lui serre les mains, en pleurant. — « Venez, lui dit Bories, prendre dans ma prison une figure moulée que je voudrais bien envoyer à mon père. Cette figure est la mienne; dans quelques jours, c'est tout ce qu'il restera de moi. » Et il lui remet aussi une bague, une montre et une épingle, le priant de les faire parvenir à une adresse qu'il lui donne à voix basse. « Envoyez cela, dit-il, ils me le prendraient peut-être ce soir. »

Goubin prononce le nom de son père. — « Ce n'est pas mon père que je plains, dit Raoulx, c'est ma mère. »

La Cour rentre en séance. *M. le Président* prononce l'arrêt qui condamne Bories, Pommier, Goubin et Raoulx à la peine de mort. Le même arrêt exempte Goupillon de la peine de mort et ordonne qu'il sera mis en liberté, mais qu'il restera pendant quinze ans sous la surveillance de la haute police et qu'il donnera 1,000 francs de caution. Castille, Lefevre, Dariotseq sont condamnés, chacun, en cinq années d'emprisonnement; Barlet, en trois années d'emprisonnement; Labouré, Cochet et Perreton, en deux années de la même peine.

M. le Président déclare que la séance est levée.

Bories. — Monsieur le Président, l'impartialité que vous avez mise dans votre résumé m'autorise à vous prier de nouveau de faire que nous ne soyons point séparés.

Les gendarmes se disposent à faire sortir les condamnés. Alors se passe, entre eux et leurs défenseurs, une scène déchirante. Quand on les arrache aux dernières étreintes, Pommier s'écrie : — « Adieu! mes amis, adieu ! vous tous; nous sommes innocents. La France nous jugera. » Bories, d'une voix plus calme : — « Nous finissons notre carrière à vingt-sept ans. C'est bien tôt... Adieu! adieu ! »

Pommier, Goubin et Raoulx signèrent leur pourvoi en cassation; Bories refusa de se pourvoir. Ce ne fut pas, de sa part, attitude théâtrale, mais conviction profonde de l'inutilité d'une pareille démarche, sacrifice absolu fait de sa vie. A son exemple, ses trois camarades adressèrent au Procureur général leur désistement de leur pourvoi. Ce fut seulement sur les instances des défenseurs et des familles que ces désistements furent retirés, mais dans des formes extra-légales qui ne permirent pas de tenir compte de cette concession arrachée par l'amitié.

Les quatre condamnés à mort furent transférés à Bicêtre; les sept condamnés à la détention furent dirigés sur la maison de Poissy.

Avant l'ouverture des débats, une tentative d'évasion avait été combinée à la Force; il s'agissait de pratiquer la prison un conduit souterrain, donnant dans une maison contiguë. Le transfert des accusés à la Conciergerie avait déjoué cette tentative. Quand les quatre sergents eurent été transférés à Bicêtre, les *Carbonari* s'agitèrent pour les sauver. Il leur semblait que le *Carbonarisme* lui-même eût été condamné à mort avec eux. Les abandonner à l'échafaud, c'était abdiquer. On proposa de les enlever de vive force sur le chemin de Bicêtre au Palais de Justice; on proposa de convoquer, sur le chemin de la Grève, les *Bons Cousins* de Paris : on était plus nombreux que les soldats de Louis XVIII; on les désarmerait, on couperait les liens des victimes. Tous ces beaux projets aboutirent à une souscription secrète, difficilement remplie. On réunit 70,000 fr., somme destinée à corrompre le directeur de la maison de Bicêtre. Un élève en médecine, qui disséquait habituellement à l'amphithéâtre de la maison, M. Guillié-Latousche, avait prévenu M. de Lafayette que le directeur, père de famille nécessiteux, échangerait volontiers ses appointements de 3,000 fr. contre le capital de cette somme annuelle. MM. de Lafayette, les colonels Dentzel et Fabvier, Ary Scheffer et Horace Vernet, s'entendirent avec M. Guillié-Latousche et M. Margue, élève interne à Bicêtre. Il fut convenu que le directeur partirait pour l'Angleterre avec ses quatre prisonniers. Une somme de 10,000 fr. lui serait comptée avant le départ; à Londres, il recevrait les 60,000 fr., complément de la somme totale. Le vieil aumônier de Bicêtre, oncle du directeur, qu'on avait mis dans la confidence, révéla le projet. Le directeur avoua la proposition, mais prétendit avoir attendu, pour la révéler, que les choses fussent plus avancées. On voulut bien le croire, et on lui ordonna de conduire l'affaire jusqu'au flagrant délit. MM. Latousche et Margue furent, en effet, surpris au moment où ils comptaient au directeur les 10,000 fr. convenus.

Ce fut le dernier effort du *Carbonarisme* en faveur de ses quatre victimes.

Le 21 septembre, à huit heures du matin, on les avertit d'avoir à se préparer. Deux voitures et un piquet de gendarmes à cheval attendaient dans la grande cour de Bicêtre. On les fit monter tous quatre dans la plus petite des voitures, avec trois gendarmes armés de leurs sabres et de pistolets. La plus grande voiture prit les devants escortée, bien que vide. On craignait quelque coup de main sur les prisonniers, et, dans ce cas, la grande voiture eût donné le change aux assaillants.

A dix heures, les deux voitures arrivèrent, sans encombre, à la Conciergerie. Le directeur reçut les condamnés, et chercha à leur persuader qu'il ne s'agissait pour eux que d'une formalité de procédure. Ils accueillirent par un sourire ce bienveillant mensonge; ils avaient compris.

On les plaça tous quatre dans des cellules séparées, mais contiguës. L'huissier de la Conciergerie vint lire aux trois condamnés qui s'étaient pourvus l'acte donné de leur désistement.

Puis, apparut une autre figure, plus significative encore, celle du vénérable abbé Montès. L'aumônier n'entra que pour la forme dans la cellule de Bories, qui était protestant. Les trois autres accueillirent le prêtre consolateur avec respect, mais refusèrent son saint ministère. On avait fait de la religion un instrument politique; on l'avait associée aux passions, aux menaces, aux vengeances de la monarchie : le conspirateur vaincu ne voyait en elle qu'une ennemie, et refusait au ministre de Dieu un repentir qu'il eût craint de paraître offrir à son vainqueur.

Restés seuls, les condamnés s'endormirent d'un calme sommeil, le dernier qu'ils dussent goûter en ce monde. Sur les deux heures, Raoulx appela Goubin, son voisin le plus proche. Ne recevant pas de réponse, il appela de nouveau. — « Tu me fais tort, répondit Goubin en bâillant, je dormais de si bon cœur. — Dans deux heures, nous dormirons ensemble, et pour longtemps. »

On vint les réveiller pour procéder à la fatale toilette. Ils avaient fait demander qu'il leur fût permis de se couper les cheveux les uns aux autres. On craignit des suicides, et on refusa.

Pendant les funèbres apprêts, Raoulx ne put retenir une de ses plaisanteries ordinaires. Il était très-petit de taille : faisant allusion à cette exiguïté de sa personne : — « Il y a vraiment conscience, dit-il, à me couper la tête. Une fois tombée, voyez un peu ce qui restera ! »

Ils s'enquirent de l'ordre dans lequel ils monteraient à l'échafaud. Bories devait mourir le dernier, Raoulx le premier. « Ce diable de Raoulx, dit Bories en souriant, il aura du bonheur jusqu'au bout ! »

Le départ pour la Grève devait avoir lieu à quatre heures. Quatre heures sonnèrent à l'horloge du Palais de Justice, et aucun mouvement ne se fit dans la prison. On avait compté sur des révélations tardives, inspirées aux condamnés par l'horreur des derniers moments. Ces révélations ne venant pas, M. le Président des assises se décida à aller au-devant des aveux. Il prit à part chacun des condamnés, leur demanda s'ils ne voulaient pas tenter de s'assurer, par un sincère repentir, les effets de la clémence royale, leur représentant qu'ils n'étaient que des instruments sacrifiés, que les riches et les puissants qui les avaient conduits au bord de l'abîme, les y laisseraient tomber sans remuer un doigt pour les sauver. — « Nous n'avons rien à dire, » répondirent les quatre camarades.

A cinq heures moins un quart, quatre charrettes sortirent de la Conciergerie, et s'engagèrent entre une double haie de soldats échelonnés du Palais de Justice à l'Hôtel de Ville. Presque toute la garnison de Paris était sous les armes, et de nombreux détachements de gendarmes parcouraient lentement les rues étroites dont le sombre réseau aboutissait aux quais sur le parcours du cortège. Quelques *Carbonari* armés, disséminés dans la foule immense et silencieuse, attendaient un signal qui ne fut pas donné.

Les charrettes arrivées au pied de l'échafaud, Raoulx, qui devait passer le premier, demanda à embrasser ses camarades. On ne lui refusa pas cette dernière faveur, et il monta lestement les degrés de bois qui le séparaient de l'instrument du supplice. Au moment où l'exécuteur l'attachait sur la bascule, il s'écria d'une voix retentissante : « Vive la Liberté ! »

Goubin et Pommier montèrent, à leur tour, avec la même résolution. Quand ce fut le tour de Bories, il tourna sa belle tête vers la foule silencieuse, et lui cria ces paroles qui entrèrent dans tous les cœurs : « Rappelez-vous que c'est le sang de vos frères qu'on fait couler aujourd'hui. »

Il suffit, pour juger de pareilles scènes, de lire un historien de la Restauration dévoué à la cause de la monarchie. Ouvrons, par exemple, le livre d'un honnête homme, M. F.-P. Lubis : il faut voir comme il est embarrassé de tous ces échafauds dressés sur sa route ; comme tout ce sang versé le gêne ; comme il cherche à voiler toutes ces sanglantes colères, toutes ces meurtrières vengeances ! Il passe rapidement devant ces pauvres victimes, et se hâte de courir aux meneurs, qu'il démasque, qu'il accuse. Il dénonce les Jacobins attardés, il dénonce le Palais-Royal et ses ambitions secrètes, et il ne s'aperçoit pas que les révoltés s'appellent la France. Il ne voit qu'une *faction* en face du trône, et c'est à elle qu'il impute ces morts pitoyables, dont sa conscience ne peut pourtant absoudre entièrement la monarchie : « La *faction* libérale fit tout ce qui devait rendre l'indulgence plus difficile. Il y avait là, notamment, quatre jeunes gens, tous sous-officiers, atteints d'une condamnation capitale, et dont le courage, digne d'une meilleure cause, méritait un autre sort. La masse de la *faction* ne vit pas de plus efficace moyen d'intéresser en faveur de leur jeunesse que de transformer leur égarement en héroïsme, et d'applaudir d'avance à la manière dont ils allaient tomber. *Ils mourront bien !* ce mot fut dit par ceux-là même qui les avaient poussés dans l'abîme ! Le sang coula, et ce fut encore un malheur pour cette Restauration, attaquée de toutes parts, et qui avait certes le droit de se défendre ; mais on immolait que des instruments, et on semblait craindre de frapper sur les grands coupables : *il fallait étendre à ces jeunes gens qui marchaient à l'échafaud, cette longanimité dont abusaient si cruellement ceux qui les avaient conseillés, dirigés, compromis.* »

La justice est coupable alors qu'elle est cruelle,

a dit le poëte ; celle de la Restauration eut trop souvent le caractère de la vengeance. Ce gouvernement, qui, après tout, donna à la France plus de prospérité et de liberté réelle que beaucoup d'autres, subit tous les inconvénients du despotisme, sans en connaître les avantages. Il ne lui fut pas donné de comprendre son temps, et son cœur ne battit jamais à l'unisson du cœur de la France. Ce fut là son seul crime et sa cause de mort. Il n'eut pas même, pour ses fautes, l'excuse d'avoir su se défendre.

Huit ans après le supplice des quatre sergents, le 21 septembre 1830, la royauté du droit divin était vaincue, et 4,000 Français, réunis sur la place de Grève pour une cérémonie expiatoire, saluaient la place autrefois arrosée du sang des martyrs de la liberté. M. Mérilhou était ministre.

Paris. — Typographie de Firmin Didot frères, fils et Cie, 56, rue Jacob.

WILLIAM PALMER (1856).

EMPOISONNEMENT DE JOHN PARSONS COOK.

William Palmer devant la Cour centrale criminelle d'Old Bailey, à Londres.

Les grands criminels, comme les fauves, se peuvent diviser en familles et en genres, en raison de leurs tempéraments divers et de leurs habitudes. Il est parmi eux des violents, qui obéissent aux emportements de la passion, qui se jettent, en aveugles, dans un torrent de sang humain, s'y baignent avec frénésie. Ce sont les moins dangereux, peut-être, et sûrement les moins coupables. Brutalité de nature ou délire d'un moment, ceux-là tuent de haute lutte, comme la bête féroce, pour le seul plaisir d'égorger un ennemi ou par besoin de sa dépouille.

Mais il en est d'autres qui préfèrent à la violence bruyante et sanglante la sourde patience, la ruse qui supprime doucement, sans éclat, sans menace et sans lutte. Ceux-là, comme les félins, cachent les ongles de leurs doigts fourrés, discrets, élastiques ; comme les serpents, ils s'avancent sans marcher vers leur victime, l'enlacent et l'étouffent silencieusement dans un baiser.

La famille des empoisonneurs offre, dans ses individus les plus célèbres, des caractères constants, un type général toujours reconnaissable. Ces assassins hypocrites sont ordinairement bien doués en apparence ; d'aspect séduisant, de mœurs faciles et sociables, gais, liants, ronds, souples, persuasifs, ils exercent sur ceux qui les entourent une singulière influence, qui rappelle cette attraction mortelle exercée, dit-on, par certains reptiles. Si leurs crimes, car il est rare qu'ils n'en commettent qu'un seul, à la fin se découvrent, ils opposent aux vengeances de la société, aux efforts de la justice, une habileté calme, un sang-froid de beau joueur ; et, quand ils ont succombé dans la lutte, une résignation souriante, cynique dans ses aveux, ou dramatique dans ses protestations d'innocence.

Chez l'empoisonneur, le sens comique est souvent si développé, que le besoin de jouer un rôle, la passion des travestis semble l'emporter, comme chez *Desrues*, sur le mobile même du crime, qui est presque toujours la cupidité. Quelquefois la débauche est l'âcre excitant de cet instinct meurtrier : *la Brinvilliers* empoisonnerait le genre humain tout entier au profit de son amant, de ce *Sainte-Croix* qui l'a initiée au crime. Mais le plus souvent l'empoisonneur est seul à ramper vers son but; toute sa conduite ténébreuse, tout le système de ses artifices, toute sa mise en scène ingénieuse se développent secrètement, patiemment, vers un accroissement de fortune nécessaire à ses passions et à ses vices. Le succès l'enhardit et l'assure, l'impunité l'entraîne à de nouveaux attentats, et ce n'est que l'uniformité même de ses moyens et de ses intérêts qui trahit sa marche souterraine.

C'est l'histoire d'un *Castaing*, d'un *Palmer*. Il est rare de rencontrer ces habitudes tortueuses dépouillées de l'intérêt qui les enfante ou les nourrit, et la perversité sans but apparent de l'empoisonneur *Lelièvre-Chevallier* en fait un monstre parmi les monstres. Il est rare aussi de rencontrer, comme chez *Bocarmé*, la violence et l'énergie unies à la ruse cupide : celui-là est, à vrai dire, un sauvage égaré dans la civilisation.

Mais des hommes tels que *Castaing* et *Palmer* sont bien les produits vénéneux particuliers à notre société moderne. Leur hypocrisie n'est pas la grossière *tartuferie* que peignit Molière, mais l'habile et séduisante hypocrisie que devinèrent la Bruyère et Mme de Girardin. Ce sont des calculateurs, des spéculateurs intelligents, qui font entrer dans leurs moyens la suppression adroite d'un parent, d'un ami. *Castaing* veut la fortune pour la femme et les enfants qu'il aime, la réputation pour lui; c'est un travailleur acharné, qui combine le crime et l'étude. *Palmer* est un joueur, un viveur, qui répare par la strychnine les pertes de ses paris, et qui tient en partie double ses polices d'assurances, son carnet de courses, et ses empoisonnements.

Cette figure de *Palmer* est bien anglaise, comme le procès même que nous allons raconter. On y prendra sur le fait des mœurs spéciales et, chose plus importante à notre point de vue, des habitudes judiciaires qu'il est bon de comparer aux nôtres.

Le 21 novembre 1855, un sportsman du nom de John Parsons Cook, dont la jument venait de gagner le prix des courses de Shrewsbury, dans le Staffordshire (Angleterre), mourait subitement à l'hôtel des Armes de Talbot, dans la petite ville de Rugeley.

Cette mort si rapide, accompagnée d'horribles convulsions; la disparition des papiers et de l'argent de Cook, et bientôt la révélation d'une situation de fortune désespérée chez un autre sportsman, ami du mort, qui ne l'avait pas quitté pendant sa courte maladie : toutes ces circonstances firent soupçonner un crime.

L'ami de Cook se nommait William Palmer. Il avait 31 ans, appartenait à une famille riche et honorable du Staffordshire, et exerçait, en apparence, la profession de médecin.

Élève de l'hôpital de Saint-Barthélemy de Londres, William Palmer avait obtenu son diplôme en 1846, et était venu s'établir dans sa ville natale, à Rugeley. En 1847, il avait épousé Anna Brookes, fille naturelle d'un colonel William Brookes, qui, après un long temps passé dans les Indes, au service de la Compagnie, était venu finir ses jours à Stafford.

Le colonel Brookes était mort en 1845, laissant une grande fortune; mais il avait plusieurs enfants naturels, qu'il dota tous richement. Mary Thornton, mère d'Anna Brookes, eut, pour sa part, dans cette succession, neuf immeubles et un mobilier d'une grande valeur.

Palmer pouvait donc croire sa fortune assurée. Mary Thornton mourut dans ses bras, en 1849; les héritiers légitimes du colonel Brookes attaquèrent le testament de leur parent, ou plutôt l'interprétèrent dans le sens d'une simple donation d'usufruit, essentiellement viagère. Cette interprétation fut admise, et Palmer se trouva avoir fait, en épousant Anna Brookes, une détestable affaire.

Palmer, cependant, menait un train de vie qui pouvait faire supposer une fortune assez considérable. Il faisait courir, et cette passion, par tous pays, mais surtout en Angleterre, entraîne après soi d'énormes dépenses. Ses chevaux de race, ses étables, bâties dans les grasses prairies qui longent le chemin de fer de Stafford à Rugeley, étaient cités parmi les connaisseurs. Palmer, depuis quelques années, négligeait presque entièrement sa profession pour les courses, et il se bornait à soigner quelques amis et des parents. Son nom restait pour l'apparence, et la plupart des malades qui s'adressaient à William Palmer étaient soignés par son élève Thurtby.

John Parsons Cook appartenait également à une famille honorable. Il avait étudié la jurisprudence et était entré chez un solicitor; mais un héritage de 12 à 15,000 livres sterl. qu'il avait fait, fort jeune encore, à abandonner le travail pour les plaisirs. Lui aussi s'était livré aux entraînements des paris sur les courses; il avait fréquenté le turf et il avait acheté des chevaux de race. Une passion commune l'avait bientôt lié d'intimité avec Palmer. Il avait vingt-huit ans à l'époque où se place ce récit.

Le 13 novembre 1855, les deux amis se trouvaient réunis aux courses de Shrewsbury. Dans la première journée, la jument *favorite* de la course était *Polestar* (l'Étoile polaire); cette bête appartenait à Cook, et avait, la semaine précédente, remporté un prix à Worcester. Des paris nombreux et importants s'engagèrent sur Polestar; Cook en soutint plusieurs. Polestar triompha.

Le lendemain, mercredi, 14 novembre, Cook réunit dans un dîner ses amis, qui logeaient comme lui à l'hôtel du Corbeau, Palmer, Read, Herring et un sieur Fisher, agent de courses lié avec les deux sportsmen, assistaient à ce repas, où la victoire de Polestar fut arrosée de vin de Champagne.

Après le repas, on se rendit dans la chambre de Cook, et on y vida quelques verres de grog. Le verre de Cook était resté plein, et il en redemandait un autre. — Vous n'en aurez pas d'autre, répondit gaiement Palmer, que vous n'ayez vidé celui-ci. Cook but rapidement le contenu de son verre, et s'écria aussitôt : — « Mais il y a quelque chose là dedans. Ça me brûle le gosier ! »

Palmer prit le verre, dans lequel il restait encore un peu de liqueur, l'acheva, et dit : — « Vous êtes absurde; il n'y a rien là dedans. Voyez plutôt, Read, goûtez-moi cela. — Et comment voulez-vous qu'on le goûte? vous avez tout bu. »

On but encore quelques coups et on se sépara. Cook se retira dans sa chambre, et se plaignit à Fisher d'une indisposition subite. Il fut pris, en effet, de vomissements violents, et il dut se mettre au lit. On envoya chercher un médecin, le docteur Savage, qui ordonna l'émétique et des pilules purga tives. Après deux heures de souffrances, Cook se trouva soulagé et s'endormit.

Pendant cette crise, Cook s'était senti si mal, qu'il avait confié à Fisher tout l'argent qu'il portait sur lui, environ 7 à 800 livres sterl., c'est-à-dire une partie du gain fait par lui les jours précédents.

Le lendemain, jeudi, Cook se trouva assez bien remis pour assister aux courses; Fisher lui rendit le dépôt qu'il lui avait confié. Le cheval de Palmer, *Chicken* (Poulet), devait courir ce jour-là. Chicken fut distancé. Palmer, triste et déconfit, retourna à Rugeley, emmenant avec lui Cook, qui, pendant toute cette journée, s'était senti souffrant, sans toutefois éprouver des vomissements comme la veille. A Rugeley, Cook descendit à l'hôtel des Armes de Talbot, juste en face de la maison de Palmer.

Ce voisinage permit à Palmer de donner ses soins à son ami, qui se coucha vers onze heures, toujours malade. Du samedi 16 au lundi 19, la maladie s'aggrava, de crise en crise. Palmer s'était installé auprès du lit de Cook; il faisait apporter du café, du bouillon. Les vomissements ayant reparu, Palmer envoya chercher un vieux médecin de Rugeley, le docteur Bamford, à qui il dit que Cook était incommodé par la bile et par les suites d'excès de boisson.

Le lundi, Palmer partit pour Londres, non sans avoir donné à Cook une potion qui, comme toujours, fut le signal de vomissements. Palmer parti, le docteur Bamford visita son malade, lui fit prendre une médecine. Cook se trouva mieux et put se lever, s'habiller, recevoir ses jockeys et son entraîneur.

Revenu à Rugeley vers neuf heures du soir, Palmer visita Cook, alla commander des pilules au docteur Bamford, les fit prendre à Cook, qui se trouvait alors assez bien.

Vers minuit, Cook étant resté seul, les domestiques de l'hôtel furent effrayés par les cris qui partaient de sa chambre. Ils s'y précipitèrent, et le trouvèrent en proie à une crise effroyable, et luttant contre l'agonie. « A l'assassin! » criait-il avec rage; il demandait à Dieu de sauver son âme. Tout son corps était agité par des convulsions profondes; ses mains et ses membres étaient affreusement crispés. Chose étonnante, au milieu de ces tortures, son intelligence était restée lucide, et il demandait, avec insistance, qu'on lui fît venir Palmer. Palmer arriva. Cook, toujours secoué par des spasmes violents, les yeux presque sortis de leurs orbites, et la respiration sifflante, dit à Palmer, aussitôt qu'il le vit: « Je me meurs! — Non, mon garçon, vous allez vous trouver mieux, » répondit Palmer, et il lui fit prendre quelque chose qui avait l'odeur de l'opium.

La crise s'apaisa et les vomissements reparurent. Puis, Cook s'endormit, et Palmer se retira. M. Bamford accourait; Palmer l'arrêta au passage, en lui disant que le malade désirait n'être pas dérangé.

Le mardi 20, Palmer écrivit à un ami de Cook, le docteur Jones, chirurgien à Lutterworth, le priant de venir au plus vite; Cook, lui disait-il, était en proie à des vomissements bilieux, accompagnés de diarrhée.

Le docteur Jones arriva vers trois heures, examina le malade; Palmer était présent. L'attention du docteur Jones se porta sur la langue du malade: « Il n'y a là, dit-il à Palmer, aucun des caractères de l'affection bilieuse. » Le soir, il y eut une consultation à trois, entre Palmer, le docteur Jones et le vieux Bamford; quand les trois médecins eurent, tour à tour, examiné le malade, Cook tourna vers Palmer des yeux suppliants, et lui dit: « Surtout, Palmer, je vous en prie, plus de vos pilules ni de vos médecines pour cette nuit. »

Palmer resta impassible.

Dans la délibération qui eut lieu ensuite entre les trois docteurs, Palmer n'en insista pas moins pour la continuation de la médication par les pilules: « Nous ne lui dirons pas ce qu'elles contiennent, ajouta-t-il, car il paraît les craindre; et il est inutile de réveiller chez lui les terreurs que lui ont inspirées celles qu'il a déjà prises. »

Il fut convenu que Bamford composerait les pilules, qu'elles seraient semblables à celles précédemment administrées. Bamford se rendit, à cet effet, à la pharmacie. Palmer s'empressa de suivre Bamford, rapporta les préparations, et revint près de Cook.

Le docteur Jones était présent. Le malade regarda les pilules et, se rejetant dans son lit d'un air effrayé, se refusa à les prendre: « Non, disait-il, non; pas de pilules, les autres m'ont trop fait souffrir! » Palmer insista, et le pauvre Cook se décida avec une visible répugnance.

Le docteur Jones alla souper. Mais il était inquiet, et annonça l'intention de coucher dans la chambre de son ami. Il revint, en effet, et s'établit sur un petit lit de campagne. A peine avait-il fermé l'œil, qu'il fut réveillé par un cri effroyable, strident, le cri d'un homme mordu par une douleur sans nom. Jones sauta à bas du lit, et vit, à la lueur de la veilleuse, Parsons Cook sur son séant, les cheveux hérissés, les yeux ronds; le malheureux s'appuyait sur ses poings violemment contractés, et criait avec angoisse: « Le docteur! le docteur!... tout de suite!... je souffre... comme la nuit dernière... encore!... ah!... »

Une fille de chambre se précipita hors de l'hôtel, en entendant ces cris furieux, et, traversant la rue, sonna violemment à la porte de Palmer. Celui-ci était levé, car il parut aussitôt à la fenêtre. Deux minutes après, il était dans la chambre de Cook.

— « Vite, vite! s'écria le malade en l'apercevant, Palmer, donnez ce qui m'a soulagé hier. » — « Je redescends, je vais en chercher moi-même », répond Palmer, et il quitte la chambre: un instant après, il revient avec deux pilules. — « C'est de l'ammoniaque », dit-il à Jones. Cook avale avidement les deux pilules et les rend presque aussitôt.

Alors, commence dans ce pauvre corps, horriblement secoué par la douleur, une suprême, une effrayante agonie. Des convulsions roidissent ses membres, arquent l'épine dorsale, retournent ses bras, écarquillent ses yeux; la suffocation étreint sa gorge. Les assistants veulent mettre le mourant sur son séant; son corps est comme une barre de fer. Et cependant, phénomène étrange, l'intelligence subsiste, lucide, pénétrante. — « Retournez-moi, retournez-moi », râle le malheureux. On parvient à le mettre sur le côté droit. Il fait effort pour respirer, il n'y peut parvenir. Le docteur Jones se penche, et, l'oreille sur le cœur, écoute les dernières palpitations de la vie. Un soupir s'exhale, un spasme secoue les membres, le pouls s'éteint graduellement... tout est fini... Cook est mort.

Quelques jours après cette mort, le bruit se répandit que Palmer était menacé d'une ruine complète, que les billets protestés pleuvaient chez lui,

Un agent d'affaires, escompteur, poursuivait pour une somme énorme, non-seulement Palmer, mais sa mère, dont les acceptations avaient facilité l'escompte des billets. Or, Mme Sarah Palmer était dans une belle position de fortune, et il était surprenant qu'elle laissât ainsi protester sa signature. La disparition des papiers et de l'argent de Cook, l'empressement de Palmer à toucher certaines sommes dues à Cook par le Tattersall (agence des courses), la rapidité, l'étrangeté de la maladie qui avait emporté Cook, tous ces indices firent soupçonner un empoisonnement.

Le 15 décembre, le chef de la police, à Rugeley, se transporta chez Palmer, pour y faire une perquisition. Il trouva dans les papiers du médecin l'indication d'une ruine imminente. Dans la bibliothèque, il saisit un livre de médecine, un Manuel pour les étudiants, sur l'une des pages duquel était écrit de la main de Palmer :

« La strychnine donne la mort par l'action tétanique qu'elle exerce sur les muscles. »

Le 7 janvier 1856, l'exhumation du corps de Parsons Cook fut ordonnée ; on fit procéder à l'autopsie du cadavre et les intestins furent mis à la disposition de deux médecins, MM. Taylor et Rees.

M. Swaine Taylor, agrégé à la Faculté de médecine et professeur de médecine légale à l'hospice Guy, était spécialement connu par ses études sur la substance qu'on soupçonnait avoir été employée par Palmer, la strychnine.

La strychnine est un alcaloïde découvert, en 1818, par Pelletier et Caventou. Elle existe dans plusieurs espèces de *strychnos*, genre de plantes appartenant à la famille des apocynées, vénéneuses pour la plupart. La fève de Saint-Ignace, le bois et la racine de couleuvrée, le terrible upas de Java, la noix vomique, fournis par les plantes de ce genre, sont des poisons violents. L'intoxication qui résulte de leur ingestion est caractérisée par des mouvements convulsifs, dans lesquels la colonne vertébrale est brusquement tordue.

Pendant que les deux experts recherchaient dans les organes de Cook les traces d'un crime, une enquête du coroner rassemblait, à Rugeley, les éléments d'une instruction première.

Le *coroner*, dont les fonctions n'ont pas de similaire en France, est un magistrat nommé à vie, inamovible, à moins d'indignité reconnue par un jugement pour trahison, corruption, crime quelconque, ou mœurs dépravées. Il y en a un nombre désigné par comtés, selon les besoins de la population. Dès qu'un citoyen est mort, d'une façon suspecte ou seulement subite, le coroner se transporte sur les lieux, nomme un jury composé de douze notables habitants, et, en leur présence, procède à l'enquête sur les causes de l'événement. A peine de nullité, et sauf quelques exceptions assez rares, l'enquête doit avoir lieu en présence du cadavre et à l'endroit même où il a été trouvé. C'est ce qu'on appelle le *coroner's inquest*. Cette enquête, originairement, avait lieu à huis clos ; mais, bien que le droit de procéder soit reconnu par la loi, l'usage s'est établi en faveur de la publicité de l'enquête. Les jurés ayant prêté serment, le coroner procède à l'examen du cadavre, à l'audition des témoins et des hommes de l'art. Si le jury pense que la mort a été naturelle, il rend son verdict dans la formule biblique : *Mort par la visitation de Dieu.* S'il est convaincu qu'il y a eu suicide, il dit : *Mort ayant commis le suicide* DANS UN MOMENT DE FOLIE.

Cette atténuation, passée dans l'usage, épargne au défunt les peines posthumes portées par la loi contre le suicide. Si, enfin, le jury pense qu'il y a eu assassinat, son verdict est : *Mort par suite d'un crime dont l'auteur ou les auteurs nous sont inconnus ;* ou bien : *Mort par suite d'un crime dont N. nous paraît être l'auteur.* Dans ce dernier cas, le coroner, séance tenante, lance contre l'inculpé un mandat d'amener exécutoire dans toute l'étendue du royaume. Cette instruction préliminaire, faite par douze citoyens désintéressés, sans âpreté professionnelle, offre à la société des garanties sérieuses.

L'enquête du coroner porta sur deux ordres de faits : sur la situation financière de Palmer, et sur ses démarches pendant la maladie de Cook. D'un côté, on trouva qu'à l'époque des courses de Shrewsbury, Palmer devait à divers des sommes représentées par huit billets, échus ou à échoir, et montant ensemble à 12,500 livres sterling. Depuis cette époque, 1000 livres seulement furent payées et Palmer resta devoir l'énorme somme de 11,500 livres, soit plus de 275,000 francs. Cette dette constituait pour Palmer une de ces situations désespérées, rongeantes, qui finissent par une chute ou par un crime : car Palmer payait jusqu'à 60 pour 100 l'argent que lui fournissait le solicitor Pratt, sur les acceptations de Mme Palmer, mère du prévenu. Bien plus, il fut reconnu que Mme Sarah Palmer n'avait jamais garanti par ses acceptations les emprunts ruineux contractés par son fils. Les signatures Sarah Palmer étaient fausses, comme aussi des acceptations J. P. Cook, mises en circulation par Palmer.

A mesure que l'enquête creusait cette situation, elle y faisait de plus étranges découvertes. Après la mort de sa belle-mère, Mary Thornton, Palmer, désappointé dans ses espérances de fortune, pensa du moins à tirer, par une assurance sur la vie de sa femme, un dédommagement de sa déconvenue en cas de décès. En janvier 1854, il fit une assurance de 3,000 livres sterling (75,000 fr.), à l'*Union de Norwich*. En mars suivant, il en fit une autre de 5,000 livres (125,000 fr.) à la *Compagnie du Soleil*. Enfin, il en fit une troisième de 5,000 livres à la Compagnie écossaise l'*Equitable*. Il avait fait à d'autres Compagnies encore des propositions de même nature, qui n'avaient pas abouti.

Mme Palmer (Anna-Brookes) mourut le 29 septembre 1854, et Palmer, quelques mois après la signature des trois polices d'assurance, bénéficia des 13,000 livres sterling.

Cette somme importante ne put toutefois que pallier la situation déjà compromise de Palmer. Aussi, dans cette même année de 1854, il effectua, sur les mêmes bases, de nouvelles assurances sur la vie de son frère, et il établit, à l'aide et avec la garantie de ses nouvelles polices, une circulation de billets plus active que jamais.

Le frère de Palmer mourut au mois d'août 1855. C'était, au compte de Palmer, une somme de 13,000 livres sterling qui allait rentrer au moment le plus opportun et lui permettre de payer 11,500 livres de billets exigibles à courte échéance. Une déception cruelle l'attendait ; les Compagnies refusèrent de payer.

Telle était la position de Palmer au moment des courses de Shrewsbury. Avant la mort de Cook, on le voyait aux abois, empruntant des sommes minimes ; après la mort de Cook, il faisait quelques payements, rendait les sommes empruntées, restant toutefois sous le coup d'une ruine imminente.

Quant au second ordre de faits, l'enquête démontra que Palmer avait administré lui-même à Cook les aliments ou les remèdes toujours suivis de crises violentes; qu'il avait préparé lui-même les remèdes, ou que, dans le cas contraire, il les avait tenus en sa possession pendant un temps suffisant pour y substituer des substances d'une autre nature.

On apprit d'un M. Newton que, le lendemain de la crise si violente qu'avait éprouvée Parsons Cook aux Armes de Talbot, Palmer s'était rendu chez M. Hawkins, droguiste à Rugeley. Il était près de midi. Par hasard, M. Newton était entré ce moment, et s'était étonné de voir Palmer chez M. Hawkins. Aussitôt qu'il avait aperçu M. Newton, Palmer l'avait saisi par les bras et lui avait dit: — « J'ai quelque chose à vous dire. » Ils étaient sortis ensemble, et Palmer n'avait entretenu M. Newton que de choses insignifiantes. Un ami de M. Newton venant à passer, Palmer le quitta et rentra chez M. Hawkins. M. Newton avait eu la curiosité d'apprendre ce que venait acheter Palmer chez M. Hawkins, et il y était retourné quelque temps après. On lui dit que Palmer avait acheté trois grammes de strychnine, de l'antimoine, de l'acide prussique et de l'opium.

Restait à retrouver le poison. Le docteur Taylor et son collègue, M. Rees, analysèrent des portions d'intestins de Cook; ces matières, contenues dans une jarre ficelée et cachetée sous les yeux des médecins qui avaient procédé à l'autopsie, étaient dans un état peu propre à faciliter les recherches. Les liquides de l'estomac avaient disparu. Les organes étaient confondus. Tout attestait une autopsie faite avec négligence, et un état de décomposition assez avancée du cadavre.

Les deux docteurs cherchèrent en vain à faire apparaître la strychnine; ils ne réussirent à trouver que quelques traces d'antimoine; et cependant, vu les symptômes qui avaient précédé et accompagné la mort de Cook, ils n'hésitèrent pas à attribuer cette mort à la strychnine.

Les présomptions morales les plus graves s'ajoutaient à ces données. On ne retrouvait pas le carnet de courses de Cook. Palmer ne pouvait rendre compte de l'emploi de la strychnine achetée par lui. Ses démarches trahissaient l'inquiétude secrète de son âme; il s'était empressé, lors du décès de Cook, de faire enlever sa dépouille; il avait cherché à circonvenir M. Ward, le coroner, du jour où il avait pressenti qu'il n'échapperait pas à un procès criminel. On ajoutait même que M. Ward avait déployé, en faveur du prévenu, une partialité scandaleuse.

Voilà dans quel état l'affaire arrivait dans les premiers jours de mars 1856, devant les assises de Stafford, dont le grand jury était appelé par le président des assises, M. Bramwels, à rendre un bill d'accusation. William Palmer allait comparaître comme prévenu du seul empoisonnement de Cook; la législation anglaise ne permet pas de poursuivre à la fois plus d'un crime. Mais l'opinion publique pressentait dans la vie de cet homme plus d'un mystère horrible. Anna Brookes et le frère de Palmer, disparus à propos, laissaient soupçonner un système hideux de spéculations assassines.

Aussi, l'excitation des esprits contre Palmer atteignit-elle, après l'enquête, un si haut degré d'intensité, qu'on put craindre qu'un jugement, rendu dans de semblables circonstances, ne parût dicté plutôt par des préventions défavorables que par l'évidence du crime. Aussi, à la demande des défenseurs de

Palmer, le gouvernement n'hésita-t-il pas à présenter au Parlement un acte qui attribuait la connaissance du procès au plus impartial des tribunaux, la Cour centrale criminelle, à Londres. Par là, la poursuite se trouvait confiée à l'administration civile, au lieu d'être abandonnée, comme d'ordinaire, aux parties civiles elles-mêmes.

La législature approuva ce renvoi *pour cause de suspicion légitime*, comme nous disons en France, et un *writ* de *certiorari* fut signifié à M. Ward, pour qu'il eût à remettre les pièces de l'enquête à la Cour centrale.

Le procès s'ouvrit à Old-Bailey, le 14 mai.

Malgré les dispositions intérieures, au moyen desquelles la salle des audiences s'est trouvée notablement agrandie, une foule immense encombre toutes les avenues extérieures de la Cour, sans espoir de pénétrer dans la salle. La curiosité n'a pas été refroidie par les annonces faites dans les journaux, et avertissant qu'il n'y aurait d'admises que les personnes intéressées au procès et celles qui auraient reçu des billets d'entrée signés des shériffs.

Parmi les assistants on remarque le comte de Derby, le comte Grey, le marquis d'Anglesea, lord Lucan, le prince Edouard de Saxe-Weymar.

Un peu après dix heures, les juges font leur entrée dans la salle. Ce sont: le Lord chef de justice Campbell, M. Baron Alderson et M. Justice Cresswell, accompagnés par le Lord maire, les aldermen et les shériffs.

William Palmer est amené dans le *dock*, sorte de compartiment ou de loge, isolé du reste de la salle; le prisonnier y est placé au milieu, devant un vaste pupitre; les coins de cette *box* sont défendus par des barreaux pointus, et gardés par des agents de police. Palmer paraît avoir une quarantaine d'années, bien qu'en réalité il n'ait que 31 ans. Son attitude est calme, son air ouvert et franc, sa figure pleine et rubiconde. Rien, dans ces traits placides et intelligents, ne révèle la férocité froide que suppose l'accusation. C'est là, en apparence, un bon compagnon, un joyeux vivant.

Les deux conseils sont en présence, le conseil pour la couronne, le conseil pour le prévenu. Pour la couronne: l'Attorney général, MM. Bodkin, Welsby, Edwin James et Huddlestone; pour le prévenu: MM. Serjeant Shee, Gray, Kencaly et Grove.

En réalité, c'est entre l'Attorney général et M. Serjeant Shee que se passera la lutte, et ils représentent tous deux ce que nous appelons, en France, le ministère public et la défense.

En Angleterre, on le sait, le *Solicitor général* et l'*Attorney général* ne sont pas des magistrats; ce sont des avocats. Ils appartiennent au barreau actif, dont ils sont simplement les membres les plus éminents. Il n'y a donc pas de ministère public, comme nous l'entendons en France, et cette différence entre les deux modes de procéder a sa source dans une différence essentielle des deux législations judiciaires. En Angleterre, patrie de l'indépendance et de la responsabilité personnelle, c'est au citoyen, c'est à la personne que les lois de procédure ont subordonné toutes les formes. Un citoyen est accusé d'un crime: il s'agit d'abord de le protéger contre lui-même, puis de rechercher la vérité, sans lui, en dehors de lui. En France, pays d'autorité avant tout, l'individu est sacrifié à la nation, représentée par ses chefs. Aussi, l'accusé y est considéré surtout comme un ennemi de la société générale. Il faut donc que l'intérêt social soit, chez nous, remis aux mains d'une magistrature spéciale, créée pour la défense de la société.

De là, des habitudes complétement opposées. En France, une procédure longue, minutieuse, compliquée; en Angleterre, au grand criminel, une procédure des plus simples. En Angleterre, l'accusé est toujours là, présent, silencieux, assistant à cette enquête qui le concerne, mais sans s'y mêler. On lui a demandé seulement s'il était ou s'il n'était pas coupable. S'il a dit non, c'est aux avocats à trouver la vérité dans les faits, dans les témoignages.

On comprend dès lors quelle différence doit exister entre les deux modes d'interrogation des témoins, en France et en Angleterre. En France, le témoin, lorsqu'il arrive à l'audience publique, a déjà été interrogé à huis clos par le juge d'instruction; il l'est alors par un président, qui l'interpelle directement; il peut l'être aussi par l'organe du ministère public. Aux yeux des deux magistrats, l'instruction écrite contient les éléments de la vérité; d'où il suit que le président se sent entraîné, malgré lui, à accepter à l'avance le système de l'accusation. Sans qu'il s'en rende compte, il peut arriver qu'il tourne ses questions vers ce but désigné, qu'il l'indique à son insu aux témoins, et que cette secrète influence, aidée de toute la supériorité du juge sur le témoin, dénature le témoignage en le dirigeant. On sent combien il importe de quelle manière une question est posée, par qui elle est posée.

Le rôle du président d'assises ne peut donc être le même dans les deux pays. En Angleterre, il est vraiment le directeur impartial du débat; chez nous, il est bien difficile de ne pas argumenter à qui interpelle, et celui-là est bien exposé à révéler son sentiment qui cherche à placer l'accusé en contradiction avec lui-même.

En Angleterre et aux États-Unis d'Amérique, le président dirige les débats, mais ne les domine pas, ne les conduit pas vers un certain résultat entrevu à l'avance. Deux avocats opposés interrogent les témoins tour à tour, les retournent en tous sens, épient leurs contradictions, les contrôlent minutieusement. C'est le système de l'examination, de la cross-examination, de la re-examination, c'est-à-dire examen, contre-examen, re-examen, si l'on peut forger ce mot pour mieux faire entendre la chose. Beaucoup de bons esprits, M. Dupin entre autres, dans son beau livre De la libre défense des accusés, ne cachent pas leur préférence pour le système anglais. Il leur semble que l'interrogation contradictoire offre à la justice des garanties plus sérieuses, et à l'accusé une protection plus complète que les formes françaises.

Et en effet, si l'interrogatoire, en Angleterre, n'a pour but que la recherche de la vérité, en France, dit d'Aguesseau, il est établi « non-seulement pour l'accusé, mais contre lui. » Comme aux temps de l'ancienne jurisprudence, il cherche l'aveu du coupable; or, l'idéal de cette procédure, c'était la torture! Depuis que la violence a disparu de notre procédure française, l'habileté l'a nécessairement remplacée; or, l'habileté de l'interrogatoire a trop souvent consisté dans des questions insidieuses; torture de l'âme, criminosa interrogatio, dit Tite-Live.

Aussi, quel est aux yeux des magistrats français les plus éminents le danger véritable de leur profes-sion? c'est sa puissance même, c'est cette soumission et presque cette crainte (1) qu'elle inspire. Et quels conseils leur semblent nécessaires à ceux qui l'exercent? la modération, la bienveillance. « Dans cette lutte qui s'engage entre le juge et l'accusé, le magistrat n'a jamais trop de fermeté contre les artifices, les dénégations, les audaces du coupable... Mais aussi, sa modération doit être éclatante... C'est toujours un triste spectacle que celui d'un malheureux qui se défend, d'un coupable qui se perd... (2)»

Ce triste spectacle, la procédure anglaise ne le donne point, parce qu'elle n'a pas établi la lutte entre le magistrat et l'accusé, mais entre deux avocats, entre deux questionneurs libres et désintéressés.

De même aussi, en Angleterre, le jury, plus respecté peut-être que chez nous, est soustrait avec plus de soin aux influences extérieures. La protection qui s'attache à l'accusé ne souffre pas, tant que son sort n'est pas décidé, que ceux dont le verdict va le condamner ou l'absoudre puissent communiquer avec l'opinion extérieure. Aussi, on enferme les jurés, on les isole pendant toute la durée du procès; le juge est prisonnier de la loi. Il faut se représenter, pendant cette affaire Palmer, le jury captif dans les magnifiques salons du Café de Londres, et n'en sortant que pour venir à l'audience, pour entendre le service divin à la chapelle de Newgate, ou pour faire une promenade de santé, sous bonne garde, dans les jardins de Middle-Temple.

Ces quelques explications étaient nécessaires pour faire comprendre au lecteur l'extrême simplicité et les calmes allures de cette grave affaire criminelle.

*William Palmer, à la question d'usage, a répondu, d'une voix claire et assurée : Not guilty (non coupable). On introduit le jury de jugement (petty jury), composé de douze jurés.

M. Shee. — J'espère qu'aucun des jurés portés sur la liste ne viendra siéger s'il a des rapports d'intérêts avec l'une des trois Compagnies d'assurances que ce procès intéresse.

Le juré Mason. — J'ai sur cette affaire des préventions si fortes, que je ne crois pas pouvoir convenablement siéger.

Cet honorable scrupule est considéré par la Cour comme une excuse suffisante, et lord Campbell ordonne que ce juré ne siégera pas.

M. l'Attorney general prend la parole en ces termes :

« Je viens remplir devant vous le devoir le plus solennel qui puisse incomber à un magistrat, un de ces devoirs d'où dépendent la vie et la mort d'un citoyen; car l'homme qui est à cette barre est accusé des crimes les plus graves qu'aient à punir les lois de notre pays. Je suis donc assuré que vous m'accorderez votre attention la plus soutenue et la plus religieuse dans cette affaire, qui a si profondément ému nos populations. Car il y a à peine une personne qui n'ait connu les détails de cette affaire, qui n'ait recueilli avec avidité les circonstances qui en ont été publiées.

« Je me lève devant vous sans aucune autre préoccupation que celle de la justice, et je vous adjure de vous dégager, avant de juger, de toute idée préconçue qui pourrait exercer quelque influence sur votre décision. C'est d'après les débats que votre

(1) M. Chaix-d'Est-Ange, Discours de rentrée à la Cour impériale de Paris, 3 novembre 1858.
(2) M. Chaix-d'Est-Ange. Ibid.

conviction doit se former, et c'est votre conviction qui doit dicter votre verdict. Si les débats vous apportent la preuve de la culpabilité de l'accusé, déclarez-le coupable ; mais si la preuve n'est pas complète , que Dieu vous garde de faire pencher contre l'accusé les balances de votre justice. »

C'est la position de fortune de Palmer que M. l'Attorney general indique comme le mobile du crime supposé par l'accusation. « Il est établi que, dès 1853, Palmer était dans une situation difficile, et qu'il faisait de l'argent avec des billets. En 1854, sa détresse avait augmenté, et il était obligé, pour se soutenir, de se procurer des ressources par tous les moyens possibles, même par le faux. Ce n'est pas que je veuille conclure du faux à l'empoisonnement, mais je dois vous dire tout ce qu'a fait l'accusé. »

Ici, l'*Attorney general* fait connaître que William Palmer a faussement mis sur un billet de 2,000 livres l'acceptation de sa mère, dont la position de fortune inspirait une entière confiance. Le billet ne fut pas payé.

« D'autres billets encore, portant aussi la fausse acceptation de Mme Palmer, étaient en circulation, et l'accusé n'avait pas le premier schelling pour les payer. Les échéances arrivaient, cependant, et il allait se trouver exposé aux peines que la loi prononce contre les faussaires. Je dois ici faire observer que le frère de Palmer est mort au mois d'août 1855 ; que l'accusé avait fait une assurance de 13,000 livres sur sa vie, et qu'il annonçait qu'il payerait ses dettes avec le prix de cette assurance. Il le réclama, en effet ; mais, sur le refus que firent les compagnies de payer cette somme, il ne fit aucune poursuite, et ne tira aucun profit de cette opération. »

Quelle était , au même moment, la situation de Parsons Cook ? En 1855, lorsqu'il assistait aux courses de Shrewsbury. « Cook se trouvait déjà compromis dans les diverses transactions de Palmer. Pressé par ses créanciers, l'accusé avait eu recours à Pratt, qui avait exigé une caution. Cook avait donné sa signature pour 200 livres une première fois, pour 1,500 livres ensuite. Il avait, de plus, cédé à Pratt, à titre de garantie, deux de ses chevaux, Polestar et Syrius. »

De ces détails et de quelques autres, il résulte que Palmer ne savait plus où donner de la tête, et qu'il en était arrivé même à apposer sur de nouveaux billets la fausse signature de Parsons Cook comme endosseur.

« L'insuccès de l'assurance faite par Palmer sur la vie de son frère l'amena à proposer à un sieur Bates d'être le sujet d'une assurance semblable, et il associa à l'opération Parsons Cook, à qui il présenta Bates comme un homme riche. Le 5 septembre, on voit ces trois personnes réunies à Rugeley. Bates n'était autre chose qu'un ancien serviteur de Palmer, un de ses palefreniers. La proposition qu'on fit à une compagnie ne fut pas acceptée, et...

Lord Campbell. — Est-ce que M. l'Attorney general ne pense pas que ce qu'il expose n'est pas rigoureusement indispensable pour l'affaire soumise à ce jury ?

M. l'Attorney general. — Je ne dis pas un mot qui n'ait son importance au procès. Je montre Palmer, pressé par les échéances des billets portant la fausse signature de sa mère, supprimant les lettres qui avertissaient celle-ci, et tenant sous sa dépendance le facteur de la poste de Rugeley, qui a été condamné pour ses funestes complaisances ; je montre Palmer cherchant à s'assurer de l'argent par tous les moyens, pour faire face aux 11,000 livres d'acceptations fausses dont Pratt était porteur. »

Et l'*Attorney general*, abordant le récit des faits particuliers à la cause, rappelle qu'aux courses de Shrewsbury, Cook avait gagné 7 à 800 livres sterling ; qu'il les avait sur lui ; qu'il les avait confiées, pendant son indisposition, à Fisher ; que Fisher les lui avait rendues. Palmer, au contraire, n'avait pas d'argent ; il avait été réduit à emprunter 25 livres.

A l'hôtel des Armes de Talbot, c'est après avoir bu un verre d'eau et d'eau-de-vie que Cook retombe malade, et un témoin déclare avoir vu Palmer venir à l'hôtel un peu auparavant. « Je ne prétends pas dire que ce verre d'eau-de-vie et d'eau soit la cause de la mort de Cook ; mais je tiens à vous montrer que, pendant plusieurs jours, Cook a reçu de la main de Palmer tout ce qu'il a pris : ce qui permettra d'établir la provenance de l'antimoine trouvé, après la mort de Cook, dans son corps et dans ses intestins. »

M. l'Attorney general rappelle les effets différents de l'antimoine et de la strychnine. Palmer, comme médecin, ne pouvait les ignorer ; d'ailleurs, la note écrite de sa main dans le Manuel de médecine montre qu'il avait fait, sur la strychnine, des études spéciales.

Palmer dit au docteur Bamford que Cook est malade par suite d'excès de boisson, et notamment de vin de Champagne, bien qu'il soit établi que Cook n'en avait bu qu'un ou deux verres. Et, quand on sait que Palmer n'a pas quitté la chambre du malade à partir du troisième jour ; quand on voit que, le lendemain de son arrivée à Rugeley, Palmer s'est procuré chez Newton trois grammes de strychnine, « le jury devra rechercher si le malade a pris les pilules prescrites par le docteur Bamford, ou s'il a pris des préparations substituées par Palmer. »

Il est établi que Cook fut saisi, ce soir-là, de convulsions, suivies d'un calme procuré par l'ingestion d'une liqueur à odeur opiacée ; il est établi ainsi que se conduit la strychnine. Il est établi encore que l'accusé a éloigné M. Bamford du lit du malade, sous le prétexte que celui-ci ne voulait pas être dérangé. Enfin, le lendemain matin, Palmer achetait chez M. Hawkins, en se cachant de M. Newton, de l'acide prussique, de la strychnine et de l'opium.

Après la consultation entre les trois docteurs, Palmer, qui a insisté pour la continuation des pilules, a suivi Bamford à la pharmacie, et en a rapporté les préparations arrêtées entre lui, Jones et Bamford. Sont-ce les pilules de Bamford, ou quelque autre médicament qu'il a administré alors au patient ?

Là est le procès.

L'*Attorney general* fait remarquer, sur ce point, qu'il s'est écoulé au moins trois quarts d'heure entre le moment où Palmer a quitté l'officine de Bamford, et celui où, devant le docteur Jones, il a fait prendre des drogues à Cook. L'accusé avait exigé que Bamford écrivît sur le paquet le mode d'administration des pilules, précaution parfaitement inutile, et il mit une certaine affectation à montrer cette mention à Jones, lui faisant remarquer que l'écriture était bien nette et bien ferme pour un vieillard de près de 80 ans. N'y a-t-il pas là un moyen ménagé à l'avance pour établir l'identité des pilules administrées avec celles que composa Bamford ?

Ces précautions singulières, on les retrouve à chaque acte de l'horrible comédie jouée par Palmer. Les médicaments qu'il a administrés à Cook déterminent une crise effroyable; on va chercher Palmer. Il paraît, et son premier mot est celui-ci : « Je ne me suis jamais habillé si vite de toute ma vie ! »

Avait-il eu besoin de s'habiller?

Autre indice des plus graves. Sur les prières ardentes du moribond, Palmer va chercher ce remède sauveur qu'il avait administré la veille. Dans le couloir, il rencontre deux domestiques, qui lui disent que Cook paraît être bien malade, aussi malade que la veille. — « Pas la cinquantième fois aussi malade que l'autre nuit, répond tranquillement Palmer; *c'est un jeu qu'il joue tous les soirs.* »

Et deux minutes à peine se sont écoulées, que Palmer reparaît, apportant ce remède, qu'il annonce être de l'ammoniaque en pilules. Or, il faut assurément plus de deux minutes pour préparer de semblables pilules, dans lesquelles cette substance entre difficilement.

Cook meurt, en proie à d'atroces souffrances, et, ici, va éclater le mobile du crime. Resté seul avec ce cadavre encore chaud, on surprend Palmer fouillant dans les poches d'un vêtement de Cook, bouleversant matelas et oreillers. Des papiers, des lettres sont sur la cheminée; or, on n'a rien retrouvé, en papiers ou en lettres, qui puisse jeter le moindre jour sur la position de fortune de Cook.

Ajoutez à ces indices les démarches faites si fréquemment par Palmer, les lettres écrites par lui à Pratt et à d'autres, pour arriver à toucher des sommes dues à Cook, pour se faire adjuger la jument

Les jurés anglais au Café de Londres.

Polestar, et l'on arrive à la démonstration de cette proposition, que Cook a succombé à un empoisonnement dont Palmer est seul l'auteur.

Cet acte d'accusation, ce réquisitoire, comme nous dirions (*opening address*, requête d'ouverture, disent les Anglais), est suivi des témoignages (*evidence*).

On entend *Elisabeth Mills*, fille de chambre à l'hôtel des Armes de Talbot, à Rugeley.

Le 15 novembre, Cook se plaignit d'être malade. Le 16, il se leva à midi, et dit qu'il n'était pas plus mal que la veille, mais qu'il n'était pas mieux. Ce jour-là, il dîna chez Palmer, et se coucha à dix heures, après avoir demandé de la lumière pour lire dans sa chambre.

Le samedi, Palmer vint à l'hôtel, commanda du café pour Cook, et je le servis dans la chambre à coucher de celui-ci, en présence de Palmer. On ne tarda pas à me rappeler, et je trouvai que Cook avait vomi le café qu'il avait pris. On me remit une petite cruche pour aller en bas chercher de l'eau fraîche ; cette cruche n'appartenait pas à l'hôtel.

Ce jour-là, Palmer vint quatre ou cinq fois visiter Cook, et j'entendis qu'il lui promettait de lui envoyer du bouillon. En effet, j'ai vu plus tard, dans la chambre de Cook, du bouillon qui n'avait pas été fait à l'hôtel. Dix minutes après l'envoi du bouillon, je rencontrai Palmer dans l'escalier, et il me demanda si Cook l'avait pris. Lavinia Barnes, qui entendit cette question, répondit qu'elle avait engagé Cook à boire le bouillon, mais qu'il avait refusé, en disant : — « Je crains que mon estomac ne puisse le garder. » — « Il faut qu'il le prenne, » dit Palmer, et il ordonna à Lavinia Barnes de remonter le bouillon, ce qu'elle fit. Un peu plus tard, le bouillon avait été pris et rendu par Cook.

Le lendemain, dimanche, Palmer envoya de nouveau du bouillon pour Cook. En le montant à la chambre de ce dernier, j'en bus à peu près la valeur de deux cuillerées, et, une demi-heure après, je fus malade et prise de vomissements qui durèrent toute l'après-midi et m'obligèrent à prendre le lit.

C'est moi qui, lors de la dernière crise qui a enlevé Cook, suis allée chercher Palmer. — « Eh! docteur, je suis bien malade! » s'écria Cook aussitôt qu'il le vit entrer. — « Eh bien! mon garçon, ça va aller mieux, » répondit Palmer, et il lui fit prendre une drogue noire dans une cuiller à thé; ce breuvage fit vomir Cook immédiatement. Je tenais le bassin, et j'ai reconnu comme une odeur d'opium. Palmer me disait qu'il espérait que Cook n'avait pas rendu les pilules, et il me dit de les rechercher en vidant le bassin; j'y mis toute mon attention, mais je ne pus les retrouver.

Dix minutes après la mort de Cook, j'ai vu Palmer fouiller dans les poches d'un vêtement du défunt, et chercher sous les matelas et sous l'oreiller. Avant la mort, j'avais vu un livre et des lettres sur la tasse et sur la cheminée; depuis un mois, et malgré nos recherches, je n'ai plus rien vu.

Cette déposition si importante appelait, plus que toute autre, la redoutable épreuve du contre-examen. Le défenseur M. Serjeant Shee oppose à Elisabeth Mills diverses contradictions sur les heures, sur les jours même, qui se rencontrent entre sa déposition première et celle déjà reçue dans l'enquête du coroner. Le témoin répond à tout avec présence d'esprit, et fait remarquer que ce qu'elle a dit devant le coroner a pu être mal compris ou mal rendu.

M. Baron Alderson. — Il serait peut-être utile de saisir cette occasion pour montrer au jury de

LA COUR CENTRALE CRIMINELLE

Le juge (justice) Cresswell.   Le lord chef de justice Campbell.   Le juge (baron) Alderson.

quelle manière le coroner a rendu la déposition de ce témoin.

L'Attorney general. — Je suis en mesure de montrer à la Cour et au Jury que, pendant toute la durée de l'enquête, des remontrances réitérées ont été adressées au coroner sur son refus de poser aux témoins les questions les plus importantes, et sur le parti pris avec lequel il écartait des dépositions certains faits qui allaient directement au cœur de l'affaire.

Ismaël Fisher, marchand de vin de la Cité, habitué des courses de chevaux, a connu Parsons Cook deux ans environ avant sa mort. Il assistait au handicap de Shrewsbury, en novembre 1855. Il raconte, telle qu'on la connaît, la scène du verre de grog.

Thomas Jones, libraire de jurisprudence, à Londres, assistait également aux courses de novembre. Il descendit au Corbeau, à Shrewsbury. Il a soupé avec Cook, Herring, Fisher et Gravatt. Cook paraissait être assez bien portant pendant les premiers jours.

Le mercredi, entre onze heures et minuit, Read invita Cook et Fisher à venir dans la chambre du témoin. Palmer était là. Quelque temps après, Jones et Fisher revinrent avec Cook dans sa chambre. Ce dernier se plaignait d'ardeur à la gorge et fut pris de vomissements. On chercha à le soulager et on voulut lui administrer quelques pilules et de la tisane. Cook se refusait à prendre les pilules. J'allai chercher le docteur, qui lui donna une petite quantité de médecine liquide dans un verre de vin. Cook était couché. Un quart d'heure après, environ, le malade se décida à prendre les pilules et je le quittai. Je le revis dans la matinée suivante; il se trouvait mieux, mais il était fort pâle.

George Read habite, dans Victoria-Street, une maison fréquentée par des sportsmen. Il connaît Palmer. Lui aussi a vu Cook, à Shrewsbury, dans son état habituel de santé, jusqu'au mardi. Dans la soirée du mercredi, il vint trouver Cook, qui était dans une chambre avec Palmer et plusieurs autres gentlemen. On prit de l'eau-de-vie et de l'eau. Cook se plaignit bientôt, disant qu'il y avait quelque chose dans sa boisson. Palmer me passa le verre, après l'avoir vidé. — Je dis alors : « Est-ce qu'on examine un verre vide? » Alors Cook quitta la chambre, et je ne le revis que le lendemain matin, couché et très-souffrant.

D. Vous êtes sûr que, le mercredi, Cook était aussi bien qu'à l'ordinaire? — R. Je ne l'ai jamais connu bien fort; il était d'une santé délicate, mais il n'avait pas l'habitude de se plaindre.

D. Le mélange d'eau et d'eau-de-vie que vous bûtes vous occasionna-t-il quelque malaise? — R. Aucun.

Réexaminé par l'*Attorney general*, le témoin dit : — « L'eau-de-vie que je bus provenait d'un nouveau carafon, demandé à mon arrivée. »

Mistress Ann Brooks, de Manchester, jeune et jolie personne, décemment et élégamment mise, est une de ces ladies qui suivent les courses avec autant d'intérêt que le plus passionné sportsman. Elle était naturellement aux courses de Shrewsbury. J'y vis Palmer, dit-elle, que je connaissais de vue depuis plusieurs années. Le mercredi 14, vers huit heures du soir, je le rencontrai dans la rue, et je lui demandai s'il pensait que son cheval *Chicken* (Poulet) eût des chances. Il me demanda, à son tour, si j'avais appris quelque chose sur une bête appartenant à lord Derby, et qui devait également courir, me priant de le lui faire savoir le lendemain. Le samedi soir, j'allai voir Palmer au Corbeau, vers dix heures et demie. Il m'attendait avec quelques amis. Arrivée au haut de l'escalier, je trouvai deux corridors. Je pris celui de gauche, et j'y vis Palmer, installé à une petite table, tenant à la main un gobelet, dans lequel j'aperçus une petite quantité de liquide. Palmer éleva le gobelet jusqu'à la lumière qui éclairait la table, et me dit : « Je suis à vous maintenant. » Il me regarda alors un instant pendant que je regagnais le palier, et resta assis une minute ou deux, le gobelet à la main, remuant la liqueur et la considérant à la lumière. Je fis je ne sais quelle remarque indifférente sur la beauté du temps. La porte d'une salle voisine, que je supposai inoccupée, était à moitié ouverte; Palmer y entra, tenant toujours son verre à la main. Il en ressortit deux ou trois minutes après, toujours avec son verre, qu'il porta alors dans sa propre chambre, dont la porte était restée fermée. Puis il revint, et m'offrit un verre d'eau-de-vie et d'eau chaude. Il se pourrait bien que ce fût dans le même gobelet qui contenait cette liqueur assez semblable à de l'eau. Je bus un peu, et n'en ressentis aucun mal. Nous causâmes ensuite des courses, et il me dit qu'il monterait Chicken.

M. *Serjeant Shee* fait subir à la jeune *sportswoman* un contre-interrogatoire assez délicat, duquel il résulte que mistress Brooks est mariée, et que son mari ne partage ni n'autorise sa passion hippique et ses excursions. Elle ajoute que, parmi les personnes qui faisaient courir à Shrewsbury, beaucoup se trouvèrent malades le vendredi. On s'étonna même dans la ville de ces indispositions nombreuses, qui affectaient la forme d'une purgation, et on parla d'eau malsaine une empoisonnée.

Lavinia Barnes, fille de chambre aux Armes de Talbot, à l'époque de la mort de Cook. — J'ai vu Cook, le lundi 12; il ne se plaignait en aucune façon d'être malade. Le mercredi, je le vis revenir entre

neuf et dix heures du soir; il avait dîné avec Palmer, et il avait tout son sang-froid.

Le reste de la déposition du témoin confirme, en tous points, celle d'Élisabeth Mills.

Oliver Pemberton, professeur d'anatomie (*lecturer*) au collège de la Reine, à Birmingham, et chirurgien à l'hôpital général de cette ville. — Examiné par M. *Serjeant Shee*, il déclare que la décomposition avancée du corps de Cook ne lui a pas permis de se former une opinion sur l'état dans lequel devaient se trouver les organes essentiels, et principalement l'épine dorsale, immédiatement après la mort.

La prétention de la défense, bientôt abandonnée par elle, est d'attribuer au *tétanos* les accidents que l'accusation attribue à la strychnine. Sous l'influence du tétanos, les muscles auxquels, dans l'état de santé, la volonté commande, se contractent d'eux-mêmes; la mâchoire inférieure se colle à la mâchoire supérieure; le corps se roidit, se tend comme en arc; la tête fléchit en arrière; des frissons, des sueurs parcourent les muscles gonflés; des douleurs aiguës passent dans les parties convulsées; les traits se contractent; la voix, la respiration deviennent de plus en plus impossibles; le corps s'érige, et, après un temps plus ou moins long de souffrances indescriptibles, la mort arrive comme un bienfait. Tous les symptômes de ce mal horrible se réfèrent à une inflammation de la moelle épinière.

Le docteur Sally, de l'hôpital Saint-Thomas, n'a jamais vu une crise de tétanos se terminer en moins de trente à quarante heures. Les symptômes se manifestent par progression, et ce que rapporte l'enquête des accidents qui précédé la mort de Cook diffère essentiellement de ce qui se passe dans les affections tétaniques. Il y a toujours continuité absolue dans la manifestation des symptômes. Une mort semblable à celle de Cook ne saurait non plus être attribuée, ni à une apoplexie, ni à une épilepsie, ni à toute autre maladie observée par le témoin dans le cours de sa pratique médicale.

Le docteur Henry Lee, médecin à King's College, dit avoir eu à visiter plus de 3,000 syphilitiques par année, et jamais cette affection n'a eu pour conclusion le tétanos.

Ceci répond à la prétention, annoncée par la défense, d'expliquer la mort de Cook par une affection tétanique, causée elle-même par la répercussion d'une syphilis mal soignée.

Nous arrivons à la déposition médicale la plus importante, la plus impatiemment attendue.

Le docteur Taylor (*Alfred Swaine*). — Je suis l'auteur d'un traité fort connu sur la matière, et j'ai fait surtout porter mes recherches sur les empoisonnements par la strychnine. J'ai fait un grand nombre d'expériences sur des animaux; mais je n'ai jamais eu occasion d'expérimenter les effets de ce poison sur l'organisme humain. Les expériences auxquelles je me suis livré ont eu lieu sur des lapins, et j'ai toujours constaté les mêmes symptômes et les mêmes résultats. Les doses que j'ai administrées ont varié d'un demi-grain à deux grains, et j'ai toujours constaté qu'un demi-grain suffit pour tuer un lapin. J'ai, tour à tour, donné ce poison à l'état liquide et à l'état solide. Quelques minutes ont suffi pour produire l'effet mortel dans le premier cas; dans le second, il a fallu de six à onze minutes. Le résultat est subordonné à l'importance de la dose administrée et à la force du sujet.

Le poison commence par être absorbé dans le sang, et circule ensuite dans le corps, et spécialement dans la moelle épinière. Cette circulation s'opère dans les quatre premières minutes, et l'absorption est subordonnée à l'état dans lequel se trouve l'estomac du sujet, c'est-à-dire s'il contient ou non des aliments. Dans ce dernier cas, l'action est plus rapide, parce que le poison se met en communication immédiate avec les parois internes de ce viscère. Dans le premier cas, le poison peut être absorbé et ne pas agir sur le système nerveux.

Pendant cinq ou six minutes après l'ingestion, l'animal paraît n'éprouver aucune souffrance. Il se meut, et ce n'est que lorsque le poison agit qu'il tombe subitement sur le côté. Il est alors pris d'un tremblement général du système musculaire. D'abord faible, ce tremblement dégénère bientôt en convulsions. Les membres antérieurs se tendent en avant, et les membres postérieurs se rejettent en arrière. Les mâchoires subissent une contraction spasmodique. Les yeux deviennent proéminents, et, au bout de quelques instants, il s'opère une certaine rémission dans la manifestation de ces symptômes; c'est un léger temps d'arrêt dans les souffrances. L'animal paraît assez tranquille, mais le plus léger bruit, le plus simple attouchement font reparaître ces symptômes; les convulsions recommencent, et l'animal pousse des cris qui indiquent la souffrance qu'il éprouve. Après plusieurs convulsions, l'animal expire doucement.

L'animal mort, on peut constater des apparences diverses. Dans quelques cas, la rigidité du corps a été immédiate et les muscles restent contractés pendant une semaine après la mort, en sorte qu'il soit possible de maintenir le cadavre dans une position naturelle, horizontale, sur ses pattes de derrière. Chez d'autres animaux, au contraire, le corps est flasque après la mort, et la rigidité ne se déclare que cinq minutes plus tard.

À l'autopsie, on ne constate ni lésions, ni désordres dans l'estomac, et, le plus généralement du moins, il n'y a pas d'accidents au cerveau. Dans quelques cas toutefois, ceux de rigidité immédiate, le cerveau est affecté, ainsi que la moelle épinière. La cause de ces troubles peut être attribuée aux convulsions qui précèdent la mort.

L'Attorney general. — Les symptômes décrits par le docteur Jones vous semblent-ils avoir du rapport avec ce que vous avez remarqué chez les animaux soumis à vos expériences?

Le docteur Taylor. — Oui.

D'après ses expérimentations sur des animaux, le témoin pense que le poison, administré en pilules, agirait plus lentement sur un sujet humain que sous la forme liquide. Les pilules doivent se décomposer à l'intérieur, avant de mettre le poison en contact avec la membrane muqueuse de l'estomac. Mais il n'y a pas d'induction raisonnable à tirer du temps nécessaire pour que le poison puisse agir sur un lapin, avec le temps qu'il faudrait pour qu'il agît sur un homme.

Le témoin passe à la recherche de la strychnine absorbée. Sur quatre cas, il a obtenu une fois, par l'analyse des intestins, la coloration des réactifs; une autre fois, il a seulement trouvé un goût très-mauvais au liquide, mais sans coloration. Dans les deux autres cas, il n'a rien trouvé qui décelât la présence de la strychnine. Il explique ces résultats négatifs par *l'absorption dans le sang*. Il croit donc qu'en supposant la quantité minimum nécessaire

pour ôter la vie, on ne retrouverait plus trace de strychnine à l'analyse.

Dans l'espèce, les portions d'intestins de Cook soumises aux expériences du témoin étaient dans l'état le moins propre à favoriser les recherches. L'estomac avait été ouvert dans toute sa longueur et ne contenait plus rien; la surface muqueuse, qui aurait pu recéler le poison, était en contact avec les parois externes des intestins. Tout était en désordre. Le témoin réclama d'autres parties du corps, et, opérant sur le tout, ne trouva que des traces d'antimoine. C'est à cette substance qu'il attribue les vomissements signalés chez Cook. Il croit que l'antimoine a dû être administré deux ou trois semaines avant la mort.

« Au reste, dit-il en terminant, je persiste à penser que c'est à la strychnine seule qu'il faut attribuer la mort de Cook. »

Le docteur Taylor est contre-examiné par *M. Serjeant Shee.* Pensez-vous, lui dit l'avocat de la défense, qu'il était de votre devoir de vous abstenir de toute démarche publique sur les faits du procès, qui fût de nature à influencer l'opinion?

R. Certainement.

D. Vous avez cependant écrit au journal de médecine *la Lancette*, une lettre, dans laquelle on trouve le paragraphe suivant:

« Pendant le quart de siècle que j'ai consacré à des enquêtes sur des cas de toxicologie, je n'ai jamais rien rencontré de semblable aux circonstances de l'affaire d'empoisonnement de Rugeley. Leur rapport avec la personne qui en est accusée me touche moins que l'influence qu'elles peuvent avoir sur la société. Je n'hésite pas à déclarer que la sécurité de la vie des habitants de notre pays dépend surtout des juges, du jury, des défenseurs à qui incombera la tâche de combattre les charges résultant des investigations de la justice. »

Le docteur Taylor. — Je devais combattre les interprétations erronées qu'on faisait courir sur la nature de mes déclarations. La question posée dans cette lettre est encore à résoudre aujourd'hui. On avait dit que, s'il y avait eu empoisonnement par la strychnine, cette substance devrait toujours être retrouvée; moi, je le nie. Je n'ai, du reste, aucune prévention contre l'accusé; j'espère bien, s'il est innocent, qu'il sera acquitté! mais je ne devais pas laisser sans protestation des erreurs dangereuses à la vie des citoyens, comme celle-ci, par exemple, que le tartre émétique ne peut donner la mort.

D. Mais ces commentaires, auxquels vous avez cru devoir répondre, n'émanaient pas de l'accusé? —R. M. Smith, l'un des conseils de Palmer, a fait circuler dans les journaux un récit des inexactitudes du docteur Taylor.

D. Connaissiez-vous M. Mayhew, éditeur de l'*Illustrated Times?*—R. Il s'est présenté à moi comme l'agent d'une compagnie d'assurances, et m'a demandé des détails sur les empoisonnements qui pouvaient être attribués à Palmer. Je causai avec lui sans défiance, et, quelques jours après, il me présenta une épreuve de journal dans laquelle notre conversation était relatée. J'en biffai plusieurs passages en me plaignant que ma bonne foi eût été surprise; car j'appris alors sa qualité véritable. Les passages biffés n'en furent pas moins publiés. Le journal publia également, sans autorisation, mon portrait et celui de mon assesseur, M. Rees. Ce sont de véritables caricatures.

M. Shee.—Je ne suis pas de votre avis ; je trouve les portraits très-ressemblants. (On rit.)

La suite du contre-examen porte sur les observations et sur les théories médico-légales du docteur Taylor ; la discussion qui s'engage, à ce sujet, entre les défenseurs et le témoin, est des plus confuses.

Le docteur Owen Rees, qui a opéré avec M. Taylor, reproduit les déclarations de son collègue.

M. Stevens, second mari de la mère de Cook, est appelé à examiner une acceptation mise au dos d'un billet de 500 livres et attribuée à Cook. Le témoin déclare que la signature n'est pas celle de son beaufils. Le défunt signait toujours J. Parsons Cook, et non J.-P. Cook, comme sur ce billet.

M. Shawbridge, l'un des directeurs de la banque de Rugeley, montre, à l'aide d'une comparaison de signatures, que les acceptations au nom de Sarah Palmer ne sont pas de la main de la mère de l'accusé.

John Walbanke, boucher à Rugeley, a prêté, le 30 novembre, 25 livres à Palmer, à la condition que cette somme lui serait rendue le samedi suivant, jour où Palmer disait qu'il avait de l'argent à recevoir aux courses de Shrewsbury. En effet, les 25 livres furent remboursées le jour indiqué.

Les autres dépositions, celles de M. Newton, de M. Bamford, de M. Pratt, entre autres, confirment les dires de l'accusation.

Ces longs et minutieux interrogatoires, sans cesse recommencés et contrôlés, avec une inépuisable patience, ont rempli six journées. Le septième jour, 21 mai, *M. Serjeant Shee* prend la parole pour présenter la défense.

L'avocat fait ressortir d'abord la gravité du débat qui s'agite devant le jury et duquel dépend la vie de l'accusé. C'est une raison de plus pour juger les faits froidement, et il faut bien se souvenir que le plus léger erreur serait pour Palmer la perte de la vie et de l'honneur. Depuis six longs mois, l'opinion publique s'est prononcée sur la mort de Cook, qui est attribuée au poison comme agent, à Palmer comme auteur.

Tout ce que la loi et la justice ont pu faire pour assurer l'impartialité et la sûreté de la décision à intervenir a été fait. Le défenseur ne doute pas que le jury n'apporte à sa décision l'attention la plus calme, et, quant à lui, il a la conviction la plus ferme que jamais accusé n'a dit avec plus de vérité que Palmer qu'il entendait plaider *non coupable*.

S'attachant tour à tour aux divers points relevés par l'Attorney general, M. Shee se place d'abord au point de départ de l'accusation : Palmer a préparé la mort de Cook, en commençant par *l'empoisonner légèrement* avec de l'antimoine, puis en *l'achevant* avec de la strychnine.

Avant d'examiner ce programme de l'accusation, il y a un premier fait grave, et que l'Attorney general n'a pas méconnu, à savoir qu'on n'a pas trouvé de strychnine dans le corps de Cook. Or, s'il est mort par la strychnine, la mort a dû avoir lieu dans les deux heures qui ont suivi l'absorption, un quart d'heure environ après que l'effet du poison s'est manifesté par les premières convulsions. Et il est à remarquer qu'il n'a pas été établi que le poison ait été rejeté dans les vomissements ; et, s'il avait été administré, rien n'aurait été plus facile que de le retrouver.

Le rapport de MM. Taylor et Rees avance, dans ses conclusions, que le poison a été décomposé et absorbé après avoir été pris, ce qui a empêché de le retrouver. Cette opinion est rejetée par des chimistes « plus éminents et plus habiles que les deux experts. » Ici, la défense s'appuie sur les opinions exprimées par les docteurs Nunneley, Herapath, William, Parker, surtout par le docteur Letheby, qui considère comme une hérésie médicale l'opinion émise par le docteur Taylor.

S'attachant ensuite aux faits, le défenseur établit qu'au mois de novembre, Palmer n'avait aucun intérêt à donner la mort à Cook. Cette mort, en effet, ne devait apporter à l'accusé aucun avantage ; loin de là, elle devait être pour lui le signal d'une ruine immédiate. Et, en effet, qu'est-il arrivé ? Sans doute, Palmer était horriblement embarrassé dans ses affaires, et l'accusation a tiré parti de ces embarras pour soutenir que Palmer avait intérêt à la mort de Cook ; qu'il a voulu immédiatement cette mort pour faire cesser ces difficultés, pour s'approprier ce qu'avait Cook, ce qui lui revenait de ses gains aux courses de Shrewsbury.

Palmer et Cook étaient liés par une amitié contractée dans les courses depuis deux ou trois ans. Ils avaient mis leurs intérêts en commun, dans cette partie, logeant dans les mêmes hôtels, faisant courir les mêmes chevaux. Quant aux opérations d'argent faites par Palmer et Cook avec Pratt et ses clients, jamais on n'avait songé à poursuivre Palmer, qui avait donné de bonnes garanties, qui payait l'argent prêté 40, 50 et même 60 pour 100. Or, toutes les garanties disparaissaient par la mort de Cook. Ne voit-on pas qu'à cette époque, Palmer, pressé par Pratt, s'était adressé à Cook, et que ce dernier avait écrit à son agent de rembourser 200 livres ? Un autre prêt de 300 livres avait été fait, et il résulte de cela que « Cook et Palmer avaient de l'argent qui passait d'une main dans l'autre, que Cook aidait très volontiers Palmer dans ses embarras. »

Cook était donc, pour l'accusé, un ami dévoué, dont l'aide était indispensable.

C'est dans la matinée du 21 novembre que Cook est mort. Jusque-là, Palmer avait fait tout ce qu'il pouvait pour le soigner et le soulager. Il était nuit et jour près de lui, et il appelait les amis de Cook pour l'aider à le soigner. Pouvait-on imaginer une accusation plus cruelle que de le représenter comme méditant alors de donner la mort à son ami ?

Le lendemain, il écrit à Pratt, et celui-ci, qui connaît à fond la situation respective des deux amis, répond immédiatement que cette mort va obliger Palmer à se mettre en mesure de payer le billet de 500 livres qu'il a garanti à l'occasion d'une transaction faite, selon la défense, au profit de Cook seul.

L'intérêt véritable de Palmer ainsi défini, n'est-il pas à croire que l'Attorney general n'aurait pas accepté la poursuite de ce procès, s'il n'y avait été poussé par la violence des préventions de l'opinion publique, nées du verdict rendu par le jury d'enquête ; et ce verdict même, qui l'a inspiré ? le rapport du professeur Taylor.

Veut-on étudier de plus près encore l'intérêt de Palmer, on va voir que d'autres raisons aussi s'opposaient à ce que Palmer désirât la mort de Cook. Weatherby, par exemple, devait payer un mandat de Cook de 360 livres, au profit de Palmer, et la mort de Cook mettait obstacle au payement. Si Palmer avait été réduit à contrefaire la signature de sa mère, cela ne prouve-t-il pas qu'il n'avait de ressources sérieuses que dans la bonté, dans l'amitié facile de Cook? Est-il supposable, dans de telles circonstances, que Palmer ait provoqué la mort de son ami, qu'il ait ameuté contre lui les créanciers de ce dernier, et tous les agents de poursuites qui se sont montrés impitoyables pour lui?

Palmer, on l'a pu reconnaître, était un homme du monde, connaissant les devoirs de sa profession, savant en chimie; et, à cette occasion, l'accusation lui a opposé un livre sur les marges duquel il aurait annoté les effets de la strychnine. Or, ce livre, il ne l'a pas caché, et la note qu'on y lit a été écrite par lui à l'époque où il faisait à Londres ses études de médecine.

Lord Campbell. — Je dois faire remarquer que l'Attorney general a formellement déclaré qu'il n'attachait à ce fait qu'une importance secondaire.

M. Serjeant Shee arrive au fait de la mort du frère de Palmer. Si, dit-il, les compagnies qui avaient assuré la vie de ce frère s'étaient loyalement exécutées, Palmer aurait pu faire face aux embarras de sa situation. Mais il n'y a rien là qui puisse faire peser sur l'accusé le soupçon d'un nouveau crime.

Si l'accusation a été battue sur le fait du mobile d'un crime prétendu; si elle a échoué dans l'enquête médico-légale, elle n'est pas plus redoutable, si on considère la mort de Cook au point de vue du simple bon sens. Les circonstances de cette mort n'ont rien d'inconciliable avec une mort naturelle. Cook, évidemment, a succombé à une affection de la moelle épinière. Le défenseur s'élève contre la manière dont le docteur Taylor a opéré, et lui reproche d'avoir, « avec une incroyable impudence, » affirmé sous serment que les pilules données à Cook, le lundi et le mardi, contenaient de la strychnine et avaient causé la mort, alors que toutes les tentatives pour retrouver le poison dans les organes de Cook ont été infructueuses.

« C'est cependant là ce qui a servi de base au verdict du jury d'enquête; c'est une pareille opinion, ainsi affirmée, qui a été livrée à tous les vents de la presse, qui a pénétré dans toutes les maisons des trois royaumes. Si la science était admise à faire loi devant les Cours criminelles, cette science qui échoue dans ses épreuves, et sur le front de laquelle on pourrait écrire cette devise : *Courte science, dangereuse science*, où serait donc la sécurité de la vie humaine ? » (*Voyez* le procès *veuve Boursier*.)

Sans doute, si le docteur Taylor, après des expériences répétées et prolongées, après avoir acquis une connaissance approfondie des poisons, avait découvert une substance toxique dans le corps de Cook, il eût été un témoin utile et compétent à appeler devant le jury. Mais il n'a jamais eu à examiner les effets de la strychnine sur un corps humain !

Pour expliquer les convulsions auxquelles Cook a succombé, M. Serjeant Shee rappelle l'état de santé dans lequel Cook était à Shrewsbury. Il y était arrivé bien portant, physiquement du moins, on ne veut pas le nier; mais agité et malade d'esprit, sous le coup des préoccupations les plus anxieuses. Tout son esprit était concentré sur le résultat qu'obtiendrait sa jument Polestar : vaincu, c'était sa ruine; vainqueur, ses affaires se trouvaient rétablies. Polestar remporta le prix de la course, et Cook en éprouva une telle commotion, qu'il fut pendant plus de trois minutes, M. Jones l'a déclaré, dans l'impossibilité d'articuler un seul mot.

C'est dans cet état de surexcitation qu'il rentre à son hôtel, où on célèbre son triomphe. Faut-il s'é-

tonner s'il arrive malade à Rugeley? Là, il ne voit d'autre compagnie que celle de Palmer. Le dimanche, son malaise empire, et il est fort malade pendant la nuit. L'excitation nerveuse est visible, établie, permanente, incontestable.

Ici, le défenseur combat l'opinion exprimée par quelques témoins, que Cook aurait succombé au tétanos. Il cite de nombreux extraits d'ouvrages de médecine, et en appelle à l'opinion de plusieurs savants docteurs, d'après lesquels il se croit en droit de conclure que Cook a été victime, non du tétanos, mais des excès qui avaient insensiblement usé sa constitution débile, et produit des ulcérations internes qui intéressaient tout l'appareil respiratoire.

Après cette plaidoirie, qui n'a pas duré moins de huit heures, on procède à l'audition des témoins appelés par la défense. (22 mai.)

Le docteur *Nunneley*, après avoir pris connaissance des circonstances qui ont précédé et accompagné la mort de Cook, pense qu'elle a eu pour cause, non pas le tétanos, soit idiopathique, soit traumatique, mais des convulsions. Il est confirmé dans cette opinion par ce qu'il a appris sur la constitution délicate de Cook, sur l'état permanent de traitement où il était, sur les affections syphilitiques dont il avait été atteint, et sur la vie irrégulière qu'il menait. L'état de la gorge et des poumons, tel qu'il résulte de l'examen *post mortem*, ne peut, selon le témoin, provenir que de ces causes. Le docteur cite divers cas, par lui recueillis dans sa pratique médicale, et conclut qu'un tel état de santé a dû prédisposer Cook à une irritation nerveuse, que des secousses morales ont pu développer d'une façon mortelle. En pareil cas, les vomissements fréquents n'ont rien qui puisse étonner un médecin.

Les docteurs *Herapath* et *Rogers* expriment des opinions semblables. C'est surtout sur les déclarations du docteur *Henry Letheby*, professeur de chimie et de toxicologie à la Faculté de médecine de Londres, que la défense a paru compter.

Ce savant professeur, qui, depuis longues années, s'est livré à l'étude des poisons et de leur action sur l'économie animale, déclare n'avoir trouvé, dans le cas présent, aucune analogie avec les symptômes constatés par lui dans ses nombreuses expériences sur les animaux.

D'abord, il n'a jamais vu s'écouler un aussi long temps entre l'ingestion du poison et la manifestation des premiers symptômes. Le plus long intervalle qu'il ait constaté a été de trois quarts d'heure, et encore, dans ce cas, le poison avait été administré dans les conditions les plus désavantageuses à son action; l'estomac du sujet était plein d'aliments. La durée normale de cet intervalle doit être d'un quart d'heure environ; elle a été quelquefois de cinq minutes seulement. Le témoin a toujours remarqué que le système du sujet était dans un tel état d'irritation nerveuse, que le plus léger mouvement pour le remuer, que le moindre attouchement, le plus petit bruit, un souffle d'air, faisaient tomber le patient en convulsions. Il est donc improbable qu'une personne qui aurait avalé de la strychnine puisse agiter vivement une sonnette et demander qu'on lui frictionne le cou.

Quant à la recherche de ce poison spécial, le témoin n'hésite pas à dire que, de tous les poisons minéraux ou végétaux, la strychnine est celui *qu'il est le plus facile de retrouver*. Dans beaucoup de cas, le témoin l'a découvert, soit dans le sang, soit dans les tissus des animaux sur lesquels il avait opéré, et cela, une fois notamment, un mois après la mort de l'animal, et alors qu'il était en pleine décomposition. Le témoin a pu retrouver jusqu'à des parties très-minimes de ce poison, par exemple, *la vingt-millième partie d'un grain*.

Le docteur *Letheby* ne pense pas que le mélange qui s'est opéré dans la jarre, des matières de l'estomac avec les intestins, ait pu être un obstacle à la découverte du poison, s'il en avait été administré. Toutes les matières contenues dans l'estomac eussent-elles été perdues, il eût suffi de l'analyse de la membrane muqueuse pour retrouver les traces de la strychnine.

Le docteur *Gay* dépose dans le même sens.

Le docteur *Wrightson*, de Birmingham, a fait des études spéciales sur la strychnine; il l'a toujours retrouvée dans le corps des animaux à qui il en avait fait prendre, soit à l'état pur, soit en combinaison avec d'autres matières, telles que la bile, le sang, les urines. Ce témoin n'admet pas la théorie du docteur Taylor sur la décomposition que subit la strychnine quand elle agit comme substance toxique.

Sur une interpellation de l'*Attorney general*, le témoin ajoute que, s'il y avait eu absorption complète de la dose administrée, la strychnine se retrouverait dans le sang, et que si toute la dose avait passé dans la circulation, l'estomac en fournirait des traces.

L'*Attorney general* insiste. Mais, dit-il, au cas où tout le poison aurait été absorbé dans le système organique du sujet, et plus particulièrement, s'il y avait eu absorption dans les urines, en retrouverait-on des traces?

Le témoin affirme qu'on n'en retrouverait pas.

Et, dit M. *Shee*, si le poison avait été ingéré une heure et demie seulement avant la mort?

Oh! alors, dit le témoin, on devrait le retrouver. Un tel délai est totalement insuffisant pour faire entrer tout le poison dans la circulation générale, surtout s'il avait été administré sous forme de pilules. Et, même en ce cas, il serait possible de retrouver la strychnine dans le foie ou dans les reins.

Le témoin fait, au surplus, des réserves sur ses réponses, en faisant remarquer qu'on n'a pas établi la dose à laquelle le poison aurait été administré.

Le docteur *Partridge*, professeur d'anatomie à King's College, pense qu'il aurait fallu analyser immédiatement l'épine dorsale. On y a constaté, il est vrai, l'existence de tubercules; c'est là l'indice d'une inflammation; mais c'est cette inflammation qu'on aurait dû saisir, et on eût pu le faire immédiatement après la mort. Le témoin n'a pas connaissance de cas où cette inflammation aurait produit le tétanos. Au reste, le témoin avoue qu'il lui est impossible d'assigner une cause naturelle et connue à la mort de Cook, telle qu'on la lui a décrite, et qu'il n'a jamais rien vu de semblable.

Le docteur *John Gay*, agrégé de la Faculté de médecine, connaît, au contraire, et rapporte un cas observé par lui, en 1843, sur un jeune garçon, mort, à la suite d'un accident, avec des vomissements et des circonstances semblables à celles de la mort de Cook.

Le docteur *Macdonald* dit que c'est dans ce procès qu'il a entendu avancer pour la première fois que la strychnine peut être complètement absorbée et décomposée, de manière à échapper à toute recherche. La science ne permet pas d'admettre cette

théorie, que démentent de nombreuses expériences. Invité à résumer clairement son opinion sur les causes de la mort de Cook, ce témoin l'attribue à des convulsions épileptiques compliquées de tétanos, cas connu, qui prend sa source dans la décomposition du sang agissant sur le système nerveux. La surexcitation de Shrewsbury a dû contribuer à provoquer l'attaque.

L'Attorney general. — Ainsi, vous pensez qu'une grande joie a pu provoquer les vomissements? — R. Il est possible que cela l'y ait prédisposé.

D. Ne parlons pas du *possible;* expliquez-vous par trois minutes d'émotions éprouvées à Shrewsbury, le mardi, les vomissements de la nuit du mercredi?

Le témoin. — Je ne dis pas cela; mais je ne trouve pas d'autres symptômes d'excitement et d'abattement entre ce moment et celui de la mort. Les taches blanches trouvées dans l'estomac du défunt ont pu, en produisant un état inflammatoire, amener les convulsions qui ont entraîné la mort.

L'Attorney general. — Mais les médecins qui ont fait l'autopsie n'ont pas constaté d'inflammation dans l'estomac.

Le témoin. — Il y avait des taches blanches, il y a donc eu inflammation.

L'Attorney general. — Mais puisque les docteurs n'en ont pas vu.

Le témoin. — Je ne m'en rapporte pas à eux. (Rires frénétiques dans la salle. Les magistrats et Palmer lui-même partagent cette hilarité.)

Le témoin, un peu décontenancé. — Les excitations sensuelles peuvent produire l'épilepsie avec complication de tétanos. Les ulcérations et les affections syphilitiques constatées chez Cook, établissent qu'il avait éprouvé des excitations fréquentes, qui se placent avant son arrivée à Shrewsbury.

L'Attorney general. — Est-ce que vous croyez que les plaisirs des sens peuvent produire l'épilepsie quinze jours après qu'on les a éprouvés? — R. Je me rappelle un cas où l'épilepsie a été le résultat de pareils actes.

D. Et vous en rappelez-vous où ce résultat se soit produit au bout de quinze jours? — R. C'est dans les choses possibles.

D. Comment pouvez-vous, si vous êtes un homme sérieux, dire de pareilles choses? — R. Les résultats sont là.

D. Qu'entendez-vous par les *résultats*, en ce qui touche le procès actuel? — R. Je veux parler des ulcérations et des affections syphilitiques.

D. Voyons: est-ce que vous avez jamais entendu dire que des ulcérations semblables aient produit l'épilepsie? — R. Je ne dis pas cela.

D. L'avez-vous entendu dire des affections syphilitiques? — R. Non; mais elles produisent le tétanos.

D. Mais vous avez parlé jusqu'ici de l'épilepsie; il n'a pas été question de tétanos entre nous. — R. Vous oubliez les affections tétaniques.

À ce moment, l'incohérence des réponses et la mine effarée du témoin portent à son comble l'hilarité des auditeurs; quelques *grognements* se mêlent aux rires. Un seul spectateur proteste par des applaudissements, jaloux, sans doute, de représenter l'esprit d'opposition, qui réclame toujours sa place en Angleterre. Le docteur Macdonald est, enfin, autorisé à se retirer; il paraît profiter avec bonheur de cette permission, qui termine sa rude épreuve.

Après lui, *le docteur Steddy* déclare avoir vu des

cas d'épilepsie se terminer par le tétanos, mais jamais avec les circonstances qui ont été relevées pour la mort de Cook. Il pense que cette mort «doit être attribuée aux tubercules qui affectaient la moelle épinière. »

L'Attorney general. — Qui vous fait penser cela? — R. Je ne vois que cette cause, « si l'on met de côté la mort par la strychnine. »

D. Tous les symptômes décrits par le docteur Jones n'indiquent-ils pas que la mort a été produite par la strychnine? — R. Ils se réfèrent à cette cause.

D. Ainsi, votre opinion se résume en disant qu'en l'absence de toute autre cause connue, vous attribuez la mort de Cook à l'épilepsie? — R. Oui.

Le docteur Richardson pense que Cook a succombé à une angine de poitrine, et il cite plusieurs cas ayant une grande analogie avec celui qui occupe la justice.

L'Attorney-général se lève pour répliquer au nom de la couronne. En Angleterre, le roi, comme on dit, *a le dernier;* contrairement à ce qui se passe en France, et presque dans tous les pays du monde, la dernière réplique appartient à la couronne.

« Je demande à Vos Seigneuries, dit-il, et à Messieurs du jury de remplir un important et solennel devoir! J'espère qu'il m'est permis de répondre à l'appel que m'adressait l'autre jour mon savant ami Serjeant Shee, et de dire combien je me suis senti satisfait des ressources déployées dans ce procès par la défense; mais, placé ici comme un instrument de la justice publique, je sens aussi qu'il me faut achever ma tâche, et solliciter de vous, de nouveau, un verdict de culpabilité. Si je ne puis arriver à établir cette conviction dans vos âmes, nul plus que moi ne se réjouira d'un verdict d'acquittement.»

Et l'Attorney general insiste sur la faiblesse de la défense qui, malgré son talent, n'a pu expliquer ni l'emploi de la strychnine achetée par Palmer, ni la disparition des papiers et de l'argent de Cook, ni les démarches compromettantes de l'accusé. Quant à la cause de la mort, malgré les «suppositions scandaleuses» de quelques médecins, il persiste à le voir dans le tétanos produit par la strychnine.

A la suite de cette réplique, *lord Campbell* commence son résumé.

C'est une tâche longue et fatigante, dans les formes de la justice anglaise, que celle de résumer les débats, et l'analyse d'un document semblable serait fastidieuse et inutile. Le Lord-Chief-justice, en effet, ne doit pas se borner à résumer les débats oraux d'après les notes qu'il a prises; il lui faut encore donner lecture des déclarations écrites des témoins, des procès-verbaux et de toutes les pièces importantes de l'information. Sur chacune des dépositions, soit écrites, soit orales, le Président fait ses observations; il les rapproche, il les commente, et il en donne, d'après son opinion, le sens véritable et la portée juridique.

Nous ne suivrons donc pas le Lord-Chief-justice à travers les innombrables détails de ce résumé, dont les éléments principaux sont déjà connus du lecteur. Contentons-nous de dire que lord Campbell laissa très-nettement entrevoir sa conviction de la culpabilité de Palmer.

L'immense résumé du Lord-Chief-justice est, enfin, arrivé à son terme; nous sommes au 26 mai. La salle est évacuée; mais la curiosité publique espère que le verdict sera rendu sans désemparer, pendant une séance de nuit. Une foule énorme ne cesse d'assiéger les portes d'Old-Bailey, ou de stationner devant le café de Londres; elle ne se dissipe que fort avant dans la soirée.

Le lendemain, 27, à dix heures, l'audience est ouverte. Lord Campbell annonce que le procès touche à sa fin. Palmer, à l'approche du moment redoutable, a pris, pendant quelques instants, sa tête dans ses deux mains; et, quand il reprend sa position première, on peut lire sur son visage les traces des émotions violentes qu'il s'est efforcé de maîtriser.

Le jury entre en délibération. Au bout d'une heure environ, on annonce que les jurés se sont mis d'accord sur le verdict, et ils reprennent place à l'audience.

Palmer est ramené à la barre; il a tout son sang-froid.

Le Clerc d'accusation (Clerk of the Arraigns) M. Straight pose aux jurés la question ordinaire: — « Êtes-vous d'accord pour votre verdict? Trouvez-vous le prévenu coupable ou non coupable? »

Le chef du jury *(Foreman)* répond, d'une voix ferme: — « Nous trouvons le prévenu coupable. »

Palmer, à ce mot terrible, a légèrement pâli; mais il redevient aussitôt maître de lui-même, et son attitude est celle d'un spectateur indifférent.

Le Clerc d'accusation. — Prisonnier à cette barre, vous êtes convaincu de meurtre; qu'avez-vous à dire pour empêcher que la Cour ne vous condamne à mourir, conformément à la loi?

Cette question n'est qu'une pure formalité: Palmer n'y fait pas de réponse.

Les juges se couvrent.

Le Lord-chief-justice prononce la sentence, dans les termes suivants:

« William Palmer, après une longue et impartiale procédure, vous avez été convaincu par le jury de votre pays du crime de meurtre avec préméditation. Mes deux collègues et moi, après avoir suivi ce procès avec l'attention la plus scrupuleuse, nous ne pouvons qu'acquiescer à ce verdict, et considérer la conviction du jury comme absolument établie. Les circonstances du crime sont tellement aggravantes, qu'il serait impossible d'en diminuer l'horreur. Est-ce le premier, le seul de cette nature que vous ayez commis? c'est un secret entre Dieu et votre conscience. Il est peu croyable qu'un homme se familiarise à ce point avec les moyens de donner la mort à ses semblables, sans une longue expérience: quoi qu'il en soit, cet attentat dont vous avez été trouvé coupable, vous allez payer de votre vie. Vous devez vous préparer à mourir; et j'ai confiance que, si vous ne pouvez plus espérer de pardon en ce monde, vous pourrez, par le repentir de vos crimes, obtenir le pardon du Dieu tout-puissant. L'acte du Parlement, en vertu duquel vous avez été traduit à la barre de cette Cour, à votre propre requête, laisse à décider à cette Cour si la sentence sera exécutée dans la juridiction de la Cour criminelle centrale, ou dans le pays même où le crime a été commis. Nous pensons que, pour l'exemple, cette sentence doit être exécutée dans le comté de Stafford. Cet exemple terrible, je l'espère, pourra détourner de commettre d'aussi atroces attentats; il sera prouvé par là que, ni science du crime, ni précautions, ni habileté mortelle, ne peuvent empêcher l'assassin d'être découvert et puni. Si bien choisi que puisse être l'agent destructeur, la Providence a voulu, pour la sûreté de ses créatures, qu'il y eût toujours un moyen de retrouver le poison le plus subtil et de confondre l'empoisonneur. Je vous supplie, une fois encore, de vous repentir et de vous préparer à la solennelle épreuve qui vous attend. Je ne veux point ajouter aux tortures de votre âme par l'énumération des circonstances de votre acte criminel; je me contenterai de prononcer contre vous la sentence de la loi, à savoir: Que vous serez conduit de ce banc à la geôle de Newgate, puis, de là, à la geôle du comté de Stafford, lieu témoin de l'offense; vous serez ensuite mené sur la place d'exécution, et là, vous serez pendu par le cou jusqu'à ce que mort s'ensuive, et votre corps sera enseveli dans l'enceinte de la geôle de Stafford. Et puisse le Seigneur avoir en pitié votre âme! Amen! »

Palmer fut, quelques jours après, transféré dans la geôle de Stafford, pour y attendre l'exécution de cette sentence. L'excitation de l'opinion publique ne fit qu'augmenter de jour en jour. A Londres, une certaine réaction s'opéra en faveur du condamné. On discutait, dans des *meetings*, le résumé trop accentué de lord Campbell; on y disait qu'en présence des contradictions de la science, il eût fallu surseoir au jugement.

Tous les jours, quelqu'un de ces *excentrics* dont fourmillent les trois royaumes, publiait quelque lettre dans les journaux; on discutait les témoignages, on révélait des charges nouvelles, on affirmait l'innocence du condamné. Les assertions les plus romanesques étaient les plus avidement accueillies.

Ainsi, il courut l'histoire d'une femme, autrefois maîtresse de Cook, qui, pour se venger de son abandon, l'aurait piqué avec une flèche empoisonnée que le savant voyageur M. Rawson aurait jadis rapportée des Indes. L'honnête M. Rawson déclara qu'il possédait, en effet, des flèches imbibées de sucs mortels, mais qu'il les tenait renfermées dans une boîte dont lui seul avait la clef.

Le major gouverneur de la geôle recevait, par centaines, des lettres de toutes les parties de l'Angleterre, avec prière de les communiquer au condamné. Les uns envoyaient des pièces de vers pour le distraire, d'autres, de petits traités religieux pour l'édifier. Quelques-uns avertissaient l'autorité que Palmer avait des moyens de suicide, qu'il avait caché du poison dans ses oreilles, qu'il laissait croître ses ongles pour s'ouvrir les veines. Un habitant de Newport exprimait le plus vif désir d'être choisi pour exécuter le célèbre empoisonneur.

Palmer, cependant, depuis sa condamnation, avait été, selon l'usage, isolé des autres prisonniers, et ne recevait, à Stafford, d'autres visites que celles des chapelains, de ses trois frères et de sa sœur. Il conservait la même attitude calme et froide qu'il avait déployée pendant les débats. Il parlait volontiers de son procès, affirmait son innocence et critiquait le verdict, mais sans colère. C'était surtout la manière dont lord Campbell avait fait le résumé de l'affaire qu'il signalait à ses interlocuteurs. « J'ai été sûr de mon acquittement, disait-il, même pendant tout le temps qu'a duré la délibération du jury; il n'y a que l'attitude du chef du jury, à sa rentrée à l'audience, qui m'a montré que la délibération m'avait été contraire. »

Le 14 juin fut le jour fixé pour l'exécution.

Pour prévenir les accidents, et aussi pour diminuer, s'il était possible, le nombre des spectateurs, la police avait pris des mesures afin que les jeunes gens au-dessous de l'âge de quatorze ans ne pussent se mêler à la foule; quant aux femmes, elle avait dû se contenter de leur faire remarquer « combien il serait convenable qu'elles s'abstinssent d'approcher de la geôle ». Le maire et les magistrats de Stafford s'entendirent avec le voyer pour entraver, le plus qu'il serait possible, la construction des plates-formes et échafauds, qui déjà se dressaient de toutes parts sur les toits et devant les maisons. On fit même répandre le bruit qu'il y aurait quelque imprudence aux habitants à laisser leurs maisons à la discrétion des *pick-pockets* que Londres avait envoyés par centaines.

Tout fut inutile. Dans la nuit du vendredi au samedi, une foule énorme entourait la geôle; dès quatre heures du matin, le nombre des curieux pouvait être estimé à 30,000. La plupart avaient bivouaqué patiemment, bien munis de provisions de bouche.

Quand huit heures sonnèrent à l'horloge de la geôle, un détachement de trente constables spéciaux entoura l'échafaud dressé en face de la prison. De forts détachements de police prirent position en avant de la foule, et un immense hourrah s'éleva du milieu de cette mer humaine: William Palmer avait paru.

Le condamné portait l'habillement gris des prisonniers, contrairement à tous les usages; ce n'était pas là une aggravation de peine, qu'on n'eût pas eu le droit de lui infliger; mais tous ses vêtements étaient restés à Londres. Palmer avait bon visage, et ses traits étaient reposés comme ceux d'un homme qui a bien dormi. Vers cinq heures du matin, le chapelain, M. Goodacre, était venu le visiter: Palmer l'avait accueilli avec cordialité; puis il avait demandé du thé, et, comme le guichetier qui le lui présentait lui disait: — « Comment cela va-t-il? —Tout à fait bien, » répondit-il sans emphase. Au moment de quitter la cellule, le haut sheriff lui fit une dernière question sur son crime: — « J'ai été condamné injustement, répondit-il, et je suis victime d'une erreur. »

Cette protestation suprême était faite avec tranquillité et simplicité, comme celle d'un joueur bien élevé qui a perdu, qui paye, mais qui discute, tout en l'acceptant, le coup qui l'a ruiné.

De la cellule à l'échafaud, la route était longue; Palmer la franchit d'un pas léger, monta l'escalier comme un homme qui va faire une visite, se plaça sur la bascule, et regarda les flots humains d'un œil calme et sans bravade.

Les spectateurs de cette scène lugubre trouvèrent le secret de se ravaler même au-dessous de l'assassin. Ils l'accueillirent par des salves de huées, par des jurements, par des grognements, par des cris avinés: — Meurtrier! empoisonneur! criaient ces milliers de voix; qu'on le tue! Les ouvriers des mines à charbon, population abrutie par le travail et le gin, sauvages de l'industrie, bêtes à face humaine, hurlaient de joie et de rage à la vue du condamné s'apprêtant paisiblement à payer sa dette.

Palmer fit une courte prière avec le chapelain; puis le bourreau, Smith, de Dudley, s'approcha. Palmer lui tendit la main, et lui dit à voix basse, d'un ton affectueux: « Dieu vous bénisse! » Aussitôt la cheville fut retirée; la bascule s'abattit, et, après une légère convulsion des membres, ce qui avait été Palmer resta suspendu sans vie.

Le procès de Palmer coûta au budget plus de 10,000 livres sterling (250,000 fr.).

Paris. — Typographie de Firmin Didot frères, fils et Cᵉ, 56, rue Jacob.

LATUDE (1749-1784).

. . . Son corps voltigeait et tournoyait dans l'espace (PAGE 11).

L'histoire des Causes célèbres serait assurément incomplète, si, à côté et comme en regard des jugements fameux, nous ne placions l'histoire de quelqu'un de ces malheureux condamnés par l'arbitraire et punis par une autre main que la main de la justice ordinaire. Ce triste spectacle d'un homme privé de sa liberté, soumis à de longues tortures, par le seul bon plaisir d'un puissant, nous fera mieux comprendre et goûter la situation que nous ont faite à tous, grands ou petits, ces conquêtes tutélaires de la révolution française, la liberté individuelle et l'égalité devant la loi.

Voici l'histoire d'un homme qui, pour une faute légère, fut enseveli, pendant près de trente-cinq ans, dans les prisons les plus cruelles. Cet homme porte un nom profondément gravé dans la mémoire du peuple : il s'appelle Latude, c'est-à-dire la victime par excellence de l'arbitraire. Il fut jugé par le caprice, condamné sans procès, puni sans juges, et cependant il est vrai de dire que l'histoire de sa vie

est aussi une Cause célèbre. Cause instruite après coup par l'indignation populaire, dans laquelle l'esprit de justice éternelle remplace le tribunal absent et qui se termine par la condamnation de celui qui condamna sans droit. Le défenseur même ne manque pas ici à celui qui fut privé d'avocat comme de juge. Et, par un singulier contraste, l'avocat fut une pauvre femme, obscure, sans crédit, sans autres pouvoirs que sa pitié naturelle et son amour instinctif de la justice.

Le mandat d'amener, l'instruction, les interrogatoires, les témoignages, l'accusation, la défense, le verdict et le jugement, ces divers moments d'un procès criminel de nos jours, sont remplacés, dans la procédure de l'arbitraire, par un seul acte, la *lettre de cachet*. La seule raison de la condamnation, c'est la raison d'État. La peine infligée est unique : c'est la détention, prolongée au gré d'un caprice irresponsable, souvent perpétuelle, sans proportion avec la faute. La prison, c'est *la Bastille*.

Parlons d'abord de l'instrument de supplice favori de l'arbitraire.

A l'extrémité de la rue Saint-Antoine, à l'entrée du faubourg et sur la rive gauche de la Seine, qui n'était pas encore contenue par des quais, s'élevait, depuis les dernières années du XIV° siècle, un monument gigantesque, dont la physionomie redoutable joue un grand rôle dans l'histoire de Paris.

C'était *la Bastille*. Ce château fort, dans l'ancien système de guerre, était une imprenable citadelle, dont les défenseurs commandaient Paris et la porte Saint-Antoine. Jusqu'aux temps de la Fronde, qui avait la Bastille contenait ou gardait la grande cité.

Mais tout château fort était aussi une prison, et la force exceptionnelle de la Bastille en fit la prison d'État par excellence. Ministre infidèles ou disgraciés, rebelles, conspirateurs, hérétiques, empoisonneurs, assassins, convulsionnaires, libellistes, tour à tour y passèrent, y souffrirent, y moururent. Là vécut sa vie mystérieuse de fer, dont l'histoire n'a pas dévoilé les traits, le Masque de fer. La Bastille devint, peu à peu, la geôle du bon plaisir, l'instrument des vengeances royales, la sauvegarde des puissants offensés, la ressource des maris trompés, des femmes en crédit désireuses de faire disparaître un mari gênant, des pères curieux de mettre à l'ombre un fils dissipateur, un cadet remuant. C'était le Saint-Lazare des nobles et des riches.

S'agissait-il d'obtenir une place à la Bastille pour un protégé, les formalités n'étaient pas longues. Avec quelque ouverture en cour, on ne demandait pas longtemps le passe-port obligé de la victime, la *lettre de cachet*.

La lettre de cachet, autrefois lettre close, était, à l'origine, un ordre secret du roi, dicté par lui-même, contre-signé par un secrétaire d'État et scellé du sceau royal. Elle avait pour objet, quelquefois une injonction adressée à un corps politique, un arrêt d'exil frappant quelque homme important, le plus souvent l'arrestation d'un homme dangereux ou simplement gênant.

Le charlatan Cagliostro, dans un Mémoire justificatif, publié après la conclusion de l'affaire du *Collier* (*Voyez* ce procès), définit fort bien, pour le temps, la lettre de cachet. C'est, dit-il, «un remède extrême, utile peut-être dans quelques circonstances, mais dont on abuse trop souvent. Les lettres de cachet sont hors de la loi. Le prince, en les signant, exerce une dictature momentanée; mais les abus auxquels elles peuvent donner lieu rentrent sous l'empire de la loi.»

Voilà ce qu'était d'abord, ce qu'aurait dû être toujours la lettre de cachet. Mais comment ne pas abuser de l'arbitraire? On est souvent tenté de faire disparaître un homme, et si cela est facile, commode, si nul n'a droit de demander compte de l'homme disparu, on voit où peut mener ce pouvoir suprême et irresponsable.

Un conseiller d'État parlait, un jour, à Voltaire, de deux hommes qu'on allait juger au Parlement, et dont le crime était d'avoir fabriqué de fausses lettres de cachet. — « Et que fait-on, demanda Voltaire, aux gens qui font de fausses lettres de cachet? — On les pend. — C'est bien fait, en attendant qu'on pende ceux qui en signent de vraies.»

Louis XIV signa des milliers de ces lettres, dans l'intérêt mal compris de la religion (1) et de l'État;

(1) Plus de 54,000, par exemple, dans l'affaire de la bulle *Unigenitus*.

Louis XV en signa plus encore, pour la satisfaction des passions ou des vices de ses favoris.

Mais il ne faudrait pas croire que, pour tant de prisonniers, il n'y eût qu'une Bastille. Le Mont-Saint-Michel, en Normandie; le château de Ham, en Picardie; les îles Sainte-Marguerite, en Provence; le château de Pierre-Encise, dans le Lyonnais; le Château-Trompette, à Bordeaux; le château de Saumur; le château du Taureau, en Bretagne; le fort de Brehon, dans le Languedoc; les citadelles de Calais, de Doullens, étaient de redoutables succursales du château fort par excellence. Ajoutez à cette liste des prisons de l'arbitraire, les couvents : les Cordeliers de Mont-Jean, de Beauvoisis, de Tanlay, de Châtillon-sur-Seine, d'Amboise; les Bons-Fils de Saint-Venant, d'Armentières, de Lille; les Picpus de Vailly; les Frères de la Charité de Poitiers, de Senlis, de Château-Thierry, de Romans, de Cadillac, de Pontorson.

Pour les femmes, il y avait le Refuge, à Dijon; les Annonciades, à Clermont-Margone; la Madeleine, à La Flèche; Notre-Dame-de-Charité, à Guingamp; la Riche, à Tours; les Ursulines, à Chinon; les Hospitalières, à Gomond.

A Paris même, Saint-Lazare, l'Abbaye, Bicêtre, Charenton, Vincennes, pour les hommes; la Salpêtrière, Sainte-Pélagie, les Madelonnettes, le couvent de Valdonne, pour les femmes, suppléaient la Bastille.

La Bastille, type de ces antres discrets, consistait en huit grosses tours disposées en parallélogramme et réunies par des murs élevés. Ces tours portaient les noms suivants : la Bertaudière, la Brétignière, tour de la Comté, du Puits, du Trésor, du Coin, de la Chapelle, de la Liberté.

Chaque tour contenait cinq étages de cachots. Le premier, de plain-pied avec le fossé, le rez-de-chaussée, si l'on veut, renfermait les cachots humides, à niveau des fossés; le second étage avait les cachots élevés au-dessus du sol; au troisième et au quatrième étage, étaient les chambres à cheminées. Le cinquième étage, dit *la Calotte*, constitué par la voûte générale qui surplombait tout l'édifice, présentait des chambres étouffantes en été, glaciales en hiver. La plate-forme de la Bastille était crénelée et supportait des canons, dont les gueules menaçaient Paris et ses abords.

C'est dans les cachots du rez-de-chaussée qu'on enfermait les incorrigibles, ceux qui s'étaient évadés ou qui avaient tenté de s'évader, ceux dont il importait de se défaire au plus vite. La nature humaine ne résistait guère à ces séjours affreux : on y devenait fou, ou on y rendait bientôt le dernier soupir, soit qu'on succombât à la maladie, soit qu'on se délivrât par le suicide. Dans le cas de folie, on était évacué sur Bicêtre ou sur Charenton; dans le second cas, on était enseveli, sous un nom de fantaisie, dans le cimetière du château.

L'honnête Dusaulx, témoin oculaire du 14 juillet 1789, dit dans son *OEuvre des sept jours ou Notice tirée de mon journal*, etc. : « Ce n'était pas un conte que ce cachot fangeux, et si fétide, qu'on s'y trouvait mal. Tout Paris a pu le voir, et j'y suis descendu le lendemain. Du centre d'une énorme pierre, placée au milieu de ce cachot, partait une grosse chaîne propre à retenir, non pas seulement un homme, mais tel monstre qu'on puisse imaginer. »

Les murs et les cachots homicides de la Bastille n'étaient pas les seuls objets disposés comme à plaisir pour inspirer l'effroi. Il y avait, jusque dans l'ornementation du château, des recherches de terreur.

Le cadran de l'horloge de la Bastille était supporté par deux figures d'esclaves courbés sous le poids de leurs chaînes, et, par une sorte de raffinement odieux, la chapelle même, cet asile de la religion libératrice, rappelait au prisonnier sa condition : on y voyait un tableau représentant *Saint-Pierre-aux-Liens*. Le cadran et ses tristes cariatides furent détruits à coups de pierre, le 14 juillet 1789 ; le tableau fut porté à l'Hôtel de Ville.

Il ne faudrait pas s'imaginer, pourtant, que la Bastille fût, nécessairement, un lieu de supplices. Le régime de la grande prison d'État n'était pas systématiquement rigoureux. Le prisonnier y était suffisamment bien nourri, même avec recherche, s'il appartenait à une classe élevée de la société. Linguet, dans ses *Mémoires*, dit qu'une allocation annuelle de 44,750 fr. était destinée à cet objet. Le roi y ajoutait, sur sa cassette, 3 fr. par jour pour les prisonniers de basse extraction ; 5 fr. par jour, pour les bourgeois ; 6, 7 et 11 fr., pour les prisonniers de classes supérieures ; 36 fr., pour un maréchal de France. Pendant le célèbre procès de Pondichéry, M. de Lally rapportait 120 livres au gouverneur de la Bastille. Le procès du Collier fit entrer à la Bastille un des plus gros pensionnaires qu'elle eût jamais renfermés, le cardinal de Rohan.

Aussi, dans les derniers temps, la place de gouverneur, la première autorité du château, s'achetait-elle fort cher. Le dernier gouverneur, M. de Launay, que les Mémoires du temps appellent un traiteur en talons rouges, ne s'en plaignait pas moins très-souvent au lieutenant général de police, de la cherté des vivres, assurant qu'il ne voulait rien gagner, qu'il voulait seulement ne pas perdre ; se répandant en doléances, quand les temps étaient durs, c'est-à-dire quand des prisonniers d'importance manquaient à son hôtellerie.

Quelles que fussent, au reste, les intentions relativement humaines du roi et des ministres, l'avarice sordide d'un de Launay ou la férocité naturelle d'un Bernaville suffisaient pour les paralyser. Un gouverneur levait sur le cafetier un impôt de cinq cents livres ; sur le coquetier, chargé de vendre les œufs, le beurre et le fromage, un impôt de trois cents livres. Le boucher ne vendait à M. le gouverneur la viande que cinq sols six deniers, quand les plus pauvres gens la payaient sept sols. Il n'y avait pas jusqu'au porteur d'eau qui ne dût acheter son privilége exclusif. Les pensionnaires se sentaient de toutes ces retenues. Le prisonnier rendait même après la mort. La police payait le moindre enterrement 36 livres ; 50 écus, si le chapitre y assistait en corps ; 75 livres, si quelques-uns seulement de *Messieurs* y assistaient. Or, les enterrements se faisaient entre minuit et une heure du matin, et le gouverneur pouvait, sans craindre de contrôle, écourter la cérémonie.

La nourriture, avons-nous dit, était donnée en quantités amplement suffisantes ; elle était même passablement recherchée, si l'on ne considérait que la carte des mets. Et cependant, sans compter les malversations du gouverneur et de ses agents, diverses circonstances la rendaient désagréable et malsaine. Le défaut le plus sensible était celui de la propreté. Puis, les aliments, montés des cuisines par les interminables escaliers des tours, n'arrivaient jamais que froids. La viande de boucherie, le poisson, les légumes, la pâtisserie, la soupe, le vin, tout cela composait, en apparence, un fort ragoûtant ordinaire. Mais on s'apercevait bien vite qu'il y avait loin du mot à la chose. La viande était mal cuite ou desséchée ; le beurre manquait dans les légumes, ou se faisait tristement reconnaître par son âcreté ; le poisson était toujours sans saveur, quelquefois pourri. Servait-on des pieds de cochon, friandise aimée des prisonniers, l'aide de cuisine ne s'était pas donné la peine de les racler. La pâtisserie était lourde, indigeste, aqueuse ; la soupe était sans saveur, le vin aigre. Enfin, le retour invariable des mêmes mets finissait par révolter l'estomac le plus robuste, et cette périodicité avait quelque chose de si mathématique, qu'un pensionnaire de la Bastille eût pu annoncer, pendant un siècle entier, sans se tromper jamais, ce qu'on lui apporterait pour chacun des repas de la semaine.

Il y avait des gouverneurs qui faisaient parade de leur avarice et de leur insensibilité. On citait, par exemple, à la Cour, le mot de Rougemont, gouverneur de Vincennes : «Si on nourrissait les prisonniers avec de la paille, je leur donnerais de la litière ; » et cet autre, plus atroce, de son cuisinier : « Si je croyais qu'il restât une goutte de jus dans leur viande, je la mettrais sous mes pieds, et je l'écraserais pour l'en faire sortir. »

On sait ce qu'étaient les cachots : les chambres à lit avaient un ameublement grossier, mais presque confortable : un vaste lit de serge, avec rideaux, paillasse et un matelas ; une table, deux ou trois chaises, une grande cheminée, dans laquelle deux pierres faisaient l'office de chenets. Les prisonniers les plus sages avaient, par faveur spéciale, une pelle et des pincettes.

Le côté vraiment insupportable du régime de la Bastille, c'était l'espionnage, la trahison, le mensonge. Si deux ou plusieurs prisonniers menaient la vie commune, il leur fallait se défier les uns des autres. Chaque parole, chaque démarche d'un porte-clefs, d'un officier inférieur, était un piège, une perfidie. Ajoutez à ces tortures la privation de toute nouvelle du dehors, l'isolement le plus affreux, et, ce qui était le pire, l'effroyable ignorance où restait le prisonnier sur la durée d'une peine, dont le terme, comme l'origine, ne dépendait que du bon plaisir.

Et cet insupportable châtiment, on n'y soumettait pas seulement des hommes mûrs, mais aussi des enfants *de sept ans*, des vieillards de *cent onze ans*, des femmes malades ! On allait à la Bastille, pour avoir eu, comme un comte de Chavignes, une discussion avec M. de Maurepas ; pour avoir insulté une sentinelle, comme le chevalier de Saint-Sauveur ; pour avoir dit, comme Guignard, que le commis Dufresne, ce qui était vrai, était le fils d'un laquais. Un camarade du frotteur de M. d'Angivilliers volait des tableaux à son maître et se sauvait : à la Bastille, le frotteur. Le cabinet noir interceptait une lettre écrite à Prot, un laquais, par la veuve Boivin, dans laquelle la veuve disait : « Envoyez-moi ce que vous savez bien ; on attend après. » Le *ce que vous savez bien*, c'était un petit pot de graisse, pour arrêter la chute des cheveux. La police rêva libelle. Le laquais fut déclaré colporteur de livres dangereux, et alla pourrir à la Bastille. Il n'était pas même permis d'avoir du zèle pour le roi, quand on n'était pas de la police. Louis Marchal, garçon chapelier, écrit au comte d'Affry qu'il a entendu dire, dans un cabaret, à un ivrogne, qu'il voulait qu'on parlât un jour de lui plus que de Damiens : à la Bastille, le garçon chapelier.

Un suisse idiot, Thorin, prétend avoir vu, en songe, son ancienne maîtresse, Mᵐᵉ de Foncemagne, qui lui disait : « Vous assassinerez le roi, je vous sauverai, et vous resterez sourd-muet jusqu'à ce que tout soit accompli. » Une douche eût été nécessaire au pauvre diable; on ordonna la Bastille.

Mais surtout, à la Bastille, tous les imprudents, tous les importants, tous les esprits remuants qui s'occupent, sans mission, des affaires de l'État. Un comte de Kersalaun a fait un projet sur l'utilité qu'il y aurait à coloniser Madagascar, à former des alliances avec tous les petits princes de l'Est de l'Afrique et de la mer Rouge; on l'arrête, à sa descente du coche de Troyes, et on le conduit à la Bastille.

A la Bastille, encore, et pour y être traités plus durement que tous les autres, ceux qui parlent mal des puissants, ceux qui attaquent, dans leurs écrits, les favoris du jour. Ceux-là, s'ils n'ont pour protecteurs ni quelque grand seigneur, ni quelque gros fermier, ni quelque fille en faveur, ni, pour le moins, l'opinion publique, ils pourront se considérer comme ensevelis tout vifs. Jamais, pour eux, la noire forteresse n'ouvrira ses portes et n'abaissera son pont-levis.

Ce fut là le crime et ce fut le châtiment de Latude.

Henri Masers de Latude, dont nous allons raconter l'histoire, était né le 23 mars 1725, au château de Craisich, près de Montagnac, petite ville du Languedoc, dans le diocèse d'Agde. Son père, chevalier de Saint-Louis et lieutenant-colonel du régiment de dragons d'Orléans, fut, en 1752, nommé lieutenant de roi à Sedan.

Destiné d'abord à l'état militaire, le jeune Latude, qui avait fait des études assez médiocres, montra quelque goût pour les mathématiques. Son père, dans le but de le faire entrer plus tard dans le corps du génie, l'adressa à un ami, ingénieur en chef à Berg-op-Zoom. Latude y étudia quelque temps; mais la paix de 1748 lui ayant enlevé l'espoir d'un avancement rapide, le jeune Masers vint chercher fortune à Paris.

Il y était, au commencement de l'année 1749, affamé de plaisir et de fortune, léger d'argent, riche d'audace, et, comme tout bon Gascon, prêt à tout faire pour arriver à quelque chose.

On n'arrivait alors que par la faveur, et la faveur s'appelait alors la marquise de Pompadour. Latude choisit naturellement la marquise pour point de mire, et n'eut plus qu'une idée : plaire à celle qui pouvait tout.

Ce qu'il imagina, pour plaire à la favorite, devint la cause de ses longues et déplorables tortures. Qui nous racontera l'invention malheureuse qui fut tout le crime de Latude? Si nous en croyons Latude lui-même, il eut l'idée de sauver la marquise d'un danger imaginaire. Il prétendit qu'assis sur un banc, dans le jardin des Tuileries, il avait entendu deux promeneurs s'entretenant de la royale maîtresse et cherchant les moyens de mettre fin à sa faveur. Ces deux hommes n'en auraient pas trouvé d'autres que les plus extrêmes, et l'un d'eux aurait annoncé qu'il allait envoyer à la favorite une boîte contenant un poison subtil, dont la seule odeur la renverserait morte.

Voilà ce que Latude alla dire à Mᵐᵉ de Pompadour, la suppliant de se tenir sur ses gardes. Il avait, à l'avance, mis à la poste, à l'adresse de la marquise, une boîte contenant une poudre inoffensive. La boîte arriva. La marquise, prévenue, fit faire, sur des animaux, l'essai de la poudre, qui se trouva n'avoir aucune propriété nuisible. Mᵐᵉ de Pompadour devina bien vite le stratagème du donneur d'avis. En le payant de sa démarche par un sourire et par une promesse, elle avait prié Latude de lui laisser son nom et son adresse. L'adresse de la boîte, confrontée avec l'écriture de Latude, découvrit l'artifice assez grossier du jeune ambitieux.

Telle est la version de Latude. La note d'écrou, trouvée sur les registres de la prison de Vincennes, porte une version peu différente. Selon cette note, Latude aurait envoyé une boîte qu'on ne pouvait ouvrir sans faire partir une sorte de petit pétard fulminant, jouet d'enfants des plus inoffensifs. Poison ridicule ou bombe innocente, c'est tout un, et la note de Vincennes contrôle l'assertion de Latude relative à l'événement le plus important de sa vie, à la cause de ses tourments.

Il faut dire ici, une fois pour toutes, quelles sources nous avons consultées pour l'histoire de Latude. C'est d'abord l'*Histoire d'une détention de trente-neuf ans, dans les prisons d'État, écrite par le prisonnier lui-même,* Amsterdam (Paris), 1787, in-8ᵒ de 138 pages, avec ce second titre : *Mémoires du sieur Latude.*

C'est ensuite les *Mémoires de Henri Masers de Latude, ancien ingénieur, prisonnier pendant trente-cinq ans à la Bastille et à Vincennes, sous le nom de Danry; à Charenton, sous celui de Danger; et à Bicêtre, sous celui de Jedor. Nouvelle édition, revue, corrigée et augmentée par le citoyen Thiéry.* Deux vol. in-8ᵒ, Paris, 1793, chez Latude, rue de Grenelle, à l'abbaye de Panthemont; Desenne et Denné, libraires au Palais de l'Égalité, et chez les marchands de nouveautés. La première édition portait ce titre général : *Le Despotisme dévoilé.* Chaque volume est orné d'un portrait; le premier, d'après Vestier, représente Latude tenant à la main son échelle fameuse : la Bastille se voit dans le fond; le second portrait, d'après Pujos, reproduit les traits de Mᵐᵉ Legros, cette noble femme qui se fit le défenseur de Latude.

Des deux ouvrages que nous venons de citer, le premier, dont la rédaction a été attribuée au marquis de Beaupoil, a été formellement désavoué par Latude, qui, aussi formellement, a avoué le second. Ces deux ouvrages, cependant, doivent être consultés; ils se contrôlent mutuellement et se complètent. Le premier est plus succinct, mais ne présente avec le second aucune différence essentielle. Souvent des phrases entières du volume de 1787 se retrouvent dans celui de 1793. Le style même de l'*Histoire d'une détention* est plus simple que celui des *Mémoires* rédigés par Thiéry : dans ces derniers, il faut noter une phraséologie de mauvais goût, des tirades à effet, des placages de sensiblerie dans le genre du temps.

Nous avons dû consulter encore un *Mémoire adressé à madame la marquise de Pompadour, par M. Danry, prisonnier à la Bastille, et trouvé au greffe de cette prison d'État, le lendemain de sa prise par les Parisiens, suivi des 63, 66 et 67ᵉ lettres du même prisonnier, à M. de Sartine, et de quatre autres à MM. Quénay et Duval.* Paris, chez Gueffier le jeune, libraire, rue du Hurepoix, nᵒ 17, 1789.

C'est ici le seul document qui porte la trace d'une rédaction originale. A notre avis, c'est dans ce Mémoire qu'il faut chercher le véritable Latude.

On trouve encore des indications précieuses sur Latude dans le *Moniteur universel,* dans le *Journal des Débats et des Décrets*, dans la *Police de Paris dévoilée*, par Pierre Manuel.

L'authenticité des aventures de Latude a dû être contestée : il en va toujours ainsi, quand il s'agit d'événements presque incroyables, et dont une opinion politique a intérêt à nier l'existence. Mais, comme cette authenticité n'est pas sérieusement niable, nous nous contenterons de rapporter, à la fin de ce récit, les arguments des sceptiques. Suivons donc maintenant, à l'aide des sources indiquées, Masers de Latude à travers les péripéties engendrées par sa folle démarche auprès de la marquise de Pompadour.

Latude était tout entier à ses espérances d'avenir, quand, le 1er mai 1749, on frappa, vers sept heures et demie du soir, à la porte de la chambre qu'il occupait dans un petit hôtel garni du cul-de-sac du Coq. Latude s'empressa d'ouvrir et se trouva face à face avec un exempt, derrière lequel se pressaient, sur le palier, quelques figures peu rassurantes. L'exempt souleva son chapeau, déploya courtoisement une lettre de cachet et prononça la terrible formule : — « Au nom du roi, je vous arrête ! »

— « Qu'ai-je fait ? » s'écrie Latude pâlissant.

— « Il ne s'agit pas de cela, mon jeune monsieur ; il faut nous suivre. »

Un fiacre attendait à la porte. L'exempt y fit déposer les hardes du jeune homme et une grosse malle placée dans un coin de la chambre. Latude monta en voiture, et, à huit heures, il faisait son entrée dans la Bastille.

On le conduisit d'abord dans une salle basse, appelée la Chambre du Conseil. Là étaient réunis les principaux officiers de la prison. Latude fut fouillé avec soin, déshabillé et revêtu de mauvaises hardes ayant appartenu à des prisonniers morts ou relaxés. Cela s'appelait, dans l'argot spécial de la Bastille, *faire l'entrée du prisonnier*. Un greffier l'écroua sous le nom de Danry (1), et on le prévint qu'à partir de ce moment, il ne s'appellerait plus que de ce nom. Puis, on le fit monter dans une chambre de la Tour du Coin ; on referma sur lui, à grand bruit de clefs et de verrous, deux portes épaisses, et on l'abandonna à ses réflexions.

Elles furent tristes, sans doute : mais il était dans l'âge de l'espérance. Il avait sur la conscience une étourderie condamnable ; mais le cas, après tout, n'était pas pendable. La plus grande mortification du jeune Gascon était de voir sa petite ruse découverte et ses projets d'avenir envolés.

Le lendemain matin, on annonça une visite au prisonnier. C'était M. Berryer, le lieutenant de police.

Nicolas-René Berryer, fils du Procureur général de ce nom, conseiller au Parlement, et lieutenant de police, était allié par sa femme, une Fribois, à une famille unie depuis longtemps d'amitié avec les d'Etioles. Fort estimé de Mme de Pompadour, il passait, à juste titre, pour un magistrat éclairé, doux et humain.

M. Berryer interrogea Latude, qui lui raconta sa peccadille en toute candeur. Le peu de gravité de l'affaire, la jeunesse, l'air ouvert du prisonnier l'intéressèrent en sa faveur. — « Je plaiderai votre cause, » dit-il en se retirant.

En attendant, le lieutenant de police ordonna

(1) Ce nom est écrit, par Latude lui-même, tantôt Danry, tantôt Daury.

qu'on apportât quelques adoucissements à la situation du jeune fou.

La plus grande faveur que pût espérer un prisonnier à la Bastille, c'était d'avoir un compagnon de captivité. L'isolement était la plus terrible souffrance à redouter dans cette prison, dont le régime était, du reste, assez doux. Si le compagnon n'était pas un *mouton*, placé là pour satisfaire la curiosité de la police, la faveur était précieuse. On donna pour compagnon à Latude un juif nommé Joseph Abuzaglo. Cet homme avait été, à Paris, agent secret de l'Angleterre. Le cabinet noir, préposé à la découverte des secrets épistolaires, avait éventé sa mission, et Abuzaglo était venu loger à la Bastille.

Le compagnon de Latude gémissait amèrement sur sa captivité ; il avait une femme et des enfants, dont la privation lui était insupportable. Mais il n'avait pas perdu tout espoir de liberté ; il était spécialement recommandé à Monseigneur le prince de Conti.

Ils se racontèrent mutuellement leurs aventures, et se promirent que le premier sorti travaillerait activement à la délivrance de l'autre. Malheureusement, aucun d'eux n'avait encore la dure expérience de la Bastille. Si épais qu'y fussent les murs, les murs y avaient des oreilles. Un porte-clefs entendit la promesse mutuelle et se hâta d'en informer le major général. On résolut de séparer les deux compagnons ; mais, dans ce lieu de mystères, rien ne se faisait ostensiblement : un mensonge y recouvrait chaque acte de l'autorité. Deux porte-clefs, un matin de septembre, vinrent chercher Latude, lui annonçant que son ordre d'élargissement venait d'arriver. Le pauvre juif versa des larmes de douleur ; Latude, des larmes de joie : ils s'aimaient déjà comme deux frères. D'un coup d'œil, Latude renouvela sa promesse et descendit, le cœur léger.

En bas un coup terrible frappa Latude : un fiacre et des exempts l'attendaient pour le transférer à Vincennes. Cette lueur de liberté fut, pour le pauvre jeune homme, un supplice plus horrible que la captivité même. Il arriva à Vincennes désespéré, malade. Là encore, M. Berryer lui prodigua des consolations, des adoucissements. Il lui fit donner la meilleure chambre du donjon et l'autorisation de se promener, deux heures par jour, dans l'un des deux jardins de l'enclos.

La fenêtre de la chambre de Latude donnait sur le Gouvernement, et celle d'un petit cabinet y attenant, sur Paris. Le bon air, l'exercice eurent bientôt rendu au jeune homme la santé, et avec la santé, l'espérance.

De la fenêtre de sa chambre, il pouvait voir tout ce qui se passait dans le second jardin du donjon. Celui-là était affecté aux promenades d'un vieux curé janséniste. Le bonhomme, dont tout le crime consistait dans quelques doctrines malsonnantes, avait beaucoup de liberté. Mme de Saint-Sauveur, veuve du défunt lieutenant de roi à Vincennes, et le jeune abbé de Saint-Sauveur, son fils, venaient lui faire visite tous les jours. Le curé, pour se distraire et pour se rendre utile, s'était fait le précepteur de tout un petit monde, entre autres, du fils du maître d'hôtel du marquis du Châtelet et du fils d'un porte-clefs. Le plus âgé de ces jeunes écoliers n'avait pas seize ans, et, la leçon prise, ils jouaient dans le jardin.

Au bout de quelque temps, l'alerte Gascon, l'esprit toujours tendu vers la liberté, avait noté tous ces détails dans sa tête. Heures des leçons, heures des récréations, heures des visites, il avait tout observé, et ces courses joyeuses des jeunes gens à travers les plates-bandes redoublaient sa soif d'air et d'espace.

Deux porte-clefs étaient affectés au service du corps de logis qui renfermait Latude. L'un, le plus jeune, entrait dans le jardin pour l'attendre à l'heure de la promenade; l'autre venait ouvrir la porte pour que Latude pût descendre. Pendant plusieurs jours, le prisonnier s'étudia à descendre chaque fois un peu plus vite; lorsqu'il eut accoutumé le plus jeune des porte-clefs à ce manége, il choisit un jour d'épais brouillard. C'était le 25 juin 1750. Il comptait déjà près de quatorze mois de captivité!

Ce jour-là donc, à peine le porte-clefs lui a-t-il ouvert, qu'il vole le long des degrés, ferme la porte du bas de l'escalier pour gagner du temps et pour amortir les cris du gardien, et il va, tout courant, frapper à la porte de sortie. Une sentinelle était placée au dehors. Elle ouvre, et, sans lui donner le temps de se reconnaître: — « Je cherche, dit Latude, M. de Saint-Sauveur. Depuis deux heures, notre prêtre m'attend au jardin; je cours après lui de tous côtés sans pouvoir le rencontrer; mais, morbleu! il me payera ma course. »

Et, tout en parlant, il gagne du terrain; il traverse la voûte au-dessous de l'horloge. Là, encore une sentinelle. Même question qui n'attend pas sa réponse.

La sentinelle est dépassée. Une troisième est de l'autre côté du pont-levis. — « Avez-vous vu passer l'abbé de Saint-Sauveur? lui crie Latude. — Non. — Oh! je l'aurai bientôt trouvé. »

Et Latude continue sa route, sautant de çà de là, comme un écolier en vacances. Il est jeune, il est imberbe; le soldat ne conçoit aucun soupçon. A cinquante pas, Latude prend sa course et met bientôt entre le donjon et lui une couche épaisse de brouillard.

Cependant, le porte-clefs enfermé frappait, comme un forcené, à la porte de l'escalier. Son camarade du jardin l'entend enfin, vient ouvrir. — « Où est le prisonnier? » se demandent-ils en même temps. Le prisonnier s'est envolé. Tous deux courent frapper à la porte extérieure. — « N'avez-vous point vu le prisonnier? demandent-ils à la sentinelle. — Je parie double contre simple que c'est lui qui vient de sortir tout à l'heure. — Mais il fallait l'arrêter. — Oh! je ne savais pas que ce jeune monsieur fût un prisonnier. Il m'a dit qu'il allait chercher M. l'abbé de Saint-Sauveur. A ma place, si vous ne l'eussiez pas connu, vous l'auriez laissé sortir de même. »

Latude, cependant, court à travers champs, à travers vignes, évitant les routes, humant à pleine bouche l'air de la liberté. Le voilà bientôt à Paris, et il cherche un refuge dans un petit hôtel garni.

Là, il se trouva bien vite embarrassé de la liberté. Que faire sans argent? D'ailleurs, fallait-il rester sous le coup de cette évasion, qu'on pouvait lui imputer à crime? Après tout, sa faute n'était pas grande, et quatorze mois de prison l'avaient amplement expiée. Ainsi raisonnait cet enfant, et, dans sa confiance, il chercha le moyen de rentrer en grâce auprès de Mme de Pompadour.

Il avait vu souvent venir à Vincennes un des hommes les plus distingués de ce temps, M. Quesnay, médecin ordinaire du roi Louis XV. Secrétaire perpétuel de l'Académie de chirurgie, professeur royal aux Écoles de chirurgie, M. Quesnay était, en outre, comme on disait alors, philosophe et sensible; ce qui veut dire, en langue moderne, qu'il s'occupait de problèmes sociaux, qu'il venait d'inventer, sous le nom de *Physiocratie*, une science nouvelle, l'économie politique, et qu'il était bon et humain.

M. Quesnay avait témoigné de l'intérêt au jeune Latude. Celui-ci rédigea un Mémoire au roi, dans lequel, avec toutes les formules de respect imaginables, il suppliait que Mme de Pompadour se contentât de la dure expiation qu'il venait de subir pour une faute si légère. Au bas du Mémoire, Latude avait ingénûment écrit son adresse.

C'est le sixième jour après son évasion que Latude s'était ainsi livré. Le septième jour, l'exempt Saint-Marc reparut à la porte avec son cortége ordinaire. Latude reprit le chemin de la Bastille.

Cette fois, on le mit au cachot. Son espiéglerie de Versailles était une grosse faute qu'il fallait expier longuement, patiemment; son évasion était un crime. L'arbitraire doute de lui-même dès qu'on ne peut lui échapper, et il ne faut pas que la puissance absolue se laisse, un seul instant, soupçonner de faiblesse. Le plus grand malheur du despotisme, c'est d'être condamné à la cruauté.

Le bon M. Berryer vint interroger Latude. Il s'enquit surtout, en souriant, des moyens employés pour cette évasion singulière, et quand il se fut assuré que Latude n'avait corrompu aucun de ses gardiens, il chercha à le rassurer en lui disant que, sans doute, on aurait égard à la confiance qu'il avait témoignée dans la miséricorde du roi.

M. Berryer adoucit, autant qu'il était en lui, la mesure rigoureuse que, dans les idées du temps, avait méritée Latude. Il lui conserva la nourriture des chambres, et, comme une étroite meurtrière laissait filtrer un peu de jour dans cette cave, il permit qu'on lui donnât des livres, du papier, de l'encre et des plumes.

Six mois se passèrent ainsi. Le malheureux voyait s'user sa jeunesse entre d'humides murailles. Le désespoir le saisit, son sang s'alluma de rage. Ne pas même entrevoir le terme de son supplice! ne pouvoir compter un à un les jours qui séparent de la liberté! Et si on allait l'oublier dans ce trou! Il y avait bien de quoi céder à la colère. Le Gascon se soulagea par une épigramme, une mauvaise épigramme, il faut bien l'avouer:

> Sans esprit et sans agréments,
> Sans être ni belle ni neuve,
> En France, on peut avoir le premier des amants:
> La Pompadour en est la preuve.

Ce n'est pas tout que de faire une épigramme, il faut encore la faire lire à quelqu'un. Latude écrivit la sienne sur la marge d'un livre prêté. Il avait eu soin de déguiser son écriture; mais chaque volume était feuilleté avec trop de soin, avant qu'on le confiât à un prisonnier, pour que l'épigramme de Latude passât inaperçue. Un porte-clefs la découvrit, la montra à M. Jean Lebel, gouverneur, lequel, pour faire sa cour, dénonça le crime à la marquise.

Quel geôlier, de nos jours, ferait sa cour aux puissants d'une aussi adroite manière? Mais, dans les idées du temps, une épigramme était un crime de lèse-majesté, et la marquise tenait essentiellement, pour l'exemple, à n'en pas laisser une impunie.

Le célèbre centenaire, Noël des Quersonnières, arrivé, en 1842, à l'âge de 114 ans, aimait à raconter l'anecdote suivante : « En 1750, disait-il, passant sur le Pont-Neuf, je fus arrêté par un fringant équipage : coureurs aux têtes emplumées, aux cannes brillantes agitées dans les airs; chevaux rapides; laquais dorés, et, dans une voiture coquette, une jeune femme aux traits fins, au sourire adorable. Tout cela passa devant moi comme une vision. Comme je restais là, ébloui, bouche béante, un homme s'écria près de moi : — Maintenant, je réponds de la solidité de ce monument. — Pourquoi cela? dit curieusement un passant. — Parce qu'il vient de supporter, sans s'écrouler, le plus grand fardeau de la France. »

L'homme au bon mot fut entouré, discrètement placé dans un fiacre, conduit à la Bastille, et oncques depuis lors on n'entendit parler de lui.

L'équipage était celui de Mme la marquise de Pompadour.

Latude, de même, paya cher son épigramme. A partir de ce jour, il fut, pour la favorite, un de ces hommes dangereux qui ne doivent plus voir le jour. M. Berryer s'était intéressé à lui; Mme de Pompadour put dire au lieutenant de police : « Voilà ceux que vous protégez. »

Latude passa douze mois encore dans son cachot. Après dix-huit mois de ce supplice, M. Berryer prit sur lui de lui faire rendre une chambre et de l'autoriser à prendre un domestique.

On pouvait avoir des domestiques à la Bastille, et ce n'était pas une mince faveur; car, là surtout, un domestique est un homme avec qui on parle, qu'on peut commander. Le porte-clefs est un muet qui ne parle que pour tendre un piège, et à qui il faut obéir toujours.

Mais on n'était pas valet de chambre à la Bastille comme ailleurs. Une fois entré, on suivait la fortune du prisonnier qu'on consentait à servir. Il fallait être assez heureux ou assez adroit pour ne pas lier son sort à celui d'un homme destiné à laisser ses os dans le cimetière du château.

Latude trouva un pauvre diable, du nom de Cochar, qui, sur l'assurance de bons gages donnés par le père du prisonnier, consentit à s'enfermer avec lui. Mais Cochar avait une femme, des enfants; le malheureux n'avait pas soupçonné ce que c'était que d'être enfermé loin de tout ce qu'on aime. Il maigrit, il dépérit, il tomba gravement malade. Il fallut le retirer à Latude.

Alors M. Berryer donna à Latude un compagnon de son âge, esprit vif, cœur ardent, audace juvénile. Celui-là avait commis à peu près le même crime que Latude. Il avait écrit à la favorite une lettre, dans laquelle il lui faisait connaître l'opinion générale, peu favorable, disait-il. Il osait conseiller à la redoutée marquise de chercher la gloire par d'autres moyens; de se rendre utile à la France au lieu de la ronger. Cet imprudent donneur de conseils se nommait d'Allègre; il était Gascon comme Latude et natif du Varroux, près Carpentras. Il y avait déjà trois ans qu'il expiait, sous les verrous, son audace épistolaire.

Réunis dans une même infortune, les deux prisonniers n'eurent plus qu'une pensée : sortir de la Bastille. Ils accablèrent M. Berryer de suppliques, de réclamations. Le digne lieutenant de police ne se lassa pas de les accueillir, promettant de faire tout ce qui serait en son pouvoir, et, qui mieux était, tenant sa parole. Un jour vint, cependant, où il lui fallut bien leur répondre que Mme la marquise était fatiguée de ces éternelles doléances, qu'elle avait défendu qu'on lui parlât davantage des deux prisonniers. Ils devaient désormais attendre patiemment ou la mort, ou la disgrâce de la favorite.

A cette nouvelle désespérante, d'Allègre sentit son cœur se briser; il tomba dans un morne silence. Latude, au contraire, puisa, dans la certitude même de cet arrêt irrévocable, une résolution nouvelle. Restés seuls, il arpenta quelque temps, avec une agitation énergique, la chambre commune, et, s'arrêtant tout à coup devant son compagnon affaissé sous la douleur : — « Eh bien! maintenant, il faut décidément sortir d'ici. — Etes-vous devenu fou? dit le désolé d'Allègre, en regardant avec inquiétude les yeux brillants de Latude; puisqu'on vous dit que nous devons y mourir. — Nous sortirons d'ici; si ce n'est pas par eux, ce sera par nous-mêmes. — Est-ce qu'on s'échappe de la Bastille? »

Et d'Allègre, haussant les épaules, se replongea dans sa douleur.

— « Oui, je le sais bien, continua Latude, il faut descendre du haut d'une tour de deux cents pieds; il faut percer des murs qui ont plus d'une toise d'épaisseur; il faut arracher les quatre grilles de fer de la fenêtre, ou les barreaux disposés par étages dans la cheminée; et il faut faire tout cela dans un château gardé par une multitude de gens armés, toujours défiants, toujours éveillés. Eh bien! je sens là que nous ferons tout cela : nous arracherons, nous descendrons, nous percerons, nous sortirons. Comprenez-vous cela, d'Allègre? Nous serons libres! »

— « Mon pauvre ami, reprit d'Allègre, un peu ému par cet enthousiasme, où vous procurerez-vous, je vous prie, le fer pour percer, les échelles pour descendre? Pour cent louis, un porte-clefs ne vous vendrait pas un couteau, une paire de ciseaux, un quarteron de fer. — J'ai pensé à tout cela, dit Latude, et rien de tout cela ne nous arrêtera, si ce que je soupçonne existe véritablement. Nous sommes sauvés, s'il y a un tambour là-dessous. »

Et Latude frappait du pied les briques du plancher.

— « Un tambour! s'écria d'Allègre. Eh! quand il y aurait tous les tambours des gardes-françaises, en quoi cela nous aiderait-il à sortir d'ici? — Laissez-moi faire; je veux rêver à tout cela. Quand on viendra nous chercher pour la messe, ayez soin seulement de placer cet étui dans votre mouchoir; au retour, quand nous passerons devant la porte du n° 3, immédiatement au-dessous de notre chambre, tirez votre mouchoir; l'étui tombera, roulera sur les degrés, et vous prierez le porte-clefs de des cendre pour vous le quérir. Je me charge du reste. »

M. Berryer accordait à certains d'entre les prisonniers la faveur d'assister à la messe. Le service divin se célébrait tous les jours une fois, les fêtes et dimanches trois fois, dans la chapelle du château. Dans cette chapelle étaient disposés quatre petits cabinets, isolés les uns des autres par d'épaisses cloisons, et garnis d'un rideau du côté qui avait vue sur l'autel. Le porte-clefs, sous l'œil duquel le prisonnier entendait la messe, ouvrait ce rideau un moment, à l'élévation; en sorte que l'officiant et le prisonnier ne se voyaient ni l'un ni l'autre le visage.

Le mercredi suivant, jour de messe avec le dimanche pour les deux compagnons et pour le prisonnier du n° 3, on vint chercher d'abord Latude et d'Allègre; car on veillait soigneusement à ce que les rencontres fussent impossibles. Au retour, quand on fut à la hauteur du n° 3, Latude marchant le premier, d'Allègre venant ensuite et le porte-clefs fermant la marche, d'Allègre tira son mouchoir; l'étui tomba et roula bruyamment de degré en degré. — « Daragon, je vous prie, dit d'Allègre qui s'arrêta court, ramassez donc mon étui. » Le porte-clefs descendit à la poursuite de l'étui qui bondissait de marche en marche. Latude, cependant, avait lestement et discrètement tiré les verrous de la porte du n° 3. Comme à l'ordinaire, le prisonnier ne devait rentrer qu'après les deux camarades, et la porte n'était pas fermée à clef. Latude jeta un regard rapide sur la chambre, mesura, d'un œil exercé, la hauteur du plancher au plafond, referma vivement et sans bruit la porte, prit avec son mouchoir la hauteur d'une des marches de l'escalier et remonta paisiblement, comptant avec soin les marches entre les deux paliers.

Daragon ne vit rien de ce manége, et ses deux prisonniers étaient rendus dans leur chambre quand il arriva tenant l'étui.

Quand pênes et verroux eurent grincé de nouveau, et qu'ils se retrouvèrent seuls, Latude sauta au cou de son camarade : — « Il y a un tambour,

. . . Une première pierre céda à l'action combinée des leviers (PAGE 11).

nous sommes sauvés. — Comment cela? — Oui, la chambre du n° 3 n'a pas plus de dix pieds et demi de hauteur. Trente-deux degrés la séparent de la nôtre, et chaque degré a six pouces de hauteur. Comptez : trente-deux degrés de six pouces, cela fait bien seize pieds. Que faites-vous des cinq pieds et demi qui manquent? Mettez un pied d'épaisseur pour le plafond qui nous sépare, car vous n'imaginerez pas sans doute une épaisseur remplie de bois ou de moellon, là où il n'y a pas une voûte, et il reste toujours entre le n° 3 et nous un vide de quatre pieds à quatre pieds et demi. C'est plus qu'il n'en faut pour cacher tous nos instruments de délivrance.

« Vous le voyez bien, nous avons un tambour. Il y a longtemps déjà que je m'en doutais. J'avais remarqué que le prisonnier placé au-dessus de nous ne pouvait remuer sa chaise ou sa table, marcher, tousser, sans que le bruit de ces mouvements ne vînt distinctement à mes oreilles; au contraire, du n° 3, placé au-dessous, et également habité, aucun bruit perceptible n'était arrivé jusqu'à moi. Cela n'était pas naturel : le son monte plus facilement qu'il ne descend. Il fallait bien qu'il y eût un tambour.

— « Admettons, dit d'Allègre, la justesse de votre calcul; mais les outils, mais les cordes, où les prendrons-nous? Est-ce avec nos mains que nous descellerons les barres de fer ? — La main, mon ami, est le premier des instruments; avec son aide, on fait tous les autres. Voyez cette table pliante; elle est soutenue par deux fiches de fer. Nous les arracherons; nous leur ferons des manches; en les repassant sur le carreau de notre plancher, nous leur ferons un taillant. Nous avons un briquet d'acier; en cassant l'extrémité de l'anneau, en moins de deux heures, j'en veux faire un excellent canif, au moyen duquel je taillerai les manches. Et que de choses ne ferons-nous pas avec ce canif et ces fiches! avec eux, j'arracherais toutes les barres de fer de la Bastille.

— «Mais, encore une fois, les cordes? — Ne vous mettez point en peine : ne voilà-t-il pas là ma malle de chaise de poste, et n'y a-t-il pas plus de mille pieds de corde là-dedans?... Ne me regardez pas ainsi, comme si vous souhaitiez bon voyage à ma raison. N'ai-je pas là des douzaines de chemises, de paires de chaussettes de fil, de caleçons, des serviettes et des coiffes en quantité? Nous défilerons tout cela, nous tresserons tout cela, et nous aurons de quoi descendre dans les fossés de la Bastille (1). »

D'Allègre se laissa persuader; la conviction de son ami le gagnait insensiblement, et le sang lui remontait au cœur. Que de choses à faire cependant! que de jours, que de mois, que d'années à dépenser pour toucher le but! Mais ce but, c'était la liberté!

Aussitôt après le souper, ils arrachèrent de la table une première fiche de fer. Au moyen de cet instrument, ils levèrent un carreau du plancher (2), creusèrent activement, se relayant tour à tour, et, en moins de six heures, ils eurent percé la maçonnerie. Ils purent alors se convaincre qu'entre le plancher de leur chambre et le plafond de la chambre n° 3, il y avait un espace vide de quatre pieds environ. Le calcul de Latude était juste.

Dès cet instant, les deux prisonniers considérèrent leur évasion comme certaine.

Le trou fait, élargi, le carreau fut remis en place et ajusté de façon à ce qu'il ne parût pas qu'on y avait touché.

Le lendemain, Latude cassa le briquet, en fit une sorte de canif bien affilé et façonna, dans un morceau

. . . Les archers montèrent dans deux chaises de poste, dont l'une reçut Latude (PAGE 17).

de bois de la provision ordinaire pour le feu, deux

(1) On a contesté à Latude la vraisemblance de ces moyens. Voici comment, dans ses Mémoires rédigés par Thiéry, il repousse l'objection. « Bien des gens, à ce mot, crieront à l'exagération. Ils ne concevront pas qu'on puisse avoir une si prodigieuse quantité de linge; ils en concluront que je ne me la donne aujourd'hui que parce qu'elle est nécessaire au dénoûment de ma fable. C'est le raisonnement qu'ont fait surtout les Anglais, lorsqu'ils ont vu paraître, il y a quelques années, un détail succinct de cette évasion, traduit dans leur langue. Mon respectable et vertueux ami, C. Pougens, qui était alors à Londres, m'a rapporté qu'il lui avait été impossible de convertir ceux à qui il en avait parlé; ils niaient la possibilité de ce fait, et en concluaient la fausseté de tous les autres. Cela paraît assez simple : leurs garde-robes les mieux fournies contiennent peu de linge; il en est à peu près de même à Paris; mais je dois prévenir que l'on donne, en province, dans l'excès contraire. L'usage est d'y entasser des provisions considérables, et quelquefois étonnantes. Or, si l'on réfléchit que j'y avais été élevé; que mes parents, en m'éloignant d'eux, me destinaient à une longue absence, on concevra facilement que ce que j'ai avancé peut être vrai, surtout quand j'aurai ajouté que j'en avais acheté beaucoup, à très-bas prix, au pillage de la ville de Berg-op-Zoom. »

manches pour les deux fiches. Un taillant fut pratiqué à chacun de ces instruments. Après quoi, on se mit à défiler le linge. Après avoir décousu deux chemises, ainsi que leurs ourlets, ils tiraient chaque fil l'un après l'autre. Les fils noués entre eux, ils en faisaient des pelotons d'une longueur égale et déterminée. Un certain nombre de pelotons obtenus, ils les réunissaient en gros pelotons. Ils tressaient ensuite.

Le premier résultat fut une corde de cinquante-cinq pieds environ. Avec le bois du chauffage, ils fabriquèrent vingt échelons; chaque morceau de bois portait dix-huit pouces à peu près de longueur. Les échelons fixés dans des nœuds, la corde s'était réduite à une longueur de vingt pieds.

(2) Ici, on surprend en flagrant délit d'absurdité l'*Histoire d'une détention*. L'auteur a imaginé de placer la chambre n° 3 *au-dessus* de celle de Latude, ce qui ne l'empêche pas de faire creuser le plancher sous les pieds des deux amis, pour ouvrir le tambour. De même encore, il porte à 39 ans la durée de la détention, placée, d'après lui-même, entre 1749 et 1784.

Celle-là devait suffire d'abord à travailler dans la cheminée, dont l'accès était défendu, comme on l'a dit, par des barres de fer placées de distance en distance. Puis, descendus de la tour au moyen d'une autre corde de cent quatre-vingts pieds, on remonterait du fossé sur le parapet, en se hissant à la corde de vingt pieds. Du parapet, on entrerait dans le jardin du Gouvernement. Là, le plus difficile était fait.

Il fallait d'abord arracher les barres de fer de la cheminée. Ils y mirent près de six mois. On ne travaillait que la nuit. L'échelle était attachée à une des barres de fer; le travailleur grimpait aux échelons, le corps courbé, une seule main libre. La fiche aiguisée détachait peu à peu le ciment durci; il fallait des heures pour en faire céder deux lignes. La barre descellée, on la replaçait dans son trou, de manière à pouvoir l'ôter à volonté sans qu'il y parût.

Que de nuits employées à cette œuvre d'inébranlable patience! que de fois on se rejetait sur le grabat, le corps brisé, les mains sanglantes! Mais l'œuvre avançait; le cœur ne faiblissait pas.

Il fallait encore des moufles, des outils tels qu'un compas, une équerre, un dévidoir; les deux fiches n'étaient pas propres à confectionner ces objets indispensables, encore moins pour scier les bûches qui devaient en fournir la matière. En quelques heures, un vieux chandelier de fer, travaillé avec le briquet, devint une scie. Canif, fiches, scie servirent à dégrossir les bûches, à les raboter, à y pratiquer aux deux extrémités des mortaises et des tenons, afin qu'elles pussent s'encastrer les unes dans les autres. Des trous furent percés, capables de recevoir un échelon et une cheville pour fixer l'échelon et l'empêcher de vaciller.

Ajoutez qu'il fallait incessamment dérober aux regards inquisiteurs les moindres traces de ces labeurs; copeaux, limaille, débris, charpie, il fallait tout ramasser au fur et à mesure. Souvent, un porte-clefs, une ronde visitaient la chambre au moment où on s'y attendait le moins. Au premier bruit révélateur, tout disparaissait dans le tambour. Au cas où quelque objet, quelque outil eût été laissé en évidence, le plus éloigné des deux avertissait le plus proche, qui le couvrait rapidement de son mouchoir ou d'une serviette. Pour cela, ils avaient adopté des noms mystérieux pour chaque objet. La scie, c'était *Faune;* le dévidoir, *Anubis;* les fiches de fer, *Tubalcaïn;* les échelons, *rejetons;* une corde, *colombe;* un peloton de fil, *le petit frère;* le canif, *toutou;* enfin, le tambour, *Polyphème,* par allusion à l'autre du cyclope.

Les barres de fer détachées, les instruments confectionnés, la première échelle de vingt pieds faite avec ses échelons, on passa au grand travail de patience, à la fabrication de la grande échelle, qui devait avoir cent quatre-vingts pieds de longueur et deux cent huit échelons. La plus grande partie du linge y passa.

Les pelotes prêtes, en une nuit, ils tressèrent la grande corde. Elle était blanche comme neige, mince, mais tenace. Un cordier n'aurait su mieux faire.

Ce n'était pas tout. A la partie supérieure de la Bastille, il y avait un entablement débordant de plus de trois pieds. L'échelle, reposant sur cette saillie, flotterait nécessairement dans les airs, et le corps d'un homme, suspendu ainsi dans l'espace, au bout d'une corde mobile, serait furieusement balancé. Ainsi secoués dans le vide, la tête ne leur tournerait-elle pas? Il fallait donner une sauvegarde à celui qui descendrait le premier, un point d'appui à celui qui descendrait le second. Dans ce but, ils fabriquèrent encore une corde mince et solide de trois cent soixante pieds, soit deux fois la hauteur des tours, qui serait passée dans un moufle ou poulie sans roue. De cette façon, le premier descendant serait soutenu d'en haut par son camarade, et sa descente serait tant bien que mal réglée; le second serait soutenu plus fermement encore, trouvant un point d'appui fixe dans la corde tendue d'en bas.

Outre cette corde de sûreté, il fallut en faire encore quelques autres de moindre longueur pour attacher l'échelle de corde, pour lier le moufle à une pièce de canon et pour d'autres besoins imprévus.

Toutes les cordes faites, ils les mesurèrent: il y en avait quatorze cents pieds.

Restaient à fabriquer les deux cent huit échelons de la grande échelle. Puis, pour empêcher que ces échelons fissent, en frappant contre la muraille, un bruit révélateur, ils les garnirent de chiffons, de doublures de leurs robes de chambre, de leurs gilets.

Dix-huit mois d'un travail incessant furent employés à préparer tout ce matériel de l'évasion.

Quand tout fut prêt, une grande agitation les prit; des doutes poignants les assaillirent. Ils faisaient en idée le terrible trajet; ils montaient de la cheminée sur la plate-forme; ils descendaient tous deux, sans malencontre, de la plate-forme dans le fossé; du fossé, ils pénétraient dans le jardin du Gouvernement; de ce jardin, ils redescendaient dans le grand fossé de la porte Saint-Antoine, où ils touchaient enfin la terre libre. Mais que de conditions ne fallait-il pas trouver réunies pour un heureux voyage? Une nuit obscure était indispensable; pluvieuse, ce serait le mieux. Mais s'il allait pleuvoir pendant quelques heures, et que, tout à coup, le temps se remît au beau, alors, de tous côtés, les sentinelles se promèneraient de plus belle autour de la Bastille, sur le parapet; et ce serait une chance trop heureuse si quelqu'un ne voyait pas les deux prisonniers. Le vrai péril était là, sur le parapet qu'il fallait traverser.

A force d'y réfléchir, Latude tourna la difficulté. Remarquez, dit-il à d'Allègre, que, depuis que la muraille d'enceinte est bâtie, la Seine a débordé des centaines de fois; l'eau a certainement amolli, pourri, désagrégé la pierre en maint endroit, pour si solide qu'elle pût être. Le mortier, le plâtre ont cédé par places. Il ne s'agirait que d'entamer le joint d'une pierre plus tendre que les autres, de creuser, de déchausser; puis, de peser sur les pierres voisines; et, à force de patience, on se ferait passage. Sans doute ce parti augmentait les difficultés, doublait, triplait le temps employé à l'évasion; mais il faisait passer directement, sûrement, du fossé de la Bastille dans le fossé de la porte Saint-Antoine. Au surplus, si on se trompait sur la possibilité de cette entreprise, il y aurait à revenir à l'idée première de l'escalade par le parapet.

Nouveaux instruments à fabriquer. Ils arrachèrent une fiche de fer de leurs lits, y ajustèrent un manche solide en forme de croix, et obtinrent ainsi une vrille, dont ils aiguisèrent l'extrémité. Avec la vrille on pratiquerait des trous dans les joints des pierres. Les trous faits, on les élargirait au moyen de deux des barres de fer de la cheminée, et on se servirait enfin de ces barres comme de leviers pour déchausser les pierres.

Vers la fin de février 1756, tout était prêt. Il dégelait depuis quelques jours, et la rivière ayant débordé, il y avait près de quatre pieds d'eau dans les fossés. C'était une difficulté de plus; c'était peut-être une chance de succès.

L'évasion fut fixée au 25 février.

Il fallut encore penser aux nécessités de la première heure. On travaillerait dans l'eau, on en sortirait mouillés, glacés. Deux habillements de rechange étaient nécessaires. Ils en remplirent un porte-manteau de cuir.

Le 25, aussitôt qu'on leur eut servi le dîner, ils montèrent leur grande échelle de corde, et la cachèrent sous leurs lits, afin que les porte-clefs ne pussent l'apercevoir en leur apportant à souper. Ils n'avaient pas d'autres yeux à craindre; car un officier était venu, le matin, passer dans la chambre son inspection ordinaire. Ensuite, ils apprêtèrent leur échelle à échelons de bois. Tout le reste était disposé en paquets soigneusement arrangés; les deux barres destinées à servir de leviers étaient garnies de fourreaux, pour amortir le son du métal et le rendre ces instruments plus maniables.

L'heure sonna. A peine le souper eut-il été servi, que Latude, malgré un rhumatisme qui lui rendait pénible l'usage du bras gauche, se hissa dans la cheminée. Là, il s'aperçut d'abord qu'il n'avait pas tout prévu. A mesure qu'il montait, sa position devenait plus intolérable; la suie l'aveuglait et l'étouffait; le sang coulait de ses coudes et de ses genoux écorchés : il n'avait pas pensé à prendre les précautions des ramoneurs, qui placent un sac sur leur tête, et garnissent de cuir leurs genoux et leurs coudes. Latude arriva pourtant, tant bien que mal, au faîte de la cheminée; il s'y mit à califourchon, et laissa se dévider jusqu'en bas une pelote de ficelle, au bout de laquelle d'Allègre attacha une corde qui liait le porte-manteau. Ce précieux objet monta jusqu'au faîte et fut redescendu par Latude sur la plate-forme.

Latude renvoya la corde, et, cette fois, d'Allègre y attacha l'échelle de bois; puis, successivement, les barres de fer et les paquets prirent la même route. Enfin, une dernière fois, la corde redescendit pour s'attacher à la grande échelle, que Latude tira à lui de façon à laisser à son compagnon de quoi monter plus commodément qu'il ne l'avait pu faire lui-même. D'Allègre parvenu, à son tour, au haut de la cheminée, ils tirèrent ce qui restait de la grande échelle, et plaçant ses derniers échelons à cheval sur le faîtage, ils descendirent ensemble sur la plate-forme, se servant de contre-poids l'un à l'autre.

Ce qu'ils avaient réussi à transporter sur cette plate-forme eût formé plus que la charge de deux chevaux. Il s'agissait maintenant de faire parvenir en bas tout ce bagage. Ce fut le côté de la tour du Trésor qu'ils jugèrent le plus favorable à la descente. Ils commencèrent d'abord par faire de la grande échelle de corde un rouleau, une sorte de grande meule de cinq pieds de hauteur sur un pied d'épaisseur. Ils en attachèrent une extrémité à une pièce de canon, et laissèrent l'énorme bobine se dérouler doucement jusque dans le fossé. Ils attachèrent aussi un moufle, y passèrent la corde de trois cent soixante pieds, et, les paquets disposés en tas près du moufle, il fallut tenter la descente.

Latude se risqua le premier. Il attacha à sa cuisse l'extrémité de la corde de soutien, et s'engagea bravement sur l'échelle; à mesure qu'il descendait un échelon, d'Allègre lâchait en proportion de la corde du moufle. Tout alla bien jusqu'à l'entablement; mais, à partir de cette saillie, Latude se trouva suspendu, de manière que son corps voltigeait et tournoyait dans l'espace, à chaque mouvement qu'il faisait. Il lui fallut une grande fermeté de nerfs et une grande force de volonté pour ne pas s'abandonner au vertige. Il arriva enfin dans le fossé.

D'Allègre alors, comme il avait été convenu, envoya, par la corde de soutien, porte-manteau, barres de fer, échelle de bois; Latude déposa tout cet équipage en lieu sec, sur une petite éminence qui dominait l'eau du fossé, au pied de la tour. Cela fait, d'Allègre s'attacha au-dessus du genou à l'extrémité de la corde du moufle, et fit connaître par un signal qu'il était sur l'échelle; alors, Latude passa le dernier échelon entre ses deux cuisses, s'assit dessus en pesant fortement et tint la corde de soutien assez tendue, pour que son compagnon n'éprouvât pas les vacillements qui l'avaient secoué lui-même.

D'Allègre arriva dans le fossé. Les deux camarades se recueillirent un instant, et se remirent des terribles agitations de la descente. La nuit était obscure, il ne pleuvait pas. Aussi, leur oreille inquiète perçut, à moins de dix toises, le bruit régulier des pas d'une sentinelle qui se promenait sur le parapet. C'était l'obstacle contre lequel ils se fussent brisés sans doute, s'ils n'avaient pas imaginé le plan qui les faisait passer par un tout autre chemin que par le jardin du Gouvernement.

Ils se décidèrent donc sans peine à percer le gros mur; chacun d'eux prit une barre de fer sur l'épaule; Latude se chargea de la vrille, et tira du porte-manteau une bouteille de scubac, destinée à réchauffer les travailleurs lorsqu'ils seraient à demi plongés dans l'eau glacée. Ainsi chargés, tous deux se dirigèrent vers le mur qui séparait le fossé de la Bastille du fossé de la porte Saint-Antoine, entre le jardin et le Gouvernement. Dans cet endroit, il y avait eu autrefois un petit fossé d'une toise de largeur et d'un pied et demi environ de profondeur. Aussi, eurent-ils de l'eau jusque sous les aisselles.

Latude chercha un joint entre deux pierres, propre à y engrener les leviers. Mais, à peine y avait-il fait pénétrer la vrille, qu'un jet de lumière glissa sur l'eau; un bruit de voix se fit entendre : c'était la ronde major, qui passait, avec le grand falot, à dix ou douze pieds tout au plus au-dessus des travailleurs; il en passait une toutes les demi-heures. Latude et d'Allègre, de crainte d'être découverts, firent le plongeon, et s'enfoncèrent dans l'eau jusqu'au menton.

La ronde passée, Latude reprit son travail. La vrille eut bientôt pratiqué quelques trous dans les joints de ciment, et une première pierre céda à l'action combinée des leviers.

— « Maintenant, dit à voix basse Latude à d'Allègre, je réponds du succès. »

On but un bon coup de scubac, pour rappeler la chaleur dans les membres engourdis, et on attaqua vigoureusement les pierres voisines. De temps en temps, une ronde passait, et il fallait s'accroupir dans l'eau du fossé.

Quand minuit sonna à l'église Saint-Paul de la rue Saint-Antoine, le mur était déjà dégradé de telle sorte, qu'on eût pu charger deux tombereaux avec les pierres déchaussées.

A ce moment, se passa un de ces incidents ridicules qui se mêlent souvent aux plus terribles circonstances de la vie. La sentinelle, dont le pas mesuré se faisait entendre à quelque distance, sur le parapet, se rapprocha tout à coup assez vivement, et s'arrêta court au-dessus des décombres du mur éventré. Les deux travailleurs s'imaginent que quelque bruit a révélé leur présence ; ils se serrent mutuellement le bras, se collent au mur, retiennent leur respiration ; le cœur leur bat avec violence. Latude, le cou incliné, écoute et regarde anxieusement dans la direction de la sentinelle. Tout à coup, un jet tiède le frappe au visage. Il ne remue pas, il a compris. La sentinelle ne s'est écartée que pour satisfaire un besoin. Elle reprend bientôt sa route, et ses pas cadencés retentissent de nouveau dans le silence de la nuit.

En six heures environ, les deux amis eurent percé cette formidable muraille de quatre pieds et demi d'épaisseur. Quand le trou pratiqué fut suffisant pour livrer passage : — « Sortez le premier, dit Latude à d'Allègre, et allez m'attendre de l'autre côté. Je vais aller chercher le porte-manteau. Si, par malheur, je suis découvert, je ne manquez pas, au premier bruit, de gagner au pied. »

Rien n'arriva de fâcheux à Latude, qui revint avec le porte-manteau. D'Allègre le reçut, et Latude passa à son tour.

Les voilà tous deux dans le grand fossé de la porte Saint-Antoine ; ils ont mis le pied hors de la terrible prison. Tout n'est pas fini, cependant. Au milieu du fossé, à cinquante pas à peu près du mur, régnait une cuvette de six pieds de large, pleine d'eau et profonde d'une quinzaine de pieds. Les deux amis s'y enfoncèrent, au moment où ils y pensaient le moins. D'Allègre tenait un bout du porte-manteau ; il le lâche et, instinctivement, se cramponne à Latude. Celui-ci, se sentant saisir, ne perd pas la tête ; il repousse son camarade d'un grand coup de pied, lui fait lâcher prise, gagne d'un élan l'autre bord, et tire à lui d'Allègre et le porte-manteau qui surnage.

A quelques pas de là, le fossé s'élevait insensiblement ; ils se retrouvent à pied sec. C'est alors seulement qu'ils se sentent vraiment sauvés. Ils se jettent à genoux, s'embrassent et s'unissent dans une ardente prière de reconnaissance. Ils sont libres ; libres, et le jour n'est pas encore levé ; la route de Bercy est solitaire ; du côté de la Bastille, aucun bruit.

Alors, il fallut penser à détourner les soupçons que ferait naître, à coup sûr, le désordre affreux de leurs vêtements. Dans l'ardeur du travail, leurs mains s'étaient dépouillées ; le froid, peu sensible dans l'eau, roidissait leurs membres exposés à l'air froid du matin ; leurs habits collaient à leurs corps ou pendaient en haillons. Ils recoururent, une dernière fois, à la bouteille de scubac, et ouvrirent le porte-manteau. Comme ils avaient eu le soin de disposer quelques chemises sales à l'entrée, les hardes qu'il contenait se trouvèrent sèches. Chacun d'eux, alors, servant à son tour de valet de chambre à l'autre, le dépouilla de ses vêtements mouillés et le revêtit des vêtements secs.

Une fois habillés, ils montèrent la rampe du fossé, et se dirigèrent, sans précipitation, vers le chemin de Bercy. Quatre heures sonnaient (1).

Un fiacre passa ; les deux amis y montèrent. Ils se firent conduire chez M. de Silhouette, chancelier du duc d'Orléans. Malheureusement, M. de Silhouette était à Versailles.

De là, Latude et d'Allègre gagnèrent l'abbaye Saint-Germain-des-Prés. Les vastes dépendances de cette abbaye étaient, en quelque sorte, un lieu de refuge, et la police ne pénétrait guère dans le dédale de son enceinte. Latude y connaissait un orfèvre, nommé Fraissinet, natif de Béziers ; ce brave homme accueillit de son mieux les deux fugitifs, et dit à Latude : — « Notre ami commun, Dejean de Montagnac, est à Paris avec sa femme. Il n'est pas homme à s'effrayer du danger que l'on court à cacher des échappés de la Bastille. Allez le voir au plus vite. »

Ce Dejean de Montagnac était le chef vénéré des protestants du Languedoc, homme prudent et ferme, habitué à protéger les victimes de l'arbitraire. Il les reçut comme des frères. Mais, comme il se savait surveillé, ce ne fut pas dans sa propre maison qu'il cacha les fugitifs, mais dans celle d'un coreligionnaire, le tailleur Ruit, qui demeurait, comme Fraissinet, à l'abbaye Saint-Germain-des-Prés.

C'est là que Latude et d'Allègre restèrent un mois cachés. Dejean et sa femme leur apportaient chaque jour, dans leur asile, des consolations et des secours. Ces braves gens, en chrétiens véritables, se cachaient souvent l'un de l'autre, pour aider ces deux malheureux.

On avait eu soin, cependant, d'aller aux informations, du côté de la Bastille et de Versailles. A la Bastille, la surprise avait été grande, quand on avait vu, aux premières lueurs du matin, flotter le long des tours l'échelle de cordes ; on avait cru d'abord à une tentative d'évasion manquée : mais le mur troué, la chambre vide, avaient bientôt révélé le secret de la nuit. Deux prisonniers s'étaient enfuis de la prison par excellence. Il y eut un concert d'indignation : c'était un crime de lèse-Bastille.

Mme de Pompadour ne fut pas seulement indignée, elle était encore inquiète. Un libelliste et un faiseur d'épigrammes rendus à la liberté, c'étaient deux ennemis à craindre ; deux enfants, il est vrai, mais aigris par les tortures, altérés de vengeance. Les ordres les plus sévères furent donnés pour rassurer au plus vite la favorite ; aucune dépense ne dut être épargnée. Un mois, cependant, s'écoula, sans que l'ingénieuse police de Louis XV pût ressaisir sa proie ou même en retrouver la piste.

L'imprudence des deux fugitifs ne tarda pas à assurer leur capture.

Après vingt-six jours environ passés chez le tailleur Ruit à se tenir cois, les deux amis songèrent à gagner un asile plus sûr. D'Allègre partit le premier, déguisé en mendiant. Il arriva, sans encombre, à Bruxelles, et il commit une première imprudence en informant Latude de l'heureux succès de son voyage. Ecrire, c'était, à peu près sûrement, parler à la police ; d'Allègre fit pis encore. Il adressa, de Bruxelles, à Mme de Pompadour, une lettre dans laquelle il déchargea son cœur, gonflé de ressentiment. Il faut convenir que ces pauvres jeunes gens étaient bien naïfs, et qu'il fallait toutes les terreurs du gouvernement absolu pour voir en eux des ennemis redoutables.

détention s'accorde mieux avec les probabilités. En supposant que l'évasion commence vers neuf heures du soir, on ne trouve guère que six heures pour le travail dans le fossé.

---

(1) Les Mémoires rédigés par Thiéry indiquent un espace de neuf heures pour le travail exécuté dans l'eau ; ici, l'_Histoire d'une_

Aussitôt que Latude eut reçu des nouvelles de son camarade, il se prépara au départ. Lesté de sept louis, il prit, pour parer aux mauvaises rencontres, l'extrait de baptême de son hôte, qui était à peu près du même âge que lui; il se munit en outre de quelques pièces d'un vieux procès, d'un factum, qui devaient donner à son voyage un prétexte plausible. Habillé en domestique, il sortit nuitamment de Paris, et alla, à deux ou trois lieues, attendre au passage la diligence de Valenciennes. Il y avait encore une place libre dans cette voiture; il fit marché pour le reste de la route.

Chemin faisant, il fut, plus d'une fois, interrogé par des cavaliers de la maréchaussée. Sa réponse était toute prête; il allait à Amsterdam, porter au frère de son maître les pièces d'un procès important.

Tout alla bien jusqu'à Cambrai. Là, le fugitif eut une grosse alerte. La diligence s'arrêtait dans cette ville, pour la couchée; un brigadier de la maréchaussée, qui attendait la voiture à l'arrivée, fit à Latude les questions ordinaires; mais il y ajouta celle-ci : « D'où êtes-vous? » Et il le regardait au beau milieu des yeux, selon l'habitude de ces inquisiteurs de grande route. — « De Digne, en Provence, » répondit Latude sans se déconcerter. C'était l'indication contenue dans l'extrait baptistaire. — « De Digne, reprit le brigadier, j'y suis resté plus de dix ans. — Eh bien! Monsieur, si vous y êtes resté dix ans, vous ne devez pas regretter votre temps; car on s'y divertit. Les Provençales sont gaies, avouez-le, et, si vous aimez la danse, vous avez dû y sauter à cœur joie. — Oh! si j'ai dansé!... depuis le matin jusqu'au soir. — Et le bon vin, à bon marché, n'est-il pas vrai? Monsieur! — S'il m'en souvient! Mais vous connaissez, sans doute...» Et voilà le brigadier qui passe en revue ses anciennes connaissances de la cité provençale, accompagnant chaque nom d'un : Vous savez bien, le connaissez-vous? « Eh! c'est un piége peut-être, pensa Latude; s'il allait me citer des noms imaginaires... Soyons prudent et gardons de nous enferrer... Non, Monsieur, je ne connais pas ceux dont vous me parlez-là. Digne n'est pas si grand, pourtant, que chacun ne s'y connaisse. Mais, s'il vous plaît, de quel temps parlez-vous? — De dix-huit ans. — Oh! mais je n'étais alors qu'un enfant, et, depuis votre séjour, il y a à Digne bien des gens de moins et bien d'autres de plus. — Et, jeune homme, quelles excellentes eaux on trouve dans cette ville! J'y ai vu guérir des gens qu'on réputait incurables. — Oui, Monsieur. Mais, pardon, voici le cocher qui sort de l'écurie, et il faut que je lui parle. Gustin! Gustin! J'ai deux mots à vous dire. Vous plaît-il de boire une bouteille chez notre vieux ami? — F..... s'il me plaît, deux plutôt qu'une. »

Ainsi Latude put se soustraire à l'embarrassante conversation du brigadier.

Le lendemain, la diligence arriva à Valenciennes, avant midi. Latude prit, dans cette ville, le carrosse de Bruxelles.

Entre cette ville et Mons, il y avait alors, sur le grand chemin, un poteau où on voyait, d'un côté, les armes de France, de l'autre, celles d'Autriche. Parvenu à cette limite des deux États, Latude ne put résister à un mouvement de gratitude envers la Providence. On montait, en ce moment, une côte à pied; il se précipita à genoux sur cette terre de liberté, il la baisa avec transport, avec larmes. Comme ses compagnons de voyage paraissaient étonnés de

son action : « J'en use ainsi, dit le fugitif, toutes les fois que je passe en cet endroit; car, par la permission de Dieu, j'y échappai, il y a quelques années, à un grand danger, et je ne manque jamais d'en exprimer ainsi ma reconnaissance. »

Le lendemain soir, on arriva à Bruxelles. La première pensée de Latude fut pour son compagnon de captivité. D'Allègre l'avait informé qu'il était descendu sur la place de l'Hôtel de Ville, au Coffy. Latude, qui, en 1747, avait déjà passé un quartier d'hiver à Bruxelles, connaissait cette auberge, ainsi que l'aubergiste Volems. Il y courut, le cœur léger, brûlant de serrer dans ses bras son compagnon de douleurs. Volems était dans sa grand'salle : il ne reconnut pas Latude; mais la femme de Volems, qui avait conservé un souvenir plus vif de son jeune hôte, lui sauta au cou, et l'embrassa bruyamment, à plusieurs reprises, à la flamande. — « N'avez-vous pas ici, lui demanda Latude, un jeune homme venant de Paris, qui je vous ai adressé, nommé d'Allègre? » La figure réjouie de la Volems se rembrunit tout à coup. — « Je ne sais ce que vous voulez dire, » répondit-elle, d'un air embarrassé. — « Mais il a logé chez vous, ces jours-ci; il me l'a écrit, il m'a fait des compliments de votre part; il doit y être encore. — Je ne sais où il est, » répondit tristement la bonne femme. — Voyons, vous doit-il quelque chose? Vous n'avez qu'à le dire, je vais vous satisfaire. — Tout est bien payé. »

Latude soupçonna un malheur; mais il sut cacher sa douleur et ses craintes. — « Logez-vous chez nous? dit le mari. — Si vous avez un lit à me donner, cela n'est pas douteux; vous n'avez qu'à me préparer à souper. Mais j'ai quelques courses à faire en ville, et je ne serai de retour ici que sur les dix heures. Voulez-vous que je vous donne un écu d'avance? »

Volems refusa; mais il dit au voyageur qu'il allait, selon l'usage, faire inscrire son nom à l'Hôtel de Ville.

Latude sortit. Déjà, son plan était arrêté dans sa tête.

Évidemment, il était arrivé quelque chose à d'Allègre. Peut-être était-il tombé dans un piége tendu par la police française. Il ne fallait pas rester au Coffy. Latude se rappela un vieil ami de Bruxelles, l'avocat Scorvin, son convive au Coffy, pendant l'hiver de 1747. Il alla le trouver, lui raconta rapidement ses aventures, et la disparition suspecte de d'Allègre. — « J'ai vraiment peine à croire, dit Scorvin, que M. le prince Charles ait donné les mains à l'arrestation de votre ami, ni qu'aucun de ses conseillers se soit prêté à un enlèvement. Voyez pourtant ce que vous voulez faire. Si vous voulez rester à Bruxelles, je vous offre un logement chez moi. Mais, pour ne rien hasarder, je crois qu'il vaudrait mieux pour vous décamper sur l'heure. — C'est la résolution que j'avais prise, à ne vous rien cacher. Mais je n'avais pas voulu partir sans prendre conseil de vous, ni surtout sans vous saluer. »

Sans perdre de temps, Latude alla arrêter une place à la barque d'Anvers, qui devait partir à neuf heures précises du soir. En attendant le départ, il entra dans un cabaret voisin. Là, il trouva un jeune Savoyard, qui, avec sa femme, et deux de ses parents, attendait également le départ de la barque. C'était un jeune et vigoureux garçon, à figure fraîche et franche, tout joyeux dans son habillement des dimanches; il était, comme beaucoup de ses compatriotes, ramoneur de son métier. Voyant un domestique de bonne mine, qui allait faire route avec lui sur le coche d'eau, le Savoyard l'aborda d'un air ouvert, et lui dit : — « Vous êtes Français, Monsieur; cela se voit de reste à votre air. — Vous ne vous trompez pas. — Allez-vous à Anvers, ou plus loin? — Je vais à Amsterdam. — Bon, cela ; j'allais partir seul, nous ferons tout le voyage ensemble. Tel que vous me voyez, je parle passablement la langue hollandaise, et cela ne nous sera pas inutile en route. Et si on nous cherche dispute, nous serons deux, et nous nous défendrons. De Savoyard à Français, il n'y a que la main. — Comptez sur moi, camarade; je ne lâcherai point le pied. »

Le ramoneur eut bientôt conté son histoire; il s'appelait Achard. Quant à Latude, il débita son conte d'habitude. En quelques minutes, les deux futurs compagnons de voyage furent les meilleurs amis du monde. On se mit à table ensemble, et on trinqua avec la femme et les parents.

Le repas fini, on partit et on arriva sur le matin à Anvers. Là, Achard proposa d'aller en ville acheter des vivres pour quelques jours; les vents pouvaient être contraires, et la traversée de Rotterdam pouvait être longue. Latude, pour faire comme son nouveau camarade, acheta quelques livres de jambon cuit, du fromage, du pain et deux bouteilles d'eau-de-vie de genièvre. On porta tout cela dans la barque de Rotterdam, qui devait partir à trois heures de là, c'est-à-dire à une heure après midi.

« — Nous avons du temps devant nous, dit Achard; voulez-vous que je vous conduise à la cathédrale? vous y verrez les plus beaux tableaux du monde. » Latude connaissait la magnifique *Descente de Croix* de Rubens; il consentit, pourtant, à suivre Achard, en homme qui n'est jamais sorti de son pays.

Une fois sorti de l'église : — « Achard, dit Latude, vous êtes marié à Bruxelles, votre femme y demeure; ne pourrais-je vous charger de me retirer un porte-manteau qui doit m'arriver de Paris par la diligence? J'ai eu, je peux bien vous le confier maintenant, une affaire d'honneur en France, et je suis parti en toute hâte, sans bagages. — Parlez bas, répondit le Savoyard. Il y a cinq jours aujourd'hui qu'il est arrivé à Bruxelles une affaire de grande conséquence. Deux prisonniers d'État se sont, à ce qu'il paraît, échappés, il n'y a pas longtemps, de la Bastille, à Paris. L'un d'eux s'est déguisé en mendiant, et, sous cet habit, est arrivé à Bruxelles. Il avait été se loger sur la place de l'Hôtel de Ville. Mais voilà que, le lendemain de son arrivée, le prétendu mendiant s'est fait faire un habit galonné d'or, et qu'on l'a vu se promener avec les officiers qui mangent dans son auberge. Il paraît que Laman, un officier de justice très-adroit, qui arrête tout le monde, a reçu ordre de l'arrêter. Il l'a fait sans bruit et sans scandale. Il a été l'attendre à la porte de l'auberge, et lui a dit très-civilement : Monsieur, vous êtes étranger, et moi je suis Laman, officier de justice. Il faut que vous ayez la bonté de vous transporter chez moi, pour me donner votre nom et vos qualités. L'autre, croyant être parfaitement en sûreté à Bruxelles, a suivi Laman sans défiance; mais, arrivés dans la maison, Laman l'a enfermé dans une chambre, en lui disant : Monsieur, j'ai ordre du prince Charles de vous faire conduire sur les terres de Hollande; soyez bien assuré que vous n'aurez qu'à vous louer du prince. Cependant, le lendemain, à la pointe du jour, M. de Lécaille, grand prévôt du Brabant, l'est venu prendre, bien accompagné, et l'a conduit aux portes

de Lille. Là, il l'a remis à un exempt français, qui suivait en chaise de poste, à une portée de fusil par derrière. Voilà ce que j'ai su à Bruxelles, par le domestique de Laman (1), qui m'a bien recommandé de n'en rien dire à personne; car, si on ébruitait le fait, il serait plus difficile de se saisir de l'autre. — On ne l'a donc pas pris encore? — Non, mais on ne tardera guère, car il ne manque pas de gens à l'affût. »

C'était l'histoire du pauvre d'Allègre que venait d'entendre raconter Latude, et ce qui était arrivé à son compagnon lui montrait assez ce qui l'attendait lui-même. Il eut assez de puissance sur lui-même pour cacher à Achard l'émotion que lui avait causée ce récit. Affectant donc un grand calme : — « Quant à moi, dit-il, je ne suis point prisonnier d'État, mais je me suis battu en duel, et j'ai blessé mon adversaire. Comme je ne veux point tâter de la prison, je vais en Hollande, et j'y resterai jusqu'à ce que ma famille ait accommodé l'affaire. Mais, au moins, Achard, n'allez pas croire que je l'aie pris en traître; c'est en tout honneur que je l'ai blessé. — Oh! je vous crois, Monsieur. »

Latude, cependant, examinait rapidement sa situation. D'Allègre n'avait pu trouver un sûr asile en Brabant; il avait été bientôt découvert, arrêté. Autant en arriverait à lui-même, s'il restait plus longtemps sur cette terre inhospitalière. On devait être sur ses traces; déjà, sans doute, on connaissait sa courte apparition au Coffy. Il n'avait pas été difficile de supposer, en ne le voyant pas rentrer pour coucher, qu'il avait pris la barque d'Anvers, pour passer en Hollande. En moins de quatre heures, une chaise de poste pouvait faire le trajet de Bruxelles à Anvers. Entrer dans la barque de Rotterdam, c'était une insigne imprudence, il fallait dépister les limiers.

Tout cela passa, comme un éclair, dans le cerveau de Latude, et sa résolution fut prise. — « Achard, dit-il au ramoneur, la barque de Rotterdam passe-t-elle à Berg-op-Zoom? — Non, » répondit Achard. Latude le savait fort bien. Il feignit, toutefois, d'éprouver un vif désappointement en apprenant cette nouvelle. — « Je ne m'attendais pas, dit-il, à ce contre-temps, et je vois que j'ai mal pris mes mesures; car il faut, de toute nécessité, que je passe à Berg-op-Zoom, pour y toucher le montant d'une lettre de change. Ainsi, mon ami, je suis bien fâché de ne pouvoir achever le voyage avec vous, qui me paraissez être un parfait honnête homme, et qui êtes assurément un aimable compagnon; mais j'espère que nous nous reverrons à Amsterdam, et que nous y boirons plus d'une bouteille ensemble. En attendant, je vous abandonne ma part des vivres qui sont dans la barque. »

Le brave ramoneur témoigna aussi ses regrets à son camarade de route, et voulut le mettre dans le chemin de Berg-op-Zoom.

Une fois seul, Latude se mit à courir de toutes ses forces. Il lui semblait toujours qu'il eût à ses trousses quelque exempt de Bruxelles. Peut-être allait-on s'étonner de ne le voir pas arriver à l'heure du départ de la barque; peut-être le ramoneur lâcherait-il, à ce moment, quelque parole indiscrète. Latude arpenta donc vigoureusement le chemin jusqu'à Berg-op-Zoom. Il s'y logea dans un galetas à huit sous par nuit, et là, il commit une nouvelle faute, il écrivit à son père.

<hr/>

(1) « J'ai appris tout cela de Laman, qui est mon bon ami, » dit l'*Histoire d'une détention*.

En arrivant à Bruxelles, Latude avait eu la candeur de s'étonner de ne pas trouver à la poste de cette ville des lettres de son père. Inquiet de ce silence, dont un peu plus d'expérience lui eût révélé la cause, Latude écrivit une lettre pressante. Il y disait ses inquiétudes, sa situation misérable, et y annonçait qu'il allait partir pour Amsterdam. C'était là qu'il priait son père de lui adresser des secours. Cela était urgent; car, sur moins d'un louis qui lui restait, il lui fallait payer le prix de sa place dans la barque d'Amsterdam. Cette dépense faite, il lui resterait trois livres dix sous. Et combien de temps ne faudrait-il pas attendre une réponse de son père? Comment vivre jusque-là? Mendier? La fierté de Latude se révoltait à cette pensée. Plutôt manger de l'herbe, se dit-il, et me soutenir avec quelques légumes arrachés au bord des champs. Il s'essaya tout de suite à cette nourriture; mais son estomac repoussait ces tristes aliments, bien qu'il les accompagnât d'un morceau de *rockenbrod*, une sorte de pain de seigle grossier, noir et pesant comme tourbe.

Ce fut portant sous le bras quatre livres de ce pain, que Latude s'embarqua. Triste et honteux, il se retira dans un coin de la barque, et, la faim venue, il commença silencieusement son frugal repas.

Un gros Hollandais, aux vastes épaules, aux traits durs, s'était installé près de là, et étalait ses provisions sur une table : d'énormes et appétissantes tartines, recouvertes d'une triple couche de jambon, de beurre salé et de fromage ; une cruche ventrue de genièvre. Latude, en vrai gentilhomme, n'avait garde de regarder de ce côté, et mordait bravement dans son pain noir. Le Hollandais, lui, examinait le jeune homme et son maigre repas. Tout à coup, il lance un vigoureux coup de poing sur la table aux provisions, et, apostrophant en mauvais français l'homme au *rockenbrod*. — « Vive Dieu ! camarade, vous avez l'air d'avoir plus d'appétit que d'argent. — Possible, répondit Latude, en souriant. — Allons, allons! point de compliments, monsieur le Français, et ne faisons point la petite bouche. Mettez-vous là, en face de moi, et buvez et mangez. Je n'aime point à faire ces choses-là tout seul. »

Latude hésita un instant; mais l'amphitryon, sous son apparence terrible, avait l'air d'un excellent homme ; l'estomac du pauvre diable criait haro ! sur le pain noir ; le jambon, le beurre et le fromage embaumaient l'air, et déjà le genièvre perlait dans deux gros verres à facettes; Latude jeta l'orgueil par-dessus le bord, et se mit à table.

Latude fonctionna vigoureusement, au grand plaisir de son amphitryon. Le Hollandais était une sorte de bourru bienfaisant, dont la grossière écorce recouvrait un cœur excellent, plein de délicatesses instinctives. Il cherchait à détourner l'esprit de son convive du signalé service qu'il lui rendait, en lui en demandant de légers à son tour. Ce brave homme se nommait Jean Teerhost ; il était natif d'Amsterdam, où il tenait une espèce de taverne, dans une cave. Latude lui ayant appris qu'il était Languedocien, Teerhost se rappela qu'il y avait à Amsterdam un homme de ce pays; sans doute, il s'empresserait d'être utile au jeune voyageur.

On arriva à Amsterdam, et Teerhost conduisit Latude chez ce compa' ote, un nommé Martin. Ce Languedocien se trouva être un Picard, franc égoïste, qui éconduisit le pauvre diable. Teerhost, voyant Latude en proie au désespoir, seul, loin de son pays, sans argent, sans ressources, haussa les épaules

et lui prenant les mains, qu'il secoua à les briser : — « Allons, allons! monsieur le Français, dit-il, ne vous laissez pas abattre. Venez chez moi; je ne suis pas riche, mais je ferai de mon mieux, et il ne sera pas dit que Teerhost vous laissera mourir de faim. »

Latude s'installa, tant bien que mal, chez l'honnête tavernier. Il y avait vraiment du mérite pour Teerhost à se charger d'un hôte. Il n'avait pour tout logement qu'une cave, partagée en deux par une cloison. Dans la première partie, qu'on décorait du nom de chambre, étaient le lit de Teerhost et de sa femme, une vaste table entourée de bancs et un comptoir de bois ; la seconde partie servait de cuisine, et là, couchaient, ou plutôt campaient, une grosse cuisinière frisonne, un bijoutier ambulant, un apothicaire toujours ivre, qui prenait pension chez Teerhost. Latude s'arrangea, comme il put, dans cette maison du bon Dieu; on lui pratiqua, dans le fond d'une grande armoire, une couchette, au moyen d'un matelas prélevé sur le lit gigantesque des Teerhost. Il avait, au moins, le vivre et le couvert. Il y trouvait même des consolations inattendues. L'apothicaire le réveillait, dès le petit jour, avec un large verre de schidam ; Teerhost, quand il le voyait en tristesse, le secouait amicalement de ses grosses mains, et le conduisait, moitié de gré, moitié de force, dans quelque guinguette du port, ou dans un de ces bals hantés par les marins, où se donnaient rendez-vous les quatre parties du monde.

Dans une de ces excursions, le hasard fit rencontrer à Latude un riche particulier, originaire de Montagnac. Ce compatriote se nommait Louis Clergue. Quand il connut le dénûment de Latude, dont le père avait été son ami, il voulut que Latude vînt loger chez lui ; il lui fit donner une jolie chambre, du linge propre, douceur inconnue chez Teerhost, qui ne brillait pas par la recherche. Latude n'avait pas changé de chemise depuis plus de quarante jours. M. Clergue lui fit faire encore un habit convenable.

Ainsi nippé, rendu présentable, Latude fut introduit dans une société d'honnêtes gens, amis de M. Clergue. Il leur raconta ses infortunes, ses dangers, la cause futile de l'épouvantable persécution qui pesait sur sa tête, la rage obstinée de Mme de Pompadour, l'enlèvement de d'Allègre. On tint conseil. La police française essayerait-elle à Amsterdam ce qu'elle avait fait à Bruxelles? Ces honnêtes citoyens ne le pensèrent pas. A leur avis, les États généraux et le peuple d'Amsterdam ne souffriraient pas qu'on trahît ainsi la confiance d'un pauvre fugitif, coupable d'une peccadille, déjà si durement expiée.

M. Clergue, cependant, ne se montrait pas aussi rassuré. La peine infligée à Latude et à d'Allègre lui semblait si peu proportionnée au crime, l'acharnement de la police française lui paraissait si étrange, qu'il craignait que, par mauvaise honte, Latude n'eût pallié sa faute. Il le prit donc à part, et, le plus délicatement du monde, lui fit comprendre que, si quelque passion, quelque erreur de jeunesse, l'avait entraîné plus loin qu'il ne l'avait voulu dire, on ne lui demandait pas son secret; mais, dans son propre intérêt, on l'engageait à profiter des moyens qu'on lui donnerait de chercher un plus sûr asile. Dans quelques jours, devait partir, pour les Indes orientales, un vaisseau dont le capitaine était ami de M. Clergue. Latude y pourrait prendre passage, et se ferait oublier dans la colonie hollandaise de Surinam.

Latude eût pris là le meilleur parti. Il ne le voulut pas, craignant de paraître, par là, avouer un crime qu'il n'avait pas commis. Il protesta de nouveau de son innocence, et déclara se confier à la protection hospitalière des Etats.

A ce moment même, l'ambassade de France venait d'obtenir des Etats ce que nous appellerions aujourd'hui l'extradition de Latude. Qu'avait-on fait, pour amener le gouvernement hollandais à cette indignité? Avait-on, comme Latude le pensa plus tard, employé la menace ou la corruption? Cela est peu probable. Il est plus croyable qu'on représenta Latude comme un criminel d'Etat des plus dangereux. D'ailleurs, à ce moment l'influence française grandissait en Allemagne et en Hollande. C'était l'époque où l'abbé de Bernis et la marquise de Pompadour allaient signer avec l'Autriche un traité d'alliance offensive et défensive.

Quoi qu'il en soit, le fugitif avait été soigneusement suivi à la trace. Pas une de ses démarches n'avait échappé aux espions envoyés de Paris. Il avait eu beau changer de nom, se cacher dans le galetas de Teerhost, redoubler de prudence chez M. Clergue, sa vie était connue, jour par jour, heure par heure. Les lettres qu'il avait écrites avaient facilement guidé ses chasseurs; on avait intercepté toutes celles qu'il eût dû recevoir à Bruxelles, à Rotterdam, à Amsterdam. On n'en laissa parvenir qu'une, lettre du père de Latude, dans laquelle était inclus un effet sur un sieur Marc Fraissinet, banquier à Amsterdam, payable le 1er juin 1756.

Ce jour-là, des agents furent disposés sur la route, et, lorsque Latude se présenta chez le banquier, à dix heures du matin, il fut arrêté. Les agents, commis pour cet office, étaient des soldats de cette grossière milice de police hollandaise qu'on nommait alors les *dindres*. Ils fondirent sur leur proie, armés de gros bâtons, frappant à droite, à gauche, sur la populace qu'ameutait la curiosité, et criant : Celui-ci est un fameux scélérat; il a assassiné plus de dix personnes; gare à qui lui vient en aide !

Latude, prestement garrotté, poussé à coups de poing, à coups de bâton, fut conduit à l'Hôtel de Ville. Sur la place, la foule s'amassa si compacte, que les dindres craignirent qu'on ne leur enlevât le prisonnier. Ils se firent un chemin à coups de bâton, et, dans la bagarre, Latude reçut un si furieux coup sur la nuque, qu'il tomba sans connaissance.

Il ne reprit ses sens que sur la paille d'un cachot obscur. Affreux réveil ! Tant de souffrances endurées, pour un pareil résultat ! Il se retrouvait au pouvoir de ses ennemis, rendus plus implacables, et il ne lui restait plus rien à espérer en ce monde !

Sur les neuf heures, la porte du cachot s'ouvrit, et, à la clarté d'une lanterne, Latude reconnut l'odieux visage de l'exempt Saint-Marc.

L'exempt avait sur les lèvres un sourire de triomphe, et, d'une voix perfidement caressante :

« Vous ne devriez prononcer le nom de la marquise de Pompadour qu'avec le plus profond respect. Loin de vous plaindre, vous devriez baiser la main généreuse qui vous frappe. Ses coups mêmes sont une faveur. Et d'ailleurs, qui sait? ajouta l'exempt avec une cruelle ironie, elle ne vous attend peut-être que pour vous combler de grâces. »

Latude ne répondit rien à cet homme qui l'insultait dans son malheur.

Le lendemain, huit magistrats, délégués par les Etats, vinrent interroger Latude. Il leur raconta très-naïvement sa faute de 1749 et la terrible persécution qu'il s'était attirée. Ces braves gens restèrent ébahis; puis, après un peu de réflexion, tant la chose leur parut énorme : — « Vous ne nous dites pas tout, s'écrièrent-ils; allons, il doit y avoir autre chose. »

Latude leur répondit : « Messeigneurs, je suis en sûreté entre vos mains; faites venir des preuves contraires de France, et alors, punissez-moi ici doublement, si je vous en ai imposé; mais, au moins, ne me livrez point innocent. »

Le chef des magistrats ferma les yeux, croisa les mains sur son vaste abdomen, et, haussant les épaules d'un air de compassion : — « Nous sommes en un temps critique, nous n'avons point de barrières; mais, Monsieur, ne vous désespérez point; ne pleurez pas tant; votre roi vous rendra justice. »

On fit mille questions à Latude, et c'est alors qu'il apprit d'une façon certaine l'arrestation de d'Allègre à Bruxelles.

Un procès-verbal de l'interrogatoire fut dressé en français et en hollandais, pour qu'il fût rendu compte de l'affaire aux Etats.

— « Mais, enfin, Messieurs, dit en insistant Latude, quel crime m'accuse-t-on d'avoir commis? » Le roi de France, répondit-on, vous réclame simplement comme son sujet.

Malgré tout, émus de pitié, les magistrats firent adoucir le régime de la prison pour Latude, et ordonnèrent qu'on lui accordât une bouteille de vin par jour.

Le jour suivant, sur les huit heures du soir, le malheureux entendit tout à coup un grand bruit. A travers les barreaux, il aperçut une dizaine de personnes, dont les unes portaient des falots allumés, les autres des barres de fer terminées en pointe et d'énormes marteaux. « Est-ce donc, se dit-il, un supplice qui commence, ou va-t-on me mettre à la torture? Eh bien, frappez, bourreaux! j'attends vos coups; délivrez-moi de la vie! »

Ces hommes, sans répondre, se mirent à examiner attentivement les murailles, à sonder les pierres et leurs joints, à frapper sur les barreaux; puis ils sortirent, sans avoir desserré les dents. C'était la visite habituelle, faite peut-être avec d'autant plus d'appareil et de soin, que Latude avait une haute réputation d'adresse et d'audace.

Neuf jours se passèrent ainsi. La police française, cependant, ne restait pas inactive. Elle faisait solliciter près du gouverneur général du Brabant, le prince Charles de Lorraine, la permission de transférer Latude sur le territoire de l'impératrice. La permission arriva le 9 juin 1756, et, ce jour-là, à dix heures du matin, deux geôliers vinrent faire au prisonnier sa toilette de départ. On lui passa autour du corps une forte ceinture de cuir, à laquelle, de chaque côté, était attaché un gros anneau. Dans chaque anneau on passa la branche d'un cadenas, dans lequel on enferma une main de Latude. Ses deux mains furent ainsi retenues pendant à ses côtés. C'était un luxe de précautions qu'on ne déployait pas à l'égard des scélérats les plus redoutables; pour ceux-là, on se contentait des menottes.

Ainsi lié, Latude fut placé dans un traîneau, à côté d'un gros et vigoureux garçon, un exempt hollandais. Il fallut traverser dans cet équipage les rues les plus populeuses d'Amsterdam, sous les huées et les malédictions du peuple, à qui on avait

N° 111 —10 Centimes.
Deux N^{os} par Semaine.

CAUSES CÉLÈBRES

LEBRUN ET Cie, Éditeurs.
Rue des Saints-Pères, 8.

persuadé que c'était là un criminel de la pire espèce.

Arrivés au port, l'exempt Saint-Marc prit possession de son prisonnier. Il le fit embarquer dans un vaste bateau, loué tout exprès pour ce service, et on partit pour Rotterdam.

La traversée ne fut pas sans souffrances. Le pauvre Latude avait été jeté dans un coin comme un paquet, et ce coin était le plus sale et le plus puant du bateau. Les liens qui attachaient ses bras et les anneaux de sa ceinture ne lui permettaient même pas de porter ses mains à sa bouche. Il fallait qu'on lui donnât à manger, et ceux dont il devait attendre ce service étaient des *dindres* hollandais, repoussants de malpropreté. Le premier jour, Latude refusa de manger; le second jour, comme Saint-Marc tenait à amener son prisonnier à Paris, il ordonna qu'on le fit manger de force. Alors, un des ignobles exempts le prit par les mâchoires, qu'il ouvrit violemment, tandis qu'un autre lui fourrait dans la bouche, avec ses mains noires, un morceau de bœuf trempé dans la sauce. On lui fit avaler de la mie de pain de la même manière. Pendant cette révoltante opération, un des hommes se moucha

La Bastille.

avec ses doigts et continua tranquillement à tremper de la mie de pain dans la sauce pour la faire avaler au patient. A cette horrible vue, le cœur de Latude se souleva, et un vomissement long et violent le débarrassa de ses bourreaux, le laissant sans mouvement et sans forces.

Revenu à lui, Latude implora comme une grâce qu'on lui mit les fers aux pieds et aux mains, et qu'on le délivrât de l'horrible ceinture. On ne l'écouta pas. Heureusement, un valet de Saint-Marc se sentit touché de pitié, et, tirant son couteau : — « Si on ne veut pas lui ôter la ceinture, dit-il, je la couperai moi-même. On ne peut pas laisser un homme dans un état semblable. » On en référa à l'exempt français, qui consentit à ce que Latude fût mis aux fers. On ôta la ceinture, qu'on remplaça par une menotte au bras droit; on attacha une autre menotte au bras gauche d'un des *dindres*; une chaîne d'un pied de longueur environ reliait les deux menottes, en sorte que le prisonnier et son gardien

ne pouvaient faire un mouvement l'un sans l'autre.

On arriva à Rotterdam. Là, il fallut reprendre l'infernale ceinture et traverser à pied la ville. Cette fois, Latude fut placé à fond de cale d'une barque qui devait le conduire à Anvers. Dans cette ville, il était attendu par le grand prévôt du Brabant et trois archers. Ces derniers montèrent dans deux chaises de poste, dont l'une reçut Latude.

A Lille seulement, les agents de la police hollandaise furent congédiés par Saint-Marc.

Deux jours après, Latude faisait sa rentrée solennelle à la Bastille; l'état-major et la garnison rassemblés et sous les armes lui prouvèrent l'importance qu'on attachait à sa capture. Il fut visité avec un soin minutieux, puis jeté dans un cachot du rez-de-chaussée, les fers aux pieds et aux mains, couché sur la paille, sans couverture.

Le cachot dans lequel on avait enfermé Latude était, comme tous les autres, octogone. Ces tombeaux de vivants, à niveau du fossé, étaient enfoncés de dix-neuf pieds au-dessous du niveau de la cour. Le prisonnier y était plongé dans une atmosphère humide, infecte, au milieu d'un limon verdâtre, où pullulaient les rats et les reptiles. Celui de Latude était éclairé et aéré par une meurtrière prenant jour sur le fossé, à deux pieds et demi au-dessus de la cuvette. L'entrée de cette fente avait environ deux pieds de longueur, sur dix-huit pouces de largeur; mais la largeur allait toujours diminuant, de sorte qu'à l'intérieur du cachot, elle ne dépassait pas trois pouces.

C'est par là que le malheureux recevait le peu d'air et de lumière que lui accordaient ses bourreaux. La pierre qui servait de base à la meurtrière était son siége ordinaire ou sa table; car la paille pourrie jetée sur le sol, eût été, à la longue, une couche mortelle. Pour alléger le poids de ses fers, il posait ses coudes et ses bras sur cette pierre horizontale.

Le plus grand supplice de Latude, pendant les premiers mois, ne fut ni l'isolement, ni la privation d'air pur et de lumière, ni même l'horrible gêne des fers pesants : des légions de rats habitaient ces fosses malsaines, s'y étaient creusé des repaires. Dormait-il, ces animaux immondes couraient sur ses mains, sur son visage, et, s'il cherchait à les chasser, ils lui infligeaient quelquefois de cruelles morsures.

L'inventif gascon, forcé de vivre avec ces hôtes incommodes, essaya d'en faire des amis. Il y réussit, à l'aide de la patience du prisonnier. Un gros rat, qui semblait avoir autorité sur les autres, fut le premier qui s'humanisa, et vint prendre de petits morceaux de pain jusque dans la main de Latude. Après quelques jours de familiarités croissantes, et quand il fut tout à fait rassuré sur les intentions du prisonnier, le patriarche vint s'établir avec sa petite famille, dans un trou, près de la meurtrière. Tous les matins, Latude partageait avec ces petits animaux son déjeuner, et s'amusait à les regarder grignotant, avec des mines simiesques, les morceaux de pain et de viande qu'il leur distribuait. Bientôt, cette petite ménagerie se composa de dix gros rats, parfaitement apprivoisés, ayant chacun leur nom, auquel ils répondaient, se laissant gratter sous le cou, avec un plaisir évident. Les intrus étaient impitoyablement chassés par les rats domestiques, et le prisonnier eut ainsi le double plaisir de se créer une petite société dans sa solitude, et de se délivrer d'une odieuse incommodité.

Un jour, comme on avait changé la paille du cachot, Latude remarqua, dans la litière fraîche, un morceau de sureau. Cette découverte lui causa un vif mouvement de plaisir. Il résolut de s'en faire un flageolet, pour charmer les longs loisirs de sa solitude. Ce n'était pas chose facile; ses mains étaient serrées dans deux gros anneaux de fer, fixés par une barre de même métal. D'ailleurs, il n'avait aucun instrument, et ses geôliers ne lui auraient pas même donné un morceau de bois. Nécessité, l'ingénieuse, lui rappela que la ceinture de sa culotte était serrée par une boucle d'acier; il parvint à détacher cette boucle, et se servit des fers de ses pieds pour la préparer, la plier, l'aiguiser, et en faire une sorte de ciseau. C'était un instrument, mais si faible, qu'il fallut à Latude une singulière ténacité de patience pour couper le sureau, en faire sortir la moelle, et le façonner. Il y employa plusieurs mois de travail; enfin, il fut assez heureux pour réussir.

Le flageolet n'eut pas peu d'influence sur les petits compagnons du prisonnier. Mais, quoi qu'on raconte du goût de l'araignée pour la musique, Latude ne put réussir, comme Pélisson, à apprivoiser un seul de ces insectes.

Ces distractions, cependant, ne pouvaient chasser de l'âme du prisonnier l'idée fixe de la liberté. Il n'y avait plus à penser à une évasion; Latude s'imagina qu'en mettant son intelligence au service de son pays, en faisant profiter la France de quelque utile invention, il pourrait mériter la liberté. C'était mal connaître ceux qui gouvernaient alors la France.

Latude avait remarqué, depuis longtemps, que, par un reste des usages du moyen âge, on n'armait les bas officiers et les sergents que de hallebardes, d'espontons et de piques. Par là, on rendait inutile un vingtième de l'armée, composé d'hommes d'élite. Pourquoi, pensait-il, ne pas armer du fusil ceux qui sauraient le mieux s'en servir? Cette idée, fort simple comme toutes les bonnes idées, il la retourna si bien dans sa cervelle, il en comprit si clairement les avantages, qu'il lui parut bientôt que celui qui l'exposerait au roi ou au ministre de la guerre ne pourrait manquer d'être récompensé.

Il fallait écrire un Mémoire; mais comment l'écrire? Depuis son évasion, on refusait à Latude de l'encre et du papier. A force d'industrie, il sut se passer de l'un et de l'autre. Pour remplacer le papier, il mit pendant quelque temps en réserve la mie de son pain. Quand il en avait une certaine quantité, il la broyait dans ses mains, la pétrissait avec sa salive, puis, l'aplatissant, en composait des tablettes de six pouces carrés, environ, et de deux lignes d'épaisseur.

A défaut de plume, il prit une large et forte arête triangulaire de carpe, et la fendit au bout, par le moyen de son petit ciseau. Restait l'encre; il y suppléa avec son sang. Quelques fils, tirés de sa chemise, lui servirent à lier fortement la première phalange de son pouce, et l'ardillon de la boucle, à piquer l'extrémité enflée du doigt. Chaque piqûre fournissait quelques gouttes de sang.

Bientôt, Latude eut tous les doigts de la main gauche dangereusement enflés par ces piqûres réitérées. A chaque lettre écrite, le sang se figeait, et il fallait irriter la petite plaie pour lui faire répandre quelques nouvelles gouttelettes. Il imagina alors de recevoir à la fois tout le sang d'une blessure dans un peu d'eau, au fond de son gobelet, de délayer le tout et de se faire ainsi une encre un peu plus pâle, mais coulante.

C'est ainsi que Latude parvint à écrire fort lisiblement un Mémoire très-détaillé.

Ce chef-d'œuvre de patience achevé, il fallait le faire transcrire sur du papier et le faire présenter au ministre. Attendre un pareil service des geôliers ou des officiers de la Bastille, c'eût été folie; il n'était pas d'eux qui n'eût brisé les tablettes, ou dénoncé le méfait au gouverneur. Qui sait, même, si on ne se fût pas approprié l'idée, sans en nommer l'auteur?

A force d'y penser, le prisonnier trouva un moyen. Le porte-clefs, seul, pénétrait dans son cachot; il lui demanda instamment, énergiquement, de faire prévenir le major qu'il avait quelque chose d'essentiel à lui dire; il s'agissait, ajouta-t-il, du salut de son âme.

Cela détermina le major, qui, d'ordinaire, mettait peu d'empressement à se rendre aux désirs des prisonniers des cachots. Dès que l'officier fut entré dans le trou où pourrissait Latude : — « Monsieur le major, dit celui-ci, l'intention de Mme la marquise de Pompadour est-elle d'envoyer tout à la fois au diable mon corps et mon âme? Ce serait, pour une chrétienne, une bien grosse responsabilité. Vous voyez où j'en suis, et que je ne puis plus espérer de soutenir longtemps les tourments de cet affreux séjour. Je demande que l'on m'accorde au moins ce qu'on ne refuse pas aux plus grands scélérats, les secours de la religion. »

C'était là un mot tout-puissant à la Bastille; non qu'on s'y préoccupât bien sérieusement du salut éternel des prisonniers; mais il fallait paraître y attacher une grande importance. D'ailleurs, la religion elle-même était, dans cette prison d'État, un instrument de police, qu'on ne devait pas dédaigner. Le confesseur de la Bastille était officier de l'état-major, et avait sa place parmi les membres les plus utiles de cette armée de l'arbitraire.

Le confesseur de la Bastille était alors un jésuite, le père Griffet, historien, littérateur et théologien assez distingué, homme insinuant, à la parole caressante, à l'œil couvert, au regard fin. Professeur de belles-lettres au collège Louis-le-Grand, le bon père s'était élevé, sans aucun talent oratoire, jusqu'au titre éminent de prédicateur ordinaire du roi, jusqu'au poste de confiance qu'il occupait à la Bastille. Souple, discret, sincèrement dévoué à son ordre, dont il prit vigoureusement la défense lors de la suppression des jésuites par le duc de Choiseul(1), il avait une grande connaissance des hommes.

Aussi, ne se trompa-t-il pas un instant sur le motif qui l'avait fait appeler par Latude. De religion, de confession, il ne souffla pas mot. Il mit le prisonnier sur l'histoire de sa vie, sûr qu'il ne tarirait pas en pareille matière. Latude raconta tout, et le père parut apprendre avec un plaisir infini les circonstances étonnantes de l'évasion. Latude finit par lui dire quel projet il avait conçu; comment, faute de moyens plus faciles, il avait composé son Mémoire. Le père ne put voir, sans une admiration pleine de pitié, ce témoin des longues souffrances et de la patience inouïe du prisonnier. Ces tablettes teintes de sang, cette merveille de courage (2), cette obstination dans l'espérance, cet effort intelligent pour servir le pays, tout cela, en d'autres temps, avec d'autres hommes, eût valu sa grâce à Latude. Le père Griffet savait trop son monde et la marquise pour y compter un instant; mais il ne put refuser au prisonnier de sollicier pour lui un peu d'encre et de papier.

Le lieutenant de police accueillit favorablement cette demande. Ce n'était plus M. Berryer qui occupait ce poste, c'était M. Bertin. M. Berryer avait maladroitement excité les défiances populaires en exécutant les ordres donnés par le ministre pour la colonisation de la Louisiane. Chargé de ramasser, par les rues de Paris, les mendiants et les gens sans aveu qui les encombraient, il s'était fait accuser d'enlever les petits enfants à leurs mères, et, à la

suite d'une émotion populaire assez vive, le Parlement avait exigé son renvoi. M. Berryer se consolait de sa disgrâce au Conseil d'État, où l'avait élevé l'amitié reconnaissante de Mme de Pompadour.

Latude reçut, par l'ordre de M. Bertin, la permission d'écrire, et, le 14 avril 1758, son Mémoire fut présenté au roi.

Quelque intrigant s'en attribua-t-il l'honneur, ou le prisonnier de la Bastille n'en parut-il que plus dangereux? C'est ce que nous ne saurions dire; mais il est certain que la réforme proposée par Latude fut, à cette époque, introduite dans l'armée; et il est certain que le zèle du pauvre Latude ne fut pas récompensé.

Pendant trois mois, il attendit patiemment l'effet de son Mémoire; puis, ne voyant rien venir, il résolut de tenter un nouvel effort. Il avait, pendant son séjour en Hollande, entendu parler avec de grands éloges d'une fondation récente du roi de Prusse. Ce monarque avait attribué une somme annuelle à des pensions aux veuves des soldats et des officiers morts les armes à la main. Latude composa un nouveau Mémoire, pour recommander au roi de France une institution semblable. Mais, comme les finances du royaume étaient dans un trop triste état pour qu'on pût y trouver les moyens de subvenir à cette nouvelle dépense, Latude avait imaginé une ressource nouvelle. Ce n'était autre chose qu'une aggravation d'impôt : Latude proposait d'augmenter de trois deniers le port de toutes les lettres.

Il ne faut pas regarder de trop près ce genre d'économie politique, à la hauteur du temps; mais, enfin, l'idée de Latude avait au moins ce mérite de n'alourdir qu'un impôt indirect.

Le gouvernement prit connaissance du Mémoire, goûta fort la ressource nouvelle qu'on lui indiquait, la mit à exécution, mais ne pensa pas plus aux veuves des militaires qu'à Latude.

Le désespoir, l'atroce régime du cachot, altérèrent rapidement, profondément, la santé du malheureux. Les Mémoires par Thiéry citent, vers ce temps, le procès-verbal suivant du chirurgien-oculiste Granjean, chargé de visiter le prisonnier Danry et de rendre compte de son état. Ce document en dira plus que toutes les phrases du prisonnier lui-même.

« Monsieur,

« Par vos ordres, j'ai été voir plusieurs fois un prisonnier à la Bastille. Après avoir examiné ses yeux, et bien réfléchi sur ce que ce prisonnier m'a dit, je ne trouve point extraordinaire qu'il ait perdu une grande partie de la vue. Voilà nombre d'années que ce prisonnier est privé d'air et des influences du soleil. Il a été, pendant quarante mois, les fers aux pieds et aux mains, dans un cachot. Dans de pareilles situations, la nature souffre. Il est impossible de pouvoir éviter de pleurer dans de si grands maux. Si une trop grande salivation altère la poitrine, et même tout le corps, il n'est point douteux qu'une trop grande abondance de larmes, et versées pendant si longtemps, n'ait contribué à épuiser la vue de ce prisonnier.

« L'hiver de 1756 et 1757 fut extrêmement rude; la Seine fut gelée, comme l'hiver dernier; précisément dans ce temps-là, ce prisonnier était au cachot, les fers aux pieds et aux mains, couché sur de la paille, sans couverture. Dans son cachot, il y avait deux meurtrières de deux pouces et demi de large, et d'environ quatre pieds de hauteur, sans vitres ni panneaux pour les fermer. Jour et nuit, le

(1) Ce père Griffet a laissé de curieux fragments sur l'*Homme au masque de fer*. Fidèle à ses habitudes de réserve, il n'a pas dit tout ce qu'il savait peut-être sur ce mystérieux personnage; mais il a, au moins, déblayé la question et écarté, avec autorité, un certain nombre d'hypothèses.

(2) On a beaucoup admiré la force d'âme de l'illustre la Chalotais, écrivant, dix ans plus tard, dans son cachot de Saint-Malo, un Mémoire justificatif, avec un cure-dent, de la suie, du vinaigre, du sucre et des papiers d'enveloppe de chocolat. A ne considérer que les moyens employés, Latude est plus étonnant : il n'avait ni cure-dent, ni le reste.

froid et le vent lui donnaient sur le visage. Il n'y a rien de si nuisible à la vue qu'un vent glacé, et surtout quand on dort.

« La roupie lui fit fendre la lèvre supérieure jusqu'au-dessous du nez; alors, ses dents se trouvèrent découvertes; le froid les lui fit fendre toutes. La racine des poils de sa moustache fut brûlée; il devint tout chauve. J'ai examiné ces quatre parties avec beaucoup d'attention; elles sont encore aujourd'hui très-visibles.

« Or, le froid lui ayant fendu les dents, la lèvre supérieure jusqu'au-dessous du nez, brûlé la racine des poils de sa moustache et rendu chauve, il n'est point douteux que ses yeux, qui sont infiniment plus délicats et plus susceptibles d'impression que les quatre parties dont j'ai fait ci-dessus mention, n'aient souffert de plus grands maux, et subi les mêmes déclinaisons.

« A la fenêtre de ce prisonnier, il y a quatre grilles de fer; les barreaux sont fort épais, croisés de manière que, quand on veut regarder un seul objet, on en voit trente de même; à la longue, cela divise tous les rayons visuels, cela fait beaucoup de mal à la vue. Les murs de la Bastille ont neuf à dix pieds d'épaisseur, par conséquent les chambres doivent être fort humides; l'humidité relâche toutes les parties du corps et amortit tous les esprits vitaux et animaux.

« Ce prisonnier, ne pouvant supporter ses maux, résolut de se faire mourir. Pour cet effet, il resta cent trente-trois heures sans manger ni boire; on lui ouvrit la bouche avec des clefs, et on lui fit avaler de la nourriture de force. Se voyant rappelé à la vie, malgré lui, il prit un morceau de verre et se coupa les quatre veines. Pendant la nuit, il perdit tout son sang; il n'en resta peut-être pas six onces dans tout son corps. Il resta plusieurs jours sans connaissance. Cette grande perte de sang a épuisé toutes ses forces, énervé tous ses esprits. Quoique ce prisonnier ait repris un certain embonpoint, on ne doit point juger par là de sa santé, parce que son sang ayant été épuisé, il n'a pas assez de chaleur, assez de force pour chasser les humeurs par la transpiration. Ses humeurs se coagulent, se congèlent, forment une certaine graisse qui engendre toutes sortes de maladies : car nous voyons des gens extrêmement gras qui sont accablés de rhumatismes, qui ont des obstructions, des ulcères, la goutte. Et cela ne vient que d'un épuisement, d'un défaut de transpiration.

« Le prisonnier se plaint aussi des rhumatismes qu'il a également contractés dans le cachot, et autres infirmités; mais je ne fais point mention de ces maladies, parcequ'elles ne sont point de mon ressort...

« Ce prisonnier se plaint que sa vue est fort trouble, et qu'elle diminue toujours; cet homme n'est plus jeune, il a passé plus de la moitié de l'âge, quarante-deux ans; il a passé par de rudes étamines. Voilà quinze ans qu'il souffre sans relâche; sept ans qu'il est privé du feu, de la lumière, de l'air et du soleil; en outre, comme j'ai dit ci-dessus, il a été cinquante-huit mois au cachot, et quarante mois les fers aux pieds et aux mains, couché sur de la paille sans couverture.

« Ce sont des situations, assurément, où la nature s'épuise, à force de pleurer ou de souffrir. Quand ce prisonnier baisse sa tête sur le devant, ou qu'il est à lire ou à écrire, il sent des secousses à la partie supérieure du cerveau, comme si on lui donnait de grands coups de poing, et, en même temps, il perd la vue pendant une ou deux minutes ; cela est occasionné par une trop grande abondance d'humeurs. Les parties ayant perdu leur ressort, s'affaissent du côté de l'orbite, arrêtent le retour du sang de la veine optique; cette veine se gonfle, comprime le nerf optique; c'est ce qui lui fait perdre la vue, jusqu'à ce que ces humeurs aient repris leur cours. Ce dernier accident est fort dangereux; il y a tout à craindre que ces convulsions ne lui causent un engorgement dans le nerf optique, ou la rupture des vaisseaux, qui peuvent causer une apoplexie ou une paralysie aux nerfs optiques.

« Par les collyres, les baumes, les bouillons composés, les fumigations aromatiques, j'ai arrêté totalement le cours involontaire des larmes. J'ai apaisé tout à fait l'inflammation de ses yeux; je suis même parvenu à donner leur premier ressort aux muscles orbiculaires de l'iris, qui étaient extrêmement dilatés. C'est ce qui lui aurait redonné la vue, comme il l'avait auparavant, si cette diminution n'avait été causée que par ces deux accidents; mais, comme la perte de sa vue vient de l'épuisement des larmes et du sang, il n'est point possible de pouvoir lui redonner la vue.

« Monsieur, j'ai cru qu'il était nécessaire de vous donner cette relation, parce qu'il est inutile de faire dépenser de l'argent au roi pour des remèdes et pour mes visites; parce qu'il n'y a uniquement que la cessation des maux, le plein air et un grand exercice, qui puissent conserver le peu de vue qui reste à ce prisonnier. L'air fortifiera toutes les parties de son corps, et le grand exercice dissipera la trop grande quantité d'humeurs de la tête, qui lui causent ces fréquentes convulsions, et qui lui causeront la perte de sa vue, si sa souffrance continue.

« *Signé* GRANJEAN. »

Nous voyons, par ce rapport, que la situation du malheureux avait été quelque peu adoucie. Il n'avait plus les fers aux pieds et aux mains; on lui avait donné une chambre à lit, mais une chambre basse, noire, humide et froide, à fenêtre quadrillée de barreaux épais, à meurtrières béantes; on lui refusait l'exercice du préau. Il avait changé de cachot : voilà tout.

Quant aux dates contenues dans ce rapport, et qui le placeraient en 1767, il n'en faut pas tenir compte. Il y a erreur évidente. Latude n'a pas alors 42 ans; il n'a pas encore quinze ans de Bastille. La suite de ce récit va le démontrer.

Malgré la douloureuse peinture faite par l'oculiste Granjean, malgré les recommandations humaines de cet honnête homme, Latude souffrit encore pendant de longs mois dans ce tombeau. Il n'avait même été tiré de son cachot que par force majeure. Un débordement de la Seine remplit d'eau son logement sinistre, et, comme le porte-clefs chargé du service de Danry se vit obligé de mouiller ses pieds à chaque visite jusqu'à la cheville, les réclamations intéressées de cet homme firent ordonner le transfèrement de Danry dans la première chambre de la tour de la Comté. C'était encore une chambre sans cheminée, un cachot du premier étage. Mais Latude n'en trouva pas moins le changement délicieux. Il respirait un air plus pur. Il voyait enfin le ciel !

Quelque amertume se mêla bien vite à cette grande joie. La Comté était du département de Daragon, ce porte-clefs en chef dans le service duquel avait eu lieu l'évasion de Latude et de d'Allègre. Daragon avait été puni à cause de cet événement impossible à prévoir, et il en gardait à Latude une rancune tenace; sa défiance, sans cesse éveillée, ajoutait aux tortures du prisonnier.

Il y parut bientôt. Latude, malgré la joie qu'il avait éprouvée en quittant son cachot homicide, n'avait pu se séparer sans douleur de sa petite famille de rats. Il avait pris l'habitude de causer avec ces compagnons de sa solitude, de s'intéresser à leurs jeux, à leurs luttes, à leurs amours. Il chercha à peupler le vide de son habitation nouvelle.

Des pigeons venaient souvent s'ébattre au soleil, sur sa fenêtre. Il conçut le projet d'en apprivoiser quelques-uns. Il tira de ses chemises et de ses draps quelques fils, et, avec son habileté de cordier émérite, il en fabriqua un petit filet, léger et résistant, qu'il tendit en dehors de ses barreaux. Un matin, il réussit à prendre un superbe mâle, et il eut le plaisir de voir la femelle se livrer d'elle-même. Il eut bientôt, à force de soins, consolé ses prisonniers de leur captivité. Il les aida à faire leur nid, à nourrir leurs petits, et bientôt cette nouvelle famille ne fut plus que volontairement captive. Tous les officiers du château, informés de ce nouveau miracle de patience, vinrent, à l'envi, admirer ce spectacle assez rare à la Bastille, d'un prisonnier entouré d'affections, et oubliant ses douleurs dans la compagnie de quelques animaux apprivoisés. Seul, Daragon vit dans ce succès de Latude une infraction à la discipline du château. Qui sait si son esprit soupçonneux n'imagina pas quelque moyen mystérieux de correspondance inventé par le prisonnier? Il fit aigrement ses observations à Latude, et laissa entendre qu'il ne tolérerait la présence des pigeons que si le prisonnier augmentait la ration de vin qu'il abandonnait au porte-clefs sur son ordinaire.

Tous les dimanches, Latude gratifiait Daragon d'une des sept bouteilles de vin qu'on lui donnait pour la semaine. Daragon voulut que cet impôt forcé fût porté à quatre bouteilles. Latude représenta à son tyran que, dans l'état d'affaissement où il était, c'eût été une barbarie que de le priver d'un soutien aussi nécessaire. Daragon insista, et finit par déclarer que, sans les trois bouteilles de surplus, il se refuserait désormais pour acheter les pigeons la graine que Latude payait au moins quatre fois sa valeur. Latude eut l'imprudence de s'indigner et répondit avec fermeté qu'il ne donnerait point les trois bouteilles. Le tyran sortit, écumant de rage, et courut, tout d'une haleine, informer le gouverneur de l'irrégularité qui se commettait dans son service. Latude le vit revenir bientôt, un mauvais sourire sur les lèvres. — « M. le gouverneur, dit Daragon triomphant, a donné ordre de tuer les pigeons. » Et il s'avança vers les pauvres volatiles, qui s'épluchaient au soleil. Latude, alors, ne put contenir son désespoir et sa fureur. Il s'élança, pour prévenir l'odieux bourreau, écrasa de deux coups de pied ses chers pigeons et s'évanouit de douleur.

Scènes puériles, pensera-t-on; scènes horribles pour un prisonnier! Dans ce grand isolement du monde, de ses passions, de ses intérêts, ces petites tortures morales font au cœur de profondes blessures. Le supplice du pigeon aimé, la perte de l'araignée favorite, prennent, dans cette solitude immense de l'âme, les proportions d'un deuil de famille.

Cependant, la dynastie des Jumilhac venait d'obtenir le gouvernement de la Bastille. M. de Jumilhac, parent du de Launay massacré le 14 juillet 1789, introduisit dans la redoutable geôle un système in-

connu depuis longtemps de douceur et d'humanité. Il s'intéressa aux longues souffrances de Latude et lui procura une audience du lieutenant général de police.

C'était M. de Sartines qui occupait ce poste. Gabriel de Sartines avait, en 1759, succédé à M. Bertin, et rappelait, par la façon dont il exerçait cette haute magistrature, les mérites du premier d'Argenson. Sans doute, sous M. de Sartines, le ministère de la police était resté ce qu'il était nécessairement alors, une inquisition rigoureuse, inquiète, arbitraire, dévouée aux intérêts et aux passions des grands; mais, enfin, M. de Sartines, tout en raffinant encore sur le merveilleux espionnage de ses prédécesseurs, tout en faisant servir sa toute-puissance et ses immenses ressources à l'amusement de l'ennuyé Louis XV et aux caprices de ses favoris, se fit une juste réputation d'humanité et de salutaire vigilance.

M. de Sartines avait successivement autorisé des améliorations sensibles dans le traitement du prisonnier. Le jour où il consentit à le voir et à l'entendre, il ne put s'empêcher d'accorder une attention bienveillante et une évidente sympathie à ces longues souffrances, à cette patience inépuisable. Il apprit, de la bouche même de Latude, à quelles études le prisonnier avait consacré ses déplorables loisirs. Il loua surtout l'idée, déjà passée en pratique, du projet militaire. Latude lui exposa encore un plan de finances, qui n'était autre chose, à ce qu'il paraît, que l'établissement momentané d'une monnaie de convention, destinée à remplacer le numéraire, alors fort raréfié dans le royaume. Latude proposait encore la construction de greniers d'abondance, avec un moyen d'approvisionnement pour ces magasins de l'État; cette idée, tout contestable qu'en soit le mérite, fut, plus tard, appliquée par Napoléon Ier. Elle avait été, dès le commencement du siècle, assez heureusement mise en pratique par le roi Stanislas de Lorraine. Les voies et moyens de l'établissement nouveau devaient être trouvés dans un impôt *sur les mariages*; impôt volontaire, mais fondé sur la vanité.

M. de Sartines renvoya Latude avec quelques bonnes paroles. Il lui fit entrevoir la liberté, une récompense pour ses travaux, et, pour le moment, autorisa le major de la Bastille, M. Chevalier, qui assistait à l'entretien, à accorder au prisonnier deux heures par jour de promenade sur la plate-forme de la Bastille.

Il semble évident qu'à ce moment, si Latude avait voulu montrer les qualités exigées d'un prisonnier, l'humilité et la discrétion, ses souffrances eussent bientôt touché à leur terme. Mais, par vanité, par impatience, il devait, pour longtemps encore, reculer sa libération.

Tout échauffé de l'accueil bienveillant qu'il avait reçu, Latude fit remettre à M. de Sartines le manuscrit de ses deux Mémoires financiers; puis, il en attendit impatiemment l'effet. S'il faut l'en croire, à quelque temps de là, M. Falconet, aide-major de la Bastille, l'aurait fait appeler, et lui aurait dit en propres termes: — « Si M. de Sartines vous donnait quinze cents livres de pension, bien payées, *mais bien payées*, ne vous désisteriez-vous pas de votre projet des magasins d'abondance? »

On cherche en vain quel intérêt M. de Sartines pouvait avoir à acheter le désistement de Latude relativement à ce projet, et il faut bien soupçonner ici, ou quelque bourde gasconne, ou quelque absurdité de rédaction de la part de Thiéry. Il semble plus probable que M. de Sartines se sentait disposé à délivrer Latude, pour peu qu'on lui assurât le silence de la victime. En ce cas, et si aucune indiscrétion n'était à craindre, on eût probablement fait au libéré une pension, à la condition qu'il se fît oublier en province.

Quoi qu'il en soit, Latude prétend qu'à la proposition de M. Falconet, une bouffée de vanité lui monta au cerveau, et que, sur-le-champ, sans réflexion, il répondit : — « Pour cinquante mille écus comptant, je ne renoncerais pas à l'honneur d'avoir proposé un projet semblable. » — « Cependant, reprit l'aide-major, dans l'état où vous êtes, si j'étais à votre place, je me croirais trop heureux d'en recevoir une pareille récompense. » — « Je le conçois, répondit Latude, jouant l'Alexandre; et moi aussi, si j'étais Falconet, je l'accepterais avec empressement. »

Quoi qu'il puisse y avoir de vrai dans ce récit, il ne semble pas douteux qu'à partir de ce moment, les bonnes dispositions de M. de Sartines durent être singulièrement modifiées. Le politique père Griffet, consulté à ce sujet par le prisonnier, lui fit sentir sa faute. — « Eh quoi! lui dit-il, depuis que vous êtes à la Bastille, vous ne la connaissez pas encore? Il est évident que l'officier que vous avez ainsi rembarré, vous était envoyé par M. de Sartines. Quels qu'aient été les motifs de cette ouverture, votre refus, la manière surtout dont vous l'avez énoncé, vous a fait deux ennemis de deux protecteurs possibles, et je crains que vous n'ayez à vous en repentir. »

Déjà Latude avait commis plus d'une imprudence, et, par impatience, par désespoir, avait reculé l'heure de sa délivrance. On entrevoit, à travers ses plaintes, toute une folle correspondance, peu faite pour disposer en sa faveur ceux qui pouvaient tout sur lui.

D'après Latude lui-même, sa première lettre justificative à M\ :me de Pompadour portait la date du 27 mai 1758. Elle était respectueuse, suppliante. « Quand il vous serait possible, y disait-il, de m'accabler de plus grands maux, vous ne sauriez, Madame, me faire repentir d'avoir souhaité la conservation d'une personne agréable aux yeux de Sa Majesté. »

Il y avait bien, sans doute, quelque chose à redire dans le style de cette lettre; car M. Berryer, alors lieutenant de police (il ne l'était plus depuis six mois?), en avait corrigé quelques passages, et l'avait renvoyée à Latude avec cette bienveillante apostille : « Vous direz au sieur Danry que le barré est à son préjudice et contre ses véritables intérêts. »

Dans cette lettre, Latude décrivait ainsi sa triste position.

« Madame, je suis accablé de rhumatismes; j'ai un bras faible; je suis sans cols, sans jarretières, sans mouchoirs, sans feu ni lumière, réduit à manger par terre, comme les animaux, avec une barbe de plus de dix pouces de longueur, sans avoir seulement un misérable torchon pour poser mon pain. En outre, je suis aux fers, couché sur la paille, sans couverture; je n'en puis plus, je me meurs. Quand le ministre verrait tomber mon corps par lambeaux, il ne vous dirait rien, parce que vous êtes instruite de mon martyre. C'est à vous à prononcer. Je vous supplie, pour l'amour de Dieu, d'avoir pitié de moi. »

M\ :me de Pompadour ne répondait pas. Latude

écrivait, écrivait toujours. Nous avons sa *soixante-cinquième* lettre, en date du 10 mai 1762; elle est adressée à M. de Sartines, et elle est belle de désespoir :

« Monseigneur,

« Je supporte avec patience la perte de tous mes beaux jours et de ma fortune; je supporte mes rhumatismes, la faiblesse de mon bras et ce cercle de fer autour de mon corps pour le reste de ma vie; mais je ne puis point supporter la perte de ma chère vue : elle diminue tous les jours. Je vous supplie, pour l'amour de Dieu, d'avoir la bonté de m'accorder deux heures d'air par jour dans le jardin ou sur les tours, pour me conserver le peu qui me reste. Monseigneur, si je vous ai écrit *des lettres fortes*, ce sont mes yeux qui en sont la cause. Ils me font perdre la cervelle, je ne puis plus maîtriser ma tête; mais, enfin, je vous en demande mille fois pardon. Que voulez-vous de plus? Ma vie? Prenez-la tout à la fois ou daignez m'accorder les remèdes qu'on n'a jamais refusés à la nature humaine... Quand vous me direz : « Quels sont tes titres pour vouloir exiger de moi une pareille grâce? » Hélas! quels sont mes titres? Je ne vous prouverai pas de point en point l'injustice qu'on me fait, car je vois bien que cela vous fait de la peine; mais je perds la vue. Mon second titre est que je suis dans ma quatorzième année de souffrance, terme qui fait frémir... Je vous supplie, Monseigneur, mon père, par quatorze années de souffrances, qui rendent assurément ma prière bien respectable, d'avoir la bonté de m'accorder cette grâce, et, en reconnaissance, je prierai Dieu toute ma vie de répandre de plus en plus sa sainte bénédiction sur vous et sur toute votre chère famille. »

Dans la suivante, adressée à Quesnay, on voit reparaître le Gascon; le désespoir y est téméraire, insulteur :

« Monsieur,

« Je gagerais ma tête contre cinq sols que vous ne pensez pas plus à moi qu'au chameau de Mahomet. Vous ne faites point le devoir d'un honnête homme en m'oubliant dans la malheureuse prison où vous m'avez mis. Monsieur, je ne vous avais point demandé dans la tour de Vincennes; si vous n'étiez pas venu au-devant de moi, je n'aurais point certainement eu recours à vous. Aux dépens de ma chère liberté, vous avez donné des preuves de votre amitié à M\ :me la marquise de Pompadour; aujourd'hui, donnez-lui-en encore de plus grandes en lui remettant ce Mémoire entre les mains. Et recommandez-lui soigneusement de le lire elle-même, de ne point le confier à ses secrétaires. Choisissez une heure qu'elle n'ait rien à faire quand vous le lui remettrez, afin qu'elle puisse le lire tranquillement. Je crois qu'il n'est point besoin de vous prier pour vous exciter à le lui remettre.

« ..... Je suis très-profondément, Monsieur, votre, etc.

« *Signé :* DANRY. »

Dans celle-ci, qu'il adresse au major de la Bastille, Latude parle, en plaideur obstiné, d'un Mémoire qu'il adresse à sa *partie*.

« Monsieur,

« Souvenez-vous de toutes les promesses que vous me fîtes. Ayez donc la bonté de prier M. de Sartines de me laisser passer ce Mémoire à *ma partie*; qu'il me défende ou qu'il me laisse défendre moi-même. S'il m'arrive quelque malheur, tant pis pour moi; je ne m'en prendrai point à lui. Voilà quatorze années que je souffre; je n'en puis plus. Je vous supplie, de grâce, de me faire savoir si M. de Sartines me l'a laissé passer. Je vous en supplie, n'oubliez point de me répondre; je vous serai très-obligé.

« J'ai l'honneur d'être, etc.

« *Signé* : DANRY. »

Le Mémoire dont il est question ici, est-il le curieux Mémoire trouvé, tout cacheté, dans les archives de la Bastille, et imprimé en 1789? La date qu'on peut conclure de la durée de la captivité subie, est bien celle de 1762. Ce Mémoire, avons-nous dit, est l'œuvre originale de Latude. C'est là qu'on le trouve tout entier, tandis que les deux autres ouvrages publiés sous son nom, accusent la maladresse d'un *teinturier* littéraire.

« Madame, y dit-il en commençant, voici un grand Mémoire; si vous ne voulez point vous donner la peine de le lire pour moi, au moins vous devriez le lire pour l'amour de vous-même. »

Pensez, ajoute-t-il, que Louis XV peut mourir avant vous. « Si ce malheur vous arrivait, certainement vous auriez du chagrin d'avoir fait pourrir bien des pauvres malheureux en prison. Vous faites ces choses sans aucune crainte de la justice, parce que vous croyez quelque jour vous dépêtrer de tout en disant : Ce n'est pas moi qui ai fait souffrir ces gens-là, c'était le roi.

« Madame, permettez-moi de vous dire que vous vous trompez grandement. Vous n'en serez pas quitte à si bon marché, car nous n'ignorons pas que c'est vous qui nous faites assommer à votre fantaisie. N'avez-vous pas vu d'Allègre, quand il a échappé de la Bastille avec moi, s'il s'est fâché contre le roi ou contre le ministre? Eh bien! tous ceux que vous faites souffrir au-dessus de leurs mérites, si le roi venait à mourir aujourd'hui ou demain, vous pouvez compter qu'ils feront de même, à la différence que d'Allègre vous attaqua par des lettres d'invectives, et que les autres vous attaqueront au Parlement. Il me semble que ce mot de Parlement vous fait rire. Soit; mais si vous vous en riez, vous devriez au moins ressouvenir du déplaisir et du sérieux que les lettres de d'Allègre vous ont causés, et vous devriez faire en sorte, par une bonne conduite, de ne jamais vous en attirer de pareilles. C'est ce que vous pouviez éviter en traitant avec bonté, avec modération, ceux qui ont le malheur de vous déplaire...

« Vous avez fait arrêter d'Allègre à Bruxelles, parce qu'il vous a écrit des lettres fortes. Pourquoi a-t-il écrit ces lettres? C'est parce que vous l'aviez trop longtemps fait souffrir. Or, si les mauvais traitements vous ont attiré des lettres fâcheuses, aujourd'hui, par votre bonté, par votre humanité, attirez-vous des remerciements et des prières de sa part en vous vengeant d'une manière noble.

« ..... Quand vous dites : Je crains, c'est la raison de tous les tyrans... Vous craignez! A cause que vous craignez, devez-vous faire périr la vie sans combien de malheureux entre quatre murailles?...

« Tous ceux que vous retenez en prison sont des gens d'esprit, excepté moi, car les sots ne se frottent point avec vous. Or, vous pouvez compter comme une chose certaine qu'il ne se passe pas un seul moment dans les vingt-quatre heures, que tous ne pensent comment est-ce qu'on pourra vous rendre le trop. Vous leur fournissez de matière mille fois plus qu'il ne faut pour vous attaquer en justice. Vous y serez attaquée. »

Il a envoyé un paquet, il est vrai; « mais il n'y avait rien dedans de nuisible : cela est prouvé par des expériences. De plus, je vous ai averti d'avance de son arrivée par Corbillon, votre valet de chambre. Je vous envoyai ce paquet, non pas pour vous faire du mal, mais pour vous conserver la vie, parce que j'avais entendu dire en plusieurs endroits que vos ennemis cherchaient à vous envoyer à l'autre monde, et je vous envoyai ce paquet *afin de vous inspirer par lui de la méfiance contre un malheur*. Vous pourrez dire : Il fallait m'avertir de vive voix. Je ne pouvais le faire sans mettre du monde dans la peine; c'est ce que je voulais éviter, parce qu'on dit très-souvent enfin des choses qui peuvent n'être pas véritables; par conséquent, je ne voulais point vous inspirer un mauvais soupçon contre certains personnages, qui pouvait être injuste. Ainsi, sans faire de tort à la réputation de personne, mon paquet vous faisait tenir sur vos gardes contre leurs entreprises. »

Graissez les bottes d'un vilain, il dit qu'on les lui a gâtées. Latude rappelle ce proverbe, d'un goût contestable, et prétend que si, comme on l'en a accusé, il n'avait eu en vue que la récompense d'un service illusoire, il se serait adressé au roi, plus riche que la marquise.

Plus on lave un nègre, plus il devient noir, continue Latude, en son style de Sancho. Et plus loin : « Vous nous pelotez, Madame, d'une barbare manière; mais priez Dieu que Louis XV vive plus longtemps que vous, car s'il venait à mourir avant, vos propres yeux rendront les larmes que vous nous faites verser injustement. *Il y a une justice en France.* »

Elle l'a fait arrêter dans Amsterdam; et qu'y pouvait-il contre elle? « Dire que vous ne descendez point en ligne droite de Mérovée; mais, en méprisant votre naissance, j'aurais méprisé celle de tout le monde, car il n'y a pas eu deux créations. Nous sortons tous d'un même père Adam, qui vous donnerait quelques bons coups de poing s'il voyait que vous maltraitez son pauvre frère, qui vous a toujours souhaité du bien. La véritable noblesse est dans les sentiments... Dire que vous étiez maîtresse du roi, personne ne l'ignore. »

Vous ne voulez point entendre mes conseils. « Vous faites comme un riche juif qui allait très-souvent manger chez le rhéteur de Carpentras. Le maître d'hôtel, pour se divertir, lui disait quelquefois à l'oreille : — Monsieur, ne mangez pas de ça, il y a du lard. — Eh! mon ami, répondit-il, n'empoisonne pas mes morceaux, ne me dis rien : je le trouve bon. Si le juif se damnait en mangeant un peu de lard, que devez-vous faire, vous, Madame, en mangeant des hommes tout en vie? »

Puis, entrant en conversation avec la marquise, dans un style gascon, naïf et doublé de finesse, Latude cherche à lui prouver que, pour ses belles années perdues en quatre murs, elle lui devrait bien, en dédommagement, 25,000 livres par exemple; à moins qu'elle ne préfère donner la moitié de la somme et placer l'autre moitié à fonds perdus, en tontine, ou sur l'Hôtel-de-Ville. Elle garderait le contrat par devers elle, et, par ce moyen, serait sûre du libéré.

Elle y gagnerait assurément; car enfin, « il faut connaître l'esprit des prisonniers; ils travaillent nuit et jour contre vous. » Latude, instruit par l'expérience, aiderait à les calmer. Il leur dirait : « J'ai été prisonnier comme vous; j'ai parlé pour vous à madame la marquise; elle m'a dit que si je voulais répondre de vous corps pour corps, qu'elle vous relâcherait et qu'elle vous ferait même tel bien. J'ai répondu de vous, et vous ne devez point ignorer que celui qui répond paye. Voyez si vous me voulez donner votre parole d'honneur d'ensevelir tout aujourd'hui et d'être sage et discret à l'avenir... Vous me donnez votre parole. Pensez que ce n'est plus elle que vous persécuterez, c'est moi-même; ainsi, je vous crois trop honnête homme pour me jeter dans le malheureux précipice d'où je vous tire. »

Rêves touchants de prisonnier! Mais il revient à la réalité. « Voilà, dit-il, quatorze années que je souffre. J'ai été pendant cinquante-huit mois au cachot, et onze cent quatre-vingt-onze jours les fers

aux pieds et aux mains, couché sur une poignée de paille, sans couverture. Les criminels qu'on rompt oublient les coups de barre de fer qui leur ont fracassé les os des bras et des cuisses, pour ne se plaindre uniquement que du froid. C'est un fait connu de tout le monde. J'ai souffert ce terrible tourment dans toute son étendue pendant quarante mois sans relâche; car, au fort de l'été, la nuit, je crevais de froid. Jugez de ce que cela devait être dans l'hiver de 1756 et 1757, où la Seine était prise comme un fromage, où tout le monde s'y allait promener dessus. Précisément, dans ce temps-là, j'étais couché sur une poignée de paille, les fers aux pieds et aux mains, sans pouvoir me remuer; je n'avais sur mon corps qu'une simple robe de chambre faite à la taille d'un autre prisonnier, qui ne pesait

... C'est ainsi que Latude parvint à écrire un Mémoire très-détaillé (PAGE 18).

pas quatre livres... Dans le premier hiver, je devins tout chauve; la roupie me brûla toute la racine des poils de ma moustache, me fit fendre la lèvre supérieure jusque sous le nez. Alors mes dents se trouvèrent découvertes; le froid me les fit fendre toutes... J'y ai perdu aussi les trois quarts de ma chère vue, et contracté une descente qui m'oblige à porter toute ma vie un cercle de fer autour de mon corps. Voilà soixante et quatorze mois que je n'ai vu ni feu ni lumière, sans préjudice du courant. Dites-moi, Madame, si Néron, si tous les tyrans ensemble ont jamais prolongé la vie dans les tourments comme vous faites. »

Ici, une révélation effroyable : « De quatre prisonniers que nous étions dans une chambre, il y en avait trois des vôtres, dont le premier, après avoir resté cent trente-trois heures sans manger, on lui ouvrit la bouche avec des clefs, et on lui fit avaler de la nourriture de force; se voyant rappelé à la vie malgré lui, il prit un morceau de verre, et se coupa,

avec, les quatre veines. Le second, croyant que cela l'enverrait à l'autre monde, comme Santeuil, avala une demi-once de tabac d'Espagne dans un verre de vin. Le troisième, comme il n'avait point de cheminée dans sa chambre, ferma bien sa fenêtre, boucha avec ses bas, ses mouchoirs, toutes les petites ouvertures de sa porte, et, ensuite, mit le feu à sa chaise percée, et à l'autre, à sa table et à son lit de sangle, pour se faire étouffer par la fumée. Quand on lui apporta à souper, on le trouva tout roide; on le traîna hors de sa chambre, afin de faire prendre l'air à son corps. Mais il semble que Dieu ne conserve la vie à tous ces pauvres malheureux, malgré eux, qu'afin que vous ayez un jour plus d'accusateurs en justice. »

C'est avec ce style que Latude entendait arranger ses affaires.

Les imprudences de Latude ne lui avaient pas fait retirer par M. de Sartines l'autorisation de la promenade, et cette autorisation constituait, à la Bastille, un

CAUSES CELEBRES

Lebrun et Cⁱᵉ, Éditeurs.
Rue des Saints-Pères, 8.

enviable privilége. Il n'y avait que les personnes *qualifiées* qui pussent jouir de cet exercice sur la plate-forme, d'où l'on apercevait l'admirable panorama de Paris. Le menu peuple des prisonniers n'avait droit qu'à la promenade dans les cours, où la vue était bornée par d'énormes et maussades murailles.

Ces deux heures de promenade, l'aspect de cette grande ville joyeuse, pleine de mouvement et de vie, consolaient et rassérénaient Latude. Un jour, pourtant, une de ces récréations fut marquée par une des grandes douleurs de sa vie. Une des sentinelles de la plate-forme avait servi sous le père de Latude. En causant, le soldat apprit tout à coup au malheureux que son père était mort. Ce coup, auquel il n'était pas préparé, le foudroya; il tomba sans connaissance.

Revenu à lui, il vit dans ce cruel événement un nouveau motif de désespoir. Il savait que son père avait tenté tous les moyens possibles pour fléchir les bourreaux de son fils; jusqu'alors, il s'était flatté que, tôt ou tard, on se laisserait toucher par ses supplications paternelles. Cette dernière espérance sombrait. Ainsi, tous les jours, semblait se resserrer la chaîne.

Pour la première fois, à cette époque, Latude parle de sa mère. Elle lui restait encore. Depuis longtemps, elle aussi fatiguait les ministres de ses prières et de ses cris.

« Faut-il, écrivait-elle à M. Berryer, le 17 juin 1758, faut-il que je descende au tombeau sans revoir mon fils, mon cher fils, que j'aime si tendrement? Ah! que le contre-coup de ses peines m'est

. ∴ . Le fou sauta menaçant aux barreaux de sa cage, et répondit : Je suis Dieu (PAGE 30).

terrible! Son triste sort abrége et précipite mes jours.»

A Madame de Pompadour, elle écrivait, à la même date :

« Madame, mon fils gémit dans la Bastille depuis longtemps, pour avoir eu le malheur de vous offenser, et je gémis plus que lui; son triste sort me tourmente nuit et jour; je ressens toute l'amertume de ses peines, sans avoir partagé sa faute. Que dis-je? Hélas! j'ignore en quoi il vous a déplu. Il était jeune, pour lors, et, sûrement, il fut entraîné par d'autres. Ah! qu'il doit penser différemment aujourd'hui! Les réflexions d'un captif ne ressemblent point aux vaines pensées d'un jeune homme libre; s'il ne mérite point votre pardon, Madame, ne pourrai-je pas le mériter moi-même pour lui? Soyez touchée de mon sort; ayez compassion d'une mère affligée; laissez-vous fléchir par mes larmes. La mort me fermera bientôt les yeux : n'attendez pas que je sois au tombeau pour faire grâce à mon fils. Je n'ai que cet enfant, l'unique rejeton de la tige,

l'unique reste de la maison, l'unique espérance de ma vieillesse. Rendez-le-moi, Madame, vous êtes si bonne!... Ne me refusez pas mon fils, Madame, la seule consolation de ma vieillesse; rendez-le, de grâce, à mon affliction; rendez-le à mes soupirs; rendez-le à mes pleurs; rendez-le à mes sanglots. »

Il ne faudrait pas juger trop sévèrement Mᵐᵉ de Pompadour pour avoir fermé son cœur à de pareils accents. C'est le système d'injuste justice, c'est l'arbitraire irresponsable et froidement cruel qu'il faut accuser de ces larmes impuissantes. Mᵐᵉ de Pompadour ne lut pas sans doute cette lettre; et, l'eût-elle lue, le prisonnier dont on lui demandait la grâce était, dans les idées du temps, un homme dangereux, criminel par sa faute première, criminel par ses évasions insolentes, criminel par ses menaces désespérées, plus criminel encore par ses souffrances. La raison d'État voulait que sa voix fût, à jamais, étouffée, et qu'il ne pût reparaître au milieu des hommes pour raconter comment se gardent les puissants.

Cette lettre, rapportée par Thiéry, est-elle authentique? On doit le croire, ne fût-ce que par cette seule raison que, si un imposteur l'eût composée, en 1793, pour le besoin de la cause, il eût inévitablement fait parler à la mère affligée le style emphatique du temps. C'est bien, ici, une mère qui parle et qui pleure, et ni Latude, ni Thiéry n'eussent pu rencontrer ainsi la simplicité dans la douleur.

Or, si cette lettre est authentique, Latude était bien le fils légitime du chevalier Masers de Latude, lieutenant de roi à Sedan. Nous avons entendu affirmer, par un membre encore vivant de la famille, que Latude était un fils naturel; mais on n'a pu nous fournir aucune preuve à l'appui de cette assertion.

La mère de Latude n'était pas seule à implorer la grâce de son fils. Plus d'une fois, des parents, des amis parvinrent à intéresser en sa faveur quelques-unes des créatures de la marquise ou de M. de Sartines. Mais, après les imprudentes menaces de Latude, on leur répondit toujours : « Vous ne savez pas pour qui vous sollicitez; vous frémiriez si vous connaissiez ses crimes. » C'était justement là ce qu'il eût fallu faire connaître, et la réponse était par trop commode; mais on ne raisonne pas avec les prudentes vengeances de l'arbitraire. Le résultat de ces réponses fut d'éloigner de Latude les indifférents et les prudents. Il devint dangereux de s'occuper de lui.

Lui, cependant, ne s'abandonnait pas; et c'est un intéressant spectacle que celui de cet homme, condamné à perpétuité par une puissance irrésistible, qui en appelle incessamment dans son cœur de l'inique sentence.

En se promenant sur la plate-forme de la Bastille, Latude avait promené avec lui son idée fixe. Plus d'une fois, il avait calculé la distance qui séparait le château-fort de la rue Saint-Antoine, la prison, de la liberté. S'il ne pouvait trouver des ailes pour franchir cet espace, ne pourrait-il au moins le faire franchir à sa pensée? Un paquet, jeté du haut des tours, parviendrait-il dans cette rue si passante? Et, si cela était possible, que de difficultés à vaincre! On avait laissé à Latude l'exercice des membres; mais, depuis ses imprudences épistolaires, on lui avait, de nouveau, retiré l'encre, les plumes, le papier. Puis, un paquet, s'il parvenait à y renfermer un Mémoire, tomberait-il précisément entre les mains d'une honnête personne, assez intelligente, assez pitoyable, assez hardie pour s'intéresser à un prisonnier inconnu? Et ces gardiens qui, avertis par l'expérience, se défiaient de chaque mouvement du malheureux, il faudrait les tromper encore. Tout cela n'arrêta pas Latude.

Son premier soin fut de s'isoler sur la plateforme, en se débarrassant des compagnons habituels de ses promenades, du sergent des gardes, par exemple, et de Falconet. Falconet, malgré le titre assez respectable de sa fonction, n'était pas un gros personnage, encore moins un Argus bien intelligent. Grand parleur, il imposait aux prisonniers le récit de ses hauts faits, et leur redisait cent fois l'histoire de sa vie. C'était là sa manie la plus gênante. Latude essaya de le dégoûter de ces fastidieux panégyriques. Il prit, un beau matin, le parti de le contredire en tout, de nier les faits qu'il s'attribuait, de le persifler à chaque mot. Le moyen réussit : Falconet fut bientôt las de cet auditeur in-

commode, et, le premier, il évita la conversation de ce prisonnier sarcastique.

Ce n'était pas assez : il fallait encore amener doucement Falconet à ne plus suivre, pas à pas, tous les mouvements du promeneur. Or, c'était le devoir de sa charge. Latude augmenta peu à peu la vitesse de sa marche; il en arriva bientôt à courir. En vain, Falconet lui criait : — « Plus doucement, que diable ! » — « Marchez plus doucement, si vous voulez, répondait Latude; ce n'est pas pour vous que je me promène. Il faut que je sue. »

Falconet laissa bien vite Latude courir et suer à sa fantaisie, et, ne pouvant plus fatiguer les oreilles du prisonnier, il prit le sergent pour victime. En peu de temps, les deux gardiens s'habituèrent à voir Latude à une extrémité de la plate-forme, quand ils étaient eux-mêmes à l'extrémité opposée. Dans la chaleur de la conversation, il leur arrivait souvent de le perdre de vue et d'oublier sa présence.

C'était déjà quelque chose de gagné : ce n'était pas assez. Il fallait encore trouver là-bas quelqu'un qui pût, qui voulût correspondre avec le prisonnier; quelqu'un dont l'extérieur inspirât une entière confiance. Du haut de la plate-forme, l'œil plongeait dans les maisons qui entouraient la Bastille. Latude étudia patiemment les habitants de ces maisons; c'étaient surtout les femmes qui attiraient son attention, et il eût voulu en voir de jeunes : leur âme est plus accessible à la pitié.

Il ne tarda pas à remarquer deux jeunes femmes, qui travaillaient souvent près d'une fenêtre. Elles lui parurent jolies, d'une physionomie heureuse et douce. Une d'elles, un jour, ayant jeté les yeux de son côté, il fit de la main un salut respectueux. La jeune femme avertit sa compagne, sa sœur peut-être, qui regarda à son tour. Alors, Latude leur adressa à toutes deux un nouveau salut; elles y répondirent, avec un air d'intérêt et de bonté. Dès lors, s'établit, entre les jeunes femmes et le prisonnier, une correspondance de regards sympathiques et de saluts amicaux. Tous les jours, à l'heure de la promenade, elles étaient à leur poste.

Latude, assuré de leur bonne volonté, leur montra un paquet, en faisant le signe de le jeter au loin; oui, répondirent leurs gestes, jetez-le. Il n'est pas temps encore, mima Latude; attendez.

Rentré dans sa chambre, il réfléchit au parti qu'il pouvait prendre. Adresser à la favorite ou à ses ministres de nouvelles supplices ou de nouvelles récriminations, c'était peine perdue; mais se venger en racontant le crime de ses tyrans, en dévoilant les abus du pouvoir à la France indignée, c'était au moins faire quelque chose, et, qui sait, peut-être, préparer sa délivrance en faisant plaider sa cause par l'opinion.

L'opinion! Enfin, Latude a découvert l'Hercule qui doit tuer le monstre. C'est la liberté de la parole et de la pensée qui assurera la liberté du citoyen. Instinctivement, il le devine, et, comme tous ceux que les tortures n'ont pu énerver, il se sent le courage de dire tout haut ce que l'on fait tout bas. Ces crimes du despotisme ne peuvent supporter la lumière; il faut les en inonder. Qu'on voie bien au jour ce qu'il faisait dans l'ombre, et ce sera assez pour le réduire à l'impuissance. Ici, le rôle de Latude s'agrandit. Ce n'est plus un pauvre diable qui souffre injustement; c'est l'homme même, c'est la société moderne, luttant contre l'oppression; c'est un citoyen réclamant son droit et flétrissant celui qui le lui dénie. Du jour où Latude a conçu l'idée d'en appeler à l'opinion publique, ce prisonnier devient un des tenants de la liberté moderne. Sa cause devient la nôtre, et son affranchissement sera celui de la société même. Le jour où il sortira de la Bastille, la vieille prison du bon plaisir, pour si solidement bâtie qu'elle puisse être, n'en aura plus pour longtemps.

Latude, cependant, se demandait comment il parviendrait à écrire son Mémoire. Se servir de tablettes, comme autrefois, il n'y fallait pas penser : il en eût fallu une quantité trop considérable, et il n'eût pas été possible de les soustraire à la vigilance des gardiens. D'ailleurs, ces pâtes fragiles se fussent brisées en mille miettes en tombant du haut des tours sur le pavé.

M. de Sartines avait permis quelques livres à Latude ; celui-ci en détacha un certain nombre de feuillets, et résolut d'écrire sur les marges et entre les lignes. Pour plume, il aurait pu prendre encore quelque arête de poisson ; mais, par ce procédé, il n'eût pu obtenir des caractères assez fins pour se placer nettement dans les interlignes. Il usa d'un autre expédient. Il prit une pièce de deux liards, qu'il frappa au point de l'aplatir comme une feuille de papier, et de l'étendre comme un écu de six livres. Cela fait, il l'arrondit, la fendit, et en fit une excellente plume, souple, fine, forte. Notez, en passant, que Latude avait trouvé la plume métallique.

Armé de cet ingénieux outil, Latude rêva aux moyens de se procurer de l'encre. La seule pensée de renouveler ces atroces piqûres d'autrefois qui avaient failli engendrer la gangrène, le faisait tressaillir de terreur. Il chercha donc autre chose, et voici ce qu'il trouva.

Avec du noir de fumée, pensa-t-il, on peut faire de l'encre. Mais comment se procurer du noir de fumée, quand on ne lui accordait ni feu ni lumière ? Latude, à force d'y rêver, imagina de simuler une rage de dents, et, avec des contorsions de douleur, il pria le sergent qui l'accompagnait à la promenade de lui prêter un instant sa pipe, pour endormir le mal. Il avait choisi, pour cette requête, un moment où le sergent ne fumait pas. Le sergent y consentit, et donna à Latude la pipe et ce qu'il fallait pour la charger et l'allumer. La pipe allumée, Latude rendit le briquet et la pierre, mais en gardant un morceau de l'amadou.

Possesseur de ce petit trésor, il rentra dans sa chambre, et on l'entendit bientôt frapper à grands coups de pied dans sa porte. C'était ainsi que les prisonniers appelaient les sentinelles et les gardiens. On vint, et on le trouva se roulant sur le carreau, en proie à une affreuse colique. Le chirurgien fut mandé, et ordonna des applications de serviettes chaudes et une potion d'huile. C'était de l'huile que voulait Latude.

Au lieu de la boire un huile, il la serra précieusement dans un petit pot qui avait contenu de la pommade. Puis, il fabriqua une mèche avec quelques fils de coton.

Le luminaire était trouvé. Il fallait trouver le feu. Latude fit sortir de ses trous un bâton de sa chaise, fit une cordelette mince et forte avec des fils tirés de ses draps, et se procura ainsi une sorte d'archet. Un petit morceau de bois dur devint entre ses mains une cheville pointue d'un bout, arrondie de l'autre. Un morceau de bois très-sec, arraché à l'affût d'un canon, reçut la cheville, qui, serrée par la ficelle de l'archet, tourna de façon à enflammer rapidement le bois sec. L'amadou et quelques fragments de charpie activèrent ce petit foyer, et, en soufflant de tous ses poumons, Latude parvint à avoir assez de flamme pour allumer son petit lampion.

Ce succès le réjouit si fort, qu'à la vue de sa mèche brûlant sur l'huile du pot, il ne put s'empêcher de sauter et de danser autour de sa lumière.

Mais, bientôt revenu à lui, il se hâta de profiter de son succès. Il exposa à la flamme une assiette, qu'il avait eu soin de conserver de son dernier repas. De temps en temps, il recueillait le noir dans un morceau de papier. En quelques heures, il en eut une quantité considérable.

Restait à faire de l'encre avec ce noir de fumée. Latude essaya de le faire dissoudre dans de l'eau ; mais toujours le noir surnageait et le mélange ne se faisait pas. Le lendemain donc, à l'aide d'un rhume de commande, Latude se fit donner un peu de sirop ; le noir, délayé avec ce sirop et de l'eau, lui donna enfin une encre passable.

Muni, désormais, de tout ce qui était nécessaire pour écrire, Latude écrivit son Mémoire. Il y retraça l'histoire de ses malheurs, avec de longues et continuelles redites et force déclamations à l'adresse de la marquise. Ce récit achevé, il y joignit une lettre pour La Beaumelle, et, en cas d'absence de La Beaumelle, une autre lettre pour un autre de ses amis, un chevalier de Méhégan. C'étaient ces deux personnes que Latude avait choisies pour plaider sa cause devant l'opinion. Une lettre, particulièrement adressée *A mes aimables protectrices*, remerciait les deux jolies voisines de leur sympathie pour le prisonnier, les priait d'unir leurs efforts à ceux des personnes indiquées, et de les remplacer, si, d'aventure, ces personnes étaient introuvables.

Mémoires, lettres, notes, tout était prêt. Latude fit du tout un paquet qu'il enferma dans deux sacs de peau, dont il prit la matière dans la doublure d'une de ses culottes.

Plusieurs jours de suite, Latude monta sur la plate-forme, sans pouvoir trouver l'occasion de jeter le paquet. Et cependant, il fallait se hâter ; on pouvait venir fouiller la chambre, et, le paquet trouvé, les rigueurs eussent redoublé.

Une occasion se présenta ; mais les deux sœurs ne comprirent pas le signe que leur faisait le prisonnier, de descendre dans la rue pour recevoir le paquet. Enfin, un jour qu'il faisait grand vent du nord, c'est-à-dire soufflant dans la direction de la rue Saint-Antoine, une des jeunes femmes se rendit au signal. Quand Latude l'aperçut dans la rue, à portée convenable, il prit son temps, et pendant que ses gardiens tournaient le dos, il lança le paquet de toutes ses forces.

Le paquet tomba non loin de la jeune femme, qui, après un regard circulaire jeté rapidement sur les passants, se précipita dessus, le cacha sous son tablier, et remonta vite dans sa chambre, où sa sœur attendait, inquiète. Il y avait de quoi trembler, et c'était une courageuse action que faisaient là ces deux femmes. Correspondre avec ce prisonnier, qu'elles ne connaissaient pas, c'était s'exposer peut-être à partager son sort.

Un quart d'heure après, environ, les deux sœurs reparurent à la fenêtre, habillées, prêtes à sortir. Elles indiquèrent, par leurs gestes, qu'elles allaient porter le paquet aux adresses indiquées.

Quels étaient les deux amis à qui Latude confiait l'histoire de ses misères et le soin de les faire cesser ? L'un, le chevalier de Méhégan, nous est totalement inconnu; l'autre, La Beaumelle, est une des figures les plus intéressantes de cette nation à part qu'au XVIIIe siècle on appelait encore la République des lettres.

Angliviel de La Beaumelle, écrivain distingué, libre esprit, souvent plus hardi qu'il n'était permis de l'être alors, avait, lui aussi, logé à la Bastille. Il avait, lui aussi, offensé un puissant, et ce puissant n'était ni la marquise de Pompadour, ni un ministre du roi; c'était Voltaire. La Beaumelle avait eu la témérité d'écrire ceci : « Il y a eu de plus grands poëtes que Voltaire; il n'y en a jamais eu de si bien récompensés. » L'avocat illustre de Calas et de Sirven, l'apôtre de la liberté, jura, pour ces deux petites lignes, une haine mortelle à son confrère en lettres. En 1753, à force de supplications, de diffamations, de dénonciations, Voltaire réussit à faire mettre La Beaumelle à la Bastille. Mais La Beaumelle avait des protecteurs; il obtint bientôt sa liberté. La rancune tenace de Voltaire le poursuivit encore, et, une seconde fois, en 1756, La Beaumelle fut écroué sur la demande du grand affranchisseur. Le 1er septembre 1757, La Beaumelle vit lever son écrou.

Nous savons donc que, à la fin de 1763 ou au commencement de 1764, époque à laquelle il faut placer la confection du Mémoire de Latude, La Beaumelle était libre. Mais nous savons aussi que la persécution obstinée de Voltaire avait fait transformer sa captivité en exil, et que le séjour de Paris avait été interdit à la victime du poëte haineux. La Beaumelle ne revint à Paris qu'en 1770, et, jusqu'à cette époque, il habita le Languedoc, son pays natal, où le suivirent les calomnies, les diffamations et les dénonciations de Voltaire.

Ainsi donc, en 1764, La Beaumelle n'était pas à Paris, et, au fond de sa province, frappé d'un arrêt d'exil, surveillé, persécuté, il n'était pas en position de prêter aide à Latude.

Comment celui-ci avait-il connu La Beaumelle? Ce n'était pas, sans doute, à la Bastille, où il avait toujours été très-resserré. La Beaumelle était Languedocien, il avait voyagé en Allemagne et en Hollande; les deux compatriotes avaient dû se rencontrer en Hollande et à Paris.

Quelque temps après l'envoi du Mémoire, Latude, qui attendait anxieusement de ses protectrices un signal d'espérance, les vit faire des gestes de satisfaction dont il ne put s'expliquer le sens. Il semblait que, tous les jours, ces gestes devinssent plus vifs; mais quelles promesses renfermaient-ils? Cela était bien difficile à comprendre. Ce manége dura longtemps, et la joie de Latude avait eu le temps de se changer en une fiévreuse impatience, quand, le 18 avril 1764, vers neuf heures un quart du matin, Latude vit les deux sœurs se mettre à leur fenêtre et déployer une énorme pancarte, sur laquelle, en gros caractères noirs, étaient tracées ces deux lignes :

Mme LA MARQUISE DE POMPADOUR EST MORTE HIER XVII.

Cette nouvelle remplit l'âme du malheureux d'une joie délirante. Morte, enfin, celle qui, seule, prolongeait son supplice. Morte la bête, mort le venin! Il allait donc être libre. Latude attendit, patiemment, pendant quelques jours. Il fallait bien laisser à ses geôliers le temps de se reconnaître. En attendant, Latude faisait sa malle. Il disait, du fond du cœur, un adieu joyeux à ces grands murs sombres,

à cette chambre humide et froide, à ces pierres implacables qui, si longtemps, avaient étouffé ses soupirs.

Une semaine se passa. Rien ne changeait à la Bastille. La prison était toujours impitoyable; les geôliers étaient toujours rébarbatifs.

Pauvre Latude!

Après la chute des bourreaux du Comité de salut public, après le 9 thermidor, il y eut aussi, dans les prisons de Paris, une grande joie parmi les malheureux que les geôliers n'avaient pas encore appelés pour les sanglantes fournées. Les tyrans étaient morts, la guillotine allait se rouiller. Et cependant, les fournées continuèrent, la guillotine n'en fit pas moins, tous les jours, sa hideuse besogne. L'habitude était prise. On tua quelque temps encore, parce qu'on avait tué.

Il devait en être ainsi pour Latude. Ce qu'il ne savait pas, c'est que ce n'était pas la marquise qui le torturait, c'était un système. Il croyait n'avoir pour ennemi qu'une femme offensée : son ennemi s'appelait l'arbitraire. Il était prisonnier; il devait rester prisonnier, par cette seule raison qu'il était prisonnier.

Latude, enfin, s'impatienta. Au bout d'un mois, il écrivit à M. de Sartines que, « Madame la marquise étant morte le 17 avril, selon l'autorité des lois, l'innocence de sa faute, sa trop longue expiation, la liberté devait lui être rendue; il le suppliait donc de vouloir bien considérer la longueur du temps passé depuis qu'il supportait une captivité injuste et barbare. »

M. de Sartines accourut. Comment un prisonnier de la Bastille pouvait-il avoir appris une semblable nouvelle? Il était défendu à tous officiers, chirurgiens, porte-clefs, confesseurs, de rien laisser transpirer, dans le grand tombeau, des choses de ce monde. — « Je veux savoir, dit M. de Sartines à Latude, quelle est la personne qui vous a appris cette mort. » Pris au dépourvu, Latude ne sut que répondre : — « Monsieur, je suis honnête homme, et j'aimerais mieux qu'on m'arrachât le cœur que de descendre à cette lâcheté, à cette ingratitude, à trahir celui qui m'a instruit. » Ce genre de probité ne faisait pas l'affaire de M. de Sartines. Il y avait là une grave infraction aux règlements. Il insista. Latude persista dans son refus. « Encore une fois, parlez, dit M. de Sartines; votre liberté est à ce prix. » Alors, Latude eut un de ces mots emphatiques par lesquels il savait si bien s'aliéner ceux qui pouvaient tout sur lui. — « Je crois, dit-il d'un air superbement indigné, voir Mahomet II faisant éventrer douze pages, pour savoir lequel lui avait mangé cinq figues. »

Latude prétend qu'à cette réponse, M. de Sartines balbutia et rougit. Il est infiniment plus probable qu'il haussa les épaules. Mais, de l'aveu de Latude lui-même, il n'en dit pas moins, en sortant, ce mot qui n'indique ni colère, ni malveillance : « Je m'occuperai de vous. »

Latude laissa passer quelques jours; puis, n'entendant parler de rien, il écrivit lettres sur lettres, placets sur placets, remontrances sur remontrances. Il espérait devenir si importun, qu'on se débarrasserait de lui. M. de Sartines eut encore la bonté de faire répondre à Latude « qu'il ne l'oubliait pas, qu'il travaillait pour lui *efficacement*. » L'officier qui apportait la nouvelle, fit remarquer le mot à Latude. Cela voulait dire : Soyez sage, et on vous rendra votre liberté, avec une petite récompense pour vos travaux.

Mais il semblait que, chaque fois que la porte de sa prison s'entr'ouvrait, un malin génie soufflât à Latude quelque énormité qui faisait retomber ses verrous. La promesse si positive de M. de Sartines ne fit qu'échauffer son indignation. Il écrivit, sans plus tarder, à M. de Sartines, « que s'il fallait acheter par quelques jours encore de captivité la certitude d'une récompense, il y renonçait formellement ; et que, dût-il avoir, cent mille écus au bout de six mois, il les payerait trop cher en passant encore ce temps à la Bastille ; que l'unique faveur qu'il sollicitait était la justice, qui lui était due à tant de titres ; qu'il renonçait à tout, qu'il pardonnait tout, pourvu qu'on lui rendît à l'instant même sa liberté. »

A partir de ce moment, M. de Sartines commença à considérer Latude comme un fou. Des lettres menaçantes de Latude lui persuadèrent bientôt que le fou devenait furieux. Il y eut une lettre du 27 juillet 1764 si pleine de rage, que M. de Sartines ordonna le cachot, le pain et l'eau. Ce régime dura, pour Latude, jusqu'au 14 août suivant. Ce jour-là, on vint prendre Latude dans son cachot, on le chargea de chaînes qui reliaient le cou, les bras et les jambes, et un exempt le fit jeter dans un fiacre entre deux recors. Un de ces hommes tirait sur la chaîne du cou, l'autre appuyait brutalement sur la bouche du prisonnier. Les reins à moitié brisés, la face injectée, le malheureux arriva à Vincennes.

Parmi les pièces trouvées à la Bastille, les Mémoires par Thiéry citent textuellement un rapport de M. de Sartines à M. de Saint-Florentin justifiant la demande de transfèrement de Latude. Ce document fut trouvé à la Bastille, le 16 juillet, par le sieur Boileau et le sieur Rousselin, commis aux farines. M. de Sartines y dit :

« Plus Danry continue d'être prisonnier, et plus il augmente en méchanceté et en férocité. Il donne à connaître qu'il est capable de se porter aux plus grands crimes, et à faire un mauvais coup si on le rendait libre. Depuis le 1er juillet et le 13 août dernier, que je lui ai dire qu'il prît encore patience et que le temps de sa liberté, qui approchait, n'était pas décidé, il n'y a sorte d'excès, de grossièretés, d'injures et de menaces qu'il n'ait employés pour se rendre redoutable. La marquise de madame la marquise est pour lui en horreur et un fléau ; il prodigue les épithètes les plus scélérates, parce que lui-même *est devenu un scélérat dans sa prison*. Si elle eût vécu, elle l'aurait, dit-il, joué une catastrophe (p. 7 de sa lettre du 27 juillet). Le roi même n'est pas à l'abri de ses fureurs et de ses railleries insolentes..... Cet homme, qui est entreprenant plus qu'on ne saurait dire, gêne beaucoup le service de la Bastille. Il serait à propos de le transférer au donjon de Vincennes, où il y a moins de prisonniers qu'à la Bastille, et *de l'y oublier*. »

Latude fut mis au cachot. Mais bientôt l'humanité du gouverneur Guyonnet lui fit accorder une chambre et deux heures de promenade. L'incorrigible amant de liberté en profita pour s'échapper encore une fois, le 23 novembre 1765, en désarmant une sentinelle.

Il courut à Paris chercher un asile chez les deux gentilles ouvrières de la rue Saint-Antoine. Les demoiselles Lebrun, c'était leur nom, l'accueillirent avec empressement, lui donnèrent du linge, une chambre, et prélevèrent pour lui quinze livres sur leurs petites économies de couturières. Elles lui racontèrent qu'elles n'avaient su à qui remettre le Mémoire, M. de la Beaumelle n'étant pas à Paris, et Mme de Méhégan s'étant refusée à recevoir un paquet venu de la Bastille.

Latude, qui savait si bien s'évader, ne savait pas profiter de la liberté. A peine caché chez les Lebrun, il recommença ses éternelles folies. Il écrivit à M. de Sartines, il écrivit à M. de Choiseul ; il demanda une audience à ce dernier, et, le 18 décembre, par un froid des plus vifs, il se rendit à pied à Fontainebleau, où se trouvait alors le ministre. Toute la police de Paris avait l'éveil ; des agents nombreux étaient échelonnés sur la route ; Latude arriva au château à travers champs, à travers bois, juste à temps pour trouver deux exempts dans l'antichambre du ministre.

Il fut reconduit à Vincennes, et, cette fois, enfermé dans le cachot A, une boîte de pierre de sept pieds cinq pouces de long, sur cinq pieds onze pouces de large, garnie de quatre portes doublées et boulonnées de fer. Combien de temps y resta-t-il ? il ne put le savoir lui-même ; car, dans ce sépulcre, rien ne distinguait le jour de la nuit.

Un jour, le chirurgien en fit sortir ; il était temps. Le corps du malheureux était enflé, les muscles étaient devenus si peu consistants, que le doigt, si on l'appuyait, y laissait son empreinte.

On plaça Latude dans une chambre plus saine, jusqu'à ce que l'arrivée d'un nouveau gouverneur, le cruel Rougemont, et une visite de M. de Sartines, furent le signal de nouvelles rigueurs.

En 1774, Latude vit tout à coup changer sa position. Louis XVI venait de monter sur le trône. Ce changement resta ignoré des martyrs de Vincennes ; mais, un jour, un magistrat vint les visiter avec des paroles de consolation et d'humanité. C'était Lamoignon de Malesherbes. Les vingt-six années de prison de Latude, ses éloquentes protestations, émurent le vertueux ministre, qui voulut que, sur-le-champ, le prisonnier fût mieux traité, qu'on lui donnât de quoi écrire. M. de Malesherbes laissa à Latude de bonnes paroles d'espoir. Mais l'effet ne suivit pas les promesses ; on avait voulu justifier auprès de M. de Malesherbes les vingt-six années de tortures, en représentant Latude comme un scélérat et comme un fou. Lui, s'empressa de donner gain de cause à ses persécuteurs, en écrivant des lettres enragées, dans lesquelles il menaçait de dénoncer au roi *les crimes de M. de Sartines*.

Latude a prétendu qu'on forgea, pour le perdre, des *pièces monstrueuses :* il n'en était pas besoin, et les imprudences de son désespoir devaient amplement suffire à ses bourreaux. La justice d'État n'a besoin ni de prétexte ni d'excuse.

Latude, toutefois, fut soustrait au dur régime de Vincennes, et écroué à Charenton, sous le nom de Danger, nom symbolique et qui devait rappeler ses gardiens à la vigilance. Malgré ces précautions, les frères de la Charité, qui avaient la direction de la maison de Charenton, se relâchèrent bientôt d'une sévérité que la conduite du nouveau prisonnier rendait tout à fait inutile. Latude était si heureux de voir des figures humaines, de parler avec des êtres humains, de voir le ciel et les arbres, qu'il déploya une joie, une gratitude, une douceur exemplaires ; il réussit bien vite à se faire aimer de tous, et le père Facio, supérieur de la maison, dit à Lamoignon de Malesherbes, alors ministre de Louis XVI, que l'on s'était trompé sur le compte de cet homme. Quelque temps après, en octobre 1776, le nouveau lieutenant de police, M. Lenoir, vint visiter Latude, le trouva calme et sensé, écouta ses plaintes et lui fit des promesses.

Latude, plus heureux alors qu'il ne l'avait été depuis vingt-sept ans, vit encore s'adoucir pour lui le régime de Charenton. Il put se promener, recevoir des amis, écrire. Un jour, il lui fut permis de visiter les différentes parties de la maison : arrivé dans la cour des fous furieux, il aperçut, dans une loge étroite, un être immonde, aux yeux égarés, presque nu, grinçant des dents ; dans ce sauvage, il reconnut d'Allègre. Il l'appela en pleurant, lui dit son nom : le fou sauta, menaçant, aux barreaux de sa loge, et répondit : Je suis Dieu !

Enfin, le 5 juin 1777, une lettre de cachet rendit à Latude la liberté. Le ministre Amelot l'avait accordée aux sollicitations de M. de Saint-Vigor, contrôleur général de la maison de la Reine. Seulement, Latude devait échanger la prison pour l'exil ; il lui était enjoint d'aller immédiatement à Montagnac, et de n'en plus sortir.

Que fit alors Latude ? Rien que de très-sensé, si l'on veut bien l'en croire. Il alla rendre visite à M. Lenoir, qui le reçut avec bienveillance. De là, il se rendit à Versailles, où il porta ses remercîments à M. de Saint-Vigor, à M. Amelot. Mais il ajoute qu'il sollicita des secours, une indemnité, qu'il réclama des récompenses pour les services rendus ; il adressa un Mémoire au roi : dans ce Mémoire, il parlait de M. de Sartines, alors passé de la lieutenance générale de police à la marine.

Le 12 juillet, enfin, Latude prit le coche d'Auxerre. Le 15, il était à Saint-Brice, quand l'exempt Desmarets, encore une vieille connaissance, vint le saluer fort civilement et le pria de l'accompagner en poste jusqu'à Paris. Latude fut d'abord enfermé au petit Châtelet, puis jeté à Bicêtre.

Latude s'étonne fort de cette rigueur nouvelle, et cherche en vain à se l'expliquer. Il nous semble qu'il n'y avait rien là que de fort naturel, et le régime de l'arbitraire étant donné, les démarches faites par Latude après sa libération devaient lui attirer une disgrâce nouvelle. Évidemment, il avait manqué de sagesse. Au lieu de se faire oublier, il avait couru les antichambres, fatigué les puissants de ses demandes, de ses récriminations, de ses souvenirs, de ses plaintes. C'était un fou, un incorrigible fou.

Le choix de la prison dans laquelle on plongea Latude montre comment on jugeait sa conduite. Bicêtre était la Bastille des assassins, des voleurs de bas étage, des débauchés monstrueux, des fous dangereux d'un genre de folie alors impardonnable, la folie d'opposition, ou, comme on disait encore, le *libertinage*, c'est-à-dire un esprit incurable de liberté en religion óu en politique. Un *libertin*, un fou de cette espèce allait d'abord à la Bastille ; puis, après récidive, on *l'oubliait* à Bicêtre.

Le régime de cette maison était vraiment épouvantable. La nourriture y était affreusement insuffisante, et, sans la charité publique, les prisonniers y fussent morts de faim. La saleté y était indescriptible : on y était rongé de vermine. Il y avait là de hideux *cabanons*, plus fétides encore et plus mortels que les cachots de la Bastille. C'est dans un de ces tombeaux que fut plongé Latude. Il était du nombre des *pain-à-l'eau*, c'est-à-dire des *prisonniers du Roi*, et ne recevait par jour que cinq quarterons de pain noir et une cruche d'eau sale. La charité publique y ajoutait, de temps en temps, un peu de mauvais

bouillon, de beurre salé, de fromage pourri. Au bout de quelque temps de ce régime, Latude fut attaqué du scorbut. On le fit entrer à l'infirmerie ; il y passa cinq mois au lit, et n'en sortit qu'avec des béquilles. Il y avait déjà quatre ans qu'il gémissait dans cet enfer, quand un philanthrope, le président de Gourgues, vint visiter Bicêtre. On avait, à ce moment, trouvé pour Latude quelque chose de plus effroyable que le cabanon ; comme il avait eu l'audace de se plaindre, on l'avait jeté dans un cachot à dix pieds sous terre. Quand le spectre qu'on montra à l'honnête président lui dit qu'il souffrait depuis trente-deux ans, M. de Gourgues ne put retenir ses larmes. Il demanda un Mémoire à Latude, et promit de l'appuyer chaudement.

Les gardiens eussent confisqué le Mémoire. Latude, après l'avoir écrit, économisa sur son pain de quoi payer la course d'un veilleur, qui ne couchait pas à Bicêtre. Cet homme emporta le Mémoire, s'enivra, et le perdit au coin d'une borne.

Ce fut un bonheur pour Latude. Le paquet de papiers froissés, couvert de boue, fut trouvé par une jeune femme qui demeurait rue des Fossés-Saint-Germain-l'Auxerrois. Elle le ramassa, rentra chez elle, lut ce Mémoire signé *Henri Masers de Latude*, *prisonnier à Bicêtre, dans un cachot à dix pieds sous terre, au pain et à l'eau, depuis trente-trois ans.*

Cette jeune femme se nommait Mme Legros ; elle était mercière, nouvellement mariée, peu fortunée. Mais c'était une de ces âmes simples et sublimes qui se donnent au bien sans réflexion, passionnées de dévouement, folles, selon les sages de ce monde, une folle de charité, comme Latude était un fou de liberté. Elle lut, avec terreur, avec larmes, le long récit de ces tortures ; et, quand elle eut achevé sa lecture, cet homme, qui n'existait pas pour elle une heure auparavant, elle lui consacra sa vie et se promit à elle-même de ne se reposer qu'après l'avoir délivré.

Elle se tint parole. Ni dangers, ni difficultés, ni dégoûts, ni fatigues ne la rebutèrent. Pendant trois ans, elle persista, et l'énergie de sa charité triompha de tout, de l'indifférence, du mauvais vouloir des hommes, de la dureté, de l'injustice des lois.

Mme Legros avait pour mari un honnête homme, qui, sans ressentir les mêmes ardeurs de charité, s'associa à cette tâche. Il alla voir d'abord le président de Gourgues, dont l'adresse était sur le Mémoire. Le président fut froid ; il avait déjà fait des démarches, et on lui avait répondu qu'il s'intéressait, sans le savoir, à un fou dangereux, sujet à de terribles accès de rage.

Mme Legros ne fut pas ébranlée. Elle visita Bicêtre, sans parvenir à découvrir Latude, qu'on cachait sous le nom de Jédor ; mais, enfin, elle parvint à pratiquer des intelligences dans la maison. L'abbé Brindejon, aumônier de cet enfer, reconnut Jédor à ce qu'elle lui dit de Latude, et donna raison à son instinct de charité, en lui affirmant que Latude n'était pas plus fou que lui-même. Dès lors, Mme Legros redoubla d'énergie. Elle réussit d'abord à adoucir la position de son cher prisonnier ; elle lui fit parvenir du pain blanc, un peu de vin, un peu d'argent, *à titre de prêt*, disait-elle, l'admirable chrétienne ! Elle lui fit savoir qu'elle s'occupait de sa délivrance.

Et, en effet, elle ne restait pas inactive. Elle intéressa à son martyr le vicomte de la Tour-du-Pin, qui consentit à parler à M. Lenoir ; M. Lenoir affirma d'abord que Latude n'était pas à Bicêtre ; puis, il déclara qu'il y était par ordre exprès du Roi, pour crime d'État. A d'autres protecteurs, suscités par le zèle ardent de Mᵐᵉ Legros, on répondait : Ce Latude est un criminel de la plus dangereuse espèce. Il a extorqué à une dame de l'argent avec violence. Les contradictions mêmes de ces réponses encourageaient Mᵐᵉ Legros ; elle demandait, si Latude était coupable de quelque crime, qu'on consentît à le juger.

Un jour, elle obtient une recommandation auprès d'une femme de Madame. Elle va, à pied, trouver, près de Versailles, cette protectrice nouvelle. Elle se foule le pied, elle revient épuisée de fatigue, sans un sou dans sa bourse. A ce moment, elle était grosse.

Ce dévouement sublime fût resté inutile, si, chaque jour, l'esprit ancien n'avait reculé devant l'esprit moderne. Les rigueurs de l'arbitraire s'adoucissaient sous l'empire des idées nouvelles, encouragées par le roi lui-même. A l'occasion de la naissance d'un Dauphin, Louis XVI avait institué, le 12 octobre 1781, une Commission des grâces, dont le président était le cardinal de Rohan. Le 17 mai 1782, le cardinal visita Bicêtre, vit Latude, et le fit tirer du cachot, en lui disant d'espérer mieux. Mais les notes envoyées des bureaux paralysèrent son bon vouloir. C'était sincèrement qu'on y représentait Latude comme un fou dangereux. C'est ce qu'on peut conclure de l'interrogatoire suivant, fait enfin à Latude par le lieutenant général de police, et qu'il rapporte lui-même. Il le place à la date du 21 avril 1783.

M. Lenoir. — Votre tête est-elle rassurée? De temps en temps n'avez-vous pas encore de petites folies?

Latude. — Je n'ai jamais donné de preuves d'avoir perdu l'esprit.

M. Lenoir. — J'ai lu vos lettres.

Latude. — Les avez-vous lues en ma présence?

M. Lenoir. — Non.

Latude. — Mais il n'est pas permis de punir un homme sans entendre sa défense.

M. Lenoir. — Mais vous avez échappé de la Bastille, de Vincennes ; ce sont là des folies.

Latude. — Si vous appelez folies des traits d'esprit, cela est différent ; mais je ne crois pas que personne au monde, ni aucun de ceux qui sont ici à m'écouter, pense qu'il y ait de la folie à échapper de ces redoutables demeures ; il faut, au contraire, avoir une bonne tête et l'esprit très-présent pour réussir à de pareilles opérations.

M. Lenoir. — Avez-vous cherché à échapper de cette maison?

Latude. — Non, Monsieur.

M. Lenoir. — Et pourquoi, ayant échappé des autres maisons, n'avez-vous pas essayé à échapper de celle-ci?

Latude. — J'ai échappé des autres prisons parce que j'avais affaire à une partie qui n'entendait ni rime ni raison ; mais, dans cette maison, j'ai toujours espéré qu'on me rendrait la justice qui m'est due.

M. Lenoir. — Qui est votre partie?

Latude. — Monsieur, permettez-moi de vous taire son nom.

M. Lenoir. — Pourquoi? Vous n'avez qu'à le dire.

Latude. — C'était Mᵐᵉ de Pompadour.

M. Lenoir. — Mais vous avez eu plusieurs traits de folie?

Latude. — Ceux qui vous ont dit cela vous en ont imposé. Jamais je n'en ai eu, et je vous supplie de vous souvenir du bon rapport que les moines de Charenton vous firent, en 1776, de ma bonne conduite, et qu'en conséquence vous me promîtes ma sortie au premier jour. Voilà six ans que je suis au cachot, à dix pieds sous terre, au pain et à l'eau ; et je demande le premier pour quel crime j'ai subi un traitement aussi rigoureux. Or, si j'avais été affecté de la moindre folie, il est sans doute que dans ce lieu affreux j'en aurais donné quelque signe ; car, sans les secours généreux d'une dame vertueuse, j'y serais mort de misère.

M. Lenoir. — N'est-ce pas Mᵐᵉ Rossignol?

Latude. — Non, Monsieur ; mais elle m'a envoyé des secours sur le récit qu'un prisonnier lui fit de ma triste perplexité. Or, vous n'avez qu'à demander à M. Tristan que voilà, à M. le capitaine, à M. le lieutenant, si, depuis six ans que je suis ici, j'ai donné le moindre sujet de plainte. Un fou n'est pas toujours maître de sa tête ; si je l'étais, présentement que je suis en votre présence et celle de tant de personnes respectables qui vous entourent, il est hors de doute que je vous aurais lâché quelques extravagances ; je ne crois pas que j'aie proféré une seule parole qui puisse faire juger que j'aie perdu l'esprit.

M. Lenoir. — Connaissez-vous vos ennemis?

Latude. — Je ne les connais ni ne veux les connaître.

M. Lenoir. — Mais vous soupçonnez quelqu'un?

Latude. — Puisque vous voulez que je le dise, je crois que c'est M. de Sartines, votre bon ami, qui me persécute.

M. Lenoir. — Il est vrai que M. de Sartines est mon ami ; mais enfin où prétendez-vous aller? Vos papiers sont sous les yeux du roi.

Latude. — S'il n'y a que mes papiers sous les yeux du roi, je dois bien espérer, parce qu'ils ne contiennent que des choses justes et équitables, et je ne cesse d'adresser au ciel des prières pour la conservation de ses jours précieux et de toute la famille royale.

Mᵐᵉ Legros, cependant, ne se reposait pas. Elle fatiguait le cardinal, M. de Sartines, M. Lenoir, de ses supplications. Elle demandait des Mémoires à deux avocats, MM. de la Croix et Comeyras. M. Amelot, impatienté, jurait que Latude ne sortirait jamais de prison, et le roi lui-même, trompé par ses ministres, défendait qu'on lui reparlât de cet homme. Et cependant, le 18 mars 1784, Latude obtint définitivement sa liberté, sur l'ordre du baron de Breteuil. Son libérateur véritable, c'était l'opinion publique, excitée en sa faveur par cet opiniâtre et admirable avocat, Mᵐᵉ Legros.

L'ordre d'élargissement imposait encore à Latude la condition d'un exil à Montagnac, avec 400 livres de pension. Mᵐᵉ Legros fit révoquer la restriction, et garantit la sagesse de son client. Elle fit plus encore : elle le recueillit, elle le soigna comme une mère, et sa charité fut si éclatante, qu'elle força l'Académie française à lui décerner, le 25 août 1784, un des premiers prix de vertu de la fondation de M. de Montyon.

C'était, en même temps, une première réparation pour Latude. Une souscription publique fut ouverte en sa faveur. Mais la grande réparation fut la prise et la destruction de la Bastille.

En 1791, Latude forma, auprès de l'Assemblée nationale, une demande d'indemnité, appuyée par Barnave.

Le 12 mars 1791, M. Camus fit, au nom du Comité des pensions, le rapport de la pétition de Latude.

« On a demandé, dit le Rapporteur (1), quelle avait été la cause de cette étonnante captivité; il a dit que c'était pour avoir voulu se procurer, d'une manière peu convenable, la protection de Mme Poisson, connue sous le nom de la marquise de Pompadour. Il jeta à la poste une lettre *dans laquelle était un poison très-subtil*: puis il alla lui dire qu'il savait qu'on en voulait à ses jours, qu'on lui avait adressé une lettre dans laquelle était un poison si subtil, qu'on pouvait en être suffoqué à la seule aspiration. Cet artifice fut découvert; les ministres l'en ont châtié durement. L'Assemblée s'est élevée hautement contre cette action. »

Le Comité conclut à ce qu'on donnât à Latude, non pas une pension, « parce que les pensions, dit le Rapporteur, ne doivent être accordées que pour des services, et que M. Latude n'en a rendu aucun; non pas une gratification, parce que les gratifications ne sont dues qu'à des actions éclatantes; mais une indemnité, » que le Comité fixa à dix mille livres.

Un membre, M. Voidel, s'éleva contre les conclusions du Comité. Il dit que l'Assemblée ne devait pas récompenser une lâcheté comme on récompense la vertu. Il demanda, « au nom de l'honneur », la question préalable sur le projet de décret. « Une lâcheté, dit-il, commise à vingt-quatre ans, suffit pour faire connaître le caractère d'un homme. Déjà ces ministres, qui l'avaient si cruellement persécuté, lui ont accordé 400 livres de pension, et c'est beaucoup plus qu'il ne mérite. Comment récompenserons-nous ces milliers de victimes du despotisme qui n'ont d'autres crimes que leurs vertus? »

Ces phrases, dans le goût du temps, firent repousser l'indemnité par l'Assemblée nationale.

Latude, placé sous le coup d'une calomnie nouvelle, s'en plaignit à M. Camus, lui prouva qu'il s'était trompé ou qu'on l'avait trompé, et M. Camus écrivit au président de l'Assemblée nationale la lettre suivante:

« M. de Latude, Monsieur le Président, croit avoir à se plaindre de moi; il est venu franchement me le dire à moi-même, et sa conduite à cet égard m'a prouvé combien il méritait peu les qualifications qui lui ont été données dans les papiers publics, au sujet d'une opinion que j'exprimai dans le temps sur son affaire. M. de Latude, âgé de 22 à 23 ans, crut trouver un moyen de s'avancer en intéressant à son sort Mme de Pompadour. Il usa d'un stratagème qui fut découvert; il fut mis à la Bastille; de là, successivement, renfermé à Vincennes et à Bi-

(1) *Journal des Débats et Décrets*, mars 1791, séance de l'Assemblée nationale du samedi 12, n° 648.

cêtre. L'histoire de ses longues infortunes est aujourd'hui généralement connue. Je l'ignorais encore, lorsqu'il présenta à l'Assemblée nationale une pétition qui fut renvoyée à l'examen du Comité des pensions.

« Les journaux ont dénaturé mon opinion en me faisant dire que cet infortuné était un lâche, et en le présentant sous ce rapport. Quel que fût alors mon avis sur l'action qui a commencé les longs malheurs de M. de Latude, c'eût été de ma part une inconséquence cruelle d'en induire qu'il était un lâche... Je n'ai jamais dû ni voulu le faire... Je m'empresse donc à désavouer ce qui, dans une opinion infidèlement rendue, pourrait lui avoir fait tort dans l'opinion publique. »

En 1792, une pétition nouvelle fit obtenir à Latude un secours de 3,000 fr.

En 1793, il fit, contre les héritiers Pompadour, une demande de dommages-intérêts. Un jugement du Tribunal du sixième arrondissement, en date du 11 septembre, lui accorda 60,000 livres, sur lesquelles Latude n'en toucha que 10,000.

Depuis lors, Latude rentra dans l'obscurité, jusqu'à sa mort, arrivée en 1805.

Nous avons dit qu'on a contesté l'authenticité des aventures de Latude. En 1787, une brochure se fonda, pour les nier, sur l'identité des moyens d'évasion employés par Latude avec ceux du comte abbé de Bucquoy, évadé de la Bastille le 5 mai 1709. Aujourd'hui, on ne nie plus des faits prouvés par tant de témoins encore vivants en 1789; tout Paris vit alors l'échelle de cordes retrouvée par Latude, le 16 juillet, dans les archives de la prison d'État. Des procès-verbaux de 1756 concernant Danry-Latude, le Mémoire à Mme de Pompadour, des lettres écrites par le prisonnier à diverses époques, lui furent rendus par la Commune. Manuel, dans sa *Police dévoilée*, cite tout au long la Note d'écrou de Latude à Vincennes, et les dates d'évasion concordent avec celles des Mémoires. Un seul historien moderne, M. Capefigue, a timidement évoqué le nom de de Bucquoy; puis, abandonnant bientôt une thèse impossible à soutenir, il a cherché à justifier Mme de Pompadour en affirmant, sans le prouver, que Latude était affilié, en Hollande, aux conjurations des réfugiés protestants et jansénistes. Il est vrai que M. Capefigue représente Latude comme un officier puni disciplinairement, et qu'il le mêle à l'affaire du Collier!

Le nom de Latude est plus connu que ceux de tant d'autres victimes de l'arbitraire; c'est que ses aventures étonnantes l'ont identifié, pour ainsi dire, avec l'histoire de la Bastille, et qu'il nous rappelle plus vivement les crimes du bon plaisir et de la raison d'État.

LA BERGÈRE D'IVRY. — HONORÉ ULBACH (1827).

Nous regardions, il y a quelques années, passer par les rues de Livourne une bande de forçats, chargés de nettoyer la ville sous l'œil et sous la carabine chargée des shires. Selon l'habitude du pays, ces étranges balayeurs demandaient aux passants la *bonne main*, c'est-à-dire l'aumône. Nous ne fûmes pas longtemps à remarquer qu'un des forçats faisait, presque seul, une abondante récolte; les femmes, surtout, lui donnaient, avec des signes de commisération profonde. Notre guide, un Toscan, nous expliqua la raison de ces préférences. « Regardez bien, nous dit-il, la casaque rouge de ce drôle. Sur le dos, en lettres blanches, vous lirez ces mots : *Assassino per amore,* assassin par amour. Voilà la raison de cette pitié féminine : un assassin par amour, pour une femme, pour une Toscane surtout, ce n'est pas un malfaiteur, c'est un pauvre diable, poussé au crime par une passion invincible que les femmes pardonnent toujours, la jalousie. Nos observateurs de bagne savent cela, et la précieuse légende est très-recherchée parmi eux; on loue fort cher la casaque qui la porte, et je mettrais ma main au feu que le bandit qui en est aujourd'hui l'heureux propriétaire a volé, violé, incendié, tué; qu'il a fait, en un mot, tout ce qu'on peut faire, hormis d'assassiner sa maîtresse. »

Nous sommes tous, sur ce point, un peu femmes et Toscans. L'aveugle passion de l'amour excuse, à nos yeux, bien des crimes, et, malgré lois et juges, nous ne pouvons confondre dans une même réprobation deux hommes que la loi frappe d'une peine identique, l'un qui a tué par cupidité, l'autre qui a tué par jalousie.

Il est donc nécessaire de contrôler par quelques exemples judiciaires ce sentiment naturel d'indulgence, de voir en quoi il répond à la vérité et à la justice, en quoi il s'en écarte; de décider, enfin, qui a raison de la loi et du juge, ou du cœur humain. Le premier exemple que nous choisirons est un crime resté célèbre, l'assassinat de la bergère d'Ivry.

En l'année 1827, près de la barrière de Fontainebleau, s'élevait une guinguette portant l'enseigne des *Nouveaux-Deux-Moulins.* Le marchand de vin qui tenait cette guinguette, fréquentée le dimanche par les habitants du quartier des Gobelins, avait, depuis plus d'un an, pour garçon, un jeune homme pâle et frêle, presque un enfant.

Honoré-François Ulbach, c'était le nom du garçon, véritable enfant de Paris, avait subi dès son enfance l'abandon et la misère. Jeté, tout jeune, sur le pavé, n'ayant jamais connu sa mère, morte quand il avait onze ans, il le croyait du moins, délaissé par quelques parents pauvres, peu curieux d'ajouter une charge à leurs charges déjà trop lourdes, le petit Honoré avait pris le chemin qu'ils prennent presque tous, hélas! ces malheureux enfants du hasard. D'abord, la charité publique l'avait recueilli dans l'hospice des Orphelins de la rue Saint-Antoine; puis, un jour, une ronde de police l'avait ramassé, sous un banc, dormant pêle-mêle avec quelques autres petits vagabonds. Condamné parce qu'il n'avait pas d'asile, on l'avait envoyé dans une maison de correction, compléter son apprentissage du vice.

Après quinze mois passés à Poissy et à Sainte-Pélagie, Honoré se retrouva libre, mais toujours sans ressources, un peu plus instruit qu'avant de tout ce qu'il eût dû ignorer. Il avait du courage, cependant, et quelque fierté naturelle; il chercha à gagner honnêtement sa vie.

Il trouva d'abord à se placer comme commissionnaire dans une maison de commerce. Souvent, on l'envoyait porter des paquets chez M. Ory, ce marchand de vin dont nous avons parlé. L'intelligence et l'exactitude du pauvre garçon engagèrent M. Ory à lui proposer de le prendre à son service. Honoré accepta, endossa le tablier et travailla vigoureusement, honnêtement. Il plaisait aux buveurs, qu'il amusait par ses lazzi : car Honoré chantait toujours, imitait plaisamment les saltimbanques, jouait même la comédie. Seulement, dans la façon dont il exécutait ces petites farces innocentes, un observateur eût aisément reconnu la tache originelle : Honoré connaissait parfaitement l'argot des voleurs.

Tout à coup, le garçon marchand de vin changea d'allures. Il devint grave, quelquefois triste : souvent, il disparaissait au milieu de son service, et on le voyait, enjambant le mur du jardin, courir à travers champs.

On sut bientôt à quoi s'en tenir sur ces escapades.

Depuis quelque temps, une jeune et gentille servante venait apporter chez M. Ory des œufs, du beurre et du lait. Aimée Millot, c'était son nom, était au service d'une veuve, Mme Détrouville, habitant l'avenue d'Ivry. La petite Aimée était modeste, sage; tout le monde l'aimait à Ivry, et, comme on la voyait souvent, un grand chapeau de paille sur sa tête et un livre à la main, gardant, sous les ormes du boulevard, les chèvres de sa maîtresse, on ne l'appelait que la *Bergère d'Ivry*.

Honoré, qui n'avait jamais aimé personne, qui n'avait jamais été aimé de personne, se sentit attiré par la gentillesse naïve de la petite bergère. Il lui parla d'amour; Aimée répondit en riant, mais sans repousser durement le pauvre garçon, qui, après tout, gagnait honnêtement sa vie. Honoré parla mariage, et, lui qui ne savait pas ce que c'était qu'une famille, rêva de s'en faire une. Bientôt, la bergère remplit toute sa vie, jusqu'alors si vide. Venait-elle apporter ses petites provisions, Honoré se sentait vivre; il était heureux de la voir et de l'entendre; restait-elle un jour sans paraître à la guinguette, il s'assombrissait, et poussait, en rinçant ses bouteilles, des soupirs qui faisaient l'amusement des autres domestiques. Si le petit troupeau blanc de la bergère se montrait au loin, du côté de la barrière Croulebarbe, Honoré disparaissait, et on était

sûr de le retrouver, assis sur le revers d'un fossé, à côté de la jeune fille, bâtissant des châteaux en Espagne, tandis que les chèvres tondaient l'herbe drue.

Au jour de l'an, Honoré offrit à celle qu'il considérait déjà comme sa fiancée, deux oranges, une demi-bouteille de cassis et un joli fichu rose.

Mais tout ce bonheur ne dura guère. Pendant l'hiver, Aimée ne conduisait pas ses chèvres aux champs; il avait bien fallu qu'Honoré se contentât de voir la jeune fille quand Mme Détrouville l'envoyait à la barrière de Fontainebleau. Mais, avril venu, la petite bergère reprit ses excursions, et Ulbach recommença ses escapades de l'automne précédent. Il abandonna si souvent son service, que son maître commença à se plaindre, et lui déclara, tout net, qu'il fallait cesser la chasse aux bergères ou quitter sa maison.

Honoré n'en tint pas compte. Ce n'était plus seulement l'amour qui lui faisait perdre la tête; c'était la jalousie. On lui avait dit que la bergère d'Ivry faisait des siennes; que, tous les dimanches, elle sortait au bras d'un *monsieur*. Honoré guetta, et, un dimanche, en effet, il vit son Aimée au bras d'un grand jeune homme, bien mis, très-familier avec la jeune fille, un prétendu sans doute, un amant peut-être.

Aussitôt, tous les mauvais instincts se réveillèrent dans le cœur d'Ulbach. Des pensées de haine et de vengeance fermentèrent dans ce cerveau, trop longtemps rempli d'exemples sinistres, assiégé de dangereux souvenirs. On l'entendit parler de mort et de sang, comme un homme qui cherche à s'habituer à une idée criminelle. « Quelque jour, disait-il à la cuisinière, je ferai un malheur. » Il recherchait avidement dans les journaux les comptes rendus de Cours d'assises, et, dans des accès de bouffonnerie funèbre, il montait sur une table, et criait, d'une voix de crieur public : « Voilà la condamnation à mort de Honoré-François Ulbach, garçon marchand de vin, avec les horribles détails de son crime; achetez ça pour un sou. »

De semblables préoccupations éloignaient de plus en plus Honoré de ses devoirs. M. Ory le menaça sérieusement de le mettre à la porte. Pour comble de malheur, Aimée vint, un matin, portant au bras un petit panier, dans lequel étaient les deux oranges, la petite bouteille de liqueur et le fichu rose. Elle déclara au pauvre garçon que sa maîtresse l'avait grondée pour avoir reçu des cadeaux d'un homme; il fallait qu'il les reprît. Honoré, le cœur gros, s'y refusa, et la bergère laissa les cadeaux sur une table.

Mme Détrouville traitait la gentille Aimée bien plus comme une fille que comme une servante. Elle la savait sage et franche, et ne la croyait pas capable d'une amourette. Mais Ulbach était un singulier garçon, sans famille, élevé on ne savait où, sans état qui pût nourrir une femme. Cette amourette-là ne devait amener rien de bon. Le grand jeune homme des dimanches était le cousin germain d'Aimée, et Mme Détrouville voyait, peut-être, et de ce côté-là, un parti plus convenable pour sa petite bergère. Quand elle sut qu'Ulbach s'attachait aux pas d'Aimée pendant ses excursions, qu'il était jaloux, qu'il rôdait autour de la maison, qu'il y entrait même quelquefois, elle résolut de couper court à ces enfantillages. Aimée, évidemment, n'aimait Honoré que d'une amitié très-calme et toute d'habitude. Mme Détrouville lui défendit de voir plus longtemps ce garçon-là.

Aimée obéit sans peine, et c'est pour cela qu'elle avait rapporté à Honoré ses petits cadeaux du jour de l'an. Elle redemanda aussi un anneau qu'elle avait donné à Honoré; il se refusa à le rendre.

Ce congé acheva Ulbach. Sa tête s'égara. On le vit passer des heures entières dans un morne abattement, sourd aux appels des buveurs, puis, se réveillant tout à coup avec des éclats de gaieté nerveuse. Le plus souvent, il était taciturne; de grosses larmes coulaient sur ses joues, et, les dents serrées, on l'entendait proférer des menaces de mort.

M. Ory perdit patience, et signifia à Honoré d'avoir à chercher une place. C'était le 18 mai: Honoré fit son paquet, sans mot dire, et s'en alla errer du côté d'Ivry. Sur le soir, il lui fallut chercher un asile. Il descendit vers la barrière et s'en alla trouver, rue des Lyonnais, une veuve Champenois, marchande de mottes, dont il avait connu, à Sainte-Pélagie et à Poissy, les deux fils, deux vauriens. La Champenois lui donna un matelas. — « Eh bien! mon garçon, lui dit-elle, tu feras des mottes avec nous, et tu gagneras bien ton pain.»

Honoré travailla deux ou trois jours. Il cherchait à s'étourdir, il chantait d'un air sombre, et racontait ses peines de cœur à ses anciens camarades de geôle.

Un matin, il n'y tint plus. Le soleil brillait: Aimée, sans doute, allait faire sortir ses chèvres. Honoré court à Ivry. Aimée l'aperçut: elle n'était pas loin de la maison; elle y rentra.

Honoré revint, la rage dans le cœur. Par surcroît, le jour suivant, un garçon de chez M. Ory apporta une lettre d'Aimée. La bergère déclarait à Honoré qu'il fallait cesser toutes relations.

Ce fut la fin. Amour, rêves de bonheur, tout s'envolait à la fois. Honoré ne sentit plus dans son cœur qu'une affreuse jalousie, qu'un désir violent de vengeance. Il eût voulu tuer d'un seul coup Aimée, Mme Détrouville et l'abhorré cousin. Il passa deux ou trois jours encore à nourrir ces sinistres pensées, rentrant seulement le soir chez la Champenois, marchant tout le jour, les yeux fixes comme un somnambule.

Le 25 mai, vers dix heures du matin, il s'arrêta dans la rue Descartes, en face de l'École polytechnique, à la porte d'un marchand de bric-à-brac. Il y avait, sur le comptoir de cet homme, pêle-mêle avec de vieilles ferrailles, quelques couteaux de table et de cuisine. Honoré entra, prit un couteau et en essaya la trempe, en appuyant la lame sur le comptoir. Celui-là ne lui convint pas; la pointe ployait trop facilement. Il en prit un autre plus fort, qui résista à l'épreuve, en demanda le prix et le paya. Il chercha ensuite, parmi les mille objets qui garnissaient la boutique, s'il ne trouverait pas une gaîne : il en trouva une dans laquelle le couteau s'adaptait, la paya et mit le tout dans sa poche.

De là, Honoré se dirigea vers la Préfecture de police et y réclama son livret.

Vers deux heures de l'après-midi, Aimée achetait du grain pour ses poules chez une grainetière de l'avenue d'Ivry. Honoré entra tout à coup dans la boutique, l'œil hagard, les traits bouleversés. — « Il faut que je vous parle », lui dit-il d'une voix brève. — « Je ne puis pas, répond Aimée; Madame m'attend pour dîner. » Et la jeune fille sort, en hâtant le pas.

Honoré la suit du regard, et s'en va, à pas lents, du côté du boulevard des Gobelins. Là, il aperçoit une petite fille qui mène ses chèvres vers la rue Croulebarbe. Cette petite fille, il la connaît, c'est Julienne. Aimée aime beaucoup cette enfant, et, d'ordinaire, elles gardent leurs chèvres ensemble; Aimée fait la lecture tout haut et Julienne surveille les deux petits troupeaux. Honoré conclut de la présence de Julienne qu'Aimée ne tardera pas à venir. En effet, vers trois heures et demie, Aimée arrive au rendez-vous.

Ulbach, qui s'est caché derrière un gros arbre, paraît à son tour. Aimée fait un mouvement, comme pour l'éviter. — « Pourquoi, dit Ulbach, voulez-vous vous en aller de moi? C'est donc bien décidé, vous ne voulez plus que je vous fréquente? — Non, monsieur Honoré, répond la jeune fille; Madame ne le veut pas, et elle dit que je n'ai rien de bon à attendre de vous, que vous êtes un trompeur et un suborneur. — Vous voulez plaisanter, sans doute? — Non, monsieur Honoré, je ne plaisante pas du tout. Vous ne devez plus chercher à me voir. — Aimée, je suis un honnête homme, qui vous recherche pour le bon motif; je ne suis pas un jeune homme à subtiliser une femme. — Si, vous me trompez; Madame le sait. — Dites plutôt, Aimée, que vous aimez mieux être fréquentée par le grand, avec qui vous sortez le dimanche. — Je sors avec qui je veux; cela ne regarde personne. — Je veux savoir qui est ce beau monsieur-là; il me passera par les mains, aussi vrai que je m'appelle Honoré Ulbach. »

Aimée, qui voit Ulbach se rapprocher d'elle, les poings serrés et l'œil menaçant, cherche à couper court à l'entrevue. — « Tiens, dit-elle, ma petite Julienne, va donc chercher une tasse d'eau au regard; j'ai soif. Et puis, nous allons rentrer, vois-tu; il va y avoir de l'orage. »

En effet, de gros nuages noirs s'amoncellent, un vent chaud fait plier la cime des grands arbres, et les roulements sourds du tonnerre commencent à se faire entendre. La petite Julienne revient avec sa tasse pleine d'eau. Aimée, qui a rassemblé ses chèvres, prend la tasse et va boire. — « Vous ne boirez pas, dit Ulbach, d'une voix dure.... Vous m'écouterez.... Vous resterez là.... Voyons, Aimée, est-ce que c'est vrai? est-ce que c'est fini? »

Aimée ne répond rien et continue à marcher dans la direction d'Ivry. Ulbach s'approche d'elle, et la serre contre une ornière; elle le repousse. — « Eh bien! non, vous ne vous en irez pas, » s'écrie-t-il, et sa main, dans laquelle brille un couteau, s'abaisse sur la jeune fille. Il frappe, il frappe encore; elle tombe dans l'ornière, et il frappe toujours.... « Au secours! à la garde! » crie Aimée, cherchant à se relever. Un dernier coup fait plonger l'arme sanglante dans le dos de la victime; elle s'affaisse.

Alors, Ulbach, pâle, les genoux tremblants, l'œil égaré, essuye son front, que mouillent les premières gouttes de l'orage et le sang de sa victime. Il fait un mouvement d'horreur, ramasse son chapeau tombé dans l'ornière, l'enfonce sur ses yeux et s'enfuit.

Aimée est restée étendue dans l'ornière. La petite Julienne, qui s'est sauvée de frayeur, revient auprès d'elle. Aimée se soulève péniblement. — « Ma petite Julienne, dit-elle, je suis morte. Va chercher Madame. »

Julienne, tout effarée, rassemble ses chèvres et les pousse vers l'avenue d'Ivry.

Ce pauvre corps est resté là, dans l'ornière. Des torrents d'eau tombent du ciel et l'inondent. Personne ne passe. Mais un blanchisseur a vu de loin la dispute et la rixe. Ulbach passe devant lui, courant, les jambes flageolantes. — « Cet homme-là, bien sûr, vient de faire un malheur, dit le blanchisseur à sa femme; la jeune fille est tombée et ne se relève pas. » Il se décide, malgré l'orage, à porter secours à la victime. Aimée, qu'il prend dans ses bras, ne peut répondre à ses questions; un instant seulement, son œil s'entr'ouvre, et une grosse larme s'en échappe. Elle retombe. Le blanchisseur l'emporte dans ses bras, la place contre le mur de son jardin et va prévenir le commissaire de police.

Un médecin, appelé, trouva la pauvre fille déjà morte. Son corps portait cinq blessures : l'une au sourcil gauche, l'autre à la partie supérieure de la poitrine, la troisième au milieu du sein, la quatrième vers la partie postérieure du tronc. Dans la dernière, faite à l'épaule gauche, était encore fixée l'arme homicide.

Ulbach, cependant, avait gagné, tout courant, la rue des Lyonnais. Il arriva chez la Champenois, pâle, défait, trempé par la pluie qui tombait à torrents. — « J'ai joliment couru, dit-il, j'en ai un point de côté; je viens de la barrière du Maine. » Sur le soir, vint un ami des Champenois, un nommé Bergeron. Ulbach, plongé dans une préoccupation stupide, se réveilla pour lui dire : — « Si on te donnait un coup de couteau entre les deux épaules, crois-tu que tu en reviendrais? — Non, mais pourquoi demandes-tu cela? Est-ce que tu as envie de faire un mauvais coup? »

Ulbach ne répondit pas, et sortit, souriant d'une façon sinistre. Le soir, il rentra. La Champenois l'engagea à manger sa soupe, qu'elle avait tenue chaude. — « Non, dit-il, je n'ai pas faim; j'ai quelque chose dans la tête. » Il but seulement un verre de vin. Il demanda de quoi écrire une lettre. La Champenois lui donna du papier. La lettre écrite, il chercha de quoi la cacheter. Il y avait de la cire rouge. — « Non, dit-il, c'est de la cire noire qu'il faut. »

Le lendemain, on commença à parler, dans le quartier, du meurtre de la bergère d'Ivry. Ulbach, qui avait passé la nuit chez la Champenois, prit son chapeau. On ne le revit plus.

Le meurtre d'Aimée Millot ne tarda pas à occuper tout Paris. Il s'agissait d'amour et de jalousie; la victime avait dix-neuf ans; elle était *bergère;* les médecins avaient déclaré qu'elle était encore vierge. Il n'en fallait pas tant pour composer un roman émouvant, qui devint, pour la grande ville, la passion du jour. La girafe, récemment arrivée au Jardin des Plantes, fut délaissée pour le drame de la bergère.

Les femmes surtout maudissaient l'assassin, tout en le plaignant peut-être. Et ce qui ajoutait à l'intérêt du drame, c'est que l'assassin ne se retrouvait pas. Sans doute, il n'avait pas voulu survivre à celle qu'il aimait, et il avait cherché la mort dans la Seine.

L'instruction sut bientôt à quoi s'en tenir. Le 26, une lettre cachetée de noir arriva, par la poste, chez madame Détrouville. Elle était à l'adresse d'Aimée Millot, et contenait l'anneau de fiançailles. Ulbach y disait :

« Mademoiselle,

« Je vous envoie ces deux mots pour vous remettre l'anneau que vous m'avez demandé dans la lettre précédente. Je vous l'envoie; mais c'est après vous avoir donné la mort. Je n'ai qu'un regret, c'est de vous avoir manquée. Adieu, perfide, l'échafaud

m'attend; mais je meurs content de t'avoir punie de ton crime.

« Tout à toi,
« ULBACH.

« Mort, haine et vengeance ! ! ! »

Le surlendemain, 27, madame Détrouville reçut encore la lettre suivante, à son adresse :

« Madame,

« C'est à vous que je dois l'excès où je me suis livré; oui, c'est à vous à qui je dois la perte d'une épouse toujours chérie à mon cœur. Plusieurs fois ces mots s'étaient échappés de notre bouche, et nous étions heureux; mais vous, femme acariâtre, vous seule vous mettiez entrave à notre félicité. Ce fer vous était réservé; mais songez que vous ne l'échapperez pas, si vous ne faites pas ce que je vous prescris : puisque je ne puis rendre les derniers devoirs à mon épouse, faites-le pour moi. Songez à bien faire ce que je vous prescris de faire. Je vous envoie 5 fr.; rendez-vous de suite à l'église d'Ivry et faites-lui dire une messe en l'honneur de ses malheurs et des miens. Je demande vos égards; car je suis p'us à plaindre qu'à blâmer. Toutes vos recherches seront infructueuses. Le moment où vous recevrez ma lettre, je serai pour jamais englouti dans le néant.

« Signé ULBACH. »

« *P. S.* Que cette lettre reste secrète entre vous et moi, voilà la seule grâce que je vous demande. Le remords me déchire... je ne peux vivre davantage sans crime. »

Un des fils Champenois reçut aussi la lettre suivante :

« Mon ami,

« Le malheur ne m'a jamais abandonné depuis ma naissance. J'ai toujours été la cause du malheur de mes parents. J'étais destiné à porter ma tête sur l'échafaud.... Ce moment fatal est arrivé. Je me suis rendu coupable du plus grand des crimes. J'ai tué une fille innocente. La jalousie farouche m'a poussé à accomplir ce fatal dessein.... Je ne suis pas encore arrêté, j'expie mon crime par mes remords.... Je suis anéanti.... Je ne puis plus me supporter à moi-même. Je n'ai pas le courage de me donner la mort.... J'attends avec impatience mon arrêt. Ah! je suis plus à plaindre qu'à blâmer. Ayez compassion de votre malheureux ami. Mais je ne mérite plus ce titre.

« Je vous embrasse pour la vie.

« Souhaitez bien le bonjour de ma part à votre mère....

« Ne m'oubliez pas.... « ULBACH, pour la vie.

« *P. S.* Ah! que le criminel est à plaindre! Je ne puis plus me supporter. Je suis anéanti à tous les regards de tout le monde!... »

On fit en vain, pendant huit jours, les recherches les plus actives pour découvrir la retraite du meurtrier! Il avait cherché un asile dans un mauvais garni d'une de ces rues ignobles qui déshonoraient alors les abords du Palais-Royal, la rue du Chantre.

Le 3 juin, un jeune homme se présenta chez M. Roger, commissaire de police au Marché-aux-Chevaux : il avait l'air égaré. Il demanda des renseignements sur l'assassinat de la bergère d'Ivry. — « Quel intérêt, lui dit-on, avez-vous dans cette affaire? — C'est moi, répondit-il, qui ai fait l'*assassin.* »

Ulbach avait couru au-devant de l'expiation. Il raconta, sans se faire prier, tous les détails de son crime. Il avoua hautement la préméditation, dit comment il s'était procuré l'instrument de mort, et parut même regretter de n'avoir pas assouvi sa haine contre Mᵐᵉ Détrouville. Il ajouta qu'il ne s'était livré que parce qu'il avait lu dans un journal qu'un jeune homme avait été arrêté : il ne voulait pas avoir à se reprocher la mort d'un innocent. L'instruction fut courte : Ulbach y renouvela ses aveux. Les débats s'ouvrirent, le 27 juillet, devant la Cour d'assises de la Seine.

L'audience est présidée par *M. Hardouin.* Le siége du ministère public est occupé par *M. l'Avocat général de Broë. Mᵉ Charles Duez* présentera la défense. Une affluence immense de spectateurs remplit la salle et se presse aux abords. Ulbach est introduit. Les regards se portent avec avidité vers lui, et on est péniblement étonné à la vue de ce frêle garçon, qui paraît à peine sortir de l'enfance, et dont les traits ne présentent aucun de ces caractères sinistres qu'on croit que la nature imprime sur le visage des grands criminels. Il paraît gêné, décontenancé, plutôt qu'abattu; son sourcil est froncé et ses yeux jettent des regards obliques. Ses traits sont très-pâles, mais sans expression. Il est assez proprement vêtu d'une rédingote bleue.

Il répond d'une voix faible aux questions d'usage, et écoute la lecture de l'acte d'accusation, la tête basse, l'œil fixe, les deux mains appuyées sur les genoux. De temps en temps, seulement, un soupir convulsif soulève son corps immobile.

En somme, l'auditoire semble désappointé; les femmes, surtout, voient avec surprise que cet amant farouche et passionné ressemble fort à un écolier pris en faute.

M. le Président commence l'interrogatoire de l'accusé.

D. Vous avez demeuré, avant votre arrestation, chez Ory, marchand de vin, à la barrière de Fontainebleau? — R. Oui.

D. Vous étiez garçon chez lui; vous y êtes resté quinze mois? — R. Oui.

D. Avant d'y entrer, n'avez-vous pas été enfermé dans la maison de détention de Poissy? — R. Oui.

D. N'avez-vous pas été, le 9 juillet 1824, condamné à un mois de prison pour vol? — R. Non.

D. Cependant, vous avez passé quinze mois dans la maison de Poissy?

Ulbach. — Non, Monsieur, je n'ai pas passé quinze mois entiers là. J'y ai été en 1822, et j'ai été aussi à Sainte-Pélagie.

D. C'est là que vous avez fait connaissance des frères Champenois. Vous étiez détenu pour vagabondage?

Ulbach fait un signe affirmatif.

D. A quelle époque avez-vous connu la fille Millot?

Ulbach hésite un instant et, après une pause : — Il y a un an environ.... dans ce temps-ci.

D. Elle venait souvent apporter chez Ory des œufs, du laitage.... C'est là que vous l'avez vue?...

Ulbach ne répond pas; ses yeux sont obstinément fixés à terre.

D. Voyons, répondez à ma question.... Vous aviez conçu pour elle une violente passion?

Ulbach répond *oui*, du regard.

D. La maîtresse de la fille Millot lui ayant ordonné de rompre avec vous, cette jeune fille vous a rendu les cadeaux que vous lui aviez faits?... Répondez-moi donc.

Ulbach, après un instant de silence. — Non, Monsieur.

D. Cependant vous l'avez dit dans l'instruction,

et il est constant qu'elle vous a rendu vos cadeaux... Vous ne répondez pas?

Ulbach garde quelque temps un silence obstiné.

D. Répondez-moi donc... Vous ne vous en souvenez pas?

Ulbach, avec effort. — Si.

D. Vous avez conçu beaucoup de haine pour la dame Détrouville? — R. Non, Monsieur.

D. Cependant vous lui avez écrit une lettre dans laquelle vous lui dites que le fer dont vous vous êtes servi contre la fille Millot, lui était réservé, parce qu'elle mettait des obstacles à votre passion.

Ulbach garde un morne silence; ses yeux sont toujours attachés au sol.

D. Vous étiez jaloux d'un jeune homme que vous supposiez bien reçu de la fille Millot?

Signe négatif d'Ulbach.

D. Cependant vous avez dit au Juge d'instruction que, comme, le dimanche, vous étiez obligé de rester chez votre maître, vous aviez vu la fille Millot passer avec un jeune homme, vous aviez voulu savoir son nom, le connaître..., que vous en étiez très-jaloux...., que vous brûliez du désir de vous venger?

Ulbach, après un silence. — Je puis l'avoir dit; mais je ne m'en souviens pas.

D. Mais, enfin, vous étiez jaloux? — R. Un peu.

D. Pourquoi, le 18 mai, êtes-vous sorti de chez Ory?

Ulbach. — J'avais eu des contrariétés avec lui.

D. Vous avez déclaré qu'un autre motif vous avait engagé à sortir de chez lui, que c'était pour perdre l'occasion de voir la fille Millot?

Pas de réponse.

D. Dans un second interrogatoire, vous avez déclaré que c'était dans l'intention d'exécuter votre fatal dessein.

Même silence.

D. Vous avez acheté un couteau chez un marchand-ferrailleur, en face l'Ecole polytechnique?... Cherchez à rappeler vos souvenirs.... — R. Je crois que oui.

D. A quel usage destiniez-vous ce couteau?

Ulbach, assez nettement. — C'était pour travailler. J'étais en train de faire un treillage; comme je n'avais pas d'autres outils qu'une mauvaise hache, j'ai acheté un couteau.... J'allais à la Préfecture de police chercher mon livret.... J'ai choisi le plus fort pour achever ce treillage.

D. Vous avez déclaré, dans l'instruction, que vous le destiniez à la fille Millot. Vous l'avez déclaré positivement. — R. Le juge d'instruction aura mal interprété mes paroles.

M. le Président. — M. le Juge d'instruction n'a pas pu se tromper.

Ulbach. — C'est une chose que je n'ai pas pu dire.

M. le Président. — Vous l'avez dit et signé après lecture de l'interrogatoire.

Ulbach. — On n'a pas voulu me le laisser lire.

M. le Président. — M. le Juge d'instruction l'a lu lui-même, et c'est une garantie de plus.

D. Comment portiez-vous sur vous, le 25, ce couteau qui ne se ferme pas? — R. J'étais sorti pour aller à la Préfecture chercher mon livret, et je l'avais emporté parce que je devais travailler en rentrant.

On représente le couteau à l'accusé. Il regarde avec calme cette lame encore rouge du sang de la victime, et il se promène, pour la première fois, un regard assuré sur la foule qui encombre la salle.

D. Vous avez ensuite été rejoindre la fille Millot, près la barrière Croulebarbe : quel a été le sujet de votre conversation? La fille Julienne Saumon a déclaré que vous causiez avec beaucoup d'action.

Ulbach, après un silence. — J'avais reçu une lettre d'elle, et je lui demandai si c'était réellement elle qui me l'avait envoyée.

D. Que vous disait-elle? — R. Elle me disait que je lui rende ses cadeaux et que je renonce à la voir.

D. Ne vous disait-elle pas que sa maîtresse l'exigeait? — R. Non, Monsieur.

D. Vous l'avez déclaré. Ne lui demandiez-vous pas qu'elle nommât le jeune homme qui causait votre jalousie? — R. Non, Monsieur, je ne le lui ai pas demandé ce jour-là.

D. Il y avait longtemps que vous étiez jaloux de ce jeune homme?

Ulbach ne répond pas.

D. Vous l'avez déclaré... Vous l'avez frappée avec un couteau?

Silence d'*Ulbach*.

M. le Président. — Voyons, répondez.

Ulbach. — Oui, Monsieur, à la suite de la discussion que nous avons eue ensemble.

D. Sur quoi portait cette discussion?... (Pas de réponse.) Pour quel motif avez-vous frappé?

Ulbach semble s'arracher à une rêverie profonde. — Ah ! à propos, la discussion était qu'elle ne voulait plus que je la fréquente. Elle disait qu'elle n'avait rien à attendre de bon de moi, que j'étais un ravisseur, un suborneur, et que je voulais la tromper... Moi, je croyais d'abord qu'elle plaisantait. Elle me répéta la même chose. Je n'ai jamais voulu vous *subtiliser*, lui répondis-je. Vous me trompez, reprit-elle, Madame le sait... Je m'approche, et je lui dis: Vous êtes dans l'erreur... Elle me repousse... J'ajoute : Je ne suis pas un jeune homme à vous *subtiliser*... J'étais hors de moi; je l'ai frappée.

D. Vous avez porté cinq coups dans la poitrine, et un dans le dos... N'est-il pas vrai? — R. Je ne m'en souviens pas.

M. le Président. — Vous vous en êtes souvenu dans vos interrogatoires; vous l'avez dit. Vous avez même ajouté que vous aviez laissé le couteau dans la plaie: on l'a retiré, sanglant, du corps de la victime... Vous êtes allé ensuite chez la femme Champenois, et, là, vous avez dit à Bergeron : «Crois-tu qu'un coup de couteau donné entre les deux épaules puisse faire mourir? » Vous en souvenez-vous? — R. Non. Je puis l'avoir dit; mais je ne m'en souviens pas.

D. Vous l'avez avoué au Juge d'instruction. Vous avez même dit pourquoi vous aviez fait cette question. Vous avez déclaré qu'ayant frappé la fille Millot dans le dos, vous vouliez savoir si vous lui aviez donné la mort. Vous vous êtes même servi d'une expression atroce. Vous avez dit : « J'ai tenu ce propos pour savoir si, dans mes trois coups, il y en avait *un de bon.* »

Ulbach ne répond pas.

D. Lorsque, le même jour, vous avez écrit une lettre à la fille Millot, vous ne croyiez donc pas qu'elle fût morte?

Ulbach. — Non.

D. Vous exprimiez, dans cette lettre, le regret de ne pas l'avoir tuée? — R. Cela se peut.

On donne lecture de la lettre; *l'accusé* paraît l'écouter avec une attention profonde.

M. le Président donne encore lecture de la lettre écrite par Ulbach à Mme Détrouville. Pendant cette lecture, une idée fixe s'est emparée de l'accusé. Quelle est-elle ? on ne saurait le deviner. Ses regards errent avec une attention marquée sur l'auditoire. Il semble chercher quelqu'un; ses sourcils sont froncés, ses traits contractés par une émotion haineuse. Cherche-t-il celle qui a détourné de lui la jeune bergère, ou espère-t-il découvrir son rival? Il se penche, il se hausse sur les pieds, il paraît étranger à tout ce qui se passe autour de lui.

M. le Président. — Vous ne m'écoutez pas... Regardez-moi... Qui cherchez-vous dans l'assemblée?

Ulbach ne paraît pas entendre; il continue sa minutieuse inspection. Ses yeux inquiets et menaçants interrogent chacun des rangs pressés de l'auditoire.

M. le Président. — Vous dites positivement à la dame Détrouville que le fer qui a frappé la victime lui était destiné?

Ulbach. — Ça ne veut pas dire ça... Non... non...

M. le Président. — Vous vous êtes présenté de vous-même chez le commissaire de police?

Ulbach, avec force. — J'avais appris qu'un homme avait été arrêté à ma place; je ne voulais pas qu'on fît inutilement des poursuites contre quelqu'un qui était innocent.

On passe à l'audition des témoins.

Le premier est la petite *Julienne Saumon*, qui accompagnait la bergère sur le lieu du crime. La pauvre enfant n'a que huit ans : elle est profondément troublée par l'appareil de la justice. Malgré la présence de sa mère, qui cherche à la rassurer, elle bégaye, et a plus d'envie de pleurer que de répondre.

D. Vous avez vu Ulbach, le 25 mai, quand vous gardiez les chèvres avec Aimée Millot? — R. Oui... Honoré est venu... Il a causé longtemps avec Aimée... Je n'ai pas compris ce qu'il lui disait.

D. Et ensuite? — R. On m'a envoyée chercher une tasse d'eau; mais Honoré n'a pas voulu qu'elle en bût. Puis, Aimée a dit : Voilà l'orage qui vient; il faut nous en aller... Alors, Honoré a dit : Non, vous ne vous en irez pas... Ensuite, il lui a donné des coups de poing, et l'a jetée en bas... Elle a crié : A la garde !

D. Qu'a fait ensuite Honoré? — R. Il a pris un couteau et en a donné plusieurs coups à Aimée.

D. Aimée est tombée? — R. Oui.

D. A-t-elle crié? — R. Je n'ai rien entendu.

D. Honoré a-t-il été auprès d'elle? — R. Honoré a pris son chapeau, et il est parti.

D. Qu'avez-vous fait alors? — R. J'ai ramené les chèvres, et j'ai été avertir Madame.

M. le Président, à l'accusé. — Les faits se sont-ils passés ainsi?

Ulbach. — Quand j'ai dit à Aimée Millot qu'elle ne s'en irait pas, c'est que j'avais encore quelque chose à lui dire.

D. Mais qu'aviez-vous à lui dire, puisque, au même instant, vous l'avez frappée?

Ulbach se tait.

Un juré. — L'accusé avoue-t-il avoir donné des coups de poing à Aimée Millot?

Ulbach. — Non, Monsieur.

M. le Président, à la petite Julienne. — Et vous, mon enfant?

Julienne. — Oui, il a donné des coups de poing.

MM. Herbelin et *Ollivier*, docteurs en médecine, rapportent les constatations par eux faites sur le cadavre. Quand ils ajoutent qu'aucun attentat à la pudeur n'avait été essayé contre la pauvre fille, et que jamais elle n'avait dû avoir de relations intimes, soit avec Ulbach, soit avec tout autre, Ulbach paraît écouter ces détails avec une attention satisfaite, mais sans la plus légère émotion.

*M*ᵐᵉ *Detronville*, maîtresse d'Aimée Millot. — Aimée était un excellent sujet, très-sage et très-modeste. Quand je sus qu'Ulbach venait, de temps en temps, la voir chez moi, je lui défendis de le recevoir davantage. Il lui avait donné quelques cadeaux de peu de valeur. — Comment! Aimée, lui dis-je, vous avez donc un amoureux? — Ah! bah! Madame, répondit-elle en riant, *il n'est pas dangereux*. — C'est égal, Aimée, toute fille qui reçoit des cadeaux des hommes, il faut qu'elle les paye de sa vertu. Elle me promit de rendre à Ulbach ce qu'elle en avait reçu.

Le 25 mai, j'étais sortie. Comme je tardais à rentrer et que j'avais été malade, Aimée vint au-devant de moi. Dès qu'elle m'aperçut, elle courut à ma rencontre, les bras ouverts et paraissant très-gaie. Il était déjà tard. Je ne voulais pas qu'elle allât aux champs. Aimée insista. « Julienne m'attend, dit-elle, et d'ailleurs les chèvres ne sont pas sorties de la journée. » Je lui mis donc son dîner dans un panier, avec un livre; car elle aimait beaucoup à lire. Elle sortit ainsi bien malgré moi, et, quelques instants après, on vint me dire qu'elle était assassinée.

D. Aimée ne sortait-elle pas quelquefois, et particulièrement les dimanches, avec un grand jeune homme?

Le témoin. — Oui, Monsieur, c'était son cousin germain.

Pendant cette déposition, Ulbach n'a cessé de lancer sur celle qu'il regarde comme la cause de son malheur, des regards sinistres et menaçants; ses mains tremblent, et, grinçant des dents, il dit d'une voix étouffée : « Ah! si je te tenais. »

M. le Président. — Ulbach, n'avez-vous rien à dire sur cette déposition?

Ulbach, avec un sourire amer. — Rien.

Un juré, à la dame Détrouville. — Madame, vous avez vu l'accusé chez vous; regardez-le maintenant : l'expression de ses yeux vous paraît-elle changée?

Le témoin. — Il ne doit pas me regarder avec plaisir.

M. Ory, marchand de vins. — Ulbach est resté chez moi treize mois et demi; il m'a servi honorablement : mais, dans le dernier mois, il montrait moins d'exactitude. Il passait une partie de son temps avec une jeune fille qui venait faire paître ses chèvres sous les murs de mon jardin. Quand il la voyait passer, il sautait par-dessus le mur pour la lui aller trouver. Toutes mes observations étaient inutiles : *les sensations n'y étaient plus*.

D. Avez-vous remarqué quelque chose d'extraordinaire dans le caractère d'Ulbach pendant qu'il était chez vous?

Le témoin. — Il lisait les journaux où se trouvaient des récits judiciaires, et puis ensuite il riait, il jouait la comédie, il criait lui-même son arrêt de mort. Au surplus, il m'a dit qu'étant jeune, il avait été aliéné.

M. le Président. — Cependant, il n'en a pas parlé lui-même dans l'instruction.

Ulbach, se levant. — Je demande la parole. Je l'ai dit dans l'instruction. Lors de la mort de ma pauvre mère, j'ai perdu la tête, et je suis resté quarante jours dans l'aliénation.

Un garçon de M. Ory. — Ulbach m'a dit plusieurs fois : « On ne sait pas ce que Dieu nous garde; je crois bien que je mourrai sur l'échafaud. » Il m'a parlé de sa jalousie contre Aimée Millot, et m'a dit qu'il était dans le cas de lui donner la mort.

Ulbach, en riant. — Je l'ai dit ça, moi!

Le témoin. — Oui, et plusieurs fois.

Justine Pioche, domestique chez M. Ory. — Quand Ulbach entendait crier des arrêts, il me disait : « Tenez, Justine, voilà comme, un jour, vous entendrez crier mon jugement! » Il m'a répété souvent qu'il voulait faire un *assassin*, et, en même temps, il plantait son couteau dans les planches de la cuisine. Moi, je croyais que c'était à sa famille, qui l'avait abandonné, qu'il en voulait, et je cherchais à le tirer de ces mauvaises pensées.

M. le Président. — Est-il vrai, Ulbach, que vous avez dit à cette femme que vous vouliez commettre un assassinat?

Ulbach. — Je ne sais pas.

Bergeron rapporte le propos que lui tint Ulbach : « Si je te donnais ce coup de couteau entre les deux épaules, crois-tu que tu en reviendrais? — Non; mais pourquoi m'adresses-tu cette question? Est-ce que tu as envie de faire un mauvais coup? » Ulbach, au lieu de répondre, se retira en souriant.

M. le Président, à Ulbach. — Avez-vous dit cela? — R. Oui, Monsieur.

D. Et pourquoi? — R. Parce que j'avais toujours le dernier coup devant les yeux. Je voulais savoir s'il était mortel.

Tels furent l'interrogatoire et les témoignages. Il n'y avait aucun doute possible sur le crime et sur le meurtrier; Ulbach, seulement, avait cherché à écarter la préméditation, si clairement établie par ses démarches et par ses premiers aveux. Il avait chicané sur les circonstances; il avait, puérilement, inventé des explications invraisemblables. On n'avait pu surprendre en lui un seul éclair d'abandon, de sensibilité. Son attitude, en un mot, avait produit sur l'auditoire et sur le jury l'effet le plus défavorable.

M. de Broë n'eut donc pas de peine à émouvoir la pitié pour la jeune victime, l'horreur pour son assassin. Il le fit dans un réquisitoire que les journaux du temps ne nous ont pas conservé, mais qui fut, à les en croire, un morceau d'éloquence des plus touchants.

Après lui, *M*ᵉ *Duez* essaya la tâche impossible de défendre son client. Il ne put qu'en appeler à la fatalité, et invoquer, comme circonstance atténuante, cette passagère démence que produit la jalousie.

Les Jurés se retirèrent dans la salle de leurs délibérations. Pendant leur absence, qui dura près d'une heure, Ulbach demanda à dîner, et mangea avec appétit. Ce détail, bientôt connu, acheva de soulever les cœurs.

Le jury rentra. Son verdict était affirmatif, et sur l'homicide et sur la préméditation. On s'y attendait, et on ne vit pas passer dans l'audience ce frémissement de pitié qui fait onduler les têtes, quand résonnent ces *Oui* sinistres, précurseurs de la mort.

Ulbach fut ramené. Il entendit, sans émotion apparente, la lecture du verdict et l'arrêt de mort qui le suivit. Ses yeux avaient même perdu quelque chose de l'expression farouche qui les animait pendant les dépositions des principaux témoins.

— « Accusé, dit M. le Président, vous avez trois jours pour vous pourvoir en cassation. »

— « Je n'en rappelle pas, » dit Ulbach avec un geste impératif et dédaigneux. Et il se retira d'un pas ferme et rapide.

Ramené à la Conciergerie, Ulbach fut, selon l'usage, mis au cachot et revêtu de la camisole de force. Pendant cette opération, qui produit ordinairement une impression profonde sur le condamné, il affecta de ricaner. Il demanda quelques aliments, qu'il mangea avec avidité; puis, il se jeta sur son lit et s'endormit.

Le lendemain matin, plusieurs personnes le visitèrent dans son cachot, et l'engagèrent vivement à se pourvoir en cassation.

— « Je veux mourir tout de suite... Me pourvoir serait une lâcheté... J'ai du courage, et je le prouverai. » Voilà tout ce qu'on put tirer de lui.

Mais son défenseur arriva. Les avocats sont, comme les prêtres, d'admirables psychologues et de fins observateurs. Mᵉ Duez avait, pendant l'audience, étudié ce malheureux, et il avait compris la raison de ces chicanes, de ces subtilités, de cette froideur concentrée qui avaient enlevé tout intérêt à son client. Il avait senti que, chez ce pauvre garçon, qui avait couru volontairement vers la mort, un seul sentiment surnageait, la vanité. Ulbach se voyait petit, grêle; il cherchait à se grandir à ses propres yeux, et il affectait la force; il voulait étonner! Toute la France, pensait-il, avait les yeux sur lui; il fallait montrer qu'on était un homme. Et c'est pour cela qu'il avait posé, comme tant d'autres, en face de la justice. Au lieu d'être simple, naturel, de montrer à nu son âme, il s'était roidi; et c'est ainsi que souvent un pauvre diable qui a commis une grande faute, écarte de lui la pitié qu'il pourrait inspirer.

Mᵉ Duez ne s'était donc pas laissé prendre à l'apparente insensibilité, à la sécheresse, aux bravades d'Ulbach. Il vint, à son tour, l'engager à signer son pourvoi. — « Non, répondit Ulbach, je ne veux pas en rappeler. Je l'ai dit en public, et je ne veux pas avoir l'air de faiblir. »

Mᵉ Duez eut raison de ces fanfaronnades avec un seul mot. — « Savez-vous ce qu'on dira? que vous vous êtes précipité sur l'échafaud par terreur de la mort; que vous n'avez pas eu assez de cœur pour attendre pendant quarante jours. Vous passerez pour un lâche, qui se dépêche de mourir pour n'y plus penser. »

C'était prendre Ulbach par sa propre faiblesse. Il consentit enfin à signer. — « Mais surtout, dit-il à Mᵉ Duez, qui se retirait, dites bien à tout le monde, et faites publier dans les journaux que si je me suis pourvu, ce n'est pas par crainte de la mort. »

Le pourvoi d'Ulbach fut rejeté le 24 août.

Le malheureux avait été transféré à Bicêtre. A mesure que le bruit des débats et l'agitation des jours passés s'éloignaient davantage de son âme et de ses souvenirs, il avait peu à peu retrouvé la conscience de lui-même. Seul, dans son cachot où le visitaient uniquement son défenseur et un vénérable aumônier, il revenait à sa véritable nature. Il rouvrait le livre de sa vie écoulée; il y retrouvait le vide immense de son enfance et le fol amour de sa jeunesse. Il commençait à comprendre, en se rappelant. — « Oui, disait-il à Mᵉ Duez, j'ai toujours senti un grand dégoût de la vie. C'est ce qui m'a

rendu mon action si facile. J'avais vu les autres jouir des caresses de leurs parents, et moi, je n'avais plus ni père ni mère. Je m'étais attaché à cette Aimée.... Elle était tout pour moi; je me tenais qu'à elle dans ce monde.... Et il m'a fallu tout à coup y renoncer !... Ça été plus fort que moi.... Puisqu'elle n'est plus, je mourrai sans regret. »

Le pauvre insensé, que ne disait-il cela à ses juges? que n'ouvrait-il ainsi son cœur? On se serait rappelé cette enfance sans protection, livrée aux mauvais exemples, aux mauvais conseils; on aurait compris que son amour avait été, pour lui, un instant, comme l'aurore d'une vie nouvelle, et qu'il avait désespéré de tout en retombant dans son isolement. On l'eût puni, sans doute, pour son crime, mais en le plaignant comme il méritait de l'être, et peut-être la commisération des jurés les eût-elle fait reculer devant une expiation sanglante. Mais le pauvre Ulbach n'avait montré de son âme que ce qui pouvait glacer la pitié dans le cœur de ses juges.

Ce ne fut qu'après la condamnation que l'on commença à comprendre cette âme destinée fatalement vouée au malheur par la misère et par l'isolement. On apprit, par exemple, que cette mère qu'Ulbach croyait avoir perdue, vivait encore; son père, autrefois fournisseur des armées, puis tailleur dans la rue d'Antin, était parti pour la Russie, en était revenu sans ressources, et végétait, à Paris, dans la double fange du vice et de la misère.

Après quelques jours de roideur et de mauvais orgueil, il s'était fait dans l'âme d'Ulbach une détente salutaire. Le digne aumônier de Bicêtre en avait profité pour amener à la religion cette pauvre âme ignorante, dans laquelle se mêlaient confusément les lueurs du bien et les ténèbres du mal. Pour la première fois, le pauvre enfant perdu se sentit dirigé; il apprit tout ensemble à comprendre son crime et à s'en repentir. Sous l'influence de ces leçons vivifiantes, il écrivit une lettre touchante à son ancien maître; il écrivit encore à la maîtresse de sa victime, demandant son pardon à celle-là même que, quelques jours auparavant, il poursuivait, en esprit, de sa haine et de sa vengeance.

Ulbach avait-il été baptisé? il le croyait, sans pouvoir l'affirmer. Ce sauvage de la civilisation fut instruit, à la hâte, des vérités fondamentales de la religion, et fit sa première communion dans la chapelle de Bicêtre.

Ainsi régénéré, il apprit, sans trouble, le rejet de son pourvoi, et se prépara à la mort. Le 10 septembre, à sept heures et demie du matin, il fut extrait de Bicêtre, et, à quatre heures du soir, le cortége sinistre partit de la Conciergerie pour la Grève. Ulbach monta sur l'échafaud sans faiblesse et sans forfanterie, et, après avoir récité une suprême prière, il se livra à la mort.

Des milliers de femmes, accourues pour se repaître de ce hideux spectacle, ne purent s'empêcher de pleurer ce pauvre enfant, comme elles avaient pleuré sa victime, l'intéressante bergère d'Ivry.

La pitié publique éleva un simple monument à la jeune fille, à l'endroit même où elle avait succombé.

Quelques années plus tard, un Ulbach était condamné pour vol, à Paris. C'était un frère du malheureux Honoré. La fatalité antique n'a rien de plus implacable que le péché originel du vice et de la misère.

LE PERRUQUIER SUREAU, ASSASSIN DE SA MAITRESSE (1826).

: . . Elle le repoussa, en le toisant d'un sourire de mépris (PAGE 2).

En 1826, vivait, à Paris, un jeune homme d'une pauvre famille de Mareuil-sur-Marne. Il se nommait Louis-Adolphe Sureau, et était venu, à quinze ans, gagner sa vie dans la capitale. Il entra, comme garçon, chez un perruquier; on ne disait pas *coiffeur* à cette époque, encore moins artiste capillaire.

Sureau était laborieux, économe, d'un caractère gai, prévenant. Il apprit rapidement son état, grâce à une intelligence éveillée, et se fit, chez ses divers patrons, une petite réputation d'honnête et aimable garçon. A vingt ans, Sureau était devenu un grand jeune homme élancé; sa mise était toujours coquette et soignée, et, grâce à son esprit d'ordre, il avait pu s'acheter petit à petit un mobilier. On disait même qu'il mettait de l'argent de côté, pour s'assurer un remplaçant dans le service militaire.

Malheureusement pour lui, Sureau, dans les derniers jours de l'année 1825, avait fait la connaissance d'une fille nommée Henriette Coulon.

Henriette, assez belle fille de vingt-six ans, était de ces ouvrières qui ne travaillent guère, et dont la ressource principale consiste, comme elles disent, à *se mettre avec un homme*. C'était ce qu'on appelait alors une grisette. Adolphe pouvait passer pour un joli garçon, ses traits étaient expressifs, sa tenue dis-

tinguée, son goussel bien garni. Ses cheveux noirs, qu'il avait fort beaux et assez longs, étaient toujours soigneusement frisés; il dansait bien, chantait des chansons amusantes et raclait un peu du violon: Adolphe plut à Henriette, et Henriette fut aimée d'Adolphe.

L'accord fut facile à conclure. Le 4 décembre, Henriette accepta le bras d'Adolphe, qui la mena voir, à la Gaîté, les deux mélodrames du jour, *le Chemin creux* et *l'Homme de la forêt*; le lendemain, Henriette était installée dans la petite chambre d'Adolphe, à un quatrième étage de la rue des Deux-Ponts, dans l'île Saint-Louis. Ce ménage de hasard fut pendant quelque temps heureux et paisible. Mais, vers le mois de juillet, Henriette commença à trouver que six mois faisaient un bail d'amour assez honnête; la grisette en avait assez d'un bonheur qui, d'ailleurs, menaçait de se perpétuer. Adolphe était d'une fidélité désespérante; il ne voyait, il n'aimait que son Henriette; il avait même pris au sérieux les serments mutuels des premiers jours, et parlait de faire venir ses papiers du pays. Henriette, qui ne s'était jamais mariée aussi sérieusement, aspira au divorce avant la mairie.

Aux premières froideurs, Adolphe devint fou

de jalousie. Il ne s'était jamais imaginé, le pauvre et naïf garçon, que son Henriette pût appartenir à un autre. La seule pensée d'une infidélité le faisait bondir de fureur. Les scènes vinrent, et, un soir, Henriette ne rentra pas.

Cette disparition mit Adolphe à la torture. Il chercha Henriette partout où on la trouvait d'habitude, chez sa mère, chez madame Brûlé, aubergiste, rue de l'Épée-de-Bois, au bal : Henriette fut introuvable pendant toute une longue semaine. Sans doute, la grisette recommençait avec un autre le roman de ces amours éternelles, qui finissent si vite.

Enfin, le désespéré garçon apprit qu'on avait revu Henriette dans son quartier. Il courut de nouveau chez les Brûlé; il écrivit à son infidèle une longue lettre, dans laquelle il répétait sous toutes les formes : « Je ne puis vivre sans toi; si tu ne reviens pas, je n'ai plus qu'à me détruire. »

On sait quel est l'effet ordinaire de ces amours tenaces : celui qui n'aime plus n'en ressent qu'une répulsion plus obstinée. Henriette en était arrivée au dégoût, à l'indifférence; elle alla jusqu'à la haine, jusqu'au mépris. Adolphe ne voulait pas même avoir été trompé; il se bouchait les yeux pour n'y point voir : il n'était plus que ridicule.

Un dimanche de septembre, Adolphe revit Henriette, pour la première fois depuis son escapade. Il courut à elle, parlant d'amour, d'oubli, de confiance; il voulut l'embrasser : elle, déjà nantie d'un protecteur sérieux, le repoussa, en le toisant d'un sourire de mépris. Le pauvre garçon s'en alla, navré. Le 12 septembre, il lui écrivit une nouvelle lettre, pleine de tendresse, de désespoir, d'adieux qui imploraient un rappel. Pas de réponse. Adolphe lui fit dire, par les Brûlé, qu'une malle, qu'elle avait laissée rue des Deux-Ponts, était à sa disposition. Comme Henriette avait une double clef du logement commun, il mit un cadenas à sa porte, espérant par là forcer l'infidèle à une entrevue, quand elle viendrait enlever ses effets. Henriette ne vint pas. Il alla la chercher jusque chez sa mère : celle-ci fit cacher Henriette, et Adolphe ne put que remettre une nouvelle épître, accompagnée de sourdes menaces.

Alors, le pauvre Sureau perdit tout à fait la tête. Lui, qu'on avait connu si gai, ne parla plus que de suicide, avec des airs de tête égarés et une voix de mélodrame.

Le 13 septembre, il alla chez un de ses amis, le serrurier Steyers, et le pria de fixer dans un manche de bois un bout de lame de fleuret, qu'il fit aiguiser. — « J'espère que vous ne voulez pas faire de bêtises? » dit Steyers. — « Non, répondit-il, j'ai besoin de cet instrument pour percer des trous dans mes têtes à perruques. »

Le 14, Adolphe demanda un congé à son patron, chez lequel il couchait depuis quelques jours, ne pouvant plus supporter la vue de cette chambre où il avait été heureux. Comme il n'avait pas profité de son dimanche, M. Mailli lui accorda la soirée.

Adolphe sortit, en homme qui veut s'étourdir. Il s'était fait beau. Il alla chercher deux amis, Bouchard et Prévost, et les entraîna dans une longue promenade sans but. Chemin faisant, on prit quelques verres de vin, et Adolphe, qui commençait à s'échauffer, se mit à chanter, à pleine gorge, une romance alors en vogue, dont le refrain larmoyant était : *Héloïse fait mon malheur*. Au nom d'Héloïse, il substituait celui d'Henriette, et déplorait l'abandon de sa maîtresse. Il voulait s'engager, disait-il; il était trop malheureux comme cela. — « Bah! répondit Prévost, attends donc que tu aies tiré. On ne s'engage pas par amour; tout ça, c'est des bêtises. »

On arriva ainsi chez les Brûlé. Adolphe fit servir de la bière, et voulut parler d'Henriette. La Brûlé lui répondit qu'il valait mieux ne plus penser à cette fille, qui ne voulait plus de lui.

Sortis de là, les trois amis firent encore quelques tours à l'aventure. Tout à coup, en traversant la rue de la Bûcherie, Sureau aperçut Henriette. — « Ah! la voilà, s'écrie-t-il, il faut que je lui parle. » Et il dégage son bras du bras de Prévost. — « Laissons les amoureux s'expliquer », disent Bouchard et Prévost; et ils s'éloignent.

Adolphe, cependant, s'est rapproché d'Henriette; il veut lui parler, il lui offre un verre de vin. Un passant entend la jeune femme répondre : — « Laissez-moi; je ne vous connais pas. » Adolphe lève le bras, frappe, frappe encore : la jeune femme tombe; Adolphe s'enfuit.

Le passant s'approche. Il croit à quelque rixe d'une fille publique avec son amant. Mais la jeune femme, qu'il veut relever, retombe sur le dos, lui serre la main; à la pâle clarté d'un réverbère, il voit ses yeux tourner, sa bouche se colorer d'une écume de sang. Il comprend qu'un meurtre a été commis; il crie à l'assassin! On court; il est trop tard. L'assassin a disparu; on ne retrouve que le poignard, à côté de la victime.

La malheureuse fille fut portée à l'Hôtel-Dieu; elle était déjà morte. Le docteur Samson trouva sur le cadavre neuf plaies, dont cinq à l'avant-bras, deux à la poitrine, et une dernière, la plus grave, au côté gauche du cou : celle-là avait traversé la trachée-artère, et avait pénétré jusqu'aux poumons.

Le lendemain, Brûlé apprit à la fois la disparition d'Henriette et l'assassinat d'une jeune femme dans la rue de la Bûcherie. Il courut à l'Hôtel-Dieu, reconnut Henriette, et n'eut pas de peine à désigner l'assassin.

Sureau, cependant, avait pris sa course vers la rue de Charenton. Il y arriva, essoufflé, en désordre. Il entra chez un voisin, le marchand de vin Costel, et demanda un *canon*. — « On dirait que vous venez de faire un mauvais coup? » dit Costel. — « Au contraire, répondit Sureau d'un air égaré; c'est aujourd'hui le plus beau jour de ma vie. »

Il rentra chez son patron, vacillant sur ses jambes. Celui-ci le crut ivre et l'envoya coucher. Au bout de quelques minutes, comme Sureau n'éteignait pas la chandelle, M. Mailli jeta un coup d'œil dans la soupente, et vit son garçon écrivant. Il le croyait malade : cela le rassura.

Voici ce qu'écrivait Sureau :

« J'aimais Henriette. C'est la seule femme qui m'ait fait tourner la tête. Je la chérissais. Elle m'a quitté. Je n'étais pas heureux sans elle. J'ai écrit à mon père pour me faire un extrait de naissance. Il ne me l'a pas envoyé. Peut-être que si je m'*avais* engagé au loin dans un régiment, je ne l'aurais pas assassinée près Notre-Dame. Je portais une arme sur moi. Je ne crois pas l'avoir manquée. A huit heures moins un quart. Je meurs content, c'est mon seul bonheur. Elle m'a quitté et a fait son malheur et le mien. Je meurs content l'ayant poignardée. Elle est perdue pour tout le monde. Adieu! je meurs content. Je ne donne pas de grands détails, le temps me presse, pour ne pas être arrêté pour le déshonneur de mes parents.

« Adolphe SUREAU, à Mareuil-en-Brie.

« Je meurs content, j'ai donné la mort à mon Henriette. Je dois mourir aussi.

« Jeunes gens, ne vous attachez pas à aucune femme. Je suis au comble de mes vœux. »

Et en marge :

« Je suis le seul complice. N'inculpez personne du crime de mon amante. J'ai porté trois ou quatre coups. Bien, je crois. »

Après avoir écrit ce testament de mort, qui montre le délire de son esprit, Sureau ressortit précipitamment, se dirigea à grands pas vers l'île Saint-Louis, et, dans la rue des Deux-Ponts, acheta du charbon, qu'il plaça dans son mouchoir. Rentré chez lui, il alluma ce charbon, et se coucha.

Le lendemain matin, il se réveilla, la tête lourde. Le charbon, en trop petite quantité, n'avait eu d'autre effet que de le plonger dans un sommeil de plomb. Sureau descendit, acheta une quantité de charbon plus considérable, l'alluma au milieu de sa chambre et se replaça sur son lit.

Il avait à peine perdu connaissance, quand des agents de police frappèrent à sa porte. Le silence, l'odeur du gaz mortel leur apprirent ce qui se passait là; ils enfoncèrent la porte, et des soins rapides rappelèrent le malheureux à la vie.

Il avoua tout. Son écrit de la veille était déposé sur la cheminée.

Le 21 octobre, l'affaire fut portée devant la Cour d'assises de la Seine.

M. Brisson préside l'audience; *Me Vidalin* est assis au banc de la défense; le siége du ministère public est occupé par *M. Bayeux*, Avocat général. Une foule immense remplit la salle. On remarque sur les bancs réservés plusieurs dames du plus grand monde, M. le Procureur général Jacquinot de Pampelune, lord Granville, ambassadeur de Sa Majesté Britannique, et l'illustre homme d'État anglais, M. Canning.

Sureau est introduit. Sa mise est élégante, ses cheveux sont arrangés avec soin. Ses traits portent l'empreinte de la mélancolie et de l'exaltation. Son attitude est triste et calme; mais des mouvements nerveux agitent ses membres et ses traits.

M. Bayeux expose le sujet de l'accusation, formalité conforme aux prescriptions de l'art. 315 du Code d'Instruction criminelle, mais qui n'est observée à cette époque, à Paris surtout, que dans les affaires d'une importance inusitée.

On passe à l'interrogatoire de l'accusé.

M. le Président. — Il paraît que vous aviez conçu des soupçons sur l'attachement de la fille Coulon?

Sureau. — Mais oui, Monsieur.

D. Votre humeur inquiète et jalouse la tourmentait beaucoup?

L'accusé ne répond qu'en poussant un profond soupir.

D. N'avait-elle pas manifesté l'intention de vous quitter? — R. Non; elle m'avait promis de nous mettre ensemble... je voulais l'épouser... j'avais même demandé pour cela les papiers nécessaires... Après les serments qu'elle m'avait faits de m'aimer toujours... de ne penser qu'à moi..., je croyais à son attachement.

Après cette réponse, faite à mots entrecoupés, *Sureau* porte la main à son front qui pâlit, et se laisse tomber sur son banc. On lui prodigue des secours.

M. le Président. — Sureau, restez assis.

Revenu à lui, *Sureau* reprend d'une voix faible.

— Je croyais pouvoir compter sur sa franchise; elle m'avait promis de ne jamais me tromper!

D. Ne fit-elle pas une absence momentanée? — R. Oui, je ne la revis que sept jours après. Je lui écrivis alors que je voulais me détruire... que je ne pouvais vivre sans elle... Après les serments qu'elle m'avait faits, je ne pouvais la croire infidèle... je ne croyais pas qu'elle pût me tromper. La semaine se passe; le dimanche, je vais la voir chez Brûlé; je sors avec un jeune homme que je ne connais pas; en rentrant, je la trouve... je m'approche d'elle... je veux l'embrasser... elle me refuse, avec un sourire de mépris...

A chaque mot qu'il prononce, *Sureau* est comme suffoqué : sa poitrine se gonfle, et il ne peut continuer qu'en reprenant haleine. Ses yeux restent secs; mais la sueur coule sur sa figure.

— Le 12 septembre, je lui écrivis une lettre; je lui disais que je ne l'aurais jamais crue si fausse, qu'elle pouvait compter sur la foi d'Adolphe... j'étais souffrant... je vivais pas... mon bonheur était fini. Sois heureuse, lui disais-je; quant à moi, plus de bonheur! fini! adieu!

D. Qu'avez-vous fait dans la journée du 13? — R. J'étais dans la boutique, je pensais à mon Henriette; je souffrais de ne plus la voir; je ne pouvais prendre ni repos, ni nourriture; je voulais me détruire; j'ai pris un fleuret que j'ai fait aiguiser, en disant qu'il me servirait à faire des trous.

D. Vous avez porté cette arme pendant toute la journée? — R. Je sortais tous les soirs; je ne pouvais avoir de repos; je n'avais pas d'idée fixe... je ne savais où j'allais... j'avais ce fer sur moi; je n'avais plus de sommeil... Le 14, j'avais encore ce fer sur moi, lorsque j'allai demander à Brûlé s'il avait vu Henriette. Je sortis avec deux jeunes gens; l'un d'eux, Prévost, me dit : N'y pense plus, va, reste tranquille à ta boutique. Je lui dis que je voulais m'engager; il me répondit : Ne fais pas cette folie. Je chantais une romance où j'avais mis le nom d'Henriette, lorsque, en l'apercevant, je m'écriai : *Ah! la voilà, il faut que je lui parle!*

Ici, la voix de *Sureau* a repris toute son énergie; un sourire de vengeance satisfaite illumine ses traits et fait frémir l'auditoire; ses yeux sont fixés devant lui, la bouche est entr'ouverte; il croit voir encore Henriette. Mais, bientôt, cette exaltation tombe; l'accusé se retrouve en face de la réalité; il soulève ses mains, agitées d'un mouvement convulsif, il semble vouloir chasser un souvenir affreux. Épuisé par tant d'émotions, il parvient cependant à retrouver la parole et la suite de ses idées.

— Je vais à elle, je lui parle; elle se retourne, d'un air froid, et dit : Que me veux-tu? — Je veux te voir, lui dis-je. Elle me repousse. — Vous n'aviez pas besoin de m'écrire, me dit-elle. Je l'engage à prendre un verre de vin; elle refuse, me dit-elle. — Éloignez-vous, me dit-elle, je ne veux plus avoir affaire à vous... *je ne vous connais pas...* — Tu ne me connais pas! tu ne me connais pas!...

Sureau a prononcé ces derniers mots d'une voix terrible; ses yeux flamboient; ses doigts s'agitent, comme s'ils cherchaient encore l'arme meurtrière.

— Alors, je ne suis plus à moi... je la frappe... je la frappe... Ah!

Et *l'accusé*, reculant d'effroi, tombe évanoui entre les bras des gendarmes; il reste quelque temps sans connaissance, les yeux fermés, la poitrine haletante. Il s'éveille enfin, ranimé par le vinaigre dont on l'inonde, et, promenant des yeux ternes sur le tribunal, il achève son récit si souvent interrompu.

— Une sueur froide me prit tout à coup... je voulus me frapper... le fer s'échappa de ma main... une terreur soudaine s'empara de moi... je pris la fuite et je revins à la boutique... J'étais content... j'avais tué mon Henriette... mon Henriette bien-aimée...

Et il retombe, épuisé, pantelant. L'émotion est générale; ce désespoir si vrai, cette peinture si vivante d'un fatal délire, ont serré tous les cœurs: juges, jurés, auditeurs, tous ont suivi avec anxiété, avec une pitié visible, les mouvements de cette âme déchirée. M. Canning, qui s'est levé instinctivement, et dont le regard profond n'a cessé de scruter le regard et les gestes de Sureau, essuie ses yeux mouillés de larmes.

Sureau est évidemment incapable de supporter un plus long interrogatoire. *M. le Président* se contente de lui faire quelques questions sur la préméditation.

D. En portant ce fer sur vous toute la journée, votre intention n'était-elle pas de donner la mort à Henriette, si vous veniez à la rencontrer? — R. Non, ce fer était pour me détruire à ses yeux... je n'espérais plus la revoir.

D. Vous avez dit dans l'instruction que ce fer était destiné à la frapper, puis à vous frapper vous-même? — R. Non; je n'avais nullement l'intention de faire du mal à mon Henriette; j'espérais toujours qu'elle se réconcilierait avec moi, qu'elle me parlerait... je souffrais horriblement.

Et Sureau essuie son front d'où découle une sueur abondante. *M. le Président* met fin à ce supplice, en passant à l'audition des témoins.

On entend les époux *Brûlé*, aubergistes. La femme raconte, d'une voix étouffée par les larmes, que, le 14, Sureau vint chez elle boire une bouteille de bière, et demanda à dîner; mais elle lui répondit que l'heure du dîner n'était pas encore venue.

D. Sureau, en ce moment, vous parla-t-il d'Henriette? — R. Non, je le lui avais défendu; la petite ne voulait plus en entendre parler, parce qu'il devait être de la conscription.

Sureau. — Madame se trompe; je lui ai parlé d'Henriette, et je l'ai chargée de lui dire d'aller chez moi chercher sa malle.

M. le Président. — Mais vous aviez mis un cadenas à votre porte: pourquoi cela?

Sureau. — Henriette avait la clef.

D. Mais pourquoi mettre un cadenas, qui devait l'empêcher d'entrer? — R. J'avais dit qu'elle vînt, ou qu'elle envoyât quelqu'un.

Et il ajoute, les larmes aux yeux. — Je n'avais l'intention de faire aucun mal à mon Henriette; je n'allais chez Mᵐᵉ Brûlé que parce que je croyais l'y trouver, et que j'espérais toujours la ramener avec moi.

La femme *Coulon*, couturière, rue de Lourcine: c'est la mère d'Henriette; elle fond en larmes, et, se soutenant à peine:

— Sureau, dit-elle, vint un jour chez moi demander ma fille. Henriette le vit et alla se cacher. Il me remit une lettre pour elle, et me dit: Si Henriette est heureuse, qu'elle s'y tienne; elle m'a fait *tourner*; elle n'en fera pas *tourner* d'autres. Quand elle voudra, à présent, revenir avec moi, je ne le voudrais pas.

Sureau. — J'étais très-agité; mais j'ai dit seulement: « Elle m'a fait *tourner*; quant à moi, c'est

fini. Adieu!... » Je n'ai pas prononcé d'autres paroles.

L'huissier, sur l'ordre de M. le Président, prend, dans un panier, les vêtements ensanglantés d'Henriette; il déplace, en même temps, le poignard déposé sur la table des pièces à conviction, et l'arme va se trouver à la portée de Sureau; M. le Président le rappelle vivement à la prudence. — Reconnaissez-vous cette arme? dit-il à l'accusé.

Sureau, avec un long soupir. — Oui.

Bouchard accompagnait Sureau dans sa course du 14 au soir. Un *Juré* lui demande si la rencontre de l'accusé avec Henriette lui a paru l'effet du hasard. — Oui, répond le témoin.

Mᵉ *Vidalin.* — Sureau paraissait-il, pendant la promenade, méditer des projets de vengeance? — R. Non. Sureau disait même qu'il aimait toujours Henriette, et qu'il ne voudrait pas renoncer à elle pour dix mille francs.

Costel, marchand de vin, chez qui Sureau entra immédiatement après le crime, le voyant fort agité, lui demanda s'il venait de faire un mauvais coup. — « Non, répondit-il, au contraire; c'est aujourd'hui le plus beau jour de ma vie. »

Un *Juré.* — Est-ce de sang-froid qu'on vous fit cette réponse? — R. Non; il paraissait en délire. Depuis un mois, il était très-agité, et nous avions remarqué qu'il n'était plus le même; auparavant, il était très-gai, et amusait tout le monde avec son violon; c'était le *badin* du voisinage. Mais, depuis un mois, il était sombre, triste et rêveur; jamais il ne nous en a dit le motif.

M. Mailli, perruquier, chez qui Sureau travaillait depuis plus d'un an, déclare que ce jeune homme avait un excellent caractère, et se faisait généralement aimer. — Souvent on le poussait à bout, on le plaisantait; moi-même, je le taquinais: il ne se fâchait jamais. Le 14 septembre, il me dit: « Je ne suis pas allé me promener hier, voulez-vous que j'y aille aujourd'hui? » J'y consentis. Il était deux heures; il se boucla les cheveux et il partit. Le soir, quand il revint, il paraissait très-effarouché; je l'engageai à monter à sa soupente, et à se coucher. Il y entra: je tendis le cou, et je le vis écrivant une lettre; mais je ne voulus pas lire ce qu'il écrivait. Ce que je puis dire, avec franchise et vérité, c'est qu'il était chéri de tout le monde.

Les témoignages épuisés, le réquisitoire et la défense entendus, le Jury répondit affirmativement sur la question de meurtre, et négativement sur la préméditation. Sureau fut, en conséquence, condamné aux travaux forcés à perpétuité.

L'assassin de Henriette Coulon avait trouvé grâce là où l'assassin de la Bergère d'Ivry (*Voyez* ce nom) avait succombé. Sans doute, ici, la victime était peu intéressante; mais les circonstances étaient presque identiques, la préméditation presque également incontestable. Sureau échappa à l'échafaud d'Ulbach par la sincérité de sa douleur et de son amour. Ce que l'un avait soigneusement renfermé dans son âme, l'autre le laissa échapper au dehors. L'un fut perdu par sa froideur apparente, et ce qu'il laissa deviner de passion cachée ressemblait moins à l'amour qu'à la haine; l'autre fut sauvé par l'exaltation même de son amour, qui survivait à son crime.

Le juge humain ne peut juger que sur ce qu'il voit. Un seul juge lit dans les cœurs, et son tribunal n'est pas de ce monde.

LA BELLE ARSÈNE (1827). — LA BELLE ÉCAILLÈRE.

... Et nous ne tardâmes pas à nous jurer un amour éternel (PAGE 4).

Un mois environ après l'exécution d'Ulbach, l'assassin de la Bergère d'Ivry (*Voyez* ce nom), un nouvel attentat, causé par la même passion, avait lieu dans Paris.

Le 26 octobre 1827, vers six heures et demie du matin, un jeune ouvrier vint se poster aux abords du passage du *Cheval-Rouge*, près de la rue du Ponceau. Il s'adossa contre les barreaux de la boutique d'un marchand de vin, et porta ses regards de côté et d'autre, avec un air d'agitation qui le fit remarquer des habitants du quartier. Se sentant observé, il entra chez le marchand de vins, y but deux verres de vin, non sans faire plus d'une excursion du comptoir à la porte; puis, il entra dans le passage.

Il était alors huit heures du matin. Une jeune fille parut à l'extrémité du passage. Le jeune ouvrier fit un mouvement et se porta à sa rencontre. La jeune fille était simplement et proprement mise; elle portait au bras un petit panier; c'était, évidemment, une ouvrière à la journée, qui se rendait au travail. Elle était petite, assez jolie.

— « Arsène, dit le jeune homme, qu'a résolu votre beau-père, à la fin? — Vous devez le savoir, monsieur Julien, répondit l'ouvrière; laissez-moi passer, je vous prie. »

La jeune fille était sur le point de descendre dans la rue du Ponceau; celui qu'elle avait nommé monsieur Julien, la prit par le bras et la fit rentrer dans le passage. — « Il faut en finir, dit-il, que veut M. Guilmet? Est-ce du oui, ou du non? — Laissez-moi, monsieur Julien, je vous en prie. — Allons! je vois bien qu'il veut nous détourner l'un de l'autre. »

Et Julien saisit violemment Arsène de la main gauche, tire, de la droite, un couteau-poignard tout ouvert de la poche de sa redingote. La jeune fille, voyant briller l'arme, s'écrie, porte les mains en avant; elle reçoit aux doigts quelques blessures, et le couteau pénètre dans son flanc droit.

La malheureuse se sauve, en poussant des cris, dans la boutique d'un marchand de charbon. — — « *Donnez-lui des secours*, dit-elle; *il va se tuer.* » En effet, après avoir assouvi sa fureur, Julien s'est frappé lui-même de son couteau, et il est tombé par terre; il s'est relevé, et il s'est frappé de nouveau. Des passants accourent, lui arrachent l'arme, dont il cherche à se ressaisir. On le transporte au corps de garde, et on reconnaît qu'il s'est fait deux blessures à la poitrine et au bas-ventre.

Arsène avait, à l'aine droite, une plaie de six pouces d'étendue. Au bout de quelques jours, elle fut hors de danger; quant à Julien, ses blessures ne présentèrent pas de gravité.

L'histoire de ces deux jeunes gens était bien simple. Jean-François Julien, ouvrier tailleur, âgé de 21 ans environ, travaillait, à Rouen, dans la même maison qu'Arsène Chevalier, fille d'une dame Guilmet, mariée en secondes noces à un ouvrier charron. Arsène avait 19 ans; comme Julien, elle était laborieuse et de mœurs irréprochables. Tous deux s'aimèrent, et, bien que les parents d'Arsène ignorassent cet amour, la recherche de Julien n'avait rien que d'honorable, et son seul désir était d'épouser Arsène.

En septembre 1827, la famille Guilmet vint habiter Paris. Quelques jours après, Julien, muni des papiers nécessaires à la célébration de son mariage, venait prendre une chambre à Paris, et demandait à Guilmet la main de sa belle-fille. Julien déplut à Guilmet, qui détourna Arsène de cette union, et, sans répondre à Julien par un refus positif, s'appliqua à éviter le jeune ouvrier.

Désespéré, Julien attendit plusieurs fois Arsène au passage; et, comme elle lui opposait la volonté de ses parents, et lui déclarait qu'elle ne pouvait plus être sa femme, il la quittait, en lui disant : *Adieu pour jamais! Malheur à qui s'opposera à mon bonheur!*

C'est à la suite de quelques scènes de ce genre, qu'avait eu lieu le crime du 26 octobre.

Le 30 janvier 1828, la Cour d'assises de la Seine eut à connaître de cette affaire.

L'audience est présidée par *M. Dupuy.* M. l'Avocat général *de Vaufreland* soutiendra l'accusation; *M⁰ Lefour* présentera la défense.

Parmi les spectateurs, on remarque M. le duc de Chartres, fils aîné de S. A. R. le duc d'Orléans ; le jeune prince est accompagné de M. de Boismilon, son gouverneur, et de Mᵉ Dupin aîné.

L'accusé est introduit. Il est d'une stature élevée, d'une apparence supérieure à son état. Ses traits sont réguliers, son air froid et sévère. Un instant, ses joues sont colorées par l'émotion, mais elles reprennent bientôt leur pâleur ordinaire. On se demande si ce grand homme flegmatique est bien l'homme aux passions bouillantes, qu'un désespoir d'amour a entraîné à l'assassinat et au suicide.

M. le Président interroge l'accusé.

D. Est-il vrai que, le 26 octobre dernier, vous ayez porté à Arsène Chevalier plusieurs coups avec un couteau ? — R. Oui, Monsieur, avec un couteau, mais un seul coup.

D. Cependant il résulte de la déclaration de la jeune Arsène, déclaration qui ne peut être supposée dictée par l'animosité, que vous lui en auriez porté plusieurs?

Julien. — Je vous fais mes excuses, Monsieur le Président, je n'en ai porté qu'un seul, et si Arsène a dit le contraire, cela vient de ce qu'elle a été sollicitée par des personnes qui cherchent à me perdre.

M. le Président. — Je vous fais observer qu'il ne résulte pas seulement de la déclaration de la jeune Arsène, mais encore de la constatation des blessures, qu'elle a reçu quatre ou cinq coups.

Julien. — Je ne saurais vous donner là-dessus une explication positive. Peut-être le coup aurait-il porté sur l'une de ses mains, qui était placée dans la poche de son tablier. Elle aura peut-être porté l'autre sur sa blessure, et alors... en retirant le couteau... je puis l'avoir blessée.

D. Vous prétendez donc n'avoir porté qu'un coup.

Quel était votre dessein? — R. Au moment où j'ai frappé Arsène, je ne savais pas moi-même ce que je faisais. C'est une idée imprévue, une idée à laquelle je ne m'attendais pas, qui s'est emparée de moi. Cette idée m'a saisi... mais je n'avais pas l'intention de tuer; je ne tirai pas mon couteau pour la frapper... Je l'ai fait sans savoir comment.

D. Si, dans un moment de colère, d'irréflexion, vous lui aviez porté un coup de poing, ce serait une action fort condamnable, sans doute; mais vous lui avez porté un coup de couteau, et l'on ne porte un coup de couteau de cette nature que dans l'intention de tuer?—R. Je n'avais nullement cette intention, et, dans le fait, je ne puis pas dire quelle était mon intention; car, moi-même, je ne me connaissais pas; j'avais perdu la tête.

D. L'accusation va plus loin; elle vous reproche la préméditation. — R. Si j'avais eu l'intention de lui donner la mort, je ne l'aurais pas laissée s'en aller lorsqu'elle s'éloigna de moi; je l'aurais poursuivie pour *récidiver* un second coup. Mais non, je la regardai s'éloigner; je ne pensais qu'au malheur que je venais de faire, et je ne songeai plus qu'à me donner la mort.

D. Vous parlez du moment même du crime, et je conçois que, dans l'état où vous êtes, vous puissiez ne pas toujours bien saisir mes questions; mais je vous parlais des faits antérieurs. Il paraît que vous avez proféré des menaces, quelques jours avant, chez la dame Cabaret? — R. Je n'entendais pas par là que je voulusse faire du mal à personne. Je voulais dire que je me vengerais de Guilmet, qui s'opposait à mon mariage, et comme on m'avait dit qu'il était parti de Rouen pour ne pas payer ses dettes, j'aurais averti ses créanciers de sa nouvelle demeure à Paris.

D. Le 25 octobre, vous saviez, d'après la conversation que vous aviez eue avec les parents de la jeune personne, qu'il ne vous restait plus d'espérance d'obtenir sa main. Pourquoi vous êtes-vous obstiné à lui parler? — R. Mon projet était de l'entretenir, pour me procurer le plaisir d'être auprès d'elle. Voilà quelle était mon intention; je ne voulais pas lui faire le moindre tort. Je voulais aussi lui communiquer *comme quoi* son beau-père m'avait donné l'espoir que le mariage pourrait se faire dans deux ans.

D. Mais pourquoi vous étiez-vous muni d'un couteau? — R. C'était pour mon usage habituel.

D. Mais ce couteau était encore tout neuf; il avait encore tout son poli : il paraissait sortir de chez le marchand? — R. Dans notre état, on fait peu d'usage de couteau, et on le garde quelquefois huit jours dans la poche sans s'en être servi.

D. Mais pourquoi ce couteau était-il tout ouvert dans votre poche? — R. Je l'ai ouvert moi-même dans ma poche, en le saisissant des deux mains à la fois.

M. le Président. — Cela est impossible, ou du moins fort invraisemblable.

Julien. — Je vous fais mes excuses, Monsieur le Président, je l'ai ouvert avec mes deux mains.

Il fait le simulacre de ce double mouvement.

M. le Président. — Mais, dès lors, Julien, il est impossible de voir là un effet de la colère, de l'égarement, dont vous parliez tout à l'heure. Cette circonstance ferait présumer que vous preniez des précautions pour cacher votre dessein à votre voisine, et ne pas exciter sa défiance. Vous aviez donc tout votre sang-froid?

Julien. — Monsieur le Président, je vous assure

que je n'avais pas d'intention, et que, cependant, la chose s'est ainsi passée.

M. le Président. — Je vous ferai observer de nouveau que le couteau que voici, dont la lame est fort mince et très-enfoncée dans le manche, n'a pu être que bien difficilement ouvert dans la poche de votre redingote.

Julien. — Il est probable que j'ai eu la facilité de l'ouvrir, puisque je l'ai ouvert, comme je viens d'avoir l'honneur de vous le dire.

M. le Président. — Vous ne pouvez pas fixer nos idées sur ce point ?

Julien. — Comment le pourrais-je, puisque, depuis, en y songeant, je n'ai pu m'expliquer à moi-même ce qui s'était emparé de moi !

On passe à l'audition des témoins. Le premier appelé est la victime elle-même. Les regards se portent avec intérêt sur *Arsène Chevalier*, qui s'avance lentement, les yeux baissés. Elle est assez jolie, mais ses traits ne justifient pas l'épithète que leur a décernée l'engouement populaire. L'expression générale du visage est la modestie, la douceur, l'insignifiance.

M. le Président, à Arsène. — Mademoiselle, expliquez quelle était la nature de vos relations avec Julien, la recherche qu'il faisait de votre main, et enfin, la fatale catastrophe qui s'en est suivie.

Arsène. — Je ne voulais pas que mes parents sussent qu'il venait me voir à Rouen, là où je travaillais. Quand il a demandé, à Paris, à pouvoir venir chez ma mère, maman lui a dit qu'elle ne pouvait lui faire aucune réponse pendant l'absence de papa. Il a demandé ma main à papa, qui l'a remis à deux jours pour lui donner une réponse. Le surlendemain, nous avons été promener à la campagne, pour ne pas lui rendre de réponse.

M. le Président. — Pourquoi aviez-vous changé de résolution à l'égard de Julien? Car vous lui aviez dit que, si vos parents y consentaient, vous l'épouseriez.

Arsène. — Il ne plaisait pas à mes parents, et leurs conseils m'ont fait changer d'avis.

M. le Président. — Vous n'avez donc cédé qu'à leurs conseils ?

Arsène. — Ils ne m'ont pas forcée à rompre; ils m'ont seulement engagée à le faire.

M. le Président. — Etiez-vous irrésolue ou non ?

Arsène. — Je n'ai pas balancé.

M. le Président. — Aviez-vous de l'attachement pour Julien ?

Arsène. — Il paraît que non. Je croyais l'aimer, mais.... Je lui ai dit que mes parents ne voulaient pas me marier en ce moment, et que je ne voulais pas leur désobéir. Il me dit alors que je serais cause de la mort d'un homme.

M. le Président. — C'était probablement de lui-même qu'il voulait parler ?

Arsène. — Oh! oui, Monsieur. Il m'a prise à part, et m'a dit : « Adieu, pour jamais! »

M. le Président. — Ne l'avez-vous pas rencontré, le 24 octobre au soir ?

Arsène. — Oui, Monsieur, je l'ai encore rencontré; nous avons encore parlé de la même chose....

Le 26, au matin, il s'avance vers moi, et me demande ce que papa m'avait dit. Je lui répondis alors : « Vous le savez bien ; laissez-moi passer. » (La voix du témoin s'altère sensiblement.) Il insiste.... je lui dis: « Laissez-moi.... » Alors, il m'a pris le bras.... il m'a frappée.... il avait son couteau ouvert dans la poche. En prononçant ces derniers mots, la jeune fille se retourne machinalement vers le banc de l'accusé. Elle aperçoit Julien, et, à sa vue, elle est saisie tout à coup d'un mouvement convulsif; elle se soulève sur la chaise, et retombe. On s'empresse autour d'elle; on lui prodigue des soins. Mais Arsène ne peut reprendre ses sens; il faut l'emporter. Dans les bras de ceux qui la transportent dans la salle du conseil, elle retrouve un instant sa connaissance; mais il a fallu passer devant Julien, et, en le voyant si près d'elle, la jeune fille pousse des cris d'horreur, porte les mains devant ses yeux, et s'évanouit de nouveau.

Pendant cette scène déchirante, le malheureux Julien est resté comme hébété, les yeux fixés sur le sol. Après quelques minutes, Arsène est ramenée; ses traits sont encore pâles, altérés; elle a peine à se soutenir.

M. le Président, avec douceur. — Prenez courage, Arsène, et rassemblez vos forces pour me répondre. Le couteau, disiez-vous, était tout ouvert dans la poche de Julien?

Arsène, d'une voix faible. — Je n'ai pas distingué; j'ai vu seulement quelque chose qui brillait.

D. Quand vous avez vu briller ce couteau dans les mains de Julien, vous tenait-il de l'autre main?

Arsène. — Il me tenait par l'épaule, quand il a tiré le couteau.

D. En êtes-vous bien sûre? — R. Oui, il a mis la main gauche sur mon épaule.

D. Et l'a-t-il quittée lorsqu'il a pris le couteau? — Non.

M. le Président, à Julien. — Vous voyez que si vous teniez Arsène par l'épaule, vous n'avez pas pu ouvrir le couteau dans votre poche, à l'aide de vos deux mains?

Julien. — Arsène n'a sans doute pas pu faire attention à ce que je faisais.

M. le Président, à Arsène. — Combien de coups avez-vous reçus? — R. Je n'en sais rien.

On lui fait montrer ses mains, où s'aperçoivent encore les cicatrices. Ce nouvel effort produit encore une vive impression sur la jeune fille, troublée par le son de la voix de Julien. C'est une terreur toute physique qui paraît la dominer. Elle tombe de nouveau en faiblesse; on l'emporte.

M. Villemain, l'un des Jurés. — Je désirerais savoir à quel signe de regret, d'agitation ou de désespoir la jeune fille a pu voir que l'accusé voulait attenter à ses jours, et pourquoi, bien que cruellement blessée, elle a dit : *Secourez-le, il va attenter à ses jours.*

Cette question sera posée, aussitôt qu'Arsène sera en état d'y répondre. En attendant, on va recevoir le témoignage de *Guilmet*, le beau-père d'Arsène. La figure de cet homme est franche, mais dure.

— Le vendredi, dit-il, quinze jours avant l'événement, Julien m'accosta dans la rue et me dit que c'était lui qui désirait épouser ma belle-fille. J'étais pressé; d'ailleurs, je ne le connaissais pas : je lui répondis : j'en parlerai à ma femme et à Arsène, et si ma belle-fille vous aime, je ne m'opposerai pas au mariage. Il me demanda quand il pourrait avoir une réponse définitive; je lui donnai rendez-vous pour le dimanche suivant. Rentré chez moi, j'en parle à Arsène, et je lui demande si elle l'aime. « Je l'aimerais, me répond-elle, s'il pouvait faire mon bonheur. — Eh bien, écoute, que je lui dis, tu n'as peut-être pas remarqué ça, toi, mais il a dans les yeux un très-mauvais regard, un je ne sais quoi qui semblerait annoncer des choses graves. Tu ne serais pas heureuse avec lui. Il est soi-disant garçon tailleur; mais il n'a pas le genre de son état. Cependant, si tu l'aimes, je te le donne: mais tu ne dois plus compter sur moi. » Sa cousine était présente; je dis à Arsène: « Demande à la cousine ce qu'elle en pense. — Puisque vous m'y forcez, dit la cousine, je vous avouerai qu'il ne me plairait pas. — Alors, dit Arsène, vous vous moqueriez tous de moi; je n'en veux point. » Voyant cela, nous convenons d'aller passer à Saint-Denis la journée du dimanche. Nous pensions que le jeune homme comprendrait ce que ça voulait dire, et que ça serait plus honnête qu'un refus. Le dimanche, toute la journée, Arsène me disait : « Sitôt que je vois un homme, il me semble que c'est lui que je vois. — Est-ce que tu l'aimes encore? — Ah! mon Dieu, non. » Le soir, en revenant, Arsène, qui a de meilleurs yeux que moi, me dit : « Tenez, le voilà, » et elle rentra bien vite à la maison. Moi, je vais au-devant de lui, et je le préviens qu'il ne fallait plus songer à son projet : « Primò, que je lui dis, ma fille ne vous aime pas pour le mariage; secundò, je ne suis pas décidé à la marier. » Mon particulier me quitte d'un air brusque. Je dis à ma femme : « V'là un particulier qui a l'air brutal. » Le 25, il me retrouve dans la rue; il me propose un verre de vin : nous entrons chez Mᵐᵉ Cabaret. Il me renouvelle ses propositions. « D'abord, que je lui dis, vous ne vous êtes pas conduit comme vous deviez. Il ne fallait pas commencer par parler à la jeune personne; il fallait me parler à moi. Entre deux hommes, on s'explique; je vous aurais dit ce qui en était, et tout aurait été fini. Ensuite, je suis le beau-père d'Arsène. Je ne veux pas qu'un jour, si elle était mal mariée, elle puisse dire que je l'ai donnée au premier venu. Si, plus tard, dans deux ans, elle vous aime encore, ce sera à elle à voir. Je n'empêcherai pas le mariage... Quant à l'argent de ma belle-fille, je vous préviens qu'elle n'en a pas. — Ah! reprit là-dessus mon Julien, je voudrais qu'il n'eût jamais été parlé qu'elle avait un sou. » Ce qui me donna à penser qu'il ne voulait l'épouser que pour son argent...

M. le Président. — Mais il semble que ses paroles signifiaient tout le contraire.

Guilmet. — C'est possible. Mais Julien ajouta qu'il ne pensait plus à ma fille, qu'il allait partir pour la Belgique, qu'il ne l'aimait pas, et que, s'il avait voulu l'épouser, c'était une estime particulière qu'il avait pour elle.

Julien, se levant. — M. Guilmet dit que sa fille ne m'aimait pas; mais elle m'a donné des preuves qu'elle m'aimait. Pendant que nous étions encore à Rouen, dans un moment où nous avions eu une petite dispute ensemble, je voulais m'en aller. Je descendis chez Mᵐᵉ Leduc, pour lui faire mes adieux. Arsène n'y était pas. Une de ses camarades me dit, en pleurant : « Allez, Monsieur Julien, si vous aimiez Arsène comme elle vous aime, vous ne songeriez pas à partir! » Quelques instants après, Arsène arriva. Je vis les larmes dans ses yeux; je pleurai moi-même, et nous ne tardâmes pas à nous jurer un amour éternel.

M. le Président. — Mais cela ne justifierait pas un homicide.

Julien. — Je n'ai pas voulu tuer Arsène. Mais quel est l'homme assez barbare pour ne pas regretter d'être privé d'une femme qu'il aimait et dont il était aimé! Non, il n'en existe pas. Ma main seule est

coupable, je vous assure; mais mon cœur est bien innocent. Et comment aurais-je dit que je n'aimais pas Arsène? C'est vous, au contraire, monsieur Guilmet, qui avez cherché à me détourner de l'épouser, en m'assurant qu'elle était coquette, et qu'elle vous avait demandé, quelques jours auparavant, de lui acheter un chapeau. Vous me trompiez; mais je n'étais pas dans votre cœur, pour savoir ce que vous pensiez.

Arsène, interrogée, dit ne pas se rappeler que Julien, en l'abordant, eût l'air désespéré. Quand elle l'a entendu tomber, elle a bien pensé qu'il s'était frappé aussi. Elle déclare que Julien l'a d'abord frappée au bas-ventre; elle s'est défendue contre les autres coups, et les a reçus dans les mains.

Julien. — Je suis bien sûr qu'elle ne parle pas selon sa conscience; je ne lui ai donné qu'un seul coup... Comment pouvez-vous soutenir cela? grand Dieu! Après m'avoir réduit à ce triste état, vous voulez encore me perdre par de faux témoignages! Ne devrait-il pas vous suffire de m'avoir rendu si malheureux?

Pour la première fois, Julien verse des larmes et cache son visage dans ses mains.

Après le réquisitoire et la plaidoirie, le Jury déclare Julien coupable d'une tentative d'homicide volontaire, mais sans préméditation. L'accusé est, en conséquence, condamné aux travaux forcés et à la flétrissure.

On voit de quels éléments se composent, dans ces affaires d'assassinat par amour, le verdict du juré et le jugement de l'opinion publique. Le juré, placé en face d'un fait punissable, n'atténue sa sentence que si l'emportement d'une passion sincère plaide pour le meurtrier. Il frappe sans pitié Ulbach, le sombre amant, au tempérament bilieux et concentré, aux désirs persistants de vengeance; il sauve le dernier supplice à un Sureau, à un Julien. Sureau, tempérament nerveux, impressionnable; Julien, tempérament flegmatique, mélancolique, se rachètent en cherchant à se punir eux-mêmes. Le juré, qui ne peut voir que ce qu'on lui montre, abandonne au dernier supplice le plus digne de pitié de ces trois hommes, l'assassin de la Bergère d'Ivry. Quant à l'opinion publique, particulièrement tendre pour la victime, elle ne tarde pas à pardonner à l'assassin; le crime de l'amant lui semble excusé par l'amour. Ce qu'elle ne pardonne pas, c'est le meurtre heureux, impuni. L'assassin par jalousie qui n'a pas porté sur lui-même une main violente, ou qui a échappé à la justice, n'est plus pour elle qu'un lâche ou un bourreau. C'est pour cela que le pompier Montreuil, assassin de Louise Leroux, *la Belle Écaillère* de la rue de Seine, est resté flétri par les refrains vengeurs d'une célèbre romance. Montreuil, qui, dans un accès de jalousie, plongea son sabre dans le corps de sa maîtresse, la non pas belle, mais mignonne et jolie écaillère, échappa à toutes les recherches, se sauva d'abord en Angleterre, puis se fixa à Londres, où, vers 1834, on le retrouve exerçant la profession de maître d'armes et de comparse au Théâtre français. A côté de trois tempéraments si divers d'assassins par amour, que nous avons esquissés dans cette série, le *pompier* de la romance peut prendre place comme représentant la passion sanguine, la colère des sens et de la vanité blessée, plutôt que la vengeance de l'amour véritable et malheureux. Aussi, Montreuil s'échappe; les autres expient.

Édition populaire.
Deux numéros par semaine.
Le premier numéro a paru le 9 avril 1859.
LEBRUN ET Cⁱᵉ, ÉDITEURS,
5, rue des Saints-Pères.

N° 170 — 10 CENTIMES.
—
CAUSES CÉLÈBRES

L'Édition de Bibliothèque paraît, depuis 1857, par cahiers brochés de 80 pages. Par an : 5 cahiers, formant un magnifique volume de 400 pages.
ABONNEMENT ANNUEL :
PARIS : 6 FR. — DÉPARTEMENTS : 7 FR.

L'ASSASSINAT POLITIQUE.

CHARLOTTE CORDAY (1793).

. . . Ils saisirent aux mains la jeune femme (PAGE 6).

Nous sommes en 1793. Déjà, depuis cinq mois, la Révolution s'est, par le meurtre de Louis XVI, séparée de la vieille France et a jeté le défi à l'Europe. Depuis trois mois, fonctionne ce terrible Tribunal révolutionnaire, que Danton a appelé le « Tribunal suprême de la vengeance populaire; » la France est gouvernée, en apparence, par un Comité exécutif, en réalité, par la Commune de Paris. La représentation nationale ne délibère plus que sous les menaces d'un Comité insurrectionnel, établi près de la Convention. L'Assemblée des députés de la nation est, elle-même, divisée en deux camps ennemis, armés, l'un contre l'autre, d'injures, de dénonciations, de proscriptions, de poignards et de pistolets.

D'un côté, les Girondins, qui l'emportent par le nombre, par les talents, par l'esprit d'ordre et de liberté modérée : mais la modération, en temps de révolution, est un brevet d'impuissance; déjà les Girondins ont été chassés du club populaire par excellence, des Jacobins; ils ont été chassés de la Commune; ils ont été chassés du ministère : il ne leur reste plus que la Convention, où ils ont encore une majorité que l'insurrection leur arrache, le 31 mai, en arrêtant ou en proscrivant les plus illustres de leurs chefs.

De l'autre côté, les Montagnards, parti de violence, et, par cela même, parti d'action. Ceux-là s'appuient sur la populace parisienne, véritable tyran de ce peuple qui se dit libre. Le seul droit reconnu par ces hommes qui ne parlent que de droit, c'est la force. Or, la force est dans cette populace de Paris, armée toujours prête de l'insurrection, tenant dans ses mains cette représentation nationale qui légalise tous ses excès.

Aussi, tout ce qui aspire à devenir un pouvoir, se fait esclave de cette plèbe souveraine. La Commune est l'instrument de ces fainéants sanguinaires; au-dessous de la Commune, on voit poindre Robespierre, Saint-Just et leurs partisans, plus habiles à flatter le souverain; au-dessous encore, en pleine boue, s'est établi Marat, le dictateur de la canaille. Tous ces groupes, tous ces hommes, n'ont qu'une même pensée : détruire leurs ennemis, c'est-à-dire ceux qui convoitent le pouvoir pour eux-mêmes. Pour l'obtenir, il faut plaire aux clubs, au faubourg Saint-Antoine, aux sections démocratiques, aux héros du 10 août, aux massacreurs de septembre, aux tricoteuses. Il faut se montrer plus patriote, plus républicain que qui que ce soit. Et quel autre moyen que de dénoncer, dénoncer sans cesse? Il faut recouvrir soigneusement, cacher à tous les yeux le désir secret de despotisme qui ronge le cœur; il faut le dévoiler, l'accuser chez les autres.

Marat est le héros de cette lutte infâme de popularité. Ce savant manqué, cet avorton malsain, a compris le premier quelle puissance terrible peut donner à un homme ce rôle de valet et de bourreau du peuple. Laid, tordu, petit jusqu'au ridicule, ravagé par la débauche, empoisonné de fiel, gonflé de haine contre les hommes, ce venimeux pygmée s'est roulé dans la fange, parce que là est la seule puissance du jour. La bête féroce populaire est folle de défiances, d'envie, altérée de sang : il excitera encore et toujours ses défiances; il lui signalera tout ce qui s'élève; il la soûlera de sang. « Au delà de Marat, dit Camille Desmoulins, il n'y a plus rien. Il dépasse tout le monde, et personne ne peut le dépasser. » Voilà le secret du monstre, et, au moment qui nous occupe, c'est par là que Marat est devenu le dieu du peuple. Les Girondins l'ont timidement accusé : il a renversé les Girondins, en ameutant contre eux la bête féroce.

Vaincus au 31 mai, les Girondins sont dispersés, mais non encore anéantis. Une partie d'entre eux est restée dans la Convention, suspectée, menacée; une partie s'est livrée aux geôliers de la populace; les autres sont en fuite, et vont chercher dans les départements un appui contre la dictature parisienne.

Ces derniers, au commencement de juillet 1793, se sont retirés à Caen. Là, ils cherchent à réunir, dans une coalition de la France départementale, les républicains modérés de Bretagne et de Normandie, les insurgés de Vendée, les mécontents de Bordeaux et de Lyon.

A ce moment, vivait, dans la vieille cité normande, une jeune fille qui, par un seul et dernier acte de sa vie, jusqu'alors obscure, a attaché pour toujours son nom à l'histoire de ce temps. Cette jeune fille avait nom Corday. Nous allons raconter sa courte et tragique apparition.

Les sources abondent, si l'on ne cherche que l'histoire générale du temps. Si l'on veut étudier de plus près la jeune fille elle-même, les documents sont plus rares, le choix plus difficile.

M. Thiers, dans son *Histoire de la Révolution*, a donné à l'épisode de Charlotte Corday les proportions qui convenaient à son récit général. Notre grand historien y est souvent exact dans les détails, bien que nécessairement incomplet; son jugement est ferme, sobre, et regarde surtout Marat, la Convention et les partis qui l'assiègent ou s'y défendent. M. de Barante, dans son *Histoire de la Convention nationale*, est, de tous nos écrivains politiques, celui qui a jugé Charlotte Corday avec le plus de calme, et, selon nous, avec le plus de sagacité. Mais c'est encore là une histoire générale, non une biographie.

Louvet, dans ses Mémoires, intitulés : *Quelques Notices sur l'Histoire, et le récit de mes périls depuis le 31 mai*, a consacré à la jeune fille de Caen quatre pages de souvenirs un peu vagues, dont le principal mérite est d'être écrites par un proscrit de la Gironde, dans les grottes de Saint-Émilion.

Harmand (de la Meuse), conventionnel, nous fournit une curieuse anecdote, dans son livre intitulé : *Anecdotes relatives à quelques personnes et à plusieurs événements remarquables de la Révolution,* par J.-B. Harmand (de la Meuse), Paris, 1814; une seconde édition plus complète a paru en 1820.

Couet de Gironville a laissé un ouvrage spécial, ayant pour titre : *Charlotte Corday, ou Mémoires pour servir à l'histoire de la vie de cette femme célèbre*, Paris, an IV, in-8°. Il ne faut consulter ce document qu'avec défiance; l'auteur est toujours diffus, souvent inexact.

Mme Louise Colet a rassemblé, dans quelques scènes dramatiques en vers, les traits épars de la vie de deux héroïnes de la Révolution : *Charlotte Corday et Mme Roland*, Paris, 1842, in-8°. Les vers sont des vers de tragédie, ni meilleurs ni plus mauvais que d'autres; mais le caractère de Charlotte Corday y est bien compris, étudié d'après les bonnes sources, dramatiquement et sincèrement dessiné.

Les journaux du temps, surtout *le Moniteur, la Gazette Française, le Journal de la Montagne*, sont à consulter, sous la condition d'un sévère contrôle.

Mais il est une source qui, à la rigueur, pourrait remplacer toutes les autres; car on y trouve réunis presque tous les documents relatifs à Charlotte Corday, et l'auteur, bibliothécaire de l'École centrale de l'Orne, compatriote et contemporain de son héroïne, a parlé de ce qu'il a vu, de ce qu'il a spécialement étudié, pendant de longues années, avec amour; c'est *Charlotte de Corday, essai historique, offrant enfin des détails authentiques sur la personne et l'attentat de cette héroïne, avec pièces justificatives, portrait et fac-simile*, par Louis Du Bois (1). Paris, 1838, in-8° de 188 pages.

Quand on aura fait, dans ce livre, la part du culte un peu emphatique, de la passion de monographe, on aura une des informations les plus complètes que l'on puisse désirer sur un personnage historique.

Marie-Anne-Charlotte de Corday d'Armont (2) était née, le 27 juillet 1768, dans une chaumière de la commune des Ligneries, arrondissement d'Argentan, département de l'Orne.

Sa famille, très-ancienne, tirait son nom de la terre de Cordai ou Corday, située en la commune

---

(1) Le nom est écrit ainsi sur le titre de l'ouvrage. Mais nous pensons que c'est Dubois qu'il faut lire. L'auteur donne invariablement cette physionomie à tous les noms propres susceptibles de décomposition. C'est ainsi qu'il écrit Chauveau de La Garde, Du Perret, Le Bourgeois. Il va jusqu'à dire Fouquier de Tainville.

(2) Toutes les biographies, et M. Thiers lui-même, dénaturent ce nom, et disent : d'Armans ou d'Armant. Voici un document irrécusable :

Acte de naissance de Mademoiselle de Corday.

De l'un des registres de naissances, sépultures, et mariages de la commune de Ligneries, déposé au Tribunal de première instance d'Argentan (Orne), a été extrait ce qui suit :

Le vingt-huit juillet mil sept cent soixante-huit, par nous soussigné curé, a été baptisée Marie-Anne-Charlotte, née d'hier, du légitime mariage de messire Jacques-François de Corday, écuyer, sieur d'Armont, et de noble dame Marie-Charlotte-Jacqueline de Gautier, son épouse. Le parrain, messire Jean-Baptiste-Alexis de Gautier, seigneur de Ménival; la marraine, noble dame Françoise-Marie-Anne Le Vaillant de Corday : le père présent; qui ont signé :

Le registre signé : Corday d'Armont, Le Vaillant de Corday, Gautier de Ménival et J.-L. Pollard, curé des Ligneries.

Le présent extrait délivré conforme au registre par nous greffier soussigné :

Signé DUFRESNE.

Certifié exact et conforme par nous Procureur du roi, soussigné. A Argentan, le 19 avril 1787.

Signé C. DE SEZE.

de Boucé, arrondissement d'Argentan. Sa terre natale était comme imprégnée de ce sang héroïque des Corneille dont la chaleur inspira souvent à ceux qui le sentaient couler dans leurs veines, les sentiments généreux, avec une nuance d'emphase espagnole. Cette commune même avait eu pour seigneur, autrefois, un Gilles de Caux, de la race des Corneille, auteur lui-même d'une tragédie de *Marius*, et le père de Charlotte Corday descendait, au troisième degré, de Marie Corneille (1), l'aînée des sœurs de l'auteur du *Cid*. C'était une famille tragique.

Autrefois riches et puissants, les Corday d'Armont étaient descendus, peu à peu, jusqu'à une pauvreté honorable. Le père de Charlotte, Jacques-François de Corday d'Armont, écuyer, le troisième de quatre garçons, dans une famille qui comptait huit enfants, ne possédait, au commencement de la Révolution, que quinze cents livres de rente et une petite maison de village. Ce pauvre cadet de Normandie avait épousé une noble fille, aussi pauvre que lui-même, Jacqueline-Charlotte-Marie de Gautier des Authieux. Il en eut deux fils et trois filles ; la seconde des sœurs était Charlotte Corday.

Mme de Corday mourut jeune, laissant, à l'approche de temps difficiles, son mari besoigneux, chargé d'enfants non encore élevés. Le père dut se séparer de ses filles, qu'il plaça à Caen, dans le couvent de l'Abbaye-aux-Dames, cette vieille fondation de Mathilde, femme de Guillaume le Conquérant, devenue la Trinité d'aujourd'hui.

Vint la Révolution ; les deux fils émigrèrent. Charlotte, devenue l'aînée par la mort d'une des trois sœurs, fut, avec sa sœur plus jeune, rejetée dans le monde par le décret qui ferma les couvents. La cadette se retira auprès de son père, alors établi à Argentan ; Charlotte trouva un asile décent chez une vieille tante à la mode de Bretagne, Mme Coutellier de Bretteville-Gouville.

Fille de gentillâtre, élevée dans un couvent, Charlotte n'en était pas moins fortement attachée aux principes de la Révolution. Son père, cadet déshérité, avait trop souffert du privilége, pour ne pas embrasser avec ardeur les idées nouvelles. Il avait, en 1790, écrit une brochure contre le droit d'ainesse, et, dans son Assemblée provinciale, il avait, comme administrateur de sa paroisse, fait la chasse aux vieux abus.

L'éducation de couvent n'avait pas affaibli, chez Charlotte, ces impressions premières. Cœur fier, âme droite, avide de justice, un peu tournée vers l'emphase, elle avait, à l'Abbaye-aux-Dames, continué de se livrer à ses lectures favorites : Corneille, le vigoureux déclamateur ; Raynal, le républicain ampoulé ; Jean-Jacques Rousseau, le puritain politique, le moraliste de sentiment. Elle avait lu même la *Nouvelle Héloïse ;* même *Faublas ;* mais sa pureté native n'avait pas été altérée par ces imaginations corruptrices. Tout entières aux petites pratiques de la dévotion cénobitique, les deux supérieures du

(1) De Pierre Corneille, père du tragique, et de Marthe Pesant, sa femme, étaient nés : 1° Pierre Corneille (le grand) ; 2° Thomas Corneille ; 3° Marie Corneille, qui, de son mariage avec Le Bouyer, eut Bernard Le Bouyer de Fontenelle.
Marie Corneille épousa en secondes noces Jacques de Farcy, trésorier de France à Alençon, et en eut deux filles, dont l'une, Françoise de Farcy, épousa Adrien de Corday. Leur fils, Jacques-Adrien de Corday, épousa Marie de Bellean de La Motte, et en eut quatre filles et quatre fils. Le troisième de ces quatre fils fut Jacques-François de Corday d'Armont, qui, de Jacqueline-Charlotte de Gautier des Authieux, eut la célèbre Charlotte Corday.

couvent, Mme de Belzunce, l'abbesse, et Mme de Pontécoulant, la coadjutrice, avaient laissé pleine liberté à cette jeune fille un peu sauvage. Charlotte, peu à peu, s'était détachée de cette religion, dont on ne lui montrait que les minuties, et s'était faite l'adepte enthousiaste du déisme vague enseigné par ses auteurs favoris.

Quand elle se retrouva de nouveau plongée dans le siècle, la tournure de son âme et de son esprit étaient à la mode du jour ; elle n'eut rien à oublier, rien à apprendre, et fut, de prime saut, républicaine ardente, ennemie des tyrans, confite en vertus païennes.

La Normandie était Girondine ; Caen était devenu le rendez-vous des proscrits illustres qui avaient rempli la France du bruit de leur éloquence théâtrale et de leurs déclamations impuissantes. Charlotte fut un Girondin. C'était une de ces âmes sans sexe, comme Corneille en eût volontiers fait parler dans ses vers grandioses, sans les fades exigences de la scène. C'était une Pauline, sans autre amour que celui de sa seule religion, la République.

Charlotte était donc à Caen, au moment où les proscrits de la Convention cherchaient à y organiser une insurrection départementale contre la tyrannie parisienne. Bien que vivant très-retirée, elle put voir et entendre quelquefois, chez Lévêque, président du Directoire du département, chez Bougon de Longrais, procureur général syndic, les plus célèbres des Girondins : Louvet, fluet et railleur comme une épigramme ; Buzot, solennel et discoureur ; Pétion, sensé, bourgeois, sceptique ; Barbaroux, le beau Provençal, au langage harmonieux, l'Antinoüs de la Gironde. Elle assista à l'Assemblée centrale de résistance, le jour où furent convoqués les délégués des sociétés populaires et des départements voisins, avec les officiers de l'insurrection future. Elle assista encore, le 7 juillet, à la revue des volontaires enrôlés pour cette armée que Wimpffen parlait toujours de mener à Paris, et qui n'existait qu'en phrases. Elle s'enivra silencieusement de patriotisme, ne laissant soupçonner à personne, si ce n'est au plus sympathique des Girondins, à Barbaroux, le feu intérieur qui s'allumait en elle. Pétion, qui la vit belle, calme et froide, lui dit ironiquement : « Est-ce que vous seriez fâchée s'ils ne partaient pas ? »

Elle ne répondit rien. Mais déjà ce cœur passionné avait conçu une haine violente contre les misérables tyrans qui, de Paris, broyaient la France. Les discours des Girondins, leurs journaux, leurs chansons, lui avaient persuadé que le seul obstacle à l'établissement d'une belle, d'une noble et vertueuse République, c'étaient quelques démagogues de la Montagne, un surtout, dont le nom résumait tous les crimes, tous les dangers, le roi de la populace, le hideux Marat.

Quant Charlotte vit ces quelques jeunes gens qui promenaient par les rues de Caen la bannière de la Gironde, elle crut voir l'armée de la République, et forma le projet de faire, d'un seul coup de sa frêle main, ce que tant d'hommes allaient tenter.

C'était la démagogie qu'il fallait abattre, et la démagogie, c'était Marat. Elle se dit : J'irai tuer Marat.

Un illustre écrivain, que nous n'avons pu compter parmi les historiens sérieux de Charlotte Corday, M. de Lamartine, a accueilli, dans son *Histoire des Girondins,* une invention misérable qui fausse tout d'abord le caractère de Charlotte Corday. Il prétend que l'un des volontaires du 7 juillet, le jeune Franquelin, aimait passionnément Charlotte; qu'il ne s'enrôla que pour lui plaire; qu'elle lui avait donné son portrait, et que, navré de sa mort, il mourut lui-même de douleur, en pressant sur ses lèvres cette image adorée. Ce sont là de ces perles fausses que prodigue le poëte-historien; et c'est ainsi que, par légèreté, par précipitation, par recherche du pittoresque, il en arrive à gâter cette noble et curieuse figure. Il décrit très-exactement, à la manière de Balzac, jusqu'aux croisillons des fenêtres du Grand-Manoir, la sombre et aristocratique demeure de Mᵐᵉ de Bretteville; mais la physionomie véritable de Charlotte Corday échappe à son étude superficielle.

D'autres ont dit que la haine que Charlotte voua à Marat remontait à l'époque de la mort du comte Henri de Belzunce, major en second du régiment de Bourbon infanterie, neveu de l'abbesse de l'Abbaye-aux-Dames. Charlotte aurait aimé ce jeune fou, qui fut égorgé à Caen, en 1790, par le peuple et la garde nationale, irrités des bravades monarchiques. Il suffit de dire que Marat n'était pour rien dans la mort de Belzunce, et que l'anecdote manque de base.

Charlotte, tout le prouve, n'eut qu'une idée, et c'est le propre des fanatiques : sauver la République de la guerre civile et des excès, en tuant Marat. Elle dévoua sa vie à cette idée exclusive.

Suivons-la dans l'accomplissement de cette idée, violent et rapide comme un cinquième acte d'une tragédie de Corneille.

Depuis qu'elle avait résolu d'aller à Paris, Charlotte avait mûrement arrêté toutes les parties de son plan. Elle possédait un passe-port personnel, délivré le 8 avril précédent, par le district de Caen, à l'occasion de son dernier voyage à Argentan. Elle résolut de s'en servir, et de partir sans avertir personne. Elle prépara, pour son père, une lettre d'adieu, dans laquelle elle lui disait : « Quand vous recevrez cette lettre, je ne serai plus en France. Je ne crois pas qu'on puisse y vivre tranquille de longtemps. Je pars pour l'Angleterre, et vous prie de ne faire aucune recherche, parce que personne ne peut savoir encore où je vais... »

Elle ne confia rien à Mᵐᵉ de Bretteville. Mais, dans les derniers jours, cette dame put surprendre plus d'une fois, sur le visage de sa jeune parente, la trace de sombres pensées, et, dans ses yeux, l'éclat de quelques larmes mal retenues. Elle lui demanda la cause de cette tristesse. — « Je pleure, lui répondit Charlotte, sur les malheurs de ma patrie, sur ceux de mes parents, et sur les tiens aussi, ô mon amie! Car qui peut m'affirmer que tu ne seras pas toi-même frappée de ces coups de foudre qui ont déjà privé de la vie un si grand nombre d'honnêtes citoyens! Tant que Marat vivra, il n'y aura jamais de sûreté pour les amis des lois et de l'humanité (1) ».

Quelques jours auparavant, Charlotte, cependant, s'était présentée chez Barbaroux. Elle désirait, si cela était possible, rendre un service important à une de ses bonnes amies de couvent, Mᵐᵉ de Forbin. Alexandrine de Forbin, chanoinesse, avait émi-

gré à la hâte; elle s'était retirée en Suisse. De là, elle avait eu à faire quelques réclamations d'intérêt, pour le succès desquelles il lui était indispensable d'avoir certaines pièces déposées au ministère de l'intérieur. Charlotte Corday avait pensé à profiter de son voyage à Paris, pour retirer ces pièces, et elle avait été demander à Barbaroux une recommandation pour un député qui pût la recommander lui-même au ministre Garat. Barbaroux promit à la jeune fille une lettre pour Lause Duperret, son ami; mais, comme le Girondin de Caen désirait profiter de cette occasion pour envoyer quelques brochures et quelques papiers au Girondin de Paris, il pria Charlotte de revenir.

Une seconde fois, donc, la jeune fille était venue à l'hôtel de l'Intendance, rue des Carmes, demeure commune de tous les Girondins proscrits. Pétion l'aperçut, au moment où Barbaroux lui remettait le paquet et la lettre promise, et la priait, avec sa grâce ordinaire, de lui donner le plus tôt possible des nouvelles de son voyage.

Pétion, qui vit la jeune fille dans le salon commun aux proscrits, adressa, lui aussi, quelques civilités à la belle aristocrate qui venait voir des républicains. — « Vous me jugez aujourd'hui sans me connaître, citoyen Pétion, répondit-elle; un jour, vous saurez qui je suis. »

Tels furent les simples et courts rapports qu'eut Charlotte Corday avec les exilés de la Convention. Aucun d'eux n'eut son secret; et Barbaroux lui-même ne se fût peut-être pas rappelé la belle aristocrate, si elle ne s'était pas si vite et si énergiquement révélée.

Louvet, qui, lui aussi, vit Charlotte à l'Intendance, se figura plus tard que le véritable motif des visites de la jeune fanatique avait été « de connaître quelques-uns des fondateurs de cette République pour laquelle elle allait se dévouer... Et peut-être, ajouta-t-il, elle était bien aise aussi qu'un jour ses traits fussent bien présents à leur mémoire. » L'auteur de Faublas ne manqua jamais de fatuité; il est certain aujourd'hui que Charlotte Corday ne vit Barbaroux que deux fois à l'Intendance, et sans autre but que celui d'être utile à Mᵐᵉ de Forbin.

Il faut donc reléguer encore parmi les fables l'assertion de M. de Lamartine nous montrant Charlotte qui cherche à s'éclairer sur sa pensée secrète, dans de longs entretiens avec Barbaroux; fausse perle, encore, cette Bible, laissée ouverte par Charlotte, dit M. de Lamartine, au livre de Judith. Charlotte avait, pour la Bible, comme pour tous les livres de notre religion, comme pour ses ministres, le mépris le plus absolu. Elle était déiste et païenne.

Cherchons à nous représenter la jeune fille au moment de son départ pour Paris. Prenons d'abord le signalement brutal du passe-port : « Taille de 5 pieds 1 pouce; cheveux et sourcils châtains; yeux gris; front élevé; nez long; bouche moyenne; menton rond fourchu; visage ovale. » Le passe-port est signé : MARIE CORDAY.

L'auteur de Faublas, de son côté, nous montre « une jeune personne grande, bien faite, de l'air le plus honnête et du maintien le plus décent. Il y avait dans sa figure, à la fois belle et jolie, et dans toute l'habitude de son corps, un mélange de douceur et de fierté, qui annonçait bien son âme céleste. Elle vint constamment accompagnée d'un domestique. »

Du Bois, qui l'a vue plus d'une fois, qui, à dix ans de distance, entendait encore vibrer dans son

(1) Couet de Gironville, anecdote recueillie de la bouche d'un citoyen de Caen, ami particulier de Mᵐᵉ de Bretteville. Si l'anecdote est vraie, elle nous montre un instant la femme chez Charlotte, et le spectacle est d'autant plus intéressant qu'il est plus rare.

oreille l'harmonieuse et séduisante voix de la jeune fille, nous dit que ces yeux gris du passe-port étaient bleus. La figure, d'un ovale parfait, était animée des couleurs de la santé. Les cheveux bruns et abondants descendaient en boucles sur la nuque. Les sourcils, plus bruns que les cheveux, rehaussaient le bleu pâle des yeux, et imprimaient aux regards une profondeur singulière et une douceur mélancolique. Mais le nez était un peu long, droit et fier; les épaules un peu sèches et robustes, les bras vigoureusement musclés; la taille haute et riche était celle de la Normande de race. Elle parlait clairement, nettement, de cette voix juste, harmonieusement timbrée, qu'on n'oubliait plus quand on l'avait entendue une fois. Chose étrange! ses phrases théâtrales, dans le goût de l'époque, étaient simplement prononcées. C'est que l'affectation était, chez elle, le vice du temps, non de l'esprit.

Le 9 juillet, elle partit de la maison de Mme de Bretteville, à pied, simplement vêtue, portant un léger paquet, comme une personne qui va faire un tour à la campagne. Ce fut son prétexte. Elle mit à la poste la lettre préparée pour son père, et prit une place dans la diligence.

Pendant les deux jours que dura ce voyage, elle se tint, silencieuse, dans un coin de la voiture, dormant ou affectant de dormir, pour échapper aux fadeurs de quelques compagnons de voyage. C'étaient des Cordeliers, des Maratistes, des partisans de la Montagne : elle accueillit leurs avances avec une méprisante froideur.

Le jeudi, 11 juillet, elle arriva à Paris vers midi. On lui avait parlé, à Caen, d'un hôtel de la Providence, rue des Vieux-Augustins; elle s'y fit conduire. Fatiguée du voyage, elle se coucha vers cinq heures, et dormit jusqu'au lendemain, huit heures du matin, du sommeil le plus paisible.

Le 12, elle se fit conduire chez Duperret. Ce député était sorti; elle ne trouva que ses filles, auxquelles elle remit le paquet et la lettre de recommandation de Barbaroux. Le soir, elle revint; mais Duperret ne put la conduire au ministère. Le lendemain, elle trouva Duperret indécis, inquiet. La veille au soir, on avait mis les scellés sur ses papiers. Tout annonçait une recrudescence de persécution contre les Girondins encore libres. Duperret fit observer à Charlotte que sa recommandation, en un pareil moment, serait plus nuisible qu'utile; d'ailleurs, Charlotte n'avait pas de procuration de Mme Forbin. Charlotte, après une visite inutile aux bureaux du ministère, renonça à s'occuper plus longtemps des intérêts de son amie. Elle ne pensa plus qu'à son projet.

Elle avait eu d'abord l'idée de frapper Marat sur les bancs mêmes de la Convention. Elle eût dans ce cas, détruit tout papier qui pût la faire reconnaître, et elle espérait mourir inconnue, déchirée par les Montagnards et par le peuple. Mais Marat boudait alors la Convention, et n'assistait pas aux séances. Il jouait la comédie de l'abstention menaçante; il se contentait de pousser, dans sa feuille, la populace à tous les excès, de prouver sa puissance du fond de sa retraite, et d'écrire à la Convention et aux Jacobins des lettres folles d'orgueil sinistre et de projets sanguinaires.

Charlotte se décida donc à mourir le front haut, proclamant son nom et revendiquant la gloire de son crime. Elle se fit conduire au Palais-Royal, y acheta pour quarante sous, chez un coutelier, un fort couteau à découper, à manche d'ébène, et mit à la poste la lettre suivante :

« Au citoyen Marat.
« Paris, 12 juillet, l'an II de la République.
« Citoyen,
« J'arrive de Caen. Votre amour pour la patrie me fait présumer que vous connaîtrez avec plaisir les malheureux événements de cette partie de la République. Je me présenterai chez vous vers une heure. Ayez la bonté de me recevoir et de m'accorder un moment d'entretien : je vous mettrai à même de rendre un grand service à la France.
« Je suis, etc...
« CHARLOTTE CORDAY. »

Vers midi et demi, elle prit une voiture, et se fit conduire rue des Cordeliers, n° 20, aujourd'hui rue de l'Ecole de Médecine (1). C'est là qu'habitait Marat.

Charlotte Corday ne fut pas reçue. Elle revint rue des Vieux-Augustins, et écrivit un nouveau billet, qu'elle résolut de porter le soir. Il était ainsi conçu :

« Au citoyen Marat.
« Paris, 12 juillet.
« Je vous ai écrit ce matin, Marat. Avez-vous reçu ma lettre? Je ne puis le croire, puisqu'on m'a refusé votre porte. J'espère que demain vous m'accorderez une entrevue. Je vous le répète, j'arrive de Caen. J'ai à vous révéler les secrets les plus importants pour le salut de la République. D'ailleurs je suis persécutée pour la cause de la liberté; je suis malheureuse : il suffit que je le sois pour avoir droit à votre protection.
« CHARLOTTE CORDAY. »

Puis, pour occuper ses loisirs, elle écrivit la pièce suivante :

« Adresse aux Français amis des lois et de la Paix.

« Jusqu'à quand, ô malheureux Français, vous plairez-vous dans le trouble et les divisions? Assez et trop longtemps des factieux, des scélérats, ont mis l'intérêt de leur ambition à la place de l'intérêt général : pourquoi, victimes de leur fureur, vous anéantir vous-mêmes, pour établir le désir de leur tyrannie sur les ruines de la France?

« Les factions éclatent de toutes parts, la Montagne triomphe par le crime et l'oppression, quelques monstres abreuvés de notre sang conduisent ses détestables complots... Nous travaillons à notre propre perte avec plus de zèle et d'énergie que l'on n'en mit jamais à conquérir la liberté. O Français, encore un peu de temps, et il ne restera de vous que le souvenir de votre existence!

« Déjà les départements, indignés, marchent sur Paris ; déjà le feu de la discorde et de la guerre civile embrase la moitié de ce vaste empire; il est encore un moyen de l'éteindre, mais ce moyen doit être prompt. Déjà le plus vil des scélérats, Marat, dont le nom seul présente l'image de tous les crimes, en tombant sous le fer vengeur, ébranle la Montagne et fait pâlir Danton, Robespierre, ces autres bri-

(1) Bien qu'officiellement dénommée, depuis 1790, rue de l'Ecole-de-Médecine, cette rue avait conservé son vieux nom de rue des Cordeliers. Un arrêt de la Commune (25 juillet 1793) lui donne le nom de rue Marat. Après le 9 thermidor, elle prit celui de rue de l'Ecole-de-Santé, pour reprendre bientôt celui qu'elle porte encore aujourd'hui.

gands assis sur ce trône sanglant, environnés de la foudre, que les dieux vengeurs de l'humanité ne suspendent sans doute que pour rendre leur chute plus éclatante, et pour effrayer tous ceux qui seraient tentés d'établir leur fortune sur les ruines des peuples abusés !

« Français ! Vous connaissez vos ennemis, levez-vous ! marchez ! que la Montagne anéantie ne laisse plus que des frères, des amis ! J'ignore si le ciel nous réserve un gouvernement républicain, mais il ne peut nous donner un Montagnard pour maître que dans l'excès de ses vengeances... O France ! ton repos dépend de l'exécution des lois : je n'y porte pas atteinte en tuant Marat : condamné par l'univers, il est hors la loi. Quel tribunal me jugera ? Si je suis coupable, Alcide l'était donc lorsqu'il détruisait les monstres...

« O ma patrie ! tes infortunes déchirent mon cœur ; je ne puis t'offrir que ma vie ! et je rends grâces au ciel de la liberté que j'ai d'en disposer ; personne ne perdra par ma mort ; je n'imiterai point Pâris en me tuant. Je veux que mon dernier soupir soit utile à mes concitoyens, que ma tête, portée dans Paris, soit un signe de ralliement pour tous les amis des lois ! Que la Montagne chancelante voie sa perte écrite avec mon sang ! Que je sois leur dernière victime, et que l'univers vengé déclare que j'ai bien mérité de l'humanité ! Au reste, si l'on voyait ma conduite d'un autre œil, je m'en inquiète peu.

> Qu'à l'univers surpris cette grande action
> Soit un objet d'horreur ou d'admiration,
> Mon esprit, peu jaloux de vivre en la mémoire,
> Ne considère point le reproche ou la gloire :
> Toujours indépendant et toujours citoyen,
> Mon devoir me suffit, tout le reste n'est rien.
> Allez, ne songez plus qu'à sortir d'esclavage (1).

« Mes parents et mes amis ne doivent point être inquiétés ; personne ne savait mes projets. Je joins mon extrait de baptême à cette adresse pour montrer ce que peut la plus faible main conduite par un entier dévouement. Si je ne réussis pas dans mon entreprise, Français, je vous ai montré le chemin : vous connaissez vos ennemis : levez-vous ! Marchez ! Frappez ! »

Ensuite, Charlotte s'habilla le plus décemment qu'elle put, toujours simplement, selon son habitude. Elle revêtit une robe blanche, couvrit sa poitrine d'un fichu de soie blanc, replié à la ceinture et s'attachant derrière la taille. Elle se coiffa de la coiffe normande, à dentelles flottantes, serrée sur la tête par un large ruban vert, et qui laissait échapper sur son col et sur sa nuque les boucles abondantes de ses beaux cheveux.

Elle arriva rue des Cordeliers vers sept heures et demie. La portière lui refusa l'entrée : elle passa, sans tenir compte de ses protestations. Marat demeurait au premier étage. Dans l'antichambre, Charlotte trouva une fille, Catherine Evrard, connue sous le nom d'Albertine Marat. Le tribun, disait Chaumette, l'avait épousée, par un beau jour de soleil, à l'autel de la nature. La fille Evrard faisait bonne garde autour de la bête fauve dont elle s'était faite la compagne. Elle repoussa obstinément la jeune femme. Charlotte insista, et comme Marat, du fond d'une pièce voisine, entendit l'altercation et devina, au timbre de la voix, la Normande au billet, il cria

qu'on la laissât entrer. Charlotte entra. Elle traversa une petite pièce pauvrement meublée, comme tout ce galetas, dans lequel l'*Ami du Peuple* étalait orgueilleusement sa pauvreté. Dans une seconde pièce adjacente, elle vit une baignoire, et, dans cette baignoire, le buste nu d'un nain aux épaules étroites, à la poitrine velue, semée de taches rouges, aux traits hagards, au front fuyant, coiffé d'un mouchoir rouge. C'était Marat. Le monstre cherchait à rafraîchir son corps brûlé de lèpre : sur la baignoire, était placée en travers une planche raboteuse, sur laquelle sa main de singe écrivait fiévreusement quelque dénonciation nouvelle. A côté de la baignoire, un bloc de bois à peine équarri supportait un encrier de plomb, des plumes, du papier.

Marat jeta un regard sur la belle jeune fille, dont les chastes yeux s'étaient baissés de dégoût et d'horreur. Il l'interrogea rapidement sur les députés proscrits qui se trouvaient alors à Caen, sur les administrateurs du Calvados et de l'Eure, sur les officiers de Wimpffen. Charlotte dit leurs noms, et il les écrivit à la hâte. Elle, cependant, portait la main à son fichu, sous lequel était caché le couteau dans sa gaîne. Quand il eut écrit : — « C'est bien, citoyenne, dit-il de sa voix rauque et sépulcrale ; d'ici à peu de jours, je les ferai guillotiner à Paris. »

Cela la décida. Elle tira le couteau, l'arme brilla et s'enfonça vigoureusement dans le cou du tribun, près de la clavicule droite. Le sang jaillit à flots, l'homme s'affaissa, la tête pendante, et sa voix expirante cria ces mots : « A moi ! ma chère amie, à moi ! »

Charlotte n'entendit pas. La Romaine avait fait place à la jeune fille. Ce sang, cette tête hideuse, convulsée par la mort, l'avaient frappée d'une terreur toute physique. Elle se réfugia, pour ne plus voir, dans l'antichambre, derrière un grand rideau de mousseline.

La fille Evrard, cependant, avait entendu l'appel suprême. Elle se précipita, courut à la baignoire, et vit Marat qui, la tête pendante, la bouche ouverte, la regardait de ses yeux mourants, sans proférer une parole. Elle vit le sang, elle vit le couteau. Alors, comme une hyène enragée, elle courut à l'antichambre. Elle se croisa avec Laurent Basse, le commissionnaire de Marat, en ce moment occupé à plier des journaux dans l'antichambre. Elle chercha, et aperçut Charlotte, derrière le rideau transparent. Elle la saisit à la tête, en criant. Basse, de son côté, avait vu aussi. Il sortit du cabinet, criant : *Au secours !* et, voyant la lutte des deux femmes, il jeta quelques chaises contre la porte de sortie, pour la barricader ; puis, prenant une chaise à la main, il en frappa Charlotte à la tête.

La portière, une cuisinière, un dentiste qui demeurait dans la maison, accoururent au bruit, mêlant leurs cris à ceux de Basse et de la fille Evrard. En quelques minutes, la rue des Cordeliers fut pleine de gens qui criaient : On assassine Marat ! Quelques gardes nationaux du poste du Théâtre-Français accoururent, s'emparèrent des issues, montèrent et saisirent aux mains la jeune femme, qu'ils arrachèrent aux coups et aux menaces de mort. Ils essayèrent d'abord de la conduire au poste ; mais les cris furieux du peuple leur firent comprendre qu'elle n'y arriverait pas vivante. Elle, remise de son horreur première, marchait, calme, au-devant de la mort. Les gardes nationaux ne voulurent pas être complices de ce sacrifice, et la firent remonter.

(1) Voltaire, *la Mort de César.*

Bientôt, le commissaire Guellard-Dumesnil arriva, et dressa procès-verbal. Nous reproduisons, sans y rien changer, ce document, qu'un excellent recueil, *la Revue Rétrospective* (IIe Série, tome 2e), a publié sous le titre de : Procès-verbaux d'arrestation et de premier interrogatoire de Charlotte Corday :

L'an deuxième de la République Française, le samedi 13 juillet, sept heures trois quarts de relevée; nous, Jacques-Philibert Guellard, commissaire de police de la section du Théâtre-Français (1), instruit par la clameur publique qu'il y avait un grand rassemblement dans la rue des Cordeliers, et que ce qui donnait lieu à ce rassemblement était le bruit de l'assassinat commis sur la personne du citoyen Marat, député à la Convention Nationale, nous sommes sur-le-champ porté à la maison dudit citoyen Marat, demeurant rue des Cordeliers, n° 30 (erreur : c'était 20), où étant monté au premier étage, et entré dans une pièce servant d'antichambre, éclairée d'une croisée ayant vue sur la cour, nous y avons trouvé différents citoyens armés, et une citoyenne dont on tenait les deux mains, et avouait d'avoir porté un coup de couteau au citoyen Marat, dans l'instant qu'il était au bain, dont on nous a dit que le citoyen Marat était expiré.

Et à l'instant nous étant transporté dans une petite pièce à gauche, ayant vue aussi sur la cour, nous avons aperçu dans une petite pièce adjacente, et où était une baignoire, une grande quantité de sang sur le carreau, et que l'eau de la baignoire était toute teinte de sang qu'avait perdu ledit citoyen Marat.

Étant de suite entré dans une autre pièce, servant de chambre à coucher, et ayant vue sur la rue par deux croisées à grands verres de Bohême, et à gauche de la porte où est un lit, nous y avons trouvé étendu le cadavre dudit Marat, assassiné par un coup de couteau, et auprès du cadavre avons aussi trouvé du sang.

Et par-devant nous est comparu le citoyen Philippe-Jean Pelletan, chirurgien consultant des armées de la République et membre du Comité de Santé, demeurant rue de Touraine, faubourg Saint-Germain.

Lequel nous a dit et fait remarquer que le coup de couteau porté audit Marat a pénétré près la clavicule du côté droit, entre la première et la seconde vraie côte, et cela si profondément, que l'index a fait écart pour pénétrer de toute sa longueur à travers le poumon blessé, et que, d'après la position des organes, il est probable que le tronc des carotides a été ouvert, ce qui indique encore la perte de sang qui a causé la mort, et qui sortait à flots de la plaie, au rapport des assistants. Et a, ledit citoyen Pelletan, signé au présent, à l'effet de constater la véracité dudit rapport.

PELLETAN.

Et de suite, nous, commissaire susdit, après avoir donné acte audit Pelletan de ses comparution, dire, rapport et déclaration, avons examiné le cadavre et avons reconnu autant qu'il était en nous la vérité du rapport qui nous avait été fait, et ayant jeté les yeux à côté du cadavre, nous avons trouvé un couteau à manche, en bois d'ébène, dont

(1) Le Théâtre-Français avait été, en 1782, transporté sur l'emplacement de l'hôtel de Condé, dans une nouvelle salle qui, plus tard, prit le nom d'Odéon.

la lame, toute fraîche remoulue, nous a paru être teinte de sang et avoir été l'instrument avec lequel ledit Marat avait été assassiné dans son bain.

Étant de suite repassé dans la première pièce servant d'antichambre, où nous avions d'abord trouvé la femme prévenue d'avoir commis cet assassinat; l'ayant fait passer dans une pièce servant de salon et garnie de deux croisées sur sur la rue des Cordeliers, nous l'avons interrogée de la manière et ainsi qu'il suit, en présence des citoyens Marino et Louvet, administrateurs au département de Police à la Mairie, survenus à l'instant et au bruit de cet assassinat. Avant de procéder à cet interrogatoire, de l'avis desdits citoyens administrateurs, avons pensé qu'il était à propos de faire part de cet horrible attentat aux Comités de Salut Public et de Sûreté générale de la Convention, ainsi qu'au Conseil de la Commune, ce que nous avons fait à l'instant.

Premièrement, à elle demandé ses nom, surnoms, âge, qualité, pays et demeure :

A répondu se nommer Marie-Anne-Charlotte Corday, ci-devant d'Armant, native de la paroisse de Saint-Saturnin-des-Signerets (sic), ci-devant diocèse de Sées; âgée de vingt-cinq ans moins quinze jours, vivant de ses revenus, et demeurant ordinairement à Caen, lieu de sa résidence, et présentement logée à Paris, rue des Vieux-Augustins, hôtel de la Providence.

— A elle demandé depuis quel temps elle est à Paris, et quel a été l'objet de son voyage dans cette ville :

A répondu y être arrivée de jeudi dernier avec un passe-port qu'elle avait obtenu à Caen, dont elle est partie le mardi d'avant, et être venue dans cette ville sans aucun dessein.

— A elle demandé s'il n'est pas vrai qu'heure présente elle s'est introduite chez le citoyen Marat, qui était alors au bain, et s'il n'est pas également vrai qu'elle a assassiné ledit Marat avec le couteau que nous lui représentons à l'instant :

A répondu que oui, et qu'elle reconnaît le couteau.

— Interpellée de nous déclarer ce qui l'avait déterminée à commettre cet assassinat :

A répondu qu'ayant vu la guerre civile sur le point de s'allumer dans toute France, et persuadée que Marat était le principal auteur des désastres, elle avait préféré faire le sacrifice de sa vie pour sauver son pays.

— A elle observé qu'il ne nous paraît pas naturel qu'elle ait conçu ce dessein exécrable de son propre mouvement, et, interpellée de nous déclarer les personnes qui l'ont engagée à cet assassinat, ainsi que de nous nommer la personne qu'elle fréquente le plus ordinairement dans la ville de Caen :

A répondu qu'elle n'a communiqué son projet à âme qui vive; qu'il y avait quelque temps qu'elle avait le passe-port qui lui a servi pour venir à Paris; qu'en partant mardi dernier de Caen, et quittant une vieille parente chez laquelle elle demeure (la citoyenne Coutelier de Bretteville, veuve, âgée de soixante et quelques années), elle a répondant a seulement dit qu'elle allait voir son père; que très-peu de personnes fréquentaient la maison de cette parente, et qu'aucune n'a jamais rien su de son dessein.

— A elle observé que, suivant sa réponse antécédente, il y a tout lieu de croire qu'elle n'a quitté la ville de Caen que pour venir commettre cet assassinat dans la personne dudit citoyen Marat :

A répondu qu'il est vrai qu'elle avait ce dessein, et qu'elle n'aurait pas quitté Caen, si elle n'eût eu l'envie de l'effectuer.

— Sommée de nous déclarer où elle s'est procuré le couteau dont elle s'est servie pour commettre ce meurtre, et sommée de nous dire quelles sont les personnes qu'elle a vues depuis qu'elle est à Paris, et enfin de nous rendre compte de ce qu'elle a fait à Paris, depuis le jeudi qu'elle y est arrivée :

A répondu avoir acheté le couteau dont elle s'est servie pour assassiner Marat, ce matin, à huit heures, au Palais-Royal, et l'avoir payé quarante sous; qu'elle ne connaît personne à Paris, où elle n'est jamais venue; qu'arrivée le jeudi, vers le midi, elle s'est couchée, n'est sortie de son appartement que le vendredi matin pour se promener vers la place des Victoires et dans le Palais-Royal; que l'après-midi elle n'est point sortie, qu'elle s'est mise à écrire différents papiers que nous trouverons sur elle; qu'elle est sortie ce matin, a été au Palais-Royal vers les sept heures et demie ou huit heures, y a acheté le couteau dont nous avons parlé ci-dessus, a pris une voiture, place des Victoires, pour se faire conduire chez le citoyen Marat, auquel elle n'a pu parvenir; qu'alors, retournée chez elle, elle a pris le parti de lui écrire par la petite poste, et sous un faux prétexte de lui demander une audience; qu'elle, répondante, sur les sept heures et demie du soir, avait pris une voiture pour se présenter chez le citoyen Marat, y recevoir la réponse à sa lettre; que crainte d'essuyer encore un refus, elle s'est précautionnée d'une autre lettre qui est

Charlotte Corday, d'après Brard (Bibliothèque impériale. — Cabinet des Estampes).

encore dans son portefeuille, et qu'elle se proposait de faire tenir audit citoyen Marat, mais qu'elle n'en a point fait usage, ayant été reçue à sept heures; enfin, que son projet n'était point un projet ordinaire.

—A elle demandé comment elle est parvenue, cette seconde fois, auprès du citoyen Marat, et dans quel temps elle a commis le crime envers sa personne :

A répondu que des femmes lui avaient ouvert la porte; qu'on avait refusé de la faire entrer auprès de Marat, mais que ce dernier ayant entendu la répondante insister, avait lui-même demandé qu'on l'introduisît auprès de son bain; qu'il avait fait plusieurs questions à la répondante sur les députés de présent à Caen, sur leurs noms et ceux des officiers municipaux; que la répondante les lui avait nommés, et que Marat ayant dit qu'ils ne tarderaient pas à être guillotinés, c'est alors qu'elle, répondante, a tiré son couteau, qu'elle portait dans son sein, dont elle a aussitôt frappé ledit Marat dans son bain.

— A elle observé si, après avoir consommé le crime, elle n'a pas cherché à s'évader par la fenêtre :

A répondu que non; qu'elle n'a eu aucun dessein de s'évader par la fenêtre, mais qu'elle se serait évadée par la porte si on ne s'y fût opposé.

Nous avons fait fouiller la répondante, et dans ses poches se sont trouvés les objets ci-après, savoir : 1° Vingt-cinq écus de six livres, cinquante écus; 2° Un dé d'argent; 3° Cent quarante livres, et un assignat de cent livres, et quatre autres assignats de dix livres chacun; 4° Une lettre à l'adresse de Marat, ainsi qu'elle nous l'avait déclaré plus haut; 5° Un passe-port au signalement de la répondante, délivré à la municipalité de Caen, le 8 avril, et visé le 23 dudit mois; 6° Une montre d'or faite par Dubosq, de Caen; 7° Une clé de malle et un peloton de fil blanc, tous objets non suspects. Mais dans la gorge de la répondante fut trouvée une gaîne en façon de chagrin, et servant au couteau avec lequel la répondante a assassiné ledit Marat; et en sa pré-

N° 171 — 10 Centimes.
Deux Nos par Semaine.

CAUSES CÉLÈBRES

LEBRUN ET Cie, Éditeurs.
Rue des Saints-Pères, 8.

sence nous avons présenté le couteau à ladite gaine, qui nous a paru y aller. De plus, dans la gorge s'est aussi trouvé deux papiers attachés ensemble avec une épingle, dont ayant fait lecture nous avons reconnu que l'un était son extrait de baptême, et l'autre une diatribe en forme d'adresse aux Français, dont il a été fait lecture en présence des citoyens Mauze, Legendre, Chabot et Drouet, membres du Comité de sûreté générale et de la Convention, alors intervenus par un arrêt dudit Comité.

— Demandé à la répondante qu'il y a tout lieu de croire qu'elle nous en impose en disant que personne n'était instruit de son dessein, vu la quantité de numéraire dont elle est munie, et qu'il est difficile de se procurer, surtout pour une fille de son âge :

A répondu que ce numéraire est en partie de celui qu'elle possédait, et qu'elle a pris ces cinquante écus afin de suppléer au peu d'assignats qu'elle avait, ne voulant rien demander à personne.

— Interrogée si la répondante est fille :

A répondu que oui.

— Interrogée si ce matin elle ne s'est point présentée à Sainte-Pélagie ou autre prison de cette ville :

A répondu que non, qu'elle ignore même où sont les prisons.

Lecture faite à la répondante dudit interrogatoire et de ses réponses, a dit pour réponse contenir vérité, et a signé :

CORDAY; MAUZE aîné; LEGENDRE; MARINO; FRANÇOIS; CHABOT; DROUET; LOUVET.

Marat dans sa baignoire, d'après David

Sur la demande à nous faite par les citoyens administrateurs de police, dénommés ci-dessus, de la personne de ladite Marie-Anne-Charlotte Corday, avons ordonné qu'elle serait remise à leur garde, pour être par eux ordonné ce qu'il appartiendra. Et à l'égard des objets ci-dessus énoncés, nous nous en sommes chargés pour les tous remettre à qui il sera ordonné.

GUELLARD-DUMESNIL,
Commissaire.

Comme on l'a vu, quatre députés, Maure (et non Mauze)(1), Chabot, Legendre et Drouet (l'homme de Varennes), étaient intervenus à la fin de ces constatations. Chabot et Drouet se chargèrent de conduire Charlotte Corday à la prison de l'Abbaye. Une populace furieuse suivit longtemps le fiacre, avec des cris de mort. Drouet affirma depuis que la jeune

(1) L'erreur de nom aux signatures ne peut être attribuée qu'à l'imprimeur du document.

fille en fut si effrayée, qu'elle s'évanouit. Drouet seul dit cela : l'autorité est suspecte. Chabot, dans le rapport qu'il fit, le lendemain, à la Convention, au nom du Comité de sûreté générale, après avoir payé sa dette à la passion officielle, en disant : « Elle a l'audace du crime peinte sur la figure... C'est un de ces monstres que la nature vomit de temps en temps pour le malheur de l'humanité, » ne peut s'empêcher d'ajouter : « Avec de l'esprit, des grâces, une taille et un port superbes, elle paraît être d'un courage capable de tout entreprendre... Lorsqu'on lui a dit qu'elle porterait sa tête sur l'échafaud, elle a répondu par un sourire de mépris. » Cela rend peu probable l'évanouissement affirmé par Drouet.

Harmand (de la Meuse) raconte un autre épisode d'un second interrogatoire fait par les membres du Comité de sûreté générale.

L'interrogatoire était terminé. En attendant qu'on le relût, Chabot, le cynique Chabot, s'était approché de la jeune femme; il l'examinait, avec l'œil connaisseur du capucin défroqué, et lui faisait, par contenance, quelques questions accessoires, dont l'interrogatoire ne tint pas compte. Tout à coup, le misérable aperçoit un papier plié, dont l'angle se montre au milieu du corsage. Son œil lubrique s'allume, et sa main de satyre se porte sur le sein de Charlotte. Elle, qui ne pense plus à ce papier, croit à un outrage; ses mains sont liées: mais elle rejette violemment son buste en arrière, par un mouvement de pudeur alarmée, qui comprime sa poitrine. Cet effort de défense fut si énergique, que cordons et épingles sautèrent, et ce beau sein de vierge jaillit du fichu qui le couvrait. Charlotte s'accroupit vivement, courbant sa tête sur ses genoux.

Il y a, dans la pudeur vraie, une majesté si victorieuse, que pas un des assistants, si familiarisés qu'ils fussent avec l'obscénité des idées et des paroles, ne se permit un mot, un regard, un geste offensant.

Charlotte demanda qu'on lui déliât les mains, pour qu'elle pût se rhabiller. Il n'y avait point là de femmes. Ses joues étaient ardentes, ses yeux baissés pleins d'un feu sombre. Un des assistants la délivra: elle se retourna contre la muraille, et répara le désordre de sa toilette.

Le papier était tombé à terre. Chabot le ramassa: c'était le *Bulletin du Calvados*, journal de l'assemblée des Girondins fugitifs.

Comme elle avait encore les mains libres, et qu'on venait de relire l'interrogatoire, on remit à les attacher de nouveau jusqu'à ce qu'elle eût signé.

Pendant cette lecture, elle donna une preuve convaincante de sang-froid et de présence d'esprit. On avait altéré, en six ou sept endroits, le texte de ses réponses; elle le rétablit, en parcourant, avec une sécurité de mémoire imperturbable, tout l'ensemble de l'interrogatoire.

Quand elle eut signé, ses gardiens s'approchèrent pour la lier de nouveau. Montrant alors ses poignets, qui portaient l'empreinte profonde des liens: — « Messieurs, dit-elle, s'il vous était indifférent de me faire souffrir avant de me faire mourir, je vous prierais de permettre que je rabatte mes manches, ou que je mette des gants sous les liens que vous me préparez. »

On lui laissa faire l'un et l'autre.

Couet-Gironville donne une autre preuve de cet inaltérable sang-froid de Charlotte Corday. Selon lui, lorsqu'on eut fouillé la jeune fille, Chabot voulut se réserver la montre qu'elle portait. —

« Laissez-la-moi, aurait répondu Charlotte avec un sourire; oubliez-vous que les capucins font vœu de pauvreté? »

L'anecdote nous est suspecte. Certes, parmi les figures de la Révolution, celle de François Chabot est une des plus ignobles. Mais, au mois de juillet 1793, ce misérable ne s'était pas encore vendu à un banquier autrichien; il n'avait pas encore recouru à des faux, à des prévarications, pour se gorger d'or; il n'affichait pas encore le luxe insolent qui hâta sa perte, et il avait conservé du capucin la jaquette de bure, les pieds nus dans les sabots, la crasse et le dépenaillement immonde. La montre d'or de Charlotte Corday s'accorde mal avec le genre de comédie cynique que jouait alors ce drôle.

Le dimanche, 14 juillet, le président de la Convention, Jean-Bon-Saint-André, annonça, d'une voix sourde et calculée pour l'effet, « le grand crime commis sur la personne d'un représentant du peu-

ple. » Les sections montagnardes défilèrent à la barre, et leurs orateurs se répandirent en doléances imagées. « Peuple, s'écria l'un d'eux, tu as perdu ton ami... Marat n'est plus! O spectacle affreux! Il est sur un lit de mort! Où es-tu, David? Il te reste encore un tableau à faire. »

David, étendant la main d'un air inspiré: — Aussi le ferai-je!

Chabot fit succéder à ces éjulations académiques quelque chose de plus sérieux. Il vint, au nom du Comité de sûreté générale, signaler dans l'assassinat de Marat le premier acte d'une vaste conspiration contre-révolutionnaire, qui devait éclater ce jour-là même, jour anniversaire de la prise de la Bastille. Il fit remarquer que l'assassin était venu de Caen, foyer de la conspiration fédéraliste; qu'un membre du côté droit, Duperret, avait reçu de cette meurtrière un paquet de dépêches. J'ai vu, dit Chabot, ce jour-là même, Duperret communiquer ces papiers à ses collègues de la droite, et, en particulier, à Claude Fauchet. On avait mis les scellés sur les papiers de Duperret; mais, sans doute, il avait gardé les plus importants dans ses poches. Ceux-là, il les a fait lire à ses amis de la droite, « avec des ris qui annonçaient qu'il était question de quelque malheur public. »

Et Chabot raconta le meurtre de Marat, montra le couteau sanglant, dit le sang-froid de l'assassin, inexplicable si elle ne comptait pas sur le triomphe immédiat de ses complices. Il termina en demandant l'arrestation de Duperret.

Le décret d'arrestation fut rendu sans désemparer.

Une femme Lebourgeois, soit erreur, soit malveillance, soit désir de jouer un rôle, avait affirmé que, le 12 juillet, elle avait vu une jeune femme dans une tribune de la Convention, en compagnie de Fauchet et Duperret. On fit voir Charlotte Corday à cette femme; elle la reconnut.

Chabot se hâta de dénoncer le fait, et Fauchet, comme Duperret, dut se présenter à la barre de la Convention.

Duperret répondit avec fermeté et franchise. Il déclara qu'il correspondait, en effet, avec les représentants fugitifs, parce qu'il partageait leurs sentiments. Mais il n'avait rien à cacher. Les papiers qui n'avaient pas été placés sous les scellés, il les aurait pu brûler: il ne l'avait pas fait; il les avait dans sa poche, et ne voyait aucune raison qui pût lui faire craindre de les communiquer à l'Assemblée. Duperret remit donc à un huissier la lettre de recommandation de Barbaroux, que lui avait apportée une jeune femme inconnue.

Chabot prit cette lettre et la lut à haute voix. Elle était ainsi conçue:

« Caen, 7 juillet, l'an II de la République une et indivisible.

« Je t'adresse, mon cher bon ami, quelques ouvrages qu'il faut répandre. Il y a un ouvrage de Salles, sur la Constitution; c'est celui qui, dans ce moment, produit le plus prompt effet. Il faut en faire un grand nombre d'exemplaires.

« Je t'ai écrit, par la voie de Rouen, pour t'intéresser à une affaire qui regarde une de nos concitoyennes. Il s'agit seulement de retirer du ministre de l'intérieur des pièces que tu lui rendras. La citoyenne qui te remettra ce paquet s'intéresse à cette affaire. Tâche de lui procurer accès auprès du ministre.

« Adieu, je t'embrasse,

« *P. S.* Ici tout va bien. Nous ne tarderons pas à être sous les murs de Paris.

« BARBAROUX. »

Duperret avait le courage de son opinion ; mais il était impossible de nier que les derniers mots de la lettre de Barbaroux ne fussent la preuve d'une connivence des Girondins de Paris avec les Girondins qui marchaient sur Paris. Duperret avoua qu'il avait communiqué cette lettre à plus de trente de ses collègues.

Quant à ses courts rapports avec l'assassin de Marat, Duperret les raconta ingénuement. Cette femme lui avait paru *extraordinaire ;* il lui avait trouvé d'abord *l'air d'une intrigante.* » En le quittant, elle lui avait dit : — « Citoyen, j'ai un conseil à vous donner, défaites-vous de l'Assemblée ; retirez-vous, vous n'y faites rien. Vous pouvez opérer le bien ; allez à Caen, où vous pourrez, avec vos collègues, servir la chose publique. — Mon poste est à Paris, avait-il répondu : je ne prends pas de part aux délibérations, je n'ai pas ouvert la bouche depuis le 2 juin : mais je suis à mon poste ; rien ne me le fera quitter. — Citoyen, vous faites une sottise, » avait été le dernier mot de Charlotte Corday.

Duperret fut décrété d'accusation, et Fauchet, bien qu'il niât énergiquement avoir accompagné Charlotte, qu'il ne connaissait même pas de vue, fut envoyé à l'Abbaye.

Ce Fauchet, qui ne fut guillotiné que le 31 octobre, était un assez mauvais prêtre, devenu évêque assermenté et député du Calvados. Vainqueur de la Bastille en son temps, républicain exalté, rédacteur mystique de la *Bouche de fer,* partisan de la loi agraire, il avait mis peu à peu des cendres sur son feu, et s'était senti refroidi par les excès de la liberté. Il s'était rapproché des Girondins, juste à temps pour partager leur sort.

Dans la presse montagnarde, dans les clubs, dans les rassemblements populaires, la grande conspiration dont Charlotte était l'émissaire ne fut pas un moment mise en doute. La veille du meurtre de Marat, la *Chronique de Paris* disait ceci :

« On dit Marat très-sérieusement malade ; s'il quittait la vie, on trouverait sans doute *quelques motifs secrets,* car chacun sait que la mort des grands hommes a toujours quelque chose d'extraordinaire. »

Ces motifs secrets, l'opinion populaire n'avait pas eu de peine à les trouver, quand, depuis plusieurs jours, les correspondances des Montagnards départementaux étaient remplies de prédictions sinistres. Un représentant de la Montagne avait dit : « Je me fais Girondin ; j'ai envie de vivre. » On avait lu à l'Assemblée de la Commune le passage suivant d'une lettre du maire de Strasbourg : « La Montagne, la Commune, la Jacobinerie et toute la séquelle scélérate sont à deux doigts du tombeau... D'ici au 15 juillet, nous danserons. Je désire qu'il n'y ait pas d'autre sang répandu que celui de Danton, de Robespierre, Marat et compagnie. »

Le couteau de Charlotte Corday donna une réalité sinistre à ces vagues menaces. La « g.... du Calvados, » comme disait la *Gazette française,* avait voulu tuer Garat, disait-on ; elle s'était présentée chez Legendre, déguisée en religieuse, et le boucher des Jacobins l'avait échappé belle. Chacun voulait avoir été menacé par l'émissaire des Girondins, et Robespierre s'en allait disant, d'un air confit en modestie : « Elle a choisi Marat ; elle aurait aussi bien pu me prendre pour but de ses coups. » « Méfiez-vous des chapeaux verts, » disait Henriot, faisant allusion à la couleur du ruban de Charlotte.

Le Comité de Salut public s'associa bien vite à cette exploitation intelligente de la mort de Marat ; il lança la proclamation suivante :

« Les prédictions sinistres des assassins de la liberté s'accomplissent.

« Le défenseur des droits et de la souveraineté du peuple, le dénonciateur de tous ses ennemis, Marat, dont le nom seul rappelle les services qu'il a rendus à la patrie ; Marat vient de tomber sous les coups parricides des lâches fédéralistes. Une Furie, sortie de Caen, département du Calvados, de la maison du ci-devant comte Dorset, a plongé le poignard dans le sein de l'apôtre et du martyr de la révolution.

« Citoyens, du calme, de l'énergie, et surtout de la surveillance !... L'heure de la liberté a sonné, et le sang qui vient de couler est l'arrêt foudroyant de la condamnation de tous les traîtres : il scelle l'union intime des patriotes qui vont, sur la tombe de ce grand homme, jurer de nouveau la liberté ou la mort.

« *Signé :* MARCHAND, *président ;*
HARNI, *secrétaire.* »

Le procès de Charlotte Corday devait être rapidement conduit. Le rapport de Chabot et de Drouet entendu, un décret, rendu dans cette même séance du 14, chargea « le Tribunal révolutionnaire d'instruire tout de suite contre l'assassin de Marat et ses complices. »

Charlotte Corday attendait patiemment le dénoûment de sa tragédie. Elle avait déployé, dans sa prison, une grande douceur, une résignation sereine. Deux pensées se détachent pourtant de ce fond uniforme ; au milieu de cette paix intérieure, de cette satisfaction du sacrifice accompli, on voit reparaître à la fois la Romaine et la vierge. La lettre suivante fait preuve de ces préoccupations de chaste jeune fille et d'orgueilleuse patriote. Nous la donnons avec son orthographe et sa ponctuation, d'après la lettre autographe. Il y a, pour le lecteur, des révélations de caractère jusque dans ces détails. L'écriture est droite, ferme, nette, un peu massive :

« Du 15 juillet 1793, 2ᵉ de la République.

« Aux citoyens composant le Comité de sûreté générale

« puisque jai encore quelques instants a vivre pourais-je esperer Citoyens que vous me permettrés de me faire peindre, je voudrais laisser cette marque de mon souvenir a mes amis, dailleurs comme on cherit limage des bons citoyens, la curiosité fait quelquefois rechercher ceux des grands criminels, ce qui sert a perpetuer l'horreur de leurs crimes, si vous daignés faire attention a ma demande je vous prie de menvoyer demain matin un peintre en miniature, je vous renouvelle celle de me laisser dormir seule, croyés je vous prie a toute ma reconnaissance

« MARIE CORDAY »

« jentends sans cesse crier dans la rue larestation de fauchet mon complice je ne lai jamais vu que par la fenetre et il y a plus de deux ans, je ne laime ny ne lestime, je lui ai toujours cru une imagination exaltée et nulle fermeté de caractère, cest lhomme du monde a qui jaurais le moins volontiers confié un projet, si cette déclaration peut lui servir jen certifie la vérité

« CORDAY »

On avait laissé deux gendarmes, pendant la nuit, dans la chambre de la prisonnière. Le Comité de sûreté générale ne fit pas droit à sa réclamation.

On demanda à Charlotte Corday de choisir un défenseur. Elle répondit, d'abord, que c'était bien inutile; puis, en souriant de son idée, elle désigna un ancien ami de sa première jeunesse, un neveu de la mère abbesse de Caen, Gustave Doulcet de Pontécoulant. Ce qu'il y eut de plus singulier dans ce choix, et ce qui prouve, en même temps, combien Charlotte avait des notions inexactes sur les hommes politiques de Paris, c'est qu'en prenant Pontécoulant pour défenseur, elle croyait s'adresser à un Montagnard. Il refusera, se disait-elle, et elle accablait, à l'avance, ce lâche de tous ses mépris.

Doulcet de Pontécoulant, ancien sous-lieutenant des Gardes-du-Corps, républicain enthousiaste à l'aurore de la Révolution, était député à la Convention nationale. Mais il était si peu Montagnard, qu'en ce moment-là même, il évitait de rentrer dans son domicile, de peur d'y être arrêté. Il avait voté, le 14 avril précédent, la mise en accusation de Marat.

Sur la demande de Charlotte, l'Accusateur public du Tribunal révolutionnaire écrivit à Doulcet la lettre suivante :

« Du mardi 16 juillet.

« Citoyen, j'ai l'honneur de vous faire part que Marie-Charlotte Corday, prévenue d'assassinat en la personne de Marat, vous a choisi pour son conseil, nonobstant l'observation qui lui a été faite, tant par le Président que par moi, qu'un député ne pouvait être son conseil, attendu qu'il est obligé à son poste; mais, nommé, je dois vous en faire part, et que la cause est indiquée à demain, huit heures précises. Je vous observe de plus que, prévoyant qu'il serait possible que vos occupations ne vous permettent pas de vous rendre à cette invitation, j'ai fait nommer un conseil adjoint.

« Salut et fraternité,
« FOUQUIER-TINVILLE. »

Le gendarme, porteur de cette lettre, ne sut où trouver Doulcet, et rapporta la lettre à Fouquier-Tinville.

Le 16 au matin, on vint chercher Charlotte Corday pour la transférer de l'Abbaye à la Conciergerie. Elle était occupée alors d'écrire à Barbaroux cette lettre célèbre, lettre, dit M. Thiers, « charmante, pleine de grâce, d'esprit et d'élévation. »

La voici :

Au citoyen Barbaroux,
Député à la Convention nationale, réfugié à Caen, rue des Carmes, hôtel de l'Intendance.

Aux prisons de l'Abbaye, dans la ci-devant chambre de Brissot, le second jour de la préparation de la paix.

« Citoyen, vous avez désiré que je vous fisse connaître le détail de mon voyage; je ne vous ferai pas grâce de la moindre anecdote.

« Je suis partie avec des voyageurs que j'ai bientôt reconnus pour de francs Montagnards. Leurs propos, aussi sots que leurs personnes étaient désagréables, m'ont bien vite ennuyée. Je les ai laissés parler tout leur content, et je me suis endor-

mie. Un de ces messieurs, qui aime probablement les femmes dormantes, a voulu me persuader, à mon réveil, que j'étais la fille d'un homme que je n'ai jamais vu, et que j'avais un nom dont je n'ai jamais entendu parler. Il a fini par m'offrir son cœur et sa main, et voulait partir à l'instant pour me demander à mon père. Ces messieurs ont fait tout ce qu'ils ont pu pour connaître mon nom, et mon adresse à Paris; mais j'ai refusé de le dire, et j'ai été fidèle à cette maxime de mon cher et vertueux Raynal, qu'on ne doit pas la vérité à ses tyrans.

« Arrivée à Paris, je fus loger rue des Vieux-Augustins, à l'hôtel de la Providence. Je fus ensuite trouver Duperret, votre ami. Je ne sais comment le Comité de sûreté générale a été instruit de la conférence que j'avais eue avec lui. Vous connaissez l'âme ferme de ce dernier; il leur a répondu la vérité; j'ai confirmé sa déposition par la mienne; il n'y a rien contre lui, mais sa fermeté est un crime. Je l'ai engagé à vous aller trouver; il est trop têtu.

« Le croirez-vous? Fauchet est en prison comme mon complice, lui qui ignorait mon existence.

« J'ai été interrogée par Chabot et par Legendre. Chabot avait l'air d'un fou. Legendre voulait absolument m'avoir vue chez lui le matin, moi qui n'ai jamais songé à cet homme! Je ne lui connais pas d'assez grands talents pour être le tyran de son pays, et je ne voulais pas punir tout le monde.

« Au reste, on n'est guère content de n'avoir qu'une femme sans conséquence à offrir aux mânes du grand homme. Pardon, ô hommes! ce nom déshonore votre espèce : c'était une bête féroce qui allait dévorer le reste de la France par le feu de la guerre civile. Maintenant, vive la paix! Grâce au ciel, il n'était pas né Français (1).

« Je crois qu'on a imprimé la dernière parole de Marat (2). Je doute qu'il en ait proféré; mais voici les dernières qu'il m'a dites, après avoir reçu vos noms à tous, et ceux des administrateurs du Calvados qui sont à Evreux : il me dit, pour me consoler, que, dans peu de jours, il vous ferait guillotiner à Paris. Ces derniers mots décidèrent de son sort. Et si le département met sa figure vis-à-vis de celle de Saint-Fargeau, il pourra faire graver ces paroles en lettres d'or.

« Je ne vous ferai aucun détail sur ce grand événement; les journaux vous en parleront. J'avoue que ce qui m'a décidée tout à fait, c'est le courage avec lequel se sont enrôlés les volontaires, dimanche 7 juillet; vous vous souvenez comme j'en étais charmée. Je me promettais bien de faire repentir Pétion du soupçon qu'il manifesta sur mes sentiments : « Est-ce que vous seriez fâchée s'ils ne partaient pas? » me dit-il.

« Enfin, j'ai considéré que tant de braves gens, venant à Paris pour chercher la tête d'un seul homme, l'auraient peut-être manqué, ou qu'il aurait entraîné dans sa perte beaucoup de bons citoyens. Il ne méritait pas tant d'honneur : cela suffisait de la main d'une femme.

« J'avoue que j'ai employé un artifice perfide pour qu'il pût me recevoir. Je comptais, en partant de Caen, le sacrifier sur la cime de la Montagne de la Convention nationale; mais il n'y allait plus.

« A Paris, l'on ne conçoit pas comment une

(1) Marat était né à Boudry, dans la principauté de Neuchâtel.
(2) On trouve, dans les Esquisses de Dulaure, une lettre apocryphe écrite par Marat à Gusman, dans sa baignoire, après le coup mortel.

femme inutile, dont la plus longue vie ne serait bonne à rien, peut sacrifier sa vie de sang-froid pour-sauver son pays. Je m'attendais bien à mourir à l'instant. Des hommes courageux et vraiment au-dessus de tout éloge m'ont préservée des fureurs bien excusables des malheureux que j'avais faits. Comme j'étais de sang-froid, j'ai souffert des cris de quelques femmes; mais qui sauve sa patrie ne s'a-perçoit point de ce qu'il en coûte.

« Puisse la paix s'établir aussitôt que je le désire! Voilà un grand criminel à bas; sans cela, nous ne l'aurions jamais eue. Je jouis de la paix depuis deux jours. Le bonheur de mon pays fait le mien.

« Je ne doute pas que l'on tourmente mon père, qui a déjà bien assez de ma perte pour l'affliger. Je lui écrivis dernièrement que, redoutant le feu de la guerre civile, j'irais en Angleterre. Alors mon projet était de garder l'incognito sur la mort de Marat, et je voulais laisser les Parisiens chercher inutilement mon nom. Je vous prie, citoyens, et vos collègues, de prendre la défense de mes parents, si on les in-quiète.

« Je n'ai jamais haï qu'un seul être, et j'ai fait voir mon caractère; ceux qui me regretteront se ré-jouiront de me voir dans les Champs-Elysées avec les Brutus et quelques anciens; car les modernes ne me tentent pas; ils sont si vils! Il est peu de vrais patriotes qui sachent mourir pour leur pays; ils sont presque tous égoïstes.

« On m'a donné deux gendarmes pour me pré-server de l'ennui; j'ai trouvé cela fort bien le jour, mais non la nuit. Je me suis plaint de cette indé-cence; le Comité n'a pas jugé à propos d'y faire at-tention. Je crois que c'est de l'invention de Chabot; il n'y a qu'un capucin qui puisse avoir ces idées. » Elle en était là de la lettre commencée la veille, quand on vint la prévenir de son transfèrement. A la Conciergerie, elle continua ainsi :

« Ici on m'a transférée à la Conciergerie, et ces messieurs du grand jury m'ont promis de vous en-voyer ma lettre. Je continue donc. J'ai subi un long interrogatoire; je vous prie de vous le procurer, s'il est rendu public. »

« J'avais sur moi, lors de mon arrestation, une Adresse aux Amis de la Paix; je ne puis vous l'en-voyer; j'en demanderais la publication, je crois, bien en vain.

« J'avais une idée, hier au soir, de faire hom-mage de mon portrait au département du Calvados; mais le Comité de Salut Public, à qui je l'avais de-mandé, ne m'a point répondu, et maintenant il est trop tard.

« Je vous prie de faire part de ma lettre au ci-toyen Bougon, procureur général syndic du dépar-tement. Je ne la lui adresse pas par plusieurs rai-sons : d'abord, je ne suis pas sûre que, dans ce mo-ment, il soit à Évreux; je crains de plus que, étant naturellement sensible, il ne soit affligé de ma mort. Je le crois cependant assez bon citoyen pour s'en consoler par l'espoir de la paix; je sais combien il la désire, et j'espère qu'en la facilitant, j'ai rempli ses vœux.

« Si quelques amis demandaient communication de cette lettre, je vous prie de ne la refuser à per-sonne.

« Il me faut un défenseur : c'est la règle. J'ai pris le mien sur la Montagne : c'est Gustave Doulcet Pontécoulant. J'imagine qu'il refusera cet honneur; cela ne lui donnerait cependant guère d'ouvrage. J'ai pensé demander Robespierre ou Chabot.

« Je demanderai à disposer du reste de mon ar-gent; et alors je l'offre aux femmes et enfants des braves habitants de Caen, partis pour délivrer Paris.

« Il est bien étonnant que le peuple m'ait laissé conduire de l'Abbaye à la Conciergerie; c'est une nouvelle preuve de sa modération. Dites-le à nos bons habitants de Caen; ils se permettent quelque-fois de petites insurrections que l'on ne contient pas si facilement.

« C'est demain à 8 heures que l'on me juge. Probablement, à midi, *j'aurai vécu*, pour parler le langage romain.

« On doit croire à la valeur des habitants du Cal-vados, puisque les femmes mêmes du Calvados sont capables de fermeté. Au reste, j'ignore comment se passeront les derniers moments de ma vie, et c'est la fin qui couronne l'œuvre. Je n'ai pas besoin d'af-fecter d'insensibilité sur mon sort, car jusqu'ici, je n'ai point la moindre crainte de la mort. Je n'esti-mai jamais la vie que par l'utilité dont elle devait être.

« J'espère que demain Duperret et Fauchet se-ront mis en liberté. On prétend que ce dernier m'a conduite à la Convention dans une tribune. De quoi se mêle-t-il d'y conduire des femmes? Comme dé-puté, il ne devait point être aux tribunes; et comme évêque, il ne devait point être avec des femmes. Ainsi, c'est une correction. Mais Duperret n'a au-cun reproche à se faire.

« Marat n'ira point au Panthéon; il le méritait pourtant bien. Je vous charge de recueillir les pièces propres à faire son oraison funèbre.

« J'espère que vous n'oublierez point l'affaire de Mᵐᵉ Forbin. Voici son adresse, s'il est besoin de lui écrire : « Alexandrine Forbin, à Mendresse, par Zurich, en Suisse. » Je vous prie de lui dire que je l'aime de tout mon cœur.

« Je vais écrire un mot à papa. Je ne dis rien à mes autres amis; je ne leur demande qu'un prompt oubli; leur affliction déshonorerait ma mémoire. Dites au général Wimpffen que je crois lui avoir aidé à gagner plus d'une bataille, en lui facilitant la paix.

« Adieu, citoyen! je me recommande au souve-nir des Amis de la Paix.

« Les prisonniers de la Conciergerie, loin de m'in-jurier comme les personnes des rues, avaient l'air de me plaindre. Le malheur rend toujours compa-tissant : c'est ma dernière réflexion.

« CORDAY. »

Charlotte écrivit ensuite à son père. Nous repro-duisons encore cette lettre avec ses caractères ori-ginaux d'orthographe et de ponctuation.

« Pardonnés moi mon cher papa d'avoir disposé de mon éxistence sans votre permission, j'ai vengé bien d'innocentes victimes, jai prévenu bien d'autres dé-sastres, le peuple un jour désabusé, se réjouira d'être délivré d'un tyrran, si jai cherché à vous persuader que je passais en Angleterre, cesque j'es-perais garder lincognito mais jen ai reconu l'impos-sibilité, jespere que vous ne serés point tourmente en tous cas je crois que vous aurés des defenseurs à Caën, jai pris pour défenseur Gustave Doulcet, un tel attentat ne permet nulle defense cest pour la forme, adieu mon cher papa je vous prie de mou-blier ou plutôt de vous rejouir de mon sort la cause en est belle, jembrasse ma sœur que jaime de tout mon cœur ainsi que tous mes parens, n'oubliés pas ce vers de Corneille

Le Crime fait la honte et non pas l'echafaud (1).

C'est demain a huit heures que l'on me juge, le 16 juillet

« CORDAY »

Ces deux lettres d'adieux suprêmes furent saisies par l'ordre de Fouquier-Tinville, qui les adressa au Comité de Sûreté générale. On va voir quelle était l'opinion du célèbre accusateur public sur l'opportunité de leurs publications.

« Citoyens, je vous fais passer ci-inclus l'interrogatoire subi par la fille Charlotte Corday et les deux lettres par elle écrites dans la maison d'arrêt, dont l'une est destinée à Barbaroux. Ces lettres courent les rues d'une manière tellement tronquée, qu'il serait peut-être nécessaire de les faire imprimer telles qu'elles sont. Au surplus, Citoyens, quand vous en aurez pris lecture, si vous jugez qu'il n'y ait pas d'inconvénient à les imprimer, vous m'obligerez de m'en donner avis.

« Je vous observe que je viens d'être informé que cet assassin femelle était l'amie de Belzunce, colonel tué à Caen dans une insurrection, et que, depuis cette époque, elle a conçu une haine implacable contre Marat, et que cette haine paraît s'être ranimée chez elle, au moment où Marat a dénoncé Biron, qui était parent de Belzunce, et que Barbaroux paraît avoir profité des dispositions criminelles où était cette fille contre Marat pour l'amener à exécuter cet horrible assassinat.

« FOUQUIER-TINVILLE. »

Par une singulière inadvertance, Louis Du Bois, le monographe toujours si exact de Charlotte Corday, date sa lettre d'adieu à son père du 13 *juillet*, *quatre jours avant sa mort*. La date du 16 est évidente.

Le mercredi 17, Charlotte Corday comparut devant le Tribunal révolutionnaire, présidé par *Montané*.

« Charlotte, dit Du Bois, s'avança avec une dignité modeste et une sérénité de visage comme de conscience, qui ne se démentirent pas un seul moment durant les débats, ni lors du prononcé du jugement. » La majestueuse démarche, l'éclatante beauté de la jeune fille firent courir par la salle, pleine à comble, un frémissement d'admiration et de pitié.

Le greffier lut l'acte d'accusation. Montané nomma à Charlotte Corday un défenseur officieux; ce défenseur, Chauveau-Lagarde, nous a conservé, dans une Note annexée à un ouvrage de M. de Ségur, la physionomie de ces débats.

« C'est Chauveau-Lagarde qui parle; j'écris sous sa dictée, » dit le vicomte de Ségur (*Les Femmes, leur condition et leur influence dans l'ordre social.* T. III, édition de 1820, 4 vol. in-12).

Chauveau-Lagarde, donc, raconte ainsi comment il fut appelé à l'honneur de défendre Charlotte Corday.

« Lorsque Charlotte Corday fut amenée au Tribunal, et qu'on l'eut fait asseoir sur le banc des accusés, le Président, après les premières questions d'usage, lui demanda si elle avait un défenseur ami, elle répondit qu'elle avait choisi un ami;

(1) Vers de Thomas Corneille. *Comte d'Essex.* Acte IV, scène 3.

mais que, n'en ayant point entendu parler depuis, il n'avait pas apparemment eu le courage d'accepter sa défense.

« Alors le Président, m'ayant aperçu dans la salle, où je me trouvais par hasard pour d'autres affaires, dit à l'accusée :

« Le Tribunal vous nomme d'office, pour défenseur, le citoyen Chauveau-Lagarde. »

« Je montai près d'elle à ma place.

« Ne me connaissant pas, elle jeta sur moi quelques regards d'inquiétude, comme si elle eût craint que je n'entreprisse une justification qu'elle aurait infailliblement désavouée.

« Aussitôt les débats commencèrent et furent terminés en moins d'une demi-heure. »

Les voici, ces courts débats, dans toute la sèche nudité de rédaction de la *Gazette Nationale*, ou *Moniteur Universel* (Nos des 29 et 30 juillet).

On procède à l'audition des témoins.

La citoyenne Evrard dépose que l'accusée s'est présentée, le matin du 13 juillet, chez le citoyen Marat, où elle déposante demeurait; que, sur la réponse que ce député était malade, et qu'il ne pouvait recevoir personne, elle se retira en murmurant; qu'elle a écrit une lettre qui l'a fait recevoir le samedi, à huit heures du soir; qu'un cri parti du cabinet où se trouvait le bain de Marat, l'a fait accourir; qu'elle a trouvé l'accusée debout contre un rideau dans l'antichambre, qu'elle l'a prise par la tête et qu'elle a appelé des voisins; que ces voisins étant venus, elle a couru à Marat; qu'il l'a regardée sans rien dire; qu'elle a aidé à le sortir du bain, et qu'il a expiré sans proférer une parole...

L'accusée, interrompant la déposition.—Oui, c'est moi qui l'ai tué.

Le Président. — Qui vous a engagée à commettre cet assassinat?

L'accusée. — Ses crimes.

Le Président.—Qu'entendez-vous par ses crimes?

L'accusée. — Les malheurs dont il a été la cause depuis la Révolution.

Le Président. — Quels sont ceux qui vous ont engagée à commettre cet assassinat?

L'accusée. — Personne; c'est moi seule qui en ai conçu l'idée.

Laurent Basse, commissionnaire, dépose que, se trouvant, samedi 13 juillet, chez le citoyen Marat, entre sept et huit heures du soir, occupé à ployer des journaux, il vit venir l'accusée, à qui la citoyenne Evrard et la portière refusèrent l'entrée. Néanmoins le citoyen Marat, qui avait reçu une lettre de cette femme, l'entendit insister, et ordonna de la laisser entrer, ce qui fut exécuté. Quelques minutes après, lui, déposant, entendit crier : *A moi, ma chère amie, à moi!* A ce bruit, étant entré dans le cabinet où était le citoyen Marat, il vit le sang couler de son sein en gros bouillons. A cette vue, étant lui-même épouvanté, il cria au secours; et, néanmoins, de crainte que cette femme ne fît des efforts pour s'évader, il barra la porte avec des chaises et lui en porta même un coup sur la tête.

Le Président, à l'accusée. — Je vous interpelle de déclarer ce que vous avez à répondre.

L'accusée. — Je n'ai rien à répondre; le fait est vrai.

On procède à l'audition d'un autre témoin. *Jeanne Maréchal*, cuisinière, dépose des mêmes faits; elle ajoute qu'ayant accouru auprès de Marat, elle l'a trouvé les yeux ouverts, remuant la langue, et ne proférant aucune parole.

L'accusée. — Le fait est vrai.

Marie-Barbe Aubin, portière de la maison où demeurait le citoyen Marat, expose les mêmes faits. Elle ajoute qu'ayant accouru, elle vit Marat, dont le sang sortait à gros bouillons de son sein. Alors, effrayée, elle cria de toutes ses forces : *A la garde! au secours!*

L'accusée. — La déposition est de la plus grande vérité.

Catherine Evrard dépose des mêmes faits que sa sœur.

Un autre témoin, employé à la Mairie, dépose que, vendredi dernier, vers les six heures du soir, il a vu venir l'accusée à la Mairie, laquelle a demandé à lui, déposant, qui était sur la porte, si elle pourrait parler à Pache; à quoi il avait répondu, en lui montrant l'escalier : Montez.

L'accusée. — Cela est faux; je ne sais pas où est la Mairie.

Marie-Louise Graulier, tenant l'hôtel de la Providence, rue des Vieux-Augustins, dépose que, jeudi dernier, l'accusée est arrivée chez elle, déposante, qu'elle s'est fait faire un lit pour se reposer, attendu qu'elle était, disait-elle, très-fatiguée. Elle s'est depuis fait conduire au Palais-Royal, où un citoyen à elle inconnu est venu la demander.

Le Président, à l'accusée. — Quel est cet inconnu?

L'accusée. — C'est Duperret.

Le Président. — Ne devait-il pas vous conduire chez le ministre de l'intérieur?

L'accusée. — Il m'y a effectivement conduite. J'y avais affaire pour obtenir des papiers nécessaires à une de mes amies, nommée Forbin, ci-devant chanoinesse.

Le Président. — Qui vous a indiqué Duperret?

L'accusée. — C'est Barbaroux.

Marie-Louise Graulier observe qu'ayant appris que l'accusée était de Caen, elle lui avait demandé s'il était vrai qu'il marchait sur Paris une force armée; et qu'elle lui avait répondu en riant : « Je me suis trouvée sur la place de Caen le jour où l'on a battu la générale pour venir à Paris; il n'y avait pas trente personnes. »

Le Président, à l'accusée. — Pourquoi disiez-vous cela à votre hôtesse?

L'accusée. — Pour lui donner le change, et ne pas être suspecte; car il y avait plus de 6,000 hommes.

Le Président. — Quel est, en ce moment, l'état de la ville de Caen?

L'accusée. — Il y a un Comité central de tous les départements qui sont dans l'intention de marcher sur Paris.

Le Président. — Que font les députés transfuges?

L'accusée. — Ils ne se mêlent de rien; ils attendent que l'anarchie cesse pour revenir à leur poste.

Le Président. — Quels députés y avez-vous vus?

L'accusée. — Larivière, Kervélégan, Guadet, Lanjuinais, Pétion, Barbaroux, Buzot, Valade, Louvet et plusieurs autres.

Le Président. — Barbaroux, lors de votre départ, était-il instruit du sujet de votre voyage?

L'accusée. — Non.

Le Président. — Qui vous a dit que l'anarchie régnait à Paris?

L'accusée. — Je le savais par les journaux.

Le Président. — Quels journaux lisiez-vous?

L'accusée. — Perlet(1), le *Courrier Français* et le *Courrier Universel*.

(1) C'est la *Gazette quotidienne*.

Le Président. — Ne lisiez-vous point aussi le journal de Gorsas, et celui connu ci-devant sous le nom de *Patriote Français*?

L'accusée. — Oui, je lisais quelquefois ces sortes de journaux.

Le Président. — Etiez-vous en liaison d'amitié avec les députés retirés à Caen?

L'accusée. — Non; mais je parlais à tous.

Le Président. — Où sont-ils logés?

L'accusée. — A l'Intendance.

Le Président. — De quoi s'occupent-ils?

L'accusée. — Ils font des chansons, des proclamations, pour rappeler le peuple à l'union.

Le Président. — Qu'ont-ils dit à Caen, pour excuser leur fuite?

L'accusée. — Ils ont dit qu'ils étaient vexés par les tribunes.

Le Président. — Que disent-ils de Robespierre et de Danton?

L'accusée. — Ils les regardent, avec Marat, comme les provocateurs de la guerre civile.

Le Président. — Ne vous êtes-vous point présentée à la Convention nationale dans le dessein d'y assassiner Marat?

L'accusée. — Non.

Le Président. — Qui vous a remis son adresse, trouvée dans votre poche, écrite au crayon?

L'accusée. — C'est un cocher de fiacre.

Le Président. — Ne serait-ce point plutôt Duperret?

L'accusée. — Non.

Le Président. — Quelles sont les personnes que vous fréquentiez à Caen?

L'accusée. — Très-peu. Je connais Laruet, officier municipal, et le curé de Saint-Jean.

Le Président. — Comment nommez-vous ce curé?

L'accusée. — Duvivier.

Le Président. — Etait-ce à un prêtre assermenté ou insermenté que vous alliez à confesse à Caen?

L'accusée. — Je n'allais ni aux uns ni aux autres.

Le Président. — N'êtes-vous point l'amie de quelques-uns des députés transfuges?

L'accusée. — Non.

Le Président. — Qui vous a donné le passe-port avec lequel vous êtes venue à Paris?

L'accusée. — Je l'avais depuis trois mois.

Le Président. — Quelles étaient vos intentions en tuant Marat?

L'accusée. — De faire cesser les troubles, et de passer en Angleterre, si je n'eusse point été arrêtée.

Le Président. — Y avait-il longtemps que vous aviez formé ce projet?

L'accusée. — Depuis l'affaire du 31 mai, jour de l'arrestation des députés du peuple.

Le Président. — N'avez-vous point assisté aux conciliabules des députés transfuges, à Caen?

L'accusée. — Non, jamais.

Le Président. — C'est donc dans les journaux que vous lisiez que vous avez appris que Marat était un anarchiste?

L'accusée. — Oui, je savais qu'il pervertissait la France. J'ai tué un homme pour en sauver cent mille. C'était, d'ailleurs, un accapareur d'argent. On a arrêté, à Caen, un homme qui en achetait pour lui; j'étais républicaine bien avant la Révolution, et je n'ai jamais manqué d'énergie.

Le Président. — Qu'entendez-vous par énergie?

L'accusée. — Ceux qui mettent l'intérêt particulier de côté, et savent se sacrifier pour leur patrie.

Le Président. — Ne vous êtes-vous point essayée d'avance, avant de porter le coup à Marat?

L'accusée. — Non, je ne suis point un assassin.

Le Président. — Il est cependant prouvé, par le rapport des gens de l'art, que si vous eussiez porté le coup en long, au lieu de le porter en large, vous ne l'eussiez point tué.

L'accusée. — J'ai frappé comme cela s'est trouvé; c'est un hasard.

On entend la déposition de *Pierre-François Feuillade*, garçon de l'hôtel de la Providence. Ce témoin dépose qu'il connaît l'accusée pour être venue loger chez son maître, le 11 de ce mois, et lui avoir fait son lit; que, pendant ce temps, elle lui a dit que 60,000 hommes marchaient sur Paris; que l'accusée lui ayant demandé ce que l'on disait à Paris du petit Marat, lui, déposant, lui avait dit que les patriotes l'estimaient beaucoup, mais que les aristocrates le détestaient. Elle lui demanda ensuite le chemin du palais de l'Égalité et de la rue Saint-Thomas-du-Louvre. Il ajouta que lui, déposant, lui a acheté du papier, des plumes et de l'encre, mais ne lui a vu écrire aucune lettre.

Le Président, à l'accusée. — N'étiez-vous jamais venue à Paris?

L'accusée. — Non, jamais.

Le Président. — N'avez-vous point reçu, depuis votre arrivée, des lettres de Caen, ou n'en avez-vous point envoyé?

L'accusée. — Non.

Le Président. — Connaissez-vous les dames de Caen qui sont venues, l'année dernière, solliciter à Paris en faveur de leurs parents arrêtés pendant les troubles arrivés en cette ville?

L'accusée. — J'en connais deux : Mme Achard et Mlle Vaillant.

Le Président. — Est-il à votre connaissance que les députés qui sont à Caen fréquentent ces dames?

L'accusée. — Non.

Cuisinier, limonadier, dépose que, le samedi 13 juillet, étant de service au poste du Théâtre-Français, il entendit crier : *On assassine Marat;* que, de suite, il s'est rendu, avec la force armée qu'il commandait, chez ce représentant du peuple, où il a trouvé l'accusée assise sur une chaise. Il a assisté à la rédaction du procès-verbal, après lequel il l'a conduite à l'Abbaye.

Antoine Delafondée, dentiste, principal locataire de la maison où demeurait Marat, dépose que, le 13 juillet, vers les sept heures et demie du soir, il fut interrompu dans son travail par ces mots : *On assassine Marat;* qu'étant accouru sur-le-champ, il trouva ce député dans sa baignoire, perdant tout son sang; qu'il fit, sur-le-champ, une compresse pour le lui arrêter, et commanda, en même temps, d'aller aux écoles de chirurgie chercher du secours; lui ayant tâté le pouls, il ne lui en trouva plus. Il aida à le retirer de sa baignoire, et à le mettre dans son lit, où étant, il n'a plus remué, étant déjà mort.

Adrienne-Catherine Lebourgeois dépose que, jeudi soir, se trouvant dans une des tribunes de la Convention nationale, numérotée 4, lors de l'élection du président, elle a vu l'accusée près d'elle, avec deux messieurs qu'elle a reconnus depuis être, l'un Duperret, et l'autre Fauchet.

Le portier de l'hôtel de la Providence atteste que l'accusée a dormi toute la soirée, et n'est point sortie.

L'accusée. — Je ne suis point sortie ce soir-là; je me suis couchée à cinq heures, et me suis levée le lendemain à huit.

La citoyenne Lebourgeois persiste dans sa déposition.

Berger, limonadier, dépose reconnaître l'accusée pour l'avoir arrêtée. Voyant qu'elle désirait être livrée à la fureur du peuple, il la fit remonter chez Marat, où arriva ensuite le commissaire Dumesnil. Il ajouta qu'il avait vu dans son sein la gaîne de son couteau, et une diatribe en forme d'Adresse au peuple Français, où plusieurs victimes étaient désignées.

Le Président, à l'accusée. — Que répondez-vous à cela?

L'accusée. — Je n'ai rien à dire, sinon que j'ai réussi.

Claude Fauchet, député à la Convention nationale, est entendu; il déclare n'avoir jamais connu directement ni indirectement l'accusée, ne l'avoir jamais vue, et, par conséquent, n'avoir jamais été avec elle dans une des tribunes de la Convention nationale.

L'accusée. — Je ne connais Fauchet que de vue; je le regarde comme un homme sans mœurs et sans principes, et je le méprise.

Le Président interpelle la citoyenne Lebourgeois de déclarer si elle persiste à soutenir qu'elle reconnaît Fauchet pour être un de ceux qu'elle a vus dans une des tribunes de la Convention, jeudi soir.

La déposante persiste dans sa déclaration.

Fauchet soutient que le fait est d'autant plus faux, qu'il n'a point été ce soir-là à la Convention.

Sur l'interpellation qui lui est faite de déclarer où il a passé la soirée du jeudi soir, il répond en avoir passé une partie à jouer au trictrac avec l'évêque de Nancy et le citoyen Loiseau, et l'autre chez le citoyen Gommaire, dans le faubourg Saint-Honoré.

La citoyenne Lebourgeois persiste toujours dans sa déposition.

Claude-Romain-Lause Duperret, cultivateur, député à la Convention nationale, déclare ne connaître l'accusée que depuis jeudi. Une de ses filles lui ayant dit qu'une dame qu'elle ne connaissait pas lui avait remis un paquet, il l'ouvrit et trouva qu'il renfermait des imprimés et une lettre d'avis qui lui faisait part de l'envoi desdits imprimés, et lui recommandait la personne porteur du paquet, comme ayant besoin de papiers chez le ministre de l'intérieur. Cette dame étant revenue le soir, sa fille l'a reconnue pour être celle qui avait apporté, quelques heures auparavant, ledit paquet. N'ayant pu la conduire ce soir-là chez le ministre, il lui demanda son adresse pour aller la trouver le lendemain et l'y conduire; ce à quoi elle consentit. S'y étant rendu, ils furent ensemble chez le ministre. On leur dit qu'il n'y était pas. S'étant annoncé comme député, on lui dit de venir à huit heures du soir. L'ayant consultée pour savoir si elle pourrait venir à ladite heure, elle y consentit. Dans la journée, les scellés ayant été mis sur les papiers de lui déclarant, conformément à un décret qui avait été rendu ce même jour, il représenta à l'accusée qu'il pourrait peut-être lui être plus nuisible qu'utile en l'accompagnant chez le ministre; que, d'ailleurs, ne lui paraissait point munie de procuration. Du reste, il est absolument faux qu'il se soit trouvé avec l'accusée dans une tribune de la Convention, jeudi au soir.

La citoyenne Lebourgeois, interpellée sur ce dernier fait, répond qu'elle le reconnaît très-bien pour être celui qui était avec Fauchet et l'accusée; qu'il était vêtu d'un pantalon et d'un habit rayés.

Duperret, au Président du Tribuna ... mande que l'on aille, sur-le-champ, visite ma garde-robe, dans laquelle on ne trouvera ni pantalon ni habit rayé; et j'assure n'avoir été que deux fois chez l'accusée.

Le garçon de l'hôtel observe à Duperret qu'il y est venu trois fois à sa connaissance, savoir : deux fois le vendredi, et une fois le samedi.

Duperret. — Je soutiens n'y avoir été que le vendredi.

L'accusée. — Duperret n'est point venu chez moi le samedi, et je le lui avais même défendu expressément.

Le Président. — Pourquoi lui aviez-vous défendu de venir le samedi 13 juillet?

L'accusée. — Parce que je ne voulais pas qu'il fût compromis; je l'avais même engagé de partir pour Caen.

Le Président. — Pourquoi l'engagiez-vous à partir pour cette ville?

L'accusée. — C'est que je ne croyais pas ses jours en sûreté à Paris.

Le Président. — Mais vous voyez bien que vous y avez été vous-même en sûreté, après y avoir commis un pareil forfait; et vous n'ignorez point que

. . . Elle répondit, par l'attitude la plus modeste, aux outrages de la vile populace (PAGE 21).

les députés qui sont à Caen n'ont pas reçu la moindre égratignure.

L'accusée. — Cela est vrai; mais aussi, ceux qui sont détenus ne sont pas encore jugés.

(Ici l'accusée s'aperçoit qu'un des auditeurs est occupé à la dessiner; elle tourne la tête de son côté.)

Le Président. — Combien sont-ils de députés à Caen?

L'accusée. — Ils sont seize.

Le Président. — N'avez-vous point prêté quelque serment avant de quitter Caen?

L'accusée. — Non.

Le Président. — Qu'avez-vous dit en partant?

L'accusée. — J'ai dit que j'allais faire un tour à la campagne.

Le Président. Quel est le nom du domestique qui a porté votre paquet à l'hôtel de la Providence?

L'accusée. — Il se nomme Lebrun.

Le Président. — N'étiez-vous pas dans l'intention d'assassiner le ministre de l'intérieur, lorsque vous vous êtes rendue chez lui avec Duperret?

L'accusée. — Si j'avais eu dessein de l'assassiner, je me serais bien gardée de mener Duperret pour en être le témoin. Je n'en voulais qu'à Marat.

Le Président. — Quelles sont les personnes qui vous ont conseillé de commettre cet assassinat?

L'accusée. — Je n'aurais jamais commis un pareil attentat par le conseil des autres. C'est moi seule qui en ai conçu le projet, et qui l'ai exécuté.

Le Président. — Mais comment pensez-vous faire croire que vous n'avez point été conseillée, lorsque vous dites que vous regardiez Marat comme la cause de tous les maux qui désolent la France, lui qui n'a cessé de démasquer les traîtres et les conspirateurs?

L'accusée. — Il n'y a qu'à Paris où l'on ait les yeux fascinés sur le compte de Marat; dans les autres départements, on le regarde comme un monstre.

Le Président. — Comment avez-vous pu regarder Marat comme un monstre, lui qui ne vous a laissé introduire chez lui que par un acte d'humanité, parce que vous lui aviez écrit que vous étiez persécutée ?

L'accusée. — Que m'importe qu'il se montre humain envers moi, si c'est un monstre envers les autres ?

Le Président. — Croyez-vous avoir tué tous les Marat ?

L'accusée. — Non, certainement.

Le Président, à Duperret. — Quelle est l'idée que vous vous êtes formée de la personne de l'accusée, d'après les discours qu'elle vous a tenus ?

Duperret. — Je n'ai aperçu dans ses discours que les propos d'une bonne citoyenne. Elle m'a rendu compte du bien que les députés font à Caen, et m'a conseillé d'aller les joindre.

Le Président, à Duperret. — Comment avez-vous pu regarder comme une bonne citoyenne une femme qui vous conseillait d'aller à Caen ?

Duperret. — J'ai regardé cela comme une affaire d'opinion.

La citoyenne Lebourgeois est interpellée de nouveau de déclarer si elle est bien sûre que ce soit Duperret qui était avec l'accusée dans une tribune de la Convention. Elle répond que, si ce n'est pas lui, c'est au moins une personne qui lui ressemble beaucoup.

(On représente à l'accusée un couteau à gaîne.)

L'accusée. — C'est le même dont je me suis servie pour assassiner Marat.

(On fait lecture à l'accusée de deux lettres qu'elle reconnaît pour avoir été écrites par elle depuis sa détention. La première est adressée à Barbaroux, la seconde à son père.)

L'accusée. — Le Comité de Salut public m'a promis de faire tenir la première de ces lettres à Barbaroux, afin qu'il puisse la communiquer à tous ses amis. Je m'en rapporte au zèle du Tribunal pour faire tenir la seconde.

Voilà le compte rendu du *Moniteur :* il est décoloré, incomplet, sur quelques points mensonger, par omission. C'est un document dont la physionomie officielle a sa valeur historique : il nous fallait le reproduire, sans l'altérer ; mais nous devons le commenter, le compléter, le rectifier.

D'abord, il est évident qu'on a voulu y amoindrir Charlotte ; sa beauté, son courage avaient excité des admirations gênantes. C'est pour cela que le compte rendu du procès fut scindé, et parut en deux fois. C'est pour cela que les journaux ne reçurent que le 23 juillet l'autorisation de donner des débats un compte rendu tronqué ; c'est pour cela que le journal officiel ne publia lui-même son compte rendu que dans les n⁰ˢ des 29 et 30 juillet. Chauveau-Lagarde déclare que lorsque vint, pour lui, le moment de prendre la parole, les jurés lui firent donner le conseil de se taire ; le président Montané lui fit dire de plaider la folie : était-ce, comme l'a cru M. de Lamartine, parce que Montané voulait « sauver la vie de l'accusée ? » L'explication est inadmissible ; Charlotte Corday ne pouvait être sauvée ; il ne pouvait pas venir à la pensée d'un Président du tribunal révolutionnaire de le tenter. Non, Chauveau-Lagarde dit le vrai mot : *Humiliez-la !* C'était le mot d'ordre que juges et jurés lui envoyèrent.

On a déjà pressenti, par l'incolore compte rendu du *Moniteur,* que le procès public avait eu un résultat tout différent. Charlotte ne fut pas humiliée, mais glorifiée par cette épreuve. Restituons aux débats leur véritable caractère, d'après les indications de Chauveau-Lagarde, et nous verrons qui fut humilié dans ce procès.

Chauveau-Lagarde nous dit :

« Il eût été facile de copier, comme je vais le faire, ses réponses littérales ; mais les journaux d'alors ne l'auraient pas osé. D'ailleurs, il est une chose qu'il eût fallu renoncer à peindre ; et c'est précisément ce qui m'a fait l'impression la plus profonde : je veux dire l'accent de sa voix presque enfantine, qui se trouvait toujours en harmonie avec la simplicité de ses dehors, et l'imperturbable sérénité de son visage, mais qui semblait néanmoins s'accorder si peu avec les pensées et les sentiments qu'elle exprimait.

« Il ne faut pas non plus essayer de donner une juste idée de l'effet qu'elle me parut produire sur les jurés, les juges et la foule immense du peuple qui remplissait l'enceinte du palais : *ils avaient l'air de la prendre elle-même pour un juge qui les aurait tous appelés à son tribunal suprême.*

« En un mot, cette partie morale des débats est à son procès ce que sa physionomie était à sa figure. C'est une chose qu'on peut sentir, mais qu'il est impossible d'exprimer.

« Je me borne donc à répéter littéralement et sans aucune réflexion les principales questions qui lui ont été faites, ainsi que ses réponses ; l'histoire y trouvera peut-être les premiers traits d'un tableau que je n'ai ni la force, ni la volonté d'entreprendre. »

Avant de reproduire ces rectifications du défenseur, plaçons d'abord en pleine lumière le portrait qu'il trace de l'accusée. La figure éclairera les paroles :

« Aucun peintre, du moins à ma connaissance, ne nous a retracé fidèlement la ressemblance de cette femme extraordinaire. On a bien pu rendre sa stature assez forte et pourtant légère, ses longs cheveux négligemment épars sur ses épaules, ses yeux ombragés par de grandes paupières, et la forme ovale de son visage ; mais il n'eût pas été possible à l'art de peindre sa grande âme, respirant tout entière dans sa physionomie. »

Réponses vraies d'après Chauveau-Lagarde :

Elle dit qu'elle avait conçu, depuis deux mois, le projet de tuer Marat dans le sein même de l'Assemblée. « J'aurais voulu l'immoler sur la cime de la Montagne. » Elle ajoute que si elle eût cru pouvoir réussir de cette manière, elle l'aurait préférée à toute autre. — « J'étais bien sûre de devenir à l'instant victime de la fureur du peuple ; et c'est ce que je désirais. On me croyait à Londres ; mon nom eût été ignoré. » Elle explique ensuite comment elle a préféré s'introduire chez Marat, et par quels moyens elle y est parvenue, en lui écrivant deux lettres où elle disait avoir besoin de lui parler de la part de ses amis. Sur l'observation qui lui est faite que ce moyen tenait de la perfidie : — « Je conviens que ce moyen n'était pas digne de moi, mais ils sont tous bons pour sauver son pays. D'ailleurs, j'ai dû paraître l'estimer pour arriver à lui : un tel homme est soupçonneux. »

D. Qui vous avait donc inspiré tant de haine pour Marat ? — R. Je n'avais pas besoin de la haine des autres : j'avais assez de la mienne.

On lui demande qui lui a suggéré la pensée de l'assassinat.

R. On exécute mal ce qu'on n'a pas conçu soi-même.

D. Que haïssiez-vous donc dans sa personne? — R. Ses crimes.

D. Qu'entendez-vous par ses crimes? — R. Les ravages de la France, que je regarde comme son ouvrage.

D. Ce que vous appelez les ravages de la France ne sont pas l'œuvre de lui seul? — R. Cela peut être : mais il a dû tout employer pour parvenir à la destruction totale.

D. En lui donnant la mort, qu'espériez-vous? — R. Rendre la paix à mon pays.

Lorsque Montané lui demande si elle croit avoir tué tous les Marats, elle répond : — « Celui-là mort, les autres auront peur peut-être. »

Lorsqu'on lui montra le couteau :

« A ce seul instant, dit Chauveau-Lagarde, l'émotion parut sur son visage ; elle détourna la vue, et, repoussant le poignard avec la main, elle dit d'une voix entrecoupée : — « Oui, je le reconnais, je le reconnais ! »

C'est la jeune fille qui parle. Il faut attribuer à un sentiment du même genre la première réponse par laquelle Charlotte interrompt la déposition de la fille Evrard : — « Oui, c'est moi qui l'ai tué ! » Ce n'est pas, comme on le pourrait penser, un cri d'audace, mais une exclamation de femme, empressée de mettre fin à ce récit horrible, entrecoupé de sanglots. Charlotte se glorifiera de son action ; elle n'en peut supporter les hideux détails. Il est même permis de penser, avec M. de Lamartine, que la jeune Romaine n'avait pas un instant soupçonné qu'on pût aimer Marat. Près de l'immonde baignoire, à la barre du Tribunal, la douleur de cette fille la révolte et l'émeut tout ensemble.

Une dernière rectification. S'il faut en croire le défenseur, ce n'est pas Montané, c'est Fouquier-Tinville qui se serait attiré cette réponse fameuse, prudemment écourtée par le *Moniteur :*

L'accusateur public lui fait observer qu'elle a sans doute frappé perpendiculairement sa victime à la gorge pour ne pas la manquer, et dans la crainte de rencontrer une côte, si elle avait frappé horizontalement ; il ajoute : — « Il faut que vous soyez bien exercée à ce crime ! »

Charlotte Corday, d'une voix vibrante et indignée : — « Oh ! le monstre ! il me prend pour un assassin ! »

Cette réponse, dit le défenseur, termina la séance *comme un coup de foudre.*

Les débats clos, Chauveau-Lagarde se leva, ému, hésitant :

« Quant à elle, dit-il, son visage était toujours le même. Seulement, elle me regardait de manière à m'annoncer qu'elle ne voulait pas être justifiée. Je ne pouvais d'ailleurs en douter, d'après les débats ; et cela était impossible, puisqu'il y avait, indépendamment de ses aveux, la preuve légale d'un homicide avec préméditation.

« Cependant, bien décidé à remplir mon devoir, je ne voulais rien dire que ma conscience et l'accusée pussent désavouer ; et, tout à coup, l'idée me vient de me borner à une seule observation, qui, dans une assemblée du peuple ou de législateurs, aurait pu servir d'élément à une défense complète. »

Le court plaidoyer que prononça Chauveau-Lagarde nous a été transmis, en deux versions légèrement différentes, et par lui-même, et par le *Moniteur Universel.* Nous indiquons les nuances en prenant pour base la version du *Moniteur ;* les mots ou

phrases qui ne se trouvent pas dans la version de Chauveau-Lagarde sont, ici, placés entre parenthèses ; les mots ou phrases en italiques manquent dans la version du journal officiel :

« L'accusée avoue avec sang-froid l'horrible attentat qu'elle a commis ; elle en avoue avec sang-froid la longue préméditation ; elle en avoue les circonstances (les plus) affreuses : en un mot, elle avoue tout, *se glorifie de tout,* et ne cherche (pas même à se justifier) *à se justifier de rien.*

« Voilà, citoyens (jurés, sa défense tout entière), *toute sa justification.* Ce calme imperturbable et cette (entière) abnégation *sublime* de soi-même, qui n'annoncent aucun remords (et, pour ainsi dire,) en présence de la mort même ; ce calme et cette abnégation (sublimes sous un rapport) ne sont pas dans la nature ; ils ne peuvent s'expliquer que par l'exaltation du fanatisme politique qui lui a mis le poignard à la main. Et c'est à vous, citoyens jurés, à juger de quel poids doit être cette considération (morale) dans la balance de la justice. (Je m'en rapporte à votre prudence.) »

Il y a une nuance de courage un peu plus marquée dans la version de Chauveau-Lagarde. Nous nous contenterons de faire remarquer que cet estimable avocat, célèbre par la défense de Marie-Antoinette, était d'un caractère plutôt timide qu'audacieux.

Quoi qu'il en soit, cette défense était bien celle qu'avait voulue Charlotte ; elle l'entendit avec un air de satisfaction visible.

Immédiatement après, *le Président* posa au Jury les trois questions suivantes :

« Est-il constant que Jean-Paul Marat a été assassiné ?

« Marie-Charlotte Corday est-elle convaincue de ce crime ?

« L'a-t-elle commis avec préméditation et dans des intentions contre-révolutionnaires ? »

Le Jury ne tarda pas à rapporter trois réponses affirmatives, rendues à l'unanimité. *L'Accusateur public* conclut à la mort, et à la confiscation des biens de l'accusée au profit de la République, et *Montané* demanda à l'accusée si elle avait quelque observation à faire sur l'application de la peine. Charlotte ne daigna pas même répondre.

L'arrêt prononcé, Charlotte se fit conduire par les gendarmes près de son avocat, et, avec un sourire plein de douceur : — « Monsieur, lui dit-elle, je vous remercie bien du courage avec lequel vous m'avez défendue d'une manière digne de vous et de moi.

« Ces Messieurs me confisquent mon bien... mais je veux vous donner un témoignage de ma reconnaissance ; je dois quelque chose à la prison ; je vous charge d'acquitter cette dette (1). »

On lui avait pris, on l'a vu, les 290 fr. qu'elle possédait encore ; elle n'avait donc pu payer 36 livres assignats dus par elle au concierge de l'Abbaye, pour sa dépense. Chauveau-Lagarde reçut avec respect cette mission suprême, et acquitta la dette.

Du Tribunal, Charlotte Corday fut conduite à la Conciérgerie.

Quoi qu'on puisse penser d'ailleurs de l'action de Charlotte, il ressort des débats que la jeune fille étonna tous les esprits, s'empara de tous les cœurs

(1) « Monsieur, dit le *Moniteur,* vous m'avez défendue d'une manière délicate et généreuse ; c'était la seule qui pût me convenir : je vous en remercie. Elle m'a fait avoir pour vous une estime dont je veux vous donner une preuve... »

par sa beauté, par sa majestueuse résignation, par la simplicité de son sacrifice. C'est là l'impression qu'on trouve dans tous les récits du temps, même dans les plus hostiles au parti girondin. On a pu contester à cette héroïque jeune fille le droit de frapper, même un Marat; mais sa grandeur morale n'a été niée par personne. Nous nous trompons : un homme a taxé Charlotte Corday de folie, et cet homme, c'est Charles Nodier.

« On voit par l'interrogatoire de cette femme qu'il y avait de l'aliénation dans son esprit, » dit Charles Nodier, dans ses notes de l'édition des *Femmes*, par le vicomte de Ségur; Paris, Raymond, 1820. Et il ajoute : « Ce dévouement à la cause publique est trop surprenant pour qu'il ne soit pas l'effet d'une passion réduite au désespoir. Charlotte *put* attribuer à Marat la perte d'un amant chéri; elle voulut se venger de lui; elle médita longtemps, et il y a plus d'exaltation que d'héroïsme dans son action. »

Pour qui ne connaîtrait pas la légèreté d'esprit et de caractère qui distingua toujours celui qu'il fut longtemps de mode d'appeler *le bon et naïf* Nodier, il y aurait de quoi s'étonner d'un pareil jugement. Mais Nodier fut surtout un habile. S'il fut jamais, ce dont on pourrait douter, l'interrogatoire de Charlotte, il dut s'occuper beaucoup moins d'y chercher les éléments d'un jugement sincère, que d'y trouver l'occasion d'une *réclame* utile à sa personnalité. C'est en 1820 qu'il écrit cette énormité. Or, veut-on savoir sur quoi il se fonde pour envoyer ainsi Charlotte à Charenton? « Je base mon jugement, dit-il, sur celui d'une femme qui écrivait à son amant, aide de camp de Bonaparte, en 1815 : *Je suis jalouse de l'amour que tu portes à ce monstre... je frémis en y songeant.... son nom seul me fait entrer dans d'affreuses convulsions. Veux-tu faire de moi une nouvelle Charlotte Corday?* »

Le raisonnement est digne du jugement. Mais Nodier n'y regardait pas de si près, pourvu qu'il trouvât une occasion de donner du *monstre* à Bonaparte, et de l'assimiler à Marat. Cela devait plaire, et Nodier, qui prétendait, sans l'avoir pu prouver jamais, avoir souffert la persécution sous la République et sous l'Empire, n'était pas homme à négliger un moyen de plaire aux puissants.

« Au reste, dit Nodier en terminant sa note, ce fait qui a donné de la célébrité à cette femme (Charlotte Corday, non l'autre, on pourrait s'y tromper), *peut bien être une bonne action*, et je n'ai fait cette observation que dans l'intérêt de la morale et de la vérité. »

Voilà le pourquoi de la note.

Il est si vrai que la grandeur de Charlotte écrasa ses accusateurs et ses juges, qu'on a pu croire que Montané fut puni pour avoir laissé prendre à l'assassin de Marat cette attitude souveraine.

M. de Proussinalle, dans son *Histoire secrète du tribunal révolutionnaire*, dit que, le 20 juillet suivant, le comité de Salut public fit mettre en arrestation le président du tribunal révolutionnaire, pour avoir, dans le jugement de Charlotte Corday, changé la cinquième question ainsi conçue : — « L'a-t-elle fait avec préméditation et dessein criminel et contre-révolutionnaire? » en celle-ci : — « L'a-t-elle fait avec dessein prémédité? »

On peut douter du fait, d'abord parce qu'il n'y eut pas cinq questions posées au jury, mais trois; ensuite, parce que la troisième question renferme justement l'expression qu'on dit avoir été écartée; enfin, parce que, le 21 juillet, c'est-à-dire le lende-

main de l'arrestation prétendue, Montané est encore président du tribunal révolutionnaire. Nous trouvons de lui, à cette date, une lettre à Doulcet de Pontécoulant.

Mais il reste probable que Montané dut recevoir une semonce pour la maladresse et la faiblesse qu'il avait déployées dans la direction de ces débats, où l'accusée, selon la belle expression de Chauveau-Lagarde, avait semblé se changer en juge.

En ce temps-là, peu d'heures séparaient le jugement de l'exécution. Charlotte n'eut donc qu'un temps très-court pour se préparer à la mort. Depuis longtemps elle était prête.

On lui envoya un prêtre. Elle le reçut avec une froide politesse. — « Remerciez, lui dit-elle, de leur attention pour moi les personnes qui vous ont envoyé; mais je n'ai pas besoin de votre ministère. »

Elle n'avait pas oublié, à ce moment suprême, cette pensée, mêlée d'orgueil et de tendresse, qui lui avait fait désirer d'avoir une image d'elle-même à léguer comme un souvenir à ses parents, comme un exemple à ses frères en république. M. de Lamartine dit qu'un peintre, Hauer, officier de la garde nationale de la section du Théâtre-Français, celui-là même qui avait esquissé pendant les débats la noble tête de l'accusée, obtint d'être introduit près d'elle pour terminer cette esquisse. Charlotte se prêta, avec reconnaissance, à cette reproduction qui exauçait son vœu, et elle paya d'une boucle de ses beaux cheveux que le fer allait abattre, le peintre plus ému que son modèle (1).

Le bourreau (c'était Sanson) ne tarda pas à arriver pour procéder à la sinistre toilette. La chevelure de Charlotte tomba sous les ciseaux, et elle en fit présent à Mme Richard, femme du concierge de la prison. « C'est la seule chose dont je puisse disposer à présent, » lui dit-elle avec un gracieux sourire. Mme Richard avait eu pour la prisonnière les attentions les plus délicates.

Les aides de l'exécuteur revêtirent la condamnée de la chemise rouge. Cette draperie aux reflets sanglants rehaussa encore la mâle beauté de l'héroïne.

Au moment où commencèrent ces apprêts, Charlotte écrivait une lettre. Elle demanda à l'exécuteur la permission de l'achever. Cette lettre, écrite en un semblable moment, n'était pas, comme on pourrait le croire, un adieu suprême, attendri, adressé aux êtres aimés. La voici :

(1) M. de Lamartine ajoute que la famille Hauer possède encore cette ébauche, dont la tête seule est peinte. Ce qui peut faire croire que l'historien des Girondins se trompe, non sur le fait, mais sur la personne de l'artiste, c'est la curieuse nomenclature dressée par M. Du Bois des divers portraits de Charlotte Corday. Le peintre de la Conciergerie y est nommé Brard et non Hauer.

Un des plus ressemblants, parmi ces portraits, d'après M. Du Bois, serait une gravure in-8, sans nom de dessinateur ou de graveur, représentant Charlotte coiffée d'un bonnet à papillons, cheveux flottants, ample fichu; au bas est écrit : « Marie-Anne-Charlotte Corday, née à Saint-Saturnin-les-Vignaux, âgée de 25 ans moins 3 mois. A l'instant où elle s'aperçoit qu'un des auditeurs est occupé à dessiner, elle tourne la tête de son côté. »

Un autre portrait, gravé par B. Gautier, d'après F. Bonneville, ne serait pas ressemblant.

Un troisième, gravé au lavis en couleur par P. M. Alix, « approche beaucoup de la ressemblance. »

Un quatrième, peint par Brard quelques minutes avant l'exécution, « peut-être le plus ressemblant de tous, est conservé à Caen, chez Mme Philippe-Delleville, veuve du conventionnel de ce nom. »

M. Du Bois ne se prononce pas sur le beau tableau de Scheffer, et déclare peu ou point ressemblants les portraits placés dans la brochure de Couet de Gironville et dans l'*Histoire de la Révolution* par M. Thiers.

A Doulcet-Pontécoulant.

« Doulcet-Pontécoulant est un lâche d'avoir refusé de me défendre, lorsque la chose était si facile. Celui qui l'a fait s'en est acquitté avec toute la dignité possible ; je lui en conserverai une reconnaissance jusqu'au dernier moment.

« MARIE CORDAY. »

Doulcet de Pontécoulant n'était pas un lâche, et Charlotte finissait sa vie par une involontaire injustice. Nous avons dit que l'avis adressé par Fouquier-Tinville au défenseur choisi par Charlotte, n'avait pu être remis entre les mains du destinataire. Doulcet de Pontécoulant se cachait. Mais, lorsqu'il lut, dans le *Républicain Français*, qu'il avait *refusé* sa parole à l'accusée, il fit connaître que, quatre jours seulement après les débats, il avait connu le choix fait par Charlotte. Il s'était empressé dès lors d'en écrire à Montané, qui lui répondit : « L'accusateur public vous avait écrit. Le gendarme, n'ayant su vous trouver, rapporta la lettre. »

Il était cinq heures du soir. La charrette attendait, dans la cour de la Conciergerie. Charlotte Corday descendit, et prit place dans l'immonde voiture. Une foule immense encombrait la place du Palais-de-Justice, et s'échelonnait sur le parcours de la Conciergerie à la place de la Révolution. Des hurlements, des injures, des menaces partirent de cette foule ignoble, le peuple de Marat. Elle, calme et digne, chastement drapée dans la sinistre étoffe qui faisait resplendir ses traits, semblait ne plus appartenir à la terre. Elle souriait intérieurement à son sacrifice, et à peine si un regard de douce pitié prouvait de temps en temps qu'elle entendait encore les vociférations des forcenés.

« L'approche du supplice ne l'a point ébranlée, dit un témoin irrécusable (le *Républicain français* du 18 juillet); son visage était serein, et avait le coloris ordinaire. »

L'illustre Cabanis nous donne un autre témoignage sur cette fermeté surhumaine. Il dit (*Magasin encyclopédique* de Millin, t. V, p. 155) :

« Plusieurs personnes de ma connaissance ont suivi, depuis la Conciergerie jusqu'à l'échafaud, la charrette qui conduisait cette femme si intéressante, malgré les maux affreux dont elle a été la cause, ou du moins dont elle a donné le signal. Elles ont été témoins de son calme admirable pendant la route et de la majesté de son dernier moment. Un médecin de mes amis ne l'a pas perdue de vue une seule minute. Il m'a dit que sa sérénité grave et simple avait toujours été la même; que, au lieu de l'échafaud, elle avait légèrement pâli, mais que bientôt son beau visage avait repris encore plus d'éclat. »

M. de Barante dit, à son tour :

« Elle était si belle ainsi, son expression avait tant de noblesse et tant de fermeté, que, lorsqu'elle traversa la foule qui entourait la fatale charrette, au lieu des imprécations et des propos féroces qui, ordinairement, étaient adressés aux condamnés quand ils marchaient au supplice, on entendait : « Mon Dieu ! quel dommage ! si jeune et si belle ! »

M. de Barante fait trop d'honneur aux hordes forcenées qui se repaissaient du spectacle de la guillotine.

« Elle répondit, dit exactement M. Thiers, par l'attitude la plus modeste et la plus digne, aux outrages de la vile populace. Cependant, tous ne l'outrageaient pas; beaucoup plaignaient cette fille si jeune, si belle, si désintéressée dans son action, et l'accompagnaient à l'échafaud d'un regard de pitié et d'admiration. »

Il y eut, en effet, dans cette foule, non pas seulement des âmes attendries, mais des âmes passionnées d'admiration, transportées d'enthousiasme. Un jeune homme, entre autres, se fit remarquer par l'imprudence de son admiration pour la majestueuse victime. Ce jeune homme se nommait Adam Lux. Républicain ardent, sincère amant de la liberté, Adam Lux avait été envoyé de Mayence, sa ville natale, pour en solliciter la réunion à la République française. Il avait 27 ans. Dégoûté des excès où trébuchait cette République, si belle à son aurore, il s'était tourné, par vertu, du côté des Girondins vaincus. Il avait applaudi au courage déployé par une femme devant les égorgeurs de la Commune. Quand il aperçut, sur l'infâme charrette, son idole de vertu romaine, si admirablement illuminée de jeunesse et de grâce, il se voua lui-même à l'échafaud.

Il a raconté, dans quelques pages brûlantes, comment l'apparition éclatante fit naître dans son cœur la passion de la mort :

« C'était la seule idée de ce courage qui m'occupait, dans la rue Saint-Honoré, en la voyant approcher sur la charrette; mais quel fut mon étonnement, lorsque, outre une intrépidité que j'attendais, je vis cette douceur inaltérable au milieu des hurlements barbares ! Ce regard si doux et si pénétrant ! ces étincelles vives et humides, qui éclataient dans ces beaux yeux, et dans lesquels parlait une âme aussi tendre qu'intrépide; yeux charmants, qui auraient dû émouvoir les rochers ! Souvenir unique et immortel ! Regards d'un ange, qui pénétrèrent intimement mon cœur, qui le remplirent d'émotions violentes, qui me furent inconnues jusqu'alors!... Pendant deux heures, depuis son départ jusqu'à l'arrivée à l'échafaud, elle garda la même fermeté, la même douceur inexprimable : sur sa charrette, n'ayant ni appui ni consolateur, elle était exposée aux huées continuelles d'une foule indigne du nom d'hommes. Ses regards, toujours les mêmes, semblaient quelquefois parcourir cette multitude, pour chercher s'il n'y avait point un humain... »

Nous ne voulons pas faire un seul pas sur cette route sanglante que suivit la charrette, sans nous appuyer sur le témoignage d'un spectateur.

Un journal du temps, *la Chronique de Paris*, tout en flétrissant *l'horrible forfait* de Charlotte, osa dire :

« Sans morgue, sans exaltation, elle a soutenu son interrogatoire avec un calme qui étonnait ses juges et l'auditoire, et, dans le moment même qui devait lui rappeler l'époque d'une dissolution prochaine, la plaisanterie s'échappait de sa bouche avec tant de facilité, que l'observateur le plus froid se sentait indigné du peu d'intérêt qu'elle prenait à elle-même...

« Dans la charrette, sur l'échafaud même, ses mouvements avaient cet abandon voluptueux et décent qui est au-dessus de la beauté, et qu'on n'imitera jamais sans trouver le ridicule. Elle a placé elle-même sa tête... Un profond silence régnait. » (*Chronique de Paris*, 19 juillet.)

Elle fut bien longue, cette marche triomphale. Vers sept heures, comme pour ajouter à la majesté du spectacle, un orage éclata. Des éclairs livides enveloppaient l'échafaud, lorsque s'arrêta la voiture. Charlotte monta les degrés. L'aide de l'exécuteur écarta la rouge draperie, dénoua le fichu et mit à nu le col et la poitrine de la vierge. Elle eut alors un mouvement de pudeur offensée ; puis, elle se livra. Le couteau tomba, et le valet du bourreau ramassa cette belle tête, la montra au peuple devenu silencieux, et, de sa main infâme, la souffleta sur une joue !

Un murmure d'indignation s'éleva de la foule. Le misérable qui venait d'insulter à la mort n'était pas Sanson, mais son valet Legros.

On dit, et ce détail se retrouve dans presque tous les témoignages du temps, que la tête, pâlie par la mort, redevint tout à coup vermeille, comme si l'affront y eût rappelé un instant le sang et la vie (1).

Ainsi mourut, à l'âge de 24 ans 11 mois et 20 jours, le plus admiré, le plus glorifié des assassins politiques.

Pourquoi cette auréole au front du meurtrier ? La poésie et l'histoire se sont coalisées pour célébrer son action.

> Belle, jeune, brillante, aux bourreaux amenée,
> Tu semblais t'avancer sur le char d'hyménée ;
> Ton front était paisible, et ton regard serein.
> Calme sur l'échafaud, tu méprisas la rage
> D'un peuple abject, servile et fécond en outrage,
> Et qui se croit encore et libre et souverain.
>
> Honneur de notre histoire,
> . . . .
> Seule tu fus un homme et vengeas les humains.

Ainsi chante André Chénier, et son Ode à Charlotte Corday répond à l'enthousiasme des plus nobles intelligences. M. de Lamartine accumule les épithètes à la louange de la jeune Romaine de Normandie. « Généreuse meurtrière de la tyrannie, sublime libératrice de son pays, » il la compare, dans une gamme ascendante d'admiration, à Epicharis, à Judith, à Jeanne d'Arc ; il l'appelle, enfin, l'Ange de l'assassinat.

Charlotte Corday a-t-elle donc, en effet, sanctifié le crime ? Faut-il croire qu'une action, réprouvée par la morale de tous les temps, qui soulève la conscience humaine, devient légitime, mieux encore, louable, quand elle est commise par celui-ci plutôt que par celui-là, contre l'un plutôt que contre l'autre ? Est-il permis, est-il glorieux d'assassiner, même un Marat ? Et, parce que l'assassin sera paré de toutes les grâces de la jeunesse, de tous les charmes d'une chaste beauté, de tous les prestiges d'une énergie virile enfermée dans un corps de vierge, sera-t-il moins un assassin ?

Non, sans doute, il n'y a pas deux morales. Le crime est partout le crime. Mais l'absolution enthousiaste accordée à la jeune Girondine a bien aussi sa raison.

« Il y avait, dit Montesquieu, un certain droit des gens, une opinion établie dans toutes les républiques de Grèce et d'Italie, qui faisait regarder comme un homme vertueux l'assassin de celui qui avait usurpé la souveraine puissance. A Rome, surtout depuis l'expulsion des rois, la loi était précise, les exemples reçus ; la république armait le bras de chaque ci-

(1) Cabanis a protesté, au nom de la science, contre cette légende populaire, acceptée d'ailleurs par l'anatomiste allemand Sömmering, par OElsner, et par le docteur français Suë. Ne voyons dans la légende que l'expression poétique du dégoût et de l'horreur populaires. L'administrateur de la police, Michonis, donna une correction à l'ignoble Legros, que le Tribunal révolutionnaire fit arrêter, en punition de cette indécence.

toyen, le faisait magistrat pour le moment, et l'avouait pour sa défense. Brutus ose bien dire à ses amis que, quand son père reviendrait sur la terre, il le tuerait tout de même. » (Grandeur et décadence des Romains, ch. XI.)

Pour beaucoup de ceux que l'horrible Marat dégoûte et révolte, l'immolation de cette bête fauve à face humaine est excusée, justifiée, glorifiée par le vieux principe des républiques antiques. A leurs yeux, Charlotte Corday fut un magistrat, une petite-fille de Brutus. Un homme, un monstre, atteint d'une folie sinistre, menaçait de décimer la France, et cachait une ardente ambition sous son abjecte adoration de la populace. Charlotte Corday a tué cet homme. Elle a bien fait. Que d'autres l'eussent imitée ; qu'un Danton, chef des massacreurs de septembre, qu'un hypocrite Robespierre, qu'un lâche Couthon, qu'un brutal Legendre, qu'un cynique Hébert, aspirant tour à tour à gouverner la France par la main des égorgeurs du ruisseau, tour à tour fussent tombés sous l'arme vengeresse, et la France n'aurait pas subi toutes les humiliations de cette époque fatale ; elle n'eût pas lâchement baissé la tête devant quelques bourreaux ; la République, loin de retracer à l'esprit des souvenirs de sang et d'ignoble dictature, ne rappellerait qu'une ère de vertus civiques.

Beaux rêves, s'ils n'étaient pas fondés sur un crime ; car l'action ne change pas de nom, selon que la victime est plus ou moins indigne !

Ces théories ne sont pas seulement condamnées par la morale éternelle, immuable ; elles le sont encore par les résultats pratiques, par la plus vulgaire expérience. Il faut une bien grande ignorance de la nature humaine pour croire qu'on tue une secte, un parti, en tuant quelques hommes. D'un ennemi, on fait un martyr, et le sang des martyrs est une semence féconde. L'histoire le prouve : l'erreur, comme la vérité, grandit et se fortifie par la persécution, et il suffit d'un coup de poignard pour métamorphoser en héros ou en prophète un imposteur ou un coquin.

C'est ce qui est arrivé de Marat. La veille de sa mort, il était en danger pour tous ; car celui qui, du premier bond, saute à l'extrême, en temps de révolution est le plus redoutable. On avait vu ce misérable lancer sa populace sur les prétendus accapareurs, faire pendre les commerçants, faire piller leurs boutiques ; on l'avait vu demander, le premier, la tête de l'honnête Bailly, exhorter les assassins du ruisseau à égorger Lafayette, demander, dans son club, qu'on empalât les représentants suspects de modération, qu'on attachât leurs membres sanglants aux créneaux de la salle de la Convention ; on l'avait entendu dix fois réclamer 260,000 têtes, nombre étrange, dont la raison manquait à cette cervelle en délire ; on sentait que ce nain furieux était capable de tout, qu'il pouvait pousser les brigands de la rue à tout, et contre tous ; un mot lui suffisait, modérantisme, et, en comparaison de Marat, qui n'était pas modéré ?

Aussi, même aux Jacobins, Marat commençait-il à inspirer une inquiétude mêlée d'horreur et de dégoût. Depuis qu'il boudait la Convention et les Jacobins, il semblait que les plus ardents républicains fussent délivrés d'un cauchemar. On respirait, à ne plus entendre cette voix aigre et menaçante, à ne plus voir cette ridicule et sinistre grimace. Déjà Marat se sentait oublié. Aussi s'agitait-il, du fond de son galetas. Il prétendait, absent comme présent, diriger la République. Si sa bave ne coulait plus à la tribune, il la répandait plus violente dans son journal. Il accablait la Convention et les Jacobins de missives insensées; il menaçait, si on ne lui répondait pas, de se faire porter mourant à la tribune.

Il en fit tant, que les Jacobins ne purent se dispenser d'une démarche sympathique. David, le grand artiste, le niais enthousiaste, et Maure furent envoyés en députation vers ce mourant. Ils le trouvèrent très-vivant, grouillant, jurant, écrivassant dans sa baignoire. Quelle que fût, pour Marat, l'admiration des deux conventionnels, leur rapport aux Jacobins, sur cette visite du 12 juillet, laissa percer la vérité; voici comment ils y définissent l'étrange maladie du prétendu mourant : « C'est beaucoup de patriotisme renfermé dans un trop petit corps, et dont les efforts le tuent. »

Ainsi donc, la veille de sa mort, Marat est devenu gênant, inquiétant, presque impossible; les Girondins vaincus, ce chef des extrêmes et des forcenés va avoir à compter avec des politiques presque aussi excessifs, mais plus habiles. En tout cas, ou Marat et les siens mangeront Robespierre et Saint-Just, ou Saint-Just et Robespierre dévoreront Marat et les siens; il n'y a qu'à laisser faire les bêtes féroces, et compter sur leur appétit sanguinaire.

Et c'est alors qu'intervient le coup de couteau de Charlotte Corday.

Quel est le résultat de ce crime? Marat devient un martyr; on le décore des plus beaux noms que présente l'antiquité : c'est un Caton, un Aristide, un Socrate. Ce n'est pas assez, il passe Dieu! Nous n'exagérons rien. Quand on a promené son cadavre par les rues de Paris recueilli, attendri, cette charogne reste exposée plusieurs jours à l'adoration du peuple, dans le jardin des Cordeliers de la place du Carrousel. La foule vient adorer cette blessure béante, et jeter des fleurs sur ces débris puants. On construit dans une grotte du vieux couvent une sorte de Calvaire, où, près du corps, sont rassemblées la baignoire, le bloc de bois, l'écritoire, reliques du saint. Une lampe funéraire brûle jour et nuit dans cette chapelle ardente, et, quand la multitude s'est bien rassasiée de ces profanations, on porte, avec pompe, le cœur de Marat dans la salle des séances de son club favori. Là, un citoyen Jullien prononce l'oraison funèbre de l'Ami du Peuple; il s'écrie :

« O cor Jesu! ô cor Marat! Sacré cœur de Jésus! sacré cœur de Marat! Vous avez les mêmes droits à nos hommages! Marat et Jésus, hommes divins que le ciel avait accordés à la terre pour diriger les peuples dans la voie de la justice et de la vérité.... Si Jésus fut un prophète, Marat fut un Dieu. »

Un juré du Tribunal révolutionnaire se lève pour protester, non pas contre l'assimilation impie, mais contre la comparaison injurieuse pour Marat. « Qu'on cesse donc de nous parler de ce Jésus, dit-il; c'est insulter l'Ami du Peuple que de le comparer à l'auteur d'une religion stupide qui ordonne d'obéir aux rois, tandis que Marat les écrasait. »

A la Convention, Bentabolle demande pour le martyr de la liberté les honneurs du Panthéon. Un décret a ordonné que ces honneurs ne fussent rendus à un citoyen que vingt ans après sa mort : sur le rapport de Marie-Joseph Chénier, on fera fléchir le décret pour Marat.

Charlotte Corday avait dit, en mourant : « Marat n'ira point au Panthéon. » Elle se trompe, en cela comme sur tout le reste. Marat ira au Panthéon, et le décret de la Convention sera exécuté; même après le 9 thermidor, même quand sera tombé Robespierre.

Après que la Convention a assisté, en corps, aux funérailles du tribun; après que le sculpteur Bonvallet a moulé, par son ordre, le masque sinistre, David remplit sa promesse, et consacre à Marat une des plus belles inspirations de son talent; il peint cette tête hideuse, telle qu'il l'a vue, nageant dans la mort, on sait avec quelle effroyable réalité. « Son corps, a dit David, couvert d'une lèpre causée par son sang brûlé, ne pouvait être découvert; mais j'ai cru qu'il serait intéressant de l'offrir dans l'attitude où nous l'avions trouvé. » Cette saisissante peinture fut placée dans la salle des séances de la Convention, en regard d'un autre tableau de David représentant Michel le Pelletier, assassiné par le garde du corps Pâris.

Des pères donnèrent à leurs nouveau-nés le nom de Marat. La fille Evrard fut traitée de veuve, et nourrie aux frais de la République.

Charlotte Corday a dit aussi : — « Moi, j'ai rempli ma tâche; les autres finiront l'ouvrage. » (Républicain français du 16 juillet.) Erreur encore. Ce n'est pas sur la Montagne, c'est sur les siens qu'elle a frappé.

« Si nous avions vu son dessein, dit Barbaroux, et si nous eussions été capables d'un crime par une telle main, ce n'est pas Marat que nous eussions désigné à sa vengeance. » Barbaroux se trompe, comme se trompait Charlotte Corday; assassiner Robespierre n'eût pas été plus utile à la Gironde. Vergniaud voit mieux, quand, apprenant l'acte de Charlotte Corday, il s'écria : — « Elle nous tue, mais elle nous apprend à mourir. »

La Gironde, sans Charlotte Corday, eût été anéantie; par elle, elle le fut plus vite et plus sûrement. Le poignard de Charlotte Corday démontra cette conspiration des Girondins contre la liberté à laquelle ne croyaient pas les accusateurs eux-mêmes. Le parti extrême s'en trouva plus fort, plus uni, plus capable de résister à l'étranger, à la guerre civile. Lyon, Marseille, Bordeaux prirent les armes, et plus de soixante départements s'insurgèrent contre la dictature de Paris. Mais la Gironde, complice de Charlotte Corday, fut plus facilement décimée, et le mouvement républicain-modéré fut confisqué par le royalisme. Cette armée de Wimpfen, que Charlotte, dans ses derniers rêves, voyait rétablissant à Paris l'ordre et la vraie liberté, cette armée, le 13 juillet, le jour même où frappait Charlotte, lâchait honteusement pied devant les soldats montagnards étonnés de leur facile victoire. Wimpfen, de Puisaye, ces chefs d'état-major de la Gironde, se trouvaient être des royalistes.

« Quelle est cette tombe? dit Klopstock. Et, du fond du tertre funèbre, une voix répond : C'est celle de Charlotte Corday. — Je vais cueillir des fleurs, puis je reviendrai les effeuiller sur ta tombe, car tu es morte pour la patrie! — Ne cueille rien! — Je vais chercher un saule pleureur, puis je viendrai le planter ici, afin qu'il ombrage ta tombe; car tu es morte pour la patrie! — Ne plante rien! pleure, et que tes larmes soient de sang, car c'est en vain que je suis morte pour la patrie! »

Celui-là mourra toujours en vain pour la patrie, qui la voudra servir de son poignard, non de sa vertu civique.

Mais ce qu'il faut dire, à la justification de Charlotte Corday, c'est qu'elle n'eut pas conscience de son crime. Son erreur même l'excuse. « Elle crut, dit M. Mignet, sauver la République en se dévouant pour elle. Mais la tyrannie ne tenait pas à un homme; elle tenait à un parti et à la situation violente de la République. » M. de Barante dit mieux encore, que l'erreur de Charlotte Corday doit être imputée à l'anarchie morale du temps. Il ne faut pas demander aux hommes plus qu'ils ne peuvent donner, ni les rendre responsables des fautes de leur temps. Chacun croyait, autour de cette jeune fille, que l'assassinat est permis quand il s'agit d'un homme dangereux pour la liberté. Peut-on flétrir Charlotte parce qu'elle l'a cru comme les autres? Elle vit dans un temps où les idées les plus hautes s'associent à une sorte de barbarie, où la passion sentimentale de l'humanité se rencontre dans un bizarre assemblage avec une sorte de férocité, avec un orgueilleux mépris de la vie humaine. L'étude systématique et sophistique de l'histoire a depuis longtemps assimilé l'idée de vertu à l'idée de république, et on a proposé pour modèle aux âmes patriotes les violences des petites démocraties jalouses de l'antiquité grecque, ou de la grande démocratie despotique de l'antiquité romaine. Le pédantisme universaire a, de longue main, glorifié le poignard des Harmodius, des Aristogiton, des Brutus. Comment toutes ces déclamations n'auraient-elles pas troublé le cerveau de la petite-fille de Corneille?

Et remarquez dans quelles dispositions particulièrement favorables le sophisme républicain vient surprendre Charlotte Corday.

Fille d'un pauvre cadet de famille, condamnée par sa naissance et par sa fortune au célibat du couvent, elle a dû renoncer de bonne heure à l'espoir de devenir épouse et mère. Quand la Révolution renverse les barrières qui la séparaient du monde, il est déjà trop tard pour elle. L'esprit nouveau a pu briser les institutions vieillies; il n'a pas encore transformé les rapports sociaux. Charlotte Corday, toute républicaine qu'elle puisse être par ses instincts, par ses lectures, n'en est pas moins aristocrate par sa condition. Sa pauvreté lui interdit toute union avec ceux de sa caste; sa noblesse, peut-être aussi sa fierté naturelle, l'empêchent de penser à unir son sort à celui de quelque bon fermier, de quelque honnête marchand. Voilà donc cette belle et forte jeune fille devenue, comme elle le dit elle-même, une femme *inutile, dont la plus longue vie ne serait bonne à rien.* N'est-il pas permis de sentir sous ces paroles un vague re-

gret dont Charlotte n'a peut-être pas clairement la conscience? Si elle méprise son état de femme, n'est-ce pas parce qu'elle n'a pu être vraiment femme? La voilà noble sans fortune et sans foi dans sa noblesse, nonne sans couvent et sans foi dans la religion qu'on lui arrache, jeune fille sans amour et sans foi dans l'avenir de la femme : c'est-à-dire que la voilà *déclassée.* Cherchez bien, et vous trouverez que c'est là la situation constante, nécessaire, des fanatiques. Ils s'attaquent, sans scrupule, aux assises mêmes de la société, parce qu'ils ne font pas partie de la société. Ils sont seuls dans leur cœur, et rien ne les rattache à l'ordre général. C'est pour cela qu'ils veulent façonner à l'image de leur pensée solitaire cette société dont, à vrai dire, ils ne sont pas membres. Alibaud, Louvel, Charlotte Corday, tous les fanatiques sincères et honnêtes, sont des solitaires et des déclassés.

Charlotte Corday n'est donc plus une femme que par l'enveloppe extérieure; elle est, comme nous le disions, une âme sans sexe. Une femme, Mme Louise Colet, a finement indiqué cet hermaphrodisme de l'intelligence, qui, comme toute monstruosité, est un signe d'impuissance.

Comme les autres monomanes convaincus qui ont porté une main violente sur les puissants, Charlotte Corday manque de religion, comme elle manque d'amour; car ce déisme vague, cette conception obscure d'un être suprême, ce paradis des vertueux, ces Champs-Elysées où errent les figures académiques d'un Brutus ou d'un Caton, tout cela n'est pas une religion. Et c'est pour cela que M. de Lamartine ne pouvait choisir, pour caractériser Charlotte, une expression plus fausse que celle d'*ange* de l'assassinat.

Vue à distance, et seulement à travers son acte, dépouillée de ses chastes grâces, Charlotte Corday n'est plus qu'un Girondin fanatique, à courte vue, probe, austère, bien intentionné, mais orgueilleux, intolérant. Comme tous les autres assassins politiques, elle agit sans droit; elle met un homme hors la loi, hors l'humanité, d'après la seule autorité de son sens individuel.

Mais elle est femme, elle est pure, elle est belle; celui qu'elle frappa est un monstre hideux; l'époque où elle vécut est une époque de désordre et d'anarchie morale, où toute règle a disparu, où tout principe est obscur. C'est pour cela que l'opinion a excepté de son ordinaire anathème cette vierge violente, et que la poésie a pu faire une martyre de Charlotte Corday.

... Et, de sa main infâme, il la souffleta sur une joue (PAGE 22).

MADAME ROLAND (1793).

. . . Elle put cacher les barreaux de sa cellule sous des fleurs (PAGE 5).

On a dit de deux femmes célèbres de la Révolution française, Charlotte Corday et Mᵐᵉ Roland, que l'une fut le bras, l'autre l'âme de la Gironde. Charlotte Corday (*Voyez* ce nom) frappa Marat, non pas au nom de la Gironde, mais sur la seule autorité de son sens personnel, de son aveugle et intrépide fanatisme. Mᵐᵉ Roland ne fut pas plus l'âme de la Gironde que Charlotte Corday n'en fut le bras; elle en fut la poésie, la grâce, l'élégance; elle exerça sur le parti moyen de la Révolution une attraction qui ne fut pas sans influence sur les destinées de ce parti.

Cultivés pour la plupart, éloquents et superficiels, les Girondins devaient trouver dans une femme le lien naturel de leur association politique. Comme eux éloquente, avec une nuance d'emphase, sentimentale, impressionnable, toute de surface, elle fut naturellement la Muse de ces hommes d'État condamnés à l'impuissance verbeuse, politiques de passion et de tempérament, inconsistants et enthousiastes. Si la Gironde eut une âme, ce fut peut-être celle de Brissot.

Mᵐᵉ Roland, à qui ne la connaîtrait que par son rôle politique et par ses élucubrations girondines, pourrait paraître une habile et séduisante intrigante, aussi peut-être, qu'on nous pardonne le mot, un assez loquace *bas-bleu*. Il y a de l'un et de l'autre dans cette femme vue à distance. Pour nous, qui ne pouvons prendre un bien vif intérêt aux passions éteintes de ce temps, et qui ne voyons guère dans la Gironde qu'un parti de transition, marchant de faiblesse en faiblesse vers une chute inévitable, ces aimables pédants ont perdu le droit de confondre leur cause avec celle de la France.

Mais si la Gironde, considérée comme parti politique, est depuis longtemps éclipsée dans l'histoire, ses vertus, ses qualités brillantes, son chevaleresque courage en présence de la mort, lui ont conservé une auréole de grandeur et d'héroïsme qui fait illusion sur sa valeur réelle.

Mᵐᵉ Roland est la plus touchante personnification de cette Gironde mourante, qui monte à l'échafaud resplendissante de patriotisme, remplie d'amour pour la France et pour la liberté.

Mᵐᵉ Roland, celle-là du moins, qui, seule, nous intéresse aujourd'hui, est donc tout entière dans sa mort, c'est-à-dire dans son procès. C'est à ces derniers moments que la femme véritable se révèle, et l'histoire de ce procès n'est, à vrai dire, que l'histoire intime de son âme.

Manon-Jeanne Philipon était née à Paris, en 1754; elle était fille d'un graveur. Ses parents lui donnèrent, selon l'habitude de la petite bourgeoisie parisienne, une éducation supérieure à sa condition future. Après les premiers maîtres, elle fut envoyée au couvent. On choisit une congrégation de la banlieue parisienne, établie rue Neuve-Saint-Etienne, dans le faubourg Saint-Marcel.

La jeune fille arriva dans cette pieuse maison, précédée par une réputation d'intelligence précoce et d'instruction rare pour son âge. Cette instruction prématurée, elle l'avait surtout acquise dans des lectures solitaires, faites sans choix et sans direction : ce genre d'études développe surtout l'imagination, mais rend l'esprit incapable de tenue et de discipline.

Il ne faut donc pas nous étonner si, dès le premier âge, nous trouvons chez la jeune Manon les symptômes d'une imagination déréglée, les enthousiasmes violents et passagers, les tristesses sans motif, les rêveries maladives, la recherche vaniteuse de l'effet.

Quand cette enfant fit son entrée dans le cloître silencieux, avec sa petite mine grave, sa petite démarche compassée, rien n'eût pu faire soupçonner aux naïves et ignorantes religieuses tout ce qui s'agitait confusément dans ce petit cerveau. La première nuit que passa Manon, dans un vaste dortoir, où dormaient paisiblement quatre de ses futures compagnes, fut surtout employée par elle à rêver mélancoliquement près des vitraux sertis dans le plomb, qu'éclairait la lune jetant ses grandes ombres et ses traînées de lumière blanche sur les grands tilleuls du jardin.

Parmi ses jeunes camarades, Manon en distingua bientôt deux, pour lesquelles elle ressentit toujours, depuis ce moment, une amitié sincère, mêlée, comme tous ses sentiments, d'une pointe d'affectation. C'étaient les demoiselles Canuet (1), Sophie et Henriette.

Avec elles, et sous les yeux peu perspicaces des religieuses, Manon put se livrer en toute liberté à ses expansions de sentimentalité phraseuse. Elles s'en allaient, les bras passés sur l'épaule, dans une petite allée déserte, sur la gauche du jardin, et là, laissées à elles-mêmes, elles dissertaient éloquemment sur le vide de la vie.

De pareils commencements peuvent gâter toute une existence.

(1) On a de Mme Roland une *Correspondance* avec les demoiselles Canuet. C'est à ces lettres, écrites par la jeune fille, que nous empruntons, en partie, les détails de notre récit. La vie de la femme politique est dans toutes les histoires de la Révolution; mais, pour ce qui regarde plus particulièrement la femme, nous avons dû consulter les ouvrages suivants :

OEuvres de Manon-Jeanne Philipon Roland, femme de l'ex-ministre de l'intérieur, contenant les Mémoires et Notices qu'elle a composés dans sa prison, en 1793, sur sa vie privée, sur son arrestation, sur les deux ministères de son mari et la révolution; son procès et sa condamnation à la mort par le Tribunal révolutionnaire, etc., etc.; précédés d'un discours préliminaire par Louis-Auguste Champagneux, Paris, 1800, 3 vol. in-8°.

Mémoires de madame Roland, avec une Notice sur sa vie et des éclaircissements historiques, par Saint-Albin Berville et Jean-François Barrière, Paris, 1820, 2 vol. in-8°. Les mêmes, 1827, 2 vol. in-8°, avec notes et appendice, précédés d'une notice biographique par Marie Roger (sous le pseudonyme de Mme Alexandrine Arragon).

Appel à l'impartiale postérité, ou Recueil des écrits rédigés par madame Roland pendant sa détention aux prisons de l'Abbaye et de Sainte-Pélagie, Paris, an IV (1795), in-8°, orné d'un portrait.

Correspondance de madame Roland avec Bancal des Issarts, Paris, 1835.

Quand vint l'époque de la première communion, Manon s'enveloppa dans une piété mystique, qui fit l'admiration de ses imprudentes maîtresses. Elle eut des exaltations, des attendrissements, des désespoirs de sainte Thérèse. Quand elle s'avança vers l'autel, pour y recevoir son Dieu, elle ne put marcher que soutenue par une sœur.

Un pasteur d'âmes expérimenté eût deviné la maladie cachée sous cette piété théâtrale.

La première communion faite, Manon revint à ses lectures. Encore toute confite en sainteté, elle s'abreuva des fortes doctrines de Bossuet. Mais de ces hauteurs, par une pente insensible, elle descendit à la controverse, à l'ergotage théologique; elle s'arrêta un instant au jansénisme, pour tomber bientôt dans le déisme et dans le stoïcisme païen.

Plus tard, elle dira : « Si les athées ont raison, ils n'en sont pas moins malheureux... Je ne veux point de leurs *tristes vérités*; je sens que ma vertu peut se passer d'un Dieu, mais une Divinité est nécessaire à mon bonheur. » (*Lettres aux demoiselles Canuet.*)

On voit le chemin parcouru. Plus tard, encore, elle avouera que chez elle « la philosophie a dissipé les illusions d'une vaine croyance. »

Revenue dans la maison paternelle, Manon compléta cette étrange éducation par la lecture assidue, enthousiaste, de Plutarque et de la *Nouvelle Héloïse*. Héroïsme poussé jusqu'à l'enflure, sensiblerie verbeuse, ces deux influences se retrouveront dans toute sa vie.

A vingt ans, Manon avait des vapeurs, rêvait de la mort, et était en proie à de véritables accès d'hystérie morale. (*Lettres aux demoiselles Canuet*, 1773, 1774.)

A vingt-cinq ans, elle rencontra dans la maison d'Henriette Canuet un homme déjà mûr, sans fortune, mais ayant une assez belle position, celle d'inspecteur des manufactures à Amiens. M. Roland de la Platière était un homme grave, fort honnête, et qu'on disait profond. Il s'éprit de Manon, jeune, belle, sympathique, philosophe comme lui, raisonnant des droits des peuples avec érudition, avec éloquence.

Il ne déplut pas à Manon, qui l'autorisa à demander sa main. M. Roland fut refusé; on ne le trouva pas assez riche. De dépit, Manon retourna au couvent. L'année suivante, c'est-à-dire en 1780, M. Roland, revenant d'un voyage en Italie, passa de nouveau par Paris. Il revit Manon, qui s'était soustraite à l'autorité d'un père dont les prodigalités compromettaient sa fortune. Elle donna sa main à M. Roland, alors âgé de 47 ans.

« Celui que j'épousai, dit-elle dans ses *Mémoires*, était un véritable homme de bien; qui m'aima toujours davantage, à mesure qu'il me connut mieux. Mariée dans le sérieux de la raison, je ne trouvai rien qui m'en tirât; je me dévouai avec une plénitude plus enthousiaste que calculée. »

On voit d'ici ce que dut être, au vrai, pour Mme Roland, cette union sans amour. Elle l'a, au reste, caractérisée elle-même, avec une grande netteté d'expression :

« A force de ne considérer que la félicité de mon *partner*, je m'aperçus qu'il manquait quelque chose à la mienne. Je n'ai pas cessé un seul instant de voir dans mon mari l'un des hommes les plus estimables qui existent, et auquel je pouvais m'honorer d'appartenir. Mais j'ai senti souvent qu'il manquait entre nous de parité; que l'ascendant d'un caractère dominateur, joint à celui de vingt années de plus

que moi, rendait de trop l'une de ces deux supé-
riorités. Si nous vivions dans la solitude, j'avais des
heures quelquefois pénibles à passer; si nous allions
dans le monde, j'y étais aimée de gens dont je m'a-
percevais que quelques-uns pourraient trop me
toucher. »

Mᵐᵉ Roland fut tout d'abord le copiste et le cor-
recteur d'épreuves de son mari, qui composait à
cette époque des traités sur l'industrie; elle fut encore, car le ménage vivait à l'étroit, sa femme de
ménage et sa cuisinière.

M. Roland fut bientôt envoyé d'Amiens à Lyon, ce
qui le rapprochait de sa famille; il était né à Ville-
franche-sur-Saône. C'est là que le trouva la Révolution.

Mᵐᵉ Roland se jeta avec passion dans le mouvement nouveau; elle y porta son mari. Appelé, en 1790,
à la Municipalité de Lyon, il fonda un club de Jacobins dans cette ville, et, avec l'aide de sa femme, il
rédigea le *Courrier de Lyon*.

C'était quelque chose; mais Mᵐᵉ Roland visait
Paris: c'était là qu'on faisait vraiment toute la politique. Elle réussit à y entraîner M. Roland. Au
commencement de 1792, l'austère et médiocre
époux, tout obscur que le fissent sa position, son
talent, sa fortune, voyait déjà se réunir dans son
modeste appartement l'élite de l'Assemblée nationale. La beauté attractive de sa femme, cette ambition décorée de grâce et d'éloquence, le mettaient
en lumière.

Barbaroux, le beau Girondin, dépeint, à cette
époque, le couple Roland dans ses *Mémoires* :

« Roland logeait dans une maison de la rue Saint-
Jacques, au troisième. C'était la retraite d'un philosophe; son épouse fut présente à la conversation et
la partagea... Je quittai Roland, plein de respect
pour lui et pour sa femme... Je l'ai vu depuis, dans
son second ministère, aussi simple que dans son
humble retraite, seul entre tous les hommes publics
opposant sa vertu aux entreprises des méchants, et
son corps à leurs poignards... Roland est celui de
tous les modernes qui semble le plus s'approcher de
Caton; mais, il faut le dire ici, c'est à sa femme
qu'il a dû son courage et ses talents. »

« Roland, dit M. Mignet, avait des manières simples, des mœurs austères, des opinions éprouvées;
il aimait la liberté avec enthousiasme, et il était
capable de lui consacrer avec désintéressement sa
vie entière, ou de périr pour elle sans ostentation et
sans regret. Homme digne d'être né dans une république, mais déplacé dans une révolution, et peu
propre aux troubles et aux luttes des partis; ses
talents n'étaient pas supérieurs, son caractère était
un peu roide; il ne savait ni connaître ni manier
les hommes; et, quoiqu'il fût laborieux, éclairé,
actif, il eût peu marqué sans sa femme. Tout ce
qui lui manquait, elle l'avait pour lui: force, habileté,
élévation, prévoyance. » (*Histoire de la Révolution
française*, t. Iᵉʳ, chap. v.)

Dans cet excellent portrait, comme dans l'esquisse
de Barbaroux, même trait final. L'homme eût à
peine existé sans sa femme; on ne saurait le séparer
de celle qui le complète et le fit naître à la vie politique.

Au mois de mars 1792, Roland fut appelé à faire
partie du ministère Dumouriez, comme ministre de
l'intérieur. Les Girondins, alors tout-puissants sur la
Révolution, forçaient la royauté devant
eux, et l'humiliaient avant de la renverser. Roland
fut reçu à la cour comme un *Sans-culotte*, et on vit

pour la première fois au château un ministre du roi
en chapeau rond, avec des cordons à ses souliers
sans boucles. Mᵐᵉ Roland, car c'est toujours à elle
qu'il faut en revenir, professait pour les rois, quels
qu'ils fussent, un mépris mêlé de haine. Après la
fuite à Varennes, voici comment elle parle du malheureux couple royal, prisonnier de ses sujets:

« On a ramené *nos grands brigands*. Que fera-
t-on d'eux? C'est encore un problème curieux à résoudre; il me semble qu'il faudrait mettre le man-
nequin royal au séquestre, et *faire le procès à sa
femme.* »

Deux ans plus tard, lorsque Marie-Antoinette
sera amenée devant ces juges qu'invoquait Mᵐᵉ Roland, menacée elle-même de l'échafaud qui attend
la royale veuve, Mᵐᵉ Roland dira encore:

« Louis XVI fut entraîné par une étourdie joi-
gnant à l'insolence autrichienne la présomption de
la jeunesse et de la grandeur, l'ivresse des sens à
l'insouciance de la légèreté; séduite elle-même par
tous les vices d'une cour asiatique, auxquels l'avait
trop bien préparée l'exemple de sa mère... »

Cette injustice, cette dureté d'une femme pour
une femme, laissent une impression pénible.

Il est juste de dire que les hideux excès de la
Révolution causèrent à Mᵐᵉ Roland un dégoût, une
horreur mêlés d'épouvante. Après les massacres de
septembre, elle écrit à Bancal des Issarts:

« Les femmes brutalement violées avant d'être
déchirées par ces tigres; les boyaux coupés parfois
en rubans; des chairs humaines mangées ensan-
glantées!... Vous connaissez mon enthousiasme
pour la Révolution, eh bien! j'en ai honte! Elle est
souillée par des scélérats, elle est devenue hideuse. »

Il lui faudra la triste expérience du malheur personnel, pour comprendre enfin où va la République:

« Sublimes illusions, sacrifices généreux; espoir,
bonheur, patrie, adieu! Dans les premiers élans de
mon jeune cœur, je pleurais à douze ans de n'être
pas née Spartiate ou Romaine; j'ai cru voir dans la
République française l'application inespérée des
principes dont je m'étais nourrie... Brillantes chimères, séductions qui m'aviez charmée, l'effrayante
corruption d'un immense cité vous fait évanouir...
Une froide indignation couvre tous mes sentiments;
indifférente plus que jamais pour ce qui me concerne, j'espère faiblement pour les autres, et j'attends les événements avec plus de curiosité que de
désir; je ne vis plus pour sentir, mais pour connaître. » (*Notices historiques sur la Révolution.*)

La Gironde et Louis XVI ne purent longtemps
s'entendre; Roland se distingua dans cette lutte par
une lettre adressée au roi, lettre insolente comme en
put l'écrire un valet à son maître ruiné. Louis XVI rompit avec les Girondins, et Roland dut quitter le ministère. A partir de ce jour, la Gironde parla plus
clairement de la déchéance du roi. Mais déjà la
classe moyenne était débordée; la Révolution s'a-
vançait toujours, laissant derrière elle à chaque pas
un parti dépassé, englouti. La Gironde, qui voulait
renverser à son profit la royauté, tout en contenant
la multitude, fut noyée par le flot populaire. Elle
laissa faire le 20 juin, le 10 août; elle laissa tuer
Louis XVI, et comme elle n'avait ni osé faire, ni
osé empêcher, elle fut enveloppée dans l'arrêt de
mort de la monarchie. Elle eut ainsi la honte de
participer à ces attentats, sans en pouvoir profiter.

Roland, rappelé au ministère, essaya contre la
Montagne une lutte impossible. Les Montagnards de

Paris voulaient organiser les municipalités de toute la France comme la redoutable municipalité de Paris ; Roland opposa à cette tentative d'affiliation des communes des brochures, des journaux, envoyés avec profusion dans les départements.

Il n'en fallut pas davantage pour faire diriger contre le couple girondin une de ces calomnies qui tuaient alors plus sûrement qu'une épée. Roland conduisait une vaste intrigue fédéraliste ; il conspirait contre l'unité et l'indivisibilité de la République. Sa femme, dangereuse Circé, réunissait dans des banquets corrupteurs les ennemis de la nation, pactisait avec l'étranger.

Mandée à la barre de la Convention, au mois de septembre 1792, Mme Roland s'y justifia avec éclat. Son éloquence, sa beauté passionnée fermèrent la bouche aux dénonciateurs.

Mais c'était la fin. La Montagne avait résolu de chasser, à force de dénonciations et de dégoûts, les Girondins de toutes les avenues du pouvoir. Roland dut rendre son portefeuille, emportant dans sa retraite la mortelle rancune de ses ennemis.

Le 10 avril 1793, la Montagne commença dans l'Assemblée sa lutte suprême avec la Gironde. (Voyez Girondins.) Cette lutte dura cinquante-trois jours, et se termina par l'insurrection maratiste du 2 juin, par le siège de la Convention nationale et par la proscription de trente-deux députés girondins.

De ces proscrits, les uns, on le sait, restèrent sous le décret d'arrestation, comme Vergniaud, Gensonné, Ducos, Fonfrède ; les autres, comme Pétion, Barbaroux, Guadet, Buzot, Louvet, s'évadèrent, et cherchèrent, sans énergie, sans ensemble, à organiser la résistance dans les départements.

Le couple Roland ne pouvait être oublié dans cette vaste proscription. Le 31 mai, des sectionnaires se présentèrent chez Roland, porteurs d'un mandat d'amener délivré par le Comité révolutionnaire. — « Je ne reconnais pas ce pouvoir et je ne lui obéirai pas, dit Roland ; vous pouvez m'entraîner par la violence, mais je vous opposerai toute la résistance dont est capable un homme de mon âge. »

Les sectionnaires, surpris par cette ferme attitude, se retirèrent et allèrent en référer au Conseil de la Commune.

Mme Roland, outrée de colère, et ne comprenant pas bien encore ce qui se passait, courut à l'Assemblée pour protester, pour demander vengeance de l'affront. Elle pénétra, à grand'peine, dans la salle des pétitionnaires, et, de là, envoya un billet au président. Mais il était question, en ce moment, de quelque chose de plus grave. Les motions se succédaient contre la Gironde ; les Girondins étaient sur la brèche et repoussaient l'assaut. Vergniaud, toutefois, trouva quelques minutes pour venir parler à Mme Roland. Aussitôt qu'elle le vit : — « Faites-moi entrer, faites-moi écouter, » dit-elle. Vergniaud lui pressa la main en silence et rentra dans la salle.

Mme Roland revint chez elle, entrevoyant un désastre général, dont son malheur particulier n'était qu'un imperceptible élément. Roland, pendant cette démarche, avait fui sa maison. Elle le chercha d'asile en asile, finit par le trouver, lui recommanda la prudence, et, gardant l'audace pour elle-même, retourna à la Convention. La nuit était venue. L'Assemblée était dispersée. La chute de la commission des Douze était consommée, et le premier acte du drame de la Gironde était joué.

Mme Roland retourna dans sa demeure. Le lendemain, on vint l'arrêter ; on la jeta dans une voiture, et, sur sa route, elle put entendre la populace criant : A la guillotine !

Elle fut conduite à l'Abbaye. Là, sa première pensée fut d'écrire à quelques-uns des siens, pour avoir des nouvelles, si cela était possible. Elle choisit Duperret, Girondin obscur, mais honnête et courageux.

« Si, lui disait-elle, toute communication n'est pas interdite avec nos amis, dites-leur que leurs peines sont les seules que j'éprouve. Ce peuple aveugle laissera donc périr ses meilleurs amis ! Le pauvre Brissot vient d'être décrété d'accusation : est-il arrivé ? Mais que me sert de vous faire cette question ? Vous ne pouvez me répondre. Adieu, vous ferez bien de brûler cette lettre.

« Signé : ROLAND, née PHILIPON. »

Duperret répondit ; sa réponse contenait ces passages remplis d'illusions tenaces, que déjà Mme Roland ne partageait plus :

« Je me suis intrigué, depuis votre arrestation, pour vous faire rendre la liberté ; mais les tyrans qui vous retiennent en prison ont toujours mis des obstacles au succès de mes démarches : comptez sur ma persistance. J'ai reçu deux lettres de Barbaroux et de Buzot ; mais je ne sais comment vous les faire parvenir, attendu qu'elles sont maintenant entre les mains de Pétion. J'avertirai aujourd'hui ces citoyens des moyens que j'ai de recevoir leur correspondance d'une manière assurée. Je ne reçois pas une lettre d'eux qui ne parle de vous avec le témoignage du plus grand regret. Quant à moi, vertueuse citoyenne, j'ai l'âme déchirée par vos malheurs. Mais la France va se lever tout entière, et je vois déjà les couronnes civiques ceindre votre front et celui de votre auguste époux. Vous êtes plus heureuse dans votre prison que ne le sont sur leur siège de sang les tyrans qui vous persécutent. La majeure partie des départements s'est prononcée ; on prend les plus grandes mesures pour faire cesser le régime de l'anarchie. Vingt-deux de nos collègues proscrits sont réunis à Caen, et y travaillent nuit et jour pour éclairer l'opinion publique et pour faire réussir ce vaste plan.

« Signé : DUPERRET. »

Ces deux lettres devaient servir à donner quelque base à l'acte d'accusation porté contre ceux qui les avaient écrites. Quant à l'accusation sous le coup de laquelle se trouvait Mme Roland, on en sait les éléments. Elle avait participé, disait l'ordonnance de prise de corps, à « une horrible conspiration contre l'unité, l'indivisibilité de la République, la liberté et la sûreté du peuple français. » Le seul mot à dire, c'est qu'elle était Girondine, ennemie.

Son premier interrogatoire, à l'Abbaye, fut fait le 12 juin par Louvet, administrateur de police. On le trouve, avec quelques variantes de forme, dans le Thermomètre du jour, de Dulaure, et dans l'Appendice des Mémoires. Le voici :

D. N'avez-vous pas connaissance des troubles qui ont agité la République durant et après le ministère du citoyen votre époux ? — R. J'ai connu ces choses-là, comme on peut les connaître, par les papiers publics et les conversations.

Observé que cette manière négative de répondre ne satisfait point à la question ; les papiers publics ne donnent pas les connaissances précises qu'elle doit avoir eues des affaires. — R. Je n'étais pas tenue de les prendre, puisque, n'étant qu'une femme, je n'avais point à me mêler d'elles.

D. N'a-t-elle pas eu connaissance d'un projet de république fédérative, et de détacher les départements de Paris? — R. Je n'ai jamais entendu parler de rien de semblable; je dois dire, au contraire, que Roland et toutes les personnes que j'ai été dans le cas de voir, se sont constamment entretenues en ma présence de l'utilité de maintenir l'unité de la République, comme propre à lui donner plus de force; de la nécessité, pour cela, de conserver la balance égale entre tous les départements; du désir que Paris ne fît rien qui pût exciter leur jalousie; de celui de voir régner, dans toute l'étendue de la France, la justice et la liberté, et de concourir à leur maintien.

Observé que si ces personnes ne parlaient que de justice et de liberté, sans l'égalité, elles n'étaient point dans les principes? — R. Dans mon opinion, comme dans celle des personnes que j'ai entendues, l'égalité est le résultat nécessaire de la justice et de la liberté.

D. Quelles personnes composaient la société de Roland? — R. Celles avec lesquelles Roland avait des affaires étroites, ou d'anciennes relations d'amitié. Certes, ceux qu'il a reçus ne sont jamais venus chez lui en secret.

D. On aurait désiré connaître les noms desdits citoyens. — R. Comme homme public, Roland recevait chez lui un grand nombre de personnes qu'il me serait impossible de nommer, et que je ne voyais jamais; au surplus, comme particulière, je n'ai jamais tenu ce qu'on appelle de cercle; je recevais quelquefois à table les collègues de mon mari et différentes autres personnes qui se trouvaient en liaison avec eux.

D. N'a-t-elle pas connaissance que le citoyen Roland avait cherché à former dans les départements des bureaux d'opinion publique, et n'a-t-il pas même été question qu'il devait avoir des fonds pour cette opération? — R. Elle croit la première partie de la question absolument dénuée de fondement; quant à la seconde, on connaît le décret qui attribuait au ministre de l'intérieur des fonds pour répandre des écrits utiles; les comptes rendus par Roland présentent, avec la plus sévère exactitude, l'emploi de la seule partie de ces fonds qu'il ait dépensée (30,000 livres environ sur une allocation de 100,000).

Ici, l'interrogatoire se traîne quelque temps sur ces comptes que Louvet prétend n'avoir pas été rendus.

A elle demandé si elle sait où le citoyen Roland, son époux, est actuellement? — A répondu qu'elle l'ignore.

A elle demandé si, dans les sociétés qu'elle voyait habituellement, des personnes liées avec Dumouriez, ou quelques autres traîtres à la patrie, ne se trouvaient pas? — A répondu qu'elle n'a vu personne qui, à sa connaissance, fût intimement lié avec Dumouriez. Ajoute la répondante que les citoyens qu'elle voyait sont tellement connus par leur patriotisme, qu'on ne peut les soupçonner d'avoir eu des liaisons avec des traîtres.

A elle demandé si elle ne connaissait point le projet de détruire les sociétés populaires? — A répondu qu'elle n'a vu personne qui ait énoncé cette opinion.

L'intérêt n'est pas là : la Girondine est condamnée à l'avance, et cette procédure, qui parodie la justice, n'est qu'un hideux mensonge. Mieux vaut

chercher la femme dans cette prison de l'Abbaye.

Mme Roland n'y était point trop resserrée, et sa chambre n'avait rien d'une triste cellule. Elle en put cacher les barreaux sous des fleurs. Les fleurs et les livres, ses deux passions : elle put les satisfaire.

Un jour, on lui annonça une visite : c'était Henriette Canuet. La camarade de couvent venait consoler la prisonnière; elle voulait la revêtir de ses habits, rester en otage à sa place; Mme Roland refusa ce dévouement. — « On te tuerait, ma bonne Henriette, lui dit-elle, et ton sang versé retomberait sur moi. Plutôt mille morts que d'avoir à me reprocher la tienne! »

Mme Roland vit cependant lever son écrou; elle partit, joyeuse, pour aller retrouver les siens. Mais, chez elle, elle trouva des satellites de la Commune, qui la ramenèrent en prison. Y avait-il eu quelque conflit d'autorité, ou n'était-ce là qu'un piége, le jeu cruel du chat avec la souris? Quoi qu'il en soit, Mme Roland se retrouva en prison, mais, cette fois, dans une prison immonde, à Sainte-Pélagie, avec des voleuses et des prostituées.

Le désespoir la prit; elle devint malade, plus encore de cœur que de corps. La pensée du suicide la saisit, et elle écrivit son testament de mort : *Mes dernières pensées.*

« *To be or not to be ; it is the question;* être ou n'être pas, voilà la question ». Elle sera bientôt résolue pour moi, dit Mme Roland, se rappelant le vers célèbre de l'*Hamlet* de Shakspeare. Car elle s'apprête à devancer l'heure de sa mort; la vie n'est-elle pas « un bien qui nous appartient? »

« Lorsque j'ai été mise en arrestation, je me suis flattée de servir la gloire de mon mari, et de concourir à éclairer le public, si l'on m'intentait un procès quelconque. Mais il aurait fallu commencer alors ce procès, et mes persécuteurs étaient trop habiles pour choisir si mal leur temps. Ils ont été circonspects tant qu'ils ont pu craindre quelques revers de la part de ceux mêmes qui, s'étant soustraits à leurs violences, inspiraient le zèle de les défendre. Aujourd'hui, que la terreur étend son sceptre de fer sur un monde abattu, le crime insolent triomphe; il aveugle, il écrase, et la multitude ébahie adore sa puissance. Une ville immense, nourrie de sang et de mensonge, applaudit avec fureur à d'abominables proscriptions qu'elle croit affermir son salut.

« Je sais que le règne des méchants ne peut être de longue durée; ils survivent ordinairement à leur pouvoir, et subissent presque toujours le châtiment qu'ils ont mérité.

« Inconnue et ignorée, je pourrais, dans la retraite et le silence, me distraire des horreurs qui déchirent le sein de ma patrie, et attendre, dans la pratique des vertus privées, le terme de ses maux. Prisonnière et victime désignée, je ne prolongerais mon existence qu'en laissant à la tyrannie un moyen de plus de s'exercer.

« Trompons-la du moins, puisque nous ne pouvons la renverser....

« Vous tous... qui me connûtes, vous ne croirez point que la faiblesse ou l'effroi me dicte le parti que je prends. »

Elle s'était procuré du poison, et, sans doute, elle eût accompli sa résolution mortelle; car elle était en proie à une de ces crises de cœur qui s'ajouent souvent chez la femme aux préoccupations de l'esprit. Mᵐᵉ Roland aimait, cela est hors de doute; elle aimait d'un amour profond un des hommes de son parti. On a parlé de Barbaroux. La correspondance de Mᵐᵉ Roland avec Bancal des Issarts nous donnera peut-être le mot de l'énigme. Voici ce que nous y lisons :

« Ma volonté est droite, mon cœur est pur, et je ne suis pas tranquille ! *Elle fera le plus grand charme de notre vie, et nous ne serons pas inutiles à nos semblables;* c'est vous qui le dites de l'affection qui nous lie, et ce pacte consolant ne m'a point encore rendu la paix !... C'est que je ne me suis point assurée de votre bonheur, et que *je ne me pardonnerai jamais de l'avoir troublé*... C'est que j'ai cru vous voir l'attacher, du moins en partie, à des moyens que je crois faux, à *une espérance que je dois interdire*... D'où vient que cette feuille que j'écris ne peut vous être envoyée sans mystère? Pourquoi ne peut-on laisser voir à tous les yeux ce que l'on oserait offrir à la Divinité même...? Qu'est-ce donc que ces contradictions sociales, ces préjugés humains, au milieu desquels il est si difficile de conduire son propre cœur, si le courage du sacrifice ne s'unit à la pureté d'intention comme au dédain de vaines formules pour conserver le fil du devoir ? »

Elle écrit cela le 18 octobre 1790. Le 11 février 1791, elle écrit encore à Bancal des Issarts :

« Rappelez-vous que j'ai besoin du bonheur de mes amis ; ce bonheur est attaché, pour ceux qui sentent comme nous, à *une irréprochabilité absolue.* Voilà le point où j'espère que nous nous retrouverons toujours, et il est assez élevé pour que nous puissions nous y réunir, malgré les vicissitudes du monde et l'étendue de l'espace. »

Ces témoignages de troubles intérieurs, d'orages de l'âme, nous les retrouverons aussi dans ses *Mémoires*. Peut-être alors la cause de sa douleur aura-t-elle changé.

« Croyez-vous que, dans un siècle aussi corrompu, dans un ordre social aussi mauvais, il soit possible de goûter le bonheur de la nature et de l'innocence ? Les âmes vulgaires y trouvent le plaisir ; mais les autres, pour lesquelles le plaisir serait trop peu de chose, atteintes par les passions qui promettent davantage, contraintes par *des devoirs bizarres ou cruels, que pourtant elles honorent,* ne connaissent guère que la gloire chèrement payée de les remplir. »

Elle aime, mais d'un amour combattu par le devoir. C'est encore là la pensée qu'elle exprime dès les premières heures de sa détention à l'Abbaye :

« Me voilà donc en prison, me dis-je ; ici, je m'assieds et me recueille profondément... Je rappelai le passé, je calculai les événements futurs; et si je trouvai, en écoutant *ce cœur sensible, quelque affection trop puissante,* je n'en découvris pas une qui dût me faire rougir, pas une qui ne servît d'aliment à mon courage et qu'il ne pût encore dominer. »

« Somme toute, dit-elle naïvement, j'ai eu plus de vertus que de plaisirs; je pourrais même être un exemple d'*indigence* de ces derniers. » Ce regret n'a-t-il pas un rapport secret avec la maladie morale que nous signalions chez la jeune fille? La femme, à ses derniers moments, écrit ces paroles désespérées :

« Tout est fini. Vous savez la maladie que les Anglais appellent *Heart'break*, j'en suis atteinte sans remède; et je n'ai nulle envie d'en retarder les effets. La fièvre commence à se développer, et j'espère que

cela ne sera pas long. C'est un bien... de croire qu'il faut s'envelopper la tête, et, en vérité, ce spectacle devient si triste, qu'il n'y a pas grand mal à sortir de la scène. Ma santé a été fort altérée ; les derniers coups rappellent ma vigueur, car ils en annoncent d'autres à supporter... Je ne vis plus que pour me décharger de la vie. »

Mais il n'y a là rien de bien nouveau chez elle. Ce dégoût de la vie éclate déjà dans les plus belles années de sa jeunesse. «Mon âme est flétrie, » dit-elle en 1777. (*Lettres aux demoiselles Canuet.*) « J'existe sans passion et sans goût. » Elle a vingt-cinq ans, et déjà, dit-elle, ses illusions se sont envolées !

« En vérité, je suis bien ennuyée d'être femme ; il me fallait une autre âme, ou un autre sexe, ou un autre siècle. Je devais naître femme spartiate ou romaine, ou du moins homme français. Comme tel, j'eusse choisi pour patrie la République des lettres. »

Beaucoup d'orgueil, un peu de tempérament, point de foi : ne seraient-ce pas là les trois mots de l'énigme ? Quoi qu'il en soit, nous pensons que c'est parmi les Girondins fugitifs qu'il faut chercher l'objet de la dernière et secrète passion qui fit concevoir à Mᵐᵉ Roland l'idée du suicide. « Le procès actuel, dit-elle en parlant de celui des vingt-deux Girondins, m'abreuve d'amertume et m'enflamme d'indignation : *j'ai cru que les fugitifs étaient aussi arrêtés.* Il est possible qu'une douleur profonde, et *l'exaltation de sentiments déjà terribles,* aient mûri, dans le secret de mon cœur, une résolution que mon esprit a revêtue d'excellentes raisons. »

Mᵐᵉ Roland s'était procuré du poison; si elle ne se tua pas, c'est qu'elle eut un instant l'espoir d'être appelée comme témoin, au tribunal révolutionnaire, dans le procès de ses amis. Elle fut amenée jusqu'au greffe, le 23 octobre. Là, elle trouva Adam Lux, jeune enthousiaste allemand, que son adoration pour Charlotte Corday mourante avait voué à la guillotine. Adam Lux était à la Force, où se trouvait aussi un ami de Mᵐᵉ Roland, Champagneux. Ce dernier, sachant qu'Adam Lux, appelé comme témoin, se rencontrerait avec Mᵐᵉ Roland, lui avait remis une lettre pour elle. Elle y fit cette réponse, à laquelle était jointe une boucle de ses cheveux :

« Je me félicitais d'avoir été appelée en témoignage dans l'affaire des députés; mais il y a apparence que je ne serai pas entendue. Ces bourreaux redoutent les vérités que j'aurais à dire et l'énergie que je mettrais à les publier. Il leur sera plus facile de nous égorger sans nous entendre... Nous avons tous été trompés, mon cher Champagneux; ou, pour mieux dire, nous périssons victimes de la faiblesse des honnêtes gens. Ils ont cru qu'il suffisait, pour le triomphe de la vertu, de la mettre en parallèle avec le crime. Il fallait étouffer celui-ci... Je vous écris à côté et presque sous les yeux de mes bourreaux : j'ai quelque orgueil à les braver. »

Le 31 octobre (10 brumaire an II), c'est-à-dire le jour même où l'échafaud dévorait les vingt-deux, elle fut transférée à la Conciergerie, dans une chambre infecte, où la pitié d'un prisonnier lui donna un lit sans draps.

« A ce moment, dit Riouffe (*Mémoires*), bien éclairée sur le sort qui l'attendait, sa tranquillité n'en était point altérée. Sans être dans la fleur de l'âge, elle était encore pleine d'agréments; elle était grande et d'une taille élégante. Sa physionomie était très-spirituelle; mais ses malheurs et une longue détention avaient laissé sur son visage des traces de mélancolie qui tempéraient sa vivacité naturelle. Elle avait l'âme républicaine dans un corps pétri de grâce et façonné par une certaine prestance de cœur. Quelque chose de plus ce qui se trouve ordinairement dans les yeux des femmes se peignait dans ses grands yeux noirs pleins d'expression et de douceur. Elle parlait souvent à la grille avec la liberté et le courage d'un grand homme. Ce langage républicain, sortant de la bouche d'une jolie femme française dont on préparait l'échafaud, était un des miracles de la Révolution, auquel on n'était point encore accoutumé. Nous étions là attentifs autour d'elle, dans une espèce d'admiration et de stupeur. Sa conversation était sérieuse sans être froide; elle s'exprimait avec une pureté, un nombre, une prosodie, qui faisaient de son langage une espèce de musique dont l'oreille n'était jamais rassasiée. Elle ne parlait jamais des députés qui venaient de périr qu'avec respect, mais sans pitié offensante, et leur reprochait même de n'avoir pas pris des mesures assez fortes... Quelquefois aussi son sexe reprenait le dessus, on voyait qu'elle avait pleuré au souvenir de sa fille et de son époux. Ce mélange d'amollissement naturel et de force la rendait plus intéressante. La femme qui la servait me dit un jour : « Devant vous, elle rassemble toutes ses forces; mais dans la chambre, elle reste quelquefois trois heures appuyée sur sa fenêtre à pleurer. »

Ces attendrissements des derniers jours, ces larmes, cet amour caché au plus profond du cœur, c'est la femme qui reparaît et fait oublier la pédante et la sectaire.

Le 11 brumaire (1er novembre), elle fut interrogée au greffe par le juge David, assisté de l'accusateur public Fouquier-Tinville.

David lui demanda quels avaient été ses rapports avec les condamnés, avec les proscrits.

Elle répondit qu'il n'y avait jamais eu chez Roland de comités ni de conférences; mais qu'on y parlait seulement, en conversations publiques, de ce dont s'occupait l'Assemblée, et de ce qui intéressait tout le monde. La discussion fut longue; on voulait qu'elle répondît par oui et par non, et la taxa de bavardage. « Vous n'êtes pas ici, lui dit David, au ministère de l'intérieur, pour y faire de l'esprit. » Fouquier-Tinville avait pris un air aigre, et témoignait de l'impatience. Il reprenait en sous-œuvre les demandes de David, quand il ne les trouvait pas assez complexes ou captieuses; il interrompait les réponses, et les voulait plus courtes. Cela dura deux heures.

Deux jours après, nouvel interrogatoire, dans la chambre du conseil cette fois, au milieu d'un monde d'allants et de venants. En voici les traits les plus importants. On lui demande si elle sait à quelle époque Roland a quitté Paris, où il peut être; elle répond qu'elle l'ignore.

Observé que cette obstination à déguiser toujours la vérité montre qu'elle croit Roland coupable; qu'elle se met en opposition avec la loi; qu'elle oublie les devoirs d'accusée, qui doit surtout la vérité à la justice...

Fouquier-Tinville passa de la colère à l'outrage. Mme Roland, indignée, le couvrit d'un regard de mépris, et, se tournant du côté du greffier :

— « Prenez la plume, lui dit-elle, et écrivez : Un accusé ne doit compte que de ses faits, et non de ceux d'autrui. Si, durant plus de quatre mois, on n'eût pas refusé à Roland la justice qu'il sollicitait

si vivement, en demandant l'apurement de ses comptes, il n'aurait pas été dans le cas de s'absenter, et je ne serais pas dans le cas de taire sa résidence, en supposant qu'elle me fût connue. Je ne connais point de loi au nom de laquelle on puisse engager à trahir les sentiments les plus chers de la nature. »

Ici, Fouquier-Tinville, furieux, s'écria : — « Avec une telle bavarde, on n'en finirait jamais. » Et il fit clore l'interrogatoire.

— « Que je vous plains! dit-elle alors en reprenant tout son calme. Je vous pardonne même ce que vous me dites de désobligeant. Vous croyez tenir un grand coupable; vous êtes impatient de le convaincre; mais qu'on est malheureux avec de telles préventions! Vous pouvez m'envoyer à l'échafaud; vous ne sauriez m'ôter la joie que donne une bonne conscience, et la persuasion que la postérité vengera Roland et moi, en vouant à l'infamie ses persécuteurs. »

On lui demanda de désigner un défenseur; elle indiqua Chauveau-Lagarde, et se retirant, le sourire sur les lèvres, elle dit :

« Je vous souhaite, pour le mal que vous me voulez, une paix égale à celle que je conserve, quel que soit le prix qui puisse y être attaché.

« Le jour où elle monta à l'interrogatoire, dit Riouffe, nous la vîmes passer avec son assurance ordinaire; quand elle revint, ses yeux étaient humides; on l'avait traitée avec une telle dureté, jusqu'à lui faire des questions outrageantes pour son honneur, qu'elle n'avait pu retenir ses larmes tout en exprimant son indignation. Un pédant mercenaire outrageait froidement cette femme célèbre par son esprit, et qui, à la barre de la Convention nationale, avait forcé, par les grâces de son éloquence, ses ennemis à se taire et à l'admirer. »

Elle avait préparé un projet de défense devant le Tribunal; mais elle n'eut pas à le prononcer. Le Tribunal commençait à juger sans phrases.

L'acte d'accusation, rédigé par Fouquier-Tinville, signalait « cette femme intrigante, connue pour avoir reçu et réuni chez elle, en conciliabules, les principaux chefs de la conspiration, conciliabules dont elle était l'âme; quoiqu'en prison, recevait des lettres de Barbaroux et autres réfugiés à Caen, et y répondait, et toujours dans le sens de favoriser la conspiration. »

Le 17 brumaire (7 novembre), le juge d'Obsent entendit, pour la forme, trois témoins à charge; un *Lecoq*, potier de terre, et une fille *Fleury*, cuisinière chez Roland, rue de la Harpe, et ceux-là ne purent dire autre chose sinon que beaucoup de Girondins venaient chez Roland. Le troisième témoin, *Anne-Marie-Madeleine Mignot*, musicienne et maîtresse de clavecin, institutrice de la demoiselle Roland, joua ce rôle honteux, si ordinaire en ce temps fécond en lâchetés, qui consistait à trahir par terreur, et à racheter sa tête en vendant celle d'autrui. Elle prétendit avoir surpris chez les époux Roland des sentiments mal réprimés de tristesse anti-patriotique à la nouvelle de la levée du siège de Lille; elle dit encore que, dans cette maison, on ne se cachait pas de désirer la guerre civile.

Avec la correspondance de Duperret, c'était plus qu'il n'en fallait pour justifier l'échafaud.

L'arrêt ne se fit pas attendre; il portait :

Considérant que Marie-Jeanne Philipon, femme de Jean-Marie Roland, est convaincue d'être l'un des auteurs ou complices de cette conspiration ;

Le Tribunal, après avoir entendu l'accusateur public dans ses conclusions sur l'application de la loi, condamne Marie-Jeanne Philipon, etc., à la peine de mort, conformément à la loi du 16 décembre 1792....;

Déclare les biens de ladite femme Roland acquis à la République....;

Ordonne qu'à la diligence de l'accusateur public, le présent jugement sera, dans les vingt-quatre heures, mis à exécution sur la place publique de la Révolution de cette ville, imprimé et affiché dans toute l'étendue de la République, partout où besoin sera.

Fait et prononcé à l'audience publique, le 18 du mois de brumaire, l'an II de la République française, où étaient présents les citoyens René-François Dunan, vice-président, faisant fonction de président; Gabriel Deliége, François-Joseph Danizot et Pierre-Noël Subleyras, juges, qui ont signé à la minute avec Wolf, commis-greffier.

« Le jour où elle fut condamnée, dit Riouffe, elle s'était habillée en blanc et avec soin ; ses longs cheveux noirs tombaient épars jusqu'à sa ceinture. Elle eût attendri les cœurs les plus féroces ; mais ces monstres en avaient-ils un? D'ailleurs, elle n'y prétendait pas; elle avait choisi cet habit comme symbole de la pureté de son âme. »

« Après sa condamnation, elle repassa dans le guichet avec une vitesse qui tenait de la joie; elle indiqua par un signe démonstratif qu'elle était condamnée à mort. Associée à un homme que le même sort attendait, mais dont le courage n'égalait pas le sien, elle parvint à lui en donner avec une gaieté si douce et si vraie, qu'elle fit naître le rire sur ses lèvres à plusieurs reprises. »

Sur le chemin du Tribunal, elle avait rencontré Beugnot, avec qui elle avait eu autrefois quelques luttes de paroles. — « Adieu, lui dit-elle, faisons la paix; il est temps. » Beugnot ne put retenir ses larmes; elle lui pressa les mains, en lui disant : Courage!

Quand sa condamnation fut prononcée, elle s'inclina gracieusement devant ses juges : — « Je vous remercie, leur dit-elle, de m'avoir trouvée digne de partager le sort des grands hommes que vous avez assassinés. »

Toutes ses dispositions étaient faites pour la mort. Elle savait Roland caché à Rouen, chez un ami sûr; Bosc, administrateur du Jardin des Plantes, et Mme Creuzé-la-Roche avaient placé sa fille unique, Eudora, dans un pensionnat, sous un nom supposé.

Tranquille sur les siens, Mme Roland monta avec courage dans la fatale charrette. C'était le 8 novembre; la fournée était nombreuse, et la charrette qui portait Mme Roland était placée la dernière. Elle s'y trouvait à côté d'un vieillard, Lamarche, ancien directeur de la fabrication des assignats. Le vieillard pleurait; elle le réconforta et le soutint durant la route.

Elle n'était plus jeune, et cependant elle était encore charmante. Lemontey, qui l'a vue dans ces derniers jours, dit que son teint, d'une extrême délicatesse, avait conservé toute sa fraîcheur. « On remarqua en elle, jusqu'à la fin, un air d'adolescence et de simplicité. »

Sa beauté, toute mignonne, était de celles qui séduisent, non de celles qui en imposent.

Arrivée à la place du supplice, elle attendit longtemps son tour. Le moment venu, enfin, elle eut pitié du vieux Lamarche, qui devait mourir après elle : — « Passez devant moi, lui dit-elle, je saurai attendre. »

Elle monta les degrés. Il y avait alors sur la place de la Révolution, un peu à l'ouest de l'échafaud, à peu près à l'endroit où s'éleva depuis l'obélisque, une immense statue de la Liberté : statue d'argile, dit admirablement M. de Lamartine, comme la liberté du temps! Mme Roland salua cette statue, et laissa tomber ces dernières et sublimes paroles : — « O Liberté! que de crimes on commet en ton nom ! »

Elle avait dit : S'ils me tuent, Roland ne me survivra pas; elle ne se trompait pas : cet homme perdait en sa femme la meilleure partie de lui-même. Quelques jours après, des paysans trouvaient sur la route, près de Rouen, au pied d'un arbre, le cadavre d'un homme qui s'était percé lui-même d'un dard renfermé dans sa canne. Un billet était fixé à son habit; on y lut ces mots : « Qui que tu sois, respecte ces restes. Ce sont ceux d'un homme vertueux. En apprenant la mort de ma femme, je n'ai pas voulu rester un jour de plus sur une terre souillée de crimes. Puissent mes concitoyens prendre des sentiments plus doux et plus humains ! Le sang qui coule par torrents dans ma patrie me dicte cet avis. »

Ames stoïques, antiques? Non, âmes faibles, aveugles ! Roland ne s'aperçoit du sang qui coule, que lorsque ce sang est celui des siens. Mme Roland, à cette même place où la lâche complicité de la Gironde fit tomber la tête d'un roi, ne comprend par son propre sort les crimes commis au nom de la liberté.

N° 161 — 10 Centimes.
Deux N°ˢ par Semaine.

LEBRUN ET Cⁱᵉ, Éditeurs.
Rue des Saints-Pères, 8.

CAUSES CÉLÈBRES

LES ASSOCIATIONS DE MALFAITEURS.

LES BANDES A PARIS ET EN PROVINCE : LES BRIGANDS DE LA VIENNE;
L'AUBERGE AUX TUEURS; POULMANN; LES ESCARPES; LES HABITS - NOIRS;
LA BANDE THIBERT; LES ASSASSINS DE PÉCHARD (1826-1857).

... Le lien de la bande, c'est le *fourgat* ou receleur (PAGE 3).

Dans cette admirable série de peintures sociales qu'il a intitulée *La Comédie humaine*, Balzac a consacré trois volumes, *le Père Goriot*, *Splendeurs et Misères des Courtisanes*, et la *Dernière Incarnation de Vautrin*, à l'étude d'une curieuse et terrible figure de bandit. Vautrin dans la maison Vauquer, don Carlos Herrera dans le monde mêlé des diplomates, des journalistes, des duchesses et des filles, Trompe-la-Mort pour ses compagnons de crime, Jacques Collin, de son vrai nom, ce malfaiteur grandiose, ce Cromwell de bagne, est devenu, par ses muscles de lion, par sa souplesse de tigre, par la profondeur de sa perversité, le chef suprême des voleurs et des assassins. Sa royauté est reconnue sans conteste par l'aristocratie des maisons de force, par les ducs et pairs de Toulon, de Brest et de Rochefort. Il les a réunis en une association dite des *Grands Fanandels* (*Voyez* notre procès de Cartouche), qu'on appelle encore les *Dix-Mille*, nom emprunté au chiffre le plus bas que puisse rapporter une *affaire* entreprise par la bande. Il est, à la fois, leur général et leur caissier, leur dictateur et leur agent. Il se collète incessamment avec la justice, avec la police, et, selon son expression, il *roule* la justice dans son expression la plus haute, le Pro-

cureur général, il *roule* la police dans son incarnation la plus complète, le chef de la police de sûreté. Il sait tout, il devine tout, il peut tout, il ose tout. Il a sous ses ordres un état-major de dévouements fanatiques, et lui-même, par un secret désir de se relever à ses propres yeux, par un instinct bizarre et hideux de maternité, il met sa prodigieuse puissance au service d'enfants adoptifs, qu'il crée de toutes pièces, qu'il élève, qu'il pousse, qu'il soutient, dont il fait reposer la fortune sur ses monstrueuses combinaisons.

Ce type étrange, produit d'une imagination que féconda toujours l'observation la plus minutieuse et la plus perspicace, réunit, comme tout type vraiment vivant, les éléments de la réalité, dispersés dans mille individualités différentes. Jacques Collin est, à la fois, l'escroc par excellence, plus caméléon que *Collet*, plus habile comédien que *Coignard*; il est plus fertile en ressources, plus insaisissable qu'un *Petit*, plus audacieux et plus redouté qu'un *Arigonde*, plus adroit qu'un *Fossard*; mais, surtout, il l'emporte par le génie de l'organisation et du commandement sur ces chefs de bandes si vantés, les *Cartouche*, les *Gaspard de Besse*, les *Poulailler*, les *Mandrin*. Devenu vieux, il se fait ermite, c'est-à-dire chef de la police de sûreté, et, dans ce rôle nouveau, il déploie des talents que n'eut jamais un *Vidocq*.

Cette figure de fantaisie, souvent plus vraie que la réalité, parce qu'elle la résume et la complète, ne nous apparaîtra jamais, dans l'histoire judiciaire, sous une forme unique, personnifiée dans un seul homme. Nous trouverons partout la monnaie de Vautrin, jamais la pièce. Nous ne rencontrerons pas non plus, dans les traditions des Parlements ou dans les dossiers de Cours d'assises, une bande organisée avec l'idéale perfection de la Société des Dix-Mille. L'aristocratie des voleurs et des assassins n'est, après tout, qu'une tourbe immonde, où la brute domine. Dieu merci! la culture d'esprit, l'imitation réussie des manières du grand monde, le beau langage, même l'habileté, même l'énergie, sont de rares exceptions dans cette boue sociale. Férocité, jactance, expérience du crime, sont à peu près les seules conditions de supériorité relative qui y distinguent le chef des soldats. L'ordre, l'obéissance, la discrétion, le dévouement, sont qualités presque toujours inconnues à ces hommes que l'instinct de désordre, l'esprit de révolte, la débauche, l'ivrognerie, la cupidité, ont mis hors la société commune.

Il y a même quelque chose de rassurant à voir cette impuissance radicale de l'esprit du mal dans ses efforts pour imiter la société légale. Aux époques de corruption, d'anarchie, quand une lente dissolution de l'ordre social ou un complet bouleversement ont fait la partie la plus belle à l'armée des malfaiteurs, il est curieux d'observer l'indiscipline irrémédiable de ces révoltés. C'est à peine si la société se défend, et ils ne peuvent s'entendre pour l'attaquer. Lisez l'histoire vraie de *Cartouche*, et vous verrez ce qu'il faut penser de cette hiérarchie si vigoureusement constituée, de cette direction si habile et si énergique, qui, selon la légende, auraient fait du bandit parisien un voleur de génie, un Alexandre de la rue. Vu de près, Cartouche se rapetisse et disparaît dans la foule grouillante des larrons de bas étage qu'une police mal faite laisse camper dans Paris. Il semble, au premier coup d'œil, que l'universelle incurie, que la lâcheté, que la désorganisation de la société aient dû favoriser une forte organisation des passions antisociales; on est tout prêt à croire qu'en effet, il s'est trouvé un homme pour rassembler en faisceau toutes ces cupidités, toutes ces révoltes, et les lancer contre le pays légal, désarmé, presque dissous. La légende le dit, la tradition l'affirme: l'histoire le nie. Et il se trouve, en fin de compte, que, le jour où la plus déplorable administration qui fut jamais l'a bien voulu, elle a balayé sans grande peine ces juxtapositions de malfaiteurs, que ne liait aucun ciment solide.

Il en est de même après le tremblement de terre de 1789. Tout est chaos, anarchie; tandis que se poursuit la grande lutte des principes anciens contre les idées nouvelles, le désordre et le crime ont beau jeu: leurs bataillons, recrutés par la misère, rassurés par l'impunité, s'emparent de provinces entières, s'y établissent en maîtres, les rançonnent, les mettent en coupe réglée. La société, un jour, se réveille, tremble, croit à une organisation formidable de ses ennemis; et il arrive qu'un juge de paix, un brigadier de gendarmerie, quelques gendarmes et quelques hussards nettoient des départements entiers, sans rencontrer de résistance. (*Voyez* notre procès des *Chauffeurs*.)

Il faut se rendre compte, une fois pour toutes, de cette impuissance, au fond bien naturelle, qu'éprouve le désordre à enfanter l'ordre. Il faut passer rapidement en revue les principales associations de malfaiteurs tombées sous la main de la justice, pour connaître leur nature, leurs éléments, leurs moyens d'action, les causes fatales de leur défaite.

Il y aura, dans cette histoire, à la fois un enseignement moral, et une curieuse étude des transformations de l'esprit du mal.

Mais, d'abord, déblayons le terrain. Nous laisserons de côté ces grandes réunions de bandits ou de contrebandiers, c'était souvent tout un, que *Gaspard de Besse* ou *Mandrin* menaient au pillage des voyageurs ou des agents des fermes, dans les montagnes de l'Estrelle ou dans les Alpes de Savoie. Ce sont là des bandes de routiers ou de jacques dont l'existence n'est plus possible à cette heure de notre civilisation.

Nous passerons également sous silence les compagnies plus modestes de brigands à main armée, détrousseurs de passants, procédant en nombre à l'attaque des fermes, des maisons isolées, des diligences. Ces associations naissent ordinairement des troubles publics, comme le ver de la pourriture. La paix générale les désarme; mais il y faut le temps. *Chauffeurs*, faux *Chouans*, *Compagnons de Jéhu*, n'apparaissent qu'aux époques d'anarchie et de guerre civile. Les derniers échos de ces désordres datent de 1824 et de 1842. En 1824, la bande *Renaud*, *Ochard* et *Delaporte*, qui infeste, aux portes de Paris, les bois de Claye et la forêt de Sénars; en 1842, les faux *Vendéens*, qui, profitant d'une courte tentative de guerre civile, cachent le voleur de grand'route sous la veste du Blanc.

Nous ne confondrons pas avec la véritable association de malfaiteurs ces levées en masse de partis politiques protestant contre leur défaite, ou d'intérêts s'insurgeant contre un progrès social qui les froisse ou les dépossède. Ainsi les *Jacques* de 1831; ainsi les *Demoiselles* de 1830. Pour ne parler que de ces derniers, les montagnards du Castillonnais, du pays de Foix, de la Haute-Garonne et de l'Ariége, qui s'en allaient par les forêts pillant et brûlant, n'avaient rien de commun avec les malfaiteurs vulgaires. C'étaient des ennemis armés d'une loi qui les affamait. Un nouveau Code forestier avait aveuglement appliqué à leurs pauvres montagnes l'interdiction, partout ailleurs salutaire, de la coupe des bois de l'État, du pâturage; là où la féodalité permettait l'élagage et le pacage, les communes, désormais, disposaient de ces droits, accordaient les cantonnements productifs à de riches propriétaires, et ne laissaient aux malheureux montagnards que des rochers stériles. Dix mille âmes sentirent les horreurs de la faim; et, des cabanes dispersées dans ces sauvages forêts, on vit sortir, aux appels de la corne des montagnes, des centaines de bûcherons, une hache énorme sur l'épaule, le visage barbouillé de suie, une chemise blanche passée par-dessus les vêtements. Pour cela, on les appela les Demoiselles. Ils s'organisèrent en bandes parfaitement disciplinées, ayant chacune son capitaine, son aumônier, son bourreau. C'est ainsi qu'ils s'assurèrent pendant quelque temps encore la liberté des bois.

Ce seul fait d'une organisation hiérarchique, d'une entente commune, suffirait à séparer le protestant politique ou l'insurgé social du bandit ordinaire.

Réfractaires, esclaves revendiquant leur liberté et

tramant, sous un chef, les *complots du feu*, échappent encore à l'association de malfaiteurs telle que nous l'entendons et dont nous allons esquisser l'histoire. De nos jours, avec le puissant outillage de notre civilisation, avec les rouages si compliqués, si parfaits de notre administration centralisée, la bande ne peut vivre que dans l'ombre et ne dure que par la ruse. Si des voleurs associés recourent à la violence, ce n'est pas, le plus souvent, par audace, mais par calcul de prudence.

Aussi, voit-on peu à peu se modifier les habitudes des malfaiteurs; ils se transforment avec la société elle-même. Les causes de leur révolte ne changent pas: c'est toujours la débauche et la paresse; mais les moyens de prolonger la lutte varient avec les temps, avec les lieux. Moins la société est avancée en civilisation, moins elle est défendue, plus l'ennemi est grossier, violent. Dans les départements reculés, ou dans les campagnes encore peu atteintes par l'action administrative, nous trouverons encore, à des dates assez récentes, des familles de bandits installées au su et au vu de tous, régnant par la terreur; à Paris, ou dans les grands centres de civilisation, la bande n'est qu'une agrégation fortuite, composée de groupes de trois ou quatre individus, se réunissant rarement sous la conduite d'une intelligence ou d'une volonté supérieures. Le lien de la bande, c'est souvent le *fourgat* ou receleur.

Si le receleur est le lien et la vie d'une bande, il en est aussi l'élément de mort. Sans le receleur, qui écoule les produits du vol, qui les échange contre argent, pas d'association possible. Mais aussi cet homme, qui exploite ses complices, sans fatigue, sans péril apparent; qui échappe souvent à l'action de la justice, et qui jouit en paix de ses bénéfices, quand les instruments de sa fortune sont punis par la loi; cet homme est haï, jalousé, souvent trahi. Et, si la police le saisit, elle saisit presque toujours la bande tout entière. Une *souricière* organisée chez le *fourgat*, ou même les révélations intéressées de ce négociant interlope, procurent la capture de tous ses associés.

Quelquefois même, le *fourgat* est chef de bande. En 1826, à Paris, la bande *Poulain* est aux ordres d'un épicier de la rue Saint-Jacques, dont les cavés reçoivent le produit des vols commis par vingt et un complices. Le personnel de cette bande se recrute parmi les ouvriers qui ne travaillent pas: serruriers, menuisiers, peintres, maçons. L'épicier Poulain n'est pas lui-même un homme de main; c'est un intermédiaire, un receleur qui commande l'*ouvrage*.

La bande de *Colin* dit *Monrose*, placée peu de temps après (27 octobre 1826) sous la main de la justice, présente une certaine hiérarchie. Le chef, Monrose, un homme de main celui-là, punit ses hommes à l'occasion; il en condamne un à passer la nuit sur une chaise sans dormir. Il est vrai que cet acte d'autorité entraîne la découverte de l'association: le voleur puni *entre en révélation*, et les quinze associés de Monrose sont pris au filet. Nous trouvons parmi eux des peintres, des marchands de meubles, un portier, des Juifs: un Roth, un Graft.

Des Juifs, il est rare qu'une bande de malfaiteurs n'en renferme pas quelques-uns, surtout quand la bande se livre à des opérations de commerce interlope, quand ses membres cumulent le vol, le prêt usuraire, l'achat et la vente du bric-à-brac.

Il y a des familles juives qui, à elles seules, sont toute une bande. Les *Nathan*, par exemple, ont laissé un nom fameux dans nos greffes et dans les souvenirs de la *haute pègre* parisienne. Le doyen des Nathan fait remonter sa première condamnation pour vol au 11 germinal an XIII. A 70 ans, il subit la dernière, le 6 mai 1852. A cette époque, la justice le trouve exerçant la profession de marchand de bois; respectable vieillard en apparence, il *oblige* les artistes du boulevard du Temple, ce qui signifie qu'il prête à la petite semaine. Mais il est, surtout, il a toujours été, il sera jusqu'à son dernier souffle de vie, voleur *à la tire*. On le prend tirant d'une poche un porte-monnaie, à la queue des Funambules.

Le clan des Nathan a eu ses illustrations féminines : Minette ou Esther Nathan, femme Mayer, voleuse de *montres* (devantures), voleuse à la tire, et surtout sa sœur, Rosine Nathan, élégante et fertile en déguisements. Deux fois, à Saint-Germain et à Bicêtre, Esther put s'évader sous les riches habits de sa sœur. Car Rosine Nathan a, pendant de longues années, trompé ses victimes et la police, sous les déguisements les plus divers. Femme du monde au besoin, elle a, comme l'*Asie* de Balzac, ses gens, sa voiture, ses dentelles, ses diamants. Elle a le langage de la grande dame, comme elle en a les dehors. C'est un *Collet* femelle, comédienne au moins autant que voleuse.

Quelquefois, mais rarement, des femmes s'associent pour le vol, et obéissent à l'une d'entre elles. Ainsi, *Lina Mondor*, dite *la Miette*, ancienne vivandière, sut, en 1827, réunir sous ses ordres un certain nombre de femmes, qu'elle dirigeait dans la carrière du vol et de la prostitution. De pareilles associations sont d'autant plus ignobles, qu'elles reposent ordinairement sur des vices monstrueux.

Une femme, quelquefois aussi, sert de trait d'union à plusieurs malfaiteurs, et peut être considérée, par son influence, comme le véritable chef de la bande. *Clara Wendel*, c'était le nom romantique d'une certaine *Louise Bouvier*, régnait ainsi sur une quarantaine de filous. Elle fut condamnée à quinze ans de travaux forcés, le 9 juin 1828.

La ruine de toutes ces associations, c'est la révélation. Si le bandit ne *roule* pas la justice, comme le Vautrin de Balzac, ce n'est pas à la police, ou du moins à ses moyens directs d'action, qu'il en faut rapporter l'honneur. Sans la révélation, la police aurait souvent le dessous dans le duel incessant qu'elle soutient contre le crime. Le révélateur a ses immunités assurées à l'avance. Avant le jugement, il sera bien traité, largement nourri; après le jugement, il verra abréger la durée de sa peine. Dans les cas graves, il échappera à la mort, malgré l'évidence de ses crimes; le service qu'il aura rendu aura racheté sa tête. S'il est très-jeune, il sera reconnu coupable; mais la question de discernement sera résolue négativement à son égard.

La révélation appelle la révélation. A peine un voleur a-t-il parlé, que la jalousie, la crainte, font parler les autres. De là, des cascades, des ricochets de révélations. Le premier mot dit, il n'est plus possible de retenir le reste. Tour à tour, les anciens associés *se mettent à table*, c'est leur mot, et *se mangent* mutuellement.

C'est une curieuse revue que celle des associations célèbres de la première moitié de ce siècle. Paris, la ville géante, la ville défendue aux voleurs, exerce sur eux néanmoins, par ses richesses, par ses ressources de toute sorte, par les facilités qu'elle offre à la vie de mystère, aux existences déclassées, une attraction singulière. Aussi, la plupart des bandes fameuses ont-elles eu Paris pour asile et pour centre d'action. La bande de province a, par cela même, des caractères propres qui la séparent de la bande de Paris. Ici, l'audace, la grossièreté violente; là, l'habileté, qui compte avec le Code, qui ne franchit que rarement la limite étroite des circonstances aggravantes, qui, surtout, répugne au sang.

Pour types d'associations départementales, nous prendrons, de 1834 à 1858, celles dont les membres n'ont pas reculé devant la violence. On saisira, dans les détails, les différences qui séparent la bande de province et la bande parisienne.

Nous pouvons assister à la naissance d'une de ces associations de province, celle qui reçut, en 1840, le nom de *Brigands de la Vienne*.

Il y avait, en 1834, à la manufacture d'armes de Châtellerault, un homme exerçant l'emploi de secrétaire. Hilaire Prault était environné de l'estime de tous. Le directeur de la manufacture, M. Gaillard, capitaine d'artillerie, avait en lui la plus entière confiance. Et Prault, jusqu'alors, l'avait mérité.

Un jour, des voyageurs visitaient la manufacture. Prault les regardait passer par les cours; visiteurs et visiteuses étaient richement vêtus. — « Voilà pourtant, dit Prault à deux de ses camarades, Pérard et Bissot, voilà des gens qui, peut-être, ont volé tout ce qu'ils portent. Nous sommes bien bêtes de ne pas faire comme eux, et de travailler comme des nègres. » La mauvaise pensée tomba en bonne terre, et germa. On se comprit d'un coup d'œil, et, quelque temps après, Prault réunissait chez lui Bissot, Pérard, et deux nouvelles recrues, Noloir et Noël Germain, pour aviser aux moyens de faire rapidement fortune. Le premier acte de l'association fut une tentative de vol sur un bourgeois de la ville, qui ne sut que plus tard à quel danger sa bourse avait échappé.

La ruse ayant échoué, les associés recoururent à la violence, et, profitant des bonnes relations de Prault, la bande s'introduisit chez un autre bourgeois, dont la maison n'était gardée que par un enfant de quatorze ans. Le pauvre petit domestique fut assassiné, à coups de marteau de cantonnier. Ce crime ne produisit pour résultat que quelques hardes sans valeur.

Alors, Prault, beau parleur, homme cultivé, recruta un nouvel associé, Contant, et, à l'aide de ce renfort, dirigea des tentatives contre la caisse de son directeur. Le bruit inattendu des pas de quelques personnes sauva seul la caisse et la servante du caissier.

Un autre jour, les associés volèrent une quinzaine de mille francs à un banquier de la ville. Enfin, après six ans de vols continuels et d'impunité, tout fut découvert par un vol que commit Prault sur l'impériale d'une diligence. Le 30 août, la Cour d'assises de la Vienne mit fin à l'association en condamnant tous ses membres comme voleurs, le fait d'assassinat ayant laissé des doutes. Prault, bien que révélateur, fut condamné à vingt ans de travaux forcés.

Voilà l'association fortuite de quelques convoitises aveugles, de quelques organisations vicieuses. Le spectacle est, pour le moraliste, plus intéressant encore, mais aussi plus hideux, s'il s'agit de brutes immondes, comme les complices de l'*Auberge aux Tueurs*.

Il y avait, en 1834, à Gaillac, dans le département du Tarn, une auberge sinistre, tenue par les époux Espaillac. Ce repaire était le rendez-vous de tout ce que la petite ville contenait de mauvais sujets, de repris de justice, de gens prêts à tout faire. Si une voiture s'arrêtait, même en plein jour, devant cet antre, il était rare qu'une partie de son chargement ne disparût pas. Si un créancier apportait sa facture aux aubergistes, la femme Espaillac, une virago moustachue, prenait un manche à balai et reconduisait le créancier. Qu'un marchand à la lourde sacoche vint imprudemment coucher chez les Espaillac, on ne le revoyait plus. Plus d'un avait été dépouillé pendant l'ivresse, et jeté à la porte quand il réclamait son bien. La femme Espaillac, qui, disait-on, *portait la culotte*, réglait ses discussions le couteau à la main. Aussi, ne discutait-on guère avec elle.

Comment l'impunité pouvait-elle être acquise à de pareils méfaits? Comment les victimes ne criaient-elles pas contre leurs bourreaux? Comment la justice n'était-elle pas encore intervenue pour sonder les mystères de cette maison, que déjà la voix publique désignait sourdement sous le nom de l'*Auberge aux Tueurs*?

Pour le comprendre, il faut connaître les lâches terreurs des honnêtes gens, là où la protection de l'autorité est insuffisante.

Il fallut, pour que le mystère de l'infâme auberge fût dévoilé, qu'un événement horrible y appelât l'œil de la justice. Encore va-t-on voir que, sans la révélation, le silence de la peur eût protégé les plus grands coupables.

Le 25 janvier 1834, on trouva morts, dans leur maison, deux vieillards, les époux Coutaud et une jeune fille, leur domestique. Le cadavre du mari, âgé de 70 ans, était étendu sur le palier de l'escalier; la femme et la servante gisaient, assassinées, dans une chambre reculée. Le sang inondait les murs et le parquet.

L'identité parfaite des blessures trouvées sur chacun des cadavres démontra au docteur Rigal que les mêmes assassins avaient, avec les mêmes instruments, coopéré successivement sur les trois victimes à l'exécution du crime. Les trois corps ne portaient pas moins de cinquante-trois blessures, faites avec des instruments qu'on supposa être un tranche-lard aminci par l'usage, un couteau poignard et un bout d'épée.

Les traces de sang, de piétinements autour de la maison, le nombre des victimes, indiquaient assez que les malfaiteurs avaient dû être en nombre. Quinze mille francs en or, une montre d'argent, des chaînes d'or, avaient disparu de la maison Coutaud.

Les soupçons de la justice se portèrent d'abord sur un chiffonnier, nommé Dalbys et surnommé Carrat, déjà frappé par quatre condamnations. Un portefaix, Ginester dit le Tondu, et un Salabert dit Lalièbre, furent également signalés.

On trouva aux souliers de Carrat une boue fraîche encore, qui fut reconnue pour être de même nature que celle du champ Chalvet, contigu au jardin des époux Coutaud. Des traces de clous et de pointes observées sur la terre, autour de la maison, concordaient avec la configuration des semelles des souliers de Carrat. La chemise de cet homme était tachée de sang.

D'autres indications arrivèrent à la police. Carrat, le repris de justice, avait, à Gaillac, une sœur, Anna ou, dans le patois du pays, *Annou dite la Carrade*.

Une jeune enfant de sept ans, pleine d'intelligence, fille naturelle de cette Annou, concubine d'un sieur Antoine, raconta que, sortie pour un besoin, dans la nuit du 24 au 25 janvier, elle entendit, de la porte de la maison, trois individus appeler son oncle Jannet. Elle reconnut Ginestet, l'un des trois, qui disait : « Lève-toi, tu me verras travailler; et si tu ne veux pas travailler comme nous, nous te tuerons. »

L'oncle Jannet sortit, et, passant devant la maison d'Antoine, contiguë à la sienne, cria : « Annou, Annou, je m'en vais. »

Salabert était le second individu; le troisième se cachait derrière un pilier : l'enfant n'avait pu le reconnaître.

Dalbys-Carrat, Ginestet et Salabert furent arrêtés. Jusque-là, la peur avait comprimé les témoignages; les habitants de Gaillac commencèrent à parler.

Une voisine des Antoine raconta que, vers quatre heures du matin, entendant son enfant pleurer, elle avait passé dans une chambre située sur le derrière, pour l'endormir. Là, elle entendit distinctement parler dans l'appartement de la femme Antoine. — « Pas plus que ça, disait Antoine à son beau-frère Carrat; pas plus que ça? Une maison reconnue pour être pourrie d'argent! — Il t'y fallait aller, toi. Tu es bien dans le cas de prendre quelques centimes. »

Un instant après, la voisine entendit ouvrir la porte de derrière de la maison Antoine.

On répéta aussi un propos tenu par Carrat, à la veillée du 23 janvier. Sous peu de jours, disait-il, lui et trois ou quatre autres feraient « une mascarade sans violons ni flûtes, dont on parlerait. »

Ginestet le Tondu avait si bonne réputation, même parmi les siens, que, deux jours après le crime, son frère disait hautement : « Il est bien assez en état de l'avoir fait. »

On arrêta encore une fille Anne Julia, domestique des Espaillac, et maîtresse de Ginestet. Cette fille laissa échapper quelques aveux compromettants pour Carrat.

Anne Dalbys, la sœur de Carrat, avait, dans ses conversations avec des voisines, avoué avec une singulière naïveté de cynisme la culpabilité de son frère et sa propre complicité morale. — « Que pense-t-on de lui? » disait-elle. — « Qu'il en était. — Bah! est-ce que les gens d'ici sont ses juges? Le tribunal de Gaillac n'est rien; et puis, quelles preuves y a-t-il contre lui? — Et les taches de sang à la chemise, et les souliers couverts de boue? — Ah! maudits souliers, si j'avais pu prévoir ce qui est arrivé, je les aurais bien fait disparaître; on n'en eût pas trouvé trace. »

Et elle se plaignait avec aigreur des nombreux interrogatoires qu'on faisait subir à son frère. — « Pour faire le coup, disait-elle, il fallait des complices; car, n'habitant pas Gaillac depuis sept ans, il ne pouvait connaître l'intérieur de la maison Coutaud. Et, on parle de cet assassinat, Carrat toujours Carrat! De quatre qu'ils étaient, mon frère est le plus vexé, le plus puni; il est traité comme le plus coupable. Pourtant les autres le tourmentaient depuis trois mois. Ils l'ont entraîné; il ne voulait pas y aller. »

Une commère lui demanda : — « Est-ce vrai ce qu'on dit, que votre frère est rentré tout sang, le matin du coup? » — « Oui, répondit-elle; je m'étais levée de bonne heure. Il arriva dans un état pitoyable. Il me dit bonjour, et se disposait à aller faire un tour de ville. Sa chemise faisait peur; il n'en

avait que deux : si j'avais prévu le crime, je lui en aurais prêté volontiers une de mon mari. »

Elle avait, pendant les perquisitions de la justice, caché ou brûlé des objets volés chez les Coutaud. Tout cela fut rapporté. Bientôt, les noms de deux des quatre s'échappèrent de cette langue toujours active. — « Jamais je ne dénoncerai mon frère, dit-elle à Jeanne Balitran, sa voisine. Plutôt mourir! D'ailleurs, s'il y a quelques preuves, c'est que le bon Dieu l'a voulu; mais on ne les a pas vus sortir de chez Coutaud. Quand même, voyez-vous, la Jeanne, Ginestet et Salabert y étaient; pourquoi n'y serait-il pas allé, lui? Qu'est-ce qu'il risque, au fait? 20 ans de fers; il ne montera pas à l'échafaud. »

Et, montrant du poing l'endroit où était renfermée la servante d'Espaillac : « Ah! couquinasse! (Ah! vieille coquine).

Ces révélations firent arrêter Anne Antoine. Elle fut plus irritée qu'effrayée; elle ne parla plus que de vengeance contre la Jeanne. Un jour, elle l'aperçut de son cachot, et, se collant aux barreaux : — « Va, cria-t-elle, je serai bientôt hors. Tu m'as trahie; quand je sortirai, tu seras contente. »

Quant à la servante de la sinistre auberge, voici ce qu'elle avait dit à la justice.

Malgré les dénégations formelles de la femme Espaillac, Anne Julia avait déclaré que, par son ordre, elle avait été, le matin du crime, laver au ruisseau un pantalon et un gilet, appartenants à son maître. Pendant la nuit du crime, elle avait entendu la voix de Carrat.

Le soir du 24, revenant de la foire, un enfant avait rencontré, en face de l'église de Saint-Pierre, Ginestet et Carrat, qu'il connaissait parfaitement. Il avait entendu Carrat dire, en patois, à Ginestet : « E qués aquél omé? (quel homme est-ce?) — Es biel, avait répondu Ginestet, és grand caouso (il est vieux, ce n'est pas grand'chose). — E la sirbénto? (et la servante?) — La sirbénto és encaro uno bouno boug..... mès nous en deiffarén (la servante est encore une bonne boug....., mais nous nous en deferons). — E l'aoutro? (et l'autre?) — N'és qu'uno trébo (ce n'est qu'une vieille patraque). »

Les deux hommes continuaient de descendre la rue; l'enfant n'en entendit pas davantage.

Quand Salabert parut devant le juge d'instruction, il n'avait pas ouvert la bouche, que déjà ses yeux, ses bras, son corps tout entier avouaient le crime à défaut de la voix. Ses traits décomposés, sa gorge serrée, qui refusait passage à la parole, le frisson fiévreux de ses membres, disaient tout. — « Il ne faut pas se désoler, dit un voisin à la Salabert; il faut prendre son parti : votre homme est perdu. »

Peu à peu, les langues se délièrent; l'instruction rassembla ses preuves; et, le 25 novembre 1834, l'affaire se présentait devant la Cour d'assises d'Albi (Tarn).

Dalbys dit Carrat se défendit avec une énergie toute méridionale. On lui représenta l'immonde chemise trouvée sur son corps; le col et le poignet sont tachés de sang. — C'est l'effet de la gale, s'écria-t-il; quand on a la gale, il faut se gratigner; le sang va partout.

Mais le chapeau de Carrat était également taché de sang; cela provenait, sans doute, d'une blessure qu'il s'était faite en coupant du pain. Mais, quand on l'arrêta, son pantalon était encore mouillé d'un lavage récent. Ici, l'explication fait défaut à Carrat : il a recours à la colère. Puis, il s'apaise : — « Je suis ici devant des messieurs et des dames, s'écrie-t-il. Si je me trompe, si je suis violent, c'est que je vois des injustices, et *tant que mon corps pourra*, je me défendrai. Ce n'est pas de la méchanceté, c'est mon tempérament. Si vous ne voulez pas que je parle, je ne viendrai pas. A compter de demain, je ne viens plus ici. »

Mais, vers la fin des débats, Carrat comprit qu'il n'avait plus qu'un seul moyen de racheter sa tête. Il fit demander, avec instances, M. le Président Solomiac, et lui fit des révélations spontanées, précises, qu'il renouvela, le 30 novembre, en audience publique. Il se fit apporter un verre d'eau, le but, comme pour calmer un moment une fièvre intérieure ; puis, selon son expression, il commença son *discours*. Le lecteur ne comprendra bien l'effet de ce langage pittoresque, étrangement mêlé de tours patois, qu'en se figurant l'accompagnement d'une pantomime saisissante, d'une mimique gasconne.

— « Je vais parler français, dit-il, parce que tout le monde me comprendra.

« Dans le courant de cette vie, plaignez mon triste sort. Quand on commence mal, on finit toujours mal. L'an 1833, le 8 août, le gardien de la prison de Nîmes m'ouvrit les portes, me donna une partie de l'argent que j'avais gagné. Je partis le lendemain, et me rendis à Gaillac. Je fus dans le cabaret de Marmande. Aussitôt, étant dans le cabaret de Marmande, Salabert et un nommé Reillou y vinrent. N'est-ce pas vrai, Salabert ? (Salabert le regarde et reste muet.) Qu'on mette en écrit toutes fois que je nommerai un homme. Salabert, il y avait quelques jours qu'il me tenait des discours, me disait que, dans la rue du Foiral, il y avait des gens riches. Moi, je ne l'écoutais pas sur ces discours, parce que j'étais sous la surveillance de la haute police, que les soupçons pèseraient sur moi. Un autre jour, Salabert m'invita à manger un canard chez lui. Il avait son beau-père, sa belle-mère, sa mère et lui. Quand nous achevâmes de manger le canard, moi, je partis, et Salabert me suivit dans la rue de l'Hôpital. Il me dit : « Ecoute, toi qui es un homme décidé, et tu voulais venir, il y a trois ou quatre riches paysans dans la rue du Foiral, nous pourrions voler, et faire un bon coup. » Je lui dis alors : « Ecoute, les soupçons pèseraient sur moi ; mais, puisque tu me le dis, si tu es si franc que moi, nous le ferons. »

« Revenons au 24 janvier, que moi j'avais été malade, d'une blessure au doigt que je vous ai dit que je m'étais donnée, que ceci est réellement de la vérité. Un soir, que nous soupâmes ensemble avec mon pauvre père, ma pauvre mère, et mon frère et moi, je pris mes chapelets, comme c'était mon habitude toutes les fois que j'allais faire un tour dans Gaillac. J'allai à la veillée jusqu'à onze heures ou minuit. Je rencontrai un nommé Labranche, en sortant ; nous passâmes dans la rue Saint-Pierre. Voilà, sur la place du Faubourg-Barry, Labranche me quitta, et je fus dans le cabaret d'Espaillac. Une fois là, je demandai à Espaillac s'il y avait quelque chose pour me donner. Il dit que non ; alors, je fus chez Canitrot ; sa fille me donna deux sous de sardines, qu'elle m'en donna cinq. Je retourne chez Espaillac. Il y avait des marchands là ; à la manière du langage, je reconnus qu'ils étaient du Dauphiné. Je m'assis auprès d'eux, et je mangeai mes sardines. Ginestet s'approcha de moi, et me dit : « Dépêche-toi à payer, que nous irons boire une demi-tasse. » Partis de l'auberge pour aller au café Bernier, Ginestet me dit : « Tiens, écoute, Salabert m'avait

parlé une fois qu'il y avait un riche paysan dans la rue du Foiral. Si tu veux venir, nous sommes décidés qu'il y a une bonne affaire. » Alors, moi je dis : « Tiens, ne parle pas tant, parce que voici un homme qu'on appelle Estève. » Alors, Ginestet me touche le bras et me dit : « Reste tranquille, parce que c'est un des nôtres. » Alors, nous descendîmes dans la rue Saint-Pierre. Là, je dis : « Mais, cependant, pour aller dans les maisons comme ça, il faudrait savoir quelles sont les personnes. » Lui, me dit : « Coutaud il est vieux, sa femme n'est pas grand'chose ; mais la personne je crois qu'est jeune, c'est la servante. »

« Après le café, Ginestet me fit passer devant la maison de M. Coutaud, et me dit : « Eh bien ! tu es décidé ? — « Je suis décidé ; mais que si nous faisons ceci, alors tous les soupçons vont tomber sur moi, parce que je suis surveillé... J'ai peur que ça n'aille pas. Tu me prends donc pour un c...., quoique je n'aie pas été en prison. »

« Voilà qu'alors Ginestet me dit : « Va dans la rue du Foiral. » Il y fut aussitôt que moi, et me mena sur le champ de Chalvet. Il y avait deux personnes ; Ginestet et moi, ça faisait quatre. Il y avait dans un jardin, auprès d'un mur à droite, un homme habillé de blanc ; mais pour ceci, je ne peux pas le préciser. Mais j'avais toujours les yeux là. Alors, Salabert me dit : « Un b..... comme ça, que tu sors de prison, tu trembles ? — Non, je ne tremble pas ; mais c'est égal, toujours, on a peur. »

« Alors, Ginestet me mit en faction dans une petite rue, près de l'Hôpital. « Et là, me dit-il, il faut que tu restes. »

« J'ai été là environ demi-heure. Voilà qu'alors j'ai entendu une femme qui ouvrit sa croisée, et elle ne voulait rien encore. Le chien se mit à crier. Alors, cette femme ferma la croisée, et encore elle ouvrit, et elle a dit : « Qui est ça ? » Alors, j'ai entendu une personne, mais je ne sais pas quelle personne était, qui criait : Hai ! hai ! hai ! Alors, moi, la peur me saisit, et tant de jambes que j'ai eues, je m'en fus à la maison. De là que j'étais arrivé de demi-heure, viennent me chercher Ginestet, Lalièbre, et une autre personne qui, me semble, a parlé ici en témoin. « Il faut venir, » me dit Ginestet. Rue du Foiral, on me fit entrer dans une porte de la maison de Coutaud. Il y avait un escalier, à droite. On ouvrit une porte. Ginestet et Salabert étaient derrière moi. On ouvrit une porte, et une personne demanda : « Qui est ça ? » L'autre, qui est devant, dit : « C'est le diable. » Après demi-minute, on crie : « O Dieu ! on me tue ! » Au moment que j'entrai, celui qui criait vint se jeter sur moi et me renversa. Alors, Lalièbre lui donna trois ou quatre coups, et il tomba dans le vestibule, en faisant un dernier *soupirement*. J'entendis encore une personne qu'il disait : Hai ! hai ! Voilà qu'on regarda dans toutes les armoires. Moi aussi je regardai, et je dis : « Il y a deux sacs ; voici l'argent. » Et ces sacs a été des graines pour semer. Alors, nous sommes passés dans l'autre chambre. Il y avait auprès d'un lit, à main droite en entrant, deux cadavres, et un qu'il disait comme ça (Carrat s'accroupit), qui levait les yeux, qui disait : Hai ! hai ! Alors, Lalièbre dit : « Cette b...... là, après y avoir f.... plusieurs coups, elle ne peut pas mourir. » Alors, Lalièbre prend un instrument, que je ne sais pas si c'était une baïonnette précisément, et il en donna quatre coups. Elle ne parla plus. »

Voilà donc, par les aveux de Carrat, Salabert et Ginestet convaincus d'avoir participé au crime. Un Reillou apparaît, que ne soupçonnait pas encore la justice. Enfin, on entrevoit les Espaillac au fond de la scène. C'est le premier acte de la révélation.

Ginestet et Salabert furent condamnés à mort; Carrat, condamné à la même peine, la vit commuer en celle des travaux forcés à perpétuité. On comprend bien que ni le jury, ni les juges n'avaient cru à ce rôle invraisemblable que s'attribuait Carrat dans le crime; mais Carrat avait parlé, il parlerait encore. Dès le 13 février 1835, quatre jours avant l'exécution de ses deux complices, il avait ouvert un nouveau courant de révélations, qui donna lieu à un nouveau procès.

Cette fois, Carrat avait livré deux complices : Reille dit Reillou, portefaix; Quillou-Estève, riche artisan, appartenant à une honnête famille du pays. Ces deux hommes furent condamnés aux travaux forcés, et, le 17 février, Ginestet et Salabert avaient expié leur crime.

On voit que le révélateur ménageait ses cadeaux; il laissa bientôt entrevoir qu'il n'avait pas tout dit.

Le 31 juillet 1835, sept accusés nouveaux furent placés, par les indications de Carrat, sous la main de la justice.

Le jour où s'ouvrit cette nouvelle affaire, on put comprendre pourquoi Carrat prenait son temps. Cet homme spéculait sur la révélation. Il se sentait nécessaire; il faisait payer ses services. Avec une impudente naïveté, il marchandait ses confidences, et se procurait, en prison, ce que jamais ne lui avait donné le travail ou le crime : nourriture délicate, habillements de luxe. On vit, à l'audience, l'ancien chiffonnier revêtu d'une bonne veste de velours, gilet neuf, cravate de soie jaune, breloques, souliers cirés, gants bleu de ciel. On le vit accompagnant son récit, chaque fois plus complet, de poses prétentieuses, s'arrêtant pour puiser une prise de tabac dans sa tabatière, demandant un bouillon, du vin pour ranimer ses forces, mâchant des pastilles.

S'il n'a pas tout dit d'abord, c'est qu'il ne voulait pas compromettre des amis; s'il a parlé, c'est qu'il a craint d'être gagné de vitesse par quelque autre révélateur. Il l'avoue cyniquement. D'ailleurs, ses complices lui avaient fait jurer le silence, sur des poignards; mais ils avaient aussi promis de lui faire passer de l'argent en prison, et ont manqué à leur parole. Ils n'ont pas eu de *probité*.

Dans cette fournée nouvelle, Carrat livre un Cazelles, qui a donné seize coups de poignard à la malheureuse servante; un Bouniol dit Bessagon, grand ami des Espaillac, et dont la mère tient une maison de tolérance. Cazelles est condamné à mort; deux autres, aux travaux forcés.

Trois procès, douze accusés, trois exécutions, et rien n'est fini; Carrat tient en réserve des révélations nouvelles. Le quatrième procès commence avec janvier 1836. C'est alors, enfin, que les meneurs sont désignés. Les Espaillac, qu'une incroyable hésitation de la justice a jusqu'alors protégés, et six autres bandits, viennent rendre leurs comptes.

Le révélateur avait enfin dévoilé les mystères de l'*Auberge aux Tueurs*. Là, se réunissait une bande nombreuse, sous les ordres de *Mina*, son chef. Les Espaillac étaient les recéleurs de la bande, et leur auberge servait de quartier général.

La physionomie de ces derniers accusés est originale.

L'un est cet Antoine Fabre dit *Mina*, qui a donné son nom à la bande. C'est un jeune homme de 28 ans, d'une taille élevée, fortement constitué. Sa figure est calme et douce. Un autre, Antoine Cartel fils dit *le Rouge*, mérite ce sobriquet par les tons ardents de sa chevelure et de ses sourcils, encadrant une face enluminée comme par un reflet de soleil couchant. Il est tonnelier, il a 34 ans. Antoine Larroque dit *Rossignol*, âgé de 37 ans, a des yeux noirs, petits et vifs, qui roulent sans cesse de la Cour à l'auditoire. Cartel père a la figure accentuée d'un grognard de Charlet. C'est un *vieux de la vieille*, en effet, décoré; du temps de l'*autre*, il a couru l'Italie, l'Allemagne, la Russie. A Dresde, avec sept dragons, il a pris aux *Quinze-Reliques* sept canons qui lui ont rapporté le ruban rouge. Ajoutez à ces premiers sujets un petit boiteux, maladif, au menton enfoncé dans la cravate, dont les yeux seuls vivent, le coutelier Astruc; l'aubergiste Espaillac, figure osseuse, aux cheveux noirs en broussailles, à la physionomie effacée; sa vieille et laide compagne, à la tête haute, au regard mâle, et vous aurez le personnel de cette *fournée* nouvelle de la bande.

Carrat raconta, avec un odieux sang-froid, la part prise par Mina au massacre de la maison Coutaud.

« Pendant que nous étions dans la chambre des femmes, Mina entra. — « Ah ça, lui dis-je, tout le monde n'a pas tué ici. — Serais-tu jaloux? » me répondit-il. Et, prenant un poignard des mains de Salabert, il en frappa l'une des femmes. Nous sortîmes alors, et voyant que Mina allumait un cigare : — «Est-ce que tu oses fumer ici ? » lui dis-je. Je lui pris le cigare et le jetai dans la cuisine. En sortant de la maison, Cazelles me dit : — « Ceux qui n'ont pas assassiné ce soir, assassineront chez l'abbé Salabert. (On méditait une expédition chez ce prêtre.) — «En faveur de la parenté, dit Salabert, je veux bien y travailler. » Nous nous séparames tous ; je me dirigeai sur la place du faubourg avec Mina. Comme il portait un pantalon blanc, je lui dis : « On dirait que tu es d'une noce; je vais apposer ma signature. » Et, avec ma main ensanglantée, je salis son pantalon. »

Mina, la femme Espaillac et deux autres bandits furent condamnés aux travaux forcés à perpétuité; Espaillac, à quinze ans de la même peine.

Une cinquième procédure, immédiatement commencée sur les dernières révélations de Carrat, atteignit dix-sept complices nouveaux. 400 témoins furent entendus. Tous les accusés, à deux exceptions près, furent déclarés coupables.

37 accusés, quatre condamnés à mort, cinq procès successifs sortant de révélations habilement économisées, voilà le bilan de cette affaire de l'*Auberge aux Tueurs*. Elle nous montre, comme l'affaire de la *Bande Lemaire* (*Voyez* ce nom), la terreur organisée dans une petite localité, l'action de la justice paralysée par quelques bandits, et la trahison seule venant au secours de la société.

A Paris, les choses ne vont pas ainsi. Même aux époques les plus troublées, l'audace de bandits associés trouve bientôt son châtiment. Esquissons rapidement l'histoire de ces associations parisiennes. C'est une curieuse étude que celle de leurs éléments constitutifs, de leurs succès, de leur chute.

C'est après 1830 que se placent les grands coups de filet de la police.

Une première fois, en 1835, soixante-quatre malfaiteurs sont amenés devant le jury, et presque tous condamnés. Plus tard, la bande *Châtelain* (19 mai 1836); celle des *cinquante-cinq* (16 février 1840); et la bande *Hug* (15 juin 1841), amènent la condamnation de quatre-vingt-dix-sept voleurs de la plus dangereuse espèce.

A partir de ce moment, les révélations forment, d'affaire en affaire, une chaîne immense qui rejoint enfin l'affaire Thibert. La bande *Chivat* (26 novembre 1841) laisse sept condamnés sur le carreau des assises. La bande *Jamet* en voit condamner quinze. La bande *Dagory* (4 juin 1842) en abandonne neuf à la justice. En août et septembre 1842, en janvier 1843, vient s'asseoir, à son tour, sur les bancs, la grande bande *Charpentier*, à la tête de laquelle s'est placé le voleur intelligent et énergi-

que qui lui a donné son nom. Cet homme, rare en son espèce, est revenu depuis lors à de meilleurs sentiments, et, abandonnant le crime, s'est consacré loyalement au travail. Soixante-six condamnations, tel est le contingent de la bande Charpentier.

Au mois d'octobre 1843, la bande du faubourg Saint-Germain révèle un progrès véritable dans l'association pour vol. *Courvoisier*, une célébrité du genre, et l'habile serrurier Labrue dit *Mignard*, sont les chefs de cette agglomération dangereuse, qui s'attaque principalement aux vieux et riches hôtels de la haute aristocratie. Vingt de ces malfaiteurs restent sur la place.

Puis, viennent les bandes *Gautier* père (15 novembre 1843); *Souque* (24 novembre 1843); *Cha-*

Devant les assises. — Les chefs de bande.

ron (16 décembre 1843); leur contingent ne va pas à moins de quatre-vingt-dix individus.

Une autre association, célèbre surtout par le nom tristement fameux de son chef, est vendue par ce chef, le scélérat *Poulmann*. Elle se compose de sept malfaiteurs.

La bande *Boudin* (29 mars 1844), la bande *Hénon* (31 mai 1844), celle de Marchetti ou des *Vanterniers* (15 juin 1844), comptent quarante-et-un individus dans leurs cadres.

Au mois d'octobre de cette même année, *Coutot* et les siens, quarante-deux malfaiteurs, tombent sous la main de la justice.

Parmi tous ces bandits, se distingue *Poulmann* dit *Durand*, dit *Legrand*. Ce terrible assassin, pour qui l'idée du vol est inséparable de l'idée du meurtre, qui a rivalisé de froide férocité avec un *Lacenaire*, est une rare exception.

En 1844, cependant, il y eut, pendant quelques mois, une sorte de panique dans la grande ville.

Une nuit du mois d'août, vers une heure et demie du matin, M. le marquis de Gastria revenait, seul, d'une soirée. Dans la rue d'Anjou, deux malfaiteurs se précipitent sur lui, étouffent ses cris au moyen d'un chiffon de laine appliqué sur la bouche, et lui portent aux yeux la lame brillante d'un poignard. Il se débat, entraîne dans sa chute un des agresseurs, et se roule avec lui sur le pavé. Celui des deux bandits qui est resté debout, frappe au passage sur cette masse qui roule; mais il se trompe sans doute, car l'adversaire du marquis s'écrie : « Mais c'est sur moi que tu frappes! »

Le marquis, cependant, fait retentir l'air des cris: « Au secours! A la garde! » Quelques fenêtres s'ouvrent, et les assassins s'éloignent.

Cochers de fiacre, cochers d'omnibus, ouvriers rentrant du travail, furent ainsi, pendant quelques mois, arrêtés et dévalisés avec violence. On parla de cadavres trouvés au coin des rues, repêchés dans le canal Saint-Martin. Le bruit se répandit

N° 162 — 10 Centimes.
Deux N°ˢ par Semaine.

CAUSES CÉLÈBRES

LEBRUN ET Cⁱᵉ, Éditeurs.
Rue des Saints-Pères, 8.

bientôt que Paris était infesté par une bande d'escarpes.

L'escarpe, c'est le voleur de nuit qui ne recule pas devant l'assassinat; qui, embusqué dans les rues désertes, les pieds couverts de chaussons de lisière, qui assourdissent le bruit des pas, l'œil fait à l'obscurité, l'oreille ouverte au moindre bruit, épie de loin l'arrivée d'un passant, tombe sur sa victime à l'improviste, l'étrangle comme le *thug* de l'Inde, ou la poignarde, et ramasse dans la boue ou dans le sang quelques pièces d'argent destinées à nourrir l'orgie.

La police parisienne, pour en finir avec ces malfaiteurs, remua la fange où se cachent ces *outlaws* de la civilisation, et elle y pêcha deux hommes, Magnier et Teppaz. Par ceux-là, elle eut tous les autres.

Ces révélations, provoquées par la police ou par les jalousies mutuelles des associés, ont cet excellent effet de briser les liens qui unissent entre eux les malfaiteurs; elles jettent la terreur, elles sèment les défiances, elles encouragent l'imitation. Le terrain est partout miné, et des ricochets de révélations ne tardent pas, après une révélation capitale, à éclairer complètement la justice.

Quinze malfaiteurs furent bientôt arrêtés. Suivons-les devant la justice : leur physionomie, leur langage, sont de curieux sujets d'étude. Ces dangereux rôdeurs de nuit, toujours porteurs de couteaux-poignards, armes destinées au crime, non à d'inoffensives démonstrations, appartiennent à deux courants de brigands bien distincts. L'une de ces bandes suivait les inspirations de Teppaz, l'autre

Les voleurs de nuit (PAGE 9).

obéissait à l'influence de Magnier. Ce dernier dit à la justice, avec un cynisme hideux : — « Moi, j'ai onze accusés *servis*; Teppaz n'en a que quatre. » Ces deux chefs, moins célèbres, mais aussi audacieux que Cartouche et ses complices, font parade de tant de crimes, que, pour beaucoup, la vérification devient impossible. Les victimes d'un grand nombre de ces attaques nocturnes ne pourront être retrouvées. Teppaz remonte, dans l'histoire de ses exploits, jusqu'à 1836.

Des quinze accusés amenés, le 26 novembre, sur les bancs de la Cour d'assises de la Seine, douze ont été arrêtés deux fois au moins, onze fois au plus. Les états de service de l'un d'eux, *Loirot*, remontent à 1824.

Tous ont un air de famille, et le crime, et le vice, ont imprimé à toutes ces figures un caractère singulier de parenté. Ils ont, dans le regard, dans l'allure, comme dans le costume, quelque chose qui fait penser à la geôle, au préau, au mauvais lieu.

Tous suivent la même marche descendante : ils commencent par la paresse, se livrent à la débauche, volent pour avoir des femmes et du vin; puis, le vol les pousse insensiblement au meurtre. Le voleur de seize ans contient en germe un assassin.

Teppaz est arrêté cinq fois de 1837 à 1842; chaque fois, sa capture est le signal d'une diminution dans le nombre des attaques nocturnes. La dernière fois qu'il se retrouve libre, son premier soin est de courir à la barrière et d'y chercher un *poivrier* (homme ivre), dont il vide les poches. Aperçu par un observateur de son espèce, qui lui crie « part à deux », il partage, et, de cette rencontre, naît une association nouvelle entre Teppaz et *Fourrier*.

Teppaz appartient à une honnête famille de Savoie. Un brave homme d'oncle, le voyant, tout jeune, livré à de détestables influences, celle entre autres du dangereux mendiant *Poildevache*, l'a envoyé en

Amérique. Teppaz y est resté trois ans. Au retour, son premier soin a été de rechercher Poildevache, de renouer connaissance avec tous les bandits qui servirent d'instituteurs à son enfance.

Bientôt ces brigands s'organisent. Au mois d'août 1836, ils partent d'un ignoble garni de la rue Planche-Mibray, pour leur première expédition connue. Poildevache et un de ses complices d'habitude veulent *tâter* Teppaz et le voir *travailler*. On le conduit, vers deux heures du matin, sur les bords du canal Saint-Martin. — « Le premier qui passe, dit Poildevache, nous allons l'arranger. » Le premier, c'est un malheureux ouvrier, qui a bu quelques coups de trop à la barrière, et qui s'en revient, *festonnant*, et chantant un refrain d'une voix avinée. Poildevache saisit l'homme à la cravate, l'autre tient les bras, Teppaz est chargé de vider les poches. Le vol accompli, un coup de couteau assure le silence de la victime, que les trois complices balancent par la tête et par les jambes, et *déposent* dans le canal.

On n'a pas retrouvé trace, dans les notes de police ni dans les registres de la Morgue, de l'ouvrier du canal Saint-Martin ; mais une autre arrestation, faite par Teppaz, Poildevache et ses complices, à quelques jours de là, dans la rue Charlot, est attestée par la victime. C'est un sieur Favre, qui, après huit ans, est encore malade d'une affection nerveuse provoquée par la vue de couteaux dirigés contre sa poitrine.

Les *escarpes* ne sont pas plus doux les uns envers les autres, qu'avec le passant attardé. Dans les partages, dans les parties de plaisir payées par le vol, les querelles ne sont pas rares, et le couteau les termine souvent. — « Nous nous sommes *un peu contrariés* à Romainville, dit *Hennon*, et j'ai reçu un petit coup de couteau au cou, que m'a donné *Ringeval*. J'ai été me faire panser chez un pharmacien du passage Philibert ; même que c'est *Durand* qui a donné quarante sous. » — *Durand*, d'un air paterne : « C'est vrai, c'était par bon cœur ; je m'intéressais à ce jeune homme. »

Revenu du bagne, *Magnier* a dévalisé les *pochards*, en compagnie de *Mulot*, dont la spécialité est d'endormir l'ivrogne en lui jetant du tabac à priser dans son verre. *Mulot*, de plus, est recéleur et logeur ; c'est un homme établi. On boit chez lui ; mais il faut payer, et le voleur paye avec le produit de ses vols. C'est *Mulot* qui a envoyé *Magnier* et un autre faire une *affaire*, à trois heures du matin, dans la rue des Gravilliers. Un pauvre homme passe, se rendant au travail ; ils se précipitent sur lui. « Je suis un père de famille, épargnez-moi, » crie le malheureux. *Magnier* se vante de lui avoir épargné un bon coup de couteau, et d'avoir *nettoyé* sa poche, qui contenait douze francs.

Teppaz et divers témoins nous donnent sur les habitudes de *Fourrier* de curieux détails.

Fourrier a une formule rassurante, dans ses expéditions nocturnes. Quand il a saisi au cou un passant, il lui dit, d'une voix persuasive : « Je suis un malheureux ouvrier sans ouvrage... père de cinq enfants... donnez-moi quelque chose... je n'en veux pas à votre vie. » Mais, en même temps, comme le mendiant de Gil Blas montrait l'escopette, il montre le couteau-poignard.

Mais, quelquefois aussi, *Fourrier* demande la vie d'abord, la bourse ensuite. C'est ainsi qu'il a frappé de deux coups de couteau, pour premier avertissement, un pauvre garçon de salle. Les coups ont été appliqués dans la région du cœur ; sans un carti-

lage qui a fait obstacle à la lame, le coup était incontestablement mortel. La victime reconnaît sans hésiter *Fourrier*, qui répond avec calme. — « Je n'avais plus d'argent, et j'avais deux jours à attendre pour du travail. Je voulais *intimider* monsieur. Quand j'ai eu du travail, j'ai quitté le métier. »

Le recéleur ordinaire des *escarpes*, c'est le logeur infâme, c'est le souteneur de la maison de tolérance. Voici, par exemple, *Mulot*, logeur et cabaretier.

Chez Mulot, il y a un cabinet borgne, où on achève les gens ivres avec de l'eau-de-vie mélangée de tabac et de *grattures d'ongles* ; on les dévalise, et c'est à peine si *le père Mulot* peut empêcher ses pratiques d'y jouer le *vingt-deux* (c'est le nom que ces misérables donnent au couteau-poignard).

La bande des *escarpes* a son héros de force physique. *Cornu* est, à ses heures, *Hercule du Nord* dans les foires ; il jongle avec des poids de quarante livres. En compagnie de ses camarades, il se charge d'arrêter seul la *pratique* ; mais, aussi habile escamoteur que vigoureux lutteur, il fait disparaître l'argent et les montres, et les voleurs sont volés à leur tour. Il est, parmi ces hommes, des êtres si malfaisants, que la police refuse leurs révélations, sachant bien que ces propositions de concours n'ont pour but que de tromper la justice ou de faire naître des possibilités d'évasion. De ce nombre est *Cornu* dit *Montant*, dit *Chenu*, qui déjà une fois a glissé d'entre les mains des gendarmes, en contrefaisant la folie avec un talent dramatique des plus distingués. Deux fois il s'est échappé de prison.

La lutte impuissante du bandit dévoilé contre son révélateur est ordinairement féconde en enseignements pour la justice. Le gibier se retourne contre le chien, et son désir de vengeance le livre au chasseur.

Dès les premiers mots prononcés par Teppaz, *Fourrier* se lève et commence l'attaque contre le révélateur. — « Il a fait de fausses déclarations, il l'a déclaré lui-même, dit-il, et c'est signé. Ça ne me regarde pas, puisqu'il l'avoue toujours ; mais il s'agit d'un ami, de Cornu. »

Teppaz reconnaît qu'en effet, à l'infirmerie de la Force, il s'est vu entouré dans son lit par quatre de ses complices, qui lui ont mis le couteau sur la gorge, et lui ont fait écrire une rétractation. Mayliand dit *Cancan* a dicté lui-même ces contre-révélations avec l'habileté qui distingue le vieil adversaire de la police. — « Tu vas dire, lui a-t-il intimé, que c'est M. Allard qui t'a donné des notes et qui t'a *seriné* des révélations. » L'écrit obtenu, Fourrier l'a précieusement caché, pour s'en servir à l'audience.

Les *nieurs* ont une candeur effrontée, une audace d'étonnement qui fait sourire. — « Je vous promets que je ne sais pas ce que ce *Monsieur* veut dire, répond *Sisler* aux accusations de *Magnier*. Je vous jure sur ce que j'ai de plus cher, sur les cendres de ma mère, que je ne connais pas ces gens-là. J'ai fait, tout jeune, une *folie* qui m'a conduit à Poissy ; mais je l'ai réparée par mon travail. Je veux, Monsieur le Président, que vous perdiez votre nom de Président, si j'ai jamais été le *camarade d'affaires* de ces messieurs. »

Poildevache, si on veut bien l'en croire, est le plus honnête des travailleurs. Il est porteur au marché Saint-Martin, ferblantier quand l'ouvrage donne, et il sonne les cloches à la paroisse des Blancs-Manteaux. Mais sans doute l'ouvrage donne rarement, car la mendicité et le vol sont ses deux professions véritables, et, en fait de ferblanterie, on ne peut trouver dans sa vie d'autre travail que la sous-traction d'une foule de plats à barbe, servant d'enseigne aux perruquiers. C'est l'inévitable Teppaz qui lui faisait la courte échelle pour décrocher ces armes des barbiers, et, plusieurs fois, Charles, garçon chez Paul Niquet, le fameux marchand de liqueurs de la halle, les a vus tous deux à son comptoir, à toutes les heures de la nuit, cachant sous leurs blouses des objets d'une sonorité suspecte.

Poildevache a un argument triomphant contre les accusations de Teppaz. — « Si, dit-il, j'avais *travaillé* dans ce genre-là, j'aurais eu souvent à prendre mes jambes à mon cou. Or, Monsieur le Président, si vous pouviez voir comme je suis bête pour la course ! j'ai une jambe plus courte que l'autre de quatre pouces. » — « Laissez-le donc, répond Teppaz ; allez, s'il avait *l'autre* jambe comme *l'autre*, il serait diablement fort. »

De temps en temps, paraît, au banc des témoins, un homme qui dépose sans prêter serment ; c'est un *mouton* de maison centrale, *Grondscheld*, par exemple, dont le nom a retenti souvent en Cour d'assises. Il déclare que tel ou tel de ses camarades de prison, *Cornu*, entre autres, s'est vanté vingt fois à l'atelier d'avoir pris part à des attaques nocturnes.

Cornu. — Si on peut, Messieurs les Jurés !... Comme il est probable qu'un homme aille ainsi raconter au premier venu, à un condamné surtout, de pareilles choses ! Ce serait vouloir du bagne *à mort* !... S'il y avait un Dieu, cet homme serait puni à l'instant même... il tomberait là, sur le carreau, renversé par la foudre.

On voit s'avancer, pour déposer, un homme tristement célèbre, le logeur *Pageot*. C'est cet homme qui a logé Lacenaire, Avril et bien d'autres criminels. Il a donné asile à Cornu, caché alors sous le nom de *Chenu*.

M. l'Avocat général. — C'est une grande fatalité, Pageot, que tous les scélérats se donnent ainsi rendez-vous dans votre garni.

Pageot. — Dam ! c'est clair... Ce ne ne sont pas les ministres qui viennent coucher chez moi.

La fille *Perrin*, maîtresse de Magnier, loge habituellement chez Pageot, l'aubergiste des *escarpes*. Elle a une réputation dans le monde des voleurs, et raconte naïvement ses rapports avec des célébrités de maison centrale et de bagne, Dorange, Cornu, Florentin, Négresse, le petit Pavie. Elle a été condamnée, il y a un mois à peine, pour avoir fait partie de la bande *Courtot*. Comme elle n'a plus rien à cacher, elle avoue qu'elle savait très-bien que l'argent dépensé avec elle provenait de vols avec violence.

Un des complices de Magnier, *Lepeule*, a l'imprudence de dire qu'il a quitté cette fille parce qu'elle n'était plus assez jeune pour lui ; la *Perrin* sourit doucement, et se venge sans désemparer, en racontant quelques vols, encore inconnus de la justice, auxquels a participé Lepeule.

Collin, célèbre révélateur, paraît ici comme témoin. Il est fort proprement mis, parle avec un grand contentement de lui-même et affecte des manières de bonne compagnie. Il tient hôtel garni et estaminet. Il reconnaît presque tous les accusés : « Oui, dit-il, ce sont de *mes voleurs*, je veux dire de mes pratiques. Mulot, que voilà, est *le père* des voleurs. Plus d'une fois, j'ai refusé de laisser entrer chez moi des paquets de fausses clefs. — « Vous n'êtes pas aussi complaisant que le père, » me disaient mes voleurs.

Teppaz raconte l'arrestation du marquis de Gastria, faite par lui et par Fourrier. « Je m'étais, dit-il, posté l'oreille contre terre, pour entendre venir de plus loin... »

M. le Président. — De véritables sauvages, les Indiens de Cooper !

Teppaz. — Quand nous vîmes ce monsieur, Fourrier me dit : « En voilà un, je vais le *refroidir*. » — « Je ne veux pas, » lui dis-je. — « Bah ! tu es un lâche. Tu vas voir. » Et il se jeta sur le passant, qui se débattit vivement. La Legrenier faisait le guet.

Fourrier. — Je n'avais pas d'armes ; mais j'avais trouvé un morceau de fer-blanc. Je dis : Il en sera quitte pour la peur, et j'y ai mis mon morceau de casserole sur la poitrine, en lui disant : La vie, ou la bourse.

La fille *Legrenier* dit d'abord qu'elle était peut-être là, mais qu'elle n'a rien vu. Puis, elle finit par tout avouer. Elle a mangé avec les deux assassins le produit du vol, 43 francs obtenus en vendant la pomme d'or de la canne.

Quand tout est fini, quand les débats sont clos, que toute ruse d'audience est devenue inutile, l'assassin *Teppaz* cherche encore à tirer parti de sa position de révélateur et à attendrir les jurés. — « Tout bon sentiment n'est pas éteint en moi, dit-il d'une voix hypocrite ; j'ai été jusqu'à présent comme un aveugle, qui trouve sous ses pas un abîme et y tombe. »

Quant à *Fourrier*, qui se sent irrévocablement perdu, il prononce ces paroles, d'une voix creuse et résolue. — « Je suis un grand coupable ; je ne vous demande ni indulgence ni pitié. Mais il est deux personnes qui répondront devant Dieu de la sentence que vous allez prononcer contre moi... (Après un silence.) Un fils ne doit jamais accuser son père et sa mère. »

Fourrier fut, en effet, condamné à la peine de mort. Des circonstances atténuantes furent reconnues en faveur des quatre révélateurs Magnier, Teppaz, Hennon, la fille Legrenier.

Après les Escarpes, parut, sur les bancs de la Cour d'assises de Paris, une bande peu importante par le nombre des individus qui la composaient, huit ou dix seulement, mais véritablement dangereuse par l'habileté, l'audace et surtout par la position sociale des accusés. C'est la bande des *Habits-Noirs*, ainsi nommée à cause de l'élégante tenue de quelques-uns de ses membres. Cette association est une des premières qui mettent à profit les raffinements d'une civilisation avancée. Ce n'est pas du fond de quelque bouge, de quelque *garni* à voleurs, que les Habits-Noirs s'élancent à l'assaut de la propriété. Leurs chefs sont : un Mack-Labussière, Danois, homme de main, voleur subtil, ingénieux, hardi, et un Mayliand, ancien officier, bon vivant, flâneur connu sur l'asphalte du boulevard des Italiens. Mayliand est un des habitués du divan de l'Opéra, café célèbre à cette époque, rendez-vous des gens de lettres et des hommes d'affaires. Mayliand passe pour un *faiseur* habile, et, en même temps, pour un joyeux convive. Il fait des couplets, il tutoie les vaudevillistes, l'acteur Lepeintre jeune lui tape sur le ventre et l'a surnommé *Cancan*. Quelques figures caractéristiques se détachent du reste de la bande : on y trouve des usuriers, ayant cabinet d'affaires ; des courtiers de débauche, soutenant du monde interlope, accouplés à des filles émérites, qui élèvent à la brochette de jeunes apprenties. Le caissier de la bande tient, chez un marchand de vins, près du Palais-Royal, une bourse de signatures pour effets de commerce ; trois francs et un verre de vin y sont le prix d'un endos. Un des agents les plus utiles de l'association est un certain Hébert, qui se fait nommer le comte de Castre, lion barbu, toujours ganté de frais, portant botte vernie : le comte de Castre vit aux dépens d'une femme publique, spécule sur les vices les plus infâmes, et exerce, dans une des rues borgnes qui entouraient alors le Palais-Royal, la honteuse industrie du *chantage*.

Toute cette association, si bien montée, est vendue par un voleur que la justice a frappé pour un crime isolé. Rivoiron a été condamné à trente ans de travaux forcés ; il s'ennuie à la Roquette, et cela le fâche de savoir ses complices *à leur affaire* sur le pavé de Paris. Il fait appeler M. Allard, chef de la police de sûreté, et lui donne *Cancan*. Par ce fil, on tiendra bientôt tout le peloton. Un Pernet, qui sent se réveiller en lui des instincts d'honnête homme, dit tout ce qu'il sait, et il sait tout.

Comme Charpentier, Pernet a voulu en finir avec un passé plein de crimes et de désordres. Saisi par la police, à qui la révélation l'a livré, il révèle à son tour, mais non plus, comme tant d'autres, par jalousie, par lâcheté, par désir de bien-être. Il *vide son sac*, selon son énergique expression, il fait *bande à part* et se rallie, par lassitude, par dégoût, par remords, au parti de la société. Il est condamné avec cinq de ses coaccusés, et il met la police et la justice sur la trace d'importantes découvertes.

Vient ensuite la bande *Mallet* (8 février 1845). Le chef est un revendeur de la place de la Madeleine, capitaine dans la garde nationale : *M. de la Madeleine*, disent respectueusement les voleurs. Dix-huit condamnations tombent sur cette association, que suit bientôt la bande des *Porteurs d'Eau* (18 mai 1845). Le chef, Gaillard, et seize de ses complices rendent leurs comptes à la société.

Attaque nocturne, fausse monnaie, telles sont les spécialités de la bande *Peyron* (5 juin 1845). Le 20 septembre suivant, la bande *Lauckpaep* : en tout, trente-trois malfaiteurs. Bandes *Privert* (14 octobre), *Pichery* (23 octobre), *Lepaire* (25 novembre), *Auquez* (27 décembre) : quarante-sept condamnations. C'est l'année des petites bandes. Cinquante-neuf autres malfaiteurs sont encore arrêtés et condamnés, parmi lesquels le contingent de la bande *Marchand*, encore un révélateur fasciné par l'habileté de M. Allard.

Ainsi, dans cette période de dix années, plus de 650 malfaiteurs sont frappés, à Paris, par la justice, et l'instrument de leur condamnation, c'est la révélation.

On aura remarqué que l'emploi de la violence est rarement admis par les bandes parisiennes ; l'assassin d'habitude y fait exception. Et, plus la police s'éclaire et s'épure, moins une bande a de chances de vivre longtemps à Paris. Nous avons dit s'éclaire et s'épure ; ce sont, en effet, deux termes corrélatifs. On ne croit plus aujourd'hui que l'instrument de la sûreté publique puisse être utilement choisi dans les bas-fonds de la société, et qu'on ne contient bien les bandits qu'avec des bandits. Il n'est plus permis de dire :

> Là, des fripons gagés surveillent leurs complices,
> Et le repos public est fondé sur des vices.

Dans les trente ou quarante premières années du siècle, il en était encore ainsi, et on ne voit pas que la répression y gagne quelque chose. La révélation même n'est guère obtenue, aujourd'hui, que par des procédés honnêtes, par la perspective d'adoucissements légitimes ; tandis que, au temps des Vidocq et des Coco Lacour, l'agent fait boire le voleur arrêté, le bat, le martyrise, le séduit par d'immorales promesses, et souvent, sans mandat légal, reçoit des aveux semi-confidentiels qui serviront de base à l'instruction.

De pareils procédés sont inutiles, et il suffit de laisser se développer en liberté les passions des malfaiteurs pour assurer la sûreté publique.

Les derniers traits de cette revue des associations parisiennes viennent nous le démontrer.

La bande la plus célèbre parmi celles qui succèdent à la bande des Escarpes et à celle des Habits-Noirs, c'est la bande *Thibert*.

La bande Thibert ne vole pas à l'aventure ; elle a une spécialité d'opérations bien définie. Elle n'est composée que de voleurs *à la roulotte*. Marchandises placées sur les camions et sur les voitures de rouliers ; chevaux et voitures de place : ces deux genres de vol supposent une existence aventureuse, des relations étendues : car il faut vendre sur un marché ce qu'on a pris sur l'autre. Les juifs ne manquent jamais dans les bandes dont les opérations nécessitent la revente ou l'échange : dans celle-ci, les Lévy, les Blum pullulent. L'escalade des propriétés y est souvent pratiquée, non sans dangers ; car l'association y laisse plus d'un des siens étendu sans vie. Pour la première fois peut-être, cette bande présente quelques-uns des types curieux de la race zingaro-bohémienne. La femme Gillet en est un des échantillons les plus remarquables.

C'est aussi dans les opérations de cette bande que, pour la première fois, on signale l'influence des voies de communication ferrées sur l'industrie du vol. Il s'opère là une transformation intéressante. La pensée directrice est à Paris, ou aux portes de Paris ; les instruments sont disséminés dans les campagnes. C'est la centralisation appliquée au vol.

Le chef, Claude Thibert, a établi, à Villeneuve-Saint-Georges, un dépôt où, sous les apparences d'un négociant honnête et patenté, il emmagasine le produit des opérations de la bande. Thibert a été volé par son domestique, qui n'a pas cru devoir respecter outre mesure les produits de cette industrie. Thibert a eu l'audace de se plaindre ; il a comparu, le 19 novembre 1846, devant la Cour d'assises, comme plaignant et comme témoin.

S'il n'est pas précisément chef de bande, Thibert est au moins le directeur commercial d'une association parfaitement organisée. Son autorité est reconnue, comme celle d'un habile chef de maison, d'un entrepositaire actif et intelligent. Thibert a une maxime favorite : « Il n'y a que les imbéciles qui vont à pied. »

La révélation détruit cette association, comme toutes les autres, et, le 18 novembre 1847, la bande Thibert fournit 41 condamnés.

Plus nous avançons, plus les associations prennent ce caractère d'industrialisme qui est celui de la société parisienne tout entière. La violence devient donc de plus en plus rare ; car un spéculateur sérieux ne brave pas inutilement les chances par trop dangereuses ; et, depuis que certaines circonstances aggravantes peuvent conduire leur homme aux Îles du Salut, on y regarde de plus près. Aussi verrons-nous, dans la dernière de ces bandes parisiennes que nous voulions esquisser, la prudence poussée jusqu'au scrupule.

Nous sommes en 1860. La bande *du Café du XIX° Siècle*, ainsi nommée parce qu'elle avait choisi, pour centre de ses opérations, un café de ce nom, au boulevard de Sébastopol, offre l'idéal de la prudence qui sait s'arrêter à temps, sur les limites de la circonstance aggravante et de la violence.

Deux de ses membres rencontrent un soir, dans les environs de la Chapelle, un fiacre égaré dans un chemin désert. Une dame y est enfermée, qui, à l'aspect de deux jeunes ouvriers, s'écrie et réclame protection. Elle leur explique que le cocher, soit ivresse, soit mauvais desseins, la mène depuis une heure par des ruelles inconnues et l'éloigne de son domicile; elle les supplie de monter auprès d'elle, et d'imposer par leur présence à cet homme. Les deux jeunes gens acceptent galamment, parlent avec sévérité au cocher, le forcent à reprendre la bonne voie, et ramènent la dame à son domicile. Après mille remerciments, elle leur laisse sa carte, et les prie d'accepter à déjeuner pour le lendemain.

Le lendemain, en effet, deux jeunes gens se présentaient au domicile de la dame, et pénétraient dans la maison, grâce à la carte présentée au concierge. Mais un seul entrait chez la dame et déjeunait avec elle. L'autre montait aux étages supérieurs et y dévalisait trois chambres.

Dévaliser violemment une femme, la nuit, sur un chemin public et de compagnie, pas si imprudents; mais s'introduire, un par un, de jour, dans des chambres dont les locataires sont absents, ce n'était que risquer tout juste le nécessaire.

Un des recéleurs de cette bande faisait jurer aux voleurs que pas un des objets apportés ne provenait d'un vol commis avec des circonstances aggravantes. Il est vrai que, cette précaution prise, il croyait aveuglément au vol simple, et ne se mettait point en peine de vérifications.

Cette bande, composée de dix-neuf malfaiteurs, dont une femme publique, presque tous âgés de vingt à vingt-cinq ans, vint, le 29 mai 1860, rendre compte de 91 vols. Celle-là, aussi, fut découverte par la révélation; les premiers arrêtés donnèrent tous les autres.

Nous terminerons cette étude par le récit des exploits d'une bande qui renferme les éléments les plus complexes. Celle-là offre à la fois les caractères de la bande parisienne la plus raffinée et ceux de l'association provinciale la plus brutale et la plus féroce. Elle est composée, tout ensemble, d'industriels et d'assassins. Elle emploie, dans son effrayant éclectisme, les moyens d'une civilisation avancée et les violences les plus audacieuses. Cette bande-là n'a pas de nom, ou plutôt elle a reçu celui que lui a imposé son crime le plus retentissant : c'est la bande des *Assassins de Péchard*.

Dans la nuit du 29 au 30 août 1857, vers deux heures et demie du matin, des rumeurs étranges éclatèrent tout à coup dans la paisible rue Guillaume-le-Conquérant, à Caen. C'étaient des cris, des imprécations, des piétinements sourds. Commencé dans une des maisons de la rue, ce tumulte en sortit tout à coup; un groupe d'hommes s'élança. De ce groupe, un homme se détacha, et s'enfuit dans la direction du Palais de Justice. Un autre homme, celui-là n'était vêtu que d'une chemise, par-dessus laquelle était passé un paletot, courut à la poursuite du fuyard; ce dernier se retourna vivement et

tira, à quelques moments d'intervalle, deux coups de pistolet.

L'homme en chemise revint sur ses pas. A son approche, deux des individus qui formaient le groupe primitif et qu'il essayait d'atteindre, prirent leur course dans une direction opposée à celle du Palais de Justice. Un peu plus loin que la colonne, faisant face aux bâtiments du Lycée, à la lueur d'un bec de gaz, un des individus poursuivis se retourna brusquement en s'écriant : « Tiens! gredin! » Et alors, à bout portant, il tira sur l'homme en chemise un coup de pistolet. Celui-ci était nu-pieds; il se débattait entre les deux autres, et poussait des cris de douleur. Une voix des deux lui cria : « Oui, tremblez encore! » Au même instant, une nouvelle détonation retentit. Les deux individus se sauvèrent; l'homme en chemise s'affaissa sur lui-même et tomba étendu sur le pavé de la rue.

Quelques fenêtres, cependant, s'étaient ouvertes; quelques voisins s'étaient aventurés dans la rue. Un jeune homme accourut, criant : « Mon frère! mon frère! » et vint tomber aux pieds de celui qui paraissait n'être plus qu'un cadavre. On reconnut alors, dans la victime, un jeune horloger-bijoutier de la rue Guillaume-le-Conquérant, Jules Péchard.

Son frère, jeune étudiant, accouru trop tard pour le sauver, et les voisins sortis de leurs demeures, trouvèrent ce malheureux couvert de blessures. On le transporta dans son domicile. Là, la cause de l'attentat fut bientôt expliquée. Le magasin était pillé, le comptoir forcé, les vitrines ouvertes. Les rues, dans le trajet parcouru par les malfaiteurs, étaient jonchées d'objets d'or et d'argent.

Le Procureur impérial se transporta chez Péchard. Un médecin appelé par son ordre, le docteur Lebidois, trouva Péchard dans un état qui ne lui permettait pas de donner les moindres indications sur le crime. Les jambes, les cuisses et les reins étaient tuméfiés. La face présentait trois plaies : la première, au milieu du sourcil droit, causée par un instrument très-aigu et très-tranchant; la seconde, du même genre, à la racine du nez; la troisième, nette, mais superficielle, sur la joue droite. A la poitrine, une plaie aiguë, en forme de boutonnière fermée. Dans le crâne, du côté gauche de l'occiput, était logée une balle. Dans le cou, une autre balle fut trouvée. La première avait entraîné un fragment de drap, la seconde, un fragment de linge.

Les deux coups de pistolet qui avaient produit ces dernières blessures, n'avaient pu être tirés d'une manière simultanée; car la direction de chacun d'eux était différente et se croisait à angle droit.

Le 15 août, après deux jours de l'agonie la plus cruelle, le pauvre Péchard succomba. Ce fut un deuil universel dans cette cité travailleuse, parmi tous ces honnêtes gens, qui se sentaient menacés dans leur fortune et dans leur vie par d'audacieux malfaiteurs. L'église Saint-Étienne fut trop étroite pour contenir la foule empressée à rendre les derniers devoirs à un malheureux compatriote, et les autorités de la ville témoignèrent, par leur présence, des vives sympathies que la victime laissait dans les cœurs.

On avait évalué à 15,000 francs environ la valeur des objets dérobés, bijoux, argent monnayé, billets de banque.

Dans leur fuite précipitée, les malfaiteurs avaient laissé, sur le lieu du crime, une pince en fer, dite *monseigneur;* une lanterne sourde, garnie de bougie, et un mouchoir de poche usé, maculé de tabac et à carreaux roses décolorés.

L'exécution du crime révélait autant d'habileté que d'audace. Il avait fallu ouvrir, à l'aide de fausses clefs, la porte de l'allée; puis la porte de l'arrière-magasin, garnie de trois serrures, deux ordinaires et une à secret; amortir le jeu d'un ressort fixé au haut de la seconde porte et correspondant à un timbre placé à la tête du lit de Péchard; enfin, prévenir ou faire cesser les cris d'un chien de garde, enfermé dans la boutique, cris qu'un judas, pratiqué dans le plancher, laissait facilement parvenir aux oreilles du propriétaire. Or, ces obstacles multipliés avaient tous été surmontés avec une merveilleuse adresse.

L'obscurité de la nuit avait favorisé la fuite des assassins. On en avait bien aperçu deux courir avec rapidité dans la rue Caponière ou de l'Ecu; mais on ne fournissait leur signalement que d'une manière vague et confuse. Pendant quelques semaines, les recherches, quoique faites simultanément dans de nombreuses directions, demeurèrent infructueuses.

Enfin, au commencement du mois d'octobre, en compulsant avec une nouvelle attention les registres des hôteliers et des logeurs, on remarqua sur celui de la dame Biard, résidant rue des Jacobins, l'inscription suivante : « Chemit (Auguste), 35 ans, né et « demeurant à Mulhouse, marchand; passe-port « délivré le 27 septembre 1856, à Bollwillers, pour « Mantes; entrée, 6 août; sortie, 24 août. Graft « (Jean), 43 ans, né et demeurant à Strasbourg, « marchand; passe-port délivré le 25 février 1857, « à Givors, pour Rouen; entrée, 12 août; sortie, 25 « août. »

Il parut étrange que des négociants de Strasbourg et de Mulhouse se fussent logés chez la dame Biard, qui ne tenait pas hôtel.

On découvrit bientôt des particularités de nature à confirmer les premiers soupçons. Ces deux étrangers étaient arrivés à Caen, le 31 juillet, veille des courses, accompagnés d'un autre individu. Pendant quatre jours, ils avaient tous trois occupé la même chambre à l'hôtel Saint-Pierre; puis, se divisant, ils s'étaient installés, deux chez la veuve Biard, dans un appartement commun, et l'autre chez les époux Planchon, rue Saint-Jean, sur le registre desquels il s'était fait inscrire sous le nom de Chabric. Ils avaient pris ensemble leurs repas. Leurs allures étaient mystérieuses; ils s'isolaient des autres voyageurs et conversaient entre eux dans un idiome étranger ou argot.

Le mouchoir abandonné par les assassins dans le magasin du sieur Péchard pouvait conduire à une révélation précieuse. Les locataires de la veuve Biard avaient fait blanchir leur linge quatre fois par la demoiselle Holland; on lui représenta ce mouchoir; elle finit par le reconnaître, à sa couleur, à son degré de vétusté, aux taches de tabac dont il était maculé et à une éraillure existant à trois doigts d'un des ourlets.

Il n'y avait plus d'incertitude; les trois étrangers dont on venait de découvrir les traces étaient les assassins de Péchard. Mais en quel lieu s'étaient-ils réfugiés? Car les indications recueillies sur le registre de la veuve Biard étaient toutes mensongères.

On finit par saisir à la poste, où elle était restée, une lettre évidemment adressée à l'un des assassins. L'enveloppe, timbrée de Tours, du 31 août, portait pour suscription : « M. Auguste Chimite, poste restante, à Caen. »

Cette lettre, écrite par une femme, contenait ces passages remarquables : « Tu ne me marqueras pas ton *centre*; je le sais... Bien le bonjour aux amis... La femme Félix fait des compliments à son mari, ainsi qu'aux amis... J'embrasse bien mon mari... »

La bande des assassins avait donc rayonné de Tours sur le reste de la France; peut-être l'y retrouverait-on encore.

On prit le parti d'envoyer en toute hâte dans cette ville le commissaire central de police à Caen, M. Ducheylard. C'est ici le lieu de faire observer ce progrès dont nous parlions tout à l'heure, cette réforme de la police à la fois moralisée et relevée : M. Ducheylard, beau-frère de M. le maréchal duc de Malakoff, homme distingué sous tous les rapports, déploya dans cette mission difficile une intelligence qu'on eût vainement demandée à des agents d'un ordre inférieur. Cette affaire Péchard fournit un de ces rares exemples d'une association de malfaiteurs dépistée par la seule habileté de la police.

Arrivé à Tours, le 28 octobre, M. Ducheylard s'y mit en rapport avec les agents de la police de cette ville; les noms de Chemit et de Graft leur étaient inconnus. Le lendemain, le commissaire central chercha, sur les registres de police, tous les noms de juifs. Il remarqua ceux de Kaiser et de Bloch. Ces deux hommes n'étaient pas connus; M. Ducheylard voulut s'assurer de leur position et de leur moralité. Il se transporta à leur domicile, dans un hôtel garni. Bloch était sorti. Dans sa chambre, M. Ducheylard ne trouva qu'une femme, qui lui dit : — « Mon mari vient de sortir, pour porter des marchandises au chemin de fer. » On attendit Bloch près de deux heures; il ne revenait pas. — « Que fait votre mari? » demanda M. Ducheylard. — « Il est marchand. — N'avez-vous pas connu, dans cet hôtel, un nommé Chemit? » A ce nom, la femme Bloch ne put retenir un mouvement; le commissaire comprit qu'il était sur la trace.

Le soir, nouvelle visite à l'hôtel; Bloch n'était pas revenu. M. Ducheylard n'hésita plus; il fit arrêter la femme Bloch, et fit une perquisition dans ses effets. Malheureusement, la négligence d'un agent permit à la femme Bloch de saisir un portrait et d'en défigurer les traits. Ce portrait devait être celui de Bloch.

Le lendemain, on sut, à n'en pas douter, que Bloch avait pris la fuite avec un nommé Mayer, et qu'un autre coquin de la même bande, signalé sous le nom de Fernandi, partait pour Paris dans un train-omnibus. Une dépêche télégraphique fut lancée sur tout le parcours de la ligne.

Pourquoi ces hommes fuyaient-ils ainsi dès qu'ils soupçonnaient la possibilité d'une recherche? Evidemment, on tenait le premier fil. Informations prises, M. Ducheylard, aidé par l'intelligente activité des deux commissaires de police de Tours, MM. Laugier et Mitaine, sut encore que Kaiser avait quitté Tours cette même nuit du 30 octobre qui avait suivi l'arrestation de la femme Bloch. A l'exception de Bloch et de Kaiser, qui faisaient ménage commun, ces hommes vivaient dans des domiciles séparés, chacun avec une concubine; plusieurs avaient des enfants. Ils se réunissaient fréquemment entre eux, fermaient alors soigneusement leurs appartements, s'environnaient de mystère, et conversaient dans cet idiome ou jargon remarqué à Caen. Tout ce monde vivait bien, sans industrie apparente; les hommes faisaient de fréquentes absences.

Cependant, le télégraphe avait parlé, non-seulement sur la route de Paris, mais dans les autres directions. Dans cette même nuit du 31 octobre, vers trois heures et demie du matin, un voyageur arrivant par le convoi de Paris descendait dans la gare de Poitiers, suivi d'une femme et d'un enfant. Quoique possesseur de billets de premières pour aller jusqu'à Angoulême, il interrompait brusquement son voyage et réclamait dix colis confondus parmi les bagages. Dans une auberge voisine, il demandait un lit et ne s'y reposait pas; il était visiblement en proie à l'agitation et à l'inquiétude, et se disputait en allemand avec la femme qui l'accompagnait. Ils passèrent en revue leurs papiers et les jetèrent au feu en grande partie. Enfin, revenant sur leurs pas, ils gagnèrent à pied, avec leur enfant, dans la direction de Paris, la station de Chasseneuil, éloignée de huit kilomètres, et s'y firent délivrer des billets pour Châtellerault.

Cette conduite étrange avait été remarquée. Deux gendarmes, avertis au moment où ils pénétraient dans la gare, prirent à l'instant le train qui partait pour Chasseneuil. A leur arrivée, ils virent monter en wagon les individus qu'on leur avait signalés. Le gendarme Rougé s'empressa de prendre place dans le même compartiment. Durant le trajet jusqu'à la station de Clan, il demanda l'exhibition des passeports. Le voyageur lui présenta celui-là même qui avait été inscrit sur le registre de la veuve Biard, qui portait le nom de Chemit et avait été mentionné sur les feuilles de signalement. Il n'y avait plus de doute; le gendarme se trouvait en face d'un des assassins de Péchard.

Cet homme paraît comprendre la gravité de sa situation et essaye de fouiller dans la poche de son paletot. Mais le gendarme, qui le surveille avec attention, lui intime l'ordre de ne faire aucun mouvement. A l'arrivée à la station de Clan, l'autre gendarme, qui n'avait pu se placer dans le même wagon, rejoint son camarade, et alors ils se saisissent de la personne de Chemit. Ils le fouillent : dans cette poche où le bandit eût mis la main sans l'énergie du gendarme, ils trouvent un pistolet à deux coups, chargé à balles forcées et amorcé; un couteau-poignard très-aigu dont la lame avait été passée récemment dans la terre; une boîte en fer-blanc contenant des chevrotines, de la poudre et des capsules; un portefeuille renfermant neuf billets de banque de 100 fr.; une vrille, une bougie, un moule à balles, deux balles, une montre en or et une bourse dans laquelle il y avait 120 fr. Pendant les recherches, Chemit laissa tomber dans le wagon une boîte en fer-blanc, où se trouvait une feuille de passeport non encore remplie, mais déjà revêtue d'un faux cachet de la mairie de Bollwillers. La femme avait en sa possession un autre faux passe-port, sous le nom de Gremié-Mayer. Des ordres furent transmis pour la saisie des dix colis réclamés par Chemit à la gare de Poitiers, et que les nécessités du service avaient obligé de transporter jusqu'à Angoulême, lieu de leur destination primitive.

Ce faux passe-port au nom de Mayer, les colis saisis à Angoulême, le signalement envoyé de Tours par M. Ducheylard, prouvèrent que Chemit n'était autre que le Mayer de Tours.

C'est ainsi que se trouva opérée l'arrestation d'un des trois assassins.

Mais qu'étaient devenus les deux autres?

M. Ducheylard avait encore appris à Tours que les hommes disparus à son arrivée, recevaient souvent des lettres de Lyon. Convaincu que la bande devait avoir un centre dans cette ville, M. Ducheylard s'y transporta. Il y apprit d'abord que le prétendu Mayer s'appelait Gugenheim. Avec l'aide du commissaire central de Lyon, il fit des recherches dans la rue de Marseille, à la Guillottière, chez un Meyer. Ce Meyer, dont le prénom était Louis, se mariait ce jour-là même, et était en ce moment à la synagogue. M. Ducheylard eut, par un agent de police, une curieuse indication sur la moralité de ce Meyer; l'agent lui avait prêté sa montre, pour qu'il pût faire meilleure figure à son mariage; mais, le prêt à peine fait, on lui avait dit : — « Si Meyer te rend ta montre, tu auras de la chance. » Et l'agent rôdait, inquiet, autour du logis de son emprunteur.

M. Ducheylard fit ouvrir ce logis, composé d'une pièce unique. Chose étrange, la concubine de Meyer, qu'il épousait ce jour-là, était dans la chambre, et Meyer était parti seul pour la synagogue. La Meyer reçut la visite du commissaire central avec une évidente inquiétude; ses yeux se fixaient continuellement sur un placard; M. Ducheylard la laissa faire, pensant que cette femme lui ferait faire quelque précieuse découverte. En effet, à un moment où la Meyer crut qu'on ne s'occupait plus d'elle, elle sauta sur la clef du placard, l'ouvrit et se saisit d'une lettre. On la lui arracha. La lettre contenait des passages intéressants.

« Cher père, je vous prie de me pardonner; il « est regrettable que vous ayez fait un voyage sans « me trouver. Je serai heureuse d'apprendre que « vous êtes tous en bonne santé, surtout vous...

« Vous devez savoir l'adresse de Madelon; si vous « ne la savez pas, écrivez à Troyes, chez le cousin « Joseph qui vous la donnera; j'ai des raisons pour « ne pas vous la donner moi-même; j'ai des motifs « pour cela. Je respecte tout le monde, mais je de-« viens circonspecte.

« Cher père, pour quant à la belle-sœur, je suis « prête à lui envoyer ce qu'elle demande, mais je « ne sais pas s'il faut lui dire Leyrat ou Lerat... J'ai « reçu une lettre de la femme Graft dans laquelle « elle demande du phlipp. »

Du *phlipp*, en argot, cela voulait dire un passeport. Le nom de Graft, contenu dans cette lettre, devait être une indication précieuse à recueillir

Une autre lettre, sans signature, parut avoir été écrite par ce Graft. L'enveloppe portait le timbre des Batignolles. Le champ des recherches ainsi circonscrit, la police de Paris fut avertie. Elle sut bientôt que ce Graft, caché sous le nom de Beck et se présentant comme un colonel en retraite, s'était réfugié aux Batignolles, dans une maison qu'on n'ouvrait que sur un signal convenu. Or, le 11 décembre, au matin, on pénétrait dans ce repaire. On trouva, dans la même chambre, Graft et sa concubine encore couchés ensemble, et Bloch, qui avait suivi leur sort depuis la fuite de Tours. Ils essayèrent d'opposer de la résistance et engagèrent une lutte énergique contre les agents de l'autorité. On ne put se rendre maître de Graft qu'en lui liant pieds et poings. Alors, on saisit dans l'appartement deux pistolets, l'un double, l'autre simple, chargés jusqu'à la gueule et amorcés; un couteau-poignard; un fort couteau à manche de corne, à lame pointue et fraîchement aiguisée; deux fausses clefs dont l'une n'était qu'ébauchée; de la cire à empreintes; des limes, un repoussoir, tout le matériel enfin des voleurs de profession.

Pascal, lui, pour mieux se dérober aux recherches, avait deux logements, l'un aux Batignolles, l'autre à la Villette; dans l'un, il se nommait Chapelain; dans l'autre, Cordeville. Il fut saisi, au moment où il se présentait chez Graft, dont il ignorait l'arrestation. Doué d'une grande force physique, il fit une résistance désespérée; on trouva sur lui deux pistolets doubles, chargés et amorcés; un couteau de boucher, de faux passe-ports et un morceau de cire à empreinte renfermant quatre billets de banque de 100 fr. Dans un de ses logements, on saisit en majeure partie les colis enlevés de Châtellerault. Le reste fut trouvé chez une femme Gaul, fille et veuve de repris de justice, reprise de justice elle-même. Cette femme était connue parmi les voleurs sous le nom de *la Cousine Madelon*. Elle servait d'intermédiaire aux bandits pour la communication des renseignements à transmettre. Cousine germaine de Graft, elle connaissait la retraite de tous les complices de l'assassinat Péchard. « La cousine Madelon, écrivait ou faisait écrire Graft, et le cousin Joseph, à Troyes, peuvent seuls indiquer mon adresse. Je respecte tout le monde; mais je deviens circonspect. » C'est cette créature qui avait couru à Châtellerault prévenir la concubine de Pascal.

Ainsi, les trois assassins de Péchard étaient pris; mais la veuve Gaul avait eu l'audace de dire aux agents : — « Vous ne tenez pas toute la bande. » On s'en doutait bien; tout révélait une forte organisation, et l'assassinat de Péchard ne paraissait être qu'un incident parmi les crimes de ces malfaiteurs. A Caen même, la veille de l'assassinat, ils avaient volé la boutique de mercerie et de lingerie d'un sieur Radiguet. L'habileté déployée dans ce vol Péchard se retrouvait ici.

Le magasin était complètement dévasté. A cela près, on n'eût pu s'apercevoir qu'un vol avait été commis, tant les voleurs avaient déployé d'habileté. On s'était servi de fausses clefs si bien faites, qu'elles avaient fonctionné sans bruit, sans déranger en rien le jeu des serrures. En se retirant, les malfaiteurs avaient soigneusement fermé les portes. L'absence des marchandises les plus précieuses, les cartons vidés, disaient seuls ce qui s'était passé. Le vol avait dû avoir lieu entre deux et trois heures du matin. Les objets de mercerie et de lingerie soustraits valaient plus de 4,000 francs.

En regardant attentivement les comptoirs et le parquet du magasin, on y remarqua quelques gouttelettes de cire jaune qui, plus tard, devaient servir de preuve.

Tout se réunissait pour démontrer la culpabilité des trois hommes arrêtés. Le pistolet et le poignard de Pascal avaient été achetés à Caen. Graft avait été vu, le 23 août, vers six heures du matin, dans l'allée de Péchard, explorant les lieux. On retrouva la trace des trois assassins à Honfleur, où ils avaient logé le 29 août. Pascal, sous le nom de Chabrie, y avait acheté une lanterne sourde; Graft, sous le nom de Beck, y avait fait fabriquer un *monseigneur*; ces objets étaient ceux-là mêmes abandonnés par les assassins de Péchard. Le mouchoir à carreaux roses appartenait à Graft. Les gouttes de cire jaune, remarquées chez Radiguet, provenaient de la cire trouvée dans la lanterne sourde. Enfin, une des malles saisies aux Batignolles avait été achetée à Caen par Graft et Mayer.

L'assassinat commis, on peut suivre la trace des assassins. Graft s'est enfui jusqu'à Ranville; là, il a, chez un aubergiste, lavé le bas de son pantalon, qui porte encore des taches de sang : il s'est fait con-

duire de Moult-Argences à la station de Mézidon, où il a pris le train de Paris. Mayer et Pascal ont gagné, par les chemins détournés, la même station de Mézidon. Ils se sont cachés pendant une partie du jour dans un bois voisin, près de la côte Sainte-Catherine; à neuf heures du soir, ils ont pris le train d'Evreux, y ont passé la nuit, et, de là, se sont dirigés sur Paris.

Toutes ces preuves avaient déjà complétement éclairé la justice, que les trois accusés, ignorant le chemin fait par l'instruction, s'enfermaient encore dans un système absolu de dénégation.

Graft, comme le plus redoutable, avait été isolé des autres. Il niait imperturbablement. Ses complices ignoraient jusqu'à son arrestation. Quand, de la chambre d'instruction, on fit voir à Mayer son complice se promenant dans un des préaux de la prison, il tomba dans un grand abattement. Bientôt, à mesure que Mayer et Pascal virent la justice mieux instruite, ils avouèrent, mais prudemment, chichement, chargeant les autres et se réservant le moindre côté. Un incident accéléra les révélations. Graft avait dissimulé à ses associés les billets de banque trouvés dans la caisse de Péchard; Mayer et Pascal apprirent, par les journaux, cette *indélicatesse* de leur complice, et en conçurent une de ces rancunes qui éclairent l'action de la justice.

Lors de sa translation sur les lieux du crime, Pascal faisait encore bonne contenance; jusqu'à Lisieux, il crut qu'on le conduisait à Rouen. Mais, à Lisieux, il comprit, baissa la tête et se mit à pleurer. Quant à Mayer, il prétendit n'être pas venu à Caen depuis deux ans; mais, placé en face de sa logeuse, la dame Biard, il se déconcerta: « Je vois bien que je suis pris, » dit-il.

Quelle part avait pris chacun d'eux à l'assassinat de Péchard? On put le deviner, à travers leurs aveux mêlés de réticences. Les balles extraites du cadavre étaient du calibre des pistolets de Pascal. C'est Mayer qui, lorsque le vol était presque consommé, avait entendu descendre Péchard. Il lui avait lancé une grosse pierre à la tête. Alors, il y eut une mêlée, dans laquelle le malheureux horloger reçut des coups de poignard. Graft s'enfuit dans la direction du Palais de Justice et tira deux coups de pistolet sur Péchard, qui, malgré ses blessures, le poursuivait avec intrépidité. Mayer força Péchard de l'avouer qu'il s'était vanté d'avoir *lardé* la victime. Pascal avait achevé Péchard de deux coups de pistolet à bout portant.

Sur les indications de Mayer, on fouilla le bois de Moult-Argences, et on y trouva, dans quatre endroits différents, des bougies, des mouvements de montre et des bijoux d'alliage.

Peu à peu, on pénétra dans le passé de ces redoutables bandits, et on sut que Mayer était Jean Gugenheim; Pascal se nommait Coudurier; Graft cacha plus longtemps son identité, mais on finit par soupçonner qu'il pourrait être un certain Auguste Wall, condamné en 1849, par la Cour d'assises du Lot, à dix ans de travaux forcés. Et ce Wall n'était lui-même qu'un Jean Minder, condamné, en 1835, par la Cour d'assises du Calvados. Le Jean Minder de 1835, de même qu'Auguste Wall, avait, comme le Graft de 1858, les oreilles percées, une blessure au bras droit, une tache au-dessous des reins, une cicatrice au-dessous du sourcil droit. Auguste Wall, Jean Minder, Graft n'étaient donc qu'un seul et même personnage. Le père Minder, âgé de près de 80 ans, et un jeune frère du prétendu Graft, Geor-

N° 163 — 10 Centimes.
Deux N°⁸ par Semaine.

CAUSES CELEBRES

LEBRUN ET C¹ᵉ, Editeurs.
Rue des Saints-Pères, 8.

ges Minder, étaient en prison, à Riom, sous l'accusation de tentative d'assassinat sur la personne d'un gendarme. Parmi les faux noms empruntés par Graft, on trouvait celui de Beck, colonel en retraite; et c'est aussi sous le nom de Beck, que Georges Minder avait commis la tentative dont il allait rendre compte à la justice.

Nous allons laisser ces bandits parler eux-mêmes; les débats vont nous montrer ces natures hideuses, dans toute l'originalité de leurs différents caractères, et nous y trouverons aussi de curieux détails sur les autres éléments de la bande.

Le 28 juin 1858, vingt et un accusés, dont huit femmes, comparurent devant la Cour d'assises du Calvados.

L'audience est présidée par M. le Conseiller *Adeline*. Le siége du ministère public est occupé par *M. Rabou*, procureur général. Le père, le frère et la sœur du malheureux Péchard se sont portés parties civiles; *Mᵉ Berthauld*, de Caen, est leur avocat.

Les témoins à charge sont au nombre de 140. Il en est venu de Paris, de Tours, de Châtellerault,

Et alors, à bout portant, il tira sur l'homme en chemise un coup de pistolet (PAGE 13).

de Vendôme, de Montbrison, de Lisieux, de Reims, de Grenoble.

Il n'est pas besoin de dire quelle émotion, quel empressement curieux ces débats ont excités dans la ville normande. La vaste place du Palais de Justice, ses abords dégagés par de larges rues, sont couverts d'une masse compacte d'habitants de la ville et de paysans. C'est jour de marché; les campagnes ont fait invasion, avides d'assister aux débats. Et cependant, bien peu de privilégiés pourront pénétrer dans la salle des Assises. Vingt et un accusés, vingt et un gendarmes, deux cents témoins, tant à charge qu'à décharge, ont fait resserrer l'enceinte d'ordinaire réservée au public.

Les trois principaux accusés ont été amenés, portant les fers aux pieds et aux mains; ces fers ne tombent qu'à l'entrée du prétoire. L'énergie, l'habileté féconde en ruses qu'ont déployées ces hommes, leurs antécédents, leurs évasions nombreuses, ont

nécessité, dans la prison et jusque dans la salle d'audience, des précautions minutieuses.

Après la lecture de l'acte d'accusation, *M. le Président*, avant de procéder à l'interrogatoire des principaux accusés, les interpelle sur leurs antécédents.

D. Gugenheim, vous avez fini par déclarer que votre nom véritable était Seligman ou Salomon Gugenheim, et que vous étiez né à Scherwiller? — R. Oui, Monsieur.

D. Vous avez souvent changé de nom : ainsi vous avez pris le nom de Mayer, sous lequel vous étiez plus connu. A Poitiers, lors de votre arrestation, vous portiez un passe-port au nom de Chemit, et c'est même la présence de ce passe-port au faux nom de Chemit qui a été cause de votre arrestation, parce qu'en même temps que ce passe-port portait ce nom, il contenait des indications qui se rapportaient au signalement qui avait été transmis à votre nom. Vous avez aussi pris, à Saint-Quentin, le faux nom de Muller. Pauline Blum, que vous prétendez être votre femme, et que l'accusation signale comme votre concubine, n'ayant pu découvrir l'acte de mariage, a elle-même reconnu que vous aviez pris ce nom de Muller, et alors seulement vous avez renoncé à vos dénégations. Ce fait avait de l'importance, attendu que c'est vous qui avez été condamné sous ce nom à vingt ans de travaux forcés par contumace, à raison d'un vol fort audacieux commis en 1856. — R. Je suis très-innocent de ce vol.

D. Dans ce vol, on retrouve quatre autres individus, dont deux du nom de Bloch et de Lambert, et pourtant rien ne prouve que ce soient les accusés de ce nom ici présents. Quant à vous, immédiatement après ce vol, on vous voit quitter Saint-Quentin. — R. Si j'ai quitté Saint-Quentin, c'est parce que je craignais d'être poursuivi par des créanciers, et pas du tout pour crime.

D. Si c'était vrai, vous n'eussiez pas, devant le juge d'instruction, nié si longtemps avoir pris le faux nom de Muller ; car, n'ayant pris ce faux nom que pour vous soustraire à des créanciers, vous vous fussiez hâté de donner de suite cette explication. Ce qui est certain, c'est que vous avez été condamné par la Cour d'assises de Douai à vingt ans de travaux forcés. — R. On m'a condamné sans m'entendre.

D. C'est vrai; la condamnation est par contumace; on comprend votre dénégation sur ce point, mais vous avez avoué d'autres crimes. Ainsi, devant le juge d'instruction, vous avez avoué que vous aviez commis, avec un nommé Passerat, un vol à Haguenau; vous étiez alors porteur d'un faux passeport délivré à Bischwiller ? — R. Si j'ai avoué ce vol, j'ai fait un mensonge. Je l'ai dit parce que M. le Juge d'instruction m'avait fait des promesses pour le cas où je ferais des révélations.

D. Personne ici n'admettra cette explication. Il n'y a pas de magistrat en France capable d'user de pareils moyens vis-à-vis d'un accusé. Nous ne poursuivrons pas plus longtemps cet interrogatoire, ne voulant quant à présent que signaler à MM. les Jurés la physionomie générale de chaque accusé. Nous nous réservons d'entrer dans les détails lorsque nous examinerons chacun des faits de l'accusation.

Coudurier dit Pascal, interrogé à son tour, reconnaît avoir pris pas mal de noms, ceux, par exemple, de Félix, de Toinon, de Chatard, de Martel, de Bernard, de Chabrie. Il reconnaît avoir été condamné huit fois, notamment à huit ans de travaux forcés, par la Cour d'assises du Var, et à perpétuité, pour un vol de 7,000 francs commis à Mulhouse. Ses antécédents judiciaires remontent à 1834. Il a coopéré à l'arrestation d'une diligence, entre Avignon et Marseille. Il a fait partie d'une bande Oswald et Lafabrègue, dans laquelle, sous le nom de Groslot, il a volé 25,000 francs au banquier piémontais Carlone. Et il n'a que 37 ans ! Le crime est de tradition dans sa famille : un de ses frères a été condamné aux travaux forcés à perpétuité; un autre, à dix ans de réclusion; un troisième, à cinq ans. Il vit en concubinage avec une fille Marie Milice.

Tous ces aveux, Pascal les fait avec une certaine pudeur, à voix basse ou par signes.

Quant à Minder dit Graft, il ne reconnaît rien. Dès les premiers mots, il se pose en victime. — On m'en a fait, des misères, s'écrie-t-il; je vous en ferai le tableau.

M. le Président. — Mais vous avez été reconnu positivement par plusieurs témoins, par l'un d'eux, entre autres, d'une manière tout à fait subite et formelle, à la première vue de vos traits.

Graft. — Parlons-en de cette reconnaissance; elle est jolie! Celui-là m'a reconnu sur une photographie, comme celui qui ressemblait le plus à la figure. Or, ce n'était pas difficile, puisque tous les autres qu'on lui montrait étaient des jeunes gens, et que moi seul avais des moustaches... Oui, j'ai été le modèle de la misère.

Les antécédents des trois principaux accusés établis, on revient à Gugenheim dit Mayer. Il avoue être venu à Caen, au commencement d'août 1857, avec Coudurier et Graft. Il a participé au vol Radiguet. Il sait qu'une visite d'étude a été faite chez Péchard, mais il prétend ignorer que c'est Coudurier qui l'a faite. Quant à sa part dans l'attentat, il cherche à la réduire. — Pascal et Graft, dit-il, sont entrés dans l'arrière-magasin; moi, je suis resté au bas de l'escalier, où j'ai placé en travers une échelle, pour le cas où Péchard viendrait à nous déranger.

M. le Président. — C'est-à-dire pour l'exposer à être tué; car l'échelle était posée sur la première volée et devait amener une chute terrible. Vous lui avez jeté aussi une pierre quand il s'est montré subitement à vous ?

Mayer. — Je ne sais pas si je l'ai attrapé.

D. Puis, après la pierre, est venu le poignard. Vous avez frappé ce malheureux jeune homme de quatre coups. — R. Pas moi; oh! mais non. Je suis innocent du poignard comme l'enfant qui vient au monde.

D. Vous aviez un couteau-poignard; il était ouvert dans votre poche et portait des traces de sang. — R. Non, Monsieur; oh! mais non.

D. Vous vous êtes vanté à vos complices d'avoir frappé? — R. Tout ça, c'est des mensonges; je n'ai pas joué du poignard. Ce qu'on a pris pour un poignard, c'était un ciseau; je suis innocent comme un enfant, pour le poignard.

D. Pourquoi aviez-vous un pistolet, si vous ne vouliez pas assassiner? — R. Tous les jours, on a un pistolet, sans tuer pour ça. On prend un pistolet pour se défendre; ce n'est pas une raison pour attaquer. C'est le grand qui a tiré deux premiers coups de pistolet sur Péchard.

Le grand, ou plutôt le crand, car Mayer a un accent allemand des plus prononcés, c'est Graft.

D. Et les deux derniers coups de pistolet, qui les a tirés ? — R. Ça doit être Pascal, puisque ça n'est pas moi... Je ne renie pas les vols, mais ça...

D. Vous receviez des lettres à Caen, sous le nom de Chemit ? Vous aviez un passe-port à ce nom? — R. A Poitiers, j'étais Chemit, je ne dis pas, mais à Caen, non. Il faut vous dire que c'est le grand qui faisait la partie des passe-ports; tantôt il m'en donnait un, tantôt un autre. Mais pour les lettres, je ne sais ni lire, ni écrire le français.

M. le Président. — Il nie cela, parce que ces lettres étaient compromettantes pour celle qu'il appelait sa femme.

D. Pourquoi avez-vous quitté Tours, le 31 octobre? — R. Parce que je voyais les autres partir, et je craignais d'être arrêté.

D. Pourquoi craigniez-vous d'être arrêté? — R. Ma foi!...

Ici, Mayer s'aperçoit qu'il a mis dans sa réponse une naïveté par trop significative; il se reprend : — Je m'en allais dehors pour des motifs, parce que je suis marchand, et que j'avais des marchandises à vendre.

Voilà donc, par ces demi-aveux de Mayer, le vieux drame de la révélation noué à son premier acte. La lutte est engagée entre Mayer et les deux autres assassins de Péchard. Pascal et Graft sont formellement accusés par leur complice. A l'attitude prise par le dernier, à l'audace de sa parole facile, à l'effronterie énergique de son regard, à son sourire, on pressent qu'il va jouer le rôle difficile de héros de la dénégation. Ce regard, ce sourire, sont en perpétuelle contradiction l'un avec l'autre; la bouche caresse; l'œil lance des éclairs de fureur.

Coudurier dit *Pascal*, lui, endort sa voix, amortit son regard. On ne peut croire que ce soit là l'énergique bandit qui, aux Batignolles, opposait aux agents une résistance désespérée. On lui rappelle cet épisode. — Ils m'avaient brutalisé, répond-il, renversé par terre, j'ai fait ce que j'ai pu pour me défendre.

Pascal, fidèle à son rôle, désigne Graft comme ayant eu la première pensée du vol Péchard. « La chose est bonne à faire, » aurait-il dit. Lui, Pascal, a éclairé les lieux, pris les empreintes, étudié les défenses; mais il n'a pas façonné les clefs : c'est Graft. C'est Graft encore qui a eu l'idée de cacher le produit du vol Radiguet dans les carrières de Vaucelles, enveloppé dans deux sacs en cotonnade.

M. le Président. — On a trouvé chez Graft un sac en cotonnade; c'est sans doute un de ces deux.

Graft, à demi-voix. — S'ils croient qu'ils m'embarrasseront, ils se trompent; c'est un plaisir pour moi de les entendre *gazouiller*.

Pascal nie également avoir forcé la caisse de Péchard; c'est Graft qui l'a fait, à l'aide d'un *monseigneur*.

D. Qui a commencé l'attaque contre Péchard? — R. C'est Mayer, avec une échelle et une pierre; mais M. Péchard a voulu venir tout de même sur nous. Nous avons poussé la porte sur lui; mais à la repoussant de son côté, et c'est là que Mayer lui a donné des coups de poignard. M. Péchard a poussé deux cris, en se reculant, et moi je suis tombé; alors, tous sont sortis dans la rue.

M. le Président. — Oui, cela a dû se passer ainsi. Pascal était placé, pour ainsi dire, en arc-boutant, pour empêcher Péchard de passer la porte. Les deux premiers coups de poignard n'ont donc pu être donnés que par Mayer ou Graft.

Pascal. — Oui, Monsieur; après, Graft m'a dit : « S'il n'avait pas tourné la tête, je lui traversais le cou. » Mayer a dit aussi : « Je ne sais pas comment ce Péchard a pu venir dans la rue, car je l'avais joliment lardé. »

Mayer. — C'est faux! Je suis voleur, pas assassin. Si j'ai dit ça, c'est par calcul. Pascal et Graft me disaient que je les avais laissés dans l'embarras, que j'étais un lâche. Alors, moi qui sais que Pascal est un homme dangereux, j'ai dit cela pour le calmer. Il se vantait d'avoir tué un de ses camarades.

C'est le tour de *Graft* de se justifier. Il prend une voix doucereuse et une pose recherchée. — Monsieur le Président, dit-il, messieurs les Jurés et toute la société, j'ai l'honneur de vous prévenir que si dans mes réponses je mets un peu de vivacité...

M. le Président interrompt cet exorde. — Nous ne tolérerons pas vos vivacités : nous vous interrogerons, et vous répondrez.

Graft a connu Pascal, à Tours, comme on connaît les bourgeois d'une ville. Il connaissait aussi Mayer, mais pas *ces dames*. Il ne sait pas ce que c'est que Radiguet, que Péchard. Il n'était pas à Caen.

D. Mais quel intérêt peuvent avoir ces hommes à vous accuser? — R. C'est précisément la question.

D. Mais cela n'atténue en rien leur position devant la justice? Est-ce qu'on n'a pas saisi sur vous des objets volés chez Radiguet? — R. C'est-à-dire que, ma femme étant enceinte, ayant ses emplettes à faire à Paris, j'ai eu le malheur de charger ces MM. Pascal et Mayer de quelques-unes de ces emplettes.

D. Mais vous aviez dit que les dentelles reconnues provenir de la maison Radiguet vous avaient été données par un certain Boroméo; vous ne persistez plus dans cette histoire? — R. Pardon, Monsieur; j'ai été en relation avec M. Boroméo. Dans certaines circonstances, j'ai été par lui chargé de le précéder dans certaines villes, et pour cela, il me donnait 200 francs par mois. Il me faisait porter une petite boîte que je présumais contenir des papiers, sans le savoir au juste.

D. Comment! vous en revenez encore à ce roman inventé par vous dans l'instruction? — R. Je ne dis pas que M. Boroméo m'ait remis les dentelles.

D. Ces papiers étaient-ils donc compromettants? — R. Je le suppose, puisqu'on me payait si cher pour les porter.

D. Comment osez-vous soutenir une pareille fable, quand on trouve chez vous tous les instruments des voleurs? — R. Il y a de cela chez tout le monde.

D. Dans la nuit du 29 au 30 août vous étiez si bien à Caen, que, vers onze heures du soir, c'est vous qui êtes allé chercher deux bouteilles de vin, et qu'avant de vous engager dans cette terrible expédition, vous les avez vidées? — R. Oh ! c'est faux, complétement faux.

D. Mais un de vos coaccusés a dit le prix que vous avez payé ce vin, et ce prix est précisément celui déclaré par l'aubergiste? — R. Non! Je vais dire en deux mots ce qu'il en est : il fallait, Messieurs les Jurés, un troisième complice à ces deux hommes (désignant Mayer et Pascal); la justice a admis la nécessité d'un troisième assassin, vu qu'on prétendait avoir aperçu trois individus sur le lieu du crime; alors on a jugé bon de me mettre dans l'affaire : il fallait une troisième tête, on a pris la mienne.

D. Voilà votre explication. Mais elle ne répond pas aux faits qu'il me reste à signaler. Ainsi, sur le lieu du crime, on trouve un mouchoir qui prend du tabac; une blanchisseuse l'a parfaitement reconnu pour être le vôtre? — R. D'abord, je ne prends jamais de tabac.

D. Vous ne prenez jamais de tabac! — R. Oh ! pardon ; si parfois il a pu m'arriver d'en prendre, c'est comme pour me distraire de quelques idées noires qu'on a quelquefois; aujourd'hui, je n'en ai plus de ces idées, je suis bien tranquille au contraire.

D. Nous verrons si vous serez aussi tranquille lorsque vous aurez entendu les témoins. — R. Je ne redoute aucun témoin.

D. On a trouvé aussi dans le magasin de Péchard un *monseigneur*; n'est-ce pas vous qui l'avez acheté? — R. Moi, jamais!

D. Ce n'est pas vous non plus qui alliez à Honfleur le 30 août? — R. Non.

D. Mais vous êtes reconnu. — *Graft*, avec une assurance qui provoque le sourire de l'auditoire : — Impossible ! monsieur le Président, impossible !

M. le Président. — En vérité, c'est trop d'assurance!... — R. Que voulez-vous? Voici le Christ qui est devant nous... eh bien...

M. le Président, avec indignation. — Pas de profanations semblables! Osez-vous bien invoquer ainsi le nom de Dieu!... — R. Mais enfin, lui aussi, le Christ, il était innocent; mais il ne l'était pas plus que moi.

M. le Président. — Silence sur ce point. Il me suffit de vous rappeler que vos coaccusés, placés chacun au secret, ont dit la même chose, fourni les mêmes détails; ainsi ils disent que vous avez écrit à Ulmo, à Chaumont. — R. C'est-à-dire que ces malheureux n'ont dit que des contradictions.

D. Maintenant je vous demanderai pourquoi, le 30 octobre, quand le commissaire central est arrivé à Tours, vous vous êtes empressé de fuir? — R. Je n'ai pas fui; je devais aller à Paris et j'y suis allé; si maintenant j'ai été arrêté, c'est uniquement par suite de ma trop grande bonté.

D. Comment cela? vous vous échappez... — R. C'est-à-dire que je m'en allais à Paris, et alors Mayer me prie de me charger de ses enfants. Moi, qui aime beaucoup les enfants, je m'en suis très-volontiers chargé; mais enfin croyez-vous que si j'avais voulu fuir, que si j'avais eu quelque chose à redouter, je me serais chargé de cinq enfants? Mais non! vous sentez bien que j'ai trop d'intelligence pour cela : seulement je dois dire que ma femme s'était opposée à se charger de ces enfants, vu qu'ils n'avaient pas une mise assez élégante.

D. Ah! vous rougissiez de la mise modeste de ces enfants? — R. Dame! ce n'était pas très-convenable; mettez-vous à ma place.

D. Oui, quand surtout on veut se faire passer pour un colonel en retraite. — R. Mais non, je ne me faisais pas passer pour un colonel, c'est une histoire qui a été inventée à plaisir par la police.

D. Quels sont vos moyens d'existence? — R. Je vous ai dit que je touchais 200 fr. par mois de M. Boroméo.

D. Je ne voudrais rien dire qui pût exciter le sourire contre le système d'un accusé; pourtant, je dois vous avertir que personne ici ne pourra prendre ce que vous dites au sérieux. Quels services rendiez-vous donc à ce prétendu M. Boroméo? — R. Il m'avait pour être son missionnaire secret.

D. Mais pourquoi faire? — R. Ah! voilà. J'ai voyagé, voyez-vous, dans tous les pays, et M. Boroméo a trouvé en moi un homme capable de remplir les fonctions qu'il voulait me confier.

D. Mais quelles étaient ces fonctions? — R. Je portais certains papiers qui vraisemblablement étaient illicites.

D. En quoi étaient-ils illicites? — R. Je ne sais, je n'ai pas à le dire.

D. Vous pouviez être compromis? — R. Oui, c'était possible; j'aurais subi la peine de mon imprudence : j'étais payé pour assumer cette responsabilité.

D. Et à Caen, était-ce aussi pour remplir cette mission secrète? — R. Non, pas à Caen, j'étais là pour mon plaisir.

D. Et il vous donnait 200 fr. pour ne rien faire? — R. Oui; souvent je restais plusieurs mois sans lui rendre de services, et il payait toujours.

D. Nous croirions manquer à la dignité de ce débat, en insistant davantage. Où étiez-vous le 30 août? — R. Mais à Tours.

D. Vous avez, après le crime Péchard, pris une direction opposée à celle de vos complices. Vous êtes allé à Ranville, où vous avez été reconnu par un jeune homme; est-ce vrai? — R. Non

D. Là, vous avez pris une voiture pour aller à Argences; vous avez été reconnu par une femme : est-ce vrai? — R. Non.

D. C'est même là que vous avez lavé les taches de sang dont vous étiez couvert. — R. Oh! c'est faux, bien faux.

D. Mais vous êtes formellement reconnu par l'homme qui vous a conduit à Mézidon, et qui viendra le dire ici à l'audience. — R. Cet homme ment.

D. Quand on vous a arrêté, vous étiez couché avec votre concubine, et Bloch était chez vous étendu sur un canapé. On a trouvé des armes chargées sur vous et un couteau-poignard : est-ce vrai? — R. Oui, mais les pistolets n'étaient pas dans mes poches, mais dans mon armoire.

D. Conduit chez le commissaire de police, on a trouvé sous le banc sur lequel vous étiez assis un couteau de boucher. — R. C'est un agent qui l'avait pris chez moi.

D. On a trouvé vos pantalons garnis de poches en forme de gaine, dans lesquelles vous mettiez des couteaux ouverts. — R. Oui, et je porte ce pantalon pour montrer à MM. les Jurés qu'il est impossible de pouvoir y mettre un poignard; on ne pourrait l'en tirer à cause de la profondeur.

D. Ne vous êtes-vous pas rendu plus tard sur la route de Bayeux, où vous aviez caché les montres de Péchard? — R. Moi! non.

D. Mayer le déclare formellement; vous êtes reconnu, dans l'auberge où vous avez dîné, par une personne qui vous a donné une corde pour faire des paquets. — R. C'est faux.

D. Mais si des témoins le déclarent? — R. Ce serait une fatalité, et ce ne serait pas la première fois.

D. Mais ce ne serait pas une fatalité, ce seraient cent fatalités. — R. Eh! quand il y en aurait mille!

M. le Procureur général. — Nous n'entendons pas bien l'accusé.

M. le Président. — Ne laissez pas tomber votre voix.

Graft. — Oh! soyez tranquille, ma voix ne tombera pas. Je ne voulais pas vous étourdir; j'ai le moyen de me faire entendre.

L'interrogatoire des autres accusés ne présente qu'une importance secondaire. *Bloch*, un juif allemand, n'a fui les agents de police de Tours que parce qu'il craignait *une prise de corps. Pauline Blum* prétend être la femme légitime de Mayer, dûment mariée à la synagogue. Elle est marchande, comme son *ami* Mayer; elle a pu acheter des effets volés, sans le savoir. La digne compagne de Graft, *Marguerite Châtelain* dite *Chrétien*, a connu son amant sous le nom d'Alexis Fernandi. Elle l'a suivi, du consentement de ses parents. *Marie Milice*, concubine de Pascal, prétend qu'elle a cru que son *mari* voyageait honnêtement pour la soierie; qu'elle ne l'a jamais soupçonné d'être un malhonnête homme. Si elle a quitté subitement Châtellerault, c'est que son mari lui a dit : « Nous allons être riches; je vais chercher un héritage en Angleterre. » La *Chrétien* n'a pas écrit au faux *Chemit*, et si un cachet M. C. a été trouvé sur la lettre, il y a bien des cachets qui se ressemblent.

M. le Président, à la fille Chrétien. — Votre complicité est prouvée par un fait caractéristique. Quand on a trouvé cette lettre, Graft s'en est saisi précipitamment, et, d'un coup d'ongle, a fait sauter le cachet. Interpellé sur ce mouvement de vivacité, il a balbutié, et a fini par dire qu'il croyait que sa femme avait écrit à un autre homme, et qu'il n'avait pu maîtriser un sentiment de jalousie

Graft. — C'est vrai. C'est que, voyez-vous, je considère ma femme, non par les droits civils, mais par les droits de la nature, comme si elle était ma légitime.

La *veuve Gaul* paraît avoir eu pour mari le frère du père de Graft, Minder, ce vieillard inculpé de tentative d'assassinat. Sa mère « a fait une dizaine d'années pour quelque chose. » Son mari a déjà fait cinq ans, « pour sa boutique, pour affaires de commerce. » C'est une femme obligeante, qui a aidé ses amis, comme cela se fait tous les jours. Elle est bien innocente de tout au monde. Elle a déjà, pourtant, été condamnée deux fois pour son propre compte.

Le fils *Charles Gaul* a été en chemin de fer, avec sa mère, chercher les malles de Pascal ; il a aidé à les cacher ; mais il ne savait pas faire mal ; il croyait que c'était de la contrebande.

On procède à l'audition des témoins sur les chefs relatifs à l'affaire Péchard.

Un jeune homme vêtu en grand deuil, vivement ému, se soutenant à peine, est introduit ; il s'affaisse dans un fauteuil qui lui a été préparé, et reste longtemps la tête tombante et serrée dans ses mains. Ce jeune homme est le frère de la victime, *Louis-Charles-Albert Péchard,* âgé de vingt ans, étudiant en droit.

M. le Président. — Voulez-vous bien tâcher de prendre sur vous de rendre compte à MM. les Jurés de ce qui s'est passé dans la nuit du 29 au 30 août ?

Le témoin, d'une voix faible et très-émue. — Cette nuit, j'étais couché chez mon frère, dans une chambre séparée de la sienne. Au milieu de mon sommeil, j'entendis du bruit, comme une lutte au pied de l'escalier. Je me levai précipitamment ; je ne savais de quel côté tourner mes pas, quand tout à coup j'entends la voix de mon frère. Je cours à lui, il était gisant à terre, inondé de sang. (L'émotion du témoin l'oblige à s'arrêter.)

M. le Président. — Remettez-vous et ne reprenez votre récit que quand vous en trouverez la force.

Après quelques instants, *M. le Président* reprend : Que savez-vous encore ?

Le témoin. — J'ai vu des hommes fuyant, puis je n'ai plus rien vu ni entendu ; seulement ils avaient entraîné mon frère sous le réverbère pour le tuer.

M. le Président. — Le pauvre jeune homme est tombé près de son frère, privé de sentiment. Accusé Mayer, vous avez entendu ; le témoin a été réveillé par le bruit d'une lutte dans l'escalier ; il y a donc eu une lutte dans l'escalier, et c'est vous qui étiez au pied de l'escalier.

Mayer. — Non, Monsieur. Comme je vous l'ai dit, il n'y a pas eu de lutte.

Albert Péchard, qui est assis dans un fauteuil, se lève vivement, et, frappant avec désespoir sur le bras du fauteuil et avec un accent déchirant : — Indigne, ne dites pas cela : j'entends encore ces cris : ces cris de mon frère, je les ai encore dans les oreilles...

Mayer. — Mais pourtant si je n'ai rien fait !

Albert Péchard. — Ne dites pas ça, ou vous serez maudit !

M. le Président. — Calmez-vous ; nous cherchons la vérité ; la vérité doit toujours être sans passion. Accusé Graft, reconnaissez-vous la lutte au bas de l'escalier ?

Graft, avec beaucoup de calme. — Mais puisque je n'y étais pas, je ne puis vous rendre compte de rien.

M. le Président. — Et vous, Pascal ?

Pascal, très-froidement. — Oui, Monsieur, il y a eu lutte entre M. Péchard et Mayer.

M. le Président. — Et Mayer a frappé du poignard ?

Pascal. — Du moment que ça n'est pas moi, c'est lui.

Plusieurs témoins ont entendu les détonations des pistolets, ont vu *trois* hommes assassiner Péchard dans la rue, mais ils n'ont pu voir leurs traits.

M. le Président. — Graft, vous entendez ; il y avait trois assassins.

Graft, finement. — Je sais bien qu'il leur en faut un troisième ; mais je ne veux pas l'être.

D. Mais ils auraient été bien maladroits de vous désigner, si vous n'étiez pas à Caen, si vous pouviez prouver votre *alibi.*

R. On m'a pris mon argent. Je ne puis prouver mon *alibi* ; il me faudrait payer du monde pour aller à Tours à la recherche des personnes qui m'ont vu, mais dont je ne sais pas les noms.

M. le Procureur général. — Mais je vous l'ai dit plus d'une fois, je mettrai, pour cela, tous les gendarmes, toute la justice à votre disposition. Votre audace ne trompera personne.

Le docteur *Lebidois* rend compte des blessures du malheureux Péchard et de la direction divergente des deux balles. On va lui représenter les fragments de linge et de drap, le paletot et la chemise de la victime.

Ces objets sont apportés à M. Lebidois, qui déclare reconnaître les fragments de linge et de drap extraits par lui du crâne et du cou de la victime. Il déploie ensuite une chemise ensanglantée, et, après l'avoir examinée, il déclare qu'il y remarque une perforation, mais qui ne correspond pas exactement avec la plaie du cou. Supposons, dit-il, un homme au repos, vêtu de sa chemise, et qu'on lui tire un coup de pistolet au cou, à la même place que celui tiré sur Péchard : ce ne sera pas à l'endroit où on la voit sur la chemise de Péchard, que la perforation du linge se remarquera ; mais, dans l'espèce particulière, voici ce qui a pu se passer, ce qui a dû nécessairement se passer. Péchard avait lutté longtemps, cela est prouvé par les contusions dont toutes les parties de son corps étaient couvertes. Dans cette lutte, il s'est agité, et cette agitation a dû déranger sa chemise, surtout dans la partie du cou.

Il est même probable que le meurtrier, au moment où il a tiré son coup de pistolet, a pris Péchard par le cou, a tordu ainsi le col de la chemise, et c'est ainsi qu'on peut expliquer, par le dérangement du linge, la différence qui existe entre la position de la plaie et celle de la perforation du linge.

M. le Président. — Cette explication nous semble tout à fait satisfaisante ; il est très-probable que les choses se sont ainsi passées. Du reste, pour vous, Messieurs les Jurés, ce point n'est pas le plus important ; ce qu'il importe de savoir, c'est qu'il y a eu lutte, que c'est dans la lutte que Péchard a reçu la mort, et que plusieurs ont pris part à la lutte contre lui. Accusé Mayer, vous voyez qu'il y a eu lutte, tous les témoins le prouvent, l'état du cadavre le constate. Le corps était couvert de contusions, les pieds étaient écrasés ; les cris étaient rauques et n'avaient plus rien d'humain ; vous aviez un poignard, un pistolet ; persistez-vous à dire que vous ne vous en êtes pas servi ?

Mayer. — Monsieur le Président, je vous l'ai juré, je vous le jure encore, je n'ai pas frappé du poignard ni usé du pistolet.

M. le Président. — Mais vous vous en êtes vanté à Pascal?

Mayer. — Quand je suis sorti de la maison tout était fini; je suis innocent comme l'enfant qui vient au monde.

M. le Procureur général. — Mais ne dites donc pas cela, on n'est pas innocent quand on va voler, la nuit, avec fausses clefs, effraction, armé de poignards et de pistolets.

M. le Président. — Vous Pascal, avez-vous reproché à Mayer d'être un lâche, et serait-ce pour se défendre de ce reproche qu'il vous aurait dit qu'il avait donné un coup de poignard?

Pascal. — Je ne lui ai pas fait de reproches.

Mayer. — Si, il m'a dit que j'étais un lâche; il l'a dit aussi à Graft, parce qu'une fois que nous faisions un vol, Graft et moi, nous nous étions sauvés pour avoir entendu du bruit.

M. le Président, à Pascal. — Niez-vous toujours avoir pris part à la lutte contre Péchard?

Pascal. — Oui, monsieur le Président; Mayer le sait bien que je n'ai rien fait, puisque, pour me sauver, j'ai passé entre ses jambes.

Mayer. — Est-ce qu'il est, mon Dieu, possible de passer, comme il dit, entre les jambes d'un homme?

M. le Président, à Pascal. — Dans quel endroit, et à quel moment Mayer vous a-t-il dit qu'il avait *joliment lardé* Péchard?

Pascal. — Après que nous avons été hors de la ville, et en essuyant son couteau qui avait percé sa poche.

Mayer. — Oh! quel mensonge; je jure...

M. le Président. — Vous n'avez pas le droit de jurer, et vos protestations sont vaines; vous étiez trois contre Péchard; tous trois, au même titre, vous êtes des assassins!

On représente à *Mayer* le fragment de moellon, pesant un kilogramme et demi, qu'il a lancé à la tête de Péchard. — Je ne l'avais pas apporté d'avance, dit-il; je suis sorti pour l'aller chercher. C'est Pascal qui me l'a commandé.

M. le Président, à Graft. — Quant à vous, tout cela ne vous regarde en rien, n'est-ce pas?

Graft salue gracieusement. — Ne vous gênez pas, monsieur le Président, dit-il; je vous répondrai toutes les fois que vous me ferez l'honneur de m'interroger.

Et il profite de l'occasion pour protester de nouveau contre la position d'isolement qui lui a été faite dans l'instruction. — On m'a laissé insulter, dit-il; si on savait ce que j'ai souffert! Ils m'ont fait devenir à rien, moi un homme fort et intelligent. Aujourd'hui, je suis abattu; mon moral est affecté.

Cette tirade est à peine finie, que *M. Binet*, cirier à Caen, reconnaît, sans hésiter, dans Graft un homme grand, maigre, osseux, au teint jaune, aux petites moustaches, portant blouse bleue usée, pantalon gris passé, gros souliers ferrés et casquette grise, qu'il a vu, le 23 août, causer avec Péchard, dans sa boutique.

Graft. — De gros souliers ferrés! c'est indécent pour ma personne. Des témoins comme ça, il y en aurait dix mille, je ne les crains pas.

Marie Letourneur, domestique du précédent témoin, fait une déclaration identique et reconnaît Graft.

Les maîtres de l'hôtel *Saint-Pierre*, à Caen, reconnaissent les trois accusés pour être descendus, le 2 août, à cet hôtel; Mayer y portait bien le nom de Chemit.

Graft déclare qu'en effet, il est venu à Caen à cette époque.

Mᵐᵉ veuve Briard, marchande de tabac à Caen, reconnaît les trois accusés pour être venus loger chez elle, le 6 août. Le plus grand, Graft, a inscrit les noms sur les livres et exhibé le passe-port de Chemit (Mayer). Graft, disait-il, venait à Caen pour sa santé; il avait déjà dépensé cinquante mille francs pour le rétablir.

Marie Holland, blanchisseuse, a blanchi le linge des accusés; entre autres pièces, il y avait un mouchoir éraillé à l'ourlet, un vieux mouchoir rouge, à carreaux, plein de tabac à priser. Elle avait d'abord nié ce fait, parce qu'on lui avait dit que parler de mouchoir à tabac pourrait causer la mort d'un homme.

Graft. — Je ne prends pas de tabac, ou rarement. En prison, on ne saurait dissimuler ses habitudes. Interrogez les gendarmes, tout le monde.

On lit plusieurs dépositions, celle entre autres des enfants de Meyer, desquelles il résulte que Graft prisait, qu'il avait des mouchoirs à carreaux, que sa femme luttait contre cette habitude.

Les trois complices sont reconnus encore par deux restaurateurs de Rouen et de Caen. On demande à l'un d'eux quelle langue parlaient ensemble ces trois hommes, si c'était l'allemand.

Mayer. — Non, Pascal ne le comprenait pas.

M. le Président. — Alors, c'était l'argot.

Pascal. — Impossible, *je ne suis jamais allé dans ce pays-là.*

M. le Président. — Cette apparente naïveté ne trompera personne.

M. Ducheylard, commissaire central à Caen, *M. Laugier* et *M. Mitaine*, commissaires de police à Tours, rendent compte des recherches qu'ils ont faites avec tant d'intelligence. Le dernier raconte l'attitude et les relations de Graft-Minder, Gugenheim et Coudurier, cachés sous les noms de Fernandi, Mayer et Pascal.

M. le Commissaire Mitaine. — Ces trois hommes avaient de fréquents rapports entre eux, et quand ils étaient absents de Tours, leurs femmes se voyaient souvent. Ces femmes qui, d'ordinaire, avaient la mise des femmes du peuple, avaient de temps en temps des toilettes élégantes et se couvraient de bijoux. Pauline Blum a fait parade une fois d'une montre d'un très-grand prix, et elle avait au doigt un très-gros brillant.

Pauline Blum. — M. le Commissaire se trompe beaucoup; je n'ai jamais été qu'une fois chez Mᵐᵉ Mayer.

M. le Président. — Et vous avez couché chez elle, ce qui suppose la plus grande intimité. Vous êtes-vous quelquefois parée de bijoux d'un grand prix?

Pauline Blum. — J'avais des bijoux comme toutes les dames.

M. le Président. — Et vous, Marie Milice, vous aussi vous aviez beaucoup de bijoux?

Marie Milice. — Pas beaucoup.

D. Vous aviez une bague en brillants? — R. Oui, une bague qui me vient de ma mère; j'avais aussi une chaîne et une montre; la montre vient de mon oncle, et la chaîne, de ma tante.

M. le Président. — MM. les Jurés remarqueront que ces femmes sont bien les dignes compagnes de ces malfaiteurs; elles ont réponse à tout.

Anna Troncet, couturière à Tours, a travaillé dans la maison de Gugenheim dit *Mayer*. Pendant qu'elle y était, M. Bloch vint voir M. Mayer, dit le témoin, et ils causèrent ensemble dans un langage que je n'ai pas compris.

M. le Président. — C'était de l'argot; et cela se passait au moment où ils apprenaient qu'on recherchait les assassins de Caen. Témoin, continuez.

Le témoin. — M. Bloch écrivit une lettre, et il sortit avec M. Mayer. M. Mayer est revenu chez lui à sept heures et demie. Au bout d'un moment, il dit des paroles d'impatience...

D. Quelles sont ces paroles? — R. Il a dit : « Cré c...., il ne viendra pas ! »

D. Quand il disait cela, il venait de la gare du chemin de fer? — Oui, Monsieur.

D. Comment vivait-on dans cette maison? — R. Quand M. Mayer n'y était pas, on vivait maigrement; un peu mieux quand il y était.

D. La femme avait-elle beaucoup de bijoux? — R. Pas beaucoup, et elle ne les mettait pas souvent.

D. Marguerite Châtelain, dite *fille Chrétien* venait-elle souvent voir la femme Mayer? — R. Oui, Monsieur; elle venait souvent et elle chantait toujours.

M. le Président. — Vous entendez, fille Châtelain, encore un témoin qui dit que vous alliez souvent chez le femme Mayer? Ce nouveau témoin n'était pas bien nécessaire, puisque vous avouez y avoir couché, ce qui indique, nous l'avons dit, la plus grande intimité.

Marguerite Châtelain. — Je vas vous dire, Monsieur, pourquoi j'y ai couché. Un soir, en rentrant chez moi, j'ai rencontré dans l'escalier un étudiant en médecine, qui portait une grande boîte; j'ai eu peur, j'ai cru qu'il y avait dans la boîte un corps mort, je n'ai pas osé rentrer à la maison, et j'ai été demander à coucher à Mme Mayer.

M. le Président, au témoin. — Marguerite Châtelain portait elle de belles toilettes, des bijoux?

Le témoin. — Oui, Monsieur, elle était très-coquette, toujours très-bien mise et couverte de dorures.

Le sieur Boucher, menuisier à Tours et logeur. — Le 23 juin, j'ai loué un logement à M. Fernandi (Graft) et à une demoiselle qu'il m'a dit être sa femme (sa concubine Marguerite Châtelain). Il m'a dit qu'il était marchand, mais je ne lui voyais jamais de marchandises : ils ne faisaient que traîner tous les deux dans les rues, comme des personnes qui tuent le temps. Ces gens-là ne me convenaient que tout juste; et, pour les renvoyer, je les ai augmentés; alors ils s'en sont allés.

M. le Président. — Ainsi, Marguerite Châtelain, vous ne faisiez rien, l'homme avec lequel vous étiez ne faisait rien, et vous viviez dans l'abondance; avec quel argent?

Marguerite Châtelain. — Avec l'argent que me donnait mon mari, qui était commis voyageur.

M. le Président. — Oui, l'histoire de M. Boroméo, nous savons. Et combien vous donnait votre mari?

Marguerite. — Des cent francs, des deux cents francs, quand j'en avais besoin.

Graft. — C'est tout naturel, puisque j'étais dans les affaires et que je gagnais 200 francs par mois; ma femme n'avait que son ménage à faire.

Mme Crousillaud, propriétaire d'une maison habitée pendant quelques mois par la famille Mayer, interpellée sur la manière dont la femme élevait ses enfants, répond : — Elle les élevait très-bien, très-bien, on ne peut pas mieux, vous allez voir. J'avais beaucoup de fruits, de très-beaux fruits, jamais ses enfants ne m'en ont pris un seul; elle les envoyait de plus à l'école, et cherchait à leur inspirer les sentiments religieux dont elle était elle-même pénétrée.

Une couturière, la femme *Louchet*, interpellée sur la manière dont vivait la famille Mayer, répond : — Quand M. Mayer n'y était pas, la cuisine n'était pas flambante, mais quand il y était, il y avait une plus forte *vivature*. Elle ajoute : Il venait beaucoup de monde chez eux, mais du cheti monde (chétif, petit), et on aimait mieux voir leurs talons que leurs yeux.

Le témoin *François Donnet*, homme de peine, a habité la même maison que la famille Mayer.

M. le Président lui adresse la même question qu'au témoin précédent; il répond : — Ça me faisait l'effet de drôles de paroissiens, et qui ne se faisaient pas de bile !

M. le Président. — MM. les Jurés comprennent le langage du témoin; nous le laissons dans tout son pittoresque. Témoin, venait-il beaucoup de monde chez les Mayer?

Le témoin. — Il venait un tas de ramassis, surtout une petite laide, une noiraude, qui ne faisait que chanter, et qu'on appelait Marguerite.

Marguerite Châtelain se lève furieuse. — Mais c'est une horreur; messieurs les Jurés, je vous demande votre protection, s'il vous plaît. Vous voyez bien que tout ce monde de Tours s'entend pour nous faire du mal. Vous ne connaissez pas ce pays; dans cette ville de Tours, on n'aime pas les étrangers.

M. le Président. — Avez-vous vu venir chez les Mayer des hommes?

Le témoin. — Oui; surtout un qu'il y en avait assez de le voir une fois.

D. Pourquoi? — R. Parce qu'il avait une figure suspecte.

D. Regardez les accusés, et voyez si vous reconnaissez cette figure.

Le témoin, désignant Graft. — C'est celui-là.

Graft, se levant vivement. — Monsieur le Président, messieurs les Jurés, je demande si j'ai une figure suspecte?

M. le Président. — C'est scandaleux, c'est inouï d'oser tenir un tel langage, vous l'homme depuis si longtemps flétri par la justice, vous à qui elle demande encore à ce moment un compte si terrible ! Mais si nous sommes indignés de votre audace, nous ne sommes pas fâchés qu'elle se produise dans toute sa sauvage hardiesse : MM. les Jurés sauront ainsi à quels hommes ils ont affaire.

Ainsi dans cette première partie des débats, dont nous avons voulu faire connaître la physionomie par des citations textuelles, le lecteur aura vu que des témoignages nombreux, irréfragables, ont établi les relations existant entre les trois principaux accusés et leurs concubines, la présence des accusés sur le lieu du crime, leur participation à ce crime. On aura vu aussi se dessiner les physionomies diverses de ces bandits, celle de Graft, l'homme important de l'association, plus intelligent, plus audacieux que les autres, qui apporte jusque dans le sanctuaire de la justice ses prétentions à une habileté supérieure.

On représente ensuite aux accusés les vêtements saisis sur eux; ils révèlent suffisamment leurs habitudes. Dans le pantalon de Graft, à côté de la poche de droite, se trouve une petite gaîne en cuir, qui, selon l'accusé, servait à placer ses ciseaux de marchand, encore bien que, depuis trois ans, il n'exerçât plus son industrie de marchand colporteur. Du reste, cette gaîne se retrouve dans tous les pantalons de Graft; quelquefois la gaîne ne forme pas une cloison distincte, mais alors la poche est séparée dans sa longueur de manière à recevoir un poignard.

Un pantalon de Gugenheim-Mayer est percé à deux endroits; ce sont les traces des coups reçus dans la lutte avec la victime.

Mais revenons à l'audition des témoins, nous trouverons là, et nous saisirons sur le vif, les plus curieuses indications sur les habitudes et sur le moral des bandits.

Le sieur Constantin, facteur receveur de nuit au chemin de fer, à Châtellerault. — J'habitais, à Châtellerault, la même maison que la famille Pascal. Un jour, dans le courant de novembre, la femme Pascal me dit qu'ils étaient obligés de partir subitement, que son mari avait reçu une lettre de Marseille qui l'y appelait. Elle me proposa de me vendre une partie de son mobilier; nous convînmes du prix; ils partirent. Deux jours après, M. le Procureur impérial me fit appeler et m'apprit que Pascal était inculpé de l'assassinat de Caen. Je fus très-surpris, quoique cependant je ne me sois jamais bien rendu compte des moyens d'existence de cette famille, qui faisait assez de dépenses, et dont on

Le vol au *poivrier* (PAGE 9).

ne connaissait pas les ressources. La femme ne faisait que son ménage; le mari ne sortait presque jamais et semblait se cacher: on ne savait de quoi ils vivaient.

La femme Pascal. — Monsieur est bien bavard; pour une méchante table qu'il m'a achetée, ça ne méritait pas d'en dire si long. Il dit qu'il ne sait pas comment nous vivions; je pourrais en dire autant sur lui: tout ça, c'est des choses qui ne sont pas sérieuses. S'il n'est pas content de ma table, qu'il me la rende et que ça finisse.

L'accusée continue ainsi pendant longtemps, jusqu'à ce que M. le Président essaie de l'interrompre, ce qui n'est pas facile, tant est grande sa volubilité.

M. le Président, au témoin. — Au moment du départ de la famille Pascal de Châtellerault, avez-vous vu venir chez elle une femme d'un certain âge, la veuve Gaul, plus connue sous le nom de la cousine Madelon?

Le témoin. — Si je la connais, la cousine Madelon?

je le crois bien: la voilà là-bas. (Le témoin indique la place occupée par la veuve Gaul.)

M. le Président. — Avez-vous vu aussi Graft venir chez les Pascal?

Le témoin. — Oui, Monsieur, un grand maigre.

M. le Président. — Accusé Graft, avouez-vous ce fait?

Graft, avec nonchalance. — Je crois bien avoir rendu une petite visite à Pascal en passant par Châtellerault.

D. A quelle époque?

Graft. — Je ne me rappelle pas bien; les visites, vous savez, on ne garde pas ça dans sa mémoire.

D. Et où alliez-vous pour avoir à passer par Châtellerault? — R. J'allais faire une petite course à Angoulême.

D. Pour quel motif? — R. Pour les affaires de M. Boroméo.

D. Encore M. Boroméo? — R. Toujours, monsieur

N° 164 — 10 Centimes.
Deux N° par Semaine.

CAUSES CELEBRES

LEBRUN ET Cⁱᵉ, Éditeurs.
Rue des Saints-Pères, 8.

le Président; M. Boroméo, c'est mon bienfaiteur, et je n'oublierai jamais ce qu'il a fait pour moi.

Graft a dit cela du ton le plus sérieux. Il est évident que ce misérable croit tromper ses juges et le jury; il ne s'aperçoit pas que cette ridicule comédie est percée à jour par toutes les évidences de la cause, et, peut-être, trouve-t-il un secret plaisir de vanité à jouer, devant ses compagnons de crime, le rôle d'homme fort, luttant jusqu'au dernier moment avec l'ennemi commun, la justice.

La femme Gaul, cette cousine Madelon qu'on sait, était concierge aux Batignolles. Une maison bien gardée! fait observer M. le Président. Il fait remarquer aussi que cette vieille entremetteuse du crime est toujours envoyée en mission secrète, partout où il y a des complices à prévenir contre un danger. —

Elle se donnait beaucoup de mouvement et paraissait avoir beaucoup d'empire sur la famille, dit un témoin, M. Touchois, médecin des enfants Pascal à Châtellerault. Il ajoute que les allures de ces gens-là lui parurent suspectes, et que la Gaul, à son dernier voyage, répétait souvent qu'il fallait se dépêcher d'aller à Marseille.

— Ainsi, vous parliez d'aller à Marseille, quand vous veniez chercher les Pascal pour les conduire à Paris; vous quittiez la maison dont la garde vous était confiée, vos affaires, votre fils, et tout cela, dites-vous, pour faire plaisir à votre cousin Graft?

A cette demande de M. le Président, la veuve Gaul répond, d'un air naïf : — « Oui, Monsieur, c'est mon caractère de faire plaisir à mes parents; tout ce qui m'arrive, c'est par mon bon cœur. »

· · · La caisse avait pu être transportée dans un pré, où elle fut brisée (PAGE 33).

M. Chartier, commissaire de police aux Batignolles, rend compte de la résistance opposée par Graft aux agents qui l'arrêtèrent rue de Balagny; il fallut lui lier les pieds et les mains. Une fois lié, il tournait toujours vers un coin de la chambre, se plaignant que ses liens le gênaient. On chercha de ce côté, et c'est là qu'on trouva un couteau de boucher, à lame courte, large, pointue, affilée. Si le bandit avait pu s'en emparer, sa résistance eût été sanglante.

M. le Président. — Audiencier, représentez le couteau à Graft, mais ne le lui mettez pas dans la main. Graft sourit en disant : — C'est inutile, monsieur le Président, de me le faire voir de plus près, je le reconnais. (Quelques rires se font entendre au fond de l'auditoire.)

M. le Président, d'une voix sévère. — Ces rires sont de la dernière inconvenance, et nous ne comprenons pas qu'ils osent se produire dans cette enceinte. N'ai-je pas raison d'empêcher de remettre

une telle arme en de telles mains? (Longue rumeur d'approbation.) Accusé Graft, répondez. Reconnaissez-vous ce couteau? Reconnaissez-vous avoir voulu vous en emparer pour opposer de la résistance aux agents qui vous arrêtaient?

Graft. — Je ne reconnais pas du tout cela. Je vais vous dire comment la chose s'est passée : j'étais couché, on se jette sur moi. Je demande à m'habiller; mais je n'avais pas encore passé les bras dans les manches de mon paletot, j'avais les bras en l'air, comme en croix, que ces messieurs, avec une adresse extraordinaire, me les couvrent de cordes; je ne les blâme pas, c'est leur métier.

M. le Président. — C'est bien heureux qu'ils n'aient pas tardé.

Graft, avec amabilité. — Je vous le dis, je ne les blâme pas; à leur place, j'en aurais fait peut-être autant. Mais il n'en est pas moins vrai qu'en m'attachant avec des cordes, ils m'ont brisé les bras, disloqué la poitrine; j'en ai été malade un mois; demandez au médecin de la prison. C'est alors que, me voyant traité ainsi, ne voyant ni écharpe de commissaire, ni uniformes d'agents de police, j'ai cru que c'était une révolution qu'on faisait chez moi. Enfin, quand j'ai eu des cordes aux jambes et que je me suis trouvé noué comme un saucisson, on a bien voulu me montrer une écharpe, ce signe qui est le salut de la société. En voyant l'écharpe, j'ai dit tout de suite à M. le commissaire : — « Monsieur le Commissaire, vous avez eu tort de ne pas débuter par me montrer votre écharpe, je l'aurais respectée, car elle doit me protéger comme elle protége tous les citoyens, et je n'aurais pas fait de résistance. » Cela dit, on me prit comme un morceau de bois et on me fit descendre les marches de l'escalier sur les reins. Ces messieurs faisaient une risée de moi, et c'est ici que vient se placer l'histoire du colonel Beck. Comme on me descendait ainsi, un des agents me dit : « Vous vous nommez Beck; est-ce que vous êtes le colonel Beck? » Je ne répondis pas, et ces messieurs sont convenus qu'il fallait dire que je me disais colonel.

M. le Président. — Vous ne répondez pas à ma question. On vous a saisi, on vous a garrotté, vous n'avez pu vous emparer de rien; c'est ce qui explique que vous n'avez pas résisté dans le premier moment; vous ne le pouviez pas, et vous êtes trop habile pour l'avoir tenté. Maintenant, voici ce que je vous demande : votre couteau de boucher était-il, oui ou non, sous le banc où il a été trouvé par un agent, ou était-il dans un de vos pantalons?

Graft. — Si on a trouvé le couteau sous le banc, c'est un agent qui l'y a mis.

D. Comment supposez-vous qu'un agent trouve une telle arme chez un tel homme et qu'il la rejette sous un banc, sans en parler au commissaire de police sous les ordres duquel il agit?

M. le Procureur général. — Témoin, Graft n'a été garrotté qu'après avoir résisté, n'est-ce pas?

M. le Commissaire de police. — Certainement, monsieur le Procureur général.

Le brigadier de la police de sûreté *Mélin*, qui a contribué aux recherches faites aux Batignolles, explique que c'est en interrogeant toutes les sages-femmes de la localité qu'on fut mis sur la trace du grand maigre (Graft), dont on savait la concubine sur le point d'accoucher.

Ici, deux nouveaux personnages entrent en scène : ce sont *Ulmo* père et fils, les receleurs de la bande. Le père jure ses grands dieux qu'il est innocent de tout, qu'il ne connaît pas ces gens-là. Le fils avoue, en pleurant, qu'il a acheté divers objets d'un *monsieur*, qu'il montre sur le banc des accusés; ce monsieur est Gugenheim-Mayer. Ulmo fils ne croyait pas mal faire.

Salomon Ulmo, c'est le père, avait bonne réputation à Chaumont, où il exerçait la profession apparente de marchand de nouveautés. Il y avait bien une foule de petits faits qu'on se chuchotait tout bas à l'oreille, et beaucoup se demandaient comment un homme qui ne faisait peut-être pas pour 20,000 fr. d'affaires par an, pouvait avoir acquis une fortune pareille à la sienne. On savait des faits d'usure qui indiquaient de quoi cet homme, malgré sa bonne réputation, était capable.

Les témoignages relatifs au vol Radiguet font connaître quelques détails curieux sur ce vol, commis avec tant d'adresse, qu'on put soupçonner un instant le marchand de s'être volé lui-même.

Interpellé sur le vol Radiguet, *Mayer* reconnaît en avoir eu sa part. Mais il prétend en avoir vendu le produit à un marchand voyageur, et soutient, contre toute évidence, que les objets qu'on lui représente, et que Mme Radiguet reconnaît, ne proviennent pas de ce vol.

La veuve *Gaul* nie avoir participé à ce vol; elle a pensé que les objets soustraits aux époux Radiguet étaient des marchandises de contrebande.

Quant à *Graft*, si on a trouvé chez lui des marchandises appartenant à Mme Radiguet, il les avait achetées de Pascal. Il est vrai que, dans l'instruction, il prétendait les tenir de Boroméo, dont il faisait alors une sorte de marchand fripier. Interrogé sur ces contradictions, Graft répond : « J'ai dit cela pour ne pas embrouiller les affaires; mais, du moment que j'ai la conviction que ces objets ont été volés, je reconnais que je les ai achetés. »

M. le Président. — Il reconnaît!... Voyez l'audace de cet homme! Cela vous donne, messieurs les Jurés, la mesure de l'homme que vous avez à juger.

Graft. — Mais si j'ai la preuve que je les ai achetées, ces marchandises, qu'est-ce qu'on dira? Pascal en voulait 600 fr.; je n'avais pas cette somme dans *ma caisse*. Il me dit : « C'est égal, donne-moi ce que tu pourras d'argent; pour le reste, tu me rendras un service. »

D. Qu'est-ce qu'il y a de vrai là dedans, Pascal?

Pascal, froidement. — Il était avec nous au vol Radiguet. Il n'avait pas besoin d'acheter, il avait eu sa part.

Graft, sans hésiter. — Mais c'est précisément parce que je lui ai acheté, et qu'il m'a vu compromis par ces marchandises, qu'il a dit que j'étais avec eux.

D. Et quel est le service que vous avez rendu à Pascal, d'après votre système, pour achever de le payer?

Graft. — Service de passe-ports; c'est là une industrie que je me suis procurée, on savait que, *dans cette partie*, j'avais *un joli talent...*

M. le Président. — Assez ! assez ! C'en est même trop. Appeler la fabrication de faux passe-ports une industrie, un talent !

Graft. — C'est vrai que ça n'est pas reconnu par la loi; je ne dis pas que c'est bien, mais, enfin, puisque c'est la vérité, je le dis. Oui, je faisais des passe-ports. Le seul regret que j'aie, c'est d'avoir entraîné ce malheureux jeune homme dans cette industrie (il veut dire Charles Gaul). Je l'ai fait, après lui avoir fait faire un déjeuner copieux. S'il y a une punition pour cela, je prie messieurs les Jurés de la faire tomber sur moi et d'épargner ce brave et malheureux jeune homme.

Cette nouvelle scène d'impudence jette le jury et l'assistance dans une stupéfaction indicible. Le ton d'attendrissement et de dignité résignée, le geste suppliant, le regard humide, la voix tremblante d'émotion, révèlent chez le bandit un talent dramatique des plus remarquables.

On passe à la série des faits résultant des aveux de Mayer et de Pascal.

Mme *Foulon*, aubergiste à Honfleur, reconnaît Graft, Mayer et Pascal, pour les trois voyageurs du 25 août.

M. le Président. — Eh bien ! Graft, vous attendiez, disiez-vous, sans crainte, les témoins qui devaient établir que vous étiez à Caen ou dans les environs, du 25 au 30 août. En voici un, que répondez-vous?

Graft. — Que Madame se trompe, qu'elle est dans un système qui n'est pas véridique.

M. le Procureur général. — Et c'est vous qui êtes véridique?

Graft. — Je ne crains pas de l'être, puisque je suis innocent.

M. le Procureur général. — Comment ce mot *innocent* peut-il sortir de votre bouche?

Graft. — Que voulez-vous, ce n'est pas ma faute; *la vérité m'emporte.*

Un autre témoin, le sieur *Longuet*, forgeron à Caen, déclare que, dans le mois d'août, le 25 au soir, un grand monsieur maigre est venu le prier de lui arranger un morceau de fer qu'il venait d'acheter chez un ferrailleur en face, et d'en faire une pince.

M. le Président. — Une pince de voleur, un *monseigneur.*

Le témoin. — Pendant que j'ai forgé sa pince, il est resté là; quand j'ai eu fini, il m'a payé et il s'en est allé.

M. le Président. — Accusé Graft, que dites-vous de cela?

Graft. — Encore un qui se trompe.

Quelques rires se font entendre. Graft prend un air digne, et, se tournant vers la Cour: — ces rires me sont désagréables, monsieur le Président...

M. le Président. — Nous défendons tous signes d'approbation ou d'improbation, mais efforcez-vous de garder un langage mesuré.

Graft. — Je suis accusé, je me défends; je dois être respecté et protégé. Je dis que ce témoin se trompe, et on rit, comme s'il n'y avait pas tous les jours des personnes qui se ressemblent! Et d'ailleurs, ce ne serait pas la première méprise judiciaire. On sait que, dans l'affaire du courrier de Lyon, le malheureux Lesurques fut aussi condamné sur le fait d'une ressemblance fatale. Le père a fait condamner son propre fils.

M. Gondouin, quincaillier au Havre, a vendu, le 6 août, des clefs à un individu; la façon n'en était pas terminée. Il croit bien avoir vu Graft quelque part, mais il ne peut affirmer que ce soit lui qui ait acheté les clefs.

D. Est-ce vous, Graft?

Graft. — Non, monsieur le Président, vous voyez bien que le témoin ne me reconnaît pas.

M. le Président. — Il vous reconnaît à demi. Niez-vous être allé au Havre dans le mois d'août?

Graft. — Non, je crois même y avoir été deux fois.

D. Et à quelle époque du mois d'août?

Graft.. — Ah! c'est là que la mémoire ne me revient pas.

Hébert, garçon de salle à l'hôtel d'Espagne, à Lisieux, reconnaît Mayer, Pascal et Graft, pour les trois voyageurs qui, le 26 août, ont passé la nuit dans cet hôtel.

Mayer et *Pascal* avouent le fait; *Graft* ne voit là qu'un témoin de plus qui se trompe.

D. Graft, où étiez-vous, d'après votre système, du 25 au 30 août?

Graft. — Le 25, je suis parti du Havre pour Paris; le 26, de Paris pour Strasbourg; le 27, je suis reparti de Strasbourg pour Paris, et le 28, de Paris pour Tours, où je suis resté quelques jours.

Le cuisinier de l'hôtel d'Espagne ne reconnaît pas dans les trois accusés les voyageurs du 26 août.

Graft, à demi-voix. — C'est impossible qu'il se souvienne; je n'y étais pas.

M. Langlois, aubergiste à Mondeville, village situé à une lieue de Caen, va commencer sa déposition, quand ses regards tombent sur Graft; il s'arrête. — Vous le reconnaissez? dit *M. le Président.* — Oui, Monsieur. — Dans quelles circonstances l'avez-vous vu? — Ce grand monsieur est venu chez moi le 27 août, avec deux messieurs, de une heure et demie à deux heures environ. Deux sont sortis, pour aller dans le jardin, où ils voulaient dîner. Le grand monsieur est resté avec moi dans la cuisine; il m'a proposé de m'aider à plumer un poulet. Je lui ai dit: «Merci, monsieur, je craindrais que vous ne gâtiez votre habit. » Il m'a répondu qu'il n'y avait pas de danger, qu'il avait été maître d'hôtel.

M. le Président. — Voilà des détails précis, Graft.

Graft. — Je ne me livre jamais à ces sortes de plaisanteries.

Mélanie Leboucher, femme du précédent témoin, reconnaît également les trois accusés pour avoir dîné dans son auberge.

Graft. — Messieurs les Jurés, je regrette de toujours dire la même chose, mais Madame que voilà ne dépose que sur le témoignage de ces Messieurs (montrant Pascal et Mayer); et d'ailleurs, que s'est-il passé de remarquable pour que les souvenirs de Madame soient si précis? qu'elle ait la bonté de me le dire.

Le témoin. — Quand ces Messieurs sont venus, je criblais du blé que je devais livrer le lendemain.

Graft. — C'est faux.

M. le Procureur général. — Vous demandiez que l'on précisât; vous devez être satisfait.

Graft, énergiquement. — Ce n'était pas le 27; d'ailleurs, je ne connais pas Mondeville, puisque j'étais à Paris.

Carlos, chauffeur au chemin de fer, a vu, le 28 août, Graft prendre le train de Caen à Lisieux. Il était en blouse, la tête appuyée dans la main.

M. le Président. — Ainsi, voilà qui est bien constaté; vous êtes reconnu le 25 à Honfleur, le 26 à Lisieux, le 27 à Mondeville, le 28 à Caen, partant pour Lisieux. Il est impossible de mieux suivre un accusé pas à pas. Que deviennent maintenant ces allégations, ces dénégations?

Graft. — Il se peut que j'aie été à Mondeville, ou dans un autre village près de Caen, manger un poulet, mais pas le 27 août; on se trompe de plus de huit jours.

M. le Président. — Ah! voilà un aveu; vous convenez que vous avez été à Mondeville.

Graft. — Je n'avoue rien..., je cherche à me rendre compte.

M. le Président. — Vous êtes confondu, et c'est ce qui arrive toujours, quand on est hors de la voie de la vérité.

M. Chauvin, fripier, a vendu deux malles, le 29 au soir, vers les neuf heures et demie. Le grand (il montre Graft) est entré à la maison; il m'a demandé une malle d'occasion; n'en ayant pas, je lui en ai vendu deux neuves. Ses deux camarades, qui attendaient là tout près, les ont emportées sur leurs épaules.

D. Qui reconnaissez-vous?

Le témoin. — Je reconnais Graft et Mayer.

Graft. — J'ai *comme un souvenir* d'avoir acheté une malle pour Mayer, mais ce ne peut être qu'avant mon départ.

M. le Président. — Ah! vous avez comme un souvenir; il est bien tardif!

Graft. — Je n'achetais pas pour moi; j'achetais pour Mayer, qui ne sait pas bien parler français.

B. Comment l'une de ces malles a-t-elle été trouvée parmi les objets saisis chez vous?

Graft. — C'est probablement qu'elle contenait les objets qui m'ont été vendus par Pascal.

M. Chauvin. — Voici bien l'une des deux malles que j'ai vendues à Monsieur. Voyez, elle porte encore en dessous l'étiquette indiquant le prix : 6 francs 15 sous. Le grand monsieur m'a donné une pièce d'or de 20 francs.

M. le Président, à Graft. — Comment, Graft, vous achetiez pour Mayer, et c'est vous qui payiez pour lui? Vous étiez donc son caissier?

Graft. — Il n'y a rien d'étonnant à ce qu'il m'ait donné son argent.

La femme *Chauvin,* fripière au Champ de Foire, à Caen, reconnaît également Graft pour celui qui a acheté les malles.

M. le Président. — Ainsi, nous sommes au 29 au soir, et Graft est à Caen, où il achète une malle en compagnie de Mayer. Voilà qui est bien constaté.

Graft. — Ce n'est pas possible, monsieur le Président.

Le sieur *Chrétien,* journalier à Ranville. — Le dimanche qui a suivi la mort de M. Péchard, j'ai rencontré, près de Ranville, tout proche le bas du port, à dix heures et demie, un homme qui m'a demandé une voiture. N'en ayant pas, je l'ai conduit chez M. Mezaize. L'homme disait que c'était pour rattraper le chemin de fer, qu'il avait eu une hémorragie.

M. Mezaize confirme ces détails, et ajoute qu'il a conduit l'homme, pour 20 fr., à la station de Moult-Argences. Tous deux reconnaissent Graft.

M. le Président. — Eh bien! Graft, comment expliquez-vous ces deux dernières dépositions ?

Graft, décontenancé. — Je laisse le soin de ma défense à mon avocat.

La mère de M. Mezaize ajoute à l'embarras de l'accusé, en déclarant qu'il avait du sang à la figure, qu'il demanda de l'eau pour se laver. Elle lui en donna ; Graft alla dans la cuisine, trempa dans l'eau son foulard et frotta son pantalon.

M. le Président résume énergiquement toutes les preuves ressortant de ces dépositions si précises. *Graft* s'écrie : — Je proteste. Je suis parti de Caen le 24, je ne sortirai pas de là.

Une femme *Hommey,* autrefois cuisinière, et un sieur *Guille,* aubergiste à Caen, ont vu, dans les derniers jours d'octobre, Mayer et Graft venir boire à l'auberge, près de l'ancienne gare de Caen. Graft demanda une corde pour attacher un panier recouvert d'une toile. Ces faits, reconnus par Meyer, se rapportent à un voyage fait par les deux accusés, pour rechercher des montres qu'ils avaient cachées dans le bois de Moult-Argences. Mayer avait ajouté, dans l'instruction, qu'ils avaient caché au même lieu les pièces démontées d'une machine à la puissance de laquelle les plus fortes caisses de sûreté ne pouvaient résister. Depuis, Mayer avait déclaré que la machine avait été, de nouveau, enfouie par Graft, avec une somme de 10,000 fr., dans un talus des fortifications de Paris. Mais l'endroit était mal indiqué ; les recherches qu'on fit furent inutiles.

La femme *Guille* ajoute ce détail significatif, que le plus petit des deux voyageurs donna au plus grand le nom de Minder.

Graft. — Ah! si on me donne le nom de Minder, je ne répondrai plus. Quant à cette dame et à son mari, ils se trompent. Vidocq a été condamné *à mort* pour une erreur pareille ; on croit reconnaître, on dit qu'on reconnaît, et on fait condamner un innocent.

Déjà Graft a arrangé à sa manière l'histoire de l'erreur judiciaire qui atteignit Lesurques ; il est curieux de le voir ici placer Vidocq parmi les innocents injustement condamnés.

M. Debuschère, commissaire de police de Troarne, raconte son expédition du bois de Moult-Argences, et la rencontre qu'il avait faite, quelque temps auparavant, de Graft et de Mayer, qu'il reconnut parfaitement depuis.

M. le Président. — Graft, vous entendez ; voici encore une reconnaissance de plus.

Graft, dédaigneusement. — C'est la déposition d'un commissaire de police ; voilà tout ce que je veux vous dire.

M. le Président. — Exprimez-vous plus convenablement, ou nous saurons vous rappeler aux convenances.

Graft. — Pardonnez-moi si je suis un peu aigri ; il y a sept mois que je suis dans le malheur.

M. le Président. — Vous appelez malheur ce qui est justice.

M. Picot, commissaire de police à Caen, déclare tenir de la dame Briard, marchande de tabac à Caen, chez laquelle Mayer et Graft ont demeuré, que Mayer fumait et que Graft prisait.

M. le Président. — Ceci est grave, messieurs les Jurés, vous savez que Graft a toujours soutenu qu'il ne prisait pas.

Mme Briard. — Je lui ai vendu du tabac à priser.

Graft, avec exaltation. — Malédiction ! Ce ne sont pas des témoins, ce sont des monstres ; et alors, si on croit des monstres, il ne s'agit plus que de monter à l'échafaud. Que ce soit tout de suite ; me voilà : j'aime mieux ça que d'entendre de pareilles abominations.

On arrive à un autre vol, fait à Montbrison, dans la nuit du 23 au 24 mai 1857, au préjudice de M. Nourrisson-Morel, horloger-bijoutier. Il était fort difficile de pénétrer dans le magasin, qui ne présentait pas de serrure à l'extérieur. Les voleurs réussirent pourtant à briser un panneau, et emportèrent pour plus de 15,000 francs de valeurs. Pascal, Graft, Laurent et Tonny en sont accusés ; on a retrouvé chez Ulmo père des chaînes, des bagues, des cornalines, et notamment une bague en brillants et un petit cachet-loup.

Pascal avoue, pour lui et ses complices. Il était armé, ainsi que Graft.

M. le Président. — Vous entendez, Graft ?

Graft. — Je n'y étais pas. Nous verrons par la suite les révélations de M. Pascal ; il y a une petite bombe qui éclatera.

Laurent, en ce moment placé sous le coup d'une inculpation de tentative d'assassinat sur un gendarme, répond, pour son compte : — J'ai pris part à ce vol Nourrisson-Morel, à peu près comme vous, monsieur le Président. Pascal ne risque rien de m'accuser ; il veut se faire bien venir pour obtenir des grâces. S'il attaquait un honnête homme, on ne le croirait pas ; mais, parce que je suis dans le malheur, on le croit, lui qui est infiniment plus canaille que moi.

M. le Président. — Tout vous lie avec Pascal ; vous êtes son beau-frère, comme dirait Graft, puisque vous et lui avez pour concubines les deux sœurs, les filles Milice.

Laurent. — Nous avions les deux sœurs, c'est vrai, mais nous ne nous fréquentions pas.

M. le Président. — Pourquoi ne pas prétendre que vous ne le connaissiez pas ?

Laurent. —Si, je connaissais monsieur Pascal ; je l'ai même fréquenté un peu jusqu'à l'année dernière, parce que je le croyais un honnête homme. Je le voyais travailler avec une voiture et un cheval, je me suis fié à lui. On m'aurait dit qu'il était un voleur, que j'aurais cherché des raisons à la personne.

Tout cela est dit, non pas avec l'impudence théâtrale qui caractérise Graft, mais avec une bonhomie campagnarde, avec une hypocrisie doucereuse, voix humble et yeux baissés.

Pascal et *Bloch* reconnaissent avoir vendu à Bernard Meyer une partie des bijoux volés. Il y en eut pour 2,600 francs. *Bernard Meyer* nie. Il prétend même qu'il n'avait rien de ce qui est nécessaire pour fondre les métaux. Or, une maison de Paris, la maison Lyon-Allemand, a acheté à la femme Bernard, non des bijoux d'or ou d'argent, mais des lingots, des culots. La même maison achetait aussi d'Ulmo, qu'elle ne connaissait que sous le nom de Salomon.

Le brigadier *Mélin* a été chargé de rechercher Bernard Meyer. Sachant que c'était un juif, il a été tout d'abord au quai de la Grève, quartier habité par beaucoup de juifs; mais quand il a dit qu'il cherchait un recéleur, tout le monde, voisins, marchands, lui a dit : « Allez chez Bernard Meyer. »

L'interrogatoire va porter spécialement sur les deux Ulmo; on fait sortir le fils, et le père est appelé à s'expliquer sur l'achat fait des objets volés reçus des mains de Gugenheim.

Ulmo père. — Ce n'est pas moi, c'est mon fils.

D. A quelle époque? — R. Je ne me rappelle pas au juste; ça pourrait être au commencement de novembre.

D. Que vous a dit votre fils sur cette affaire ? — R. Il m'a dit qu'il avait acheté d'un monsieur qu'il ne connaissait pas.

D. Achetiez-vous quelquefois des objets de bijouterie? — R. Quelquefois, Monsieur, mais je ne croyais pas faire du mal.

D. Dans vos interrogatoires vous avez nié, et pendant longtemps, ces achats; pourquoi? — R. Parce que je croyais qu'en niant, on me renverrait chez moi tout de suite.

M. le Président. — C'est le contraire qu'il fallait penser; le mensonge ne désarme jamais la justice.

Ulmo. —Je vois bien aujourd'hui que j'ai eu tort, mais je suis connu de tout Chaumont pour acheter et vendre.

D. Pas des matières d'or et d'argent? — R. Si, monsieur le Président, et je ne croyais pas mal faire.

D. Enfin vous reconnaissez qu'à une certaine époque votre fils a fait un achat de matières d'or et d'argent. Maintenant, autre question : avez-vous, dans d'autres circonstances, à des époques quelconques, acheté de Mayer, de Pascal ou de Graft, des objets d'or ou d'argent? — R. Jamais je n'ai acheté de ces hommes-là ; je ne les connais pas.

D. Reconnaissez-vous avoir fait un achat de matières d'or ou d'argent à des hommes qui se rapprocheraient des trois accusés que je vous ai nommés, et cela en septembre dernier? — R. Oui, j'ai acheté à ce moment, mais ce n'était pas à ces hommes. Ceux qui m'ont vendu étaient des hommes bien mis, bien polis, bien honnêtes, qui parlaient très-bien.

D. En mai, vous en avez acheté aussi pour une somme de 7,000 fr. ? — R. Oui.

D. Avez-vous conservé quelques objets provenant d'un achat si considérable? — R. Je ne peux pas vous dire; pour vous répondre, il faudrait que je fusse chez moi; je chercherais, et je vous dirais ensuite la vérité.

M. le Président. — Voici des objets saisis chez vous; regardez-les, et dites si vous les reconnaissez? (Ces objets sont des bijoux divers, bagues, boucles d'oreilles.)

Ulmo père. — Je le crois.

M. le Président. — Vous ne faites que le croire, mais il y a un procès-verbal de perquisition très-régulier. Au nombre de ces objets il y a un petit cachet. Au moment de la saisie, vous avez dit que vous possédiez ce petit cachet depuis trois ou quatre ans, tandis qu'il est établi aujourd'hui que ce petit cachet, qu'on appelle cachet-loup, fait partie du vol Nourrisson-Morel, commis en mai 1857, c'est-à-dire il n'y a qu'un an.

Ulmo père. — J'ai eu quatre cachets comme celui-là; je ne peux pas vous dire au juste si c'est celui-là ou un autre que je possède depuis trois ans.

M. le Président. — Eh bien, je veux bien accepter cette version. De qui tenez-vous ce cachet, que vous ne devez posséder que depuis une époque postérieure au vol Nourrisson-Morel, puisqu'il en fait partie?

Ulmo père. — Je ne sais pas; je ne peux pas vous répondre autrement, c'est le produit de mon achat.

M. le Président. —Mais, nous le savons bien, que c'est le produit de votre achat, mais d'un achat d'objets volés. Enfin, reconnaissez-vous que vous ne possédez ce cachet-loup et la bague reconnue par M. Nourrisson-Morel que depuis le 24 mai, date du vol?

Ulmo père. — Quand j'ai dit que l'avais depuis trois ans, le petit cachet-loup, je le croyais; mais on peut se tromper, puisque je vous dis que j'en ai eu plusieurs pareils. Pour vous dire maintenant depuis combien de temps je le possède, c'est ce que je ne puis vous dire.

M. le Président. —Voyez comme rien ne se tient dans vos réponses. En mai 1857, vous faites un achat considérable de bijoux, un achat de 7,000 fr., et quand on vous demande quels sont les vendeurs, vous ne pouvez donner aucune indication; vous parlez de gens bien mis, parlant bien, comme si on faisait une pareille affaire sans connaître les gens. Il y a d'autres faits relevés contre vous qui ne sont pas ici des chefs d'accusation, mais que je dois rappeler. On a trouvé chez vous une montre en argent niellé dont vous aviez fait cadeau à votre fils. Cette montre est reconnue provenir de vol. Vous avez donné encore à l'une de vos filles une montre en or reconnue aussi provenir de vol. De qui teniez-vous ces montres et depuis combien de temps?

Ulmo père. — Je les ai depuis deux ans et demi ou trois ans, mais je ne sais plus à qui je les ai achetées.

M. le Président. — Vous les avez achetées des mêmes hommes qui les avaient volées à Reims le 21 février 1855. Le journal l'*Echo de la Champagne* a même, à l'époque de ce vol, donné la description de ces deux montres, pour faciliter la recherche des voleurs. De plus, on lit sur vos livres un compte fort embrouillé à propos de montres, sur lequel vous n'avez pu donner aucune explication. Pouvez-vous en donner aujourd'hui?

Ulmo père. — Oui, Monsieur.

M. le Président. — Passez le livre à l'accusé. Eh bien! nous attendons vos explications?

Ulmo père. — C'est un compte de montres.

D. Nous le savons bien; mais à qui se rapporte-t-il? quels sont les vendeurs? L'achat était considérable : vous avez payé 7,660 fr. 50 c. — R. Je ne me rappelle pas à qui je peux avoir acheté ces choses-là.

M. le Président. — Leur système est le même à tous : ils promettent de tout expliquer, et ils n'expliquent rien, et se retranchent derrière leur défaut de mémoire. Nous n'en avons pas fini avec les preuves qui vous accablent. On a saisi sur vous votre montre, sa chaîne et un petit cachet attaché à la chaîne. D'où vient ce cachet, et depuis combien de temps l'avez-vous?

Ulmo père. — Je l'ai acheté d'un jeune homme, il y a environ un an.

D. Quel est ce jeune homme? — R. Je ne pourrais vous le dire.

M. le Président. — Monsieur Nourrisson-Morel, regardez ce cachet et dites si vous le reconnaissez?

M. Nourrisson-Morel. — Parfaitement, monsieur le Président.

M. le Président. — Et vous, madame Morel?

Mme Nourrisson-Morel, après avoir jeté un coup d'œil rapide sur l'objet : — C'est mon cachet-polichinelle.

M. le Président. — Voilà un fait nouveau. MM. les Jurés se rappelleront que j'avais appelé leur attention sur ce second cachet, le cachet-polichinelle, sans leur laisser entrevoir le résultat qu'il pourrait avoir. Ce résultat est connu maintenant, et il ajoute un rayon de plus à ce flambeau de lumières qui éclaire la culpabilité d'Ulmo. Faites entrer l'accusé Ulmo fils.

Ulmo fils, interpellé, déclare. — En septembre dernier, il s'est présenté un monsieur qui a demandé à voir mon père, en me disant : « Votre père brocante-t-il toujours? » Je lui ai répondu que mon père n'y était pas, qu'il était dans son pays. Il a paru être mécontent et m'a dit qu'il avait une affaire à lui proposer. Nous avons parlé de commerce; il m'a demandé le prix de nos marchandises. Ensuite il me montra des objets qu'il avait à vendre; il y avait des bijoux en or et en argent doré qu'il croyait être de l'or. Je lui dis que, pour ces derniers, je ne pouvais les prendre. Il me répondit qu'il avait confiance en mon père, et qu'il lui laisserait volontiers les bijoux dorés, pour en avoir le prix plus tard. Il me dit ensuite la manière de vérifier les bijoux avec la pierre et l'eau-forte. Enfin, nous avons fait nos calculs et nous sommes tombés au prix de 1,560 fr., que j'ai été chercher dans le secrétaire de mon père. Il s'en est allé, mais il est revenu quelques instants après me rapporter 100 fr., en me disant que je m'étais trompé, que je les avais donnés en trop. J'ai trouvé cela très-bien de sa part, et je l'ai bien remercié.

M. le Président. — Oui, mais il y a beaucoup d'autres choses qui n'étaient pas bien de sa part. Ainsi, voilà un homme que vous ne connaissez pas, que vous n'avez jamais vu; votre père est absent, vous n'avez que vingt ans; cet étranger vous propose un marché considérable, mais qui a ses difficultés; vous êtes embarrassé, vous ne savez pas apprécier les valeurs qu'on vous propose d'acheter. Cet homme alors vous donne des instructions; il vous fait connaître les moyens d'apprécier les objets; il se montre, lui étranger, qui ne s'annonce pas comme un orfèvre, très-initié dans la connaissance des matières d'or et d'argent; les marchan-

dises qu'il vous propose sont neuves, et toutes ces circonstances n'éveillent pas votre attention, vous n'avez pas l'idée que ces objets peuvent provenir d'une source impure; vous n'hésitez pas à conclure un marché si considérable, et vous ouvrez le secrétaire de votre père pour y prendre de l'argent et le payer. Cet homme était Gugenheim dit *Mayer*, Gugenheim, le voleur émérite. Ce n'est pas tout : quand vous avez été compromis dans cette affaire, arrêté, interrogé, vous avez tout nié, vous avez menti.

Ulmo fils, levant les yeux au ciel et pleurant. — Monsieur, Monsieur, j'avais fait un serment.

M. le Président. — Un serment, et lequel?

Ulmo fils. — Quand on nous a arrêtés, mon père et moi, ma mère pleurait... Mon père était au désespoir; il me dit, en me pressant convulsivement le bras : « Maurice, à tout ce qu'on voudra te faire dire, tu répondras : Non, non. »

M. le Président. — Voilà votre serment! et c'est un père qui a prescrit à son fils le mensonge en permanence!

Ulmo fils. — Je ne pensais pas faire mal. (L'accusé pousse des cris de douleur.)

M. le Président. — Autant une juste douleur doit inspirer la pitié et le respect, autant la douleur feinte est odieuse. Messieurs les Jurés, vous voyez ce jeune homme lever les yeux au ciel et s'efforcer de vous toucher par sa douleur; eh bien, cette douleur n'est pas simulée, ces yeux sont sans larmes; depuis longtemps nous le connaissons, nous avons l'expérience de pareilles scènes, et nous devions vous le faire connaître tel qu'il est, messieurs les Jurés, pour vous mettre en garde contre votre sensibilité.

Interpellé sur les mêmes faits qui ont fait l'objet de l'interrogatoire de son père, *Maurice Ulmo* fait les mêmes réponses; il ne sait pas, il ne se rappelle pas. — Et d'ailleurs, ajoute-t-il, mon père ne me faisait pas connaître toutes ses affaires, il me traitait toujours en *gamin*.

M. le Président. — Mais c'est là votre plus gros mensonge! Quoi, votre père ne vous initiait pas à ses affaires, il vous traitait toujours en gamin, et, en son absence, vous faites une affaire de 1,560 francs!

Ulmo fils. — Positivement, Monsieur, je voulais par là prouver à mon père que j'étais capable, que j'étais un homme.

M. le Président. — Que vous étiez un homme! Cette réponse est habile, mais elle n'est pas vraie. Vous n'étiez pas un enfant pour votre père, qui quittait son commerce en vous en laissant la direction; qui, dans une autre circonstance, vous envoyait seul à Paris traiter une affaire considérable, celle de la vente des objets provenant du vol de Grenoble, commis par Graft. Tous vos systèmes sont insoutenables; vous avez débuté par les dénégations, vous poursuivez par le mensonge. Maintenant, dites-nous, parmi les accusés, quels sont ceux qui vous ont vendu?

Ulmo fils. — Je ne sais pas, Monsieur; je ne vois pas ici.

M. le Président. — Ils sont ici; vous les voyez, le premier est Mayer, le second est Graft.

Ulmo fils. — C'est possible, mais je ne les reconnais pas.

M. le Président. — C'est toujours le même système, le système du serment, c'est-à-dire du mensonge; il ne vous réussira pas; au lieu de vous ramener près de votre mère, il vous en éloignera pour longtemps.

Ulmo père, levez-vous. Parmi les objets saisis chez vous il y a, comme nous l'avons dit, votre montre, celle que vous portiez habituellement. Vous déclarez que vous la possédez depuis quatre à cinq ans ; nous n'en avons pas fini avec cette montre dont le cachet a déjà joué un rôle il y a quelques instants. Huissier, faites approcher M. Nourrisson-Morel, et représentez-lui la montre en question.

M. Nourrisson-Morel, après avoir examiné la montre : — Cette montre ne m'a jamais appartenu, mais voici ce que j'ai à dire qui peut s'y rapporter. Un jour, il y a de cela quelques mois, un étranger est venu dans mon magasin ; j'avais dans ma vitrine une montre semblable à celle-ci. Cet étranger me dit qu'on lui en avait volé une pareille, et me pria de le prévenir si on m'en présentait une identique à acheter. Pour me renseigner plus positivement, il me laissa le numéro de la montre qu'on lui avait volée.

M. le Président. — Quel est ce numéro ?

M. Nourrisson-Morel. — Je n'ai pas ici le papier sur lequel je l'ai inscrit ; il est à mon hôtel.

M. le Président. — Faites-vous accompagner par un huissier à votre hôtel, et rapportez le numéro.

Comparaison faite de ce numéro avec celui de la montre saisie, il se trouve que ce ne sont pas les mêmes.

Pascal et Mayer ont déclaré, dans l'instruction, que Graft avait écrit à Ulmo père, pour lui proposer l'achat de matières d'or et d'argent. Graft nie avoir écrit à Ulmo, qu'il prétend même ne pas connaître. Ulmo père nie également avoir reçu la lettre.

Mayer-Gugenheim. — A Chaumont, personne n'ignorait que les Ulmo faisaient le brocante sur tout. Le fils était aussi malin que le père ; d'ailleurs, on sait bien que les juifs connaissent l'or et l'argent dès en nourrice.

Pascal raconte qu'après un vol fait à Grenoble, en compagnie de Graft, ce dernier le mena à Chaumont, et lui fit faire la connaissance des Ulmo. Le père leur acheta différents objets ; il ne voulait donner que 1 fr. 75 c. du gramme d'or ; le fils décida le père à en donner 1 fr. 85.

M. le Président. — Ainsi, Maurice Ulmo connaissait parfaitement le commerce des métaux précieux, puisqu'il offrait un prix supérieur à celui de son père.

Ulmo fils. — J'assistais, en effet, à ce marché, et, voyant mon père se tenir à une petite différence de 10 centimes par gramme, je lui dis d'une manière générale : « Quand je fais une affaire de nouveautés, je ne me tiens pas à une si petite différence. »

M. le Président. — Il ressort encore de tout ceci qu'Ulmo fils a menti en disant qu'avant le marché des 1,560 fr., il ne connaissait pas Pascal.

Pascal. — Graft et Ulmo père se connaissaient si bien, qu'ils se tutoyaient. Le jour de l'achat de 8,000 fr., Salomon nous a fait manger un gâteau et boire une bouteille de vin. Le soir, nous avons dîné chez lui ; il nous a fait manger une oie et boire six bouteilles de vin.

M. le Président. — Six bouteilles pour trois hommes ! il faut plus que de l'intimité pour cette abondante hospitalité. Ulmo père, avez-vous inscrit cet achat considérable sur vos livres ? On n'en trouvera sans doute pas mention, pas plus que des autres.

Ulmo père. — Pardon, on doit le trouver... peut-être...

M. le Président. — Eh bien, cherchez-le.

Ulmo père. — Je ne le trouve pas ; après ça (passant la main sur ses yeux) je ne vois pas bien...

Ulmo fils. — Si, papa, tu sais, sur le carnet...

M. le Président. — Gendarme, veillez à ce que ce jeune homme ne prenne la parole que quand il sera interrogé. Ulmo père, vous voyez, ces hommes ont bu et mangé chez vous ; l'un d'eux vous tutoyait.

Ulmo père. — Je reconnais le gâteau ; mais je ne pense pas que ce monsieur m'ait tutoyé.

Graft, d'un air gracieux. — Certainement, monsieur Ulmo ; vous avez mille et mille fois raison, monsieur Ulmo. Cela devient fatigant de toujours vous répéter la même chose ; mais il le faut bien : à mon âge, et je pense qu'on me considère assez ici pour m'accorder quelque peu d'intelligence, comment peut-on supposer que j'irais tutoyer un homme bien plus âgé que moi, et que je respecterais comme un père ! Quant à ce qui me concerne plus particulièrement, je dirai ceci : ces messieurs (montrant Mayer et Pascal) connaissent beaucoup monsieur Ulmo, ce qu'on peut voir à leur verbiage ; mais moi, nullement. Pour vous prouver leur mensonge, je vous demande la permission de vous dire des choses...

M. le Président ajourne ces révélations, dont Graft a menacé ses associés comme d'une bombe.

Quelques témoins viennent encore renseigner le Jury sur la moralité d'Ulmo. C'est une veuve Tortez, laitière à Chaumont, qui a mis chez Salomon ses couverts en gage ; quand elle les a réclamés, les couverts étaient fondus. C'est un boulanger de Chaumont, le sieur Devarennes, qui a emprunté à Ulmo 50 francs au nantissement d'une chaîne en or et de deux tabatières en argent. Quand il a été pour les reprendre, Mme Ulmo lui a répondu : — « Oh ! vos objets ne sont pas restés deux jours chez nous ; il y a longtemps que c'est fondu. Dans notre religion, toutes les fois que nous pouvons refaire un catholique, c'est pain bénit. »

Ulmo père. — C'est-à-dire que le délai était passé depuis longtemps, et que Mme Devarennes m'avait dit : « Ma foi ! je n'ai pas d'argent ; faites ce que vous voudrez de vos objets.»

M. le Président. — Ainsi, vous prêtiez sur gages.

Ulmo père, ne s'apercevant pas qu'il vient de l'avouer : — Chamais!

Le portrait que M. Armand, commissaire de police à Chaumont, fait d'Ulmo père et fils, complète ces curieuses physionomies. Ils étaient, dit-il, le Mont-de-piété de Chaumont. Cette famille était assez généralement bien posée dans le monde aisé de cette ville. Il n'en était pas de même dans la classe pauvre. Le père et le fils menaient une vie fort régulière ; le fils était fort appliqué aux affaires et ne fréquentait jamais les cafés, ni les jeunes gens de son âge. Il avait la soumission la plus aveugle pour son père. La parcimonie la plus incroyable régnait dans ce ménage : la dépense ne s'élevait, par mois, que de 35 à 45 francs. Au reste, ajoute le témoin, l'opinion est, aujourd'hui, bien changée sur leur compte. Ce qui, surtout, a beaucoup étonné, c'est lorsque, en octobre dernier, Ulmo père a annoncé la liquidation de sa maison avec un rabais de 25 pour 100 sur les marchandises.

Il résulte des opérations illicites faites par les Ulmo qu'ils achetaient le kilogramme d'or 1,500 francs, et le revendaient 2,400 francs : bénéfice énorme, impossible dans des opérations légitimes.

Mlle Constance Joastin, couturière, qui travaillait chez les Ulmo, reconnaît, pour l'avoir vu chez le brocanteur, un des accusés, Mayer-Gugenheim ; elle avait été frappée par ses yeux baissés, ses mains entrelacées, son air mystique, sa tournure monacale. *Mayer*, qui sourit à ce portrait, dit que lorsqu'Ulmo fils le reconduisit, il lui recommanda de parler commerce en passant devant la couturière.

Ulmo fils. — Il était inutile de faire connaître à la couturière que j'avais acheté des bijoux.

D. Pourquoi était-ce inutile ? — R. Puisque ce n'était pas notre commerce.

M. le Président. — C'est un demi-aveu.

Un témoin n'évalue la fortune des Ulmo qu'à 40 ou 50,000 francs, d'après l'importance de leur commerce.

M. le Président. — Dans la nouveauté ?

Me Louis. — Il n'y a rien ailleurs ; qu'on cherche.

Mlle Jacquin, repasseuse à Chaumont, reconnaît Graft comme étant venu chez les Ulmo, il y a trois ou quatre ans. Il est entré seul, est monté, sans qu'il fallût lui indiquer l'escalier, et a demandé à Mme Ulmo à voir des tableaux.

Graft affirme qu'il ne connaît pas même la ville de Chaumont. — Qu'on me montre, dit-il, un maître d'hôtel de Chaumont qui dise que j'ai demeuré chez lui. On ne vit pas de l'air du temps. Il faut manger et se loger, et je ne suis pas habitué à coucher à la belle étoile.

M. Rabou. — Et s'il y avait ici un maître d'hôtel de Chaumont qui vous reconnût, vous diriez que c'est un menteur.

Graft, avec véhémence. — Certainement, monsieur le Procureur général ; je suis innocent, mais je ne suis pas un mouton, pour me laisser mettre le couteau dans la gorge.

On représente à la concubine de Graft des couverts trouvés en sa possession, et provenant d'un vol fait à Grenoble. *Marguerite Châtelain* prétend que *son mari* les lui a donnés à Tours.

M. le Président. — Cela valait plus de 700 fr. Comment pouvez-vous admettre de bonne foi que celui que vous nommez votre mari, même en lui supposant les 200 francs par mois du fantastique Boroméo, ait pu, d'un seul coup, vous faire un tel présent ?

Marguerite Châtelain. — Mon mari ne me mettait pas au courant de ses affaires ni de sa fortune ; il a beaucoup d'attachement et de confiance pour moi, mais ne me rend jamais de comptes.

Le moins grave des crimes commis par Graft, c'est la falsification du sceau de l'État et la fabrication des faux passe-ports. On l'interroge sur ces points.

Accusé Graft, vous avez reconnu dans les audiences précédentes que vous aviez la spécialité des passe-ports ?

Graft. — Oui, monsieur le Président ; je le dis encore, mais il faut distinguer ; je ne les faisais pas tout seul. C'est moi qui apposais le cachet (le sceau de l'État), mais les passe-ports étaient remplis par d'autres.

D. Par Charles Gaul ? — R. Oh ! non, non ; je me serais fait un scrupule de lui donner ce métier ; il n'en a rempli qu'un, du moins à ma connaissance.

D. Qui a rempli les passe-ports Chabrie et Duchâtel ? — R. Je ne sais pas.

M. le Président. — Accusé Pascal, vous avez dit qu'ils avaient été remplis par un jeune homme de Tours !

Pascal. — Oui, monsieur le Président.

D. Quel est ce jeune homme ? — R. C'est mon fils, un enfant de douze ans ; mais croyez bien, monsieur le Président, qu'il ne savait pas ce qu'il faisait, et que je ne l'ai fait travailler à cela qu'une fois, mon intention étant bien de ne pas lui faire suivre *la carrière de son père.*

Donc, sur ces crimes, point d'équivoque. Mais on arrive à un vol commis par Graft à Rive-de-Gier, en compagnie de Pascal et de Laurent, au préjudice d'un percepteur, M. Mortier. Ici, encore, Graft se récrie, tandis que Pascal avoue.

D. Et vous, Laurent ?

Laurent, d'une voix qu'il veut rendre émue. — Monsieur le Président, voilà deux vols qu'on met sur mon compte, dont l'un est considérable. Par conséquent, monsieur le Président, si j'avais fait ces deux vols, j'aurais eu ma part, je serais riche. Eh bien ; monsieur le Président, messieurs les Jurés, et toute la société, voulez-vous savoir ma position ? Ma position est qu'après avoir travaillé toute ma vie comme un mercenaire, il se trouve que, quand on m'a arrêté, on n'a pas trouvé chez moi pour une valeur de 200 fr. ; et que mon arrestation m'a ruiné, oui ruiné, ruiné, monsieur le Président, messieurs les Jurés, comme vous allez voir. Mes créanciers, en me voyant arrêté, ont voulu être payés ; mes affaires se sont embrouillées, et on m'a fait un protêt de 150 fr., oui, Messieurs, un protêt, à moi, que mes bras sont marqués par le travail et la bonne volonté ; oui, un protêt, comme ça arrive aux fainéants et mauvais payeurs. On a parlé de ma richesse, de ma toilette, de mes foulards ; les voilà mes foulards, regardez-les bien (il déploie un mouchoir de cotonnade rouge dans toute son ampleur, et le promène étendu dans toutes les directions) ; oui, voilà mes foulards ; vous voyez bien que toute ma richesse, c'est de la misère pure.

Plusieurs témoins ont fait pour Graft des pièces isolées de menuiserie ou de serrurerie sans connaître la destination de l'ensemble.

Le sieur Sicard, graveur à Tours, déclare que Graft lui avait commandé un instrument dont il lui laissait ignorer l'usage, qu'il le demandait très-perfectionné, et qu'en avançant dans cet ouvrage, s'étant aperçu qu'il pouvait servir à imiter des cachets, il n'avait pas voulu l'achever sans que Graft se fît connaître à lui, et sans faire connaître l'usage auquel il destinait cet instrument. Le témoin ajoute qu'après cette demande par lui faite, Graft, craignant sans doute de se voir dénoncé à la police, n'était pas revenu chez lui, et lui avait laissé l'instrument pour compte.

Graft. — Non, non, ce n'est pas pour ce motif que je ne suis pas retourné chez monsieur. Ce monsieur ne faisait pas ce que je lui commandais ; il ne comprenait pas ma pensée, il n'exécutait pas fidèlement mes dessins. Voyant qu'il ne me faisait rien de bon, je ne voulus plus qu'il travaillât pour moi, et je ne retournai pas chez lui de crainte de l'humilier par mes observations. Il faut vous dire, messieurs les Jurés, que cette pièce que je commandais exige la plus grande précision ; telle qu'elle est, elle n'a pas la capacité de servir ; elle n'est bonne à rien.

M. le Président. — Ce que vous dites là indique au moins que vous reconnaissez avoir fait au témoin la commande de cet instrument ?

Graft, avec grâce. — Oh ! parfaitement, monsieur

N° 165 — 10 Centimes.
Deux N°⁸ par Semaine.

CAUSES CÉLÈBRES

LEBRUN ET Cⁱᵉ, Éditeurs.
Rue des Saints-Pères, 8.

le Président; tout ce que dit monsieur est vrai, ainsi que ce qu'ont dit les autres sur les petits travaux que je les ai chargés de faire pour moi. Seulement, je ne veux pas qu'on dise que je me sauve quand je ne me sauve pas.

M. le Président fait la description de cet instrument, destiné à apposer le cachet des mairies sur les faux passe-ports. Cet instrument, contenu dans un étui, est en cuivre et en acier; il a la forme d'une lunette simple; il est terminé par une plaque percée de trous destinés à recevoir des lettres mobiles, changées suivant le nom de la mairie dont on

voulait reproduire le nom. Au milieu de la plaque est un trou d'un diamètre plus grand, destiné, celui-là, à recevoir la pièce qui devait donner l'empreinte de l'aigle.

Comme M. le Président ajoute que les parties de cet instrument sont parfaitement exécutées, très-bien finies, ajustées avec une précision extrême, annoncent enfin chez son auteur une habileté exceptionnelle, Graft accepte ces éloges par des mouvements de modestie pleins de dignité.

Les témoignages relatifs à un vol commis à Gisors, par Graft, Pascal, Bloch, Lambert et Kaiser,

La boutique dévalisée (PAGE 28).

nous montrent les accusés emportant une caisse en fer, du poids de 150 kilogrammes, et contenant 3,000 francs en espèces. Malgré ce poids énorme, la caisse avait pu être transportée dans un pré, où elle fut brisée.

Augustin Barette, garçon d'hôtel à Mantes. — Dans le mois de novembre dernier, deux étrangers sont venus à l'hôtel et ont demandé une voiture pour aller à Gisors; je les ai conduits chez M. Bourdet. Je reconnais ce grand-là.

M. le Président. — Vous voyez, Graft, ce témoin vous désigne.

Graft, avec un mouvement de surprise. — Moi!

M. le Président. — Oui, vous!

Graft. — Je n'ai aucun souvenir de ce voyage; j'ai pu aller à Mantes quelquefois, mais...

M. le Président. — Quand vous y êtes allé, avez-vous demandé une voiture?

Graft. — C'est possible, je demande souvent des voitures.

M. le Président. — Quand vous avez besoin d'une voiture, allez-vous vous-même la chercher, ou y envoyez-vous un garçon d'hôtel?

Graft. — J'envoie toujours le garçon; jamais je ne me suis donné la peine d'y aller.

M. le Président. — Jamais! ce serait au-dessous de vous de vous donner cette peine? Etes-vous allé une fois à Gisors avec Pascal?

Graft. — J'ai pu y aller avec Pascal comme avec d'autres; il faudrait une mémoire incalculable pour se rappeler tout ce qu'on me demande.

Le témoin. — J'oubliais de vous dire que ce monsieur, en demandant une voiture, disait qu'il la voulait grande, parce qu'ils étaient cinq qui allaient à Gisors.

Graft. — Tout cela ne me regarde pas; pendant tout le mois de novembre, j'ai été retenu à Paris pour mes affaires.

Le sieur Bourdet, conducteur de voiture, confirme la déclaration du premier témoin; il ajoute que Graft et un autre sont montés dans sa voiture en partant de Gisors ; mais bientôt après, ils ont rencontré les trois autres qui y sont montés également. Des cinq accusés, le témoin n'en reconnaît que trois : Graft, Pascal et Bloch.

Bloch. — Mais il ne m'a pas reconnu dans l'instruction.

Le témoin. —Il y avait des raisons pour ça; quand je vous ai revu à l'instruction, vous étiez bien changé; vous aviez maigri beaucoup, et vous aviez des favoris, comme aujourd'hui, tandis que, dans le mois de novembre, vous n'en aviez pas.

Bloch excipe d'un *alibi;* mais il est reconnu par deux autres témoins de Gisors.

Puis, c'est une tentative de vol commise à la Ferté-sous-Jouarre, dans la maison de M. Morin, notaire. May, d'après les déclarations de Pascal, a donné le plan de la maison; ce May est un des plus habiles *indicateurs* de la bande. Graft, Lambert, Kaiser, étaient encore là.

Graft, interpellé, répond. — Pour ce vol-là, c'est comme pour les autres : c'est toujours de la même fabrication.

Bloch. — Toujours, toujours !

Lambert. — Comment peut-on croire ce que dit ce Pascal, cet homme vil, cet assassin, il en convient lui-même? Est-ce que de sa bouche il peut sortir autre chose que des mensonges ?

M. le Président. — Vous pourriez avoir raison si Pascal était seul contre vous; mais si tout vient se réunir pour confirmer ses déclarations, tout, les hommes et les choses, il faudra bien tenir compte de ce qu'il a dit.

L'accusé *May* se joint à ses coaccusés pour nier d'avoir participé à ce vol.

La caisse de M. Morin pesait 250 kilogrammes ; elle contenait près de 36,000 francs en espèces d'or et d'argent, et plus de 130,000 francs en valeurs négociables. Réveillé par sa femme, qui avait entendu quelque bruit, M. Morin trouva cette caisse si lourde presque en équilibre sur le bord de la fenêtre. Quelques instants de plus, et les voleurs eussent disparu avec la caisse, qu'ils eussent ouverte avec la *machine à forcer.*

Cette machine est, en effet, d'une grande puissance; on en représente les fragments à Graft.

M. le Président. — Accusé Graft, reconnaissez-vous ces fragments pour provenir de vous?

Graft.—Je ne l'ai jamais nié, Monsieur le Président.

M. le Président. — Et d'après vous, à quel usage cette machine était-elle destinée?

Graft. — C'est Pascal qui avait mis ces brimborions chez moi, en me disant que c'était une machine pour serrer les étoffes.

M. le Président.— Et autre chose : on l'a vu par le vol de la Ferté-sous-Jouarre.

Graft. — Mais vous voyez bien que tout ce manége, c'est Pascal qui en tire les fils, mais je pense que la justice finira par s'en apercevoir, depuis quatre mois qu'il nous abreuve de mensonges et de malheurs.

M. le Président. — Oui, justice se fera; nous l'espérons tous.

Le sieur Rodard, limonadier à la Ferté-sous-Jouarre. — Le 21 novembre, entre huit heures et demie et neuf heures, deux individus sont venus boire dans mon café; ils ont fait une partie de cartes. Comme nous avons assez l'habitude de regarder les personnes que nous ne connaissons pas, je les examinai avec attention, leurs figures comme leurs costumes, et je fus frappé de voir qu'ils étaient très-préoccupés et ne faisaient pas attention à leur jeu.

M. le Président. — Accusés, levez-vous; témoin, regardez et dites si, parmi ces hommes, vous reconnaissez les deux qui sont allés chez vous.

Le témoin. — Je reconnais le second et le troisième du troisième banc (Lambert et May), je reconnais aussi le dernier du premier banc (Bloch).

Bloch. — Je ne suis jamais allé à la Ferté-sous-Jouarre.

Le témoin. — Pardon, pardon, je vous y ai vu.

Bloch. — En quelle année?

Le témoin. — Tous les ans aux foires. Quand j'ai su, le lendemain, qu'on avait manqué enlever la caisse de M. Morin, ça m'a bien rappelé ces hommes, et depuis je les ai toujours eus sous les yeux.

Lambert. — Mais j'ai donc une figure bien suspecte, que ce limonadier me regarde tant, avant de rien savoir de moi ni du vol.

M. le Président. — Non, vous n'avez pas une de ces figures qu'on suspecte; vous avez, si vous voulez, dans l'ensemble de votre personne, avec vos moustaches, assez la ressemblance d'un jeune officier : cela ne vous choquera pas, j'espère; mais si votre tournure n'est pas suspecte, ce qui l'est, ce sont vos manières, ce sont les hommes avec lesquels on vous voyait; ce sont les anxiétés qui se peignent sur les traits d'hommes qui vont commettre une action criminelle et s'exposer à un grand danger.

Graft est reconnu, ainsi que May, par une maîtresse d'hôtel de la Ferté-sous-Jouarre.

On va entendre les témoins sur le chef d'association de malfaiteurs. Cette catégorie de témoins est peu nombreuse; mais déjà, on l'aura remarqué, beaucoup de ceux qui ont été entendus ont démontré le lien de l'association. Tous les vols ont été commis avec les mêmes circonstances : pinces, fausses clefs, cire, limes, machine à briser les caisses, faux passe-ports. Les mêmes moyens ont été employés, les mêmes armes exhibées. A côté des hommes du premier plan, des hommes d'action, on trouve ici les indicateurs et les recéleurs, avant-garde et arrière-garde indispensables dans toutes les associations de malfaiteurs.

Sur le fait d'armes, on prouve à Lambert que lui, qui se donnait pour opticien ambulant, était toujours porteur d'un pistolet.

M. le Président. — Vous, accusé Léon May, vous avez été aussi arrêté à Clermont, porteur d'un poignard.

May. — D'un couteau.

M. le Président. — Vous appelez cela un couteau? mais c'est un couteau-poignard, comme vous en avez tous. Annette Bloch, la concubine de Bloch...

Bloch. — Monsieur le Président, s'il vous plaît, Annette est ma femme, ma femme légitime, elle n'a jamais été ma concubine.

M. le Président. — Je vous accorde ce point; quoi qu'il en soit, Annette Bloch, vous êtes la première, dans l'ordre de l'accusation, comme figurant dans l'association de malfaiteurs. Vous étiez à Tours, au milieu des principales familles de la bande, et vous avez prétendu ne pas les connaître. Quand on s'est présenté à votre domicile, vous avez nié les connaître, vous avez nié que Bloch, votre mari, les connût, et quand on mettait la main sur une photographie de Bloch, vous avez cherché à la faire disparaître.

Annette Bloch. — Quand on est venu à la maison, j'étais malade, très-malade; on m'a fait des avanies, des misères; on m'a demandé un tas de choses à la fois. Je ne savais pas ce que je faisais et ce que je disais.

D. Mais aujourd'hui vous le savez, que dites-vous? — R. Je dis que mon mari est marchand, qu'il va partout pour gagner sa vie. Il m'a toujours dit qu'il était un honnête homme. Je ne pense pas qu'il avait affaire à des voleurs, ni moi non plus. Je peux avoir causé quelquefois avec les Gugenheim et les Pascal, mais je ne peux rien dire de mal d'eux ni eux de moi.

M. Mitaine nous apprend que les réunions secrètes des accusés, à Tours, étaient nommées par eux des *ramonichel*. On y parlait une langue mystérieuse; les vives préoccupations des assistants attestent qu'on avait conscience d'y courir des dangers.

Les relations continuelles des ménages Bloch, Kaiser et Pascal sont prouvées par les logeurs.

Pascal raconte une tentative de vol faite à Lisieux, chez M. Desvaux, banquier. Il fallait escalader une grille; Graft prit le manteau de Bloch, et le plaça sur les pointes des lances de la grille, afin de ne point se blesser. Or, ce manteau, saisi chez Bloch, présentait, bien que presque neuf, des trous comme en pourraient faire les pointes d'une grille.

Bloch se récrie; à cette époque, il était à Tours.

M. Mitaine croit, en effet, qu'il devait y être les 17 et 27 septembre. Ces deux dates correspondent à deux solennités juives, dont la dernière est nommée la fête du grand pardon. Bloch y remplissait les fonctions de sacrificateur.

Quatre nouveaux témoins désignent Graft comme ayant passé à Saint-Jacques-de-Lisieux et à Glos le 11 octobre.

Graft. — Erreur profonde! Il faut qu'il y ait quelqu'un qui me ressemble qui leur aura passé sous les yeux à tous; car je ne puis pas penser qu'ils soient tous de faux témoins.

Un nouveau témoignage, celui de *M. Ducheylard*, prouve que Bloch était bien à Caen une dizaine de jours avant l'assassinat de Péchard, ce qui le rattache à l'association.

La femme Lambert vendait à Paris les objets provenant des vols de son mari. Elle a vendu à Bernard Meyer une montre d'or et de vieux galons. Le couple Lambert avait des relations fréquentes avec May et avec Kaiser, dit le Grêlé. Dans les lettres qu'écrivaient Lambert et sa femme, on trouve ces expressions d'argot: « Je t'envoye deux livres et demie de *galon blanc* (argent). »

L'argent, dans l'argot ordinaire, c'est du *plâtre* ou du *planquet*. Mais l'argot a aussi ses néologismes.

Lambert écrit à sa femme, dans un français tudesque: « May, il est un brave homme. Pas besoin le Grêlé pour faire des affaires. Envoye le Grêlé au diable, à l'enfer, pour se faire rôtir. »

Cette correspondance des Lambert prouve avec quelle régularité procédaient ces malfaiteurs, tenant une comptabilité régulière comme des négociants. Lambert remémore chaque fois les envois faits, rappelle les prix de vente, et réclame à sa femme les sommes dont elle ne lui a pas encore tenu compte.

Nous sommes au 5 juillet. La liste des témoins est épuisée.

Mais avant le réquisitoire et les plaidoiries, va se passer le dernier incident de ce long et curieux procès. On n'a pas oublié que Graft a annoncé, avec mystère, avec emphase, des révélations accablantes pour ses coaccusés; il se lève, pressé de faire éclater sa *bombe*.

« Monsieur le Président, dit-il, avec l'assurance d'un homme sûr de son effet, j'éprouve le besoin de m'expliquer sur ma position et sur celle de l'homme qui m'a précipité dans ce gouffre où je suis depuis sept mois. »

Et Graft, les narines ouvertes, l'œil dilaté, le bras tendu, se tourne vers le banc du Jury.

« Messieurs les Jurés vont comprendre tout de suite, quand j'aurai fait entendre ma voix, quel est l'individu qui nous accuse tous.

« Trois mois avant mon arrestation, un voyageur m'a dit un fait que je considère comme bien plus grave que l'assassinat de M. Péchard. Si je n'en ai pas parlé plus tôt, c'est à cause des moyens de violence employés à mon égard; mais je m'étais toujours promis de tout dire devant mes juges. Ce voyageur n'est autre qu'un parent d'un individu assassiné à Nice.

« Un vol considérable a été commis à Nice (Piémont); Pascal pourrait rendre compte de cette nuit: on n'a pas caché moins de 25 ou 30,000 fr. en argent. Le chef de cette bande n'était pas bien avec ses affiliés: ils résolurent de l'assassiner à son tour. Il y a un pont qui unit le Piémont avec la France: n'est-ce pas le pont du Gard? (Sourires.) Comme ils traversaient ce pont, aux deux extrémités duquel se trouvent les douanes française et italienne, ils ont prétexté qu'en traversant ce pont pour n'être pas fouillés, ils avaient rétrogradé, et qu'un des trois se serait noyé. Mais c'est impossible, messieurs les Jurés, impossible, car si vous connaissiez... il ne s'était pas noyé. Arrivés à Marseille, on retrouve le beau-frère de l'homme assassiné; ils lui disent: « Ah! ma foi, il s'est jeté à l'eau; les douaniers lui ont tiré un coup de fusil. » Ce parent lisait les journaux tous les jours pour avoir des nouvelles, et bientôt il sut qu'on avait retrouvé le cadavre de son parent, cadavre qui, à certaines marques, fut reconnu par la maîtresse de ce malheureux.

« Vous allez me demander combien il y avait de voleurs; je vous répondrai: je n'en sais rien, je n'y étais pas, et le voyageur qui m'a rapporté le fait n'y était pas non plus. (L'accusé remarque quelques mouvements d'impatience dans l'auditoire.) Attendez, attendez, cela va venir, je vous dirai tout. Pour emporter plus facilement leur argent, les voleurs le placent dans des sacs, par 6,000 fr. dans chaque, et ils les cachent dans des rochers, dans un bois, je ne sais pas où; vous comprenez, je n'y étais pas ni le voyageur non plus. Il paraît qu'il y en a un qui est retourné à la cachette et qui a écrémé les sacs en prenant 1,000 fr. dans chaque. Qui est-ce qui a fait le coup? Je n'en sais rien. Il paraît que ces messieurs n'avaient pas une grande confiance les uns dans les autres; il paraîtrait aussi que le chef était un homme mal vu par ses camarades, cet homme ne voulait pas toujours se mettre à portée de leurs petits caprices; le voyageur qui m'a rapporté la chose m'a dit qu'il était à supposer que c'est lui, le chef, qui aura pris les 1,000 fr. sur chaque tas.

« L'homme désespéré, le malheureux frère, à force de lire les journaux, avait trouvé enfin l'affaire. Mais ça n'était plus un homme qui se lance de dessus un pont comme un imbécile; c'est un cadavre sans tête qu'on avait retrouvé dans la rivière.

« L'homme qui a commis le crime, qui a coupé la tête de son ami, ce qui est bien plus fort que le meurtre Péchard, ainsi que j'ai eu l'honneur de vous l'annoncer, ce monstre de nature, voulez-vous que je vous le montre? Le voilà! Messieurs (désignant Pascal), voilà l'homme par lequel nous sommes tous accusés; je pourrais vous dire bien d'autres choses, mais j'en ai pitié de cet homme, de ce misérable, de ce lâche.

« Je lui ai dit, à lui-même : Je vous considère comme un homme de rien, sans cela je vous donnerais ma main sur la figure. Sans ces malheureux cachets, qui m'ont toujours lié à lui, je ne serais pas ici. Quand je disais que je ferais éclater la bombe, c'est que je me sentais oppressé. Moi, je n'ai pas voulu manger des petits plats... Si j'avais voulu me faire délateur, j'aurais eu aussi des adoucissements à ma captivité.

« Ainsi, hier, nous étions encore tous ferrés et au secret; on ne m'avait pas permis de voir cette femme avec laquelle je ne suis pas marié légitimement, mais que les lois humaines ne peuvent m'empêcher d'élever à la hauteur de mon estime; eh bien! je n'ai pu la voir encore, et pourtant hier on les a déférés, ces révélateurs; ils ont pu voir leurs concubines : moi, je n'ai pu voir ma femme. Pour moi, jamais rien! On m'a traité comme une bête féroce... »

Voilà la *bombe* annoncée par Graft; l'effet n'a pas répondu à son attente, et l'auditoire est resté froid. C'est un crime de plus à mettre au compte de ces coquins : voilà tout. Si Graft a dit vrai, cette révélation, produite par la jalousie féroce des prisons, ne diminue en rien la certitude des crimes du misérable qui l'a faite. Dans son trouble, le bandit a même oublié de tirer la conclusion qu'il voulait faire ressortir, à son bénéfice, de ce récit. Si Pascal, au pont de Beauvoisin, sur le Var, a fait disparaître un complice, pourquoi n'en serait-il pas de même dans l'assassinat de Péchard? Il y a là, selon Graft, un troisième complice qui manque à la justice, et on l'a remplacé par Graft, compromis par l'achat des objets volés et par la fabrication des passe-ports.

— « Vous avez dit tout ce que vous vouliez dire? »

A cette froide demande de *M. le Président, Graft*, un peu décontenancé, répond, avec un salut gracieux : — « Oui, Monsieur le Président, et je vous remercie, ainsi que MM. les Jurés. Vous jugerez. »

La parole est au ministère public. Nous n'emprunterons au long et énergique réquisitoire de *M. Rabou* que les parties destinées à caractériser les principaux malfaiteurs et à dépeindre leur action commune.

« Messieurs les Jurés, nous approchons du terme de ces longs et tristes débats; mais, avant que vous veniez faire entendre ici le mot suprême qui doit décider du sort des accusés, nous avons un devoir à remplir. Déterminer avec précision la part de chacun des coupables dans les crimes dont le tableau s'est déroulé sous vos yeux, préparer et faciliter ainsi votre verdict : telle est l'obligation imposée par la loi au ministère public. C'est à nous qu'il appartenait d'acquitter cette dette envers la société, moins en raison de la gravité de cette affaire, que parce que notre intervention personnelle était un témoignage public de sollicitude et de sympathie pour un pays que nous avons vu si douloureusement impressionné par le drame lugubre du 30 août 1857. »

M. le Procureur général fait un récit émouvant du crime principal, et le rattache à l'existence d'une organisation puissante pour le mal, qui a multiplié en France, et jusque dans les pays voisins, des attentats jusqu'alors impunis.

« Cette association de malfaiteurs domine tout le procès, et, avant d'entrer dans le détail des faits concernant chacun des accusés que nous nous sommes réservé de poursuivre devant vous, nous devons vous présenter sous un aspect général le résumé des documents recueillis par l'instruction.

« On est frappé d'étonnement et d'épouvante, quand, au milieu d'une société telle que la nôtre, on voit surgir tout à coup une sorte de puissance occulte dont l'existence est une révolte permanente contre la loi, une guerre à mort déclarée à la sécurité publique. Les éléments de cette redoutable affiliation sont, pour la plupart, des repris de justice. De nombreuses condamnations ont été prononcées contre eux. Ils ont pu en subir quelques-unes, mais, le plus souvent, ils sont parvenus à s'évader et leur habileté infernale a su déjouer toutes les recherches de la justice.

« Des magistrats nombreux et vigilants, une force publique qui se multiplie par l'activité et le dévouement, tant de moyens d'action, tant de bras armés pour la défense de la société : tout est impuissant. Rien n'arrête l'audace de ces hommes, rien ne leur fait obstacle. Ils vivent au milieu de nous; ils bravent les yeux les plus clairvoyants; ils passent impunément à côté des agents de l'autorité. Comment en serait-il autrement? Ces malfaiteurs ont compris tout d'abord qu'il n'était pour eux qu'un moyen d'échapper à toutes les recherches, de détourner même jusqu'au soupçon : c'était de prendre de faux noms, de présenter de faux passe-ports. Voleurs audacieux et expérimentés, ils ont volé des formules de passe-ports, et une plume complaisante les remplit de noms supposés. C'est ainsi qu'ils changent de noms dix fois, vingt fois, à ce point qu'il est souvent impossible de découvrir leur nom véritable. A l'aide de faux passe-ports, ils justifient, partout où ils passent, leurs mensonges incessamment renouvelés.

« Ces hommes dédaignent le travail qui les ferait vivre honnêtement, mais dans la gêne. Ce qu'ils veulent, c'est de vivre dans l'abondance, de satisfaire largement leurs appétits grossiers. Nous l'avons dit, ce sont des voleurs. Le vol est leur but, leur profession, leur vie. Si, parfois, ils simulent une industrie, un petit commerce; s'ils se présentent sous l'apparence d'un colporteur, d'un marchand de plumes métalliques ou de tout autre objet de minime valeur, c'est pour se donner le moyen de s'introduire dans les maisons, d'étudier la disposition des lieux, et de préparer ainsi leurs entreprises nocturnes et d'en assurer le succès. Ils ne vivent pas seulement dans l'oisiveté; ils vivent aussi dans le désordre. Ils ont des femmes, de nombreux enfants. Leur union, c'est le concubinage, leurs enfants sont illégitimes. Les concubines sont les recéleuses. Ce sont elles qui, dans les foires, dans les marchés, vendent les objets volés de peu de valeur. Les enfants sont élevés dans toutes les souillures du vice; ils ont sous les yeux les plus exécrables exemples. La langue que, dès le berceau, ils apprennent à bégayer, c'est l'argot des voleurs; ils deviendront des voleurs à leur tour.

« Les concubines, avons-nous dit, sont chargées de vendre tous les objets de peu d'importance.

Mais, pour les choses de prix, les receleurs, opérant sur une plus grande échelle, viennent en aide à la redoutable industrie de ces malfaiteurs qu'aucun obstacle n'arrête.

« Pour eux, l'effraction n'est qu'un jeu. Les pinces, les *monseigneurs*, tout l'arsenal des voleurs en un mot, c'est là le fonds de leur mobilier. Ils pratiquent l'effraction, mais ils préfèrent l'usage des fausses clefs; ils en fabriquent à l'occasion. Ils ont aussi des armes, des pistolets, des poignards, dont ils sont porteurs dans leurs expéditions, dans leurs voyages.

« Leurs poignards sont bien affilés, leurs pistolets sont chargés jusqu'à la gueule. Ils les ont aiguisés, ils les ont chargés pour ceux qui tenteraient de s'opposer à l'exécution de leurs criminels projets.

« A leurs yeux, qu'est-ce que la vie d'un homme? Que leur importe la douleur d'une famille, le deuil de malheureux parents? Ne faut-il pas que ces hommes aient de l'argent, beaucoup d'argent, pour satisfaire leurs honteuses passions, pour se gorger de vins et de liqueurs, pour parer de bijoux leurs concubines, pour élever dans toutes les souillures du vice, dans la haine de Dieu, dans l'esprit de révolte contre la société, ces enfants destinés à peupler un jour les maisons centrales et les bagnes?

« Toutes les villes sont parcourues, exploitées par ces criminels endurcis. Les chemins de fer les transportent en peu de temps à de longues distances. Ils apparaissent dans une ville; ils y cherchent une proie. Souvent aussi des indicateurs, leurs complices, leur désignent les lieux où ils trouveront les moyens d'assouvir leur cupidité. Ils font de ces lieux une reconnaissance attentive et exacte; quand leur plan est bien arrêté, ils disparaissent pour faire perdre leurs traces. Puis, au jour qu'ils ont fixé d'avance, ils reviennent inopinément, consomment le vol prémédité, assassinent au besoin et disparaissent encore pour aller dans d'autres villes commettre d'autres attentats.

« Cette locomotion continuelle ne met point obstacle à ce que ces hommes se réunissent facilement quand les intérêts de leur association l'exigent. Ils savent où se trouver; ils ont un centre d'opérations; une correspondance active passe par les mains d'intermédiaires dont ils sont sûrs, et qui la font parvenir à sa destination. C'est ainsi que, pendant un grand nombre d'années, ces repris de justice, ces évadés en état de contumace, ces voleurs, ces assassins, échappent à toute surveillance, à toute répression jusqu'au jour où, la mesure de leurs attentats étant comblée, la Providence veut que la lumière se fasse, et permet que la justice humaine appesantisse sur eux sa main, en attendant le compte terrible qu'ils auront à rendre à la justice divine. »

Voilà, esquissé à grands traits, par une main sûre que guide une haute conscience morale, le tableau de l'association de malfaiteurs telle que l'ont faite les raffinements et les ressources de la civilisation moderne.

Passant ensuite aux détails, M. Rabou fait la part des trois accusés principaux. Gugenheim dit *Mayer* avoue; seulement, il cherche, quoique en vain, à diminuer son crime; il ne veut pas avoir porté le premier coup au malheureux Péchard. Et cependant, il est dans la force des choses qu'il ait frappé le premier. Il était placé à l'entrée du magasin que fouillaient ses complices; son rôle était d'assurer l'exécution du vol; il s'est vanté lui-même d'avoir *joliment lardé* sa victime.

Pascal, malfaiteur à dix-sept ans; Pascal, dont le nom change après chaque crime; Pascal, qui a fait partie d'une des plus redoutables bandes du midi de la France, la bande *Lafabrègue*, a avoué, mais avec l'habileté du voleur consommé, en échelonnant ses aveux; tout ce qu'il a pu dire de plus pour sa défense, c'est qu'il a tué sans le vouloir. On ne le croira pas.

« On a voulu faire honneur à cet homme de quelques larmes qu'il aurait versées; mais s'il avait pleuré, il savait donc qu'il avait tué. Ce serait alors un argument de plus contre lui. S'il avait versé des larmes, ce serait sur lui qu'il aurait pleuré: il tremblait sur le danger de sa position.

« On vous parlera peut-être de ses enfants, des sentiments religieux dans lesquels il les élevait. Il aurait dit ne pas vouloir les élever dans la même carrière que lui; mais le moyen de les bien élever, c'était de leur donner d'autres exemples. Or, a-t-il cessé d'être voleur, d'être assassin? Non, ce n'est pas sérieux.

« L'éducation qu'il voulait leur faire donner n'était peut-être dans sa pensée qu'un moyen de développer leur intelligence pour le crime; car, s'il leur fait donner une instruction en apparence religieuse, il leur faisait faire en même temps de faux passeports. Pascal n'est pas seulement un voleur, mais un détestable, un exécrable assassin. »

Ici, *M. le Procureur général* arrive à la figure la plus originale de la bande.

« Il est sur ces bancs un homme qui se distingue par son audace froide et réfléchie. Il a suppléé à l'instruction qui lui manque par l'expérience que donnent la pratique de la vie, les voyages sans nombre. Cet homme est le type complet de la perversité humaine. Une certaine distinction extérieure, un langage facile dans ses incorrections, le sentiment excessif de sa supériorité, inspirent à cet homme plus que de la confiance, ils lui donnent un détestable orgueil; il pose et se drape dans cette attitude impertinente, dédaigneuse et cynique qui vous a indignés. Il se croit bien supérieur à ceux qui l'entourent; aussi a-t-il adopté les théories en honneur à Brest et à Toulon. La dénégation est pour lui le dernier mot de la défense. Il nie effrontément tous les faits. Non, non! voilà la seule parole que la justice peut obtenir de lui. Il sait que sa place est dans l'aristocratie du bagne; il domine ces hommes par la puissance de sa perversité.

« Cet homme, nous l'avons nommé, c'est Graft. Son vrai nom, c'est Minder, c'est évident; lui, son père, ses frères, forment une famille de réprouvés; on l'appelait le Grand, le grand par excellence; c'est le malfaiteur le plus terrible.

« Au milieu de ses dénégations, il rencontre bien certains embarras, certains obstacles; aussi, en présence de tant de témoins qui le reconnaissent, invoque-t-il le souvenir de prétendues erreurs judiciaires. Oui, c'est bien là la théorie du bagne: nier, nier encore, nier toujours, telle est la doctrine professée par les forçats, dans l'espoir d'imposer à leurs juges, de surprendre quelques esprits sans défiance. »

Graft a écouté attentivement ce portrait touché de main de maître; on ne peut lire sur sa figure d'autre sentiment que celui de la vanité satisfaite. Il a souri plus d'une fois; pas une fois, il n'a baissé la tête.

Nous laissons forcément dans l'ombre la longue et intéressante discussion du réquisitoire relativement aux deux vols principaux; il estime qu'il faut les mettre à la charge de Mayer, Pascal et Graft, comme auteurs; des deux Ulmo, de Bloch, de la veuve Gaul et de son fils, de Bernard Meyer, de Lambert et de sa femme, comme complices par recel.

M. *Rabou* conclut en ces termes :

« Nous avons terminé, Messieurs, la longue série des crimes dont nous nous étions réservé de vous demander la répression. Bientôt votre attention sera appelée sur d'autres méfaits; mais permettez qu'en finissant, nous vous soumettions encore quelques considérations.

«Le ministère public, sachez-le bien, n'exagère pas sa pensée. Ce que nous vous demandons, nous le ferions nous-mêmes si nous avions l'honneur de siéger à votre place. Pour ne parler d'abord que des accusés secondaires, pourriez-vous accorder le bénéfice des circonstances atténuantes à Bloch, si étroitement uni aux plus grands malfaiteurs; à toutes ces femmes, si dignes par leur perversité de partager le sort des voleurs et des assassins? Auriez-vous de l'indulgence pour Bernard Meyer, pour Ulmo père, l'un et l'autre la providence des voleurs? pour Laurent, déjà si gravement frappé par la justice ?

«En auriez-vous pour Ulmo fils, pour Gaul? Certes ils ont fait preuve d'une grande intelligence et d'une perversité précoce; mais vous aurez à examiner si leur âge, si l'influence à laquelle ils ont été soumis, les détestables exemples qu'ils ont reçus, ne seraient pas une cause d'atténuation.

« Quant à Pascal, Graft et Gugenheim, s'il était possible que vous eussiez un instant d'hésitation, nous vous dirions : Non ; la vie de ces hommes est un tissu de crimes; ils ont jeté partout l'épouvante; c'est pour de tels hommes que la justice réserve ses plus grandes rigueurs. Demain, croyez-le, ces hommes trouveraient moyen de s'évader; de nouveaux attentats signaleraient leur liberté. Quels regrets alors et quelle responsabilité !

« Jurés du Calvados, un grand devoir pèse sur vous; le pays attend votre verdict avec anxiété; soyez dignes de vous-mêmes.

«Tous les pouvoirs de la justice sont aujourd'hui concentrés entre vos mains; prouvez encore une fois que la fermeté est l'attribut de la justice. »

Le lendemain, 6 juillet, M. *le Substitut Jardin* développe l'accusation sur quelques chefs secondaires. Pendant qu'il parle, Graft, continuant sa comédie sentimentale, envoie des œillades attendries à la fille Chrétien. Au commencement de l'audience, il lui a apporté une branche de jasmin, et en a reçu, en échange, un baiser. Les autres accusés sont tristes et mornes; Mayer est abattu : il garde la tête dans ses mains, un mouchoir sur ses yeux; Salomon Ulmo est anéanti.

Tout à coup, le réquisitoire est interrompu par une indisposition de Pascal; on s'aperçoit que le mouchoir qu'il a porté de ses yeux sur sa bouche, ne peut arrêter des vomissements violents : on l'entraîne. Déjà le bruit circule dans l'auditoire que, comme *Soufflard* de terrible mémoire (Voyez ce nom), Pascal s'est empoisonné à l'audience. Graft, lui, se montre incrédule; il hausse les épaules, et son sourire de mépris, ses regards de pitié indiquent qu'il ne juge pas son complice capable de tant de courage. On l'entend murmurer que ce n'est là qu'une suite des *petits plats* du déjeuner.

Après une demi-heure, Pascal est ramené; il est toujours souffrant et ne respire qu'avec difficulté.

Me Delangle, défenseur de Gugenheim-Mayer, *Me Catel*, avocat de Pascal, ne purent que réclamer pour leurs clients, avec émotion, avec talent, le bénéfice des services rendus à l'accusation et à la société. « Il n'y a qu'un moyen, dit le dernier, de détruire ces associations terribles qui déjouent si longtemps toutes les habiletés, tous les dévouements de la justice; c'est de faire naître ce calcul : Si jamais je suis pris, je me sauverai en dénonçant mes compagnons. Ainsi, quand vous aurez saisi un malfaiteur, vous aurez toute la bande. Les associations seront rendues impossibles; car chacun craindra de trouver, à l'occasion, un révélateur dans son complice. Au lieu de cela, traitez le révélateur comme le coupable obstiné qui meurt dans son silence, les autres se diront : Mourir pour mourir, mourons sans parler. Montrons ce que peut l'audace devant la justice, devant la mort. Livrer le nom de mes complices, pour que le ministère public nous repousse, pour que les accusés nous maudissent, pour que le jury nous frappe sans pitié, pour que la foule nous méprise : non, jamais ! »

L'argument est, assurément, fort, la thèse est habile. La jurisprudence anglaise a, depuis longtemps, consacré ce moyen de défense de la société; et tout accusé, non pas seulement de simple meurtre (*man-slaugther*), mais encore d'assassinat prémédité (*murderer*), peut, s'il révèle, devenir à l'instant d'accusé témoin. Nos habitudes judiciaires répugnent à cette transformation utile, mais, il faut bien le dire, immorale.

Le défenseur de Graft, *Me Delasalle*, forcé de s'associer aux dénégations obstinées de son client, chercha à prévenir les jurés contre la possibilité d'une erreur judiciaire.

Quant à *Me Louis*, avocat des Ulmo, il s'empara des preuves d'honorabilité apparente, de conduite exemplaire à la surface, que de nombreux témoignages à décharge lui permettaient d'invoquer. Le point délicat de cette défense, c'était l'existence d'une fortune secrète, fruit de l'usure. Les parties civiles n'avaient, en présence de tant de bandits besogneux, que les Ulmo pour ressource. *Me Louis* nia les faits d'usure, et, par conséquent, réduisit le chiffre de la fortune des Ulmo à celui que pouvait laisser supposer l'industrie apparente : 50,000 à 80,000 francs. Une requête de la succession Péchard avait été accueillie par un jugement ordonnant saisie provisoire des biens Ulmo, jusqu'à concurrence de la somme de 60,000 francs. Tout cela, pour le défenseur, ne semblait pas justifié par une présomption légère de complicité, par des imprudences de conduite déjà lourdement expiées.

La réponse à cette plaidoirie fut dans les conclusions posées, à l'audience du 8 juillet, par les avocats de deux parties civiles, la famille Péchard et les époux Nourrisson-Morel. Acte donné par la Cour, *Me Berthauld* prit la parole pour la famille Péchard et s'attacha à démontrer la culpabilité des recéleurs.

Maurice Ulmo et Salomon Ulmo sont-ils des recéleurs d'habitude et de profession? ont-ils été, comme on l'a dit, la providence de cette bande? Ont-ils ensuite recélé sciemment les produits du vol Péchard? Mais, sur la première proposition, les preuves sont éclatantes. Tenez, quatre vols ont été commis : à Reims, à Montbrison, à Grenoble et à Caen, c'est-à-dire aux quatre coins de la France. Où les produits de ces vols ont-ils abouti? A la maison Ulmo. C'est que, voyez-vous, c'est une maison de confiance. Je ne dis pas que ce soit la seule et qu'elle ait eu seule le monopole du recel de toutes les opérations. Quelle coïncidence! Il y avait deux commerces dans cette maison, le commerce de nouveautés, seul apparent, et le commerce latent, mystérieux, clandestin des matières d'or et d'argent. Pourquoi la clandestinité, si vous n'êtes pas des recéleurs? Où sont vos registres? Vous nous montrez bien les registres du commerce de nouveautés: ceux-là, ils étaient confiés à la précoce habileté d'Ulmo Maurice. Ils étaient rédigés en français, ceux-là; tandis que les notes relatives au commerce d'or et d'argent étaient rédigées dans un langage où l'argot et l'hébraïsme se confondaient, en un langage qui ne devait jamais, du moins le pensait-on, être pénétré.

Une autre preuve, c'est la fortune même de cette famille. Des documents certains attestent qu'elle dépasse 200,000 fr., et pourtant les témoins que vous avez entendus vous ont dit que 40 ou 50,000 fr. seulement ont pu provenir du commerce de nouveautés. Le reste vient du crime, du recel. Depuis les poursuites, cette fortune s'est évanouie, elle s'est fondue comme les couverts d'argent de la dame Tortez.

Or, c'est encore une preuve de l'origine criminelle de cette fortune des Ulmo, que l'évanouissement de cette fortune. Cette disparition va la compromettre. Mais comme ils sont juifs, ils se sont dit : Que tout soit perdu... fors le capital! Aussi Ulmo père vous est au besoin offert en holocauste pour le salut du fils; car le fils sauvé recueillera la fortune mise en dépôt... C'est dans le sang juif de placer l'or au-dessus de tout; et je comprends les malédictions et les excommunications du moyen âge, et je serais presque tenté, si ce n'étaient mes idées de large tolérance, d'excuser nos aïeux. La fortune Ulmo a donc été placée en dépôt en des mains sûres, en des mains juives, car les juifs, s'ils volent les étrangers, ne se volent jamais entre eux. Que tout périsse, a dit cet homme, pourvu que l'argent reste! Nous serons condamnés, qu'importe! Nous aurons sauvé la caisse.

Ce qui ressort le plus clairement de cette plaidoirie, c'est que, dans cette affaire, les parties civiles, comme il arrive si souvent, combattent un fantôme. La fortune des Ulmo, qu'elle se compose de 80,000 francs ou de 200,000, a disparu dès le premier bruit, comme celle des assassins de Fualdès. Ici encore, la loi pourra punir; elle ne pourra pas réparer.

Pendant les plaidoiries, les accusés, enlevés à l'excitation de l'interrogatoire, sont retombés en face d'eux-mêmes. Leur attitude est devenue de plus en plus morne et abattue. Plusieurs ont essuyé des larmes. Graft, lui-même, a perdu de son assurance; il ne sourit plus; son regard, fixé sur le sol, n'a plus d'éclat; son teint a jauni.

Le 9 juillet, après onze audiences, *M. le Président* demande aux accusés s'ils ont quelque chose à ajouter pour leur défense.

Gugenheim-Mayer se lève, les joues colorées, les yeux humides, et, d'une voix tremblante, dit en son jargon allemand :

— « Je vous demande pardon si je suis pas bien m'exprimer; je sais pas bien parler le français... Voyez-vous, quand c'est arrivé l'affaire de M. Péchard, croyez-moi, j'étais innocent pour la mort. J'étais dans l'allée, les deux autres dans le magasin;

Pascal m'apportait les bijoux; j'avais une pierre à la main, c'est vrai; c'est moi qui ai mis l'échelle, c'est vrai; mais c'est tout... Pas touché M. Péchard, jamais je n'ai touché personne. Si j'ai changé mon nom, c'est parce que j'avais une affaire de dette de 2,000 francs à Strasbourg. J'ai jeté la pierre pour effrayer M. Péchard, et j'ai mis l'échelle en travers de l'escalier pour l'empêcher de descendre. Quand j'ai lancé la pierre, je filai tout de suite dehors la porte... Bien sûr, c'est les deux autres qui ont frappé M. Péchard. C'est Pascal qui a été le premier sorti; il avait son couteau de boucher à la main. Moi, j'étais dans la rue, sans avoir rien fait à M. Péchard. Croyez-vous que ça ne m'a pas frappé le cœur, depuis onze jours qu'on m'appelle ici assassin! Messieurs, croyez-moi, Gugenheim n'est pas un assassin. Excusez si je parle pas bien... J'ai encore quelque petite chose à dire. Graft est sorti le second, et il a tiré deux coups de pistolet; je me suis sauvé derrière la colonne (1) ; Pascal me suivait, mais M. Péchard suivait Pascal, et il courait à la main que lui; alors, Pascal s'est retourné, et il a tiré sur M. Péchard deux coups de pistolet à la fois. M. Péchard est tombé... Messieurs, je me reproche pas l'assassinat du malheureux Péchard; croyez-moi, je suis innocent. J'ai été *traîné* par ces malheureux; voilà tout ce que j'ai à dire. (Sa voix s'anime et s'élève jusqu'au plus haut diapason.) Si je suis condamné pour assassin, je suis condamné innocent. Oui, je vous le dis, Messieurs, innocent! innocent! Je vous demande pitié pour mes six enfants, pitié pour ma pauvre femme! »

Pascal, d'une voix basse, dit qu'il n'a rien à ajouter, qu'il a déclaré la vérité.

Graft salue, et parlant à demi-voix, du ton le plus respectueux. — « Je vous demande pardon, monsieur le Président, messieurs les Jurés, si, dans mes explications primitives, j'ai été entraîné à placer quelques mots, avec un peu de chaleur... Puisque je suis poursuivi jusqu'au dernier moment, puisqu'on ne veut pas me croire, quoiqu'on n'ait pas de preuve directe contre moi, je veux bien admettre, pour un moment, que je suis le troisième de ces messieurs, puisqu'il faut un troisième. Alors, quel serait le rôle que j'aurais joué? Ce rôle serait que j'aurais tiré deux coups de pistolet sur le malheureux Péchard. On me croit donc bien maladroit d'aller tirer deux coups de pistolet à bout portant, et de manquer mon homme; si c'est moi, et que j'aie fait cela, c'est donc que j'aurais voulu le manquer, de ma pleine volonté; c'est donc que je n'aurais pas voulu le tuer? Il me semble que c'est logique, ça... M. le Procureur général ne m'a pas épargné; il a dit que je venais poser ici, que j'étais effronté! Non; monsieur le Procureur général se trompe : il ne sait pas ce qui se passe dans mon cœur; dans ma prison, je suis aussi calme, aussi gai qu'ici, et pourquoi? Parce que ma conscience ne me reproche rien... Maintenant, je ne vous demanderai rien pour moi, mais pour ma femme. Cette malheureuse femme est accusée d'avoir su toutes mes affaires. Mettons que ce soit vrai : ne voyez-vous pas qu'alors elle aurait été sous mon influence et qu'elle n'aurait pas osé me contrarier? Jusqu'à 22 ans, elle est restée dans sa famille, pour aller ensuite chez une dame très-distinguée, qui lui a donné des titres sous le rapport de la probité.

(1) Une pyramide de granit, élevée sur la place Saint-Etienne, en l'honneur du duc de Berry.

C'est chez cette noble dame que j'ai eu l'honneur de la connaître et de l'enchaîner à mon sort; fatal moment pour elle, puisque je l'entraîne sur ces bancs! Si elle a marché sous mon influence, je recommande cette malheureuse femme à votre pitié; si vous avez quelqu'un à frapper, frappez-moi seul. Je m'offre en coupable, messieurs les Jurés. J'adresse la même prière à la Cour, à M. le Président, qui a montré tant d'intelligence dans cette affaire délicate. Pitié pour elle, si vous ne voulez pas avoir pitié pour moi! C'est mon dernier mot. »

Marguerite Châtelain, qui a écouté ce discours avec les marques d'une vive émotion, *Pauline Blum*, *Marie Milice*, versent d'abondantes larmes et implorent la pitié du Jury pour leurs enfants.

La veuve Gaul. — Le malheur que j'ai eu, c'est d'être la parente de celui que vous savez. Je vous recommande mon fils, qui n'a agi que par moi, sans croire faire mal ni lui ni moi.

La femme Lambert, d'une voix très-douce et en pleurs. — J'ai toujours connu mon mari comme un honnête homme; ayez pitié de mes enfants!

M. le Président fait son résumé. Pendant qu'il parle, *Ulmo père* se lève tout à coup, en proie à la plus vive agitation, et s'écrie: — Si je suis coupable, moi, mon fils est innocent. C'est moi qui suis cause de tout, c'est moi qui l'ai voulu. S'il y a un coupable, c'est moi, mon Dieu! mon Dieu!

Le Jury entre en délibération. Les questions sont au nombre de 240. C'est à sept heures et quart du soir que les Jurés se sont retirés dans la salle de leurs délibérations; ils n'en sortent qu'à une heure et demie du matin.

Les trois premières questions, relatives à la culpabilité des trois accusés principaux et aux circonstances aggravantes de leur crime, sont résolues affirmativement, à la majorité, excepté en ce qui concerne Gugenheim-Mayer, à qui le verdict accorde le bénéfice des circonstances atténuantes. Bloch, Bernard Meyer, Salomon Ulmo, Pauline Blum, Marie Milice, Marguerite Châtelain, Louise Meyer, sont également déclarés coupables, mais avec des circonstances atténuantes. La réponse du Jury est négative en ce qui touche Charles Gaul, Maurice Ulmo et les autres femmes.

La Cour se retire dans la chambre du conseil pour vérifier le procès-verbal des déclarations du Jury. Les accusés, pendant ce temps, sont ramenés. Les gendarmes préposés à la surveillance de Graft et de Pascal, ont constamment la main à la poignée de leurs sabres. Le silence est troublé, de temps en temps, par les sanglots ou par les cris déchirants des femmes.

La Cour rentre. Lecture est donnée des déclarations du Jury; les accusés déclarés non coupables sont acquittés et immédiatement conduits hors de l'audience. *Charles Gaul*, seul, résiste un moment et s'écrie: — « Je ne veux pas qu'on me sépare de ma mère! » Sa mère lui tend les bras; des gendarmes l'entraînent.

Mayer et *Pascal*, interpellés sur l'application de la peine, répondent d'une voix faible qu'ils n'ont rien à dire.

Graft se lève, et, d'une voix sombre. — Je suis innocent; je ne suis pas condamné, je suis assassiné! Voilà ce que j'ai à dire.

Les autres protestent également de leur innocence.

— Je veux mourir avec lui, crie la fille *Chrétien*; pourquoi nous séparez-vous?

Graft, montrant Pascal et Mayer. — Voilà les lâches! Voilà les assassins!... Si j'avais eu 500 francs, j'aurais prouvé mon innocence; on m'aurait acquitté. Ces lâches m'ont assassiné... On les croit; moi on ne me croit pas... On trompe le peuple... Ce n'est pas de la justice. Les juges sont des assassins... Ce n'est pas à ces messieurs que j'en veux, mais au Juge d'instruction. Le peuple dira: Ils ont assassiné Graft.

La fille Chrétien. — C'est vrai! c'est vrai! Mon Dieu! être condamné innocent! Il n'y a donc plus de justice!

Enfin, Graft reprend son calme, bien que son visage reste pâle: il essaye de sourire. La Chrétien devient silencieuse; ses lèvres s'agitent, ses mains se joignent: elle semble prier. Seule, la Gaul se livre à des accès de colère désespérée; les gendarmes la contiennent avec peine. — Ceux qui rient, s'écrie-t-elle, sont des gens de rien... Je n'ai pas commis de crime, je suis innocente! J'en appelle à la Divinité! J'en appelle au peuple! Il n'y a pas de justice à Caen! Mon fils! qu'on me rende mon fils!

A ces clameurs, à ces émotions poignantes, succède la froide discussion d'intérêts entre les avocats des parties civiles et ceux des deux Ulmo. La famille Péchard fait monter à 30,000 francs le préjudice dont elle demande réparation. Les époux Nourrisson-Morel réclament 25,000 francs de dommages-intérêts. *Me Louis*, en ce qui concerne Ulmo fils, soutient que, par suite du verdict d'acquittement rendu en sa faveur, son client ne saurait être condamné à des réparations civiles. *Me Berthauld* repousse cette théorie.

Ce n'est qu'à cinq heures trois quarts du matin que la Cour rentre en séance. *M. le Président* prononce un arrêt qui condamne Gugenheim dit Mayer aux travaux forcés à perpétuité; Coudurier dit *Pascal* et Jean Minder dit *Graft* à la peine de mort; Bloch à huit ans de réclusion; Lambert à six ans de travaux forcés; Bernard Meyer à quatre ans de prison; Salomon Ulmo à huit ans de réclusion; Pauline Blum et Marie Milice à six ans de réclusion; Marguerite Châtelain dite *fille Chrétien* à cinq ans de réclusion; la veuve Gaul à cinq ans de travaux forcés; Louise Meyer à deux ans de prison; May à six ans de travaux forcés.

Par un second arrêt, la Cour condamne Mayer, Pascal, Graft, Ulmo père et Bernard Meyer à payer aux héritiers Péchard la somme de 25,000 francs à titre de restitution; et Pascal et Ulmo père à payer, au même titre, au sieur Nourrisson-Morel, la somme de 13,000 francs; les condamne aux dépens faits par les parties civiles.

Les pourvois des deux condamnés à mort furent rejetés le 12 août. Le 5 novembre seulement, Caen vit exécuter Pascal et Graft. Cette longue agonie avait été rendue nécessaire par une instruction relative à d'autres crimes commis par la bande.

Pascal fut porté sur l'échafaud, anéanti par la terreur de la mort; Graft conserva jusqu'au bout son courage, mais sut mourir sans forfanterie, en chrétien repentant.

La Cour d'assises du Calvados n'avait pas épuisé tous les méfaits de ces bandits; mais elle avait rompu une des associations de malfaiteurs les plus redoutables et les mieux organisées qui furent jamais.

LOUIS ALIBAUD (1836).

L'arrestation (PAGE 2).

Les doctrines monstrueuses de l'assassinat politique et du régicide peuvent être mises en pratique par un scélérat trivial et hypocondriaque comme Damiens, ou par des monomanes, nourris de fausses idées de religion ou de patriotisme, comme Ravaillac et Louvel. Dans ce second cas, la conviction sincère, l'honnêteté privée de l'assassin, forment un douloureux contraste avec son action détestable. Alibaud fut un de ces derniers.

Le 25 juin 1836, vers six heures et demie du soir, le roi Louis-Philippe, venu de Neuilly le matin même, se disposait à quitter les Tuileries pour y retourner. L'escorte d'usage, composée d'un piquet de gardes nationaux à cheval et d'un piquet de hussards, formait ses rangs dans la cour du château. Le tambour appelait aux armes les gardes nationaux du poste du drapeau, établi près du guichet donnant sur le quai, presque en face du Pont-Royal. C'était par là que devait déboucher la voiture de Sa Majesté.

Le roi venait de visiter la galerie et les salles du Louvre, nouvellement rouvertes au public. Sur son chemin, Louis-Philippe avait remarqué un plan en relief du boulevard du Temple, représentant la mai-

son de Fieschi (*Voyez* ce nom) et les plus minutieux détails de l'attentat du 28 juillet 1835. De petites figures de liège y représentaient les victimes de cette journée sinistre : le duc de Trévise, le marquis de Vérigny, le colonel Raffé, le comte de Villatte, le lieutenant-colonel de Rieussec et tant d'autres, frappés par la machine homicide. Le roi n'avait pu retenir un soupir à cette vue, qui lui rappelait des émotions cruelles.

Il descendit. Les tambours battirent aux champs, La reine Amélie, Mme Adélaïde et le roi prirent place dans la voiture, qui s'engagea sous le guichet. Comme elle en sortait, un jeune homme qui venait de déposer son chapeau sur la borne de gauche, à l'entrée extérieure du guichet, leva des deux mains une canne, la dirigea vers le roi, qui saluait alors dans cette direction. On entendit une légère détonation, on vit un filet de fumée s'élever dans l'air, et le roi, qui avait fait un brusque mouvement en arrière, mit la tête à l'autre portière et s'écria : « Personne n'est blessé, Vive le roi ! »

La foule, stupéfaite, et qui ne comprenait pas bien encore ce qui venait de se passer, répéta : « Vive le roi ! » Une confusion indescriptible survint un instant parmi les spectateurs de cette scène, dont quelques-uns s'enfuyaient effarés. Puis, les officiers de l'escorte, que l'étroitesse du guichet avait retenus en arrière, vinrent reprendre leurs places de chaque côté des portières; la voiture repartit au grand trot; le roi saluait à gauche et à droite, pour montrer qu'il n'avait pas été atteint.

Cependant, M. Dupont, sous-adjudant du palais, et un garde national de service avaient saisi aux cheveux le jeune homme à la canne; M. Contat, valet de chambre du roi, l'avait pris au collet. On le poussa dans le poste, et là, comme M. Dupont le tirait violemment par les cheveux, comme M. Contat lui portait sur la figure un coup de poing qui fit jaillir le sang, le jeune homme, sans se défendre, dit avec calme : « Voilà du courage; vous êtes un brave ! »

Le général Gourgaud, aide de camp du roi, entra et fit cesser ces violences, inspirées par l'indignation ou par le zèle. M. Dupont avait saisi le bras de l'assassin, au moment où celui-ci plongeait vivement la main dans sa poitrine. On y trouva, sous la redingote, un couteau-poignard tout ouvert, à manche incrusté d'argent, dont la lame était entourée de papier.

— « Ce poignard, dit M. Dupont, était-il destiné à frapper celui qui vous arrêterait, moi, par exemple? — Non, mon lieutenant, répondit le jeune homme; il était pour moi-même. »

Aux coups succédèrent les invectives. Le jeune homme paraissait pauvre. — « Monstre ! lui dit un colonel, je t'aurais donné du pain si tu m'en avais demandé. — Du pain ! répondit fièrement le jeune homme, je ne le mendie pas, je le gagne; *et celui qui m'empêche de le gagner, je le tue !* »

Ces paroles en disaient assez. Celui qui les prononçait était sans doute un fanatique politique, non un séide.

Celui-là ne devait pas être un homme vulgaire. Sa figure était belle, distinguée, d'une pâleur chaude, entourée d'un collier brun; de longs cheveux d'un noir profond, bien soignés, tombaient sur son cou. Son regard expressif annonçait la franchise et la gravité. M. Louis Blanc, trop souvent enclin à diviniser les ennemis des rois, n'a pas surfait celui-ci :

« Par un contraste aussi poignant que bizarre, le jeune homme qui venait de descendre à cet odieux attentat avait quelque chose de prévenant et d'affectueux dans toute sa personne. Son visage, qu'encadraient de longs cheveux noirs flottants, était régulièrement beau; ses yeux bleus étaient pleins de tendresse, et sa physionomie présentait un singulier mélange de mélancolie, de grâce féminine et de fierté. » (*Histoire de Dix ans.*)

Complétons ce portrait par le signalement brutal de la procédure : Taille de 1 mètre 72 centimètres; cheveux noirs et crépus, un peu longs; front bas et rond; sourcils noirs très-marqués; yeux bleus; nez gros; bouche un peu grande; menton fourchu; barbe brune; gros favoris sous le menton; visage maigre et allongé; teint brun.

La tenue de l'assassin était très-modeste, mais non misérable. Sa redingote et son pantalon étaient à peu près convenables; il portait une chemisette propre. Mais, sous cette première enveloppe, on découvrait les stigmates d'une misère parisienne, la misère cachée, en habit noir. La chemise accusait un long usage; les mains étaient gantées, mais les pieds n'avaient pas de chaussettes. Dans les poches des vêtements on trouva un mouchoir en calicot non ourlé, très-sale; un peigne à barbe; deux pipes très-courtes, de celles qu'on appelle *brûlegueule*; vingt-deux sous de monnaie.

M. Athalin, aide de camp du roi, était accouru. — « Qui êtes-vous? dit-il à l'assassin. — Qu'importe mon nom? — Vos complices? vous devez avoir des complices? — Mes complices, les voici : ma tête et mon bras. »

Et il souriait doucement, en répondant ainsi avec un accent méridional très-prononcé.

Tout à coup, un des gardes nationaux qui avaient contribué à l'arrestation du régicide, M. Devisme, arquebusier distingué, qui commandait le poste en l'absence des officiers dînant alors au château, paraît frappé d'un souvenir. — « Mais je le connais, s'écrie-t-il; vous êtes Alibaud. Et c'est moi qui ai fourni l'arme. Malheureux ! c'était donc pour cet usage !.... » — « Oui, c'est bien moi, Alibaud », répondit le jeune homme. — « Et comment avez-vous pu commettre une lâcheté semblable? » — « On n'est point lâche, quand on risque sa vie contre la vie d'un homme. » — « N'éprouvez-vous point de repentir de votre action? » — « Non, je ne me repens pas. On se repent d'une mauvaise action, mais jamais d'une bonne... Je n'ai qu'un regret, c'est de n'avoir pas réussi.... Quand un homme fait ce que j'ai fait, c'est qu'il a, d'avance, fait le sacrifice de sa vie. Mais tenez, monsieur Devismes, laissons cela, vous ne me comprendrez pas. Vous êtes un très-brave homme, monsieur Devisme; je vous estime beaucoup. Comment se porte votre femme? »

Et, s'asseyant sur le lit de camp : — « Je vous donne bien du mal, Messieurs; mais c'est votre affaire. Quant à moi, si j'étais libre, j'en ferais encore autant. »

Un interrogatoire sommaire fit connaître que le régicide se nommait, en effet, Louis Alibaud, qu'il était né à Nîmes, qu'il avait 26 ans, qu'il avait fait partie de l'armée, qu'il avait été réformé, qu'il exerçait la profession de commis-négociant, et qu'il demeurait au numéro 3 de la rue des Marais-Saint-Germain. Il ne fit pas de difficultés pour avouer que, depuis longtemps, il avait conçu le dessein de tuer le roi; et ce jour-là même, il avait cherché deux fois à l'approcher. Une demi-heure avant l'attentat, il avait causé, pour se donner une contenance, avec un chasseur de la garde nationale, placé en faction sous l'arc de triomphe du Carrousel; il ne l'avait quitté qu'en entendant battre aux champs. La conversation avait roulé sur les constructions nouvelles, projetées par l'édilité parisienne. — « N'est-ce pas que j'étais calme, en causant avec vous? » dit Alibaud au chasseur.

L'ordre arriva de transférer l'assassin à la Conciergerie. On le fit monter dans une berline du Delta, qu'escorta un détachement de cuirassiers. Dix minutes après, Alibaud était placé dans la chambre qu'avait occupée Fieschi. Il jeta un rapide regard sur les inscriptions qu'avait gravées sur les murs le vaniteux et sinistre bouffon; puis il détourna la tête, avec un sourire de mépris. Il ne laissa deviner quelque émotion que lorsque M. Allard, chef de la police de sûreté, lui fit mettre la camisole de force.

On s'était, cependant, transporté, en toute hâte, à la demeure indiquée par Alibaud. C'est là qu'il logeait, en effet.

Il occupait, à l'hôtel du *Pont des Arts*, la plus humble chambre de la maison, du prix de dix francs par mois. On n'y trouva d'autres papiers que son passe-port, pris à Perpignan; mais on y saisit un paquet contenant environ une once de poudre, quelques cartouches, et quatre balles au calibre de son arme. Il y avait aussi quelques livres : un deuxième volume des *Martyrs;* un *Essai sur l'esprit et les mœurs,* imprimé à Londres sans nom d'auteur; un volume dépareillé des *OEuvres de Saint-Just,* avec l'étiquette et le numéro d'un cabinet de lecture, assez sale et souvent feuilleté sans doute. Le même ouvrage avait été saisi entre les mains du régicide Pépin.

Il y avait fort peu de hardes dans cette chambre. L'hôtelier ne se rappelait pas que son locataire y eût reçu une seule visite.

D'un autre côté, on recueillait, à Neuilly, les faits matériels qui prouvaient la gravité de l'attentat. D'après les déclarations du Roi lui-même, l'assassin avait tiré de très-près; l'arme homicide avait été appuyée par lui sur la portière; la bourre s'était arrêtée dans les favoris de Sa Majesté. La balle avait frappé la paroi supérieure; lancée de bas en haut, elle avait percé assez profondément le panneau, à l'endroit où un galon circulaire s'étendait sur le haut de la voiture, à l'intérieur. L'arme consistait dans un canon de fusil, placé dans une canne. La percussion était reçue par une cheminée, placée sur la culasse de l'arme, et transmise par un ressort à boudin qu'on mettait au bandé en tirant le cordon de la canne. La détente, cachée dans le bois, faisait alors saillie, et la pression du doigt faisait partir l'arme.

Le 26 juin, la Chambre des Pairs se réunit en séance publique, les ministres présents, pour entendre la lecture d'une ordonnance royale qui la constituait en Cour de justice, à l'effet de connaître de l'attentat du 25 juin. La Chambre constituée, MM. Martin (du Nord), Franck-Carré et Plougoulm, désignés pour remplir les fonctions de ministère public, furent introduits. Puis, la Cour se forma en comité secret et entendit le réquisitoire de M. le Procureur général, *Martin (du Nord).* Sur le réquisitoire, la Cour rendit un arrêt ordonnant que, par le Président de la Cour et par tels de MM. les pairs qu'il lui plairait commettre pour l'assister et le remplacer en cas d'empêchement, il serait, sur-le-champ, procédé à l'instruction du procès. Dans le cours de cette instruction, les fonctions attribuées à la Chambre du Conseil, par l'art. 128 du Code d'instruction criminelle, seraient remplies par le Président de la Cour, celui de MM. les pairs commis par lui pour faire le rapport, et MM. le baron Mounier, le comte Siméon, le duc de Bassano, le vice-amiral comte Jacob, le président Boyer, le président Félix Faure, le baron de Fréville, Tripier, le baron Zangiacomi, le maréchal comte Gérard, Barthe, de Ricard, que la Cour commettait à cet effet.

Les procédures et actes d'instruction déjà faits furent apportés, sans délai, au greffe de la Cour. Ils étaient en petit nombre. Le 25, dans la soirée, M. le Préfet de police, M. Franck-Carré et M. Plougoulm, Avocats généraux, avaient interrogé le prévenu dans sa prison, en présence de M. le duc Decazes, et de MM. de Montalivet, Thiers et Gasparin. La réponse la plus saillante d'Alibaud avait été celle-ci :

—« J'ai voulu tuer le roi, parce que je le regarde comme l'ennemi du peuple. J'étais malheureux; *le Gouvernement est cause de mon malheur;* j'ai voulu tuer le chef du Gouvernement. »

Les magistrats instructeurs avaient, en vain, longuement et fortement insisté pour obtenir du prévenu l'aveu d'une complicité quelconque.

Aussitôt après l'arrêt qui constituait la Cour de justice, M. Pasquier, président, commit, pour l'assister dans l'instruction, MM. le duc Decazes, comte Portalis, comte de Bastard et Girod (de l'Ain).

Le premier interrogatoire, celui du 27 juin, donne une idée complète des réponses invariables du prévenu.

D. Depuis combien de jours mûrissiez-vous vos coupables projets? — R. Depuis le jour où Philippe Ier n'a plus tenu ses promesses.

D. A quelle époque placez-vous ce jour? — R. Principalement après les événements du cloître Saint-Méry. J'ai juré sa mort depuis ce jour-là, et ses actions, à partir de cette époque, n'ont fait que me confirmer dans l'opinion que j'avais conçue.

Louis Alibaud, raconta-t-il lui-même, était né à Nîmes, le 2 mai 1810, de Barthélemy Alibaud, conducteur de diligences, et de Thérèse-Madeleine Bataille. Son père avait quitté Nîmes, vers la fin de 1827, pour s'établir à Narbonne, où il avait été successivement limonadier et cabaretier-logeur. En octobre 1834, il avait quitté Narbonne pour Perpignan.

Louis Alibaud, envoyé, à l'âge de 9 ans, à l'école mutuelle de Narbonne, était entré ensuite au petit séminaire de cette ville. Puis, il avait été copiste dans quelques maisons particulières, et, pendant deux mois, novice à la marine. Le 26 juillet 1820, il s'était engagé. En juillet 1830, son régiment, le 15e léger, était à Paris, et avait fait, un des premiers, cause commune avec la révolution populaire. Quant à Alibaud, retenu par des scrupules de conscience, bien que porté par ses sympathies du côté de l'insurrection, il s'était refusé à tirer sur ses camarades de l'armée; mais il avait paru, sans armes, sur les barricades, et y avait été légèrement blessé.

Pendant les trois premières années du règne de Louis-Philippe, Alibaud avait continué sa carrière militaire, d'abord instructeur de l'école régimentaire, puis fourrier d'une compagnie de carabiniers. Une rixe entre bourgeois et militaires, dans laquelle il fut blessé, l'avait fait renvoyer, avec le même grade, dans une compagnie du centre. Le 17 janvier 1834, il avait quitté le service, avec un congé de réforme.

Déjà, depuis quelque temps, il le reconnaissait sans peine, ses opinions républicaines étaient invariablement arrêtées. Il lui semblait, dès cette époque, que la royauté de Juillet avait confisqué les droits populaires conquis sur les barricades; et si, en juin 1832, il n'avait pas pris parti pour la démocratie militante, en désertant son drapeau, c'est que son régiment était alors à Strasbourg.

En quittant le service, Louis Alibaud retourna pour quelque temps à Narbonne; il y connut les républicains les plus ardents de cette ville, et ses idées s'exaltèrent encore davantage.

Il fallait vivre, cependant. Au mois de février 1835, il fut admis comme employé dans le télégraphe aux postes de Montredon et de Carcassonne. Cette vie le fatigua bientôt. Il chercha vainement un emploi dans une maison de commerce, dans une institution agricole; mais il n'avait pas la pensée sérieuse d'un établissement d'avenir. Déjà germait dans sa tête une idée fixe, celle de consacrer à son pays une existence qui lui pesait. Et, selon lui, quel plus grand service à rendre à la France que de la débarrasser d'un roi!

A cette époque, un mouvement insurrectionnel se préparait en Espagne. De nombreux réfugiés, italiens et polonais, se rendaient sur la frontière, pour prendre part à une entreprise républicaine contre la Reine. Alibaud avait connu quelques-uns de ces hommes dans l'auberge de son père; on avait fait briller à ses yeux la promesse d'un grade d'aide de camp. Il les suivit en Catalogne. Il resta à Barcelone quelques semaines, et revint après l'avortement de cette folle entreprise, à la fin d'octobre 1835.

« C'est la révolution d'Espagne, dit-il en parlant de cette époque, qui a achevé d'exalter mes idées, si l'on peut appeler cela de l'exaltation. »

D. Quel nouveau plan formâtes-vous, en rentrant en France, pour assurer votre existence? — R. J'étais dégoûté de tout; ce fut alors que je me décidai à venir à Paris.

D. Que comptiez-vous faire à Paris? — R. Ce que j'ai manqué de faire.

D. Ce serait donc en Espagne que vous auriez arrêté le projet d'assassiner le roi?— R. Je n'étais pas encore tout à fait décidé en quittant l'Espagne; mais, arrivé en France, je me décidai totalement. Ce fut le départ du duc d'Orléans pour l'Afrique qui me décida à venir à Paris.

D. En quoi le départ du prince royal a-t-il pu vous déterminer à donner suite à vos projets de voyage à Paris?—R. En ce que, le roi mort, et le duc d'Orléans ne se trouvant pas à Paris, la révolution eût été plus facile.

A un moment de cet interrogatoire, Alibaud parle incidemment de sa famille. A ce souvenir, pour la première fois, sa voix s'altère, des larmes mouillent ses yeux et des sanglots mal contenus soulèvent sa poitrine.

M. Pasquier. — L'affliction que vous témoignez paraîtrait provenir d'un bon sentiment. Qui est-ce qui vous cause cette émotion si vive?

Alibaud. — La nature.

M. Pasquier. — N'est-ce pas aussi la pensée du mal que vous faites à vos parents et du chagrin que doit leur causer votre action?

Alibaud. — C'est vrai.

M. Pasquier. — Eh bien! ce sentiment ne devrait-il pas vous conduire à atténuer, par la sincérité de vos aveux, l'horreur que votre crime inspire?

Alibaud. — C'est le roi qui est l'auteur de mon crime; c'est lui qui a fait de moi un assassin; c'est lui qui fait le malheur de mon père.

Reprenant son récit, il dit qu'il arriva à Paris au mois de novembre 1835. Il se logea d'abord à l'hôtel du Rhône, rue de Grenelle-Saint-Honoré, 7. Il n'y resta que dix jours. Vers la fin de novembre, il habita l'hôtel du sieur Morin, rue de Valois-Batave, et y resta jusqu'à la fin de janvier 1836. C'est pendant son séjour à cet hôtel qu'il voulut, pour la première fois, réaliser la pensée qui l'obsédait. Il se présenta, en qualité de commis-voyageur, chez l'arquebusier Devisme, et lui offrit de se charger de quelques-uns des produits de sa fabrique, surtout des cannes-fusil, instrument d'invention nouvelle. M. Devisme lui confia trois de ces armes. A quelque temps de là, n'entendant plus parler d'Alibaud, M. Devisme fit une démarche auprès de lui, et, le lendemain, un ami d'Alibaud, M. Léonce Fraysse, se présentait chez l'arquebusier, avec une caisse contenant deux cannes-fusil, et une lettre d'Alibaud, annonçant que la troisième avait été volée dans un café. Alibaud promettait d'en rembourser le prix, qui était de trente francs, aussitôt que ses moyens le lui permettraient. M. Devisme, depuis ce jour, n'avait plus entendu parler d'Alibaud.

On lui demande quels motifs l'ont empêché, dès lors, d'accomplir son sinistre projet.

« J'étais préoccupé de l'idée d'être utile à mes parents; cette idée et mes projets contre le roi se combattaient en moi. J'avais ajourné mes projets; j'espérais un mouvement révolutionnaire. Je ne pouvais me persuader que le peuple supporterait toujours le gouvernement de Philippe; je me berçais de ces pensées, et, en attendant, je me disais que je pourrais donner du pain à mes parents. »

La misère, cependant, l'étreignait au milieu de ces préoccupations, qui ne laissaient guère place aux idées d'avenir. Alibaud dut quitter l'hôtel du sieur Morin, où il devait 20 francs à l'aubergiste, et 74 francs au portier. Il souscrivit au premier un billet à un mois de date; il donna au second 15 francs et fit un règlement pour le reste.

En quittant la rue de Valois-Batave, Alibaud reçut l'hospitalité rue Bourbon-Villeneuve, 22, chez M. Léonce Fraysse, qu'il avait connu à Narbonne. Le 27 février, il entrait en qualité de commis aux gages de 400 fr. par an, avec la table et le logement, chez un sieur Batiza, marchand de vins, rue Saint-Sauveur, 12. Il y resta jusqu'au 23 mai.

Renvoyé par le sieur Batiza, Alibaud se trouva de nouveau dans le dénûment le plus complet. Mais il ne s'en préoccupait pas sérieusement; son idée fixe était arrivée à maturité. Il avait acheté de la poudre, fondu des balles. Il ne cessait plus de suivre le roi, qu'il attendait, tous les soirs, à la porte de l'Opéra; il ne vivait plus que pour accomplir ce projet. L'aide de quelques amis, un petit crédit ouvert pour quelques jours au café Allemand, rue du Colombier, et à la pension bourgeoise d'un sieur Dubois, la vente de quelques hardes et de quelques livres le soutinrent jusqu'au jour fatal. Il resta jusqu'à vingt jours sans un sou, se contentant d'emprunter du tabac à quelques amis. Continuellement absorbé dans sa préoccupation régicide, il ne lisait, dans les journaux, que les articles concernant le roi et les princes.

Le 24 juin, il vendit un dictionnaire espagnol, dont la vente lui rapporta quelques sous. C'était là l'origine de la monnaie trouvée sur lui après l'attentat.

Le jour du crime, il s'était levé d'assez bonne heure, avait été au café Allemand, rue du Colombier, puis il était revenu déjeuner à sa pension, et, de là, s'était rendu aux Champs-Élysées, pour attendre le roi, venant de Neuilly. La voiture royale passa; mais Alibaud, ne se trouvant pas placé *à sa fantaisie*, remit à une autre occasion l'exécution de son projet. Il était revenu chez lui, puis était retourné au café. Il y avait joué deux parties de billard, mais avait refusé de faire *la belle*, parce que *l'heure le pressait*.

Alibaud avait fait toutes ces réponses avec un calme qui n'avait rien d'affecté, avec une conviction exempte d'apprêt et de forfanterie. Il avait, en présence des magistrats, la résignation du Peau-Rouge tombé au pouvoir de ses ennemis. Formaliste, du reste, il ne consentit à signer le procès-verbal de son interrogatoire qu'après des discussions minutieuses de chaque partie de la rédaction. Il usait, envers tous, d'une politesse froide et digne, sous laquelle on pouvait deviner un grand dégoût des hommes et de la vie.

L'attentat du 25 juin avait causé une sensation profonde. Quatre mois à peine s'étaient écoulés depuis que Fieschi et ses complices avaient porté leurs têtes sur l'échafaud; mais, cette fois, des deuils particuliers, de légitimes et nombreuses douleurs ne venaient pas accroître l'indignation naturelle excitée par une tentative régicide. On se trouvait en présence d'un fait assurément déplorable; mais enfin, l'assassin n'avait dévoué que sa victime et lui-même; il n'avait pas réussi à consommer son crime, et il tendait froidement sa tête à l'expiation.

Mais ce crime, quelle passion, quel intérêt l'avait suggéré? Dès le premier jour, le *Journal des Débats* n'avait voulu voir dans l'attentat nouveau que l'effet du « fanatisme enté sur la misère, » qu'une « triste anomalie. » Mais, bientôt, la passion politique se mit de la partie. On parla d'affiliations nombreuses à une secte assassine, de régicides enrégimentés et disposés en relais. Le droit sur la vie des rois a été, disait-on, élevé à la hauteur d'un dogme; et, chose remarquable, à mesure que l'instruction démontrait plus clairement l'absence de complices, le parti républicain se voyait plus ouvertement désigné comme le complice moral d'Alibaud.

L'illustre publiciste qui semblait alors représenter à lui seul la démocratie dans la presse, Armand Carrel, repoussait ces accusations « perfides » avec tout l'éclat de son éloquence agressive.

« Il y a eu, disait-il, depuis cinquante ans, bien des rois, bien des princes assassinés. Comptons, et nous verrons par quelles idées ont été aiguisés les poignards ou chargées les armes régicides. Gustave III, roi de Suède, a été assassiné par l'aristocratie suédoise. Paul Ier a été égorgé comme un bœuf à l'abattoir par sa propre famille, parce qu'il avait traité avec le premier Consul et menaçait de s'unir à lui pour défendre la liberté des mers contre l'aristocratie britannique. Sultan-Sélim a été mis en pièces par ses soldats, à la voix des émissaires de l'Angleterre et de la Russie, parce qu'il était l'ami de la France. Murat, l'admirable Murat, reconnu roi par l'Europe entière, a été fusillé comme le dernier des voleurs de grand chemin par la misérable dynastie qui régnait à Naples. Napoléon, souverain de la France aussi saint que tous ceux qui ont occupé depuis lui les Tuileries, Napoléon, sacré par un pape et porté au trône par les suffrages volontaires de six millions de Français, est mort à Sainte-Hélène, victime de l'assassinat le plus odieusement prémédité, le plus longuement, le plus horriblement consommé qui ait jamais été subi par une créature vivante dans les temps anciens et modernes, et toutes les têtes couronnées du monde ont été coupables de ce régicide. Alexandre Ier, empereur de toutes les Russies, souillé du sang de son père et l'un des meurtriers de Napoléon, a disparu comme Romulus au milieu d'une tempête. L'idée qui excita cette tempête régicide ne fut rien moins que révolutionnaire. A tant de régicides contre-révolutionnaires, on ne peut opposer que la condamnation de Louis XVI, prononcée par une assemblée *avec les formes juridiques*, et encore cette condamnation fut-elle, en grande partie, l'œuvre de la haine héréditaire qui animait les Bourbons de la branche cadette contre ceux de la branche aînée. »

Et, complétant cette justification, dont il est facile de saisir le côté faible, l'écrivain opposait à la machine de Fieschi la machine de nivôse, et concluait avec raison que l'assassinat politique n'est pas l'œuvre nécessaire d'une seule idée, qu'il est la ressource détestable de la foi puissante, aveugle, écrasée par une force supérieure.

Un troisième parti, celui des vaincus de juillet, imputait l'attentat d'Alibaud aux principes mêmes de la révolution de 89. « C'est votre éducation libérale, s'écriait-il, c'est l'absence du droit véritable, c'est la conscience de l'instabilité du pouvoir qui favorisent le régicide, qui perpétuent, dans la société, la guerre et l'anarchie. » Et on rappelait malignement que, parmi les défenseurs de l'établissement nouveau, au nombre des ministres du roi de Juillet, se trouvait un écrivain qui n'avait pas hésité à glorifier l'assassinat politique. M. Thiers, racontant le 18 brumaire et les menaces apocryphes du prétendu poignard d'Aréna, n'avait-il pas dit :

« Il est possible que des poignards fussent dans plus d'une main. Des républicains, qui croyaient voir un nouveau César, pouvaient s'armer du fer de Brutus, *sans être les assassins. Il y a une grande faiblesse à les en justifier.* » (*Histoire de la Révolution*, t. X, p. 499.)

Tandis que les partis échangeaient ces récriminations, l'instruction poursuivait rapidement son cours. Des arrestations nombreuses avaient été faites, celle entre autres de M. Fraysse, cet ami qui avait logé Alibaud. Dès le 2 juillet, la Cour, réunie en Chambre du conseil, entendit le rapport de la Commission d'instruction, se déclara compétente et ordonna la mise en accusation du prévenu. Quelques arrestations nouvelles motivèrent un supplément d'instruction, dont fut chargé M. Jourdain, et qui ne devait retarder en rien l'ouverture des débats, fixée au 8 juillet. Autant on avait favorisé la publicité lors de l'attentat de Fieschi, autant on essayait de l'étouffer cette fois. On disait, on laissait dire que l'assassin du 25 juin n'était qu'un misérable perdu de paresse, d'habitudes crapuleuses et de misère. On affirmait qu'il avait été renvoyé de chez son patron Batiza pour cause d'inconduite. On insistait sur les dettes en souffrance, sur l'escroquerie qui lui avait procuré l'arme homicide.

Des esprits moins prévenus ne voyaient, dans ces incidents assez vulgaires, que les conséquences de l'obsession, de l'idée fixe. On racontait qu'à Perpignan, sur le point de partir, Alibaud avait, dans une querelle de jeunes gens, reçu un soufflet. On le savait chatouilleux sur le point d'honneur, et on s'attendait à une riposte, à une provocation. Alibaud se contint et garda le silence. Cette modération imprévue ayant eu son effet ordinaire, celui de surexciter l'agresseur, l'offensé lui dit avec calme : — « Voulez-vous que je vous demande pardon? j'y consens... Me battre! Ah! j'ai autre chose à faire. »

On ajoutait, et c'était l'exacte vérité, qu'Alibaud n'était sorti de chez son patron Batiza que par suite d'un scrupule de délicatesse. En effet, le 12 avril précédent, Batiza avait été assigné devant la 7e Chambre de police correctionnelle par un de ses clients, qui l'accusait de se refuser à restituer une lettre de change renouvelée d'un commun accord. Alibaud avait assisté à la création du nouveau titre et au refus opposé par son patron à la réclamation du titre primitif. Assigné comme témoin par la partie lésée, Alibaud, placé entre son intérêt de commis et son horreur naturelle du mensonge, imagina de se soustraire à cette fausse position par le silence. Il se tut devant le Tribunal, et se laissa condamner à cinquante francs d'amende pour son refus de répondre, équivalant à un défaut de comparution. C'est ainsi qu'il avait perdu sa place.

La fosse d'aisances de la maison Batiza fut vidée. On y trouva, parmi les papiers qu'on désinfecta par le chlorure de sodium, des notes de la main d'Alibaud : c'étaient des élucubrations démocratiques, des projets de réforme sociale.

Alibaud s'était refusé d'abord à désigner son défenseur. Il changea de résolution quand il sut qu'on travaillait à flétrir sa vie privée. M. Louis Blanc dit à ce sujet :

« Triste, indomptable et résigné, il ne voulait pas se défendre, il voulait mourir... Il persista dans cette résolution tant qu'il crut n'avoir affaire qu'au bourreau. Mais il ne tarda pas à voir qu'on cherchait à lui prêter des actions viles, des penchants ignobles, et que, soit pour mieux noircir le régicide, soit par flatterie à l'égard du prince, quelques-uns s'étudiaient à charger d'opprobres cette tête qu'on allait couper. Sous le coup des imputations qui ne semblaient témoigner que du désir de déshonorer sa vie entière, Alibaud accepta la lutte judiciaire qu'il avait voulu d'abord éviter. »

Il choisit pour défenseur M⁰ Charles Ledru, qu'il ne connaissait que par ses récentes plaidoiries en faveur de M. Degeorge, rédacteur du journal républicain le *Propagateur du Pas-de-Calais*. Nous avons esquissé, dans notre récit du procès de Contrafatto, la curieuse figure de cet avocat à l'imagination ardente, mal réglée, à la parole agressive, aux entraînements irréfléchis, aux passions mobiles, souvent excessives, mais toujours généreuses.

Informé de ce choix, M. le Chancelier l'annonça à l'avocat par la lettre suivante :

« Paris, ce 3 juillet 1836, une heure de relevée. »

« Monsieur, dans un interrogatoire que l'accusé Alibaud vient de subir, il a exprimé le désir de confier sa défense à M⁰ Ledru, et il a expliqué qu'en citant ce nom il entendait parler de l'avocat qui avait défendu le *Propagateur du Pas-de-Calais*.

« Je vous prie, Monsieur, de me faire savoir sur-le-champ *si vous acceptez la défense d'Alibaud*, afin que, dans ce cas, je puisse vous envoyer immédiatement un permis de communiquer, ou bien donner avis de votre refus à celui de vos confrères qu'Alibaud a désigné pour l'assister, si vous ne voulez pas vous charger de sa défense.

« Agréez, etc.

« *Le Président de la Chambre des Pairs,*
« PASQUIER. »

On sent percer, dans cette communication officielle, le désir secret d'un refus. M. Pasquier ne pouvait qu'envisager avec répugnance la prévision d'un scandale. Il se souvenait que M⁰ Ledru, devant les assises de Saint-Omer (décembre 1833), avait glorifié les insurgés de Saint-Méry, insulté le roi Louis-Philippe et le prince royal.

M⁰ Ledru répondit :

« Monsieur le Chancelier, j'accepte la défense de l'homme qui implore mon ministère. Veuillez me faire passer immédiatement la permission de communiquer avec lui.

« Agréez, etc. « Charles LEDRU. »

M⁰ Ledru se rendit à la Conciergerie. Il y trouva Alibaud enveloppé dans une grande camisole de force, s'annonça à lui, et fit signe à quatre agents qui gardaient à vue le prisonnier de se retirer. Ils restèrent immobiles. — « Je vous répète, dit M⁰ Ledru, que je suis l'avocat d'Alibaud, et, par conséquent, que je dois rester seul avec lui. » Les gardiens répondirent qu'ils avaient ordre de ne pas perdre un seul instant de vue le prisonnier. — « Puisqu'il en est ainsi, s'écria impétueusement

l'avocat, puisque je ne puis conférer en liberté et sans témoins avec mon client, comme c'est mon droit, je me retire. » — « C'est bien, dit vivement Alibaud, je vous remercie; vous êtes bien l'avocat qu'il me fallait. »

M⁰ Ledru s'éloigna.

A peine rentré chez lui, M⁰ Ledru reçut du Préfet de police l'assurance qu'il pourrait communiquer librement avec son client. Il retourna donc à la Conciergerie. Seul avec Alibaud, il lui déclara que tous ses principes repoussaient l'assassinat politique. — « Il ne s'agit pas de me justifier, dit Alibaud, mais de venger l'honneur de ma vie, de me laver des imputations blessantes dont on voudrait me flétrir. »

Cependant, on abrégeait les formalités de la procédure; on marchait dans cette affaire avec une vitesse inusitée. Le 6, on signifia à l'accusé les dépositions de nouveaux témoins à charge; le temps manquait pour leur opposer des témoignages contradictoires. M⁰ Ledru courut chez M. Pasquier. M. le duc Decazes, et M. Bastard de l'Etang, chargé du rapport, s'y trouvaient. L'avocat demanda à M. le Chancelier un sursis qui permît d'assigner divers témoins. — « Et pourquoi donc voulez-vous assigner des témoins? » dit M. Bastard de l'Etang. — « Pour prouver la moralité de mon client; on accuse sa vie passée, je dois la défendre. » — « La moralité d'Alibaud ! le mot est joli. » — « Je ne veux rien dire de joli, Monsieur; j'accomplis mon devoir (1). »

Le sursis fut refusé. Le surlendemain, à dix heures du matin, Alibaud paraissait devant la Cour des Pairs. La grande salle provisoire était alors en pleine démolition; on avait jugé que la salle étroite des séances législatives pouvait suffire à ce procès. Le vrai public n'avait pu trouver place.

L'accusé est amené à la barre. Il est grave, triste; la fermeté et la douceur respirent sur ses traits fortement caractérisés, et qui rappellent le type juif tel qu'on l'ont compris les grands maîtres italiens. Son teint est brun et clair; il paraît fatigué plutôt qu'abattu. Sa taille svelte et bien prise annonce la souplesse et la force. Sa chevelure abondante est élégamment rejetée sur la tempe gauche. Il est vêtu d'une redingote noire, d'un pantalon blanc; il porte un col noir. En entrant, il a baissé les yeux comme pour saluer; puis il a regardé l'auditoire, qu'il considère sans hardiesse comme sans étonnement.

On annonce la Cour. MM. Martin (du Nord), procureur général, Franck-Carré et Plougoulm prennent place, en robes rouges, au banc du ministère public. M⁰ Charles Ledru est assisté de M⁰ Bonjour. Alibaud lui serre la main en souriant.

M. le Président ouvre l'audience. M. Cauchy, greffier de la Cour, procède à l'appel nominal. Un grand nombre de membres sont absents.

M. le Président. — Je rappelle au défenseur qu'il doit se renfermer dans le respect et la décence, et à l'accusé qu'il doit user de réserve et de modération.

On lit l'acte d'accusation.

Voici les principaux passages de ce document :

« L'éminente sagesse qui sut, en dépit des factions, conserver à la révolution la plus glorieuse et

(1) C'est ainsi, au moins, que M⁰ Ledru raconte la scène, dans un livre écrit sous son inspiration. (*Affaire de M⁰ Charles Ledru*, etc. Paris, 1848.)

la plus légitime sa pureté primitive, et assurer à la France la paix et la liberté, appelait naturellement, sur la personne sacrée du roi, la fureur ou plutôt la rage des factions vaincues et des séides qu'elles enfantent souvent à leur insu. Après avoir long-temps essayé de compromettre directement et à visage découvert le repos et la prospérité du pays, elles descendirent, de défaite en défaite, jusqu'à comprendre l'odieuse et lâche pensée d'un assassinat. On exhuma de l'oubli des pages encore couvertes du sang qu'elles firent verser il y a plus de quarante ans, des écrits où l'infâme doctrine du régicide est ouvertement professée. On commenta de mille manières ces vieilles et détestables idées; on couvrit la France de pamphlets incendiaires spécialement dirigés contre la personne du roi; la conséquence des manœuvres impies pouvait être la tentative du crime qu'elles avaient pour but de préparer. Il y a, en effet, dans les doctrines les plus funestes, une certaine contagion qui s'attache aux cœurs dépravés, aux esprits malades, et qui les pousse au fanatisme. Une législation forte a sans doute arrêté l'effroyable invasion de ce mal; elle a désormais placé entre ces doctrines et nous une insurmontable barrière. Il n'est plus permis, il ne le sera plus, de livrer à la haine et au mépris celui qui aurait droit à nos respects et à notre admiration, alors même que la constitution du pays n'aurait point proclamé son inviolabilité; mais les institutions humaines n'ont d'influence certaine que sur l'avenir, et il ne leur est pas toujours donné de rétroagir sur le passé. Il pouvait donc se rencontrer une de ces organisations à part, qui, par une sorte d'anomalie, réunit en elle toutes les conditions nécessaires pour un crime dont la cause est aujourd'hui détruite : des idées démagogiques avec des inclinations basses et perverses, la misère et le désœuvrement, la cupidité et la paresse, l'ignorance et la vanité, le désir immodéré de parvenir avec l'inhabileté à tout, et au fond de tout cela, par une sorte de réparation impie, un dégoût profond de la vie. Il faut donc le dire, parce que la force des choses et la vérité nous y contraignent : l'attentat du 25 juin est une conséquence nécessaire isolée, c'est plutôt un effet qu'un fait actuel; il n'est pas de son temps, il n'appartient pas à notre époque de calme, de rapprochement et de prospérité; d'une part, il se rattache aux cinq années de prédications anarchiques, dont la sagesse du législateur nous a pour jamais séparés; de l'autre, il suppose dans son auteur cette altération profonde et complète de la conscience du bien et du mal, triste et funeste conséquence du désordre de l'esprit et du cœur.

« Il est impossible de ne pas rappeler ici que ce détestable ouvrage trouvé chez l'accusé, véritable manuel du régicide et de l'assassinat, avait aussi été saisi chez le condamné Pépin.

« Toutes les habitudes d'Alibaud, soit en province, soit à Paris, ses paroles même pendant l'instruction du procès, le signalent comme un des plus fervents adeptes de ces théories démagogiques et sanguinaires, empruntées, par une jeunesse ignorante, vaniteuse et désœuvrée, aux anarchistes de 1793. C'est sous la déplorable influence de ces folles et cruelles visions que l'accusé paraît avoir conçu et exécuté son crime.

« La procédure, fortement dirigée vers l'investigation de ses complices, n'est pas encore arrivée à le sortir de son isolement : jusqu'à ce jour toute la responsabilité légale repose sur sa tête; pour arrêter sur ce point important une opinion définitive, il est nécessaire sans doute d'attendre les débats publics, qui peut-être répandront sur cette affaire de nouvelles lumières.

« Dans ces circonstances, Louis Alibaud est accusé d'avoir, le 25 juin 1836, commis un attentat contre la vie du roi, crime prévu par les articles 86 et 88 du Code pénal. »

Me Charles Ledru. — Avant qu'il soit procédé à l'interrogatoire, je dois poser les conclusions que mon devoir m'oblige de présenter à la Cour.

« Plaira à la Cour,

« Attendu qu'aux termes de l'article 6 de la loi du 9 septembre 1835, le réquisitoire, et l'ordonnance contenant indication du jour de l'audience, doivent être signifiés au prévenu dix jours au moins avant l'ouverture des débats, par un huissier que le Président de la Cour commettra;

« Que cette procédure est une procédure d'urgence, extraordinaire, et de droit étroit;

« Que l'arrêt de la Cour des Pairs contre Alibaud a été rendu le 2 juillet et signifié le même jour;

« Que l'acte d'accusation n'a été signifié à l'accusé que le 3 juillet;

« Que le délai fixé par la loi du 9 septembre 1835 n'a donc pas été observé;

« Renvoyer l'affaire à tel jour qu'il plaira à la Cour de fixer. »

M. le Procureur général. — Je ne répondrai que par quelques courtes observations aux conclusions dont on vient de donner lecture à la noble Cour. La loi du 9 septembre a été faite pour les tribunaux ordinaires; mais, dans sa haute position, la Cour des Pairs ne peut assurément être astreinte à observer les délais de forme.

La loi du 9 septembre 1835 a donné au ministère public la faculté de ne pas soumettre l'affaire à la Chambre d'accusation, et de saisir directement la Cour d'assises. Ici, la disposition de la loi ne pouvait s'appliquer. Dans l'espèce, la Cour des Pairs a prononcé comme chambre d'accusation. Un délai suffisant a été accordé à l'accusé; aucune règle, aucun précédent ne s'opposent à ce que le débat ait immédiatement lieu, et la Cour ne s'arrêtera pas à un incident basé sur une fausse interprétation de principe.

Me Ledru. — Je serais fâché, Messieurs les Pairs, que vous pussiez croire que mon intention fût d'incidenter; mais, je dois le dire, il y a une impossibilité physique pour moi, malgré un travail de tout le jour, de toute la nuit, de préparer la défense, et de prendre même connaissance de la procédure. Aujourd'hui même, avant d'entrer dans cette enceinte, je me suis rendu auprès d'Alibaud; il m'a remis les pièces de dix-sept témoignages sur lesquels je n'ai pas eu seulement le temps de jeter les yeux. Je demande que l'on s'en tienne au moins à la loi rigoureuse de septembre dernier, qui a établi une procédure d'urgence. Je pose un dilemme, Messieurs, auquel M. le Procureur général ne répondra pas : Ou bien c'est la loi ordinaire, ou bien c'est la loi de septembre que vous invoquez. Si c'est la loi ordinaire, nous avons un délai bien plus long que celui que je demande; si c'est la loi de septembre, ce délai sera, du moins, de dix jours. Je ne crois pas que la Chambre, dans sa dignité, repousse ma demande, car, dans *l'histoire du monde civilisé*, il n'y a pas un précédent comme celui qui nous est aujourd'hui donné.

M. le Procureur général. — Nous nous étonnons, il faut l'avouer, de l'insistance que l'on met à demander une remise. Il n'y a pas, dans le Code, d'article qui empêche de traduire en jugement un accusé, cinq jours après l'arrêt de mise en accusation. Le jour du débat a été choisi, annoncé; il était de notoriété qu'aujourd'hui la Cour commencerait le procès. Ce jour a été annoncé à l'accusé dimanche; il a eu cinq jours pour préparer sa défense, et la société, impatiente d'obtenir satisfaction, en a été prévenue. Je ne suis pas effrayé du dilemme qui nous a été proposé. Quels sont donc les délais qu'on nous demande? L'instruction est terminée; l'accusé a été avisé il y a cinq jours; il n'y a ici nulle inno-

vation, et nous pensons que, comme déjà vous avez prononcé sur la question qui vous est proposée, en accordant un délai de trois jours à l'accusé, au delà des termes rigoureux, il n'y a pas lieu à délibérer sur les conclusions du défenseur.

Me Charles Ledru. — J'insisterai de nouveau, parce qu'il m'est impossible de ne pas répondre aux principes invoqués par M. le Procureur général. Le délai sur lequel il s'appuie serait, en toute autre circonstance, suffisant, parce que, dans une procédure ordinaire, six semaines seraient écoulées avant l'arrêt de mise en accusation. On a parlé de l'opinion publique impatiente; que fait, Messieurs les Pairs, l'opinion publique en pareille matière? C'est la loi, la loi seule qu'il faut consulter. L'acte d'accusation a nommé Saint-Just; du temps de Saint-Just, on

Le Dévouement (PAGE 13).

jugeait vite aussi, mais ce ne sont pas les juges qui ont jugé le plus vite qui ont mérité l'approbation publique; et je ne doute pas que la Cour, pour son propre honneur, n'accorde un délai nécessaire.

M. le Président. — La Cour se retire pour en délibérer.

Il est midi moins un quart, la Cour se retire au milieu d'un long mouvement de curiosité. Alibaud, dont la pâle figure s'est vivement colorée depuis quelques instants, s'entretient tranquillement avec son défenseur; les personnes placées dans la tribune du rez-de-chaussée se groupent autour de la table des pièces à conviction, qu'elles considèrent avec curiosité. La canne-fusil surtout est l'objet d'un examen particulier. Son extrême ténuité paraît surtout exciter l'étonnement; le tube, en effet, n'en est pas plus gros que le petit doigt. C'est une badine plutôt qu'une canne; un spectateur des places réservées la dévisse; on remarque aussi que la balle, bien que de petit calibre, a fait une longue et pro-

fonde entaille dans le panneau de la voiture. A deux heures moins un quart, la Cour rentre en séance, et M. le Président, au milieu d'un profond silence, prononce l'arrêt suivant :

« Vu les conclusions prises par Me Charles Ledru, défenseur, et les développements présentés à l'appui; ouï M. le Procureur général dans ses conclusions, le défenseur et le Procureur général dans leurs répliques;

« Attendu que la loi du 9 septembre est, dans l'espèce, uniquement relative à la citation directe;

« Attendu que l'art. 296 du Code d'instruction criminelle n'est pas applicable à la Cour des Pairs;

« Attendu qu'aucune autre disposition du Code ne s'oppose à la forme suivie;

« Attendu, enfin, qu'il a été accordé à l'accusé un délai suffisant pour préparer sa défense; ordonne qu'il sera passé outre au débat. »

M. le Président. — Alibaud, le 25 juin, au moment où le roi sortant du château, allait passer sous le guichet de la cour, un coup de feu a été tiré à bout portant sur sa personne. N'est-ce pas vous qui avez tiré sur le roi ce coup de feu, dont la balle a été trouvée dans la voiture? — R. Oui, monsieur.

D. Quelle arme vous a servi à tirer ce coup de feu? — R. Une canne-fusil.

D. Par qui vous étiez-vous procuré cette arme? — R. Par M. Devisme.

D. N'avez-vous pas écrit une lettre à M. Devisme? — R. Oui, monsieur.

D. Cette lettre a été portée à M. Devisme par un de vos amis; quelle était cette personne? — R. Un ami d'enfance, Léonce Fraysse.

M. le Président. — Avant de faire un si coupable usage de la canne-fusil, l'aviez-vous essayé d'avance? — R. Oui, je l'avais essayée à l'endroit même où M. Devisme fait l'épreuve de ses armes, et avec son assentiment.

D. Depuis combien de temps la canne-fusil était-elle chargée à l'époque du 25 juin? — R. Elle était chargée depuis quinze jours environ.

D. Quelle était la charge? — R. Elle contenait 27 grains de poudre et deux balles.

D. Vous tenez, avez-vous dit, la canne-fusil de M. Devisme; quelles ont été vos relations avec lui? — R. Des relations de commerce; je voulais être employé par lui en qualité de voyageur.

D. Je vous fais représenter un poignard saisi sur vous; le reconnaissez-vous? — R. Oui, monsieur.

D. A quoi était-il destiné? — R. C'était pour moi.

D. Où vous l'étiez-vous procuré? — R. Dans la

A l'Estaminet (PAGE 14).

route de Bordeaux à Paris, à Châtellerault, je crois.

D. Combien vous a-t-il coûté? — R. 6 fr. environ.

D. En commettant votre attentat, et dans la supposition où l'horrible résultat que vous vous proposiez aurait été atteint, votre espérance n'était-elle pas de provoquer un bouleversement général de la société, et d'arriver à l'établissement d'une république? — R. Oui, monsieur, c'était là mon but, mon désir.

D. Quand avez-vous conçu votre épouvantable projet? — R. Quand j'ai vu Paris en état de siége; quand j'ai vu les massacres de la rue Transnonain, les mitraillades, les assassinats de Lyon. Dès lors, j'ai résolu de venger la liberté trompée, la patrie livrée à la trahison; j'ai résolu de tuer Philippe. Son règne est un règne de sang, son règne est infâme. J'ai voulu le frapper à mort!

M. le Président. — Alibaud, dans la situation où vous a jeté votre horrible crime, ce n'est pas le lieu de vous livrer à d'odieuses déclamations; répondez à

mes questions, et ne faites pas inutilement bravade des atroces principes qui vous ont perdu.

D. A quelle époque avez-vous quitté le service? — R. Je ne voulais pas servir la cause de Philippe.

D. Votre famille s'est rendue à Narbonne, plus tard à Perpignan; ne vous êtes-vous pas trouvé alors en relation avec des réfugiés? — R. Oui, monsieur; je me suis rendu avec de braves réfugiés à Barcelone.

D. Dans quel but? — R. Nous voulions renverser le gouvernement odieux et parjure d'Isabelle et proclamer la république.

D. N'avez-vous pas, durant votre séjour à Barcelone, demandé des secours à un sieur Corbière? — R. Non, monsieur; j'ai travaillé pour M. Corbière, il m'a fait tenir 40 fr. Je n'ai jamais demandé d'argent à personne.

D. N'avez-vous pas, dès cette époque, à Barcelone même, pris la résolution d'attenter aux jours du roi? — R. Oui, monsieur, c'est à Barcelone même.

D. Quel est le motif qui vous a fait quitter Barcelone pour revenir? — *R.* Tuer le roi.

D. N'avez-vous pas demandé à être affilié à des sociétés politiques? — *R.* Je n'ai jamais appartenu à aucune société politique.

D. N'avez-vous pas été à Bordeaux? — *R.* J'y suis resté deux ou trois jours.

D. Quand êtes-vous arrivé à Paris? — *R.* Je serais embarrassé de le dire, vous le verrez par le livre de l'hôtel.

D. Une fois arrivé à Paris, quel a été l'emploi de votre temps? — *R.* Je suivais le roi.

D. Vous aviez peu d'argent; une fois vos faibles ressources épuisées, vous avez été recueilli par Léonce Fraysse? — *R.* Oui, monsieur, j'ai reçu de lui des témoignages d'une véritable et forte amitié.

D. Vous avez été placé chez Batiza; avez-vous alors continué à suivre le roi? — *R.* Non, monsieur; j'attendais un moment plus favorable.

D. Pourquoi avez-vous quitté Batiza? — *R.* Il m'a renvoyé.

D. En le quittant, n'avez-vous pas été demeurer rue des Marais? — *R.* Oui.

D. Aviez-vous de l'argent? — *R.* Oui, 15 ou 16 fr. qu'il me remit. J'ai vécu chez M. Leroy, qui a eu confiance en moi.

D. Quel a été l'emploi de votre journée le 25 juin? — *R.* A neuf heures et demie, j'ai été au café, j'ai lu le journal; à dix heures, j'ai déjeuné; à onze heures, je me suis rendu au Louvre: j'ai vu arriver le roi. Je suis rentré alors; j'ai déposé ma canne dans ma malle et je me suis rendu au café, où je suis resté jusqu'à quatre heures. Alors, j'ai été chercher ma canne. Je suis sorti: vous savez le reste!

D. Vous n'aviez aucun complice, personne n'a reçu votre confidence? — *R.* Non, monsieur; jamais personne n'a connu mes projets.

D. Vous n'avez pas écrit quatre lettres au moins à Corbière, sous le couvert d'un M. Arthur, où vous lui faisiez confidence de vos affreux projets? — *R.* Puisque M. Corbière l'a avoué, je serai forcé d'en convenir.

D. Quel était le contenu de ces lettres, vous le rappelez-vous? — *R.* Non, monsieur.

D. Existe-t-il, soit à Perpignan, soit ailleurs, d'autres personnes à qui vous ayez fait de semblables confidences? — *R.* Non, monsieur.

D. Étiez-vous d'accord avec Corbière? — *R.* Non, monsieur.

D. N'aviez-vous pas demandé la permission à Corbière de lui écrire? — *R.* Oui; je l'avais même obtenue difficilement.

M. le Président. — Alibaud, malgré l'énormité de votre crime, qui doit faire de votre nom un nom d'ignominie et d'horreur, songez qu'il y a des moyens d'adoucir, sinon votre punition, du moins l'odieuse terreur qui doit s'attacher à votre nom. Dites la vérité, déclarez si quelque chose vous a poussé au crime.

Alibaud, avec calme. — J'avais la conviction de ce que je faisais: je crois avoir assez manifesté mon opinion à cet égard. (A demi-voix et se rasseyant): Si c'était à recommencer, je le ferais encore.

Toutes ces réponses ont été faites avec calme, naturel et dignité. Pas une note fausse dans sa voix, pas d'exaltation, pas d'emphase. Ce froid fanatisme, dépouillé de déclamation, mis à nu, sans honte et sans orgueil, par un monomane sincère, a fait passer plus d'une fois, dans la vénérable assemblée, des frissons d'indignation et d'horreur.

On passe à l'audition des témoins.

M. Bachelier, propriétaire, rue de Provence, demeurant à Auteuil, est introduit: il était de garde aux Tuileries, le 25 juin. Depuis une demi-heure environ, il était en faction, lorsque l'accusé s'approcha de lui, et lui fit remarquer quelques dégradations à l'arc de triomphe; la conversation tomba bientôt. Alibaud lui parla alors des nouveaux casques de la ligne, qui, selon lui, n'étaient qu'une occasion nouvelle de dépenses. La toilette négligée de l'accusé lui a fait penser qu'il était étudiant et peu fortuné. Depuis quelques moments, Alibaud l'avait quitté, lorsqu'il entendit la détonation d'une arme à feu. « Faites-moi le plaisir de garder mon fusil, dit le témoin au factionnaire de la ligne, que j'aille un peu voir ce que c'est. » Alors, il vit que le coupable était le jeune homme avec qui il venait de causer.

M. Dupont, lieutenant sous-adjudant au Palais des Tuileries, était de service le 25; c'est lui qui a saisi Alibaud par les cheveux, au moment où il venait de tirer sur le roi. Dans la pièce où l'on conduisit Alibaud, le témoin lui adressa cette question, en lui montrant son poignard: « Était-ce à celui qui devait vous arrêter que vous destiniez cette arme? » — « Non, lui dit-il, elle était pour moi. » C'est au témoin Dupont qu'Alibaud dit, quelques minutes plus tard: « Je vous donne bien du mal, mon lieutenant, mais à présent il n'y a plus à m'en vouloir. »

M. Achille Delaborde, lieutenant au 5e régiment de hussards, commandait l'escorte, et a entendu le bruit du coup de feu. Le roi lui dit: « Vous avez entendu, lieutenant? — Oui, Sire, répondit-il, l'homme qui l'a tiré est maintenant en bonnes mains. — Partons alors, » reprit le roi. Le témoin transmit cet ordre au cocher.

M. le Procureur général. — N'avez-vous pas vu la bourre de l'arme restée encore dans les favoris du roi?

M. Delaborde. — Oui, monsieur.

M. Beau, juge au Tribunal de commerce. — Je passais, le 25, avec mon épouse et ma nièce, dans la cour des Tuileries; tout à coup, une détonation se fit entendre. Mon épouse fut saisie d'effroi, et je pris aussitôt l'assassin au collet; on s'en empara, on le fit entrer au poste. Je dis à mon épouse: Il faut que j'entre aussi; je n'ai pas bien vu le criminel et je veux être à même de le reconnaître. Je quittai mon épouse et j'entrai.

M. Petit, marchand de nouveautés, rue Notre-Dame-de-Nazareth, n° 24, se trouvait dans la cour, au nombre des curieux; il était placé devant Alibaud; le coup est parti si près de lui, qu'il a eu la joue atteinte du contre-coup. Je dois faire observer, dit le témoin en terminant, que le service se fait avec une extrême négligence. Il n'y avait dans la cour aucun inspecteur, aucun garde; la présence du moindre agent eût porté empêchement à l'attentat; moi-même, j'avais deux paquets sous le bras, ce pouvait être une machine infernale, et rien n'était plus facile que de le lancer dans la voiture. C'est dans l'intérêt du roi que je fais ces observations, car, en vérité, la manière dont on veille à sa sûreté est déplorable.

M. Devisme, arquebusier, rue du Helder, n° 12, commandait le poste en l'absence des officiers; il raconte l'arrestation d'Alibaud, sa reconnaissance.

M. le Président. — Il résulte de votre déposition que vous connaissiez Alibaud; dites dans quelles circonstances des rapports ont existé entre vous.

M. Devisme rend compte de ses relations avec Alibaud, qui s'est présenté chez lui avec toutes les manières d'un commis-voyageur consommé. M. Devisme eut confiance en lui, et lui remit des cannes-fusil, ainsi qu'on l'a vu. M. Devisme explique qu'il y avait, outre la canne qui a servi au crime, un canon recouvert en bois, une canne à bouton et une cravache à pistolet.

M. le Président. — Monsieur Devisme, je ne veux pas aggraver votre situation, mais je ne puis me dispenser de vous adresser quelques observations sur votre conduite. Fabriquer des objets que la justice défend, les confier à des inconnus, ce sont là de grandes fautes. Vous savez quel affreux malheur vous avez failli occasionner. Puissiez-vous servir d'exemple! Vous pourrez avoir à répondre à la justice ordinaire, je n'ajouterai rien de plus.

M. Devisme. — Je ne croyais pas commettre un délit; j'ai fait annoncer mes cannes dans les journaux. J'ai même obtenu un jugement qui reconnaît que ce ne sont pas des armes prohibées.

M. le Président. — Vous direz cela à la justice.

M. Devisme. — Je viens d'être l'objet d'une bien grave inculpation; j'ai cru pouvoir répondre que je ne pensais pas commettre un délit.

M. Frichot, quincaillier, rue Dauphine, nº 59, a vendu un quarteron de poudre à Alibaud, qu'il reconnaît.

M. Morin, maître d'hôtel garni, rue de Valois-Batave, nº 5, a logé Alibaud pendant deux mois. Un jour, ce dernier donna ordre au portier de lui acheter un boisseau de charbon et une main de papier. Le portier, alarmé, consulta le témoin, qui lui défendit de s'acquitter de la commission. Il a été persuadé que l'intention d'Alibaud était de s'asphyxier.

M. le Président. — Alibaud, est-il vrai que vous ayez eu l'intention de vous asphyxier, lorsque vous avez donné l'ordre d'acheter du charbon?

Alibaud. — Oui, monsieur.

M. le Procureur général. — Vous aviez donc alors renoncé à vos projets?

Alibaud. — J'étais dans une fâcheuse position, et je n'en voulais faire confidence à personne.

Recoule, concierge de l'hôtel, rue de Valois. — L'accusé prenait chez lui ses repas; il dépensait à peu près 2 fr. par jour: il paya bien le premier mois, mais ne paya pas le second.

M. le Président. — Avez-vous vu des armes chez l'accusé? — R. Non, monsieur.

D. Mais n'avez-vous pas vu chez lui une boîte en bois blanc? — R. Oui, monsieur.

D. Elle était toujours fermée d'un cadenas? — R. Oui.

M. Pasquier fait représenter cette boîte au témoin: c'est celle qui contenait les cannes-fusils. Le témoin ne l'a jamais vue ouverte.

D. L'accusé ne vous a-t-il pas témoigné le désir de se donner la mort? — R. Il se plaignait quelquefois, et demanda à ma femme de lui acheter du charbon.

M. le Président. — Allez vous asseoir.

M. le Procureur général. — Un moment. (Au témoin.) Quelle somme vous devait Alibaud? — R. 75 francs environ. Il m'a fait un billet échéant au 1er juillet.

M. le Procureur général (à Alibaud). — Pourquoi faisiez-vous votre billet au 1er juillet?

Alibaud. — Parce que je savais que je n'irais pas plus loin.

M. le Procureur général. — Votre intention était donc de ne pas payer?

Alibaud. — Pas du tout, monsieur, j'ai des parents qui le paieront.

M. Batiza, marchand de vin, rue St-Sauveur, 12, a employé l'accusé en qualité de commis; c'est lui qui l'a congédié. Il ne l'a jamais vu manifester d'exaltation politique; il ne recevait pas de visites, et le témoin ne l'a jamais vu sortir avec une canne.

Manoury, garçon marchand de vins, a été employé avec Alibaud chez M. Batiza. Un jour, je disais, déclare-t-il : Fieschi est un scélérat! — Et vous, vous êtes un imbécile, me répliqua-t-il; vous ne pouvez parler de ce que vous ne comprenez pas.

Alibaud. — Je n'ai jamais tenu de semblables propos au témoin. Un homme dans ma position pouvait-il parler de Fieschi, je le demande?

M. le Président. — Vous niez, le témoin affirme, la Cour appréciera.

M. Froment, hôtelier, rue des Marais-Saint-Germain, nº 3, a loué un cabinet à Alibaud, au prix de dix francs par mois, et a reçu une quinzaine d'avance. Alibaud n'a reçu de visites que les deux premiers jours.

M. Félix, limonadier, rue du Colombier, nº 4. Alibaud venait habituellement chez lui. Il ne parlait jamais politique. Le 25 juin, il a joué au billard jusqu'à quatre heures; le témoin ne lui a jamais vu porter de canne.

M. Dubois, tenant table d'hôte, rue Furstenberg, nº 9. Alibaud a été présenté chez lui par M. Dargent, sous-officier, sortant du régiment où lui-même avait servi. Le sieur Dubois l'a reçu au nombre de ses pensionnaires. Le premier mois n'était pas échu au moment de l'attentat.

M. Lalande, étudiant en médecine, est un des pensionnaires de la table du sieur Dubois. Alibaud l'a prié de l'y conduire. Il a été admis au nombre des pensionnaires à cause de ses bons antécédents.

M. le Président. — Que voulez-vous dire par ses bons antécédents?

M. Lalande. — Il avait servi; tout le monde rendait justice à son caractère facile, agréable, à ses bons procédés pour tous ceux qu'il connaissait, à son bon cœur.

M. Cauvry, étudiant en médecine, a connu Alibaud à la table d'hôte du sieur Dubois. Il n'a jamais rien remarqué en lui d'insolite.

M. le Président. — A l'estaminet, Alibaud ne vivait-il pas d'emprunts? N'empruntait-il pas du tabac pour sa pipe, par exemple?

Le témoin. — Cela se fait tous les jours.

M. le Président. — N'eûtes-vous pas une dispute un soir avec Alibaud? Ne faillites-vous pas vous battre?

Le témoin. — Oui, mais c'était peu grave.

M. le Président. — Cependant, n'avez-vous pas lancé à Alibaud une épithète désobligeante parce qu'il vous empruntait du tabac?

Le témoin. — Je ne me le rappelle pas.

M. le Président. — Enfin, quelle était cette épithète?

Le témoin. — Je crois... je crois... que je l'ai appelé... serin, je crois.

(On rit.) Alibaud prend part à l'hilarité générale.)

M. le Président. — Est-ce pour cela que vous avez failli vous battre?

Le témoin. — Oui, je crois, mais tout cela n'avait aucun rapport avec la politique.

M. le Président. — N'avez-vous pas vu Alibaud le jour de l'attentat?

Le témoin. — Oui, dans l'après-dînée. J'ai joué deux heures au billard avec lui.

M. le Président. — Quand il a voulu vous quitter, ne l'avez-vous pas engagé à continuer la partie?

Le témoin. — Oui, Monsieur le président, mais il me répondit qu'il était pressé; il n'y avait rien sur sa physionomie qui pût faire soupçonner l'acte qu'il allait commettre.

Mme Adélaïde Gombaut, femme Prevost, libraire, rue Bourbon-Villeneuve, n° 61, a loué à l'accusé le volume des œuvres de Saint-Just trouvé à son domicile. Il avait été conduit chez elle par un de ses abonnés.

Alibaud, avec un remarquable accent de douceur et de politesse. — Si madame voulait bien rappeler ses souvenirs, elle dirait, je crois, que je lui ai demandé d'autres livres avant de fixer mon choix sur les œuvres de Saint-Just?

Mme Prevost. — Il est vrai. Monsieur m'a demandé le catalogue, et n'a choisi qu'après avoir demandé d'autres livres qui se trouvaient dehors ce jour-là.

M. Léonce Fraysse, commis-voyageur. (Vif mouvement de curiosité.)

D. N'étiez-vous pas lié avec l'accusé? — R. Oui, monsieur.

D. Où l'avez-vous connu? — R. A l'armée, monsieur; il était fourrier alors, et estimé de ses chefs. J'ai eu avec lui de fréquentes relations. Il me pria un jour de porter à M. Devisme une boîte contenant des cannes-fusils, et accompagnée d'une lettre.

D. Vous saviez qu'Alibaud gardait une canne. — R. Parfaitement, monsieur.

D. Vous vous prêtiez cependant à un mensonge, car il disait qu'il avait perdu cette canne qu'il gardait. — R. Ce n'était pas un mensonge. Il gardait la canne avec l'intention de la payer à la fin du mois. Il la voulait donner, me dit-il, à son père.

D. Alibaud ne vous a-t-il pas fait confidence de ses projets? — R. Jamais. Alibaud était du caractère le plus doux, le plus paisible.

D. Il a demeuré chez vous quelque temps? — R. Deux mois environ.

D. Quel était l'emploi de son temps? — R. Nous étions toujours ensemble: notre temps se passait en visites chez mes parents, en promenades; j'étais sans place, lui aussi; il nous était également agréable de faire société commune. A ce sujet, je suis bien aise de saisir l'occasion de relever des calomnies publiées contre Alibaud par certains journaux. On a dit qu'Alibaud vivait dans la débauche; c'est une calomnie insigne, et qui rejaillit sur moi, dont il était alors le commensal et l'ami.

Alibaud (se levant avec vivacité). — Oui, on m'a calomnié, oui!...

M. le Président (avec sévérité). — Asseyez-vous, Alibaud! vous êtes ici pour entendre ce que la justice prononcera sur votre sort, et non pour récriminer, à propos surtout de questions adressées à un témoin.

M. Fraysse. — Monsieur, il a pu commettre une erreur! (Vif mouvement d'indignation. Murmure prolongé.)

M. le Président. — Vous appelez erreur un semblable crime!

M. Fraysse. — Un attentat, si vous le voulez. (Nouveaux murmures.)

M. le Président. — Lié comme vous l'étiez avec Alibaud, habitant ensemble, il est très-difficile de croire que vous n'ayez pas eu connaissance de ses projets? — R, Si je les avais connus, il ne les aurait pas exécutés, je me serais attaché à lui comme son ombre, et je l'aurais bien empêché de faire ce qu'il a fait.

M. le Président. — Lorsque vous avez été arrêté, et que vous avez su que c'était à l'occasion d'un attentat contre la vie du roi, vous avez dit que vous ne connaissiez que deux personnes qui eussent pu commettre ce crime. Vous les avez nommées. Lorsque plus tard, en venant à Paris, vous avez appris que c'était Alibaud, vous vous êtes rejeté au fond de la voiture en disant : Je me doutais bien que c'était lui. Vous vous doutiez donc des projets d'Alibaud?

M. Fraysse. — Vous ne rapportez pas mes paroles d'une manière exacte. Lorsque le commissaire central me parla de l'attentat, je lui dis que je ne connaissais que deux personnes capables de cela, et je lui nommai deux individus qui, peut-être, n'y ont jamais songé. Lorsque j'ai appris que c'était Alibaud, je me rejetai au fond de la voiture, et je m'écriai, les larmes aux yeux: Le malheureux, c'est lui!

D. N'avez-vous pas eu quelques discussions politiques avec Alibaud? — R. Oui, monsieur. Alibaud avait des opinions plus avancées que les miennes. Il était un peu plus exalté.

D. Prenez garde, l'exaltation d'Alibaud est si grande, que, si elle ne l'est qu'un peu plus que la vôtre, vous pouvez l'être encore beaucoup. — R. Il y avait entre nous une grande différence.

D. Alibaud n'était-il pas partisan du régime de Robespierre? — R. Il était partisan du régime de Saint-Just, que je regardais, moi, comme un régime de sang.

M. le Procureur général. — Alibaud, vous avez déclaré que vous suiviez le roi constamment?

Alibaud. — Ce n'est que depuis ma sortie de chez Batiza que j'ai suivi le roi comme son ombre.

M. le Procureur général. — Portiez-vous toujours votre canne à fusil lorsque vous sortiez?

Alibaud. — Quand je savais que le roi devait sortir, je prenais ma canne; autrement, je la laissais chez moi, dans ma malle.

Je prie M. le président de demander à M. Fraysse si je n'ai pas fait tous mes efforts pour gagner honorablement ma vie.

M. Fraysse. — Oui, je lui ai souvent entendu dire que, pour gagner sa vie en travaillant, il consentirait à gratter la terre avec ses mains.

M. le Président. — Cependant, il est sorti de chez Batiza, où il avait des occupations qui lui assuraient une existence honorable.

M. Fraysse. — Il n'a pas voulu soutenir Batiza dans un acte contraire à sa conscience; c'est pour cela qu'il est sorti de chez Batiza.

M. le Président. — Quel était cet acte? — R. C'était pour un procès. M. Batiza s'était fait remettre un double titre par un Anglais. Dans le procès qui s'ensuivit, on interpella M. Alibaud de déposer. Il refusa de répondre, sa conscience le lui défendait. Au retour du Tribunal, il reçut une forte semonce, à la suite de laquelle il dut sortir de cette maison.

M. Batiza. — Ce fait est tout à fait inexact. Ce n'est que plus de six semaines après cette affaire que M. Alibaud est sorti de chez moi. Je m'en rapporte au reste à lui-même pour dire la vérité sur ce fait.

Alibaud. — Je désirerais que l'on donnât lecture à la Cour de l'acte d'accusation dans le procès auquel on vient de faire allusion. On verrait alors pour quel motif j'ai été forcé de sortir de la maison Batiza.

M. le Président. —Cela est sans intérêt au procès.

Alibaud, avec énergie. — C'est d'un grand intérêt pour moi.

M. le Président, à l'huissier. — Faites entrer un autre témoin.

M⁰ Charles Ledru. — Je désirerais que M. le président demandât au témoin Fraysse s'il ne sait rien d'honorable pour Alibaud.

M. Fraysse. — Alibaud était alors commis à Narbonne; il avait dix-huit ans; un soir, les bords de la rivière étaient couverts de monde; tout à coup une clameur d'effroi s'élève : une jeune fille venait de se précipiter dans les flots, le courant l'emportait, elle allait être broyée sous les roues d'un moulin; il s'élance alors tout vêtu, il plonge, saisit la victime, et la ramène à bord, aux longs applaudissements de la foule émue. J'y étais, je l'ai vu.

M. Botrel, employé, rue Guénégaud, n⁰ 24, a connu Alibaud au service. A sa sortie de chez M. Batiza, l'accusé vint le trouver pour le prier de lui procurer de l'emploi. Le témoin le présenta en effet à ses chefs, qui promirent de l'employer à la plus prochaine occasion. Quelques jours en effet avant le 25 juin, une place devint vacante; il l'avertit, et devait le revoir le soir pour le présenter le lendemain. Ils ne se sont pas rejoints, et le témoin a appris avec autant d'étonnement que de terreur le crime dont il s'était rendu coupable.

M. le Président. — Vous cherchiez une place, vous aviez donc renoncé à vos projets? — R. Je cherchais un emploi pour vivre, en attendant l'occasion de frapper le roi.

M. Corbière, âgé de 36 ans, négociant à Perpignan, a connu Alibaud en 1835; l'accusé lui fut présenté, au mois de mai, par des négociants à qui il succédait; les places de commis étaient occupées et il ne put lui donner d'emploi. Quelque temps après, Alibaud vint le voir et lui annonça son intention de partir pour Barcelone ; le témoin lui donna une lettre de recommandation. Plus tard, de Barcelone, Alibaud lui écrivit qu'il n'avait point trouvé d'emploi, et le témoin lui fit remettre par un de ses correspondants une petite somme pour revenir à Perpignan. De retour, Alibaud vint le remercier; bientôt après, il prit congé de lui, en annonçant son départ pour Bordeaux.

Au mois de décembre, le témoin reçut de Paris une lettre dans un style mystique, plein d'idées saint-simoniennes; ce fut M. Arthur qui la lui remit. Une seconde lettre arriva sans signature, mais dont l'écriture révélait la main d'Alibaud. Dans une troisième, parvenue de même, Alibaud faisait confidence de sa fâcheuse position, et manifestait l'intention de se brûler la cervelle ou d'attenter aux jours d'un personnage auguste. Le témoin communiqua ces lettres à deux avocats de Perpignan, qui lui conseillèrent de s'abstenir de toute réponse. Une quatrième lettre vint encore où le même projet était de nouveau annoncé. Le témoin la montra aux mêmes personnes, et n'y répondit pas plus qu'aux premières.

D. Que contenaient plus précisément ces lettres? — R. La quatrième était fort longue; elle contenait, je crois, ces mots : « Je me brûlerai la cervelle ou j'attenterai aux jours d'un personnage auguste. »

D. Vous avez prêté serment, témoin. Ces lettres si graves ont dû laisser un souvenir exact dans votre mémoire; dites la vérité tout entière. — R. Le roi n'était pas nommé; il voulait, disait-il, attenter aux jours de Philippe.

D. Cela était clair, à moins que vos opinions républicaines ne vous permettent même pas de reconnaître le roi sous le nom de Philippe. N'avez-vous pas de motif particulier de vous intéresser au sort d'Alibaud? — R. Non, Monsieur.

D. Dans une circonstance grave, au sujet d'un duel, Alibaud ne vous rendit-il pas un service ? — R. Effectivement, j'eus une altercation à Perpignan avec M. Drapillon, au sujet de quelques malversations dans sa fabrique; il m'envoya M. Alibaud pour me proposer un rendez-vous. L'accusé y mit beaucoup de modération, de prudence, et, en parvenant à éviter le duel, il prouva qu'il était venu en conciliateur et non pas en adversaire.

M. le procureur général (à Alibaud). — Vous reconnaissez avoir écrit ces lettres?

Alibaud.—Oui, Monsieur.

M. le Procureur général. — Vous vous êtes plaint des patriotes dans ces lettres? — R. Je ne me le rappelle pas.

D. M. Corbière se le rappelle bien, lui, et vous ne pouvez sans doute pas suspecter son témoignage?

Alibaud. — Comme il n'est pas dans mon caractère de mendier, je pense que M. Corbière s'est trompé. Je suis patriote, oui! mais je gagne mon pain à la sueur de mon front.

M. le Procureur général (au témoin Corbière). — Vous avez manifesté votre chagrin et votre douleur à la nouvelle de l'attentat : est-il vrai que vous ayez dit que vous vous seriez placé entre le roi et l'assassin, si vous vous étiez trouvé là?

M. Corbière.— Oui, Messieurs, mes opinions sont avancées, mais l'assassinat me fait horreur. Je me serais jeté entre la balle et l'assassin, si je m'étais trouvé sur le théâtre de l'attentat. Je l'ai dit, je le répète; c'est l'opinion d'un honnête homme.

M. Arthur, relieur à Perpignan, a connu Alibaud durant son séjour dans cette ville; il a reçu les lettres adressées sous le couvert à M. Corbière.

M. le Procureur général (à Alibaud). —Vous reconnaissez avoir écrit à Corbière? — R. Oui, monsieur.

D. Vous dites n'avoir fait confidence à personne de vos projets, à Paris. Comment se fait-il que vous les ayez confiés par écrit quatre fois à Corbière?— R. Je ne répondrai pas à cela. Je vous ai dit d'ailleurs que je ne me rappelais pas le contenu des lettres écrites par moi à M. Corbière.

D. Pourquoi lui écriviez-vous alors? — R. Je lui écrivais comme à une personne que j'estimais infiniment; mais je ne lui ai jamais fait part de mes projets d'attentat.

La liste des témoins à charge est épuisée; on passe à l'audition de ceux cités à la requête de l'accusé.

M. Brusselle a été l'ami et le compagnon d'armes d'Alibaud; il l'a connu pour un bon et loyal militaire.

M. Armand Fraysse, négociant, a connu Alibaud au collège. Il l'a retrouvé à Paris, il y a six mois environ, et l'a placé alors chez un fabricant de broderies. Je suis bien aise de déclarer ici, ajoute le témoin, qu'il s'est conduit partout avec honneur et probité.

Alibaud. — M. Fraysse était présent lorsque j'ai sauvé un enfant qui se noyait; je désirerais qu'il en déposât

M. Armand Fraysse reproduit sur ce fait les détails précédemment donnés par son frère.

M. Fringant, imprimeur en taille-douce, rue Saint-Jacques, n° 34, a servi dans la même compagnie qu'Alibaud, qu'il a toujours connu pour bon camarade et bon militaire.

Alibaud. — Le témoin se trouvait avec moi lorsque j'ai quitté la cause de Charles X, pour embrasser la cause du roi républicain!

M. Guillemin, étudiant, demeurant rue des Cannettes, a connu Alibaud à la pension du sieur Dubois; il l'a toujours vu doux, honnête, étranger à toute exaltation politique. Il l'a vu, le 24, pour la dernière fois.

M. Lespinasse, marchand de vins, Faubourg-Poissonnière, n° 30, a servi avec Alibaud. Il ne l'avait pas vu depuis 1834, lorsqu'au mois de janvier il vint le prier de lui trouver de l'emploi; c'est sur la recommandation du témoin qu'il est entré chez M. Batiza. Au service, Alibaud s'est constamment fait remarquer par sa bonne conduite, son courage et sa moralité. Le témoin raconte qu'en 1834, il se dévoua pour de jeunes sous-officiers. Il a été calomnié par certains journaux. (Murmures.) Oui, Messieurs, calomnié!

M. le Président. — Déposez, témoin; il ne s'agit pas de faire des phrases.

M. Lespinasse. — Je ne fais pas de phrases, Monsieur, je dis la vérité. Le témoin raconte que, commis du sieur Batiza, Alibaud ne voulut pas se prêter à une supercherie à l'aide de laquelle celui-ci, après avoir fait renouveler un titre à un créancier, l'avait fait arrêter par un garde du commerce. M. Batiza lui a dit, à lui témoin, qu'il ne pouvait garder un commis qui s'était refusé à lui rendre service.

MM. Percent, limonadier, et *Watelier,* relieur, ont connu Alibaud et déposent de sa douceur habituelle, de sa moralité et de sa bonne conduite.

M. Rouverolles a connu Alibaud dans sa jeunesse, à Narbonne. Il était estimé, aimé dans cette ville.

M. Riant, tailleur, a toujours remarqué beaucoup de douceur et de bienveillance chez Alibaud. Il ne sait rien, au reste, de particulier sur ses opinions ni ses démarches.

Il est six heures; l'audience est levée.

Le lendemain, 10 juillet, la parole est à M. le Procureur général.

M. Martin (du Nord). — Messieurs les pairs, l'accusé se présente devant vous sous le poids de la plus terrible prévention, celle d'attentat contre la personne du roi. Après votre séance d'hier, nous pourrions nous borner à vous dire de recueillir vos souvenirs et de prononcer. Nous ne le ferons pas, car nous croyons que la mission qui nous a été confiée auprès de vous, nous impose le devoir de vous soumettre quelques réflexions utiles. Mais ce n'est pas nous qui retarderons longtemps le moment de votre justice. Nous sentons en effet que c'est un besoin pour le pays de se séparer sans retard de l'homme qui lui a fait courir de si grands dangers, et que son nom, aujourd'hui voué à l'exécration publique, soit promptement livré à l'oubli.

« La culpabilité de l'accusé est un fait qui ne saurait être douteux pour personne. Les témoins que vous avez entendus établissent comment il s'est procuré l'arme et la poudre dont il a fait un si criminel usage. Ils vous l'ont montré épiant pendant longtemps le moment favorable, et tirant sur le roi lorsqu'il croyait être sûr de l'atteindre. Vous l'avez

vu arrêté en flagrant délit, encore porteur de l'arme régicide, et il a répété devant vous les horribles vœux qu'il a faits dès son premier interrogatoire. Il n'est pas sorti de sa bouche un seul mot de repentir. Loin de là, avec une audace qui nous a révoltés sans nous étonner, il s'est fait gloire du crime qu'il a commis.

« Le roi et la France ont échappé au péril qui les menaçait; et, dussions-nous nous exposer au reproche de répéter ici ce que tout le monde sait, nous dirons que le salut rendu par le roi à la garde nationale, réunie sous les armes, a seul empêché la balle de frapper la tête du monarque. Ainsi, c'est dans cet échange si pur et si noble de bienveillance et d'amour entre le chef de l'État et les citoyens que, cette fois encore, les méchants ont trouvé leur défaite et leur honte, et le pays, son salut, sa gloire.

« Un seul accusé est assis sur ce banc. C'était pour nous une obligation impérieuse de rechercher avec scrupule si d'autres ne devaient pas s'y placer à côté de lui. Ce devoir, nous l'avons rempli, et nous déclarons qu'Alibaud nous paraît avoir conçu, seul, le crime que, seul, il a exécuté.

« Nous l'avouerons, Messieurs, c'est un bonheur pour nous d'avoir à vous signaler le fait de l'isolement d'Alibaud. Sans doute il aura pensé que, lors même qu'il s'adjoindrait des hommes aussi avides que lui de désordres et de bouleversements, ces hommes, au moment de l'exécution, effrayés de l'horreur du crime auquel ils se seraient associés, pourraient l'abandonner.

« Aucun de nous, en effet, n'a pu oublier la marche des factieux depuis six années. Après avoir, hautement et en armes, déclaré dans nos rues qu'ils aspiraient à renverser le gouvernement; après maintes tentatives toujours repoussées avec vigueur, ils ont enfin reconnu qu'il leur était impossible de parvenir par la force à triompher de la volonté nationale. C'est alors que quelques enfants perdus, le rebut et la honte des factions elles-mêmes, ont médité en commun et préparé leurs projets régicides. Ces projets ont encore été déjoués, et la justice les a punis. »

Ici *M. Martin (du Nord)* revient sur l'isolement d'Alibaud dans la conception de son attentat. Il espère qu'il sera désavoué par tous les hommes de bien, et que les Français, n'importe l'opinion à laquelle ils appartiennent, applaudiront à la sentence de la Cour. Car le régicide, dit M. le Procureur général, est le plus odieux, le plus lâche de tous les crimes. Pour le commettre, il faut qu'un homme soit dominé par les inclinations les plus vicieuses, plongé dans la misère par la paresse et la vanité, maudissant une existence qui n'est plus pour lui qu'un fardeau et une honte.

« Pourtant, ajoute-t-il, ne croyez pas qu'à nos yeux les factions soient étrangères au crime d'Alibaud. Nous voudrions pouvoir le dire, mais nous ne le disons pas, parce que telle n'est pas notre pensée : les hommes qui, dans leur dévergondage politique, ont par leurs écrits et leurs discours, et sans en prévoir peut-être les horribles conséquences, exalté des imaginations dépravées, ont encouru la plus grave, la plus inquiétante de toutes les responsabilités, celle de la conscience.

« Oui, nous le disons hautement, et nous espérons que nous n'aurons plus à le répéter, les hommes qui refusaient au chef de l'État leurs respects, et s'étudiaient à lui dénier incessamment les droits les plus sacrés; ceux qui couvraient d'outrages sa personne, ont armé le bras d'Alibaud, peut-être autant que sa misère. Une législation énergique a mis un terme à de semblables écarts; nous ne reverrons plus ce débordement de doctrines impies qui ont si souvent compromis notre repos; et si, dans quelques esprits, restent encore des traces d'un désordre moral aussi dangereux, ces traces s'affaiblissent chaque jour, et bientôt elles seront complétement effacées.»

M. le Procureur général se demande ensuite quelles pourraient être les espérances des ennemis du gouvernement. La Providence, qui veille sur la France, veille sur le prince; et si le fer d'un assassin tranchait ses jours, ce ne seraient pas les paisibles citoyens qui auraient à craindre dans l'explosion de l'indignation publique... Les factions seules se trouveraient compromises.

— Voilà ce qui doit faire le désespoir des factieux; voilà ce qui fait la sécurité de la France. Aussi n'hésitons-nous pas à dire aux bons citoyens: Vous avez tremblé pour les jours du roi; vous avez frémi à la pensée qu'un lâche assassinat vînt terminer une vie de dévouement et de sacrifices au pays, à la paix, aux intérêts sacrés de la civilisation. Rassurez-vous: l'indignation que vous avez témoignée, votre empressement à accourir auprès du monarque, sont de sûrs garants contre le retour de semblables dangers.

«En portant votre seconde pensée sur vos princes, en vous serrant autour d'eux, après avoir remercié le ciel d'avoir conservé le roi, vous avez doublement assuré sa vie; vous l'avez environnée de la plus belle et de la plus forte cuirasse: c'est celle que, naguère, dans des jours de détresse, il vous indiquait lui-même avec un juste orgueil; c'est votre loyal amour pour ses nobles enfants, qui seront les héritiers de ses vertus et de son dévouement à la France. »

M. le Procureur général a terminé son réquisitoire. Alibaud, qui n'a pas cessé de lire les journaux, paraît enfin s'occuper de ce qui se passe, et regarde Mᵉ Ledru, qui prend la parole en ces termes:

«Messieurs les pairs, un avocat, choisi comme conseil par un accusé de régicide qui avoue son crime, se trouve comme obligé, au moment où il se lève devant cette Cour, de parler d'abord de lui-même. A ce titre, vous me permettrez de vous rappeler quelques détails de ma première entrevue avec mon client.

«Je me suis rendu à votre appel, lui dis-je; mais, hélas! que puis-je faire pour vous? Accusé de l'attentat que la loi appelle parricide, vous n'avez, dit-on, exprimé devant les magistrats que le regret de n'avoir pas réussi: quel secours attendez-vous de mon ministère?

«La loi me condamne, répondit Alibaud, et je ne songe pas à lui disputer ma vie. Mais voyez cette accusation! ce n'est pas seulement ma tête qu'il lui faut, c'est l'honneur de toute mon existence passée, celui de ma famille, de mon pauvre père! Eh bien! non. Pour celui-là je ne veux pas qu'on me le prenne: je le confie à votre garde. Je puis compter sur vous, n'est-ce pas? vous me le promettez?

«Vous l'avouerai-je, messieurs les pairs? de ma vie je n'avais ressenti une pareille émotion. Cet homme que j'avais abordé avec une sorte d'effroi, et seulement pour satisfaire à un devoir religieux, il me sembla tout à coup que c'était un ami, un frère mourant qui me dictait ses dernières volontés en me tendant la main. Je ne pus que la presser dans la mienne et, mêlant mes larmes à ses larmes, je lui promis, je lui jurai de défendre son honneur et de garder celui de son père. Je viens m'acquitter de cette mission. »

Pourquoi ne pas s'être contenté de faire peser sur Alibaud un attentat trop certain? Pourquoi avoir cherché à flétrir sa vie antérieure? A quoi bon ce luxe d'injures? La morale publique exigeait-elle qu'on groupât je ne sais quelles misères inconnues dans la langue légale, comme des circonstances aggravantes autour d'un fait que la loi punit comme le plus grand de tous les crimes?

Pour détruire ces impressions funestes, le défenseur va esquisser cette vie. Il lit une courte note, de la main d'Alibaud lui-même, commençant par cette phrase où s'étale naïvement la folie démocratique: « J'appartiens à une famille pauvre, et, *par conséquent, honnête.*

Après avoir raconté la vie de son client, Mᵉ Ledru termine ainsi:

«Ici, permettez-moi, Messieurs, sans manquer aux convenances, de vous soumettre quelques réflexions.

«C'est une chose étrange et qui confond toutes les pensées que de voir un homme honnête et bon dans la vie ordinaire concevoir une si affreuse résolution, et toutefois l'histoire atteste que les passions politiques ont toujours enfanté cette anomalie. La morale est une: elle est éternelle, et cependant relisez l'orateur romain, il n'absout pas seulement le meurtre de César, il glorifie Brutus, il le présente comme un exemple à la postérité. Tacite n'a-t-il pas dit aussi dans son effrayante concision: « *Rectè occisus fuit,* il fut tué à bon droit. »

«Ce qui résulte de là, Messieurs, c'est que souvent en politique on croit bien ce qui est mal; c'est que dans un certain ordre d'idées on peut trouver le crime en cherchant la vertu.

«Si donc quelque chose m'a rassuré un instant, c'est qu'Alibaud a pour juges des hommes qui ont assez médité sur le cœur humain pour comprendre les aberrations dont ne se sont pas toujours garantis ceux même que l'humanité a toujours reconnus comme ses maîtres et ses guides.

«Ne croyez pas que je vienne ici, mentant à mes principes, reconnaître votre juridiction, *contre laquelle, au contraire, je proteste de toutes mes forces;* mais il me semble que ce que je ne pourrais pas dire devant les juges ordinaires, je puis le dire devant vous.

«Messieurs les pairs, vous êtes des hommes politiques, au-dessus des préoccupations et des mesquins aperçus du vulgaire; vous pouvez donc apprécier des passions politiques. Vous connaissez assez les choses du passé pour croire qu'un forfait politique peut prendre quelquefois sa source dans une conscience pure, mais égarée; ce point admis, Messieurs, planez du haut de votre position sur les conséquences de cette cause.

«Si vous étiez un tribunal ordinaire, je n'aurais pas à vous exposer ces considérations; mais vous êtes tout-puissants. J'oserai vous demander quel est le parti le plus utile que, comme hommes politiques, vous ayez à adopter? Ferez-vous tomber cette tête? Messieurs les pairs, cela serait légal; mais cela ne serait pas même une mesure utile au gouvernement que vous voulez défendre. Et, en effet, quand l'accusé aura péri sur l'échafaud, croyez-vous que ce soit un gage de salut et de prospérité pour les intérêts de la royauté? Non, ne le croyez pas.

«Dès longtemps, l'échafaud est dressé contre

ceux qui attentent à la sécurité des gouvernements; qu'est-ce que ces mesures ont produit? Il y a à peine quelques jours, trois exécutions ont eu lieu : ont-elles désarmé le bras d'Alibaud? Loin de là : toute exaltation politique est basée sur les rigueurs vraies ou fausses, justes ou injustes du pouvoir.

« Messieurs, soyez cléments envers Alibaud : c'est la politique la plus sûre. »

Alibaud se lève à son tour, remercie d'un geste son défenseur, déploie les feuillets d'un manuscrit, et, d'une voix forte et accentuée, lit le discours suivant :

« Messieurs les pairs,

« Je n'ai jamais eu l'idée de défendre ma tête; mon intention était de vous l'apporter loyalement, croyant que vous l'auriez prise de même. Un conspirateur réussit ou meurt; mais moi, réussissant ou non, la mort était mon partage. Je ne voulais pas tomber vivant entre les mains de mes ennemis; de même je n'aurais voulu tirer de ma réussite qu'une mort glorieuse et populaire. Ce n'est donc pas pour défendre ma tête que je prends la parole. Vous avez attaqué en moi quelque chose de bien plus cher que la vie, l'honneur : c'est lui que je veux défendre, parce qu'en le défendant je défends aussi ceux qui portent mon nom. Messieurs, l'acte d'accusation n'est empreint que de passion, de fiel et de mensonge... »

Et, fixant sur le Procureur général un regard chargé de haine et de mépris : « On m'a attribué, s'écrie-t-il, des inclinations basses! Il ne manquait plus que de me présenter comme un de ces intrigants éclos au soleil de juillet.

« Pour moi, en juillet 1830, j'étais militaire et en garnison à Paris. Je quittai la cause de Charles X pour embrasser celle du peuple. Voilà tout ce que j'ai demandé à cette révolution, et c'est pour cela sans doute qu'on lit dans votre acte d'accusation que je suis dévoré de cupidité sans avoir assez de cœur pour travailler à la satisfaire...

« Le droit des hommes contre la tyrannie est personnel. Lorsqu'un prince viole les constitutions du pays, et qu'il se met au-dessus des lois, les hommes ne sont pas obligés, mais ils sont forcés d'obéir. Alors on repousse la force par la force.

« J'avais, à l'égard de Philippe Ier, le même droit dont usa Brutus contre César. (Violente interruption.)

— « On m'a appelé assassin : d'accord. Mais on m'a appelé lâche. J'en juge autrement, messieurs les pairs.

« Lorsque j'ai attaqué le roi, il était défendu par plus de soldats que n'en eut Napoléon pour reconquérir son trône. Le roi gouvernant est responsable de tous les actes qui émanent du pouvoir; le roi mettant Paris en état de siège, se met dans le même cas qui a fait condamner, par la Chambre des Pairs, l'ex-ministre Polignac. Pauvre peuple! Tu te laisses mettre au bât et tu baisses les oreilles; bientôt, tu tendras la dos aux coups de bâton, car on y viendra. Le régicide est le droit de l'homme qui ne peut obtenir justice que par ses mains. » (Violents murmures sur les bancs de la pairie.)

M. le président Pasquier, après avoir consulté du regard l'assemblée, dit : « Je ne puis vous laisser continuer un pareil langage. Asseyez-vous. »

Alibaud, d'une voix émue : « Vous demandez ma tête, c'est à moi de la défendre! »

Il est pâle; son corps est agité d'un tremblement convulsif; il reste debout, l'œil fixé sur l'œil du Président. Deux gardes municipaux prennent l'ac-

cusé par les épaules et le forcent à s'asseoir. Il se rassied, se calme par un violent effort sur lui-même, et confie son manuscrit à Me Ledru.

M. le Président, à Me Ledru. — Vous ne pouvez conserver ce papier, défenseur; ce sont des pièces au procès; elles doivent être déposées au greffe.

Me Ledru. — Je les reçois, Monsieur le Président. La Cour peut s'en rapporter à ma discrétion et à ma prudence.

M. le Président, avec vivacité. — Remettez cette pièce au greffier.

Me Ledru donne le manuscrit, avec une sorte d'hésitation, à M. Sajou, chef des huissiers; celui-ci s'empresse de le confondre avec les autres pièces du procès.

Me Bonjour se lève; Alibaud le saisit à l'épaule.

« Ah! pardon, lui dit-il, votre but est de demander pour moi grâce ou pitié. Non, non; je ne veux inspirer d'autres sentiments que la haine à mes ennemis et l'estime à quelques citoyens. »

Après une courte réplique de *M. le Procureur général*, Alibaud, interrogé s'il a quelque chose à ajouter pour sa défense, redemande son manuscrit. On le lui rend. Il en lit quelques phrases plusieurs fois interrompues par le Président : « Le régicide est une éternelle nécessité que j'ai dû subir... La source de mes malheurs est dans le roi qui gouverne la France..., la corruption dans ceux qui gouvernent les autres... » Sur la réquisition formelle du ministère public, la parole lui est retirée, et la Cour rend un arrêt qui le condamne à la peine des parricides.

Alibaud fut jusqu'au bout semblable à lui-même; il refusa de se pourvoir en grâce. Me Ledru, au nom de la famille du condamné, écrivit au roi la lettre suivante :

« Sire, Alibaud, décidé à mourir, m'a légué le soin de consoler son vieux père. Je viens, pour remplir cette sainte mission, vous supplier de jeter un regard de clémence sur un condamné dont l'inébranlable résolution rendra plus éclatante encore la grâce que Votre Majesté laissera tomber de son trône. Il était impossible, Sire, de vaincre l'obstination de cet homme, trop dédaigneux de la vie pour vouloir la prolonger d'un seul jour; mais il m'a semblé que, s'il est du devoir de tout citoyen de pardonner à son ennemi, il est digne du *premier citoyen de l'État* de pardonner à son assassin.

« Je suis avec respect, etc.

« Charles Ledru. »

Ce placet fut rejeté. Me Ledru voulut faire accepter, sans l'aveu d'Alibaud, un pourvoi en cassation : il ne fut pas plus heureux. Le 11 juillet, à cinq heures du matin, le condamné fut amené sur la place Saint-Jacques. Des lignes décuples de soldats avaient refoulé au loin les spectateurs. Alibaud, qui avait poliment refusé les secours de la religion, parut, revêtu du voile noir des parricides. Il mourut, calme et ferme, en disant : « Je meurs pour la liberté et pour l'extinction de l'infâme monarchie! »

Alibaud fut un de ces fous convaincus, un de ces fanatiques sincères, honnêtes, qu'on ne peut s'empêcher de plaindre en les condamnant. C'est une figure qu'on peut rapprocher de celle de Louvel; mais les juges de Louvel le frappèrent sans le calomnier et surent respecter en lui les droits de la défense.

LA FEMME SANS NOM, OU LA FAUSSE MARQUISE (1791).

(MADAME DE DOUHAULT).

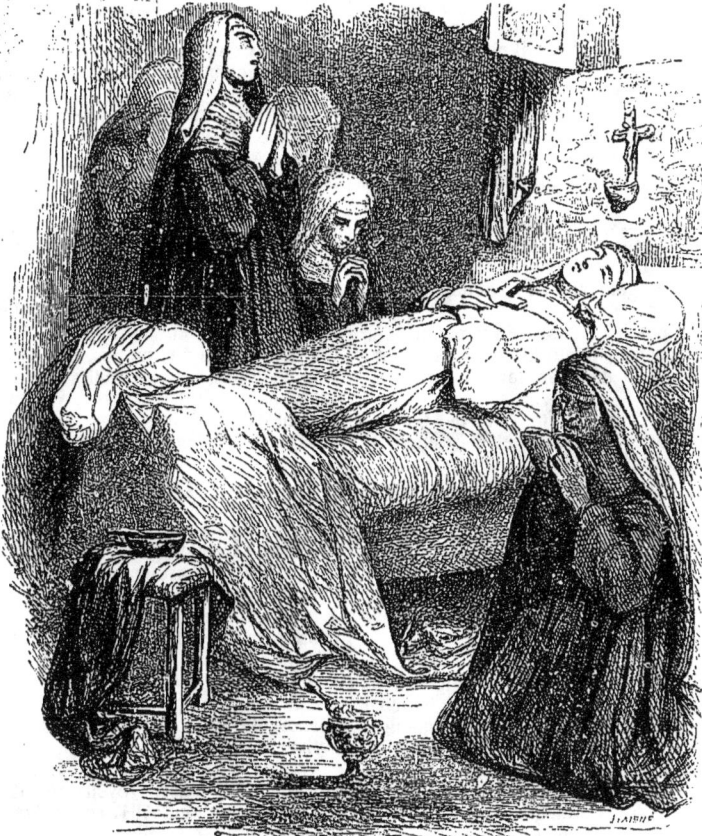

Elle était morte à Orléans trois ans auparavant (PAGE 1).

Le 17 octobre 1791, une dame, vêtue de noir et voilée, se présenta à la grille du château de Champignelles, bourg situé à neuf lieues d'Auxerre. Comme elle demandait à entrer, la concierge répondit : — « Madame, mon maître, M. de Champignelles, m'a défendu de laisser entrer personne sans une permission signée de lui. » — « Mais ne me reconnaissez-vous pas, Saint-Loup? dit la dame en levant son voile; je suis votre ancienne maîtresse, la marquise de Douhault, née de Champignelles. » — « Il y a beau temps qu'elle est morte, répliqua le concierge. Retirez-vous, Madame; j'ai mes ordres. »

La dame voilée reprit le chemin du bourg, où l'avait amenée une voiture. Elle se dirigea vers l'auberge de l'endroit, et y demanda une chambre.

Le lendemain matin, à la messe de dix heures, la dame voilée entra dans l'église, que remplissaient les habitants du bourg et les serviteurs du château. Elle leva son voile, se prosterna près d'une pierre tumulaire et pria, en pleurant avec abondance. Cette pierre votive, qui semblait réveiller ses regrets et faire couler ses larmes, portait les noms de *Très-haut et très-puissant Louis-René Rogres de Lusignan de Champignelles, lieutenant-général des armées du roi.*

Les assistants, étonnés, considérèrent plus attentivement cette dame, et plusieurs d'entre eux s'écrièrent : — « C'est étonnant comme elle ressemble à feu madame la marquise de Douhault ! »

Mais la marquise de Douhault, fille de Lusignan de Champignelles, était morte à Orléans trois ans auparavant. Il n'y avait même pas longtemps que, dans cette même église, un service funéraire avait été célébré en son honneur. Cependant la taille, la démarche, les traits du visage, tout rappelait si bien la morte, que plus d'un, pendant la messe, ne put s'empêcher de répéter : — « C'est égal, on dirait bien notre marquise, tout de même. »

La messe finie, un groupe se forma, à la porte de l'église, pour voir sortir la dame. Celle-ci était venue accompagnée d'une femme de chambre. Un des curieux, plus hardi que les autres, s'approcha de cette femme, et lui demanda le nom de sa maîtresse. — « Vous devez la connaître mieux que moi, » répondit la suivante.

Plusieurs, alors, qui avaient eu avec la dame de Champignelles des rapports plus fréquents que d'autres, s'approchèrent de la dame voilée.— « Oui, mes amis, leur dit-elle, je suis bien la marquise de Douhault; c'est bien moi qui, longtemps, fus la maîtresse de ce domaine, où l'on refuse de me recevoir aujourd'hui. »

La voix, comme tout le reste, rappelait la dame de Champignelles. Elle leva tous les doutes en interpellant chacun par son nom, en lui rappelant des circonstances que la fille de l'ancien seigneur pouvait seule connaître. Il n'y avait plus d'hésitation possible. Tout Champignelles fut convaincu du retour de la marquise. Le son des cloches célébra cet événement.

Pendant les jours suivants, la marquise reçut, du bourg et des villages environnants, de nombreuses visites; tous ceux qui avaient connu la marquise de Douhault la reconnurent dans celle qui disait avoir droit à ce nom. La garde nationale du lieu fêta la dame retrouvée; les officiers municipaux, le juge de police voulurent donner à la reconnaissance à peu près générale des habitants toute l'authenticité possible.

Ils firent donc publier, au son du tambour, que tous ceux qui reconnaissaient la dame de Champignelles eussent à le déclarer devant la municipalité.

Le 23 octobre, l'enquête fut ouverte. Quatre-vingt-seize habitants du bourg et des environs attestèrent l'existence de la dame de Champignelles, et son identité avec la dame qui se présentait devant eux. L'enquête fut portée sur le registre de police; expédition en fut dressée par le greffier.

Immédiatement après cette constatation publique, la dame de Champignelles fit citer au bureau de conciliation le sieur Rogres de Lusignan de Champignelles, son frère, comme détenteur de ses biens à titre illégal.

La citation n'ayant eu aucun effet, elle fit, le 9 janvier 1792, lancer un exploit introductif d'instance, par lequel elle traduisait devant le tribunal du district de Saint-Fargeau M. de Champignelles, son frère, afin d'être réintégrée dans tous ses droits, noms et actions, d'être remise en possession de ses biens, et d'une somme de 500,000 livres pour tenir lieu des jouissances, sans préjudice des dépens.

Comment Mme de Douhault expliquait-elle que, morte et enterrée à Orléans, elle fût encore en vie? Laissons-la raconter elle-même cette étrange histoire. Nous ne faisons qu'analyser ici le récit et le système du *Mémoire* qu'elle publia à l'appui de sa réclamation.

Mais, d'abord, introduisons rapidement les personnages, et fixons les dates des événements principaux. En matière d'état, noms et dates ont toute importance.

Adélaïde-Marie Rogres de Lusignan de Champignelles était née, le 7 octobre 1741, de Rogres de Lusignan de Champignelles et de Jeanne-Henriette Lefebvre de Laubrière.

Placée, à l'âge de cinq ans, au couvent des Dominicaines de Montargis, dont Mme de Dizien, sa tante et sa marraine, était abbesse, la jeune Adélaïde en sortit plus tard, pour entrer aux Ursulines de la rue Saint-Jacques, à Paris.

Elle en fut retirée, le 30 août 1764, pour être unie au marquis Louis-Joseph de Douhault de Grainville. M. de Douhault était un officier, veuf en premières noces de Mlle Savarie de Lancosne.

M. de Douhault possédait d'assez grands biens territoriaux. Sans doute, sa fortune fut une des considérations les plus puissantes pour faire conclure ce mariage; car, après quelque temps de ménage, sa jeune femme s'aperçut qu'il était sujet à une maladie affreuse, l'épilepsie. Elle accepta cette douleur en silence, et elle continua de remplir, sans se plaindre, ses tristes devoirs d'épouse.

Mais, vers 1765, la maladie de M. de Douhault dégénéra tout à coup en folie furieuse. Il devint dangereux de le servir, et, un jour, voyant son mari frapper violemment un valet de chambre, Mme de Douhault, qui voulut intervenir, fut blessée elle-même d'un coup d'épée au sein droit.

Au mois d'avril 1766, les deux familles durent se décider à provoquer l'interdiction de M. de Douhault, et, cette mesure ne suffisant pas, il fallut le faire enfermer à Charenton, sur un arrêté des juges d'Argenton, du 2 mai. M. de Douhault vécut vingt et un ans encore dans cette maison, et y mourut le 21 mars 1787.

Sa femme, veuve à vingt-cinq ans d'un mari vivant, avait continué d'habiter le château du Chazelet, propriété de M. de Douhault. Elle y mena, pendant ces vingt et un ans, la vie la plus isolée, la plus exemplaire, consacrant son temps et ses biens au soulagement des pauvres, visitant les malades, portant dans les chaumières les secours et les consolations, poussant sa populaire bienfaisance jusqu'à panser elle-même les plaies des malheureux.

M. de Champignelles père était mort, lui aussi, le 17 mai 1784.

La marquise de Douhault, à la mort de son mari, fit constater, par un inventaire, en date du 15 mai 1787, en présence des héritiers du défunt, l'état de la succession dont elle restait l'usufruitière. A la fin de décembre 1787, elle partit du Chazelet pour se rendre à Paris, près de sa mère, qui désirait prendre avec elle des arrangements relatifs à sa situation de fortune.

C'est pendant ce voyage qu'elle serait morte à Orléans, le 18 janvier 1788. Ses obsèques avaient eu lieu le 21 janvier.

Tels sont les personnages principaux, les faits généraux, les dates. Voyons maintenant ce qu'y ajoute celle qui, en 1791, se dit Mme de Douhault.

Et d'abord, selon elle, M. de Champignelles père était mort du chagrin que lui avait causé l'odieuse conduite de son fils. M. de Champignelles père occupait, rue du Foin, au Marais, un hôtel dont son fils était parvenu à le déloger, en faisant passer sous son propre nom un bail que son père l'avait chargé de souscrire pour lui-même.

Cette mort donnait lieu à des règlements de droits avec Mme de Champignelles mère. Cette dame était assurée, par les contrats de mariage de ses enfants, de l'usufruit de tous les biens de son mari, sous les seules conditions de payer à son fils une rente de 4,000 fr., et à sa fille, une somme de 40,000 fr., moitié de sa constitution dotale.

Mais celui qui avait dépouillé indignement son père, ne devait pas davantage respecter la fortune de sa mère. Il procéda à une liquidation, et, sans égard pour les clauses de son propre contrat de mariage, il réduisit sa mère à une reprise de 158,000 francs, et à une pension de 10,796 francs, au lieu d'un usufruit de plus de 60,000 francs de rente, auquel elle avait droit de prétendre.

Mme de Champignelles, privée de tout appui, adhéra à ce traité léonin, en date du 31 octobre 1785, mais seulement sous la garantie du cautionnement de Mme de Douhault, qui, n'ayant point d'enfants, satisfaite de son sort, se borna à constater sa qualité d'habile à hériter de son père, et d'ailleurs, donna sa procuration en blanc, dont son frère fit usage pour faire ratifier tout ce qu'il avait fait en son nom. M. de Champignelles restait donc nanti du montant des reprises de sa mère, de toute la succession paternelle, à laquelle sa sœur venait en droit égal, et, de plus, il était débiteur envers sa sœur d'une somme de 40,000 francs, solde de la constitution dotale.

Le traité de liquidation une fois arraché à Mme de Champignelles, il arriva ce qui arrive toujours en pareil cas. Le mauvais fils servit mal la pension qu'il devait faire. Plus d'une fois, Mme de Champignelles se trouva dans le besoin; plus d'une fois, elle dut avoir recours à son ancien valet de chambre, un sieur Regnier, pour se procurer de l'argent par l'engagement ou la vente de ses bijoux. Il lui fallut se réduire, et sous-louer en grande partie un vaste appartement qu'elle occupait aux Incurables, à Paris.

Dans sa correspondance avec sa fille, cette mère affligée épanchait ses chagrins, se plaignait de son triste isolement dans les hospices de Paris, lorsque sa place était naturellement au château de Champignelles, seul asile digne d'elle, où la piété filiale devait s'empresser de la recevoir honorablement. Elle pressait Mme de Douhault de se réunir à elle, de l'aider à faire révoquer, si cela était possible, l'acte de cautionnement qui assurait l'exécution du traité fait avec M. de Champignelles, afin d'en opérer la résolution, et de la faire rentrer dans les droits d'un usufruit, que la conduite de son fils la faisait repentir d'avoir trop légèrement abandonné. Elle lui proposait de confier à un régisseur le soin de ses intérêts au Chazelet, et de venir habiter près d'elle le château du Parc-Vieille, voisin de celui de Champignelles.

Une sœur de Mme de Douhault, devenue, à son tour, à Montargis, abbesse des Dominicaines, avait connaissance de cette situation pénible : elle invitait sa sœur à satisfaire aux désirs de leur mère.

Avant de prendre une détermination qui allait donner le signal d'une lutte de famille, Mme de Douhault écrivit à son frère. Elle lui fit des représentations amicales, et l'invita à faire cesser le motif des plaintes de Mme de Champignelles.

A ces ouvertures, M. de Champignelles répondit par un surcroît de dureté. Il résolut de faire mettre en vente la terre patrimoniale. Le bruit de cette aliénation projetée redoubla les alarmes de la mère, qui pressa sa fille de prendre un parti.

Tel était l'état des choses dans cette famille, lorsque Mme de Douhault annonça à sa mère qu'elle se rendrait à Paris, dans les premiers jours de 1788, pour y concerter avec elle les mesures convenables aux circonstances.

Ainsi, à ce moment, le fils avide est menacé, soit de rendre l'usufruit, soit de partager avec sa sœur la succession paternelle. Cependant, chose étrange ! il presse aussi cette entrevue; il ne paraît pas le redouter; il l'appelle.

S'il faut en croire la réclamante de 1791, Mme de Douhault, prête à partir pour Paris, éprouve de secrets pressentiments, d'inexplicables répugnances. Sa sœur de Montargis l'encourage; une amie, Mme de Polignac, l'approuve; et cependant, dans les visites d'adieu qu'elle fait à ses voisines, Mme de Bélabre, Mme de la Roche-Chevreuse, elle ne peut cacher des craintes folles et sans motif défini. Elle fait prier son cousin, M. Pepin, bailli au Chazelet, de se rendre près d'elle, pour l'aider dans quelques dispositions dernières, et elle lui communique ses anxiétés. Ce magistrat la rassure, et attribue ces vagues inquiétudes à une altération passagère de la santé.

Toutefois, Mme de Douhault ne peut s'empêcher de reculer le plus qu'il lui sera possible l'époque de son arrivée à Paris. Mme de Polignac vient de l'inviter à passer par Fontainebleau, pour y voir Mme de Polastron, sa sœur, alors malade en cette ville; elle ira à Fontainebleau, où la Cour, d'ailleurs, doit se rendre.

M. du Lude, petit-neveu de Mme de Douhault, du côté de son mari, est alors à Argenton. Mme de Douhault l'invite, par écrit, à venir au Chazelet, d'où ils feront ensemble le voyage d'Orléans : M. du Lude ne se rend pas à cette invitation.

Mme de Douhault part donc du Chazelet, le lendemain des fêtes de Noël 1787, accompagnée de Périsse-la-Chaize, sa femme de chambre, de Louis Bousard, son cocher, qui conduit la voiture, et de Joseph Billon, domestique à son service depuis six mois.

A Argenton, elle s'informe de M. du Lude; il est, lui dit-on, parti pour Orléans, aussitôt après avoir reçu l'invitation qu'elle lui a faite de venir au Chazelet : cela l'étonne.

Elle renvoie son cocher, et poursuit sa route avec des chevaux de poste. Arrivée à Orléans, elle fait arrêter sa voiture à la porte de M. du Lude, chez qui elle loge ordinairement. M. du Lude se défend, sous plusieurs prétextes, de recevoir sa grand'tante, et lui indique la maison de M. de la Roncière, où, dit-il, une chambre est préparée pour la recevoir. Il lui persuade, en même temps, d'envoyer au Lude son domestique Billon, afin de causer moins d'embarras à la Roncière.

Un peu étonnée de cette réception, Mme de Douhault se rend chez M. de la Roncière. On lui donne une chambre au rez-de-chaussée, ayant vue sur la cour, et elle apprend bientôt que cette chambre était celle qu'occupait ordinairement Mme de la Roncière, la mère, morte subitement huit jours auparavant chez son fils, au château de Loury, près d'Orléans.

Le 15 janvier 1788, Mme de Douhault va repartir pour Paris. Ce jour-là, Mme de la Roncière l'invite à faire une promenade en voiture sur les quais de la Loire. Les dames du Sailly de Haute-Roche et d'Halot sont de la partie. Pendant le trajet, Mme de la Roncière offre à Mme de Douhault une prise de tabac, et, aussitôt après l'avoir respirée, la marquise se sent atteinte d'un violent mal de tête. Elle demande à rentrer; on lui fait prendre un bain de pieds : elle s'endort d'un sommeil profond.

Qu'arriva-t-il alors? Ici, se présente une lacune dans les souvenirs de Mme de Douhault. Elle sait seulement qu'elle se réveilla à la Salpêtrière !

En interrogeant sa mémoire, elle croit se rappeler vaguement qu'après ce sommeil, qui dura plusieurs jours, elle eut un moment de lucidité, pendant lequel Mme de la Roncière l'engagea à partir pour Paris, le soir même; on ne lui laisse point voir sa femme de chambre; elle se voit confusément prenant un bouillon des mains de cette dame; elle va à Paris, où l'image de son frère passe devant ses yeux; elle loge et soupe à Fontainebleau, à l'hôtel de Luynes, chez Mme de Polastron; des exempts l'arrêtent et la conduisent dans une voiture fermée.

Voilà ce que retrace à Mme de Douhault une mémoire affaiblie par un coup terrible. Mais, à la Salpêtrière, elle reprend tristement possession d'elle-même. Sa raison reparaît, nette et vive, comme pour mieux lui faire sentir sa cruelle infortune. Elle s'étonne, elle proteste, elle se nomme : on lui répond qu'elle se trompe, qu'elle s'appelle Blainville et que tout ce qu'elle raconte est le produit d'une imagination en délire.

Pendant ce temps, que se passe-t-il à Orléans? Mᵐᵉ de Douhault y est morte, après une maladie que les médecins ont qualifiée de léthargique et soporeuse. On a apposé le scellé sur ses effets et papiers, sur les meubles du Chazelet; on a procédé à son enterrement; on a rédigé un acte mortuaire.

Le 25 janvier, on a obtenu de Mᵐᵉ de Champignelles, qui pleure une fille tendrement aimée, une procuration pour lever les scellés. Plus tard, M. de Champignelles a procédé, avec les autres héritiers de Mᵐᵉ de Douhault, à la liquidation des droits de la succession de sa sœur.

Cependant, après dix-sept mois d'une réclusion horrible, Mᵐᵉ de Douhault, dont, jusqu'alors, toutes les lettres ont été interceptées, a pu faire connaître à une amie puissante, à Mᵐᵉ de Polignac, l'infâme séquestration dont elle est victime. Elle a pu lui écrire qu'on a trompé la religion du ministre, M. de Breteuil; qu'on lui a arraché un ordre arbitraire. Mᵐᵉ de Polignac fait révoquer l'ordre et, le 13 juillet 1789, un chevalier de Saint-Louis vient annoncer à Mᵐᵉ de Douhault qu'elle est libre. Il l'accompagne jusqu'au bas du Jardin des Plantes, et la prisonnière de la Salpêtrière se retrouve seule à Paris, le jour même où commence une révolution terrible, où le peuple prélude, en brûlant les barrières, à la prise de la Bastille.

Elle n'a pu soupçonner un instant que M. de Champignelles fût l'auteur de sa détention; elle ne sait pas légalement morte : sa première pensée est donc de courir chez se frère. Il ne veut pas la reconnaître, il lui refuse toute explication, il la fait chasser comme une folle, comme une intrigante.

Ne comprenant rien à une réception semblable, elle se rend chez un oncle, commandeur. Celui-ci la reçoit froidement, la méconnaît comme M. de Champignelles, et cependant l'invite à dîner. Elle refuse, les larmes aux yeux, et s'écrie : — « Je vais me réfugier dans le sein de ma mère! — Votre mère, répond le commandant, mais vous ne l'avez plus. »

L'âme remplie d'une douleur profonde, la marquise se rappelle sa libératrice, son amie. Elle court à Versailles : Mᵐᵉ de Polignac l'accueille avec tendresse et lui donne un asile.

Là, elle est reconnue successivement. Elle est reçue avec intérêt, par le marquis de Dampierre, son parent; par le baron d'Oigny, directeur des postes, qui écrit à son sujet à l'abbesse de Montargis; par le baron de Pondens, chambellan du duc d'Orléans; par le marquis de Nesle, par la princesse de Chimay, douairière, dame d'honneur de la reine. Mesdames de France, le comte de Chastellux, le duc de Villeroi, la duchesse de Choiseul, le duc d'Aumont, le duc de Brissac, M. de Loménil, archevêque de Sens, parent des Champignelles; là duchesse de Rochechouart, la comtesse d'Albert de Luynes, la princesse de Lamballe, le duc de Penthièvre, mademoiselle de Condé, la marquise de La Fayette, M. de Talleyrand-Périgord, archevêque de Reims; le car-

dinal de la Rochefoucault, toute la Cour enfin, reconnaissent, dans la prisonnière échappée de la Salpêtrière, Adélaïde-Marie Rogres de Lusignan de Champignelles.

Mᵐᵉ de Douhault n'a pas voulu susciter, sans délai, un scandale judiciaire. Tous ses amis, tous ses protecteurs lui ont conseillé de s'en fier à la bonté et à la justice du roi. Mais, bientôt, le roi lui-même ne peut plus rien; la Cour est dispersée. Au mois de février 1790, Mᵐᵉ de Douhault s'est décidée à intenter une action civile. Elle est revenue à Paris; elle loge à l'hôtel Saint-Joseph. M. de Champignelles a jusqu'alors éludé toute explication.

Au moment d'engager la lutte, Mᵐᵉ de Douhault a rencontré, parmi ceux qui s'intéressent à ses malheurs, un M. Pâris et un M. Fleury. Ce dernier est avocat. Ils témoignent tous deux un grand zèle pour ses intérêts; elle leur en confie la direction. Tout en applaudissant à ce sentiment de délicatesse qui porte Mᵐᵉ de Douhault à ne pas intenter brusquement contre son frère un procès déshonorant pour la famille, ils lui conseillent d'essayer par le fait une prise de possession de ses biens. Son frère aura-t-il l'audace de les lui disputer, alors s'engagera la lutte.

Elle cède à ces conseils, avec d'autant plus de confiance qu'ils offrent de faire les avances nécessaires pour ce procès. Pâris lui fait accepter une somme de 1,000 livres, en plusieurs traites, mais sous la condition exigée par Mᵐᵉ de Douhault qu'elle en paiera l'intérêt à quinze pour cent.

Ce n'est pas tout : Pâris et Fleury choisissent à leur cliente un logement plus convenable dans la rue du Four-Saint-Honoré. Là, Pâris demande une procuration, nécessaire pour commencer le feu. Il l'apporte toute préparée. Pleine de confiance dans ce généreux ami, Mᵐᵉ de Douhault va signer, quand, jetant par hasard les yeux sur le libellé de la procuration, elle y lit des noms étrangers, une désignation de biens qu'elle ne connaît pas, un pouvoir indéfini d'emprunter et d'aliéner. Elle pose la plume, elle regarde Pâris, qui se trouble : elle refuse de signer. « Vous allez fâcher ces messieurs, » lui dit Victoire Valtan, sa femme de chambre. Pâris, en effet, se retire d'un air indigné, emportant le projet de procuration.

Mᵐᵉ de Douhault a cru deviner un piége; elle y a échappé peut-être. Mais, si Pâris est parti, Fleury est resté près d'elle; il lui remontre qu'elle a eu tort de mécontenter Pâris, un homme obligeant, un ami sûr. Elle ne sait à quoi se résoudre, quand arrive un mandat de comparution pour la veuve Douhault, sur l'heure même, au Comité du district de Saint-Eustache.

Ce nouveau danger, dont elle ne connaît pas la cause, effraye Mᵐᵉ de Douhault; mais Fleury la rassure, s'offre de l'accompagner au Comité. Ils y vont : Pâris est déjà là, se répandant en injures contre Mᵐᵉ de Douhault, qu'il accuse de lui avoir escroqué des lettres de change. Cette audace, l'attitude de ces hommes, qui semblent donner raison au calomniateur, tout trouble la pauvre femme, qui ne répond que par des pleurs. Enfin, cédant à la terreur, elle tire de son portefeuille les traites de Pâris, et les lui remet, à l'exception d'une seule de 400 livres, dont elle a fait usage. Pâris insiste, il veut le tout; il demande au moins, en compensation, qu'elle lui donne sa montre et une tabatière garnie en cercle d'or. — « Mais, suis-je donc dans une caverne de voleurs? » s'écrie-t-elle, indignée de tant d'audace. « Elle nous insulte, » dit un des membres du Comité; et le Comité arrête que Mme de Douhault sera conduite à la mairie, et détenue pendant un mois, en punition de ses injures.

Le soir, à onze heures, Mme de Douhault est conduite à la mairie entre quatre sectionnaires.

Elle se réclama de Bailly, alors maire de Paris. Bailly la connaissait, et eût voulu la protéger. Mais le maire de Paris avait à compter avec les comités de districts, et il ne pouvait, sans danger, innocenter celle qu'on accusait d'injures envers ces autorités populaires. Tout ce qu'il put faire, ce fut de recommander Mme de Douhault au concierge de la Force. Elle y passa un mois, du 19 février au 18 mars, dans une chambre décente, entourée d'égards.

Pâris eut l'audace de la visiter dans sa prison, et de lui offrir la liberté si elle consentait à signer une procuration conforme à ses désirs. Elle s'y refusa énergiquement.

Sortie de la Force, elle se réfugia à Issy, chez la douairière de Chimay. Là, elle apprit, par hasard, que le commandeur l'avait trompée: sa mère vivait encore; elle était toujours aux Incurables, seule, accablée par l'âge et par le chagrin. Elle vola près d'elle. La mère et la fille se jetèrent dans les bras l'une de l'autre. Des secrets affligeants furent révélés dans cette touchante entrevue.

De retour à Issy, elle raconta ces détails à Mme de Chimay, qui résolut de l'accompagner, le surlendemain, dans une seconde visite aux Incurables. Mais M. de Champignelles avait été averti; la porte des Incurables fut refusée à Mme de Chimay et à Mme de Douhault.

Quelques jours après, le 4 avril, Mme de Champignelles la mère succombait, et Mme de Douhault, en proie au plus violent chagrin, tombait elle-même gravement malade. C'est à la suite de cette maladie que Mme de Douhault s'était décidée à réclamer publiquement son état, et à invoquer le secours des lois.

Telles sont les étonnantes affirmations contenues dans le Mémoire publié par Mme de Douhault, réclamante, protestant contre l'acte mortuaire dressé le 21 janvier 1788 à Orléans.

Que répondit à ces accusations M. de Champignelles?

Tout d'abord, il essaya d'un moyen expéditif de terminer le procès. Transformant en un acte coupable l'enquête publique de Champignelles, il la représenta, dans une plainte adressée à M. Delessart, ministre de l'intérieur, comme une tentative à main armée pour s'emparer du château. La réclamante, disait-il, s'était présentée à la porte de cette demeure avec trois cents hommes armés pour forcer le régisseur à la lui livrer. M. de Champignelles demandait que la municipalité du lieu fût tenue de lui garantir ses propriétés de tous les désordres que ces rassemblements pourraient occasionner.

Cette habileté n'eut pas de succès, et il fallut que M. de Champignelles répondît à l'instance. Par requête du 31 janvier 1792, il requit l'interrogatoire sur faits et articles de la réclamante.

Les 7 et 8 février suivants, cet interrogatoire eut lieu; il se composait de 114 questions.

Dès les premières, Mme de Douhault (il nous faut bien l'appeler ainsi) dut comprendre que des faits nouveaux, inconnus, s'étaient passés, et que le juge interrogateur pensait avoir des motifs suffisants pour la taxer de mensonge. Il ne voyait en elle qu'une certaine Anne Buirette, enfermée à la Salpêtrière le 3 janvier 1786.

Mme de Douhault répondit à la plupart des questions d'une façon satisfaisante; on évoqua minutieusement tous les souvenirs de noms, de figures, de costumes, de faits qui pouvaient prouver l'identité; sur la plupart, Mme de Douhault fut imperturbable; il semblait que la véritable marquise pût seule rendre un pareil compte de sa vie écoulée.

Mais, quand on lui parla de son entrée à la Salpêtrière, elle adopta (38e réponse) cette date du 3 janvier 1786 qu'on signalait comme ayant été celle de l'incarcération de cette Anne Buirette, la plaignante selon le système de M. de Champignelles.

Dès lors, les juges de Saint-Fargeau pensèrent ne plus avoir à examiner; tout était décidé par cette réponse; la réclamante, détenue, de 1786 à 1789, à la Salpêtrière, ne pouvait être Mme de Douhault, que des actes authentiques présentaient vivant au Chazelet, en 1786 et 1787.

Les juges ne se dirent pas que l'Anne Buirette en question avait 28 ans lors de son entrée à la Salpêtrière, tandis que Mme de Douhault en eût eu 45; or la plaignante avait évidemment la cinquantaine. Ils ne se dirent pas que, sur 114 réponses, une seule ne devait pas annuler toutes les autres, celle-ci par exemple:

15e *Question.* A elle représenté une lettre par elle écrite, avec le double cachet aux armes des Rogres et Douhault, *en date du 26 juin* 1787,

A répondu la reconnaître pour être cachetée du cachet à ses armes, et avoir été écrite *l'année de ses malheurs.*

Pour des juges moins prévenus, il y avait là une contradiction remarquable avec la date fixée par la réclamante elle-même à son entrée à la Salpêtrière, et cette contradiction diminuait l'autorité de la réponse à la 38e question.

Dès lors, néanmoins, toutes les assertions apportées par M. de Champignelles furent acceptées sans conteste, et firent la base du plaidoyer que préparait le ministère public.

Dans cette situation, deux jurisconsultes de la plus honorable réputation, MM. Dupertuis d'Argenton et Parthon de Château, qui avaient connu Mme de Douhault dans sa jeunesse, qui s'accordaient à la reconnaître dans la réclamante, lui conseillèrent de requérir, à son tour, la confession judiciaire de M. de Champignelles. Cette demande, formée par requête du 25 mai 1792, fut rejetée par jugement du lendemain 26. Ce jugement statuait, en même temps, sur le fond de la contestation.

En même temps, nouvel incident fâcheux pour la réclamante, et qu'elle attribua plus tard à la trahison de son défenseur, gagné par M. de Champignelles: la requête du 25 mai, signée de la réclamante, contenait cette même affirmation, qui avait rendu pour elle si accablante la réponse à la 38e question, à savoir, qu'elle était entrée à la Salpêtrière en 1786. Cette date seule, si on voulait fermer les yeux sur la contradiction qu'elle impliquait avec les autres assertions de la réclamante, avec les circonstances mêmes de la cause, cette date semblait prouver qu'il n'y avait pas identité entre la réclamante et Mme de Douhault.

Et, chose plus étrange encore, cette requête, libellée par le défenseur, transformait grossièrement les prénoms de M. de Douhault; le défenseur avait cependant entre les mains une copie authentique du contrat de mariage de la marquise.

L'affaire fut, en l'absence de Mme de Douhault, plaidée devant le Tribunal civil de Saint-Fargeau. M. de Champignelles ayant allégué que la réclamante avait fait deux faux actes, dont les minutes étaient déposées chez un notaire, à Argenton, Mme de Douhault s'était transportée dans cette ville, pour y vérifier ces actes.

A Argenton, comme à Champignelles, Mme de Douhault fut reconnue par un grand nombre de personnes qui l'avaient connue autrefois. Elle y retrouva, entre autres, ses deux anciennes femmes de chambre, qui, bien que persuadées de la mort de leur maîtresse, ne purent résister au témoignage de leurs sens, et la reconnurent avec des transports et des larmes. Mlle de Maussabré, filleule et cousine de Mme de Douhault, reconnut également sa marraine.

Revenue du Berri, Mme de Douhault apprit à la fois qu'on repoussait sa demande d'interrogatoire, et que, pendant son absence, son défenseur avait, dans sa plaidoirie, avancé des faits faux, tendant à discréditer sa plainte. Elle protesta. Le Commissaire du roi près le Tribunal, M. Moreau de Fourneau, lui répondit par cet accablant plaidoyer:

«Il est de ces tentatives étonnantes que l'ambition et la cupidité n'ont que trop souvent inspirées. Tantôt on a vu des parents avares et cruels, des époux divisés par des passions tyranniques, repousser de leur sein leurs enfants mêmes, et mettre tout en usage pour leur ravir leur nom, leur fortune, et jusques aux moyens de pouvoir jamais se reconnaître. Que de fois la justice a eu à gémir sur ce crime de la nature, et qu'elles sont nombreuses les victimes qui ont eu à redemander leur nom, leur existence et leur famille!

«Aussi souvent encore on a vu des imposteurs tenter d'envahir des royaumes, des noms illustres, des fortunes opulentes. On en a vu d'assez hardis, d'assez heureux pour se faire recevoir par des parents à titre d'enfants, à titre même de maris par des épouses crédules: l'audace de leur entreprise leur était même un moyen de succès; car une telle imposture semble tellement impossible, tellement périlleuse, qu'il est plus difficile de la soupçonner que de laisser subjuguer sa crédulité.

«C'est, Messieurs, sur une affaire qui vous présente l'une ou l'autre de ces alternatives que vous avez maintenant à prononcer.

«D'une part, on vous redemande un nom, une fortune dont on a été dépouillé par une cruauté qui accroît encore le crime de ceux qui se sont rendus coupables de cette spoliation.

«De l'autre, on accuse celle qui se plaint d'avoir été ainsi dépouillée par sa famille d'être un imposteur qui veut conquérir une existence et une fortune qui ne sauraient à aucun titre lui appartenir.

«Vous avez donc, Messieurs, à prononcer sur un des plus grands intérêts politiques, celui qui naît du besoin de conserver ou de recouvrer un grand nom, une fortune immense; à ce premier intérêt s'en joint encore un autre, c'est la gravité de l'affaire en elle-même: car, quel que puisse en être l'événement, il en résultera contre celui qui succombera la preuve d'un crime digne de toute la sévérité de la justice.»

M. Moreau Dufourneau, après avoir établi la position de la cause, entre dans le récit des faits, et constate qu'un acte mortuaire fixe à l'année 1788 le décès, à Orléans, de la dame dont on vient réclamer le nom et la fortune.

«Qui était cette dame, dont on prétend que la mort fut supposée? La fille des Rogres de Lusignan avait reçu une éducation convenable à son rang; c'était une femme distinguée, et les écrits qui restent d'elle prouvent qu'elle possédait, à un plus haut degré que les femmes ne le possèdent en général, le double talent de très-bien écrire, et d'écrire avec une orthographe scrupuleusement exacte. Elle peignait, en outre, très-agréablement. C'était, ses lettres le prouvent, une femme entendue en affaires, qui suivait elle-même ses procès, s'occupait de tous ses intérêts dans le plus grand détail.

«Mme de Douhault, morte à Orléans, était encore un modèle de piété filiale.

«Il faudrait retenir tous ces traits pour comparer la marquise d'autrefois à la marquise d'aujourd'hui.

«La veuve de Douhault arrive à Orléans le 5 janvier 1788, y tombe malade le 15, y meurt le 19, sous les yeux de toute sa famille. Un certificat des deux médecins et du chirurgien qui l'ont soignée, certificat légalisé par la municipalité d'Orléans, atteste la vérité de cette maladie, de ce décès. Un acte authentique porte que, le 21 janvier, la dame de Douhault, morte le samedi précédent, après avoir reçu l'extrême onction, a été enterrée au grand cimetière, en présence de M. de Lavergne, de ses cousins, M. de la Roncière et M. de Guercheville, et de M. du Lude. L'acte est légalisé en forme probante.

«D'après cet événement, soit réel, soit supposé, M. du Lude se mit en possession de la terre du Chazelet et de ses dépendances, et, de son côté, Mme de Champignelles, alors héritière mobilière de sa fille, fit vendre à Paris tous les meubles et effets de sa fille et les fit vendre: on porta le deuil dans les deux familles, et Mme de Douhault, honorée, pendant sa vie, de l'estime universelle de toute sa famille et de tous ceux qui l'avaient connue, emporta avec elle les regrets de tous ceux avec lesquels elle avait vécu. Mme de Rogres de Lusignan mourut bientôt après.

«Deux années et demie s'étaient écoulées depuis la mort feinte ou réelle de Mme de Douhault, lorsque, le 26 juillet 1790, M. le vicaire de la paroisse de Vanvres écrivit à M. le curé de Champignelles: «Je vous prie, lui dit-il, de me donner des renseignements au sujet de Mme de Champignelles, veuve du sieur de Gourdin, marquise de Grainville et baronne d'Esigny, qui se dit dame de votre paroisse: cette marquise doit au particulier pour qui je vous écris, et je crois qu'il ne peut compter sur ce qu'elle promet, ou du moins, que c'est de vous que nous devons attendre la certitude. Vous m'obligerez beaucoup de vouloir m'en donner des nouvelles, ainsi que d'un nommé Fernel du Chantean, qui a écrit à ces personnes qu'on pouvait compter sur elle, qu'on ne doit point avoir d'inquiétude. Vous m'apprendrez, plus que tout autre, la vérité sur ces objets, dont l'histoire me paraît fabuleuse.»

«Le 1er novembre suivant, M. le curé de Champignelles reçut deux lettres à la fois, sous la même enveloppe et sous le contre-seing de l'Assemblée nationale.

«La première est ainsi conçue:

«Je vous écri pour vous soitée le bonjour, en même temps pour vous prier de vouloir bien m'envoyer mon estrai de baptême qui est de 1757, ainsi que mon extrait de mariage qui est en 1770, et l'extrais mortuère de défun ma mère qui est madame de Champignelles, décédé en son château de Champignelles. Je vous prié en grace de vouloir bien me marquer ce que ça ora couttée, lorsque vous l'aurez fais égalisé, vous vouderez bien m'honorer de votre réponse.

« Vous obligerez celle qui a l'honneur d'être votre très-humble très-affectionné. Anne-Louis-Adélaïde de CHAMPIGNELLES, ci-devant marquise de Grainville. »

« La seconde lettre était d'un sieur Pâris, commis à l'Assemblée nationale, qui demandait les mêmes actes au nom de la même marquise de Champignelles.

« Les originaux de ces deux lettres ont été remis, après une collation fidèle, à l'héritier et au neveu de feu M. le curé de Champignelles, le sieur Masson, chirurgien, qui les réclama, et qui, avec ces seules pièces, peut éclairer les citoyens de Champignelles. »

Voilà la réclamation posée ; mais ce n'est pas la première fois qu'elle se produit. La réclamante a été, elle le déclare elle-même, conduite à la Salpêtrière, et y a été enfermée sous le nom d'Anne Buirette, femme Bourdin. Elle a, de plus, fait plaider devant le tribunal qu'elle avait d'abord été enfermée à Pierre-Encise(1). D'après elle-même, la cause de sa détention venait de ce qu'elle avait dit de mauvaises raisons au baron de Breteuil, au sujet de l'affaire du prince Louis. A l'entendre, sa famille se serait empressée de perpétuer sa captivité pour la dépouiller de son patrimoine. Elle a affirmé, enfin, qu'elle était parvenue à écrire sous main à la duchesse de Polignac ; que deux personnes étaient aussitôt venues la voir, et que, huit jours après, elle était sortie de la Salpêtrière.

Tous ces faits sont autant de mensonges ; c'est d'après des pièces incontestables que M. le Commissaire se fait fort de le démontrer.

« En 1785, il se répandit, à Paris, que la reine, à l'occasion de la naissance de M. le duc de Normandie, allait retirer à son compte, du mont-de-piété, les engagements faits par les personnes pauvres, pour leur faire rendre gratuitement. Profitant de ce bruit et prenant faussement la qualité de femme de chambre de la reine, la réclamante, à l'aide d'une voiture et de domestiques vêtus de la petite livrée de sa majesté, s'introduisit chez plusieurs particuliers que le besoin avait forcés de mettre leurs effets au mont-de-piété, les engagea à lui remettre leurs reconnaissances, s'annonçant comme chargée par la reine de les retirer et de leur rendre leurs nantissements ; elle reçut effectivement ces reconnaissances, mais ne fut pour les employer à son profit. Pour mieux réussir, elle avait changé son nom de femme Baudin en celui de Bourdin, parce qu'il y avait effectivement une femme de chambre de la reine de ce nom-là. Telle est la véritable cause de sa détention et non des propos tenus à M. de Breteuil, qu'elle n'a jamais approché. Il n'est pas plus vrai qu'elle ait dû sa liberté à Mme de Polignac, et qu'elle l'ait recouvrée lors de l'incendie des barrières. Ce fut dans la nuit du 12 au 13 juillet que furent incendiées les barrières ; ce fut le vendredi 17 que le roi vint à l'Hôtel de Ville et y accepta la cocarde nationale, et ce ne fut que le 16 octobre, c'est-à-dire trois mois après ces événements, que la réclamante, en vertu d'un ordre du Comité de po-

lice, a quitté une prison, infamante sans doute, mais qu'elle n'avait que trop méritée, puisque c'étaient le crime et la bassesse qui l'y avaient conduite.

« Dès le mois de février suivant, de nouvelles plaintes en escroquerie s'élevèrent contre elle ; elle avait, peu de jours auparavant, passé deux procurations chez M. de Silly, notaire au Châtelet, sous le nom de Mme Anne-Louise-Adélaïde de Champignelles, veuve de M. Pierre-André, marquis de Grainville, elle sous-gouvernante de Madame royale, demeurant au vieux Louvre : la première, au sieur Fleury, à l'effet de faire toutes ses affaires, en qualité de son intendant ; la seconde, au sieur Pâris, à l'effet de régir pour elle les terres de Champignelles et de Bélombre, dont elle s'est dite être propriétaire.

« Pour prix de cette régie, le sieur Pâris a accepté pour la réclamante 926 livres de lettres de change, et lui en a encore donné deux qui avaient été faites à son profit, l'une de 400 livres, et l'autre de 100 livres : total 1426 livres, qu'il est évident que la réclamante lui escroquait, puisque, n'étant même Lusignan, elle n'a pas plus de droit à la terre de Champignelles qu'à celle de Bélombre.

« Porteur de cette procuration, mais doutant de sa sincérité, le sieur Pâris prit des renseignements qui augmentèrent ses alarmes : tout lui prouvait qu'il n'avait contracté qu'avec une femme de mauvaise foi, dont toutes les paroles n'étaient qu'autant de mensonges. Il se hâta de porter ses plaintes au Comité de sa section, alors chargé de maintenir la police. La réclamante y fut conduite.

« Le Comité ne pouvait juger cette question ; il renvoya la réclamante par-devant M. le lieutenant de maire, alors M. Duport du Tertre.

« La réclamante fut provisoirement conduite à l'hôtel de la Force, et, le 24 du même mois, le tribunal de police rendit un jugement qui, attendu que ladite femme Baudin, se disant marquise de Grainville, était convaincue de supposition de nom, de qualité et de domicile, suppositions qui tendaient à abuser le public, portait qu'elle serait, sous bonne et sûre garde, conduite à l'hôtel de la Force, pour y être détenue pendant un mois.

« Ces deux détentions, toutes deux également méritées, et qui se sont suivies de si près, sont prouvées par l'aveu même de la réclamante, et les causes en sont constatées par les pièces que je viens d'avoir l'honneur de vous lire, qui m'ont été officiellement adressées par le ministre de la justice.

« C'est à la sortie de cette seconde prison qu'elle fut demeurer à Vaugirard, chez les personnes au nom desquelles le vicaire de Vanvres écrivit à M. le curé de Champignelles pour avoir des renseignements qui les rassurassent sur les craintes qu'ils avaient conçues sur le compte de la réclamante.

« De là, elle fut demeurer rue du Bac, chez le suisse de l'hôtel de Vintimille, et cette femme qui, vous dit-elle, ne changeait de nom que pour se cacher à sa famille, dont elle redoutait la puissance ; cette femme, au lieu de se contenter du nom de son mari, s'inscrit avec soin, sur le livre public du logeur, Anne-Louise-Adélaïde de Champignelles, native de Champignelles en Bourgogne, âgée de 33 ans, veuve de Gourdin de Saint-Moutiers, capitaine de dragons.

« Vous voyez déjà, Messieurs, que cette femme ne change que les noms sous lesquels la famille Champignelles n'eût jamais pu la reconnaître ; mais qu'attentive à prendre dans ses actes et dans ses négociations le nom de Champignelles, c'est toujours

(1) C'étaient là les faits contre lesquels la plaignante s'inscrivait en faux.

sous ce nom qu'elle se produit et qu'elle cherche à se donner le plus de relief.

« Changeant de demeure aussi souvent que de noms, elle fut loger ensuite chez le nommé Huet, charron, rue du Bac; c'est de là qu'elle est partie pour son premier voyage à Champignelles.

« Nous tairons les anecdotes de sa route, qui ne sont pas prouvées par des actes.

« Arrivée à Auxerre, elle s'introduit dans plusieurs maisons; elle rencontre la dame Deschamps, tante du sieur d'Avigneau, député à l'Assemblée nationale, lui propose de faire tenir à son neveu de l'argent qu'elle voulait lui faire passer, le reçoit et le retient. Il a fallu pour le ravoir faire saisir ses malles et ses effets à l'auberge.

« Elle se présente de même chez Mme l'ancienne abbesse de Saint-Julien; celle-ci ne pouvant reconnaître une Champignelles, ni dans les propos, ni dans la tenue, encore moins dans la façon de s'énoncer de la réclamante, ne put s'empêcher de lui manifester son éloignement à la croire. Celle-ci, à peine retirée, lui écrivit le billet que voici :

« Madame je suis surpris de votre manierre de panse a mon aigart si vous aitre inquiette de mon non le voilas Anne Louyse Adailaide de Champhinelle veuve du s. Montiei de Mérinville dame pour aconpagne Madame Etlisabaite. »

« La réclamante, il est vrai, l'a désavoué; mais l'écriture en est tellement ressemblante avec la sienne, avec les signatures qu'elle vous a données, qu'il ne vous est pas possible de douter un instant que ce billet ne soit de la réclamante. Au reste, nous n'en

Le départ pour la promenade (PAGE 3).

parlons pas ici comme d'un titre nécessaire au jugement de l'affaire, l'écriture de ce billet n'ayant pas été légalement vérifiée par des experts; nous ne le mettons encore qu'au rang des nombreuses présomptions qui s'élèvent contre la réclamante.

« Partie d'Auxerre, elle arriva en cette ville, elle se présenta chez M. Lepelletier sous le nom de Mme de Mérinville, dame de Mme Elisabeth, et parente de M. de Champignelles; elle lui dit qu'étant absent, M. de Champignelles l'avait chargée d'amitié d'aller terminer quelques affaires dans sa terre, et d'y vérifier des plaintes qu'on y faisait contre son homme d'affaires. »

Après avoir ainsi exposé l'intrigue de la réclamante, M. le Commissaire du roi tirait, contre ses prétentions, d'autres preuves de la différence morale qui lui semblait exister entre elle et Mme de Douhault. Celle-ci était distinguée, cultivée; celle-là est d'une crasse ignorance; elle a toutes les habitudes d'un homme; elle fait un usage immodéré de vin et

d'eau-de-vie. Celle-ci était d'une santé frêle, exténuée; celle-là est vigoureuse, après tant d'épreuves subies. Celle-ci avait les yeux bleus; celle-là les a noirs. Celle-ci était boiteuse; celle-là marche d'un pas assuré.

Mais, d'ailleurs, pourquoi tant discuter : la réclamante n'avait-elle pas avoué, elle-même, qu'elle était entrée à la Salpêtrière le 3 janvier 1786? Ne l'avait-elle pas signé? Elle était donc Anne Buirette, et ne pouvait être Mme de Douhault.

M. Moreau du Fourneau terminait par cette péroraison :

« Et vous, son défenseur, s'écria-t-il, vous qu'elle est sans doute la première qui vous ait désavoué... Maintenant qu'il vous est prouvé que vous avez été trompé... dites-nous s'il est possible que, pour un intérêt médiocre (le Commissaire du roi avait d'abord représenté cet intérêt comme énorme), deux familles puissantes se seraient concertées pour se déshonorer elles-mêmes, par la honte et l'infamie qu'elles répandaient sur un de leurs membres. Dites maintenant aux habitants de Champignelles s'il est possible qu'une femme qui sort de deux prisons, pour crime d'escroquerie, mérite aujourd'hui la moindre confiance ; et si, lorsqu'elle n'a en sa faveur que ses allégations, que ses jactances, si, lorsqu'elle ment évidemment sur les faits qu'elle avance... elle ne mérite pas toute la sévérité de la justice?.. Dites-nous maintenant à nous-mêmes si vous pensez qu'il reste encore des soupçons contre M. de Champignelles, s'il est possible de le soupçonner du crime que lui a forgé votre cliente ! »

En vain la réclamante protesta-t-elle de nouveau contre les manœuvres qu'elle disait avoir été employées pour la perdre ; en vain s'efforça-t-elle de signaler l'étrange usage qu'on faisait contre elle de pièces, accablantes si on les avait produites, si on les avait soumises à un débat contradictoire, mais qu'on se contentait de signaler sans les montrer.

En effet, les certificats de chirurgien, de médecins n'avaient pas été exposés à la contradiction ; ni la lettre du curé de Vanvres, ni les deux lettres reçues par le curé de Champignelles n'étaient fournies en original. La lettre prétendue des administrateurs de la police au ministre de la justice relatant la cause de sa détention, était sans date, sans signature ; elle ne pouvait avoir été adressée au ministre de la justice, comme on le disait, car elle commençait par ce mot : *Messieurs*. D'ailleurs, pour tout finir, elle était relative à Anne Buirette, qui n'était pas, qui ne pouvait être la réclamante. Et même, preuve nouvelle de

La fuite de la Salpêtrière (PAGE 4).

mauvaise foi, cette Anne Buirette, femme Bourdin, y était nommée *Baudin*, et confondue avec une fille Baudin, mariée à François Crouillé, Tourangeau.

Ce livre du logeur sur lequel la réclamante se serait inscrite d'une si étrange façon, on en affirmait l'existence, mais on ne le produisait pas. Ce billet à Mme Jaucourt, il était faux ; pourquoi ne confrontait-on pas l'abbesse de Saint-Julien avec la réclamante ? Peut-être Mme Jaucourt, bien qu'amie intime de M. de Champignelles, n'oserait pas soutenir que la demanderesse était la même personne qui s'était présentée chez elle, à Auxerre, sous le nom de Montiel de Mérinville, et qui avait écrit le billet. Mais M. le Commissaire du roi préférait n'en pas douter, et se souciait peu de la vérification. Même observation quant à la visite à M. Lepelletier.

Mme de Douhault s'écriait encore : — Vous dites que j'ai les yeux bleus ; me voici, regardez-moi, ils sont gris-bruns. Vous dites que je ne boite pas légèrement : j'en atteste tous ceux qui m'ont vue marcher. Et pourquoi fuir devant les preuves matérielles ? Mme de Douhault avait au sein droit une cicatrice de coup d'épée : je la porte. Mme de Douhault avait à la main gauche une cicatrice produite par la morsure d'un petit chien : la voici. Mme de Douhault avait au bras droit des cicatrices de cautère : voyez mon bras !

Vaines clameurs ! la réponse à la 38e question finissait tout.

Le 26 mai 1792, le tribunal de Saint-Fargeau, se refusant à tout interrogatoire de M. de Champignelles, à toute enquête, à toute vérification d'écritures, prononça que la réclamante avait été, « pour cause d'escroquerie, renfermée à la Salpêtrière depuis le 3 janvier 1786 jusqu'au 16 octobre 1789, sous le nom d'Anne Buirette, femme *Baudin* ; » qu'elle ne pouvait donc pas être la feue dame de Douhault ; qu'ainsi, elle n'était pas fondée à demander que le sieur Rogres eût à répondre, puisque, quels que pussent être les faits énoncés dans ses réponses, « ils ne sauraient être d'aucune considération relativement à une étrangère. »

C'était résoudre la question par la question même.

Mme de Douhault porta appel du jugement du 26 mai, d'abord au tribunal du district de Cosne, puis au tribunal civil du département de la Nièvre, qui prononça, le 17 nivôse an V, un sursis à faire droit sur la question d'état, jusqu'à ce qu'il eût été statué sur le crime de faux, commis, disait la réclamante, dans l'acte mortuaire du 21 janvier 1788.

C'était M. Réal, conseiller d'État depuis lors et préfet de police, qui, devant le tribunal de Nevers, défendait Mme de Douhault. M. Réal n'hésita pas à y déclarer que le jugement de Saint-Fargeau contenait « trois dégoûtants mensonges. »

La plainte en faux principal, rendue devant le tribunal du jury d'Argenton, le 9 ventôse an V, fut renvoyée au juge de paix d'Orléans; et, après cinq ans de vaines instances, elle fut répondue d'une ordonnance, du 1er ventôse an X, portant renvoi de la plaignante à se pourvoir « ainsi qu'elle aviserait, » attendu que l'objet de sa plainte « n'intéressait pas l'ordre public. »

C'était un déni de justice, et il y avait quelque impudeur à prétendre qu'un crime de faux en écriture publique, ayant pour but une suppression d'état, n'intéressait pas l'ordre public.

Un arrêt contradictoire de la Cour de cassation, rendu en règlement de juges, le 5 prairial an XI, répara l'injustice, et désigna la Cour de justice criminelle de Bourges pour prononcer sur l'acte mortuaire.

L'instruction, à Bourges, consista dans une information, un interrogatoire, une vérification d'écritures.

L'information tendait à éclaircir ces trois faits principaux : 1° Le décès de Mme de Douhault, à Orléans, était-il constant? 2° La plaignante n'était-elle pas Anne Buirette? 3° La plaignante était-elle Mme de Douhault? Sur 15 témoins du décès, les uns en fixèrent l'époque au 17 janvier, les autres au 18, d'autres enfin au 19; variations remarquables, qui se reproduisirent sur les circonstances comme sur la date.

Sur 18 témoins relatifs à Anne Buirette, 4 la reconnurent dans la réclamante; 14 ne trouvèrent aucune ressemblance entre cette femme et la plaignante, et, parmi ceux-ci, était Jean *Bourdin*, mari d'Anne Buirette.

Sur 224 témoins de l'identité, 53 dirent, ou qu'ils ne connaissaient pas Mme de Douhault, ou que la réclamante n'était réellement pas cette dame, et, parmi ces témoins, il y en avait 22 qui, primitivement, avaient affirmé l'identité complète.

153 reconnurent positivement Mme de Douhault dans la plaignante; 18 crurent que c'était elle, sans pouvoir l'affirmer.

21 témoins déposèrent de faits de vexations et de tentatives de séduction employés envers les témoins affirmatifs pour les exciter à trahir leur conscience.

L'interrogatoire subi par la plaignante se composa de 65 questions, remarquables par leur extrême complexité.

La vérification d'écritures tendait à constater : 1° Si la réclamante avait signé deux procurations à Paris et Fleury, et si elle avait écrit le billet à la dame de Jaucourt; 2° S'il y avait similitude entre les écritures anciennes et nouvelles de Mme de Douhault.

Le résultat de cette vérification fut des plus remarquables. Des experts consultés, soit à Bourges, soit à Paris, attestèrent, dans leur âme et conscience, et d'après différentes pièces de comparaison écrites par la veuve Douhault et copiées par la réclamante, qu'il y avait une « parfaite identité » entre les deux écritures.

Quant aux deux procurations invoquées à Saint-Fargeau, les experts déclarèrent qu'elles n'avaient pas été signées par la réclamante. C'étaient donc de fausses pièces, imaginées pour un but infâme. Il en fut de même pour le billet à la dame de Jaucourt.

À Bourges, comme elle l'avait fait déjà devant le tribunal de Cosnes, Mme de Douhault protesta contre l'erreur contenue dans sa réponse à la 38e question de Saint-Fargeau, erreur qui avait pu échapper à sa mémoire affaiblie par tant de malheurs, erreur qu'un adversaire habile, qu'un défenseur corrompu, que des juges prévenus avaient si malheureusement exploitée contre elle, erreur que combattait le reste de l'interrogatoire. Si cette erreur se trouvait reproduite dans la requête du 25 mai 1792, signée de confiance par la réclamante, c'était encore à la trahison qu'il fallait l'attribuer.

Il semble qu'il y avait dans tout cela bien des éléments incompatibles avec la déclaration des juges de Saint-Fargeau; peut-être, au moins, y avait-il là de quoi douter. Les juges de Bourges ne doutèrent pas plus que ceux de Saint-Fargeau. Le 27 vendémiaire an XIII, *M. le Procureur général impérial Baucheton* prononça, sur la question du faux concernant l'acte mortuaire, un réquisitoire qu'il termina par ces paroles :

« Je finis par assurer, obéissant au témoignage impérieux de ma conscience, que la plaignante ne fut jamais Mme de Douhault, et qu'il y a, entre elle et cette dame respectable, la différence grande, immense qui existe entre le crime et la vertu. »

Le lendemain, 28 vendémiaire, la Cour criminelle spéciale de Bourges rendit un arrêt dans lequel, écartant toutes les preuves d'identité qui semblaient résulter de l'information, des expertises et des témoignages, elle rejetait d'une manière absolue la réclamation contre l'acte mortuaire de 1788, par ce motif principal, qu'il était « établi par la déclaration de la plaignante elle-même qu'elle était entrée à la Salpêtrière le 3 janvier 1786. »

Ainsi, une seule erreur obscurcissait tous les autres documents d'une vaste procédure, et pénétrait successivement dans tous les arrêts.

Muni de l'arrêt de Bourges, M. de Champignelles poursuivit, devant la Cour d'appel de Paris, avec la plus grande célérité, la décision relative à l'appel, interjeté par la plaignante, du jugement de Saint-Fargeau.

Quant à Mme de Douhault, sa défense fut paralysée par une dénonciation dont le résultat fut la perte de sa liberté. Il s'agissait d'un vol de mouchoirs, et, chose étrange, la dénonciatrice, une femme qui s'était insinuée dans la confiance de Mme de Douhault, possédait elle-même ces mouchoirs, présent de Mme de Douhault, qui n'aurait ainsi volé que pour faire un présent à son amie. La confrontation de Mme de Douhault avec sa dénonciatrice, seul témoin du vol prétendu, fit tomber l'accusation, et Mme de Douhault fut acquittée à l'unanimité.

Mais l'incident avait été singulièrement utile aux adversaires restés libres. Quand Mme de Douhault put, enfin, songer à sa défense, elle demanda un délai, pour mettre sa cause en état. Ce délai lui fut impitoyablement refusé. Aucune instruction ne fut permise. La plaidoirie des défenseurs de Mme Douhault fut restreinte à une seule audience, à une seule plaidoirie, sans autorisation de répliquer. L'un des défenseurs fut, pour sa plaidoirie, l'objet de conclusions directes en dommages-intérêts; l'autre fut exclu de la salle d'audience.

Un arrêt du 25 prairial an XIII confirma le jugement de Saint-Fargeau. Le motif qui avait servi de base aux arrêts précédents faisait aussi le fond de celui-ci.

Au commencement de 1807, la Cour de cassation était appelée à connaître de l'arrêt de la Cour d'appel. Dans l'intervalle, Mme de Douhault avait fait des découvertes décisives. Elle apportait deux actes, l'un du 20 septembre 1792, l'autre du 3 août 1793, retrouvés dans d'anciennes procédures, qui protestaient hautement contre l'erreur de date contenue dans la réponse à la 38e question. Elle apportait encore un certificat authentique dans lequel l'agent de surveillance de l'hospice de la Salpêtrière déclarait que, le 3 janvier 1786, il n'était entré dans cette maison de détention qu'une Marie-Catherine Bothel, âgée de 7 ans, de la paroisse de Saint-Martin d'Achères, placée comme malade, et morte la même année; et une Anne Buirette, femme Bourdin, native de Paris, âgée de 28 ans, entrée par ordre du Roi, et sortie le 16 octobre 1789, par ordre du Comité de police de la Commune.

Or, Mme de Douhault ne pouvait être ni la fille Bothel, ni la femme Buirette-Bourdin. Donc, il y avait eu erreur dans tous les arrêts précédents.

Mais il était trop tard, puisqu'on était devant la Cour de cassation.

Dans un excellent Mémoire, rédigé par Me *Huart-Duparc*, la réclamante présenta à la Cour suprême ses critiques du motif principal de l'arrêt de la Cour d'appel. Ce motif était fondé sur l'autorité de la chose jugée relativement à la preuve légale du décès de la veuve Douhault.

Mais, disait le Mémoire, aux termes de l'article 327 du Code civil, l'action criminelle ne peut commencer qu'après le jugement définitif sur la question d'état; les tribunaux civils, dit l'article 326, sont seuls compétents pour statuer sur les questions de cet ordre. Ainsi, les jugements des tribunaux criminels sur les délits de suppression d'état ne doivent avoir aucune influence sur les décisions à rendre par les tribunaux civils sur les questions d'état qui leur sont soumises, et le juge civil doit prononcer avec la même liberté, la même indépendance que si le juge criminel n'avait encore rien statué.

Qu'on ne dise pas, ajoutait Me *Huart-Duparc*, que l'art. 326 est introductif d'un droit nouveau; il ne fait que rappeler les anciens principes. Le juge criminel n'ayant à prononcer que sur le fait matériel, objet de l'accusation, et sur la culpabilité d'un prévenu, il est possible que les preuves du délit se perdent, ou paraissent insuffisantes pour justifier une condamnation, sans que pour cela le délit en soit moins réel.

Ainsi, dans l'espèce, le tribunal spécial de Bourges n'avait pas trouvé assez de preuves dans l'instruction pour déclarer constamment faux l'acte mortuaire du 21 janvier 1788, et pour condamner à une peine l'auteur prétendu du faux; mais il ne s'ensuivait pas que l'acte mortuaire fût vrai, et que la réclamante ne fût pas Mme de Douhault. N'avait-on pas vu plus d'une fois (dans la cause célèbre de *Jean Maillard*, par exemple) le Parlement de Paris

déclarer vivant celui dont l'acte mortuaire était produit (1)?

La Cour d'appel de Paris avait donc violé les principes et la loi en faisant du jugement rendu par le tribunal spécial de Bourges la base de sa décision, tandis qu'elle devait laisser ce jugement à l'écart, et s'occuper de la question d'état, comme s'il n'eût pas existé.

Voilà la question légale, la seule dont la Cour de cassation pût avoir à connaître. Mais, outre cette critique principale, la réclamante se plaignait du rejet de sa demande aux fins d'interrogatoire de M. de Champignelles.

Ce fut un éminent jurisconsulte, M. le Procureur général Merlin, qui repoussa le pourvoi. Son plaidoyer est resté justement célèbre.

Sur la demande en interrogatoire, le *Procureur général* dit:

« Il est certain que l'art. 1er du titre 10 de l'ordonnance de 1667 avait été violé de la manière la plus étrange, pour ne pas dire la plus *scandaleuse*, par le tribunal de Saint-Fargeau. Le tribunal de Saint-Fargeau avait dit à la demanderesse : Vous n'êtes pas la veuve Douhault; tous les faits qui pourraient concerner la feue veuve Douhault vous sont donc étrangers. Vous n'avez donc pas le droit de faire interroger votre adversaire sur ce fait.

« Mais raisonner ainsi, c'était résoudre la question par la question même. Sans doute, si la demanderesse n'était pas la veuve Douhault, elle n'avait pas le droit de faire interroger le sieur Champignelles sur les faits relatifs à cette veuve. Mais quel était l'objet de la contestation? Précisément de savoir s'il y avait identité entre la veuve Douhault et la demanderesse. Et l'objet de l'interrogatoire du sieur Champignelles, quel était-il? Précisément de prouver que la veuve Douhault et la demanderesse n'étaient qu'une même personne. On ne pouvait donc pas refuser l'interrogatoire, sous le prétexte que la veuve Douhault était morte le 19 janvier 1788. Que penseriez-vous d'un tribunal qui, sur la demande à fin d'interrogatoire sur faits et articles formée par un débiteur prétendu auquel on opposerait un titre de créance qu'il soutiendrait avoir acquitté, déciderait qu'il n'y a pas lieu d'interroger le porteur de ce titre, parce que le débiteur à qui on l'oppose n'en a pas payé le montant? Eh bien! c'est ici la même chose. Les juges de Saint-Fargeau ont raisonné avec la même *impudeur*; ils ont fait à la loi le même *outrage*.

« Sur le fond de la demande en interrogatoire, qu'auraient dû faire les premiers juges, si, au lieu de prononcer par fin de non-recevoir, ils eussent examiné le fond de la demande en interrogatoire? Sans contredit ils auraient dû déclarer ces faits *incohérents et inadmissibles*. Car, à la tête de ces faits consignés dans un registre, la demanderesse en plaçait un, son entrée à la Salpêtrière en 1786, qui non-seulement détruisait tous les autres, mais encore sapait sa réclamation par la base. Qui ne sait, en effet, que si la demanderesse avait été détenue à la Salpêtrière depuis la fin de 1786 jusqu'en 1789, il était impossible qu'elle fût la veuve Douhault, puisque des titres authentiques constataient que la veuve Douhault avait résidé au château du Chazelet pendant toute l'année 1786 et pendant toute l'année 1787 : et, dès lors, nécessité absolue pour la Cour

(1) Dans une cause encore plus célèbre, le même parlement, sur les conclusions de M. d'Aguesseau, déclara vivant le sieur *de La Pivardière*, malgré un procès-verbal de justice qui constatait sa mort par suite d'un assassinat.

d'appel de Paris, si elle eût été mise à portée de réparer *l'erreur* des juges de Saint-Fargeau, de déclarer inadmissibles les faits sur lesquels l'interrogatoire devait porter. »

La réclamante, sur le défaut d'instruction devant la Cour d'appel, prétendait que cette Cour n'avait pas eu le droit de lui opposer sa 38ᵉ réponse, marquée d'une erreur de fait évidente.

« Il est vrai, répondit M. Merlin, que la demanderesse prouve très-bien qu'elle n'est pas Anne Buirette. Il est encore vrai qu'en rapprochant cette preuve de celle du fait qu'Anne Buirette et Marie-Catherine Bothel sont les seules personnes qui soient entrées à la Salpêtrière le 3 janvier 1786, *on demeure convaincu qu'il y a erreur* dans la 38ᵉ réponse. Mais la première de ces preuves, que la demanderesse n'est pas Anne Buirette, a été mise sous les yeux de la Cour d'appel de Paris, il n'en est pas de même de la seconde; il n'en est pas de même de celle du fait qu'il n'est entré à la Salpêtrière, le 3 janvier 1786, que les nommées Anne Buirette et Marie-Catherine Bothel; et non-seulement ce fait n'a pas été prouvé devant la Cour d'appel de Paris, mais il n'a pas même été articulé devant elle. Ce n'est que postérieurement à l'arrêt de cette Cour que le fait a été articulé et prouvé. »

Or, des pièces recouvrées après un arrêt ne pouvant jamais fournir un moyen de cassation, la Cour suprême n'avait pas le pouvoir d'annuler un arrêt où les formes n'avaient pas été violées.

« C'est un malheur sans doute, pour la demanderesse, de ne s'être pas procuré, de n'avoir pas produit, avant l'arrêt qu'elle attaque, la pièce qui anéantit ce fait si accablant pour elle. Mais, ce malheur, ce n'est pas à la Cour de cassation qu'il appartient de le réparer.»

L'éminent organe du ministère public alla jusqu'à convenir « qu'il y avait, dans les réponses de la réclamante, des faits qui paraissaient indiquer *une véritable identité* entre elle et la veuve Douhault; » mais il fut obligé de se souvenir que la Cour de cassation n'est pas instituée pour réviser les jugements en dernier ressort, n'ayant d'autre mission que celle d'examiner s'ils sont conformes ou contraires à la loi. Toutes les fois, dit-il, que la loi n'a pas été formellement violée par les dispositions d'un arrêt, le devoir de la Cour de cassation est d'en prononcer le maintien, « *quelque erronées, quelque injustes, quelque iniques même qu'elles puissent d'ailleurs lui paraître.* »

M. Merlin avait assez clairement indiqué son opinion sur la cause; il avait flétri le jugement de Saint-Fargeau; il avait démontré l'erreur étonnante qui servait de base à tous les arrêts Douhault; il avait laissé entrevoir son opinion personnelle sur l'identité de la réclamante (1) : il ne pouvait faire davantage, et il dut conclure :

« Que si de tous les faits et de toutes les preuves

de la cause, il sortait des traits de lumière, capables de balancer les faits et les preuves qu'on avait opposés à la réclamante devant les Tribunaux qui l'avaient condamnée, *ces traits de lumière pouvaient bien frapper les yeux de l'homme, mais ne pouvaient pas arriver jusqu'à ceux du magistrat; qu'il n'appartiendrait qu'à l'autorité souveraine de déroger, en faveur de la demanderesse, à la loi*, qui, en instituant la Cour de cassation, sous la qualité même de Cour de Cassation, lui avait, par cela seul, refusé celle de la Cour de *révision;* qu'en un mot, la loi elle-même lui imposait le devoir de requérir le rejet de la requête. »

La Cour de cassation, par un arrêt du 30 avril 1807, rendu au rapport de M. *Henrion*, rejeta le pourvoi, « attendu que, l'inscription en faux principal sur laquelle est intervenu l'arrêt de la Cour criminelle de Bourges étant antérieure à la promulgation du Code civil et basée sur des éléments légaux, les articles 326 et 327 de ce Code sont sans application à l'espèce; et que la Cour d'appel de Paris, en plaçant au nombre des motifs de son arrêt ceux qui naissent naturellement de l'existence de l'acte mortuaire opposé à la réclamante et de l'arrêt qui déclarait cet acte n'était pas entaché d'aucun faux, n'a pas violé aucune loi. »

Ainsi définitivement vaincue, Mᵐᵉ de Douhault ne voulut pas désespérer. Elle publia successivement un *Mémoire à consulter*, signé de Mᵉ Devaux, avocat près la Cour d'appel de Bourges, et de Mᵉ *Delorme*, avocat près la Cour de Poitiers; puis, à la date du 7 juillet 1708, une excellente et célèbre *Consultation sur les arrêts Douhault*, signée du vertueux et courageux défenseur de Louis XVI, depuis lors Président à la Cour de Cassation, M. Romain Desèze.

Il n'y a, disait M. *Desèze*, dans les formes de la législation française, ni dans la puissance des tribunaux actuels, aucune ressource pour la réclamante pour revenir contre les arrêts qui lui ont formellement refusé ce nom qu'elle s'attribue, et qui lui ont même interdit jusqu'à défendu de le prendre. Ces arrêts sont, aujourd'hui, à l'abri de toute espèce d'atteinte judiciaire. Toutes les formalités destinées par les lois à garantir, soit leur régularité, soit leur exécution, paraissent y avoir été observées. Tous les degrés de juridiction ont été remplis. La hiérarchie des tribunaux tout entière a été parcourue. Des juges de premier ressort, une Cour d'appel, une Cour spéciale, et enfin la Cour de cassation, qui ferme le cercle des pouvoirs judiciaires, toutes ces autorités différentes ont prononcé sur la question d'état; toutes l'ont envisagée sous le même rapport; toutes ont rejeté la réclamation.

Ainsi, il est bien formellement jugé aujourd'hui, jugé par tous les tribunaux auxquels la connaissance de cette affaire pouvait appartenir, que la réclamante n'est pas la veuve Douhault, qu'elle ne peut, sans une usurpation criminelle, s'en attribuer ni la qualité, ni le titre.

Cependant, tout en décidant que la réclamante n'était pas la veuve Douhault, aucun des jugements des tribunaux qui ont rejeté sa prétention n'a déclaré ni pu déclarer *qui elle était*, à quelle classe de la société elle appartenait, le lieu où elle était née, celui où elle avait vécu; si elle était femme, veuve ou fille; ce qu'elle avait fait pendant plus de cinquante années avant de former sa réclamation; enfin le nom qu'elle avait porté, ou l'état dont elle avait joui pendant ce temps.

---

(1) C'est dans Merlin lui-même, *Nouveau Répertoire de Jurisprudence*, au mot *Chose jugée*, p. 336, qu'il faut chercher ces indications ; le jurisconsulte a évidemment cassé dans sa conscience l'arrêt qu'il est forcé de soutenir, et il saisit toutes les occasions de faire comprendre sa pensée favorable à la réclamation qu'il lui est impossible de ne pas repousser. On ne soupçonnerait pas cet intéressant combat de la forme légale et de la conscience, en lisant le résumé du plaidoyer de Merlin dans le *Journal du Palais*, t. VIII, 1824, p. 306. Le rédacteur, M. Bourgois, qui y traite la réclamante *d'aventurière*, a soigneusement supprimé tout ce qui pouvait faire comprendre la pensée véritable de Merlin. Ceci donne une idée de la partialité qu'on a déployée longtemps dans cette curieuse affaire.

Voilà donc, disait la consultation de l'éminent jurisconsulte, une femme sans nom, sans qualité, sans titre, sans origine; elle n'appartient à personne; elle ne peut réclamer aucun parent; elle n'a la possession d'aucun état; elle ne peut paraître devant un tribunal sous aucune dénomination; elle ne peut faire aucun acte de la vie civile; *elle n'est rien.*

Cela était si vrai, que, dans ce moment-là même, s'offrait un exemple de l'incroyable singularité de cette position.

Mme de Douhault, ou quelle qu'elle fût, était en possession, depuis plusieurs années, de l'usufruit d'une inscription sur le Grand-Livre. Le propriétaire de l'inscription voulut la vendre. Mais, pour l'accomplissement de cet acte, qui n'était, pour le propriétaire, que l'exercice bien naturel d'un droit incontestable, il fallait que l'usufruitière signât le transfert. Cela lui fut interdit. Et comment, en effet, eût-elle pu signer d'un nom que les arrêts lui avaient défendu de prendre? Ces mêmes arrêts ne l'ayant désignée sous aucun autre nom, le transfert devenait impossible. Ainsi, l'inscription de rente, effet public, nécessairement transmissible et circulable par nature, dut rester invendu.

C'était donc là une position véritablement extraordinaire, sans exemple dans les annales de la justice.

Mais comment y remédier? Ici, la raison se perdait, et on ne voyait aucune possibilité de réformer des arrêts définitifs, inviolables.

Il n'y a, disait le jurisconsulte, aucun moyen d'attaquer les arrêts de la Cour de Paris, ou de la Cour spéciale criminelle de Bourges, du côté des formes. Car, d'une part, l'arrêt de Paris avait été solennellement maintenu, après la discussion la plus imposante, par la Cour de cassation; d'autre part, l'arrêt de Bourges était lui-même affranchi par les lois de tout recours, et trouvait ainsi la garantie de son exécution dans sa propre nature.

D'un autre côté, c'eût été inutilement qu'on eût accusé les arrêts d'erreur matérielle, et qu'on eût tenté de les renouveler ce point de vue.

Ce moyen d'*erreur*, qui existait dans les lois romaines, avait sans doute existé longtemps aussi dans notre ancienne législation. C'était une voie qu'elle avait ouverte pour revenir contre les arrêts où les juges étaient convaincus de s'être trompés évidemment *sur les faits;* car les erreurs de droit n'y étaient pas comprises, et on pouvait parvenir à en obtenir la réformation par le moyen de fait.

Mais ce mode avait des inconvénients graves; on les sentit, et l'ordonnance de 1667 crut devoir le supprimer.

Il n'y avait donc plus eu, depuis 1667, de recours contre les arrêts, sous prétexte d'erreur dans les faits. Le domaine des faits avait été abandonné aux juges; on s'en était rapporté à leur conscience sur l'appréciation qu'ils en pourraient faire. En supposant qu'ils pussent se tromper dans cette appréciation, soit qu'ils admissent comme vrai un fait faux, soit qu'ils rejetassent comme faux un fait vrai, on avait regardé cette erreur comme un moindre mal que celui qui eût résulté nécessairement de la faculté indéfinie d'attaquer les arrêts pour cette erreur même.

D'ailleurs, on ne pouvait se dissimuler que, s'il y avait eu des erreurs commises dans les arrêts Douhault, la réclamante seule en était la cause.

N'avait-elle pas signé ses interrogatoires subis devant le juge de Saint-Fargeau, dans lesquels elle avait répondu, *d'une manière extrêmement précise,* qu'elle était entrée à la Salpêtrière le 3 janvier 1786?

N'avait-elle pas reproduit cette date de 1786, avec une différence quant au mois de l'année, dans sa requête du 25 mai 1792?

Cette date seule suffisait pour convaincre les magistrats que la réclamante ne pouvait être le même individu que la veuve Douhault, que des actes authentiques montraient habitant le Chazelet pendant tout le cours des années 1786 et 1787. C'était là, sans contredit, un grand éclat de lumière dans une affaire autour de laquelle s'étaient répandus et comme amoncelés tant de doutes et tant de nuages. C'était même là, il fallait bien le dire, la *vérité judiciaire.* La raison des magistrats ne pouvait pas se refuser à cette conviction.

D'ailleurs, n'était-il pas prouvé, par un acte qu'une Cour souveraine avait déclaré n'être entaché d'aucun faux, que la veuve Douhault était morte au mois de janvier 1788? Il était donc impossible qu'elle fût vivante dans le moment où elle paraissait se reproduire devant les tribunaux.

Il faut citer ici les graves paroles de Desèze, sur cette nécessité de la vérité judiciaire :

« Il y a, dans toutes les contestations, un terme où il faut bien nécessairement que les recherches des magistrats s'arrêtent. Quand, pour s'éclairer eux-mêmes, ils ont fait toutes celles qu'ils ont cru leur être prescrites par leur devoir, il faut bien, malgré eux, qu'ils prononcent; ils ne sont plus comptables de leur jugement qu'à leur conscience.

« S'ils se trompent, c'est un malheur sans doute, mais c'est un malheur attaché à la condition humaine. C'est un malheur que l'ordre même des choses rend inévitable. On ne peut pas leur en faire un crime. Ils se sont trompés en suivant les règles; *leur erreur n'existe donc pas aux yeux de la loi.* »

Rappelons ici que l'illustre chancelier d'Aguesseau en disait autant dans la célèbre affaire *de La Pivardière* :

« Nous ne pouvons, disait-il, nous autres magistrats, *traiter les affaires humaines qu'humainement.* Nous devons savoir que tout ce qui fait la matière des jugements est du ressort de la jurisprudence, dans laquelle on juge des choses, non selon ce qu'elles sont en elles-mêmes, mais *selon ce qu'elles paraissent* au dehors. Nous devons nous humilier à la vue du néant de la science, et, si nous osons le dire, du néant même de la justice, qui, dans les questions de fait, est forcée de juger, non sur la vérité éternelle des choses, mais *sur leurs ombres, leurs figures, leurs apparences.* Si nous sommes trompés, comme nous pouvons l'être encore, nous le sommes *dans les règles.* »

Si on s'était trompé dans l'affaire Douhault, on s'était trompé dans les règles.

« Pourtant, ajoutait M. *Desèze,* si, comme dans l'ancienne législation, il existait aujourd'hui des moyens de révision pour les procès dont la décision importante a été entourée de difficultés; si la Cour de cassation, parmi ses attributions, comptait encore celle-là, il ne manquerait pas de *motifs graves* pour recourir à cette dernière ressource.

« Il faudrait d'abord considérer, en effet, qu'il s'agit ici d'une *question d'état,* et que l'état, cette portion si précieuse de l'homme en société, et qui seule lui assigne la place qu'il y doit tenir, la famille qu'il doit y réclamer, le nom qui doit servir à le distinguer des autres individus, les rapports qu'il doit avoir avec eux, est *imprescriptible par sa nature;*

qu'on peut se tromper sur les monuments qui sont destinés à le justifier ou à l'établir, mais qu'il faut toujours en revenir à la vérité, quand elle se montre; qu'on ne peut pas changer l'ordre des familles; qu'on ne peut pas ôter à un individu le père que la nature lui a donné pour lui en substituer un autre à sa place; que la filiation ne peut pas être ainsi dénaturée ou intervertie; que la vérité, sur ce point, *réclame sans cesse;* que, dès qu'elle vient à se découvrir, on est forcé de lui rendre hommage, et que les jugements, même souverains, qui, dans l'ignorance des faits ou des actes qui lui servaient de fondement, ont été rendus contre ses droits, ne sont, en quelque sorte, que des jugements provisoires, parce que ses droits sont imprescriptibles tout à la fois et immuables. »

C'était là l'esprit de la législation romaine, qui ne reconnaissait pas de prescription en matière d'état. Il n'y avait pas, pour elle, d'autorité légitime qui pût ravir l'état à un individu; il n'y avait pas d'espace de temps qui pût en faire perdre la propriété.

C'était là aussi notre ancienne jurisprudence. En fait de mariage, par exemple, elle déclarait que 'tout jugement rendu contre le fait *ne passait jamais en force de chose jugée.* « Ce qui pourrait paraître singulier d'abord, dit Boiceau (*De la preuve par témoins*), n'y ayant point de maxime plus souvent répétée en droit, qu'une chose jugée doit passer pour la vérité, et qu'une sentence a la force de rendre blanc ce qui est noir, et noir ce qui est blanc... Néanmoins, s'il survient ensuite une preuve entière et parfaite de la vérité du mariage, en ce cas, *on rentre de nouveau en connaissance de cause... On n'a plus d'égard à ce qui a été jugé.* Tel est l'usage en ce pays. »

Danty, d'Aguesseau, Dunod, Dufrène, Brillon, une multitude d'autres jurisconsultes, sont également d'avis que *l'état ne se prescrit point...* C'est aussi la décision des arrêts; le principe, au moment où écrivait Desèze, était incontestable, et le Code Napoléon l'avait consacré.

Ce n'était pas seulement dans la question de principe, mais dans les circonstances mêmes de la cause, que la consultation trouvait des moyens graves de révision, au cas où, dans les formes actuelles de la législation, la révision eût pu avoir lieu.

Après avoir établi sa réclamation sur le témoignage de près de cent témoins, sur les lieux mêmes, la plaignante avait engagé un procès qu'à bon droit on pouvait qualifier d'extraordinaire.

Comment se persuader, en effet, qu'un homme, aussi distingué par son rang dans la société que M. de Champignelles, se fût permis d'attenter à la liberté, et presque à la vie de la marquise de Douhault, pour la faire renfermer dans une prison honteuse; pour semer, pendant ce temps, le bruit de sa mort; pour simuler les actes qui pouvaient établir cette mort prétendue, et pour s'emparer, à la faveur de ce mensonge odieux, de tous les biens qui lui appartenaient? Comment croire à une conduite aussi monstrueuse? Comment s'imaginer qu'un frère fût assez pervers pour méconnaître ainsi la voix de la nature, briser tous les liens du sang, étouffer le cri de l'honneur, au point d'avilir, de dégrader et de dépouiller d'une manière aussi barbare une malheureuse sœur, dont la fortune faisait tout le crime?

Sans doute l'esprit se refusait à une pareille supposition : cependant, si le fait était invraisemblable, on ne pouvait dire qu'il fût impossible. N'y en avait-il pas des exemples dans l'histoire judiciaire; celui, par exemple, de cette marquise de Ganges (*Voyez* ce nom), assassinée à la fois et empoisonnée par ses deux beaux-frères, que poussait au crime le désir de faire passer une fortune immense entre les mains de leur frère aîné? Cet exemple terrible de cupidité devait suffire pour mettre en garde contre cette opinion, que l'invraisemblance seule des imputations faites à M. de Champignelles fût une preuve de leur fausseté.

D'un autre côté, il faut avouer que si la réclamante n'était pas la veuve Douhault, il y avait de quoi être confondu du degré de hardiesse que supposait en elle une imposture de la nature de celle qu'elle avait le courage de présenter à la justice.

Comment se flatter, en effet, de la faire réussir? Comment retrouver toutes les traces, tous les souvenirs, toutes les actions, toute la vie de l'individu dont la réclamante prenait ainsi audacieusement le nom et le personnage? Comment expliquer toutes les circonstances à travers desquelles la vie tout entière de cet individu avait dû s'écouler, et se les approprier à soi-même, sans craindre de se voir entraîner nécessairement dans des contradictions tellement révoltantes, qu'il fût impossible de les surmonter (1)?

Comment représenter cet individu, par exemple, pour l'âge, pour les formes, pour les traits, pour les habitudes, et surtout pour les signes particuliers, qui distinguent quelquefois les individus les uns des autres, et qui ont été si souvent pour la justice elle-même des preuves éclatantes d'identité ou de différence?

Comment le représenter dans un temps si voisin de l'époque que l'on disait être celle de la mort de la veuve Douhault, et où il était si facile de recueillir des lumières sur tout ce qui était relatif à elle; où tous ceux qui l'avaient connue existaient encore; où tant de monuments récents pouvaient servir à la rappeler à la mémoire, et où les impressions qu'elle avait laissées devaient être encore si vivantes?

Comment, enfin, pouvoir espérer d'ourdir une fable assez naturelle, assez simple, assez bien liée, assez suivie, pour en faire devant les tribunaux un véritable système; pour tromper, sur ce système, des magistrats d'une raison exercée, et pour triompher de tous les efforts qu'on pourrait faire pour le combattre ou pour le détruire? Que de dangers ne présentait pas, surtout à l'esprit d'une femme, une combinaison aussi effrayante!

Il fallait prendre garde aussi qu'il y avait eu souvent des suppositions d'état, des usurpations de noms, des invasions de famille; mais c'était surtout des hommes qui se rendaient coupables de ce genre de crime; eux seuls avaient le degré d'audace nécessaire pour concevoir de semblables attentats; eux seuls avaient l'énergie nécessaire pour les soutenir.

Et, ici, c'était une femme qui montrait assez de résolution pour concevoir, assez de persévérance pour soutenir une telle entreprise! Que d'obstacles elle allait avoir à vaincre! Que de tourments à éprouver! Que d'années allaient être consumées peut-être inutilement! Que de temps, de soins, de dépenses, de mouvements, de travaux pouvaient être perdus!

Tout cela n'avait pas arrêté la réclamante; et, chose

(1) Cette difficulté, pour ne pas dire cette impossibilité, n'existait pas pour la plupart des imposteurs célèbres, pour les *Faux Dauphins* par exemple (*Voyez* ce nom). La vie publique de celui dont ils s'appropriaient le personnage avait été si courte, bornée d'ailleurs à la première enfance et écoulée en partie dans une prison, qu'il était facile d'y coudre plus d'une autre existence et plus d'une individualité.

plus étonnante encore, à une multitude énorme de questions elle avait répondu d'une manière satisfaisante. A une seule, la 38e, elle avait fait cette malheureuse réponse du 3 janvier 1786, réponse évidemment fausse, « si réellement elle l'avait faite, comme il n'était pas permis d'en douter, sans attaquer la foi du juge interrogateur. »

Et cependant le tribunal de Saint-Fargeau était parti de ce fait; il n'avait voulu voir que cette réponse.

Aujourd'hui, il était démontré matériellement, et par pièces, que la base du jugement de Saint-Fargeau était une erreur. Or, cette erreur avait rendu le tribunal de Saint-Fargeau si souverainement injuste à l'égard de la réclamante, qu'il lui avait ravi le moyen de défense le plus légitime, celui peut-être qui eût été le plus convaincant.

Toutes les préventions qui avaient entouré cette étonnante affaire étaient sorties de là. Les motifs de l'arrêt de Saint-Fargeau se retrouvaient dans les arrêts subséquents, avaient dominé l'esprit de tous les autres juges, avaient annihilé à leurs yeux les présomptions si graves des témoignages, des expertises.

Malheureusement, les pièces prouvant l'erreur n'avaient pu être retrouvées que depuis l'arrêt de la Cour d'appel de Paris, et la Cour de cassation, tribunal des formes, n'avait pu en connaître pour annuler l'arrêt d'un tribunal des faits. Ce n'était pas au juge du fait de deviner l'existence de pièces qu'on ne lui produisait pas.

Ce n'était donc pas des magistrats qu'il fallait que la réclamante se plaignît, mais plutôt d'elle-même. Pourquoi n'avait-elle pas fait, dans le cours des quinze années qui s'étaient écoulées jusqu'au moment de l'arrêt de la Cour d'appel de Paris, toutes les recherches qui pouvaient être nécessaires à sa cause? Pourquoi s'était-elle bornée à protester, devant le tribunal de Cosne, contre la réponse désastreuse? Pourquoi, soit à Bourges, soit à Paris, n'avait-elle pas attaqué directement le caractère de cette réponse? Pourquoi, plaidant depuis 1792, n'était-ce que le 29 avril 1806 qu'elle avait sollicité et obtenu le certificat qui avait jeté tout à coup une si grande lumière sur la fausseté de l'époque qu'on attribuait à sa détention? Pourquoi n'était-ce aussi qu'en 1806, et postérieurement encore à l'arrêt de la Cour d'appel, qu'elle avait fait au ministère des Finances les perquisitions qui lui avaient procuré ces pièces importantes relatives à l'administration de la veuve Douhault?

« C'est ici, disait M. Desèze, qu'il faut déplorer la fatalité des événements qui semblent, dans certaines circonstances, concourir pour amener avec eux, comme par une sorte de nécessité invincible, ces grandes erreurs judiciaires dont on est quelquefois victime.

« Il semble qu'une puissance invisible vous empêche alors de faire ce que vous pourriez naturellement faire pour les prévenir. Les idées les plus simples ne se présentent pas. Les moyens auxquels il serait le plus facile d'avoir recours fuient en quelque sorte devant vous. On néglige ou on emploie trop tard les mesures qui, seules, pourraient vous conduire au but auquel vous aspirez. »

Mais enfin, l'erreur matérielle existait. En la supposant réparable dans l'état de la législation, pourrait-on opposer à la révision cet argument, que l'extrait mortuaire avait été déclaré sincère? Mais, dans le système de la révision, l'arrêt qui déclarerait cela serait également sujet à réforme. Ensuite, sur ce point de fait même, c'est-à-dire sur l'époque véritable du décès de la veuve Douhault, il y avait eu dans le procès des contradictions remarquables. Les témoins et les arrêts avaient flotté du 17 au 19 janvier.

L'arrêt de Bourges ne pouvait valoir, quant à la preuve par l'extrait mortuaire, que ceci, à savoir que l'acte tel qu'il était n'était pas faux, n'offrait pas de trace d'altération, qu'il avait été fidèlement extrait des registres; mais il n'en restait pas moins possible que les énonciations de l'acte fussent inexactes, fausses ou erronées.

Dans plus d'une cause célèbre, dans celles, par exemple, de l'Enfant réclamé par deux mères, de Jean Maillard, absent pendant quarante ans et cru mort, les extraits mortuaires, réguliers d'ailleurs en leurs formes, avaient pu être discutés, soupçonnés, n'avaient pu porter préjudice à l'état réel des personnes.

Un autre moyen puissant pour justifier une révision, c'était l'impossibilité où tous les tribunaux s'étaient vus, en prononçant sur le sort de la réclamante, de lui assigner le nom qu'elle devait nécessairement porter avant d'avoir pris celui qu'on l'accusait d'avoir usurpé.

Cependant, par cela même que, dans le système des arrêts, elle n'était pas la veuve Douhault, il fallait nécessairement qu'elle fût une autre; et alors, comment était-il possible que dans le cours d'une instruction si longue, au milieu de contradictions si vives, on n'eût pas réussi à découvrir ce vrai nom? Une vie de soixante ans n'avait pas laissé de traces! On n'avait pu, en rétrogradant sur les temps qui avaient précédé, découvrir à cette femme une origine! Et cette impossibilité s'était présentée alors qu'il y avait si près de ce qu'avait été l'inconnue à ce qu'elle prétendait être. Les époques se touchaient, se confondaient, pour ainsi dire, l'une dans l'autre.

Ce défaut de tout renseignement est une des choses les plus extraordinaires qui aient pu exister. On peut même dire que c'est le seul exemple que présentent les annales des tribunaux d'une grande cause d'imposture où l'imposteur ait été condamné comme s'étant attribué un faux nom, et où on n'ait pas découvert son nom véritable.

Le principe solide, dit d'Aguesseau, de l'individualité véritable de l'imposteur manquait ici : « On dirait que la réclamante a passé toute sa vie dans une île déserte. »

La conclusion inévitable de la Consultation, c'est que si tout, dans la cause, indiquait la possibilité d'une révision, la faculté de la révision n'existait pas dans la législation actuelle.

Autrefois, en matière civile, le Conseil du roi, qui connaissait de la cassation des arrêts, évoquait quelquefois, après une cassation, le fond de la cause et le jugeait souverainement. Le plus souvent, il renvoyait à une Cour nouvelle.

On pouvait aussi, quand, depuis arrêt rendu, avaient été recouvrées des pièces décisives, se pourvoir par requête civile contre l'arrêt, dans un délai prescrit par la loi; et, en supposant qu'on eût malheureusement laissé passer le délai, on pouvait obtenir des lettres-royaux qui relevaient du délai et autorisaient le pourvoi.

Sous l'empire du Code Napoléon, la requête civile existe encore, et un arrêt peut être, par cette voie, attaqué sur pièces décisives postérieurement recouvrées; mais le délai, qui est de trois mois, une fois passé, tout recours demeure interdit.

En matière criminelle, l'ancienne législation permettait la révision, à l'instar de la législation romaine (*Voyez* Lesurques). Le Code Napoléon n'a point conservé cette réserve tutélaire, regardée comme incompatible avec l'institution du jury.

« Nous ne voyons donc pas, concluait *M. Desèze*, quelle ressource, dans l'état actuel des choses, pourrait rester à la réclamante, pour attaquer les arrêts dont elle se plaint.

« L'autorité souveraine pourrait sans doute ordonner la révision de ces arrêts; elle pourrait même, si elle croyait le devoir, rétablir la forme de la révision, par une loi expresse, et en faire *un remède extraordinaire* contre les erreurs, dont les magistrats les plus sages ne peuvent pas toujours se mettre à l'abri.

« C'est donc à la réclamante à recourir elle-même à cette puissance, et à tâcher d'en obtenir ce secours protecteur, qui, en servant si utilement sa propre situation, *servira encore la justice.* »

Une autre *Consultation* fut délibérée, le 3 janvier 1809, et signée par dix jurisconsultes, dont quelques-uns portant des noms des plus honorables et des plus estimés du barreau de Paris, *MM. Chauveau-Lagarde, Laget-Bardelin, Gaignant, Chabroud, Mailhe, Huart-Duparc, Lesparat, Delavigne, Guichard* et *Couture.*

Ils estimaient que, dans l'état actuel des choses, il y avait véritablement indécision sur l'état de la réclamante; qu'une telle indécision était une atteinte portée à l'ordre public; que l'autorité du prince pouvait et devait être invoquée pour rétablir l'ordre public, lorsque, par événement, le pouvoir judiciaire n'avait pas atteint ce but essentiel de son institution.

A leurs yeux, comme à ceux de M. Desèze, l'état inouï, ou plutôt l'absence d'état de la réclamante, avait pour base une erreur de fait qui avait entraîné l'exclusion de preuves nombreuses et éclatantes de l'identité contestée.

La supposition de l'entrée de la réclamante à la Salpêtrière, le 3 janvier 1786, étant démontrée fausse; les pièces opposées à la réclamante étant fausses aussi, elle peut bien être madame de Douhault. Les preuves de son identité ne tendent plus à la démonstration d'un fait impossible, et les preuves, si graves par elles-mêmes, qu'elle a offertes à ses juges, acquièrent une nouvelle force par l'impuissance même où l'on est de lui assigner un autre état que celui qu'elle réclame.

La simple dénégation que les tribunaux ont faite à la réclamante de l'état de veuve Douhault, ne satisfait pas la justice; on peut même dire qu'elle l'offense. La réclamante est victime, ou coupable d'un crime. La société, blessée par une suppression ou une usurpation d'état, n'a été frappée de la célébrité de cette cause que par l'éclat de l'immunité.

Dans une telle occurrence, les lois sont véritablement sans force, et les arrêts de la justice sans résultat utile à la société. Cependant, le pouvoir judiciaire est essentiellement institué pour rendre à chacun ce qui lui est dû, et pour maintenir l'harmonie de la société par la répression des délits. Si ce pouvoir a manqué le double but de son institu-

tion,... si les lois ont perdu leur effet,... il devient nécessaire de remonter à la source du pouvoir suprême, à cette providence de la société, qui rend aux lois leur vigueur éludée par des événements imprévus, et à la justice son cours interrompu par des obstacles inattendus.

Au cas d'une révision, la *Consultation* faisait remarquer que, si l'étrange situation de la réclamante ne se trouvait pas littéralement prévue par la loi, elle avait cependant des rapports avec les trois espèces déterminées qui donnent ouverture à la révision, savoir: 1° la contradiction d'arrêts; 2° la production de pièces destructives des motifs de la condamnation; 3° la preuve de faux témoignages contre le condamné.

Contradiction d'arrêt, car la réclamante, quoique depuis 17 ans elle persistât dans une réclamation déclarée criminelle, jouissait de l'impunité, coupable à la fois pour le même fait et innocente.

Les pièces destructives existaient, assez fortes, avait dit le Procureur général près la Cour de cassation, pour anéantir le fait *accablant* du procès.

Faux témoignages : n'avait-on pas vingt-deux témoins qui s'étaient déclarés ici pour oui, là pour non? Contradiction d'autant plus choquante, qu'elle était en opposition avec l'affirmation invariable de 153 témoins.

Les dix jurisconsultes adhéraient, pour le reste, à la consultation de M. Desèze. Le 21 janvier 1809, un autre jurisconsulte de Saint-Quentin, M. *de Beaufort*, y adhéra également, déclarant, en outre, qu'il avait connu Mme de Douhault avant 1788, pour s'être rencontré avec cette dame en différentes sociétés, notamment chez Mme de Mazarin. En 1807, M. de Beaufort avait lu, par hasard, le Mémoire à la Cour de cassation présenté par la réclamante, et, curieux de savoir ce qu'il devait penser de cette étrange prétention, il avait rendu visite à M. Delorme, chez qui logeait alors la réclamante. Là, il n'avait pas pu ne pas reconnaître, dans la personne de cette dame, les traits, la taille, le son de voix de Mme de Douhault. Celle-ci avait également reconnu M. de Beaufort, à qui elle avait rappelé plusieurs particularités qui s'étaient retrouvées très-nettement dans son souvenir; les visites, par exemple, d'un prince Doria-Pamphili et d'une Mme de Grieu chez Mme de Mazarin. M. de Beaufort déclarait donc que, pour lui, son avis tendant à la révision, déjà fondé sur la force des principes et sur la faveur des preuves recouvrées, était encore déterminé par « le fait capital de l'identité de personne, dont il avait acquis la conviction. »

Le remède suprême, unique, indiqué par M. Merlin, par M. Desèze, par les onze autres jurisconsultes, ne fut pas appliqué. C'est chose triste sans doute qu'une erreur consacrant l'injustice; mais c'est chose grave aussi que l'immixtion du pouvoir suprême dans les attributions judiciaires. Celle qui réclamait le nom de Mme de Douhault resta donc la femme sans nom. Un drame de boulevard, *la Fausse marquise*, la taxa publiquement d'imposture, et quand l'autorité intervint pour faire cesser ce scandale, le drame défendu à Paris fut joué longtemps encore à Orléans, grâce à l'influence de la famille triomphante. Le jour où Mme de Douhault mourut, il ne fut pas même permis d'inscrire un nom sur sa tombe.

LES ASSASSINS DE SAINT-CYR ;

JOANON, DÉCHAMPS ET CHRÉTIEN : ASSASSINAT, VOL ET VIOL DES DAMES GAYET (1860).

Le repas du soir. (PAGE 8).

Qui peindra d'après nature les paysans? Qui retracera leurs mœurs véritables, qui parlera leur vrai langage?

Le plus grand peintre de notre société moderne l'a tenté. Balzac, après avoir finement, profondément, patiemment étudié les mœurs des classes les plus diverses, dans Paris et dans la ville de province, a voulu peindre les paysans. Il a échoué.

Dans une étude qui devait être le prologue d'une vaste série de tableaux rustiques, il a mis en scène un propriétaire rural aux prises avec les paysans de sa commune. Il nous a montré le clan des Tonsard ameuté contre l'ennemi commun, celui qui possède. Comme le ver blanc du hanneton, chacun de ces Tonsard ronge sourdement son morceau de la propriété, butine, grapille, braconne, vole, détruit à plaisir, tire à soi par tous les bouts, ruse avec la loi, glisse sous le Code ou saute par-dessus, se rit de l'huissier, s'entend avec le garde champêtre, berne le gendarme ; et il arrive à la fin que, de guerre lasse, le propriétaire déserte et vend sa propriété devenue inhabitable. C'est un paysan qui en achète les plus gros débris.

Ce ne sont pas les paysans que nous a montrés là le grand romancier; ce sont les bohémiens de la campagne. Balzac avait vu de trop près le bohémien de la ville ; il l'avait trop bien vu ; il l'avait rencontré sous la défroque multicolore du chiffonnier, comme sous le frac noir de l'élégant viveur. Il a fini par se persuader que le bohémien était partout, rendait compte de presque tous les mystères sociaux. L'explosion sociale de 1848, quelques théories plus ridicules que dangereuses, quelques scènes de jacquerie l'ont laissé convaincu que le paysan était partout et toujours ce Tonsard âpre à la curée, brûlé de convoitises, ne connaissant que le mien, ne respectant que la force, haïssant à plein cœur quiconque possède quelque chose.

Balzac s'est trompé. Ici, comme dans ses études parisiennes et provinciales, il a chargé le trait et les couleurs ; mais, ici, le résultat final est de calomnier toute une nation ; car le paysan, au fond, c'est la France.

Oui, cela est vrai, cette population rurale de notre pays garde encore les stigmates d'un vieux servage ; son émancipation est bien récente, et bien souvent encore, depuis cet affranchissement, le fait a démenti le droit. Oui, le caractère moral de la France agricole se ressent encore, et se ressentira longtemps, de l'oppression de plusieurs siècles.

Servage de la glèbe, redevances exagérées, droits onéreux et vexatoires, arbitraires violences, exactions sans nombre, tout cela ne s'oublie pas en soixante ans. Le paysan, élevé jusqu'à l'égalité, se ressouvient involontairement de son rude temps d'épreuve. Il a peine à croire à son droit. L'impôt, librement consenti, se confond dans son esprit avec la dîme et la corvée du temps jadis. Il croit toujours que le faible a tort, que le fort a raison; il a peine à se persuader que le pauvre puisse être protégé contre le riche. Il est âpre à posséder, parce qu'il a toujours peur de *manquer*, parce qu'il voit dans la propriété, dans l'argent, la garantie de la vie libre et sûre. Il se défie de la loi et de ceux qui l'appliquent; il ruse avec ses interprètes, il les trompe sans avoir conscience de mal faire, et parce qu'autrefois il ne vit que de les tromper.

Tout cela est vrai. Mais ces vieilles cicatrices de la chaîne tous les jours s'effacent et disparaissent. Tous les jours, le paysan se rend mieux compte du devoir et du droit. Il apprend à ne plus voir, dans qui possède, l'ennemi, mais l'égal. Il s'aperçoit que la loi le protége, aussi bien qu'elle le punit.

La vue de Balzac est donc fausse; faux aussi le langage qu'il prête à ses paysans, sorte d'argot imité maladroitement de l'argot de nos sentines parisiennes. La langue des Tonsard n'est pas plus vraie, en son genre, que l'idiome naïvement affecté des délicieuses pastorales de Mme Sand. Voici venir les vrais paysans, ni plus mauvais, ni meilleurs qu'ils ne sont. C'est un procès qui va nous les montrer dans toute leur réalité. Actions, pensées, langage, là, tout est vrai.

C'est un crime horrible, immonde, exceptionnel, que vous allez raconter, direz-vous? Les assassins de Saint-Cyr ne sont pas les paysans. Non, Dieu merci! Mais cette cause nous fait pénétrer dans la vie intime d'une commune, industrielle à la fois et agricole; nous y allons voir trois hommes, mi-journaliers, mi-propriétaires, chez qui la pensée du crime éclate comme un coup de tonnerre. Ils vivaient, tranquilles, honnêtes en apparence, du salaire de leurs journées, du produit de leur morceau de terre, de leur basse-cour. Tout à coup, on apprend avec terreur que ces hommes ont atteint d'un saut, en une heure, à ce que le crime présente de plus effrayant. Ils ont dépassé, sans apprentissage, les scélérats les plus fameux. Quelles passions les ont portés là? Ceci est plus intéressant à étudier que le travail souterrain des Tonsard. Quelles lacunes trouverons-nous dans le cerveau de ces hommes? Car le crime, c'est presque toujours l'ignorance, la brutalité.

Puis, autour de ces trois hommes, gravite, devant le tribunal, toute une population paisible, honnête, qui a bien pu tout d'abord embarrasser l'action de la justice par cette apathique indifférence, par ce *chacun pour soi* dont nous montrerons ailleurs (*voyez* Lesnier) les déplorables conséquences, mais qui, après tout, a une conscience morale très-éveillée et ressent une soif de justice vraiment rassurante.

Les victimes mêmes portent témoignage pour cette population des campagnes si calomniée, et on voit avec consolation que leurs vertus cachées ont été vivement comprises et senties par ces rudes travailleurs de la vigne ou de la carrière.

Pour bien prendre sur le fait ces paysans bons ou mauvais, nous nous servirons surtout d'eux-mêmes. Leurs propos pendant la première information; leurs aveux, leurs réticences, leurs rétractations, leurs confrontations pendant l'instruction préparatoire; leurs paroles aux débats: voilà, bien plus que les éloquents discours de leurs accusateurs ou de leurs avocats, ce qui nous arrêtera dans ce récit.

Près de Lyon, sur le versant occidental du Mont-Cindre, d'où le regard embrasse un des plus magnifiques paysages de la vallée du Rhône, s'étayent plusieurs groupes de maisons, dont la réunion forme la commune de Saint-Cyr-au-Mont-d'Or. Quand on a traversé le groupe principal, dans la direction de Poleymieux, on aperçoit quelques maisons dont l'ensemble a reçu le nom de Croix-des-Rameaux; un peu plus loin, sous l'ermitage du Mont-Cindre, un autre groupe porte le nom de Canton-Charmant.

C'est, en effet, un charmant pays, tout rempli de sites agrestes et de pittoresques beautés: pays de carrières et de petites cultures, semé de vignes et de mûriers. Une des maisons de Canton-Charmant, la plus misérable en apparence, était, en 1859, occupée par une famille composée de trois femmes: la grand'mère, une veuve Desfarges, âgée de 70 ans; la mère, une veuve Gayet, âgée de 38 ans; sa fille, Pierrette Gayet, âgée de 13 ans. Depuis douze ans, Marie Gayet avait perdu son mari, ancien dragon de l'empire, un des héros obscurs de la retraite de Moscou. Restée seule avec sa mère et sa fille, Marie Gayet avait refusé plus d'un parti avantageux; elle avait continué de vivre de cette simple et rude vie du cultivateur qu'avait embrassée le vieux soldat. Elle cultivait elle-même ses vignes, bêchait quelques pièces de terre, n'ayant nul domestique, et, tout au plus, louant, à la moisson ou à la vendange, quelque homme de journée.

Les Gayet, cependant, possédaient une fort honnête aisance, des capitaux, des immeubles. En argent, 30 à 35,000 francs; en immeubles, 28,000 fr. Elles demeuraient, par habitude, par simplicité de goûts, dans une masure délabrée; pourtant elles n'étaient point avares. On se nourrissait de châtaignes, de pain bis; on buvait de la piquette, et on portait sabots: mais on avait de bonnes robes et des bijoux pour les grands jours, et on faisait le bien en silence. Plus d'un pauvre honteux connaissait le chemin de la maison Gayet, et les mains discrètes de ces braves femmes répandaient d'abondantes aumônes. A l'entrée de chaque hiver, la Marie Gayet descendait à Lyon, pour faire ce qu'elle appelait sa saison d'automne: elle achetait des vêtements chauds pour les malheureux.

Le soir, après le dernier repas, Pierrette faisait, à haute voix, la prière; la mère et la grand'mère y répondaient. Elle était leur joie et leur orgueil, cette gentille Pierrette, douce enfant, déjà pleine de raison, modeste, de bon cœur, une des élèves chéries des sœurs de Saint-Cyr. En septembre 1859, Pierrette avait eu dix prix, et ne s'en était pas montrée plus fière; ses jeunes compagnes l'aimaient et ne la jalousaient pas.

Le 15 octobre, c'était un samedi, on ne vit pas paraître les dames Gayet dans le village. Leur porte resta fermée; des voisins frappèrent au portail et n'obtinrent pas de réponse. Cela n'inquiéta pas autrement; on supposa qu'elles s'étaient rendues à Collonges, comme il leur arrivait quelquefois.

Cependant, comme on ne les avait pas vues revenir de toute la journée, et que les volets de la fenêtre de leur chambre à coucher étaient restés ouverts, un voisin, Benet, subrogé-tuteur de la petite Pierrette, se mit martel en tête. Il pouvait être arrivé quelque chose à ces femmes seules : cela lui roula dans l'esprit toute la nuit.

Le lendemain, dimanche, à la *petite piquette* du jour, comme on dit dans le pays, Benet prit son échelle et l'appliqua au mur des Gayet. Il vit, à travers les vitres de la fenêtre, que les trois lits n'étaient pas défaits ; les armoires étaient ouvertes, et ce qu'elles renfermaient dans un grand désordre : « Pour sûr, dit Benet en descendant, il leur est arrivé quelque chose de mauvais. »

Benet alla chercher deux voisins, Pays et Bernard ; tous trois franchirent le mur de clôture, près de la porte du verger, et montèrent à la cuisine ; la porte n'en était fermée qu'au loquet.

Le spectacle qu'ils aperçurent alors était horrible : les trois pauvres femmes étaient étendues par terre, baignées dans leur sang : trois cadavres.

Les voisins se gardèrent bien de toucher à quoi que ce fût, et coururent prévenir la justice.

Averti dès six heures du matin, le maire de Saint-Cyr, M. Donat-Toulon, fit prévenir le Parquet et le Juge de paix.

M. le Procureur impérial et M. le Juge d'instruction, assistés de M. le docteur Gromier, se transportèrent chez les dames Gayet.

Les magistrats, arrivés sur le chemin de Saint-Cyr à Poleymieux, devant le portail qui servait d'entrée à la propriété des victimes, trouvèrent une véritable masure, presque inhabitable. Les murs en étaient lézardés, le toit déjeté par places et rapiécé de tuiles mal jointes.

Par le portail, ils pénétrèrent dans une cour prolongée par un verger. Sur la droite de cette cour, était un mur séparant la propriété Gayet d'une terre dite des Mûriers, dont le sol s'élevait en contre-haut. Sur la gauche, les magistrats trouvèrent une porte au rez-de-chaussée : c'était celle des écuries. Un petit escalier de pierre, de neuf marches, conduisait aux chambres habitées, placées au premier étage. Ils le franchirent, et arrivèrent à un vaste palier, formant galerie en bois, ouverte sur la cour. Deux portes donnaient sur cette galerie : en face, la porte de la chambre à coucher, ayant fenêtre sur la rue ; à droite, une porte, qu'on leur dit être celle de la cuisine où le crime avait été commis.

Cette porte les conduisit dans une vaste pièce, formant rectangle, et présentant trois ouvertures : la porte de la galerie ; une autre porte en face, donnant sur le verger ; à droite, en entrant, une petite fenêtre donnant sur la cour.

A terre étaient étendus les trois cadavres. Celui de la veuve Gayet était placé immédiatement à l'entrée de la chambre, couché sur le dos, les jambes écartées. Au dessus, et sur deux lignes parallèles, la grand'mère était étendue près de la fenêtre, la face contre terre, les jambes légèrement croisées, la tête dirigée du côté de la porte d'entrée. L'enfant, la tête également dirigée du côté de la porte, et un peu inclinée vers la fenêtre, avait les jambes écartées, dans la direction de la porte du verger.

Ces trois cadavres baignaient dans une mare de sang à demi coagulé.

Celui de la grand'mère présenta au docteur Gromier deux ordres de blessures : les unes contuses, au nombre de quatre, sur la tempe gauche, avec fracture du temporal et écrasement du cerveau ; les autres, au col, consistant en cinq sections confondues et peu nettes, formant une plaie générale, qui semblait produite par un instrument tranchant, ayant agi plutôt par son poids que par son fil.

L'enfant avait aussi une large plaie transversale au col, et au sein gauche une plaie pénétrante, produite par un instrument coupant et piquant ; l'ongle du pouce de la main gauche avait disparu sous une plaie contuse.

La veuve Gayet avait une plaie pénétrante au sein droit, une autre au sein gauche, une autre à la tempe droite ; le col présentait les traces d'une strangulation opérée par une surface large et dure.

La position des deux cadavres de la mère et de la fille avait fait soupçonner au médecin-expert un autre crime, plus hideux encore que le meurtre. La simple inspection des corps, les marques des doigts ensanglantés, l'analyse microscopique et l'analyse chimique lui démontrèrent qu'en effet, les meurtriers avaient assouvi sur Marie Gayet et sur Pierrette la plus atroce lubricité.

Chez la veuve Desfarges et chez l'enfant, l'œsophage, tranché par le fer, avait laissé échapper les aliments du repas du soir ; ces aliments, composés en grande partie de pulpes de châtaignes, n'avaient encore subi aucun travail de digestion. En avant de la cheminée était encore dressée une petite table, chargée des débris d'un repas consistant principalement en peaux de châtaignes. Ainsi, on pouvait fixer, d'une façon précise, le jour et l'heure du crime. A partir du vendredi soir, 14 octobre, on n'avait pas revu les dames Gayet ; elles avaient donc été surprises par la mort au moment où elles achevaient leur souper. Or, elles avaient l'habitude invariable de souper entre six heures et demie et sept heures et demie. Après le repas, la prière ; après la prière, elles se mettaient au lit, vers les huit heures.

Des voisins, les Ponson, dirent avoir entendu, après huit heures, un cri perçant, étrange, partir de la maison Gayet. On fit, sur les lieux, des expériences, d'où il résulta que les cris les plus aigus, poussés dans la cuisine des victimes, ne pouvaient être entendus de la maison Ponson, surtout au moment où le tonnerre et le vent faisaient rage ; car, dans la soirée du vendredi 14, il avait fait un gros orage.

Une autre voisine, d'ailleurs, avait remarqué que, dès sept heures et demie, on ne voyait plus de lumière chez les dames Gayet.

La veuve Gayet et Pierrette n'avaient pas été frappées par le même couteau. Dans un vase en bois, rempli d'une eau sanguinolente, on trouva un caillou, pesant 700 grammes, d'une forme allongée, facile à saisir avec la main ; un cheveu blanc adhérait encore à ce caillou : on avait donc là l'arme contondante qui avait causé la mort de la veuve Desfarges.

Dans un tonneau plein de blé, on trouva aussi un couteau de paysan, assez tranchant, à lame pointue ; il y avait été enfoncé tout ouvert et sanglant. Quand on le retira, il était encore teint de sang ; les doigts du meurtrier restaient empreints sur le manche.

Il y avait donc eu trois assassins, comme il y avait trois victimes. Les pauvres femmes avaient dû être frappées toutes trois presque au même instant. Et à peine en aurait-il pu être autrement. Au milieu de ce groupe de maisons habitées, dans cette chambre à deux issues, un seul ou même deux assassins n'auraient pu se risquer à attaquer à la fois trois femmes pleines de vie, dont une seule, échappée, les perdait. Et, aussi, c'étaient des gens du pays qui avaient commis le crime ; ils étaient, évidemment, connus des victimes, qui les avaient reçus sans défiance; ils étaient au courant de leurs habitudes.

On s'occupa, sans retard, de dresser un plan des lieux.

C'était un cultivateur de Saint-Cyr, Claude Bernard, qui tenait le décamètre par un bout. Un homme s'approcha de lui, et lui dit : — « Moi qui étais encore la veille au soir avec ces pauvres femmes! J'y étais allé pour régler un compte de vigne; elles m'ont offert du vin nouveau. »

Cet homme avait une mauvaise figure, blafarde et sournoise; le brigadier de gendarmerie du Limonest le toisa d'un air connaisseur, et demanda son nom. On lui dit que c'était un voisin des Gayet, Joanon, qui avait demandé la veuve Gayet en mariage et avait été repoussé.

Il y avait aussi, parmi les curieux que le brigadier tenait à distance, deux carriers qui se disaient parents des victimes; ils voulaient entrer, se fondant sur leur droit d'héritiers; il fallut les repousser plus d'une fois. Le brigadier Macaire demanda également le nom de ces deux-là; on lui dit qu'ils se nommaient Chrétien et Déchamps, qu'ils étaient véritables héritiers. La belle-mère de Chrétien, la Pernoux, était tante de la veuve Gayet; Déchamps avait des droits par sa mère. — « Ces gens-là ne me reviennent pas du tout, » dit Macaire.

Chrétien, voyant qu'on ne pouvait forcer la consigne, dit à Déchamps : — « Allons boire pot et commander les bières; il y a bien de quoi payer. Ce n'est pas la maladie qui les a ruinées. »

Le lendemain, on enterra les trois victimes. Toute la population de Saint-Cyr les suivit pieusement jusqu'à leur dernière demeure. Près de l'église, pendant l'office des morts, Joanon dit au maréchal-ferrant. — « Le brigand qui a fait ce coup-là, faut qu'il ait eu un fier courage. Mais si la Jeanne-Marie s'était mariée avec moi, rien ne serait arrivé.... Elles avaient cinq montres, des bijoux, et elles avaient reçu 6,000 francs dans le courant de la semaine. »

Macaire n'avait pas manqué de faire part de ses impressions à M. Donat-Toulon. Quand il lui parla de Joanon : — « Non, dit le maire, cela n'est pas possible. Je sais bien que ce Joanon n'est pas aimé ici; son caractère sombre a pu le faire craindre; mais, d'un mauvais coucheur à un assassin, la distance est grande. » M. Donat-Toulon se rappela, pourtant, que, quatre mois avant le crime, la veuve Gayet lui avait dit : — « Ce Joanon m'ennuie.... » Propos inachevé, qui lui parut sans importance.

Qui était ce Joanon? Quoique fils d'un ancien notaire de Lyon, et l'aîné de ses frères, quoique sa famille fût riche, il vivait dans le besoin, loin des siens, comme un paria; à Saint-Cyr, il fréquentait peu chez les voisins, toujours morose et un peu craint dans la commune. Il travaillait comme journalier et avait été employé longtemps par les dames Gayet; mais il avait recherché la veuve en mariage et, depuis ce temps, on ne le prenait plus à journée chez ces dames. Il avait reçu une demi-instruction, avait essayé l'apprentissage de l'orfèvrerie. Il avait 33 ans.

Quant à Déchamps et Chrétien, tailleurs de pierre tous les deux, ils passaient pour de bons ouvriers et on ne savait pas grand'chose à dire sur leur compte. Chrétien avait une petite maison, un coin de terre, 8,700 fr. de fortune environ, pas de dettes; Déchamps avait aussi sa maisonnette, à peu près 6,700 fr. de bien, sur lesquels il redevait 2,500 fr.

Leurs femmes travaillaient à la terre. Déchamps avait 47 ans, Chrétien 44.

Rien dans tout cela ne parut justifier les premiers soupçons. Peu à peu, cependant, l'instruction recueillit contre ces trois hommes des indices plus graves. On disait dans le pays qu'ils avaient, tous trois, accueilli d'une façon singulière, l'annonce du crime. — « Tu ne sais pas, avait-on dit à Déchamps, les bourdines sont assassinées. » C'était le nom trivial qu'on donnait à ces pauvres femmes. Déchamps fumait son jardin; il continua son travail sans mot dire.

La Déchamps s'écria : — « Il fait bien bon savoir où l'on est dans certaines circonstances; car nous sommes de la famille, on pourrait bien penser à nous. » Et on l'entendit faire la leçon à son jeune fils : — « Tu diras que ton père n'est pas sorti, le soir de l'orage. Les enfants, on les croit toujours mieux que les grandes personnes. » Le petit ne tint compte de la leçon et dit plus tard que son père était sorti une heure et demie, le soir du 14 octobre.

Quand lui fut apportée la nouvelle, Chrétien fauchait. — « Te voilà bien tranquille, dit une journalière; on a tué ta tante et tes deux cousines, et tu continues à faucher comme si de rien n'était. S.... cha.....! »

Une journalière, passant devant la maison de Joanon, mit la tête à l'huis et lui raconta le crime; Joanon sortit sur le pas de la porte. — « Sait-on qui c'est? A-t-on vu quelqu'un? » demanda-t-il d'un air étrange. Il rentra chez lui et s'enferma.

Les langues marchèrent; la justice écoutait.

— « C'est drôle, disait l'un, Joanon, tout le samedi (15 octobre), avait l'air évaporé. » — « Oui, disait l'autre, j'ai bien vu qu'il avait les yeux noyés; il marquait bien mal. »

Une femme dit que Joanon avait tenu ce propos : — « Ces femmes font un dieu de leur fortune; mais on ne sait pas ce qui leur peut arriver.... des femmes seules.... »

Puis, ce ne furent plus des mauvaises pensées, mais des actes qu'on révéla à la justice. Celui-ci avait entendu Joanon dire : — « J'aurai la Gayet, ou ce sera le loup. » Celui-là se rappelait que Joanon avait raconté une tentative criminelle faite par lui sur la veuve, un jour que, surprise par la pluie, elle s'était réfugiée dans une cabane de feuillage. — « Elle est forte, la b......, avait dit Joanon; je n'ai pas pu réussir; elle m'a tout égratigné. »

Enfin, une voisine déclara que, quelque quatre ans auparavant, visitant la Gayet, elle l'avait trouvée dans sa cuisine, seule avec Joanon, toute en larmes, le bonnet froissé et tourné sur la tête. La voisine allait se retirer; la Gayet lui fit un signe suppliant, comme pour lui dire : Restez!

Plusieurs fois, dans les mois qui avaient précédé le crime, on avait vu Joanon chez les Gayet. La veuve s'était plainte que Joanon escaladait son mur; elle en avait peur.

En creusant la moralité de Joanon, on découvrit chez cet homme des vices qui expliquaient sa situation. Son grand-père maternel, dont il cultivait les terres en colon partiaire, avait eu tant à se plaindre de la mauvaise foi de son petit-fils, qu'il lui avait fait signer un congé en bonne et due forme et s'était débarrassé de lui. Ce grand-père avait, par son testament, infligé à son petit-fils une sorte de malédiction. « Je lègue et donne, y était-il écrit, à mon petit-fils Joanny Joanon, le premier des garçons, la somme de dix francs pour tout son legs, parce qu'il s'est mal comporté. »

A celui-ci, Joanon avait dérobé de la luzerne; à celui-là, un boulanger, il avait contesté une dette de 50 fr.; à cet autre, il avait vendu du vin mêlé d'eau à haute dose, et on l'appelait, dans le pays, Joanon-Piquette.

Mais la luxure était le vice distinctif de Joanon. Grossièrement, bestialement débauché, il attirait chez lui de vieilles femmes idiotes. Il poursuivait en même temps les fillettes et en recherchait à la fois trois en mariage.

Ce caractère naturellement sournois et sombre, déjà aigri par la misère, l'avait dû être encore plus par le refus de la veuve Gayet. Une compagne de la petite Pierrette déclara que, plus d'une fois, cette enfant lui avait dit les terreurs que causait Joanon dans la maison Gayet. Joanon avait surpris la mère seule dans l'écurie, avait voulu l'embrasser, l'avait menacée de l'étrangler si elle résistait; Joanon escaladait leurs clôtures, et elles n'osaient demander protection à la justice, redoutant qu'il ne leur en fît encore davantage; quelque jour, on les trouverait assassinées toutes trois, et il n'y aurait pas à chercher : ce serait Joanon.

On trouva bien quelque chose aussi sur le compte des deux autres suspects, mais peu de chose. Chrétien n'était pas de bon compte avec les ouvriers du chantier Bachelu. Déchamps avait quelques petites soustractions sur la conscience. Voilà tout ce qu'on put découvrir.

M. Morand de Jouffray, juge de paix à Limonest, et son frère, M. Morand de Jouffray, juge d'instruction à Lyon, informaient simultanément à Lyon et à Saint-Cyr. Le 19 octobre, un agent de police, Meillard, vint chercher Joanon, qui devait être entendu ce jour-là comme témoin. Quand Meillard expliqua à Joanon qu'il fallait le suivre, Joanon pâlit horriblement; ses yeux se brouillèrent, ses lèvres se contractèrent. — « On me fait perdre mon temps, dit-il, me payera-t-on? » L'agent le prit sous le bras et le mena à sa maison. Là, il ne trouva que quelques couteaux bien aiguisés, un fusil que Joanon avait acheté « parce qu'il y avait de bien méchantes gens à Saint-Cyr; » au reste, point d'indices accusateurs. Mais l'attitude de Joanon en dit autant que l'auraient pu faire les preuves matérielles les plus évidentes. Sur la route : — « Est-ce qu'on a trouvé un couteau chez ces dames? dit-il à Meillard. J'y allais souvent. » Il questionna l'agent sur les bijoux disparus, les dépeignit avec une précision singulière, surtout une montre à répétition, à toc, comme on dit dans le pays. Il parla encore de papiers de valeur, de l'endroit où ils étaient renfermés, de la vierge d'or devant, laquelle les pauvres femmes faisaient la prière du soir. — « Savez-vous, dit-il, ils ont dû profiter de l'orage et passer par les Mûriers. Il y a là un endroit d'où l'on peut voir tout ce qui se fait chez elles, par une petite lucarne. »

On trouva, en effet, dans la cuisine des victimes, une petite lucarne placée au-dessus de l'évier; on n'avait pas remarqué d'abord ce jour, donnant juste en face du poste d'observation indiqué par Joanon. M. Morand de Jouffray s'assura d'abord que, par la petite fenêtre, on ne pouvait rien voir du dehors, pendant le jour, dans la cuisine, tandis que, de nuit, on distinguait parfaitement tout ce qui s'y passait.

Joanon fut invité à justifier l'emploi de son temps dans la soirée du 14. Son embarras fut visible. La pluie l'avait obligé à quitter sa terre des Charmantes entre trois et quatre heures de l'après-midi; il était rentré un instant à la maison; il avait été chez la Dupont, y était resté un quart d'heure, une demi-

heure peut-être; sorti de là, il avait causé un moment avec Mandaroux; il était revenu chez lui; vers huit heures et demie, il était allé chercher du levain chez le boulanger Pionchon.

C'était là le point. Ce même jour, 19 octobre, revenu de Lyon, Joanon, qui ne se savait pas surveillé, s'empressa d'aller chez Pionchon.

« Où est Pionchon? » demanda-t-il d'un air agité. On lui répondit qu'il était à la pêtrerie; il voulut le voir, et on l'alla chercher. — « Dites donc, Pionchon, si ça ne vous fait rien, dit Joanon, vous pouvez bien déclarer que c'est le samedi que je suis venu faire cuire, et que le vendredi, sur les huit heures et demie du soir, je suis venu chercher le levain; je me suis trompé là-bas. Si vous dites cela, on ne me doutera plus. » Pionchon ne vit là qu'un service de voisin et allait promettre; sa servante, plus fine, comprit ce que voulait Joanon : — « Eh! lui dit-elle, vous savez bien que c'est le 13, et pas le 14, que vous êtes venu pour le levain. Si vous étiez chez vous le vendredi, dites-le, qu'est-ce que vous avez à craindre? Notre maître, au contraire, pourrait bien se mettre dans un mauvais cas. » Joanon pinça ses lèvres et ne répondit pas. Le lendemain, 20 octobre, Joanon fut rappelé. Il soutint pas dire de la veille; mais, interpellé sur la date, il n'osa plus l'affirmer d'une manière aussi précise. C'était bien peut-être le 13 qu'il avait été chercher le levain; alors, le 14 au soir, il avait été chez le Vignat, jusqu'à sept heures et demie. On découvrit, peu à peu, que ces contradictions cachaient des mensonges. Une veuve Noir, disait-il, avait dû le rencontrer revenant de chez les Vignat; cette femme l'avait rencontré, en effet, mais vers huit heures, au plus fort de l'orage, tout près de la maison Gayet, qui n'était séparée de la sienne que par trois minutes de marche environ.

Joanon affirmait maintenant qu'à partir de l'époque où sa demande en mariage avait été repoussée par la veuve Gayet, il avait cessé de voir cette famille; et il était certain qu'on l'avait vu plusieurs fois chez les Gayet dans le courant de l'été. Il avait passé chez les dames la soirée du 13 octobre. Plusieurs fois, pendant la nuit, et peu de temps avant le crime, on avait vu Joanon en observation dans la terre des Mûriers, du côté où l'enquête trouvait la trace des malfaiteurs du 14 octobre imprimée sur le mur, près d'un vieux puits.

On resserra d'autant plus la surveillance invisible qui entourait Joanon. Le garde champêtre de Saint-Cyr, Balthazar Penet, avait ordre d'épier les démarches les plus insignifiantes, d'écouter les moindres propos de Joanon. Le 13 février, comme Joanon revenait de Lyon, Penet le vit entrant chez le cabaretier Clément; il l'y suivit. — « Dites donc, vous, lui dit-il, vous savez que vous me devez cinq francs pour la peine que j'ai eue de nourrir vos lapins. » — « Je vous les donnerai, vous le savez bien, répondit Joanon, d'un air de mauvaise humeur; mais, avant, je veux une réparation d'honneur. » — « Savez-vous, dit imperturbablement Penet, qu'on vous accuse par toutes les communes voisines. Ce n'est pas beau, au moins, ce que vous avez fait là. Vous auriez dû épargner la petite. »

Joanon répondit d'un air soucieux : — « J'ai fait mon possible; je n'ai pas pu l'empêcher. » — Mais, alors, vous avouez donc? — Oh! mais, s'écria Joanon, qui se sentit pris, je l'ai dit, mais je ne le signerai pas. »

La culpabilité de Joanon devenait ainsi de jour en

jour moins douteuse, et son arrestation venait d'avoir lieu, quand, tout à coup, une de ces providentielles imprudences qu'inspire au criminel une trompeuse sécurité, vint désigner clairement les coupables à la justice.

Le 15 février, un homme et une femme de la campagne se présentèrent, à Lyon, chez un orfèvre de la place d'Albos, M. Vergoin. La femme tira d'un sac deux montres. — « Nous voudrions bien rechanger ça, dit-elle. Ça nous vient de la succession des dames Gayet de Saint-Cyr, vous savez; elles étaient nos parentes. » L'homme donna ses nom, prénoms et domicile. — « Et est-ce qu'on n'a rien découvert sur ce crime? » demanda l'orfèvre. — « Ah! mon Dieu! non. »

M. Vergoin était en règle avec la loi de brumaire; il avait déjà inscrit les noms des vendeurs sur son registre : mais ce souvenir des crimes l'inquiéta. Il regarda les montres de plus près, vit que les boîtiers étaient tachés d'une couleur rouge singulière; il pensa à du sang, et cela lui donna à réfléchir. Avant de conclure, il voulut prendre des renseignements : un autre orfèvre de Lyon, M. Lauzéas, était parent de l'homme, nommé Chrétien; M. Vergoin l'alla questionner. Les renseignements furent excellents. — « C'est un brave homme, répondit le confrère; vous pouvez faire l'affaire. » Malgré cela, M. Vergoin porta les montres chez le commissaire de police de son quartier.

C'étaient bien les montres des dames Gayet. Elles n'avaient pas été comprises dans les inventaires de leurs successions : il était dès lors évident que Chrétien et sa femme avaient tout au moins commis un vol au préjudice des héritiers.

Le 17 février, une descente de justice eut lieu chez les Chrétien. La femme, à qui on représenta les montres, nia d'abord, avec cette assurance brutale que le paysan croit habile, que jamais elle ne fût présentée à Lyon chez un horloger. Puis, vaincus par l'évidence, ils durent reconnaître tous deux qu'ils avaient volé les montres. Chrétien prétendit que, le 26 décembre, comme un voisin, Eclaircy, faisait emporter une armoire achetée par lui à la vente du mobilier des Gayet, un paquet était tombé de la corniche du meuble, qu'on renversait pour le démonter. Chrétien avait vu ce paquet, s'en était emparé; il y avait trouvé les montres et leurs clefs. On fit venir Eclaircy et quelques témoins de la scène : ils répondirent qu'en effet Chrétien, ce jour-là, avait fait semblant de ramasser un paquet; mais on avait bien vu que c'était une *frime*: les meubles, et celui-là spécialement, avaient été minutieusement visités avant la vente.

Chrétien n'était donc pas seulement un voleur; la possession des montres le montrait complice du meurtre. On arrêta la femme; on mit ensuite au mari. — « Je suis donc plus coupable que Joanon, dit-il aux gendarmes, puisqu'on m'enchaîne ainsi. »

On recherchait, cependant, la trace du meurtre sur ces montres. L'orfèvre de Lyon avait cru voir du sang dans les boîtiers. Les boîtiers des montres et leurs clefs, parsemés de taches rougeâtres, furent soumis, par M. Ferrant, pharmacien de Lyon, à une analyse chimique. L'expert reconnut qu'un nettoyage avait été pratiqué avec le rouge à polir; cette opération avait eu pour but de faire disparaître des taches de rouille produites par une lente oxydation. Puis, les boîtes et les clefs avaient été soumises à un lavage. L'absence du sang fut constatée. Il résulta de cette expérience que ces objets avaient été cachés en terre, puis nettoyés et lavés.

On avait trouvé chez les Chrétien 670 francs en espèces. Ils expliquèrent la possession de cette somme par les salaires du mari, contre-maître dans les carrières de Bachelu, et par les économies que réalisait sa femme sur les produits de sa basse-cour.

On soupçonnait que tout n'avait pas été découvert de ce côté. Le 26 février, les Chrétien furent ramenés dans leur domicile et une nouvelle perquisition fut faite sous leurs yeux.

Il y avait là deux femmes, la belle-mère et la mère de Chrétien, et Jean-Louis, le beau-père. — « Savez-vous si votre fils a de l'argent? » dit le brigadier. — « Je ne pourrais pas vous dire, » répondit la mère.

Le brigadier visita le buffet, puis une grande armoire à linge. Derrière des piles de draps, il sentit quelque chose de dur, et retira un paquet enveloppé dans un mouchoir en lambeaux. Cela était lourd et sonnait l'or. — « Oh! Chrétien, dit le brigadier Macaire, il y a quelque chose de nouveau. »

Dans ce paquet, composé d'un morceau de laine et d'un sac en toile, on trouva une bourse en perles blanches dans laquelle était renfermée une somme de 1,380 francs en pièces d'or.

— « D'où vous vient cela? » dit-on à Chrétien. — « Je ne savais vrai pas que j'avais ça chez nous, » répondit-il. La femme, toute tremblante et décontenancée, se remit peu à peu et essaya une explication. Cette somme était à elle, rien qu'à elle; c'était le fruit de ses économies depuis l'âge de douze ans; en 1839, au moment de son mariage, elle avait déjà un *boursicot* de 600 francs, qu'elle ne fit point figurer au contrat, dont elle ne parla pas même à son mari. Depuis lors, elle avait économisé le surplus sur sa basse-cour, et aussi, ajouta-t-elle tout bas, sur ce que lui donnait Bachelu depuis douze ans. Pourquoi Bachelu, le maître de Chrétien, lui donnait-il de l'argent en cachette? Elle le laissa entendre. Pour parler clairement, la prostitution adultère avait ajouté cent francs par an à ses économies. Dès qu'elle avait gagné une pièce d'or, elle la réunissait aux autres, et la versait dans cette bourse, pour ne la plus retirer. La bourse en perles, dit la Chrétien, lui venait de sa mère; mais la mère Pernoux dit n'avoir jamais donné, ni même jamais vu la bourse. D'autres témoins reconnurent la bourse et le mouchoir pour les avoir vus entre les mains de Pierrette Gayet.

On emmena les Chrétien. La femme était tout éplorée; elle se cramponnait à la porte de la maison. — « Ah! s'écriait-elle, je ne verrai plus Saint-Cyr! Ah! mon Dieu! il faut aller en prison. » — « Eh bien! quoi! dit une voisine, si tu n'as pas fait le crime, tu reviendras tôt ou tard. » La Chrétien ne répondit pas. Chrétien, lui, était parfaitement calme. En passant devant la maison Gayet, il fit un geste et dit tout bas au gendarme Guillot : — « Voilà une maison qui m'appartient... Je suis riche... Tenez, gendarme, si vous voulez me laisser libre, je vous donne dix mille francs. »

Joanon, quand on l'avait arrêté, n'avait pas montré ce grand sang-froid. Son trouble allait jusqu'à l'imbécillité; il ne répondait pas, roulait de gros yeux et fourrait le doigt dans son nez avec des mouvements automatiques.

Chrétien, comme Joanon, fut embarrassé pour expliquer l'emploi de son temps pendant la soirée du 14 octobre. Il se coupa sur les lieux, sur les heures; il s'efforçait d'établir qu'il était revenu du chantier entre six et sept heures; il lui fallut bien reconnaître qu'il n'était rentré qu'à huit heures.

De même pour Joanon, qui ne pouvait établir ce qu'il avait fait de six à huit heures.

La Chrétien, ramenée devant le juge d'instruction, voulut soutenir son mensonge d'économies personnelles patiemment faites pendant vingt ans. Le magistrat lui fit remarquer la propreté du mouchoir en lambeaux qui enveloppait le paquet; depuis 1839, ce mouchoir n'aurait pas jauni! Et puis, la Chrétien disait avoir amassé les 1,380 fr. pièce à pièce; or, fit remarquer le magistrat, « vous n'avez pas pensé que le millésime de ces pièces allait trahir votre mensonge. Il y a, dans la bourse, pour 220 fr. seulement de pièces antérieures à 1839; il y en a pour 200 fr. d'une fabrication postérieure à 1839 et antérieure à 1852; il y en a pour 960 fr. de 1852 à 1859. » — « Comment pouvez-vous voir cela sur les pièces? » dit au magistrat la Chrétien stupéfaite.

Le troisième assassin manquait encore à la justice; mais déjà elle avait l'œil sur Déchamps, cet autre prétendant à la succession Gayet. Le brigadier Macaire, le jour où il vint arrêter Chrétien, avait vu un homme accourir, épier ce qui se passait; cet homme était Déchamps. Le lendemain de l'arrestation de Chrétien, Déchamps, pleurant à chaudes larmes, avait dit à la carrière: — « C'était hier le tour à Chrétien; demain ce sera peut-être le mien. » La Déchamps s'agitait, quêtait chez les voisines des souvenirs à sa décharge. — « N'est-ce pas, la Guyonnet, que ce soir-là nous étions couchés à sept heures et demie? Car on va nous accuser, voyez-vous. Vous vous rappelez bien que nous nous sommes couchés à sept heures et demie. »

Le 1er mars, une perquisition fut opérée chez les Déchamps; on trouva dans leur armoire plusieurs petits objets mobiliers ayant appartenu à la dame Gayet. Pendant ce temps, le vieux père de Déchamps, tout infirme qu'il fût, faisait un trou dans sa luzernière. Le bonhomme regardait autour de lui, tout en enfouissant; il aperçut tout à coup une voisine qui le considérait curieusement: aussitôt, il laissa là sa houe et, pendant trois heures, resta immobile à la même place, d'un air indifférent. On demanda au bonhomme ce qu'il faisait. Il ne faisait rien. Mais pourquoi ce trou? Sans doute pour y cacher quelque chose? Il ne faisait pas de trou; on lui montra le trou. Alors, il dit qu'il creusait pour cacher en terre un robinet et quelques autres objets en cuivre que lui avait donnés son fils. On trouva, en effet, dans la terre, un mauvais robinet et un morceau de cuivre sans valeur. Les Déchamps furent arrêtés.

Déchamps ne sut pas plus que Joanon ou Chrétien, rendre compte de sa conduite pendant la soirée du 14 octobre. Il voulut faire croire qu'il n'avait jamais eu de relations avec Joanon, tandis que l'un avait battu le blé de l'autre, et qu'une voisine avait pris sur le fait les relations adultères de Joanon avec la Déchamps.

Il y avait lieu de présumer que les Déchamps avaient caché quelque part le produit de leur vol chez les dames Gayet; on ordonna de vider le puits, en présence de la femme. Gilet, le maçon, déposa son échelle près du puits et disposa une corde; la Déchamps regardait le magistrat, le gendarme, le maçon; elle était pâle comme une morte. Le brigadier Macaire ne la quittait pas des yeux; il la vit s'approcher de Gilet et lui parler bas. Gilet, aussitôt, changea de figure, et, allant au gendarme: — « Voyez-

vous, brigadier, dit-il, je ne voudrais pas pour 50 francs remplir cette besogne. » — « Ah çà! dit Macaire, qu'est-ce qui vous prend donc? » Gilet ne répondit pas. Le brigadier avertit le Juge d'instruction qu'il se passait quelque chose d'étrange; Gilet, cependant, avait descendu son échelle dans le puits, d'un air tout contristé. Quand elle vit qu'on allait décidément vider le puits, la Déchamps se rapprocha vivement de Macaire, et lui dit: — « Il y a quelque chose là-dedans que je ne voudrais pas qu'on voie; s'il ne fallait que de l'argent.... » Macaire lui coupa la parole, et informa le magistrat de ce qui se passait. Alors la Déchamps, se jetant aux genoux du Juge d'instruction: — « Sauvez mon mari, s'écria-t-elle, je suis seule coupable... »

Le puits vidé, on y trouva une hache ou doloire, qui fut reconnue pour avoir servi aux dames Gayet dans le temps des vendanges; cet instrument avait disparu du domicile des victimes pendant l'inventaire. On avait cherché à le dénaturer; le manche avait été coupé près du fer.

— « Depuis quand avez-vous jeté cela dans le puits? » demanda-t-on à la Déchamps. Elle répondit que c'était tout récemment.

Une autre expertise fut jugée nécessaire.

Cette doloire, ou hache de vigneron, ne pesait pas moins de 2 kil. 400 gr.; la longueur de la lame était de 35 centimètres, sur 13 de hauteur; le tranchant était en bon état.

M. Ferrand reconnut, à une petite surface légèrement carbonisée sur le tronçon du manche, que l'instrument avait dû être passé au feu. Si la macération dans l'eau avait pu faire disparaître les taches de sang, l'action préalable du feu avait pu aussi les fixer en les altérant. L'analyse ne donna à l'expert que des traces de raisin, mêlées de terre et d'oxyde de fer.

Dans la douille de l'instrument se trouvait encore engagée une portion du manche en bois; ce manche, en partie coupé et entièrement cassé au niveau du fer, n'avait pu être coupé et cassé qu'après des efforts inouïs faits pour l'arracher. Ce n'était pas, sans doute, sans motifs graves qu'on s'était donné tout ce mal; car cette portion cachée dans la douille n'était pas accessible au nettoyage. Les efforts avaient été tels, que, selon l'expert, il n'avait pas été donné moins de cent coups de marteau pour arracher ce fragment, qui avait résisté. Le métal de la douille, rivé dans le bois par les coups de marteau, s'était si complétement uni au fragment du manche, que l'expert lui-même ne put réussir à les séparer.

Pourquoi tant d'efforts pour anéantir cette hache? Les Déchamps ne purent s'expliquer là-dessus. Ils avaient, depuis le crime, volé la hache chez les Gayet; ils durent le reconnaître; mais ce vol même, et les tentatives faites pour anéantir l'instrument restaient incompréhensibles.

L'instruction en était là, quand un des accusés, Chrétien, fit demander à parler au Juge d'instruction.

Ce fut le 3 avril 1860, vers le soir, que Chrétien demanda à faire des aveux. Il parut devant le magistrat, visiblement ému, et, d'une voix étouffée:

— Je viens vous dire que je suis coupable, et que j'ai agi de complicité avec Joanon et Déchamps.

M. le Juge d'instruction. — Dites toute la vérité, Chrétien; n'avez-vous pas d'autres complices?

Chrétien. — Non, Monsieur.

D. Dites-moi quelle part vous avez prise au crime,

et dites-moi surtout quelle part y ont prise Joanon et Déchamps ?

R. C'est Joanon qui a conçu le projet de commettre ce crime et qui, associant les intérêts de sa jalousie et de ses vengeances à la cupidité de Déchamps, soumit à celui-ci, à une époque que j'ignore, la pensée homicide qu'il avait conçue; c'est Déchamps qui me l'a soumise, quinze jours avant le 14 octobre; l'époque de la perpétration du crime n'était pas encore fixée, non plus que les moyens de le commettre (1).

Le 14 octobre à sept heures du soir environ, Déchamps vint me prévenir, ou plutôt me prévint, dans le chemin où je me trouvais, de passer pour me rendre derrière ma remise, que l'instant était venu de réaliser les sinistres projets conçus par Joanon;

je le suivis, et nous trouvâmes Joanon dans la terre des Mûriers; nous escaladâmes tous les trois le petit mur de la cour de la maison Gayet, près du puits; et nous entrâmes dans la cuisine, où se trouvaient attablées les veuves Desfarges, Gayet et la fille de cette dernière, Pierrette Gayet; nous nous présentâmes à ces femmes comme leur demandant un abri pendant l'orage; puis, quelques instants après, Joanon et Déchamps, qui étaient l'un et l'autre armés, je crois, d'un couteau, se précipitèrent sur ces femmes; je sortis sur la galerie, et, m'armant du caillou que vous m'avez déjà représenté, je rentrai dans la cuisine où je crois en avoir frappé à la tête la veuve Desfarges, sans pouvoir toutefois l'affirmer, car mon trouble était extrême.

J'affirme que jusqu'au dernier moment j'avais es-

Les montres accusatrices (PAGE 6).

péré que le triple assassinat conçu par Joanon n'aurait pas lieu.

Aussitôt après avoir frappé la veuve Desfarges, je me suis retiré dans la chambre des victimes, épouvanté de la scène à laquelle je venais d'être mêlé, et après avoir laissé tomber sur le sol de la cuisine le caillou dont je m'étais servi.

Le couteau que vous m'avez représenté devait appartenir aux victimes, et doit avoir été trouvé chez elles ainsi que la doloire; c'est Déchamps qui s'est servi de la doloire pour en frapper les victimes lorsqu'elles furent terrassées; mais je ne saurais cependant l'affirmer. Je le répète, j'ai fui, chassé par le remords qui n'a jamais cessé de me poursuivre

(1) On sent bien que c'est ici une traduction en langage épuré : le greffier habille de style noble et soutenu les paroles de Chrétien. On aimerait mieux, peut-être, entendre parler l'accusé dans sa langue vulgaire. Cette interprétation a des inconvénients de plus d'une sorte, et altère involontairement la vérité de plus d'une manière.

depuis. Aussitôt après avoir frappé la veuve Desfarges, et escaladant le petit mur qui sépare la cour de la terre des Mûriers, j'ai contourné les maisons Ponson et Benet, et je suis rentré chez moi, où je suis arrivé à sept heures et demie ou huit heures moins un quart environ, sans être entré dans la chambre des victimes, et sans avoir rien volé ce jour-là.

Je ne saurais dire comment étaient vêtus Joanon et Déchamps; mon trouble était si grand, que je ne saurais dire même si, avant de succomber, les victimes ont ou non proféré quelques cris.

Ici, Chrétien se trouva si ému, si troublé, que M. le Juge d'instruction ne crut pas devoir plus longtemps presser ses souvenirs; le plus fort était fait : il était humain et habile de rendre, pour quelques heures, le coupable à lui-même. Il n'avait pas tout dit; il avait menti, sans doute, sur certains points de détail; mais il ne faut pas trop demander à une conscience qui s'éveille.

De retour à la prison, Chrétien avait changé de figure; il était presque gai : il paraissait avoir un poids de moins sur le cœur. — « Je me suis perdu peut-être, dit-il au gardien-chef, mais c'est égal, je me sens la conscience plus tranquille. » Et il répéta au gardien-chef ce qu'il venait de dire au magistrat. — « Quand nous sommes entrés, lui dit-il, ces pauvres femmes ont été saisies. Pierrette a poussé un cri. Nous sommes restés cinq minutes devant elles, jusqu'au moment où Joanon dit : *Allons!* C'était le signal. Alors, j'ai frappé la vieille femme, Joanon la veuve, et Déchamps Pierrette. »

Le lendemain, 4 avril, Chrétien fut ramené devant le magistrat. Reprenons ici la rédaction officielle du procès-verbal.

M. le Juge d'instruction. — N'auriez-vous rien à ajouter aux faits que votre conscience, bourrelée de remords, ainsi que vous me l'avez déclaré, vous a inspiré de me révéler hier, et n'auriez-vous pas aussi quelques rectifications à faire relativement à vos premiers aveux ?

Chrétien. — Oui, Monsieur; c'est ainsi que je reconnais, sur votre demande, que je n'ai quitté la cuisine de la maison Gayet qu'après la mort des trois victimes, en même temps que mes deux complices, et après que ces derniers se furent lavé les mains dans un seau qui était à la cuisine, et que je me suis rendu ensuite avec eux dans la chambre à coucher des victimes. Si j'ai employé hier quelques réticences dans mes aveux, cela tient uniquement à ce que l'énormité et l'atrocité des détails que j'avais à révéler rendaient mon aveu trop pénible.

Les Confidences (PAGE 17).

D. Puisque vous êtes décidé aujourd'hui à dire toute la vérité, je dois vous faire remarquer qu'il n'est pas probable que vous ne vous soyez emparé du caillou avec lequel vous avez frappé votre tante, que pendant la lutte extrême et de courte durée qui s'est engagée entre les victimes et leurs agresseurs, et que vous soyez allé, au milieu de l'obscurité d'une nuit d'orage, chercher un caillou sur la galerie de la maison Gayet.

R. Je reconnais que je me suis emparé de ce caillou dans la cuisine, et que j'en ai frappé ma tante, pendant que Joanon et Déchamps portaient des coups de couteau à la veuve Gayet et à Pierrette Gayet.

D. Puisque vous avez assisté à tout ce drame sanglant, veuillez préciser, mieux que vous ne l'avez fait hier, la part que chacun de vous y a prise.

R. Ainsi que je l'ai dit hier, j'ai frappé la veuve Desfarges avec le caillou que vous me représentez, et elle est tombée à mes pieds sans aucun signe de vie, pendant que Joanon et Déchamps frappaient de leurs couteaux la veuve Gayet et sa fille Pierrette Gayet. Ces trois femmes sont tombées simultanément et sans proférer aucun cri, si ce n'est Pierrette Gayet; mais elle a poussé son cri si faible, qu'il n'a pas été possible aux voisins de l'entendre.

D. Qui a donné le signal du massacre exécuté avec une si cruelle et si malheureuse entente?

R. C'est Joanon, par le mot *allons*, qui était le signal convenu.

D. Comment avez-vous pu vous armer du caillou sans être vu des victimes?

R. Ce caillou était à terre près de moi. Je ne sais si Joanon et Déchamps s'étaient armés de leurs couteaux, ou si ces couteaux appartenaient aux femmes.

D. Vous hésitez évidemment à dire la vérité; ce fait, les proportions mêmes du crime dans lequel vous êtes compromis, démontrent que la part que chacun de vous y a prise devait être précisément arrêtée à l'avance ; chacun des agresseurs devait assurément s'adresser à une victime déterminée à l'avance, et pour cela vous deviez tous être armés quand vous avez pénétré dans la cuisine des femmes Desfarges et Gayet ?

R. Je reconnais que je me suis emparé du caillou sur un mur voisin de ma maison au moment où je me rendais avec Déchamps à la maison Gayet, auprès de laquelle nous avons rencontré Joanon dans la terre des Mûriers ; il était six heures et demie environ quand Déchamps est venu me chercher ; j'avais mal précisé hier cette heure-là, et il était environ sept heures quand nous avons pénétré dans la maison pour leur demander un abri pendant l'orage. Avant de franchir le mur de la cour de la maison Gayet, Joanon avait décidé qu'il attaquerait la veuve Gayet, Déchamps Pierrette Gayet, et moi la veuve Desfarges, et qu'il donnerait le signal par le mot allons. Après le crime, c'est moi qui ai jeté le caillou dans le seau où il a été retrouvé.

D. Il est certain que la hache, dite doloire, que je vous ai représentée, a servi à commettre le crime du 14 octobre, et toutes les présomptions accusent Déchamps de s'en être servi.

R. Je reconnais que la veuve Gayet, qui s'était emparée de cette hache pour se défendre, a été désarmée par Déchamps, qui s'est servi de cette doloire pour couper le cou à la veuve Desfarges et à la petite Gayet.

D. Qui a caché dans le tonneau de blé le couteau que je vous ai déjà représenté, et qui a caché derrière le pressoir la doloire que je vous ai également représentée ?

R. Je ne sais qui a caché le couteau dans le tonneau de blé, mais je crois que c'est Déchamps qui a porté de suite la doloire derrière le pressoir ; je n'ai pas remarqué si cette hache portait des traces de sang sur son manche, mais cela est probable.

D. Quel est celui d'entre vous qui a porté la lampe qui se trouvait dans la cuisine ?

R. C'est Déchamps, et, je le répète, nous avons à ce moment-là quitté, tous les trois, la cuisine pour nous rendre dans la chambre des victimes.

D. N'est-ce point à ce moment que vous avez volé les deux montres que vous êtes venu vendre à Lyon ?

R. Oui, monsieur ; je reconnais que j'ai pris alors les montres dans l'intérieur de la garde-robe. J'avoue également que le jour où Éclaircy est venu enlever l'armoire qu'il avait achetée, j'ai apporté les montres pour faire croire que je les avais trouvées.

D. N'avez-vous volé que ces objets ?

R. Je n'ai rien pris autre.

D. Quels sont les objets qu'Antoine Déchamps et Joanon ont volés ?

R. Ils ont dû prendre les bijoux et de l'argent ; mais je ne saurais rien préciser.

D. Il est peu probable que vous ne vous soyez pas préoccupé d'égaliser, avec Déchamps et Joanon, les produits de vos vols.

R. Je ne m'en suis pas préoccupé, parce que, d'une part, nous sommes restés fort peu de temps dans la maison Gayet, et parce que, d'autre part, épouvanté du crime que nous venions de commettre, j'avais hâte de rentrer chez moi.

D. Déchamps et Joanon n'ont-ils pas quitté la maison en même temps que vous ?

R. Oui, monsieur ; mais lorsque nous eûmes escaladé tous les trois, près du puits, le petit mur qui sépare la cour de la maison Gayet, je laissai Dé-

champs et Joanon dans la terre des Mûriers ; je ne sais où ils se sont rendus, mais je présume que Déchamps a dû se rendre chez Joanon en prenant peut-être un autre chemin que celui pris par Joanon.

D. Dans quel intérêt pensez-vous que Déchamps se soit rendu chez Joanon ?

R. Je suppose que ç'a été pour se partager les objets volés.

D. Il est probable que, depuis le 14 octobre, vous avez demandé, soit à Déchamps, soit à Joanon, compte de ce partage ?

R. Non, monsieur, je n'en ai demandé aucun compte.

Le même jour, Déchamps est confronté avec Chrétien. Déchamps persiste à nier sa complicité dans les crimes du 14 octobre. — « Tu as été l'un de mes complices, dit Chrétien à Déchamps, sans hésiter et le regardant en face. Tu m'avais dit, quinze jours avant : « Joanon ne peut pardonner à la veuve Gayet son refus de l'épouser ; si nous lui donnions un coup de main, nous hériterions. »

Déchamps, à cette interpellation de Chrétien, s'écrie : — « Est-ce que j'ai dit ça ? »

— « Oui, tu me l'as dit, répond Chrétien d'un ton ferme ; tu me l'as dit un jour que nous nous sommes rencontrés, revenant de la carrière, près de la Croix-Billet, alors que nous venions ensemble prendre le repas de deux heures. C'est toi aussi qui, le 14, à six heures et demie du soir, es venu me dire que le moment était venu de monter là-haut, à cause du mauvais temps. »

Déchamps. — Je n'ai pas dit ça ; je ne suis pas sorti de chez moi : peux-tu m'accuser d'une chose semblable ?

Chrétien. — Oui, c'est vrai ; c'est toi qui m'as entraîné au crime. (Au magistrat :) Prévenu par Déchamps, je l'ai suivi. Je ne sais s'il était alors ou non porteur d'une arme ; mais il me dit : « Prends donc quelque chose pour tuer. » Ce fut alors que je pris sur le sommet d'un mur le caillou, et je suivis Déchamps à travers les prés pour aller à la maison Gayet. Nous avons escaladé le mur pour pénétrer dans la terre des Mûriers, où nous avons trouvé Joanon placé en face de la petite fenêtre qui éclaire l'évier de la cuisine.

Déchamps, à Chrétien. — Tu es un faux, un menteur ; si tu m'accuses, c'est que tu as commis le crime tout seul. Je ne suis pas sorti de chez moi.

D. Pourquoi Chrétien vous accuserait-il, si vous étiez innocent ?

Déchamps. — Qu'en sais-je ? je ne puis le dire.

D. Chrétien est-il votre ennemi, et avez-vous jamais eu ensemble de mauvais rapports ?

Déchamps. — Non, Monsieur.

D. Quel intérêt pourrait-il donc avoir à vous accuser ? — R. Je n'en sais rien.

D. Comment expliquez-vous alors qu'il vous accuse d'un crime aussi grand ? — R. Il a tort de m'accuser ; je ne suis pas sorti de chez moi.

Chrétien, continuant son récit. — Joanon nous dit alors que nous entrerions dans la cuisine, sous prétexte de leur demander un abri pendant l'orage, et que, lorsqu'il prononcerait le mot allons, je me précipiterais sur la veuve Desfarges, Déchamps sur Pierrette, et que lui, Joanon, se chargerait de la veuve Gayet. Nous escaladâmes le mur de la cour, près du puits, et Joanon marchant le premier, Déchamps le second, et moi le troisième, nous entrâmes dans la cuisine où ces malheureuses achevaient leur souper ; elles nous firent bon accueil et se levèrent même pour nous offrir leurs chaises.

Déchamps. — Chrétien est un grand faux, une grande canaille, un grand menteur; il ne peut pas m'accuser de cela; il ne pourra jamais prouver que j'étais avec lui.

Chrétien raconte le triple meurtre, comme il l'a fait déjà.

Déchamps. — Chrétien est un galopin, un vaurien, de dire des choses semblables; j'étais chez moi.

Chrétien. — Ils se sont ensuite lavé les mains, et, après avoir fouillé dans l'armoire de la cuisine, ils ont passé dans la chambre à coucher; c'est Déchamps qui a porté la lampe, qui était allumée dans la cuisine, dans la chambre, où j'ai pris dans l'intérieur de la garde-robe les deux montres que je suis venu vendre à Lyon. Je suis rentré chez moi, laissant Déchamps et Joanon dans la terre des Mûriers. Ces derniers ont pris l'argent et les bijoux, qu'ils sont allés se partager chez Joanon, je crois.

Déchamps. — Que Chrétien dise ce qu'il voudra, il ne prouvera jamais que je n'étais pas chez moi au moment du crime. Je ne veux rien dire de plus, je ne sortirai pas de là.

D. Si Chrétien ne disait pas la vérité, vous n'auriez pas eu intérêt à faire disparaître cette hache aussitôt qu'elle fut découverte dans le cellier, à la cacher pendant trois jours derrière une cuve, à la faire clandestinement transporter chez vous dans un sac, à en briser et à en brûler le manche, et votre femme ne l'aurait pas précipitée dans le fond d'un puits. — R. J'ai agi ainsi sans savoir pourquoi: j'étais chez moi au moment du crime, et je ne dirai plus rien autre chose.

Cette confrontation est bien autrement vivante que le procès-verbal d'interrogatoire isolé. Celle de Joanon à Chrétien n'est pas moins intéressante, quoique présentant un tout autre caractère.

Joanon amené, Chrétien renouvelle devant lui ses aveux. Quand il a fini: — « Comment, Chrétien, dit *Joanon*, peux-tu m'accuser d'avoir participé à ce crime? »

— « *Oui, oui,* Joanon, je t'accuse, reprend énergiquement *Chrétien;* je t'accuse parce que tu es coupable; et c'est toi qui nous a entraînés au crime.»

On ne put rien tirer de plus de Joanon. Vers le soir, Joanon demanda à paraître de nouveau devant le magistrat; on croyait à des aveux; introduit près du juge, Joanon se borna à lui dire : « Je suis innocent, je suis innocent. »

M. le Juge d'instruction. — Vous avez cependant été mis en présence de Chrétien, qui vous a rappelé toutes les circonstances du crime dont vous seriez l'instigateur.

Joanon. — J'ai bien entendu Chrétien m'accuser, mais *je ne l'ai pas vu;* j'étais troublé.

D. Votre trouble n'a pu être tel qu'il vous ait empêché de voir Chrétien, qui était placé à quatre pas de vous dans mon cabinet?

R. Mon trouble seul m'a cependant empêché de le voir.

D. Vous l'avez si bien vu, que vous lui avez adressé la parole.

R. Je reconnais lui avoir parlé; mais *je ne l'ai pas vu.*

Cette étrange allégation de Joanon, toute inconcevable qu'elle puisse être, a sa raison; il veut prétendre qu'il ne connaît pas même Chrétien. On fait reparaître ce dernier. — « Je n'ai jamais vu cet homme, » dit froidement *Joanon.* — « Canaille! s'écrie *Chrétien,* tu m'as bien vu dans la terre des Mûriers, et je t'ai bien vu aussi, malheureusement. C'est toi qui as tout fait; sans toi, je ne serais pas ici.

Joanon. — Je ne t'ai jamais parlé avant aujourd'hui.

Chrétien. — Je ne t'ai pas vu souvent; mais je t'ai trop bien vu, et je t'ai trop parlé le 14 octobre dernier, dans la terre des Mûriers, le soir, à sept heures environ.

Joanon, au magistrat. — Vous chercherez les coupables, Monsieur, et vous les trouverez.

M. le Juge d'instruction, à Chrétien. — Dans quel lieu de la terre des Mûriers était Joanon?

R. En face de la petite croisée qui est au dessus de l'évier de la cuisine et par laquelle on peut voir ce qui se passe dans cette pièce. Joanon nous dit que les femmes Desfarges et Gayet étaient à souper; il nous désigna à chacun notre victime.

Joanon. — Cet homme a envie de faire des aveux plus complets et meilleurs; mettez-nous ensemble, dans la même cellule, pendant une heure, et *je vous réponds qu'il dira autre chose...* Quand j'aurai *confessé* Chrétien et qu'il ne m'accusera plus. I! ne sait pas, cet homme-là, tous les services que je puis lui rendre, à lui et *à ses enfants;* il ne sait pas que *ma famille est riche.* Ce pauvre garçon, *il ne sait pas combien je m'attache à lui; je m'attache à lui comme à un frère. Je lui rendrai tous les services possibles.* Accordez-moi ce que je vous demande, pour vous éclaircir cette affaire.

M. le Juge d'instruction, à Chrétien. — Vous entendez ce que dit cet homme?

Chrétien. — Je l'entends bien, et je maintiens mes aveux, parce qu'ils sont vrais.

Et Chrétien répète les recommandations faites par Joanon avant le crime.

Joanon, l'interrompant. — Je n'ai pas parlé de ça... j'étais chez moi... Permettez-moi, Monsieur le juge, de causer une heure avec lui; je le ferai se rétracter. (A Chrétien): Mon garçon, *tu crois améliorer ta position,* mais tu te trompes; non, *nous n'avons qu'une mort à faire.* Réfléchis bien... (Au juge): Cet homme veut sauver son fils, qui est sans doute son complice.

Chrétien. — Mon fils est absent de Saint-Cyr depuis trois ans, et, le 14 octobre, il en était à plus de 160 lieues.

C'était vrai. Joanon s'adressa une fois encore au magistrat. — « J'espère, Monsieur, lui dit-il, que Déchamps fera des aveux meilleurs.

M. le Juge d'instruction. — Vous savez donc que Déchamps est coupable?

Joanon. — J'ai dit que Déchamps fera des aveux, s'il est coupable.

Chrétien, cependant, continue son récit. Quand il en est à l'entrée dans la cuisine, « Joanon, dit-il, entra le premier. »

— « Toujours moi le premier! » s'écrie *Joanon.*

Chrétien, continue, sans s'émouvoir.

Joanon. — Ce sont des mensonges; j'étais chez moi... Je porte de l'intérêt à Chrétien; *il n'est pas méchant,* ni moi non plus; *il sera raisonnable,* et j'aurai soin de sa femme et de ses enfants, s'il fait des aveux *comme il doit en faire.*

Chrétien, avec vivacité. — Canaille! ma femme et mes enfants n'ont pas besoin de toi pour ça.

Joanon. — S'il me fait donner la mort, je ne pourrai pas avoir soin de sa femme et de ses enfants. D'ailleurs, je suis innocent.

D. Si vous êtes innocent, pourquoi Chrétien vous accuse-t-il en s'accusant lui-même?

R. Je n'en sais rien ; il veut peut-être sauver un des siens ; le pauvre garçon ! il croit se décharger, mais il aggrave sa position.

Chrétien achève le récit des faits. — «Chrétien dira ce qu'il voudra, conclut *Joanon*, je suis innocent ; tenez, Monsieur le Juge, laissez-moi une heure seul avec Chrétien, je vous éclaircirai tout cela en buvant une bouteille ensemble ; il sait bien que ma famille est riche, *l'argent ne manque pas ; mes* parents ont dû en déposer pour moi à la prison. Je vous en prie, laissez-nous seuls pendant une heure, je veux éclairer la justice ; puis il dit : — Que Chrétien dise comment j'étais habillé.

Chrétien. — Je ne saurais le dire, je n'y ai pas pris garde.

Dans les derniers jours de l'instruction, un fait saisissant était venu lever les derniers doutes qu'on eût pu garder encore sur la complicité de Déchamps. Son père, ce vieillard infirme qu'on a vu cherchant à enfouir quelques objets sans valeur volés chez les victimes, avait été bientôt mis en liberté. Le vieux malheureux rentra chez lui, la tête perdue, et alla se noyer dans la fontaine de Saint-Cyr. Il n'y avait pas là plus d'un mètre et demi d'eau.

Déchamps ne témoigna aucune douleur à cette nouvelle ; il montra même, à partir de ce moment, une certaine gaîté et une plus grande liberté d'esprit. Evidemment, le misérable se réjouissait intérieurement de voir disparaître un témoin qui pouvait lui devenir redoutable. Et ce témoin était son père !

Tels étaient les éléments réunis par l'instruction, quand, le 11 mai, la Cour impériale de Lyon, chambre des mises en accusation, présidée par *M. Fleury-Durieu*, sur le rapport et réquisitoire de *M. de Lagrevol*, substitut de M. le Procureur général, ordonna le renvoi devant la Cour d'assises du Rhône des cinq accusés Jean Joanon, Antoine Déchamps, Jean-François Chrétien, Marie Viard, femme Déchamps ; Antoinette Pernoux, femme Chrétien, prévenus d'assassinat, de viols, de vol et de complicité de ces crimes.

Le 7 juin, s'ouvrirent ces débats, impatiemment attendus par une population qu'avait vivement émue la monstruosité des attentats commis à Saint-Cyr.

Comme toujours, dans une affaire de cette importance, où 79 témoins seront entendus, le prétoire a été élargi aux dépens de l'enceinte réservée au public. Les dames, vu la nature particulière de certains détails, ont été exclues.

M. Baudrier préside ; *M. Gaulot*, Procureur général, et *M. de Lagrevol*, substitut, prennent place au banc du ministère public. *Me Margerand* défendra Déchamps ; *Me Lançon* prendra la parole pour Chrétien ; *Me Dubost* présentera la défense de Joanon.

Chrétien est introduit : c'est un homme d'une taille assez élevée, au front déprimé, aux petits yeux inquiets, toujours roulants ; vêtu, du reste, comme un paysan aisé, et portant moustache blonde. Joanon a le front plus intelligent, plus découvert, les cheveux courts, des yeux saillants, le nez aplati ; ses traits sont pâles, sa tête tombante. Il est vêtu en bourgeois campagnard. Toute sa figure, toute son attitude respirent l'hypocrisie ; en s'asseyant, il fait le signe de la croix. Déchamps annonce une grande force de corps et une sauvage énergie de caractère. Son costume est celui d'un paysan endimanché. Les deux femmes sont en noir ; elles portent le deuil des dames Gayet !

Lecture est donnée de l'acte d'accusation, qui reproduit et groupe les faits de l'instruction. C'est l'histoire du crime, de l'enquête judiciaire, des révélations, simplement et sobrement esquissée, sans phrases.

Tous les accusés sont ensuite emmenés, à l'exception de Chrétien.

M. le Président, à Chrétien. — Vous maintenez les aveux consignés dans vos interrogatoires ?

Chrétien, d'une voix faible. — Oui.

M. le Président. — Reproduisez ici ces aveux.

Chrétien. — C'est quinze jours avant, que Déchamps m'a parlé de ce crime. Il me dit que Joanon voulait se marier avec sa cousine, et que, si on lui donnait un coup de main, nous hériterions... Le 14 octobre, il me dit, sur le chemin, que c'était l'heure de prendre quelque chose (avec effort).. pour tuer... J'ai pris un caillou. Nous sommes partis, et nous nous sommes dirigés sous les Mûriers, où Joanon nous attendait. Il regardait par le petit trou de la fenêtre. Là, les victimes furent désignées par Joanon à nous coups. Il a donné le mot d'ordre ; c'était : *Allons !...* Nous avons passé par la brèche du mur, à côté du puits, par la porte du cuvier non fermée. Nous sommes entrés. Les dames Gayet soupaient. Elles nous ont bien reçus. Après un moment, nous leur sommes tombés dessus... Je l'ai frappée d'un seul coup à la tête.

M. le Président. — Le procès-verbal dit le contraire ; il y a eu plusieurs coups.

Chrétien. — Un seul, monsieur !... Déchamps a tué Pierrette et Joanon la veuve... Elle s'est saisie de la hache, mais Déchamps la lui a arrachée. Elle a reçu des coups de couteau... puis, Joanon, le premier, a violé la veuve, qui bougeait encore un peu... Déchamps a violé Pierrette, qui était morte... Déchamps et Joanon se sont ensuite lavé les mains...

Nous avons cherché de l'argent dans la cuisine, puis aux chambres, par la galerie. La lampe, portée par Déchamps, nous éclairait. Là, j'ai pris les montres. Chacun a fait sa part au hasard. J'ai passé, en me retirant, du côté de la maison Benet ; je suis entré chez moi par les prés. J'avais quitté mes complices dans la terre des Mûriers : ils prirent une route opposée.

D. Pourquoi Déchamps n'est-il pas venu avec vous ? — R. Je ne sais pas.

D. Quelle heure était-il, quand vous êtes rentré chez vous ? — R. Huit heures.

D. A quelle heure êtes-vous entrés chez les dames Gayet ? — R. A sept heures.

D. Combien de temps êtes-vous restés chez les dames Gayet avant de les assassiner ? — R. Cinq ou dix minutes.

D. Tout cela est-il bien la vérité ? On ne peut pas accepter pleinement votre récit. Vous avez dû parler souvent de vos desseins avec Déchamps, et vous avez dû avoir une part plus large dans les produits du vol ? — R. Non, monsieur.

M. le Président rappelle la tentative de vente des deux montres, les explications contradictoires, inadmissibles, données par Chrétien, l'invention du vol sur l'armoire.

M. le Procureur général. — Pourquoi jouiez-vous cette comédie ?

Chrétien. — Pour qu'on ne me doutât pas.

M. le Président. — D'où provenaient les 1,380 fr. saisis dans la bourse en perles ?

R. La bourse était à ma femme depuis longtemps.

M. le Président rappelle les réponses contradictoires de la femme Chrétien, au sujet de cet argent.

— Évidemment, dit-il, cet argent provenait d'un vol; comment votre femme l'aurait-elle gardé si longtemps sans en tirer parti, et comment expliquez-vous qu'après le crime, vous cherchez à en tirer profit en reprenant vos pourparlers au sujet de l'acquisition d'un pré?

R. Nous voulions acheter ce pré bien avant cette époque.

D. Mais, ici, tout doit se dire : votre femme a dit enfin aux magistrats instructeurs que cette somme, pour une certaine part, lui aurait été donnée pour prix de certaines complaisances coupables... Vous comprenez? — R. Je ne sais pas cela.

D. Je laisse de côté les actes d'indécence et d'insensibilité par lesquels vous vous êtes signalé immédiatement après la mort de ces malheureuses femmes. Mais en dehors de toutes ces charges, il y avait encore pour vous l'impossibilité d'exciper d'un alibi. Reconnaissez-vous aujourd'hui que, lorsque Galbry vous a rencontré, vous sortiez de commettre le crime? — R. Oui, monsieur.

Ainsi, une fois de plus, Chrétien vient d'avouer, publiquement, le crime, d'en préciser les hideuses circonstances. On fait rentrer Joanon.

M. le Président. — Joanon, la procédure vous dépeint sous les plus tristes traits; les uns vous disent débauché, les autres faux.

Joanon. — Ce sont les bavardages des gens de Saint-Cyr. Il y a toujours eu une haine contre notre famille. Je suis innocent comme l'enfant qui vient de naître.

D. Mais l'information nous montre chez vous une grande dissolution de mœurs. La femme Delorme dit que, pendant l'absence de Déchamps, elle se rapprocha de la fontaine, et vous vit derrière la haie avec sa femme... Elle ajoute que vous avez dit : « J'irai ce soir chez toi, quand tu seras couchée. »

Joanon. — C'est faux.

D. Vous poursuiviez aussi la jeune Vignat, témoin fort intéressant; vous lui faisiez des propositions de mariage?

Joanon. — C'était pour cou......er.

D. Vous avez demandé la veuve Gayet en mariage?

R. Oui, il y a quatre ans.

D. N'avez-vous pas réitéré ces propositions depuis?

R. Non.

D. Vous l'avez avoué au Juge de paix et au Juge d'instruction?

R. On m'a tant tourmenté, que je ne savais pas ce que je disais.

D. La veuve Gayet n'a-t-elle pas été enchantée de trouver une occasion de vous mettre à la porte, et y êtes-vous retourné depuis?

R. Non... je n'ai plus visité ces malheureuses femmes.

D. Des témoins affirment que vous les menaciez.

R. Cela n'est pas.

D. La veille du crime, n'êtes-vous pas allé chez ces dames? — R. Non.

D. Vous avez dit que vous y aviez passé la soirée du 13 octobre.

R. Ce n'est pas vrai; Laroche a retourné la chose.

D. Il n'est pas le seul à révéler ce fait. Mais ce qui vient à l'appui de tout cela, il faut dire que vous épiiez toute occasion de les soumettre à de mauvais traitements. La veuve Robier a vu la veuve Gayet verser des pleurs en votre présence, redouter de rester seule avec vous. — R. Cela n'est pas.

D. Vous vous étiez créé un poste d'observation dans la terre des Mûriers; vous l'avez dit à Marie Vignat. — R. Je n'ai pas dit cela.

M. le Président. Encore un faux témoin. Mais vous l'avez encore dit à l'agent de police chargé de dresser une liste des témoins. C'est vous-même qui avez donné ces détails.

R. Les gens de Saint-Cyr ont eu le temps de faire ce complot et de me charger... Je ne leur ai pas fait de mal à ces femmes... Quand on fait du mal à quelqu'un...

D. Vous exhaliez des menaces contre elles; vous les traitiez de *bourdines;* vous disiez : *des femmes seules!*

R. Je n'ai pas tenu ces propos; c'est comploté par les gens de Saint-Cyr. Il faut que la vérité se fasse ici. Nous sommes devant Dieu. Ce sont les complices de ceux qui ont volé les montres qui ont répandu cette accusation contre ma famille et moi. Ce sont les parents de ces pauvres femmes qui ont monté ce coup. C'est à ces messieurs à voir la vérité et à ne pas condamner des innocents.

D. Qu'avez-vous fait le jour du crime?

R. J'ai porté mon pain chez Pionchon; je suis allé à ma terre de la Bussière; je suis rentré à la tombée de la nuit et ne suis pas ressorti.

D. Vous avez fait une foule de versions dans l'instruction; vous en faites des nouvelles aujourd'hui.

R. On m'a dit tant de choses, on m'a si péniblement retourné, que je ne sais pas ce que j'ai dit.

D. N'avez-vous pas demandé à Marie Vignat, au gros de l'orage, le 14 octobre, si les dames Gayet étaient chez elles, et, sur sa réponse affirmative, ne l'avez-vous pas détournée d'y aller dans la soirée? Elle ajoute que vous l'avez suivie pour voir quelle direction elle prenait.

R. Elle m'a dit à la porte à six heures et demie, elle s'est trompée d'heure.

D. Mais vous êtes en contradiction avec tous les témoins. Si vous n'avez pas d'autres réponses à donner que de semblables démentis, mieux vaut vous taire. Vous êtes ici dans une impasse; vous cherchez à en sortir; mais c'est impossible. Hugues Lauras dit que, sur les huit heures, passant du côté de chez vous, quand la pluie retentissait, il a entendu des voix d'hommes... Qui étaient-ils?

R. Ah! Lauras, c'est un de ceux qui ont parlé les premiers contre moi... Dieu est grand! Il ne faut pas m'accabler parce que Déchamps et Chrétien ont été assez scélérats pour commettre le crime.

D. Mais comment savez-vous que Déchamps est coupable?

R. Puisqu'on me l'a montré à l'instruction. Je ne puis pas me rappeler s'il y avait quelqu'un chez moi... (D'une voix qui joue l'émotion:) Ah! les pauvres femmes... Si ça ne dépendait que de moi, elles vivraient encore... J'étais seul, tout seul.

D. Qu'avez-vous fait le lendemain des crimes?

R. J'ai été chez le fils Vignat. Nous avons été à la montagne chercher des champignons.

D. Marie Vignat a été si frappée de votre air préoccupé, de votre accablement, de votre agitation, qu'elle n'a pu s'empêcher de le dire à plusieurs personnes.

R. La leçon a été bientôt faite, Monsieur le juge.

D. Berthauld, le fils Cony, ont-ils aussi reçu une leçon? Ils ont dit que les yeux vous sortaient de la tête.

R. Ce n'est pas vrai; je ne demande que justice et vérité.

D. Quand, le 16, on a pénétré chez les victimes, n'avez-vous pas cherché à entrer dans la maison mortuaire malgré les défenses?

R. Tout cela vient de la parenté. La puissance de Dieu permettra que l'on découvre le crime.

D. La première fois que vous êtes venu à Lyon avec l'agent Meillard, vous lui avez paru hagard, agité, inquiet; le long de la route, vous l'avez entretenu d'une foule de détails sur les habitudes des dames Gayet, sur l'horreur du crime?

R. C'est un menteur que cet agent. (Se tournant vers Chrétien): « Chrétien, tu as menti, ose le nier; (s'animant): ose. »

D. Vous avez cherché à suborner le témoin Pionchon, à le pousser à tromper la justice sur vos démarches? — R. Je n'ai pas fait cela.

D. Après votre première mise en liberté, n'avez-vous pas dit chez Clément: « Je voulais bien empêcher le crime, mais je ne le signerai pas. »

R. Penet a supposé cela, il l'a inventé. Il m'a dit trente fois la même chose. Je lui ai répondu: « Allez-vous-en, laissez-moi la paix. » C'est imaginé; c'est un menteur, un faux.

D. Combien avez-vous de couteaux? — R. Cinq.

D. Or, il en manque deux à écusson. Un couteau semblable a été retrouvé après le crime, au domicile des malheureuses femmes Gayet.

Quand vous êtes venu chez M. le Juge d'instruction, vous aviez un pantalon de velours, qui, soumis à l'analyse, a été reconnu comme empreint de taches de sang. Embarrassé de vous expliquer à ce sujet, vous avez dit que vous aviez l'habitude de porter vos doigts dans le nez. Eh bien! depuis six mois, cette habitude a disparu.

R. Mais je prends aussi du tabac.

D. En dehors des révélations de Chrétien, si on rattache le viol à l'assassinat, il faut supposer qu'il a été commis par des gens qui avaient à assouvir une passion farouche; par des malfaiteurs, c'est impossible: d'un instant à l'autre ils pouvaient être troublés dans leurs criminelles entreprises.

— Mais, dit M. le Président, oublions un instant tout ce qui vient d'être dit; supposons que la prévention ne relève contre vous, Joanon, comme charges que les aveux de Chrétien; eh bien! ces aveux trouvent une force irrésistible dans toutes les circonstances indiquées par Chrétien, vérifiées, confirmées par l'information. Quel intérêt, d'ailleurs, a-t-il à vous accuser?

R. C'est un double menteur que Chrétien... (Se tournant vers Chrétien, avec colère), un misérable, un faux... Ils ont fait le coup, ils me le mettent dessus. Mais, la justice de Dieu saura bien les découvrir.

M. le Président rappelle tous ces aveux que Joanon repousse, et ajoute: — Chrétien est tellement vrai dans ses révélations, qu'il n'y avait qu'un témoin oculaire qui pût parler comme il l'a fait. Je veux parler de la hache qui a servi à tuer une des victimes; car l'homme de l'art n'avait pu déterminer, d'une manière précise, à l'aide de quel instrument elle avait été frappée.

Joanon garde le silence.

M. le Président. — Vous dites que Chrétien ment, que vous êtes innocent. Eh bien! écoutez-moi: Voilà un homme qui vous jette à la face la plus sanglante des accusations, et vous avez le courage de le traiter en frère, de lui parler de votre famille, de sa richesse.... Un innocent aurait-il parlé de la sorte?

Joanon, avec agitation. — J'ai suivi une double

voie; je lui ai dit de parler en frère... qu'il n'avait qu'une mort à faire... de mourir en bon chrétien. Je voulais lui faire faire une bonne confession. Pour le ramener à la vérité, je l'ai menacé... il n'a pas voulu m'écouter; tant pis pour lui... il ne fera pas une bonne mort.

M. le Président, à Chrétien. — Eh bien! encore une fois, persistez-vous dans vos aveux?

Chrétien. — Oui, car c'est lui qui a organisé les crimes, qui a mis tout en train... Je le dis, parce que c'est la vérité.

Joanon s'agite sur son banc, lance à Chrétien des regards furibonds, et, ne se contenant plus, se lève et s'écrie: — Vous osez dire que je suis votre complice, que je vous ai aidé à tuer ces pauvres femmes... Eh bien! vous serez sauvé!.... Moi, je mourrai innocent, je mourrai martyr... (Se radoucissant): Chrétien, vous avez une bonne mort à faire. N'accusez pas les innocents. Vous paraîtrez bientôt devant Dieu.

Chrétien, d'une voix brève. — Je suis prêt.

Joanon. — Savez-vous pourquoi il me charge? c'est qu'on lui a promis sa grâce, à lui... Moi, on veut me tuer; mais ce sont tous des faux!...

M. le Président. — Il n'appartient à personne de faire de pareilles promesses, et certes ce n'est pas là le motif des révélations de Chrétien. Elles se puisent dans une conscience criminelle, troublée par le remords.

M. le Président, à Déchamps. — Vos antécédents à vous, Déchamps, ne sont pas mauvais; mais écoutez-moi: Vous rappelez-vous les vols de paille, de linge, d'un fusil, commis avant le crime au préjudice de Jeanne-Marie Gayet?

Déchamps. — Non. C'est un faux témoin qui a dit cela.

D. Après l'assassinat, n'avez-vous pas prié votre mère de faire un testament en votre faveur?

R. Je n'ai pas connaissance de cela.

D. N'avez-vous pas reçu d'elle une procuration pour gérer ses biens comme héritier de la femme Gayet? — R. Oui.

D. Vous connaissez les aveux de Chrétien; vous savez qu'il vous associe à l'abominable crime commis sur la personne des dames Gayet?

R. C'est un faux. Il veut me faire périr. Je ne sais ce qui lui a pris depuis qu'il est en prison.

Cela est dit simplement, nettement, sans phrases. L'accusé nie, avec la même concision, avoir été *émuet* lorsqu'il lui fallut déposer comme témoin devant le juge d'instruction; il ne se rappelle pas d'avoir été averti Chrétien que la justice était sur ses traces.

M. le Président. — Quand on a procédé à votre arrestation vous avez été ému, troublé, vous avez dit: « Quand j'ai vu arrêter Chrétien... j'ai prévu... que mon tour ne tarderait pas d'arriver. »

R. Je n'ai pas été ému.

M. le Président. — Ce propos acquiert de la gravité, précisément parce que votre femme a dit ces paroles: « Ah! Joanon a parlé!... Il a indiqué des membres de la famille comme les assassins des dames Gayet! » Paroles graves, significatives.

Déchamps ne répond pas.

D. Cette hache qu'on a trouvée chez vous, pourquoi l'avez-vous démanchée?

R. Je l'ai prise chez les Gayet en septembre, et si j'ai coupé le manche, c'était pour que mon enfant ne se fît pas de mal.

Déchamps prétend ne pas savoir que sa femme a

obsédé de ses supplications ceux que la justice avait chargés de vider le puits.

M. le Président. — Vous savez que Chrétien a fait des aveux, qu'il vous désigne comme son complice?

R. C'est un menteur, un malheureux. Il ne prouvera pas que je suis sorti de chez moi.

M. le Président. — Chrétien, persistez-vous?

Chrétien, se levant et étendant la main vers Déchamps. — Oui... oui, je le soutiens... tu y étais.

Déchamps, avec un geste de menace. — Malheureux! oses-tu soutenir cela?

Chrétien. — Oui, tu y étais; et la preuve, tu m'as dit de me munir d'un caillou; que, quant à toi, tu étais en mesure.

Déchamps, se calmant. — C'est un malheureux; depuis qu'il est en prison, je ne sais ce qu'il a.

M. le Président. — Mais, dans l'information, Déchamps, vous avez dit que Chrétien était un brave homme? — R. Que voulez-vous, il rêve cela.

Chrétien retrace, une fois de plus, le rôle de chacun de ses complices. Quand il dit que Déchamps, après avoir tué Pierrette, l'a violée, *Déchamps* s'écrie: — Le prouveras-tu? Si tu veux avoir la tête coupée, ne cherche pas à précipiter la ruine d'un innocent.

M⁰ Margerand demande que l'on fasse préciser à Chrétien l'époque de la première entrevue pour le crime, et quel temps elle a duré.

Chrétien. — Quinze jours avant, et elle a duré dix minutes.

M. le Procureur général. — Dès à présent, j'annonce à MM. les Jurés que plus les déclarations de Chrétien seront empreintes d'exactitude, plus sa propre culpabilité sera établie.

M. le Président, à Chrétien. — Quel rôle ont pu jouer les femmes dans cette affaire? N'ont-elles rien su?

R. Je n'ai fait voir les montres à ma femme que le 20 décembre. Elles étaient cachées dans ma boîte.

D. Et la femme Déchamps?

R. Je l'ignore. Je ne sais pas davantage si des relations coupables ont existé entre elle et Joanon.

Pendant cette confrontation, les traits de Déchamps, qui semblaient insignifiants à l'ouverture des débats, ont pris une expression terrible et bouleversée. Toutes les fois que Chrétien reproduit ses accablantes révélations, Déchamps tourne ses yeux vifs et injectés de sang dans la direction de son coaccusé, mais sans le regarder en face. C'est le regard sournois d'une bête féroce musclée.

C'est au tour de la *femme Déchamps.* Elle nie avoir recelé sciemment des objets volés chez les dames Gayet; elle nie avoir eu des relations coupables avec Joanon.

M. le Président. — Femme Déchamps, le jour du crime êtes-vous sortie?

R. Je suis restée avec la dame Chavassieux; elle n'a pas vu sortir mon mari, si ce n'est un moment chez Clément.

D. A sept heures et demie n'avez-vous pas parlé à Bandras, dont la fenêtre est en face de votre maison?

R. Oui; mon mari allait se coucher. Il me dit de fermer, qu'il ne faisait pas trop chaud.

D. Qu'avez-vous dit le surlendemain à un témoin, à la femme Guyonnet? N'avez-vous pas dit: «Il fait bien bon savoir où en était à telle heure?» Cela laisserait supposer que déjà vous vous apprêtiez à paralyser l'action de la justice.

R. Elle peut m'avoir dit des choses, et moi d'au-

tres; mais elles n'ont pas le sens qu'on leur donne.

D. Quand on vous a appelée chez le juge d'instruction, n'avez-vous pas dit à la femme Chavassieux, si on la faisait appeler, de déclarer que le 14 octobre elle était restée chez vous jusqu'à huit heures du soir?

R. Je sais qu'elle le prétend, mais cela n'est pas.

D. N'avez-vous pas dit à votre fils: «Tu te rappelleras que, le 14 octobre, ton père n'est pas sorti de la soirée,» et ce qui attesterait qu'il a reçu une leçon, c'est qu'entendu tout d'abord dans l'information, il l'a répété. Plus tard, il l'a démenti. Votre enfant dit qu'après avoir été battu par son père à l'écurie, il est sorti, s'est mis à jouer, qu'il est rentré... et que son père est bien resté une heure, une heure et demie absent.

R. Je n'ai pas souvenir de cela.

D. Pourquoi avez-vous témoigné tant de trouble lors de votre arrestation en disant: «Nous sommes perdus, je ne verrai plus Saint-Cyr.» Et à vos voisines: «Je vous recommande mon enfant?»

R. Je ne l'ai dit qu'à la dame Destable.

D. Quand Chrétien a été arrêté pour les montres, vous avez dit: «Il y avait bien longtemps que je savais qu'il avait les montres; il aurait bien mieux fait de les enfouir!»

R. Je ne l'ai appris que le lendemain de l'arrestation, par Cony.

D. N'est-ce pas vous qui avez pris chez les dames Gayet la hache retrouvée dans votre puits?

R. C'est mon mari qui l'a prise, lors de la vente du mobilier; le manche était cassé.

D. N'avez-vous pas coupé, puis brûlé le manche, et cela sous les yeux de votre mari? Pourquoi ces précautions?

R. Je l'ai fait après l'arrestation de Chrétien, sans conséquence.

D. Quand avez-vous jeté le fer dans votre puits?

R. Bien plus tard.

M. le Procureur général. — Quand vous avez vu arriver Gilet pour vider votre puits, quelle a été votre attitude?

R. J'ai dit qu'il ne fallait pas dire à M. le Juge d'instruction que j'y avais jeté une hache; que je lui donnerais des étrennes. J'ai dit la même chose au brigadier, et j'ai pris *à brassée* M. le Juge d'instruction, et je l'ai prié de garder le secret sur cette découverte, le suppliant de ne pas faire arriver de la peine à mon mari.

D. Mais pourquoi tant de précautions, puisqu'on a trouvé dans votre maison d'autres objets appartenant aux victimes? — R. Je n'ai pas cru faire mal.

M. le Président, à la femme Chrétien. — Le jour du crime, à quelle heure votre mari est-il rentré chez lui?

R. A huit heures du soir, il est rentré sans rien me dire.

D. Mais l'orage affreux qui a éclaté a dû fixer vos souvenirs. — R. Je ne me rappelle pas.

D. Vous a-t-il parlé des montres?

R. Oui, il m'appela un jour et me les montra.

D. Avez-vous cherché à les vendre?

R. Mon mari en a proposé la vente.

D. Pourquoi avez-vous tout d'abord nié ce fait?

R. Je tremblais..... J'étais innocente..... mais je voyais tant de monde venir chez nous... j'étais agitée, troublée.

D. Et les 1,380 francs trouvés chez vous, quelle en est l'origine? De quoi se compose cette somme?

R. Bachelu m'a donné 800 francs pour..... Quant

au surplus, cela provient de mes économies, de ma basse-cour.

D. Et la bourse trouvée chez vous, garnie d'une enveloppe rougeâtre ?

R. La bourse m'a été donnée par ma mère, et l'étoffe provient d'un morceau que m'avait donné ma tante pour un corsage.

D. Votre mère, sur la bourse, vous donne un démenti formel. — R. C'est pourtant vrai.

On procède à l'audition des témoins ; pendant que *M. le docteur Gromier* décrit l'état des lieux et des cadavres, *M. le Président* regarde attentivement Joanon ; après une assez longue étude : — Joanon, dit-il, je faisais ici une observation que je fais depuis le commencement des débats : vous n'avez pas un instant porté vos doigts dans le nez, et vous le faites pour la première fois en ce moment.

Joanon. — J'ai pourtant cette habitude.

Le docteur Gromier, interpellé à ce sujet, déclare qu'il a vu Joanon dans un état d'agitation tel, que cinquante fois il se raclait le nez.

Un juré demande si la veuve Gayet, frappée au cœur, a pu faire un mouvement et saisir une hache.

Le docteur. — Cela dépend de la blessure ; on ne peut rien affirmer à ce sujet. Il y a eu lutte entre elle et les assassins ; les traces de contusions que portait son bras en témoignent.

M. Donat-Toulon (François), maire et notaire à Saint-Cyr. — Joanon était craint et peu aimé ; depuis l'information, il s'en est plaint à moi. Je n'ai jamais, toutefois, ouï dire qu'il fût débauché. La veuve Gayet me dit, quatre mois avant sa mort : « Joanon m'ennuie... », sans me dire autre chose.

M. le Président. — Joanon, vous entendez, quatre mois avant sa mort...

Joanon. — Je ne l'ai pas vue depuis quatre ans.

M. Pierre Bernard, propriétaire au Canton-Charmant. — Je faisais les vignes des dames Gayet, à moitié. Nous avons pressé le raisin le 24 septembre. La veuve Gayet prit elle-même la grappe sur la *trouille ;* nous l'avons coupée avec une doloire : c'est bien celle que vous me présentez là. Plus tard, quand je demandai à mon fils où elle était, il me dit que la veuve l'avait placée sous l'armoire. Le manche était en bon état, propre à servir.

Déchamps soutient le contraire.

Balthazar Penet, garde champêtre, retrace la scène des confidences de Joanon. *Joanon* nie le propos qu'on lui prête. — Aucun des prévenus, dit *le témoin*, n'avait, à ma connaissance, avant le crime, une mauvaise réputation.

Meillard (Antoine), agent de la police de sûreté, à Lyon, rapporte les anxiétés de Joanon, lorsqu'il fut chargé de l'arrêter ; il dit les détails si précis donnés par l'accusé sur les habitudes des victimes.

M. le Président, à Joanon. — Eh bien ! voilà une déposition qui a sa gravité. Que répondez-vous ?

Joanon. — Mais, si tout cela était vrai, loin de me relâcher, on m'aurait arrêté. C'est une accusation qui se joint à celles des gens de Saint-Cyr.

M. le Président. — Joanon, quand une défense en est réduite à de pareils non-sens, elle est jugée.

Anne Delphine, femme Bouchard, de Saint-Cyr.— Je fus chargée, au nom de Joanon l'accusé, de demander pour lui la main de la veuve Gayet ; mais elle me répondit qu'elle ne voulait pas s'unir à la famille Joanon, sans rien laisser percer de trop fâcheux contre lui, si ce n'est qu'elle le trouvait paresseux, ivrogne et gourmand. Ces femmes Gayet étaient bonnes et faisaient beaucoup de bien dans le pays.

M° Dubost. — Quelle était l'attitude du témoin en rapportant à Joanon la réponse de la demande en mariage ? — B. Je lui dis de ne pas se désespérer, de bien se tenir ami de la veuve Desfarges, que cela pourrait plus tard venir...

Jeanne Vignat, femme Chambard, cultivatrice à Saint-Cyr. — La veuve Gayet m'a dit plusieurs fois que, lorsque le soir elle sortait, elle recommandait à sa mère de bien fermer, qu'elle craignait Joanon qui escaladait les murs ; que, lorsqu'il arrivait au moment du souper, on lui offrait d'y prendre part.

M. le Président, à Joanon. — Eh bien, vous entendez ?

Joanon. — C'est la première qui m'a diffamé. Nous l'avons chassée de la maison. Si on savait ce qu'est cette femme, on l'écouterait bien moins que moi.

Le témoin, avec vivacité. — Je sais qu'il m'en veut parce qu'il me croit son ennemie... Je pourrais dire bien des choses...

Joanon, l'interrompant. — Malheureuse ! Je suis innocent comme l'enfant qui vient de naître.

Jean Laroche, maréchal-ferrant à Saint-Cyr, rapporte les détails précis donnés par Joanon sur les bijoux des victimes.

M. le Président, à Joanon. — C'est ainsi que vous énumériez, avec plus de précision encore, à l'agent de police Meillard, les objets d'orfévrerie dont les dames Gayet étaient propriétaires.

Joanon. — Je n'ai pas dit tout cela.

Le témoin. — Il m'avoua, sans le lui avoir demandé, qu'il avait passé le jeudi, 13 octobre, veille du crime, la soirée chez les dames Gayet.

Joanon. — Cet homme balbutie. Il ne sait pas ce qu'il dit. Il a retourné la chose. J'ai pu dire que je les avais vues, ces dames, le jeudi soir, près du Puits-aux-Vignes.

Claudine Viallon, femme Planchet, tailleuse à Saint-Cyr. — Ma fille et moi, nous étions bien amies de Pierrette Gayet. Peu de temps avant le crime, elle nous révéla ses terreurs de Joanon. Elle nous dit qu'il escaladait les murs, que cela les effrayait beaucoup, excepté la mère, qui conservait tout son courage.

Joanon. — C'est une voisine de la Vignat. C'est du bavardage ; ils veulent me perdre.

Virginie Planchet, fille de Claudine Viallon, rapporte la tentative du baiser, les menaces de mort, les apparitions imprévues de Joanon, escaladant les terrains.

Joanon. — Demandez-lui si elle n'est pas venue avec moi chez les Gayet, voir les lapins ? C'est bien la meilleure preuve que Pierrette n'avait pas peur de moi.

Virginie Planchet. — Je n'y suis jamais allée

Marie Dessaigne, cultivatrice à Saint-Cyr. — Ces dames se fermaient intérieurement. Elles avaient crainte sur les intentions de Joanon, du moins la vieille grand-mère et Pierrette. Il était quatre heures et un quart, quatre heures et demie au plus, quand Joanon est sorti de chez moi. Il y était entré à trois heures. J'ai bien reconnu, à son raccommodage, le mouchoir qui enveloppait la bourse comme ayant appartenu aux dames.

Marguerite Lhôpital, couturière à Saint-Cyr. — Joanon me dit un jour : « Ces femmes font un dieu de leur fortune ; mais on ne sait pas ce qui peut plus tard arriver... des femmes seules... » Il y avait autour de nous d'autres personnes. J'ignore si elles ont entendu ce propos, qui a été murmuré entre les lèvres, plutôt que prononcé à haute voix ; mais le sens m'en parut clair et très-intelligible.

M. le procureur général, au témoin. — A quelle époque Joanon vous dit-il cela? — R. Au commencement de l'été, six à sept mois avant le crime. Le lundi 17 octobre, en revenant de Lyon, Joanon me demanda ce qu'il y avait de nouveau à Saint-Cyr..., si on connaissait les assassins... Il me dit que peut-être la famille avait fait faire le coup par-dessous main.

Joanon. — Comment ai-je pu lui dire cela? Nous ne nous sommes pas arrêtés.

Lucrèce Dessaigne, *femme Vignat*, cultivatrice à Saint-Cyr, amie intime des dames Gayet, déclare que le 14 octobre, sur les trois heures et demie environ, au moment où elle travaillait dans la cour avec son fils André, Joanon entra et demanda à André s'il voulait aller à Montout avec lui pour y cueillir des champignons. Joanon, ajoute-t-elle, gravit les escaliers de la chambre où était ma fille, et causa un instant avec elle. Je montai auprès d'eux. Joanon quitta la maison à quatre heures, quatre heures un quart. Je ne l'ai pas revu de la soirée, mais ma petite m'a dit l'avoir vu à cinq heures devant sa porte, à la Croix-des-Rameaux. Le lendemain matin, Joanon, qui devait aller aux champignons avec

La maison des dames Gayet, à Saint-Cyr.

mon fils, avait déjà dépassé la porte, quand je lui dis : «Mais vous oubliez donc de prendre André?— Ah! c'est vrai,» dit Joanon. Là-dessus, ils partirent pour Montout.

Marie Vignat, fille de Lucrèce, a dix-neuf ans; c'était la confidente de Pierrette : cette jeune fille répond d'une voix couverte par ses larmes et entrecoupée par ses sanglots. Son attitude est pleine de candeur et de convenance. — J'étais, dit-elle, l'intime amie de Pierrette. Elle n'avait que treize ans; mais, par sa raison, elle en avait près de vingt. — Un jour de septembre dernier, que nous ramassions tous des feuilles de vigne, Joanon me dit, en me parlant des dames Gayet, qu'elles étaient mal fermées chez elles; que, du côté des Mûriers, on pouvait facilement escalader, et que, du même côté, il était possible, par la petite fenêtre, de voir ce qui se passait dans la cuisine. «On n'entrerait pas aussi bien chez toi que chez elles,» ajouta-t-il. Je lui répondis que c'était vrai, que nous nous tenions tou-

jours bien fermées; d'ailleurs, chez nous, les murs de clôture sont bien plus élevés. Cependant, que je lui dis, quand les volets des Gayet sont fermés, il est difficile de voir ce qui s'y passe. «Oh! si, répondit Joanon, on peut de là observer tout parfaitement.» Il disait quelquefois, en parlant des dames Gayet : «Les vieilles *bourdines* (ailleurs : *roussines*) sont très-riches et très-avares. Elles font un dieu de leur argent. Elles ne donnent rien aux pauvres.» Les Gayet avaient peur de Joanon. Pierrette m'a souvent raconté ses frayeurs. Elle me dit un jour : «Je voudrais bien te dire quelque chose; mais j'ai peur que cela te fasse de la peine. Pauvre Marie! les parents sont souvent la cause de bien des maux...» (Ici, Marie pleure à chaudes larmes.) Après une pause, Pierrette continua : — «On prétend que tu vas te marier avec Jean Joanon. — Cela n'est pas, lui dis-je; je ne voudrais pas me marier avec lui...» Pierrette répliqua : «Tu as bien raison... tu ne voudrais pas épouser un homme qui est à craindre.

Il vaudrait mieux te mettre une corde au cou et t'aller jeter dans le Rhône. Quand bien même tu ne l'épouserais pas, fais-lui toujours bonne grâce... car il pourrait te prendre en haine. C'est un homme méchant, capable de tout. » (Avec des sanglots) : La pauvre enfant, elle versait des larmes en me disant cela... Elle me dit encore : « Ni moi ni ma mère ne voudrions nous rencontrer seules avec lui... Nous en avons toujours eu peur depuis qu'il a cessé de travailler pour nous. » — « Mais pourquoi ne portez-vous pas plainte? » lui dis-je. Ses pleurs redoublèrent, et ça me fit mal. Chaque fois que Pierrette Gayet s'amusait sur le chemin, si elle voyait venir Joanon, elle rentrait précipitamment chez nous, en disant : « Je viens de voir ce Joanon. » Quand elle venait à la maison, elle voulait que je la reconduisisse chez elle.

D. Ne vous a-t-elle pas manifesté d'autres appréhensions?

Marie Vignat, d'une voix entrecoupée : — Ah ! oui, la pauvre enfant, elle me dit encore en ce moment : « Qui peut répondre du lendemain? Je ne sais si demain je serai de ce monde... » Et comme j'essayais de refouler ces frayeurs, elle me disait : « J'ai peur d'être assassinée avec ma mère et ma grand'mère. »

D. Par qui?

R. Elle ne me l'a pas dit. Le 13 octobre dernier, Pierrette passa la soirée à la maison; je la reconduisis le soir chez elle. Arrivée près de la porte, elle me dit : « Je crois qu'il y a quelqu'un chez nous... »

M. le Président. — Et puis?

R. Elle m'a dit, chemin faisant : « Tu viens bien m'accompagner le soir, mais tu devrais venir le matin, car si nous étions assassinées, tu donnerais l'éveil. » Le soir, lorsque nous rentrions, Pierrette et moi, nous avons entendu chez sa mère une voix étrangère ; ce qui me fait soupçonner qu'il y avait quelqu'un, c'est que Pierrette ne mit pas le verrou à la porte de la cour, sans doute pour laisser sortir la personne qui était dans la maison.

Un jour que nous faisions de la feuille de mûrier, Joanon me dit encore que la maison de ma mère était bien mieux fermée que celle des Gayet.

D. N'avait-il pas cessé d'aller chez ces dames?

R. Pierrette me dit, huit jours avant le crime, que sa mère avait chassé Joanon, mais que depuis quelques jours il y retournait, et leur faisait peur à tous.

D. Le jour du crime, que s'est-il passé?

R. Ce jour-là, Joanon est venu chez nous; il était préoccupé; il me demanda si j'avais vu Pierrette; il était quatre heures, ma mère entra en ce moment, elle me dit de ne pas oublier d'aller à Saint-Cyr chez la tailleuse. Joanon lui dit : « Mais votre fille est folle de sortir par un temps pareil. » Je lui dis que j'avais promis à Pierrette d'aller la voir, et comme je partais, Joanon est sorti avec moi; j'avais idée de le suivre, mais il a disparu.

D. Vous rappelez-vous le costume de Joanon?

R. Il portait un pantalon de velours vert avec des pièces bleues au genou.

D. Qu'avez-vous à répondre, Joanon?

R. C'est le jeudi et non le vendredi que je suis allé chez vous.

Le témoin. — C'est bien le vendredi, jour de l'orage, j'en suis tellement sûre, que Joanon m'a donné une orange.

Joanon. — Moi, je suis sûr que ce jour-là j'ai été aux champignons.

Le témoin. — Non, c'est le samedi; Joanon passant devant notre maison, ma mère lui dit d'entrer; il avait l'air inquiet, et sur l'observation de ma mère, il dit en partant qu'il n'avait pas encore donné à manger à ses bêtes. Il avait un autre pantalon ; dans la journée, je le revis, la tête appuyée sur sa main.

Joanon. — J'étais préoccupé, parce que je songeais à donner à manger à mes lapins. Quel mal y a-t-il à ça? Quand je mange ma soupe chez moi, je m'accoude toujours : c'est mon habitude. Elle se trompe, c'est le vendredi. C'est une menteuse; elle finira mal; c'est une supposeuse, une brodeuse, une cancanière. Comment dire tout cela devant le Christ!

André confirme les déclarations de sa mère et de sa sœur; Joanon est bien resté seul quelque temps avec Marie, et a pu lui tenir les propos qu'il dénie.

Claude Bernard, cultivateur à Saint-Cyr. — J'ai causé un instant avec Joanon, il y a environ deux ans. « Nous avons été surpris une fois par la pluie, avec la veuve Gayet, me dit-il; j'ai cherché... elle est forte, la b........ ; je n'ai pu réussir; elle m'a tout égratigné. »

Joanon. — C'est un mensonge; je n'aurais pas été dire cet enfantillage. Elle me cou......ait là-dessus... ce sont des bavardages.

Joanon a été vu, entre quatre à cinq heures, chez les *Dupont* ; c'était, dit-il, avant d'aller chez la Vignat.

Marie Colomb, veuve Noir, cultivatrice. — Le 14 octobre, je revenais de laver une lessive chez M. Lauras. Il était sept heures et demie. Je distinguai Joanon à trente ou quarante pas des dames Gayet. « En voilà un qui marche mieux que nous, mais qui se mouille tout comme nous, » que je me mis à dire. J'étais avec la Dury. Il ne nous dit rien. Les Gayet m'avaient entretenue de Joanon, me disant : « J'occupe maintenant Bernard ; j'en suis contente. Je n'ai plus Joanon; j'en suis débarrassée; *mais...* » Je compris que ce *mais* était significatif.

Joanon. — Elle se trompe; quand je l'ai rencontrée, il était six heures et demie.

La veuve *Noir* ajoute : — Après avoir rencontré Joanon, j'eus la pensée d'entrer chez les Gayet; mais je vis tout fermé. Je pensai qu'ayant fait leur ouvrage de bonne heure, elles étaient couchées.

Les *Vignat* confirment le dire de la veuve *Noir*.

André Vignat, avec vivacité. — Ce qui me prouve que Joanon est sorti avant cinq heures, c'est qu'après son départ, ayant besoin d'un bâton pour le lendemain monter aux champignons, j'ai coupé une branche de chêne, je suis descendu dans la cour, j'ai pelé, arrangé la branche. Or, s'il avait été plus de cinq heures, ce jour-là, vu le temps affreux qu'il faisait, je n'aurais pu faire tout cela sans lumière.

La *Dury* était bien avec la veuve Noir à sept heures et demie sur le chemin, près de la maison Gayet, à cent vingt pas à peu près vers la maison Bernard, quand elles ont rencontré Joanon. — Je suis fixée sur l'heure, dit-elle, je l'entendis sonner à l'horloge de Ponson.

Joanon. — Elle se trompe d'une heure, d'une demi-heure au moins. Je venais de ma terre de la Bussière ; la pluie commençait à tomber.

La Dury. — Nous ne savions pas où mettre les pieds, tant il pleuvait. La veuve Noir avait tant peur du tonnerre, qu'à chaque éclair elle me poussait par le bras. Nous n'avons rencontré personne d'autre en route.

Hugues Lauras, menuisier à Saint-Cyr. — Le jour de l'assassinat, entre sept heures et sept heures un quart, je passais sur le chemin, près de la Croix-des-Rameaux. Je distinguai une voix d'homme dans la maison Joanon ; je ne puis dire si c'était la sienne; elle me paraissait plus forte. Je ne puis non plus affirmer que c'était la voix de Joanon. Ça venait de la galerie. Je détournai mon parapluie pour mieux entendre.

M⁰ Dubost. — Il est certain que le témoin a varié.

La *femme Lauras*, couturière, déclare, d'un ton assuré et empreint de quelque exagération, que Joanon se serait vanté, en sa présence, d'avoir couché avec Jeanne Gayet. — Je lui dis alors que c'était un scélérat.

M⁰ Dubost. — MM. les jurés remarqueront le ton de cette déposition.

Joanon. — C'est une méchanceté de femme.

François Chrétien dit *Pistolet*, cousin de l'accusé Chrétien, et sa femme déclarent que ce ne put être la voix du mari que les Lauras, selon Joanon, auraient entendue dans la maison Joanon le soir du crime. Pistolet, ce jour-là, couchait à Vaise, chez son gendre.

François Pionchon, jure devant Dieu, sur les instances de M. le Président, que Joanon lui a demandé de tromper la justice, en déclarant que, le 14, il avait apporté chez lui son levain et passé la soirée. *Michelle Dementhon, femme Pionchon*, confirme le fait. — Il nous priait, en disant : « Si c'est un effet de votre bonté, vous me rendrez service de le dire. » La servante de Pionchon, *Claudine Morel*, traduit ainsi la demande de Joanon : « Dites donc, si ça ne vous fait rien, que je suis venu faire cuire samedi, *on ne me doutera pas tant.* » — « Mais si vous étiez chez vous, comme vous le dites, repartit cette fille, qu'avez-vous à craindre ? » Joanon garda le silence.

M. le Président. — Eh bien ! Joanon, que dites-vous de cela ?

Joanon. — Le témoin se trompe. Ma mémoire est bien affaiblie depuis quelque temps. On m'a tant tourmenté à l'instruction !

Pierre Berthaud, tailleur de pierres, et *Jean-Pierre Cony*, menuisier, ont remarqué, le 15 octobre, la figure bouleversée de Joanon. Il avait « de gros yeux qui lui sortaient de la tête, et l'air *évaporé*, » dit l'un ; des yeux *noyés*, dit l'autre. Berthaud ne put s'empêcher de lui dire : « On dirait que vous avez fait un mauvais coup. »

Joanon. — Il ne m'a pas dit un mot de ça.

Berthaud. — Il me dit, il y a deux ans : « J'ai demandé la veuve Gayet en mariage ; elle n'a pas voulu : mais la b........ s'en repentira. » C'était à la battue des grains.

Claude Grand, boulanger à Saint-Cyr, témoigne du propos tenu par Joanon au garde : « J'ai tout fait pour empêcher le crime, mais je ne le signerai pas. »

Joanon. — Il me tourmentait, il était toujours après moi ; pour me débarrasser *je le lui dis* ; mais cela n'était pas.

Jacques Clément, autre boulanger, qui a aussi entendu le propos. — En disant cela, il n'avait pas l'air de faire une plaisanterie, et il ne paraissait pas ivre. Ce propos me frappa très-vivement : *j'en ai été meurtri de fatigue.*

Le témoin ajoute quelques détails sur un acte d'improbité de Joanon, qui voulut lui faire passer pour cent francs un reçu de cinquante francs.

Joanon. — On peut bien se tromper. Je ne dois rien à personne ; il n'y avait pas là de mauvaise foi.

Benoît Mélinand, blanchisseur à Chatonay. — Dix jours après l'assassinat, Déchamps me dit : « Ni plus ni moins, on ne peut pas les trouver les auteurs, je ne sais pas pourquoi on ne partagerait pas les biens. »

Déchamps. — C'est lui qui m'a dit cela. Il a confondu.

Le témoin. — C'est tout le contraire ; c'est si vrai, qu'il m'annonça même que la femme Laroche n'était pas héritière. Quel intérêt avais-je là, d'ailleurs ?

Virginie Saffageon, femme Chavassieux, cultivatrice à Saint-Cyr. — La femme Déchamps, avant son arrestation, me sollicita de dire au juge d'instruction que nous étions restés chez elle jusqu'à huit heures du soir. « C'est un service qu'on se rend entre voisins, » ajouta-t-elle.

M. le Président, à Déchamps. — Vous avez reçu une blessure à l'index de la main droite ?

R. Oui... tous les jours, aux carrières, on s'en fait.

M. le Président. — Mais c'est là une réponse évasive.

Déchamps, d'un air stupide. — C'est ça.

M. le Président. — Le sang qui a coulé de cette blessure aurait-il été assez abondant pour tacher votre chemise ? — R. Je n'en sais rien.

D. Je vous invite à préciser l'époque à laquelle vous vous seriez ainsi blessé.

Déchamps. — On se blesse tous les jours à la carrière. Dans notre état c'est journalier, on le sait.

Une *femme Ponson* a vu, huit jours après le crime, la Déchamps laver une chemise de son mari. Il y avait trois travers de sang sur le poignet. — Je crois qu'elle m'expliqua que son mari s'était coupé, ou s'était fait mal.

M. le Président. — Femme Déchamps, pouvez-vous dire la provenance de ce sang ?

L'accusée. — Ça n'est pas vrai ; je n'en ai jamais lavé.

Le témoin, énergiquement. — C'est vrai. Je ne suis pas dans l'affaire ; je n'y ai aucun intérêt. J'ai vu la Déchamps laver une chemise ensanglantée.

Le mari Ponson. — Ma femme me l'a dit, en revenant du lavoir public.

Le brigadier Macaire. — Voici des faits nouveaux, dignes d'intérêt, que j'ai recueillis hier de la femme de M. Challe, commissaire de police à Champagne :

La femme Déchamps disait notamment qu'elle ne savait pourquoi on faisait planer des soupçons sur Joanon, un si brave homme... qui aime tant la religion... et qui aux processions est un de ceux qui portaient la bannière... et accomplissait tous ses devoirs de chrétien. Puis, dans le fort de la conversation, elle ajouta que Joanon venait souvent jouer avec son mari... ; mais, tout à coup, remarquant madame Challe attentive et préoccupée, comprenant qu'elle s'était trop avancée, elle se reprit en disant : Ah ! je ne sais pas s'ils font la partie ensemble, mais ils se voient quelquefois.

Mᵐᵉ Challe, entendue, confirme ces dires, et y ajoute : — La femme Déchamps me dit encore que ces dames étaient mortes par suite d'un sentiment de jalousie ; qu'elles recevaient des hommes chez elles.

M. le Président, à la femme Déchamps. — Comment avez-vous pu dire des choses si notoirement fausses ? Aucun des accusés n'est signalé pour avoir des sentiments religieux, et pourquoi chercher encore à ternir la mémoire de cette famille ?

La Déchamps. — Il s'est tant dit d'affaires à cette époque, que j'ai pu répéter cela sans conséquence.

Clémentine Destables, journalière à Saint-Cyr, raconte le sang-froid de Chrétien quand elle lui apprit l'assassinat des dames.

Chrétien. — Ce n'est pas vrai!

Le témoin. — Comment, Chrétien! tu me connais, je suis ton amie... je dis la vérité.

Chrétien. — Oui, comme une menteuse.

Gounard, tailleur de pierres à Saint-Didier. — Le lendemain de l'arrestation de Chrétien, chez Bachelu, j'ai vu Déchamps qui pleurait à chaudes larmes. Il me dit, en poussant un cri plaintif : — « Ah! on a arrêté Chrétien, qu'est un brave homme... Demain, ça sera mon tour; on m'emmènera prisonnier. — Mais si tu n'as rien fait, que je lui dis, qu'as-tu à craindre? »

Déchamps. — Je pleurais parce que Bachelu et le frère de Chrétien pleuraient; et moi, j'étais *émuet*.

Gounard. — Mais non, nous étions seuls, vers le poêle.

Jérôme Bachelu, marchand de pierres à Saint-Fortunat. C'est l'homme aux rapports adultères avec la Chrétien. Il a 59 ans. — Je vais dire toute la vérité, mon président. Chrétien est depuis vingt ans à mon service, d'abord comme ouvrier, puis comme contre-maître. Je n'ai que du bien à en dire. C'est un homme qui valait cinq francs par jour à l'emploi qu'il remplissait.

M. le Président. — Mais un autre motif peut être assigné à ce salaire élevé. N'étiez-vous pas à votre domicile, le lendemain de l'arrestation de Chrétien, quand Déchamps y est venu?

Bachelu. — Oui; il dit : « Aujourd'hui à lui, peut-être demain à moi. »

D. N'avez-vous pas eu des relations coupables avec la femme de Chrétien?

R. Oui, mon président. C'est malheureux, mais c'est vrai; c'est une faiblesse que je confesse devant la justice.

D. Depuis quelle époque les relations ont-elles existé? — R. Depuis environ onze ans.

D. Quelle somme lui donniez-vous?

R. Environ 120 francs par an, *en monnaie cours du temps*.

M. le Président. — Dans la situation pécuniaire où vous êtes à raison de vos dettes, cette somme de 120 fr. était énorme! On parle notamment d'une somme de 800 fr. pour laquelle un ouvrier connaissant votre insolvabilité vous aurait passé quittance pour 80 fr.

R. Ah! oui, il y a un ouvrier qui m'en veut. Il a été condamné pour vol, mais je n'ai pas de dettes. Je le prouverai. J'ai dans mes mains sa quittance (il fait le geste de la prendre).

D. Cela ne prouve pas que vous lui ayez compté les 800 fr. que vous lui deviez.

R. Oh! si, je l'affirme, je l'ai tout payé.

Pendant que Bachelu avoue ces turpitudes, que flétrit énergiquement M. le Procureur général, Chrétien promène des yeux hébétés sur l'auditoire.

Tous les témoins sont entendus; les accusés n'en ont pas fait assigner à décharge. C'est à l'audience du 11 juin que les organes de la loi vont prendre la parole. Mais, dans l'intervalle de deux audiences, un nouvel incident s'est produit.

Pendant la nuit du 10 au 11 juin, Déchamps a essayé de se donner la mort. Depuis longtemps il préparait cet acte de désespoir; il avait fabriqué une corde avec des débris de chanvre, des morceaux d'étoffe et de doublure, et, en attendant que cet instru-

ment de mort pût lui servir, il le portait en jarretière. Heureusement, le gardien-chef de la maison de justice, averti par des rumeurs de prison que Déchamps et Chrétien parlaient de suicide, avait placé des gardes dans une cellule contiguë à celle des deux accusés. Entendant quelque bruit sur les onze heures, un gardien pénétra doucement dans la cellule de Déchamps. Celui-ci était caché sous les draps, le matelas roulé près du mur. Le gardien releva les draps, et vit que Déchamps avait une corde au cou. Il chercha à l'arracher; la corde était fortement engagée dans un nœud coulant, mouillée pour mieux glisser. La corde coupée, Déchamps resta sans mot dire : « Quand on a donné la mort, lui dit le gardien, il faut avoir le courage de la supporter. » — « Mon ami, mon cher ami, répondit Déchamps, ne dites rien de cela, je vous en supplie; mais, voyez-vous, c'est plus fort que moi; je n'aurai pas le courage de mourir sur un échafaud. »

On lui mit la camisole de force.

Au début de l'audience du 11, Déchamps est amené sans cravate. Sa figure est bouleversée, sa pâleur est livide.

M. le Président. — Déchamps, comment expliquez-vous cette tentative de suicide, au moment où MM. les Jurés vont prononcer sur votre sort?

Déchamps. — C'est la fièvre qui m'a passé par la tête de me voir accusé à faux. Mais je n'ai pas été à fond.

M. le Président. — Quelle charge plus écrasante peut-il résulter contre vous de ce fait, et que pouvez-vous dire pour le justifier?

R. C'est d'être ici innocent.

M. le Président. — Ce n'est pas par des moyens semblables que se proclame l'innocence.

M. le Procureur général prononce son réquisitoire.

L'évidence produite par les témoignages, par les aveux de Chrétien, est si éclatante, que M. *Gaulot* n'a qu'à grouper ces témoignages, à lire et à commenter ces aveux.

M. l'Avocat général de Lagrevol soutient la prévention contre les femmes Chrétien et Déchamps.

*M*ᵉ *Dubost* prend la parole pour Joanon. Nous voulons laisser de côté, dans ce récit, toute la partie oratoire. Quelque éloquence qui y soit déployée par le ministère public et par les défenseurs, l'intérêt n'est pas ici dans les phrases, il est dans les faits, dans la lutte de deux accusés contre le complice révélateur, dans la lutte du révélateur contre lui-même. Le dernier mot de cette horrible affaire n'est un mystère pour personne. Il n'y a rien à prouver; le spectacle instructif, c'est celui de ces consciences déchirées.

Aussi, M*ᵉ Dubost* est-il forcé d'avouer qu'il existe contre son client des charges graves, terribles. Tout ce qu'il peut tenter, c'est d'écarter l'expiation suprême. La certitude est-elle absolue? Non; selon l'avocat. Il n'y a ici, quant à Joanon, ni preuve d'innocence, ni preuve de culpabilité. Peut-être est-il victime d'une horrible machination. On a rapporté bien des propos; il faut se défier des propos. Pierrette, « pâle et doux fantôme, » si dangereux pour la défense, n'a jamais désigné Joanon comme l'objet de ses terreurs.

Joanon, placé dans une position où toute parole est un péril, a nié quelques visites tardives faites aux dames Gayet; plus libre, le défenseur les admet; Joanon a pu importuner les dames Gayet : il ne les effrayait pas.

Après une habile discussion de l'alibi, Me *Dubost* se trouve en face des aveux de Chrétien ; c'est Chrétien qui, dès l'origine, a fait planer les soupçons sur Joanon, pour les détourner de lui-même. Arrêté, nanti des objets volés aux victimes, Chrétien a encore intérêt à accuser Joanon. Sa seule ressource est de jouer la comédie des aveux et du repentir; il jette à la justice deux têtes, en rançon de la sienne.

Y a-t-il eu nécessairement trois assassins? On n'a trouvé que deux instruments de crime, et il y a eu deux viols. Enfin, aucun indice révélateur ne s'est rencontré chez Joanon, ni arme sanglante, ni vêtements souillés ; et cependant, d'après les circonstances du crime, la lutte, la strangulation, l'immonde forfait qui a suivi l'assassinat auraient dû laisser leur empreinte sur tous les vêtements de Joanon.

D'ailleurs, les promesses de mariage échangées par Joanon, à l'époque du crime, avec une jeune fille étrangère à la commune, semblent démontrer qu'il était éloigné de tout sentiment de haine, de toute passion pour la veuve Gayet.

Voilà, en résumé, cette très-habile, très-difficile et très-peu convaincante défense de Joanon.

Le lendemain, 12 juin, avant les autres plaidoiries, *M. le Président* demande à Déchamps et à Joanon s'ils persistent à nier leur complicité dans le crime; ils protestent toujours de leur innocence.

— Et vous, Chrétien, dit *M. Baudrier*, persistez-vous toujours dans vos aveux faits à l'instruction, et renouvelés à ces débats?

Chrétien ne répond pas. Déjà l'on sait, dans l'auditoire, que ce misérable, pour reculer l'expiation de ses crimes, a résolu de rétracter ses aveux. — Je vous demande, répète *M. le Président*, si vous persistez à vous reconnaître coupable de l'assassinat des dames Gayet, vous et les complices que vous avez désignés à la justice?

— Non, répond *Chrétien* d'une voix forte.

L'incident est prévu, mais il n'en cause pas moins une émotion profonde.

M. le Président. — Ainsi, vous n'étiez pas présent à l'assassinat?

Chrétien. — Non.

D. Vous n'y étiez pas avec Déchamps et Joanon? R. Je suis un homme perdu, mais je ne suis pas coupable, ni mes complices non plus. J'ai été emprisonné avec un mauvais sujet qui m'a fait dire ce que je ne voulais pas dire. Je vois bien que je suis perdu, mais que ces hommes soient sauvés.

D. Mais réfléchissez bien à ce que vous dites : tous les documents de la procédure fortifient vos aveux. D'où veniez-vous à sept heures et demie du soir, le jour du crime?

R. Je ne m'en rappelle pas, on m'a interrogé si longtemps après.

D. Vous niez aussi avoir commis le vol des montres? Vous expliquez votre comédie d'une découverte de ces objets sur l'armoire des dames Gayet?

R. Je sais que j'ai tort, mais c'est comme cela que c'est allé.

D. Et les 1,380 francs trouvés en la possession de votre femme, d'où provenaient-ils?

R. Je ne sais d'où ils sortaient.

D. N'avez-vous pas reçu des communications, des promesses quelconques pour vous rétracter au moment où le jury va statuer sur votre sort? — R. Non.

D. Mais quand vous avez révélé toutes les circonstances de lieu, de temps, appuyées déjà par des constatations de la procédure, comment pouviez-vous les savoir, si vous ne disiez pas vrai?

R. J'avais été à l'endroit avec les gendarmes après l'assassinat.

D. Et pour les détails si multipliés du crime que vous avez fournis et qui sont corroborés par le rapport du médecin : la position des cadavres, la nature des blessures, l'emploi des armes, le sang remarqué sur un linge attestant un lavage des mains, et tant d'autres faits que révèlent vos interrogatoires et qui se trouvent en rapport exact avec le résultat des investigations, comment avez-vous pu les indiquer à la justice, si, en vérité, vous n'êtes pas un des complices?

Chrétien, après une pause. — Je l'entendais dire par là à Saint-Cyr.

D. Et le caillou avec lequel vous avez frappé la veuve Desfarges? *Chrétien* ne répond rien.

M. le Président. — Vous obéissez en ce moment à un mauvais conseil; pesez bien la portée de vos paroles.

Chrétien. — J'ai cédé à de mauvais conseils.

D. Mais vous avez dit à M. le gardien-chef de la prison, hier soir encore, que vous aviez bien dit la vérité.

Chrétien garde le silence.

D. Et tous ces détails, atrocement circonstanciés, et ces femmes qui bougeaient encore après l'assassinat, et qui ont été livrées, sous vos yeux, à d'abominables souillures?

R. Ça s'est rencontré comme ça, mais je n'y ai pas aidé.

M. le Procureur général, avec énergie. — Chrétien, réfléchissez. Osez-vous persister encore à soutenir que vos têtes sont innocentes?.. Avez-vous avoué à M. le Juge d'instruction, au gardien-chef, à l'aumônier de la prison, à M. le Président de cette audience ? Avez-vous dit?...

Aux questions de M. Gaulot, *Chrétien* répond, en balbutiant : — Oui, je l'ai dit... Je ne savais pas ce que je faisais... Ce sont des crimes qui ne s'avouent pas... Si les autres sont coupables, qu'ils le disent... J'ai vendu ces hommes ; je ne puis être sauvé sans savoir s'ils y étaient, oui ou non... Je sais bien qu'on ne me croira pas, mais c'est la vérité.

M. Bouyer, gardien-chef, est amené à la barre. Il confirme le fait des aveux spontanés, itératifs, circonstanciés, que lui a faits Chrétien; il dit le soulagement que parut éprouver cet accusé après ses révélations.

Chrétien se renferme dans le silence, ou ses réponses restent inintelligibles.

M. le Président, au gardien-chef. — Chrétien a-t-il reçu quelques communications dans l'intérieur de la prison? A-t-il vu sa femme?

M. Bouyer. — Non ; mais j'ignore si quelque chose a pu lui être dit sur le chemin de la geôle à l'audience.

M. le Procureur général se lève. — Messieurs, dit-il, la justice n'aime pas le mystère; elle a horreur des manœuvres. Un fait nouveau vient de se produire; il nous surprend, il nous saisit, sans ébranler nos convictions ; mais nous tenons à ce que les ténébreuses machinations qui ont pu se produire se découvrent, que leur portée, leur but soient mis à jour. Une instruction supplémentaire saura les pénétrer. En conséquence, nous requérons le renvoi de l'affaire à une prochaine session.

MM. les défenseurs, consultés, déclarent s'en rapporter à la sagesse de la Cour, qui, « attendu qu'un fait nouveau a surgi aux débats, et qu'il importe de l'éclaircir par un supplément d'instruction, » ordonne le renvoi de l'affaire à une autre session.

Cette résolution, qui désappointait la curiosité publique, fut diversement interprétée. Elle était sage, nécessaire. La rétractation subite de Chrétien, tout en laissant dans l'esprit des magistrats une certitude générale de la culpabilité des accusés, permettait de penser que Chrétien n'avait pas tout dit. Evidemment, cet homme n'avait pas été conduit aux aveux par un repentir sincère ; il avait spéculé sur son témoignage : dès lors, ce témoignage perdait beaucoup de son autorité première. Puis, la volte-face de Chrétien plaçait la défense de cet accusé dans une situation très-difficile, ou plutôt menaçait de la laisser sans défense. Enfin, cette rétractation était comme une ombre nouvelle jetée sur un problème résolu. Le temps seul pouvait ramener la lumière, et rassurer la conscience des juges. Sans doute, cette soif naturelle de justice qu'avait excitée dans le public l'horreur du crime, s'irriterait du délai ; mais la meilleure justice n'est pas toujours la plus prompte, et juger vite n'est pas toujours bien juger.

L'événement donna raison à la magistrature, et elle put bientôt reprendre ces débats avec une conscience soulagée, avec une conviction raffermie.

Dès le lendemain du renvoi, 13 juin, M. Baudrier ouvrit, en personne, le supplément d'instruction. Avec une grande sagacité, ce magistrat s'adressa d'abord à celui des accusés que l'abattement du corps et la prostration de l'esprit rendaient plus incapable de lutter contre la vérité. Il fit venir Déchamps et le remit sur cette tentative de suicide, un aveu involontaire.

Ecoutons le procès-verbal.

D. Persistez-vous à soutenir que vous êtes innocent de ce dont vous êtes accusé ? — R. Oui, Monsieur.

D. La tentative de suicide à laquelle vous vous êtes livré ne démontre-t-elle pas le contraire ? — R. Ce n'était qu'un petit bout de corde que je m'étais passé autour du cou ; je ne sais pas si je l'aurais serré, c'était un mouvement de fièvre qui était cause de cela.

M. Baudrier lui rappelle tous les témoignages qui l'accablent ; Déchamps discute stupidement, nie brutalement.

D. Vous avez entendu les différents témoignages qui ont été produits contre vous, ne comprenez-vous pas leur gravité ? — R. Ce sont de faux témoins ou des gens qui ne se rappellent pas.

D. D'où venait le sang qui était à la chemise que votre femme lavait, huit jours après le crime, en présence de la femme Pionchon ? — R. Ma femme ne lave jamais de chemises dans la semaine ; nous faisons deux lessives par an, je ne pense pas que nous en ayons fait à cette époque ; elle ne lave pas de chemises en dehors des lessives.

On le voit, Déchamps se roidit encore contre l'évidence ; mais son attitude accablée promet une victoire prochaine à la justice. D'ailleurs, à peine le renvoi à une autre session était-il prononcé, que Chrétien, dont le but était atteint, manifestait l'intention de revenir à ses aveux. Ramené dans la prison de Roanne, il écrivit à M. Baudrier qu'il était prêt à renouveler ses déclarations premières. Le 15 juin, M. Baudrier l'entendit. Voici quels furent les résultats de cet interrogatoire.

D. Vous m'avez écrit que vous reveniez sur les rétractations que vous avez faites à l'audience et que vous étiez disposé à dire la vérité : qu'avez-vous à dire ? — R. Je reconnais que j'ai eu tort de mentir à l'audience de mardi dernier, tout ce que j'ai dit au Juge d'instruction est la vérité ; nous avons fait le coup, Joanon, Déchamps et moi, et nous n'étions que nous trois.

D. Vos aveux m'ont paru sincères, mais je doute qu'ils soient complets : n'avez-vous pas quelque chose à y ajouter ? — R. Non, Monsieur, j'ai dit tout ce que je savais.

D. Ainsi Déchamps ne vous en a donc parlé qu'une seule fois avant le 14 ? — R. Oui, Monsieur, je vous l'assure.

D. Savez-vous depuis combien de temps il était question de ce projet entre Joanon et lui ? — R. Non, Monsieur, Déchamps ne m'a rien dit là-dessus ; j'ai répété notre conversation tout entière au Juge d'instruction.

D. Etiez-vous déjà rentré chez vous, le 14 octobre, quand Déchamps est venu vous chercher ? — R. Je n'étais rentré que dans ma cour, ma femme et ma belle-mère ont bien pu ne pas me voir ; je suis ressorti de suite pour aller aux lieux d'aisances qui sont en dehors de la maison : c'est là que j'ai trouvé Déchamps.

D. Où était-il et d'où vous a-t-il paru venir ? — R. Il était sur sa porte et il m'attendait, à ce qu'il paraît ; il m'a dit qu'il allait m'appeler.

D. Combien avez-vous mis de temps à parler en cet endroit de ce que vous alliez faire ? — R. Je ne sais pas au juste, mais c'est trois ou quatre minutes au plus ; j'ai pris le caillou devant chez lui.

D. N'avez-vous rencontré personne dans le trajet que vous avez fait ensemble jusqu'à la terre des Mûriers ? — R. Non, Monsieur, personne ; c'était le moment de la grosse pluie, c'était environ six heures et demie.

D. Savez-vous dans quel endroit Déchamps avait vu Joanon et reçu de lui la proposition d'exécuter le crime, ce soir même ? — R. Je ne peux pas dire cela, je ne sais pas s'ils se sont rencontrés quand Déchamps est allé chez Clément, ou s'ils se sont vus ailleurs.

D. Persistez-vous dans le récit que vous avez fait de la scène fatale ? — R. Oui, Monsieur, c'est moi qui ai frappé la mère Desfarges d'un coup de pierre, Déchamps qui a tué Pierrette, et Joanon qui a attaqué Jeanne-Marie ; c'est Déchamps qui a frappé la femme Desfarges et Pierrette au cou avec la doloire ; c'est lui et Joanon qui ont commis les viols.

D. Pourquoi la femme Gayet n'a-t-elle pas été frappée avec cette hache comme les deux autres ? — R. Je n'en sais rien.

D. Déchamps a-t-il frappé Pierrette avec la hache avant ou après l'avoir violée ? — R. Il me semble bien que c'est avant, car je l'ai vu quand il l'a frappée, et pendant qu'il la violait je suis sorti sur la galerie.

D. Qu'êtes-vous allé faire en cet endroit ? — R. Rien du tout ; je suis sorti de la cuisine parce que je ne pouvais pas soutenir la vue de ce qui s'y passait.

D. Pendant que ce second crime se commettait, n'avez-vous pas fouillé l'armoire qui était dans la cuisine ? — R. Non, Monsieur, je suis resté quelques minutes sur la galerie, je ne sais pas au juste combien ; quand je suis rentré, Joanon et Déchamps se lavaient les mains. Nous avons regardé ce qui était dans l'armoire tous les trois ensemble, nous n'y avons rien trouvé et nous avons passé dans la chambre.

D. Dans cette chambre, n'avez-vous pas pris la bourse en perles en même temps que les montres? — R. Je vous assure que je n'ai point pris d'argent, je n'ai pris que les montres; elles étaient dans l'armoire qu'Eclaircy a achetée. Pendant ce temps-là, Joanon et Déchamps ont cherché ensemble dans la commode et dans le placard; je ne sais pas ce qu'ils ont trouvé.

D. Il est difficile d'admettre que vous n'avez pas cherché à le savoir à ce moment, ou tout au moins dans les jours suivants? — R. Je vous assure que je n'en sais rien.

D. En sortant de la cour, après le crime, quel est celui de vous qui le premier a franchi le mur? — R. Nous étions tous les trois ensemble, c'est moi qui ai passé le premier et j'ai filé le long du mur du côté d'en haut; je les ai laissés sous les mûriers, sans faire attention à la direction qu'ils ont prise.

D. Depuis cette époque, n'avez-vous pas parlé à Joanon et à Déchamps de la part qu'il avaient eue dans le vol? — R. Je n'ai pas reparlé à Joanon depuis cette époque; je ne l'ai vu qu'une seule fois sur le mur de son jardin; je passais dans le chemin, il y avait du monde et nous ne nous sommes rien dit. Quant à Déchamps, nous nous sommes parlé quelquefois de l'affaire, mais seulement pour nous recommander d'être prudents et de ne rien dire. Quand Joanon a été arrêté la première fois, cela nous a bien fait peur, et nous nous le sommes dit.

D. Lorsqu'il revint à Saint-Cyr, n'a-t-il pas vu Déchamps pour lui dire ce qui s'était passé? — R. Je n'en sais rien, Déchamps ne m'en a pas parlé.

D. Quand vous êtes venu à Lyon pour vendre les montres, saviez-vous que Joanon venait d'être arrêté de nouveau? — R. Non, Monsieur, je n'en savais rien.

Le 21 juin, c'est au tour de *Déchamps* de déposer son masque d'innocence. Il est vaincu; il va avouer. Écoutons-le.

D. Persistez-vous dans les déclarations que vous avez faites jusqu'à présent? — R. Non, Monsieur, je vais vous dire la vérité; je reconnais que j'ai commis le crime avec Joanon et Chrétien. Joanon m'en avait parlé il y a longtemps, il y a au moins cinq ou six mois, mais je ne l'avais pas écouté; je pense qu'il s'est alors entendu avec Chrétien, car c'est ce dernier qui m'en a parlé.

D. A quelle époque vous en a-t-il parlé pour la première fois? — R. C'est une quinzaine de jours avant le 14 octobre; nous revenions de la carrière et il me dit que nous pourrions hériter de cette manière. Je le repoussai, et nous en parlâmes très-peu ce jour-là. Je l'ai rencontré en revenant de chez Clément, nous nous sommes rencontrés en chemin; il me dit qu'il me cherchait, qu'il était d'accord avec Joanon et que c'était le moment; j'ai refusé d'abord, il a insisté, et je ne sais quel coup de folie m'a pris, j'ai fini par consentir; je n'avais pas de couteau, il a pris un caillou sur un mur et il m'a donné; nous sommes allés dans la terre des Mûriers où nous avons trouvé Joanon; il nous a dit qu'il les avait vues rentrer toutes les trois et qu'elles étaient seules; nous sommes entrés chez elles en passant par-dessus le mur. Joanon était le premier; en nous voyant, la petite a crié parce qu'elle a été surprise; elles nous ont fait bonne grâce; on a causé deux ou trois minutes, je ne sais plus de quoi; tout à coup Joanon s'est jeté sur la veuve Gayet, j'ai frappé la veuve Desfarges avec le caillou, et Chrétien a tué la petite. C'est Chrétien qui a coupé le cou à la veuve Des-

farges et à Pierrette, mais je ne sais pas avec quoi.

D. N'est-ce pas avec la doloire que vous avez vue à l'audience? — R. Je vous jure que je ne m'en rappelle pas. J'étais si ému, que je sais à peine comment cela s'est passé.

D. Mais quand vous avez essayé avec tant de peine de dénaturer cette doloire, n'était-ce pas parce que vous saviez qu'elle avait servi à l'exécution du crime? — R. J'en avais bien la crainte, mais je vous répète que je n'en étais pas sûr; je n'y étais pas quand ils ont frappé les femmes au cou. J'avais éprouvé une telle sensation après avoir abattu la veuve Desfarges, que j'étais sorti dans la galerie pour prendre l'air; je suis rentré au bout d'un instant, et je les ai trouvés tous les deux, l'un sur la veuve Gayet, l'autre sur Pierrette.

D. Ainsi vous affirmez que Chrétien a menti quand il vous a accusé du viol de cette dernière? — R. Oui, Monsieur, je l'affirme.

D. Que s'est-il donc passé après le viol? — R. Ils se sont lavé les mains tous les deux; quant à moi, je n'en ai pas eu besoin.

D. Vous avez cependant entendu Pionchon et sa femme parler d'une chemise tachée de sang au poignet, que votre femme aurait lavée peu de jours après? — R. Je crois que c'est une erreur des témoins; ma femme ne lave point de chemises entre les lessives; je n'ai point eu de sang le 14.

D. Expliquez-moi comment les vols ont été commis. — R. Après qu'ils se sont lavé les mains, nous avons regardé dans l'armoire de la cuisine, nous n'avons rien trouvé; nous avons passé dans la chambre. Chrétien a pris la boîte des montres et l'argent, et Joanon les joyaux, en disant qu'il était orfévre et qu'il saurait la manière de s'en débarrasser. Nous nous sommes en allés ensuite tous les trois séparément. Chrétien est parti le premier en me disant que mes douleurs m'empêchaient d'aller vite, et que nous nous arrangerions le lendemain pour l'argent; le lendemain je lui ai demandé ce qui me revenait, et il m'a répondu qu'il n'avait rien à me donner; il me dit en propres termes : J'ai fait cacher l'argent à ma femme, ou ma femme l'a caché, et il n'y a rien pour toi.

D. N'êtes-vous pas allé un instant chez Joanon, en sortant de la maison des dames Gayet? — R. Je n'ai pas de mémoire, et depuis le temps on peut oublier; mais cependant je ne pense pas y avoir été; je suis descendu par les prés, à ce que je crois, et, si j'avais été chez Joanon, je n'aurais pas pris ce chemin.

D. Si ce n'est pas vous qui étiez chez Joanon entre 7 heures et demie et 8 heures, qui était-ce donc? — R. Je n'en sais rien, mais je ne crois pas y avoir été.

D. N'y a-t-il pas d'autres coupables que Joanon, Chrétien et vous? — R. Non, Monsieur, nous étions tous les trois, et personne autre avec nous.

D. Votre femme était-elle au courant de vos projets? — R. Non, Monsieur.

D. N'a-t-elle pas su ce qui s'était passé le vendredi soir au moins, quand vous êtes rentré? — R. Elle était déjà couchée, et je ne lui ai rien dit.

D. Elle n'était pas couchée, puisqu'elle a parlé par la fenêtre à Baudras? — R. Je vous assure que je ne me rappelle pas si elle était couchée; il me semble cependant que oui, peut-être s'est-elle relevée; tout cela est bien confus dans mes souvenirs, mais je vous assure qu'elle ne savait rien.

D. La femme Chrétien était-elle au courant de ce qui devait se passer? — R. Je l'ignore.

D. A qui est le couteau qui a été trouvé teint de sang dans la cuisine des dames Gayet? — R. Je pense que c'est celui de Joanon; cependant je ne peux pas l'affirmer : je ne connaissais ni les couteaux de Joanon, ni ceux de Chrétien, excepté un petit que Chrétien m'a montré quand il se fit mal à la main avec lui, en coupant du pain quelques jours après le crime.

D. Est-il bien vrai que vous n'ayez rien pris chez les Gayet? — R. Oui, Monsieur.

D. Dites-moi donc ce que votre père allait cacher dans la terre, lorsqu'on a fait la perquisition chez vous? — R. Je n'en sais rien, mais je suppose que c'était le robinet de cuivre, car je ne lui avais donné que cela.

D. Combien de temps êtes-vous resté dans la maison des Gayet? — R. Je ne sais pas au juste, mais c'est tout au plus une demi-heure, entre six heures et demie et sept heures un quart.

D. Savez-vous quelle est la somme qui a été emportée par Chrétien? — R. Non, Monsieur, je n'ai vu qu'un petit sac, je ne l'ai pas touché, j'ai vu seulement Chrétien le faire sonner; je ne sais pas si la bourse en perles était dans le sac, je n'en ai point vu; Chrétien nous dit : Nous compterons demain ce qui est dedans.

D. Depuis lors n'avez-vous pas revu Joanon, pour lui parler des joyaux qu'il avait emportés? — R. Je ne lui ai pas reparlé depuis, je ne l'ai rencontré qu'une ou deux fois, et je n'osai pas m'arrêter avec lui de crainte qu'on nous vît ensemble; j'étais aussi trop indigné contre lui, qui est le premier auteur de tout ceci.

La fontaine de Saint-Cyr (PAGE 121).

Ainsi donc, voici encore un des accusés qui raconte l'épouvantable scène. Il y a trois assassins; le crime a été froidement concerté entre eux, rapidement, impitoyablement exécuté. Ces trois assassins sont bien ceux que signale la justice. Mais, par une puérile réticence, Déchamps, à l'instar de Chrétien, choisit le rôle le plus effacé, revendique le caillou, s'attribue la moins compromettante des victimes, repousse l'immonde forfait qui a couronné l'œuvre de sang. Dernier et impuissant effort pour échapper à l'expiation suprême! Ce n'est pas par un reste de pudeur et de conscience morale que ces hommes essayent d'atténuer leur participation à l'ignoble tragédie; c'est par lâcheté. Ils ont peur de mourir.

Voici maintenant *Joanon* qui va essayer d'un autre moyen encore plus infâme. Il cherche à sauver sa tête, en jetant à la justice celle d'un autre; il feint, lui aussi, des aveux, et il accuse formellement (22 juin) un habitant de Saint-Cyr, parent éloigné des victimes : Champion.

D. A divers moments de la procédure, vous avez essayé de jeter des soupçons sur Champion; sur quoi vous fondez-vous pour dire que c'est lui qui était avec Déchamps et Chrétien? — R. Je crois avoir rencontré Champion, un moment après avoir dépassé la femme Noir et la femme Dury; il rasait la muraille et allait du côté des Charmantes : c'est ce qui m'a donné l'idée que ce pouvait être lui, car je crois bien l'avoir reconnu; il avait comme lui un parapluie rouge et une blouse courte, et il avait l'air de vouloir se cacher; à l'audience aussi, il a essayé de parler à Déchamps en haut des escaliers, et je lui ai entendu prononcer le mot de basane.

On amène *Déchamps*, qui réitère ses aveux de la veille; *Joanon*, bien que foudroyé par ce nouveau coup, s'écrie qu'il est victime d'un complot, que Chrétien et Déchamps s'entendent pour sauver Champion; les héritiers seuls ont pu commettre un pareil coup, et ils n'ont violé leurs parentes que pour attirer les soupçons sur lui-même.

Paris. — Imprimerie de Ad. R. Lainé, rue Jacob, 56.

N° 160 — 10 Centimes.
Deux N°ˢ par Semaine.

CAUSES CÉLÈBRES

LEBRUN ET Cⁱᵉ, Éditeurs.
Rue des Saints-Pères, 8.

D. (à Joanon) : Vous reconnaissez donc que vous deviez être facilement soupçonné d'avoir commis ce viol ? — R. Il le faut bien, du moins c'est ce que mon Juge d'instruction m'a dit depuis le commencement de la procédure ; d'ailleurs, quand on m'a fait visiter, à Saint-Cyr, par le médecin, c'était bien parce qu'on me soupçonnait de viol.

D. (à Joanon) : Je dois vous faire observer qu'en présence des nouvelles lumières acquises par l'instruction, il ne vous est plus raisonnablement possible de soutenir que vous avez rencontré la veuve Noir à 6 heures et demie.

D. (à Déchamps) Je vous adjure de dire la vérité, Champion était-il avec vous ? — R. Je vous assure que non, nous n'étions que nous trois, Joanon, Chrétien et moi.

— Pourquoi donc Champion te parlait-il de la basane en haut de l'escalier, s'écrie *Joanon*. Il te disait : « Dis donc que c'est ta basane. » Oseras-tu le nier ? Sans doute il craignait d'être compromis si on reconnaissait qu'elle était à lui.

Déchamps. — La basane est bien à moi ! Elle m'a été achetée par mon cousin Déchamps, il y a de cela un an ou deux, et elle serait bien reconnue par les autres ouvriers de la carrière. Je ne la portais pas le jour du crime, et j'en avais une plus légère.

Le lendemain, 23 juin, *Chrétien* est informé des aveux de Déchamps et mis en demeure de compléter les siens.

D. Je vous ai engagé l'autre jour à réfléchir, en vous disant que je ne pouvais pas considérer vos aveux comme complets ; avez-vous quelque chose à

. . . Plus d'un pauvre honteux connaissait le chemin de la maison Gayet (PAGE 2).

y ajouter ? — R. Non, Monsieur, je ne me rappelle rien de plus.

D. Je dois vous dire que Déchamps a fait de son côté des aveux qui contredisent les vôtres : je vais vous mettre en présence l'un de l'autre. En attendant, si vous avez quelques modifications à faire à vos réponses, je vous engage à le faire. Soutenez-vous toujours que ce n'est pas vous qui avez frappé de la doloire la veuve Desfarges et Pierrette, que ce n'est pas vous qui avez violé cette dernière, que vous n'avez pas pris d'argent et que vous êtes rentré chez vous directement ? — R. Je soutiens toujours que je je n'ai pas fait le viol, et que ce n'est pas moi qui me suis servi de la hache ; ce n'est pas moi non plus qui ai pris l'argent, c'est Joanon qui s'en est emparé, et il m'a dit que puisque nous étions héritiers, il lui fallait bien cela pour sa part ; il me l'a dit, le vendredi soir, car je reconnais que je suis allé chez lui après l'affaire ; je ne m'y suis arrêté que deux ou trois minutes ; j'ai passé, pour aller chez lui, par le

sentier qui est au-dessus des Mûriers, et j'ai pris le petit passage qui traverse, de Dupont, et qui donne en face de la maison de Joanon.

D. A quelle somme se montait l'argent ainsi pris par Joanon ? — R. Je ne le sais pas au juste ; mais à en juger par le volume, il pouvait y avoir deux mille francs ; c'était en or, dans un sac d'argent ordinaire. Je ne l'ai pas nié. Joanon l'a pris dans le placard. Quant aux joyaux, c'est Déchamps qui les a pris.

D. N'avez-vous rien à ajouter de plus ? — R. Non, Monsieur. Maintenant j'ai dit toute la vérité.

Déchamps est amené ; *Chrétien* répète devant lui que c'est Déchamps qui l'a entraîné au crime.

— « Canaille ! s'écrie *Déchamps*, levant la main comme pour frapper, oses-tu bien dire cela ? C'est toi qui m'as entraîné, et le soir encore le 14, comme j'hésitais à te suivre, ne me dis-tu pas que je n'aurais besoin que de tenir la porte ? »

Chrétien persiste.

D. (à Chrétien) : Joanon ne vous en a-t-il jamais

parlé? — R. Non, Monsieur, c'est à Déchamps qu'il en a parlé.

— Coquin! s'écrie *Déchamps*, après m'avoir mis dans l'embarras, aie donc au moins à présent le courage de dire la vérité : c'est Joanon qui t'en a parlé.

D. (à Déchamps): Savez-vous à quelle heure et dans quel lieu Joanon et Chrétien s'étaient rencontrés pour arrêter l'exécution du projet? — R. Je n'en sais rien; il me semble qu'il m'a dit qu'il s'était entendu dans le jour avec lui.

D. (à Déchamps): Quel est celui de vous deux qui a pris la pierre avec laquelle la veuve Desfarges a été assommée? — R. C'est Chrétien qui l'a prise sur le mur de Vernange, et qui me l'a donnée parce que je n'avais point de couteau, et c'est moi qui m'en suis servi pour frapper la veuve Desfarges.

—Tu mens, dit *Chrétien*, tu veux prendre les aveux que j'ai faits; mais c'est moi qui ai pris le caillou devant la porte de la maison, et c'est moi qui ai frappé ma tante.

Sans doute, dit le magistrat à ces deux hommes, chacun de vous se figure que celui qui s'est servi du couteau a commis un crime plus grave; cela est indifférent à l'accusation. Ils n'en persistent pas moins, chacun de son côté, à revendiquer la pierre.

D. (à Déchamps): Avant d'entrer dans la maison, n'avez-vous pas reçu de Joanon la désignation des victimes que chacun de vous devait frapper? — R. Non, Monsieur, nous avons trouvé Joanon sous les mûriers; il nous a dit qu'elles étaient seules et que c'était le moment d'y aller; nous l'avons suivi sans qu'il ait été rien dit de plus; Joanon était devant, Chrétien ensuite, et moi le dernier.

D. (à Chrétien): Vous avez dit que Joanon vous avait désigné d'avance la veuve Desfarges comme devant être frappée par vous, le soutenez-vous toujours? — R. Oui, Monsieur, sous les mûriers, Joanon, qui regardait par le trou qui est au-dessus de l'évier, nous a dit que le moment était bien bon. Il m'a dit : Toi, tu te chargeras de la veuve Desfarges; et il a dit à Déchamps : toi, tu frapperas Pierrette, et moi, a-t-il ajouté, je me charge de la veuve Gayet. Quand je dirai : ALLONS! nous tomberons dessus.

D. (à Déchamps): Ces détails sont-ils vrais? — R. Non, Monsieur, il a dit cela pour faire croire que j'ai tué la petite, parce que celui qui l'a tuée est celui qui l'a violée, et il veut me mettre cela dessus.

D. (à Chrétien): Quel est celui d'entre vous qui a commis le viol de cette enfant? — R. C'est Déchamps.

— C'est toi! s'écrie *Déchamps*.

— J'ai dit la vérité, répond *Chrétien*.

D. (à Chrétien): Je vous fais observer qu'il est reconnu que Déchamps était à cette époque atteint de douleurs rhumatismales assez fortes; qu'il est atteint en outre d'une double hernie, et que, dans cet état maladif, il n'est pas naturel de supposer qu'il ait songé à un pareil crime. — R. C'est pourtant lui, je vous ai dit la vérité.

D. Qu'avez-vous fait pendant que ces viols se commettaient?— R. Je suis allé sur la galerie.

D. (à Déchamps): Que dites-vous à cet égard? — R. C'est lui qui a commis le viol, et c'est moi qui suis allé pendant ce temps-là sur la galerie.

Ici, des détails monstrueux, impossibles à retracer.

D. (à Déchamps): Lorsque ces viols ont été commis, la veuve Desfarges et Pierrette avaient-elles déjà été frappées au cou? — R. Je ne me le rappelle pas.

Après une seconde d'hésitation, *Déchamps* ajoute : Je me le rappelle maintenant, c'est après le viol, au moment où je rentrais de dessus la galerie; Chrétien était après la petite qu'il a frappée d'abord, et ensuite il est allé à la tante.

D. Avec quoi l'a-t-il frappée? — R. Je ne m'en remets pas.

D. Pourquoi n'a-t-il pas frappé la veuve Gayet comme les autres? — R. Il a frappé ces deux-là parce qu'il avait peur qu'elles ne fussent pas bien mortes. Quant à la veuve Gayet, il était certain que Joanon avait bien fini de l'étrangler.

D. Qu'avez-vous fait, Joanon et vous, pendant que Chrétien frappait ainsi deux des victimes? — R. Rien du tout, nous sommes restés droits; cela n'a pas été long.

— Chrétien, est-ce vrai? dit le magistrat.

— Ce sont tout des mensonges, c'est Déchamps qui a coupé le cou de ces deux femmes avec la doloire; il l'avait arrachée des mains de la veuve Gayet qui l'avait prise pour s'en défendre, et ensuite il est allé la jeter derrière le pressoir.

D. (à Déchamps): Je dois vous faire observer que la doloire saisie chez vous tend à corroborer ce que dit Chrétien sur ce point. — R. Je vous assure que je dis la vérité; c'est Chrétien qui a frappé les femmes au cou, mais je ne sais pas avec quoi; la femme Gayet n'a pas eu le temps de rien prendre pour se défendre, car Joanon lui a tombé dessus tout de suite. Quant à la doloire, je ne l'ai pas vue ce jour-là, et quand je l'ai prise, plus tard, elle n'avait aucune trace de sang.

D. Il est assez singulier qu'ayant vu Chrétien s'acharnant sur le cou de ses victimes, vous n'ayez pas remarqué l'instrument qu'il avait à la main? — R. On n'y voyait pas bien clair, il n'y avait qu'une petite lampe.

D. Ne vous laissez-vous pas aller à déguiser la vérité sur ce point parce que vous craignez de compromettre votre femme, qui a réuni ses efforts aux vôtres pour faire disparaître cette doloire? — R. Non, Monsieur, je vous affirme que je n'ai pas fait attention à ce que Chrétien tenait à la main, et que ce n'est pas moi qui ai porté la doloire dans le pressoir où je l'ai trouvée plus tard.

D. Ainsi vous soutenez que vous n'avez pas porté secours à Joanon dans sa lutte avec la femme Gayet? — R. Oui, Monsieur; personne ne lui en a porté, il n'en a pas eu besoin.

— C'est vrai tu n'as pas frappé cette femme, dit *Chrétien*, mais tu lui as bien ôté des mains la doloire qu'elle avait prise, quand elle s'est relevée après être tombée sous le premier coup que Joanon lui avait donné!

— Ce n'est pas vrai, dit *Déchamps*, je n'ai touché ni cette femme ni la doloire.

D. Vous avez ensuite, tous les trois ensemble, fouillé l'armoire de la cuisine? — Tous les deux, *Chrétien* et *Déchamps* répondent affirmativement.

D. Quel est celui d'entre vous qui portait la lampe quand vous avez passé dans la chambre?

Chrétien dit : C'est Déchamps. — *Déchamps* dit : Cela se peut, je ne m'en rappelle pas bien.

D. (à Chrétien): Soutenez-vous toujours que vous n'avez point pris d'argent? — R. Oui, Monsieur; je n'ai pris que la boîte de montre qui était dans la garde-robe; Déchamps a pris dans la commode une boîte que je ne lui ai pas vu ouvrir, mais qu'il a mise dans sa poche en disant que c'étaient les bijoux; Joanon a pris la bourse en toile qui contenait l'argent dans le placard qui était au coin, du côté de la fenêtre,

— Tu mens, dit *Déchamps*, tu as pris l'argent dans la garde-robe où étaient les montres; cet argent était dans un petit sac en toile derrière le linge; je te l'ai vu tirer, et tu as dit : Voilà le sac d'argent; et le lendemain, quand je suis allé te demander ma part, tu m'as dit que tu l'avais fait cacher à ta femme, qu'il n'y avait rien pour moi; et tu as ajouté : Fais-moi appeler à l'audience si tu veux. Tu m'avais dit un moment auparavant qu'il y avait 1,400 francs.

D. (à *Déchamps*) : N'avez-vous pas pris au moins les bijoux? — R. Non, Monsieur; c'est Joanon qui les a emportés en disant qu'il était orfèvre.

D. Je dois vous faire observer que la conduite de votre père cachant quelque chose dans la terre rend l'allégation de Chrétien vraisemblable en ce qui concerne les bijoux. — R. C'est le robinet qu'il allait cacher.

D. (à Chrétien) : Êtes-vous sûr que les bijoux aient été réellement emportés par Déchamps? — R. Je suis sûr d'avoir vu Déchamps prendre la boîte dans la commode.

— C'est vrai, dit *Déchamps*, j'ai pris la boîte dans la commode, mais Joanon l'a reprise aussitôt; c'était pour les vendre, et nous devions tout partager ensuite.

D. (à Chrétien) : En soutenant que vous n'avez point emporté d'argent, n'est-ce pas parce que vous craignez de compromettre votre femme si vous convenez que les 1,380 francs saisis chez vous viennent de chez les dames Gayet? — R. Non, Monsieur; si je dis que je n'ai point pris d'argent, c'est que je n'en ai point pris; c'est Joanon qui a emporté celui que nous avons trouvé, et Déchamps a emporté les bijoux.

— Tu n'aurais pas laissé Joanon emporter tout l'argent si tu n'avais eu que les montres, dit *Déchamps* à Chrétien.

— Tu sais bien, répond ce dernier, que Joanon a dit que nous étions héritiers, et qu'il lui fallait bien cela pour sa part.

D. (à Déchamps) : A l'inventaire, on n'a trouvé qu'une somme de 80 centimes; il est probable cependant que vos parentes possédaient, outre la somme cachée dans leur armoire, une bourse moindre, contenant l'argent destiné aux dépenses ordinaires du ménage. Quel est celui de vous qui s'en est emparé? — R. Je n'ai point vu de monnaie nulle part. — Ni moi non plus, dit *Chrétien*.

Déchamps s'adresse à Chrétien : — Malheureux! lui dit-il, dis donc la vérité, c'est toi qui m'as entraîné et qui es cause du déshonneur de nos deux familles. Encore aujourd'hui tu veux me charger par tes mensonges. — Ce n'est pas vrai, dit *Chrétien*, c'est toi, au contraire, qui m'as entraîné et qui m'en as parlé le premier.

— Canaille! s'écrie *Déchamps* en prenant sa chaise pour la frapper Chrétien, c'est toi qui es cause que je suis là: j'avais refusé, tu m'as dit : Tes douleurs t'empêchent d'agir, mais tu nous donneras un coup de main en tenant la porte pour qu'elles ne sortent pas quand nous serons après elles.

— C'est faux! dit *Chrétien*, c'est toi qui t'es entendu avec Joanon, probablement quand tu es allé porter ta farine chez Clément.

Deux jours après, la femme *Déchamps* est informée des aveux de son mari. Elle prétend n'avoir ou connaissance de rien.

D. On a remarqué après le crime un redouble-ment d'intimité entre vous et la femme Chrétien; ne vous a-t-elle rien dit relativement aux montres prises par son mari? — R. Non, Monsieur. Il est vrai que, depuis la mort des femmes Gayet, je voyais plus souvent la femme Chrétien, car auparavant nous ne nous fréquentions pas, mais, après, nous nous parlions plus souvent, parce que nous nous racontions ce qui se disait de côté et d'autre sur la mort de nos parentes.

D. La veuve Desfarges était la sœur de votre belle-mère, elle la voyait souvent; ne lui a-t-elle pas fait de fréquentes confidences sur les craintes que lui inspirait Joanon? — R. Je n'en sais rien; tout ce que je puis dire, c'est qu'à l'époque où Joanon battait le blé chez mon beau-père, la veuve Desfarges demanda à ma belle-mère les noms des ouvriers qu'elle employait, et lorsque Joanon lui fut nommé, elle dit à ma belle-mère : Je ne sais pas comment tu fais d'occuper ce *salope* de Joanon. Peu de jours après, la veuve Desfarges dit à ma belle-mère : Seras-tu chez toi tel jour? j'ai un secret à te dire; mais je ne sais pas ce qu'elle voulait lui raconter.

Le 26 juin, *Joanon* demande à compléter ses aveux.

D. Vous avez désiré me parler, qu'avez-vous à me dire? — R. Je veux vous dire ce que j'ai vu le 14 au soir, et que j'ai déjà dit à mon Juge d'instruction, qui n'a pas voulu m'écouter. Le jour du crime, je rentrai chez moi, en revenant de ma terre de la Bussière, sur les six heures ou six heures et quart; c'était encore un peu jour; il ne pleuvait pas encore, mais il faisait beaucoup d'éclairs.

En passant près de la maison de ces pauvres femmes, j'ai vu deux hommes qui montaient, par les prés, dans la direction de la terre qui aboutit en face de la brèche qui est au mur de la terre des Mûriers; je ne les ai pas reconnus à ce moment. En continuant mon chemin, j'ai rencontré Champion, comme je vous l'ai dit, contre le mur de la carrière de M. Lauras; je l'ai reconnu à son parapluie rouge. Quand je l'eus dépassé, je m'arrêtai pour voir où il allait, et je restai un moment adossé contre le hangar de Claude Chambe, d'où on voit la maison des femmes Gayet; je vis Champion qui alla jusqu'au portail de ces dames. Il s'en approcha, car je le perdis de vue un instant derrière l'angle du mur qui fait saillie à côté de cette porte; je le vis reparaître aussitôt dans le chemin; il revint sur ses pas jusqu'à la brèche du mur, et il entra par-là dans la terre des Mûriers. Je le vis ensuite qui se penchait sur le mur qui est en face la porte de leur cuisine, comme s'il regardait dans leur intérieur, ou comme s'il leur parlait. Il revint ensuite vers le chemin, et je l'aper-çus qu'il faisait signe avec la main à quelqu'un que je ne voyais pas; il avait l'air faisait signe d'approcher. Je vis alors Chrétien et Déchamps qui traversèrent le chemin, montèrent par la brèche, et allèrent le joindre dans la terre des Mûriers. J'ai parfaite-ment reconnu Chrétien et Déchamps. A ce moment, Champion m'a fixé quand il m'a outrepassé; je suppose qu'il m'a reconnu et que ses parents m'accu-sent pour le sauver.

D. Qu'avez-vous fait après avoir vu ce que vous prétendez aujourd'hui? — R. Je suis rentré chez moi.

D. Y êtes-vous resté toute la soirée? — R. Non, Monsieur. Environ un quart d'heure après, je suis sorti pour aller chercher du tabac sur la place, à Saint-Cyr; en y allant, j'ai rencontré M. Ponson, le géomètre, je lui ai dit bonjour; je suis rentré chez moi à sept heures ou sept heures un quart, ou peut-être sept heures et demie : c'est alors que j'ai rencontré M. Lauras.

D. A quelle heure prétendez-vous donc avoir rencontré les femmes Dury et Lenoir ? — R. Ce sera en rentrant, après avoir vu Déchamps, Chrétien et Champion.

D. Je vous fais observer que vous m'avez dit tout à l'heure qu'il était environ six heures un quart quand vous avez vu ces trois individus ; or, à ce moment, les deux femmes étaient encore loin de là. — R. La maison de Chambe est la même que celle de Bernard, où elles m'ont rencontré ; je suis resté longtemps, au moins un quart d'heure, à voir ce que les autres faisaient ; il était peut-être, quand elles ont passé, six heures et demie ou sept heures moins un quart, je n'ai pas bien fait attention à l'heure ; tout ce que je peux dire, c'est qu'il n'était pas bien nuit quand je les ai vus tous les trois ensemble allant chez leurs parentes ; j'ai pensé qu'il s'agissait d'une affaire de famille et qu'ils allaient faire signer quelque écrit.

D. Je dois vous faire observer que le récit que vous faites aujourd'hui, dénué de toute espèce de vraisemblance, s'élève contre vous comme une charge nouvelle ; c'est un moyen désespéré que vous tentez et qui tombe devant la moindre réflexion ; si ce que vous dites était vrai, vous avez connu les coupables dès que le crime vous a été révélé ; comment ne les auriez-vous pas désignés dès que vous avez vu que les soupçons se portaient sur vous-même ? — R. Ce sont des hommes capables de tout et auprès desquels je ne suis qu'un enfant ; je craignais leur vengeance ; cependant j'ai dit souvent au Juge d'instruction que c'était la famille ; je n'ai pas donné tous ces détails, il est vrai, mais j'ai bien parlé de Champion.

D. Dans quel intérêt Chrétien, qui n'est pas parent de Champion, vous accuserait-il à la place de celui-ci ? — R. Parce que j'étais arrêté et qu'il me trouvait ainsi sous sa main.

Le 28, nouvelle confrontation de Déchamps et de Chrétien. — Qui a tué Pierrette ? *Chrétien* se tait.

D. (à Chrétien) : Votre silence, sur ce point, est un véritable aveu. — R. Eh bien, oui, Monsieur, j'en conviens, c'est moi qui ai frappé la petite.

D. Qu'avez-vous fait de votre couteau ? — R. C'est celui qui est resté là-haut dans le tonneau de blé, du moins je ne me rappelle pas ce que j'en ai fait, je ne l'ai pas remporté chez moi.

D. Si c'est votre couteau qui a été trouvé dans la cuisine, vous avez dû le voir dans l'information, ou à la Cour d'assises, et vous avez dû le reconnaître. — R. Je ne me rappelle pas si on me l'a fait voir dans l'instruction ; dans ce cas, je ne l'ai pas reconnu ; quant à celui qu'on m'a montré à la Cour d'assises, je ne l'ai pas vu de bien près, mais je ne crois pas que ce soit le mien.

D. Est-ce vous qui avez violé cette enfant ? — R. Non, Monsieur.

D. (à Déchamps) : Est-ce donc vous ? — R. Non, Monsieur ; je pouvais à peine me plier, à cause de mes douleurs.

D. (à Chrétien) : Persistez-vous à soutenir que vous n'avez point pris d'argent ? — R. Oui, Monsieur.

D. (à Déchamps) : Persistez-vous à soutenir que vous avez vu Chrétien prendre un sac contenant de l'or ? — R. Oui, Monsieur ; je l'ai vu quand il l'a mis dans sa poche ; mais je ne sais pas plus tard ce qu'il en a fait quand il est allé chez Joanon.

D. (à Chrétien) : Qu'avez-vous fait chez Joanon le soir, après le crime ? — R. Je ne me suis arrêté que deux ou trois minutes chez lui ; nous avons pris un verre d'eau-de-vie et nous n'avons parlé de rien que de la nécessité de bien nous taire.

Déchamps, à Chrétien. — Tu ne te rappelles pas que tu as pris le sac dans l'armoire en face de la commode, et que tu as dit, en le faisant sonner : Nous partagerons demain. C'était dans un sac de toile grise comme celui qui était à la Cour d'assises.

Chrétien. — Non, je n'ai point pris d'argent ; tu sais bien que ce n'est pas moi qui en ai pris, et tu as bien dû voir Joanon, quand il a pris l'argent dans le placard près de la fenêtre ; il l'a fait voir comme tu le dis, et tu te seras sans doute trompé.

— Non, dit *Déchamps*, dis donc la vérité ; c'est toi qui as pris l'argent ; je n'en ai point vu prendre à Joanon, et je t'en ai vu prendre.

D. (à Déchamps) : Savez-vous s'il y avait de l'argent en plusieurs endroits ? — R. Tout ce que je peux dire, c'est que je n'ai vu que celui que Chrétien a pris.

D. (à Chrétien) : Je dois vous faire observer que tout fait présumer que les 1,380 francs viennent du vol, et que vous avez tort de le contester davantage. — R. Non, Monsieur ; cet argent est à ma femme, et jamais je ne dirai différemment.

Le lendemain, les trois accusés sont mis en présence.

D. (à Joanon) : Déchamps n'est-il pas venu chez vous le vendredi 14, avant l'heure du crime, et ne l'avez-vous pas sollicité à le commettre ? — R. Non, Monsieur ; s'il dit cela, c'est un menteur.

Déchamps. — Je ne mens pas ; je suis allé chez lui en allant ou en sortant de chez Clément ; ce n'était pas encore tout à fait six heures ; il m'a sollicité, en me disant qu'il était d'accord avec Chrétien.

Joanon. — C'est faux ! cet homme-là n'est jamais venu chez moi à l'heure dont il parle ; j'étais à ma terre de la Bussière, où je plantais des choux.

D. (à Déchamps) : Combien de temps êtes-vous resté chez Joanon ? — R. Environ dix minutes, et ensuite je suis allé chercher Chrétien ; Joanon nous avait dit qu'il nous attendrait sous les mûriers ; j'ai trouvé Chrétien tout de suite, et nous sommes montés ensemble par les prés.

D. (à Chrétien) : Reconnaissez-vous ces faits ? — R. Oui, Monsieur ; mais je viens d'entendre Déchamps dire que j'étais d'accord avec Joanon, et ce n'était pas vrai. (A Joanon) : Est-ce que tu lui as dit cela ?

Joanon. — Je n'ai pas pu le lui dire, puisque je ne suis pour rien dans cette affaire.

D. (à Chrétien) : Que s'est-il passé ensuite ? n'avez-vous trouvé Joanon sous les mûriers ? — R. Non, Monsieur ; je l'ai accusé innocemment et Déchamps aussi ; je ne sais pas qui est-ce qui a fait le crime ; je n'y étais pas, ni eux non plus.

D. (à Déchamps) : Que dites-vous de cette déclaration ? — R. C'est cette canaille (en parlant de Chrétien) qui m'a mis dans le mauvais chemin, et à présent il veut me faire tout retomber dessus ; il me disait que je ne ferais que tenir la porte.

D. Dites-nous maintenant ce qui s'est passé ? — R. (Avec hésitation) : Je ne sais plus que vous dire.

D. Avez-vous trouvé Joanon sous les mûriers ? — R. Oui, Monsieur.

D. Champion y était-il ou n'y était-il pas ? — R. Il n'y était pas.

D. (à Joanon) : Persistez-vous à dire que vous avez vu Champion sous les mûriers ? — R. Oui, Monsieur ; moi, je ne reviens pas sur ce que j'ai dit.

D. (à Déchamps): Quel est celui de vous trois qui est entré le premier dans la maison? — R. Je ne me rappelle pas; je suis malade; je voudrais réfléchir jusqu'à demain. Je ne peux pas me tirer du mauvais sang qu'ils m'ont fait faire.

D. Qui est-ce qui a frappé la veuve Desfarges? — R. C'est moi.

D. Qui est-ce qui a frappé la petite? — R. C'est Chrétien.

D. Qui est-ce qui a frappé la femme Gayet? — R. C'est Joanon.

D. Qui est-ce qui a violé Pierrette? — R. Je ne sais que répondre; je suis malade, je voudrais attendre à demain.

D. Je vous interroge de façon à ce que vous n'ayez à répondre que par monosyllabes; votre état maladif ne peut vous arrêter. Je vous le répète, qui est-ce qui a violé Pierrette? — R. C'est Chrétien.

D. Qui est-ce qui a violé la femme Gayet? — R. C'est Joanon.

D. (à Déchamps) : Qui est-ce qui a frappé avec la hache? — R. C'est Chrétien.

D. (à Chrétien): Est-ce vous? — R. Ce n'est pas moi; je ne sais pas qui c'est, puisque je n'y étais pas.

D. (à Déchamps): Qui a commis les vols? — R. Je n'ai rien emporté; ce sont eux qui ont tout emporté.

D. (à Chrétien) : Soutenez-vous maintenant que vous n'avez pas passé quelques instants chez Joanon? — R. Non, Monsieur, je n'y suis pas allé.

D. Pourquoi me l'avez-vous dit? — R. Il y a des moments où je ne sais pas ce que je dis.

D. (à Joanon) : Vous soutenez toujours que vous avez vu Chrétien, Déchamps et Champion sous les mûriers, le jour du crime? — R. Oui, Monsieur; je suis plus sûr d'avoir reconnu Champion que les deux autres, parce qu'il a passé tout près de moi en me croisant et que je n'ai vu les autres qu'à une certaine distance.

Le lendemain, un dernier effort est tenté auprès de *Chrétien*.

D. Persistez-vous à soutenir que vous êtes resté étranger au crime dont vous êtes accusé, ainsi que vous l'avez prétendu hier? — R. Non, Monsieur, je reconnais que nous y étions tous les trois, Joanon, Déchamps et moi, et il n'y en avait pas d'autres; mais je dirai toujours que je n'ai pas violé la petite, que ce n'est pas moi qui ai donné les coups de hache, et que je n'ai point emporté d'argent.

D. Pour quel motif, hier, êtes-vous donc revenu sur vos aveux? — R. Je n'en sais rien; depuis si longtemps qu'on est fermé, il y a des moments où l'on ne sait vraiment plus ce que l'on fait.

D. N'est-ce pas la présence de Joanon qui exerce chez vous cette influence par les craintes qu'il vous inspire? — R. Je ne sais pas; il ne me fait pourtant pas peur. D'ailleurs, ce n'est pas lui qui m'a entraîné, car je vous répète que jamais il ne m'en avait parlé avant que nous nous trouvassions sous les mûriers; il n'y a que Déchamps qui m'en ait parlé auparavant; mais je suis bien sûr que Déchamps n'aurait pas eu cette idée le premier, si Joanon ne la lui avait pas mise dans la tête.

D. Je vous représente le couteau qui a été trouvé dans le tonneau de blé de la cuisine des dames Gayet; examinez-le à votre aise, et dites-moi sincèrement si c'est le vôtre? — R. (après avoir bien examiné et manié le couteau): Ce n'est pas le mien, je vous l'assure; le mien était à peu près de cette forme, mais ce n'est pas celui-là; il n'était pas si usé, et il ne manquait pas un clou comme à celui-là.

D. Tâchez de vous rappeler ce que vous avez fait du vôtre. — R. Je ne puis m'en souvenir; tout ce que je sais, c'est que je ne l'ai pas revu depuis, et que je ne l'ai pas emporté chez moi.

Le même jour, *Joanon* a fait encore prier le magistrat de l'entendre.

D. Vous m'avez encore fait appeler, qu'avez-vous à ajouter à vos déclarations précédentes? — R. Le dimanche, entre onze heures et midi, je me rendais, comme tout le monde, à la maison de ces pauvres femmes; Champion était devant moi, à dix ou quinze pas, et sa mère entre nous deux; elle lui disait: Benoît, viens donc manger une goutte de soupe, que tu te trouveras mal là-haut en regardant tes parentes. Champion lui répondit : Allez donc faire votre ouvrage; en me courant après, vous feriez bien apercevoir de quelque chose. Alors sa mère l'a laissé sur-le-champ.

D. Quel sens attachez-vous à ces paroles? —R. Je pense que sa mère savait qu'il avait pris part au crime, et qu'elle voulait lui faire boire quelque chose pour qu'il pût mieux supporter la vue de ses victimes.

D. Quelqu'un a-t-il pu entendre ce propos en même temps que vous? — R. Il y avait bien du monde dans le chemin, mais je ne me rappelle pas ceux qui étaient alors près de nous; j'ajoute qu'ayant continué mon chemin après les avoir ainsi entendus, je suis arrivé à la maison des pauvres femmes et j'ai vu Chrétien, Déchamps et Champion entrer dans la cour. Ils n'y sont pas restés longtemps; et, en sortant, Chrétien disait à un individu qui lui demandait ce qu'il avait vu : J'ai vu les jambes de la vieille; les canailles les ont violées. Déchamps disait aussi : Ils ont pris leur argent, la maladie ne les a pas ruinées; et Champion disait : Nous pouvons bien aller boire un coup et commander les bières : il y a de quoi les payer. Il les a emmenés chez lui; moi, je suis resté presque tout le jour là-haut; j'ai causé avec un de mes oncles, le nommé Chanard, qui habite Paris, et qui était alors à Saint-Cyr, chez Mᵐᵉ Perrussel; c'est cet oncle qui était avec moi, le jeudi, au Puits-des-Vignes, et qu'on avait pris pour mon frère Alphonse.

« L'affaire est simplifiée, » put dire *M. le Président Baudrier*, en rouvrant les débats sur les crimes de Saint-Cyr.

C'est le 10 juillet qu'eut lieu la première audience de la session nouvelle. La Cour, le ministère public, les défenseurs, n'ont pas changé. Les témoins ne sont plus qu'au nombre de 65. Les accusés sont amenés : Joanon, plus pâle, plus sombre que jamais; Déchamps, abattu, la face altérée; Chrétien, seul coloré, conservant l'apparence de la vigueur et du calme. Pendant ces suppléments d'information, l'attitude de chacun de ces accusés a été remarquable. Joanon n'a cessé de pratiquer ses devoirs religieux, et de s'envelopper dans une hypocrisie béate; fort occupé du reste de son bien-être; très-avide de sucreries et de douceurs, donnant au sommeil une large part de son temps. Déchamps a été de plus en plus en proie à une sorte de consomption plus physique encore que morale. Chrétien a repris son calme brutal, et a paru ressentir vivement la satisfaction de l'ajournement que sa rétractation a rendu nécessaire.

Pendant la lecture de l'acte d'accusation, qui n'a reçu aucune modification même partielle, Joanon considère le Jury avec une attention pleine de sang-froid. Chrétien soupire et lève lentement la tête, quand le greffier lit ses aveux; Déchamps est immobile, inondé de sueur.

Tous les accusés sont emmenés, à l'exception de Chrétien, qui retrace une fois de plus ses horribles aveux. Quand le malheureux dit : *Nous leur sommes tombés dessus... elles bougeaient encore...* un frémissement d'horreur parcourt l'assemblée.

Chrétien, après avoir reconnu dans l'information qu'il a tué Pierrette, se rétracte de nouveau et soutient avoir tué la veuve Desfarges. — « Ce qu'il y a de positif, dit *M. le Président*, c'est que vous êtes entrés, qu'il y avait trois personnes vivantes, et que vous avez laissé trois cadavres. »

Déchamps, ramené, réitère également ses aveux, toujours enveloppés des mêmes réticences. Lui aussi soulève l'horreur et le dégoût par les monstrueux détails qu'il donne sur la boucherie du 14 octobre; c'est d'une voix calme, traînante, qu'il dit ces épouvantables scènes, et ce n'est qu'à l'impression d'effroi produite sur tout l'auditoire, qu'il comprend la nécessité de paraître ému lui-même. Sa parole, du reste, semble aussi sincère qu'elle est brutalement indifférente.

On met ces deux hommes en présence; ils s'insultent mutuellement; ils réclament, chacun pour lui, l'assassinat de la veuve Desfarges; repoussant l'assassinat et le viol de Pierrette.

M. le Président. — Chrétien, Déchamps paraît sincère, je vous engage à l'imiter.

Chrétien finit par convenir timidement qu'il a tué Pierrette Gayet, mais sans la violer.

Tous les accusés sont emmenés; Joanon reste seul.

Après avoir opposé des dénégations à toutes les preuves que lui présente de nouveau *M. le Président*, *Joanon* est interrogé sur ce qu'il prétend avoir vu près de la maison Gayet.

— J'ai vu, dit-il, Champion qui allait sous les mûriers; il se penchait en dehors du mur ou sur le mur; il revint vers le chemin. Si je ne me suis pas trompé, c'étaient Chrétien et Déchamps à qui il faisait signe.

M. le Président. — Voilà des moyens désespérés, qui devraient précéder des aveux.

D. Que pensez-vous que ces hommes allaient faire chez ces dames à cette heure?

R. Passer des écrits, ou pour d'autres affaires. Quand j'ai vu Champion et les autres, je sortais d'acheter du tabac à Saint-Cyr.

M. le Président. — Champion justifie complètement de son *alibi*.

Joanon.—Je suis la victime de ces deux scélérats-là. Ce sont mes bourreaux. Je ne suis pour rien là... C'est la famille qui a fait tout cela... Ils ont demeuré demi-heure, trois quarts d'heure pour commettre le crime; puis, ils sont partis.

D. Pourquoi avez-vous dit cela dans vos derniers interrogatoires seulement?

R. Je l'ai dit à mon Juge d'instruction, que c'était la famille qui avait fait le coup. J'ai parlé de Champion. On n'a jamais voulu arrêter Champion.

M. le Président. —Je le crois bien; son innocence est reconnue plus évidente que le jour. Vous avez été tellement accablé par les charges de l'information, qu'un moment vous avez fait planer les soupçons sur le fils Chrétien, alors à 150 lieues de Lyon. Vous vouliez toujours trouver et désigner trois accusés.

M. le Procureur général. — A la dernière session, avez-vous dit à MM. les Jurés avoir vu Champion, Chrétien et Déchamps au moment du crime?

Joanon garde le silence. Après quelques moments. — Si vous voulez, dit-il, juger l'innocent, me voilà !

M. le Procureur général. — Vous ne pouvez dire ce que vous avez fait pendant le temps où se commettait le crime?

Joanon. — Je ne suis pour rien là-dedans... Vous voulez condamner un innocent; me voilà !

M. le Président. — Vous vous êtes sans cesse contredit sur l'emploi de votre temps.

Joanon. — J'ai dit tant de choses, que je peux bien m'être trompé. Voilà huit mois que je suis ici.

M. le Président. — Ne cherchez pas à faire croire à votre raison égarée; nous voyons trop bien que toutes vos réponses sont calculées.

On oppose à Joanon ses hypothèses étranges sur la manière dont le crime a pu être commis, les détails si précis donnés par lui à Meillard sur les habitudes des victimes, sur leurs bijoux.

— C'est tout inventé, s'écrie *Joanon*; M. le Juge d'instruction en a bien mis plus long. Tout ça est supposé !

Depuis les aveux de Chrétien, Meillard est un faux témoin pour Joanon, ainsi que tant d'autres.

On fait connaître à Joanon les aveux réitérés de ses complices. — «Ils me chargent, dit-il, parce que c'est eux... Ils voulaient avoir leurs biens... Comment! des femmes que j'aimais, je n'avais aucun intérêt à les tuer. »

Tout cela est dit avec une audace hypocrite, verbeuse, d'un son de voix élevé.

A la confrontation entre les trois complices, *Joanon* multiplie les épithètes injurieuses : — Menteurs ! Ils devraient rougir... Canailles !.. Faire quatre victimes ! Ce sont mes bourreaux ! Ils ne devraient pas oser lever la tête, les brigands...

Les autres interrogatoires et la plupart des témoignages n'offriraient que des redites. Notons seulement une des déclarations relatives à l'*alibi* de Champion.

Antoine Dupont, voiturier à Saint-Cyr. — J'ai vu Joanon au moment où il sortait de chez nous. J'ai passé la soirée du 14 octobre, dès la tombée de la nuit, chez Champion. Il n'est pas sorti jusqu'à neuf heures et demie du soir; je l'affirme sur l'honneur.

Joanon. — J'ai vu ce que j'ai vu. Mes yeux m'ont donc trompé !

M. le Procureur général. — Remarquez, Joanon, que vous avez dit avoir rencontré, au moment de l'assassinat, Champion avec Chrétien et Déchamps. Persistez-vous à le soutenir?

Joanon, d'un air embarrassé. — Si je me suis trompé pour l'un, j'ai pu me tromper pour l'autre. J'ai rencontré du monde tout le long du chemin...

M. Gaulot insiste, presse Joanon de questions précises, accablantes. *Joanon* répond : — J'ai vu ce que j'ai vu... Que voulez-vous que je vous dise?.. Si vous voulez la vérité, ce n'est pas en me tenant ici... Je suis innocent là-dedans.

M. le Procureur général. — Avez-vous, oui ou non, vu Déchamps, Chrétien, *et Champion*, au moment du crime, marcher sur la terre des Mûriers, épier les dames Gayet?

Joanon, perdant la tête. — Je ne sais pas... je ne... je ne puis l'affirmer... je me serai trompé.

M. le Président. — Ainsi, vous accusiez Champion innocent?

Joanon. — Et moi aussi, je suis innocent... Eh bien! je les ai vus... Ce n'est que la famille qui a fait ça... Ce sont mes deux bourreaux... Ce sont deux scélérats... Ils feraient bien mieux de dire la vérité.

Benoît Champion s'avance calme et tranquille devant la cour. — J'ai vu, dit-il, Joanon, le jour de la découverte de l'assassinat, qui essayait de pénétrer dans la maison Gayet. Je lui dis que l'on ne pouvait pas entrer, que M. le maire l'avait défendu. Il n'en persista pas moins. « Je crois, dit-il, qu'ils auront bien du mal à trouver les auteurs... Ils sont allés bien loin depuis vendredi. »

M. le Président. — Joanon, persistez-vous à dire que le témoin était avec Déchamps et Chrétien à la porte des dames Gayet, le 14 octobre?

Joanon, vivement. — Je vous ai déjà dit que j'avais pu me tromper; cela arrive à tout le monde : *J'ai brodé cela comme j'ai brodé tout le reste...*

Un instant on a pu croire que Joanon allait entrer dans la voie des aveux; mais il s'obstine à des protestations qui ne peuvent tromper personne. L'accusation lui pose ce dilemme : Ou vous étiez près de la terre des Mûriers, et vous avez vu, le soir du crime, pendant l'orage, Champion et ses deux complices entrer chez les dames Gayet, et alors comment n'avez-vous rien dit dans votre premier interrogatoire d'un fait qui vous sauvait? ou cette invention est le fait d'une défense aux abois, et vous ajoutez inutilement à d'horribles crimes le crime non moins horrible d'accuser un innocent.

Deux témoins restent à entendre.

M. le Procureur général requiert, conformément à l'art. 80 de la Constitution, qu'il plaise à la Cour ordonner que ces deux témoins seront entendus à huis clos.

La Cour rend un arrêt conforme, et le public évacue la salle d'audience.

Près de trois heures après, l'audience publique est rouverte.

M. le Président, à Joanon. — N'avez-vous pas compris que l'heure des aveux était venue, après ce qui vient de se passer? Abordez-les donc franchement.

Joanon. — C'est ce que j'ai dit. Quand vous aurez fait votre devoir, que vous aurez arrêté Champion, vous verrez mon innocence.

M. le Président. — Je n'ose vous dire que l'intérêt doit vous solliciter aux révélations; mais le remords, le sentiment de la conscience ne vous sollicitent-ils pas à la vérité...

Joanon. — Oui, j'ai vu Chrétien, Déchamps et Champion entrer par la terre des Mûriers, après avoir franchi le mur de clôture.

D. Pourquoi persistez-vous à accuser Champion?

Joanon. — Je n'y étais ni pour le vol, ni pour l'assassinat; mais, suffoqué de ce que j'ai vu... n'étant pas de la partie, je m'éloignai rapidement.

M. le Président. — Vous êtes là pour dire la vérité sur un fait; dites donc la vérité.

Joanon. — Je n'ai pas besoin de sauver ma conscience; elle est nette et claire. Je ne puis faire des aveux pour des choses non faites. Est-ce que la farine est venue chez Clément par l'opération du Saint-Esprit? C'est Deschamps qui l'a apportée à sa sœur, la femme Champion. Oui, oui... je les ai vus... vus... bien vus!

Déchamps, Chrétien persistent. — Ce n'était pas Champion, c'était Joanon.

— Mais qui a violé? demande à Joanon M⁰ Margerand.

Joanon. — Je me suis sauvé! je me suis sauvé! Quand j'ai vu Champion s'emparer de la petite, je me suis sauvé!

M. le Procureur général commence son réquisitoire.

La lumière s'est faite complétement, dit-il; elle nous inonde. Vous allez délibérer sous les rayonnements de l'évidence. Il fallait trois assassins pour les trois victimes : ils sont là. Deux d'entre eux ont dé-

signé leurs rôles dans ce massacre, ne gardant qu'un seul de leurs secrets. « Ne le leur demandons pas. Ne leur demandons pas qui a souillé le cadavre de cette infortunée jeune fille! Leurs lèvres impies ne le diraient pas. Même dans l'abîme où ils sont plongés, ils frémissent encore à la pensée d'un aussi monstrueux attentat. » Mais l'œuvre de la justice n'en peut pas moins être complète, et la preuve de l'aveu n'est pas nécessaire en ce qui concerne Joanon. « Dans quelques jours, vous auriez trois aveux... Je me trompe, vous les avez. Vous êtes encore sous l'impression de la scène de tout à l'heure... En retracerai-je les détails?... Cet homme qui discute froidement sur un pareil attentat, qui se rue sur un cadavre en proie aux convulsions de l'agonie, pour lui demander les jouissances de son immonde lubricité... Devant ce public qui m'écoute et qui frémit d'horreur, je n'ose retracer ce monstrueux tableau... Faut-il, brisant les liens que la pudeur semble mettre sur mes lèvres, faut-il pénétrer au milieu de ces immoralités, de ces impuretés, de ces abominations commises *dans la cellule de Joanon?* Faut-il vous dire ses allégations à son codétenu, ses plaintes et ses douleurs, quand, vaincu par la force des témoignages, il s'écrie : « Que n'a-t-on commis le crime comme je l'avais indiqué! Si on avait porté les trois cadavres dans un puits, la justice ne les aurait pas découverts, ou, si on les eût trouvés, du moins on n'eût pu constater le viol... » Faut-il vous le montrer poursuivant à travers le sang, sur un cadavre encore palpitant, des jouissances matérielles?

« Restez sous ces impressions, messieurs; qu'elles ne vous entraînent pas cependant, et vous laissent la sagesse pour prononcer. Mais vous reconnaîtrez avec nous qu'ici des circonstances atténuantes ne peuvent être admises. Si une grâce doit venir, elle ne peut venir que du chef de l'État. »

En terminant, *M. le Procureur général* s'écrie : « Que le nom de Joanon soit maudit...

Joanon, interrompant : — « Il sera béni dans le ciel, je suis innocent. »

M. le Procureur général : — « Que le nom de Joanon soit maudit, et que les générations futures racontent le forfait, que du moins elles racontent aussi sa suprême expiation! »

M⁰ *Margerand*, dans l'intérêt de Déchamps, ne peut que faire ressortir la sincérité des aveux de son client, son repentir; il réclame pour lui la pitié.

M⁰ *Dubost* se lève pour Joanon; mais il est évident que la nouvelle attitude prise par cet accusé a singulièrement modifié sa défense. L'honorable avocat est forcé de convenir que la vérité lui échappe, que sa conviction s'est écroulée.

Cet aveu d'un honnête homme frappe à l'avance de stérilité la discussion à laquelle se livre l'avocat et ses réflexions sur les dangers d'une erreur judiciaire.

M⁰ *Lançon* invoque, pour Chrétien, la pitié que lui méritent son repentir et ses aveux. Chrétien, s'il a varié dans ses dires, a été, pendant quatre mois, seul à éclairer la justice, tandis que ses complices restaient impassibles. Il y a là une sorte de droit à l'inégalité de la peine.

Après les plaidoiries de M⁰ *Genton fils* pour la femme Déchamps, et de M⁰ *Lançon* pour la femme Chrétien, après les répliques, *M. le Président* demande aux accusés s'ils ont quelque chose à ajouter pour leur défense. Tous répondent négativement, à l'exception de *Joanon*, qui essaye encore une fois de protester de son innocence. — « Je demande, dit-il, à adresser des questions à Déchamps et à Chrétien.»

M. le Président. — Je ne puis vous y autoriser. Parlez à MM. les Jurés, si vous le trouvez bon.

Joanon, d'une voix saccadée : — Je suis innocent. Que les malheureux qui sont là pensent qu'ils sont devant le Christ et disent la vérité. Suis-je coupable ?

Chrétien et *Déchamps*, interpellés, persistent dans leurs aveux.

Joanon. — Ce sont des misérables ! Ils deviennent mes bourreaux ! Je suis innocent, entendez-vous ? Il ne faudrait pas cependant que je sois la victime de ces misérables ! Ils ont retourné la chose.

M. le Président déclare les débats terminés. — « En vous annonçant, l'autre jour, dit-il, que cette affaire était simplifiée, je ne prévoyais pas les abominables révélations produites hier à votre barre et qui en ont précipité le dénoûment. Il n'y a plus de discussion possible pour les principaux accusés. C'est à vous qu'il appartient de prononcer maintenant ; mais avant que votre décision suprême intervienne, il faut encore que votre conscience se replie sur elle-même pour s'interroger avec calme. Il faut que vos souvenirs se groupent et se rassemblent.

Et, conformément à la loi, *M. le Président* fait des débats une lumineuse analyse, résume une dernière fois la cause et retrace une dernière fois les éléments de conviction acquis à la justice.

Trente questions sont soumises au Jury, qui se retire pour délibérer. Après plus de deux heures, et lorsque la nuit est déjà faite, le Jury rentre et son chef fait connaître le résultat de ses délibérations. Toutes les questions de vol, de viol, de meurtre avec préméditation et de complicité, relatives à Joanon, Chrétien et Déchamps, sont résolues affirmativement, à la majorité.

Le mystère partiel qui plane encore sur le crime a motivé deux questions posées comme résultant des débats. On a demandé au Jury si Chrétien et Déchamps, au cas où ils ne seraient pas déclarés coupables du meurtre commis sur Pierrette Gayet, ne le sont pas du moins d'en avoir, avec connaissance, aidé ou assisté l'auteur ou les auteurs dans les faits qui l'ont préparé, facilité ou consommé. La réponse à ces deux questions est affirmative.

Antoinette Pernoux, femme Chrétien, est déclarée coupable d'avoir sciemment recélé tout ou partie des objets provenant du vol, mais sans avoir connu les circonstances aggravantes de ce vol.

Marie Viard, femme Déchamps, est déclarée innocente du recel.

En conséquence, la femme Déchamps est acquittée. Mais cette malheureuse a sollicité la faveur de rester une nuit encore en prison ; elle n'ose sortir, à cette heure avancée, ne pouvant penser à retourner à Saint-Cyr, et ne sachant pas où reposer sa tête. On la reconduit à la maison d'arrêt de Roanne.

Les autres accusés, introduits, se taisent sur l'application de la peine. La figure de Joanon, d'abord plus livide que jamais, se colore. Déchamps roule des yeux de bête fauve, et quand on lui annonce que sa femme est rendue à la liberté, il fait un geste de brutale indifférence. Chrétien pousse des soupirs étouffés.

La Cour rend un arrêt qui condamne Joanon, Déchamps et Chrétien à la peine de mort, et la femme Chrétien à la peine de six ans de réclusion.

En entendant le mot terrible, Joanon s'est levé, a promené sur l'assistance des yeux hagards ; il s'appuie avec violence sur la balustrade de fer qui le sépare de la défense, et, d'une voix forte : — « Je suis innocent, dit-il..... je vous le déclare..... Les juges et le jury en répondront devant Dieu ! »

Un gendarme le saisit et lui tient les mains, craignant un accès de désespoir. Mais Joanon, qui a conservé tout son sang-froid, se penche vers son avocat, et lui dit : — « Venez me voir demain, je vous attends. »

Déchamps n'est plus qu'un automate. Pas un mot ne s'échappe de ses lèvres ; il semble pétrifié.

Chrétien, fortement coloré, baisse les yeux, et, quand un gendarme le frappe sur l'épaule pour l'engager à le suivre, il se retourne et le suit machinalement, d'un pas assuré.

Les trois condamnés à mort se pourvurent en cassation ; leur pourvoi fut rejeté le 9 août. Le 13 août, on apprit à Lyon que l'exécution était fixée au lendemain. Aussitôt une population tout entière prit le chemin de Saint-Cyr-au-Mont-d'Or.

Déjà, pendant le procès, de nombreux pèlerins avaient visité ces lieux rendus fameux par le crime. Sans doute une pitié respectueuse pour les victimes avait présidé à ces visites ; mais il s'y mêlait aussi un déplorable attrait, et beaucoup n'y avaient cherché qu'un spectacle saisissant, le décor d'un horrible drame. Cette curiosité puérile et mauvaise fut encore surexcitée par l'approche de l'expiation. Lyon et son agglomération puissante, même les campagnes à plusieurs lieues à l'entour, envoyèrent plus de 50,000 spectateurs à ce hideux spectacle. Des milliers d'entre eux passèrent la nuit sur le terrain même où se dressait l'échafaud.

On annonça, comme il est d'usage, que les condamnés marchaient à la mort touchés de repentir et vaincus par la religion ; ils avaient pieusement communié ; Mgr le cardinal-archevêque de Lyon leur avait porté les consolations suprêmes.

La vérité est que ces trois hommes, tout en acceptant machinalement les secours de la religion, se renfermèrent jusqu'au bout dans leur insensibilité brutale. Chez eux, pas un indice de remords, mais seulement une lâche effroi de la destruction, une prostration toute physique, un grossier désespoir. Joanon protestait hypocritement de son innocence ; les deux autres s'étonnaient de n'avoir pas mérité la vie par leurs aveux, qu'ils reprenaient, croyant réussir encore à tromper la justice. Ils moururent comme meurt la bête féroce, terrassée par un ennemi plus fort qu'elle.

De ces trois hommes, l'un, le tentateur, plus cultivé que ses complices, est un déclassé ; les révélations immondes qu'on entrevoit à travers le huis clos expliquent sa misère, son hypocrisie : c'est une âme bestiale. Les deux autres lui ont été livrés sans défense par une aveugle cupidité ; aucun frein moral pour les retenir sur la pente, pas même le grossier bon sens qui prévoit les suites inévitables du crime ; ils n'ont vu qu'une chose, hériter. Dans ces natures incomplètes, la conscience est oblitérée ; l'argent les aveugle, les soûle.

Autour d'eux une population honnête, mais un peu indifférente, un peu égoïste ; le sens moral, l'esprit de justice vivent en elle, mais comme à l'état latent. La vue bien nette du devoir et du droit lui manque, surtout le courage de la conscience et l'esprit de solidarité. Son éducation morale n'est pas faite encore : c'est l'affaire du temps.

LA MARQUISE DE BRINVILLIERS (1676).

EXILI; SAINTE-CROIX; LA CHAUSSÉE; PENNAUTIER.

« Elle fut, *un quart d'heure*, miraudée, rasée, dressée et redressée par le bourreau » (PAGE 39).

«Un procès important, dit Voltaire, me paraît plus important que cent mille billevesées mathématiques, et cent mille discours pour les prix des Académies. »

Voltaire a cent mille fois raison.

Aux procès de Socrate et de Jésus-Christ, ces causes célèbres par excellence, qui nous montrent traduites par-devant un tribunal la philosophie la plus élevée et la religion la plus divine, on pourrait ajouter, sans craindre le reproche de paradoxe, bien des procès dont l'histoire est l'histoire même d'une civilisation, d'une nationalité, d'une idée.

Deux puissances se partagent le monde : la force et la justice ; l'histoire judiciaire est le récit de leur lutte éternelle. C'est aux pieds d'un tribunal qu'aboutissent tous les intérêts, toutes les passions, tous les droits, tous les devoirs. C'est dans la maison de la loi qu'il faut chercher la vérité vraie sur l'homme.

On ne s'étonnera donc pas si nous disons qu'il est tel procès qui fait mieux comprendre une époque, un pays, que l'histoire générale elle-même. Quelle lumière plus vive pour éclairer notre nationalité triomphante, que le procès de Jeanne d'Arc !

Aussi, un des plus ingénieux historiens de nos jours, voulant étudier de près la France à la fin du XVIIe siècle, et, pour ainsi dire, tâter le pouls à la société de Louis XIV, n'a-t-il rien trouvé de mieux à faire que de raconter deux procès célèbres : celui de la Brinvilliers, celui de la Chambre ardente. C'est dans ces deux procédures que M. Michelet(1) a cherché la vérité sur l'âme humaine en ce temps-là, et les arrêts du Parlement et de l'Arsenal rendus dans ces causes célèbres, lui ont fourni les éléments d'un arrêt de mort contre la société du grand siècle.

Nous ne saurions admettre les conclusions de ce charmant esprit, qu'une imagination passionnée emporte quelquefois du sol nu de la réalité dans les nuages brillants de la fantaisie. Nous croyons, et nous espérons prouver, que M. Michelet a mal vu dans le détail et s'est trompé sur l'ensemble ; mais ce qu'il faut bien reconnaître, c'est qu'il est le premier qui, sous ces deux procès, ait entrevu autre chose que d'inexplicables monstruosités, que des aberrations individuelles du sens moral. Il ne lui a pas échappé qu'il y avait, dans cette série de crimes sans nombre qui éclatent dans l'espace de six années, un fait symptomatique de tout un état social.

(1) *Décadence morale du XVIIe siècle.*

M. Michelet a très-bien deviné la maladie sous l'apparente vigueur du sujet; seulement, selon nous, il s'est trompé dans le diagnostic. Là où il n'y avait qu'une crise climatérique, il a vu la phthisie, le mal incurable, la langueur mortelle. L'ingénieux et systématique médecin a condamné la France d'alors.

A travers les crimes de la Brinvilliers et des justiciables de la Chambre ardente, voici ce qu'il a vu.

A la paix de Nimègue (1678), la France est, en apparence, puissante, glorieuse, souveraine par les armes, par les lettres, par les arts. Son roi est *le roi*. Molière, Racine viennent de mourir; Bossuet, La Fontaine sont encore debout: Fénelon commence. Bourdaloue fait retentir la chaire et la cour des accents les plus puissants qu'ait jamais fait entendre l'éloquence chrétienne. Lebrun, Lesueur, Girardon, Puget, Perrault sèment, à pleines mains, les chefs-d'œuvre. Colbert introduit l'ordre dans nos finances, donne l'essor à notre commerce, fait régner sur les mers notre marine. La société française donne au monde entier des leçons d'élégance, de noblesse, de génie, de bon goût et d'esprit.

Eh bien! sous ces surfaces éblouissantes, la France tout entière n'est que ruines et que mort lente. Les champs sont en friche; Colbert désespère et meurt en disant: « On ne peut plus aller. » Le mépris du travail a paralysé les efforts de ce grand homme. L'énergie humaine s'amoindrit; on veut vivre noblement, à tout prix, et, comme la valeur des choses s'élève avec les besoins du luxe, on craint les charges de famille. La puissance prolifique s'amoindrit. Les quatre ministres du diable (*textuel*), vin, café, tabac, opium, ont déjà donné à la Turquie, d'où il se répand par le monde, le goût des plaisirs solitaires, des ivresses non partagées. Des royaumes entiers se dépeuplent, comme l'Espagne.

En même temps, l'idée religieuse va défaillant. La casuistique s'accommode à cette corruption des âmes et des corps. Le quiétisme, plus dangereux encore, enseigne le dogme de la mort de l'âme, endort la volonté, fait disparaître à la fois le péché et la vie. La notion du mal s'obscurcit; d'étranges maladies morales se répandent, et c'est ainsi qu'un beau matin, dans ce monde poli, gracieux et dévot, apparaît l'affaire des poisons.

Telle est la thèse un peu étrange qu'a soutenue M. Michelet. Il en cherche la justification dans les deux grands procès criminels dont nous nous occupons à notre tour. Chemin faisant, il nous faudra bien contrôler ses jugements systématiques.

Parlons d'abord du procès de la Brinvilliers.

Ce n'est pas dans les recueils de Causes célèbres, ni même dans les écrits contemporains, qu'il nous faut en chercher les éléments. Nous n'y trouverions qu'erreurs et commérages. Les Archives de l'Empire sont veuves de documents sur cette affaire; mais la Bibliothèque impériale abonde en renseignements importants.

Outre les *Factums* imprimés, qui ne donnent qu'un avant-goût du procès, on y trouve: 1° dans la *Collection Thoisy*, un volume portant le titre de *Crimes, Délits, Poison*, t. XIII, z, 2283, et renfermant la plupart des factums imprimés, plus des extraits manuscrits de la procédure; 2° deux volumes manuscrits, portant les chiffres 194, 350/20, au *Supplément Français*. Le n° 194 contient la *Relation de la mort de Mme de Brinvilliers*, par M. Pirot, son confesseur, docteur en Sorbonne, in-folio, 332 pages, écriture serrée. On croyait ce récit si curieux perdu

depuis longtemps. Le n° 350/20 contient les procès-verbaux, les interrogatoires, des factums manuscrits et imprimés.

Là est tout le procès. M. Michelet a consulté ces sources, mais un peu rapidement, et, qui pis est, sous l'empire d'un préjugé. Nous trouverons donc plus d'une fois qu'il a commis des erreurs de détail; mais ce n'est pas là l'essentiel. Sa conclusion, quant au procès de la Brinvilliers, est plus intéressante.

A son sens, la Brinvilliers n'est que la brebis émissaire de toute la haute société du temps. Ses complices sont partout, jusque dans les rangs les plus élevés. Elle une fois prise, la cour et la ville sont dans les transes. Il faut l'empêcher de parler, lui faire accepter silencieusement son supplice. Il y a un riche financier d'Église qui tient les fils de cette ténébreuse affaire, et que le Parlement couvre et sauve, d'accord avec l'Église. A tout prix, il faut qu'on étouffe le scandale à sa naissance, et qu'on scelle l'horrible secret du sang de cette malheureuse. Et on y réussit.

Voilà, à coup sûr, une vue originale sur la société française, au temps de Louis XIV. Nous ne nous demanderons pas, à l'avance, si une aussi monstrueuse conspiration est probable ou possible. Entrons tout simplement dans l'affaire, à l'aide des documents.

Le 31 juillet 1672, vers dix heures du soir, mourut, à Paris, un gentilhomme nommé Gaudin de Sainte-Croix. Depuis près de cinq mois, ce gentilhomme était malade et, comme il avait une femme, de qui il vivait séparé, des créanciers nombreux, un commissaire fut requis pour apposer les scellés à son domicile.

Le commissaire, un sieur Picard, se présenta, et les scellés furent apposés sur différents meubles et sur la porte d'un petit cabinet, dans lequel étaient déposés les effets les plus précieux, les livres et les papiers du défunt.

Ce Sainte-Croix, de son vivant, avait eu dans son quartier la réputation d'un fort honnête homme, pieux, ayant ouverture dans le meilleur monde. Il montrait un certain train de maison, deux laquais, des porteurs, un carrosse; toutefois, on le savait gêné. Sa jeunesse, disait-on, avait été orageuse. Bâtard de grande maison, à l'en croire, il s'était donné ce nom de Gaudin de Sainte-Croix, sous lequel il était connu; mais on lui savait un frère, qui s'appelait Gaudin tout court. Jeune, il avait fait profession des armes et avait eu une compagnie dans le régiment de Tracy-cavalerie. En 1663, il avait passé quelque temps à la Bastille; on ne savait trop pour quelle cause. Depuis, il s'était marié. Quelque temps avant sa mort, il parlait d'acheter une charge dans la maison du roi.

Le 8 août, sur requête de la veuve et des créanciers, les scellés furent levés. Un notaire, Baglan, vint commencer l'inventaire; un autre notaire, Le Roi, vint prêter son ministère pour l'opération. Personne n'avait requis Le Roi; on voulut l'évincer; il insista si bien, qu'il fallut l'admettre.

Nous nous ferions difficilement, de nos jours, une idée exacte de la façon dont se passaient alors les opérations judiciaires les plus importantes. Nos habitudes de légalité scrupuleuse, d'attributions rigoureusement définies et distinctes, nous permettent à peine de comprendre le désordre, les ingérences arbitraires, les confusions de pouvoirs, qui signalaient les actes les plus graves, comme les plus insignifiants, de l'autorité.

Le magistrat qui présidait l'inventaire, lors de cette première vacation du 8 août, était le substitut du Procureur du roi, M. de Riantz; étaient présents encore : le commissaire Picard; le procureur Fernaut, représentant les créanciers opposants; le procureur de la veuve Sainte-Croix, Pierre Guyeux; le sergent et huissier Cruellebois, gardien des scellés, choisi pour être constitué gardien de l'inventaire. Avec la veuve et les créanciers, tels étaient les assistants composant le personnel intéressé et autorisé. Mais, autour de ces gens-là, s'agitait tout un monde de curieux, d'importuns et d'importants : ce notaire Le Roi, qui s'imposait à l'opération; un religieux, tombé là du ciel, et qui se prélassait gravement sur un fauteuil; un sergent et huissier, à mine discrète et rusée, que n'avait appelé personne, le sieur Cluet. Il y avait aussi des voisins qui glosaient, faisaient l'éloge du mort, plaignaient la veuve et furetaient par les chambres. Un médecin, le sieur Moreau, racontait la maladie et expliquait doctement le traitement qui n'avait pu sauver le malade. Dans la cave, les laquais buvaient le vin, et un certain de Breuille, une sorte d'homme d'affaires, qu'on avait vu venir souvent à la maison, du vivant du maître, cassait par-ci par-là quelque fiole et semblait se livrer à quelque mystérieuse recherche.

A la vacation du 13 août, le cabinet fut ouvert. Ce fut le religieux qui en représenta la clef; comment l'avait-il? Pourquoi n'était-elle pas restée entre les mains du commissaire? De pareilles irrégularités étaient trop ordinaires pour qu'on s'en étonnât.

Entre autres objets, on trouva, sur une table, un petit rouleau de papiers, sur lequel étaient écrits ces mots : *Ma confession*. Le religieux fit observer que c'était là une chose sacrée, qui ne devait être ni vue ni lue. Du consentement de tous les officiers présents et de tous les intéressés, le rouleau fut brûlé par Picard.

On trouva encore, sur une planche, une cassette, de dix-huit pouces de long sur dix à douze pouces de large, couverte de *veau à poils*, la clef placée dans la serrure.

A l'ouverture de cette cassette, se trouva une demi-feuille de papier de l'écriture du défunt, portant ce qui suit (1) :

«Je supplie très-humblement ceux ou celles entre les mains de qui tombera cette cassette, de me faire la grâce de vouloir la rendre en main propre à Madame la marquise de Brinvilliers, demeurant rue Neuve-Saint-Paul, attendu que tout ce qu'elle contient la regarde, et que d'ailleurs il n'y a rien d'aucune utilité à personne du monde, son intérêt à part. Et, en cas qu'elle fût plustôt morte que moi, de la brûler, et tout ce qu'il y a dedans, sans rien ouvrir ni innover; et, afin qu'on n'en prétende cause d'ignorance, je jure sur le Dieu que j'adore, et tout ce qu'il y a de plus sacré, que je n'expose rien qui ne soit véritable. Si d'aventure, on contrariait à mes intentions, toutes justes et raisonnables en ce chef, j'en charge en ce monde et en l'autre

leur conscience pour la décharge de la mienne, et proteste que c'est ma dernière volonté.

« Fait à Paris, le vingt-cinquième mai après midi 1670.

« Signé : SAINTE-CROIX. »

Il y a un seul paquet adressant à Monsieur Pennautier, qu'il faudra rendre.

Sur ces recommandations du défunt, on se contenta de jeter un coup d'œil dans la cassette, qui renfermait des paquets de papiers et quelques fioles de verre carrées, et, sur le réquisitoire de M. de Riantz, la cassette fut refermée et scellée. Cruellebois la reçut des mains du commissaire Picard, qui en garda la clef.

A la vacation du 17 août, le sergent Cluet, qui n'avait cessé d'assister ponctuellement aux opérations, fut adjoint à Cruellebois, comme gardien de l'inventaire. Cependant, comme on n'avait trouvé que peu d'argent, quelques bijoux, point de valeurs, les créanciers et la veuve commencèrent à montrer quelque inquiétude. Ils allèrent s'imaginer que la cassette renfermait le plus clair de l'actif de la succession. La dame Sainte-Croix n'ignorait pas que son mari avait vécu dans une grande intimité avec cette marquise de Brinvilliers, à qui le papier attribuait la propriété des objets contenus dans la cassette. Elle soupçonna une donation faite à la maîtresse au préjudice de la veuve, et, par l'organe de son procureur, à la vacation du 18 août, elle requit l'ouverture de la cassette. Le petit meuble avait été porté par Cruellebois à son domicile; la veuve et les créanciers, craignant que les scellés ne se rompissent dans un nouveau voyage, demandèrent qu'on se transportât chez Cruellebois.

Le substitut de Riantz, le lieutenant civil qu'on alla quérir, le commissaire Picard, tous les intéressés et assistants, se transportèrent donc chez le sergent. Le lieutenant civil reconnut l'intégrité du sceau, et Picard ouvrit la cassette. Le nouveau gardien, Cluet, se chargea de faire la description des objets. Un seul parmi les assistants voulut s'opposer à l'ouverture; c'était ce de Breuille, qui cassait des flacons, dix jours auparavant, dans la cave de Sainte-Croix. Comme de Breuille s'échauffait, parlait très-haut, le lieutenant civil lui imposa silence, en le menaçant de le faire arrêter.

Le premier objet que Cluet tira de la cassette, fut un papier, cacheté de quatre cachets, portant cette inscription :

Papiers pour être rendus à Monsieur de Pennautier, Receveur Général du Clergé, et je supplie très-humblement ceux entre les mains de qui ils tomberont, de vouloir bien lui rendre en cas de mort, n'étant d'aucune conséquence à personne qu'à lui seul.

Dans le paquet fut trouvé l'écrit suivant :

«Je prie M. de Ste Croix de faire payer au Sr Cusson, marchand de Carcassonne, la somme de dix mille livres à moi due sous le nom du sieur Paul, par obligation du Sr Chastel comme procureur de Mr et de Me de Brinvilliers, en date du 12 janvier 1668 : lequel dit Sr Cusson lui remettra ladte obligation lors du parfait payement, et cependant lui fournira ses récépissés à mesure de l'argent qui lui sera compté; lesquels récépissés ledt Sr de Ste Croix peut prendre, promettant de les faire valoir et lui en

(1) Tous les recueils de Causes célèbres altèrent plus ou moins le texte de cette pièce, qui est la base de tout le procès; ils substituent la date de 1672 à celle de 1670. Il en est de même, au reste, pour tous les documents, comme pour tous les faits de cette cause.

tenir compte sur la d° obligation.   Fait à Paris,
le 17 février 1669.

« La d° procuration passée pardevant Lescocq de
Launay le 30 novembre 1667.

                « Signé : REICH DE PENNAUTIER. »

Il y avait encore, dans le paquet, un récépissé
signé Cusson, en date du 21 mai 1669; le signa-
taire y reconnaissait avoir reçu 2,000 livres 12 sols.

Ces deux écrits et l'enveloppe du paquet, sur
laquelle étaient les recommandations de Sainte-
Croix, furent paraphés *ne varietur*.

Cluet tira encore de la cassette plusieurs paquets,
contenant des poudres. Un des paquets se rompit : la
poudre tomba sous la table; le médecin Moreau en
ramassa une pincée, qu'il jeta au feu; la flamme
se colora en violet. Dans d'autres paquets, le docteur crut reconnaître du régule d'antimoine, du sublimé corrosif, du vitriol romain.

Cela devenait grave. La cassette fut refermée,
scellée à nouveau, et portée chez le lieutenant
civil.

Le lendemain, 19 août, sur le réquisitoire de la
dame Sainte-Croix, son procureur demanda que
M. de Pennautier fût assigné pour les papiers être
par lui reconnus, et le payement en être poursuivi.

En même temps, on rouvrait la cassette, et on
décachetait les autres paquets. L'un contenait la
promesse suivante :

« Je payerai au mois de janvier prochain à Monsieur de Sainte-Croix la somme de trente mil livres,
valeur receuë dudit sieur.

        « Fait à Paris ce vingtième avril 1670.

                        « Signé : D'AUBRAY. »

Il y avait encore 34 lettres en une liasse, dans un
autre paquet 75 lettres, toutes signées d'Aubray,
c'est-à-dire écrites par Mᵐᵉ la marquise de Brinvilliers, dont c'était le nom de famille. Dans le nombre, des billets insignifiants, mais aussi des lettres
qui dénotaient la passion la plus ardente, une sorte
de fureur amoureuse (1).

La 34ᵉ et dernière lettre d'une liasse était la
seule où il fût vaguement question de poison. On
y lisait : « J'ai pris de la recette de Glazer. Vous
verrez que je veux sacrifier ma vie. » La marquise
y demandait à Sainte-Croix un quart d'heure de
conversation, pour lui dire un dernier adieu, et elle
y parlait de suicide.

Il y avait encore, dans d'autres paquets, deux
procurations du marquis de Brinvilliers, un Mémoire d'ouvrages faits en la maison du marquis,
des quittances diverses à décharge de M. et de
Mᵐᵉ de Brinvilliers.

La veuve Sainte-Croix requit également que la
promesse d'Aubray et les autres papiers lui fussent
remis, pour en être le payement poursuivi par elle.
Le substitut prit acte des découvertes faites par
Moreau, et requit, de son côté, que les papiers et
promesses fussent remis en la cassette et déposés
au greffe, et qu'assignation fût donnée par le lieutenant civil, en son hôtel, à la dame de Brinvilliers,
pour dire et requérir ce que bon lui semblerait; ensemble, à toutes les autres parties intéressées,
« même audit de Pennautier. »

(1) *Toutes remplies*, dit le *Factum* de Mᵉ Nivelle, *de termes qui
marquent comme une extrême fureur.*

Introduisons, à cette heure, les personnages nouveaux dont les noms viennent de sortir de la mystérieuse cassette.

Le marquis de Brinvilliers, fils de M. Gobelin,
président en la Chambre des comptes, ne s'était
senti, tout jeune, aucun goût pour la robe, et s'était
fait d'épée. Quelque temps avant la conclusion de
la paix des Pyrénées, il commandait le régiment
de Normandie.

M. de Brinvilliers avait épousé, en 1651, une
des filles de M. de Dreux-d'Aubray, alors maître
des requêtes et, depuis, lieutenant civil au Châtelet de Paris. Une excellente famille de robe,
apparentée à la plus grande noblesse, aux comtes
de Maure, aux Marillac, qui comptèrent, sous
Louis XIII, un garde des sceaux et un maréchal
de France. M. de Brinvilliers, riche alors lui-
même, faisait là un mariage des plus sortables.
Il avait, de son fait, 30,000 livres de rentes;
Mᶦˡᵉ d'Aubray lui apportait 150,000 livres en rentes
et deniers, et, peu de temps après son mariage, elle
hérita d'une aïeule 50,000 livres (1). C'est-à-dire,
pour traduire ces chiffres en les ramenant à
leur valeur d'aujourd'hui, que M. de Brinvilliers
avait, de son chef, 125,000 livres de rentes, et que
l'apport de sa femme, dot et acquets, sans compter
les espérances, montait à un peu plus de 830,000
francs.

Marie-Magdelène-Marguerite d'Aubray était une
charmante personne, non point précisément jolie,
mais toute mignonne et toute gracieuse dans sa
très-petite taille, avec une petite figure ronde,
blanche, fine, de beaux yeux bleus très-doux, des
cheveux châtains fort longs et fort épais, la main
belle; de l'esprit, sans instruction, des allures déci-
dées, une parole vive, nette et ferme.

M. et Mᵐᵉ de Brinvilliers firent fort bon ménage,
et il leur naquit cinq enfants, trois fils et deux
filles. Tous deux aimaient le luxe et le plaisir et
s'en donnaient à cœur joie. Leur fortune s'en ressentit bientôt. Le marquis, tout en conservant une
grande amitié pour sa femme, eut des maîtresses,
une entre autres, fort coûteuse, la Dufay, qu'il entretint longtemps. Après quelques scènes de jalousie, la marquise se résigna et se consola avec un
beau et fort aimable garçon, des amis de son mari,
Gaudin (2) de Sainte-Croix.

Le marquis et Sainte-Croix s'étaient connus à
l'armée. Le bâtard Gascon (il était né à Montauban),
introduit dans la maison par le marquis lui-même,
plut à Mᵐᵉ de Brinvilliers; et, comme le mari,
plus curieux de son plaisir et de sa liberté que de
son honneur, ou ne vit rien ou ne voulut rien voir, les
deux amants mirent à leur intimité peu de mystère.

Ce fut un ménage à trois, à l'italienne; seulement,
Sainte-Croix n'y joua pas le rôle traditionnel et effacé
du *cavaliere servente*, du sigisbée ou du *patito*. Voici
le portrait qu'un contemporain (3) trace de Sainte-
Croix :

« Sa physionomie était heureuse et promettait de
l'esprit. Il en avait aussi, et tourné du côté de tout
ce qui peut plaire. Il faisait son plaisir du plaisir
des autres. Délicat sur les injures, sensible à l'a-
mour, et, dans son amour, jaloux jusqu'à la fureur,
même des personnes sur qui la débauche publique
se donne des droits qui ne lui étaient pas inconnus;

(1) Elle avait peu de fortune, dit à tort M. Michelet.
(2) Godin, Gondin, Godée, disent les documents judiciaires:
Gaudin se retrouve plus souvent.
(3) *Factum* pour la dame de Saint-Laurens.

d'une dépense effroyable, et qui n'était soutenue d'aucun emploi... »

Cet homme, ainsi fait, prit sur Mme de Brinvilliers une singulière influence. Il la jeta dans d'énormes dépenses, si bien que le scandale et le danger d'une ruine n'étaient plus, à la fin de l'année 1664, un mystère pour personne.

M. d'Aubray s'effraya, s'indigna, sollicita, et obtint une lettre de cachet, et, au commencement de 1665, Sainte-Croix fut conduit à la Bastille.

Il y resta un an environ. Quand il en sortit, on vit un tout autre homme. Toujours avide de plaisir, Sainte-Croix n'en connut plus qu'un bon lieu. Un peu libertin autrefois, c'est-à-dire impie, dans le langage du temps, il entrait dans tous les discours et dans tous les desseins de piété; on dit même qu'il composa des ouvrages de dévotion (1). Il eut des fréquentations honorables, des intimités choisies. Il prit aussi un train de maison, se maria.

Tout cela n'empêcha pas les amants de se revoir, mais avec plus de réserve et de prudence.

M. de Brinvilliers avait continué de mener grand train, et, tout en restant fort attachée à son mari, la femme avait dû prendre des précautions pour le reste de sa fortune, et se séparer de biens.

M. d'Aubray avait, cependant, rendu toute son amitié à sa fille. Dans l'automne de 1666, il l'emmena passer quelques jours dans sa terre d'Offermont. Là, le vieillard, attaqué depuis plusieurs mois d'un mal inconnu, fut pris tout à coup d'horribles douleurs, et ne tarda pas à rendre l'âme. Les médecins attribuèrent cette mort rapide à la goutte remontée.

Mme de Brinvilliers fut parfaite en cette occasion, et prodigua à son père les soins les plus touchants. Sa douleur fut des plus vives.

Mme de Brinvilliers avait deux frères et une sœur. Le frère aîné succédait à son père dans la charge de lieutenant civil; le frère cadet était conseiller au Parlement; la sœur était carmélite à Paris. Des deux frères, un seul était marié : M. Antoine d'Aubray, le lieutenant civil, avait épousé une demoiselle Mangot de Villarceau.

Dans l'hiver de 1670, le lieutenant civil, revenant du Palais, demanda à boire. Ce fut un valet de chambre de son frère, un certain La Chaussée, qui lui apporta un verre d'eau et de vin. Cette boisson avait un goût singulier, horriblement âcre : le conseiller la rejeta en partie, s'écriant : — « Je crois que ce coquin a envie de m'empoisonner. Ce qu'il m'a donné est chaud comme le diable. » Il fit sentir le reste de la liqueur à son secrétaire, qui y trouva un goût et une odeur de vitriol, et La Chaussée, prenant le verre, vida le reste dans les cendres, en s'excusant de son mieux.

Le soir, La Chaussée dit à M. d'Aubray : — « Monsieur, j'ai su par votre sommelier Duchesne la raison du goût singulier que vous trouvâtes tantôt à cette boisson; c'est Lacroix, votre valet de chambre, qui avait pris une médecine dans le verre. » On oublia cet incident.

Au commencement d'avril 1670, le lieutenant civil était allé en Beauce, à sa terre de Villequoy, passer les fêtes de Pâques avec toute sa famille. Le conseiller fut de la partie, et ne mena avec lui, de tous ses domestiques, que ce valet de chambre, La Chaussée, nouvellement entré à son service.

A un grand dîner qui fut donné à Villequoy, on

(1) *Factum* pour la dame de Saint-Laurens.

servit une tourte de béatilles. Tous ceux qui en mangèrent furent, le lendemain, gravement malades. Ceux qui, d'aventure, n'y avaient pas touché n'éprouvèrent aucun accident.

Le 12 avril, le lieutenant civil revint à Paris, tout souffrant, avec un visage défait. Depuis le jour de la tourte, les vomissements ne l'avaient pas quitté; il éprouvait un grand dégoût pour toute espèce de nourriture, et lui qui, fort peu de temps auparavant, étalait une face vermeille et une rotondité magistrale, diminuait à vue d'œil.

Il languit ainsi quelque temps, et mourut, sans fièvre, et comme d'épuisement, le 17 juin 1670.

Comme l'affaire de la tourte avait éveillé quelques soupçons d'un crime ou d'un accident, on fit l'autopsie du corps. Les médecins et les chirurgiens appelés à prendre part à cette opération ne trouvèrent rien d'extraordinaire. Ils attribuèrent la mort à *une humeur maligne;* un de ces mots vagues qui, de tout temps, ont servi à déguiser l'ignorance des savants.

Mais, bientôt, le conseiller d'Aubray ne tarda pas à ressentir les mêmes souffrances que défunt son frère. Il languit près de trois mois, et, en novembre, il mourut.

Les médecins et les chirurgiens qui avaient fait l'autopsie du corps du lieutenant civil furent appelés à ouvrir le corps du conseiller. Ces morts répétées faisaient naître enfin des soupçons sérieux. Les docteurs n'osèrent conclure clairement à un empoisonnement; mais Bachot, médecin, dit qu'il avait trouvé « la poitrine ulcérée et desséchée; » le chirurgien, Jean Devaux, déclara que « la poitrine était brûlée, le foie et le cœur flétris. » Eux qui n'avaient rien trouvé d'extraordinaire chez le lieutenant civil, se rappelèrent maintenant que ses organes présentaient les mêmes caractères.

A travers ces âneries anatomiques, il est facile de démêler de graves désordres, une phlegmasie de la muqueuse intestinale et du péritoine, que la science de nos jours eût su rapporter à sa cause véritable.

L'instinct de conservation, plus sûr que la science, donna à la veuve d'Antoine d'Aubray la certitude d'un danger. Son beau-père, son mari, son beau-frère, tour à tour et si rapidement emportés par un mal inconnu, l'avertirent de se garder. Elle se dit que sa mort devait profiter à ceux-là à qui avaient profité ces trois morts. Elle était, désormais, le seul obstacle à la concentration de la succession d'Aubray tout entière dans les mains de cet héritier prodigue et besogneux, Mme de Brinvilliers. Marie-Thérèse de Villarceau entoura sa vie de précautions minutieuses, et veilla du côté de sa belle-sœur.

Parlons maintenant de Pennautier.

Pierre-Louis de Reich de Pennautier, homme considérable par ses talents, par sa position, par ses alentours, avait eu de petits commencements. Il avait été autrefois tout simplement M. Reich, et commis de finance. Son aptitude le souleva peu à peu, et il parvint à faire un excellent mariage; il épousa la fille de M. Lesecq, qui avait une des charges de la Bourse du Languedoc et de fort grands biens. Trésorier de la Bourse des États de cette riche province, était une position considérable; Reich, qui fut bientôt seigneur de Pennautier, en devait avoir la survivance. Il l'eut plus tôt qu'on ne pensait, par la mort imprévue de son beau-père, encore jeune.

Il y eut quelques bruits fâcheux autour de cette

mort. La veuve de Lesccq se plaignit de son gendre; Mme de Pennautier se sépara de son mari.

Il y avait alors, dans la finance d'Église, une charge d'un maniement extraordinaire, incomparablement plus importante que la charge acquise par Pennautier : c'était celle de receveur général du clergé de France. Les revenus fixes de cette charge pouvaient monter à 60,000 livres par an, quelque chose comme un quart d'un million d'aujourd'hui. L'administration, de nos jours, en France du moins, n'offre rien de semblable à une situation de cette importance.

Cette charge, en 1662, était occupée par un sieur de Mennevillette, lequel avait pour commis principal M. Hanyvel. A cette époque, Mennevillette se démit de sa charge, et le clergé en donna la survivance à Hanyvel, qui, pour honorer sa fonction, devint seigneur de Saint-Laurens, comme Reich était devenu seigneur de Pennautier.

Pennautier, cependant, trouvant la charge un peu lourde pour Hanyvel, lui proposa de s'associer à lui pour moitié, moyennant 40,000 écus. Hanyvel de Saint-Laurens refusa l'association.

Pennautier ne se tint pas pour battu. Il engagea dans sa cause tout le clergé du Languedoc, remontra assidûment que Saint-Laurens ne présentait pas, pour un pareil emploi, une surface suffisante en capacité et en finance. Saint-Laurens résista de son mieux, s'appuyant sur le clergé du Nord; mais il succomba, au moins en partie. L'intrigue de Pennautier eut pour effet de forcer Mennevillette à reprendre sa charge pendant trois ans.

En 1667, Saint-Laurens était devenu titulaire définitif de la charge, par une démission nouvelle de Mennevillette, en date du 17 mars.

Au mois d'avril 1669, Saint-Laurens revint tout malade de sa terre de Pontchevron ; le 2 mai, il expirait dans d'horribles souffrances.

Il y eut, à l'occasion de cette mort, un rapport de chirurgiens et de médecins; il y était dit (textuel) :

« Que toutes les parties nobles et la poitrine se trouvèrent saines et dans leur naturel; qu'il se trouva dans l'ouverture du ventre inférieur une demi-livre de pus ou matière flottante parmi les intestins de couleur grisâtre; qu'il y avoit une excoriation de la grandeur de la main sur le mézantère et aux interstices qui avoient touché contre ; et comme le duodénum et le jéjunium étoient aussi ulcérez de la grandeur de deux doigts en sa membrane externe, et que desdits ulcères est provenu le pus qu'ils avoient trouvé dans ladite capacité; que tous les susdits accidents, leur jugement est, qu'ils ont esté causez par quelques exercices violens; lesquels ulcères luy ont causé la mort, à raison de la grande douleur qui luy est survenue. »

Une phlegmasie de la muqueuse intestinale, avec perforation, le tout causé, disent les naïfs observateurs, par un exercice violent; Saint-Laurens était revenu de sa terre, fort secoué, sur un cheval de carrosse.

A la nouvelle de cette mort, Pennautier arriva en toute hâte de Toulouse à Paris. La veuve Saint-Laurens conservait le titre de la charge, à condition de la faire remplir convenablement. Pennautier lui proposa une association; un traité fut signé, par lequel la veuve se réserva la moitié des émoluments fixes, le titre passant à Pennautier. Celui-ci dut encore désintéresser Mennevillette, qui, par une contre-lettre de Saint-Laurens, conservait des droits; Pennautier racheta ces droits en donnant 2,000 pistoles.

Ainsi, depuis le 11 juin 1669, Pennautier était devenu, enfin, titulaire de cette charge enviée, receveur général du clergé de France. Son traité avec la veuve Saint-Laurens devait expirer le 31 décembre 1675. Ses droits personnels à la charge devaient durer jusqu'au 31 décembre 1683.

Mais Pennautier, quelque riche qu'il fût déjà, n'avait pas cru pouvoir soutenir seul ce lourd fardeau. Il avait pris, pour sa moitié, un associé intéressé pour une somme importante, un sieur Dalibot.

Dalibot, au bout de peu de temps, succomba à une apoplexie. Il était marié, ce Dalibot; mais le mariage n'avait pas été déclaré : sa femme avait un logis séparé. Dalibot mort, sa veuve se plaignit d'avoir été spoliée par Pennautier; elle voulut plaider. Mme Dalibot avait un frère, M. de la Magdelène, qui se chargea de suivre le procès. Les hostilités étaient à peine commencées par les procureurs des deux parties, que M. de la Magdelène était frappé par une apoplexie, qui l'emporta comme avait été emporté son beau-frère. La veuve Dalibot, désormais seule et sans appui, renonça au procès. On la disait dans une gêne voisine de la misère.

Pennautier passa pour un homme décidément heureux. En 1672, le receveur général du clergé de France, trésorier de la Bourse des États du Languedoc, conseiller du Roi, était un des hommes les plus considérables et les plus considérés du royaume. Honoré de la confiance et de la protection de l'Église, il était encore allié d'une puissante famille de robe, les Le Boultz; il avait donné sa sœur à M. Le Boultz, conseiller et juge rapporteur en la chambre du Parlement.

Le contrôleur général des finances, M. Colbert, tenait, disait-on, Pennautier en fort grande estime.

Tels étaient les personnages que venait d'évoquer la cassette de Sainte-Croix. Leur nom se trouva mêlé tout à coup aux relations que les substances contenues dans la cassette rendaient singulièrement suspectes.

Car ces substances étaient bien décidément des poisons. Le lieutenant civil avait ordonné que l'épreuve en fût faite. Il y avait là, au dire des médecins consultés, deux paquets contenant du sublimé corrosif; un autre paquet contenant une demi-livre de sublimé; un autre, six onces de vitriol romain en deux doses; un autre renfermant une demi-once du sublimé, un autre, du vitriol calciné; dans un paquet plié, deux drachmes de sublimé corrosif en poudre; autre paquet plié, une once d'opium; un morceau de régule d'antimoine, pesant trois onces; enfin, un paquet contenant, en six plis différents, 15 livres de sublimé.

Ajoutez à cela une petite boîte contenant une pierre infernale; un petit pot de faïence, dans lequel étaient deux ou trois gros d'opium préparé; un paquet de poudre, sur l'enveloppe duquel était écrit : *Pour arrêter la perte du sang des femmes;* un paquet cacheté, portant cette inscription : *Plusieurs secrets curieux,* et contenant vingt-sept morceaux de papier, soit vingt-sept recettes. Donnons-en deux comme échantillons des autres :

Recette contre la surdité : Prenez ambre jaune et fleur de soufre, également une once ou demi-once, qu'on brûlera dans des charbons bien chauds, et la fumée qui en dégouttera vous la prenez avec une entonnoir que vous mettez dans votre oreille. Et prendrez la mie d'un pain de deux liards, que vous ferez tremper dans de l'eau-de-vie, sortant du four, et l'appliquerez sur la nuque du col en recevant la substance de ladite fumée. Il faut faire cela trois fois la semaine, pendant que la fumée sort, et que le tout soit en poudre subtile.

Recette concernant la pierre philosophale :

Prenez de l'esprit, et, sur huit onces de mercure, mettez-en deux dudit esprit dans un matras, puis mettez-le sur le feu du sable à feu de digestion, et pour que votre matras ne risque pas de casser, lutez le tout. Mettrez aux. . . . . (plusieurs mots manquants) au bout de huit jours, votre matière sera faite. Laquelle vous mettez en fonte, sans toutefois pousser le feu d'abord, et, au cas où elle ne fût bien dure, donnez-lui encore douze heures de coction, et arrosez votre matière de deux gros d'esprit.

Pour faire l'esprit, ou, pour mieux dire, augmenter celui que vous avez, il faut prendre quatre portions d'argent et grenaille avec une d'esprit, et les mêler ensemble, puis votre augmentation sera faite.

Il faut seulement mettre l'une et l'autre portion une demi-heure sur le feu du sable et au prorata vous augmenterez.

En somme, tout un arsenal d'empoisonneur et d'alchimiste.

Restaient les fioles : une grande fiole carrée, pleine d'eau claire; une autre fiole d'eau claire, au fond de laquelle se trouvait un sédiment blanchâtre. C'était là sans doute le poison le plus terrible, un engin mystérieux de crime. Une expertise fut ordonnée.

Assistons aux épreuves faites par Guy-Simon, marchand apothicaire. Il a d'abord versé quelques gouttes de la liqueur des fioles dans de l'huile de tartre et de l'eau marine, et ne s'est rien précipité au fond des vaisseaux. Il a mis un peu de la liqueur dans un matras, sur sable, et il n'a trouvé aucune matière acide ni âcre à la langue, et presque point de sel fixe. Puis, il en a empoisonné un pigeon, un chien, un poulet d'Inde, et, les ayant ouverts, n'a trouvé qu'un peu de sang caillé au ventricule du cœur.

Guy-Simon a fait aussi l'épreuve de la poudre blanche déposée au fond de l'une des fioles. Il en a donné à un chat, dans une morceau de l'ressure de mouton. Le chat vomit pendant une demi-heure, et fut trouvé mort, le lendemain, sans qu'aucune partie interne fût altérée par le poison.

Si, comme cela est probable, nous avons ici affaire à l'acide arsénieux, on voit où en étaient, en fait de toxicologie, l'analyse chimique et l'anatomie, à la fin du XVIIe siècle.

Le poison de Sainte-Croix avait résisté à l'ignorance des experts; ils le déclarèrent terrible, insaisissable, diabolique. Tout ce qu'ils savaient des poisons vulgaires leur donna, par opposition, les propriétés de cet agent homicide. Voici le parallèle tel que nous le trouvons établi dans un écrit du temps (1).

Que savait-on du poison jusqu'alors?

« Dans l'eau, sa pesanteur le jette au fond; elle reste supérieure, il obéit, il se précipite et prend le dessous. L'épreuve du feu n'est pas moins sûre : il évapore, il dissipe et il consume ce qu'il y a d'innocent et de pur, et il ne laisse qu'une matière âcre et

(1) *Factum* pour la dame Saint-Laurens.

piquante, qui seule résiste à son impression. Ses effets sur les animaux sont encore plus sensibles : il porte sa malignité dans toutes les parties où il se distribue; il vicie tout ce qu'il touche, il brise, il rôtit d'un feu étranger et violent toutes les entrailles. »

Voilà le poison vulgaire tel qu'on le connaissait jusqu'alors, avec ses qualités évidentes, avec ses effets visibles. Mais le poison de Sainte-Croix :

« Il a passé par toutes les épreuves, surmonté l'art et la capacité des médecins; il se joue de toutes leurs expériences, et justifie l'erreur de ces habiles gens, dont la crédulité des peuples fait tout le mérite. Ce poison nage sur l'eau; il est supérieur et fait obéir ces éléments; il se sauve de l'expérience du feu, où il ne laisse qu'une matière douce et innocente; dans les animaux, il se cache et se dérobe avec tant d'art et tant d'adresse, qu'on ne le peut reconnaître; toutes les parties sont saines et vivantes, selon le langage de la médecine; et en même temps qu'il y fait couler une source de mort, cet artificieux y laisse l'image et les marques de la vie. »

Toutes ces doctes absurdités ne laissaient pas de frapper vivement les imaginations, et les esprits, à la cour, comme à la ville, ne furent plus tendus qu'à expliquer par le poison de Sainte-Croix bon nombre de morts suspectes.

Quant aux deux personnages, directement signalés à l'attention par les étranges legs de Sainte-Croix, nous avons dit que la veuve de Sainte-Croix avait requis contre eux la reconnaissance et la restitution des valeurs inventoriées. Son exploit portait :

« Pour voir ordonner que les promesses et billets tant de ladite dame que du sieur Pennautier, seront mis entre les mains de ladite dame de Sainte-Croix, pour en poursuivre le payement. »

Sur cette requête, et sur le réquisitoire du substitut, le lieutenant civil avait assigné Mme de Brinvilliers et le sieur de Pennautier au 23 avril. Ils firent défaut tous deux. On les réassigna au 27. Ce jour-là, le procureur de Pennautier, Hubert Desvignes, se présenta seul, et requit un délai, vu l'absence de son client. Le procureur de la dame de Brinvilliers, Lamarre, se présenta également seul, et dit que si, en effet, la cassette contenait une promesse d'Aubray, sa cliente protestait à l'avance, et se pourvoirait pour faire déclarer cette promesse nulle, comme surprise par friponnerie. La dame Sainte-Croix requit le défaut, qui fut donné, et, pour le profit, ordonné fut que la promesse d'Aubray et le billet Pennautier demeureraient pour reconnus; les lettres et autres papiers seraient cotés et communiqués au Procureur du Roi, pour être requis par lui ce qu'il jugerait convenable.

Ce même jour, Pennautier, que son procureur disait absent, se présenta chez le lieutenant civil. Il dit qu'il revenait de la terre du duc de Verneuil, et prit connaissance de l'affaire. Les deux papiers lus, il fit remarquer que l'inscription seule, placée par Sainte-Croix sur l'enveloppe, suffisait amplement à prouver que lui, Pennautier, ne devait rien. Il requit, en conséquence, que les deux papiers lui fussent rendus, et ne fit aucune difficulté pour reconnaître la pièce principale, signée de lui et datée *du 30 novembre* 1667.

Il est bon qu'on n'oublie pas cette date. C'est celle de la procuration passée par-devant Lesecq de Launay; mais ce n'est pas la date du mandat Pennautier à Sainte-Croix, relatif à Cusson; la date du mandat, c'est-à-dire de la pièce à reconnaître, est celle du 17 février 1669. Ainsi, notons que Pennautier, lorsqu'il comparaît enfin, reconnaît et réclame une pièce datée de 1667, tandis que la pièce trouvée dans la cassette, celle qu'on représente, celle qui a été décrite dans le procès-verbal, est datée de 1669.

Pendant que cet incident se passait devant la justice, le travail de l'opinion continuait, les commérages allaient leur train ; les souvenirs, les rapprochements abondaient.

C'était surtout autour de la dame Sainte-Croix qu'on s'agitait, qu'on prodiguait les commentaires accusateurs et les révélations. La veuve racontait à ses amies que, dès le premier jour où le nom de Mme de Brinvilliers lui avait paru compromis dans l'affaire de la cassette, elle avait dépêché un homme sûr à la marquise, pour l'avertir qu'on avait trouvé des choses qui lui pourraient porter préjudice. La mar-

quise n'habitait pas alors son hôtel de la rue Neuve-Saint-Paul, au Marais ; son mari, traqué par les créanciers, avait dû quitter Paris ; elle-même, fort inquiétée pour ses dettes, s'était retirée à Picpus (1).

À l'annonce de la découverte, Mme de Brinvilliers avait paru d'abord assez émue ; elle avait cherché à donner le change : — « Ce Sainte-Croix, avait-elle dit, est bien assez subtil pour avoir contrefait mon écriture ; mais j'ai de bons amis. »

Puis elle avait demandé qui avait scellé la cassette ; et, comme le messager lui répondit que c'était le commissaire Picard : — « Oh ! alors, dit la marquise, pour 50 pistoles, on la descellera et on mettra quelque autre chose en place. »

Sur ce propos, la dame Sainte-Croix disait avoir averti Cruellebois de se garder.

Le rendez-vous des deux amants (PAGE 4).

Mme de Brinvilliers se montra moins rassurée, quand elle apprit que Cluet avait été adjoint à la garde. C'est qu'elle savait que Cluet avait été autrefois attaché à son frère, le lieutenant civil ; Cluet était l'amant d'une Jeanne Surfie, suivante de Mme de Villarceau d'Aubray.

Ceci nous explique la présence du sergent dès l'ouverture de l'inventaire, et sa persistance à se faire instituer gardien. On n'a pas oublié que Cluet avait fait lui-même la description des objets trouvés dans la cassette.

Cela fit, sans doute, réfléchir Mme de Brinvilliers, qui n'en était pas à deviner la froideur et les défiances de sa belle-sœur. Elle dit au témoin : — « Comment ! on a trouvé une cassette ! Mais il y a plus de six mois que Sainte-Croix m'a dit qu'il devait la remettre entre les mains de son confesseur, ou bien la confier à M. Dulong, chanoine de Notre-Dame. »

À un certain Philippe, elle dit : — « Voilà M. de

Pennautier fort en peine de ce qu'il y a dans cette cassette, et il donnerait bien 50 louis d'or pour avoir ce qui y est. C'est chose de grande conséquence, et cela nous regarde tous deux. »

À un autre, elle dit : — « Il y a une personne riche qui donnerait bien 4 ou 6,000 livres du paquet. »

Tout cela ne montrait rien de certain. Mais la dame Sainte-Croix se rappelait quelque chose de plus significatif. Toutes les fois, disait-elle, qu'elle se trouvait chez Sainte-Croix, pendant sa dernière maladie, son mari lui ordonnait de le laisser seul,

(1) Pique-Puce, disent les procès-verbaux. C'était le nom véritable du village dont l'emplacement correspond à la partie la plus élevée du faubourg Saint-Antoine ; la rue de Picpus actuelle représente le chemin qui traversait ce village et qui s'étendait jusqu'à Reuilly. Mme de Brinvilliers s'était retirée sans doute dans la Communauté des Chanoinesses de Saint-Augustin-de-Lépaute. Les religieuses de Pique-Puce devaient leur établissement à M. Tubeuf, surintendant des finances de la reine, et leur autorisation ne remontait qu'à 1647.

si une visite lui survenait. Or, il était venu plusieurs fois un certain Belleguise, avec qui son mari restait longtemps en conférence secrète.

Un jour, ce Belleguise fit venir une petite charrette traînée par deux hommes, et il y plaça deux grands coffres très-lourds. Qu'y avait-il là-dedans? La dame Sainte-Croix l'ignorait. Mais ce qu'elle savait, et ce que n'ignorait personne, c'est que Belleguise avait été commis de Dalibot, l'associé de Pennautier. Après la mort de Dalibot, Belleguise était resté dans les bureaux de Pennautier.

La dame Sainte-Croix n'eut donc pas à se mettre en frais d'imagination pour supposer que les deux coffres avaient été portés chez Pennautier. Elle les lui fit réclamer. Pennautier répondit qu'il ne savait point ce qu'on voulait dire, et qu'on eût à le laisser tranquille. — « Ah! c'est ainsi, dit la veuve; ces gens-là devraient bien changer de ton : je pourrais leur faire de la peine. »

Mme de Villarceau-d'Aubray ne s'endormait pas cependant. Son dévoué sergent Cluet lui avait fait connaître une circonstance des plus significatives. La Chaussée, ce valet qui servait au conseiller d'Aubray de si étranges boissons, avait été donné au conseiller par sa sœur, et, avant d'être à Mme de Brinvilliers, il avait été à Sainte-Croix.

C'était un trait de lumière. On interrogea les camarades de La Chaussée; ils rapportèrent de lui d'étranges propos. Pendant la maladie de son maître, comme on lui en demandait des nouvelles : — « Je ne sais, avait-il répondu, ce b..... là languit bien; il nous fait bien de la peine; je ne sais quand il crèvera.»

Alors elle se jeta à ses pieds et s'y roula comme une désespérée (PAGE 23).

C'était un singulier garçon, au reste, que ce La Chaussée, bavard, important, fort intelligent, bon à tout : barbier, cuisinier, jardinier, valet de chambre, homme d'affaires.

Pour si peu de temps qu'il fût resté chez le conseiller, M. d'Aubray ne l'avait pas oublié en mourant; La Chaussée avait touché cent écus en perdant son maître et sa place. Il est vrai que cet homme, qui tenait sur son maître des propos si grossiers, l'avait soigné avec un admirable dévouement. Lui seul avait pu résister aux emportements continuels du lieutenant civil; lui seul supportait l'horrible odeur de ce corps rongé par le mal, et pouvait parvenir à changer son linge.

A la mort de Sainte-Croix, La Chaussée battait le pavé de Paris, vivant sans ressources connues. Aussitôt qu'il avait été avisé du décès il s'était présenté chez le commissaire Picard, et lui avait effrontément réclamé une somme de 1,700 livres, qu'il disait avoir mise en dépôt entre les mains de son ancien maître, Sainte-Croix. — « Si vous avez de l'argent chez le défunt, répondit Picard, faites opposition au scellé. » Ceci se passait avant la découverte de la cassette. Quelques jours après, le bruit se répandait qu'on avait fait chez Sainte-Croix des trouvailles étranges. Non-seulement on ne revit par garçon, mais il disparut du logement dont il avait donné l'adresse.

La Chaussée demeurait chez un barbier de la rue de Grenelle, Gaussin, le barbier à la mode, le barbier du Roi. Là il passait pour garçon, et, à la vérité, il accommodait quelques têtes; mais il en prenait fort à son aise. L'infatigable Cluet fit jaser Gaussin, et n'eut pas de peine à lui faire dire que le prétendu garçon barbier avait été placé chez lui, comme pensionnaire, à 400 livres par an, par un riche et puissant protecteur. Ce protecteur n'était autre que Sainte-Croix, et c'était le tailleur de Sainte-Croix, La Serre, qui répondait pour La Chaussée. Gaussin dit encore que La Chaussée, dont le véritable nom était Amelin, paraissait se trouver en passe de devenir un personnage. M. de Sainte-Croix, quelque temps avant sa mort, traitait pour lui d'une charge au gobelet, et un riche financier d'Église, M. de Pennautier, devait servir de caution.

Tout cela était assez clair. Gaussin ajouta qu'avant sa disparition, La Chaussée lui avait avoué qu'il n'avait oncque confié un liard à M. de Sainte-Croix; mais il disait avoir droit aux 1,700 livres, comme récompense de grands services rendus à son maître.

Munie de ces preuves, Mme de Villarceau-d'Aubray n'hésita plus à commencer l'attaque. Elle présenta requête contre La Chaussée, l'accusant d'avoir empoisonné son mari, le lieutenant civil, et son beau-frère, le conseiller. Cluet se mit en chasse, et, le 4 septembre, à une heure du matin, il l'arrêta en pleine rue, vagabondant, le nez dans son manteau.

La Chaussée fouillé, on trouva sur lui un papier dans lequel il y avait du vitriol calciné, une poudre semblable à celle de la cassette. — « A quoi vous sert cette drogue? » lui demanda-t-on. La Chaussée répondit, sans se troubler, que cela servait à arrêter le sang, quand d'aventure son rasoir faisait quelque entaille au menton de sa pratique. On se transporta chez Gaussin, et, dans une armoire où La Chaussée avait laissé quelques hardes, on trouva d'autres paquets de poudres suspectes. — « Cela, dit La Chaussée, c'est un remède à moi pour la grosse v. . . . »

L'information contre La Chaussée commença le 10 septembre. Une nouvelle requête de la veuve d'Aubray mettait en cause, avec La Chaussée, ses complices. Mais déjà Mme de Brinvilliers avait disparu. Voyant qu'il n'était plus possible d'arrêter les révélations de la cassette, elle avait quitté précipitamment Picpus. Son procureur, Lamarre, était arrivé un soir, fort tard, avait longuement causé avec elle, et, pendant la nuit, avait fait emporter les effets et les meubles. Pour aller plus vite, on avait déménagé par la fenêtre.

Cette fuite mettait l'accusation à l'aise. Mme de Brinvilliers disparue, ses gens ne se gênèrent plus pour parler. La complicité de la marquise avec La Chaussée parut ressortir de leurs dires. L'un déclarait que, le lendemain de la mort du conseiller d'Aubray, La Chaussée était venu à l'hôtel de la rue Neuve-Saint-Paul, et avait dit assez haut pour être entendu de tous. « Le b. . . . est mort; je viens de l'ensevelir et tourner; s'il était vivant, je ne l'aurais pas tourné de même. » Nicole Boiste, femme du cocher Hamon, disait avoir vu souvent La Chaussée venir à l'hôtel, depuis qu'il était entré au service du frère de Madame; Madame lui faisait de grandes caresses.

En présence de présomptions aussi fortes, le Procureur du Roi au Châtelet requit qu'avant faire droit, La Chaussée fût appliqué à la question ordinaire et extraordinaire. La veuve d'Aubray s'opposa à ce moyen préalable, qui pouvait assurer l'impunité au coupable, s'il avait la force de ne rien avouer; l'accusation semblait assez fortifiée pour qu'on pût suivre à l'ordinaire : il serait toujours temps de recourir à la question *manentibus indiciis*.

La Chaussée n'était que l'instrument; c'était le véritable auteur que poursuivait la veuve.

L'information fut donc continuée, et de plus en plus tournée du côté de la marquise.

Cluet mettait hors de doute le fait de La Chaussée placé chez le conseiller d'Aubray par l'entremise de Mme de Brinvilliers. — « Quand j'ai vu là, déclara-t-il, ce valet suspect, que je savais avoir été à M. Sainte-Croix, j'ai dit à Mme la marquise : Si on vient à apprendre d'où il sort, on le trouvera peut-être mauvais. — Il vaut mieux, me répondit-elle, que ce soit La Chaussée qui gagne quelque chose, qu'un autre. »

Une servante et un laquais de la marquise dirent que, le 18 avril, c'est-à-dire le jour de la découverte de la cassette, Mme de Brinvilliers les avait envoyés en toute hâte chez la dame de Sainte-Croix, la prévenir qu'elle viendrait la visiter le soir même, à neuf heures. La dame de Sainte-Croix confirma ces déclarations : Mme de Brinvilliers était venue, en effet, et lui avait dit que ces papiers de la cassette pouvaient faire du mal à plusieurs; qu'il serait bon de voir le gardien, de l'acheter, de briser le scellé, et de remplacer les papiers par quelque autre chose.

Cette démarche avait été immédiatement suivie d'une tentative de même nature faite auprès du commissaire Picard. Celui-ci fit connaître un peu tard cette démarche étrange, qui eût dû éveiller plus tôt l'attention de la justice.

A onze heures du soir, Mme de Brinvilliers s'était fait conduire chez le commissaire, et là, feignant d'ignorer où était cette cassette, elle avait commencé par dire que, sans doute, Sainte-Croix avait dû la déposer entre les mains de l'abbé Dulong, chanoine de Notre-Dame, à moins que ce ne fût entre celles d'un prêtre de Saint-Nicolas. Après quelques hésitations, elle avait ajouté qu'elle seule avait intérêt à ce que contenait cette cassette, et qu'il fallait la lui rendre sans l'ouvrir.

Le lendemain, la dame Sainte-Croix, étonnée de l'empressement et des inquiétudes de la marquise, avait été consulter un conseiller au Châtelet, M. de Laune. Tous deux étaient partis pour Picpus. Là, Mme de Brinvilliers, parlant de la cassette, leur avait dit « qu'elle se doutait bien de ce qui était dans ladite cassette, même qu'elle avait de quoi *s'en parer* (sic) par l'écriture du sieur Pennautier. Et, en même temps, elle envoya quérir par un petit laquais une petite cassette, laquelle elle ouvrit en présence du sieur de Laune et d'elle déposante, et tira deux lettres de change qu'elle disait être du sieur Pennautier. » (Interrogatoire de la dame Sainte-Croix.)

Ainsi, Mme de Brinvilliers songeait déjà à fuir; elle en avait les moyens, et il semblait que ce fût, à l'entendre, Pennautier qui les lui eût procurés.

Cluet disait, de son côté (interrogatoire du 10 septembre 1672), que Mme de Brinvilliers avait dit : — « M. de Pennautier est bien en peine; il donnerait bien 50 louis d'or pour avoir ce qu'il y a dans la cassette. »

Il parut aussi, par les témoignages des gens de Picpus, que Pennautier était venu voir la marquise, aussitôt après la découverte de la cassette. Or, il y avait longtemps que Pennautier n'avait plus de rapports avec Mme de Brinvilliers.

Si on ajoute à tous ces indices que Pennautier était du même pays que Sainte-Croix, qu'il avait eu des relations d'affaires avec Sainte-Croix, qu'il paraissait s'être employé pour Sainte-Croix et pour La Chaussée, en récompense de quelque service inconnu, on trouvera qu'il y avait des présomptions de complicité assez fortes pour justifier l'arrestation du receveur général du clergé. Mais, sans aller jusqu'à imaginer un complot général de la magistrature et de l'Église pour couvrir Pennautier, il suffit de se rappeler qu'en ce temps-là on n'avait pas l'habitude de ces enquêtes excellentes, de ces minutieuses analyses de témoignages et d'indices, qui composent, de nos jours, une instruction. Puis, Pennautier était, après tout, un homme de grande position, d'une considération jusqu'alors intacte, pieux, sensé, et sur qui roulaient des intérêts de première importance. Il n'y avait contre lui que des commérages, des circonstances suspectes, des relations louches, de fâcheuses coïncidences. Enfin, si la promesse d'Aubray semblait indiquer le payement d'un service criminel, le mandat Cusson paraissait n'être qu'une transaction régulière, une commission des plus ordinaires, n'impliquant aucun profit pour Sainte-Croix ; un papier, après tout, ne formant pas titre, et qui, ainsi que le disait Pennautier lui-même, devait lui être rendu comme ne pouvant être utile qu'à lui.

Aussi, le Lieutenant criminel se contenta-t-il de décréter que Pennautier serait assigné pour être ouï ; mais l'assignation ne lui fut signifiée, ni à la requête du Procureur du Roi, ni, ce qui est plus remarquable, à celle de Mᵐᵉ de Villarceau-d'Aubray.

La Chaussée commença par tout nier, même que ce fût Mᵐᵉ de Brinvilliers qui l'eût placé chez le conseiller. Il avait été, prétendait-il, procuré par un laquais. Il lui fallut, cependant, avouer certaines circonstances graves. Ainsi, une demoiselle de Villeray, au service de la marquise, déclarait avoir vu, deux jours après la mort du conseiller d'Aubray, La Chaussée caché dans la ruelle de Mᵐᵉ de Brinvilliers. Edmée Huet, autre domestique, avait vu souvent La Chaussée entrant familièrement dans le cabinet de Madame, qui lui donnait de l'argent, le caressait, disait sans mystère : — « C'est un bon garçon, qui nous a rendu de bons services. »

La Chaussée avoua le fait de la ruelle, et ne put nier que, le lendemain de la mort du conseiller, il n'eût apporté à la marquise une lettre de Sainte-Croix. Mais, sauf quelques privautés étranges, il n'avoua rien de plus. Son crime, au reste, s'il n'était pas prouvé par un corps de délit, ressortait suffisamment de ses actes et de ses paroles. Le 24 mars 1673, un arrêt de la Tournelle criminelle le déclara atteint et convaincu d'empoisonnement sur les deux frères d'Aubray, et le condamna, pour réparation, à être rompu vif et à expirer sur la roue. Appliqué à la question ordinaire et extraordinaire, il la supporta courageusement, et la douleur ne put lui arracher un aveu. Mais, une fois replacé sur le matelas, il se mit à parler. Il avoua tout net qu'il avait empoisonné les deux frères d'Aubray ; Sainte-Croix lui avait donné le poison, une eau blanche. Ce criminel service avait été payé cent pistoles. Sainte-Croix lui avait dit : « Mᵐᵉ de Brinvilliers n'en sait rien ; » mais La Chaussée n'en avait pas été dupe. En effet, le lendemain de la mort du conseiller, Sainte-Croix avait donné à La Chaussée une lettre pour Mᵐᵉ de Brinvilliers. Comme la marquise lisait cette lettre, on annonça une visite, celle de M. Simon Cousté, secrétaire du Lieutenant civil. La marquise s'empressa de faire cacher La Chaussée dans la ruelle de son lit. Si cela ne prouvait pas assez clairement la complicité de la marquise, La Chaussée ajoutait que, le billet lu, elle l'avait engagé à fuir.

Sainte-Croix avait cherché à placer La Chaussée comme jardinier chez Mᵐᵉ d'Aubray-Villarceau, comme il l'avait placé chez le conseiller ; mais il n'avait pu y réussir.

Voilà, entr'autres choses, ce que dit La Chaussée, avant d'expirer sur la roue.

Quant à Mᵐᵉ de Brinvilliers, sa fuite et les aveux de La Chaussée l'accusaient clairement ; son intérêt la désignait comme instigatrice des crimes ; la cassette indiquait un mystère d'iniquité : ajoutez à ces présomptions les témoignages, les propos de valets,

et la probabilité se rapproche singulièrement de la certitude.

Ce qui manquait, c'étaient les preuves irréfragables.

Quatre crimes étaient imputés à la marquise : l'empoisonnement de son père et de ses deux frères ; deux tentatives d'empoisonnement sur sa belle-sœur. La mort de M. d'Aubray père échappait à toute investigation ; celles des deux frères d'Aubray n'offraient que des probabilités d'attentat ; les deux tentatives sur Mᵐᵉ de Villarceau-d'Aubray ne se présentaient que comme le complément logique d'une série de crimes déroulés autour du même intérêt : la veuve du Lieutenant civil enlevait à la succession d'Aubray un douaire de 8,000 livres de rente (plus de 33,000 francs de rente d'aujourd'hui) ; mais, sur ce point, Cluet n'avait fourni à l'instruction que des allégations vagues. Une fille Colbau faisait partie de la maison de Mᵐᵉ de Villarceau-d'Aubray ; Colbau le père faisait des affaires au Palais pour Mᵐᵉ de Brinvilliers, et la veuve du Lieutenant civil s'était trouvée malade deux fois, à la suite de repas servis par la Colbau.

C'était tout : mais la marquise avait fui ; un arrêt par contumace, à la même date du 24 mars, la condamna à avoir la tête tranchée.

Ce ne fut qu'après la mort de La Chaussée qu'un peu de lumière se fit dans ce procès. De nos jours, en présence d'une accusation prenant sa source dans une cassette bourrée de poisons, une instruction s'attacherait à éclairer toutes les démarches, toutes les relations des propriétaires de poison et des intéressés au contenu de la cassette. L'enquête sur Sainte-Croix ne fut qu'effleurée pendant le procès de La Chaussée. Elle se fit ensuite comme d'elle-même, et par la logique des choses.

La Chaussée, après la torture, avait beaucoup parlé ; il avait cité beaucoup de noms, mis en scène beaucoup de personnages encore inconnus ou mal connus. Il avait été question, par exemple, de ce Belleguise, que la dame Sainte-Croix avait représenté tenant avec son mari des confidences mystérieuses, enlevant des malles pleines. Déjà, le 6 octobre 1672, il y avait eu permission d'informer sur l'allégation de la dame Sainte-Croix relative à Belleguise. L'information n'avait rien découvert. A ses derniers moments, La Chaussée confirma le fait des coffres enlevés par Belleguise. Il connaissait fort bien ce Belleguise, qui se faisait aussi appeler Du Mesnil. Or, ce Belleguise-du-Mesnil, commis de Pennautier, demeurait chez Pennautier, rue des Vieux-Augustins.

La Chaussée avait dit encore qu'on cherchait là où l'on ne devait rien trouver, tandis que, si on demandait à Belleguise pourquoi il avait fait évader un certain La Pierre, on en apprendrait de belles. Belleguise, avait ajouté La Chaussée, m'avait offert ses services si je voulais quitter Paris ; je suis resté, tandis que La Pierre a joué des jambes. Et qu'était ce La Pierre ? Un laquais de Sainte-Croix, ancien domestique de Pennautier.

Il fut encore question d'un Martin, dont le nom se trouva porté sur le brouillard de comptes de Belleguise pour plusieurs sommes, sans désignation de cause. Or, ce Martin se trouvait être ce de Breuille qui furetait et cassait les fioles chez Sainte-Croix, qui s'opposait à l'ouverture de la cassette chez Cruellebois ; ce Martin était un ancien laquais de Gaudin, frère de Sainte-Croix ; ce Martin avait demeuré chez Dalibot, qui demeurait chez Pennautier.

Martin, quand il se présenta devant la justice pour donner des explications, se donna pour gentilhomme ordinaire de la maison du roi, ci-devant commis pour le roi à la recette des tailles dans la généralité de Montauban. Il avait fait les affaires de Sainte-Croix, avait su que ce dernier s'occupait d'alchimie, mais ne l'avait jamais entendu parler de poison.

Un père Verron, un Olivier, un Poitevin, un perruquier Guesdon, tous ceux dont le nom passa par la bouche de La Chaussée, semblaient aboutir à Sainte-Croix d'un côté, à Pennautier de l'autre, et la découverte de la cassette avait paru inspirer à tous ces gens-là des terreurs étranges et des précautions significatives.

Aussi, le 27 mars, troisième jour après l'exécution de La Chaussée, intervint l'arrêt suivant du Parlement :

« Vu par la Cour le procès-verbal de question et exécution de mort du 24 du présent mois de mars 1673, contenant les déclarations et confessions de Jean Amelin dit La Chaussée, la Cour a ordonné que les nommés Belleguise, Martin, Poitevin, Olivier, le père Verron, la femme du nommé Guesdon, perruquier, seront ajournés à comparoître à la Cour, pour être ouïs et interrogés sur les cas résultant du procès par-devant le conseiller rapporteur du présent arrêt; ordonne que le décret de prise de corps contre le nommé La Pierre, et l'ordonnance d'assigner contre Pennautier pour être ouï, décrétée par le Lieutenant criminel, seront exécutés.

« Fait en parlement, le 27 mars 1673. »

La Pierre fut introuvable. Martin-de-Breuille comparut le 22 avril, et on apprit, en interrogeant la Guesdon, que Martin avait porté chez ce perruquier une cassette venant de chez Sainte-Croix, qu'il l'avait reportée chez Sainte-Croix. Martin ne sut ce qu'on voulait dire avec cette cassette, et nia que jamais il eût rien porté chez Guesdon ; mais, l'interrogatoire terminé, il courut aux Guesdon : — « Surtout, ne parlez pas de la cassette. »

Parmi les demi-aveux de La Chaussée, figurait celui-ci : La Chaussée avait, quelques années auparavant, fréquenté Sainte-Croix, lorsque ce dernier demeurait dans le cul-de-sac de la place Maubert, chez une femme Brunet. Là, venaient souvent La Pierre, Martin, Belleguise. Les deux chambres habitées par Sainte-Croix l'avaient été depuis par Martin.

Que faisait-on chez la Brunet, retraite mystérieuse, connue seulement de quelques intimes ?

Le 24 avril, Alexandre Belleguise fut interrogé. Il ne nia pas avoir vécu dans l'intimité de Sainte-Croix; il l'avait connu chez Pennautier; il l'avait visité plusieurs fois à son domicile ostensible rue des Bernardins, proche la place Maubert, et à son domicile secret du cul-de-sac de la place Maubert, autrement dit le cul-de-sac de la Valette, chez la Brunet. Il croyait savoir que Sainte-Croix s'occupait de *philosophie*, c'est-à-dire qu'il cherchait la pierre philosophale.

Cependant, le 11 avril, l'arrêt de la Cour portant exécution relativement à Pennautier de l'assigné pour être ouï, lui avait été signifié. Il comparut, le 22, par-devant M. Saint-Martin, conseiller-commissaire. Pennautier répondit qu'il connaissait Sainte-Croix depuis dix ou douze ans; que Sainte-Croix le visitait quelquefois, et lui avait dû 200 pistoles. La dernière fois qu'ils s'étaient vus, c'était trois semaines environ avant la mort de Sainte-Croix, pendant sa maladie.

Pennautier avait connu aussi Mme de Brinvilliers, non point intimement, mais comme une personne de qualité, logeant dans le même quartier que lui. En 1662, Mme de Brinvilliers lui avait prêté, à lui, Pennautier, 30,000 livres, somme qui, depuis, avait été rendue intégralement. Plus tard, en échange de ce service, Pennautier avait, sous le nom de Paul, prêté 10,000 livres aux époux Brinvilliers; sur cette somme, il avait été rendu 2,000 livres 12 sous à Cusson.

Mais, dit-on à Pennautier, pourquoi cette visite à Mme de Brinvilliers, aussitôt après la découverte de la cassette, alors que depuis dix ans vous aviez cessé de la fréquenter?

— Je ne la croyais pas coupable, répondit Pennautier; elle était, à mes yeux, une personne de qualité, que j'avais connue sous les meilleurs auspices, qui se trouvait frappée par une calomnie. Je n'ai pas cru pouvoir me dispenser de lui faire mon compliment, comme il est d'usage en pareille occasion. J'allai à Picpus; je ne trouvai pas Mme de Brinvilliers : j'écrivis un billet de pure civilité, et je n'y retournai pas.

Pennautier connaissait-il La Chaussée? Il déclara n'avoir jamais entendu parler de cet homme.

Pennautier connaissait-il Martin? Il se rappela avoir vu dans ses bureaux un homme de ce nom, qu'il connaissait très-peu du reste. D'ailleurs, les papiers trouvés dans la cassette donnaient à l'affaire du prêt Paul la tournure qu'indiquait Pennautier. La quittance Cusson était ainsi conçue :

« Je soussigné confesse avoir reçu de M. et Me de Brinvilliers, par les mains de M. de Ste Croix, la somme de deux mille livres douze sols, en déduction et sur étant moins de plus grande somme que lesdits sieur et dame de Brinvilliers doivent au sieur Paul en principal et intérêt. Fait à Paris, le 21 mai 1667, comme fondé de procuration du mois de la présente année.

« *Signé* CUSSON. »

— Quoi de plus clair? disait Pennautier. Sur les instances de Sainte-Croix, j'ai consenti à prêter 10,000 livres aux sieurs et dame de Brinvilliers. Je ne l'ai voulu faire que sous le nom d'un tiers, le sieur Paul Sardan. L'échéance approchant, comme je partais pour le Languedoc, je chargeai un sieur Cusson, marchand de draps à Carcassonne, alors de passage à Paris, de faire pour moi ce recouvrement, ainsi que plusieurs autres. Il ne m'a payé par Sainte-Croix, pour les débiteurs, que 2,000 livres. Si je n'ai point fait de poursuite pour le restant de l'obligation, c'est que je ne suis point d'humeur à pousser un débiteur. De temps à autre, les sieurs et dame de Brinvilliers me faisaient dire d'espérer le payement.

Le 16 juillet, sur les conclusions du Procureur général, Pennautier fut dégagé de l'assigné; nous dirions aujourd'hui qu'il y eut, à son égard, une ordonnance de non lieu.

Le même jour, Martin fut décrété de prise de corps, et un plus amplement informé fut ordonné relativement à Belleguise.

Martin disparut.

Les allures de Belleguise devenaient de plus en plus suspectes; des témoins déclaraient l'avoir vu très-inquiet pendant le procès de La Chaussée : le jour où ce scélérat avait été roué en Grève, Belleguise ne pouvait tenir en place, et demandait à tout venant : — « Ce La Chaussée a-t-il parlé? »

Le 9 septembre, intervint une sentence du Châtelet, portant que Belleguise apporterait chez le

Lieutenant civil ces coffres dont, au début de l'affaire, la dame Sainte-Croix signalait la disparition. C'était s'y prendre un peu tard ; mais ne nous étonnons jamais des lenteurs de la justice en ce temps-là : la vieille Erynnis ne fut jamais plus boiteuse.

Les coffres apportés, on y trouva trente aunes de tapisserie et une pièce de drap noir ; ce sont, dit Belleguise, des objets que Sainte-Croix m'avait donnés en nantissement, car il était mon débiteur.

Mais on trouva aussi, dans l'un des coffres, quelques papiers qui semblaient prouver qu'on y avait renfermé tout autre chose que de la tapisserie. Il y avait des recettes d'alchimie médicale, des notes singulières, dans le genre de celle-ci :

63 : 0	Mercure
27 :	Eau forte
6 :	Borax
12 :	Charbon
28	Vases
3	Creusets.

On fit une perquisition dans le logis de Belleguise, chez Pennautier. On y trouva ce très-curieux autographe de Sainte-Croix :

« Est-il bien possible, notre cher, qu'il faille vous faire des nouvelles semonces pour une affaire qui est aussi belle, aussi importante et aussi grande que celle que vous savez, et qui peut nous donner à tous deux du repos pour la vie ? Je crois pour moi que le diable s'en mêle et que vous ne voulez pas raisonner. Raisonnons donc, je vous prie, notre cher ; envisagez ma proposition à contre-poil, prenez-la du plus méchant biais du monde, et vous trouverez encore que vous devez me satisfaire, sur le pied que j'ai établi les choses pour votre sûreté ; puisque sûreté et intérêt pour vous se trouveront en cette rencontre. Enfin, notre cher, aidez-moi, je vous prie, et soyez très-persuadé d'une parfaite reconnaissance, et que jamais vous n'aurez rien fait dans le monde de si agréable pour vous et pour moi. Vous le savez assez, puisque je vous ai parlé avec plus d'ouverture de cœur que je n'eusse pas fait à mon propre frère. Si tu peux donc venir me trouver cette après-midi, je serai au logis ou au voisinage, au lieu en question. Tu m'obligeras tout à fait de le faire, sinon je t'attendrai demain matin, ou j'irai te trouver suivant ta réponse. Adieu, mon cher ami, tout à toi de tout mon cœur. »

Interrogé sur cette pièce, Belleguise répéta que Sainte-Croix s'occupait de philosophie ; il dit que la proposition se rapportait à la recherche de la pierre philosophale. Cela expliquait les creusets, les substances énumérées dans les notes ; cela rendait compte de l'*intérêt* présenté à Belleguise, mais non de la *sûreté* jointe à cet intérêt. Pourquoi ce mystère, si on ne faisait autre chose que de souffler honnêtement un feu d'alchimiste ? Pourquoi se logis secret du cul-de-sac, *le lieu en question, au voisinage* de la rue des Bernardins sans doute ?

Martin avait dit aussi que tout le mystère des actes de Sainte-Croix n'avait consisté que dans l'étude du grand œuvre. C'était, à entendre Martin, un comte de La Tour, gentilhomme normand, qui avait entraîné Sainte-Croix dans ces pratiques. Ils avaient soufflé de compagnie, dans la maison même qu'habitait Martin ; mais, un beau jour, La Tour était parti, emportant l'argent des expériences, et Sainte-Croix avait renoncé à la philosophie.

Peu à peu, des témoignages nouveaux complétèrent les explications de Belleguise. Tel témoin avait vu, dans l'hôtel de la rue des Vieux-Augustins, Belleguise ouvrir la porte d'un grenier, dans lequel étaient entassés des fourneaux, des soufflets, des mortiers, des creusets de fonte et de pierre, de grandes bouteilles à long col, des sas. Tel autre savait que, du temps de Dalibot, le commis Belleguise passait pour faire l'usure : des mécontents l'avaient traité de juif. Un autre avait entendu dire que Belleguise avait acheté un couvert d'argent, et l'avait payé en pièces de 58 sols fausses.

Belleguise finit par avouer lui-même qu'il avait ouvert les coffres apportés de chez Sainte-Croix, qu'il en avait retiré et brûlé « quelques méchantes lettres ; » qu'il y avait aussi « de l'esprit d'argent pour la pierre philosophale. »

Voilà tous les indices que put réunir l'information faite après la mort de La Chaussée. Depuis l'automne de 1673, jusqu'au printemps de 1676, la justice sommeilla, et pas un acte judiciaire ne se peut placer dans cet intervalle. Mais Mme de Villarceau-d'Aubray veillait. Son légitime désir de vengeance l'avait portée à suivre attentivement les démarches de Mme de Brinvilliers.

La marquise, en fuyant Picpus, avait cherché un asile en Allemagne, dans l'évêché de Liège. Elle n'avait emmené, de toute sa maison, qu'une seule suivante, Geneviève Bourgeois, veuve d'un ancien domestique de la famille, Damoiseau.

C'est dans un couvent de Liège, que s'établit Mme de Brinvilliers. Elle était très-sincèrement dévote, de cette dévotion à l'italienne dont les petites pratiques s'accordent fort bien avec la galanterie, l'amour effréné du plaisir et les passions les moins contenues. Elle se trouva donc dès l'abord dans un milieu convenable à sa nature. Mais, quoi qu'en eussent dit la dame Sainte-Croix et M. de Laune, la marquise avait quitté Paris fort légère d'argent. Ses dépenses de voyage une fois faites, et elles n'étaient pas petites en ce temps-là, Mme de Brinvilliers se trouva très gênée. Son mari, avec qui elle entretenait toujours une correspondance des plus tendres, ne pouvait rien pour elle ; il se cachait lui-même, pour échapper aux poursuites de créanciers nombreux. Elle n'eut donc de ressource que du côté de sa sœur, qui, fort peu riche, ne put lui envoyer que 400 livres par an ; avec les droits de change, cela faisait un peu plus de 350 livres, somme misérable, insuffisante.

Aussi, Mme de Brinvilliers ne tarda pas à s'ennuyer fort au couvent. Mondaine comme elle l'était, ce calme et sûr asile ne pouvait lui être agréable que si les plaisirs et le luxe du monde y pénétraient.

Elle se trouvait dans cette situation d'esprit, quand sa belle-sœur obtint l'autorisation de la faire enlever. Mais il fallait des précautions. Si le lieutenant de Limbourg se prêtait, comme nous dirions aujourd'hui, à l'extradition, on ne pouvait penser à arracher de vive force la marquise de son couvent. On dut employer la ruse.

Il y avait alors à Paris, parmi les chevaliers du Guet, un exempt du nom de François Degrais (1), joli garçon, beau parleur, bien fait, élégant ; avec cela, brave, peu scrupuleux, passionné pour son métier, dur et presque féroce. On le choisit pour

(1) Desgrais ou Degrez. Rien de plus variable que l'orthographe de tous ces noms propres.

enlever la marquise ; c'était bien le chat de cette souris.

Degrais arriva à Liége sous la figure d'un abbé français, jeune, aimable, galant, curieux de se mettre aux pieds d'une personne dont les grâces et les malheurs étaient devenus célèbres. La marquise l'accueillit en femme qui s'ennuie. Le joli abbé sut mêler un peu de galanterie à son jargon de dévotion. De l'intérêt, on alla insensiblement jusqu'à l'amour. Elle était de complexion vive et tendre, fort appétissante encore, bien qu'ayant déjà de beaucoup passé la quarantaine. L'abbé joua son rôle si bien au naturel, qu'elle se livra sans défiance. Un matin, l'abbé proposa une promenade hors de la ville, une collation dans quelque galante guinguette sur les bords de l'Ourthe : la marquise accepta. Sortis de la ville, ils rencontrèrent, sous les peupliers qui bordent l'Ourthe, un carrosse, dont s'élancèrent tout à coup quatre archers. Degrais se démasqua, déclina son titre et remit sa prisonnière aux mains de ses hommes.

La capture faite, Degrais retourna au couvent. L'ordre obtenu du Conseil des soixante de Liége autorisait une perquisition dans la chambre occupée par la marquise. L'exempt fouilla la chambre ; sous le lit, il trouva une cassette, dans laquelle étaient une dizaine de feuilles de papier, portant chacune quelques lignes écrites de la main de la marquise et entremêlées de larges blancs.

C'était une confession générale, ou plutôt des notes prises pour une confession.

Voici cette pièce, dont il nous faut bien déguiser, en les habillant de latin, quelques expressions par trop crues.

Je m'accuse d'avoir fait mettre le feu.

J'ay eu envie sur mon frère, et pensant à cecy et à cela (*sic*).

Je m'accuse de mètre donné du poison.

Je m'accuse d'en avoir donné à une femme, pour en donner à son mari.

Je m'accuse de n'avoir pas honnoré mon père, et de ne lui avoir pas rendu le respect que je luy devois.

Je m'accuse d'avoir commis des incestes trois fois la semaine, peut-être trois cent fois, et *manustuprationes* quatre ou cinq cent fois.

Et ay ecrit des lettres d'amitié.

Je m'accuse que cela scandalisoit tout le monde, même ma sœur et une de mes parentes.

J'étois fille et luy garçon.

J'ai commis plusieurs adultères avec un homme marié, quatorze ans durant.

Je m'accuse d'avoir donné beaucoup de biens à cet homme, et qu'il m'a ruiné.

Bis peccavi immundum peccatum cum isto.

Je m'accuse que mon père aïant veü le grand scandale, mon père l'a fait emprisonner. Et nonobstant cela, je l'ay toujours veü.

J'ay deux enfans parmi les miens, qui sont de ce fait. Voïez ce que je feray pour ces enfans.

Je m'accuse d'avoir eü affaire avec un cousin issu de germain deux cent fois. Il étoit garçon. J'ay eü un enfant de luy, qui est parmi les miens.

J'ay eü affaire avec un cousin germain de mon

mari quelques trois cents fois. Il étoit marié.

Je m'accuse qu'un garçon *me stupravit* dès l'age de sept ans.

Je m'accuse *manu peccavisse cum fratre meo* avant sept ans.

Je m'accuse *posuisse virgunculam super me*, et m'approchant... (*sic*).

Je m'accuse d'avoir empoisonné mon père moy même. Un laquais luy donnoit du poison. J'avois eu du chagrin de l'emprisonnement de cet homme. Et de plus c'étoit pour avoir son bien. J'ai fait empoisonner mes deux frères, et il y a eü un garçon roué pour cela.

J'ay souhaitté plusieurs fois la mort à mon père et à mes frères trente fois.

J'ay eü volonté d'empoisonner ma sœur, me parlant de ma manière de vie ... ui étoit horrible.

Je me suis fait accoucher une fois, et ay pris des drogues pour avorter.

Je m'accuse d'avoir donné cinq ou six fois du poison à mon mary. Le regret me prit. Je l'ay bien fait traiter, et il en est guéri. Mais il est toujours incommodé.

C'estoit pour me mettre à mon aise.

Je m'accuse d'avoir pris du poison, et d'en avoir donné à un de mes enfans, une fois chacun, parce qu'elle étoit grande.

Je me suis confessée à Pasques sept ans durant, et communié, n'aïant pas dessein de m'amender. Et depuis, je faisois même vie et désordre. Et ne m'en confessois.

Je m'accuse d'avoir fait brûler une basse cour d'une de nos terres, et c'estoit pour me venger.

Certes, la litanie est horrible, et voilà des révélations d'une épouvantable naïveté. On ne les connaissait jusqu'à présent que par quelques allusions contemporaines. M. Michelet, qui a cependant vu le volume manuscrit de la collection Thoisy, est passé devant cette confession sans l'apercevoir, ou il n'a voulu y voir qu'un extrait.

« L'extrait que nous en avons, dit-il, donne l'idée d'une pièce bizarre et très-confuse. Elle y met à la suite, comme sur la même ligne, des crimes épouvantables et *des puérilités*. Elle a brûlé une maison. Elle a empoisonné son père et ses frères ; plus, tels menus péchés de petite fille, etc. Tout cela pêle-mêle. Elle note plus fortement ce qui est contre la loi canonique et les commandements de l'Église. »

Débauche précoce, prolongée, violant les lois les plus sacrées de la nature et de la société ; adultères, incestes d'acte et de pensée, parricide, fratricides d'intention et d'action, empoisonnement d'un mari, d'un enfant, avortement, suicide, incendie par vengeance ; profanation de l'enfance et des sacrements religieux : voilà le résumé de cette vie en 29 paragraphes effrayants de concision. On chercherait en vain les *puérilités* dans tout cela, et M. Michelet s'est laissé entraîner, par système, à supposer ce qui pouvait s'accorder avec ses idées favorites.

Ce qu'il nous faut chercher dans la confession de Mme de Brinvilliers, ce n'est pas la glorification de quelque doctrine passionnée, c'est la vérité sur cette pauvre âme aveugle et gâtée. On nous fera bien l'honneur de croire qu'en publiant cette pièce étrange, nous n'avons pas cédé au triste plaisir d'assouvir des curiosités malsaines. Nous avons là Mᵐᵉ de Brinvilliers peinte par elle-même, et c'est tout ce qui nous intéresse.

Jusqu'à présent, les éléments du procès nous laissaient seulement entrevoir ses crimes; voici qu'elle nous les livre, sans cacher même ceux qu'on n'eût jamais soupçonnés. Elle fait plus; elle nous donne le mot de sa vie. Ce mot, c'est luxure. Ce petit corps mignon et gracieux est, dès l'enfance, brûlé de mauvais désirs. Cette âme ignorante est entraînée par une imagination perverse. L'habitude du luxe, l'oisiveté, les tristes exemples d'un mari débauché comme elle, ont jeté dans tous les désordres cette femme qu'aucun contre-poids ne retient dans la vie réglée. Née dans une caste privilégiée, habituée au commandement, aux jouissances faciles, vaniteuse à l'excès et prenant sa vanité pour un juste orgueil de race, elle n'a pu supporter l'idée de la gêne. Prodigue avec l'amant qui la domine, elle n'a reculé devant aucun moyen de le satisfaire, en se satisfaisant elle-même.

Cet amour pour Sainte-Croix n'est pas même une passion romanesque, qu'excuse en quelque façon l'ivresse du cœur. C'est un amour de tempérament, une chaleur des sens, une passion bestiale, qui n'exclut pas le partage. Le peu que nous connaissons de ce Sainte-Croix nous laisse deviner chez cet homme une grande puissance de séduction, une élégante immoralité; cette lettre à Belleguise est remplie d'une aimable et persuasive finesse : c'est un corrupteur.

Il y a encore une passion d'âme faible et emportée, qui éclate dans cette confession : c'est la haine jalouse, l'esprit de vengeance. Mᵐᵉ de Brinvilliers a bien tué son père pour avoir son bien, mais aussi pour se venger de la punition infligée à Sainte-Croix. Elle a attenté à la vie de son mari pour « se mettre à son aise, » mais aussi par jalousie. Les âmes inférieures ont de ces contradictions inouïes; la femme adultère s'irrite de voir à une autre le mari qu'elle trompe. Quelques témoignages, dans le procès, nous font assister à des scènes de jalousie de ce genre.

En somme, tout n'est pas gâté dans cette âme, et cette femme tant de fois criminelle n'est pas un monstre. Elle a donné du poison à une de ses filles, « parce qu'elle était grande; » c'est-à-dire qu'elle était jalouse de cette enfant! Et cependant elle aime ses enfants, elle en parlera toujours avec un attendrissement sincère. Elle a donné du poison à son mari, qu'elle aime à sa manière, et puis, le regret l'a prise : elle l'a fait « bien traiter. » Elle a un mot significatif, un mot de remords, sur ces enfants adultérins, introduits par elle dans la famille : « Voïez ce que je feray pour ces enfans. » Et ces fruits de l'adultère, elle les aime moins que les aînés, que les vrais enfants de M. de Brinvilliers. Et ces tentatives de suicide, ne sont-elles pas encore la preuve de troubles intérieurs, des regrets d'une vie mauvaise?

Cette confession de Liége, ou, pour mieux dire, cette conversation d'une âme solitaire avec elle-même, écrite sans doute aux heures d'angoisse et d'ennui, montre un commencement de retour vers le bien. On n'y trouve, en aucune façon, le caractère d'un examen de conscience préparé pour le prêtre; c'est un *memento* de la conscience qui s'éveille.

Un des derniers crimes dont s'accuse la marquise, le plus horrible aux yeux d'une chrétienne, celui d'avoir trompé Dieu même, ce sacrilége de la confession incomplète, mensongère, de la communion hypocrite et profanatoire, ne tient pas ici plus de place que tel autre péché de moindre conséquence; mais ce repentir est le signe d'une inclination nouvelle, et c'est de ce côté seulement que la coupable pourra trouver l'équilibre qui lui manque et la réparation dont elle pressent la nécessité. Qu'on imagine un autre moyen d'éclairer et de purifier cette âme! La suite de cette vie va montrer que dans le repentir religieux était sa seule ressource.

A peine arrivée en France, Mᵐᵉ de Brinvilliers fut interrogée. A Mézières, presque à la frontière, un conseiller commissaire, M. de Palluau, l'attendait. Le 17 avril 1675 eut lieu ce premier interrogatoire.

On lui demanda si elle n'était pas coupable de poison. Elle répondit : Non, avec une entière assurance.

Alors, pourquoi avait-elle quitté la France?

R. S'est retirée de France à cause des affaires qu'elle avait avec sa belle-sœur.

Interrogée sur la confession générale trouvée dans sa cassette :

A dit que, lorsqu'elle l'écrivit, elle avait l'esprit désespéré; ne sait ce qu'elle y a mis, ne sachant ce qu'elle faisait, ayant l'esprit aliéné, se voyant dans des pays étrangers, sans secours de ses parents, réduite à emprunter un écu.

Demandé si elle a connu un certain Belleguise?

A dit qu'elle l'a connu, pour avoir prêté de l'argent à elle et à son mari. C'est Belleguise qui payait la rente d'une somme de 10,000 écus empruntée par elle.

Demandé si elle a connu un certain Paul?

A dit que oui, et que ce Paul a prêté de l'argent à elle et à son mari.

Demandé si elle ne sait pas que ce Paul n'est autre que M. de Pennautier, et que M. de Pennautier est son créancier.

A dit qu'elle connaît M. de Pennautier, mais qu'elle n'a jamais su qu'il fût Paul, et que M. de Pennautier doit encore 5,300 livres à son mari, sur les 30,000 livres que M. de Brinvilliers lui a prêtés.

A dit se rappeler qu'en effet elle et son mari avaient passé procuration à Chastel pour emprunter une somme de 10,000 livres à un sieur Paul.

Pour le reste, Mᵐᵉ de Brinvilliers soutient énergiquement qu'elle n'en a pas connaissance. On insiste particulièrement sur ses rapports avec Pennautier; on lui demande si elle ne sait pas que cet homme ait commis des crimes.

Dit avoir ouï dire que Saint-Laurens avait été empoisonné, mais n'a point ouï dire par qui, et que ce sont été ses parents qui le disaient, et que Sainte-Croix ne le lui a jamais dit; si cela est, il faut que ce soit Sainte-Croix qui ait donné les poisons et que Sainte-Croix l'ait fait faire par un valet.

Voilà quelques-unes des réponses officielles. Aux archers qui la gardaient, à Degrais, on dit davantage; c'était une tête légère, une langue indiscrète. Elle dit, s'il faut en croire Degrais, que Sainte-Croix faisait commerce de poisons; mais qu'il les fabriquait rarement lui-même : il les achetait, tout préparés, d'un apothicaire du faubourg Saint-Germain, Glazer. Ce Glazer était mort depuis plusieurs années (1).

(1) Toutes les histoires de Mᵐᵉ de Brinvilliers font intervenir à tort ce Glazer ou Glazel au procès. M. Michelet, fidèle à son système, le fait mourir *à propos*, c'est-à-dire empoisonner par Pennautier. Supposition gratuite.

La marquise, dans ses épanchements, raconta une des scènes de son amour expirant. Sainte-Croix lui avait donné rendez-vous à la Croix-Saint-Honoré; un de leurs derniers rendez-vous, car ils avaient fini par ne plus se voir, du jour sans doute où l'argent avait manqué. A ce rendez-vous, Sainte-Croix lui montra quatre bouteilles, toutes petites, lui disant : « Voilà ce que Glazer m'a donné. » Elle, qui nourrissait déjà des idées de suicide, lui en demanda une avec instance. Sainte-Croix se refusa à la donner, disant : — « J'aimerais mieux mourir que de donner à quelqu'un de ce qu'il y a là-dedans. »

— « J'ai eu bien tort, disait-elle, de ne pas aller voir Sainte-Croix pendant sa maladie. »

Revenant sur la scène des petites fioles de Glazer, elle racontait que, déjà en froid avec Sainte-Croix, elle passait un jour en carrosse, avec son frère, sur le Pont-Neuf. Un laquais de Sainte-Croix lui vint dire que son maître voudrait bien lui parler. Elle mena son frère au Palais, et alla trouver Sainte-Croix, qu'elle traita de *petit gascon*. C'est alors qu'il lui montra les fioles, et qu'il lui en refusa une.

Sur le fait du poison, elle disait à l'archer Barbier : — « Si je l'ai fait, ce n'est que par méchant conseil. On n'a pas toujours de bons moments. »

Tout cela était assez clair. Les archers et l'exempt ajoutèrent qu'elle leur dit : — « S'il dégoutte sur moi, il pleuvra sur Pennautier. »

Elle nia le propos.

Un des archers, celui qui avait nom Barbier, était un coquin adroit et rusé, à qui Degrais avait confié, dans ce drame de police, le rôle traditionnel du traître. Barbier eut des soins pour sa captive, laissa soupçonner qu'il s'attendrirait au besoin. La marquise, peu fine, donna dans le piége. Elle lui demanda du papier, de l'encre, des plumes; il s'empressa de lui procurer tout cela en secret. Ceci se passait avant d'entrer en France. Mme de Brinvilliers écrivit de Maëstricht à un certain Thiériat, lui recommandant de l'enlever, et *tout son procès*; s'il ne réussissait à s'en emparer, elle était perdue. « Ils ne sont que huit personnes ramassées, lui disait-elle, que cinq hommes peuvent défaire. »

Thiériat, gentilhomme français réfugié à l'étranger, un ancien complice peut-être, ne vit pas la chose aussi facile que la voyait l'audacieuse petite femme. Il recula devant l'entreprise de grande route; mais il chercha à corrompre les archers, et leur offrit vainement mille pistoles, non point il est vrai en argent comptant, mais sur son billet, signé aussi de Mme d'Aubray-Brinvilliers.

Une fois en France, se sentant perdue, la marquise se laissa aller au désespoir. Elle chercha à se défaire. Elle essaya de manger un morceau de verre. Elle avala des épingles. « J'ai vu, dit Barbier, dans le pot où elle faisait ses nécessités, jusqu'à cinq épingles. »

Dans le voyage, à Dammartin, gros bourg près de Meaux, autre tentative désespérée. Laissons-la raconter à Barbier, en déguisant quelques crudités de langage.

— *Dit* de plus qu'à Dammartin, étant sur le pot de chambre, et au temps de partir, il trouva ladite Brinvilliers avec un bâton de demi-pied, avec une corde et une épingle, qu'il croit qu'elle mettait *in pudendis*, et ledit bâton et corde *valdè fœtebant.*

Arrachée à ces singuliers actes de désespoir, Mme de Brinvilliers entrait ordinairement en fureur. Elle prenait à part son confident Barbier, lui proposait de faire sa fortune; il n'y avait que peu de chose à tenter pour cela : se procurer des cordes, une

échelle, lier Degrais, tuer le valet de chambre du commissaire, reprendre la cassette et s'enfuir par la fenêtre, après avoir mis le feu à la maison.

Sans doute, il est probable que des drôles comme Degrais et Barbier ne se gênaient pas pour se faire valoir et parer leur marchandise; mais, en faisant la part de l'exagération, il y a bien quelque chose à prendre dans ces demi-aveux, dans ces folles tentatives de fuite ou suicide. Rapprochons tout cela des présomptions premières, des aveux de La Chaussée, des témoignages, de la confession intime, et jamais criminalité ne fut plus clairement démontrée à des juges que celle de Mme de Brinvilliers. Nous insistons à dessein : l'esprit de système a nié cette certitude.

Arrivée à Paris, la marquise fut menée à la Conciergerie du Palais, et on lui donna pour prison la plus haute chambre de la tour de Montgommery : une chambre assez vaste, éclairée par deux fenêtres très-étroites, à barreaux serrés, froide en hiver, étouffante en été. Le mobilier, du reste, était à peu près convenable : pour la marquise, un assez bon lit à rideaux gris; pour la femme chargée de la servir, un lit de sangles, quelques chaises, une grande table. Sur le mur peint en jaune pâle, il y avait des inscriptions nombreuses, des noms de gens qui avaient souffert là; on y lisait, profondément gravés dans la pierre, des vers assez gaillards, signés du nom de Théophile de Viau, ce jeune poëte calviniste qui fut, au commencement du siècle, condamné à mort pour son *Parnasse des vers satiriques*, recueil d'obscénités sacriléges.

Le procès commença. Vu la gravité des soupçons, qui, de Mme de Brinvilliers, pouvaient s'étendre à beaucoup d'autres personnes, on crut devoir faire appel aux consciences, pour éclairer la procédure. Dans les derniers jours d'avril, un Monitoire fut publié.

Nous avons dit ailleurs (*Voyez* Calas) quel était le caractère de cet acte de procédure, plutôt fait pour troubler les consciences et égarer la justice, que pour appeler la vérité.

Pendant qu'on évoquait contre l'accusée ce terrible moyen, on lui refusait, attendu l'énormité de son crime, l'assistance d'un conseil! Toutefois, il se trouva, dans les rangs des avocats, un homme, Me Nivelle, qui voulut essayer cette défense impossible, et ainsi fut sauvé, en apparence, dans cette cause, le principe de la protection de l'accusé.

Contre Mme de Brinvilliers, les témoignages abondèrent. Edmée Huet ajouta à ses premiers dires qu'un jour, à la suite d'un dîner dans lequel sa maîtresse avait bu plus que de raison, rentrée dans sa chambre pour se coucher, Mme de Brinvilliers lui avait montré une petite boîte, en lui disant : — « Il y a là plus d'une succession, et de quoi se bien venger de ses ennemis. » Cette boîte contenait de l'arsenic; Edmée Huet la jeta au feu.

Françoise Roussel, autre fille de service, prétendit qu'un jour Mme de Brinvilliers lui avait donné des groseilles confites; elle en mangea sur la pointe d'un couteau, et aussitôt se sentit mal. La marquise lui donna encore une tranche de jambon humide, qu'elle mangea, et, depuis ce temps, elle souffrit d'un grand mal à l'estomac, se sentant comme si on lui avait piqué le cœur. La Roussel disait avoir été trois ans comme cela, croyant être empoisonnée.

Ces déclarations des servantes ont chargé le compte, déjà si lourd, de la marquise, et ces vanteries après boire, ces essais de poisons *in animâ vili*, encore exagérés par la rumeur publique, n'ont pas

Paris. — Imprimerie de Ad. R. Laîné, rue Jacob, 56.

N° 182 — 10 Centimes.
Deux N°° par Semaine.

CAUSES CÉLÈBRES

LEBRUN ET C¹ᵉ, Éditeurs.
Rue des Saints-Pères, 8.

peu ajouté à l'horreur qu'inspirait l'empoisonneuse parricide et fratricide. Il est à peu près certain qu'il ne faut voir, dans ces accusations des gens de Mᵐᵉ de Brinvilliers, que des commérages de filles qui veulent se rendre intéressantes, et qui se voient forcées de répéter à la justice les inventions qu'elles ont colportées pour jouer un rôle. Mᵐᵉ de Brinvilliers ne buvait pas avec excès; c'est assez de la luxure, sans y ajouter l'ivrognerie, ce vice de laquais. Elle n'empoisonna pas la Roussel, puisque son examen de conscience n'en parle pas.

Des témoignages plus admissibles portent que M. de Brinvilliers, tout en aimant sa femme, redoutait quelque entreprise sur sa vie; il portait toujours sur lui de la thériaque.

A Paris comme à Mézières, Mᵐᵉ de Brinvilliers nia tout; à Paris comme à Mézières, l'interrogatoire fut tourné du côté des complices, et principalement de Pennautier. On avouera que si, comme le dit M. Michelet, les magistrats conspiraient pour protéger le receveur général du clergé, ils s'y prenaient assez mal. Interrogée vingt fois sur Pennautier, l'accusée répéta toujours que Pennautier et Sainte-Croix avaient eu des affaires secrètes

L'ouverture de la cassette (PAGE 3).

entre eux, mais qu'elle ne les avait pas connues.

Marie Leclerc, femme de Nicolas Fausset, greffier, rapporta un de ces propos nombreux attribués à la marquise, à l'époque de la découverte de la cassette : — « Il y a un homme qui accommodera tout, et donnera 4 à 5,000 livres. Cet homme-là n'est pas de qualité, mais bien riche. »

Cela se pouvait s'entendre aisément de Pennautier; l'accusée nia le propos.

Geneviève Bourgeois, la femme de chambre, dit encore :

« Mᵐᵉ de Brinvilliers m'a confié que l'on disait que le sieur Pennautier était en fuite, et s'en était allé hors Paris, parce qu'on l'accusait d'avoir empoisonné sa femme. Si je le pouvais trouver, ajoutait Mᵐᵉ de Brinvilliers, je ne manquerais point d'argent. C'est un homme bien riche : sa belle-mère lui a dit qu'il ne fallait pas donner si peu qu'une somme de 10,000 livres pour étouffer une affaire comme celle-là (Mᵐᵉ de Brinvilliers ne me

dit point quelle affaire), mais qu'il fallait plutôt donner 50,000 livres. »

Il est si vrai qu'on voulut voir clair dans le passé de Pennautier, qu'on tendit, à son sujet, un traquenard de geôle à Mᵐᵉ de Brinvilliers. Barbier fut chargé de l'y faire tomber. Assuré de la sotte confiance de la prisonnière, le traître archer s'arrangea pour l'entretenir en secret, et lui demanda, d'un ton de tendre intérêt, si elle n'avait pas par la ville quelques amis qui lui pussent venir en aide. Après y avoir pensé un instant : — « Je ne vois que M. de Pennautier, dit-elle. — Est-il intéressé avec vous dans tout ceci? — Oui, oui, il est tout autant intéressé que moi, et il doit avoir plus peur que moi. Mais je n'ai rien dit; je suis trop généreuse pour dire quelque chose. Je ne dirai rien; mais, si je voulais parler, il y a la moitié des gens de la ville, et de condition, qui en sont, que je perdrais. » Ce qu'elle répéta par deux fois. (Déposition d'Antoine Barbier, du 15 mai 1676.)

Alors, elle demanda à Barbier de quoi écrire, et lui remit bientôt la lettre suivante, que l'archer promit de faire parvenir à son adresse (1).

« Ce 29 avril, à la Conciergerie.

« J'apprend par mon ami que vous avés dessein de me servir dans mon affaire. Vous devés croire que ce me sera un surcroy d'obligations à toutes vos honestetés. C'est pourquoi, Monsieur, si vous êtes dans ce dessein, il ne faut perdre aucun temps, si vous plaise, et de voir avec les personnes qui vous iront trouver de quelle manière vous souhaitez faire les choses. Je croy qu'il seroit assez à propos que vous ne vous montrassiez pas tant. Mais il fault que mon ami sache où serés. Le conseiller m'a fort interrogé sur votre subjet et mosieur vous devés croire que je n'ay pu dire rien qui vous ait pu porter préjudice, et que je feray tousiours les choses que vous trouverés à propos, n'ayant dit aucunes choses non plus à mon esgard. Il faudroit que Martin, qui alloit en votre cartier, se tint clost et couvert. Faites-le en diligence. Le conseiller me dit en secret que la vefve de St Laurens recommence son affaire par soubs main. Que la vefve des Bernardins se taise. Voyés la, car elle a dit à gens que lui avés donné sint cent pistoles pour la faire taire. C'est à vous à prendre vos mesures avec ceste misérable. C'est un démon. J'ai appris cela d'une personne qui est des parens de Mᵉ votre femme. Donnés moi response s'il vous plaise, et croyés que si me rendés service, que je puis vous en faire quoique tant malheureuse.

« Je suis tout à vous,

« DAUBRAY. »

« Fiés vous à ce que nostre ami vous dira et fait ces choses pour le mieux et diligemment. Vous pouvés avoir des nouvelles tous les deux jours.

« Pour Monsʳ Penotié
à Paris. »

Notre ami s'empressa de porter la lettre à MM. de Palluau et Mandat, chargés d'informer sur le procès de la marquise. La lettre lue, on s'aperçut sans doute que les termes ne chargeaient pas suffisamment Pennautier. Ce n'était pas, comme l'affirmait Barbier, Mᵐᵉ de Brinvilliers qui se croyait sûre des services intéressés du receveur général; c'était Barbier lui-même qui avait persuadé la marquise de cette disposition chez Pennautier. On pouvait deviner dans cette lettre une intention secrète chez l'accusée de compromettre Pennautier par des démarches imprudentes, par une disparition significative. Il semblait qu'elle soupçonnât Pennautier de crimes dont elle n'avait aucune certitude. Mᵐᵉ de Saint-Laurens s'agitait secrètement, enhardie par la situation embarrassante de son ennemi; on commençait à reparler de la mort suspecte de Hanyvel de Saint-Laurens. Le nom de Martin revenait sur l'eau; la propriétaire de la maison où avait logé Sainte-Croix avait jasé : rien de plus simple que Mᵐᵉ de Brinvilliers cherchât à lier sa cause à celle d'un homme puissant, qui saurait se défendre et qu'on défendrait. Mais rien dans la lettre n'accusait une complicité directe de Pennautier dans les faits relatifs à l'accusée.

Barbier reçut ordre de continuer son jeu; on voulait avoir quelque chose de plus clair. Mᵐᵉ de

Brinvilliers, ne voyant pas venir de réponse à sa lettre, remit à l'archer le billet suivant :

« Ce 3 mai.

« Il est de toute nécessité que vous fassiez response à celle que l'on vous a donnée de ma part, et me faire scavoir ce que souhaitez faire, ces choses estant aussy importantes pour vous que pour moy. L'on m'a interrogé, à quoy je n'ay rien voulu respondre. C'est à vous à prendre votre résolution avec mon amie Mᵉ Cousté, et voir avec l'homme qui vous rendra ce mot de quelle manière l'on se peut prendre, et ensuite, je vous ferai savoir mon sentiment. Il ne faut perdre aucun temps, si vous plaise. Il sera bon que Barbier n'aille vous trouver où vous serés, mais le venir trouver où il sera, de peur que l'on ne le suive. L'on m'a jesté des monitoires.

« DAUBRAY.

« Pour Mʳ. Penotier. »

« Ces choses étant aussi importantes pour vous que pour moi »; voilà le seul mot significatif de cette nouvelle épître, et il s'expliquait toujours par le désir naturel que ressentait l'accusée de se créer un complice, en laissant croire à Pennautier qu'elle en savait long sur son compte.

Les deux lettres tirées par Barbier n'eussent donc pas suffi à faire mettre de nouveau le receveur général en cause, si le Monitoire n'avait procuré deux témoignages importants relativement à l'insaisissable Martin.

Deux Allemands se trouvèrent qui avaient connu Martin, au temps où il travaillait à la mystérieuse cuisine de Sainte-Croix, chez la veuve Brunet, place Maubert, au cul-de-sac des Marchands de chevaux. Un jour, un de ces hommes alla voir Martin, ou plutôt de Breuille, c'était son nom d'emprunt; de Breuille était au coin du feu, le visage tout brouillé, vomissant dans une terrine, et un sien ami le tenait par la tête, l'encourageant par ces mots : — « Allons, vomissez, crachez, et jetez-moi dehors ce diable de poison. Voilà pas de belles occupations que les vôtres, et vous n'auriez pas bien mieux fait de ne vous en point mêler ! »

Or, Martin, qu'on voyait occupé de poisons, s'empoisonnant lui-même par mégarde, avait, à son tour, occupé, après le départ de Sainte-Croix, les deux chambres du cul-de-sac, au même moment où il était au service de Pennautier. Martin recevait là La Pierre, Belleguise, tous deux à Pennautier. On faisait, dans ce taudis, autre chose que de la *philosophie*, ou même que de la fausse monnaie. Et, si l'on rapprochait ces indications des sommes diverses payées par le commis de Pennautier à l'homme d'affaires de Sainte-Croix, ne pouvait-on soupçonner là, comme dans tant d'autres faits, la récompense d'un crime?

Mᵐᵉ de Brinvilliers, interrogée, le 12 mai, sur ses lettres écrites à Pennautier, répondit, avec un grand sang-froid, qu'elle n'avait écrit ces billevesées que pour éprouver l'archer, qu'elle savait être un fripon. On lui demanda qui elle entendait désigner par ces mots : Mon ami, notre ami. — « Cela va de soi, répondit-elle, c'est ce coquin d'archer. »

À ce moment de l'information, les magistrats furent avertis, par le zélé Cluet, qu'on apprendrait bien des choses sur Mᵐᵉ de Brinvilliers, en interrogeant un certain Briancourt, qui avait fait partie, huit ou neuf mois durant, de la maison de la mar-

(1) Nous reproduisons textuellement ces lettres, d'après le volume manuscrit du *Supplément français*. 350/20.

quise. Il en était sorti un an et demi environ avant la mort de Sainte-Croix. Cluet croyait savoir que Briancourt avait été admis, lui aussi, dans les bonnes grâces de Mme de Brinvilliers. Sainte-Croix en avait été quelque temps jaloux, non sans cause.

Briancourt fut assigné pour être ouï. Cluet, qui, dès 1674, avait épousé sa Jeanne Surfie, était, plus que jamais, tout à Mme de Villarceau-d'Aubray. Pensant avoir découvert un témoin décisif contre l'ennemie de sa maîtresse, il poussa la chaleur de dévouement jusqu'à aller trouver Briancourt, à son logis, aux Pères de l'Oratoire de Notre-Dame-des-Vertus, et là, le menacer de mettre le feu à la maison, s'il ne disait ce qu'il savait contre la marquise.

Briancourt, entendu, ne dit pas grand'chose outre ce qu'on savait. Il fit bon marché de son ancienne maîtresse; quant à Pennautier, Briancourt dit que si Mme de Brinvilliers possédait quelque écrit qui parût le compromettre, il fallait que ce fût ce coquin de Sainte-Croix qui l'eût friponné. Il savait que Pennautier avait été autrefois des amis de la marquise; mais, depuis longtemps, ils ne se voyaient plus. Personne ne contestait cela.

Le 15 juin, le procès de Mme de Brinvilliers fut mis sur le bureau, et, ce même jour, un décret de prise de corps fut lancé contre Pennautier.

On chargea de l'arrestation de ce dernier deux hommes éprouvés, l'huissier Masson et Degrais. Au moment où ils se présentèrent dans le cabinet du receveur général, celui-ci écrivait. A leur vue, il pâlit, se précipita sur la lettre commencée, la tordit et la mit dans sa bouche, la déchirant et la mâchant. Degrais et Masson, habitués à ces surprises, prirent leur homme au menton, paralysèrent ses mouvements et lui firent cracher les morceaux.

Ces morceaux, rejoints, composaient le commencement de lettre qui suit :

« Ce 15 juin.

« Je crois que le séjour d'un mois à la campagne de notre ami suffira. . . . . »

On trouva encore, parmi les papiers déchirés, jetés dans une corbeille, deux billets d'une même écriture. Le premier, seul daté, était ainsi conçu :

« Ce 6 juin 1676.

« Mon ami s'en va demain pour un mois à la campagne, avec toutes les précautions nécessaires pour ne donner aucun soupçon qu'il veuille quitter son emploi. Si par la réponse à celle-ci, il est nécessaire qu'il y demeure plus longtemps, il rendra son compte et se retirera tout à fait au lieu que je lui ai destiné et où il va présentement. Je crois que vous recevrez toutes mes lettres. J'ai donné ordre que les vôtres me soient promptement et fidèlement rendues. Faites-moi réponse s'il faut qu'il reste longtemps, ou s'il faut qu'il quitte tout à fait, et tout se fera sans éclat. »

Le second billet, présentant de nombreuses lacunes, était de la même main, et avait évidemment suivi le premier. Le voici, tel qu'on put le restituer :

« Il y. . . . . . . par ma précédente, comme. . . au premier jour. . . . vous m'avez marqué. . . serait ponctuel. . . . soyez ici pour cela même toutes. . . . . les choses. . . . . . . en l'état que vous pouvez désirer, et sans qu'il paroisse aucune affectation pour cela, ni que ma famille, ni qui que

ce soit puisse rien soupçonner. Donnez-moi, au nom de Dieu, souvent de vos nouvelles. . . . . . écrirai plus au long une. . . partir d'ici, et je don. . . . . . que vos lettres me so. . . . . . ment et fidèlement rendues. . . . pour tout ce qu'il vous plaira. Encore un coup, dans cette maudite conjoncture, donnez-moi souvent de vos nouvelles. »

Pennautier, conduit à la Conciergerie, fut interrogé par M. de Palluau. Que signifiaient ces lettres? pourquoi déchirer ce billet? Il y avait donc là quelque chose de grave et de compromettant?

Le receveur général, remis de son émotion première, répondit qu'il ne se souvenait pas, en vérité, d'avoir déchiré ces insignifiantes missives. Le saisissement, sans doute, la surprise, un mouvement des nerfs...

Il expliqua, assez confusément, que les deux lettres étaient d'un certain Morangis de La Vigère, un cousin à lui, issu de germain. La Vigère s'était brouillé, pour causes futiles, avec un de ses frères; il s'agissait d'un domestique, d'un homme d'affaires, qui déplaisait au frère. Lui, Pennautier, consulté par La Vigère sur cet incident de famille, avait conseillé de chasser ou d'éloigner cet homme. La Vigère l'avait fait, et lui avait procuré provisoirement un emploi dans la ville du Puy.

— Qui est cet ami dont parle votre cousin? demanda M. de Palluau.

— En vérité, répondit Pennautier, tout cela a si peu d'importance pour moi, que je ne me rappelle pas même son nom.

Plus tard, Pennautier retrouva la mémoire; cet homme d'affaires, ce domestique, était un certain Louvigny.

— Ne serait-ce pas un certain Martin? demanda M. de Palluau. Et puis, quelles expressions bizarres, s'il s'agissait d'une si mince affaire : — « Au nom de Dieu,.. dans cette maudite conjoncture, donnez-moi souvent de vos nouvelles. »

Pennautier soutint sa fable invraisemblable. La Vigère, entendu à son tour, eut la même explication. — Mais, dit-on à La Vigère, M. de Pennautier dit *notre ami*; comment comprendre cela d'un laquais, d'un homme d'affaires, qu'il connaîtrait à peine? — Il n'y a pas *notre ami*, répondit La Vigère, il y a *votre ami*. — Mais c'est bien une *n*. — C'est incontestablement un *v*. »

On ne put rien tirer de ces deux hommes. Pennautier était gardé à vue. A chacun de ses interrogatoires, il répondit, avec assurance, qu'il avait connu Mme de Brinvilliers autrefois, non point intimement; qu'il avait emprunté de l'argent à son mari, l'avait rendu; qu'il avait refusé de leur prêter de l'argent lui-même, mais leur en avait prêté sous le nom de Paul. Mme de Brinvilliers n'avait eu avec lui, depuis plus de douze ans, d'autres rapports que cette visite de convenance, faite à Picpus, où il ne l'avait pas même vue.

On lui montra les deux lettres du 29 avril et du 3 mai, lui faisant observer que cela laissait supposer d'autres rapports que ceux qu'il voulait bien avouer. Il répondit que, sans doute, Mme de Brinvilliers se raccrochait à toute espérance et cherchait à se créer des appuis.

De ce dernier côté, Pennautier semblait avoir conscience de sa force. Mais le billet à La Vigère prouvait que Pennautier n'était pas aussi rassuré sur ses relations avec quelqu'un des fugitifs. On le pressa fort, quoi qu'en dise M. Michelet, qui va jusqu'à penser que l'huissier Masson déploya un zèle intempestif et eut une énergie qu'on ne lui demandait pas. M. Michelet n'a pas remarqué la présence significative de Degrais à cette arrestation. Si les magistrats avaient voulu sauver Pennautier, s'ils ne le firent arrêter que *dans son intérêt*, il était bien maladroit à eux de le prendre ainsi par surprise et de mettre au grand jour ses terreurs. Mais il suffit de lire les nombreux interrogatoires de Pennautier pour rester persuadé que le Parlement prit au sérieux cette procédure.

De son côté, la marquise, mise en présence de Barbier, niait tous ces propos qu'on lui attribuait relativement à Pennautier. Récolée sur ses interrogatoires, elle dit encore (22 et 23 juin) que jamais elle n'avait pu prétendre que M. de Pennautier eût plus de raison d'avoir peur qu'elle-même; si elle avait dit que l'affaire regardait M. de Pennautier, c'est que, à propos de la cassette, il avait été assigné avec elle.

Le 7 juillet, Pennautier et la marquise furent confrontés. Ils s'accordèrent face à face, comme ils s'étaient accordés séparément. Sur le point délicat du prêt sous le nom de Paul, Pennautier déclara qu'il n'avait fait ce prêt qu'à la prière de Sainte-Croix, et par son entremise; que l'échéance s'approchant, et prêt à partir pour le Languedoc, il avait chargé Cusson de toucher la somme.

Mme de Brinvilliers soutint de nouveau qu'elle n'avait jamais su que M. de Pennautier se cachât sous le nom de Paul.

Du côté de la veuve Brunet, on n'avait rien trouvé qui pût venir à la charge de Pennautier.

Dans une perquisition faite, le 17 juin, au dernier domicile occupé par Pennautier, on avait fait d'étranges découvertes, mais qui ne l'inculpaient pas directement.

MM. de Palluau et Mandat y apprirent de la demoiselle Le Gallois, propriétaire de l'hôtel de la rue des Vieux-Augustins, que, quelque temps auparavant, dans un des appartements placés immédiatement au-dessous du grenier, on s'était vu fort incommodé par une sorte de pluie de gros vers, tombant du plafond par certaines fentes. On en ramassait quelquefois plein les deux mains, sur la table à manger, et ces vers étaient blancs, gros comme de petites chenilles. Cela dura près de trois semaines. Dans le grenier, il y avait encore des meubles appartenant à M. de Pennautier, qu'il n'avait pas fait prendre depuis son déménagement. Des hommes vinrent, enfin, quérir ces meubles, et la demoiselle Le Gallois racontait qu'on avait vu dans ce grenier, par un trou de la porte, une tête de mort avec ses chairs en pourriture. Les hommes envoyés pour emporter les meubles prétendirent que c'était tout simplement un chat mort.

Parmi les meubles, il y avait des instruments, des *machines* ayant appartenu à un homme, mort depuis cette époque en Italie, et qui cherchait la pierre philosophale.

Un témoin, Delafontaine, compléta ces renseignements en déclarant que cet homme se nommait Exili; qu'il avait été compagnon de chambre de Sainte-Croix à la Bastille. Sainte-Croix, sorti de prison, avait à son tour procuré la liberté à cet Italien, qui était venu demeurer avec lui.

Les deux conseillers se transportèrent dans ce grenier; ils y trouvèrent encore ces *machines* laissées là par l'Italien, et une tête de mort très-vieille, ayant seulement une dent à la mâchoire supérieure.

Ils ne trouvèrent ni au parquet du grenier, ni au plafond du troisième étage, aucune fente ou lézarde qui pût faire croire à la pluie de vers.

La dame Sainte-Croix, entendue le 28 juillet, ne dit rien de nouveau en déclarant que Pennautier et son mari étaient fort intimes. Pennautier était venu trois fois visiter Sainte-Croix, pendant la maladie de ce dernier. Chaque fois, ils eurent ensemble de longues et secrètes conversations; mais la veuve ne pouvait dire de quoi il avait été question entre eux.

Rien ne se précisait contre Pennautier, et MM. Le Boultz avaient beau jeu à solliciter pour lui, disant partout qu'il était inouï qu'on retînt un homme de cette importance sur de semblables commérages, sur de pareilles pauvretés.

Il y avait même eu, dans le nombre de ces commérages, quelques mots prononcés qui laissaient entrevoir une trame assez bien ourdie contre la caisse de Pennautier. On trouve cette indication dans une réponse de Briancourt (13 juillet) :

— « La mort du sieur de Sainte-Croix étant arrivée, la dame de Brinvilliers m'envoya un billet à Notre-Dame-des-Vertus (1), pour me prier de la venir voir. Je fus à Piquepuces. Je la trouvai fort en colère contre une femme qui ne lui avait pas rendu assez promptement un billet du sieur Pennautier, par lequel il lui mandoit qu'on vouloit faire une affaire à lui Pennautier, et à Mme de Brinvilliers, sur la cassette, et qu'il alloit pour trois ou quatre jours à la campagne. »

Briancourt ajouta qu'on disait que Pennautier faisait une pension à Sainte-Croix.

Revenu à Notre-Dame-des-Vertus, Briancourt avait trouvé chez lui le procureur Lamarre, et un parent de Pennautier, un sieur Delanus. Ils lui dirent qu'ils avaient tout fait auprès de la veuve Sainte-Croix, pour tirer de ses mains la cassette. Mais la veuve Sainte-Croix avait eu des prétentions trop hautes. Delanus paraissait inquiet au sujet de Pennautier.

Le lendemain, Briancourt avait vu un sieur Bocager, une sorte d'homme de loi, qui se donnait aussi beaucoup de mouvement pour la cassette et pour Pennautier. Bocager lui avait dit : — « Aussitôt après la découverte, Mme de Brinvilliers s'en est allée chez Pennautier; mais elle n'a trouvé là que la femme et la belle-mère, qui l'ont beaucoup maltraitée et mise dehors. »

Briancourt dit encore, écoutons ceci, qu'un sieur Lavigne, magistrat, président, l'avait envoyé quérir, lui, Briancourt, l'avait longuement interrogé sur ses accointances avec Mme de Brinvilliers, et avait fini par lui demander si, en lui donnant de l'argent, il ne consentirait pas à déclarer Pennautier complice. — « Pennautier est riche, avait conclu Lavigne; il y a moyen de faire un bon coup. »

Briancourt s'était refusé à cette petite infamie, qui paraissait si naturelle au président Lavigne. Il alla, toutefois, sonder Pennautier, qui se montra fort tranquille, et dit que tout cela ne le tourmentait guère. Lavigne ne parlait rien moins que de 8 à 9,000 louis : un bon coup, en vérité.

Enfin, ce Cluet, tout à la dévotion de Mme veuve d'Aubray, qui menaçait de mettre le feu chez les gens s'ils ne parlaient pas à sa guise, Cluet avait dit à Briancourt : — « Il faut faire financer Pennautier, et ne pas laisser de le perdre. »

Il semble, par tout cela, que si la conscience de

(1) Le village d'Aubervilliers.

Pennautier n'était pas des plus tranquilles à l'égard de la cassette, il y avait bien aussi autour du receveur général une foule de gens âpres à la curée, tout disposés à exploiter sa situation difficile, à le compromettre à fond dans l'affaire de Mᵐᵉ de Brinvilliers, où il ne se trouvait placé qu'incidemment.

Ce même jour de juillet, Briancourt, interrogé par le Procureur général en la Tournelle, se décida, comme il le dit lui-même, à « décharger sa conscience, » et à dire ce qu'il savait sur Mᵐᵉ de Brinvilliers.

Ce ne furent plus, pour ce coup, des commérages. Briancourt, qui, pour le dire en passant, prend dans ces interrogatoires les titres de *bachelier en théologie et avocat*, déclara que :

—Peu après la mort du conseiller d'Aubray, appelé pour les vacations au château de Sains, il fut averti par une demoiselle Grangemont, une des femmes de la marquise, d'avoir à se défier de Mᵐᵉ de Brinvilliers. — « Cette femme, lui dit la Grangemont, est une fourbe dangereuse, qui a un mauvais commerce avec Sainte-Croix. Je vois à son visage qu'elle a de la passion pour vous; mais ne vous laissez pas surprendre à ses caresses. » Briancourt n'en fut pas moins séduit par les manières engageantes de la grande dame, et par la confiance qu'elle lui témoigna. Elle lui dit, entre autres choses, que la mort du conseiller lui avait fait peur; qu'elle avait été fatiguée des soins continuels qu'il avait fallu avoir de lui, des visites, et, particulièrement, de celles des dévotes.

Peu à peu, elle en vint à parler de poison. — « Je ne sais ce que c'est que poison, avait répondu Briancourt. En France, on ne parle point de cela. En Italie, on empoisonne des gants et des bouquets. »

La Brinvilliers répondit qu'il y avait bien aussi, en France, des dames qui se servaient de poison; une, entre autres, qui, après l'avoir fait, s'était retirée en religion.

Un jour, à Paris, Briancourt avait entendu Mᵐᵉ de Brinvilliers gronder et menacer sa fille, et, dans ces menaces, il était question de poison. Cette fille avait alors seize à dix-sept ans. La mère l'envoya au couvent, pour la punir de quelque faute, et, lorsqu'elle la fit revenir, dit tout haut que, si cette enfant faisait encore la bête, elle l'abandonnerait à Sainte-Croix, qui lui en rendrait bon compte.

Briancourt, peu à peu, s'était mieux établi chez la marquise. Peu à peu elle lui parla plus ouvertement de poison. Lui, toujours scrupuleux, à l'entendre, avait répondu : — « Madame, il ne faut pas parler de ces choses-là. — Bast ! avait dit Mᵐᵉ de Brinvilliers, il y a trois dames de qualité qui se sont servi de poison. »

Une dame de Villeray avait déjà déclaré que Briancourt avait eu les faveurs de la marquise, et qu'un jour elle l'avait trouvé couché dans le lit de sa maîtresse. Briancourt confirma le fait, et raconta, enfin, non sans hésiter et sans rougir, l'étrange roman de son aventure avec la marquise.

L'idée qu'on peut se faire de Briancourt, d'après ce récit, que nous avons tout au long (1), est celle d'un jeune bachelier, timide et gentil garçon, élevé au séminaire, demeurant encore chez les bons pères de Notre-Dame-des-Vertus, besogneux, au reste, et tout disposé à faire fortune. Il a été, un jour, introduit par l'ami Bocager dans une grande maison, riche et honorable en apparence; et là, pendant

qu'il grossoie, comme petit clerc, et copie les actes de l'inventaire après décès d'un conseiller au Parlement, une femme aimable, piquante, une marquise, laisse deviner au joli bachelier qu'un peu de galanterie ne sera pas mal venu. Une vieille suivante, une sorte de duègne, refrognée et toute roide de vertu, lui signale un piège, et le prémunit contre ces avances. Les beaux yeux de la marquise parlent plus haut que la duègne, et le bachelier se laisse aller doucement à cette alléchante intrigue, qui flatte ses sens d'adolescent, sa vanité, ses ambitions secrètes.

Un jour, cependant, au milieu des épanchements d'un amour qui commence, des mots étranges s'échappent des lèvres roses de la grande dame. Le bachelier s'étonne et s'inquiète. Le poison le révolte en cette affaire de cœur. Mais il ne comprend pas bien encore, et, jaloux du passé, devine vaguement dans Sainte-Croix, cet aventurier suspect, l'artisan de cette corruption que laisse entrevoir la dame dont il est le galant serviteur.

Pendant que les yeux de Briancourt se dessillent, une honteuse intrigue se noue autour de la succession du conseiller d'Aubray. Sainte-Croix, qu'on voit toujours apparaître quand il s'agit d'argent, comme un vautour qu'attire le cadavre, Sainte-Croix a envoyé à Sains un de Laune, magistrat peu scrupuleux, fort de ses amis. De Laune, avec la marquise, a discuté les moyens de mettre la main sur la succession que dispute Mᵐᵉ d'Aubray-Villarceau. De Laune, retors en ces affaires, a inventé un joli plan qui doit dérouter les créanciers de la marquise, et assurer à ses enfants les biens du défunt conseiller. La marquise raconte au naïf Briancourt ces aimables rouêries.

— « Pour moi, Madame, dit l'adolescent, ce M. Sainte-Croix et ce M. de Laune m'ont bien l'air de filous qui vous donnent de méchants conseils.—Il faut bien se servir de ces gens-là, répond Mᵐᵉ de Brinvilliers, et tirer d'eux ce qu'on peut pour ses intérêts. On en est quitte pour s'en débarrasser plus tard. »

Cette morale scandalise bien un peu le bachelier; mais, quoi ! la marquise est une charmante sirène; elle endort ses scrupules avec de douces paroles d'amour.

Un soir, le bachelier est au comble de ses vœux; la marquise l'a reçu dans sa chambre, dans son lit. Un bras passé autour de son col, elle lui ouvre son cœur, et il y aperçoit des secrets à faire reculer un plus aguerri. Le cœur de cette jolie petite femme est tout rempli de pensées homicides, de souvenirs meurtriers. Elle lui parle, entre deux baisers, de l'air le plus naturel du monde, de tout ce qu'il lui a fallu faire, et de tout ce qu'il lui faudra faire encore, pour rétablir ses affaires, pour se mettre à son aise, et constituer à ses enfants une fortune décente. Elle a déjà fait donner, par un valet, du poison à son père, dans un potage, dans des bouillons; il a fallu s'y reprendre à plusieurs fois. Puis, elle a fait empoisonner ses deux frères; c'est Sainte-Croix qui donnait les poisons; il y avait une eau et une poudre : l'eau était pour les aliments liquides; la poudre se mettait sur le pain, sur les viandes.

Mais on n'avait rien fait encore, tant qu'il restait à faire. Cette dévote de belle-sœur cherchait à frustrer les enfants de Mᵐᵉ de Brinvilliers; pour le moins, elle garderait un gros douaire, et il fallait empêcher cela.

Briancourt, enfermé dans ces jolis bras d'empoisonneuse, caressé par ces lèvres traîtresses, se sen-

(1) Collection Thoisy, t. XIII.

tait mal à l'aise. Ce qui l'effrayait le plus, c'était le sang-froid de l'aimable petite femme, racontant ces horreurs avec la naïveté d'un écolier mutin qui avoue ses fredaines. Une seule fois, pendant ces confidences sur l'oreiller, elle versa quelques pleurs; ce fut quand elle parla de son père.

— « Ah, mon Dieu! Madame, dit le bachelier ébahi, c'est donc pour tout de bon! Et c'est ce Sainte-Croix qui vous a appris ce beau métier! Qui le lui a donc appris à lui-même? »

La marquise raconta à son amant qu'un certain Italien, du nom d'Exili, avait fait l'éducation de Sainte-Croix à la Bastille. Sorti de là, Sainte-Croix lui avait vendu fort cher à elle-même ces beaux secrets. Briancourt demanda ce que c'était que ces poisons.

— « Oh! dit-elle, il y a une eau que l'on fait d'élixir de crapaud distillé à l'alambic. Et puis il y a une poudre que l'on pile dans un mortier, si subtile, qu'il faut se garantir d'un masque de verre quand on la travaille. »

Ces confidences refroidirent singulièrement Briancourt; il se contraignit, et essaya de ne rien laisser paraître de ses mouvements secrets; mais la marquise lut dans ses yeux la gêne et la défiance. On était alors dans la terre de Sains; elle écrivit à Sainte-Croix, qui était à Paris.

Le lendemain, Sainte-Croix, qui n'était jamais venu à Sains, et qui ne voyait presque plus la marquise, arriva à cheval, suivi de son laquais La Pierre. La marquise était au jardin avec Briancourt, quand il fit son entrée. Elle devint toute rouge.

— « Jésus, mon Dieu! ne put-elle s'empêcher de dire, qu'est-ce qui vous amène ici? »

— « Je viens pour voir madame la marquise et monsieur le marquis, répondit Sainte-Croix, avec les façons galantes d'un gentilhomme accompli. Il y a longtemps, ce me semble, que nous ne nous sommes vus. »

Mᵐᵉ de Brinvilliers regardait alternativement Sainte-Croix et Briancourt. Elle finit par prendre le bras de Sainte-Croix, et l'emmena du côté de la garenne, où était lors le marquis.

Au dîner, Briancourt remarqua que M. de Brinvilliers n'acceptait rien que des mains de son propre laquais, et refusait de laisser changer son verre.

Le bachelier fit, à part soi, ses réflexions sur tout cela. Le soir, il parla très-hautement de retourner à Paris; il n'avait plus rien à voir dans les affaires de l'inventaire.

— « Mais, en vérité, Monsieur, dit Sainte-Croix du ton le plus bienveillant, j'estime que Mᵐᵉ la marquise aurait grand tort de laisser partir une personne qui l'a si bien servie. Si vous persistez dans cette résolution, Monsieur, je vous offre mes services à Paris; usez de moi sans scrupule; mais (s'adressant à la marquise) n'y aurait-il pas moyen d'employer ce jeune homme d'une façon plus convenable à son talent? Monsieur a fait d'excellentes humanités : pourquoi ne pas le charger d'enseigner le chevalier? »

Le chevalier était, des trois fils du marquis, celui que Sainte-Croix avait en affection particulière.

C'est ainsi que Briancourt fut rengagé, bien qu'il en eût. Il passa précepteur de monsieur le chevalier, et la marquise sut s'y prendre de façon à endormir ses défiances.

Elle n'avait pourtant pas renoncé à ses projets; car ses étranges confidences cachaient un plan bien arrêté. On avait vainement, jusque-là, cherché à parvenir jusqu'à Mᵐᵉ de Villarceau-d'Aubray. La Chaussée, présenté à cette dame pour l'emploi de jardinier, n'avait pas été agréé. On avait bien la Colbau, fille d'un homme du Palais, fort dévoué à Sainte-Croix; la Colbau était dans la place; mais ces Colbau demandaient mille pistoles. Le Briancourt, garçon dont on ne se défiait pas, ferait bien mieux l'affaire, et coûterait moins. Il avait pris part aux actes de l'inventaire; on pourrait, sous plus d'un prétexte, l'envoyer à Villiers, chez la belle-sœur.

Une nuit, la marquise fit tout net la proposition au bachelier. Pour le coup, il se révolta, représenta le danger, le crime de l'action; il n'y prendrait point part, assurément, mais ne laisserait non plus faire.

— « Ah! quel bel intérêt, lui dit-elle, avez-vous à protéger cette femme-là? à quoi peut être bonne cette dévote? »

Briancourt ne voulut rien entendre, et jura ses grands dieux qu'on n'empoisonnerait pas Mᵐᵉ d'Aubray, comme on avait fait les autres. Mᵐᵉ Brinvilliers envoya une nouvelle lettre à Paris.

Ce ne fut pas Sainte-Croix qui vint, cette fois, mais un Basile, laquais, qui avait apporté assez souvent des messages de Sainte-Croix ou de de Launc. La marquise le prenait tout à coup à son service. Cela parut, à bon droit, suspect à Briancourt. Bientôt Basile tourna autour du bachelier, et, un jour, lui proposa de boire ensemble bouteille. Briancourt, sur ses gardes, attendait quelque chose de ce genre; il frotta les oreilles au drôle, en lui disant de n'y plus revenir et qu'on ne le prendrait pas sans vert.

Le jour même, Basile fut renvoyé. Mᵐᵉ de Brinvilliers ne parla plus de poison au bachelier; chaque jour elle se faisait plus tendre avec lui.

Un matin : — « Venez donc, lui dit-elle, que je vous fasse voir un fort beau lit avec sa tapisserie de même étoffe et de même couleur. Sainte-Croix me les avait mis en gage, et je les ai enfin retirés. On vient de les tendre, et vous verrez qu'ils ont tout à fait bon air. »

Briancourt y fut. Dans la chambre à coucher :

— « Venez ce soir, à minuit, » dit-elle, montrant ce lit, tout à fait riche et galant.

La nuit faite, Briancourt se dirigea à tâtons, par la galerie extérieure, vers la chambre de la marquise. Il s'était trompé d'heure, et devançait le rendez-vous. Onze heures n'étaient pas sonnées encore. Par les vitres, il vit la dame en cornette de nuit, presque entièrement défaite, qui, un flambeau à la main, renvoyait ses femmes. Le verrou mis à la porte, elle se dirigea vers la cheminée. Briancourt allait donner le signal, en frappant du doigt aux vitres de la galerie, quand il vit la marquise se baisser et ouvrir les panneaux de la cheminée. On était en été, et la cheminée était fermée d'un double volet. Dans le vaste réduit que formait cette cheminée ainsi close, le bachelier aperçut une forme d'homme qui en sortait sur les genoux. Cet homme avait sur les yeux un mauvais chapeau, et était couvert d'un méchant justaucorps. Il laissa voir à Briancourt les traits bien connus de Sainte-Croix.

Pendant quelques instants l'homme et la marquise se parlèrent à l'oreille; puis la marquise baisa tendrement l'homme sur la bouche, le prit par les épaules, le fit rentrer dans sa cachette et en referma soigneusement les volets.

Briancourt, à cette vue, ne put douter de ce qui l'attendait. Pendant cette scène, il s'était senti pris d'un tremblement, et s'était appuyé aux vitres.

Quand Mme de Brinvilliers se releva, tenant son flambeau, il n'avait pas encore trouvé la force de fuir,
et la dame aperçut son visage collé à la cloison vi-
trée. Elle tressaillit, marcha droit à la porte-fenêtre
et l'ouvrit.

La mine effarée de Briancourt la troubla. — « Eh
bien! qu'avez-vous donc, lui dit-elle? Ne voulez-vous
pas entrer? »

Elle le tira doucement par la manche; lui, tout
hébété, se laissa faire. — « Ce lit n'est-il pas beau?
dit-elle. Couchons-nous donc. » Et elle se coucha
la première.

Lui restait là, les bras tombants, les yeux voya-
geant du lit à la cheminée. — « Voyons, répétait-
elle, couchez-vous donc; déshabillez-vous vite, et
soufflez le flambeau. » Il s'assit, et fit semblant de
détacher ses souliers. — « Mais, en vérité, qu'avez-
vous? reprit la marquise. Vous voilà tout triste et
froid; que vous ai-je donc fait? — Ce que vous
m'avez fait, Madame, dit-il enfin, ramassant son
courage, ce que vous m'avez fait? Vous le demandez, quand vous avez formé le barbare projet de
me faire poignarder dans votre lit! »

A ces mots, elle sauta à bas, toute pâle, et envoya
ses bras autour du cou du jeune homme. Sainte-
Croix, cependant, dans sa cachette, faisait effort
contre les volets, qui cédèrent. — « Ah! scélérat,
s'écriait le bachelier, vous venez pour me défaire.
Mais je ne me laisserai pas égorger ainsi! »

Sur un geste de la marquise effrayée de tout le
bruit que menait le jeune homme, Sainte-Croix enfonça son chapeau sur ses yeux, courut à la porte-
fenêtre et disparut.

Lui parti, la marquise se jeta aux pieds du bachelier, disant, avec des larmes, qu'elle ne voulait
plus vivre, qu'elle voulait mourir! Elle lui embras-
sait les genoux. Tout à coup, elle se releva, courut
à un meuble, et en tira une cassette. — « C'est
maintenant qu'il faut mourir, s'écria-t-elle; je vois
bien que c'est fait de moi : mais voici de quoi me
punir et me venger. » Elle tenait un petit flacon.

Le bachelier lui arracha des mains le flacon et la
cassette. Alors elle se jeta de nouveau à ses pieds,
s'y roula comme une désespérée, disant à travers
ses sanglots, que cela ne lui était jamais arrivé, ne
lui arriverait plus; qu'elle payerait par sa mort ce qu'elle
avait fait. Eh! comment, désormais, supporter sa
vue! « Ah! je vois bien que c'est fini, et je ne pourrai survivre à ceci. »

Elle en fit et dit tant, que le pauvre bachelier,
tout ému de ce grand délire et de ce repentir, la
releva, se laissa baiser les joues et les yeux; elle accompagnait chaque baiser de grands coups sur son
beau sein blanc, de meâ culpâ. Elle l'attirait convulsivement vers le lit.

Le lendemain matin, il y était encore. Sur les six
heures, il se rhabilla et se disposa à partir. — « Au
moins, lui dit-il, vous jurez que vous n'entrepren-
drez plus sur ma vie? — Et toi, répondit-elle en
l'embrassant passionnément, promets-tu d'oublier?»

Resté seul, Briancourt réfléchit à tout cela, et,
comme la sirène n'était plus là, il comprit bien que
sa vie restait menacée. Il se garda. A quelques jours
de là, on retournait à Paris. Le bachelier alla trouver un prêtre de sa connaissance, l'abbé Morel, qui
lui voulait du bien. — « Je ne suis pas en sûreté,
lui dit-il, on veut m'assassiner. » L'abbé avait, d'aventure, une fort belle paire de pistolets, que lui
avait laissés un de ses pénitents, le comte de Roche-
brune; il les prêta à Briancourt.

— « Mais, lui dit en le quittant l'abbé Morel, que
ne sortez-vous de cette maison? — Cela, répondit
le bachelier, est plus facile à dire qu'à faire. »

Briancourt, de ce pas, alla visiter Bocager. Il lui
raconta l'aventure de Sains. — « Que me conseillez-
vous? lui dit-il. J'ai grandement envie d'aller prévenir monsieur le Premier. Il y a, dans cette maison,
des secrets qui ne me semblent pas bons à garder. »

— « Réfléchissez, répondit Bocager, en tout cas, ne
vous pressez point. Je vais voir à arranger cela, je
vous procurerai quelque emploi. Prenez patience.
Et, en attendant, promettez-moi de ne parler de tout
cela à personne. »

Bocager dit cela d'un air étrange, que remarqua
Briancourt; le bachelier avait ses raisons pour devenir défiant.

Quelques jours après, comme Briancourt passait
dans la rue des Prêtres, deux coups de pistolet partirent presque à son oreille, et une balle troua son justaucorps. Furieux du danger qu'il avait couru, Briancourt oublia ses craintes; il se rendit immédiatement,
pistolets en main, chez Sainte-Croix, et, dans la cour
de sa maison, se mit à vociférer : — « Tu es un scélérat, Sainte-Croix, et un méchant homme. Tu as
fait mourir par le poison quantité de personnes de
qualité; et voilà que tu cherches à me faire assassiner. Tu lasses la patience de Dieu, gibier de potence! »

Sainte-Croix, descendu au bruit, le prit très-
froidement. Il s'avança, avec le plus grand calme,
vers le bachelier, et lui dit : — « Je ne sais, Monsieur,
ce qui vous prend ni à qui vous en avez; je n'ai, de
ma vie, fait mourir personne, et je m'étonne fort de
vos discours. Si, cependant, vous voulez bien vous
trouver derrière l'Hôpital général, avec des pistolets,
nous y viderons cette affaire en gentilshommes et
non en tapageurs de tripot, et si vous croyez que je
vous aie offensé en quelque chose, je vous donnerai
satisfaction. »

Le bachelier goûta peu cette proposition d'une
rencontre avec Sainte-Croix dans les terrains déserts
qui s'étendaient autour de l'Hôpital général (1); le
bravo de la rue des Prêtres eût eu là trop beau jeu :
— « Je ne suis pas d'épée, répondit Briancourt, et
d'ailleurs je sais trop la confiance qu'on peut avoir
dans un homme de votre sorte. » Et comme Sainte-
Croix faisait un geste menaçant : — « Là, tout doux,
ajouta Briancourt en se retirant; retenez votre colère, monsieur l'assassin : on a pris ses précautions,
et j'ai un homme à moi derrière votre porte. »

La déclaration de Briancourt ne dit pas quelles
suites eut cette scène; mais il est fort probable que
le bachelier quitta, sans délai, le poste dangereux
qu'il occupait près de la marquise.

Dans cette longue confession de Briancourt, nous
ne trouvons plus à noter qu'un détail intéressant. Un
certain abbé Dulong, dont il a déjà été parlé, était
un des complices les plus dévoués de Sainte-Croix, et
son appartement, fort commodément situé rue de la
Tournelle (2), avait un balcon donnant sur l'eau :
c'était là que Sainte-Croix cachait ses poisons en cas
d'alerte.

Le 13 et le 14 juillet, Briancourt fu confronté à
l'accusée, soutint ses dires; la marquise nia, avec
une hauteur insultante. Ainsi se formait de plus
en plus la conviction des juges. Le témoignage de
Briancourt était décisif, corroboré d'ailleurs par

(1) Aujourd'hui la Salpêtrière.
(2) Le quai de la Tournelle aujourd'hui.

ceux des gens de la maison, par les aveux de La Chaussée, par les aveux écrits de Mme de Brinvilliers elle-même. Un dernier élément de certitude fut trouvé dans le témoignage de la demoiselle Grangemont, à qui Briancourt avait confié, à Sains et à Paris, ses aventures et ses inquiétudes. La dame de Villaray attesta qu'à son grand scandale, elle avait vu Briancourt couché dans le lit de la marquise.

La culpabilité de Mme de Brinvilliers ne pouvait donc faire l'objet du doute le plus léger.

Une question délicate avait, toutefois, été soulevée au sujet de la confession écrite saisie à Liége. Pouvait-on l'invoquer au procès? M. de Palluau, suivant en cela l'opinion la plus générale, pensait que cette confession, portant un caractère essentiellement religieux, ne pouvait être admise parmi les preuves; il opina qu'il y aurait péché mortel à s'en servir. M. de Lamoignon hésitait; M. le Président de Mesmes cita quelques précédents qui pouvaient autoriser l'usage, un texte de saint Léon. Des docteurs, consultés, furent d'avis que le secret de la confession n'était exigé que dans les rapports de confesseur à pénitent; une fois sorties de ce cercle, des déclarations, même préparées pour le tribunal de la pénitence, appartenaient de droit aux preuves judiciaires. Cet avis prévalut.

On voit combien M. Michelet s'égare, lorsqu'il dit: « L'embarras, c'est qu'il n'y avait pas contre elle de témoins sérieux. En réalité, il fallait la faire mourir sur une pièce unique. »

Les témoignages suffisaient pour former la conviction des juges; celui de Briancourt était mortel.

Degrais se démasqua, déclina son titre et remit sa prisonnière aux mains de ses hommes (PAGE 14).

Il est vrai que cette assertion singulière de l'historien fait corps avec son système. « Elle sentait, ajoute M. Michelet, que, par deux côtés, elle tenait ses juges; elle ne faisait aucun aveu; et, d'autre part, sur ses lèvres muettes, ils voyaient ou ils croyaient voir voltiger des noms redoutables de personnes puissantes, qui, dénoncées par elle, les eussent terriblement embarrassés. Elle pouvait répandre la terreur jusqu'aux rangs les plus élevés, et jusque dans Versailles, qui sait? tout près du trône! Terribles incidents qui pouvaient la tenter, car, une fois lancés au procès, ils auraient prolongé sa vie. On eut donc ce spectacle, de voir les juges, émus et inquiets, cajoler l'accusée, la prier de mourir sans bruit, d'avouer pour son compte sans dénoncer personne. »

Le caractère de femme que nous avons minutieusement analysé se prête mal à ces combinaisons hypocrites. Supposons Mme de Brinvilliers armée de secrets redoutables: celle qui n'a reculé devant aucune violence, laissera-t-elle ces armes inactives, quand il lui suffit de faire comprendre qu'elle va s'en servir? Non, certes, et l'audacieuse petite créature est sauvée à l'avance, si elle a de semblables révélations à suspendre sur des têtes élevées.

Nous avons déjà pu entrevoir qu'elle ne sait rien sur Pennautier. Elle soupçonne beaucoup, cela est vrai, et elle a raison de soupçonner; l'ami de Sainte-Croix, l'heureux héritier de tant de gens morts à propos, doit avoir plus d'un crime sur la conscience. Elle le sent, et elle s'y connaît; mais elle ne le sait pas. Elle a tenté fortune de ce côté, sur un doute, sur une hypothèse: et elle n'aurait pas clairement invoqué la protection de ceux qu'elle aurait sus coupables au même titre qu'elle! Elle ne les aurait pas menacés de les entraîner dans sa chute!

Voilà ce qui, au point où nous en sommes, ressort de ce que nous savons. Que sera-ce si des faits nouveaux viennent changer ces probabilités en certitude? Toute la fantasmagorie historique créée par

N° 183 — 10 Centimes.
Deux N°ˢ par Semaine.

CAUSES CÉLÈBRES

LEBRUN ET Cⁱᵉ, Éditeurs.
Rue des Saints-Pères, 8.

M. Michelet va s'évanouir comme tant d'autres rêves de son imagination si brillante, mais souvent trop féconde.

« Quand elle parut sur la sellette, dit-il, Lamoignon s'attendrit, et tous les autres, jusqu'à verser des larmes, la priant et la suppliant d'avoir pitié de son âme, de ne point s'endurcir. Elle seule garda les yeux secs. Elle n'ignorait pourtant pas le terrible sous-entendu. Ceux qui pleuraient sur elle pouvaient fort bien la brûler vive comme empoisonneuse. Elle pouvait, comme parricide, avoir le poing coupé... Elle pouvait, par sa discrétion, obtenir qu'on s'en tînt à la simple décapitation; mais on aurait voulu de plus qu'elle avouât et reconnût ainsi la légitimité du jugement. Comment, en vingt-quatre heures qui restaient, pouvait-on lui ouvrir la bouche, amener

un moment de faiblesse, lui tirer l'aveu désiré qui sauverait l'honneur des juges, les innocenterait devant le public? On comptait peu sur la torture. Si on l'eût donnée trop violente, on aurait pu, au lieu de cet aveu, tirer de sa douleur égarée, ou de sa fureur, les révélations dangereuses qu'on craignait tant, qu'on voulait étouffer. Un seul moyen restait: l'attendrissement; mais il fallait l'obtenir sur-le-champ. »

Telle aurait été la raison du choix qu'on fit de M. Edme Pirot pour confesseur de la marquise. Ici encore, au lieu de discuter à vide, racontons. C'est Pirot lui-même qui va fournir tous les éléments de notre récit.

Le 14 juillet, M. le Premier fit choix d'un confesseur pour Mᵐᵉ de Brinvilliers; il désigna

La Brinvilliers, d'après le peintre Lebrun.

M. Pirot, docteur de Sorbonne, théologien distingué.

Pourquoi ce choix? Pirot n'était pas de ceux qui, en Sorbonne, assistaient ordinairement les condamnés. C'était un théoricien de théologie, bon homme, très-sensible, très-facile à l'émotion, point rompu aux spectacles de ces heures fatales.

M. Michelet veut, en conséquence, voir dans ce choix une combinaison machiavélique de la magistrature, ameutée pour sauver Pennautier. Selon l'ingénieux historien, ce fut avec une entente parfaite de la nature humaine que cet homme neuf fut choisi par M. le Premier; son émotion, sa pitié, sa douleur, ses larmes, par une force contagieuse, gagneraient la coupable, la feraient pleurer et mollir, bref, avouer. Mais il fallait qu'elle n'avouât que pour elle; on ne voulait pas qu'elle avouât pour d'autres, pour Pennautier, par exemple. L'aveu de ses crimes, la torture le lui eût tiré, sans doute; mais n'aurait-elle pas tiré tout

ensemble, de sa douleur égarée, ou de sa fureur, les révélations dangereuses qu'on voulait étouffer?

Voilà la thèse que soutient M. Michelet, trop subtil en ceci, et disposé à trouver partout la justification de ses soupçons. Il se fonde sur les recommandations faites à Pirot par M. le Premier. Voyons donc ces recommandations, que l'historien ne fait qu'indiquer en deux lignes.

La commission était extrêmement pénible; on plaignait le docteur Pirot d'en être chargé; mais on l'avait choisi comme « une personne de créance, » sur la *fidélité* de laquelle on pût se reposer. Le docteur Pirot, humble et naïf, eut beau représenter que beaucoup d'autres auraient plus d'autorité, plus d'expérience, et, ajouta-t-il, plus de *tempérament;* que jamais il n'avait pu voir souffrir personne, ni même regarder son propre sang couler sans tomber en faiblesse: rien n'y fit. Le premier Président insista; il fallut céder. Le premier Président avait ses raisons.

Elles reposaient surtout sur le peu de temps dont on disposait, sur le caractère particulier de Mme de Brinvilliers, sur celui de Pirot lui-même.

« C'est, dit-il à Pirot, *un esprit qui nous épouvante.* Apparemment, le jugement ira à la mort, et, comme il ne sera pas temps, quand il aura été prononcé, de prendre ses mesures pour lui faire rendre les offices dont nous croyons qu'elle aura besoin pour se disposer à mourir chrétiennement, nous avons cru vous en devoir parler aujourd'hui. »

Le sens des recommandations faites à Pirot, dans le système de M. Michelet, serait tout entier dans ces mots :

« *Nous avons intérêt, pour le public, que ses crimes meurent avec elle, et qu'elle prévienne, par une déclaration de ce qu'elle sait, toutes les suites qu'ils pourraient avoir.* »

On lit, en outre, comprendre au docteur qu'il n'était pas besoin de publier cette mission dont on l'honorait ; que, si on ne gardait pas là-dessus un grand secret, il pourrait se faire que des gens malintentionnés pensassent et osassent dire qu'on voulait donner aux personnes intéressées l'occasion et le temps de travailler au profit des complices de Mme de Brinvilliers.

Où voit-on, dans ces recommandations, une complicité de la magistrature avec les complices ? M. Michelet explique, à sa façon un peu sophistique, ce désir que les crimes de la marquise *meurent* avec elle, qu'elle en prévienne *les suites.* Cela veut dire, tout simplement, qu'il faut faire nommer à la coupable ses complices inconnus ; surtout, qu'il faut lui arracher le secret de ses crimes, l'instrument de ses méfaits, le poison subtil dont on croit qu'elle a la recette. Au moins, faudrait-il connaître le contre-poison. En un mot, il faut que Mme de Brinvilliers livre ses instituteurs, ses complices, désarme ses imitateurs.

Pirot, dit M. Michelet, objecta qu'en affaire de poison, on doit nommer les complices. « Il avait mal compris. Ceux qu'on voulait couvrir, c'étaient moins les auxiliaires de la Brinvilliers que ses modèles ou ses imitateurs, les gens riches, haut placés, qui avaient pu empoisonner comme elle. »

L'interprétation est injuste, excessive. Sans doute, on n'eût pas aimé à faire sortir de cette triste affaire un scandale qui y eût été tout à fait étranger. Pennautier, coupable ou non de quelque autre crime, n'avait rien à voir dans l'empoisonnement des Aubray ; mais il n'est pas permis de penser que le vertueux Lamoignon eût couvert de sa protection, protégé par ses intrigues un Pennautier, s'il l'avait soupçonné criminel.

Toute la procédure et le touchant récit de la mission de Pirot vont prouver, au contraire, que les efforts de la magistrature, comme ceux du confesseur, furent, jusqu'au dernier moment, tournés à dévoiler les complices, à pénétrer le secret meurtrier de Mme de Brinvilliers.

Le jour où il fut averti par M. le Premier, le docteur Pirot n'eut pas d'autre chose à faire que de se préparer à remplir sa mission pénible. Ce jour-là, il ne vit pas la coupable. Mme de Brinvilliers était encore dans la chambre, confrontée, comme la veille, avec le plus terrible témoin contre elle, Briancourt.

Elle soutint ces confrontations *d'un air surprenant,* disait le premier Président ; « On ne peut avoir plus de respect qu'elle en a eu pour ses juges, ni plus de fierté pour le témoin. » Elle avait, avec une grande hauteur, reproché à Briancourt d'être un valet, sujet au vin, chassé pour inconduite. Comme il pleurait au souvenir des deux frères d'Aubray, elle lui dit, fort doucement, que c'était là le fait d'une âme basse. Quant à elle, c'était une âme intrépide, disaient les uns, insensible, disaient les autres.

Le 15, Mme de Brinvilliers devait aller sur la sellette ; elle y passa trois heures.

Elle n'avoua rien encore, et ne parut, en aucune façon, touchée de ce que M. le Premier put lui dire, soit comme juge, soit comme chrétien. M. de Lamoignon, disait-on par la ville, pleurait en l'exhortant ainsi ; les juges versaient des larmes : elle seule conservait son inaltérable sang-froid.

Accordez, s'il est possible, cette scène d'attendrissement et de douleur chrétienne, avec le sous-entendu hypocrite que signale M. Michelet. Quelle infâme comédie, si l'historien ne se trompait pas ! quelles larmes de crocodile ! Heureusement l'historien se trompe, par trop chercher de finesses, et M. de Lamoignon échappe à ces étranges soupçons.

Nous avons cet interrogatoire sur la sellette. Lamoignon, premier président, y fut assisté de cinq présidents : MM. de Nouvion, Potier, Le Coigneux, Le Bailleul, de Mesmes ; M. de Palluau était rapporteur. Parmi les conseillers, se trouvaient MM. Mandat, Scarron de Vaujours, Daurat, Genoud, Faure. Le procès-verbal, sec et froid d'ordinaire, porte ici la trace de la noble passion qui animait Lamoignon parlant à la coupable. *Il la pressa avec force ;* il lui représenta que *c'était la dernière fois qu'elle parlait à ses juges.* Il la supplia d'avouer, avec des mouvements d'une *charité extraordinaire.* L'accusée fut fortement recherchée sur M. Pennautier.

Les réponses consignées dans le procès-verbal nous donnent l'idée d'une femme très-armée de roideur, d'orgueil et de sang-froid. On lui parla de ce qu'avait déclaré Cluet : — « Je l'ai reproché, » dit-elle. Au nom de Barbier : « C'est un ivrogne, » répond-elle. Elle ne traita pas mieux Sainte-Croix : « *C'était un voleur.* » Un seul mot accuse l'agitation secrète de son âme : « J'ai beaucoup de peines dans le cœur. »

Pendant que Mme de Brinvilliers jouait ainsi son rôle orgueilleux, le docteur Pirot, sur le conseil de M. le Premier, allait aux Carmélites de la rue Saint-Jacques. Là vivait, sous la robe de serge que, depuis deux ans, portait Mlle de la Vallière, la sœur de la marquise de Brinvilliers, Mlle d'Aubray, en religion sœur Marie.

Mme de Brinvilliers avait, pour cette sœur, une vive affection, mêlée de respect. On avait pensé qu'une lettre de la sœur Marie introduirait utilement le confesseur auprès de Mme de Brinvilliers.

La sœur Marie promit d'envoyer une lettre, mouillée de ses larmes, remplie de son amour, et recommanda chaleureusement cette pauvre âme au docteur.

Ainsi accrédité, Pirot se dirigea vers la Conciergerie, et monta dans la chambre de la tour de Montgommery où avait été placée sa future pénitente.

Ce ne fut pas sans de secrètes terreurs que le bonhomme fit son ascension. Il se rappelait bien confusément avoir vu la marquise, à Senlis, dix ans auparavant ; d'une fenêtre il l'avait aperçue, passant au bras de M. d'Aubray, son père. Mais l'épouvantable notoriété lui avait, depuis, singulièrement transformé cette vision rapide. Il avait rêvé un monstre; il vit cette petite femme que nous avons dite, mignonne, blanche, un peu grasse, bien que svelte et fine, à l'air doux et honnête.

Ce fut l'impression première; après quelques heures d'étude, le docteur pouvait en faire ce portrait :

« Elle était naturellement intrépide et d'un grand courage; elle paraissait née d'une inclination assez douce et fort honnête; d'un air indifférent à tout; d'un esprit vif et pénétrant, concevant les choses fort nettement et les exprimant juste et en peu de paroles, mais très-précises; trouvant, sur-le-champ, des expédients pour sortir d'une affaire difficile, et prenant tout d'un coup son parti dans les choses les plus embarrassantes; légère, au reste, et ne s'attachant à rien, inégale et ne se soutenant point; se rebutant, quand on lui parlait souvent d'une même chose... Elle parlait peu et assez bien, mais sans étude, et sans affectation, se possédant parfaitement, présente à elle-même, et ne disant que ce qu'elle voulait bien dire. Personne ne l'aurait prise, à sa physionomie ni à sa conversation, pour aussi maligne (méchante) qu'elle l'avait été. »

Mme de Brinvilliers, voyant arriver le docteur de Sorbonne, se douta bien qu'il venait la préparer à la mort : — « C'est donc Monsieur qui vient pour... » Elle n'acheva pas.

Il y avait là un prêtre, le père de Chavigny, de la maison de Saint-Honoré, qui n'avait pas su trouver le chemin de ce cœur violent et faible. Le père avait dû céder la place au docteur : — « Commençons par une prière, » dit-il, et tous trois se mirent à genoux; le père fit une courte prière au Saint-Esprit; à quoi Mme de Brinvilliers le pria d'en ajouter une à la sainte Vierge.

Puis, s'approchant du docteur : — « Assurément, Monsieur, lui dit-elle, c'est vous que l'on m'envoie pour me consoler; c'est avec vous que je dois passer le peu qui me reste de vie. Il y a longtemps que j'avais impatience de vous voir. »

Le père les laissa seuls, en compagnie, bien entendu, des deux gardiens et de la femme de service, qui se retirèrent respectueusement dans un angle de la chambre.

Restés seuls, Mme de Brinvilliers voulut, avec celui-là comme avec l'autre, jouer la femme forte. Elle parla, avec une indifférence étudiée, comme si elle était déjà jugée et condamnée. L'arrêt ne pouvait tarder à être rendu, et la seule grâce qu'elle ambitionnait, c'était un délai pour l'exécution. Elle observait ce docteur inconnu, et l'essayait, pour ainsi parler. — « Avant de vous ouvrir mon cœur, ajoute-t-elle, souffrez que je vous demande quelle opinion vous vous faites de moi. »

— « Vous êtes accusée d'empoisonnement, répondit Pirot; ceci est assez public : mais, à mes yeux, vous n'êtes pas encore convaincue. Je veux vous dire seulement que, si vous êtes coupable, il faut que vous déclariez à vos juges quel est votre poison, ce qui entre dans sa confection, quel est le contre-poison, quels sont vos complices. *Il faut faire main basse sur tous, sans en épargner un seul.* Céler leurs noms, ce serait vous rendre coupable de tous les crimes qu'ils pourraient commettre après votre mort. Vous vous survivriez en eux. C'est là l'essentielle condition de votre paix et de votre réconciliation avec Dieu. »

Remarquons, en passant, que, si Pirot avait reçu de M. le Premier la commission secrète que suppose M. Michelet, il s'en acquittait bien mal. On

n'eût pu aller plus au rebours des instructions. Mais non, Pirot, comme M. Lamoignon, agit en honnête homme.

Le bon docteur assaisonna ses exhortations de longs exemples tirés des saintes Écritures, et, entre autres, de celui de Jézabel, de Joram et de Jéhu.

— « Monsieur, répondit Mme de Brinvilliers, cette Jézabel-là, était-ce une chrétienne? »

Le docteur Pirot resta confondu. Comment une personne d'esprit, élevée chrétiennement, pouvait-elle n'avoir jamais ouï parler de Jézabel?

— « Ah! dit-elle tout naïvement, je n'ai jamais rien vu du Vieux Testament, et je n'ai jamais lu le Nouveau, qu'au temps que j'ai passé hors du royaume, et je le prenais quelquefois pour me désennuyer. »

Le docteur expliqua ce que c'était que cette Jézabel, quels crimes elle avait commis, comment elle en avait été punie, comment des chiens avaient mangé sa chair.

— « Monsieur, dit la pénitente, votre exemple est un peu fort... Mais il n'y a rien de trop fort pour moi. »

Pirot, sorti de ses citations sacrées (nous l'y verrons retomber souvent, longuement), continua de prouver, par fortes raisons, qu'un criminel, surtout un empoisonneur, ne doit point céler ses complices. Il insista spécialement sur le contre-poison, qu'il fallait livrer, à peine de répondre de tous les crimes qui pourraient être tentés par le même moyen.

Mme de Brinvilliers donna son acquiescement à ces maximes, promettant de s'y conformer *si elle avouait*. Mais d'abord, elle subtilisa; elle essaya de la casuistique : c'était dans les habitudes du temps. Y avait-il des péchés vraiment irrémissibles, qui rendissent toute réconciliation impossible? Elle voulut le savoir au préalable, entendant sans doute qu'au cas d'une impossibilité de pardon, le repentir devenait inutile.

Pirot se récria, et, pesamment, savamment, prouva que la porte du salut restait toujours ouverte au pécheur. Comment la lourde dialectique de ce brave homme trouva-t-elle le joint de ce cœur si dur? On ne saurait le deviner à la lecture de ces dissertations pédantesques dont le manuscrit de Pirot est comme encombré. Il faut croire à des grâces d'état, ou supposer, derrière ces formules de l'école, l'œil attendri, la voix sympathique, la bouche miséricordieuse du bon prêtre.

Enfin, il la toucha. Elle entra, sans se faire prier davantage, dans le récit de sa vie, non pas encore par le menu, mais en gros. Elle commença à pleurer, à montrer une contrition véritable.

Alors, comme elle ne se roidissait plus, le sorbonniste put la considérer tout à son aise, et la juger mieux. Revenons à ce portrait, qu'il fera plus d'une fois, toujours en le complétant :

« Elle n'avait rien dans le visage qui menaçât d'une aussi étrange malice. Elle était d'un poil *châtigné* et fort épais, le tour du visage rond et assez beau, les yeux bleus, doux et parfaitement beaux, la peau extraordinairement blanche, le nez assez bien fait, nuls traits désagréables, mais rien qui pût, à tout prendre, faire passer son visage pour fort beau. Il y avait déjà quelques rides, et il marquait plus d'années qu'il n'avait. »

Ainsi, c'est une femme encore très-agréable, de 46 ans, qui n'en paraît pas loin de 50.

« Si doux que fût son visage naturellement, quand il lui passait quelque chagrin au travers de l'imagination, il le témoignait assez par une grimace qui pouvait d'abord faire peur, et, de temps en temps, je m'apercevais de convulsions qui marquaient du dédain, de l'indignation, du dépit. »

La matinée se passa dans ces conversations, qui eurent pour effet de faire naître entre le confesseur et la pénitente une familiarité qui, s'augmentant, amènerait la confiance absolue.

Sur les dix heures et demie, Pirot prit congé, annonçant qu'il allait dire sa messe, à l'intention de Mme de Brinvilliers. La messe dite, le sorbonniste entra dans la salle du concierge, pour prendre un doigt de vin et un peu de pain. Là, un libraire du Palais vint lui apprendre que l'arrêt était prononcé. Le bruit courait qu'on avait retranché le poing coupé des conclusions.

C'était vrai; voici le texte de l'arrêt :

Vu par la Cour, les Grand'Chambre et Tournelle assemblées, le procès criminel commencé par le Prévôt de Paris ou sous-lieutenant criminel au Châtelet; à la requête du substitut du Procureur général du roi, continué à la requête de dame Marie-Thérèse Mangot de Villarceau, veuve de messire Antoine d'Aubray, chevalier comte d'Offermont, seigneur de Villiers et autres lieux, conseiller du roi en ses conseils, maître des requêtes ordinaire de son hôtel et lieutenant civil de la ville, prévôté et vicomté de Paris, demanderesse et complaignante; ledit substitut joint ;

Contre dame Marie-Marguerite d'Aubray, épouse du sieur marquis de Brinvilliers; Jean Beaupré, valet de chambre, et le nommé La Pierre, absents et consorts; et encore contre Jean Amelin dit La Chaussée, garçon baigneur, et auparavant laquais de messire d'Aubray, conseiller en ladite Cour, lors prisonnier; et dame Magdeleine-Bertrand du Breüil, veuve de Jean-Baptiste de Godée de Sainte-Croix, ci-devant capitaine de cavalerie dans le régiment de Tracy, défendeurs et accusés;

Ledit procès jugé en la chambre de la Tournelle contre ledit La Chaussée, et, par contumace, contre ladite dame d'Aubray de Brinvilliers, et depuis continué en ladite chambre, à la requête du Procureur général du roi, et de ladite dame Mangot, veuve, contre ladite dame d'Aubray de Brinvilliers, prisonnière en la Conciergerie du palais, accusée, et parachevé d'instruire en vertu d'arrêt rendu, les Grand'Chambre et Tournelle assemblées, en conséquence du renvoi requis par ladite d'Aubray de Brinvilliers;

Conclusions du Procureur général du roi, ouïe et interrogée ladite dame d'Aubray sur les cas résultants du procès;

Dit a été que la Cour a déclaré et déclare ladite d'Aubray de Brinvilliers dûment atteinte et convaincue d'avoir fait empoisonner maître Dreux d'Aubray, son père, et lesdits d'Aubray, lieutenant civil et conseiller en ladite Cour, ses deux frères, et attenté à la vie de Thérèse d'Aubray, sa sœur;

Et, pour réparation, a condamné et condamne ladite d'Aubray de Brinvilliers faire amende honorable au-devant de la principale porte de l'église de Paris, où elle sera menée dans un tombereau, nu-pieds, la corde au col, tenant en ses mains une torche ardente du poids de deux livres, et là, étant à genoux, dire et déclarer que méchamment, par vengeance, et pour avoir leur bien, elle a fait empoisonner son père, ses deux frères et attenté à la vie de défunte sa sœur, dont elle se repent, en demande pardon à Dieu, au Roi et à la Justice; ce fait, menée et conduite dans ledit tombereau en la place de Grève de cette ville, pour y avoir la tête tranchée sur un échafaud, qui, pour cet effet, sera dressé en ladite place, son corps brûlé et les cendres jetées au vent; icelle préalablement appliquée à la question ordinaire et extraordinaire, pour avoir révélation de ses complices; la déclare déchue et indigne des successions des susdits père, frères et sœur du jour desdits crimes par elle commis, et tous ses biens acquis et confisqués à qui il appartiendra; sur iceux et autres non sujets à confiscation préalablement pris pour la somme de 4,000 livres d'amende vers le Roi, 500 livres pour faire prier Dieu pour le repos des âmes desdits défunts, ses père, frères et sœur, en la Chapelle de la Conciergerie du Palais, 10,000 livres de réparation vers lesdits Mangot et pour les dépens, même cause faite contre ledit Amelin dit La Chaussée.

Fait en Parlement, le 16 juillet 1676.

Sur cette nouvelle, Pirot remonta à la tour de Montgommery. Il n'eut garde d'en faire part à sa pénitente; mais elle y était préparée. Sa superbe était tombée, et ses premiers mots furent pour prier le docteur de demander pardon, en son nom, à M. Lamoignon et aux juges de l'effronterie qu'elle avait marquée.

Elle sentait déjà assez de véritable repentir pour demander la communion. Le docteur l'arrêta. Ses crimes étaient trop horribles pour permettre qu'elle reçût matériellement le corps de Jésus-Christ : une communion spirituelle était seule possible.

Mais, objecta-t-elle, M. le maréchal de Marillac, de qui elle était parente, avait eu la communion réelle; le confesseur répondit qu'il y avait entre les deux crimes une grande différence. Mme de Brinvilliers finit par accepter cette mortification.

Elle fit voir, au reste, de singulières doctrines en fait de religion. « Je meurs, disait-elle, convaincue que ma prédestination était attachée à l'arrêt de mort... dont mon salut dépendait absolument. » C'est là un écho vague, un souvenir confus des discussions théologiques sur la grâce; il n'y faut point attacher d'importance, ni, comme M. Michelet, faire de la Brinvilliers une criminelle par fatalisme religieux. Il y a de ces mots qui courent dans une époque, et qui sont mis en usage au hasard, sans pour cela témoigner de dogmes bien définis. Prédestination est un de ces mots au XVIIe siècle, et n'emporte pas, ailleurs que dans la langue de certains docteurs, l'idée de volonté absente et de non-responsabilité.

Après ces petites escarmouches théologiques, la pénitente revint au récit de sa vie, mais alors par le détail. L'honnête Pirot dut entendre d'étranges choses.

L'heure du dîner était venue cependant. A une heure et demie, le gardien mit le couvert. Mme de Brinvilliers mangea deux œufs et prit un bouillon. Pendant ce léger repas, elle s'entretint avec le docteur de choses indifférentes, avec une grande liberté d'esprit et une surprenante tranquillité. Il semblait qu'elle reçût un ami dans sa maison. Elle avait de grandes manières, avec cette obligeante familiarité envers les inférieurs, qui distinguait les nobles de race. Elle avait voulu, dès le premier jour, que ses gardiens et la femme de service se missent à table à côté d'elle. Ces gens l'aimaient pour cette bonté sans hauteur.

— « Vous voulez bien, dit-elle gracieusement à son confesseur, qu'on ne fasse pas de façons pour vous. Ils ont coutume de manger avec moi, pour me tenir compagnie, et nous en userons de même, aujourd'hui, si vous le trouvez bon. C'est ici, dit-elle à ces trois compagnons de sa réclusion, le dernier repas que je ferai avec vous. Ma pauvre Duru, vous serez bientôt défaite de moi; il y a longtemps que je vous donne de la peine, mais cela finira dans peu. Vous n'aurez plus affaire à moi, je serai entre les mains de Monsieur (elle regarda Pirot), et on ne permettra plus de m'approcher. Vous pouvez partir dès ce moment pour vous en retourner : car je ne crois pas que vous ayez le cœur de me voir exécuter, outre que cela sera peut-être fait de très-bonne heure. »

Elle disait tout cela froidement, avec une tranquillité sans affectation. Les deux hommes et la femme pleuraient à chaudes larmes, cherchant à cacher leur douleur. Mme de Brinvilliers s'en aperçut, et jeta à Pirot un regard de compassion pour ces braves gens, et, pour faire diversion, se mit à parler de la chaleur, qui avait été fort grande depuis quelques jours. Bien que la chambre fût très-élevée, l'air n'y arrivait que par une très-petite ouverture.

Le pauvre Pirot, tout suffoqué, ne mangeait guère; cette fermeté le confondait. Mme de Brinvilliers crut que l'ordinaire de la prison ne convenait pas au bon docteur. Elle fit doucement reprocher au concierge d'avoir mis des choux en pot, au lieu de quelque mets plus succulent, et elle pria Pirot de vouloir bien boire à sa santé. Il le fit.

C'était le lendemain jour maigre. Pirot lui proposa d'autoriser le concierge à lui faire un bouillon à la viande; elle en aurait besoin, peut-être, car ce serait, pour elle, un jour de grande fatigue. Elle s'y refusa; il suffirait, dit-elle, qu'on lui en donnât un au souper, un autre à onze heures du soir, et qu'on le fît un peu plus fort qu'à l'ordinaire. — « Cela suffira, ajouta-t-elle, pour demain, avec deux œufs frais que je pourrai prendre après la question. »

Le repas achevé, elle demanda une plume et de l'encre. Avant que de faire sa confession écrite, elle voulut écrire à son mari. Elle le fit avec les démonstrations de la plus vive tendresse pour M. de Brinvilliers. Le docteur en fut très-surpris, et parut douter que cette amitié fût réciproque.

— « Détrompez-vous, Monsieur, lui dit-elle, M. de Brinvilliers est toujours entré dans mes intérêts, et, s'il n'est pas venu solliciter pour moi, il n'a manqué qu'à ce qu'il n'a pu faire. Il y a eu toujours commerce de lettres entre lui et moi, pendant que j'étais hors du royaume, et ne doutez pas qu'il ne se fût rendu à Paris, sitôt qu'il m'a sue en prison, si ses affaires lui eussent permis d'y venir en sûreté. Mais il y a des temps où cela ne se peut. Il faut que vous sachiez, Monsieur, qu'il est noyé de dettes, et qu'il ne pourrait paraître ici que ses créanciers ne le fissent aussitôt arrêter sur l'heure. »

Mme de Brinvilliers écrivit donc, et fort vite, la lettre suivante à son mari :

« Sur le point que je suis d'aller rendre mon âme à Dieu, j'ai voulu vous assurer de mon amitié, qui sera pour vous jusqu'au dernier moment de ma vie. Je vous demande pardon de ce que j'ai fait contre ce que je vous devais. Je meurs d'une mort *honnête*, que mes ennemis m'ont attirée. Je leur pardonne de tout mon cœur, et je vous prie de leur pardonner. J'espère que vous me pardonnerez à moi-même l'ignominie qui en pourra rejaillir sur vous; mais pensez que nous ne sommes ici que pour un temps, et que, peut-être dans peu, vous serez obligé d'aller rendre à Dieu un compte exact de toutes vos actions, jusqu'aux paroles oiseuses, comme je suis présentement en état de le faire. Ayez soin de vos affaires temporelles, de nos enfants. Faites-les élever dans la crainte de Dieu, et leur donnez vous-même l'exemple. Consultez sur cela M. de Marillac et M. Cousté. Faites faire pour moi le plus de prières que vous pourrez, et soyez persuadé que je meurs tout à vous.

« D'AUBRAY. »

Elle mit au bas de cette lettre un mot d'adresse pour faire retirer quelque argent qu'elle avait encore à Liége.

Il y avait là des mots singuliers, qui ne pouvaient rester : cette mort *honnête* ! et puis ces ennemis ! cela n'était pas chrétien, dit le docteur. — « Eh ! oui, répondit-elle naïvement, ceux qui ont poursuivi ma mort. » Pirot lui remontra doucement qu'elle ne pouvait pas avoir d'ennemis, que c'était elle qui était vraiment l'ennemie du genre humain. Cela eut de la peine à lui entrer dans la tête. — « Et de quel droit pardonneriez-vous ? ajouta Pirot; qui êtes-vous pour cela ? »

Alors, il lui dicta une autre lettre.

Il fallait penser cependant à la grande affaire de la confession générale. Elle pria le confesseur de l'écrire lui-même sous sa dictée : cela la soulagerait.

Il y consentit. Après de longues prières, dites en commun, et de fréquentes paraphrases de passages de l'Écriture, le sorbonniste proposa à la pénitente de prendre pour cadre d'une confession minutieuse les commandements du Décalogue. Elle commença alors à tout dire, jusqu'aux puérilités de pratique religieuse les moins importantes. Pendant ces aveux, ses larmes coulaient à ruisseaux. Pour la soulager, de temps en temps, l'honnête docteur, avec autant de curiosité peut-être que de bonté, la mettait sur des sujets qui ne tenaient pas à la confession.

Sur les quatre heures, le Procureur général vint à la tour, et fit demander Pirot, défendant qu'on le nommât. Pirot le trouva sur l'escalier. — « Eh bien! a-t-elle quelque chose à déclarer? Messieurs les commissaires sont réunis; parlera-t-elle ? »

Le confesseur remonta. — « Madame, dit-il à la marquise, vous dites tout au prêtre; ne direz-vous rien à messieurs les juges ? » — « Oui, répondit-elle, mais pas aujourd'hui; demain. »

Disant cela, elle semblait chagrine. — « Demain, répéta-t-elle, je dirai tout ce que je sais. Mais, Monsieur, qu'on me laisse en repos jusqu'à demain; je découvrirai mon crime à M. de Palluau; je reconnaîtrai devant lui que j'ai empoisonné mon père, que j'ai fait empoisonner mes frères, et que j'ai pensé empoisonner ma sœur. »

On remarquera l'ingénieux moyen qu'emploie Pirot pour nous dire ce qu'avouait sa pénitente, sans pourtant trahir le secret de la confession.

La voyant ramenée sur le sujet des aveux, il en profita pour revenir à la question essentielle selon lui et les juges, celle du poison et du contre-poison. Elle répondit, comme on pouvait s'y attendre :

— « Je voudrais savoir quelle était la composition des poisons dont je me suis servie, ou dont on a usé par mon ordre ; mais tout ce que j'en connais, c'est que les crapauds y entraient, et qu'il y en avait qui n'étaient que de l'arsenic raréfié. »

Pirot, qui croyait à un secret terrible, insista ; elle avait dit tout ce qu'elle savait. — Mais, objecta-t-il, ce poison, si subtil que Sainte-Croix périt pour l'avoir respiré quand se brisa son masque, n'en connaissez-vous point la composition ? Elle lui répondit que Sainte-Croix était mort dans son lit, ce que tout le monde paraissait ignorer. Elle ajouta que Glazer, l'apothicaire du faubourg Saint-Germain, composait le plus souvent les substances vénéneuses dont se servait Sainte-Croix ; or, ce Glazer était mort depuis longtemps. Il y avait une eau rougeâtre, une eau blanchâtre ; mais de dire ce que c'était, elle en était bien incapable. Quant au contre-poison, elle croyait qu'il y en avait un, mais elle ne le connaissait pas.

Écoutons-la sur la question des complices :

— « Pour les complices, je n'en sache point que je puisse accuser, qu'un homme à qui je donnai du poison, il y a dix ans, qu'il m'avait demandé pour empoisonner sa femme. » Ici, le docteur toucha le point délicat. — « Mais, Madame, lui dit-il, comment expliquez-vous la lettre que vous avez écrite depuis votre détention à M. Pennautier, où vous le pressez de faire pour vous tout ce qu'il pourra, et de se souvenir que vos intérêts, en cette affaire, sont les siens ?

— « Monsieur, répondit-elle, je ne sais point du tout qu'il ait jamais eu d'intelligence avec Sainte-Croix pour les poisons, et je ne pourrais l'en accuser sans trahir ma conscience. Mais, comme on a trouvé dans la cassette un billet qui le regardait, et que je l'avais vu mille fois avec Sainte-Croix, je crus que l'amitié avait pu aller jusqu'au commerce de poison, et, dans ce doute, je me hasardai à lui écrire, comme si j'avais su que cela fût, ne pouvant rien gâter par là à mon affaire, et raisonnant ainsi en moi-même : S'il y a eu entre eux quelque liaison pour les poisons, M. Pennautier croira que j'en saurai le secret, m'avançant comme je fais, et cela l'engagera à solliciter mon affaire comme la sienne, de peur que je ne le charge. S'il est innocent, ma lettre est perdue ; je ne risque rien que l'indignation d'une personne qui n'aurait garde de se déclarer pour moi, ni de me rendre aucun service, quand je ne lui aurais rien écrit. »

Pirot insista : l'eût-il fait si l'innocence apparente de Pennautier eût été le seul but recherché par les juges ? — « Si vous avez des complices, il faut le dire à Messieurs ; si cet homme est innocent, il ne faut pas laisser peser sur lui un pareil soupçon. N'attendez pas la torture pour rendre hommage à la vérité. » Telle fut la conclusion de Pirot. Au reste, il disposait d'un moyen tout-puissant sur l'esprit d'une chrétienne ; il retenait l'absolution jusqu'à ce qu'il n'eût plus de doute sur la sincérité de la pénitente.

Le Procureur général avait attendu l'effet de sa question ; au bout de quelque temps, il vint chercher la réponse. On demanda Pirot une seconde fois, sans nommer le visiteur : il comprit, et Mme de Brinvilliers comprit comme lui ; mais elle eut la discrétion de ne pas le témoigner ouvertement.

Le Procureur général était au bas des degrés. — « Eh bien ? — Rien aujourd'hui ; elle parlera demain. — Ne vous épuisez pas, Monsieur le docteur ; ne couchez pas ici. Nous avons besoin de vous demain. Le père de Chavigny l'assistera dans l'intervalle. »

Pirot remonta. Mme de Brinvilliers était tout attendrie par ses souvenirs ; elle lui parla de ses enfants, pour qui elle témoignait une vive tendresse. — « Après moi, dit-elle, ils n'auront personne ; servez-leur de mère. »

Et, faisant un retour sur sa vie passée, comparée à son humiliation présente : — « Je me sens encore attachée à la gloire du monde ; prions pour que Dieu ôte de moi cet esprit ambitieux. » Et elle s'accusait de ce que, même dans sa condition misérable, il lui passait encore en temps par l'esprit « des sentiments de l'amour et de la gloire. »

C'étaient là des saillies de son naturel. Elle avait même quelquefois des tentations, qu'elle repoussait de tout son pouvoir. — « A l'heure que je vous parle, disait-elle au docteur, étonné et confus de ces révélations jetées au milieu de son sermon, il y a encore des moments où je ne puis avoir de regret d'avoir connu l'homme dont la connaissance m'a été si fatale, ni détester son amitié, qui m'est si funeste et qui m'a attiré tant de malheurs. Ce ne sont que des tentations qui passent, et je les chasse bientôt de mon esprit : mais elles me reviennent toujours de temps en temps, et cela me fait de la peine. J'ai peur qu'à mesure que la mort approche, elles n'augmentent, et je les crains fort sur l'échafaud. »

Sur le soir, on vint encore déranger le sorbonniste : c'était le grand Conseiller honoraire ecclésiastique ; il apportait la lettre de sœur Marie des Carmélites. C'était un peu tard, s'il s'agissait encore de gagner au docteur la confiance de Mme de Brinvilliers ; Pirot rassura le Conseiller, en lui disant quel chemin il avait fait dans le cœur de sa pénitente.

Mme de Brinvilliers reçut la lettre avec une joie vive, mêlée de reconnaissance.

A neuf heures, le père de Chavigny arriva pour passer la nuit près de la condamnée. A sa vue, elle eut un de ses mouvements nerveux. — « Que vient-il faire ? » dit-elle à Pirot. — « Madame, il est bon que vous ne restiez pas seule maintenant. » — « Ah ! Monsieur, vous aviez promis de ne pas me quitter. »

Pirot lui remontra qu'un peu de repos lui serait nécessaire, qu'il en aurait plus de force le lendemain.

Il y avait bien près de quatorze heures qu'ils étaient ensemble. — « Je ne suis pas robuste, » répondit naïvement le docteur, qui accueillait avec terreur l'idée de passer une nuit hors de sa demeure. Elle aurait pu lui répondre qu'elle n'était qu'une femme, qu'elle aurait à supporter bien autre chose que lui, et qu'elle allait pourtant passer presque toute la nuit en prières. Elle eut probablement pitié du brave homme, menacé dans ses chères habitudes. On apportait le souper ; elle ne voulut pas qu'il partît sans manger un morceau. Elle exigea aussi que le concierge allât quérir un carrosse, et qu'il remît le docteur en Sorbonne.

Il était près de neuf heures et demie ; la nuit était faite, les rues n'étaient pas sûres à cette heure.

Le docteur partit, promettant d'être à la tour le lendemain matin avant six heures.

Le concierge l'accompagna en carrosse jusqu'à la Sorbonne ; les trois quarts de neuf heures sonnaient à l'horloge de la chapelle récemment construite, quand Pirot souleva le marteau de la porte. L'honnête sorbonniste rentrait à une heure indue ; tout le monde dormait dans la vénérable congrégation. Pirot, néanmoins, très-inquiet de n'avoir pu prendre l'autorisation de ses supérieurs, ne voulut pas se coucher sans avoir pris les ordres du procureur, M. Fromageau. Le secret sur sa mission n'était plus exigé.

M. Fromageau dormait; il avait, lui aussi, assisté dans la journée un condamné, un gentilhomme qu'on venait de décapiter à la Croix-du-Trahoir, pour fait de fausse monnaie. Pirot le fit réveiller et raconta pourquoi il n'avait pu prévenir personne. Sa mission ainsi régularisée, il se retira dans sa chambre, et dit son bréviaire. Puis, il repassa dans sa tête les étranges occupations de la journée, les graves devoirs du lendemain. A deux heures, seulement, il se mit au lit, mais sans réussir à trouver le sommeil.

Le bonhomme raconte cette insomnie avec cet accent d'honnêteté qui ne saurait mentir. Il était vraiment tourmenté, affligé. Il se sentait saisi d'une affection ardente pour cette pauvre femme, dont il s'était chargé d'abord à contre-cœur. Réussirait-il à la sauver? Cela le troublait. Comment obtenir sur cette âme une victoire complète? Le sorbonniste se mit à ressasser dans sa tête toutes les vieilles amplifications d'école, tous les lambeaux de sermons dont sa mémoire était farcie.

A quatre heures, fatigué de se retourner dans son lit, il se leva. Avant six heures, il était à la tour.

A la porte, il trouva M. Rinçant, médecin de la cour, commis pour assister à la question. Ils échangèrent quelques mots. Le président de Bailleul le fit demander un instant après; Pirot l'alla trouver à son carrosse. — « Sa mère, dit le Président, fait bien prier Dieu pour sa conversion. N'écrirez-vous point une relation de tout ceci, Monsieur le docteur? — Non, Monsieur, cela est interdit à un confesseur; mais tout ce que je pourrai dire après l'exécution, je vous le dirai. »

Pirot monta. Le père de Chavigny était près d'elle; il pleurait et les, fort résolue.

— « Vous êtes ponctuel, lui dit-elle gracieusement, mais il y a fort longtemps que je vous attends avec impatience, et six heures me tardent aujourd'hui longtemps à sonner. »

Elle lui raconta ce qu'elle avait fait depuis la veille. Elle avait écrit à sa sœur, à Mme de Marillac, à Cousté. Le père et elle avaient prié ensemble; puis, il avait dit son bréviaire, elle son chapelet, et elle s'était assoupie. Elle avait demandé au père la permission de se jeter sur son lit tout habillée; elle y avait dormi tranquillement deux bonnes heures.

Pirot demanda à voir les lettres. Voici celle que Mme de Brinvilliers avait écrite à sa sœur :

« Pour ma très-chère sœur Marie.

« Je reçois, ma chère sœur, des marques de votre tendresse qui me sont si sensibles, que je ne puis assez vous l'exprimer. Je n'ai point douté des soins que vous avez pris dans mon affaire. Je reçois une grande consolation par M. Pirot, espérant par son moyen de me bien préparer à souffrir une mort ignominieuse. J'espère, par la miséricorde de mon Dieu, supporter tout ce qui lui plaira, le recevant de tout mon cœur comme venant de sa main, le suppliant de l'avoir agréable pour l'expiation de mes fautes. Je vous recommande mon mari, et de faire de votre mieux pour supplier la famille que les créanciers lui donnent du pain, et de vouloir songer à l'éducation de mes enfants. C'est la grâce que je vous demande, et de prier Dieu pour le repos de mon

âme. Je ne puis écrire à ma fille; vous lui ferez savoir; mon cœur est trop outré de douleur. Je finis en vous assurant que je meurs à vous.

« D'AUBRAY. »

« Mes compliments à toute votre communauté, et les priez de prier Dieu pour le repos de mon âme. »

Il n'y avait rien à redire à cette lettre, de tous points excellente. Le docteur fit une prière avec sa pénitente, et ils s'apprêtèrent à poursuivre la confession commencée.

Mais d'abord, elle lui proposa un doute. Ce détail est bien du temps et peint bien la femme.

Son crime était si atroce, qu'elle ne pouvait espérer le paradis tout de suite, même avec le plus parfait repentir; elle irait donc en purgatoire. Mais ce qui l'inquiétait, c'était ceci : une fois dans le purgatoire, et livrée au feu vengeur, comment son âme se pourrait-elle assurer que ce feu à temps n'est pas le feu à perpétuité de l'enfer? Pirot s'évertua à lui prouver que, dans le paradis, dans le purgatoire ou dans l'enfer, l'âme a la conscience claire et complète de son état.

Plus d'une heure se passa dans ces subtilités, entremêlées d'actes fréquents de contrition.

On vint alors avertir Mme de Brinvilliers qu'il lui fallait descendre. Elle comprit que c'était pour la grande épreuve, bien qu'on lui dît seulement qu'on allait lui lire son arrêt. Elle mit son manteau, prit son livre de prières.

En partant, elle s'approcha de la femme qui la gardait, et lui remit secrètement un morceau d'ivoire, lui disant : — « Quand je serai morte, brûlez cela. » Cette femme, quelque attachement qu'elle eût conçu pour Mme de Brinvilliers, se trouva fort en peine. Ne pouvait-il pas y avoir là-dedans quelque sortilége, et ne se trouverait-elle pas compromise en satisfaisant au vœu de la condamnée? Elle alla montrer cet objet à un geôlier, qui, à son tour, en parla à Pirot. Le docteur, peu expert en pareille matière, jugea, à la forme, aux trous pratiqués dans cette pièce d'ivoire, que cela composait deux dents fausses taillées dans un seul morceau. Pirot en référa au substitut Lameth, qui, lui-même, fit prendre l'avis du médecin de la question, en sorte que, de scrupule en scrupule, le fragment de râtelier arriva jusque dans la chambre de la question. M. Rinçant jeta un coup d'œil sur l'objet qui causait tant d'alarme, sourit et ne dit mot. Il avait deviné là sans doute une petite vanité de femme, un acte de coquetterie in extremis.

En quittant Pirot, Mme de Brinvilliers promit encore une fois de tout dire, et, accompagnée du concierge, elle descendit à la chambre de la question. On lui lut l'arrêt. Un instant, elle parut troublée en entendant les sinistres formules. Le feu, peut-être plus peut-être plus que l'amende honorable, l'inquiétaient. Elle demanda une seconde lecture.

L'arrêt lu de nouveau, l'exécuteur s'approcha d'elle et étendit la main, comme pour s'en emparer. Elle le regarda froidement, des pieds à la tête, sans prononcer une parole. L'homme avait une corde à la main; voyant cela, elle lui présenta ses deux poignets joints ensemble.

Il la mena dans une partie de la chambre où il y avait deux seaux d'eau, un entonnoir, un siége de bois et un matelas. On la fit asseoir, et l'exécuteur lia les bras avec de fortes cordes, les jambes de même, qu'il serra vigoureusement et qu'il étendit.

Voyant cela, elle dit à MM. de Palluau et Mandat, commis pour l'interrogation :

— « Messieurs, il est inutile ; je dirai tout sans question. Ce n'est pas que je prétende le pouvoir éviter ; mon arrêt porte qu'on me la donnera, et je crois qu'on ne m'en dispensera pas : mais je déclarerai tout auparavant. J'ai tout nié jusqu'à présent, parce que j'ai cru me défendre par là, et n'être point obligée de rien avouer ; on m'a convaincue du contraire. »

Elle commença ses aveux, et, quant aux crimes, ne dit pas autre chose que ce qu'elle avait dit au sorbonniste. Elle ne nomma pas de complices, même dans les douleurs de la question, qui fut au reste modérée.

— « Je dis tout, répétait-elle souvent ; je n'ai aucun complice vivant ; je ne sais pas quelle était la composition du poison ; et je ne connais pas de contre-poison. Si, il y a trois semaines, vous m'aviez donné un homme comme M. Pirot, j'aurais tout dit alors, comme aujourd'hui. »

Elle ne sortit pas de là.

Le sorbonniste, cependant, était descendu, tout inquiet pour sa pénitente à laquelle chaque heure l'attachait davantage. Le bonhomme s'était désheuré la veille, il avait passé une étrange nuit ; les oreilles lui tintaient et il avait le cœur malade.

Vers onze heures, il se réfugia dans la salle du concierge. De là, il aperçut, aux grilles d'une cour intérieure, quelques prisonniers, qui lui demandèrent des nouvelles de la dame. Le concierge le fit passer dans un petit cabinet, près de l'entrée de la prison ; on ne l'y dérangerait pas.

Il n'y fut pas, qu'une dame y entra. Elle venait de la part de la comtesse de Soissons, à qui elle appartenait : elle se nommait Mme de Refuge. Elle questionna longtemps le docteur.

Puis, vint un aumônier de la Conciergerie, qui passa une demi-heure avec Pirot. Un homme à Mme de Lamoignon apporta une médaille de saint Antoine de Padoue, avec un billet pour le père de Chavigny. La médaille, disait la Présidente, avait été donnée, par le Saint-Père, à un religieux, avec pouvoir d'appliquer l'indulgence plénière à un mourant.

La curiosité, l'intérêt, la religion tournaient autour de ce supplice commencé.

Ennuyé d'attendre si longtemps, le docteur Pirot alla faire un tour sous les galeries de la Conciergerie. Son inquiétude l'amena près de la porte qui conduisait à la chambre de la question. Une demi-heure après, il revint au petit cabinet : Mme de Refuge y était encore installée.

Vers midi, la femme du concierge pria le docteur d'entrer dans sa salle, et d'y prendre un léger repas, un peu de poisson. Là, autre visite, celle de M. Aubert, docteur de la Faculté et vicaire de Saint-Barthélemy, qui le força de prendre un doigt de vin, et lui offrit ses services. Enfin, arriva le substitut : — « Dans peu, dit-il, on vous rendra Mme de Brinvilliers. Elle signe sa déclaration, et, assurément, elle n'aura point la question. »

Le substitut le croyait ainsi. Sur cette assurance, le pauvre docteur, un peu réconforté, se jeta sur un lit et prit quelque repos. A une heure et demie, on vint l'avertir que Mme de Brinvilliers était à sa disposition.

Il y courut, et trouva, dans la chambre de la question, M. de Palluau, qui lui dit : — « Combien de temps vous faut-il pour la préparer ? » C'est alors seulement que Pirot sut que la question avait été donnée. Cela l'émut. — « Je ne saurais répondre, dit-il ; six heures d'interrogatoire et de question peuvent me avoir changé les bonnes dispositions dans lesquelles je l'ai quittée ce matin. »

Pirot demanda au moins quatre ou cinq heures.

— « Elle a déclaré peu de chose, dit M. de Palluau ; mais nous croyons qu'elle ne sait rien de plus. »

Elle n'avait encore rien dit à Pirot de cette confession écrite, dont on avait tant parlé. Il s'inquiétait de cela, craignant qu'elle ne lui dît pas tout. Il en demanda communication à Messieurs. — « Si elle m'en touche quelque chose, dit-il, je voudrais bien l'avoir vue, pour être préparé à lui répondre. »

Le greffier Drouet conduisit Pirot dans la chambre de la Tournelle, où cette pièce était gardée en original ; on n'en avait point fait de copie. Le docteur passa la chambre où était Mme de Brinvilliers.

On l'avait couchée sur un matelas, près du feu, après lui avoir fait changer de linge. Elle était placée de façon à ne pas le voir. Il suivit Drouet.

Cette confession de Liége, saisie par Degrais, était écrite sur neuf ou dix feuilles de papier, avec beaucoup de blanc par places. Tous les articles, dit Pirot, commençaient par : « Je m'accuse... » et il n'y avait pas *mon père* ou *mon Dieu*. C'était une conversation intime de la coupable avec elle-même, un *memorandum*, peut-être un projet de confession, plutôt qu'une confession. C'est bien là l'idée qu'en a pu prendre le lecteur.

Quand Pirot eut achevé cette lecture, il revint dans la chambre de la question. Il s'approcha de sa pénitente, qui se remettait peu à peu. Elle avait encore « un visage à faire pitié. » La question avait été longue plus que violente : mais la patiente était si petite, si délicate !

Elle tourna vers Pirot ses yeux rougis, et lui dit :

— « Je ne veux plus penser aux hommes, mais à Dieu seul. »

Elle était levée, et marchait, mais péniblement. Ils descendirent, traversèrent les galeries. Mme de Brinvilliers avait le bourreau à sa droite, le confesseur à sa gauche, ce dernier disant, de temps en temps, quelques paroles de consolation. Ils arrivèrent ainsi à la chapelle (le bourreau dans cette enceinte !), et, parvenu au chœur, Pirot se mit à genoux. La patiente l'imita, péniblement, difficilement ; la question l'avait brisée. Après une adoration muette du Saint-Sacrement, elle demanda au docteur de lui faire faire un acte de contrition.

Il y avait dans la nef quelques personnes en robe, que Pirot n'avait pas encore vues. Le bourreau vint prendre la patiente, la fit passer derrière l'autel et la conduisit dans la sacristie. C'était là qu'elle devait se préparer à la mort. L'homme sinistre referma la porte de la sacristie sur la condamnée et sur son confesseur, et il s'assit dans le chœur, près de la porte, comme un chien qui garde sa proie.

Pirot fit asseoir Mme de Brinvilliers sur une chaise ; lui s'assit en face d'elle, sur un banc. Elle était extrêmement émue ; son visage, d'ordinaire si blanc, était tout en feu ; ses yeux étincelaient.

Elle dit qu'elle se sentait la bouche sèche et le cœur faible, et elle demanda du vin. Pirot en fit apporter aussitôt. Elle en but à plusieurs reprises, mais une goutte chaque fois.

Et ici, le docteur remarque que, contrairement à l'opinion généralement reçue, il ne vit, pendant ces deux jours, Mme de Brinvilliers prendre de vin que pour se donner des forces. Elle en prenait d'heure en heure, mais seulement « autant qu'en aurait pu avaler une mouche. »

Elle demanda au geôlier qui apporta le vin une épingle pour attacher son mouchoir de cou, et, de peur que cet homme ne conçût la pensée qu'elle en voulût faire un mauvais usage, elle lui dit : — « Vous ne devez rien craindre de moi présentement : Monsieur (montrant Pirot) sera mon garant et répondra bien que je ne me voudrais pas faire du mal. » — « Madame, dit cet homme en lui donnant l'épingle, je vous demande pardon; je ne me suis jamais défié de vous, et si cela est arrivé à quelqu'un, ce n'est pas à moi. »

Disant cela, il se mit à genoux devant elle et lui baisa la main. Elle le regarda avec attendrissement, et lui dit humblement : — « Monsieur, priez Dieu pour moi. » — « Je prierai demain pour vous, de tout mon cœur, » répondit le geôlier, pleurant à grosses larmes.

Elle attacha l'épingle à son mouchoir, comme elle put, avec ses mains liées.

Quelle était, à ce moment, la situation d'esprit de Mme de Brinvilliers? Ceci est important, pour juger si vraiment la torture n'avait été que simulée, si la

L'amende honorable *(page 37).*

patiente laissait dans ses aveux une lacune, s'il y avait entre elle et la magistrature un immoral sous-entendu.

M. Michelet dit, avec certitude : « Pirot, resté seul avec elle, trouva une personne tout autre que celle du matin. Elle était, pour ainsi parler, tendue, séchée, altière, l'œil dur et étincelant. Elle n'entrait plus dans les bonnes pensées, n'était plus résignée. »

Il y a là de l'exagération systématique, et qui va même contre le système. Si la question n'a pas été sérieuse, s'il s'est joué une honteuse comédie, pourquoi Mme de Brinvilliers serait-elle si profondément modifiée par la question? Elle l'est, en effet, mais non pas tant que le dit M. Michelet, ni surtout comme il l'entend. Le premier mot de Mme de Brinvilliers, retrouvant son confesseur, est celui-ci : « Je ne veux plus penser aux hommes, mais à Dieu seul. » Sa foi n'est donc pas ébranlée; mais sa délicatesse de femme a été rudement éprouvée; elle a

la fièvre. Elle a souffert, et son corps est brisé. Son âme aussi a été soulevée. Elle a entendu parler de feu, et elle craint d'être brûlée vive. Elle a l'orgueil de naissance et d'habitude, et il lui faudra faire amende honorable, devant tout un peuple. L'arrêt donne à Mme d'Aubray, belle-sœur de la marquise, 10,000 livres à prendre sur les biens de la condamnée. Cela a touché encore Mme de Brinvilliers, qui dit, avec quelque amertume : « Cela ne fera pas du bien à mes enfants. » L'arrêt porte aussi que 2,000 livres seront prélevées sur les biens de la condamnée, pour faire dire des prières pour son père et ses frères.

Tout cela l'a détournée de la pensée divine, et ramenée violemment vers la terre. La souffrance et la crainte de la souffrance ont opéré une réaction passagère, dans le sens de la résistance et de la rancune. Elle l'avoue à son confesseur. Elle a fait, pendant la question, non pas *nombre* de mensonges, comme dit M. Michelet, mais *deux* mensonges. Encore, n'était-ce pas à sa décharge. Elle a accusé Briancourt et Degrais : de Briancourt, elle a dit que jamais elle ne lui avait confié ses crimes, *quoique ce fût vrai;* elle a accusé Degrais d'avoir détourné des papiers de la cassette à Liége : voilà tout.

Ce qui est vrai, c'est qu'après cette épreuve de la question, Mme de Brinvilliers a peine à chasser deux idées qui l'obsèdent : celle de l'arrêt ignominieux, de cette honte qui va l'accompagner et qui suivra sa mort; celle aussi de ses enfants qu'elle aime, de sa fille aînée, carmélite à Pontoise, de son fils aîné, ses deux préférés.

Pirot, qui la voit préoccupée, s'épuise à la rassurer sur les conséquences de ce feu, qui brûlera son corps mort, sans atteindre son âme; elle ressuscitera néanmoins, bien que le corps ait disparu; car rien n'est impossible à Dieu, qui saura bien retrouver toutes les parties de cette enveloppe terrestre. Quant à l'infamie du supplice, les Romains ne brûlaient-ils pas, par honneur et par piété, leurs parents les plus chers?

Elle n'écoute pas le bonhomme, qui pédantise dans le vide. Enfin, il la fait mettre à genoux, difficilement, car ses jarrets sont meurtris; il se met à genoux en face d'elle : ils prient tous deux et il la retrouve. Au lieu des regards secs et arides, des « contorsions de bouche et d'autres saillies impétueuses d'une fierté abattue, » il voit revenir les larmes, les sanglots, le repentir sincère, l'humilité.

En vérité, si quelque chose peut prouver la sincérité de cette femme devant ses juges, c'est sa conduite devant le ministre de Dieu. Cette roideur passagère, cette horreur de la douleur physique; cette répugnance à l'humiliation, ces retours vers des êtres chéris ; puis, ce grand abandon à Dieu d'une âme qui, comme le dit Bossuet, ne va plus respirer que du côté du ciel : tout cela exclut l'idée de cette petite et noire intrigue qu'imagine l'historien.

Ils passèrent encore une heure et demie à pleurer et à prier ensemble. Elle eut des effusions admirables de reconnaissance pour ce pauvre prêtre qui partageait ses dernières douleurs, et des élancements d'amour vers le Dieu que cet homme lui représentait comme une source inépuisable de pardon.

Quand Pirot la vit en l'idée qu'il avait souhaité, il lui annonça qu'il allait lui donner l'absolution. Elle se mit alors à genoux, avec peine, appuya ses bras liés sur les bras du confesseur, et reçut les paroles de pardon.

Comme ils priaient encore, le bourreau entr'ouvrit la porte, sous prétexte de demander si on n'avait besoin de rien. En réalité, il s'agissait d'une réclamation de créancier, qui venait relancer son débiteur jusque sur les marches de l'échafaud. Mme de Brinvilliers avait, quelques années auparavant, acheté un carrosse au prix de 1,500 livres, sur lequel elle n'avait donné encore qu'un à-compte de 300 livres. Le sellier priait le confesseur d'intervenir et d'obtenir de sa pénitente quelques garanties pour le reste. Mme de Brinvilliers accueillit fort doucement cette étrange poursuite, et promit d'y penser.

En même temps, comme le bourreau restait là, elle lui demanda s'il fallait déjà partir, et, sur ce qu'il lui répondit qu'il n'était encore que cinq heures et demie, et qu'on pouvait retarder de deux ou trois heures, elle montra sa joie de ce délai. Pirot vit avec plus de plaisir cette joie qu'il n'avait vu l'impatience de mourir dont elle était saisie après la question.

Le bourreau parti, la pénitente montra à Pirot un chapelet qu'elle avait : — « Je serais bien aise, dit-elle, qu'il ne tombât pas entre les mains du bourreau; ce n'est pas que je ne croie qu'il n'en ferait un bon usage, ces gens-là sont chrétiens comme nous; mais, enfin, j'aimerais mieux le laisser à quelque autre, à ma sœur, par exemple. Mais j'ai peur qu'elle n'ait quelque horreur de toucher à ce qui m'a approché. Si elle n'y avait point de peine, elle me ferait un grand plaisir de le porter ; cela lui remettrait plus souvent mon idée. »

Pirot lui promit d'accomplir cette dernière volonté. On vint, en ce moment, le chercher de la part du Procureur général. — « Voilà, lui dit le magistrat, une femme qui nous désole. Elle avoue son crime, mais elle ne déclare point ses complices. Et savez-vous ce qu'on dit au Palais, à la Cour et dans la ville? Que vous êtes ami de M. Le Boultz, et que la liaison étroite qu'il y a entre vous, sa famille et la vôtre, vous a fait détourner Mme de Brinvilliers de charger M. Pennautier et ses autres complices. Je suis persuadé, quant à moi, de votre intégrité, et qu'il n'y a point d'amitié qui ait pu vous empêcher de faire votre devoir. »

Fasse accorder qui pourra ces inquiétudes, ces scrupules, avec le parti soi-disant pris de couvrir les complices et de sauver Pennautier.

— « Je connais beaucoup le nom de M. Le Boultz, répondit simplement Pirot ; mais quant à la personne, je ne l'ai jamais vue. Je sais qu'il a un fils docteur, attaché à la maison du roi, que je ne connais pas davantage. De tous ces Messieurs, je ne connais qu'un des fils, conseiller, et depuis ce matin seulement. Je ne l'avais jamais tant vu auparavant. »

Ce fils Le Boultz était un des nombreux importuns qui avaient assiégé Pirot, le matin, chez le concierge. Qu'était-il venu faire auprès du confesseur de Mme de Brinvilliers? Pirot, à ce propos, raconta au magistrat la courte conversation qu'ils avaient eue ensemble.

— « Vous savez sans doute, Monsieur, avait dit le jeune conseiller, qu'on veut impliquer M. de Pennautier dans l'affaire de Mme de Brinvilliers, comme s'il en était complice. Je sais qu'il est innocent, et je sollicite pour sa liberté. Nous n'avons rien à craindre de la vérité ; mais *nous avons tout à craindre de la violence de la question et de la faiblesse d'une femme.* Je suis convaincu de l'innocence de mon beau-frère; mais *je ne puis n'avoir point peur que Mme de Brinvilliers ne l'accuse faussement,* auquel cas, Monsieur, nous espérons que vous aurez assez d'intégrité pour l'obliger à se rétracter, et pour lui faire entendre qu'elle ne peut mourir en sûreté de conscience sans décharger un innocent. »

Supposons Pennautier innocent de toute complicité, *au moins positive et directe,* il y avait, en effet, tout à craindre pour lui de la question. Mme de Brinvilliers, par faiblesse physique, pouvait l'accuser sans fondement, et, alors, il ne lui restait d'autre recours que l'appui du confesseur.

Pirot, qui savait déjà ce que la pénitente avait à avouer, laissa entendre à M. Le Boultz ce qu'il ne pouvait pas lui dire; Mme de Brinvilliers ne chargerait pas un innocent : il resta dans ces généralités.

Le Procureur général fut satisfait de ces explications.

On préparait tout, cependant, pour l'exposition du Saint-Sacrement dans la chapelle. On se rappelle que cette communion spirituelle était seule permise à la condamnée. Avant la solennelle cérémonie, les commissaires et le greffier Drouet vinrent procéder à un dernier interrogatoire. Encore une tentative pour faire compléter les aveux, pour connaître les complices. On y revenait souvent, et toujours avec la même ténacité relativement à Pennautier.

Insistons une dernière fois sur ce point, et comparons les aveux de la question à ceux qu'elle va faire de nouveau dans la chapelle.

A la question, elle a avoué très-explicitement avoir empoisonné son père « vingt-huit ou trente fois, » de sa propre main, et par un laquais nommé Gascon, donné par Sainte-Croix. Pendant sept ou huit mois, on avait employé contre ce vieillard l'eau et la poudre. Elle avait empoisonné ses frères, par La Chaussée, au moyen d'une eau claire et rousse. Elle avait donné du poison cinq fois à son mari, de l'arsenic, gros comme un petit bouton. « Et elle nous a remarqué qu'il n'en fallait pas donner trop à la fois, afin qu'on ne s'aperçût pas que cela fît trop d'effet, et que cela fût trop précipité. » Elle-même avait été empoisonnée par Sainte-Croix pendant sept ou huit mois; elle prenait du lait, ce qui la sauva. « Elle a connu particulièrement Glazer pour un homme d'esprit fin et habile. Il allait à Florence, apprendre les manières de faire les poisons les plus fins et les plus subtils. Il en débitait à des personnes de qualité. » — Quelles personnes? lui demanda-t-on.

A dit qu'elle a cru que c'était M. Fouquet, surintendant des finances, lequel sieur Fouquet avait envoyé Glazer à Florence. Et lui a dit Sainte-Croix que le sieur Fouquet voulait s'en servir.

Interrogée pourquoi il voulait s'en servir,

A dit que Sainte-Croix ne lui a point dit, et croit que c'était pour quelque chose de conséquence, et qu'il fallait que ce fût pour quelqu'un qui lui fît obstacle.

Quel était ce poison de Florence? Elle croit que c'était du végétal. Glazer allait chercher en Italie une herbe à petites feuilles, semblables aux feuilles de séné, un peu plus grandes. C'est cela qu'il allait quérir pour Fouquet, pour quelque grand dessein.

Outre ce point de Glazer, c'est sur Pennautier qu'on l'avait le plus pressée à la question; là dessus, on trouve, dans le procès-verbal d'exécution de mort, la trace des adjurations les plus fortes. Elle y répond « qu'en l'état qu'elle est présentement d'aller rendre compte à Dieu de toutes ses actions, il serait mal à propos de ménager Pennautier, et que si elle savait qu'il fût coupable de poisons ou d'autres crimes, elle ne manquerait pas de le dire. »

Sur autres questions, elle répond : — « N'a jamais ouï parler à Sainte-Croix que Pennautier lui avait promis de l'argent pour acheter une charge de secrétaire du cabinet. »

Et, plus loin : — «Belleguise pouvait être d'intelligence avec Sainte-Croix pour la fausse monnaie ; ne croit pas que Pennautier en eût connaissance. »

Eh bien ! ces points si longuement éclaircis, on veut les éclaircir encore. De là, le dernier interrogatoire de la chapelle.

Sur la prière du Procureur général, le docteur dut adjurer une fois encore, et publiquement, sa pénitente de déclarer la composition du poison et du contre-poison, si elle la connaissait, et de faire

« main basse » sur les complices, si elle en avait. Elle répéta, encore une fois, qu'elle n'avait plus rien à dire.

Interrogée de plus près sur la dette Paul, sur les lettres écrites de la Conciergerie, sur Martin, elle soutient imperturbablement ses premiers dires, avec une évidente indifférence pour Pennautier. Rapprochez cette persistance de la certitude où elle est de sa mort prochaine, de l'état de son cœur pénitent, et concluez pour ou contre le complot prétendu de l'église et de la magistrature.

La conclusion n'est-elle pas bien celle de M. de Palluau? « Elle a déclaré peu de chose; mais nous croyons qu'elle ne sait rien de plus. »

Édifiés sur le prétendu mystère de cette cause, les magistrats n'insistent plus, à la chapelle, que sur un point intéressant, celui de Glazer. Dans les aveux de question, on aura remarqué le détail étrange relatif au surintendant Fouquet. M. de Lamoignon, évidemment, a reçu, dans l'intervalle, l'ordre d'éclaircir, si faire se peut, le grand dessein. C'est là-dessus qu'a porté le dernier effort.

Interrogée en quel temps Sainte-Croix lui a dit que Glazer avait été à Florence,

A dit qu'il peut y avoir sept à huit ans, que Sainte-Croix lui dit qu'il y a douze ou treize ans que M. Fouquet avait envoyé Glazer à Florence.

Interrogée s'il ne lui a point dit quel grand dessein M. Fouquet avait, et s'il ne lui a nommé personne dont elle puisse se souvenir qui y ait part,

A répondu qu'il ne lui a rien dit autre chose, sinon que c'était pour quelqu'un de condition, et pour des gens de qualité de la Cour, mais que Sainte-Croix ne lui a point dit pour qui c'était.

On veut savoir plus; on veut connaître le poison de Florence. La condamnée dit là-dessus ce qu'elle sait, et ce qu'elle sait est peu de chose.

— « Un jour, Sainte-Croix vint me dire : « Madame, votre ami Glazer se meurt; il m'a envoyé quérir pour me donner une chose extrêmement rare. » Et Sainte-Croix disait que c'était la pierre philosophale; mais il s'agissait de poisons si bons et si subtils, que leur effet était immanquable. »

Voilà tout. Mais n'oublions pas cette révélation singulière relative à Fouquet. Nous verrons reparaître ce nom dans une affaire de poison bien autrement grave que celle de la Brinvilliers.

Revenons à l'agonie de la marquise.

Il était six heures trois quarts. L'adoration du Saint-Sacrement, qui devait tenir lieu du viatique à la condamnée, était fixée à sept heures. Un grand mouvement commença à se faire dans la Conciergerie : car il était d'usage, en pareil cas, que tous les prisonniers participassent à l'adoration.

Le bourreau s'approcha de Mme de Brinvilliers, et lui serra un peu plus les mains.

L'adoration dura peu. Sortie de la chapelle, le valet du bourreau apporta la chemise que la condamnée devait, aux termes de l'arrêt, revêtir par-dessus ses habits. Il y avait dans la cour plusieurs curieux, des gens du monde, des magistrats : Mme de Brinvilliers montra quelque confusion d'être vue par ces gens-là, et, de ses mains liées, elle rabattit tant qu'elle put sa cornette sur sa figure.

Le valet la conduisit un peu rudement par une galerie sombre. Comme il la tirait à lui, le chapelet qu'elle tenait se défila, et quelques grains tombèrent avec bruit. Elle s'arrêta; Pirot et le valet les ramassèrent comme ils purent, dans cette obscurité, et le valet les lui remit entre les mains.

« — Monsieur, lui dit-elle humblement, je sais que je ne possède plus rien, et que tout ce que j'ai sur moi vous appartient. Je ne puis rien donner que de votre agrément ; mais je vous prie de trouver bon que je donne ce chapelet à Monsieur. Vous n'y perdrez pas beaucoup ; il n'est pas de grand prix. »

Entre la grande cour et le premier guichet, on lui passa la chemise. Elle crut d'abord qu'on l'allait dépouiller et mettre nue ; sa pudeur s'alarma. Le bourreau la rassura, lui disant que ce n'était pas l'usage, et qu'il suffisait que la chemise fût placée par-dessus le reste des habits. Cette chemise était très-ample, d'une toile assez belle, point trop grise. Quand on l'en eut revêtue, elle se montra un peu humiliée, et considéra, d'un air honteux, ce grand sarrau blanc qui l'enveloppait du col aux pieds, et la faisait toute courte et grosse. Le valet lui rabaissa sa cornette et la noua sous le menton ; puis, il lui passa au cou la corde, ôta ses mules et lui tira les bas. Pour cela, elle s'était assise par terre ; elle pria le docteur de s'asseoir près d'elle et de la consoler.

Il y avait, dans cette cour assez étroite, une cinquantaine de personnages de marque, qui considéraient avidement ce triste spectacle. Parmi eux, Mme la comtesse de Soissons, Mme de Refuge, M. de Roquelaure.

L'orgueil, à cette vue, revint sur l'eau ; outrée de dépit, Mme de Brinvilliers ne put s'empêcher de dire : — « Voilà une étrange curiosité ! » L'honnête sorbonniste s'empressa de chasser, par quelques exhortations, ce retour de naturel.

Elle revint bien vite à l'humilité. On sortait, en ce moment, de la Conciergerie ; elle dit tout haut : — « Adieu, monsieur le concierge ; adieu, madame la concierge. »

Près de la porte, était arrêté un tombereau, des plus petits parmi ceux qui servaient à enlever les gravois. Pirot fut, presque autant que la condamnée, étonné et choqué de cet étrange équipage. On n'y pouvait assurément tenir quatre, et il devait être bien difficile d'y tenir trois. Le valet du bourreau s'assit sur la planche qui fermait le tombereau par-devant, et plaça les pieds sur le timon ; c'était lui qui devait conduire. Le bourreau prit place dans le fond, debout, adossé à la planche. Mme de Brinvilliers et Pirot s'assirent sur la paille, aux pieds du bourreau. Celui-ci remit entre les mains de la condamnée la torche allumée ; Pirot, pour la soulager, car la torche était lourde, prit cette torche de la main droite.

Elle, cependant, avait repris son air farouche, et ces convulsions nerveuses, que le confesseur commençait à connaître si bien, annonçaient qu'un nouvel orage éclatait dans son cœur. C'était la dernière passion qui persistait et refusait se se rendre : l'orgueil. Elle laissa deviner sa pensée secrète par ces paroles :

— « Monsieur, serait-il possible, après ce qui se passe à l'heure qu'il est, que M. de Brinvilliers eût encore assez peu de cœur pour rester dans le monde ? »

C'est à ce moment, et au milieu de cette multitude, que la vit Lebrun, le peintre du roi ; elle avait alors les sourcils froncés, le visage plissé, les yeux allumés, quelque chose du tigre. Le grand peintre regarda cette femme avec une profonde curiosité d'artiste.

« Cela ne m'étonne pas, dit Pirot, que M. Lebrun lui ait fait une tête si enflammée et si terrible dans le portrait qu'il en a tiré ; on dit qu'il ne le fit pas sur l'heure, mais que l'idée lui en fut présente tout le soir et la nuit suivante, et que, le lendemain, il en tira un crayon avec ses couleurs. Je ne sais si cela lui ressemble ; on m'a dit que oui, et que, pour faire connaître que c'est une femme que l'on mène au supplice, il a mis auprès d'elle un homme en bonnet carré, sans s'arrêter à la ressemblance qu'on dit qu'il n'a point du tout avec moi. »

Pirot ajoute, par ouï-dire, que Lebrun avait eu l'intention de représenter *l'indignation*, et qu'il avait cherché un rapprochement entre cette physionomie terrible et celle du tigre ; il avait même placé une tête de tigre dans son dessin, en regard de celle de Mme de Brinvilliers.

Lebrun, en effet, cherchait à réduire à quelques lignes principales les différentes expressions de la figure humaine, et il a étudié particulièrement les caractères des passions ; il a laissé un *Traité de la physionomie*, dans lequel il se préoccupe beaucoup du rapport de la physionomie humaine avec celle des animaux. Mais ce n'est pas, assurément, le dessin dont parle Pirot qui est venu jusqu'à nous. L'admirable dessin du Louvre ne représente qu'une tête fort pathétique, les yeux levés au ciel, avec une espérance pleine de crainte. La douleur physique et la douleur morale s'y confondent dans un très-touchant mélange, et le bas de la figure est affaissé par la mort qui s'avance, tandis que le regard s'élance vers Dieu.

Ce fut là l'expression que prit définitivement sa figure, après les derniers combats de l'âme.

La populace criait et se pressait autour du tombereau ; on ne pouvait avancer. Pirot, penché vers elle, cherchait à la distraire de ces bruits, de cette marche, par ses monotones exhortations. Elle revint peu à peu à elle, bien qu'encore agitée.—« Monsieur, disait-elle de temps en temps ; voyez donc, me voilà toute habillée de blanc. » Il finit par la retirer de ces préoccupations de fausse honte, et à la retourner vers la pensée de résignation absolue. Elle eut alors un mouvement de tendresse.

« Adoptez, je vous prie, mes enfants en terre, comme j'ai prié la Vierge de les adopter au ciel ; ayez soin d'eux, et tenez-leur lieu de tout ; mais, surtout, soyez la consolation de mon mari. »

On allait arriver à l'Hôtel-Dieu. A ce moment, l'air de son visage changea tout à coup ; ses yeux devinrent égarés, en se portant hors du tombereau. Le confesseur s'aperçut qu'il y avait, dans la foule, quelque chose qui la troublait. — « Monsieur, dit Mme de Brinvilliers au bourreau, tournez-vous un peu de côté, pour me couvrir cet homme-là. » Pirot voulut connaître celui dont elle parlait. — « C'est une faiblesse à moi, répondit-elle, de ne pouvoir pas présentement soutenir la vue d'un homme qui m'a maltraitée. Celui que vous avez vu toucher le derrière du tombereau est Degrais. C'est lui qui m'a arrêtée à Liége, et qui m'a eu longtemps en sa charge. Il a eu pour moi quelques duretés, et j'ai peine à le voir présentement. »

Il y avait, en effet, derrière le tombereau, un homme à cheval ; c'était Degrais, à la tête de ses archers.

Le sorbonniste représenta à sa pénitente que c'était là encore une mauvaise pensée, peu chrétienne ; cet homme-là n'avait fait que son devoir, et elle ne devait point témoigner pour lui de dégoût ni de haine. Elle combattit un instant avec elle-même, et se rendit, demandant pardon à Dieu du mauvais mouvement. Puis, se tournant du côté du bourreau :

— « Je vous prie, dit-elle, détournez-vous comme vous étiez, afin que je voie M. Degrais. »

On était alors vis-à-vis l'église de Sainte-Geneviève des Ardents.

Nous avons dit qu'elle avait eu, à la lecture de l'arrêt, une crainte toute physique ; elle ne s'en put cacher plus longtemps. — « Monsieur, dit-elle à Pirot, ce ne sera pas toute vive qu'on me brûlera ? » Le docteur la rassura ; l'arrêt portait que son corps serait brûlé après la mort : on adoucissait quelquefois les peines portées par les arrêts, mais on ne les aggravait jamais.

On arrivait, cependant, à Notre-Dame. Dans le parvis, on les fit descendre. Le confesseur et sa pénitente eurent quelque peine à se mettre sur les pieds ; la situation incommode qu'ils avaient gardée dans le tombereau les avait engourdis.

La cathédrale était littéralement assiégée par la foule. La grande porte était ouverte à deux battants ; on voyait beaucoup de monde au dedans. Pirot passa derrière la condamnée, la fit agenouiller, et se mit lui-même à genoux derrière elle, sur la marche de la porte. Le greffier Drouet se plaça à droite, le bourreau à gauche. Drouet lut la formule d'amende honorable, que Mme de Brinvilliers commença à répéter après lui. Sa voix, naturellement très-faible, n'arrivait distinctement qu'aux oreilles des plus proches.

— « Dites comme Monsieur, et répétez tout après lui, » dit le bourreau d'une voix forte. Elle éleva un peu la voix, et récita clairement les paroles suivantes :

« Je reconnais que méchamment, et par vengeance, j'ai empoisonné mon père et mes frères, et attenté à l'empoisonnement de ma sœur, pour avoir leurs biens, dont je demande pardon à Dieu, au Roi, et à la Justice. »

L'amende prononcée, on lui reprit la torche et on la fit remonter dans le tombereau.

Le chemin fut long jusqu'à la Grève. La foule s'épaississait à chaque pas ; à chaque pas, les imprécations croissaient contre la parricide. Dans le tombereau, la voix monotone du sorbonniste parlait de Calvaire et rappelait la passion du Seigneur. La condamnée était entièrement vaincue. Ces cris acharnés du peuple qui demandaient du sang, n'avaient plus rien qui la touchât de terreur ou de honte. Elle était toute à Dieu, toute résignée, toute abandonnée à l'esprit de pénitence. Lebrun dut la revoir à ce moment-là.

Les vociférations de la foule inquiétaient plus le confesseur que la condamnée. « Cela, dit Pirot, est assez extraordinaire à Paris, où on est tendre ; mais je crois que cette tendresse même excitait cette population contre elle ; son crime était si étrange, qu'on ne la pouvait plus regarder qu'avec exécration. »

Elle le comprenait ainsi, et excusait ces forcenés, en avouant que son crime méritait tous les supplices.

— « Et, avec tout cela, Monsieur, ajouta-t-elle en soupirant, j'aurais eu peine à me résoudre si on m'avait condamnée à être brûlée vive. L'arrêt porte qu'on ne brûlera mon corps qu'après ma mort, et je me repose sur la parole que vous m'avez donnée que ce sera ainsi. »

C'est un reste d'anxiété, toute physique, qui survit aux révoltes de l'âme. Le bourreau l'entendit, et d'un ton brusque, mais qui laissait percer un sentiment d'humanité :

—« Il faut persévérer, Madame ; ce n'est pas assez d'être venue jusqu'ici, et d'avoir répondu jusqu'à cette heure à ce que vous a dit Monsieur : il faut aller jusqu'à la fin, et suivre jusque-là, comme vous avez commencé. »

Elle ne répondit pas, mais elle fit un signe de tête, comme pour témoigner qu'elle recevait le conseil et qu'elle s'y conformerait.

En ce moment, le greffier Drouet s'approcha du tombereau, à cheval, et demanda à la patiente si elle n'avait rien à ajouter à ses aveux, l'avertissant que les deux commissaires étaient à l'Hôtel de Ville, prêts à recevoir ses déclarations. Elle assura, une fois de plus, qu'elle n'avait plus rien à dire, sinon qu'elle offrait de déclarer, pour la décharge de Degrais et de Briancourt, qu'elle les avait injustement accusés.

Il se passa un moment assez long avant qu'elle pût descendre du tombereau pour monter sur l'échafaud. Elle eut alors à souffrir des cris, des huées, des menaces de mort. Enfin, on réussit à faire approcher le tombereau à trois pas environ de l'échafaud. Le conducteur du tombereau faisait pleuvoir les coups de fouet sur les plus échauffés de la foule : Pirot reçut, au visage, un rude coup qui ne lui était pas adressé.

Le bourreau, cependant, était descendu pour disposer l'échelle. La condamnée regarda son confesseur avec des yeux pleins de larmes de reconnaissance et de tendresse : — « Monsieur, lui dit-elle, ce n'est pas encore ici que nous nous devons séparer ; vous m'avez promis de ne me point quitter que je n'eusse la tête coupée. J'espère que vous me tiendrez parole. »

Le bonhomme pleurait et ne pouvait répondre.

On la tira alors du tombereau, et, resté seul un moment, l'honnête Pirot en profita pour pleurer tout à son aise, dans son mouchoir. Cela lui déchargea le cœur. Quand le valet du bourreau lui tendit la main, pour l'aider à descendre, il reprit courage et ne pensa plus qu'à conduire à bien sa pénitente.

Celle-ci, au premier pas qu'elle avait fait vers l'échafaud, avait encore rencontré Degrais, fièrement campé sur son cheval, en héros d'habileté victorieuse. Elle s'inclina humblement vers lui, lui demanda pardon des peines qu'elle lui avait données, et le pria de faire dire quelques messes et de faire prier Dieu pour elle. Elle ajouta : — « Je suis bien votre servante, Monsieur, et je vais mourir telle... Adieu, Monsieur. »

Elle monta ensuite les échelons, d'un air tranquille, le bourreau la conduisant. Elle s'agenouilla, le visage tourné du côté de la rivière ; le docteur se mit à genoux aussi, mais tourné à contre-sens, vers le fond de la place, de manière à pouvoir garder l'oreille près de sa bouche.

Les apprêts commencèrent ; la *toilette*, dirions-nous aujourd'hui, longuement alors et cruellement faite sur l'échafaud même. Mme de Brinvilliers en souffrit doucement toutes les tortures, prêtant l'oreille aux exhortations du docteur : elle était toute componction ; les yeux remplis de grosses larmes, non de frayeur, mais d'amour, l'esprit très-libre du reste.

Le bourreau avait eu l'attention de cacher le couteau sous un grand manteau ployé, en sorte qu'elle ne le pût voir. Elle n'aperçut même pas le bûcher. Il la décoiffa, lui coupa les cheveux par derrière et sur les deux faces, et cela dura longtemps. A chaque mouvement, la tête de la patiente cédait et tournait avec une résignation absolue, bien que le bourreau la maniât quelquefois très-durement. La besogne n'avançait que difficilement, non que les cheveux fussent longs, mais ils étaient très-épais.

Les cheveux enfin coupés, et il avait fallu pour cela une demi-heure, le bourreau lui déchira le haut de la chemise, pour lui découvrir les épaules. Puis, il lui banda les yeux.

Il ne trouva en elle résistance à rien; elle était comme un agneau qu'on mène égorger. Elle n'ouvrit non plus sa bouche, pour se plaindre du bourreau, qui en faisait ce qu'il en voulait, que l'ouvre un animal quand on le tond. »

Le sorbonniste, cependant, continuait ses exhortations, mélange bizarre de tendres élancements et de dissertations pédantesques. Le bruit de cette voix était devenu nécessaire à la malheureuse. Il lui parut tout à coup que cette voix s'affaiblissait et s'éloignait; il en était bien ainsi : le bourreau avait fait signe à Pirot de se retirer un peu, et, bien que le bonhomme se fût retiré doucement et à genoux, sans cesser de parler, la patiente s'en aperçut. Alors, se tournant précipitamment de son côté, bien qu'elle ne pût le voir : — « Ah! Monsieur, dit-elle, vous vous en allez, quoique vous m'ayez promis de ne me point abandonner que je n'eusse reçu le coup. » Elle dit cela fortement, avec inquiétude. Le docteur la rassura, enflant sa voix, pour faire croire à la patiente qu'il ne s'était pas éloigné. Et, il lui fit dire : « Seigneur Jésus, recevez mon esprit! » Elle répéta cela trois fois, avec une grande ardeur et un effort de voix.

A ce moment, Pirot vit le bourreau faire un mouvement pour prendre le couteau, toujours caché; il s'empressa de profiter de quelques instants encore pour faire redire à sa pénitente l'amende honorable de Notre-Dame, lui faisant ajouter, en signe d'humiliation parfaite : « Je me reconnais de bonne foi une créature abominable. Mon Dieu, je reconnais mon crime, à la vue du ciel et de la terre. »

Après quelques prières, qu'elle suivit de bouche comme de cœur, le bourreau dit à Pirot : « Dites le Salut. » Pirot entonna l'antienne; il s'entendait à peine lui-même, tant la foule menait grand bruit, et on ne pouvait l'entendre à vingt pas. Les premiers parmi les spectateurs suivirent le chant sacré, bientôt imités par les autres. Puis, le docteur se hâta de renouveler l'absolution, de lui faire baiser la médaille de Mᵐᵉ de Lamoignon.

L'instant suprême approchait. Le visage de Mᵐᵉ de Brinvilliers était comme transfiguré, le teint blanc, uni, mais non pâle; les muscles et les nerfs étaient détendus; les yeux levés au ciel, chargés de componction.

Laissons Pirot raconter le reste :

« Toutes ces paroles furent suivies d'un coup sourd dont le son frappa mon oreille, ce qui me fit cesser de parler. C'était le coup que le bourreau lui donna pour lui abattre la tête. Il fit cela si habilement, que je ne vis point du tout le couteau passer, quoique j'eusse toujours la vue appliquée à la tête qu'il coupa, et je suis encore à savoir comme on fait cet instrument, que je n'ai jamais vu ni nu, ni dans le fourreau. Le bruit du coup me parut comme d'un grand coup de couperet qui se donnerait pour couper de la chair sur un billot. Je ne vis point que le bourreau tâtât le col pour prendre ses mesures, et trouver l'endroit où il pouvait frapper. Il ne dit rien du tout à Mᵐᵉ de B. Elle se tenait seulement la tête fort droite. Il la lui avala d'un seul coup, qui

trancha si net, qu'elle fut un moment sur le tronc sans tomber. Je fus même un instant en peine, croyant que le bourreau avait manqué son coup, et qu'il faudrait frapper une seconde fois. Tout cela ne fut que d'un moment... Mais ma crainte fut courte, et elle se dissipa au même moment, la tête tombant sur l'échafaud fort doucement en arrière, un peu du côté gauche, et le tronc devant, sur la bûche qu'on avait mise devant elle en travers. Je vis tomber cela sans effroi, et regardant d'un sang-froid d'un côté la tête qui ne fit pas un bond et qui jeta peu de sang, et de l'autre le corps d'où il n'en sortit pas beaucoup. Je dis sur l'heure un De profundis, comme j'avais promis à la dame, et tout consolé qu'elle eût eu à la mort les sentiments de piété et de contrition que j'eusse pu demander à Dieu pour elle (1). »

C'est à huit heures que la tête de Mᵐᵉ de Brinvilliers tomba. — « Monsieur, dit le bourreau au docteur, n'est-ce pas là un bon coup? Je me recommande toujours à Dieu dans ces occasions-là, et jusqu'à présent il m'y a assisté. Il y a cinq à six jours que cette dame m'inquiétait et me roulait dans la tête. Je lui ferai dire six messes. »

Et le bourreau prit une bouteille de vin, que Pirot avait apportée par précaution, mais dont ni lui ni la pénitente n'avaient senti le besoin; il en but un grand coup, disant : « Je suis fort altéré, et je l'ai été tout le jour. » Ensuite, il prit le corps tout habillé, et le descendit, avec la tête, pour le placer sur le bûcher. Le docteur cependant, qui, resté seul sur l'échafaud, y faisait, à son sens, une méchante figure, en descendit, évitant de regarder le bûcher, et s'en fut aussitôt que la presse fut un peu moins grande.

« S'il n'avait fallu, dit l'honnête et naïf docteur, pour assurer son salut, que donner ma tête avec la sienne, je l'aurais donnée avec la plus grande joie du monde. Le temps qui s'est passé depuis n'en a rien diminué; je le donnerais encore pour cela avec grand plaisir. »

Voilà les faits vrais; écoutons maintenant les commérages, dont Mᵐᵉ de Sévigné est l'écho charmant et fidèle :

« Enfin, c'en est fait, la Brinvilliers est en l'air; son pauvre petit corps a été jeté, après l'exécution, dans un fort grand feu, et ses cendres au vent; de sorte que nous la respirerons, et par la communication des petits esprits, il nous prendra quelque humeur empoisonneuse, dont nous serons tout étonnés. Elle fut jugée dès hier. Le matin, on lui a lu son arrêt : on l'a présentée à la question : elle a dit qu'elle n'en avait pas besoin, qu'elle dirait tout. En effet, jusqu'à quatre heures, elle a conté sa vie, plus épouvantable qu'on ne le pensait. Elle a empoisonné deux fois de suite son père, elle n'en pouvait venir à bout; ses frères : et toujours l'amour et les confidences mêlés partout. Elle a demandé à parler à M. le Procureur général; elle a été une heure avec lui : on ne sait point encore le sujet de cette conversation.

« A six, on l'a menée nue en chemise et la corde

(1) M. Michelet cite ce passage, mais en l'analysant, en le traduisant, en le défigurant; en sorte qu'il reste peu de chose du texte de Pirot. Cela, dira-t-on, a peu d'importance. S'il ne s'agit que de Pirot et de son style, on l'accorde volontiers; s'il s'agit de la vérité historique, il n'en est plus de même. Nous ne croyons pas qu'il soit permis de citer un auteur, quel qu'il soit, de donner ses paroles comme textuelles, entre deux guillemets, et cependant de les travestir. Il y a là l'indication d'un procédé qui fait comprendre les travestissements plus graves de faits et d'idées, et qui, assurément, n'est pas admis dans la véritable et sérieuse histoire.

au cou, à Notre-Dame, faire l'amende honorable, et puis on l'a remise dans le même tombereau, où je l'ai vue jeter à reculons sur de la paille, avec une cornette basse et sa chemise, un docteur auprès d'elle, le bourreau de l'autre côté. En vérité, cela m'a fait frémir. Ceux qui ont vu l'exécution disent qu'elle a monté avec bien du courage. Pour moi, j'étais sur le pont Notre-Dame avec la bonne Descurs. Jamais il ne s'est vu tant de monde, ni Paris si ému et si attentif. Demandez-moi ce qu'on a vu? Pour moi, je n'ai vu qu'une cornette. Ce jour était consacré à une tragédie. J'en saurai davantage demain, et cela vous reviendra.»

« Encore un petit mot de Brinvilliers. Elle est morte comme elle a vécu, c'est-à-dire résolument. Elle entra dans le lieu où on lui devait donner la question, et voyant *trois* seaux d'eau : « C'est assurément pour me noyer, dit-elle; car, de la taille dont je suis, on ne prétend pas que je boive tout cela.» Elle écouta son arrêt, dès le matin, sans frayeur et sans faiblesse, et, sur la fin, elle fit recommencer, disant : « Ce tombereau m'a d'abord frappée; j'en ai perdu l'attention pour le reste.» Elle dit à son confesseur, en chemin, de faire mettre le bourreau devant, « afin de ne pas voir, dit-elle, ce coquin de Desgrais, qui m'a prise.» Il était à cheval devant le tombereau. Son confesseur la reprit de ce sentiment. Elle dit : « Ah! mon Dieu, je vous en demande pardon; qu'on me laisse donc cette étrange vue.» Elle monta seule, et nu-pieds, sur l'échafaud, et fut, un quart d'heure, miraudée, rasée, dressée et redressée par le bourreau. Ce fut un grand murmure et une grande cruauté. Le lendemain, on cherchait ses os, parce que le peuple disait qu'elle était sainte. »

Il y a du vrai et du faux dans ce récit de grande dame, fait avec une légèreté qui nous étonne et nous blesse aujourd'hui. Un petit volume in-18, publié dans l'année même de l'exécution, tout rempli d'erreurs grossières, qui a servi de base à tous les récits postérieurs, qui fait le fond du compte-rendu de Roisset (1), reproduit sans critique par Gayot de Pitaval, par Richer et par tous les auteurs de Causes célèbres à la suite, ajoute à ces détails quelques paroles suprêmes de madame de Brinvilliers. Arrivée devant l'échafaud, elle se serait écriée: — « C'est donc pour tout de bon?... Quoi! il n'y aura donc pas de grâce?... Et pourquoi, parmi tant de coupables, suis-je la seule que l'on fasse mourir?... »

C'est là l'origine du système de M. Michelet. «Pourquoi, dit-il, n'aurait-elle pas prononcé ces paroles? Pirot le nie; mais qu'en sait-il? Il fut un moment séparé d'elle par la foule.»

L'argumentation est faible, le parti pris évident. Toute la procédure, toute l'attitude de la condamnée crient contre cette invention de la malignité publique. La Brinvilliers est morte chrétiennement, cela est hors de doute; elle ne savait rien de plus que ce qu'elle avoua, cela est clair. Voltaire, dont le bon sens a rejeté l'idée d'une corruption générale des mœurs, d'une entente criminelle de tous les pouvoirs pour imputer à une seule le forfait de la société tout entière, Voltaire, dans son *Siècle de Louis XIV*, dit de la Brinvilliers : «Au milieu de tant de crimes, elle avait de la religion... Il est faux qu'elle ait essayé ses poisons dans les hôpitaux (2),

(1) *Les Histoires tragiques de notre temps*, par François de Roisset, dernière édition, Rouen, 1700, in-8°.
(2) Commérage accueilli, parmi tant d'autres, par Mme de Sévigné.

comme le disait le peuple, et comme il est écrit dans les *Causes célèbres*, ouvrage d'un avocat sans cause et fait pour le peuple. »

La conclusion de M. Michelet tombe d'elle-même. « Beaucoup de gens, dit-il, respirèrent après l'exécution. Le silence était sûr désormais. Pennautier, spécialement, était en bonne situation. Le spirituel chevalier de Grammont avait fort bien tiré l'horoscope de son procès, disant : «Pennautier est trop riche pour être condamné.» Madame de Sévigné, qui paraît penser de même, dit qu'un monde entier travaillait, remuait ciel et terre pour lui. Il n'avait plus à craindre que les indiscrétions de la Brinvilliers appuyassent la veuve Hanyvel. »

Le procès de Pennautier renverse ces imputations, répond à ces doutes injurieux pour la magistrature, qui aurait « enterré le procès. »

Arrêté, mis au secret depuis le 15 juin, Pennautier, en 1677, se débattait encore contre l'accusation portée par la veuve de Saint-Laurens. Nous avons, de celle-ci, un *Factum pour dame Marie Vosser, veuve de messir Pierre de Hannyvel, sieur de Saint-Laurens, vivant receveur général du clergé de France, tant en son nom que comme tutrice du fils mineur du dit deffunt et d'elle; contre maistre Pierre Louys de Reich de Pennautier, receveur général du clergé, et trésorier de la Bourse des États du Languedoc. Paris, 1677.* De Pennautier, nous avons un *Mémoire fidelle, pour justifier l'innocence du sieur de Pennautier, à l'égard de la dame de Brinvilliers, par ordre des pièces, temps et dattes.* On trouve encore des *Suppliques* et *Observations* des deux parties, qui prouvent que l'affaire fut longuement, sérieusement discutée.

Mais que pouvait-il advenir de la plainte de la dame de Saint-Laurens?

Relativement à l'accusation de complicité avec la marquise, la prétention de la dame de Saint-Laurens était insoutenable. Elle supposait, sans le prouver, que la quittance Cusson était fausse; elle affirmait que, dans le paquet adressé par Sainte-Croix à Pennautier, il y avait primitivement, au lieu du mandat Cusson, une *promesse* Pennautier au profit de Sainte-Croix, promesse à la date du 17 février 1669. Cette promesse avait dû avoir la même origine que la promesse Brinvilliers; toutes deux étaient, sans doute, la récompense d'un service criminel. Saint-Laurens était mort le 2 mai 1669; cette mort était payée à l'avance. Et, ce qui prouvait l'existence primitive de cette promesse, c'était que la veuve Sainte-Croix avait demandé que le billet Pennautier lui fût remis entre les mains, pour en faire faire la reconnaissance et en poursuivre le recouvrement. Donc, ce billet Pennautier devait produire argent à Sainte-Croix. Or il n'y avait qu'à lire la lettre substituée pour se convaincre qu'elle ne pouvait jamais rien produire au profit de Sainte-Croix. Pennautier y apparaissait créancier des époux Brinvilliers, non débiteur de Sainte-Croix. Considérer la lettre représentée depuis comme un effet actif de la succession, c'eût été, en vérité, une folie.

Quand Pennautier, ajoutait la dame de Saint-Laurens, avait reconnu le prétendu mandat Cusson, il avait reconnu, en fait, un billet à la date du 30 novembre 1667; or, le mandat Cusson portait la date du 17 février 1669. Il y avait donc là deux pièces différentes par leur caractère comme par leur date.

Pennautier n'eut pas de peine à répondre. Le jour de la reconnaissance, il avait jeté les yeux sur une pièce dont la dernière date était celle du 30 novembre 1667, et c'est cette date qui, par sa disposition sur la feuille, avait seule frappé ses yeux. Mais dans le procès-verbal de la vacation de ce jour, la date du 17 février 1669 figurait, libellée par Picard, plus au courant des choses par de fréquentes lectures de la pièce à reconnaître.

Qu'on jette les yeux sur le libellé du mandat Cusson, dont nous avons, au commencement de ce récit, reproduit la disposition matérielle, et on verra que Pennautier avait raison. Il pouvait s'y tromper facilement, la date de la procuration Chastel terminant la pièce, tandis que celle du mandat lui-même est perdue dans le corps d'écriture.

D'ailleurs, disait Pennautier, est-ce que j'ai eu part au scellé de la cassette? Est-ce que j'étais là, présent? Les pièces contenues dans la cassette n'ont-elles pas été décrites par Cluet, paraphées et inventoriées sur l'heure? Accuserez-vous d'un tour de main criminel, d'une complicité odieuse, le commissaire, le lieutenant civil, les procureurs, les notaires présents?

Mme de Saint-Laurens fut obligée d'aller jusque-là; elle accusa tout le monde. Elle prétendit que tous les assistants, que tous les témoins, avaient été gagnés, corrompus. C'était faire la partie belle à son adversaire.

Elle prétendit que les poisons étaient pour Pennautier, les lettres seules pour Mme de Brinvilliers. C'était nier l'évidence. *Il y a un seul paquet adressant à M. Pennautier*, disait Sainte-Croix, et, dans ce paquet, on n'avait trouvé que deux papiers d'affaires.

La marche suivie par la dame de Saint-Laurens eût suffi à prouver combien elle sentait la faiblesse de sa cause. Sa première plainte est du 31 mars 1676, et elle n'y désigne pas Pennautier, mais, en termes vagues, *certains quidams*. C'est le 20 juillet seulement, c'est-à-dire après l'exécution de Mme de Brinvilliers, qu'elle présente requête pour être reçue partie contre Pennautier. C'est alors seulement qu'elle accuse le receveur général d'avoir fait empoisonner Saint-Laurens, Lesecq, Dalibot.

Dira-t-on qu'elle avait intérêt à se taire jusque-là? Non. Son association avec Pennautier avait pris fin le 31 décembre 1675, et Pennautier, déjà sourdement menacé par elle, s'était refusé tout net à la renouveler.

Relativement aux empoisonnements Dalibot et Lesecq, la dame de Saint-Laurens ne put fournir que ses préjugés. Sur l'empoisonnement de son mari, elle promit des témoins irrécusables, et n'en fournit qu'un seul, très-suspect, un certain abbé Dansse, son ami intime, exécuteur testamentaire choisi par Saint-Laurens. Ce Dansse déclara que, *sans doute*, Saint-Laurens avait été empoisonné par un laquais, Georges, que lui avait donné Pennautier. Georges avait fui, à la mort de son maître, comme La Chaussée à la mort du conseiller d'Aubray. Dansse ne put prouver que Pennautier eût donné Georges à Saint-Laurens; Pennautier prouva que Georges avait fui parce qu'il avait volé la bourse de son maître, et que les gens de Saint-Laurens parlaient de consulter le devin pour découvrir le coupable.

Pennautier, dit en terminant M. Michelet, « aurait dû, pour son honneur, faire éclater son innocence au grand jour d'un jugement public en parlement. Il préféra un procès à huis clos, obtint que l'affaire serait soumise au conseil. Elle y fut promptement étouffée. »

Nouvelle et dernière erreur. Si M. Michelet avait lu la *Requête au roi*, présentée par la dame de Saint-Laurens, il y aurait vu que ce fut elle qui demanda l'évocation au conseil, et repoussa le jugement public du parlement, qu'elle tenait pour suspect.

Pennautier fut acquitté; il devait l'être. Ce n'est pas à dire qu'il fût un petit saint; mais rien ne prouvait contre lui. S'il eut des amis qui se remuèrent pour le tirer de peine, il y resta longtemps, et plus d'un, parmi les coureurs de charges, avait intérêt à sa chute.

Voilà la vérité sur ce procès. Nous y trouvons de quoi nous faire une idée exacte de cette malheureuse femme, trop célèbre par ses crimes, dont la perversité ne répond pas à l'idée qu'on s'en fait d'ordinaire. Si la marquise de Brinvilliers a vécu en scélérate, elle est morte en chrétienne. Que faut-il penser de ce singulier contraste, qui nous montre, pour ainsi dire, deux femmes en une seule? Ici, la question se généralise, et le procès particulier de Mme de Brinvilliers ne nous fournit pas d'éléments suffisants pour la résoudre. C'est dans l'affaire de la *Chambre Ardente*, qui est comme le complément naturel de ce procès, que nous trouverons la réponse. Nous y verrons ce qu'il faut penser et de cette femme et de la société française à la fin du XVIIe siècle.

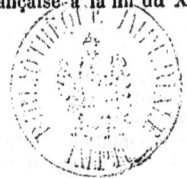

L. LAMBERT. SC

N° 197 — 10 Centimes.
Deux N°s par Semaine.

CAUSES CELEBRES

LEBRUN ET C°°, Éditeurs.
Rue des Saints-Pères, 8.

LES PROCÈS POLITIQUES.

LA REINE DE FRANCE ET MADAME ÉLISABETH (1793-1794).

« Les bourreaux se troublent, admirent, et, vaincus, crient : Bravo! vive la Reine! » (PAGE ;)

Le procès de Louis XVI fait assister au spectacle attristant de la vieille monarchie française, entraînée dans sa chute par ses propres fautes et par ses faiblesses, autant au moins que les crimes de ses ennemis ; le procès de deux autres martyrs de la famille royale déroule un tableau plus majestueux et plus intéressant, celui de la vertu rehaussée par l'énergie, qu'une violence impie écrase mais n'abaisse pas.

C'est la dernière *Reine de France* et la sœur de Louis XVI, *Madame Élisabeth*, dont les admirables morts illustrent et sanctifient la royauté expirante. Le crime juridique du 21 janvier 1793 entraîne après soi, comme une lugubre escorte, ces deux autres crimes, et déjà nous avons esquissé la glorieuse fin de Marie-Antoinette (*Voyez* Louis XVI) ; mais ces deux grands caractères de femmes valent bien une étude séparée, et si nous réunissons ces deux lumineuses figures dans un même cadre, c'est afin que les nuances qui les distinguent ressortent avec plus d'éclat par le rapprochement.

Marie-Antoinette-Josèphe-Jeanne de Lorraine, archiduchesse d'Autriche, fille de l'empereur d'Allemagne François I°° et de Marie-Thérèse, était née à Vienne, le 2 novembre 1755.

Elisabeth - Marie - Philippine - Hélène de France, fille du Dauphin Louis et de Marie-Joséphine de Saxe, était née à Versailles, le 23 mai 1764.

La princesse française avait été confiée, ainsi que sa sœur aînée, Madame Clotilde, aux soins de Madame de Marsan, femme austère, d'une piété grondeuse, roide, fanatique du passé, défiante du présent.

L'archiduchesse autrichienne avait eu pour précepteur un prêtre français, l'abbé de Vermond, spirituel, railleur, sceptique, passé maître dans l'art tout français du mot aiguisé, un Chamfort en soutane, avec la cautèle de plus.

Ces deux éducations si dissemblables avaient produit des fruits singulièrement différents de suc, de couleur et de parfum. Si Madame Élisabeth ne devait pas être, comme sa sœur Clotilde, placée par un pape au nombre des bienheureuses, au moins donna-t-elle le plus parfait modèle des vertus chrétiennes, dans la cour dissolue de Louis XV. Ce caractère âpre, tendu, suranné de Madame de Marsan avait été une heureuse rencontre pour Madame Élisabeth. Cette petite-fille de Louis XV rappelait, dès sa plus tendre enfance, par ses emportements, par sa fierté, ce naturel du duc de Bourgogne, dont le sang généreux coulait dans ses veines ; comme lui *dure, impétueuse, incapable de souffrir la moindre résistance, souvent farouche*, ce sont les mots dont Saint-Simon, ce grand peintre, use pour tracer le portrait de l'aïeul, elle fut, comme lui, domptée, non par les patientes leçons d'un Chevreuse, d'un Beauvilliers, d'un Fénelon, trois vertus douces et persuasives, mais par la rigide vertu de l'impeccable Madame de Marsan.

Ainsi, la princesse française, grandissant à quelques pas des vices les plus effrontés, fut élevée comme une sainte des anciens jours, tandis que la princesse allemande, au milieu d'une cour dévote et tristement réglée, fut nourrie d'esprit libre, de pensées légères et mondaines. Ces deux bonnes, aimables et vigoureuses natures puisèrent, chacune, dans les défauts mêmes de leur éducation, des qualités nouvelles, celles-là justement qui devaient les redresser ou les compléter. Le bon sens, la droiture de cœur, la largeur d'intelligence de Madame Elisabeth la firent échapper à l'abêtissement des petites pratiques, et elle n'emprunta à la religion étroite de Madame de Marsan que l'inflexibilité des principes; son généreux caractère y ajouta la tolérance, l'ardente charité, la simplicité, la gaieté, tout cela dans les plus justes proportions, mais avec de fréquents retours de violence native, qui donnaient à cet ensemble de vertus quelque chose d'héroïque.

Marie-Antoinette garda, du milieu de simplicité allemande et de bonhomie dans lequel elle avait vécu ses premières années, une grande loyauté, une sincérité d'allures, une naïveté d'impressions qui adoucirent toujours et souvent excusèrent ses vivacités.

Lorsque, le 16 mai 1770, Marie-Antoinette fut unie au Dauphin de France, Madame Elisabeth n'était encore qu'une enfant; mais déjà se lisaient, sur les traits des deux princesses, les qualités qui les distinguaient. Marie-Antoinette, avec ses yeux bleus vivants et parlants, son nez aquilin, son front droit, ses cheveux abondants et dorés, sa lèvre un peu grasse et détachée, à l'autrichienne, sa démarche vive et fière, annonçait un tempérament riche, une nature prodigue, pleine de saillies, unissant, dans un charmant assemblage, la noblesse et la grâce, la pétulance et la dignité.

Madame Elisabeth, avec ses yeux bleus calmes, réfléchis, un peu tristes, sa blancheur d'ascète, sa démarche déjà posée, donnait l'idée d'une orpheline (elle l'était depuis trois ans), destinée à vivre et à mourir dans la paisible innocence d'un cloître.

La vie commença plus tôt pour l'une que pour l'autre, ou plutôt on peut dire que Madame Elisabeth vécut jusqu'à la fin à côté du monde.

Quant à la Dauphine, on a vu ce que l'avaient faite la nature et l'éducation; voyons ce que lui réservait la cour de Louis XV.

Un premier malheur, pour l'archiduchesse, fut d'être le gage d'une politique nouvelle, politique d'occasion, contraire aux traditions, antipathique aux instincts de la France. Cette alliance avec l'Autriche, nécessitée peut-être par les imprudences malheureuses de Louis XIV, par les désastres que venait de subir Louis XV, jetait le pays hors de ses voies naturelles, et l'enlevait à cette grande politique suivie par Henri IV, par Richelieu, par tous les hommes d'État vraiment français. C'était un retour vers le passé, un mariage avec le fanatisme et l'absolutisme. Marie-Antoinette porta la peine des répulsions qu'inspirait son pays d'origine.

Ce mariage une fois accompli au milieu des tristes présages d'un orage épouvantable qui éclata le 16 mai, des présages plus sinistres encore de l'épouvantable accident des fêtes du 30 mai, la jeune Dauphine, protégée d'abord par la séduction de ses grâces, vit bientôt se réunir contre elle tous les partis, toutes les influences. Elle inquiétait l'Angleterre, la Prusse, jalouses de la France et de l'Autriche; elle eut contre elle les ambassades et leurs puissantes intrigues. Elle menaçait le crédit de la du Barry; elle eut contre elle l'ignoble favorite, dont il lui fallut subir la honteuse présence et la rage jalouse. Elle inquiétait les quatre sœurs de Louis XV, Mesdames Tantes, surtout l'impérieuse Madame Adélaïde, vieille fille gourmée, habituée à commander au Roi; Madame Adélaïde fut la première à nommer Marie-Antoinette *l'Autrichienne* (1); nom fatal, appellation mortelle.

Le parti des prudes, des rogues et sèches dévotes condamna, tout d'une voix, les charmantes et innocentes libertés de la jeune femme; la simplicité, la bonhomie de la cour de Vienne furent taxées d'imprudence, de légèreté, de coquetterie, à la cour de Versailles. Madame de Marsan, Madame de Noailles, Madame Adélaïde, fanatiques d'étiquette et de quant à soi, calomnièrent chez la jeune Dauphine, chez la reine future, le rire, la saillie, l'espièglerie mutine. Cette cour scandaleuse cria au scandale.

Marie-Antoinette ne trouva pas même un appui dans son époux. Elevé par un sot funèbre, M. de la Vauguyon, ce pédant de religion, cette prude en haut de chausses, le Dauphin, naturellement bon, mais timide à l'excès, irrésolu, cachait ses défaillances sous un voile de brusquerie, quelquefois de grossièreté; esprit juste, mais court, cœur excellent, mais renfermé, tempérament froid, le duc de Berry était, sur les marches du trône, une sorte de bourgeois dépaysé.

La Dauphine se réfugia dans l'amitié du comte d'Artois, celui de ses beaux-frères dont l'esprit et les allures avaient avec les siens le plus de points de contact; elle se réfugia dans quelques camaraderies de femmes, et s'attacha, avec l'extrême vivacité de ses goûts, à une Pecquigny, à une Saint-Mégrin, à une Cossé, d'abord; à la touchante Madame de Lamballe, ensuite; à l'ambitieuse Madame de Polignac, plus tard. Et ces amitiés furent encore un malheur pour Marie-Antoinette. Les princesses et les reines ne doivent pas avoir d'amis.

Quand, le 10 mai 1774, Marie-Antoinette et Louis XVI montèrent, trop jeunes, sur le trône de France, la Reine était déjà, pour beaucoup, une Autrichienne; pour le clergé, pour les jésuites, pour le parti anglais, pour les prudes, pour les débauchés, une ennemie. Tout tourna contre elle, même la duplicité de sa mère, Marie-Thérèse, qui trahissait la politique d'alliance en prenant un morceau de la Pologne; même l'infâme ambition de Philippe d'Orléans, qui transformait les caves du Palais-Royal en ateliers secrets d'impures calomnies contre la jeune Reine; même cette longue stérilité, qui tint trop longtemps Louis XVI éloigné de son épouse.

Le premier ministre du jeune roi fut un Maurepas, créature de Madame Adélaïde, par là hostile à la Reine, contre laquelle il inventa l'accusation perfide, depuis si souvent répétée, de correspondances et d'espérances antifrançaises.

Mère, enfin, le 10 décembre 1778, Marie-Antoi-

(1) *Mémoires* de Mme de Campan, 1er vol.

nette eut la douleur de ne donner le jour qu'à une fille. Le 22 octobre 1781, seulement, elle accoucha d'un dauphin, pauvre créature étiolée, condamnée en naissant. Cette fécondité inespérée lui rallia le tardif amour de Louis XVI, et l'influence que lui assura son nouveau titre lui fut encore un danger. On l'accusa de diriger le Roi, elle qui répugnait à la politique.

En 1785, l'affreuse intrigue du Collier (*Voyez* ce procès) trouva les injustices de l'opinion toutes prêtes. La sotte ambition et les coupables espérances d'un Rohan donnèrent un corps à la calomnie, et, à partir de ce jour, la coalition des ennemis de la Reine dressa ouvertement une liste d'amants prétendus de Marie-Antoinette, un Fersen, un ingrat Besenval, un Lauzun, fat grossier, durement repoussé par elle.

En 1787, la Reine, grâce à tant de patientes inimitiés, était déjà incurablement impopulaire. Sortait-elle, la foule l'accueillait par ce silence significatif, qui n'est pas toujours la juste leçon des rois; elle ne retrouvait plus, par les jardins publics ou par les rues, ces deux cent mille amoureux de la Reine que lui montrait autrefois le maréchal de Brissac. Elle avait perdu une fille; le Dauphin paraissait visiblement destiné à une mort précoce; Madame Royale et le jeune duc de Normandie, déplorables débris d'une race condamnée, portaient déjà sur leurs petits fronts sérieux l'empreinte de la réflexion et le sérieux du malheur. On pleurait à Trianon, théâtre autrefois de plaisirs innocents reprochés comme des crimes.

Madame Élisabeth, placée d'abord sous l'influence de Madame de Marsan et de Mesdames Tantes, avait ressenti pour la Reine peu de sympathie. L'infortune naissante la rapprocha d'elle. — « Venez, lui écrivait Marie-Antoinette, après la mort de sa fille, nous pleurerons sur ma pauvre petite ange... J'ai besoin de tout votre cœur pour consoler le mien. » Madame Élisabeth entendit cet appel. Amoureuse de solitude et de charité modeste, la sœur de Louis XVI fut, pour sa belle-sœur, un excellent maître de piété résignée. Ces deux femmes, qu'on avait cherché à éloigner l'une de l'autre, se rendirent peu à peu une entière justice; la Reine admira les douces vertus de la sainte jeune fille, qui lui prodigua, à son tour, les égards dus à la compagne de son roi, à la mère des enfants de France. Madame Royale, plus tard Madame la duchesse d'Angoulême, inspirait surtout à Madame Élisabeth une tendre affection, et la tante, déjà vouée au célibat par ses goûts et par ses habitudes, reporta sur cette sérieuse enfant, destinée à tant d'épreuves, la passion instinctive de maternité que toute jeune femme recèle dans son cœur.

Déjà, cependant, s'avançait ce grand événement qu'on a appelé la Révolution française. Ces deux femmes en devinèrent longtemps à l'avance l'extrême gravité, en comprirent le secret, chacune à leur manière. Le bon sens de Marie-Antoinette lui avait révélé les fautes d'un Maurepas, le creux des réformes hâtives d'un Necker et d'un Turgot, le vide d'un brillant et léger Calonne. On lui attribua injustement toutes les erreurs qu'elle dut subir. Loménie de Brienne, élevé par son influence, se trouva insuffisant, comme tous les autres; on fit un crime à la Reine de ses présomptueuses faiblesses; on ne lui sut aucun gré de sacrifier courageusement sa créature. Elle appuya loyalement Necker, sans croire à l'efficacité de sa panacée politique.

De son côté, Madame Élisabeth, dans une situation plus dégagée, plus indépendante, jugeait encore sévèrement les nouveautés politiques. Lors de la réunion de l'Assemblée des notables, elle écrivait (15 mars 1787) : « Que fera cette fameuse Assemblée? rien, que faire connaître au peuple la situation critique où nous sommes. Le Roi est de bonne foi dans les conseils qu'il leur demande; le serontils autant dans ceux qu'ils lui donneront? Je ne le crois pas. J'ai peu d'expérience, et le tendre intérêt que je prends à mon frère me force seul à m'occuper de ces objets, beaucoup trop sérieux pour mon caractère; mais je ne sais, il me semble qu'on prendra une marche entièrement opposée à celle qu'on devrait tenir. D'ailleurs, on nous voit de trop près; cela a plus d'inconvénient pour les hommes qui vivent dans les provinces éloignées que pour Paris, où les scènes, variant à chaque instant, laissent peu d'impression. Mais quand les députés retourneront chez eux, que diront-ils de nous? Ah! s'ils rendaient au moins justice au cœur du Roi; s'ils appréciaient son amour pour le peuple; *mais le mal frappe beaucoup plus que le bien... J'ai un pressentiment que tout cela tournera mal* (1). »

Après l'exil du Parlement, Madame Élisabeth dira, avec la même sûreté de coup d'œil :

« Il faut que le Parlement ait quelques motifs secrets. Le Roi, qui les devine, a sévi contre eux, et n'a fait en cela que ce qu'ont fait ses prédécesseurs. *Mais ce qui est bon quand on a su inspirer un respect profond, devient dangereux dans une situation différente.* »

Et plus loin :

« La Reine n'ose plus aller à Paris aussi souvent qu'autrefois; on ne l'y accueille plus comme il y a quelques années. J'y ai été dernièrement avec elle; j'ai entendu des murmures. *On l'accuse de tout ce qui se fait. Le mal est qu'elle donne des conseils analogues à son caractère; que le Roi les suit, mais que sa bonté l'empêche d'y mettre la tenue qui serait nécessaire.* Il me semble qu'il en est du gouvernement comme de l'éducation; *il ne faut dire* JE LE VEUX *que lorsqu'on est sûr d'avoir raison. Mais lorsqu'on l'a dit, on ne doit jamais se relâcher de ce que l'on a prescrit.* Je crois bien que ma belle-sœur se conduirait ainsi. Mais elle ne connaît pas encore l'âme de mon frère, *qui craint toujours de se tromper, et qui, le premier mouvement passé, n'est plus tourmenté que par la crainte d'avoir fait une injustice.... Ce que le Roi fera par clémence, on dira que c'est par peur,* car on ne lui rendra pas la justice qu'il mérite. Pour moi, qui lis dans son cœur, je sais bien que toutes ses pensées sont pour le bonheur du peuple. »

Il serait impossible de définir avec plus de justesse et de finesse cette situation grosse de périls, ces deux caractères du Roi et de la Reine, l'un sans suite et sans énergie, l'autre impuissant dans sa vigueur et paralysé dans chacun de ses élans.

Quand, le 4 mai 1789, les États-Généraux s'ouvrirent à Versailles, la populace salua la Reine de cris insolents de : Vive le duc d'Orléans !

Ainsi, ce fut au nom d'un prince du sang que le premier outrage public fut infligé à la Reine de France. La Révolution commençait par la Cour: la société du Palais-Royal, composée d'ambitieux intrigants, les Biron, les Liancourt, les Sillery, les Laclos, les Genlis; la société du Temple, où ré-

(1) *Madame Élisabeth de France*, par Alphonse Cordier.

gnait le prince de Conti; le salon de Monsieur; le salon de Mesdames Tantes; ceux de Necker et de Lafayette; toutes les grandes familles de la noblesse, Rohan, Noailles, Montmorency, Clermont-Tonnerre, La Rochefoucauld, Coigny, Crillon, de Poix : tout cela se liguait contre la royauté en se liguant contre la Reine. Et elle perdait jusqu'à l'amitié du comte d'Artois, qui l'accusait de nouveautés, comme les autres la taxaient de résistance à l'esprit du jour. On la disait traîtreusement dévouée aux intérêts de l'Autriche, et Joseph II, son frère, lui reprochait, à juste titre, de l'abandonner dans ses folies de conquêtes, contraires à l'intérêt de la France.

Jamais il n'y eut d'exemple d'une plus universelle, d'une plus fatale injustice.

Comme cette accusation mortelle, lancée contre le patriotisme de la Reine, fera plus tard le fond de son procès, il est bon de la repousser à l'avance par des preuves irréfragables. Dès 1784, Marie-Antoinette déclinait, par ces nobles paroles, les imprudentes exigences de son frère :

« Je ne fais de vœux si ardents pour personne que pour vous; mais vous comprendrez que je ne suis pas libre aujourd'hui sur les affaires qui concernent la France. Vraisemblablement, je serais fort mal venue à m'en mêler, surtout sur une chose qui n'est pas acceptée au conseil; on y verrait faiblesse ou ambition. Enfin, mon cher frère, *je suis maintenant Française avant d'être Autrichienne* (1). »

Il était naturel que la Révolution accueillît avec une passion aveugle toutes les calomnies dont les intrigues de Cour avaient enlacé la Reine. Les hommes nouveaux sentaient que cette femme énergique était pour eux le seul danger. Celle-là n'abdiquerait pas, celle-là ne trouverait pas, dans cette âme intrépide, la faiblesse qui devait porter le malheureux Louis XVI à abandonner son trône pièce à pièce. Celle-là ne partagerait pas les illusions sans cesse renaissantes, n'éprouverait pas les hésitations éternelles du Roi.

Après la prise de la Bastille, et quand s'organisa l'anarchie dissolvante des derniers jours de 1789, ce fut contre la Reine que la presse déchaînée dirigea ses injures les plus atroces, et déjà ses menaces.

Madame Elisabeth voyait, à ce moment, aussi juste que la Reine; mais son cœur héroïque, guidé par des principes absolus, inflexibles, indiquait à tous les maux de la monarchie un remède que l'on n'eût pas voulu conseiller encore celle que la Révolution jugeait si mal. La sœur de Louis XVI écrivait ceci :

« Tout va plus mal que jamais; le Roi seul paraît satisfait de la tournure que prennent les choses : peu de souverains le seraient à sa place. Mais il a, sur tout cela, une manière de voir qui est trop heureuse pour lui. Les événements ayant aussi mal tourné, il serait trop dangereux de reculer, au point où nous en sommes... Je ne me dissimule point que la monarchie ne pourrait reprendre son éclat que par un coup de vigueur. Mon frère ne le fera pas, et sûrement je ne me permettrai pas de le lui conseiller. »

A la prise de la Bastille, Madame Elisabeth ira plus loin encore; elle dira : « Si, dans ce moment,

(1) Catalogue de Lettres autographes du comte Georges Esterhazy, mars 1857. *Histoire de Marie-Antoinette*, par Edmond et Jules de Goncourt.

le Roi n'a pas la sévérité nécessaire pour faire couper au moins trois têtes, tout est perdu. »

Ne jugeons pas trop sévèrement celle qui parle ainsi. Mettons-nous à sa place. Elle ne voit la Révolution que du point de vue des traditions de l'antique monarchie. Le droit n'existe pour elle qu'à l'ombre du trône; la fidélité au Roi est le seul devoir à remplir. Qui s'en écarte est un traître, un hérétique. Ce n'est pas du fanatisme, ce n'est pas de la cruauté; jamais âme ne fut plus douce et plus humaine : c'est de la logique.

Plus tard, Madame Elisabeth, prenant en horreur toutes les trahisons qui entourent le monarque, ne verra pour lui qu'un parti à prendre : monter à cheval, en appeler à la France, prévenir bien des crimes par un moment de salutaire énergie.

Vient le 5 octobre, cette journée dirigée surtout contre la Reine. Madame Elisabeth habitait alors sa calme retraite de Montreuil. Elle accourt à Versailles partager les dangers qui menacent la famille royale. Paris, excité par Mirabeau, qui demande l'inviolabilité du *Roi seul*, marche sur la résidence royale; un flot de populace avinée, armée de piques et de couteaux, se répand par les rues et par les avenues du château, réclamant, avec des cris sauvages, *les boyaux de la Reine*. Les ministres, les députés, le Roi flottent indécis entre la fuite et une résignation mortelle. Marie-Antoinette, seule, parle de résistance. — « Ils viennent demander ma tête, s'écrie-t-elle, voyant que rien ne peut inspirer au faible monarque une résolution énergique; eh bien! j'ai appris de ma mère à ne pas craindre la mort, et je l'attendrai avec fermeté (1). »

La nuit se passe dans d'horribles transes. Au petit jour, commence le massacre de quelques gardes fidèles, qui sont restés autour du Roi. La famille royale est réunie; elle attend son sort de cette multitude féroce, égarée. Des cris furieux appellent la Reine; elle se présente, avec une telle majesté, avec un si superbe courage, que les bourreaux se troublent, admirent, et, vaincus, crient : — « Bravo! vive la Reine! »

Madame Elisabeth, elle, avait conseillé le départ, mais non la fuite, un départ courageux, l'épée au poing, qui eût rendu à la monarchie son indépendance. Elle ne fut pas plus écoutée que la Reine. Elle put, du moins, sauver de la fureur populaire quelques-uns des héroïques gardes du corps.

Quelques heures après, le Roi et la famille royale étaient prisonniers de la multitude. Louis XVI ne le comprenait pas encore. « Mon frère ne le croit pas, écrivait le 8 octobre Madame Elisabeth; mais le temps le lui apprendra... La Reine a déployé un grand caractère. »

Ces deux femmes, à cette heure, étaient bien réellement toute la royauté. Gardées à vue par des geôliers insolents, elles les contraignaient, à force de dignité, à baisser les yeux devant elles. Madame Elisabeth, ceci le peint, poussait le courage jusqu'au dédain. Moins prudente, moins pratique, plus inflexible que Marie-Antoinette, cette noble créature ressentait une vive honte à voir le Roi s'abaisser jusqu'à parlementer avec ses bourreaux. Elle le dissuadait de s'humilier jusqu'à paraître dans l'Assemblée. Louis XVI s'humilia. Il faut entendre Madame Elisabeth parler de cette séance du 4 février 1790 :

« Depuis que le Roi a fait cette démarche, qui le

(1) *Mémoires* de Rivarol.

met, dit-on, à la tête de la Révolution, et qui, à mon gré, lui ôte le peu de couronne qu'il avait encore, l'Assemblée n'a pas imaginé de faire quelque chose pour lui... Les folies se suivent, et le bien n'en résultera certes pas. »

« Il fallait avoir de la fermeté, répétait-elle encore (1); il fallait affronter les dangers : nous en serions sortis vainqueurs... »

Ailleurs, elle dit hardiment le dernier mot de sa politique :

« Je regarde la guerre civile comme nécessaire. Premièrement, je crois qu'elle existe, parce que, toutes les fois qu'un royaume est divisé en deux partis, toutes les fois que le parti le plus faible n'obtient la vie sauve qu'en se laissant dépouiller, il m'est impossible de ne pas appeler cela une guerre civile. De plus, l'anarchie ne pourra jamais finir sans cela; plus on retardera, plus il y aura de sang répandu. Voilà mon principe; *si j'étais roi*, il serait mon guide. »

Et qui sait ce qui serait arrivé, si Madame Elisabeth ou Marie-Antoinette se fussent appelées Louis XVI?

La Reine se montrait plus femme, une fois le danger conjuré; c'est qu'elle était mère. « Vous parlez de mon courage, écrivait-elle à la duchesse de Polignac... Si mon cœur ne tenait par des liens aussi forts à mon mari, mes enfants, mes amis, je désirerais succomber. Mais vous autres me soutenez; je dois encore ce sentiment à votre amitié. Mais moi, je vous porte à tous malheur, et vos peines sont pour moi et par moi. »

Il y a là quelque chose de moins viril, mais de plus touchant que la mystique énergie de Madame Élisabeth. La Reine, aussi, avait une plus rude tâche à accomplir. Il lui fallait, à toute heure, vouloir pour ce malheureux Roi, déjouer des intrigues, chercher des amis, conjurer l'imprudence des zélés, démasquer les ambitieux, réchauffer les tièdes. Il lui fallut, un jour, descendre jusqu'à séduire ce Mirabeau détesté, l'organisateur des journées d'octobre. Elle le séduisit, mais sans fonder de sérieuses espérances sur ce tribun prodigue, *le monstre*, comme elle l'appelait dans sa terreur de femme, cet insensé qui se croyait assez fort pour relever ce qu'il avait abattu.

Le voyage à Varennes n'eut pour effet que de resserrer la captivité de la famille royale; la Reine fut placée en surveillance dans sa chambre. Chaque jour apportait à Louis XVI une humiliation de plus. Il s'y prêtait avec une sorte de confiance enfantine, toujours trompée, toujours renaissante. Madame Élisabeth, elle, ne croyait plus; elle avait vu, avec une vive douleur, avec une généreuse indignation, la religion persécutée, trahie par quelques-uns de ses ministres, abandonnée par le Roi. Elle disait, dans son simple et rude langage : « Les méchants s'amusent à nos dépens; *les bons sont bêtes*. La France est prête à périr. Dieu seul peut la sauver !... Ah! s'il voulait faire un miracle en notre faveur !... Mais le méritons-nous ? (2).»

Il ne faudrait pas, d'après ces lignes, voir dans la sœur de Louis XVI une nonne confite en dévotion, obstinée dans son désir secret de voir balayer tout ce qui menace la religion et la royauté. Elle est française avant tout. « Heureux, s'écrie-t-elle, celui qui pourrait être indifférent aux maux de sa patrie, de tout ce que l'on a de plus cher ! » Elle ne croit pas aux bienfaits de la Révolution; mais qui pourrait lui en faire un reproche? Elle n'est pas payée pour admirer cette liberté qui jette en prison le représentant de l'autorité, l'élu de Dieu pour gouverner la France. Et voilà, ne l'oublions pas, ce que Louis XVI est à ses yeux. Voilà pourquoi elle a voulu partager les périls de son frère, qui est pour elle la France et le droit. Vingt fois on lui a offert de rejoindre Mesdames Tantes, qui ont passé la frontière; elle veut vivre et mourir près de son Roi. Son martyre sera d'autant plus admirable, qu'il sera plus volontaire, et qu'elle se sera fait moins d'illusions sur la fin de tout cela.

Quant à la Reine, elle a bien d'autres devoirs à remplir, non moins grands pour être nécessaires. La religion la soutient, sans l'aveugler d'espérance. Une presse infâme, qui s'essaye au meurtre par l'outrage, la signale au mépris du peuple comme une *gourgandine*, à qui il faut *couler du plomb fondu dans les mamelles* (1). Duport du Tertre, ministre du Roi, garde des sceaux, dit tout haut que s'il s'opposera à laisser juger le Roi, il n'en sera pas de même s'il est question de faire le procès à la Reine. Marie-Antoinette sait tout cela, et ses cheveux blonds blanchissent par poignées. C'est elle qui porte tout le fardeau des affaires; c'est elle qui correspond avec l'étranger, et avec quelle dignité, avec quelle intelligence d'homme d'État, avec quel patriotisme, la *Correspondance secrète* avec Léopold II, Burke et tant d'autres (2), l'a surabondamment montré. Si Madame Élisabeth appelle les secours armés de l'étranger, la Reine les éloigne : elle voudrait ne devoir son salut qu'à des Français, aux Girondins, à Barnave, à Lameth, à Duport. La diplomatie lui conseille de pousser le Roi à refuser la Constitution; elle ne le veut pas. Et cependant elle ne se dissimule pas que la monarchie n'a plus un ami, qu'elle est trahie par tous, que le seul recours est dans la guerre.

Mais que faire avec un homme comme Louis XVI? Personne n'a, mieux que Marie-Antoinette, peint cette nature honnête, molle, hésitante, mobile. « Vous connaissez la personne à laquelle j'ai affaire; au moment où on la croit persuadée, un mot, un raisonnement la fait changer sans qu'elle s'en doute. C'est aussi pour cela que mille choses ne sont point à entreprendre. » D'ailleurs, le Roi doit épargner à la France, «*au risque de sa couronne et de sa vie*,» ces deux grands malheurs, la guerre étrangère et la guerre civile. «La guerre civile ne peut rien réparer et doit tout achever de détruire (3). » La guerre étrangère serait conduite par des princes entrant en France «avec la soif d'une autre vengeance que celle des lois. » Ce que demande Marie-Antoinette à l'Europe, c'est une armée sur la frontière, c'est une déclaration collective des puissances en faveur de la monarchie et contre la République. Illusion si l'on veut, mais illusion d'une âme haute et sincère.

Poursuivons le parallèle entre les deux nobles femmes qui nous occupent : Madame Élisabeth attend tout de MM. de Condé, du comte d'Artois, âme chevaleresque mais frivole. La Reine condamne à l'avance une tentative de l'émigration.

«Les émigrants rentrant en armes en France, tout

---

(1) *Lettres* à Mme de Bombelles.
(2) *Lettres* à Mme de Raigecour.

(1) *L'Orateur du peuple*, n° 53.
(2) Archives générales de l'Empire.
(3) *Mémoire* du 3 septembre 1791.

est perdu, et il seroit impossible de persuader que nous ne sommes pas de connivence avec eux. L'existance d'une armée d'émigrants sur la frontière suffit même pour entretenir le feu et fournir aliment aux accusations contre nous ; il me semble qu'un congrès faciliteroit le moyen de les contenir (1). »

Tandis que la Reine cherche une issue entre le patriotisme et les nécessités de la défense légitime, tandis que, contraste étrange, la douce vierge de Montreuil conseille les partis violents, les journées du 20 juin et du 10 août se préparent. Le 20 juin, la populace hurlante coiffe du bonnet rouge la Reine et le Dauphin. — « Vous ai-je fait quelque mal ? répond doucement Marie-Antoinette aux mégères qui l'insultent ; on vous a trompées... Je suis Française... J'étais heureuse quand vous m'aimiez. » Ce jour-là, l'insolent et impuissant Pétion prétend protéger le Roi ; mais il laisse entendre que si la Reine n'est pas respectée, Pilate se lavera les mains.

A compter de ce moment, la royale victime ne peut même plus se montrer à une fenêtre, faire prendre l'air à ses chers enfants, sans les exposer, avec elle-même, aux vociférations, aux menaces.

Le 10 août, l'émeute s'acharne contre les Tuileries. La Reine cherche en vain à tirer de son mari quelque étincelle d'énergie ; elle veut se faire *clouer aux murs du palais*, plutôt que de se confier à ses bourreaux. Le Roi cède tout, se rend à l'Assemblée, et celle-ci prononce la suspension du chef du pouvoir exécutif, tandis que la populace chante au dehors :

> Madame Véto avait promis
> De faire égorger tout Paris.
> Mais son coup a manqué,
> Grâce à nos canonniers.
> Dansons la carmagnole....

Le 13 août, la monarchie a échangé la prison des Tuileries pour la prison du Temple.

Là, les rôles changent. Tout est bien perdu, la fin se devine ; la Reine se révolte contre son sort, tandis que Madame Élisabeth se résigne doucement, presque gaiement. La piété de celle-ci est de haute race, forte pour la douleur comme pour le combat, militante au besoin, mais simplement et dignement abandonnée à Dieu. Le 20 juin, elle a été intrépide devant la mort ; elle n'a tremblé que pour les siens. Un moment, on l'a avertie qu'une troupe de furieux s'avançait, la prenant pour la Reine : — « Ah ! plût au ciel ! » s'est-elle écriée avec un transport de joie mystique. Elle a désarmé un des assassins avec de simples paroles : — « Monsieur, vous pourriez blesser quelqu'un, et vous en seriez fâché. »

Dès le 15 août, la Révolution demandait les têtes des captifs. « Soldats de la patrie, s'écriait l'atroce Prudhomme (2), parmi toutes les victimes entassées, ne vous êtes-vous point aperçus qu'il vous en manque deux pour rendre cette journée la plus mémorable et la plus fructueuse de la Révolution ?... Louis XVI vit encore ; sa complice respire ; Restituez à la justice sa proie : il nous tarde de délivrer la patrie et le monde de deux monstres trop longtemps impunis !... Peuple ! tout ce qui hantait le château des Tuileries, tout ce qui correspondait

avec cette caverne de brigands est incapable de retour à la vertu... Pour ne point avoir à recommencer avec l'hydre, il faut abattre toutes les têtes d'un seul coup. »

Le 17 août, commença la longue série de tortures exercées contre la famille royale. On la sépara des quelques amis qui l'avaient suivie sous les verrous du Temple. Bientôt, la guillotine ou la pique des assassins inaugurèrent les supplices des royalistes fidèles ; les têtes de La Porte et de du Rosoy tombèrent, et un crieur public fit arriver cette nouvelle jusqu'aux captifs du Temple. La tête de madame de Lamballe fut promenée dans la cour de la prison ; Madame Élisabeth et la Reine purent entendre les cris de joie des massacreurs de septembre.

« Madame Véto la dansera... Il faut étrangler les petits louveteaux, » criaient à la Reine ses affreux gardiens. Le porte-clefs Rochet *flanquait* (c'était son expression), chaque soir, une bouffée de sa pipe à *cette Élisabeth* qui ne voulait pas le saluer.

Celle-ci servait le Roi et le Dauphin, avec une inaltérable sérénité. Des commissaires de la Commune vinrent retirer aux captifs les instruments tranchants qu'ils avaient en leur possession ; ils enlevèrent couteaux, limes à ongles, ciseaux. — « Il faudrait aussi, dit la Reine avec humeur, nous ôter les aiguilles, car elles piquent bien vivement. » Un regard et un sourire de Madame Élisabeth calmèrent cette vivacité. Quelques jours après, Madame Élisabeth raccommodait l'habit du Roi ; n'ayant plus de ciseaux pour couper son fil, elle le coupa avec ses dents. — « Quel contraste ! s'écria Louis XVI touché ; il ne vous manquait rien dans votre jolie maison de Montreuil. — Ah ! mon frère, répondit Madame Élisabeth, puis-je avoir des regrets quand je partage vos malheurs ? »

Nous ne raconterons pas, dans cette histoire purement judiciaire, toutes les tracasseries, tous les outrages, toutes les persécutions dont se composa le long martyre de la famille royale ; nous ne dirons pas, on les sait, on les devine, les angoisses de la Reine pendant le procès du Roi, ces nuits d'insomnie, ces inquiétudes mortelles pendant l'absence de l'époux que la populace va peut-être massacrer sur la route, la bénédiction suprême de Louis condamné à mort, la nuit horrible du 20 janvier, et ce jour, plus horrible encore, où des salves joyeuses d'artillerie, où des cris fanatiques, où des danses de cannibales apprirent aux prisonniers du Temple qu'ils avaient perdu un époux, un père, un frère, un roi.

« La Reine conserve toujours des espérances, que je crois bien illusoires, » écrivait Madame Élisabeth à son frère, le 19 décembre 1792. Comme elle s'attendait à tout, sa douleur fut plus résignée que celle de la Reine. La religion la soutenait ; elle avait donné au Roi son confesseur, l'abbé Irlandais Edgeworth de Firmont, et elle eut la consolation de savoir que ce digne confident de ses pensées si pures avait accompagné le fils de saint Louis jusqu'à cet échafaud sanctifié par une telle mort. Madame Élisabeth se réfugia dans les bras du Dieu vers lequel était monté son frère ; la Reine n'eut pas d'abord cette consolation des saints ; elle s'abîma dans un morne désespoir.

Madame Royale nous dépeint sa mère pendant ces journées d'abandon à la douleur :

« Rien n'était capable de calmer les angoisses de ma mère ; il lui était devenu indifférent de vivre ou de mourir ; elle nous regardait quelquefois avec une

(1) *Lettre* autographe signée, communiquée par M. le marquis de Biencourt, *Histoire de Marie-Antoinette* de MM. de Goncourt.
(2) *Révolutions de Paris*, nº du 15 août 1792.

pitié qui faisait tressaillir. Heureusement, le chagrin augmenta mon mal, ce qui l'occupa (1). »

La défection de Dumouriez fit resserrer plus étroitement encore les prisonnières. Un mur s'éleva entre leurs yeux et le jardin ; des jalousies, placées au haut de la tour, arrêtèrent leur vue. Un misérable geôlier, Tison, fit aggraver ces précautions, en accusant la Reine et Madame Elisabeth d'entretenir des correspondances avec le dehors. Lisons ici le *Récit* de Madame Royale :

« Pour en fournir des preuves, il dit qu'un jour, au souper, ma mère, tirant son mouchoir, laissa tomber un crayon ; qu'une autre fois, chez ma tante, il avait trouvé des pains à cacheter et une plume dans une boîte. Après cette dénonciation, qu'il signa, on fit venir sa femme, qui répéta la même chose ; elle accusa plusieurs municipaux, assurant que nous avions eu une correspondance avec mon père pendant son procès, et elle dénonça mon médecin Brunier, qui me traitait pour le mal au pied, comme nous ayant appris des nouvelles ; elle signa tout cela, entraînée par son mari, mais elle eut ensuite bien des remords. Cette dénonciation fut faite le 19 avril ; elle vit sa fille le lendemain. Le 20, à dix heures et demie du soir, ma mère et moi nous venions de nous coucher, lorsque Hébert arriva avec plusieurs autres municipaux ; nous nous levâmes précipitamment. Ils nous lurent un arrêté de la Commune qui ordonnait de nous fouiller à discrétion, ce qu'ils firent exactement jusque sous les matelas. Mon pauvre frère dormait ; ils l'arrachèrent de son lit avec dureté pour fouiller dedans ; ma mère le prit, tout transi de froid. Ils ôtèrent à ma mère une adresse de marchand qu'elle avait conservée, un bâton de cire à cacheter qu'ils trouvèrent chez ma tante, et à moi ils me prirent un sacré cœur de Jésus et une prière pour la France. »

Nous avons le procès-verbal de cette perquisition ; le voici :

« Aujourd'hui, 20 avril 1793, à dix heures trois quarts du soir, en exécution de l'arrêté du Conseil général, nous soussignés, nous sommes transportés à la tour du Temple, où, à l'heure susdite, sommes montés à l'appartement, tant de Marie-Antoinette, veuve Capet, que de ses enfants, pour commencer la visite des meubles et la perquisition sur les personnes, comme il suit :

« D'abord, entrés dans la chambre de ladite veuve Capet, avons fouillé dans les meubles, où nous n'avons rien trouvé de suspect... Sur une table de nuit seulement, avons trouvé un petit livre intitulé : *Journée du chrétien*, où était une image coloriée en rouge, représentant d'un côté un cœur embrasé, traversé d'une épée entourée d'étoiles, avec cette légende : *Cor Mariæ, ora pro nobis;* avons trouvé de plus une feuille imprimée, de quatre pages, intitulée : *Consécration de la France au sacré cœur de Jésus;* elle commence par ces mots : *O Jésus-Christ !* On y remarque les passages suivants : « Tous les cœurs de ce royaume, depuis le cœur de notre auguste monarque jusqu'à celui du plus pauvre de ses sujets, nous les réunissons, par les désirs de la charité, pour vous les offrir tous ensemble... O Vierge sainte, nous vous en supplions, offrez-les au cœur de Jésus !... Ah ! présentés par vous, il les recevra,

il leur pardonnera, il les bénira, il les sanctifiera, il sauvera la France tout entière, il fera revivre la sainte religion. Ainsi soit-il ! Ainsi soit-il ! »

« Dans les poches de Marie-Antoinette était un portefeuille en maroquin rouge, où nous n'avons reconnu digne de description qu'un des feuillets, en peau anglaise, sur lequel était écrit au crayon ce qui suit : *Bruguier, quai de l'Horloge, n° 65* (et autres noms et demeures de différentes personnes, dont les prisonnières pouvaient avoir besoin) ; plus, dans les mêmes poches, un nécessaire roulé, dans lequel était un porte-crayon d'acier, non garni de crayon...

« Avons fait ensuite perquisition dans la chambre qu'occupe Marie-Elisabeth, sœur de feu Louis Capet, où nous n'avons rien trouvé de suspect ; seulement, avons découvert dans une cassette un bâton de cire rouge à cacheter, qui avait déjà servi, avec de la poudre de buis dans le même papier... Et environ deux heures après minuit, avons clos le présent procès-verbal, en présence desdites dames, qui ont signé avec nous.

« Ainsi *Signé :* MARIE-ANTOINETTE, ELISABETH-MARIE-BENOIT, etc., etc. »

Le 23 avril, nouvelle perquisition, nouveau procès-verbal. On y lit : « Il ne s'est trouvé aucun vestige de correspondance avec le dehors, ni de connivence entre elles et les six membres du conseil inculpés dans le rapport de Tison ; seulement, on a découvert dans la chambre de Madame Elisabeth, dans une cassette placée sous le lit, un chapeau de Louis. A elle demandé qui le lui avait donné, elle a répondu qu'elle le tenait de son frère, qu'il le lui avait remis lorsqu'ils habitaient ensemble la petite tour, afin, disait-il, qu'elle conservât quelque chose de lui ; et qu'à ce titre, ce chapeau lui était précieux. A elle observé qu'il n'était guère d'usage de conserver un chapeau comme un gage de tendresse, elle a persisté dans sa réponse. Malgré cette explication, les commissaires n'en sont pas moins restés convaincus qu'il fallait que le chapeau eût été rapporté à la tour, puisque, vérification faite sur le registre des achats, il était constant que Louis XVI n'en avait qu'un, lequel l'avait suivi au lieu du supplice. Ce chapeau, attestant l'existence de quelques relations avec le dehors, a été déposé dans la salle du conseil du Temple, avec la promesse de le rendre à Madame Elisabeth, qui a demandé cette faveur avec les plus vives instances. »

Il y avait, cependant, quelques nobles cœurs dont le dévouement secret veillait autour des prisonnières : un courageux de Jarjayes ; Hüe, Turgy, Chrétien, Marchand, Lepître, serviteurs fidèles ; un Toulan, conspirateur infatigable, qui s'était juré de sauver les martyrs ; un Foloppe, un Michonis, un Ricard, un Cortey, un Roussel, un Devaux, traîtres sublimes, qui oubliaient leur devoir pour ne se rappeler que les droits de l'humanité ; un baron de Batz, insaisissable et intrépide jouteur, qui a failli enlever le Roi, qui a racolé tous les dévouements, tous les courages, qui a corrompu une partie de la Convention, qui ne manquera que par un fatal hasard l'enlèvement de la Reine. Un projet d'évasion fut habilement, patiemment étudié, préparé ; mais, à la dernière heure, il fallut y renoncer. La Reine pouvait fuir, mais seule : elle resta.

« Nous avons fait un beau rêve, écrivit-elle à M. de Jarjayes, voilà tout. Mais nous y avons beaucoup gagné, en trouvant, dans cette occasion, une

(1) *Récit des événements arrivés au Temple,* par Madame Royale, fille du Roi, à la suite du *Journal de Cléry,* Paris, Baudouin, 1825.

nouvelle preuve de votre entier dévouement pour moi. Ma confiance en vous est sans bornes. Vous trouverez toujours en moi du caractère et du courage ; mais l'intérêt de mon fils est le seul qui me guide. Quelque bonheur que j'eusse éprouvé à être hors d'ici, je ne peux consentir à me séparer de lui. Je ne pourrais jouir de rien sans mes enfants, et cette idée ne me laisse pas même un regret. »

Le 3 juillet, un nouveau malheur frappa Marie-Antoinette ; on la sépara de son fils. Quand, à dix heures du soir, six municipaux entrèrent pour exécuter l'arrêt barbare du Comité de Salut public, la Reine et Madame Elisabeth veillaient au chevet de l'innocent. Au premier mot de séparation, Marie-Antoinette se leva, frémissante. — « M'enlever mon enfant ! s'écria-t-elle, non, cela n'est pas possible !

Vous vous trompez, Messieurs. Il est si jeune, il est si faible ; mes soins lui sont si nécessaires ! — Le Comité a pris cet arrêté, répondit durement un municipal ; la Convention a ratifié la mesure, et nous devons en assurer l'exécution immédiate. »

Alors, la mère ne supplia plus ; elle couvrit son enfant de son corps. Il fallut menacer d'employer la force. — « Tuez-moi donc d'abord ! » s'écriait-elle, adossée contre le petit lit.

L'horrible débat dura près d'une heure ; il fallut céder à la violence, et le pauvre petit, inondé des larmes de sa mère et de sa tante, fut emporté et livré à l'infâme Simon.

A partir de ce jour, la malheureuse mère ne vit plus son fils qu'à la dérobée, par la fente d'une cloison, quand l'enfant montait sur la plate-forme.

« Ma tante et moi nous faisions les lits et nous servions ma mère. » (PAGE 8.)

Madame Royale raconte ainsi la vie des trois prisonnières après cette séparation :

« Nous n'avions plus personne pour nous servir, et nous l'aimions mieux ; ma tante et moi nous faisions les lits et nous servions ma mère. Nous montions sur la tour bien souvent, parce que mon frère y allait de son côté, et que le seul plaisir de ma mère était de le voir passer de loin par une petite fente. Elle y restait des heures entières, pour y guetter l'instant de voir cet enfant ; c'était sa seule attente, sa seule occupation. Elle n'en savait que rarement des nouvelles, soit par les municipaux, soit par Tison, qui voyait quelquefois Simon. Tison, pour réparer sa conduite passée, se conduisait mieux, et donnait quelques nouvelles à mes parents. Quant à Simon, il maltraitait mon frère au delà de tout ce qu'on peut imaginer, et d'autant plus, qu'il pleurait d'être séparé de nous ; enfin, il l'effrayait tellement, que ce pauvre enfant n'osait plus verser de larmes. Ma tante enga-

gea Tison et ceux qui, par pitié, nous en donnaient des nouvelles, à cacher toutes ces horreurs à ma mère ; elle en savait ou en soupçonnait bien assez.

« Le bruit courut qu'on avait vu mon frère sur le boulevard ; la garde, mécontente de ne pas le voir, disait qu'il n'était plus au Temple. Hélas ! nous l'espérâmes un instant, mais la Convention ordonna de le faire descendre au jardin pour qu'il fût vu. Nous savions quelquefois des nouvelles de mon frère par les municipaux ; mais cela ne dura point. Nous l'entendions tous les jours chanter avec Simon la *Carmagnole*, l'air des *Marseillais*, et mille autres horreurs. Simon lui mit le bonnet rouge, et une carmagnole sur le corps ; il le faisait chanter aux fenêtres pour être entendu par la garde, et lui apprenait à prononcer des blasphèmes affreux contre Dieu, sa famille et les aristocrates.

« Ma mère, heureusement, n'a point entendu toutes ces horreurs ; ah ! mon Dieu ! quel mal cela lui

N° 198 — 10 Centimes.
Deux N°s par Semaine.

CAUSES CELEBRES

LEBRUN ET C¹ᵉ, Éditeurs.
Rue des Saints-Pères, 8.

aurait fait ! Avant son départ, on était venu chercher les habits de mon frère; elle avait dit qu'elle espérait qu'il ne quitterait pas le deuil; mais la première chose que fit Simon fut de lui ôter son habit noir. Le changement de vie et les mauvais traitements rendirent mon frère malade vers la fin d'août. Simon le faisait manger horriblement et boire beaucoup de vin, qu'il détestait. Tout cela lui donna bientôt la fièvre. »

On ne se contentait pas de tuer le corps du pauvre enfant; on salissait son âme. La pauvre mère ne l'apprit que trop tôt. Mais, jusqu'au 2 août, Madame Élisabeth cacha à la Reine cette dégradation physique et morale du Dauphin.

Le 1ᵉʳ août, on vint chercher Marie-Antoinette pour la conduire à la Conciergerie. Depuis quelques jours, un redoublement d'outrages lui annonçait assez cette fin de ses douleurs.

Déjà, plusieurs fois, des voix isolées avaient, dans la Convention, réclamé la mort de la Reine. Lorsque Danton proposa la levée en masse et l'arrestation des suspects; lorsque Robespierre, pour renchérir sur son rival, demanda qu'on jugeât, dans les vingt-quatre heures, tous les coupables qui seraient dénoncés au Tribunal révolutionnaire, et qu'on purgeât la France de tous les traîtres, de Custines par exemple, Lecointre de Versailles s'écria : — «Je demande que la femme de Louis Capet soit jugée dans la huitaine; c'est la plus coupable de tous. »

La proposition ne fut pas admise ce jour-là; mais l'idée était semée dans les esprits; la semence allait lever bientôt.

« Mon enfant, ayez du courage, espérez toujours en Dieu. » (PAGE 19).

Ce fut le 31 juillet que la Convention résolut de jeter, comme un nouveau défi, une nouvelle tête à l'Europe. Elle adopta, le 1ᵉʳ août, le décret suivant:

« Marie-Antoinette sera renvoyée au Tribunal extraordinaire, et transférée sur-le-champ à la Conciergerie.

« Tous les individus de la famille Capet seront déportés hors du territoire de la République, à l'exception des deux enfants Capet et des individus de la famille qui sont sous le glaive de la loi.

« Elisabeth Capet ne pourra être déportée qu'après le jugement de Marie-Antoinette.

« Les membres de la famille Capet, qui sont sous le glaive de la loi, seront déportés après leur jugement, *s'ils sont absous.*

« La dépense des deux enfants de Louis Capet sera réduite à ce qui est nécessaire pour l'entretien de deux individus.

« Les tombeaux et mausolées des ci-devant rois, élevés dans l'église de Saint-Denis, dans les temples et autres lieux de la République, seront détruits le 10 août prochain. »

C'est en exécution de ce décret que la Commune envoyait chercher Marie-Antoinette à deux heures du matin. Madame Royale nous raconte le désespoir des trois prisonnières, arrachées brutalement au sommeil pour une nouvelle séparation.

« Ma mère fut réveillée, au milieu de la nuit, par les commissaires de la Commune, qui vinrent lui signifier l'arrêté ordonnant sa translation à la Conciergerie. Elle en entendit la lecture sans s'émouvoir et sans leur dire une seule parole. Ma tante et moi nous demandâmes à suivre ma mère; mais on ne nous accorda pas cette grâce. Pendant qu'elle fit le paquet de ses vêtements, les municipaux ne la quittèrent point; elle fut même obligée de s'habiller devant eux. Ils lui demandèrent ses poches, qu'elle donna, et ils les fouillèrent. Ma mère, après m'avoir tendrement embrassée, et m'avoir recommandé de prendre courage, d'avoir bien soin de ma tante et de lui obéir comme à une seconde mère, me renouvela les mêmes instructions que mon père, et, en se jetant dans les bras de ma tante, elle lui recommanda ses enfants. Je ne lui répondis rien, tant j'étais effrayée de l'idée de la voir pour la dernière fois. »

A la Conciergerie, quelques braves gens, trompant la cruauté de Fouquier-Tinville, réussirent à installer la Reine dans une chambre presque convenable, l'ancienne salle du conseil ; ils lui procurèrent de temps en temps des nouvelles de sa famille. C'est ainsi qu'elle attendit la mort. Elle l'attendit longtemps. Le Tribunal révolutionnaire remettait le procès de jour en jour ; on manquait de charges contre Marie-Antoinette. Héron et Marat avaient, il est vrai, inventé de ridicules histoires d'un plan de banqueroute imaginé par la Reine ; mais Laignelot, chargé de la direction de l'accusation, avait en vain demandé des pièces à l'appui.

La presse et les clubs, altérés de sang royal, s'indignaient de ces lenteurs. « L'on cherche midi à quatorze heures, disait le *Père Duchêne* (n° 296), pour juger la tigresse d'Autriche, et l'on demande des pièces pour la condamner, tandis que, si on lui rendait justice, elle devrait être hachée comme chair à pâté. » Les sections aiguillonnaient le Comité de salut public, et celle de l'Université étant venue, le 5 septembre, demander à la Convention la tête de l'Autrichienne, Drouet s'écria : — « Eh bien ! soyons brigands, s'il le faut ! »

Celui-là, au moins, se rendait justice.

On cherchait toujours des charges contre la Reine, et l'on n'en trouvait pas. Simon, le geôlier-bourreau, promit de fournir au Tribunal. Le malheureux petit Dauphin, enivré par lui d'eau-de-vie, fut interrogé, le 6 octobre, par Pache, Hébert et Chaumette. On lui fit signer des infamies, écrites à l'avance. Le lendemain, on essaya la même abominable comédie sur Madame Royale. Elle ne comprit pas d'abord ; puis, la jeune vierge rougit et s'indigna.

« Chaumette m'interrogea sur mille vilaines choses dont on accusait ma mère et ma tante ; je fus atterrée par une telle horreur, et si indignée, que, malgré toute la peur que j'éprouvais, je ne pus m'empêcher de dire que c'était une infamie. Malgré mes larmes, ils insistèrent beaucoup ; il y a des choses que je n'ai pas comprises ; mais ce que je comprenais était si horrible, que je pleurais d'indignation. »

Pache et Chaumette poussèrent leur horrible sottise jusqu'à interroger Madame Elisabeth sur les criminelles inventions auxquelles ils croyaient peut-être. Ils furent reçus par un mépris écrasant ; mais la sœur de Louis XVI eut la douleur de voir son neveu, le pauvre petit Dauphin, confirmer, par un *oui* qu'arrachait la terreur, les honteuses calomnies imaginées contre sa mère !

Il fallait bien trouver quelque chose. Le 3 octobre, Billaud-Varennes était monté à la tribune de la Convention. Il reste, avait-il dit, un décret solennel à rendre : — « La femme Capet n'est pas punie ; il est temps enfin que la Convention fasse appesantir le glaive de la loi sur cette tête coupable. Déjà la malveillance, abusant de votre silence, fait courir le bruit que Marie-Antoinette, jugée secrètement par le Tribunal révolutionnaire et innocentée, a été reconduite au Temple ; comme s'il était possible qu'une femme couverte du sang du peuple français

pût être blanchie par un Tribunal populaire, un Tribunal révolutionnaire ! Je demande que la Convention décrète expressément que le Tribunal révolutionnaire s'occupera immédiatement du procès et du jugement de la femme Capet. »

Cette motion avait été adoptée à l'unanimité. Mais, par un scrupule assez rare chez un pareil homme, Fouquier-Tinville n'avait pas cru pouvoir poursuivre sans pièces, et avait écrit au Président de la Convention la lettre suivante :

« Paris, ce 5 octobre 1793, l'an IIe de la République une et indivisible.

« Citoyen Président,

« J'ai l'honneur d'informer la Convention que le décret par elle rendu le 3 de ce mois, portant que le Tribunal révolutionnaire s'occupera sans délai et sans interruption du jugement de la veuve Capet, m'a été transmis hier soir ; mais, jusqu'à ce jour, il ne m'a été transmis aucune pièce relative à Marie-Antoinette, de sorte que, quelque désir que le Tribunal ait d'exécuter les décrets de la Convention, il se trouve dans l'impossibilité d'exécuter ce décret tant qu'il n'aura pas de pièces. »

Voilà pourquoi le substitut du Procureur de la commune, Hébert, avait imaginé la sale calomnie mise en œuvre par Simon, formulée par Pache et par Chaumette.

Le 21 vendémiaire an II (12 octobre 1793), Marie-Antoinette fut, une première fois, mandée à la barre du Tribunal, siégeant en séance secrète. *Herman* présidait. Il était six heures du soir. Marie-Antoinette fut placée sur une banquette, en face de l'Accusateur public ; Joseph Paris dit *Fabricius*, greffier du Tribunal, était assis à une petite table éclairée par deux chandelles.

Après les questions d'usage, *Fouquier-Tinville* lut l'acte d'accusation. Voici cette pièce :

Antoine-Quentin Fouquier, accusateur public près le Tribunal criminel Révolutionnaire, établi à Paris, par décret de la Convention nationale du 10 mars 1793, l'an deuxième de la République, sans aucun recours au Tribunal de cassation, en vertu du pouvoir à lui donné par l'article II d'un autre décret de la Convention du 5 avril suivant, portant que l'Accusateur public dudit Tribunal est autorisé à faire arrêter, poursuivre et juger, sur la dénonciation des autorités constituées ou des citoyens,

Expose que, suivant un décret de la Convention du 1er août dernier, Marie-Antoinette, veuve de Louis Capet, a été traduite au Tribunal révolutionnaire, comme prévenue d'avoir conspiré contre la France ; que, par autre décret de la Convention du 3 octobre, il a été décrété que le Tribunal révolutionnaire s'occuperoit sans délai et sans interruption du jugement ; que l'Accusateur public a reçu les pièces concernant la veuve Capet, les 19 et 20 du premier mois de la seconde année, vulgairement dits 11 et 12 octobre courant mois ; qu'il a été aussitôt procédé, par l'un des juges du Tribunal, à l'interrogatoire de la veuve Capet ; que l'examen fait de toutes les pièces transmises par l'Accusateur public, il en résulte qu'à l'instar des Messalines Brunehaut, Frédégonde et Médicis, que l'on qualifioit autrefois de reines de France, et dont les noms, à jamais odieux, ne s'effaceront pas des fastes de l'histoire, Marie-Antoinette, veuve de Louis Capet, a été, depuis son séjour en France, le fléau et la sangsue des François; qu'avant même l'heureuse révolution qui a rendu au peuple françois sa souveraineté, elle avoit des rapports politiques avec l'homme qualifié de roi de Bohême et de Hongrie; que ces rapports étoient contraires aux intérêts de la France; que, non contente, de concert avec les frères de Louis Capet et l'infâme et exécrable Calonne, lors ministre des finances, d'avoir dilapidé, d'une manière effroyable, les finances de la France (fruit des sueurs du peuple) pour satisfaire à des plaisirs désordonnés et payer les agents de ces intrigues criminelles, il est notoire qu'elle a fait passer à différentes époques, à l'Empereur, des millions qui lui ont servi et lui servent encore à soutenir la guerre contre la République, et que c'est par ces dilapidations excessives qu'elle est parvenue à épuiser le Trésor national;

Que, depuis la Révolution, la veuve Capet n'a cessé un seul instant d'entretenir des intelligences et des correspondances criminelles, et nuisibles à la France, avec les puissances étrangères et dans l'intérieur de la République, par des agents à elle affidés, qu'elle soudoyoit et faisoit soudoyer par le ci-devant trésorier de la liste ci-devant civile; qu'à différentes époques elle a usé de toutes les manœuvres qu'elle croyoit propres à ses vues perfides, pour opérer une contre-révolution : d'abord ayant, sous prétexte d'une réunion nécessaire entre les ci-devant gardes du corps et les officiers et soldats du régiment de Flandre, ménagé un repas entre ces deux corps, le 1er octobre 1789, lequel est dégénéré en une véritable orgie, ainsi qu'elle le désiroit, et pendant le cours de laquelle les agents de la veuve Capet, secondant parfaitement les projets contre-révolutionnaires, ont amené la plupart des convives à chanter, dans l'épanchement de l'ivresse, des chansons exprimant le plus entier dévouement pour le trône et l'aversion la plus caractérisée pour le peuple, et de les avoir insensiblement amenés à arborer la cocarde blanche et à fouler aux pieds la cocarde nationale, et d'avoir, par sa présence, autorisé tous ces excès contre-révolutionnaires, surtout en encourageant les femmes qui l'accompagnoient à distribuer des cocardes blanches aux convives; d'avoir, le 4 du mois d'octobre, témoigné la joie la plus immodérée de ce qui s'étoit passé à cette orgie;

En second lieu, d'avoir, conjointement avec Louis Capet, fait imprimer et distribuer avec profusion, dans toute l'étendue de la République, des ouvrages contre-révolutionnaires, de ceux même adressés aux conspirateurs d'outre-Rhin, ou publiés en leur nom, tels que les *Pétitions aux émigrants*, la *Réponse des émigrants*, *Les émigrants au peuple*, *Les plus courtes folies sont les meilleures*, *Le journal à deux liards*, *L'Ordre, la marche et l'entrée des émigrants*; d'avoir même poussé la perfidie et la dissimulation au point d'avoir fait imprimer et distribuer, avec le même profusion, des ouvrages dans lesquels elle étoit dépeinte sous des couleurs peu avantageuses, qu'elle ne méritoit déjà que trop en ce temps, et ce, pour donner le change et persuader aux puissances étrangères qu'elle étoit maltraitée des François, et les animer de plus en plus contre la France; que, pour réussir plus promptement dans ses projets contre-révolutionnaires, elle avoit, par ses agents, occasionné dans Paris et les environs, les premiers jours d'octobre 1789, une disette qui a donné lieu à une nouvelle insurrection, à la suite de laquelle une foule innombrable de citoyens et de citoyennes s'est

portée à Versailles le 5 du même mois; que ce fait est prouvé d'une manière sans réplique par l'abondance qui a régné le lendemain même de l'arrivée de la veuve Capet à Paris et de sa famille;

Qu'à peine arrivée à Paris, la veuve Capet, féconde en intrigues de tout genre, a formé des conciliabules dans son habitation; que ces conciliabules, composés de tous les contre-révolutionnaires et intrigants des Assemblées constituante et législative, se tenoient dans les ténèbres de la nuit; que l'on y avisoit aux moyens d'anéantir les droits de l'homme et les décrets déjà rendus, qui devoient faire la base de la Constitution; que c'est dans ces conciliabules qu'il a été délibéré sur les mesures à prendre pour faire décréter la révision des décrets qui étoient favorables au peuple; qu'on a arrêté la fuite de Louis Capet et de toute la famille, sous des noms supposés, au mois de juin 1791, tentée tant de fois et sans succès à différentes époques; que la veuve Capet convient, dans son interrogatoire, que c'est elle qui a tout ménagé et tout préparé pour effectuer cette évasion, et que c'est elle qui a ouvert et fermé les portes de l'appartement par où les fugitifs sont passés; qu'indépendamment de l'aveu de la veuve Capet à cet égard, il est constant, d'après les déclarations de Louis-Charles Capet et de la fille Capet, que Lafayette, favori, sous tous les rapports, de la veuve Capet, et Bailly, lors maire de Paris, étoient présents au moment de cette évasion, et qu'ils l'ont favorisée de tout leur pouvoir; que la veuve Capet, après son retour de Varennes, a recommencé ces conciliabules; qu'elle les présidoit elle-même, et que, d'intelligence avec son favori Lafayette, l'on a fermé les Thuileries et privé par ce moyen les citoyens d'aller et venir librement dans les cours du ci-devant château des Thuileries; qu'il n'y avoit que les personnes munies de cartes qui eussent leur entrée; que cette clôture, présentée avec emphase par le traître Lafayette comme ayant pour objet de punir les fugitifs de Varennes, étoit une ruse imaginée et concertée dans ces conciliabules ténébreux pour priver les citoyens des moyens de découvrir ce qui se tramoit contre la liberté dans ce lieu infâme; que c'est dans ces mêmes conciliabules qu'a été déterminé l'horrible massacre qui a eu lieu, le 17 juillet 1791, des plus zélés patriotes qui se sont trouvés au Champ-de-Mars; que le massacre qui avoit eu lieu précédemment à Nancy, et ceux qui ont eu lieu dans les divers autres points de la République, ont été arrêtés et déterminés dans ces mêmes conciliabules; que ces mouvements, qui ont fait couler le sang d'une foule immense de patriotes, ont été imaginés pour arriver plus tôt et plus sûrement à la révision des décrets rendus et fondés sur les droits de l'homme, et qui par là étoient nuisibles aux vues ambitieuses et contre-révolutionnaires de Louis Capet et de Marie-Antoinette; que, la Constitution de 1791 une fois acceptée, la veuve Capet s'est occupée de la détruire insensiblement par toutes les manœuvres qu'elle et ses agents ont employées dans les divers points de la République; que toutes ses démarches ont toujours eu pour but d'anéantir la liberté, et de faire rentrer les François sous le joug tyrannique sous lequel ils n'ont langui que trop de siècles; qu'à cet effet, la veuve Capet a imaginé de faire discuter dans ces conciliabules ténébreux, et qualifiés depuis longtemps avec raison de cabinet autrichien, toutes les lois qui étoient portées par l'Assemblée législative; que c'est elle,

et par suite de la détermination prise dans ces conciliabules, qui a décidé Louis Capet à apposer son
veto au fameux et salutaire décret rendu par l'Assemblée législative contre les ci-devant princes,
frères de Louis Capet, et les émigrés, et contre cette
horde de prêtres réfractaires et fanatiques répandus
dans toute la France : *veto* qui a été l'une des principales causes des maux qu'a depuis éprouvés la
France;

Que c'est la veuve Capet qui faisoit nommer les
ministres pervers, et aux places dans les armées et
dans les bureaux, des hommes connus de la nation
entière pour des conspirateurs contre la liberté;
que c'est par ses manœuvres et celles de ses agents,
aussi adroits que perfides, qu'elle est parvenue à
composer la nouvelle garde de Louis Capet d'anciens officiers qui avoient quitté leur corps lors du
serment exigé, de prêtres réfractaires et d'étrangers, enfin de tous hommes réprouvés pour la plupart de la nation, et dignes de servir dans l'armée
de Coblentz, où un très-grand nombre est, en effet,
passé depuis le licenciement;

Que c'est la veuve Capet, d'intelligence avec la
faction liberticide qui dominoit alors l'Assemblée
législative, et pendant un temps la Convention, qui
a fait déclarer la guerre au roi de Bohême et de
Hongrie, son frère; que c'est par ses manœuvres et
ses intrigues, toujours funestes à la France, que
s'est opérée la première retraite des François du
territoire de la Belgique;

Que c'est la veuve Capet qui a fait parvenir aux
puissances étrangères les plans de campagne et
d'attaque qui étoient convenus dans le conseil, de
manière que, par cette double trahison, les ennemis
étoient toujours instruits à l'avance des mouvements que devoient faire les armées de la République; d'où suit la conséquence que la veuve Capet
est l'auteur des revers qu'ont éprouvés, en différents
temps, les armées françoises;

Que la veuve Capet a médité et combiné avec ses
perfides agents l'horrible conspiration qui a éclaté
dans la journée du 16 août, laquelle n'a échoué que
par les efforts courageux et incroyables des patriotes; qu'à cette fin, elle a réuni dans son habitation, aux Thuileries, jusque dans des souterrains, les
Suisses, qui, aux termes des décrets, ne devoient
plus composer la garde de Louis Capet; qu'elle les
a entretenus dans un état d'ivresse, depuis le 9 jusqu'au 10 matin, jour convenu pour l'exécution de
cette horrible conspiration; qu'elle a réuni également, et dans le même dessein, dès le 9, une foule
de ces êtres qualifiés de chevaliers du poignard,
qui avoient figuré déjà dans ce même lieu, le 23
février 1791, et depuis, à l'époque du 20 juin 1792;

Que la veuve Capet, craignant sans doute que
cette conspiration n'eût pas tout l'effet qu'elle s'en
étoit promis, a été, dans la soirée du 9 août, vers
les neuf heures et demie du soir, dans la salle où
les Suisses et autres à elle dévoués travailloient à
des cartouches; qu'en même temps qu'elle les encourageoit à hâter la confection de ces cartouches,
pour les exciter de plus en plus, elle a pris des cartouches et a mordu des balles (les expressions
manquent pour rendre un trait aussi atroce); que
le lendemain, 10, il est notoire qu'elle a pressé et
sollicité Louis Capet à aller dans les Thuileries, vers
cinq heures et demie du matin, pour la revue des
véritables Suisses et autres scélérats qui en avoient
pris l'habit, et qu'à son retour elle lui a présenté un
pistolet, en disant : — « Voilà le moment de vous

montrer ! » et que, sur son refus, elle l'a traité de
lâche; que, quoique, dans son interrogatoire, la
veuve Capet ait persévéré à dénier qu'il ait été
donné ordre de tirer sur le peuple, la conduite
qu'elle a tenue, le dimanche 9, dans la salle des
Suisses, les conciliabules qui ont eu lieu toute la
nuit et auxquels elle a assisté, l'article du pistolet
et son propos à Louis Capet, leur retraite subite
des Thuileries et les coups de fusil tirés au moment
même de leur entrée dans la salle de l'Assemblée
législative, toutes ces circonstances réunies ne permettent pas de douter qu'il n'ait été convenu, dans
le conciliabule qui a eu lieu pendant toute la nuit,
qu'il falloit tirer sur le peuple, et que Louis Capet
et Marie-Antoinette, qui étoit la grande directrice
de cette conspiration, n'ait elle-même donné l'ordre
de tirer;

Que c'est aux intrigues et manœuvres perfides de
la veuve Capet, d'intelligence avec cette faction liberticide dont il a été déjà parlé, et tous les ennemis de la République, que la France est redevable
de cette guerre intestine qui la dévore depuis si
longtemps, et dont heureusement la fin n'est pas
plus éloignée que celle des auteurs;

Que, dans tous les temps, c'est la veuve Capet
qui, par cette influence qu'elle avoit acquise sur
l'esprit de Louis Capet, lui avoit insinué cet art profond et dangereux de dissimuler et d'agir, et de promettre par des actes publics le contraire de ce qu'il
pensoit et tramoit, conjointement avec elle, dans les
ténèbres, pour détruire cette liberté si chère aux
François et qu'ils sauront conserver, et recouvrer
ce qu'ils appeloient « la plénitude des prérogatives
royales; »

Qu'enfin la veuve Capet, immorale sous tous les
rapports, et nouvelle Agrippine, est si perverse et
si familière avec tous les crimes, qu'oubliant sa qualité de mère et la démarcation prescrite par les loix
de la nature, elle n'a pas craint. . . . .
. . . .

N'achevons pas : nous retrouverons assez tôt l'i-
gnoble calomnie; mais alors, elle sera rapprochée
de la réponse, son châtiment.

Il ressort de cet acte d'accusation qu'un interrogatoire sommaire avait précédé la lecture du document libellé par Fouquier-Tinville. L'absurde
nullité de l'acte d'accusation, si l'on en excepte le
dernier paragraphe écrit avec la boue fournie par
Hébert, nous fait entrevoir la nullité de l'interrogatoire secret.

Aucun procès-verbal n'existe, qui puisse nous
faire connaître cet interrogatoire. La tradition, quelques récits de contemporains nous y montrent Marie-Antoinette répondant noblement et simplement
aux inepties atroces de Fouquier-Tinville et d'Hermann.

Quand on l'accuse d'avoir trompé le peuple français : — « Oui! dit-elle, le peuple a été trompé; il
l'a été cruellement, et ce n'est ni par mon mari,
ni par moi. »

Lui reproche-t-on d'avoir voulu remonter au
trône sur les cadavres des patriotes, elle répond :
— « Je n'ai jamais désiré que le bonheur de la
France. Qu'elle soit heureuse ! Mais qu'elle le soit !
je serai contente. »

Les sottes inventions de millions envoyés à l'é-
tranger, de balles mâchées, furent repoussées par
elle avec un ferme dédain. On se rejeta alors sur les
crimes d'intention, sur la conspiration morale.

— «Pensez-vous, demanda *Hermann*, que les rois soient nécessaires au bonheur du peuple?»

La Reine. — Un individu ne peut absolument décider de telle chose.

D. Vous regrettez sans doute que votre fils ait perdu un trône?

R. Je ne regretterai jamais rien pour mon fils, tant que mon pays sera heureux.

D. Quel intérêt mettez-vous au succès des armes de la République?

R. Le bonheur de la France est toujours celui que je désire par-dessus tout (1).

L'audience publique fut fixée au surlendemain, 14 octobre. Hermann demanda à la Reine si elle avait un conseil : — «Je n'en ai pas, répondit-elle, je ne connais personne.» Hermann désigna pour ses conseils et défenseurs les citoyens Tronçon-Ducoudray et Chauveau-Lagarde, ce dernier connu par sa récente défense de Charlotte Corday. (*Voyez* ce nom.)

Le 14, jour de la seconde audience, la première publique, une foule immense assiége la salle du Tribunal. Les Jacobins en bonnet rouge, les *tricoteuses*, les *lécheuses de guillotine*, ont accaparé les meilleures places. La *veuve Capet* est introduite. Tout le monde a reconnu *la Reine.* Sa démarche est aussi imposante qu'aux jours de sa grandeur; son regard est aussi majestueux. — «Vois-tu comme elle est fière!» disent les mégères de l'audience. Et cependant, Marie-Antoinette n'a pour toute parure que sa petite robe noire, élimée, demi-pourrie par l'humidité de la prison. Son bonnet de linon, sans barbes, laisse échapper une mèche de ses cheveux blanchis; sur son cou, un fichu de mousseline unie blanc. Le bleu de ses yeux est froid, la paupière est rougie, le nez s'est décharné et l'arête semble s'être allongée; la bouche est décolorée; la face est pâle, immobile; mais une grande majesté illumine encore ce débris d'une reine. La figure imaginée par Paul Delaroche pour représenter Marie-Antoinette allant au Tribunal révolutionnaire, est lourde, épaisse, engorgée; elle ne rend pas compte des longues tortures subies par la captive; elle n'a rien de la grandeur émaciée de la royale martyre.

Hermann préside. Huit juges composent avec lui le Tribunal : *Foucault, Sellier, Coffinhal, Deliège, Ragmey, Maire, Denizot, Masson.* Derrière *Fouquier-Tinville* on remarque *Vadier, Amar, Vouland, Moyse Bayle.*

Les jurés ont été scrupuleusement choisis parmi les patriotes Jacobins; on voit dans leurs rangs un perruquier, un recors.

Aux questions du Président, l'accusée déclare se nommer «Marie-Antoinette de Lorraine d'Autriche, âgée d'environ 38 ans, veuve du Roi de France, née à Vienne, se trouvant, lors de son arrestation, dans le lieu de l'Assemblée nationale.»

Nous choisissons parmi les questions sans nombre dont, pendant trois jours, fut harcelée la pauvre femme.

D. Avez-vous eu connaissance du projet du ci-devant comte d'Artois pour faire sauter la salle de l'Assemblée nationale? Ce plan ayant paru trop violent, ne l'a-t-on pas engagé à voyager, dans la crainte que, par sa présence et par son étourderie, il ne nuisît au projet que l'on avait conçu de dissimuler, jusqu'au moment favorable, les vues perfides qu'on se proposait?

R. Je n'ai jamais entendu parler que mon frère d'Artois ait eu le dessein dont vous parlez; il est parti de son plein gré pour voyager.

D. A quelle époque avez-vous employé les sommes immenses qui vous ont été remises par les différents contrôleurs des finances?

R. On ne m'a jamais remis de sommes immenses; celles qu'on m'a remises ont été employées par moi à payer les gens qui m'étaient attachés.

D. N'avez-vous point donné de l'argent pour faire boire les Suisses, au mois d'août 1792?

R. Non.

D. N'avez-vous point dit, en sortant, à un officier des Suisses : — «Bois, mon ami; je me recommande à vous?»

R. Non.

D. Où avez-vous passé la nuit du 9 au 10 août?

R. Je l'ai passée avec ma sœur (Madame Elisabeth), dans son appartement, et nous ne nous sommes pas couchées.

D. Pourquoi ne vous êtes-vous pas couchées?

R. Parce qu'à minuit, nous avons entendu sonner le tocsin de toutes parts, et que l'on nous annonça que nous allions être attaqués.

D. N'est-ce pas chez vous que se sont assemblés les ci-devant nobles et les officiers suisses qui étaient au château, et n'est-ce point là que l'on a arrêté de faire feu sur le peuple?

R. Personne n'est entré dans mon appartement.

D. N'avez-vous point eu un entretien avec d'Affry, dans lequel vous l'avez interpellé de s'expliquer si on pouvait compter sur les Suisses, pour faire feu sur le peuple; et, sur la réponse négative qu'il vous fit, n'avez-vous pas employé tour à tour les cajoleries et les menaces?

R. Je ne crois pas avoir vu d'Affry ce jour-là.

D. Avez-vous visité les trois corps armés qui se trouvaient à Versailles?

R. Je n'ai rien à répondre.

La Reine, on le voit, se justifie avec patience, avec simplicité. Si elle se tait, c'est lorsque sa parole peut compromettre quelque fidèle. Elle en appelle encore au silence quand l'accusation est par trop absurde, ou quand sa réponse pourrait donner une arme à ses juges iniques, empressés à se justifier eux-mêmes.

Hermann revient sur l'affaire du Collier, et reproche à la Reine de nier ses rapports avec la femme la Motte.

— «Mon plan, répond Marie-Antoinette, n'est pas la dénégation; c'est la vérité que j'ai dite et que je persisterai à dire.»

Quelquefois, la Reine répond moins encore au Tribunal qu'au pays tout entier. Si on lui reproche ses prodigalités, ses folles dépenses du Petit-Trianon par exemple, elle dit :

— «Il est possible que le Petit-Trianon ait coûté des sommes immenses (1), peut-être plus que je n'aurais désiré; on avait été entraîné dans les dépenses peu à peu : du reste, je désire, plus que personne, que l'on soit instruit de ce qui s'y est passé.»

Parmi les témoins entendus, quelques-uns furent favorables à l'accusée; ils lui apportèrent la courageuse offrande de leur parole sincère et dévouée, ou, tout au moins, de leur silence. Marie-Antoinette

(1) *Marie-Antoinette*, par Edmond et Jules de Goncourt.

(1) Soulavie avoue, dans ses *Mémoires historiques et politiques*, que la dépense, en 1788, ne dépassait pas 72,000 livres.

redoutait, dit-on, la déposition de *Manuel*, ce Procureur général de la République au 10 août, cet homme qui écrivait insolemment à Louis XVI : « Sire, je n'aime pas les rois; » cet homme qui, dans sa *Lettre à la Reine*, avait condensé toutes les injustices, toutes les calomnies imaginées contre l'Autrichienne. Mais cet homme avait été vaincu par la majestueuse douleur de la prisonnière du Temple ; déjà, lui-même était suspect aux Jacobins; sa modération le désignait à la guillotine. Il comparut, plutôt comme un accusé que comme un témoin, et il se refusa à justifier l'accusation portée contre la Reine. Le Président lui prodigua les outrages, et lui annonça assez clairement la mort qu'il devait subir un mois après. *Manuel* ne tint compte de ces menaces, et on le vit, dans le greffe de la Conciergerie, s'abandonnant à la douleur que lui causait le sort de l'illustre captive.

Charles-Henri ex-comte d'Estaing, autrefois ennemi de la Reine, comme Manuel, chercheur de popularité qui, lui aussi, ne récoltait que les défiances de la populace, vint déposer à son tour. Sa parole fut hésitante, embarrassée; toutefois, bien qu'il déclarât avoir à se plaindre de la Reine, il lui rendit ce témoignage :

— « J'ai entendu des conseillers de Cour dire à l'accusée que le peuple de Paris allait arriver pour la massacrer, et qu'il fallait qu'elle partît. A quoi elle a répondu, avec un grand caractère : — « Si les Parisiens viennent pour m'assassiner, c'est aux pieds de mon mari que je serai, mais je ne fuirai pas. »

L'accusée. — Cela est exact; on voulait m'engager à partir seule, parce que, disait-on, il n'y avait que moi qui courais des dangers.

Le Président, à d'Estaing. — Avez-vous eu connaissance des repas donnés par les ci-devant gardes du corps?

R. Oui.

D. Avez-vous vu qu'on ait crié : *Vive le Roi ! vive la famille royale!*

R. Oui, je sais même que l'accusée a fait le tour de la table en tenant son fils par la main.

Sylvain Bailly, autre idole du peuple, aujourd'hui promis à la mort, parle en honnête homme qui ne craint pas l'échafaud. Il dit nettement que ce savent bien tous les juges, que « les faits contenus dans l'acte d'accusation sont absolument faux. »

L'ex-comte de Latour-du-Pin, ancien ministre de la guerre de 1789, salue respectueusement l'accusée, et déclare qu'elle est innocente des massacres de Nancy.

Jean-François Mathey, concierge de la tour du Temple, a entendu le petit Capet dire que, lorsqu'on partit pour Varennes, on l'habilla en fille, en lui disant : — « Viens à *Montmédy*. »

L'accusation avait aussi ses témoins, prêts à mentir pour lui venir en aide. La fille *Reine Mallot*, ancienne femme de service à Versailles, affirme avoir été instruite par diverses personnes que l'accusée ayant conçu le dessein d'assassiner le duc d'Orléans, le Roi, qui en fut instruit, ordonna qu'elle fût incontinent fouillée; que, par suite de cette opération, on trouva sur elle deux pistolets. Alors, il la fit consigner pendant quinze jours dans son appartement. M. de Coigny aurait dit au témoin, au sujet de prétendus envois d'argent faits par la Reine à son frère pour la guerre contre les Turcs : — « il en coûte déjà plus de deux cents millions, et nous ne sommes pas au bout. »

Les Jacobins de l'auditoire accueillent, par un murmure approbateur, ces stupides inventions, auxquelles la Reine n'oppose que la dénégation la plus concise.

Un démagogue subalterne, doublure ridicule de Marat, *Labenette*, vient, à son tour, quêter les faveurs de l'auditoire en racontant, sans rire, que l'Autrichienne a cherché, par trois fois, à le faire assassiner, lui, Labenette !

Enfin, paraît *Hébert*. C'est lui qui doit porter le coup de grâce, en prenant à son compte les turpitudes finales de l'acte d'accusation. Après avoir décrit les signes contre-révolutionnaires trouvés par lui dans les effets de la Reine, au Temple, entre autres un cœur enflammé traversé d'une flèche, le substitut du Procureur de la Commune fait connaître aux Jurés les déclarations arrachées à Louis Capet, on sait par quels hideux moyens. L'enfant a dit que Lafayette avait contribué à la fuite de la famille royale à Varennes; qu'au Temple, les prisonniers n'avaient pas cessé de correspondre avec l'extérieur.

Surmontons l'horreur qu'inspire, à juste titre, la fin de la déposition de ce misérable; encore, nous faudra-t-il pallier la crudité des mots.

« ...Enfin, que le jeune Capet, dont la constitution physique dépérissait chaque jour, fut surpris par Simon dans des *actes* indécents et funestes pour son tempérament; que celui-ci lui ayant demandé qui lui avait appris ce manège criminel, il répondit que c'était à la Reine et à sa tante qu'il était redevable de la connaissance de cette funeste habitude. De la déclaration que le jeune Capet a faite, en présence du Maire et du Procureur de la Commune, il résulte que ces deux femmes le faisaient coucher entre elles deux, et que là se commettaient les traits de la débauche la plus effrénée; qu'il n'y avait pas même à douter, par ce qu'avait dit le fils Capet, qu'il n'y eût eu un acte incestueux entre la mère et le fils. Il y a lieu de croire que cette criminelle jouissance n'était point dictée par le plaisir, mais bien par l'espoir politique d'énerver le physique de cet enfant, que l'on se plaisait encore à croire destiné à occuper un trône, et sur lequel on voulait, par cette manœuvre, s'assurer alors le droit de régner sur son moral. Que, par les efforts qu'on lui fit faire, il en est résulté une incommodité pénible; qu'enfin, depuis que cet enfant n'est plus avec sa mère, il reprend la vigueur de son tempérament. »

Pendant que parlait l'infâme, les traits de la Reine demeurèrent impassibles; à la fin seulement, son œil s'alluma, ses sourcils altiers, sa bouche si fière dessinèrent vaguement un sourire de mépris et d'indignation.

Il lui fallut répondre; elle répondit : — « Je n'ai aucune connaissance des faits dont parle le citoyen Hébert. Je sais seulement que le cœur enflammé dont il parle a été donné à mon fils par ma sœur. »

La sainte pudeur de la femme a laissé tomber la turpitude du sale Hébert; *un Juré* la relève.

— « Citoyen Président, dit cet homme, je vous invite de vouloir bien observer à l'accusée qu'elle n'a pas répondu sur le fait dont a parlé le citoyen Hébert, à l'égard de ce qui s'est passé entre elle et son fils. »

Alors, l'indignation l'emporte, et Marie-Antoinette, relevant la tête, avec un regard de majestueux mépris :

— « Si je n'ai pas répondu, dit-elle, c'est que la nature se refuse à répondre à une pareille question faite à une mère. »

Puis, se tournant vers le peuple des tribunes :

— « J'EN APPELLE A TOUTES CELLES QUI PEUVENT SE TROUVER ICI. »

Il y en avait, sans doute; car ces mots sublimes firent courir dans la foule un frisson d'horreur et de pitié.

On peut maintenant égorger la Reine; on ne la condamnera pas. Il est clair pour tout le monde qu'il n'y a plus là ni accusateurs, ni juges, ni jurés, mais des bourreaux. Et les siècles n'en virent jamais à qui le sens moral, ou, pour mieux dire, le sens humain, fît plus complétement défaut.

Robespierre, en qui la cruauté et la peur n'aveuglèrent jamais le bon sens, comprit, quand on lui rapporta cette scène, que ce stupide Hébert avait déshonoré le Tribunal et glorifié l'accusée. Il lui en fit de durs reproches, et Hébert trembla d'avoir irrité la hyène.

Telles furent ces trois éternelles séances, qui s'ouvraient à neuf heures du matin, et ne finissaient que fort avant dans la nuit. Supplice préludant à un supplice! Elle est brisée par de longues tortures morales et physiques. Elle prend à peine, à la dérobée, des aliments suffisants pour conserver la vie dans ce corps brûlé de fièvre. Elle est tourmentée d'une soif ardente, et il lui faut se roidir et se donner en spectacle aux tigres de l'auditoire. — « Debout, la veuve Capet! » s'écrient, à chaque instant, ces brutes, saisies d'une curiosité féroce. Elle se lève, chancelante et toujours fière, pesant de la main sur son tabouret pour ramasser ses forces. Elle murmure ces mots pitoyables : — « Le peuple sera-t-il bientôt las de mes fatigues? »

Il y eut un moment où la vie parut l'abandonner, et on l'entendit gémir tout bas ces mots : J'ai soif! Les plus proches se regardèrent; aucun de ces lâches n'osa donner à boire à la martyre! Un gendarme, enfin, en eut pitié, et alla chercher un verre d'eau (1).

La seconde nuit, comme on la reconduisait à la prison, elle s'affaissa dans la cour de la Conciergerie. — « Je n'y vois plus, dit-elle, je n'en peux plus, je ne saurais marcher. » Il fallut qu'un gendarme la soutînt sous les bras pour lui faire franchir les trois marches qui conduisaient à sa chambre.

Et, toujours, Marie-Antoinette retrouvait, à l'audience, cette admirable énergie qui la faisait reine encore, même pour ses bourreaux étonnés et vaincus.

Sa défense ne devait être qu'une illusoire formalité; elle le savait : mais elle devait à elle-même, à son fils, aux siens, à la monarchie, de ne rien abandonner de ses droits. Sans rien sacrifier de la majesté de son malheur, elle voulut, jusqu'au dernier moment, prendre au sérieux sa défense. Comparez l'admirable attitude de cette femme à celle des insensés qui l'ont perdue, à celle de ses juges eux-mêmes, le jour où la justice divine leur donnera l'avant-goût du châtiment. Eux aussi, Girondins ou Montagnards, se défendront; mais avec quelle misérable infatuation, avec quelles secrètes terreurs, avec quels désespoirs! C'est qu'il leur manquera à tous ce qui soutient la Reine à ces heures terribles, la conscience et la foi.

Les deux défenseurs dérisoirement assignés à Marie-Antoinette n'avaient été prévenus que le di-

manche 13 octobre, à minuit. Pendant les deux premiers jours du procès, on ne leur permit, avec l'accusée, que trois courtes entrevues d'un quart d'heure; encore, ces communications ne furent-elles pas libres : une surveillance menaçante y présida.

D'ailleurs, comme le font justement remarquer MM. de Goncourt, la Reine pouvait-elle, du premier coup, accorder toute sa confiance à des conseils choisis par le Tribunal? « Elle se rendit pourtant à la convenance de leur intérêt, à la commisération de leurs paroles, et, tourmentée par eux, au nom de ses enfants, pour demander un sursis qui leur donnât le temps d'élaborer leur défense, » elle écrivit la lettre suivante au président de la Convention :

« Citoyen Président,

« Les citoyens Tronçon et Chauveau, que le Tribunal m'a donnés pour défenseurs, m'observent qu'ils n'ont été instruits qu'aujourd'hui de leur mission; je dois être jugée demain, et il leur est impossible de s'instruire dans un aussi court délai des pièces du procès et même d'en prendre lecture. Je dois à mes enfants de n'omettre aucun moyen nécessaire pour l'entière justification de leur mère. Mes défenseurs demandent trois jours de délai, j'espère que la Convention les leur accordera.

« MARIE-ANTOINETTE (1). »

Le délai fut refusé, comme on pouvait s'y attendre. Le 15, à minuit, Hermann interpelle les défenseurs, et leur donne un quart d'heure pour préparer la défense de l'accusée. Ils se distribuent, à la hâte, cette tâche inutile. Tronçon-Ducoudray se charge de combattre l'accusation d'intelligence avec les ennemis de l'intérieur; Chauveau-Lagarde repoussera l'inculpation de complicité avec l'étranger. Le vide même de l'accusation les accable. Rien n'a été prouvé. Laissant de côté les hideuses niaiseries de dépenses, d'orgies, de balles mâchées, ils n'aperçoivent que l'affaire Septeuil, et celle de la résistance des Suisses. Sur le premier point, on a invoqué deux bons de 80,000 livres, signés Marie-Antoinette, à la date du 10 août; un témoin, Tisset, les aurait vus chez Septeuil. Mais on ne les a pas représentés; mais Olivier Garnerin leur donne pour destination un cadeau fait à Madame de Polignac; mais le rapport de Valazé dans le procès du Roi en a fait une quittance de 15,000 livres. Sur le second point, un Didier Jourdeuil a dit avoir vu, chez d'Affry, un billet de la Reine, contenant ces mots : « Peut-on compter sur vos Suisses? Feront-ils bonne contenance lorsqu'il en sera temps? » Ce billet, on ne l'a pas plus représenté que les deux bons.

Aussi, Chauveau-Lagarde commencera-t-il par ces admirables et courageuses paroles son plaidoyer, un bel acte de courage :

« Je ne suis, dans cette affaire, embarrassé que d'une seule chose : ce n'est pas de trouver des réponses, c'est de trouver des objections. »

La formalité dérisoire est accomplie. Les défenseurs ont parlé; Fouquier-Tinville se lève. Il redit, sans les appuyer d'aucune preuve, les inculpations de l'acte d'accusation; mais, plus politique qu'Hébert, il se tait sur l'immonde invention de ce misérable.

Après le réquisitoire, Hermann prononce un ré-

(1) Testament de Marie-Antoinette, veuve Capet, de l'Imprimerie du Véritable Créole Patriote; Histoire de Marie-Antoinette, par Montjoye; Histoire de Marie-Antoinette, par Edmond et Jules de Goncourt.

(1) Affaire des Papiers de l'ex-conventionnel Courtois (par M. Courtois fils), Paris, Delaunay, 1834.

sumé ; c'est au moins le nom dont cette justice infâme couvre une iniquité de plus. « C'est tout le peuple français, dit-il en terminant, qui accuse Marie-Antoinette. »

Les quatre questions suivantes sont posées au Jury :

1° Est-il constant qu'il ait existé des manœuvres et intelligences avec les puissances étrangères et autres ennemis extérieurs de la République, lesdites manœuvres et intelligences tendant à leur fournir des secours en argent, à leur donner l'entrée du territoire français et à y faciliter les progrès de leurs armes ?

2° Marie-Antoinette d'Autriche, veuve de Louis Capet, est-elle convaincue d'avoir coopéré aux manœuvres et d'avoir entretenu ces intelligences ?

3° Est-il constant qu'il a existé un complot et conspiration tendant à allumer la guerre civile dans l'intérieur de la République ?

4° Marie-Antoinette d'Autriche, veuve de Louis Capet, est-elle convaincue d'avoir participé à ces complot et conspiration ?

Le Jury rapporte les réponses attendues, et c'est alors que *le Président* ose demander à l'accusée si elle n'a rien à ajouter à sa défense. Le *Bulletin* du Tribunal criminel rapporte ainsi la réponse de Marie-Antoinette.

— « Hier, je ne connaissais pas les témoins ; j'ignorais ce qu'ils allaient déposer contre moi. Eh bien ! personne n'a articulé aucun fait positif. Je finis en observant que je n'étais que la femme de Louis XVI, et qu'il fallait bien que je me conformasse à ses volontés. »

La tradition lui prête ces paroles plus fières :

— « Pour ma défense, rien ; pour vos remords, beaucoup. J'étais Reine, et vous m'avez détrônée ; j'étais épouse, et vous avez massacré mon mari ; j'étais mère, et vous m'avez arraché mes enfants ; il ne me reste que mon sang, hâtez-vous de le répandre pour vous en abreuver. »

Interpellée de déclarer si elle a quelque observation à faire sur l'application de la peine, elle ne daigne plus répondre, et formule un *non* par un simple signe de tête.

Hermann veut, une dernière fois, simuler la justice, et il fait à l'humanité et au respect de l'auditoire cet appel hypocrite :

« Si les citoyens qui remplissent l'auditoire n'étaient pas de hommes libres, et, par conséquent, capables de sentir toute la dignité de leur être, je devrais peut-être leur rappeler qu'au moment où la justice nationale va prononcer, la loi, la raison, la moralité leur recommandent le plus grand calme, et que la loi leur défend toute marque d'improbation, et qu'une personne, de quelques crimes qu'elle soit couverte, une fois atteinte par la loi, n'appartient plus qu'à l'humanité. »

Le Président recueille les opinions des Juges, et, « d'après la déclaration unanime du jury, faisant droit sur le réquisitoire de l'Accusateur public, d'après les lois par lui citées, condamne ladite Marie-Antoinette, dite Lorraine d'Autriche, veuve de Louis Capet, à la peine de mort ; déclare, conformément à la loi du 10 mars dernier, ses biens, si aucuns elle a dans l'étendue du territoire français, acquis et confisqués au profit de la République ; ordonne qu'à la requête de l'Accusateur public, le présent jugement sera exécuté sur la place de la Révolution, imprimé et affiché dans toute l'étendue de la République (1). »

(1) *Bulletin* du Tribunal criminel, n° 33.

La Reine a entendu la sinistre formule ; elle est restée impassible : il semble que ce ne soit pas d'elle qu'il s'agisse. Elle descend, imposante, l'œil fier, le front haut, ouvre elle-même la balustrade et regagne la Conciergerie (1).

Il est quatre heures du matin ; on l'a placée dans le guichet de l'avant-greffe où elle doit attendre le bourreau. C'est là qu'elle écrit son testament de mort, cette lettre sublime, adressée à Madame Elisabeth, qui fut retrouvée plus tard dans les papiers de Couthon, à qui, dit M. de Lamartine, Fouquier-Tinville faisait hommage de ces curiosités de la mort et de ces reliques de la royauté. Voici cette page impérissable :

» Ce 15 octobre, à 4 heures et demie du matin.

« C'est à vous, ma sœur, que j'écris pour la dernière fois. Je viens d'être condamnée, non pas à une mort honteuse, elle ne l'est que pour les criminels, mais à aller rejoindre votre frère ; comme lui innocente, j'espère montrer la même fermeté que lui dans ces derniers moments. J'ai un profond regret d'abandonner mes pauvres enfants ; vous savez que je n'existais que pour eux et pour vous. Vous, qui avez, par votre amitié, tout sacrifié pour être avec nous, dans quelle position je vous laisse ! J'ai appris, par le plaidoyer même du procès, que ma fille était séparée de vous ! Hélas ! la pauvre enfant, je n'ose lui écrire ; elle ne recevrait pas ma lettre ; je ne sais pas même si celle-ci vous parviendra. Recevez pour eux deux ma bénédiction. J'espère qu'un jour, lorsqu'ils seront plus grands, ils pourront se réunir avec vous et jouir en liberté de vos tendres soins. Qu'ils pensent tous deux à ce que je n'ai cessé de leur inspirer. Que leur amitié et leur confiance mutuelle fassent leur bonheur. Que ma fille sente qu'à l'âge qu'elle a, elle doit toujours aider son frère par ses conseils, que l'expérience qu'elle aura de plus que lui et son amitié pourront lui inspirer. Que mon fils, à son tour, rende à sa sœur tous les soins et les services que l'amitié peut inspirer ; qu'ils sentent enfin tous deux que, dans quelque position où ils pourront se trouver, ils ne seront vraiment heureux que par leur union. Qu'ils prennent exemple de nous. Combien, dans nos malheurs, notre amitié nous a donné de consolations ! Et, dans le bonheur, on jouit doublement quand on peut le partager avec un ami ; où en trouver de plus tendres, de plus chers que dans sa propre famille ? Que mon fils n'oublie jamais les derniers mots de son père, je lui répète expressément : *Qu'il ne cherche jamais à venger notre mort !*

« J'ai à vous parler d'une chose bien pénible à mon cœur. Je sais combien cet enfant doit vous avoir fait de la peine. Pardonnez-lui, ma chère sœur ; pensez à l'âge qu'il a, et combien il est facile de faire dire à un enfant ce qu'on veut, et même ce qu'il ne comprend pas. Un jour viendra, j'espère, où il ne sentira que mieux tout le prix de vos bontés et de votre tendresse pour tous deux.

(1) Tout ceci, nous ne le demandons pas à la tradition. C'est le *Moniteur* du 27 octobre 1793 qui fait foi de cette sereine grandeur : « Pendant son interrogatoire, Marie-Antoinette a, presque toujours, conservé une contenance calme et assurée. Dans les premières heures de son interrogatoire, on l'a vue promener les doigts sur la barre du fauteuil, avec l'apparence de la distraction, et comme si elle jouait du *forte-piano*. En entendant prononcer son jugement, elle n'a laissé paraître aucune marque d'altération, et elle est sortie de la salle d'audience sans proférer une parole, sans adresser aucun discours, ni aux juges, ni au public. »

« Il me reste à vous confier mes dernières pensées. J'aurais voulu les écrire dès le commencement du procès ; mais, outre qu'on ne me laissait pas écrire, la marche en a été si rapide, que je n'en aurais pas eu le temps. Je meurs dans la religion catholique, apostolique et romaine, dans celle de mes pères, dans celle où j'ai été élevée et que j'ai toujours professée. N'ayant aucune consolation spirituelle à attendre, ne sachant s'il existe encore des prêtres de cette religion, et même le lieu où je suis les exposerait trop s'ils y entraient une fois, je demande sincèrement pardon à Dieu de toutes les fautes que j'ai pu commettre depuis que j'existe. J'espère que, dans sa bonté, il voudra bien recevoir mes derniers vœux, ainsi que ceux que je fais depuis longtemps pour qu'il veuille bien recevoir mon âme dans sa miséricorde et sa bonté.

« Je demande pardon à tous ceux que je connais, et à vous, ma sœur, en particulier, de toutes les peines que, sans le vouloir, j'aurais pu vous causer.

« Je pardonne à tous mes ennemis le mal qu'ils m'ont fait.

« Je dis adieu à mes tantes et à tous mes frères et sœur. J'avais des amis ; l'idée d'en être séparée

« M'enlever mon enfant ! s'écria-t-elle ; non, cela n'est pas possible. » (PAGE 8).

pour jamais et les peines qu'ils endurent sont un des plus grands regrets que j'emporte en mourant ! Qu'ils sachent que, jusqu'à mon dernier moment, j'ai toujours pensé à eux.

« Adieu, ma bonne et tendre sœur... Puisse cette lettre vous parvenir ! Pensez toujours à moi... Je vous embrasse de tout mon cœur, ainsi que mes bons et chers enfants... Mon Dieu ! qu'il est déchirant de les quitter pour toujours !

« Adieu ! adieu ! je ne vais plus m'occuper que de mes devoirs spirituels. Comme je ne suis pas libre de mes actions, on m'amènera peut-être un prêtre ; mais je proteste ici que je ne lui dirai pas un mot, et que je le regarderai absolument comme un être étranger. Adieu ! adieu !

« MARIE-ANTOINETTE. »

Un prêtre vint, en effet, un de ces prêtres constitutionnels que la Reine ne pouvait voir sans horreur et sans mépris. Cet homme s'appelait Girard ; il était curé de Saint-Landry, dans la Cité. Marie-Antoinette lui dit :

— « Je ne vous ai point attendu pour me réconcilier avec Dieu, et je me suis déjà procuré les consolations spirituelles par une voie que je ne veux pas révéler. Je désire seulement que vous m'entreteniez des choses célestes jusqu'au moment fatal. »

C'était encore trop demander à l'apostat. Il commença sa mission de charité par un outrage. — « Votre mort, dit-il, va expier... »

— « Des fautes, et non des crimes, » interrompit la Reine indignée.

Cet homme l'ayant délivrée de sa présence, un gendarme entra. Celui-là, au moins, pouvait être grossier et cruel sans souiller un saint ministère, il n'y manqua pas. La Reine, transie de froid, quitte ses vêtements de deuil et revêt un déshabillé de piqué blanc. Elle veut être forte jusqu'au bout : elle demande un peu de nourriture.

Nous sommes au 16. Dès cinq heures du matin, le rappel a été battu dans toutes les sections. A sept heures, toute la garnison est sur pied. Des canons ont été placés à toutes les extrémités des ponts, places et carrefours, depuis le Palais jusqu'à la place de la Révolution. A dix heures, de nombreuses patrouilles circulent par les rues.

Onze heures vont sonner. La Reine est conduite au greffe. On lui attache fortement les mains et on les lui ramène sur le dos. Elle a voulu couper elle-même ses cheveux, que la dernière nuit a achevé de blanchir; mais Sanson ne l'a pas voulu (1). Quand le bourreau est arrivé : — « Comme vous venez de bonne heure, Monsieur, lui a-t-elle dit doucement; ne pourriez-vous retarder? — Non, Madame, j'ai ordre de venir. »

La charrette est prête; le peuple est prêt : Paris tout entier est dans les rues, aux fenêtres, sur les toits. Marie-Antoinette prend place sur la planche qui sert de banquette.

Ecoutons ici deux peintres minutieux, mais fidèles, mais émus, souvent éloquents, MM. de Goncourt :

« Un bruit sourd court parmi la foule; un officier fait un commandement, la grille s'ouvre. C'est la Reine, en blanc. Derrière la Reine, tenant les bouts d'une grosse ficelle qui lui retire les coudes en arrière, marche Sanson. La Reine fait quelques pas. Elle est à la petite échelle qui monte au marchepied, trop court. Sanson s'avance pour la soutenir de la main. La Reine le remercie d'un signe, monte seule et veut enjamber la banquette pour se placer en face du cheval, lorsque Sanson et son aide lui disent de se retourner. Le prêtre Girard, en habit bourgeois, monte dans la charrette et s'assied aux côtés de la Reine. Sanson se place derrière, le tricorne à la main, debout, appuyé contre les écalages de la charrette, laissant, avec un soin visible, flotter les cordes qui tiennent les bras de la Reine. L'aide de Sanson est au fond, debout comme lui et le tricorne à la main (2). Il ne devait y avoir, en ce jour, de décent que les bourreaux.

« La charrette sort de la cour, et débouche dans la multitude. Le peuple se rue et se tait d'abord. La charrette avance, au milieu de gendarmes à pied et à cheval, dans la double haie des gardes nationaux. La Reine est vêtue d'un méchant manteau de lit de piqué blanc, par-dessus un jupon noir. Elle porte un ruban de faveur noire aux poignets, au cou un fichu de mousseline unie blanc, elle a des bas noirs, et des souliers de prunelle noire, le talon haut de deux pouces, à la Saint-Huberty. La Reine n'a pu obtenir d'aller à l'échafaud tête nue; un bonnet de linon, sans barbe, cache au peuple les cheveux que la révolution lui a faits, des cheveux tout blancs. La Reine est pâle; le sang tache ses pommettes et injecté ses yeux, ses cils sont roides et immobiles, sa tête est droite, et son regard se promène devant elle, indifférent, sur les gardes nationaux en haie, sur les visages aux fenêtres, sur les flammes tricolores, sur les inscriptions des maisons.

« La charrette avance dans la rue Saint-Honoré. Le peuple fait retirer les hommes des fenêtres. Presque en face l'Oratoire, un enfant, soulevé par sa mère, envoie de sa petite main un baiser à la

(1) Prudhomme affirme le contraire.
(2) Récit du vicomte Charles Desfossez; Louis XVII, par M. de Beauchêne.

Reine... Ce fut le seul moment où la Reine craignit de pleurer.

« Au Palais-Egalité le regard de la Reine s'allume un instant, et l'inscription de la porte ne lui échappe pas.

« Quelques-uns battent des mains sur le passage de la Reine; d'autres crient. Le cheval marche au pas. La charrette avance lentement. Il faut que la Reine « boive longtemps la mort! »

« Devant Saint-Roch la charrette fait une station, au milieu des huées et des hurlements; mille injures s'élèvent des degrés de l'église comme une seule injure, saluant d'ordures cette Reine qui va mourir. Elle pourtant, sereine et majestueuse, pardonnait aux injures en ne les entendant pas.

« La charrette enfin repart, accompagnée de clameurs qui courent devant elle. La Reine n'a pas encore parlé au curé Girard; de temps à autre seulement elle lui indique, d'un mouvement, qu'elle souffre des nœuds de corde qui la serrent; et Girard, pour la soulager, appuie la main sur son bras gauche. Au passage des Jacobins, la reine se penche vers lui et semble l'interroger sur l'écriteau de la porte qu'elle a mal lu : Atelier d'armes républicaines pour foudroyer les tyrans. Pour réponse, Girard élève un petit Christ d'ivoire. Au même instant, le comédien Grammont, qui caracole autour de la charrette, se dressant sur ses étriers, lève son épée, la brandit, et, se retournant vers la Reine, crie au peuple : « La voilà, l'infâme Antoinette!... Elle est f...... mes amis!... »

« Il était midi. La guillotine et le peuple s'impatientaient d'attendre, quand la charrette arriva sur la place de la Révolution. La veuve de Louis XVI descendit pour mourir où était mort son mari. La mère de Louis XVII tourna un moment les yeux du côté des Tuileries, et devint plus pâle qu'elle n'avait été jusqu'alors. Puis, la Reine de France monta à l'échafaud, et se précipita à la mort.

« Vive la République! » cria le peuple. C'était Sanson qui montrait au peuple la tête de Marie-Antoinette, tandis qu'au-dessous de la guillotine le gendarme Mingault trempait son mouchoir dans le sang de la martyre. »

Cette mort est si belle, que sa grandeur se laisse entrevoir jusque dans le compte rendu hostile du Moniteur. (Gazette nationale, n° 36, du 6e jour du 2e mois de l'an II de la République française) :

« Antoinette, le long de la route, paraissait voir avec indifférence la force armée, qui, au nombre de plus de trente mille hommes, formait une double haie dans les rues où elle a passé. On n'apercevait sur son visage ni abattement, ni fierté, et elle paraissait insensible aux cris de : Vive la République! à bas la tyrannie! qu'elle n'a cessé d'entendre sur son passage; elle parlait peu au confesseur; les flammes tricolores occupaient son attention dans les rues du Roule et Saint-Honoré, elle remarquait aussi les inscriptions placées au frontispice des maisons. Arrivée à la place de la Révolution, ses regards se sont tournés du côté du Jardin-National (les Tuileries); on apercevait alors, sur son visage, les signes d'une vive émotion. Elle est montée ensuite sur l'échafaud, avec assez de courage. A midi un quart, sa tête est tombée, et l'exécuteur l'a montrée au peuple, au milieu des cris longtemps prolongés de : Vive la République! »

Cette tête tombée, une joie sauvage éclate parmi les fanatiques aveuglés; c'est alors seulement qu'ils croient avoir tué la monarchie. L'immonde Hébert exprime, dans sa langue cynique, cette joie furieuse, aveugle : « La plus grande joie de toutes les joies du Père Duchêne après avoir vu, de ses propres yeux, la tête de cette femelle séparée de son f.... col de grue. » (*Le Père Duchêne*, n° 299.)

C'est que la Reine était la royauté, plus encore que Louis XVI.

Madame Elisabeth ignora toujours la triste fin de sa belle-sœur, et, nous pouvons le dire maintenant, de sa dernière, de sa meilleure amie. Elle supposa tout, car elle attendait tout des barbares qui régnaient sur la France; mais le doute lui fut encore une douleur. Restée seule auprès de l'orpheline, elle lui prodigua ses soins, ses consolations; elle lui apprit à tremper sa jeune âme dans la foi qui donne tous les courages : elle lui fit cette résignation majestueuse, cette tristesse pleine d'espérance, de souvenirs et de gravité, qui distingua plus tard Madame la duchesse d'Angoulême.

Les bourreaux de Louis XVI, de Marie-Antoinette, du Dauphin, n'oubliaient pas, cependant, ces deux victimes à torturer. La Municipalité les réduisit, peu à peu, au plus strict nécessaire. Des visites minutieuses leur enlevèrent, jour par jour, non-seulement les quelques objets de luxe qu'elles avaient encore conservés, ceci ne leur importait guère, mais tous les souvenirs de leurs chers morts, ou de leurs amis absents.

La résignation, la confiance en Dieu, faisaient tout supporter aux deux prisonnières. Madame Elisabeth, pour se mieux confirmer dans cet abandon de l'âme, composait cette admirable prière :

« Que m'arrivera-t-il aujourd'hui, ô mon Dieu? Je n'en sais rien. Tout ce que je sais, c'est qu'il ne m'arrivera rien que vous n'ayez prévu, voulu, réglé et ordonné de toute éternité. Cela me suffit, ô mon Dieu! cela me suffit. J'adore vos desseins éternels et impénétrables; je m'y soumets de tout mon cœur pour l'amour de vous ; je veux tout, j'accepte tout, et vous fais le sacrifice de tout. J'unis ce sacrifice à celui de Jésus-Christ, mon divin Sauveur, et je vous demande en son nom, et par ses mérites infinis, la patience dans mes peines et la plus parfaite soumission pour tout ce que vous voudrez ou permettrez. »

Le temps approchait où cette résignation sublime allait être encore plus nécessaire à Madame Elisabeth. Plusieurs fois déjà, à la Convention, aux Jacobins, on avait réclamé sa tête; on s'était indigné de voir vivre encore la sœur de Capet. Robespierre lui-même avait dû prendre sa défense. Il est vrai qu'on l'attaquait sourdement, au nom de cette victime encore épargnée, et qu'on retournait contre lui l'arme, si souvent employée par lui, de la calomnie. La faction impure des Chabot, des Bazire, des Jullien de Toulouse, des Fabre d'Eglantine, des Delaunay d'Angers, des Hébert, insinuait qu'on avait des raisons sans doute pour soustraire à l'échafaud le reste des Capet. Le 1er septembre 1793, aux Jacobins, Hébert avait parlé des complices attardés de Brissot et des « partisans de Capet, qui vivent encore à la prison du Temple. » Robespierre était dans la salle; il se sentit menacé, et résolut, dans son cœur, d'en finir avec ces dangereux imprudents. Il court à la tribune.

— « Est-il vrai, dit-il, que nos plus dangereux ennemis soient les restes impurs de la race de nos tyrans? Je vote en mon cœur pour que la race des tyrans disparaisse de la terre; mais puis-je m'aveugler sur la situation de mon pays au point de croire que cet événement suffirait pour éteindre le foyer des conspirations qui nous déchirent? *A qui persuadera-t-on que la punition de la méprisable sœur de Capet en imposerait plus à nos ennemis que celle de Capet lui-même et de sa criminelle compagne?* »

Et, bientôt après, il décimait les corrompus, au nom de la vertu républicaine. Ainsi tous ces hommes devaient, tour à tour, se punir les uns les autres de leurs crimes.

Quand Danton lui-même fut sacrifié, comme indulgent, quand la Terreur régna sur ceux-là même qui lui avaient élevé un trône, il fallut bien faire à ce monstre un nouveau sacrifice humain. Le 9 mai 1794, le procès de Madame Elisabeth commença. On vint la chercher, dans la soirée. La jeune Marie-Thérèse, trop habituée à la fatale issue de ces départs successifs de tous les siens, fondait en larmes et s'attachait à sa tante. — « Soyez tranquille, dit Madame Elisabeth, je vais remonter. — Non, tu ne remonteras pas, s'écria brutalement le commissaire Eudes; allons, prends ton bonnet et descends. — Et ma nièce? — On s'en occupera après (1). »

Madame Elisabeth embrassa, une dernière fois, l'orpheline, en lui disant : — « Mon enfant, ayez du courage; espérez toujours en Dieu. »

On la soumit à une dernière visite; puis, on lui fit traverser la cour et le jardin, sous une pluie battante. Un fiacre l'attendait à la porte de la prison. Elle y monta, accompagnée de l'huissier du Tribunal révolutionnaire et de deux officiers. On arriva à la Conciergerie.

Là, le vice-président du Tribunal lui fit subir un interrogatoire, dont voici le procès-verbal :

Aujourd'hui, 20 floréal, l'an II de la République française, une et indivisible, nous Gabriel Deliège, vice-président du Tribunal révolutionnaire, assisté d'Anne Ducray, commis-greffier du Tribunal, et en présence d'Antoine-Quentin Fouquier, accusateur public, avons fait amener à la maison d'arrêt, dite la Conciergerie, la ci-après nommée, à laquelle nous avons demandé ses nom, surnoms, âge, profession, pays et demeure.

A répondu se nommer Elisabeth-Marie Capet, sœur de Louis Capet, âgée de 30 ans, native de Versailles, département de Seine-et-Oise.

D. Avez-vous, avec le dernier tyran, conspiré contre la sûreté et la liberté du peuple français?

R. J'ignore à qui vous donnez ce titre, mais je n'ai jamais désiré que le bonheur des Français.

D. Avez-vous entretenu des correspondances et intelligences avec les ennemis intérieurs et extérieurs de la République, et notamment avec les frères de Capet et les vôtres, et ne leur avez-vous pas fourni des secours en argent?

R. Je n'ai jamais connu que des amis, des Français; jamais je n'ai fourni de secours à mes frères, et, depuis le mois d'août 1792, je n'ai reçu de leurs nouvelles, ni ne leur ai donné des miennes.

D. Ne leur avez-vous pas fait passer des diamants ?

R. Non.

D. Je vous observe que votre réponse n'est point exacte sur l'article des diamants, attendu qu'il est notoire que vous avez fait vendre vos diamants en Hollande et aux pays étrangers, et que vous en avez fait passer le prix en provenant, par vos agents,

(1) *Madame Elisabeth de France*, par Alphonse Cordier.

à vos frères, pour les aider à soutenir leur rébellion contre le peuple français.

R. Je dénie le fait parce qu'il est faux.

D. Je vous observe que, dans le procès qui eut lieu en novembre 1792, relativement au prétendu vol des diamants fait au ci-devant garde-meuble, il a été établi et prouvé aux débats qu'il avait été distrait une portion des diamants que vous portiez autrefois; qu'il a pareillement été prouvé que le prix en avait été transmis à vos frères par vos ordres; pour quoi je vous somme de vous expliquer catégoriquement sur ces faits.

R. J'ignore les vols dont vous venez de me parler: j'étais à cette époque au Temple, et je persiste, au surplus, dans ma précédente dénégation.

D. N'avez-vous eu connaissance que le voyage déterminé par votre frère Capet et Marie-Antoinette, pour Saint-Cloud, à l'époque du 18 avril 1791, n'avait été imaginé que pour saisir l'occasion de sortir de France?

R. Je n'ai eu connaissance de ce voyage que par l'intention qu'avait mon frère de prendre l'air, attendu qu'il n'était pas bien portant.

D. Je vous demande s'il n'est pas vrai, au contraire, que le voyage n'a été arrêté que par suite des conseils des différentes personnes qui se rendaient alors habituellement au ci-devant château des Tuileries, notamment de Bonald, ex-évêque de Clermont, et autres prélats et évêques; et vous-même, n'avez-vous pas sollicité le départ de votre frère?

R. Je n'ai point sollicité le départ de mon frère, qui n'a été décidé que d'après l'avis des médecins.

D. N'est-ce pas pareillement à votre sollicitation et à celle de Marie-Antoinette, votre belle-sœur, que Capet, votre frère, a fui de Paris, dans la nuit du 20 au 21 juin 1791?

R. J'ai appris, dans la journée du 20, que nous devions tous partir dans la nuit suivante, et je me suis conformée, à cet égard, aux ordres de mon frère.

D. Le motif de ce voyage n'était-il pas de sortir de France, et de vous réunir aux émigrés et aux autres ennemis du peuple français?

R. Jamais mon frère ni moi n'avons eu l'intention de quitter notre pays.

D. Je vous observe que cette réponse ne paraît pas exacte; car il est notoire que Bouillé avait donné des ordres à différents corps de troupes de se trouver à un point convenu, pour protéger cette évasion, de manière à pouvoir vous faire sortir, ainsi que votre frère et autres, du territoire français; et que même tout était préparé à l'abbaye d'Orval, située sur le territoire du despote autrichien, pour vous recevoir; et vous observe, au surplus, que les noms supposés par vous et votre frère ne paraissent pas de douter de vos intentions.

R. Mon frère devait aller à Montmédy, et je ne lui connaissais point d'autre intention.

D. Avez-vous connaissance qu'il ait été tenu des conciliabules secrets chez Marie-Antoinette, ci-devant Reine de France, lesquels s'appelaient comité autrichien?

R. J'ai parfaitement connaissance qu'il n'y en a jamais eu.

D. Je vous observe qu'il est cependant notoire que les conciliabules se tenaient de deux jours l'un, depuis minuit jusqu'à trois heures du matin, et que même ceux qui y étaient admis passaient par la pièce que l'on appelait alors la galerie des tableaux.

R. Je n'en ai aucune connaissance.

D. N'étiez-vous point aux Tuileries le 28 février 1791, le 20 juin et le 10 août 1792?

R. J'étais au château les trois jours, et notamment le 10 août 1792, jusqu'au moment où je me suis rendue, avec mon frère, à l'Assemblée nationale.

D. Ledit jour 28 février, n'avez-vous pas eu connaissance que le rassemblement des ci-devant marquis, chevaliers et autres, armés de sabres et de pistolets, était encore pour favoriser une nouvelle évasion de votre frère et de toute la famille, et que l'affaire de Vincennes, arrivée le même jour, n'avait été imaginée que pour faire diversion?

R. Je n'en ai aucune connaissance.

D. Qu'avez-vous fait dans la nuit du 9 au 10 août?

R. Je suis restée dans la chambre de mon frère, où nous avons veillé.

D. Je vous observe que, ayant chacun vos appartements, il paraît étrange que vous vous soyez réunis dans celui de votre frère, et sans doute que cette réunion avait un motif que je vous interpelle d'expliquer.

R. Je n'avais d'autre motif que celui de me réunir toujours chez mon frère, lorsqu'il y avait des mouvements dans Paris.

D. Cette même nuit, n'avez-vous pas été avec Marie-Antoinette dans une salle où étaient des Suisses occupés à faire des cartouches, et, notamment, n'y avez-vous pas été de neuf heures et demie à dix heures du soir?

R. Je n'y ai pas été et n'ai nulle connaissance de cette salle.

D. Je vous observe que cette réponse n'est point exacte; car il est établi, que différents procès qui ont eu lieu au Tribunal du 17 août 1792, que Marie-Antoinette et vous aviez été plusieurs fois dans la nuit trouver les gardes suisses, et que vous les aviez fait boire, et les aviez engagés à confectionner la fabrication des cartouches dont Marie-Antoinette vit déchirer plusieurs.

R. Cela n'a pas existé, et je n'en ai aucune connaissance.

D. Je vous représente que les faits sont trop notoires, pour ne pas vous rappeler les différentes circonstances relatives à ceux par vous déniés, et pour ne pas savoir le motif qui avait déterminé les rassemblements de troupes de tous genres qui se sont trouvées réunies, cette même nuit, aux Tuileries; pour quoi je vous somme de déclarer si vous persistez à nier les motifs de ces rassemblements.

R. Je persiste dans mes précédentes dénégations, et j'ajoute que je ne connaissais pas de motifs de rassemblements; je sais seulement, comme je l'ai déjà dit, que les corps constitués pour la sûreté de Paris étaient venus avertir mon frère qu'il y avait du mouvement dans les faubourgs, et que, dans cette occasion, la garde nationale se rassemblait pour la sûreté, comme la Constitution le prescrivait.

D. Lors de l'évasion du 20 juin, n'est-ce pas vous qui avez emmené les enfants?

R. Non, je suis sortie seule.

D. Avez-vous un défenseur, ou voulez-vous en nommer un?

R. Je n'en connais pas.

De suite, nous lui avons nommé Chauveau-Lagarde pour conseil.

Lecture faite du présent interrogatoire, a persisté et a signé avec nous et notre greffier.

ÉLISABETH-MARIE, A.-Q. FOUQUIER, DELIÉGE, DUCRAY, greffier.

Toutes ces inculpations étaient si misérables, que, cette fois encore, on avait recouru à Simon pour procurer, par les moyens habituels, une dénonciation du pauvre petit Dauphin contre sa tante et sa sœur. La pièce suivante est la preuve de cette infamie nouvelle :

Ce jourd'hui 13 frimaire, l'an II de la République une et indivisible, nous, Commissaire de la Commune, de service au Temple, sur l'avertissement à nous donné, par le citoyen Simon, que Charles Capet avait à dénoncer des faits qu'il nous importait de connaître pour le salut de la République, nous nous sommes transportés, à quatre heures de relevée, dans l'appartement dudit Charles Capet, qui nous a déclaré ce qui suit :

Que, depuis environ quinze jours ou trois semaines, il entend les détenues frapper tous les jours consécutifs, entre six, et neuf heures ; que, depuis avant-hier, ce bruit s'est fait un peu plus tard, et a duré un peu plus longtemps que les jours précédents ; que ce bruit paraît partir de l'endroit correspondant au bûcher ; que, de plus, il connaît, à la marche qu'il distingue de ce bruit, que pendant ce temps les détenues quittent la place du bûcher par lui indiqué pour se transporter dans l'embrasure de la fenêtre de leur chambre à coucher, ce qui fait présumer qu'elles cachent quelques objets dans ces embrasures ; il pense que ce pourraient être des faux assignats, mais il n'en est pas sûr, et qu'elles pourraient les passer par la fenêtre, pour les communiquer à quelqu'un.

Ledit Charles Capet nous a également déclaré que, dans le temps qu'il était avec les détenues, il a vu un morceau de bois garni d'une épingle crochue et d'un long ruban, avec lequel il suppose que les détenues ont pu communiquer par lettres avec feu Capet.

Et de plus, que ledit Charles se rappelle qu'il lui a été dit que s'il descendait avec son père, il lui fit ressouvenir de passer tous les jours, à huit heures et demie du soir, dans le passage qui conduit à la tourelle où se trouve une fenêtre de l'appartement des détenues.

Charles Capet nous a déclaré de plus qu'il était fortement persuadé que les détenues avaient quelques intelligences ou correspondances avec quelqu'un.

De plus, nous a déclaré qu'il avait entendu lire, dans une lettre, que Cléry avait proposé à feu Capet le moyen de correspondance présumé par lui déclarant ; que Capet avait répondu à Cléry que cela ne pouvait se pratiquer, et que cette réponse n'avait été faite à Cléry qu'afin qu'il ne se doutât pas de l'existence de ladite correspondance.

Déclare qu'il a vu les détenues fort inquiètes, parce qu'une de leurs lettres était tombée dans la cour.

Ayant demandé au citoyen Simon s'il avait connaissance du bruit ci-dessus énoncé, il a répondu qu'ayant l'ouïe un peu dure, il n'avait rien entendu ; mais la citoyenne Simon, son épouse, a confirmé les dires dudit Charles Capet, relativement au bruit.

Ledit citoyen Simon nous a dit que, depuis environ huit jours, ledit Charles Capet le tourmentait pour faire sa déclaration aux membres du conseil.

Lecture faite auxdits déclarants, ont reconnu contenir la vérité, et ont signé lesdits jour et an que dessus.

Signé : CHARLES CAPET, SIMON, FEMME SIMON, RÉMI, SÉGUY, ROBIN, SILLAUS.

D'après la déclaration ci-dessus, la susdite commission a fait une visite fort exacte dans l'appartement des détenues ; elle n'y a rien trouvé qui puisse donner de l'inquiétude ; elle a cependant remarqué que, dans le cabinet de garde-robe, à la fenêtre qui fait face à la porte, il y a deux barreaux de traverse qui sont descellés des deux bouts, et qui paraissent l'être depuis longtemps ; et à l'autre croisée du même cabinet, le barreau et la traverse d'en haut sont également descellés des deux bouts, et paraissent aussi l'être depuis longtemps.

La présente déclaration a été écrite mot pour mot sur le registre des procès-verbaux du Temple.

Signé : SILLAUS, RÉMI, ROBIN, SÉGUY.

L'odieuse manœuvre n'ayant rien produit, cette pièce resta enfouie dans les dossiers de Fouquier-Tinville.

On passa outre, et, pour plus de rapidité, Madame Élisabeth fut comprise dans une *fournée*. La justice révolutionnaire se dépouillait, de plus en plus, des formalités gênantes. Vingt-quatre autres victimes comparurent, avec elle, devant le Tribunal. Il y avait là cinq membres de la famille Loménie de Brienne, parmi lesquels l'ancien ministre de la guerre et le co-adjuteur de l'archevêque de Sens ; Foloppe, le municipal ; la veuve de l'ancien ministre des affaires étrangères Montmorin, née Taneff ; l'ex-trésorier général de la guerre Mégret de Sérilly ; la marquise de Sénozan, une Lamoignon, âgée de 76 ans ; la femme, le beau-frère et la bru du maréchal de camp Rosset-Cercy ; un domestique de l'aide-major Mégret-d'Etigny et son maître ; la marquise de Crussol-d'Amboise, née Bessin, âgée de 64 ans ; le comte Leneuf-Sourdeval, âgé de 69 ans ; un manufacturier, Hall ; le domestique de Mégret de Sérilly, Lhoste.

Le procès public s'ouvrit le matin du samedi 10 mai. Il fut sommaire.

Le Tribunal est ainsi composé : Président, *Dumas* (*Réné-François*) ; vice-président, *Deliège* (*Gabriel*) ; juge, *Maire* (*Antoine-Marie*). Le ministère public est représenté par *Fouquier-Tinville* (*Antoine-Quentin*), accusateur public ; *Lieudo* (*Gilbert*), substitut. Les quatorze jurés sont les citoyens *Trinchard, Laporte, Renaudin, Grénier, Brochet* (1), *Auvrest, Duplay, Fauvety, Meyère, Prieur, Fiévez, Besnard, Famber, Desboisseaux.*

Nous extrayons du *Bulletin* ce qui concerne Madame Élisabeth.

— *Le Président*, à l'accusée. Quel est votre nom ?
R. Elisabeth-Marie Capet.
D. Votre âge ?
R. Trente ans.
D. Où êtes-vous née ?
R. A Versailles.
D. Où résidez-vous ?
R. A Paris.

Le greffier *Legris* (*Charles-Adrien*) donne lecture de l'acte d'accusation suivant :

Antoine-Quentin Fouquier, Accusateur public près le Tribunal révolutionnaire, expose que c'est à la famille Capet que le peuple français doit tous les maux sous le poids desquels il a gémi pendant des siècles.

(1) *Voyez* ce nom au procès des Girondins.

C'est au moment où l'excès de l'oppression a forcé le peuple de briser ses chaînes, que toute cette famille s'est réunie pour le plonger dans un esclavage plus cruel encore que celui dont il voulait sortir. Les crimes de tous genres, les forfaits amoncelés de Capet, de la Messaline Antoinette, des deux frères et d'Elisabeth, sont trop connus pour qu'il soit nécessaire d'en tracer ici le tableau; ils sont écrits en caractères de sang dans les annales de la Révolution; et les atrocités inouïes exercées par les barbares émigrés ou les sanguinaires satellites des despotes, les meurtres, les incendies, les ravages, enfin, les assassinats inconnus aux monstres les plus féroces, qu'ils commettaient sur le territoire français, sont encore commandés par cette détestable famille, pour livrer de nouveau une grande nation au despotisme et aux fureurs de quelques individus.

Elisabeth a partagé tous ces crimes; elle a coopéré à toutes ces trames, à tous ces complots formés par ses infâmes frères, par la scélérate impudique Antoinette et toute la horde des conspirateurs qui s'étaient réunis autour d'eux; elle a été associée à tous les projets, elle a encouragé tous les assassins de la patrie. Les complots de juillet 1789, la conjuration du 6 octobre suivant, dont les d'Estaing, Villeroy et autres, qui viennent d'être frappés du glaive de la loi, étaient les agents; enfin, toute cette chaîne non interrompue de conspirations, pendant quatre ans entiers, ont été suivis et secondés de tous les moyens qui étaient au pouvoir d'Elisabeth. C'est elle qui, au mois de juin 1791, a fait passer les diamants qui étaient une propriété nationale, à l'infâme d'Artois, son frère, pour le mettre en état d'exécuter les projets concertés avec lui, et de soudoyer des assassins contre la patrie; c'est elle qui entretenait avec son autre frère, devenu aujourd'hui l'objet de la dérision et du mépris des despotes coalisés, chez lesquels il est allé déposer son imbécile et lourde nullité, la correspondance la plus active; c'est elle qui voulait, par l'orgueil et le dédain le plus insultant, avilir et humilier les hommes libres qui consacraient leur temps à garder leur tyran; c'est elle, enfin, qui prodiguait les soins aux assassins envoyés aux Champs-Elysées par le despote pour provoquer les braves Marseillais, et qui pansait les blessures qu'ils avaient reçues dans leur fuite précipitée. Elisabeth avait médité, avec Capet et Antoinette, le massacre des citoyens de Paris dans l'immortelle journée du 10 août; elle veillait, dans l'espoir d'être témoin de ce carnage nocturne; elle aidait à la barbare Antoinette à mordre des balles, et encourageait par ses discours les jeunes personnes que des prêtres fanatiques avaient conduites au château pour cette horrible occupation. Enfin, trompée dans l'espoir que toute cette horde de conspirateurs avait que tous les citoyens se présenteraient pendant la nuit pour soutenir la tyrannie, elle fuit au jour avec le tyran et sa femme, et fut attendre, dans le temple de la souveraineté nationale, que la horde d'esclaves soudoyés, et dévoués aux forfaits de cette cour parricide, eût noyé dans le sang des citoyens la liberté, et lui eût fourni les moyens d'égorger ensuite ses représentants, au milieu desquels ils avaient été chercher un asile.

Enfin, on l'a vue, depuis le supplice mérité du plus coupable des tyrans qui aient déshonoré la nature humaine, provoquer le rétablissement de la tyrannie, en prodiguant, avec Antoinette, au fils de Capet, les hommages de la royauté et les prétendus honneurs du trône......

Le Président, à l'accusée. — Où étiez-vous dans les journées des 12, 13 et 14 juillet 1789, c'est-à-dire aux époques des premiers complots de la cour contre le peuple?

R. J'étais dans le sein de ma famille; je n'ai connu aucun des complots dont vous me parlez, et ce sont des événements que j'étais bien loin de prévoir et de seconder.

D. Lors de la fuite du tyran, votre frère, à Varennes, ne l'avez-vous pas accompagné?

R. Tout m'ordonnait de suivre mon frère, et je me suis fait un devoir dans cette occasion, comme dans toute autre, de ne le point quitter.

D. N'avez-vous pas figuré dans l'orgie infâme et scandaleuse des gardes du corps, et n'avez-vous pas fait le tour de la table, avec Marie-Antoinette, pour faire répéter à chacun des convives le serment affreux d'exterminer tous les patriotes pour étouffer la liberté dans sa naissance, et rétablir le trône chancelant?

R. J'ignore absolument si l'orgie dont il s'agit a eu lieu; mais je déclare n'en avoir été aucunement instruite.

D. Votre dénégation ne peut vous être d'aucune utilité, lorsqu'elle est démentie, d'une part, par la notoriété publique, et de l'autre, par la vraisemblance qui persuade à tout homme sensé qu'une femme aussi intimement liée que vous l'étiez avec Marie-Antoinette, et par les liens du sang, et par ceux de l'amitié la plus étroite, n'a pu se dispenser de partager ses machinations, d'en avoir eu communication, et de les avoir favorisées de tout son pouvoir. Vous avez nécessairement, d'accord avec la femme du tyran, provoqué le serment abominable prêté par les satellites de la cour, d'assassiner et d'anéantir la liberté dans son principe; et vous avez également provoqué les outrages sanglants faits aux signes précieux de la liberté, qui ont été foulés aux pieds par tous vos complices.

R. J'ai déjà dit que tous ces faits m'étaient étrangers; je n'y dois point d'autre réponse.

D. Où étiez-vous dans la journée du 10 août 1792?

R. J'étais au château, ma résidence ordinaire et naturelle depuis quelque temps.

D. N'avez-vous pas passé la nuit du 9 au 10 août dans la chambre de votre frère, et n'avez-vous pas eu avec lui des conférences secrètes qui vous ont expliqué le but et le motif de tous les mouvements et préparatifs qui se faisaient sous vos yeux?

R. J'ai passé chez mon frère la nuit dont vous me parlez; jamais je ne l'ai quitté: il avait beaucoup de confiance en moi; et cependant je n'ai rien remarqué, ni dans sa conduite ni dans ses discours, qui pût m'annoncer ce qui s'est passé depuis.

D. Votre réponse blesse à la fois la vérité et la vraisemblance; et une femme comme vous, qui a manifesté, dans tout le cours de la révolution, une opposition aussi frappante au nouvel ordre de choses, ne peut être crue lorsqu'elle veut faire croire qu'elle ignora la cause des rassemblements de toute espèce qui se faisaient au château la veille du 10 août. Voudriez-vous nous dire ce qui vous a empêchée de vous coucher cette même nuit?

R. Je ne me suis pas couchée, parce que les corps constitués étaient venus faire part à mon frère de l'agitation, de la fermentation des habitants de Paris, et des dangers qui pouvaient en résulter.

D. Vous dissimulez en vain, surtout d'après les différents aveux de la veuve Capet, qui vous a désignée comme ayant assisté à l'orgie des gardes du corps, comme l'ayant soutenue dans ses craintes et ses alarmes du 10 août, sur les jours de Capet, et de tout ce qui pouvait l'intéresser. Mais ce que vous me niez infructueusement, c'est la part active que vous avez prise à l'action qui s'est engagée entre les patriotes et les satellites de la tyrannie; c'est votre zèle et votre ardeur à servir les ennemis du peuple, et à leur fournir des balles que vous preniez la peine de mâcher, comme devant être dirigées contre les patriotes et destinées à les moissonner; ce sont les vœux contre le bien public que vous faisiez pour que la victoire demeurât au pouvoir des partisans de votre frère, et les encouragements en tout genre que vous donniez aux assassins de la patrie. Que répondez-vous à ces derniers faits?

R. Tous ces faits qui me sont imputés sont autant d'indignités dont je suis bien loin de m'être souillée.

D. Lors du voyage de Varennes, n'avez-vous pas fait précéder l'évasion honteuse du tyran de la soustraction des diamants dits *de la couronne*, appartenant alors à la nation, et ne les avez-vous pas envoyés à votre frère d'Artois?

R. Ces diamants n'ont point été envoyés à d'Artois; je me suis bornée à les déposer entre les mains d'une personne de confiance.

D. Voudriez-vous nous désigner le dépositaire de ces diamants, ou nous le nommer?

R. Monsieur de Choiseul est celui que j'avais choisi pour faire ce dépôt.

D. Que sont devenus les diamants que vous dites avoir confiés à Choiseul?

R. J'ignore absolument quel a pu être le sort de ces diamants, n'ayant point eu l'occasion de voir monsieur de Choiseul; je n'en ai point eu d'inquiétude, et ne m'en suis nullement occupée.

D. Vous ne cessez d'en imposer sur toutes les interpellations qui vous sont faites, et singulièrement sur le fait des diamants; car un procès-verbal du 12 décembre 1792, bien rédigé en connaissance de cause par les représentants du peuple, lors de l'instruction de l'affaire relative au vol des diamants, constate d'une manière sans réplique que lesdits diamants ont été envoyés à d'Artois.

L'accusée garde le silence.

D. N'avez-vous pas entretenu des correspondances avec votre frère, le ci-devant Monsieur?

R. Je ne me rappelle pas en avoir entretenu, surtout depuis qu'elles sont prohibées.

D. N'avez-vous pas donné des soins, en pansant vous-même leurs blessures, aux assassins envoyés par votre frère aux Champs-Elysées contre les braves Marseillais?

R. Je n'ai jamais su que mon frère eût envoyé des assassins contre qui que ce soit; s'il m'est arrivé de donner des secours à quelques blessés, l'humanité seule a pu me conduire dans le pansement de leurs blessures; je n'ai point eu besoin de m'informer de la cause de leurs maux pour m'occuper de leur soulagement. Je ne m'en fais point un mérite, et je n'imagine pas que l'on puisse m'en faire un crime.

D. Il est difficile d'accorder ces sentiments d'humanité, dont vous vous parez, avec cette joie cruelle que vous avez montrée en voyant couler des flots de sang, dans la journée du 10 août. Tout nous autorise à croire que vous n'êtes humaine que pour les assassins du peuple, et que vous avez toute la férocité des animaux les plus sanguinaires pour les défenseurs de la liberté. Loin de secourir ces derniers, vous provoquiez leur massacre par vos applaudissements; loin de désarmer les meurtriers du peuple, vous leur fournissiez à pleines mains les instruments de la mort à l'aide desquels vous vous flattiez, vous et vos complices, de rétablir le despotisme et la tyrannie : voilà l'humanité des dominateurs des nations, qui, de tout temps, ont sacrifié des millions d'hommes à leurs caprices, à leur ambition ou à leur cupidité.

L'accusée Elisabeth, dont le plan de défense est de nier tout ce qui est à sa charge, aura-t-elle la bonne foi de convenir qu'elle a bercé le petit Capet de l'espoir de succéder au trône de son père, et qu'elle a ainsi provoqué la royauté?

R. Je causais familièrement avec cet infortuné, qui m'était cher à plus d'un titre, et je lui administrais sans conséquence les consolations qui me paraissaient capables de le dédommager de la perte de ceux qui lui avaient donné le jour.

D. C'est convenir, en d'autres termes, que vous nourrissiez le petit Capet des projets de vengeance que vous et les vôtres n'avez cessé de former contre la liberté, et que vous vous flattiez de relever les débris d'un trône brisé, en l'inondant de tout le sang des patriotes.

Ici, *Dumas* donne la parole au conseil de l'accusée.

Chauveau-Lagarde n'avait pu même communiquer avec sa cliente. Il raconte ainsi lui-même ses généreux efforts, dont il sentait toute l'inutilité, mais qui lui seront comptés par la reconnaissance de l'histoire :

« Je fis observer qu'il n'y avait au procès qu'un protocole banal d'accusation, sans pièces, sans interrogatoire, sans témoins, et que par conséquent, là où il n'existait aucun élément légal de conviction, il ne saurait y avoir de conviction légale. J'ajoutai qu'on ne pouvait donc opposer à l'auguste accusée que ses réponses aux questions qu'on venait de lui faire, puisque c'était dans ses réponses seules que tous les débats consistaient; mais que ses réponses elles-mêmes, loin de la condamner, devaient au contraire l'honorer à tous les yeux, puisqu'elles ne prouvaient rien autre chose que la bonté de son cœur et l'héroïsme de son amitié.

« Puis, après avoir développé ces premières idées, je finis en disant qu'au lieu d'une défense, je n'aurais plus à présenter pour Madame Elisabeth que son apologie; mais que, dans l'impuissance où j'étais d'en trouver une qui fût digne d'elle, il ne me restait plus qu'une seule observation à faire, c'est que la Princesse, qui avait été à la Cour de France le plus parfait modèle de toutes les vertus, ne pouvait pas être l'ennemie des Français.

« Il est impossible de peindre la fureur aveugle avec laquelle Dumas, qui présidait le Tribunal, m'apostropha, en me reprochant d'avoir eu l'audace de parler de ce qu'il appelait les prétendues vertus de l'accusée, et d'avoir corrompu la morale publique. Il fut aisé de s'apercevoir que Madame Elisabeth, qui jusqu'alors était restée calme et comme insensible à ses propres dangers, fut émue de ceux auxquels je venais de m'exposer. »

L'avocat s'était montré digne de la cliente. La tradition prête à Madame Elisabeth une attitude plus fière que celle, déjà si noble, que n'a pu nous dissimuler le *Bulletin*. A la première question de Dumas, elle aurait répondu, avec une grande majesté : — « Je suis Élisabeth de France, sœur de Louis XVI et tante de Louis XVII, *votre roi*. » Cela est bien de caractère.

Après un réquisitoire, aussi vide de faits, aussi chargé de déclamations que l'acte d'accusation, le Jury se hâta de délibérer, et déclara à l'unanimité :

Qu'il a existé des complots et conspirations formés par Capet, sa femme, sa famille, ses agents et ses complices, par suite desquels des provocations à la guerre civile dans l'intérieur ont été formées; des secours en hommes et en argent ont été fournis aux ennemis; des intelligences criminelles entretenues avec eux; des troupes rassemblées, des chefs nommés, et des dispositions préparées pour assassiner le peuple, anéantir la liberté et rétablir le despotisme;

Qu'il est constant qu'Elisabeth Capet, la veuve Delaigle, Sourdeval, veuve Senozan, femme Crussol d'Amboise, Foloppe, fille Buard, Marcel Letellier dit *Bultier*, Cresci-Champmillon, Hall, Alexandre-François Loménie, Louis-Marie-Athanase Loménie, Calixte Montmorin, Lhoste, Martial Loménie, Mégret-Sérilly, Mégret-d'Etigny, Charles Loménie, veuve Montmorin, femme Canizi, femme Rosset-Cercy, femme Rosset, L'Hermitte - Chambertran, femme Mégret-Sérilly et Dubois, sont convaincus d'être complices de ces complots.

La peine de mort fut immédiatement prononcée contre les vingt-cinq accusés. Madame Elisabeth reçut ce coup prévu avec une sérénité de chrétienne; elle n'eut pas de larmes pour son propre sort; mais seulement elle ressentit une pitié profonde pour toutes ces victimes confondues avec elle dans une même sentence, ces vieux serviteurs de sa famille, ces pauvres vieilles femmes, ces domestiques, coupables de fidélité envers leurs maîtres.

L'exécution en masse devait avoir lieu le jour même. Ramenée à la Conciergerie, Madame Elisabeth ne pensa plus qu'à préparer une dernière fois son âme au douloureux sacrifice, et à consoler ses compagnons de martyre. Elle leur parla du ciel, sans maudire leurs bourreaux.

Sur la charrette, la sainte princesse se vit entourée des respects et de l'admiration de ceux qui allaient mourir avec elle. Au pied de l'échafaud, madame de Lamoignon, madame de Montmorin, toutes les autres dames promises à la guillotine, lui demandèrent la permission de l'embrasser. La sœur de Louis XVI leur tendit son front avec cette bonté pleine de grandeur qui survivait à sa haute fortune.

On était au samedi 10 mai 1794; il était six heures du soir. Le bourreau avait fait des préparatifs particuliers pour cette grosse journée; une banquette avait été disposée près de la guillotine, pour faire asseoir les condamnés. Chacun d'eux se levait, à l'appel de son nom; chacun d'eux, passant devant la fille de saint Louis, s'inclinait avec vénération. Madame Elisabeth monta la dernière, ses mains liées au dos. Son fichu de linon se dérangea et vint à tomber. — « Au nom de la pudeur, dit-elle à l'exécuteur, couvrez-moi le sein. »

Les dernières paroles de la vierge royale furent un cri de pudeur.

La mort de Louis XVI a chargé la Révolution d'un crime politique; la mort de ces deux nobles femmes et le martyre de Louis XVII ont mis à son compte des crimes plus inexpiables encore, des crimes contre l'humanité. Tout ce que cette Révolution a valu à la France de droits nouveaux, de grandeur et de progrès, ne saurait effacer ces taches de sang. Ces supplices sauvages ont déshonoré la liberté naissante, et reculé, pour longtemps, son règne véritable.

Nº 205 — 10 Centimes.
Un Nº par Semaine.

CAUSES CÉLÈBRES

LEBRUN ET Cⁱᵉ, Éditeurs.
Rue des Saints-Pères, 8.

LE POISON.

LA CHAMBRE ARDENTE (1679 — 1682).

LA VOISIN, LA VIGOUREUX, LA TRIANON; LES PRÊTRES LE SAGE, GUIBOURG;
LA COMTESSE DE SOISSONS, LE SURINTENDANT FOUQUET, ETC.

« Le 22 août 1680, la Voisin fut brûlée vive, après amende honorable » (PAGE 20).

Il y a deux procès de la Chambre Ardente : d'abord, le procès convenu, officiel, accepté de l'historien comme du romancier; puis, le procès vrai, dont les singuliers mystères ont été à peine entrevus, mais non dévoilés, par quelques chercheurs plus heureux ou plus sagaces.

Le récit courant, trivial, tel qu'on le trouve dans les Mémoires du temps, dans les histoires les plus autorisées, ne manque pas d'intérêt, renferme une part de vérité; mais il laisse l'esprit mal satisfait : on sent qu'il y a là-dessous quelque chose qui ne se dit pas, un irritant sous-entendu, un gros et mystérieux scandale dont on n'aperçoit que la pointe.

Le procès réel, resté jusqu'à présent lettre close, retourne violemment toutes les situations, déplace et agrandit l'intérêt, dément les conclusions de l'histoire, met à nu ce mystère d'iniquité qu'on pouvait soupçonner à peine, et projette sur la société française du XVIIᵉ siècle, sur l'histoire même de Louis XIV, des lumières étonnantes, inattendues.

Ces deux procès, nous les raconterons tous deux; le premier, parce qu'il est comme le point de départ obligé, souvent même le contrôle naturel de toute investigation nouvelle; le second, parce qu'une bonne fortune assez rare nous permet d'en sonder pour la première fois les profondeurs et d'en éclairer les obscurités.

Que le lecteur, seulement, nous veuille bien pardonner à l'avance, si nous sommes obligés d'étaler à ses yeux d'épouvantables turpitudes, et d'imputer à cette société, si brillante et polie, des vices, des hontes, des crimes inimaginables. Nous ne parlerons que sur preuves.

Commençons par l'histoire tenue pour vraie jusqu'à ce jour.

Un peu plus de trois années s'étaient écoulées depuis la mort infamante de la marquise de Brinvilliers, quand éclata, sur les marches même du trône, un nouveau et plus déplorable scandale.

Le 23 janvier 1680, la cour et la ville apprirent, non sans surprise et sans épouvante, que plusieurs des personnages les plus importants du royaume avaient été, le matin même, décrétés de prise de corps ou d'ajournement personnel. On parlait tout bas de maléfices, de poison.

Un prince, Bourbon par les femmes, le comte de Clermont; deux des nièces de feu le cardinal de

Mazarin, Mme la comtesse de Soissons, surintendante de la maison de la reine, et Mme la duchesse de Bouillon; une Luxembourg, dame du palais de la reine, la princesse de Tinguy; la marquise d'Alluye; la comtesse du Roure; Marie de la Marck, femme du mestre de camp de cavalerie du Fontet; la duchesse de La Ferté; la marquise de Feuquières; le marquis de Thermes; enfin, l'illustre capitaine, l'élève du grand Condé, Boutteville Montmorency, duc de Luxembourg, et maréchal de France; tels étaient les noms éminents signalés tout à coup à la justice comme prévenus des plus grands crimes. On y ajouta bientôt quelques noms de bonnes familles parlementaires, la veuve du président Le Féron, la femme de M. de Dreux, maître des requêtes.

La veille même du jour où furent lancés ces décrets, la comtesse de Soissons s'était enfuie précipitamment, et on la disait déjà loin de Paris, sur la route de Bruxelles. La duchesse de Bouillon, sa sœur, attendait l'interrogatoire de pied ferme. Le duc de Luxembourg était à la Bastille.

Deux *Mancines*, c'était le nom qu'on donnait aux nièces de Mazarin, ainsi mêlées à une accusation vague encore mais terrible; l'une des deux donnant, par sa fuite précipitée, quelque créance à l'accusation, c'était là le côté le plus grave de cette étrange affaire. Pour faire comprendre l'étonnement et l'émotion générale, il nous faut dire en quelques mots ce qu'étaient ces Mancines.

Lorsque vint chercher fortune en France Mazarin, ce gredin de Sicile, disait Condé, qui devint à peu près roi de France, parents et serviteurs d'Italie ne tardèrent pas à le suivre, pour prendre leur part de sa faveur croissante et bientôt de son pouvoir sans bornes. Il fit venir successivement ses cinq nièces, filles de sa sœur et de Laurent Mancini, et travailla, avec toute sa finesse et toute son avidité italiennes, à les mettre toutes en grand état.

Laure épousa le duc de Vendôme. Celle-là est la plus insignifiante des Mancines.

Marie, brune, Romaine, au teint jaune, avec une bouche grande et plate (1), dit Mme de Motteville, avec un col et des bras décharnés, des yeux grands, noirs et rudes, se fit aimer de Louis XIV enfant, et eut peut-être les prémices de ce cœur précoce. Il semble qu'elle-même ait sincèrement, passionnément aimé le jeune roi, plus que ne l'eût voulu le cardinal son oncle, qui avait d'autres visées et à qui elle résista jusqu'au mariage de son royal amant. Louis XIV voulut alors qu'elle allât à Milan, épouser le connétable de Naples, Laurent Colonna. Elle obéit, non sans désespoir, se vengea sur son mari, qu'elle rendit la fable de l'Europe par ses nombreuses intrigues, revint en France sous des habits d'homme, et chercha à revoir le roi, qui lui fit interdire le séjour de Paris. Enfermée, par ordre de son mari, dans un sombre couvent d'Espagne, elle passa ses dernières années à fuir l'autorité conjugale qui la ressaisissait toujours, et elle s'éteignit obscurément en France, vers 1715, âgée de 76 ans.

Une troisième sœur, Hortense, la plus belle des cinq, aimée aussi de Louis XIV, épousa, en 1661, un duc de la Meilleraie, qui prit le nom et les armes de Mazarin. Cette charmante duchesse de

_____
(1) C'est de cette bouche, et non comme on l'a dit souvent par erreur de celle de Mme de La Vallière, que parle Bussy, dans ses *Alleluia* :

. . . . . . ce bec amoureux,
Qui d'une oreille à l'autre va.

Mazarin mourut en Angleterre en 1699. Elle avait réuni, à Londres, autour d'elle, les plus beaux esprits du temps, parmi lesquels brillaient Saint-Réal, Saint-Évremond, Gregorio Leti, le savant Vossius. Charles II fut, dans sa petite cour de Chelsea, le plus passionné de ses adorateurs.

Restent les deux Mancines dont les noms se trouvent mêlés aux rumeurs sinistres du 23 janvier 1680.

Marie-Anne Mancini, née en 1649, avait, le 20 avril 1662, épousé le neveu de Turenne, Godefroy-Maurice de La Tour, duc de Bouillon, grand chambellan du roi. Son esprit était des plus fins et des plus cultivés. C'est, au reste, un trait commun aux nièces du cardinal. Marie de Mancini, femme de Colonna, fait partie du bataillon des précieuses. Hortense, dit La Fontaine, eut du ciel en partage :

La grâce, la beauté, l'esprit, ce n'est pas tout,
Les qualités du cœur. . . . . . .

La duchesse de Bouillon, curieuse de nouveautés, aime à s'entourer de savants, d'artistes, de poëtes. Elle se prend de passion pour le remède à la mode, le quinquina, et commande à son poëte favori un poëme à la louange de l'écorce salutaire. C'est elle, et non, comme on l'a dit souvent, Mme de la Sablière, qui donne à La Fontaine ce charmant surnom : mon fablier. Comme ses sœurs, elle a plus de grâces séduisantes que de vertus, et, dans son domaine de Château-Thierry, elle se fait lire par le bonhomme quelqu'un de ces contes érotiques qu'il emprunte, pour les enrichir de ses fines perles françaises, à l'amoureuse Italie :

Marie-Anne sans pair, Hortense sans seconde

sont partout au premier rang dans les vers du poëte reconnaissant.

La figure la plus étrange et la plus discutée, est celle de la cinquième Mancine, cette comtesse de Soissons qui disparaît au premier bruit d'arrestation ou d'interrogatoire.

Olympe de Mancini a été, pour ainsi dire, élevée avec Louis XIV. C'est elle, et non l'amoureuse Marie, qui a fait craindre un moment que l'ambitieux Mazarin ne portât une de ses nièces jusque sur le trône. Si Marie eut pour elle la passion vraie, Hortense, la beauté triomphante, Olympe a fait combattre à son profit la grâce insinuante et perfide de l'Italienne. Toute jeune encore, elle se fait, elle aussi, aimer du roi; elle n'est pas belle, cependant, à entendre la plupart des contemporains; elle est brune, elle a le visage long, le menton pointu, le teint olivâtre, dit Mme de Motteville; le teint d'une cheminée, disent les Mazarinades. Mais, pour qui sait voir, ces traits allongés, cette mine de Bohème, ces cheveux noirs comme l'aile d'un corbeau, cette ardente pâleur, ces yeux sombres au regard profond, brillent de beautés violentes et fascinatrices.

Son esprit est plus *charmant* encore que sa figure. Elle n'est pas des précieuses, et c'est à cela peut-être qu'il faut attribuer la restriction contenue dans cet éloge de Mme de La Fayette : « C'étoit une personne qu'on ne pouvoit appeler belle, et qui, néanmoins, étoit capable de plaire; son esprit n'avoit rien d'extraordinaire ni de fort poli, mais il étoit naturel et agréable. » C'est un esprit de diable, oseur, sans scrupules, sans apprêts, qui ne doit rien aux gentillesses de la forme. Les Mazarinades attardées ont beau appeler Olympe la *bécasse* de Soissons, tout, même cette injustice, fait comprendre la grâce *salée*, épicée, de cette dompteuse de rois. Loret l'appelle, dans sa *Muse historique*, « l'illustre et brune déesse,

> Cette Olympe au divin esprit,
> Et dont sur le cœur des monarques
> Le pouvoir peut graver ses marques. »

L'âme est noire, brûlée comme le visage. Elle ressent de folles et redoutables amours, passagères et furieuses comme un météore. Elle s'enivre de jalousies et de vengeances. Quand sa beauté singulière est encore masquée par les maigreurs de la première jeunesse, Olympe, bien que nièce d'un tel oncle, bien que chère au jeune roi, se voit refusée par un prince de Conti, refusée par un prince de Modène, refusée par Armand de la Meilleraie, qui lui préfère la belle Hortense; refusée, enfin, par Eugène de Carignan-Savoie. Elle en conçoit de noirs chagrins; mais le cardinal a rêvé un trône pour sa Mancine, et elle se console de tant d'échecs par l'espoir du lit royal. Un moment, elle espère; car sa beauté s'est, enfin, révélée dans tout son étrange éclat. C'est alors que Mme de Motteville dira d'elle : « Son âge de dix-huit ans, son embonpoint, ses beaux bras, ses belles mains, la faveur et le grand ajustement donnèrent du brillant à sa médiocre beauté. » Louis XIV a conçu, pour sa jeune compagne, un goût passager, qui se réveillera plus d'une fois, mais sans jamais laisser entrevoir à Olympe le dernier but de ses ambitions secrètes.

Un jour, enfin, convaincu par un horoscope que sa nièce ne sera jamais reine, Mazarin la marie au comte de Soissons, homme excellent, nullement jaloux, parfait mari. Olympe a pu renoncer à la couronne; elle ne renonce pas à la faveur de son royal amant : elle la dispute à sa sœur Marie, favorite du jeune roi pendant l'automne de 1658. Elle la partage avec Mme de La Vallière, qu'elle jalouse sans pouvoir la supplanter. Surintendante de la maison de Marie-Thérèse, admise dans l'intimité du grand roi, qui passe presque toutes ses soirées à l'hôtel de Soissons, elle reste toujours au second plan, quoi qu'elle en ait, tantôt vaincue par la tendresse désintéressée d'une La Vallière, tantôt éclipsée par la resplendissante beauté de Mme Henriette d'Angleterre, tantôt luttant contre la naissante faveur de Mlle de Fontanges, ou contre le solide crédit de Mme de Montespan. Louis XIV, pour échapper à cette obstinée d'amour, lui détache Vardes, l'irrésistible débauché, qui la séduit par ordre.

A ce moment, la comtesse de Soissons a tout à fait perdu sa partie contre Mme de La Vallière. Le roi s'est dégoûté d'Olympe comme de Marie; on ne le voit plus à l'hôtel de Soissons. Alors, Olympe noue les fils d'une de ces fatales intrigues qui, désormais, rempliront toute sa vie, et dont la fin sera toujours quelque mort inattendue, suspecte, d'une rivale. Elle cabale avec Vardes contre la favorite. Mais, tout à coup, sa jalousie change d'objet. Vardes la délaisse pour la belle des belles, pour cette admirable Henriette, belle-sœur de Louis XIV. Vardes supplante, dans le cœur de Madame, et le roi et, le plus séduisant des seigneurs après Vardes lui-même, le comte de Guiche. Olympe en conçoit une jalousie mortelle, et, furieuse de cette défaite nouvelle, elle fait connaître à Louis XIV, et les amours cachées de Mme Henriette, et la ruse criminelle qu'elle a ourdie elle-même avec Vardes contre Mme de La Vallière.

Toutes ces intrigues se dénouent par un coup de foudre, par ce cri déchirant qu'a fait retentir, à travers les siècles, l'éloquence de Bossuet : *Madame se meurt, Madame est morte!* Mort mystérieuse, dont on a accusé d'Effiat; le chevalier de Lorraine; Monsieur, frère du roi; le vertueux d'Orléans, père du régent; enfin, Olympe de Mancini. L'histoire a mis hors de cause le duc d'Orléans. D'Effiat et le chevalier de Lorraine, ce dernier surtout, objet des amours infâmes de Monsieur frère du roi, ont, à bon droit, éveillé le soupçon. Olympe nous montrera plus tard si elle était femme à reculer devant un pareil crime.

Qu'elle ait été empoisonnée par l'eau de chicorée que lui a présentée d'Effiat, ou par les fraises sucrées à la poudre de diamant que lui a servies une main inconnue, Mme Henriette meurt le 29 juin 1670, à 26 ans. La comtesse de Soissons, qui a payé son intrigue contre Mme de La Vallière d'un court exil, et qui est revenue à Paris en 1665, semble avoir, depuis ce moment, renoncé aux royales amours, et a pris pour amant le marquis, duc plus tard, de Villeroi. A 33 ans, en 1671, elle perd son mari, le doux et benin comte de Soissons. Des rumeurs de poison s'élèvent autour de cette mort. Mais le soupçon s'apaise; la comtesse n'a-t-elle pas vécu de longues années avec ce mari, le moins gênant des maris? N'en a-t-elle pas eu huit enfants, que jamais n'a désavoués la robuste confiance du comte? A quoi bon se débarrasser, par un crime si tardif, de qui ne fut jamais un embarras?

Voilà quelles étaient ces Mancines, quelle surtout la plus compromise des deux sœurs, la comtesse de Soissons. Ajoutons un dernier trait, qui leur est commun à toutes, et qu'on retrouve dans leur oncle le cardinal. Elles n'ont point, à vrai dire, de religion véritable, mais une grossière superstition à l'italienne, qui leur en tient lieu. Comme le Mazarin, elles ont foi dans l'astrologie. Le cardinal, pipeur au jeu, se laissait piper par les faiseurs d'horoscopes; ses nièces, pour si déliées et trompeuses qu'elles soient, croient à toutes les sottises de la magie, et l'hôtel de Soissons est le rendez-vous favori des devineresses et des charlatans.

Nous pouvons comprendre maintenant l'effet immense produit par la mise en accusation et par la fuite de cette femme, qui, pendant si longtemps, a retenu un coin du cœur royal, disputé la faveur de Louis; qui est princesse du sang et qui occupe encore une des plus hautes situations à la cour. On le comprendra mieux, quand on saura à quelle source immonde remontait l'accusation, à quels noms ignobles se trouvaient accouplés ces grands noms, quels crimes étranges étaient imputés à la fois à ce que Paris renfermait de plus impur, Versailles, de plus élevé.

Depuis la mort de la Brinvilliers (1), ceux qui ne jugeaient les choses que par la surface, pouvaient penser que le châtiment de la célèbre empoisonneuse avait mis fin à une série de crimes dont s'était un moment alarmée l'opinion publique. Gaudin de Sainte-Croix, le professeur ès poisons de la marquise, était mort; Exili, instituteur de Sainte-Croix, avait repassé les Alpes, et était mort en Italie; Glazer, l'apothicaire, fournisseur de poisons, n'existait plus; La Chaussée, vil instrument de ces scélérats, avait payé sa dette en place de Grève; Pennautier avait été déclaré innocent. La marquise

(1) Il ne faut pas, un instant, pour l'intelligence de ce procès perdre de vue le procès de la Brinvilliers et consorts, qui en est comme le prologue.

avait, sans doute, emporté ses terribles secrets dans la tombe. On pouvait respirer.

Ceux qui avaient vu plus au fond savaient que la marquise de Brinvilliers, folle et criminelle créature portée, par tempérament, par passion et par circonstances, aux extrémités les plus coupables, avait manié, sans les connaître, les redoutables agents de ses méfaits. Ils savaient que cette âme, aussi légère que vicieuse, n'avait eu à céler ou à révéler d'autre secret que celui de ses fautes. Mais tout le procès de 1676 leur faisait soupçonner, derrière cette femme sans importance véritable, tout un monde scélérat, une sorte de corporation gangrenée, d'association occulte, montant sourdement à l'assaut des fortunes par les moyens les plus infâmes. Plus d'une figure suspecte avait paru, dans ce procès, dont on avait deviné, sans les voir clairement, les coupables accointances avec de mystérieux affiliés. La mort des Aubray n'était qu'un crime vulgaire de famille, un accident monstrueux; bien d'autres morts étranges semblaient accuser des habitudes professionnelles, des officines d'empoisonnements ouvertes à qui savait bien payer le crime. On n'a pas oublié ces laboratoires mystérieux où se fabriquaient les poisons dans la cornue de l'alchimiste. Qu'étaient devenus ces gentilshommes, ces prêtres, ces intendants bons à tout faire, ces entremetteurs insaisissables, dont le profil indécis s'était dessiné vaguement dans les dossiers du Parlement, pour disparaître aux yeux de la justice?

La Brinvilliers mourante n'avait pas dit, nous le savons maintenant : — « Si je parlais, je perdrais la moitié de la ville. » Mais on ne pouvait se dissimuler qu'une certaine inquiétude avait couru par la ville et par la cour, pendant les procès de la marquise et de Pennautier. Des morts étranges, subites, suspectes par leurs suites, étaient revenues dans les mémoires. Plus d'un puissant ou plus d'un enrichi avait montré, dans ce temps, cette curiosité anxieuse qui éveille les soupçons du juge. Rappelons-nous, par exemple, cette femme de la comtesse de Soissons, cette dame de Refuge, qui, pendant la question de la Brinvilliers, écoute aux portes du palais. Rappelons-nous que, dans la petite cour de la Conciergerie, lorsqu'on est certain déjà que la marquise n'a nommé personne, une de ces grandes dames qui viennent assaillir la patience de leur *étrange curiosité*, est encore Olympe de Mancini.

Est-ce à dire qu'Olympe soit directement, personnellement, complice de la Brinvilliers? Non : la Brinvilliers n'a d'autres complices que ceux qui sont morts, après avoir poussé sa main parricide. Mais qui sait ce qu'elle peut savoir, et qui sait les révélations inattendues que peut redouter l'Italienne?

Il est certain, d'ailleurs, que l'horrible industrie des poisons n'a pas péri tout entière dans le lit de Sainte-Croix, dans le bûcher de la marquise. L'archevêque de Paris a fait avertir le lieutenant de police que ses prêtres, depuis quelque temps, entendent en confession nombre de gens qui s'accusent de poison. Au commencement de l'année 1678, une autre affaire de poisons s'est instruite en Parlement; les prévenus sont gens obscurs, mais l'information est restée enveloppée d'un singulier mystère. Au commencement de l'année 1679, on a arrêté encore plusieurs accusés de poison et de magie, parmi lesquels deux femmes bien connues de la cour et de la ville, deux devineresses, la Vigoureux et la Voisin. Au mois de février de cette année, on a vu exécuter sans bruit deux des ac-

cusés de 1678. Au mois d'avril, une commission spéciale, établie à l'Arsenal, a été saisie du droit d'informer sur des crimes bizarres ou terribles, sortiléges, maléfices, empoisonnements. En juin, en juillet, en août, le bûcher s'est allumé deux fois, la potence s'est dressée trois fois en place de Grève. Une devineresse brûlée, deux devineresses pendues, un prêtre profanateur brûlé et pendu, ont réveillé tour à tour les anciennes inquiétudes. Et toujours le mot sinistre de poison s'est trouvé mêlé à ces accusations, à ces châtiments. Une femme de magistrat, la conseillère Brissart, a été exilée; cette fois encore, on a parlé de poison.

Enfin, ceux qui ont ouverture à la cour, ont appris que la confidente habituelle, l'âme damnée d'Olympe la Mancine, cette dame de Refuge, a été interrogée par la Commission de l'Arsenal, au mois d'octobre 1679.

De tous ces symptômes d'une plaie secrète, un seul a dû frapper assez vivement les esprits : c'est l'arrestation des devineresses à la mode. Ici, arrêtons-nous un instant, pour faire comprendre la singulière industrie de ces femmes, qui vont jouer un rôle si important au procès de 1680.

Il y a eu, il y aura toujours des imposteurs, vivant de la crédulité publique, et leurs manœuvres, si diversement appréciées par la justice aux différents moments de la civilisation, formeront un des aspects les plus curieux de notre grande histoire judiciaire. Les devineresses du XVIIe siècle ont un caractère à part, qu'il nous faut rapidement étudier.

Les plus illustres écrivains de ce siècle de Louis XIV, si fécond en lumières, si brillant par l'esprit, par l'art, par l'éloquence, nous attestent la vogue des devineresses du temps, la crédulité générale en fait de sorcellerie, de magie, d'hermétisme. Charlatans, s'écrie le grand fabuliste, faiseurs d'horoscope,

> Quittez les cours des princes de l'Europe,
> Emmenez avec vous les souffleurs tout d'un temps,
> Vous ne méritez pas plus de foi que ces gens.

Une des fables de La Fontaine, *les Devineresses*, est consacrée à ces pythonisses, que les gens du monde s'en allaient, dit-il, consulter sur tout.

> Perdait-on un chiffon, avait-on un amant,
> Un mari, *vivant trop au gré de son épouse*,
> Une mère fâcheuse, une femme jalouse,
> Chez la devineuse on courait.

La devineresse, la devineuse, la *devine*, disait le peuple, si elle ne pouvait rien sur quelques libres esprits, celui du poëte par exemple, pouvait tout sur les intelligences, cultivées à la surface, polies en dessus, au fond grossières, des nobles et surtout des femmes. Mme de Sévigné, cette charmante causeuse, est femme et du temps en cela; elle croit à la poudre de sympathie, à bien d'autres billevesées encore. Et celle-là est une âme de choix. Que penser des autres? Un La Fontaine, avec son bon sens gaulois; un Fénelon, un Bossuet, avec leurs grandes lumières religieuses; un La Bruyère, avec son observation pénétrante et son ironie de moraliste, peuvent échapper souvent, ne disons pas toujours, à ces ridicules amorces. La Fontaine sait que le fait de ces trompeuses « consiste en adresse. »

> Quelques termes de l'art, beaucoup de hardiesse,
> Du hasard quelquefois. . . . .

Il nous décrit, en peintre habile d'intérieur, tout cet arsenal burlesque de la sorcière, ce mobilier du bouge où le niais va chercher l'avenir :

> Quatre siéges boiteux, un manche de balai,
> Tout sentait le sabbat. . . . . . .

La Bruyère va plus loin, et touche ce que le fabuliste n'a qu'effleuré : « Canidie, qui a de si beaux secrets, qui promet aux jeunes femmes de secondes noces, et qui en dit le temps et les circonstances. » Mais si le moraliste dénonce la spéculation criminelle dissimulée sous le charlatanisme, il n'est pas aussi sûr de lui-même, quand il n'a affaire qu'à la magie et au sortilége innocent. « La théorie en est obscure, dit-il, les principes vagues, incertains, et qui approchent du visionnaire. Mais il·y a des faits embarrassants, affirmés par des hommes graves qui les ont vus, ou qui les ont appris de personnes qui leur ressemblent... En cela, comme dans toutes les choses extraordinaires et qui sortent des communes règles, il y a un parti à trouver entre les âmes crédules et les esprits forts. »

Quand une intelligence de cette trempe hésite et balbutie en présence des jongleries d'un sorcier, ne nous étonnons pas de toutes les crédulités bizarres que va développer à nos yeux ce procès. Pouvons-nous oublier, d'ailleurs, que, plus près de nous, des esprits cultivés ont ajouté foi aux momeries d'une Lenormand, et que, du jour où la police correctionnelle a fait définitivement justice des prédictions par le marc de café ou par un certain assemblage des cartes à jouer, la crédulité, qui a de si profondes racines dans l'âme humaine, s'est attachée aux jongleries du magnétisme et du spiritisme ?

Au XVIIe siècle, les devineresses sont tolérées; leur profession est reconnue, autorisée tacitement, pour deux raisons. D'abord, beaucoup croient au sortilége, même le juge qui le punit; puis, la police, personne peu crédule, ou ne s'occupe pas de si peu de chose, ou tire parti à sa façon des niaiseries à la mode. Les sibylles, tenant boutique de charmes et de talismans, n'inquiètent pas autant que Port-Royal, et, pourvu que la devineresse ne soit pas janséniste, on la laissera, en toute liberté, gagner l'or des sots. D'ailleurs, en un besoin, la vendeuse de sorts pourra mettre le lieutenant criminel sur la trace de quelque grosse intrigue.

A la faveur de cette liberté dangereuse, s'étaient établis au cœur de Paris, sous l'œil même de sa police si ombrageuse, si clairvoyante, une foule de repaires où la niaiserie, la superstition, les désirs criminels allaient s'alimenter et se satisfaire. Les chercheurs de fortune y trouvaient de prétendus adeptes en fait d'opérations hermétiques, et y *philosophaient* tout à leur aise, jusqu'à ce que le plus clair de leur bien s'y fût fondu en ces petits grains de couleur d'or que nous montre Montesquieu dans la terrine de son souffleur. (*Lettres Persanes.*) Les crédules d'amour et de volupté couraient y chercher des charmes, des philtres, des remèdes à l'impuissance ou à la satiété, y payaient au poids de l'or un nœud d'aiguillette pour l'amant ou le mari dont ils jalousaient les plaisirs. Les plus faciles à contenter vidaient leur bourse en retour d'une banale promesse de puissance ou de richesse, écrite dans les lignes de la main, dans le concours des constellations, dans les figures dessinées par le marc de café. Les chercheurs de trésors y apprenaient à comprendre les mouvements du bâton de coudrier. Les ambitieux criminels, les cœurs altérés de vengeance, les jaloux sans pardon, les avides sans scrupules demandaient quelque chose de plus, un de ces agents mystérieux de la mort que leur ignorance confondait sous le nom vague et terrible de *poudre de succession.*

Sans doute la superstition et le crime enveloppé de secrets hideux sont de tous les temps et de tous les pays; mais il est un moment, dans l'histoire de la France, où ces honteuses maladies sévissent avec une violence inusitée. Le vieil esprit franco-gaulois, capricieux, violent, mais ouvert et sans détours, sceptique d'ailleurs, ennemi du rêve et défiant du mystère, est essentiellement réfractaire à ces inventions de l'ignorance et de la peur. Mais, au XVIe siècle, les rapports plus nombreux de la France avec l'Espagne et l'Italie favorisent l'introduction des superstitions barbares dont ces deux contrées sont la patrie. Le catholicisme a revêtu, chez l'Italien et chez l'Espagnol du moyen âge, le caractère d'une idolâtrie cruelle, sombre, grossière. La vengeance perfide, la ruse mortelle, le fanatisme intolérant règnent en maîtres au pied des Alpes et des Pyrénées. La politique des princes, comme celle des particuliers, y procède par la lâcheté cauteleuse, par l'assassinat sans péril pour l'assassin. Catherine de Médicis, Anne d'Autriche, Marie de Médicis apportent tout à tour en France les abominables doctrines de leurs terres natales. L'égoïsme qui tue par peur ou par intérêt, qui flatte d'une main et empoisonne de l'autre, est chez nous d'importation espagnole et italienne. C'est pour un Médicis que Machiavel a codifié ces théories malfaisantes, qui ont poussé nos Valois à la ruine. La religion, pour ces dangereux instituteurs du monde, n'est plus qu'une pauvre ignoble du diable, un instrument d'intérêt personnel, un ensemble de petites pratiques abrutissantes.

Voyez quelle suite traîne après soi l'infâme Catherine : un chancelier de Birague, un Louis de Gonzague, un Gondi, une d'Este veuve de François de Guise, artistes en tromperies, en complots, en assassinats.

Les Valois une fois perdus par cette engeance ultramontaine, l'esprit hispano-italien conspire avec la Ligue contre Henri IV, le couteau d'une main, le poison dans l'autre, le fanatisme aux lèvres. (*Voyez* Ravaillac.) C'est un Italien, Zamet, qui empoisonne Gabrielle d'Estrées. Toutes les fois que ce fils d'un cordonnier lucquois, créature de Catherine de Médicis, favori de Marie de Médicis, reçoit le roi Henri dans sa somptueuse maison du quartier Saint-Antoine, le roi emporte de chez l'ami Zamet un singulier malaise et des maux d'estomac suspects.

Il y a, dans cette valetaille affamée venue de par-delà les monts pour sucer la France, des astrologues patentés, des parfumeurs à secrets diaboliques, des professeurs d'avortement, des Côme Ruggieri, des René, des Galigaï. Le Mazarin et sa clique ferment le cortége.

Dans ces pays infectés de la peste morale qu'ils ont inoculée à la France, le prêtre, idolâtre lui-même et corrupteur, modèle sa religion bizarre et malsaine sur les vices de ses ouailles. Il dit des messes d'amour, et, profanation monstrueuse, mêle à l'hostie consacrée les cheveux et les rubans donnés par l'amoureuse délaissée pour ramener l'infidèle !

Toutes ces lèpres italiennes et espagnoles, nous les allons retrouver dans le détail de ce procès. Vices immondes, superstitions aveugles, crimes étranges, impiétés, crédulités grossières, galanteries assassines, tout cela, depuis les temps de Catherine, est peu à peu descendu de la cour dans la ville. L'exemple a fructifié. Les doctrines révoltantes, les usages antifrançais, tout le fétichisme méridional, ont pris racine dans Paris, et les maisons de devineresses exploitent, presque à ciel ouvert, les industries infâmes nées de cette perversion du caractère national.

Depuis 1672, la France n'avait pas assisté au spectacle affligeant d'un procès de sorcellerie. Mais les sorciers ne chômaient guère. Une Voisin, une Vigoureux faisaient de grosses affaires. On les consultait par mode, par partie de plaisir, par besoin. On ne fut donc que médiocrement étonné quand on apprit que les Mancines, qu'un Luxembourg, que tant d'autres parmi les grands avaient interrogé sur l'avenir les misérables placées sous la main de la justice. Mais on se refusa à croire qu'il y eût autre chose. Écoutons, sur la fuite de la comtesse de Soissons, motivée par un avis donné brusquement dans la soirée du 22 janvier, l'écho charmant et fidèle des rumeurs de la cour.

Mme de Sévigné raconte cette dernière soirée d'Olympe, à l'hôtel de Soissons :

« Elle jouait à la bassette mercredi ; M. de Bouillon entra : il la pria de passer dans son cabinet, et lui dit qu'il fallait sortir de France ou aller à la Bastille. Elle ne balança point ; elle fit sortir du jeu la marquise d'Alluye ; elles ne reparurent plus. L'heure du souper vint ; on dit que madame la comtesse soupait en ville ; tout le monde s'en alla, persuadé de quelque chose d'extraordinaire. Cependant on fit beaucoup de paquets ; on prit de l'argent, des pierreries ; on fit prendre des justaucorps gris aux laquais et aux cochers ; on fit mettre huit chevaux au carrosse. Elle fit placer auprès d'elle la marquise d'Alluye, qui ne voulait pas partir, dit-on, et deux femmes de chambre sur le devant. Elle dit à ses gens qu'ils se missent point en peine d'elle, qu'elle était innocente ; mais que ces coquines de femmes avaient pris plaisir à la nommer. Elle pleura ; elle passa chez Mme de Carignan, et sortit de Paris à trois heures du matin. »

Le 30 janvier, toute la cour, comme dit Mme de Sévigné, « est à l'innocence et à l'horreur de la diffamation. Peut-être que demain ce sera tout le contraire. » « Voyons la suite, dit l'illustre causeuse, parlant d'Olympe ; si elle a fait de plus grands crimes, elle n'en a pas parlé à ces gueuses-là. Un de mes amis dit qu'il y a une branche aînée au poison, où l'on ne remonte point, parce qu'elle n'est pas originaire de France ; ce sont ici des petites branches de cadets qui n'ont pas de souliers. »

Le 31 janvier, Mme de Sévigné écrit :

« Il ne paraît pas que jusqu'ici il y ait rien de noir aux sottises qu'on leur impute ; il n'y a pas même du gris brun. Si on ne trouve rien de plus, voilà de grands scandales qu'on aurait pu épargner à des personnes de cette qualité. Le maréchal de Villeroy dit que ces messieurs et ces dames ne croient pas en Dieu, et qu'ils croient au diable. Vraiment on conte des choses ridicules de ce qui se passait chez ces abominables femmes. La maréchale de la Ferté y alla par complaisance avec madame la comtesse, et ne monta point. Cette affaire lui donne un plaisir qu'elle n'a pas ordinairement ; c'est d'entendre dire qu'elle est innocente. Mme de Soissons demanda si elle ne pourrait point faire revenir un amant qui l'avait quittée. Cet amant

était un grand prince, et on assure qu'elle dit que s'il ne revenait pas, il s'en repentirait ; cela s'entend du Roi, et tout est considérable sur un tel sujet. »

Il y a, dans ces légèretés, quelques mots significatifs, et qu'il faut retenir : Si elle a fait de plus grands crimes, elle n'en a pas parlé à ces gueuses-là.... Il y a une branche aînée au poison, où l'on ne remonte point.... Cela s'entend du Roi.

Quelques jours après, le gris brun noircit à vue d'œil. Le 5 février, M. de la Rivière écrit à Mme de Sévigné : « Madame de Soissons ne prend pas le parti d'une innocente. Mais comment a-t-elle pu faire mourir un homme qui lui donnait tant de liberté ? »

Quant à la duchesse de Bouillon, on s'accorde à dire que son fait est de peu de gravité. Tout au plus a-t-elle eu quelque mauvais désir, et la cour est indulgente en pareil cas. Écoutons encore Mme de Sévigné (21 janvier) :

« La duchesse de Bouillon alla demander à la Voisin un peu de poison pour faire mourir un vieux et ennuyeux mari qu'elle avait, et une invention pour épouser un jeune homme qu'elle aimait. Ce jeune homme était M. de Vendôme, qui la menait d'une main, et M. de Bouillon de l'autre, et de rire. Quand une Mancine ne fait qu'une folie comme celle-là, c'est donné ; et ces sorcières vous rendent cela sérieusement, et font horreur à toute l'Europe d'une *bagatelle*. »

Plus tard, un ami, un défenseur de la duchesse de Bouillon, l'abbé de Choisy, avouera, tout en l'atténuant avec moins de crudité, la *bagatelle* :

« Son mari était malade en Champagne. Elle était un soir incertaine si elle partirait ou non pour l'aller trouver, lorsqu'un vieux gentilhomme de sa maison lui offrit tout beau de lui faire dire par un esprit si M. le comte mourrait ou non de cette maladie. Mme de Bouillon était présente avec M. de Vendôme et le duc, à présent maréchal de Villeroy. Le gentilhomme fit entrer dans le cabinet une petite fille de cinq ans, et lui mit à la main un verre plein d'une eau fort claire ; il fit ensuite ses conjurations. La petite fille dit que l'eau devenait trouble ; le gentilhomme dit tout bas à la compagnie qu'il allait commander à l'esprit de faire paraître dans le verre un cheval blanc en cas que M. le comte dût mourir, et un tigre en cas qu'il dût en échapper. Il demanda aussitôt à la petite fille si elle ne voyait rien dans le verre. — « Ah ! s'écria-t-elle, le beau petit cheval blanc ! » Il fit cinq fois de suite la même épreuve, et toujours la petite fille annonça la mort par des marques toutes différentes, que M. de Vendôme ou Mme de Bouillon avaient nommées tout bas au gentilhomme sans que la petite fille pût les entendre. »

Mme de Bouillon est donc coutumière du fait, et ce n'est pas seulement chez les devineresses qu'elle s'inquiète de cette mort qui se fait tant attendre. Elle fait travailler sur ce thème les sorciers de tout étage. Il y a là, tout au moins, une idée fixe.

Une autre rumeur de cour est celle-ci : Louis XIV aurait dit à la princesse de Carignan, belle-mère d'Olympe : — « Madame, j'ai bien voulu que Mme la comtesse se sauvât. Peut-être en rendrai-je compte à Dieu et à mon peuple. »

Les sources ordinaires de l'histoire du temps donnent peu de détails sur cette affaire des nièces de Mazarin, et ne nous éclairent que médiocrement sur les rapports que les deux Mancines auraient eus avec les devineresses empoisonneuses. Les *Mémoires* de Mlle de Montpensier ne s'expliquent pas sur « un sujet aussi délicat. » Les

Mémoires de la Fare disent que Mme Olympe fut « assez légèrement décrétée de prise de corps. » Les *Mémoires pour servir à l'histoire de Louis XIV*, par l'abbé de Choisy, expliquent la fuite de la comtesse de Soissons par ces propres paroles de la prévenue : — « M. de Louvois est mon ennemi mortel, parce que je lui ai refusé ma fille pour son fils. Il a eu le crédit de me faire accuser; il a de faux témoins. Puisqu'on a donné un décret contre une personne comme moi, il achèvera le crime et me fera mourir sur un échafaud, ou du moins me retiendra toujours en prison. J'aime mieux la clef des champs. Je me justifierai dans la suite. »

Notons d'abord que ce ne sont pas là tout à fait paroles d'innocente. Achille de Harlay a bien pu dire que, si on l'accusait d'avoir volé les tours de Notre-Dame, il commencerait par se mettre en lieu de sûreté. Mais il ne faut voir là que l'exagération éloquente du grand magistrat, qui sait combien le jugement humain est facile à l'erreur. Il n'entend pas, sans doute, un accusé couvert par une situation des plus hautes, par les souvenirs puissants d'une royale faveur. L'avis même que Louis XIV fait passer à Mme de Soissons prouve contre elle en la protégeant.

Les *Mémoires* de Choisy ajoutent que la jalousie et le crédit de Mme de Montespan effrayèrent la Mancine. Ici, au moins, il y a quelque chose de plausible, et M. Michelet (*Décadence morale du XVIIe siècle*) n'est pas tout à fait dans le vrai quand il affirme qu'en 1680, Mme de Montespan n'est qu'une confidente sans pouvoir de Louis XIV, qui aime Mlle de Fontanges. Mme de Montespan, favorite en titre depuis 1668, a eu le duc du Maine au mois de mars 1670, quatre ans avant la retraite définitive de Mme de La Vallière. Il y a quelques mois seulement que la duchesse de Fontanges est maîtresse du Roi, et cette charmante fille, « belle, dit Madame, des pieds jusqu'à la tête, et qui n'avait pas plus d'esprit qu'un petit chat, » n'a, sur les volontés de Louis, aucune espèce d'influence. Mme de Montespan garde son crédit pendant quatorze années consécutives, et, à l'époque où elle nous occupe, elle peut beaucoup encore sur son royal amant. Toutefois, rien ne nous autorise à penser qu'elle ait poussé la haine et la jalousie contre Olympe jusqu'à chercher à la perdre par une atroce calomnie. Rien ne montre la comtesse de Soissons à ce point dangereuse pour une favorite.

Autre remarque : depuis longtemps Mme de Montespan ambitionne la place de surintendante. L'occasion est belle pour écraser une rivale et pour hériter d'elle sans bourse délier. Point : La comtesse de Soissons se refuse au procès, mais sent si bien qu'elle ne reviendra plus à Versailles, qu'elle *vend*, avant de partir, sa charge, et que c'est à Mme de Montespan, qui la lui achète au prix de 200,000 écus.

L'histoire, cependant, paraît avoir accepté, jusqu'à présent, l'innocence de Mme de Soissons. L'élégant et impartial historien des *Nièces de Mazarin*, M. Amédée Renée, tient pour cette innocence, et dit de la comtesse :

« Les charges restèrent d'ailleurs fort vagues, et ne consistèrent que dans les dépositions de ces malheureuses (*les devineresses*) pendant la torture. Sauf son mari (et cela n'était guère vraisemblable), on ne cita personne qu'elle eût empoisonné. »

Et ailleurs :

« Ce n'était pas là, apparemment, qu'étaient ses crimes; mais elle avait questionné l'affreuse sibylle (*la Voisin*) sur le Roi et sur ses maîtresses. Puis, avec des passions qui survivaient à sa jeunesse, elle était bien femme à chercher des recettes magiques pour se faire aimer. Voilà ce dont on peut la soupçonner avec vraisemblance. »

Ailleurs encore :

« La Voisin et ses complices appelaient leurs poisons des *poudres de succession*. La comtesse de Soissons n'avait, que nous semble, d'autre succession à recueillir que celle de sa belle-mère, avec qui elle vivait bien. »

Voilà toute la thèse d'indulgence, que l'histoire semble justifier par les faits. L'histoire, en effet, nous apprend qu'à peine arrivée en Flandre, Olympe fut « trompettée à trois briefs jours. » Elle offrit, prétend-on, de revenir, pourvu qu'on lui promît de ne pas l'enfermer à la Bastille, mais à Vincennes. « M. de Louvois, ajoutent les *Mémoires* de Choisy, la poursuivit jusque dans les enfers. Dans toutes les villes et dans les auberges où elle passa, on refusa de la recevoir dans les grandes hôtelleries; il fallut coucher souvent sur la paille, et souffrir les insultes d'un peuple insolent, qui l'appelait sorcière et empoisonneuse.»

Après huit ans passés en Flandre, en Allemagne et en Italie, la prétendue victime de Louvois alla en Espagne, où elle ne resta guère. Elle revint à Bruxelles, où elle mourut obscurément en 1708.

Pour la seconde Mancine, elle aurait été, selon l'histoire, non-seulement innocente comme sa sœur, mais méprisante et fière avec ses juges. Elle aurait avoué qu'en effet elle s'était fait dire la bonne aventure par ces femmes. Mais quel mal à cela? Sur la demande d'un de ses juges : — « Avez-vous vu le diable? — Je le vois en ce moment, » aurait-elle répondu.

Mise hors de cour, après un interrogatoire des plus sommaires, elle aurait fait mille plaisanteries, et des plus vives, contre ces pauvres juges, et nous voyons dans les *Lettres de Mme de Sévigné* (édit. de M. de Monmerqué) que Bussy informe M. de la Rivière, le 27 janvier 1680, que les plaisanteries de Mme de Bouillon ont singulièrement fâché le Roi. «En effet, cela donne un fort grand ridicule à la Chambre de justice. »

Quant au duc de Luxembourg, il s'est justifié lui-même dans une lettre célèbre. Il y prétend avoir été victime d'une intrigue misérable, ourdie par Louvois. Un sien intendant, Bonnard, se serait adressé à un imposteur, agent ordinaire des devineresses, le prêtre Le Sage, pour découvrir certains papiers nécessaires pour le gain d'un procès poursuivi par son maître. Il s'agissait de gens de mauvaise foi, acheteurs d'une partie de ses bois de la forêt de Ligny. Le Sage, selon l'habitude de ces dangereux charlatans, aurait cherché à faire un perfide usage d'une signature du duc, imprudemment confiée par Bonnard. Il aurait transformé un insignifiant papier en un pacte avec le diable, et aurait accusé le duc d'avoir recherché par magie la mort de sa propre femme, du maréchal de Créqui et de plusieurs autres personnes, l'obtention du gouvernement d'une place ou d'une province, l'accomplissement du mariage de son fils avec une fille de M. de Louvois.

«Sûr de mon innocence, ajoute le maréchal de Luxembourg, je refusai d'accéder au perfide conseil qui me fut donné, d'assurer ma vie par une prompte fuite. » L'histoire a adopté cette justification, et explique, par l'animosité de M. de Louvois, une assez longue détention qu'auraient terminée un arrêt d'absolution et un ordre d'exil. A ce sujet, nous ne pouvons, en aucune façon, admettre les dates données par la *Biographie universelle* de Michaud. On y fait rester le duc de Luxembourg pendant quatorze mois à la Bastille, dans un cachot de six pas et demi de long. Puis, on le fait sortir de Vincennes le 14 mars 1680, c'est-à-dire quatre-vingts jours seulement après le décret d'arrestation.

Les pièces relatives au maréchal de Luxembourg n'ayant pas été retrouvées, et ces dates étant évidemment fausses, il nous faut bien accepter provisoirement, sauf contrôle, les dates fournies par Désormeaux dans son *Histoire de la maison de Montmorency*. On y lit que Luxembourg fut absous par arrêt du 17 avril 1680. Exilé, le 18, mais à vingt lieues de Paris seulement, il fut rappelé à la cour en juin 1681.

Il faut citer quelques passages de la lettre de Luxembourg pour faire connaître le ton hautain de cette justification :

« Sur l'alternative qu'on mettoit entre le gouvernement d'une province et celui d'une place, je répondis que je n'avois pas cru qu'il fallût que je me donnasse au diable pour cela, et que je m'y serois plutôt donné du regret que j'aurois eu si l'on ne m'avoit fait que gouverneur d'une place. Quant au mariage de Mᵈˡˡᵉ de Louvois et de mon fils, je ne pus m'empêcher de parler encore ; et, comme je ne suis point humble dans l'adversité ainsi qu'en autres temps,

« Ah ! s'écria-t-elle, le beau petit cheval blanc ! » (PAGE 6).

je dis que quand ce scélérat (Le Sage) disoit une chose aussi fausse, il ne savoit pas que j'étois d'une maison où nous n'achetions point les alliances par les crimes ; que c'eût été beaucoup d'honneur pour moi que mon fils eût épousé Mˡˡᵉ de Louvois, mais que je n'aurois rien fait pour cela que je puisse me reprocher, et que quand Mathieu de Montmorency épousa une reine de France, mère d'un roi mineur, il ne s'étoit point donné au diable pour ce mariage, puisque la chose s'étoit faite par une résolution des États généraux du royaume, qui déclarèrent que pour acquérir au roi les services des seigneurs de Montmorency, il falloit faire ce mariage. Ce fut même par honnêteté que je me servis du mot de *services ;* car je crois que, dans la déclaration, il y avoit celui de *protection.* »

Telles auraient été, selon l'histoire communément admise, les suites des décrets du 23 janvier en ce qui touche les puissants, un moment confondus avec de vils coupables. Quant à ces derniers, les récits les plus acceptés nous font connaître assez succinctement la condamnation et le supplice de quelques-uns, convaincus de poison et de magie : une Voisin, une Vigoureux, une Fillastre, un prêtre Le Sage, un prêtre Guibourg. Si c'est là toute la vérité, n'est-il pas juste de dire, avec Mᵐᵉ de Sévigné : Voilà de grands scandales, qu'on aurait pu épargner à des personnes de cette qualité.

Où chercher la vérité vraie sur ce long procès, si singulièrement écourté, si enveloppé de doutes et d'obscurités? Nous l'avons promise au lecteur, et voici le moment venu de tenir parole. Il semble que rien ne soit plus facile, et qu'il n'y ait qu'à consulter les *Papiers de l'Arsenal.* La Bibliothèque de ce nom en renferme une chambre pleine : par une fatalité singulière, ceux de ces papiers qui concernaient le procès de la Chambre Ardente ont été soustraits; Louis XIV, il est vrai, avait, dit-on, donné l'ordre de brûler cette scandaleuse pro-

Paris. — Imprimerie de Ad. R. Laîné, rue Jacob 3.

N° 206 — 10 Centimes.
Un N° par Semaine.

CAUSES CELEBRES

Lebrun et Cie, Éditeurs.
Rue des Saints-Pères, 8.

cédure. Mais toujours les papiers brûlés se retrouvent quelque part, et un certain nombre de pièces avaient échappé au feu. La Révolution triomphante les retrouva dans les Archives de la Bastille. Ces débris du procès firent quelque temps partie d'une bibliothèque publique, où deux écrivains, M. de Monmerqué et M. Dufey (de l'Yonne), purent les consulter. Disparus aujourd'hui, enlevés non-seulement à la curiosité publique, mais même à la France, on pense que si on les pouvait retrouver aujourd'hui, ce serait en Russie qu'il faudrait les chercher.

Aussi, les historiens de la Chambre Ardente en ont été jusqu'à présent réduits à de maigres informations. « Il faut nous contenter, dit M. Amédée Renée, des piquantes révélations de Mme de Sévigné,

des détails fournis par les Mémoires et les journaux contemporains. »

Ajoutons à ces sources le peu qui nous a été révélé, il y a plusieurs années, des papiers de la Bastille, c'est-à-dire, quelques extraits épars dans les Notes excellentes dont M. de Monmerqué a enrichi sa belle édition des *Lettres de Mme de Sévigné*, et dans *la Bastille*, ou *Mémoires pour servir à l'histoire secrète du Gouvernement français depuis le XIVe siècle, jusqu'en* 1789, par M. Dufey (de l'Yonne), 1 vol. in-8°. Ce dernier ouvrage ne doit être consulté qu'avec prudence; car on y trouve des erreurs grossières, que nous aurons à redresser.

Joignez donc à ces renseignements très-insuffisants les *Lettres* mêmes de Mme de Sévigné, les *Mémoires* de la Fare et de Choisy, quelques passages de

« C'est la question à l'eau qui va lui être donnée » (PAGE 14).

Saint-Simon, et vous aurez tout le bagage historique des biographes ou des historiens judiciaires qui ont parlé des principaux justiciables de la Chambre Ardente. Tout cela ne saurait former la conviction du lecteur, ni lui donner l'idée de la gravité de ce procès.

M. Michelet, seul, cherchant un peu à l'aventure, avec plus de curiosité que de patience, avec plus de préjugés que de critique, a entrevu une partie de la vérité. Il n'est pas tombé dans l'erreur commune, partagée même par l'auteur de *la Bastille*, qui fait exécuter les prêtres Le Sage et Guibourg. Mais, animé comme toujours d'une incurable aigreur contre l'autorité royale et contre la religion catholique, il insinue que ces grandes dames et ces puissants seigneurs, coupables de poison et de magie, firent reculer et pâlir leurs juges. Il montre Olympe, « noire de corps et d'âme, » se sauvant, ainsi que Clermont; la duchesse de Bouillon répondant avec une assurance altière, « sa-

chant bien que les juges seraient respectueux, » mais, ensuite, croyant sage de quitter la France. Il dit de Luxembourg, qu'il « ne s'alarma guère. On avait trop besoin de lui. Il passait pour le seul qui pût succéder à Turenne. On ne frappa que son intendant. » Il ajoute qu'on chercha à donner le change sur la gravité de l'affaire, qu'on mit au premier plan les *farces des jongleurs*, et que, par ordre royal, on ressuscita le diable, « pour sauver les seigneurs et les prêtres. » Le tout, selon le spirituel et systématique écrivain, prouve, avec le procès de la Brinvilliers, que la France de Louis XIV, grande et forte à la surface, était pourrie en dessous; que le catholicisme, le molinisme, le jansénisme, le quiétisme s'en allaient paralysant à jamais l'âme humaine, sans un événement qu'il est facile de deviner.

Il y a là, nous le répétons, une part de vérité, singulièrement adultérée par le système. Mais M. Michelet ne nous fait pas comprendre beaucoup plus que les autres historiens, les horreurs cachées, les infamies indescriptibles de ce procès, les dangers étranges que Louis XIV avait personnellement courus dans cette affaire énorme de poison, le lien ténébreux qui relie les pratiques coupables de quelques charlatans aux plus grosses intrigues de la jeunesse du grand roi.

Heureusement, il existe, ailleurs qu'à l'Arsenal, un excellent sommaire du procès, resté inconnu à tous les historiens du XVIIe siècle. Il nous a été donné de le consulter. C'est un manuscrit conservé à la Bibliothèque du Corps Législatif sous les lettres et numéros suivants : B $\frac{105}{577}$ g de 200 pages environ, non toutes remplies entièrement, mais couvertes en partie de résumés écrits d'une écriture très-fine et serrée. Ce manuscrit a pour titre : CHAMBRE ARDENTE, tenue les Années 1679, 80, 81, 82, Extrait fait par Me Brunet, notaire, de 12 cartons remis entre les mains de M. le Chancelier Garde des Sceaux, par les héritiers de la Reynie (1).

Voilà donc, enfin, une source authentique, abondante. Le registre s'ouvre par une liste alphabétique de 226 décrétés, dont 138 femmes. Parmi ces noms brillent, presque à chaque page, ceux de ces seigneurs, de ces grandes dames, de ces parlementaires, de ces prêtres qu'on avait, disait-on, prudemment soustraits à la juridiction de la Chambre. Les révélations les plus inattendues y sollicitent le regard, et on y entrevoit de singuliers et sinistres jours sur l'histoire secrète de la cour de Louis XIV.

Comme Me Brunet, le patient et véridique notaire, nous nous contenterons du rôle effacé de greffier et d'abréviateur, nous permettant seulement de mettre en ordre et en œuvre ces Notes précieuses.

Voici donc, d'après un document irrécusable, l'histoire vraie, jusqu'à présent ignorée, de ce grand et scandaleux procès de la Chambre Ardente.

Le 21 septembre 1677, un sacristain, qui balayait l'église des Jésuites de la rue Saint-Antoine, trouva, dans le confessionnal, un billet de trois pages, sans signature, portant la date du jour précédent. Il le remit à un des pères, qui y lut de si étranges choses, que les cheveux lui en dressèrent sur la tête. On y donnait avis, par exemple, que l'intention de quelques personnes était d'empoisonner le Roi, Mgr.... (sic). Les Notes de Me Brunet ne s'expliquent pas autrement sur ce sujet si délicat, comme disait la grande Mademoiselle. La suite nous fera deviner, en partie, les indications du billet.

Le lieutenant de police, M. de La Reynie, se mit en quête, et ses premières poursuites furent dirigées contre un certain Vanens, plus particulièrement désigné comme dangereux.

Vers la fin de 1677, on mit la main sur ce Louis Vanens. C'était un gentilhomme ou soi-disant tel, joli garçon, trente ans au plus, de belles dents, la jambe bien faite, la mine haute, beau parleur, galant, gai compagnon. Ses allures, d'abord, rendirent la justice empêchée. On ne savait où prendre sa vie où passée. Partout on trouvait ses traces ; partout on les perdait. Il fallait que ce garçon-là fût merveilleusement actif ; car il avait demeuré à Paris, rue des Lavandières, chez une femme Lafo-

(1) Nous en devons la communication à la très-gracieuse obligeance de MM. Miller et Polmartin, le premier bibliothécaire, le second sous-bibliothécaire du Corps Législatif, et nous avons pu, grâce à eux, étudier longuement cet important document.

rêt ; au faubourg Saint-Germain, chez une femme Chapelain : deux maisons suspectes. On savait que Vanens avait des accointances dans le duché de Luxembourg, qu'il visitait souvent Chambéry ; son nom était connu à Turin, plus encore à Venise.

La première indication sérieuse sur les antécédents de cet insaisissable vint de Savoie. On apprit que, quatre ans auparavant, le duc alors régnant de Savoie avait été empoisonné. Vanens était soupçonné d'avoir fait le coup. Le duc, revenant de la chasse, tout mouillé de sueur, avait été saisi de frissons et de vomissements, après avoir changé de chemise. La chemise qu'on lui passa avait été, disait-on, préparée par Vanens, à l'italienne.

Vanens fut interrogé, parla. Sur ce qu'il dit, on vit l'affaire s'agrandir, et un Arrêt du Conseil, en date du 13 janvier 1678, porta qu'il serait informé par M. de La Reynie, à la requête du Procureur du roi Robert, sur les faits relatifs à cet homme et à ses complices.

Le 20 juin, autre arrêt, et commission à la date du même jour, portant que les procédures commencées seraient continuées jusqu'à jugement définitif exclusivement.

L'arrestation d'un acolyte de Vanens, un certain Bachimont, vint jeter du jour sur les mystérieuses menées de cet homme.

Robert de la Mirée, seigneur de Bachimont, avait 30 ans ; il était né à Bachimont, en Artois. Quand on l'arrêta à Lyon, le 15 mai 1678, il était accompagné de sa femme et d'une jeune servante : deux minois de comédie, deux appeaux à galants. On lui demanda s'il connaissait Vanens ; il répondit prudemment qu'il avait eu quelque habitude avec un gentilhomme d'Arles portant ce nom.

Peu à peu, Bachimont se décida à parler, et ce qu'il dit mérita attention. Il avait connu Vanens chez une comédienne de l'hôtel de Bourgogne qui donnait à souper à de jeunes seigneurs de bonne mine, aimait le plaisir et ne regardait point à la dépense. Sainte-Colombe, un des habitués de ce galant tripot, avait quelquefois parlé devant lui, avec Vanens, de poudre de projection, de transmutation. Vanens s'annonçait comme initié au grand œuvre, habile dans l'art de faire les métaux précieux ; Bachimont avait voulu tenter quelques essais ; on avait cherché à faire de l'argent, au moyen d'un bain dans lequel entrait du suc d'oignon d'esquille ; mais, bien que le valet de Vanens, Chaboissière, eût soufflé à cœur joie, on n'avait réussi à rien.

Vanens, pourtant, parlait de vendre son secret 1,000 écus. Mais Bachimont n'y avait vu que du feu. Il savait seulement que Vanens employait d'étranges mélanges de drogues, du séneçon, du vitriol blanc, du cuivre, du salpêtre, de la couperose, de l'huile de pétrole, de l'eau-forte. On avait fait de l'argent ; au moins il semblait qu'il en fût ainsi, car Vanens avait envoyé Bachimont vendre des lingots à la monnaie de Paris.

Quant à Sainte-Colombe, il portait plus haut ses visées ; il faisait des diamants, des rubis, des émeraudes.

A travers ces aveux de Bachimont, il est facile de deviner une bande de vauriens exploitant la crédulité publique, allégeant les bourses, vidant les écrins, ne reculant pas même devant les plus noires scélératesses.

Un jour, par exemple, à Marseille, Vanens et ses amis avaient été avisés par un petit laquais qu'un des leurs se trouvait fort en peine. C'était un certain Chastuel, major du régiment de la Croix-Blanche. Chastuel avait eu maille à partir avec la justice. Il avait fait un enfant à une fille, et, pour dissimuler l'accident, qui compromettait l'honneur d'une famille, il n'avait rien trouvé de mieux que de séquestrer la fille et de l'étrangler après. Une nuit, aidé de son sergent La Roche, Chastuel avait enterré le cadavre.

Poursuivi pour ce fait, happé par les archers, Chastuel allait être roué, quand ses amis le tirèrent, à force d'argent, des mains de l'exécuteur.

Bachimont ne s'arrêta pas en si beau chemin d'aveux. Après la pierre philosophale, après le meurtre, on vit paraître dans ses discours les mots attendus d'arsenic, de sublimé corrosif, d'antimoine. L'association Vanens vendait du poison à femmes pressées de devenir veuves.

Mis sur l'affaire du duc de Savoie, Bachimont se rappela qu'en effet, en 1673, Vanens avait fait un voyage à Chambéry, et qu'au retour, il s'était vanté d'avoir *passé la chemise* au duc.

Bachimont parla de quelques autres méfaits qu'il imputait à l'ami Vanens. Vanens avait empoisonné un abbé Chapelle, un Petit-Jean. Il avait fait boire à M. d'Aligre un verre d'eau-de-vie « corrodée de safran, avec du soufre d'or. » Vanens avait un chien possédé du diable, et il faisait des prières à rebours sur le derrière de ce chien. Vanens entretenait avec le diable un commerce très-actif. Il adorait habituellement un crucifix et une image de la Vierge, dessinés avec du charbon sur le mur blanc de sa cuisine.

Mais ces jongleries n'étaient que la surface; au fond, la profession réelle de Vanens, qui expliquait sa mobilité perpétuelle, ses voyages sans fin, était, comme nous pourrions dire aujourd'hui, la commission en poisons. Vanens parcourait incessamment l'Allemagne et l'Italie, rayonnant, en France, de Paris à Lille et de Paris à Marseille. Entrepositaire de substances vénéneuses, entremetteur de crimes à forfait, il prenait commande chez la Laforêt, chez la Chapelain, chez la Beauregard. Ces coquines, ayant clientèle dans le plus grand monde, se procuraient par Vanens, qui des boissons pour faire avorter, qui des poudres pour hériter ou pour mettre fin à un mariage incommode. Aux clients sérieux, on vendait purement et simplement, à belles pistoles sonnantes, la liqueur ou la poudre, le sucre de cantharides ou l'arsenic distillé au suc de crapaud. Pour les crédules, on ajoutait à la substance mortelle le ragoût d'une incantation, d'une messe sacrilège, d'un feu de fagots.

Quelques-uns des complices de Vanens avaient ouverture dans la meilleure société du Midi, Chastuel par exemple, qui était fils d'un procureur général des comptes à Aix.

La clientèle ordinaire de l'association Vanens se composait surtout de maris et de femmes, de femmes plus que de maris.

Ces révélations, qui, de nouveau, étendaient et aggravaient l'affaire, donnèrent lieu à une autre arrêt, en date du 30 novembre 1678, portant qu'il serait informé contre plusieurs complices de Vanens, entre autres un Nail et une La Grange.

Ici, l'affaire se scinde. On cherche d'autres pistes, sans doute; on entrevoit, on ne voit pas encore. Nail et la La Grange sont livrés à la justice du Parlement. L'instruction contre Bachimont et quelques autres se poursuit à Lyon. Vanens et certains de ses complices sont réservés.

Voilà la première phase du procès. On peut noter ici un temps d'arrêt, pendant lequel la police du Lieutenant fait évidemment main basse sur un certain nombre de devineresses, enfonce les portes de quelques maisons suspectes, jette un rayon de lumière dans l'ombre de quelques repaires. Elle en sort, traînant après soi quelques coquines, parmi lesquelles la Bosse et une Vigoureux.

La La Bosse, veuve d'un marchand de chevaux, se mêlait de poison depuis vingt ans; Marie Vandon, femme d'un tailleur pour habits de femme, Mathurin Vigoureux, arrêté le 3 janvier 1679, partageait avec la Voisin les faveurs des crédules de la ville et de la cour.

Le 10 janvier 1679, un arrêt du conseil ordonna qu'il serait informé par M. de la Reynie, contre la La Bosse, contre la Vigoureux et leurs complices, et ce jusqu'à jugement définitif *exclusivement*.

Le Parlement, cependant, achevait le procès de Nail et de la La Grange. Ils furent convaincus de poison, et exécutés le 6 février.

Mais, dans les aveux de ces misérables vendeurs de morts subites, figurait l'histoire d'un paquet portant pour suscription : *Au Roi*, paquet empoisonné, qu'on avait eu dessein de remettre aux mains de Louis XIV. Ceci justifiait la dénonciation du billet des jésuites de la rue Saint-Antoine.

Les extraits de Me Brunet ne disent rien de plus sur ce point; mais on y voit que, peu de temps après cette découverte, des Lettres patentes, en date du 7 avril, ordonnent la formation d'une commission de Chambre royale à l'Arsenal, devant laquelle sera continuée la procédure commencée contre la La Bosse, la Vigoureux et les autres.

Il est déjà permis de soupçonner que le nom du Roi, mêlé à une tentative d'empoisonnement, a fait reculer devant la continuation d'une procédure publique. Il ne faut pas qu'on puisse avoir l'idée que de semblables attentats soient possibles. Peut-être même a-t-on déjà entrevu les impies qui ont rêvé ce parricide. Le poison destiné au Roi n'a pu être acheté que par un sujet perfide, assez rapproché du trône pour avoir intérêt à la mort de celui qui l'occupe. Des misérables comme une La Grange, un Nail, une La Bosse, une Vigoureux, ne sont évidemment, dans la préparation d'un pareil crime, que les instruments d'une pensée supérieure.

Quelques jours avant la publication de ces Lettres patentes, le 12 mars, la police avait arrêté, à l'issue de la messe de l'église de Notre-Dame-de-Bonne-Nouvelle, la plus fameuse des devineresses parisiennes, la Voisin.

Cette femme, interrogée, dit se nommer Catherine Des Hayes, de son nom de famille; âgée de 33 ans, elle avait épousé, fort jeune, un joaillier du nom d'Antoine Monvoisin. Elle ne nia pas les habitudes de sorcellerie qu'on lui reprochait; au contraire, elle en tira vanité. — « J'ai appris, dit-elle, depuis l'âge de 9 ans, la nécromancie et la physionomie. Les missionnaires me persécutèrent d'abord pour ces pratiques; mais, ayant eu occasion de rendre compte de mon art à nos seigneurs les grands vicaires, pendant la vacance du siége de Paris, ainsi qu'à messieurs les docteurs de Sorbonne, je n'ai plus été inquiétée depuis. »

La Monvoisin ou Voisin nia, pendant ses premiers interrogatoires, qu'elle eût jamais usé de sa profession pour nuire à qui que ce fût. Elle avait vendu des poudres d'amour, tiré des horoscopes, conseillé des remèdes, le tout honnêtement, en toute pureté de conscience.

Peu à peu, il fallut bien se départir de cette grande innocence. La Voisin avoua quelques pratiques moins bénignes. Elle avait vendu « des lavements pour donner le flux hépatique et la dyssenterie. »

Elle avait facilité des suppositions d'enfants. Elle avait trafiqué de graine de pavots, de poudre de diamant.

Bientôt, parurent, dans ses aveux, des noms de complices. La Philiberte lui avait demandé du poison pour un certain chevalier de Hanyvel. Notons, en passant, ce nom, qui appartient probablement à cette famille de Saint-Laurens dont le chef avait été, disait-on, empoisonné par un ami de la Brinvilliers, Pennautier. Ce chevalier de Hanyvel fut encore accusé, par la La Bosse et par la Vigoureux, de leur avoir demandé à parler au diable et de leur avoir acheté du poison.

La Voisin nomma aussi, parmi ses complices, une Dode, une Trianon, habiles à marier l'arsenic et le sublimé; trois prêtres, Le Sage, Mariette et Davot, profanateurs à gages, diseurs de messes sacriléges.

Enfin, la Voisin déclara quelques-unes de ses clientes. Une dame Nicolas l'avait consultée sur les moyens de se défaire d'une dévote dont elle était jalouse, de son confesseur qui la gênait, de son frère qui lui prenait une grosse part d'héritage. La sénéchale de Rennes lui avait demandé un secret « pour être bien aimée, pour avoir de l'argent, pour être bien en cour. » La Dupin, comédienne, « amoureuse d'un homme de pratique, eût bien voulu que son mari fût mort, » et elle était venue faire part à la Voisin de son secret désir. Une dame Broglio de Canilhac avait acheté de la devineresse « une bouteille d'eau sans couleur; » son mari s'enivrait, et il y avait dans cette bouteille « de quoi empêcher son mari de boire. »

Puis, les noms devinrent plus importants; les services rendus touchèrent, de plus en plus, à la cour, et les crimes avoués se rapprochèrent du Roi. C'étaient la comtesse du Roure et Mme de Polignac, qui avaient consulté la Voisin sur les moyens d'obtenir crédit sur l'esprit de Louis XIV et de se défaire de Mme de La Vallière. C'étaient les duchesses de la Ferté et de Bouillon, la marquise d'Alluye, qui, tour à tour ou ensemble, avaient consulté sur des desseins secrets. La duchesse de Bouillon avait commandé à Le Sage des pratiques sacriléges, dont le but était la mort de son mari; le prêtre avait passé au feu un billet dans lequel le vœu impie était écrit de la main de la duchesse.

Enfin, la Voisin prononça le nom de la comtesse de Soissons, et ce qu'elle en dit fit frémir. Lors de sa première visite, la grande dame avait été amenée par sa sœur, Mme de Bouillon, et par son amie, Madeleine d'Angennes (Mme de la Ferté). Bien qu'elle fût masquée et encapuchonnée dans sa mante, elle n'avait pu tromper le savoir de la nécromancienne, qui, à la seule inspection de sa main : — « Vous avez, Madame, avait-elle dit, obtenu l'amour d'un grand prince. — Cela est vrai pour le passé; mais cela n'est plus, et il faut que cela revienne. »

La comtesse était revenue plusieurs fois, avait demandé des secrets pour regagner l'amitié du Roi et pour faire disparaître Mme de La Vallière. Comme les secrets ne produisaient pas l'effet attendu, elle s'était écriée, avec fureur : — « S'il ne me revient pas et si je ne puis me défaire de cette femme, je

poussérai ma vengeance à bout, et me déferai de l'un et de l'autre. »

Sur ces indications de la Voisin, on mit la main sur Gilles Davot, sur Mariette et sur Le Sage, les trois prêtres. Un coup de filet nouveau, jeté par la police dans les bas fonds parisiens, y pêcha Catherine Boulé, veuve Trianon, et la Dode.

Pendant ce temps, on confrontait la La Bosse à la Vigoureux (28 avril 1679). Ce qu'on avait espéré se réalisa. Toutes ces misérables, une fois prises, se chargèrent mutuellement. La La Bosse accusa la Vigoureux d'avoir fait tirer un horoscope à la lieutenante civile Le Camus, « qui ne vivait pas bien avec son mari. » Il y avait eu, dans les consultations de la Vigoureux à ce sujet, un *vilain mot* de prononcé, celui de *poison*. La Vigoureux avoua, mais dit seulement qu'elle avait parlé de *mort subite*.

La Vigoureux fit connaître un autre crime, de plus bas étage. Aidée de la Le Boux, une amie de la La Grange et de Mariette, elle avait fourni du poison à une cordonnière, la Durand, qui l'avait fait prendre à son mari.

La Voisin, dit La Bosse, s'était défaite de son mari, en lui faisant avaler une pincée de poudre de diamant.

Ces deux femmes désignèrent encore à la justice une Voisin, fille du premier lit d'Antoine Monvoisin; une Chéron, sorcière, empoisonneuse attitrée de quelques dames de qualité; une Jacob, devineresse; une Piquet, chercheuse de trésors; une fille Le Père, complice ordinaire de la Voisin.

Mariette, tombé gravement malade en prison, et qui mourut avant le jugement, avoua ses accointances criminelles avec la Voisin et avec la veuve d'un magistrat, Mme Le Féron, dont le mari avait été président de la deuxième des enquêtes.

On arrêta tous ces gens-là, et aussi Marie Miron, femme du conseiller au Parlement Brissart. Cette dernière avait été accusée par les devineresses d'avoir envoyé la gouvernante de ses enfants, Marguerite Menot, faire chez la Voisin un mariage sacrilége *par représentation*, dont les paroles sacramentelles avaient été dites par Davot. La conseillère Brissart avoua qu'elle avait consulté, en effet, la Voisin et le prêtre Le Sage; mais il n'avait été question, dit-elle, que « de folies et d'amourettes. » Aussitôt qu'on lui avait parlé de figures et de cire et d'enchantements, elle n'avait plus voulu rien entendre. Elle s'était aperçue seulement alors de son imprudence : Le Sage lui avait tiré un billet, qu'il n'avait plus voulu rendre.

Cette justification de la Brissart eut peu de succès. Il était prouvé qu'elle avait donné une voie de bois et 20 écus à Le Sage : c'était beaucoup pour des folies et des amourettes. Elle même avoua qu'elle avait poussé jusqu'aux enchantements, le cœur de poulet brûlé. D'ailleurs, la Brissart avait un passé assez louche : le bruit avait couru qu'elle avait fait empoisonner sa sœur, en 1675. Elle fut condamnée « à s'absenter de la Prévôté de Paris, » et sa gouvernante d'enfants, la Menot, fut bannie pour trois ans.

Un des interrogatoires dont on attendait le plus était celui de la Trianon. Son nom était mêlé, dans certaines révélations, à cette histoire de paquet ou de *placet* empoisonné, destiné à être remis aux mains du Roi. On ne voyait pas clair encore dans cette affaire, la plus importante aux yeux des juges.

On avait trouvé chez la Trianon un squelette, des

fioles étiquetées, des planches d'argent gravées représentant des figures planétaires, des chandelles noires faites de poix, un miroir magique, une baguette dite *Verge d'Aaron*, des figures de plomb, de celles qu'on employait pour les charmes dits *réussites de mariage*, un doigt de main desséché, des fragments d'hostie, un alambic, des fourneaux, enfin, tout le mobilier d'une devineresse.

Il y avait là aussi un de ces chaudrons de cuivre blanc, dans lesquels on faisait apparaître l'image des objets perdus ou dérobés, la figure des voleurs.

Interrogée le 21 mai 1679, *Catherine Boulé, veuve Trianon*, avoua qu'elle vivait du métier de devineresse. Elle dit savoir la science magique, « selon le calendrier magique naturel. » Elle se mêlait de chiromancie, et devinait, par les lignes principales de la main, les qualités, les défauts, la vie écoulée, les événements à venir, qu'elle voyait directement, « dans la contemplation de Jéhovah, Dieu le père.» Elle savait également faire la carte magique ; elle était « curieuse de métaux, » et avait trouvé, par la seule réflexion, « la fixation du mercure. »

Quand la Trianon eut débité tout cet amphigouri à l'usage des charlatans, on lui demanda si elle ne connaissait pas la Voisin, la Dode. Elle était intime amie de la Voisin ; elle demeurait avec la Dode, et toutes deux « vivaient ensemble comme mari et femme. »

On la pressa sur l'affaire du placet ; rien ne put lui faire avouer qu'elle en eût connaissance.

Enfin, on l'interrogea sur les visites qu'auraient pu lui faire des dames de la cour, et voici ce qu'elle déclara :

— « Un jour, une dame de grande qualité me vint trouver, déguisée et en habits sales. Elle me demanda de tirer son horoscope, et je le fis. J'y vis que cette dame serait accusée de crime d'État. J'ai travaillé pour elle sur le nom de Louis de Bourbon.»

Quelle était cette grande dame, on ne put le faire dire à la Trianon, ou peut-être elle ne le savait pas.

Un trait curieux à noter, c'est que ces maîtresses fourbes croyaient, pour elles-mêmes, aux jongleries qui leur servaient à duper les autres. La Voisin avait voulu avoir son horoscope, et la Trianon le lui avait tiré.

Catherine Boulé n'en dit pas davantage, car elle mourut pendant le procès.

Le 19 juin 1679, on brûla en Grève la Chéron ; le 14 juillet, la cordonnière Durand fut pendue et étranglée ; le 14 août, fut pendue la Le Père. On se débarrassait ainsi peu à peu de ceux de ces scélérats qu'on ne trouvait pas impliqués dans les grands mystères de cour.

Le 9 juillet, on avait pendu et brûlé le prêtre Gilles Davot. Le manuscrit du Corps Législatif est sobre d'indications sur cet accusé. Il y est dit seulement que Davot était ami de Le Sage et de la Voisin ; que cette dernière l'employait, avec Le Sage, pour les cérémonies sacriléges dites à intention de mort. Il y avoue avoir « dit des Évangiles sur des os de mort, placés en croix dans une manche de chemise, » et il y donne, sur son complice Le Sage, ce curieux renseignement que Le Sage, à l'imitation de Socrate, prétendait avoir son génie. Ce génie invisible le conseillait, et s'inspirait lui-même, pour l'éclairer, des « Mages d'Orient avec lesquels il avait des conférences. »

Les *Papiers de l'Arsenal* en disent davantage, et, ici, nous n'avons pas à regretter leur absence.

M. Dufey (de l'Yonne) a donné l'extrait suivant de la procédure relative à Davot :

Interrogé de son nom, surnom, âge, qualité et demeure, après serment de dire vérité et avoir mis la main *ad pectus, a dit* qu'il s'appelle Gilles Davot, prestre, âgé de quarante ans.

Demandé sy lorsque luy respondant fit les bénédictions et aspersions d'eau bénite sur les bâtons de coudre chez La Voisin, et dont il a parlé au procez, le nommé Le Sage y estoit présent,

A dit que non, et qu'il n'y avoit que la Voisin, mais que lors il estoit revestu de son surplis et de son estole.

Demandé sy lesdits bastons de coudre n'estoient pas pour servir à brusler une hostie consacrée,

A dit qu'il ne sçait point cela, et que la Voisin ne lui dit point quel usage elle en vouloit faire.

Demandé à quel dessein il vouloit faire passer soubs la messe, en disant la messe, les poudres et billets que la Voisin lui donnoit,

A dit qu'il n'en a jamais mis soubs le calice.

Exhorté de recongnoistre la vérité, et à luy remonstré qu'il ne luy sert de rien de la desnyer ou de la desguiser, en l'estat qu'il est à présent, et condamné à mort,

A dit qu'il a bien pris des billets pour les passer soubs le calice, mais qu'il n'a jamais pris de poudre pour cela.

Demandé ce que luy respondant a fait chez la Voisin, outre ce qu'il a recongnu au procez,

A dit qu'il n'y a rien fait autre chose que ce qu'il a déclaré, et qu'il n'a dit qu'une messe à Montmartre pour une femme qui vouloit du mal à son mari, et que c'est la Voisin qui luy fit dire ladite messe.

Demandé ce que le respondant a fait pour ledit Le Sage,

A dit qu'il n'a rien fait pour luy, que de dire beaucoup d'Évangiles qu'il luy faisoit dire, et qu'il en a dit même sur des os de mort qui estoient dans la manche d'une chemise, et ne scait pour quelle personne c'estoit, ni pour quel dessein.

Demandé sy ce n'estoit pas pour faire mourir quelqu'un, que luy respondant dit lesdistes évangiles sur l'os d'un mort,

A dit que ledit Le Sage ne le luy dit point, et que ledit Le Sage se servoit aussi d'autres prestres, entre autres du nommé Ollivier, prestre.

Demandé ce qu'il scait que ledit Ollivier a fait pour ledit Le Sage,

A dit qu'il n'en scait rien.

Demandé s'il n'a point dit de messe pour ledit Le Sage que celles qu'il a recongnues au procez,

A dit que non, si ce n'est une messe qu'il dit pour la nommée Fanchon, que le nommé Baix entretenoit, et ce aux Petits-Pères.

Demandé ce que luy respondant fit d'extraordinaire à ladite messe,

A dit qu'il n'y fit rien d'extraordinaire.

Exhorté derechef de recongnoistre la vérité sur les sacriléges, profanations et impiétés qu'il a faits, outre ce qui est mentionné au procez,

A dit qu'il a tout déclaré ce qu'il scavoit au procez ; que luy respondant n'a jamais eu de mauvaises intentions, c'est par foiblesse, et qu'il scait bien qu'il a manqué ; et est de soy qu'il est vray que ledit Le Sage luy a donné des conjurations pour les réciter en disant la messe, mais que luy respondant ne les a point récitées ; qu'il est vray qu'il les portoit sur luy en disant la messe; qu'il est vray que ledit Le Sage a dit de les dire à l'endroit de la consécration, mais que luy respondant ne les a pas dites; bien est vray qu'il leur disoit après qu'il les avoit récitées à la consécration aux messes que le respondant dit, scavoir une en Sorbonne, une autre aux Petits-Pères, pour ladite Fanchon, et trois autres messes qu'il a dites aussi en différentes églises, après le mariage par luy disoit du nommé Le Sage avec Margo (1), dont il est parlé au procez.

Demandé si luy respondant a dit de semblables messes pour faire mourir,

A dit qu'il se souvient bien que lorsqu'il dit ses Evangiles dans le cabaret, pour la femme du rendez-vous de l'église des Jacobins, ledit Le Sage luy dit que ladite femme estoit *la servante d'une femme qui vouloit empoisonner son mary*, et luy dit aussi ledit Le Sage que le billet qu'il luy donna, et qui estoit plié, estoit pour faire mourir et le mettre soubs le calice et s'en servir avec la conjuration à ladite messe qu'il debvoit dire; mais que ledit Le Sage retira dans le même instant ledit billet, disant qu'il falloit qu'il parlât à la maitresse de ladite servante, qu'il disoit estre *une femme de qualité*, sans la luy nommer, et estoit ladite servante *une grande fille qui avoit le teint bazané*, autant qu'il peut s'en souvenir; qu'il ne se souvient pas bien sy ce fut ledit Le Sage ou ladite servante qui mit le billet entre les mains de luy respondant, et luy dit ladite servante qu'après que ledit Le Sage auroit parlé à sa maitresse, elle reviendroit trouver luy respondant avecq ledit Le Sage; et qu'il a dit la suite de cela au procez et dit de soy qu'il a desnyé au procez qu'il eust dit, au mariage par représentation dont est parlé au procez, les paroles sacramentales, mais qu'il est vray qu'il les a dit lors dudit mariage...

Demandé sy lorsqu'il fut à Clignancourt avecq Le Sage, et qu'il y fust fait ce qui est dit au procez, ce n'étoit pas à l'intention de faire mourir,

A dit qu'il ne scait point l'intention pourquoi cela fut fait.

Interpellé et exhorté de recongnoistre tout ce qu'il scait, sans rien réserver, ni rien dissimuler de la vérité,

A dit qu'il n'a rien de plus à dire, et qu'il scait bien qu'il est jugé et condamné, et qu'il faut qu'il meure.

On déshabille Davot, on le met sur le siége de la question; ses bras et ses pieds sont attachés, et on lui passe le petit tréteau. C'est la question à l'eau qui va lui être donnée. Le premier pot de l'ordinaire ne lui arrache que des cris de douleur : il ne sait rien de plus; s'il savait quelque chose, il le déclarerait sans se laisser tourmenter. Au second pot : il n'a jamais rien fait pour faire mourir, *que ce qu'il a dit*, l'évangile dit sur la tête de la servante, au cabaret, était pour le dessein particulier de cette fille; le billet qu'elle lui donna était pour le dessein de sa maitresse.

Les deux autres pots ne lui firent rien dire de plus. L'ordonnance criminelle de 1670 prescrivait quatre pots d'eau pour la question ordinaire, et autant pour la question extraordinaire : quantité cruellement énorme, le plus souvent impossible en pratique. Le médecin des tortures modérait presque toujours l'absurde férocité de la loi. On dut en agir ainsi pour Davot, qui était déjà extraordinairement enflé, et qu'un pot de plus aurait soustrait à l'échafaud.

(1) Marguerite Menot, sans doute, la gouvernante d'enfants de la conseillère Brissart.

Ceci nous explique pourquoi le pauvre petit corps de la Brinvilliers fut, de toute nécessité, soumis à une question même très-modérée, et seulement soumis à l'extension. Un pot l'eût emportée sans doute. Placé sur un matelas, près d'un grand feu, Davot eut encore à subir, une fois remis, les quatre pots de l'extraordinaire. Après quoi, replacé sur le matelas, on l'interrogea une seconde fois, et, comme on peut le penser, sur le fait de la servante des Jacobins. Cette servante au teint basané, cette dame de qualité, tout cela pour nous sent sa *Mancine*. Davot, qui sans doute n'avait été qu'un instrument, un sacrilége à gages, ne dit rien de plus, et probablement n'en savait pas davantage.

Il est probable que quelqu'un des accusés en sut plus que Davot et dit ce que ce malheureux n'avait pu dire; car, peu après, la suivante, l'âme damnée d'Olympe, la noire de Refuge, fut arrêtée à son tour.

Nous voyons dans les extraits de Me Brunet le résultat de son interrogatoire, qui eut lieu le 19 octobre 1679.

Marguerite Charpentier, dame suivante de Mme la comtesse de Soissons, veuve de Jean de Refuge, secrétaire de maitre des requêtes, avoue qu'elle connaît la Voisin et Le Sage. On a trouvé chez elle des poudres, des drogues, des liqueurs suspectes, une coiffe d'enfant (un fragment de placenta), un *Enchiridion* et des livres dans lesquels il est parlé du *grand œuvre*. Elle avoue avoir distillé de l'huile de vitriol et du soufre, mais seulement en vue de « l'utilité pour la santé. »

A la suite de cet interrogatoire, les extraits portent cette note expressive: *Reléguée à la citadelle de Villefranche*.

Voilà tout ce que nous savons de la grande information faite depuis la découverte du billet du 20 septembre 1677, jusqu'à la grave mesure des décrets du 23 janvier 1680. Il y a, dans tout cela, de quoi justifier amplement l'interrogatoire de l'une des deux Mancines, le décret de prise de corps lancé contre la seconde, l'arrestation de plus d'une autre grande dame. Nous n'y voyons rien encore qui inculpe, de près ou de loin, le maréchal duc de Luxembourg et les autres grands seigneurs compromis. Nous avons seulement, dans les extraits, un renseignement fourni par la confrontation de la La Bosse à la Vigoureux. Il y est dit que Bonnard, l'intendant de M. de Luxembourg, s'occupait de fausse monnaie, principalement de la fabrication des pièces de quatre sous. Il avait encore consulté le sort, demandé des conjurations, pratiqué des envoûtements au moyen de figures de cire. Bonnard paraît, dans ces déclarations, jouer auprès du maréchal le même rôle que la de Refuge auprès d'Olympe de Mancini.

Mais tenons pour certain qu'autre chose avait été dit dans le secret des interrogatoires dont la partie connue est incessamment tournée vers les desseins formés contre la personne du Roi. L'affaire encore obscure, au moins pour nous, du placet empoisonné; les menaces proférées par la comtesse de Soissons; le travail fait sur le nom de Louis de Bourbon par une dame de qualité; les prétentions inquiétantes d'une dame du Roure, d'une Polignac; l'entreprise faite autrefois contre la vie de Mme de La Vallière : tout démontrait que le Roi, pendant un certain nombre d'années, avait été le point de mire d'ambitions avides, audacieuses à ne reculer devant aucun moyen.

Si nous ne tenons pas, à cette heure, tout le secret des juges de l'Arsenal, nous pouvons comprendre déjà combien il est faux de dire que l'affaire fut, en janvier 1680, retirée au Parlement pour être transportée à l'Arsenal afin qu'on ne vît pas traîner dans les enquêtes du Parlement toute l'histoire des amours du Roi. Sans doute ce motif seul eût été d'un grand poids sous un roi tel que Louis XIV, et la majesté du monarque eût pu suffire à commander le secret. Mais il s'agit bien vraiment ici d'autre chose que des amours du Roi ; il s'agit de complots contre sa puissance et contre sa vie, de complots auxquels ont pris part les plus grands personnages de la cour et dont les instruments ont été les êtres les plus vils et les plus dangereux que renfermât le royaume.

Ce que nous venons d'entrevoir est assurément grave ; ce qui nous reste à connaître est d'une bien autre gravité.

Faisons encore cette importante remarque, qu'il n'est point vrai, même littéralement, que l'affaire des poisons ait été retirée au Parlement pour être donnée à l'Arsenal, le 11 janvier 1680 (M. Michelet). Les premières informations de 1678 ont été, nous l'avons vu, confiées à M. de La Reynie. Le Parlement de Lyon et le Parlement de Paris ont été appelés à connaître de quelques crimes dont la connexion avec les complots régicides ne s'apercevait pas encore clairement. Mais, dès le 7 avril 1679, la commission de l'Arsenal est mise en fonctions, et on lui confie, pour des causes faciles à deviner, l'information contre la La Bosse, la Vigoureux et leurs complices. Il y a dix mois que cette commission poursuit ses travaux, quand éclate le coup de foudre du 23 janvier 1680. Le 22 décembre 1679, disent les extraits, « le Roi, après son dîner, a commandé à MM. Boucherat, de la Reynie, Besons et M. le Procureur du roi Robert, mandés le matin même à Saint-Germain, de *faire justice exacte, dans ce malheureux commerce, sans aucune distinction de personnes, de condition, ni de sexe.* »

Ceci est l'éclair qui précède la foudre. Le Roi sait déjà tout ce que nous ne savons pas encore, et sa parole déliée du respect que pourraient inspirer aux ministres de sa justice les grandes situations compromises dans des révélations terribles.

Voyons maintenant ce que les dossiers judiciaires nous apprennent sur l'attitude et sur les réponses des puissants mandés à l'Arsenal, envoyés à la Bastille ou à Vincennes.

Et d'abord, le maréchal de Luxembourg. Nous avons vu combien, à l'entendre, son attitude aurait été hautaine, provocante. L'histoire l'en a cru sur parole ; ses fières réponses, dit Voltaire, n'étaient pas d'un coupable. Mme de Sévigné, pourtant, si souvent bien informée, toujours très-sincère, nous montre un tout autre homme dans ce curieux passage (31 janvier 1680), que nous eussions peu ou point compris tout à l'heure :

« M. de Luxembourg a été deux jours sans manger ; il avoit demandé plusieurs jésuites, on les lui a refusés ; il a demandé la *Vie des Saints*, on la lui a donnée. Il ne sait, comme vous voyez, à quel saint se vouer. Il fut interrogé quatre heures, vendredi et samedi ; il parut ensuite fort soulagé et soupa. On croit qu'il aurait mieux fait de mettre son innocence en pleine campagne....

« M. de Luxembourg est entièrement déconfit ; ce n'est pas un homme ni un petit homme, ce n'est pas même une femme, c'est une femmelette.

« Fermez cette fenêtre, allumez du feu, donnez-moi du chocolat, donnez-moi ce livre ; j'ai quitté Dieu, il m'a abandonné. » Voilà ce qu'il a montré à Bézemaux et à ses commissaires, avec une pâleur mortelle. Quand on n'a que cela à porter à la Bastille, il vaut mieux gagner pays. »

C'est un court article du *Mercure Hollandois* qui a donné le ton à l'histoire. Le voici :

« On a trouvé que ce devoit estre une affaire de peu d'importance, et que la résolution de s'asseurer de sa personne devoit procéder d'un faux pouvoir dont un certain *Bonard*, qui autrefois avoit esté son sollicitant de procès, avoit usé en son nom. C'est pourquoy ayant esté pris avec le nommé *Botot*, qui avoit pareillement esté serviteur du duc et convaincu d'avoir en ce cas contrefait la main de ce seigneur, il a esté (outre l'amende honorable devant l'église Notre-Dame à Paris) condamné pour toute sa vie aux galères, et Botot pour neuf ans. »

Ecoutons maintenant les documents judiciaires.

Arrêté le 23 janvier, le maréchal de Luxembourg est interrogé le 26. Il commence par protester contre une juridiction qu'il repousse, et il demande à être jugé par ses pairs. Puis, il répond, non pas avec le noble dédain qu'il s'est prêté à lui-même, mais en homme qui sent la gravité de l'accusation, et qui s'attache à se disculper.

On lui demande s'il connaît un certain Le Sage, prêtre de Paris, fréquentant d'ordinaire chez la Voisin. Cette question, remarquons-le en passant, nous dit quelle est la source des révélations importantes d'où sont sortis les décrets du 23 janvier. Le maréchal répond qu'en effet il a vu ce Le Sage ; que cet homme « lui a escamoté un billet, *contenant des folies, qu'il a fait croire être des demandes importantes.* » Il a donné pouvoir à son intendant Bonnard de retirer *les papiers*, et il ne sait pas ce que Bonnard a pu faire.

Interrogé de nouveau s'il connaît un certain Montemaïor, condamné au bannissement pour fait de fausse monnaie, il avoue avoir été lié avec ce Montemaïor.

Suppléons ici à la sécheresse du dossier du maréchal, en disant, d'après les extraits mêmes, ce qu'est ce Montemaïor, ainsi brusquement introduit au procès.

Bouchard de Montemaïor, gentilhomme franccomtois, ne s'était pas seulement occupé de fausse monnaie, comme l'intendant Bonnard ; il annonçait, dit la fille Voisin, que tel ne passerait point l'année ; et ses prédictions se vérifiaient toujours avec une singulière exactitude.

D'un troisième interrogatoire du maréchal de Luxembourg, il résulte que certaines déclarations l'accusaient d'avoir demandé, dans un billet passé au feu, la mort de sa femme et celle de M. de Créquy. Le maréchal nie que, dans le billet escamoté par Le Sage, il fût question de rien de semblable. On avouera, du moins, qu'il est étrange que Luxembourg se justifie si hautement d'avoir fait un pacte avec le diable pour obtenir un gouvernement, pour marier son fils avec une Louvois, inculpations dont il n'y a pas trace dans la procédure, et qu'il ne réserve pas toute son énergie pour repousser cette si grave accusation d'un dessein secret contre sa femme et le maréchal de Créquy. Le billet renfermant le vœu a été *escamoté* par Le Sage. C'était l'habitude de ces sorciers charlatans de garder un gage, qui mettait à leur discrétion le consultant. Qui sait si Le Sage n'a pas fourni aux juges de l'Arsenal plus d'une de ces preuves de scélératesse crédu.e? Ceci nous expliquerait quelques-uns des mystères de l'affaire des poisons, et suffirait à nous faire comprendre comment tel accusé, protégé par sa grande position, n'en a pas moins été frappé, après une absolution toute d'apparence, d'une disgrâce plus ou moins longue, quelquefois éternelle.

Sur la fausse monnaie, on reproche à Luxembourg d'en avoir fait fabriquer une grande quantité, « qu'on devait débiter à l'armée quand il y serait.» Il dit ignorer ce qui a pu se faire autour de lui, et il rejette le tout sur l'intendant Bonnard.

Le maréchal est ainsi interrogé quatre fois; la dernière est à la date du 5 mai. Il n'est pas question, dans les extraits, qu'on l'ait confronté à la Voisin et à la Vigoureux, comme il est dit dans quelques histoires.

On voit combien il en faut rabattre de la fière attitude dont il s'est vanté dans sa lettre. Le 14 mai, et non le 17 avril comme dit Désormeaux, intervient un arrêt définitif, qui le décharge de l'accusation. Le maître est acquitté; mais l'intendant, François Bonnard, est condamné à l'amende honorable, dite la corde au col, et aux galères perpétuelles.

Nous ne dirons donc pas, avec M. Michelet, que le spirituel et vaillant bossu ne s'alarma guère, parce qu'on avait besoin de lui, et qu'il passait pour le seul capable de succéder à Turenne. En 1680, le duc de Luxembourg, bien que maréchal depuis 1675, et déjà distingué dans plus d'une campagne, n'était encore qu'un des huit de la monnaie de Turenne. Après les trois mois et vingt-deux jours qu'il passa à la Bastille ou à Vincennes (et non quatorze mois comme on l'a dit), il resta, pendant une année entière, loin de Paris, par ordre, et quand il revint à la cour, il fut si peu considéré comme indispensable, qu'il n'eut, pendant neuf autres années, d'autre emploi que son service de capitaine des gardes du corps. C'est en 1690, seulement, qu'il est appelé au commandement de l'armée de Flandre, et qu'il fait reconnaître en lui le grand capitaine, le héros de Fleurus, de Nerwinde et de Steinkerke.

Assistons maintenant à l'interrogatoire de Marie-Anne de Mancini, duchesse de Bouillon.

Ici, encore, faisons passer les caquetages du temps et les articles officiels avant les documents judiciaires. Rapprochés de la vérité, ces échos de l'opinion factice ou trompée l'accuseront plus nettement encore.

La Fare dit qu'elle parut à l'Arsenal « avec confiance et hauteur, accompagnée de tous ses amis qui étaient en grand nombre, et de ce qu'il y avait de plus considérable.»

Mme de Sévigné écrit, le 31 janvier:

« Voici ce que j'apprends de bon lieu. Madame de Bouillon entra comme une petite reine dans cette chambre; elle s'assit dans une chaise qu'on lui avoit préparée; et, au lieu de répondre à la première question, elle demanda qu'on écrivît ce qu'elle vouloit dire; c'étoit: Qu'elle ne venoit là que par le respect qu'elle avoit pour l'ordre du roi, et nullement pour la Chambre, qu'elle ne reconnoissoit point, ne voulant point déroger au privilège des ducs. Elle ne dit pas un mot que cela ne fût écrit; puis, elle ôta son gant et fit voir une très-belle main. Elle répondit sincèrement, jusqu'à son âge. — Connoissez-vous la Vigoureux? — Non. — Connoissez-vous la Voisin? — Oui. — Pourquoi vouliez-vous vous défaire de votre mari? — Moi; m'en défaire! Vous

n'avez qu'à lui demander s'il en est persuadé; il m'a donné la main jusqu'à cette porte... — Mais pourquoi alliez-vous si souvent chez cette Voisin? — C'est que je voulois voir les Sibylles qu'elle m'avoit promises; cette compagnie méritoit bien qu'on fît tous les pas. — N'avez-vous pas montré à cette femme un sac d'argent? Elle dit que non, par plus d'une raison, et tout cela d'un air fort riant et fort dédaigneux. — Eh bien! Messieurs, est-ce là tout ce que vous avez à me dire? — Oui, Madame. Elle se lève, et, en sortant, elle dit tout haut: Vraiment, je n'eusse jamais cru que des hommes sages pussent demander tant de sottises. Elle fut reçue de ses parents, amis et amies, avec adoration, tant elle étoit jolie, naïve, naturelle, hardie, et d'un bon air et d'un esprit tranquille. »

Le Mercure Hollandois raconte, à son tour:

« Le 20 janvier, la duchesse de Bouillon vint à l'Arsenal, accompagnée d'un cortège de plus de vingt carrosses, tant de la maison de Bouillon, que de celle d'Elbeuf et de leurs alliez. La duchesse, entrée, déclara qu'elle n'estoit pas sujette à leur tribunal, et qu'estant femme de duc et pair de France, elle ne pouvoit estre citée en justice que pardevant le Parlement assemblé avec cinq chambres: mais que si elle estoit venue là, ce n'estoit que pour la satisfaction de Sa Majesté. Sa protestation fut enregistrée, et elle interrogée sur certaines affaires qui n'eurent point de suite, pour s'en estre démeslée deüement. Entre autres choses on luy auroit demandé: « Si elle n'auroit pas esté chez la Voisine, dans l'intention d'empoisonner son mary, le duc de Bouillon? » Sur quoy elle répondit: « Que véritablement elle y avoit esté, mais non pas dans ce dessein, et que le chevalier de Vendosme lui avoit dit qu'il y avoit un nommé Le Sage, logé chez la Voisine susdite, qui se donnoit pour un devin; sur quoy son mary et elle, le chevalier de Vendosme et monsieur de Bavigny estoient allés trouver Le Sage par forme de divertissement, et luy avoient demandé ces trois choses: premièrement, si le duc de Beaufort (dont on parloit alors en France comme s'il vivoit encore) estoit mort? Ce que le duc de Nevers, son frère, faisoit alors à Rome? Et quel estoit le secret de gagner au jeu de hoc? Que Le Sage, luy ayant fait coucher en escrit ces trois questions, luy avoit dit que le lendemain il luy donneroit la réponse, comme il avoit fait en effet, disant que ses Sibylles estoient restées derrière. » La Chambre, n'ayant pas de prise sur tout cela, laissa aller la duchesse. »

Dans tout cela, il n'y a vraiment pas de quoi fouetter un chat, et si rien de plus ne fut dit, il n'y a rien à reprendre à la charmante insolence de la duchesse. Mais écoutons Me Brunet.

Marianne (ainsi est écrit le prénom) avoue, disent les extraits du Corps Législatif, que la Voisin lui a donné la connaissance du prêtre Le Sage, qui, « pour la divertir, lui escamota un billet, en le passant par le feu. » Elle, et la personne avec qui elle était venue chez la Voisin, chargèrent cet homme d'en faire passer un autre, de quoi il s'excusa. Elle nie avoir demandé, dans ce billet, la mort de M. Bouillon.

Le 15 février, un arrêt ordonne le récolement de Le Sage, de la Voisin et de la La Bosse, et leur confrontation avec la duchesse de Bouillon.

Voilà tout ce que disent les extraits. Nous pouvons suppléer à leur insuffisance par la Minute de l'interrogatoire signée Marianne de Mancini, du-

chesse de Bouillon, Bazin (1) *et La Reynie*, que donne M. Monmerqué, d'après les Papiers de l'Arsenal.

Mme de Bouillon déclare « qu'il est bien vrai que ladite Voisin vint un jour chez elle répondante, et qu'elle lui dit que, sur la connoissance qu'elle avoit qu'elle étoit curieuse, elle dite Voisin venoit lui dire qu'elle avoit un très-habile homme chez elle, qui savoit faire des merveilles; ce qu'elle répondante ayant dit, à quelques jours de là, à M. le duc de Vendôme, au marquis de Buvigny, à l'abbé de Chaulieu et à la dame de Chaulieu, ils dirent qu'il falloit aller voir cet homme; et, un jour qu'elle répondante avoit dessein de s'aller promener, elle fit mettre six chevaux à son carrosse, et, y étant, il fut proposé par quelqu'un d'aller voir cet homme qui étoit chez la Voisin; et, y étant allés de compagnie, elle répondante demanda à ladite Voisin si l'homme dont elle lui avoit parlé étoit chez elle, et ladite Voisin lui ayant dit qu'il y étoit, elle fit venir un homme qu'elle répondante a su depuis s'appeler Le Sage, dans un cabinet où M. de Vendôme fut lui parler; et, ledit Le Sage lui ayant dit qu'il

« On a fait en commun neuf jours de conjuration sur une figure du Roi, de cire blanche » (PAGE 26).

ne pouvoit faire ce qu'il savoit qu'en la présence d'une seule personne, ledit sieur duc de Vendôme le vint dire à elle répondante, qui lui dit qu'étant venue audit lieu, elle vouloit avoir part et être présente à ce que ledit Le Sage proposoit de faire... Et, en effet, étant passée au lieu où étoit ledit Le Sage, elle lui demanda ce qu'il savoit faire d'extraordinaire, et ledit Le Sage lui ayant dit qu'il feroit brûler en sa présence un billet, et qu'après cela il le feroit retrouver où elle voudroit, et elle répondante ayant dit sur cela qu'il n'en falloit pas davantage, ledit Le Sage lui dit qu'il falloit écrire quelques demandes; sur quoi M. le duc de Vendôme en écrivit deux, dont l'une étoit pour savoir où étoit alors M. le duc de Nevers, et l'autre si M. le duc de Beaufort étoit mort; lequel billet ayant été cacheté, ledit Le Sage le lia avec du fil ou de la soie, et y mit du soufre avec quelques enveloppes de papier; après quoi M. de Vendôme prit ledit billet qu'il fit

(1) Besons sans doute.

brûler lui-même en la présence d'elle répondante, sur un réchaud, dans la chambre de la Voisin, et après cela ledit Le Sage dit à elle répondante qu'elle retrouveroit ledit billet brûlé dans une porcelaine chez elle, ce qui n'arriva pas néanmoins. Mais, deux ou trois jours après, ledit Le Sage vint chez elle répondante, et lui rapporta ledit billet, ce qui la surprit extrêmement, et de le voir cacheté comme il étoit, et au même état que lorsqu'il fut remis audit Le Sage. Se souvient elle répondante, qu'en sortant de chez ladite Voisin, elle donna une pistole à ladite Voisin, et M. de Vendôme une pistole audit Le Sage; et elle répondante ayant fait le récit à M. de Vendôme et auxdits sieurs de Buvigny et de Chaulieu dudit billet que Le Sage lui avoit rapporté, ils eurent peine à le croire, et dirent que cela ne pouvoit être, et qu'il falloit obliger ledit Le Sage d'en brûler un autre, et de le retrouver; ce qui obligea elle répondante d'envoyer chercher ledit Le Sage, qui vint chez elle, et où il fut écrit un autre billet par quelqu'un de ceux qui y étoient la première fois, dans lequel billet ledit Le Sage dit qu'il falloit mettre deux pistoles pour les Sibylles, lesquelles lui furent données, et le billet fut ensuite brûlé comme la première fois, et ledit Le Sage ayant dit qu'il le feroit retrouver aussi bien que l'autre, il se retira, et elle répondante envoya plusieurs fois chez ledit Le Sage, et y passa elle-même. Mais ledit Le Sage, après plusieurs excuses, vint trois ou quatre jours après chez elle répondante, où il lui dit que les Sibylles étoient empêchées, et qu'il n'avoit pas pu lui rendre réponse ; depuis ce temps-là, elle répondante n'a pas vu ledit Le Sage, et elle trouva la chose si ridicule, qu'elle la récita à plusieurs personnes, et l'écrivit même à M. le duc de Bouillon, son mari, qui étoit à l'armée.

Interrogée s'il n'est vrai qu'elle écrivit un billet qu'elle mit entre les mains dudit Le Sage, et qui fut cacheté pour être brûlé, dans lequel elle demandoit la mort de M. de Bouillon, son mari,

A dit que non, et que la chose est si étrange, qu'elle se détruit d'elle-même.

Cet interrogatoire du 27 janvier 1680 laisse une impression peu satisfaisante. On y voit bien une partie de plaisir chez les sorcières, faite sans grand mystère et en joyeuse compagnie. Mais Le Sage vient bien souvent chez Mᵐᵉ de Bouillon pour un simple tour de jongleur. Observons, d'ailleurs, que ni dans les extraits, ni dans la minute, Mᵐᵉ de Bouillon n'a ce ton triomphant dont elle se vanta. Elle fut longuement interrogée, répondit, se justifia, fut confrontée. Le Sage la chargea ; sur le fait de la mort de son mari, la Voisin ne confirma pas les dires de Le Sage, bien qu'elle en eût dit autant que lui dans ses interrogatoires.

Le tout finit, le 16 février, par un arrêt de décharge, et par un exil déguisé, à Nérac. Soyons sûrs qu'il y avait quelque chose.

Antoine de Pas, marquis de Feuquières, colonel, âgé de 32 ans, fut interrogé plusieurs fois, du 27 janvier au 1ᵉʳ février 1680. Il avoua connaître la Vigoureux et Le Sage. Il dit avoir été, une fois seulement, chez cette femme, dont le mari était tailleur de sa mère. Il s'était trouvé encore, avec M. de Luxembourg, chez la marquise du Fontet, un jour où on avait envoyé quérir Le Sage.

Le 28 janvier, on interroge, sur cette soirée de jonglerie, Marie de la Marck, femme de M. du Fontet, mestre de camp de cavalerie. Elle nie la présence de Le Sage à cette réunion.

Mais, le 6 mars, la marquise du Fontet déclare « qu'ayant appris que l'on faisoit l'instruction sur ce qui regardoit *le service du Roi*..., la considération du bien public l'obligeoit de déclarer que, M. le duc de Luxembourg et le marquis de Feuquières étant venus chez elle..., M. de Feuquières vint lui demander du papier et de l'encre pour écrire un mot... Et ledit sieur de Feuquières retourna dans sa grande chambre, où ils écrivirent... Peu de temps après, M. de Luxembourg, M. de Feuquières et un autre homme nommé du Buisson (c'est le nom de guerre de Le Sage) montèrent tous trois, avec un laquais qui portoit un réchaud de feu, dans une chambre haute... Ils firent sortir le laquais, ne demeurèrent pas longtemps dans cette chambre, et sortirent ensuite sans parler à madame du Fontet, et sans qu'elle ait su ce qui s'étoit passé chez elle. »

Mᵐᵉ du Fontet ajoute que « du Buisson revint chez elle au bout de quelques jours, et fut étonné de voir

que ces messieurs n'étoient pas revenus. Il étoit mécontent de n'avoir reçu que dix pistoles. Mᵐᵉ du Fontet ayant revu le maréchal peu de jours après, il lui dit que du Buisson étoit un fripon qui ne savoit rien. »

Dans une autre déclaration du 11 mars, Mᵐᵉ du Fontet ajoute que M. de Feuquières lui dit : — « Ce du Buisson est un escroc ; il m'a fait faire une fosse dans laquelle il a fait enterrer de la cire et dix pistoles, me promettant de faire retrouver une chose perdue ; mais, quand je retournai à l'endroit, l'argent étoit enlevé. »

Ce dernier détail a une vilaine odeur d'envoûtement.

Mᵐᵉ du Roure, Mᵐᵉ de Polignac, étaient inculpées de sortiléges ayant pour but l'amour et la faveur du Roi ; mais le mot de poison ne se mêlait pas à ces pratiques, au moins en ce qui concernait le monarque. Les Extraits ne nous donnent aucune indication sur l'interrogatoire de Mᵐᵉ de Polignac. Quant à Claude-Marie du Gast d'Artigy, femme de Grimoard, comte du Roure, et lieutenant général en Languedoc, nous la voyons récolée et confrontée avec la Voisin, le 15 février, à Vincennes. Elle nie tout. La Voisin ne la reconnaît pas. — « Dame ! dit l'empoisonneuse, il y a quatorze ans de cela. »

Mᵐᵉ du Roure fut déchargée par arrêt du 25 avril.

Restaient, parmi les grandes dames, la duchesse de La Ferté et la princesse de Tinguy.

Louise de Luxembourg, princesse de Tinguy, religieuse relevée de ses vœux par dispense spéciale et provisoire, était dame du palais de la Reine. Les révélations l'accusaient d'avoir acheté du poison, dont elle avait fait mourir ses enfants. En apprenant pour quelle cause la princesse était décrétée d'ajournement personnel, Mᵐᵉ de Montmorency, faisant allusion à l'étonnante laideur de la prévenue, s'écria : — « Je n'aurais jamais soupçonné la princesse Tinguy de galanterie ; sa figure garantissait sa réputation, et, si j'étais homme et que j'eusse une maîtresse comme elle, à coup sûr je ne l'aurais prise que pour ne pas craindre de rivaux. Pour moi, je crois que le diable, qui lui a fait tuer ses enfants, en était le père, et qu'elle s'en est défaite pour sauver l'honneur de son amant. »

Madelaine d'Angennes, femme de messire Henry de Senneterre, duc de La Ferté, âgée de 40 ans, n'était pas bien sérieusement compromise. — « Assurément elle doit être innocente, disait d'elle l'homme aux bons mots, le marquis de Bièvre ; car je suis vivant, et elle ne hait que moi dans le monde. Je présume que sa haine vient de ce qu'un jour, je l'assurai de mon profond respect, et qu'un peu auparavant, j'avais déclaré ne respecter que les femmes laides, imbéciles ou galantes. »

C'est devant Louis XIV que le marquis de Bièvre tint ce propos. Le Roi rit.

La duchesse de La Ferté protesta, comme Luxembourg, contre la juridiction de l'Arsenal. Elle convint d'avoir été, avec Mᵐᵉ d'Alluye et Mᵐᵉ la comtesse de Soissons, chez la Voisin ; mais elle déclara ne pas savoir ce que la comtesse et la Voisin avaient dit ou fait ensemble.

Toutes ces nobles inculpées furent renvoyées de l'accusation. Les guêpes avaient passé ; les moucherons demeurèrent dans la toile, comme toujours. Marguerite Gallart, veuve du président Le Féron, accusée d'avoir acheté pour cent pistoles de poudre de diamant, à l'intention de son mari, fut confrontée avec la Voisin le 28 février, et bannie pour neuf ans.

Catherine-Françoise Saintot, femme de M. de Dreux, maître des requêtes, inculpée d'avoir offert à la Voisin 6,000 livres et une croix de diamants, pour se procurer la mort de son mari et celle d'une rivale, fut également bannie du royaume.

Le couple Broglio de Canilhac échappa au châtiment par la fuite.

De plus puissants les avaient imités. Il faut dire quelles résolutions la Commission prit à leur égard.

La marquise d'Alluye, cette Mlle du Fouilloux qui avait été maîtresse de Fouquet, et Olympe Mancini n'avaient pas répondu au décret de prise de corps, et on les avait, en vain, trompettées à briefs jours. Un arrêt du 19 février porta que le récolement de la Voisin vaudrait confrontation contre elles.

Le 28 février, un autre arrêt donna main levée au tuteur des enfants mineurs de Mme la comtesse de Soissons de la garnison apposée sur les meubles du feu comte, à la charge par le gardien de les représenter au besoin. L'absence définitive des inculpées fit qu'on s'en tint là.

Louis Guilhem de Castelnau de Clermont-Lodève, marquis de Saissac, avait également disparu dès le premier jour. Le Sage le chargeait d'avoir demandé « un secret pour gagner sûrement au jeu du Roi. » Et, comme Le Sage déclinait son pouvoir en pareille matière, le marquis aurait demandé, tout au moins, un moyen pour gagner le public et le roi d'Angleterre. De plus, M. de Clermont-Lodève avait fait travailler chez lui Le Sage à la fabrication d'essences dangereuses, et demandé les moyens de se défaire du comte de Clermont, son frère, et d'entretenir sa belle-sœur dans des dispositions favorables à son amour.

Ce prince escroc, empoisonneur et incestueux, resta dix ans hors de France. Quand il reparut, un arrêt du Conseil d'Etat, en date du 26 août 1691, le renvoya, pour purger sa contumace, devant la chambre saisie de l'affaire de la Marine de Bourgogne. Il entra à la Bastille le 4 septembre 1691, et, après un plus ample informé, en sortit seulement le 25 juillet 1692, déchargé légalement, mais moralement convaincu de ses crimes.

Roger de Pardaillan, marquis de Thermes, ne fut déchargé qu'en 1681.

Quand la Commission de l'Arsenal eut ainsi réglé les comptes des décrétés du 23 janvier 1680, on put croire que cette grosse affaire de poisons était arrivée à son terme. Il serait plus juste de dire qu'elle ne faisait que commencer. On avait mis fin au grand scandale, usé d'indulgence envers les moins coupables, c'est-à-dire envers ceux qui n'avaient été convaincus que de crimes particuliers; on avait éloigné les dangereux, ceux qui avaient osé attenter à la majesté royale. Mais il restait bien des criminels vulgaires à punir. Il fallait purger le royaume d'une race d'empoisonneurs à gages, toujours prêts à servir les passions moyennant finance. Enfin, on espérait aller plus loin encore dans la connaissance de certaines scélératesses, qui, pour appartenir à une époque déjà éloignée, n'en avaient pas moins d'importance, puisqu'elles intéressaient directement la personne du Roi.

Un mois après ce jour où tant de puissants personnages étaient décrétés, c'est-à-dire le 24 février 1680, le Roi, appliquant les lettres patentes du 7 avril 1679, arrêta que, outre les maléfices, la composition et la distribution des poisons, la Commission de l'Arsenal aurait à connaître des sortiléges, des impiétés, des profanations, de la fausse monnaie, soit que chaque accusé fût inculpé de tous ces crimes à la fois, soit qu'on ne le chargeât que de l'un d'eux.

C'était là la conséquence naturelle des procédures que nous avons fait connaître, et l'on voit combien il est faux de dire, avec M. Michelet, que ce fut seulement le 11 janvier 1680 que l'affaire des poisons fut retirée au Parlement, et que pour tromper l'opinion, on mit au premier rang, *les farces des jongleurs*. C'étaient des *farces* singulièrement tragiques, que celles dont il est question dans ce procès; encore n'avons-nous pas fini par connaître à ce moment les vrais coupables. Mais, déjà il est certain que la Commission n'outre-passait en rien ses attributions en s'occupant de sortiléges. M. Michelet, cependant, l'affirme et dit que lorsqu'on revint ainsi *illégalement* aux procès de sorcellerie, un jeune maître des requêtes, à l'Arsenal, osant le remarquer, dit : — « Le Parlement ne reçoit pas ce genre d'accusation; *nous sommes ici pour les poisons.* — Monsieur, aurait répondu M. de La Reynie, j'ai des ordres secrets. »

Le jeune maître des requêtes ne dit rien de semblable, et M. de la Reynie n'eut pas à faire une pareille réponse. La Commission savait fort bien les conditions de son institution, et elle n'avait pas besoin d'ordres secrets; elle était établie publiquement, au su et au vu de tous, pour connaître des sortiléges aussi bien que des empoisonnements. Les deux cas étaient liés l'un à l'autre, et l'interprétation du 24 février n'avait fait que constater une situation bien connue. Il suffit d'ouvrir les recueils de lois et ordonnances pour y lire ces attributions de la Commission de l'Arsenal. La grande collection de M. Isambert donne, à la date du 11 janvier 1680, un titre d'*Ordonnance qui établit à l'Arsenal une Commission chargée de faire les procès aux empoisonneurs* ET AUX MAGICIENS. Le recueil du président Hénault porte le même titre, et dit seulement *Déclaration* au lieu d'ordonnance. L'Extrait manuscrit du Corps législatif rétablit, quant à la date, la vérité des choses, en faisant remonter l'existence de la Commission aux lettres patentes du 7 avril 1679, et en nous montrant les développements successifs de cette pensée première. Mais, quant à la juridiction, tous les documents sont d'accord pour nous montrer les maléfices, les sortiléges, la magie comme cas spécialement attribués aux juges de l'Arsenal.

On ne ressuscita donc pas le diable à ce propos : ces grands mots sont peu de mise. Quelques scélérats s'étaient servis du diable pour accomplir leurs crimes; on voulut aller au bout : voilà tout.

Ceci ressort d'un entretien particulier du Roi avec M. de la Reynie, dont les Extraits nous donnent connaissance. Le 6 février 1680, Louis XIV avait mandé à Saint-Germain son lieutenant de police, et lui avait dit en propres termes : — « Il ne s'agit pas, ici, seulement de faits de poison; il faudra faire la guerre à *un autre crime.*» Ce crime, Sa Majesté *n'avait pas voulu l'expliquer.*

N'oublions jamais, pour l'intelligence de tout ceci, que c'est la personne royale qui est en cause, et que tentatives d'empoisonnements, maléfices, sortiléges ne se sont pas attaqués seulement à des particuliers plus ou moins intéressants, mais au Roi.

Pendant tout le cours de cette longue procédure, Louis XIV ne cesse de montrer l'intérêt profond, personnel, qu'il attache à l'affaire des poisons. Plusieurs lettres de cachet expliquent, développent ses intentions à cet égard, et c'est par son ordre spécial qu'au mois de juillet 1680, on classe les faits acquis à ce moment par la procédure.

Cette classification fut faite par cassettes, et il y en eut trois. La première cassette fut intitulée : *la Trianon, ou les desseins;* dans celle-là, furent réunies les pièces qui se rattachaient plus spécialement aux entreprises contre le Roi et Mᵐᵉ de Fontanges; ce fut celle-là dont le contenu fut le plus longtemps tenu secret. La seconde cassette fut dite : *La Filâtre;* dans celle-là, furent surtout réunies les preuves de mauvais projets de M. de M., c'est-à-dire de Mᵐᵉ de Mancini, Olympe de Soissons. La troisième cassette eut pour étiquette : *Sacriléges, Sacrifices, Desseins;* on y trouve surtout les aveux de superstitions criminelles.

La classification n'est pas irréprochable, et nous ne la donnons que pour ce qu'elle vaut.

Reprenons maintenant, dans leur ordre chronologique, les travaux de la Commission de l'Arsenal.

L'accusée dont on espérait le plus, la Voisin, n'avait dit que peu de chose, soit dans ses interrogatoires, soit dans ses récolements et confrontations. Le 19 février, elle fut appliquée à la question ordinaire et extraordinaire; elle chargea beaucoup de personnes, mais des plus viles : elle ne dit pas évidemment ce qu'elle savait des plus hautes, ce qu'on voulait surtout savoir. Elle mentit sur plusieurs points d'une façon grossière. Elle alla jusqu'à mêler Racine, le poëte dramatique, à ses absurdes inventions. Elle dit que la demoiselle Du Parc, comédienne, avait été empoisonnée par Racine; la belle-mère de la Du Parc, Mᵐᵉ de Gordo, lui avait confié ce secret. La Du Parc était morte le 11 décembre 1668; elle avait admirablement joué le rôle d'Andromaque en 1667. On pense qu'il est inutile de laver le grand poëte de cette odieuse et stupide accusation.

La Voisin, dans les papiers de l'Arsenal, n'en dit ni plus ni moins sur Olympe de Mancini que dans les Extraits. Lisons les Notes de M. de Monmerqué.

Interrogée, le 17 février, la Voisin répond (Papiers de l'Arsenal) :

«Qu'il est vrai que Mᵐᵉ la comtesse de Soissons est venue chez elle une fois avec la dame maréchale de La Ferté et la demoiselle de Fouilloux : qu'elle répondante regarda à la main de ladite dame comtesse de Soissons, et qu'elle lui dit.... qu'elle avoit été aimée d'un grand prince, et que lors ladite dame demanda si cela reviendroit, et lui ajouta qu'il falloit bien que cela revint d'une façon ou d'une autre, et qu'elle pousseroit la chose sur l'un et sur l'autre; et ne sut, elle répondante, que c'étoit ladite dame comtesse de Soissons que par ladite demoiselle de Fouilloux, qui le lui dit, et qui lui demanda si ladite dame comtesse de Soissons réussiroit dans son dessein, et si elle viendroit à bout de ses amitiés; qu'il est vrai que ladite dame de Soissons lui dit qu'elle porteroit sa vengeance plus loin, et sur l'un et sur l'autre, et jusqu'à s'en défaire, et que, lorsque ladite dame lui dit ces choses, elle ne savoit pas encore qu'elle fût la comtesse de Soissons, et ne l'a point vue depuis, ni ouï parler.»

Le 22 août la Voisin fut brûlée vive, après amende honorable.

Nous n'avons, sur sa mort, que les détails donnés par le *Mercure hollandois :*

«On saisit aussi plusieurs personnes de basse condition; mais il y avoit de l'apparence que la Voisine les avoit accusées pour gagner du temps, veu qu'elle chargeoit des gens qu'elle n'avoit jamais veus; c'est pourquoi Sa Majesté, qui remarquoit bien tout cela, résolut de la faire achever. Ensuite de quoy il fut ordonné par la Chambre, que premièrement elle feroit amende honorable, et puis qu'elle auroit la main coupée après la luy avoir percée d'un fer chaud, et que finalement elle seroit bruslée toute vive, ce qui fut exécuté le 22 de février. Néanmoins, elle fut encore si hardie lorsqu'elle fut arrivée au lieu du supplice, que de demander à l'exécuteur *s'il se souvenoit bien d'estre venu chez elle pour du poison?* S'imaginant peut-être d'empêcher par là la justice; mais son confesseur luy dit qu'elle pensât au salut de son âme par des paroles qui pouvoient la disposer à cela; ce qui l'ayant rendue un peu plus attentive, elle subit la misérable fin de sa vie et tout ensemble de ses actions abominables.»

Une des décrétées du 28 janvier, la duchesse de La Ferté, dit, en apprenant l'exécution : — « Dieu lui fera miséricorde ! Elle avait de grands vices, mais elle était toute pleine de petits secrets pour les femmes, dont les hommes devaient lui savoir gré; par exemple.... » Nous n'achevons pas. Une duchesse de la cour de Louis XIV pouvait seule se permettre de nommer tout à plat ce joli secret de la Voisin qui devait lui attirer la reconnaissance des hommes.

Ce que la Voisin n'avait pas voulu dire, Le Sage l'avait dit sans doute : ceci ressort de toute la procédure. Ce sont ces aveux de Le Sage, aveux tenus secrets, vu leur extrême importance, qui doivent dominer toute l'affaire. Mais, si nous ne savons pas ce que dit Le Sage, nous connaissons, au moins, la déclaration d'un des plus importants parmi les inculpés. Nous voulons parler de la belle-fille de la Voisin, fille du premier lit d'Antoine Monvoisin, âgée de 21 ans.

On avait placé auprès d'elle, en prison, un espion femelle, une mouche, un *mouton*, comme nous dirions aujourd'hui. Ce fut une fille Nanon Aubert, compromise elle-même dans l'affaire des poisons, qui joua ce rôle : elle avait été la servante et la confidente d'une dame de qualité accusée de poisons et de magie. Elle dut à ses services de geôle d'obtenir, pour toute peine, la réclusion dans la maison des Ursulines de Besançon, où nous voyons que le Roi paya lui-même, de ses deniers, sa pension de 250 livres.

Endoctrinée et prise au piège par la Nanon Aubert, sachant d'ailleurs sa mère morte, et sentant qu'elle avait intérêt à dire tout ce qui était à sa connaissance, la fille Voisin parla. Elle dit que le placet de Saint-Germain «étoit pour empoisonner le Roi.» C'était la Trianon qui l'avait apporté de l'endroit où ces femmes gardaient leurs poisons. Il ne fallait pas que cela prît l'air, «toute la force meurtrière de cette substance résidant dans des corpuscules ténus et volatils. *Que le Roi l'ouvrît lui-même, et c'en seroit assez.*» La Trianon l'avait, avec toutes les précautions possibles pour elle-même, empaqueté et ficelé; puis, elle s'était apprêtée à passer en Angleterre avec ses écus.

Le coup étant de grosse conséquence, la récompense devait être proportionnée à l'énormité de l'action. Aussi, à partir du jour où on s'était décidé à présenter le placet, la mère Voisin avait battu froid à un certain drôle qui devait être son gendre, un Romany, de Grenoble, aventurier prêt à tout faire, qui avait exercé toutes sortes de professions : valet de chambre, praticien, garde dans l'armée de Savoie, maître d'hôtel, surtout fripon, un vrai Mascarille.

— « Romany ne fait plus mon affaire, et il faut à présent qu'il en rabatte, avait dit la Voisin. Ce n'est plus un mari pour ma fille, et il nous faut aujourd'hui un parti de 100,000 livres. »

Incidemment, la fille Voisin mit au compte de ce Romany une autre gentillesse. Associé à un coquin de sa trempe, un Bertrand, il avait, un jour, accepté la commission de débarrasser Mᵐᵉ de Mancini (*M. de M.*, disent souvent les Extraits : la comtesse de Soissons, il n'y a pas à s'y méprendre) de la duchesse de Fontanges. Le Romany et le Bertrand pensèrent y réussir en faisant porter à la favorite une robe préparée avec un poison qui la ferait mourir de langueur. Pour faire agréer l'étoffe, ils se déguisèrent en marchands du midi, firent venir du Lyonnais des pièces pour jupes et pour corps, d'une richesse et d'un goût inouïs, avec cela, des gants d'Italie, qu'on assaisonnerait à l'italienne.

Ce nouveau méfait avait purement le caractère d'une vengeance ; car il devait suivre la mort du roi, « qu'on empoisonneroit auparavant avec un poison plus prompt. » On ne voit donc plus ce que la comtesse, en pareil cas, pouvait gagner à la mort d'une rivale tombée du haut de sa faveur par la fin même de celui qui en était la source.

Mᵐᵉ de Mancini, dit la fille Voisin, « avoit pris cette résolution parce que ses desseins n'avoient pas réussi. On devoit dire que Mᵐᵉ de Fontanges seroit morte de regret de la mort du roi. C'étoit Mᵐᵉ de Mancini qui devoit payer ces affaires. » Sur quoi, se frottant les mains, la mère Voisin disait à ses complices : — « C'est une belle chose, mes enfants, qu'un dépit amoureux ! »

La fille Voisin ajouta que sa mère avait, plus d'une fois, porté des poudres ; elle s'était fait souvent accompagner d'un La Tour et d'un Guibourg. Un La Pierre, prêtre, était de cette intrigue : Guibourg avait souvent brûlé des fagots pour la dame, disant : — « Ceci est le corps, l'âme, l'esprit, le cœur et l'entendement de Louis de Bourbon. »

Pendant plus de deux ans, une fille Desœillets, dont La Pierre était le confesseur, venait prendre des ordres chez la Voisin, sans vouloir être nommée par son nom.

Dans les premiers temps, chaque fois que Mᵐᵉ de Mancini craignait une diminution dans les bonnes grâces du roi, elle venait chercher des poudres pour faire prendre à Sa Majesté. Sur la fin, comme rien ne réussissait, elle avait conçu un tel dépit et un si grand désir de vengeance, qu'elle avait imaginé l'affaire du placet. Elle aurait eu cette supplique en main, se serait jetée aux genoux du roi, et, par surcroît, tandis qu'il l'aurait relevée, elle aurait glissé de la poudre dans la poche de Sa Majesté.

« Elle répondante (la fille Voisin) brûla le placet un samedi, parce que, la veille, des missionnaires étoient venus chez sa mère faire du bruit. »

Le complice de Romany, Bertrand, un Dauphinois, confirma ces dires de la fille Voisin, en avouant, le 25 juillet, qu'un certain Blessis l'avait entretenu de ce dessein de faire parvenir un placet au Roi. Bertrand avait fait recopier le placet chez La Pierre, et la Voisin l'avait rapporté tout préparé, en même temps qu'une robe de chambre destinée au marquis de Thermes.

Romany fut interrogé à son tour. Il raconta, à sa manière, le mariage rompu. A l'entendre, c'était lui qui avait refusé la fille Voisin, ayant appris que la mère exerçait la profession suspecte de devineresse, et que la fille était accouchée récemment. Cela lui avait inspiré un dégoût insurmontable, et, d'ailleurs, La Pierre, le prêtre, qui était son propre frère, l'avait détourné de cette indigne union.

Romany, pressé de questions, ne put nier qu'il eût été question de lui donner accès auprès de Mᵐᵉ de Fontanges.

Une autre devineresse, *la Filâtre* (ce nom est écrit quelquefois la Phylastre, la Filastre), avait été mêlée, avec le prêtre Guibourg, à ces entreprises d'Olympe de Soissons. On les interrogea tous deux.

La Filâtre passa sur la sellette le 2 septembre 1680. Le lendemain, elle eut la question. Elle y dit que l'envie de faire avancer sa famille l'avait portée à entrer dans la maison de Mᵐᵉ de Fontanges. La Chapelain, cette autre devineresse que nous avons vue en relations d'affaires avec Vanens, lui promit de lui fournir des habillements et le nécessaire. Un certain Galet lui avait donné des poudres pour inspirer l'amour, « les mêmes que Mᵐᵉ de Mancini prenait pour le Roi. » Guibourg lui avait avoué avoir dit des messes pour le succès de Mᵐᵉ de Mancini, et aussi « pour le dessein qu'un homme de qualité avait contre M. Colbert. » La Filâtre ajouta, avec amertume : — « Ce ne sont pas de ces gens-là dont on fera justice, ceux pour qui on a dit une messe sur le ventre, comme m'en a dit Guibourg. » Au troisième coin de l'ordinaire, elle s'écria : — « On me punit, moi, pour avoir assisté à une seule de ces messes. C'est la Chapelain qui s'est servie de moi ; elle m'a fait agir pour la recherche des poudres pour Mᵐᵉ de Mancini et de poisons pour M. F...... » (L'Extrait des procès-verbaux ne donne de ce nom que l'initiale. Il nous sera facile de deviner le reste du nom tout à l'heure.)

Galet, confronté à la Filâtre, convint de lui avoir donné des poudres pour l'usage de Mᵐᵉ de Mancini, qui les destinait au roi.

Guibourg avoua qu'à l'époque indiquée par la Filâtre, il avait dit une messe sur le ventre d'une femme, en présence de deux valets de chambre, dont un était un homme de qualité qui en voulait à M. Colbert.

Notons, toutefois, qu'avant l'exécution, la Filâtre se rétracta, et dit que tout ce qu'elle avait déclaré concernant Mᵐᵉ de Mancini n'était qu'invention pure. Mais les aveux de la Filâtre ont été corroborés par ceux de Galet et de la fille Voisin. Une autre accusée, *la Bellier*, dit avoir connu dans le temps, par la Filâtre, les poudres d'amour de Mᵐᵉ de Mancini et le dessein contre Mᵐᵉ de Fontanges.

Après cela, il est difficile de repousser les aveux si explicites de la Filâtre, à moins de supposer que des déclarations concordantes aient été dictées, ou, pour le moins, insinuées par les juges à cette femme, à la fille Voisin, à Galet, à la Bellier.

Ecoutons encore Guibourg ; lui aussi nous parlera des noirs desseins de l'Italienne, avec des détails qu'on n'inventerait pas.

Etienne Guibourg, comme Davot, comme Le Sage, comme La Pierre, comme Mariette, est un vrai prêtre ; il a été aumônier du comte de Montgommery.

Dans les Papiers de l'Arsenal, il avoue avoir remis à une dame de qualité des poisons destinés à M. de Colbert. La première dose s'étant trouvée insuffisante, il a vendu une dose plus forte.

Il lui a été encore demandé du poison par un conseiller au Parlement, M. Pinon Dumartroy, *parent de M. Fouquet, lequel voulait venger le surintendant de sa disgrâce, et qui avait des intelligences dans l'office de la bouche du Roi.*

Un M. Le Roy, gouverneur des pages de la petite écurie, lui a fait dire des messes sur le ventre, qu'on lui payait 20 pistoles (200 fr.).

Dans les Extraits du Corps législatif, les révélations de Guibourg sont encore plus curieuses.

Le 10 octobre, il déclare que Le Roy, gouverneur des pages de la petite, écurie lui a parlé, le premier, « de travailler pour Mᵐᵉ de Mancini. » Il fit briller à ses yeux la promesse de cinquante pistoles et d'un bénéfice de 2,000 livres. Une première messe fut dite à l'intention de cette dame, pour un coupable dessein, et avec d'horribles circonstances sur le ventre d'une femme, près de Montlhéry. Guibourg donna la formule de la conjuration ; la voici :

« Astaroth, Asmodée, princes de l'amitié, je vous conjure d'accepter le sacrifice que je vous présente de cet enfant, pour les choses que je vous demande, qui sont que l'amitié du roi et de M. le D.... me soit continuée, et être honorée des princes et princesses de la cour ; que rien ne me soit dénié de tout ce que je demanderai, tant pour mes parents que pour mes serviteurs. »

Guibourg, pressé, répéta à plusieurs reprises que « le nom du Roi et de Mᵐᵉ de Mancini était dans cette conjuration. »

Le misérable Guibourg donna les plus hideux détails sur le crime atroce d'infanticide ajouté au sacrilége. Il avait acheté un écu le pauvre petit être destiné au sacrifice ; cet enfant lui fut présenté par une grande fille, sa mère peut-être. Il le piqua à la gorge avec un canif, et reçut le sang dans un calice. Puis, on emporta le petit enfant déjà mort, et on en rapporta le cœur et les entrailles, qui devaient servir, partie pour une seconde oblation, partie pour la confection des poudres que Mᵐᵉ de Mancini demandait pour donner au Roi.

Pendant l'affreuse cérémonie, la dame, sur le ventre de qui la messe fut dite, eut toujours de grandes coiffes rabattues sur le visage, et la poitrine couverte jusqu'à moitié du sein par ses jupes relevées.

Une deuxième messe sacrilége fut dite dans une masure, sur le rempart, à Saint-Denis. La même femme servit d'autel ; les mêmes cérémonies furent renouvelées. Cette fois, une Pelletier y assistait.

Enfin, dit encore Guibourg, on lui fit dire une troisième messe, à Paris, chez la Voisin, sur la même femme inconnue et voilée. Il pouvait y avoir de cela huit ou neuf ans. Guibourg, au reste, varia sur les époques ; dans un autre interrogatoire, il dit treize ou quatorze ans.

Il ajouta que cinq ans à peine s'étaient écoulés depuis que, pour la dernière fois, il avait dit une semblable messe sur la même femme, « qu'on lui a toujours dit être Mᵐᵉ de Mancini. » Ce fut, cette fois comme les autres, à la même intention ; et, quand tout fut fini, Guibourg, au moment où il reprenait son manteau déposé sur une chaise, trouva dessous un pacte, ou plutôt la copie d'un pacte ; car les originaux de ces sortes de conjurations doivent être écrits sur parchemin vierge, et celui-là était écrit

sur papier. La curiosité le porta à lire rapidement et à la dérobée cette copie de pacte.

Voici quelle en était la formule :

« Je (   ), fille de (   ), demande l'amitié du R... et celle de M. le D..., qu'elle me soit continuée ; que la R.... soit stérile ; que le R... quitte son lit et sa table pour moy ; que j'obtienne de lui tout ce que je lui demanderay pour moy, mes parens ; que mes serviteurs et domestiques luy soient agréables ; chérie et respectée des grands seigneurs, que je puisse être appelée aux conseils du R... et sçavoir ce qui s'y passe, et que cette amitié redoublant plus que par le passé, le R... quitte et ne regarde la Val..... et que, la R.... étant répudiée, je puisse épouser le R.... »

Guibourg en était là de sa lecture, quand la femme, prête à partir, s'aperçut de l'oubli et lui arracha le papier.

Le juge interrogateur voulut connaître toutes les circonstances du sacrilége. Guibourg ne fit pas de difficultés pour convenir qu'il mêlait au sang des enfants les fragments d'une hostie consacrée. Pour présider à ces cérémonies infâmes, il revêtait quelquefois l'aube, l'étole et le manipule. C'est dans ce costume qu'il avait fait, à la prière de la Desœillets, une conjuration dont l'intention était de fabriquer un charme pour s'emparer du cœur du roi. La Desœillets vint, accompagnée d'un homme qui donna la formule de la conjuration, écrite sur un papier cacheté. Cette fois, il ne fut pas fait un de ces horribles sacrifices d'enfant ; mais l'atroce fut remplacé par l'immonde.

Ici, la plume se refuse à retracer les inventions inouïes où la crédulité se laisse entraîner par la luxure. La langue latine elle-même ne couvrirait pas d'un voile assez épais ces turpitudes dignes de la débauche de Rome en décadence, ces raffinements de la lubricité impie. Il nous suffira de dire que, le calice rempli d'un affreux et dégoûtant mélange, Guibourg récita une conjuration, tira le mélange du calice et le mit dans un petit vaisseau, que l'homme et la Desœillets emportèrent.

Plus Guibourg entra dans le détail, plus il rapprocha l'époque des messes sacriléges dites pour Mᵐᵉ de Mancini. La fille Voisin, le 20 août, avait fait remonter tout au plus à trois ans la dernière messe dite chez sa mère, en présence de la Mancini. Deux autres avaient été dites à la même intention ; mais la Voisin mère avait remplacé la Mancini, qui n'avait pu trouver le temps d'y assister. Confrontée à la fille Voisin, Guibourg convint, le 23 octobre, qu'il y avait quatre ans au plus que la femme voilée, qu'on disait être Mᵐᵉ de Mancini, avait fait dire par lui cette messe pour laquelle lui, Guibourg, avait ouvert un cœur d'enfant, en avait exprimé le sang dans un vase de cristal, l'avait mêlangé avec des fragments d'hostie consacrée.

Cet atroce Guibourg, au moment de l'interrogatoire, a 71 ans. Voilà les *farces de jongleurs* dont M. Michelet fait si bon marché !

Le 20 septembre, la Filâtre fut brûlée. Françoise Filâtre, disent les Extraits de la procédure, avait 35 ans : elle n'était ni *fille*, ni *mariée*. A la torture, elle avoua beaucoup d'empoisonnements. Elle dit avoir fait « un pacte *pour le rétablissement de M. Fouquet et la mort de M. Colbert*, sur la demande de Mᵐᵉ de Vivonne. » Elle avoua encore avoir fait dire, par Guibourg et par un autre prêtre, Coton, nombre de messes *à l'envers*. Elle avait *consacré des couleuvres pour l'amour*, et vendu des cantharides. Elle raconta une scène de sacrilège vraiment curieuse, et qui montre, une fois de plus, que ces infâmes étaient dupes elles-mêmes de leurs inventions superstitieuses. La Simon, devineresse et empoisonneuse, étant devenue enceinte du fait d'un La Coudroye, il fut fait, sous les auspices de la Filâtre, une cérémonie magique, dont l'objet était de céder au diable l'enfant à venir. La Filâtre traça dans sa chambre un cercle magique, au bord duquel accoucha la Simon, et, quand l'enfant parut, ses parents renoncèrent solennellement pour lui au saint Sacrement.

Le prêtre Coton fut brûlé vif, en compagnie de la Filâtre, comme atteint et convaincu d'avoir fait à Melun, dans une cave, une conjuration suivie de sacrifice.

Les révélations sans nombre qu'apportait chaque accusé, les arrestations incessantes procurées par tous ces misérables, qui cherchaient à mériter leur grâce en faisant main basse sur leurs complices, avaient tellement encombré Vincennes, la Bastille et le Châtelet, que, dès le 23 mai 1680, il avait fallu nommer une Commission nouvelle, «attendu, disent les Extraits de Mᵉ Brunet, que les accusés se sont si fort multipliés, que MM. de la Reynie et Besons peuvent à peine suffire à l'instruction.» Le Roi, en conséquence, donna pouvoir à M. Lefébure d'Ormesson de lever les scellés apposés sur les meubles, effets et papiers des accusés justiciables de l'Arsenal.

Nous allons passer rapidement en revue les résultats les moins intéressants de cette énorme procédure, nous réservant d'appeler plus particulièrement ensuite l'attention du lecteur sur les découvertes relatives aux crimes de lèse-majesté qui dominent tout le procès.

Le 16 juillet 1680, la Sardone et la Poligny, devineresses et empoisonneuses, sont pendues.

Le 2 janvier 1681, est pendue la Rouffet, dont le métier est de faire avorter, et qui a «une pierre qui est son secret.»

Le 15 janvier, est pendue la Méline, tapissière, dont l'enfant a été empoisonné et a servi à un sacrifice.

Le 19 janvier, arrêt qui bannit pour neuf ans la Poignard, qui s'est mêlée d'avortement, et dont le neveu a été sacrifié par Guibourg. La Poignard est reléguée à Belle-Isle-en-mer.

Le 19 juin, Deschaut et de Bray sont brûlés vifs, la Chanfrin est pendue. Ils ont usé de poison, dit le procès-verbal de torture, et ont été complices du dessein *de faire mourir le Roi et de rendre le pouvoir à M. Fouquet.*

Le 30 juillet, est pendu et brûlé François de la Lande, qui se mêlait de médecine. Il faisait, avec Guibourg, «des pièces volantes composées de cire du cierge pascal.» Il trafiquait de sorcellerie et de poisons.

Le 6 septembre, est roué vif Barenton, vendeur de maléfices, diseur de messes sacrilèges, empoisonneur en compagnie d'un Moreau, d'un Pinon, d'un Maillard.

Le 13 septembre, Moreau est roué à son tour.

Le 19 décembre, une complice de la Méline, la Joly, est brûlée vive. Cette fille avoue, dans la torture, avoir désensorcelé une femme La Motte, au moyen d'un «cœur piqué et bouilli dans un pot neuf.» Elle a été de l'affaire du neveu de la Poignard, sacrifié par le curé de Saint-Mesmin (Guibourg). Le sang fut reçu dans un calice. Elle déclare énormément de monde, des filles qui ont cherché à se débarrasser de leurs mères, des frères qui ont attenté à la vie de leurs frères, des femmes qui ont acheté la mort de leurs maris, des maris qui ont acheté la mort de leurs femmes. Elle déclare une fille Doux, «pire que la Brinvilliers pour le poison.» Elle raconte l'empoisonnement de *Desgrez*, fait par la Heupot, par le moyen d'une fille mise à son service. Ce Desgrez est-il le célèbre exempt qui arrêta la Brinvilliers ? Son nom s'écrit souvent ainsi. Un dernier trait pour achever de peindre la Joly : elle avait pour protecteur le lieutenant criminel d'Orléans.

Le 26 janvier 1682, arrêt qui condamne à être pendue Louison des Loges.

Le 20 février, arrêt qui condamne Jean Maillard, auditeur des comptes à Paris, complice de Moreau, de Pinon, de Barenton, à avoir la tête tranchée.

Le 30 avril, condamnation aux galères perpétuelles de ce Blessis, que l'acolyte de Romany, l'instrument de la Voisin, Bertrand de Dauphiné, nous a montré mêlé à l'affaire du placet de Saint-Germain. Blessis, arrêté depuis longtemps, puisqu'il avait été, au mois d'avril 1679, confronté avec la La Bosse, avait avoué des empoisonnements à l'italienne, au moyen de gants parfumés. En 1682, il n'avait que 31 ans.

Entre ces condamnations, dont nous avons les dates, il faut encore en placer un grand nombre : celle par exemple de Vanens, chez qui avaient été trouvées des drogues avec lesquelles les experts déclarèrent avoir empoisonné des animaux. Celle de Chaboissière, valet de Vanens, souffleur et chimiste en poisons, qui avait empoisonné un abbé Chapelle. Celle du chiromancien Gobert, qui tirait des horoscopes et nouait l'aiguillette, pour le compte de la La Bosse. Celle de la Lescalopier, pendue en effigie, pour avoir acheté, à la La Bosse et à Maillard, du poison qu'elle donna à son mari dans un bouillon au lait. Plus heureuse que ses complices, la Lescalopier put gagner la frontière, sous des habits d'homme.

Citons encore les époux Vautier : le mari travaillait avec le sorcier La Tour, «cabaliste, qui prédit la mort de M. de Turenne par un coup de canon.» Rien de plus grave ne fut trouvé au compte de ces deux accusés, qu'un propos imprudent : parlant du Roi, ils avaient dit «que Sa Majesté ne vivrait pas plus de neuf ans, ainsi que Monseigneur, et qu'il y aurait de grands troubles.» Le mari fut exécuté.

La condamnation la moins forte prononcée par la Commission de l'Arsenal, est celle des sœurs Chevreau. Elles avaient été un moment impliquées dans un sacrifice d'enfant, tué par Guibourg, dans un trou creusé au pied d'un chêne. Leur innocence fut reconnue; mais elles ne purent nier qu'elles eussent fait désensorceler leur neveu par Guibourg. Elles furent condamnées, pour ce fait de pratique magique, à 50 livres d'amende, à 30 livres d'aumône, et, de plus, admonestées et blâmées.

Quelques simples observations vont, maintenant, jeter la lumière dans ce catalogue de crimes et de supplices, et nous faire comprendre le continuel sous-entendu de cet énorme procès.

A quelle occasion est instituée la juridiction spéciale de l'Arsenal?

Une procédure, dans les formes ordinaires, a été commencée, dès le 13 janvier 1678, à propos de révélations contenues dans le billet trouvé aux Jésuites de la rue Saint-Antoine. Ces révélations intéressent, à la fois, la personne royale et la succession au trône de Louis XIV. On a appris par elles qu'à un certain moment, la vie du Roi et celle de Mgr..... (le Dauphin), ont été menacées par un complot d'empoisonnement.

On arrête des empoisonneurs à gages, des charlatans, des devins, gens connus pour spéculer sur la crédulité publique et sur les passions criminelles. De leurs aveux, il résulte qu'il y a eu, en effet, une machination contre la royauté ; mais on s'aperçoit, en même temps, que ces misérables n'ont été que des instruments. Les coupables sont plus haut, à Versailles, au pied même du trône.

Alors, sont promulguées les lettres patentes du 7 avril 1679. La juridiction qu'elles instituent est extraordinaire, comme les crimes qui lui sont attribués. On se rappelle ces grands jours d'Auvergne, établis en 1665, juridiction tutélaire aux faibles, formidable aux puissants, qui avaient eu pour résultat de faire pénétrer la justice royale dans huit provinces où quelques riches et nobles familles régnaient plus que le Roi. Ces juridictions spéciales sont l'arme de réserve de la monarchie absolue contre la féodalité. Par elles sont balayés, en France, les derniers vestiges de pouvoirs anarchiques. Leur apparition dénote toujours un état violent de la société, un mal caché qui prend sa source dans des prétentions hostiles à l'autorité royale. L'ensemble des désordres qu'elles ont pour mission de faire disparaître leur donne le caractère extérieur d'un remède à des maux publics ; mais leur sens

« Sainte-Croix, d'abord, avait travaillé avec un pharmacien allemand, Glazer » (PAGE 25).

intime et caché n'est pas autre chose qu'un effort pour consolider l'autorité monarchique.

Il en est évidemment ainsi de la juridiction extraordinaire de l'Arsenal. Son but apparent est d'extirper un mal public, un grand désordre moral. A ce point de vue, l'établissement de la *Chambre ardente* (nom significatif donné par le peuple, parce qu'on brûlait les condamnés), répondit aux préoccupations générales, et dissipa les craintes qu'avaient fait naître des crimes nombreux, commis par une sorte d'association malfaisante. Mais le caractère vrai, le but non avoué de cette institution juridique, fut, on n'en saurait douter, la protection du principe monarchique.

Prouvons-le rapidement, par les faits mêmes du procès.

Le premier groupe d'accusés se compose des membres de l'association Vanens, Bachimont, Blessis, la La Bosse, la Vigoureux, la Trianon, la Voisin, Guibourg, Le Sage et consorts. En les interrogeant, on découvre une multitude de crimes privés qui motivent des condamnations nombreuses. C'est là la partie officielle du procès. La poursuite de ces crimes répond aux préoccupations de l'opinion publique.

Mais, à chaque instant de la procédure, jaillissent des lumières inattendues sur des faits qui paraissent d'abord n'avoir entre eux aucune connexion. Ces faits sont attentatoires à la majesté, ou à la sûreté de la personne royale.

Bientôt, on s'aperçoit que deux intrigues principales ont, pendant de longues années, enveloppé, menacé Louis XIV. L'une a eu pour instigateur l'exsurintendant Fouquet ; l'autre a été conduite par Olympe de Mancini, comtesse de Soissons. Toutes deux aboutissent à une tentative d'empoisonnement, mal conçue peut-être, mais clairement démontrée.

L'intrigue Mancini ressort de toute la procédure. Tous les accusés principaux nous montrent cette femme demandant à la magie les moyens de s'emparer du Roi, épuisant contre lui et contre ses favorites l'arsenal mystérieux des conjurations, et, quand sa défaite est complète, en appelant au poison pour se venger.

L'intrigue de Fouquet est moins évidente. Achevons de la mettre à nu.

On n'a pas oublié cet aveu de la Filâtre, qui, après avoir déclaré les pratiques sacrilèges faites, à l'intention de la Mancine, pour s'assurer l'amour du Roi et perdre Mme de Fontanges, rapporte que Guibourg dit également des messes *pour le dessein qu'un homme de qualité avait contre M. Colbert*. La Chapelain, dont Vanens était l'émissaire, avait fait agir la Filâtre *pour la recherche de poudres pour Mme de Mancini et de poisons pour M. F....*

Rapprochons ces aveux de ceux de Guibourg. Une dame de qualité lui a demandé des poisons *destinés à M. Colbert*. Un *parent de Fouquet*, Pinon Dumartroy, a voulu venger le surintendant tombé, et a aussi acheté du poison.

La Filâtre, à la torture, avoue avoir fait un pacte *pour le rétablissement de M. Fouquet, et la mort de M. Colbert*, sur la demande de Mme de Vivonne.

Deschaut, de Bray, la Chanfrin, sont brûlés vifs et pendus, pour complicité dans le dessein *de faire mourir le Roi et de rendre le pouvoir à M. Fouquet*.

Plus tard, nous retrouvons Pinon en compagnie de Maillard, de Moreau, de Barenton ; tous sont complices des desseins de M. Fouquet contre le Roi.

Voici ce qui résulte des interrogatoires de divers accusés compris dans cette intrigue.

Depuis la disgrâce du surintendant Fouquet, un

« Vous avez, Madame, avait-elle dit, obtenu l'amour d'un grand prince » (PAGE 12).

certain nombre de personnes avaient été occupées à préparer un moyen secret de détruire les ennemis du ministre tombé. Des aventuriers comme Sainte-Croix, l'amant sinistre de la marquise de Brinvilliers; des spéculateurs comme Pinon, des rebouteurs ou des sorciers de campagne comme Barenton, même un auditeur des comptes à Paris, Jean Maillard, s'étaient employés pour la confection d'un poison subtil, destiné à M. Colbert et à Louis XIV lui-même. (Manuscrit du Corps législatif, dossier de Jean Maillard.)

Sainte-Croix, d'abord, avait travaillé avec un pharmacien allemand, Glazer; Sainte-Croix était mort par imprudence, en manipulant les poudres subtiles fournies par Glazer. Nous retrouvons ici, dans la bouche de Jean Maillard, l'histoire apocryphe du masque de verre, dont le procès de la Brinvilliers nous a démontré l'absurdité.

Pinon, quelque temps avant la mort de Sainte-Croix, s'était adjoint aux deux artistes en poison.

Pinon avait à la fortune de Fouquet un intérêt sérieux. Du temps que Fouquet était surintendant, Pinon avait fait agréer ses prétentions sur des parties considérables de bois dépendantes de la forêt d'Orléans. Après la disgrâce de Fouquet, Colbert avait fait justice de cette revendication, et les bois avaient été adjugés au roi. Pinon, ruiné par ce changement de ministre, avait conçu contre Colbert une haine qui ne pouvait s'éteindre que par la mort. Soit simple désir de vengeance, soit espoir secret de voir se lever de nouveau l'étoile de Fouquet, son protecteur, il se lia avec Sainte-Croix, avec Guibourg, avec un Beaulieu, tireur d'horoscopes. Sans doute, Pinon prit part à l'infernale cuisine de la maison du cul-de-sac de la place Maubert. (*Voyez* le procès de la Brinvilliers.)

Pinon mourut en 1679, sans avoir réussi à satisfaire ses désirs. Barenton lui succéda dans l'association dont Glazer et Sainte-Croix étaient les fondateurs.

Ce Barenton, simple laboureur en Beauce, s'était, de sa propre autorité, institué vétérinaire, rebouteur, puis jeteur de sorts, noueur d'aiguillettes ; il s'était fait, par tout l'Orléanais, une réputation de maître en fait de maléfices. On saisit chez cet homme un livre de magie, signé des noms de deux diables et de leur chef Belzébuth. Barenton, homme précieux pour l'association, cumulait, même avant de connaître Glazer et Sainte-Croix, le poison et la magie. Il disait, pour des gens venus de Paris, des messes sur le ventre de sa servante. Il vendait aux femmes de l'arsenic pour leurs maris, aux maris de l'arsenic pour leurs femmes, aux amoureux de la poudre de *mouches d'amours*, aux jaloux des semences froides et des extraits destinés à amortir les sens.

Une fois mis en rapport avec les amis de Pinon, il s'occupa sans doute de choses plus importantes ; car sa femme, grossière paysanne, et qui n'eût pu inventer en semblable matière, déclara qu'une certaine La Bosse étant venue à la maison, s'était souvent et longuement entretenue avec son mari « de M. Fouquet et d'un secret cherché. »

Voilà la filiation du complot bien établie. Voilà clairement démontrée la liaison des procès Barenton, Maillard, Moreau et autres, avec les procès La Bosse, Vigoureux, Trianon, Vanens et consorts. Tous ces misérables se tiennent ; tous sont surpris mêlés à une grande intrigue politique, dont le surintendant Fouquet est la cheville ouvrière.

Jean Maillard voulut en vain nier ses criminelles pratiques ; tout en protestant jusqu'au dernier moment de son innocence, il dut reconnaître qu'il avait vécu dans l'intimité de Sainte-Croix. Il avait été question pour Maillard d'un mariage avec une veuve, et l'union était sortable ; mais Sainte-Croix l'en avait dissuadé, lui disant que bientôt il pourrait prétendre à des partis de plus grande conséquence.

C'est par là que la grande affaire de la Chambre ardente se rattache au procès de la Brinvilliers. La marquise elle-même n'a aucune relation directe avec la bande de faux monnayeurs, de charlatans, et d'empoisonneurs qui fournit des justiciables à la Commission de l'Arsenal. Mais souvent les figures sinistres qui s'agitent dans l'ombre du procès Brinvilliers sont liées d'intérêt et d'habitudes avec les criminels poursuivis par la Chambre ardente. C'est une franc-maçonnerie de scélérats qui exploitent la société. Leurs mains homicides sont au service de toutes les pensées ténébreuses ; et, comme, de toutes ces pensées, la plus audacieuse est celle qui doit rapporter le plus, nous retrouvons, pendant près de vingt ans, ces coquins prêts à tout faire travaillant pour le compte de la grande ambition déçue.

La marquise de Brinvilliers, qui a côtoyé toutes ces infamies, qui les a mises en œuvre pour le profit de ses passions scélérates, n'a fait qu'entrevoir la grosse affaire qui se traitait près d'elle. Ses derniers aveux, très-complets et très-sincères, puisqu'ils ont livré tous ses crimes à la justice, n'ont fait qu'effleurer les crimes dont vivaient ses complices. C'est qu'elle-même n'y fut jamais initiée. Glazer et Sainte-Croix n'ont jamais confié à cette tête légère des secrets de cette importance. Elle sait seulement, et elle le dit, que Glazer allait, tous les ans, en Italie, chercher pour Fouquet les poisons les plus nouveaux ; elle a entendu dire que Fouquet avait *un grand dessein* : mais elle n'en sait pas davantage.

Si, maintenant, nous retrouvons, dans vingt procès-verbaux de l'Arsenal, les preuves de desseins criminels tentés pour restaurer le pouvoir de Fouquet, ou simplement pour venger sa chute ; si nous voyons, de tous côtés, la vie du souverain, de l'ennemi de Fouquet, menacée par le poison, si les amis de Fouquet recherchent les moyens d'attenter aux jours de Louis XIV ; si Moreau, mis à la question, avoue avoir donné à la La Bosse et à Maillard *deux bouteilles pour empoisonner le Roi* ; si Maillard, après avoir avoué ses relations avec Glazer et Sainte-Croix, déclare, dans les mêmes termes que la Brinvilliers, que Fouquet a eu *un grand dessein*, il n'est plus possible de douter d'une longue et criminelle connivence de tous ces scélérats avec le surintendant.

Guibourg et Le Sage, qui ont tout avoué, et dont les aveux, dominant et, pour ainsi dire, conduisant tout le procès, sont discrètement écourtés dans les Extraits de Me Brunet, Guibourg et Le Sage ont mis sur la trace de cette grande intrigue. Malgré sa réserve, le notaire Brunet laisse échapper quelques mots significatifs dans le résumé trop rapide de leurs interrogatoires.

Ainsi, le 24 août 1681, *Guibourg* déclare que « le dessein de Pinon étoit de luy faire dire des messes avec des conjurations *pour quelques charmes sur l'esprit du Roi*, et, ne réussissant pas, de se servir *du poison contre le Roi*. » Guibourg donne sur ces conjurations des détails très-précis et très-curieux. On l'a fait venir à Vitry ; là, il s'est trouvé en compagnie d'un prêtre et d'un sergent aux gardes, La Houssaye. On s'est réuni dans une cave, et l'on a fait en commun, *pour le dessein de Pinon*, neuf jours de conjuration *sur une figure du Roi de cire blanche*. C'est la vieille cérémonie de l'envoûtement, que nous avons déjà vu pratiquer par Bonnard, lieutenant de Luxembourg. A Vitry, la conjuration finit, comme d'habitude, par la combustion de la figure de cire. Pinon en mit les cendres dans une boîte. C'est la Voisin qui prêta les livres de conjuration.

Quant à *Adam Cœuvret dit Le Sage*, les Extraits disent qu'il avoua *tout* ; qu'il dévoila l'intrigue de Mme de Mancini avec la Voisin, à Saint-Germain ; qu'il dit que la Voisin promettait séparément à *toutes ces dames* de les mettre bien avec le Roi et de les défaire de leurs ennemis.

Si Le Sage avoua *tout*, il dit autre chose que cela.

Le nom de ces deux hommes se trouve dans presque tous les procès-verbaux de l'Arsenal ; et eux-mêmes n'auraient rien dit d'important ! Remarquons encore que, bien que convaincus de crimes abominables, bien qu'ayant mérité cent fois la corde, la barre et le bûcher, ces deux prêtres sacrilèges, ces deux empoisonneurs, ces deux assassins sont épargnés par la justice. La tradition les fait mourir en Grève, et tous les historiens, même M. Dufey (de l'Yonne), qui a parcouru les Papiers de l'Arsenal, tous, M. Michelet seul excepté, suivent aveuglément la tradition en cela. Il n'en est rien. Les Extraits nous apprennent que Guibourg et Le Sage furent seulement relégués à Besançon.

Pourquoi cette étonnante indulgence, si ce n'est parce que Guibourg et Le Sage ont fait connaître les secrets de la grande conjuration ? La Voisin, la Trianon, la Filâtre, la La Bosse, la Vigoureux, Maillard, Barenton et tant d'autres, ont subi le dernier supplice, parce qu'ils n'ont pas voulu dire tout ce qu'ils savaient.

Pourquoi Blessis est-il réservé si longtemps, tandis

qu'on a hâte de se débarrasser de ses complices?
Pourquoi n'est-il condamné qu'aux galères, lui,
l'empoisonneur avoué? C'est évidemment parce que
Blessis a divulgué les desseins de l'association criminelle.

En présence des conclusions que nous tirons de
cette procédure mal connue jusqu'à présent, plus
d'un lecteur s'étonnera, se prendra à douter. Quoi!
se dira-t-on, le surintendant Fouquet complice, ou
plutôt, chef de tous ces misérables? Fouquet, dont
Voltaire vante la « grandeur d'âme; » Fouquet,
connu seulement de quelques-uns par l'admirable
élégie de La Fontaine; Fouquet, dont prirent la défense les plus beaux esprits, les plus beaux caractères du grand siècle; Fouquet, protecteur des lettres, amateur des arts, qui remplissait Vaux et Saint-
Mandé de tant de chefs-d'œuvre choisis avec goût,
payés avec munificence! On s'est habitué à voir
dans le surintendant une victime de la jalousie de
Louis XIV, un imprudent qui osa jeter les yeux sur
Mme de La Vallière; qui ne sut pas *régler ses désirs*,
et qui effraya l'autorité mal assise encore du
grand Roi.

Il y a, à la Bibliothèque Impériale, des manuscrits dits des Armoires de Baluze. Le volume CXLIX
contient les papiers de Fouquet. Ces documents,
consultés depuis peu, ont singulièrement modifié
l'histoire traditionnelle du surintendant. Sa figure,
si glorieusement dessinée par la flatterie à gages,
ou par la poésie reconnaissante, s'y dépouille des
hautes qualités dont on s'était plu à la parer. Il redevient là un corrupteur, un rapace de haute volée,
qui était en bon train d'acheter, d'avilir et d'asser-
vir la France, quand, le 5 septembre 1661, le Roi
devint vraiment Roi en le faisant arrêter à Nantes.
Pour Mme de Sévigné, pour la Fontaine, pour Mau-
croix, pour beaucoup d'autres honnêtes gens,
Fouquet ne fut ce jour-là, que la victime d'une
cabale:

La *cabale* est contente, Oronte est malheureux,

disait très-sincèrement la Fontaine, qui n'adopta
que par prudence cette variante plus connue:

Les destins sont contents. . . . .

La cabale, c'était Colbert, et les amis du généreux
patron de Vaux ne virent dans la chute de Fouquet
que le résultat d'une intrigue. Il est certain aujour-
d'hui que Colbert, en poussant à la chute de Fouquet, mit la royauté hors de danger; qu'il coupa court
à des déprédations gigantesques, à des entreprises
contre le pouvoir du Roi. La dissimulation même
dont usa Louis XIV, depuis le 17 août 1661, jour de
ces insolentes fêtes de Vaux, jusqu'au 5 septembre,
prouve que Fouquet était un véritable danger. Ses
crimes furent certainement tout autre chose qu'une
imprudente rivalité, ou même que le gaspillage des
deniers publics; ce qui le démontre, c'est que
Colbert, le chancelier Séguier, Michel Letellier,
Louis XIV lui-même, voulaient *la mort* du coupable.
Fouquet fut sauvé par ses immenses larcins; il acheta
ses juges. D'ailleurs il savait tant et de si importants
secrets!

En 1663, la perte de Fouquet est si bien résolue,
ses amis sont si résignés à le voir frapper jusqu'au
bout, que tout ce qu'ils demandent pour lui, c'est
la vie. C'est là le sens d'une Ode de la Fontaine,
beaucoup moins connue que la célèbre Élégie:

Tu peux, d'un éclat de ta foudre,
Achever de le mettre en poudre;
Mais si les dieux à ton pouvoir
Aucunes bornes n'ont prescrites,
Moins ta grandeur a de limites,
Plus ton courroux en doit avoir.
. . . .
Laisse-lui donc, pour toute grâce,
Un bien qui ne lui peut durer
. . . .
Accorde-nous les faibles restes
De ses jours tristes et funè s.

Louis XIV consentit à laisser vivre le grand coupable, qui, pendant dix-sept ans encore, expia son
insolente fortune et ses crimes ignorés.

Le Fouquet de l'histoire ne ressemble guère, on
le voit, au Fouquet de la tradition. Déjà, au reste,
quelques indications historiques nous ont montré,
avant les Armoires de Baluze, avant les Extraits du
Corps législatif, quel homme était ce grand ministre.
On n'a pas assez remarqué l'étrange figure de son
frère, son âme damnée, l'abbé Fouquet, scélérat
faisant peur même à son frère qui se servait de lui.
Les *Mémoires de Gourville* disent de cet abbé Fouquet: « Il entretenait à ses dépens cinquante ou
soixante personnes, *la plupart gens de sac et de
corde*, qui lui servaient d'espions et le faisaient
craindre. » Cette aimable suite ne fait-elle pas involontairement penser aux Sainte-Croix, aux Vanens,
aux Barenton, aux La Houssaye? Car n'allez pas
croire que l'abbé se contentât de payer des mouches. Il avait, à l'occasion, besoin de sicaires; ce fut
lui qui proposa un jour à Mazarin d'enlever, d'*assassiner* et de *saler* le coadjuteur (Mémoires de Gourville). Les *Mémoires* de Mademoiselle confirment le
dire de Gourville; elle y nomme le chef des *bravi* de
Fouquet: c'était un certain Biscara, officier aux
gardes.

Nous avons dit que le surintendant lui-même
avait peur de l'abbé, sachant de bonne source de
quoi il était capable; voici ce qu'il en dit dans des
instructions secrètes dont les prévisions sont significatives:

« *Si j'étois mis en prison* et que mon frère l'abbé,
qui s'est divisé dans ces derniers temps d'avec moi
mal à propos, n'y fust pas, et qu'on le laissast en
liberté, il faudroit doubter qu'il eust été gagné
contre moi, et il seroit plus à craindre en cela
qu'un autre. »

Un peu de lumière de plus dans cette vie criminelle, et nous avons le Fouquet des procès de
poison jugés de 1676 à 1682. Ne supposons rien,
n'exagérons rien. Il reste acquis par la procédure
de l'affaire Brinvilliers, par la procédure de l'Arsenal, que, dans les temps de sa grande faveur, le surintendant Fouquet gageait des maîtres ès poisons,
soudoyait toute une bande de *bravi* de l'arsenic et du
sublimé, instruits dans les arts funestes de l'Italie
par Glazer et par Exili. Ce dernier, pour le dire
en passant, leur instituteur à tous, disparaît quelque
temps après la disgrâce du ministre. Il retourna
en Italie, à Rome, sans doute, où, selon la légende,
il avait été l'empoisonneur à gages de Mme Olimpia,
la terrible courtisane aimée d'Innocent X.

Il reste encore acquis qu'après sa disgrâce, Fouquet, regretté des uns, espéré des autres, appuyé sur
mille complicités d'autrefois, n'a pas cessé de machi-
ner contre le Roi. Il a, près de Louis XIV, Pellisson,
son premier commis. Il a, à Versailles, une marquise
d'Alluye, autrefois sa maîtresse, quand elle s'appelait Mlle de Fouilloux. Il a une Vivonne, qui complote

la mort de Colbert. Il a au Parlément son parent Pinon Dumarlroy. Il a l'auditeur des comptes Jean Maillard, le médecin Moreau, toute la clique des amis et des élèves de Sainte-Croix, toute la séquelle des empoisonneuses devineresses.

A un certain moment, sa pensée criminelle, son *grand dessein* se rencontre, dans les mêmes ateliers de crime, avec la pensée criminelle, avec le dessein d'Olympe de Mancini. Ces deux ambitions déçues, ces deux cœurs altérés de vengeance, se réunissent dans une même entreprise, le complot du placet de Saint-Germain. C'est la Mancini, c'est la fille Voisin, qui devait payer *ces affaires*, et remettre elle-même le placet aux mains du Roi. Mais ce poison, si subtil que, pourvu que le Roi ouvrît le placet lui-même, c'en serait assez; ce poison qui tuait à l'italienne, par la respiration, par le simple contact, qui l'avait fourni? C'était Blessis, l'acolyte de Vanens, l'empoisonneur de chemises. Qui l'avait composé? C'était Maillard, c'était Pinon, agents de Fouquet, élèves de ce Sainte-Croix qui travaillait avec Glazer pour le grand dessein de Fouquet.

L'impunité relative de Blessis, de Guibourg, de Le Sage, ces misérables perdus de crimes, s'explique seulement par les révélations qu'ils ont faites sur ce secret d'État.

Ici, il est vrai, se présente une objection. Pourquoi, si la Mancine s'est vraiment rendue coupable d'un régicide par intention, d'une entreprise contre Louis XIV avortée, comme dit la loi de nos jours, par suite de circonstances indépendantes de sa volonté, pourquoi le Roi ne la fit-il pas traiter selon ses mérites? pourquoi la fit-il prévenir à temps d'avoir à chercher son salut dans la fuite? Il est vrai qu'en faisant cela, Louis XIV se reconnaissait coupable envers Dieu et envers son peuple. Mais, pour châtier Olympe, il eût fallu dégrader, aux yeux de tous, la majesté royale. On eût porté atteinte à l'inviolabilité de la personne sacrée en avouant que le Roi avait été si longtemps, et pour de telles causes, exposé à de si misérables entreprises. Le crime remontait à une époque déjà éloignée. Il n'y avait eu d'autre commencement d'exécution que des cérémonies impies, mais ridicules. Tout cela, dit à haute voix, ne pouvait que diminuer le Roi.

D'ailleurs, du côté d'Olympe, la cause des tentatives criminelles en atténuait la scélératesse; elle avait été aimée du Roi; elle avait cherché à reconquérir la faveur perdue, à ressaisir l'amour envolé. Cela même était une façon d'excuse.

Louis XIV se contenta d'éloigner cette dangereuse délaissée, et il l'éloigna pour toujours; mais il voulut tout savoir, et voilà, sans doute, pourquoi c'est grâce de la vie aux instruments criminels de cette passion qui allèrent au bout des aveux. Voilà, sans doute, pourquoi l'Italienne scélérate, la noire de Refuge, ne fut que reléguée à Villefranche.

Quant à Fouquet, la chose avait une tout autre portée. Le grand dessein, si longuement, si patiemment suivi par ses amis, pouvait continuer de menacer le Roi, même après l'éclatante punition de quelques-uns de ses fauteurs. Il fallait supprimer la cause persistante de ces menées.

Aussi, Fouquet meurt à Pignerol le 23 mars 1680, deux mois après le grand scandale des décrets, et lorsque déjà la Commission de l'Arsenal a pu se rendre compte de la criminalité véritable des décrétés.

On a contesté cette date de la mort de Fouquet, et on sait quelles absurdes légendes ont été bâties

sur la disparition prétendue du surintendant. Mais la date paraît incontestable. C'est celle que donne Mᵐᵉ de Sévigné; c'est celle que déclara la famille même de Fouquet, mieux informée, sans doute, que Gourville, qui fait sortir Fouquet de prison avant sa mort.

Et comment mourut Fouquet? *D'apoplexie*, dit Bussy-Rabutin, et, ajoute-t-il, écrivant à Mᵐᵉ de Montmorency, quand on lui permettait d'aller aux eaux de Bourbon. « Cette permission arriva trop tard. » « Sa maladie, dit Mᵐᵉ de Sévigné, a été *des convulsions et des maux de cœur, sans pouvoir vomir.* » Mᵐᵉ de Sévigné était liée avec deux amis intimes de Fouquet, Mˡˡᵉ de Scudéri et Pellisson; elle pouvait être bien informée.

Est-ce outre-passer les bornes de l'hypothèse historique, que de soupçonner le poison dans cette mort de Pignerol, si étrange et si opportune? M. Champollion-Figeac, conservateur des manuscrits à la Bibliothèque impériale, a signalé une lettre de Louis XIV dans laquelle le Roi demande au pape, qui les refusa, des dispenses pour se défaire d'un homme dangereux au royaume (1). »

Sur cette mort, nous ne concluons pas, nous indiquons. Sur la culpabilité de Fouquet, nous pensons avoir apporté des preuves.

Quant à la duchesse de Bouillon, Luxembourg et les autres, ils ne paraissent n'avoir été coupables que de curiosité sacrilège ou de crimes privés. Le scandale de leur châtiment eût excédé, selon les idées du temps, l'intérêt de la justice et de la société. Les criminels obscurs payèrent pour ces grands coupables.

Ainsi, on est forcé de conclure que, dans ce grand procès de poisons, qui dure près de quatre années, qui enveloppe 226 accusés, qui allume tant de bûchers, fait tourner tant de roues, élève tant de potences, il n'est question qu'incidemment des crimes dont se préoccupa si longtemps l'opinion publique. L'objet véritable des recherches de la Commission, ce n'est pas la dangereuse association qui décime et démoralise les familles; c'est une intrigue criminelle tramée contre la personne du Roi; c'est une menace faite à son autorité et à sa vie. Des justiciables de l'Arsenal, les plus coupables échappent ou sont légèrement punis; le véritable accusé dans ce procès ne figure pas même sur l'énorme liste, et son châtiment est tenu secret comme sa faute.

Lorsque la Commission eut épuisé la liste des accusés de crimes publics, et lorsque, surtout, elle eut vidé à fond l'affaire de *cet autre crime que le Roi n'avait pas entendu expliquer*, la Chambre de l'Arsenal fut close par lettre de cachet, et les commissaires se séparèrent. La lettre de clôture est de juillet 1682; elle est adressée au président de la Commission à ce moment, M. Boucherat.

Une satisfaction plus apparente que réelle avait été donnée par cette juridiction extraordinaire à l'opinion publique; mais le Roi, tout en procédant à cette enquête dans un but de défense personnelle, n'avait pu se dissimuler que, malgré les exemples faits, le mal public n'était pas guéri. Il songea à pourvoir à la sûreté de ses sujets et à leur moralisation, par

(1) Nous empruntons cette indication à M. Paul Lacroix (le bibliophile Jacob), qui, dans un de ses romans historiques, souvent plus vrais que l'histoire (*La Chambre des Poisons, Histoire du temps de Louis XIV*, 2 vol.), a esquissé vigoureusement l'affaire des poisons. Il a soupçonné, le premier peut-être, le rôle qu'y joua Fouquet.

une législation spéciale dirigée contre les sorciers, les empoisonneurs. Pour cela, il fit revivre les anciennes ordonnances, et remit en vigueur les vieux arrêts contre les sorciers, devins, magiciens, sacrilèges. Mais il faut dire, à l'honneur du grand Roi, que l'Ordonnance nouvelle n'accorda rien à la superstition qu'elle prétendait détruire. C'est le charlatanisme criminel, non la magie, qu'elle veut frapper; il y a là un grand progrès de bon sens, et une justesse de vues qui fait, mieux encore, comprendre le rôle véritable de la Commission de l'Arsenal. Les termes de l'Ordonnance de 1682 démontrent qu'on n'avait pas eu un instant cette pensée qu'accuse M. Michelet, de revenir aux procès de sorcellerie clos en 1672. Cette Ordonnance contient, en outre, une première réglementation, déjà bien établie, de la fabrication et de la vente des poisons. Ce fut là le bénéfice le plus clair du grand procès de la Chambre ardente; aussi, croyons-nous devoir donner le texte de cette célèbre Ordonnance :

Édit pour la punition des empoisonneurs, devins et autres.

«Louis, etc. L'exécution des ordonnances des rois nos prédécesseurs contre ceux qui se disent devins, magiciens et enchanteurs, ayant été négligée depuis longtemps, et ce relâchement ayant attiré *des pays étrangers* dans notre royaume plusieurs de ces imposteurs, il seroit arrivé que, sous prétexte d'horoscope et de divination, et par le moyen des prestiges des opérations des *prétendues magies* et autres *illusions* semblables, dont cette sorte de gens ont accoutumé de se servir, ils auroient surpris diverses personnes *ignorantes ou crédules* qui s'étoient insensiblement engagées avec eux, en passant des *vaines curiosités* aux *superstitions*, et des superstitions aux *impiétés* et aux *sacrilèges;* et, par une funeste suite d'engagements, ceux qui se sont le plus abandonnés à la conduite de ces séducteurs, se seroient portés à cette extrémité criminelle d'ajouter les *maléfices* et le *poison* aux impiétés et aux sacrilèges, pour obtenir l'effet des promesses desdits séducteurs, et pour l'accomplissement de leurs méchantes productions.

«Ces pratiques étant venues à notre connoissance, nous avons employé tous les soins possibles pour faire cesser et pour arrêter, par des moyens convenables, les progrès de ces détestables abominations, et, bien qu'après la punition qui a été faite des principaux auteurs et complices de ces crimes, nous dussions espérer que ces sortes de gens seroient pour toujours bannis de nos États, et nos sujets garantis de leurs surprises; néanmoins, comme l'expérience du passé nous a fait connoître combien il est dangereux de souffrir les moindres abus qui portent aux crimes de cette qualité, et combien il est difficile de les déraciner lorsque, par la dissimulation ou par le nombre des coupables, ils sont devenus crimes publics; ne voulant d'ailleurs rien omettre de ce qui peut être de la plus grande gloire de Dieu et de la sûreté de nos sujets; nous avons jugé nécessaire de renouveler les anciennes ordonnances, et de prendre encore en y ajoutant de nouvelles précautions, tant à l'égard de tous ceux qui usent de maléfices et des poisons, que de ceux qui, sous la *vaine* profession de devins, magiciens, sorciers et autres noms semblables, condamnés par les lois divines et humaines, infestent et corrompent l'esprit des peuples par leurs discours et pratiques, et par la profanation de ce que la religion a de plus saint. Savoir faisons, etc.

«Art. 1er. Que toutes personnes se mêlant de deviner et se disant devins ou devineresses, videront incessamment le royaume après la publication de notre présente déclaration, à peine de punition corporelle.

«2. Défendons toutes pratiques superstitieuses, de fait, par écrit, ou par parole, soit en abusant des termes de l'Écriture sainte ou des prières de l'Église, soit en disant ou en faisant des choses qui n'ont aucun rapport aux causes naturelles; voulons que ceux qui se trouveront les avoir enseignées, ensemble ceux qui les auront mises en usage et qui s'en seront servis pour quelque fin que ce puisse être, soient punis exemplairement et suivant l'exigence des cas.

«3. Et s'il se trouvoit à l'avenir des personnes assez méchantes pour ajouter et joindre à la superstition l'impiété et le sacrilége, sous prétexte d'opération de prétendue magie, ou autres prétextes de pareille qualité, nous voulons que celles qui s'en trouveront convaincues soient punies de mort.

«4. Seront punis de semblables peines tous ceux qui seront convaincus de s'être servis de vénéfices et de poisons, soit que la mort s'en soit ensuivie ou non, comme aussi ceux qui seront convaincus d'avoir composé ou distribué du poison pour empoisonner; et parce que les crimes qui se commettent par le poison sont non-seulement les plus détestables et les plus dangereux de tous, mais encore les plus difficiles à découvrir, nous voulons que tous ceux, sans exception, qui auront connoissance qu'il aura été travaillé à faire des poisons, qu'il en aura été demandé ou donné, soient tenus de dénoncer incessamment ce qu'ils en sauront à nos procureurs généraux ou à leurs substituts, et, en cas d'absence, au premier officier public des lieux, à peine d'être extraordinairement procédé contre eux, et punis selon les circonstances et l'exigence des cas, comme fauteurs et complices desdits crimes, et sans que les dénonciateurs soient sujets à aucune peine, ni même aux intérêts civils, lorsqu'ils auront déclaré et articulé des faits ou des indices considérables qui seront trouvés véritables et conformes à leurs dénonciations, quoique dans la suite les personnes comprises dans lesdites dénonciations soient déchargées des accusations; dérogeant à cet effet à l'article 75 de l'Ordonnance d'Orléans, pour l'effet du vénéfice et du poison seulement, sauf à punir les calomniateurs selon la rigueur de ladite ordonnance.

«5. Ceux qui seront convaincus d'avoir attenté à la vie de quelqu'un par vénéfice et poison, en sorte qu'il n'ait pas tenu à eux que ce crime n'ait été consommé, seront punis de mort.

«6. Seront réputés au nombre des poisons, non-seulement ceux qui peuvent causer une mort prompte et violente, mais aussi ceux qui, en altérant peu à peu la santé, causent des maladies, soit que lesdits poisons soient simples, naturels ou composés et faits de main d'artiste; et, en conséquence, défendons à toutes sortes de personnes, à peine de la vie, même aux médecins, apothicaires et chirurgiens, à peine de punition corporelle, d'avoir et garder de tels poisons simples ou préparés, qui, retenant toujours leur qualité de venin, et n'entrant en aucune composition ordinaire, ne peuvent servir qu'à nuire et sont de leur nature pernicieux et mortels.

«7. A l'égard de l'arsenic, du réalgar, de l'orpiment et du sublimé, quoiqu'ils soient poisons dangereux de toute leur substance, comme ils entrent et sont employés en plusieurs compositions nécessaires, nous voulons, afin d'empêcher à l'avenir la trop grande facilité qu'il y a eue jusques ici d'en abuser, qu'il ne soit permis qu'aux marchands qui demeurent dans les villes d'en vendre, et d'en livrer eux-mêmes seulement aux médecins, apothicaires, chirurgiens, orfévres, teinturiers, maréchaux et autres personnes publiques, qui, par leur profession, sont obligées d'en employer, lesquelles néanmoins écriront, en les prenant, sur un registre particulier tenu à cet effet par lesdits marchands, leurs noms, qualités et demeures, ensemble la quantité qu'ils auront prise desdits minéraux; et si au nombre desdits artisans qui s'en servent, il s'en trouve qui ne sachent pas écrire, lesdits marchands écriront pour eux; quant aux personnes inconnues auxdits marchands, comme peuvent être les chirurgiens et maréchaux des bourgs et villages, ils apporteront des certificats en bonne forme, contenant leurs noms, demeures et professions, signés du juge des lieux, ou d'un notaire et de deux témoins, ou du curé et de deux principaux habitants, lesquels certificats et attestations demeureront chez lesdits marchands pour leur décharge. Seront aussi les épiciers, merciers et autres marchands demeurant dans lesdits bourgs et villages, tenus de remettre incessamment ce qu'ils auront desdits minéraux entre les mains des syndics, gardes ou anciens marchands épiciers ou apothicaires des villes plus prochaines des lieux où ils demeureront, lesquels leur en rendront le prix, le tout à peine de trois mille livres d'amende en cas de contravention, même de punition corporelle, s'il y échet.

« 8. Enjoignons à tous ceux qui ont droit par leurs professions et métiers de vendre ou d'acheter des susdits minéraux, de les tenir en des lieux sûrs, dont ils garderont eux-mêmes la clef. Comme aussi leur enjoignons d'écrire sur un registre particulier la qualité des remèdes où ils auront employé desdits minéraux, les noms de ceux pour qui ils auront été faits, et la quantité qu'ils y auront employée, et d'arrêter à la fin de chaque année sur leurs dits registres ce qui leur en restera, le tout à peine de mille livres d'amende pour la première fois, et de plus grandes, s'il y échet.

« 9. Défendons aux médecins, chirurgiens, apothicaires, épiciers, droguistes, orfévres, teinturiers, maréchaux et tous autres, de distribuer desdits minéraux en substance à quelque personne que ce puisse être, et sous quelque prétexte que ce soit, sous peine d'être punis corporellement, et seront tenus de composer eux-mêmes, ou de faire composer en leur présence par leurs garçons, les remèdes où il devra entrer nécessairement desdits minéraux, qu'ils donneront après cela à ceux qui en demanderont pour s'en servir aux usages ordinaires.

« 10. Défenses sont aussi faites à toutes personnes autres qu'aux médecins et apothicaires, d'employer aucuns insectes vénéneux, comme serpents, crapauds, vipères et autres semblables, sous prétexte de s'en servir à des médicaments, ou à faire des expériences, et sous quelque autre prétexte que ce puisse être, s'ils n'en ont la permission expresse par écrit.

« 11. Faisons très-expresses défenses à toutes personnes de quelque profession et condition qu'elles soient, excepté aux médecins approuvés, et dans le lieu de leur résidence, aux professeurs en chimie et aux maîtres apothicaires, d'avoir aucuns laboratoires et d'y travailler à aucunes préparations de drogues ou distillations, sous prétexte de remèdes chimiques, expériences, secrets particuliers, recherches de la pierre philosophale, conversion, multiplication ou raffinement des métaux, confection des cristaux ou pierres de couleur, et autres semblables prétextes, sans avoir auparavant obtenu de nous, par lettres de grand sceau, la permission d'avoir lesdits laboratoires, présenté lesdites lettres, et fait déclaration en conséquence à nos juges et officiers de police des lieux. Défendons pareillement à tous distillateurs, vendeurs d'eau-de-vie, de faire autre distillation que celle de l'eau-de-vie et de l'esprit-de-vin, sauf à être choisi d'entre eux le nombre qui sera jugé nécessaire pour la confection des eaux-fortes dont l'usage est permis; lesquels ne pourront néanmoins y travailler qu'en vertu de nosdites lettres, et après en avoir fait leurs déclarations, à peine de punition exemplaire.

« Si donnons en mandement, etc. »

N'est-il pas vrai qu'il y a, dans cette ordonnance, un grand progrès de raison pratique et d'administration? Elle nous replace en plein dans la réalité des choses, et, à ce propos, il ne sera pas inutile de dire un mot en passant du crime qui fait le fond de tout ce procès, des instruments ordinaires de ce crime. Le bon sens de Louis XIV a fait bon marché des sortiléges et des maléfices; il a aussi restitué au poison sa véritable nature.

Nous avons, à chaque instant, rencontré, dans ce procès, la croyance bien établie, même dans l'esprit des coupables, à l'existence de poisons mystérieux, subtils, qui tuent par la seule respiration, par le plus léger contact. Serait-il donc vrai que ces temps d'ignorance eussent connu des secrets perdus de nos jours? La chimie, alors, est à peine née; Otto de Guéricke, Kunckel, en ont à peine effleuré les premiers éléments. Et cependant il semble que l'Italie ait eu dès lors la pleine connaissance d'agents plus redoutables que ceux-là même que nous a révélés la science moderne.

L'Italie, nous dit-on, avait hérité des terribles secrets de l'Orient, cette patrie du poison. Locuste, Canidie, avaient fait un art de l'empoisonnement, découvert des venins foudroyants, insaisissables. L'Italie du XVIIe siècle avait la fameuse *Aqua Tofana*, ou *Aquetta di Napoli*. Une empoisonneuse célèbre, la Tofana, trafiquait de cette eau redoutable, vers 1653. On porte à son compte l'empoisonnement de plus de six cents personnes, dont deux papes.

Que l'Italie ait devancé la France dans cet art monstrueux, qu'elle ait fait l'éducation de l'Europe, cela est incontestable. Mais il faut reléguer parmi les fables tout ce qu'on nous raconte de ces poisons si étonnamment subtils, qu'un gant, une chemise imprégnés de poudre invisible, impalpable, pouvaient donner la mort. M. Orfila, dans sa *Toxicologie*, n'hésite point à repousser ces assertions. « Il n'est guère probable, dit-il, que des accidents soient le résultat de la simple ouverture d'un paquet, lorsqu'on ne flaire pas *obstinément* la poudre qu'il contient. Les anciens possédaient-ils des poisons volatils plus actifs que ceux que nous possédons? Nous ne le pensons pas, et nous n'hésitons pas à regarder comme fabuleux les récits de ces empoisonnements où l'on tombait à la renverse pour avoir flairé des boîtes ou des gants parfumés. »

La chimie de nos jours a découvert des agents plus terribles que n'en connurent jamais les siècles passés, l'acide prussique, par exemple, la strychnine, la nicotine. Toutes les fois qu'en des siècles d'ignorance, on signale quelque venin foudroyant, mystérieux, tenons pour certain qu'il s'agit de quelque poison végétal tel que le fournit la nature, le champignon de Claude par exemple, ou surtout d'un composé quelconque d'arsenic. L'*Aqua Tofana* n'était, selon plus d'un savant moderne, que l'acide arsénieux, une importation indienne. La science ne fournissait pas alors les moyens de reconnaître ces poisons dans les organes de la victime. C'est l'arsenic que nous retrouvons dans la boîte infernale de Sainte-Croix, dans les bouillons de la Brinvilliers, dans les poches de La Chaussée, dans les officines des devineresses. C'est l'arsenic que les Vanens et consorts vendent aux crédules sous les noms les plus divers, poudre de diamant, essence distillée de crapauds, etc. C'est encore l'orpiment, le réalgar, deux sulfures de l'arsenic. C'est l'antimoine; c'est le sublimé corrosif. Tout au plus voyons-nous un habile, Glazer, se mettre en quête, pour Fouquet, de poisons végétaux, non de ces terribles essences que compose la chimie moderne, mais de feuilles d'un végétal quelconque à la mode en Italie.

Aussi, voyons-nous l'Ordonnance de 1682 s'occuper sagement de réglementer la vente de l'arsenic, du réalgar, de l'orpiment et du sublimé.

Il nous reste maintenant à montrer au lecteur la fin de l'affaire des poisons, non la fin du procès officiel, trivial, mais celle du procès mystérieux. Fouquet mort, que devient l'autre coupable, Olympe de Mancini? Déjà on peut soupçonner que cette âme scélérate n'a ni renoncé à ses habitudes criminelles, ni perdu l'espoir de la vengeance. Si nous la retrouvons encore empoisonnant quelque part, et choisissant pour victime un membre de la famille royale de France, que manquera-t-il à la démonstration de ses anciens crimes, déjà prouvés par tant de témoignages?

Nous avons dit que la comtesse de Soissons s'était réfugiée dans les Pays-Bas. Suivons-la de plus près dans ses pérégrinations.

Un de ses fidèles, l'abbé de Choisy, la montre tout d'abord odieusement persécutée par ses ennemis de Versailles:

« M. de Louvois la poursuivit jusque dans les enfers. Dans toutes les villes et dans les villages où elle passa, on refusa de la recevoir dans les grandes hôtelleries; il fallut coucher souvent sur la paille, et souffrir les insultes d'un peuple insolent, qui l'appelait sorcière et empoisonneuse. »

Ce n'était pas Louvois qui poursuivait l'empoisonneuse, la sorcière; c'était l'indignation de ces honnêtes Flamands. Un jour que la comtesse, à Bruxelles, était entrée dans le Béguinage, pour y acheter des dentelles, une grande foule de peuple s'ameuta à la porte et l'y attendit pour la déchirer. Il fallut que le gouverneur, le comte de Monterey, protégeât la comtesse contre ces fureurs. Il *désabusa* le peuple, dit Choisy.

Mme de Sévigné, de son côté, écrit, le 20 février 1680:

« M. de la Rochefoucauld nous conta hier qu'à Bruxelles, la comtesse de Soissons avait été contrainte de sortir doucement de l'église, et que l'on avait fait une danse de chats liés ensemble, ou, pour mieux dire, un sabbat si épouvantable, qu'ayant crié en même temps que c'étaient des diables et des sorcières qui la suivaient, elle avait été obligée de quitter la place pour laisser passer cette folie. »

Et, le 21 février:

« On assure qu'on a fermé les portes de Namur et d'Anvers, et de plusieurs villes de Flandre, à la comtesse, disant: Nous ne voulons point de ces *empoisonneuses*. C'est ainsi que cela tourne, et désormais un Français, dans les pays étrangers, et un empoisonneur, ce sera la même chose. »

Il faut avouer que les agents de Louvois devaient être bien puissants et bien actifs, pour exciter ainsi dans chaque ville des Pays-Bas une émotion populaire.

Mais, malgré ses 42 ans, Olympe était toujours la *charmeresse* que l'on sait; elle séduisit le prince de Parme, et la guerre des rues eut une fin. C'est la mère du maréchal de Villars qui nous raconte cette conquête nouvelle de la sirène. (*Lettres de la marquise de Villars*, Madrid, 16 décembre 1680.)

« M. le Prince de Parme est donc amoureux de la comtesse de Soissons? Ce n'est pas un joli galant. Ce n'est pas aussi que, s'il avait cent mille écus dans son coffre, il ne les dépensât en un jour mieux qu'aucun homme du monde pour plaire à sa dame. »

En outre de ses prestiges, la comtesse n'était pas d'ailleurs une femme à dédaigner. Elle laissait en France des racines puissantes, des attaches, tout un parti, une grosse fortune, cinq fils et trois filles, leur grand'mère la princesse de Carignan, les souvenirs d'une haute position, l'écho du nom de Mazarin. Elle fut donc la déesse en titre de la petite cour du prince de Parme.

Peu à peu, il est vrai, tout cela baissa, diminua. Restes de beauté, fortune, rejetons, alliances, tout disparut, tourna à mal. Les fils se marièrent mal ou moururent. Un seul donnait quelque espoir aux ambitions de sa mère, le plus chétif, le plus obscur, un nain contrefait, celui qu'on appelait l'abbé de Savoie. L'abbé voulut se faire d'épée; Louvois et Louis XIV repoussèrent ses services. Un jour, on apprit que le petit abbé était parti pour faire la guerre au Turc, en compagnie de quelques fous, un Conti, un jeune Turenne, entre autres. — « J'ai fait là une grande perte, » dit le Roi, en haussant dédaigneusement les épaules.

Il venait de perdre, sans s'en douter, celui qui s'appela plus tard le prince Eugène, ce terrible ennemi de la France dégénérée, ce vengeur de sa mère Olympe de Mancini.

Après huit ans passés dans les Pays-Bas, à Hambourg et en Allemagne, la comtesse de Soissons partit pour l'Espagne. Qu'allait-elle y faire? Le Tacite du XVIIe siècle va nous l'apprendre. On lit dans Saint-Simon:

« Le comte de Mansfeld était ambassadeur de l'empereur à Madrid, et la comtesse de Soissons lia un commerce intime avec lui dès son arrivée. La reine, qui ne respirait que France, eut une grande passion de voir la comtesse de Soissons. Le roi d'Espagne, qui avait fort ouï parler d'elle, et à qui les avis pleuvaient, depuis quelque temps, qu'on voulait empoisonner la reine, eut toutes les peines du monde à y consentir. Il paraît, à la fin, que la comtesse de Soissons vint quelquefois les après-dînées chez la reine par un escalier dérobé, et elle la voyait seule avec le roi. Ces visites redoublèrent, et toujours avec répugnance de la part du roi. Il avait demandé en grâce à la reine de ne jamais goûter de rien qu'il n'en eût bu ou mangé le premier, parce qu'il savait bien qu'on ne le voulait pas empoisonner. Il faisait chaud; le lait est rare à Madrid. La reine en désira, et la comtesse, qui avait peu à peu usurpé des moments de tête à tête avec elle, lui en vanta d'excellent, qu'elle promit de lui apporter à la glace. On prétend qu'il fut préparé chez le comte de Mansfeld,

La comtesse de Soissons l'apporta à la reine, qui l'avala et mourut peu de temps après. »

La reine d'Espagne, Marie-Louise d'Orléans, était une princesse française, fille unique de Monsieur, frère du Roi. Qu'elle soit morte de poison, le fait n'est pas douteux : on ne varie que sur le poison même. La duchesse palatine parle d'huîtres ; Dangeau raconte que Louis XIV a dit, en soupant : « La reine d'Espagne est morte empoisonnée dans une tourte d'anguilles. » Mme de Sévigné dit que la reine est morte en deux jours, « avec de grands vomissements. Cela sent bien le fagot. » Mme de la Fayette attribue la mort à du chocolat versé par Mansfeld.

Quel intérêt a pu pousser à ce crime? La reine française cherchait à détacher son mari Charles VIII de la coalition contre Louis XIV. C'est donc la main de l'Autriche qu'il faut soupçonner. Mais la comtesse de Soissons, quel rôle jouerait-elle dans cette tragédie ? Si elle est bien la vipère que nous a dévoilée le procès de la Chambre ardente, son intérêt est transparent. Elle veut se venger de Louis XIV ; la reine d'Espagne est la fille de cette Henriette détestée, dont la mort n'a pu assouvir la jalouse colère d'Olympe. Enfin, la Mancine bannie de France n'a plus pour elle-même, pour son fils, cet autre vengeur, d'autre intérêt d'avenir que l'intérêt allemand.

Anecdotes de frondeur, dit l'indulgent M. Renée, qui ne croit pas aux crimes antérieurs de la Mancine. Ce qu'il y a de plus étrange dans cette bienveillance obstinée de l'historien, c'est que lui-même apporte à l'histoire les preuves les plus incontestables du crime nouveau commis par Olympe à Madrid.

Il y avait, en 1688, à la cour d'Espagne, un ambassadeur français, le comte de Rebenac, dont la correspondance secrète avec Louis XIV est conservée aux archives du ministère des affaires étrangères. M. Renée l'a consultée, et voici ce qu'il en rapporte.

Aussitôt que la comtesse de Soissons paraît à Madrid, le grand roi s'inquiète. « Tâchez d'être toujours bien informé de ses intrigues, écrit-il aussitôt à M. de Rebenac, pour faire donner sur ce sujet à la reine les avis qui conviendront le plus à ses intérêts. »

L'ambassadeur observe ; il n'aperçoit pas de danger. Cependant la comtesse mène un singulier train de vie ; elle s'entoure de *goinfres*, de *petites gens*, qui viennent chez elle se remplir de viandes, débraillés, portant de grandes épées et des poignards. Charles VIII entre en défiance, plus encore de la sorcière que de l'empoisonneuse. Le faible et superstitieux monarque s'imagine que la Mancine lui a jeté un sort, lui a noué l'aiguillette, et, par ses mystérieuses pratiques, a stérilisé son union. Un moine imposteur, deux ambitieux capables de tous les crimes, un comte d'Oropeza et un comte de Mansfeld, profitent de ces imaginations de l'impuissant Charles VIII, pour perdre la reine. Ils ont deviné dans la comtesse de Soissons une alliée naturelle, et, un jour, la Mancine s'introduit de nouveau dans la confiance de la reine, sa compagne d'enfance.

Dès ce moment, pour nous qui connaissons Olympe, la reine d'Espagne est perdue. Une courte maladie l'emporte, si étrange dans ses effets, que, dit Rebenac à Louis XIV, « le public se persuade le poison, et n'en fait aucun doute. » On écarte de cette mort suspecte l'ambassadeur de France ; on refuse de le laisser pénétrer près de la royale malade ; on refuse d'admettre le médecin et le chirurgien qu'il envoie. « Le lendemain, elle avait le visage tout bleu. » On attribua la mort à une chute de cheval que la reine n'avait pas faite, à des huîtres, à du lait glacé qu'elle aurait mangé avec excès. « J'ay vérifié tous ces bruits faux, dit l'ambassadeur, et il est très-vray, Sire, qu'elle est morte d'une manière bien horrible. »

Ce qui n'empêche pas M. Renée de conclure qu'on ne saurait s'expliquer « comment la mère d'Eugène resta victime d'une *prévention* ténébreuse, et ne put jamais rentrer en grâce. »

L'histoire ne vaut que par ce qu'elle nous apprend de l'homme même, non de tel homme. Aussi, l'important à nos yeux, en cette affaire de la Chambre ardente, ce n'est pas, après tout, la part plus ou moins grande prise au crime par celui-ci ou par celle-là ; c'est la valeur morale de l'homme, en ce siècle qui vit les étranges choses que nous venons de raconter. Faut-il s'étonner et douter, avec les adorateurs de cette grande époque de notre histoire? Faut-il, avec M. Michelet, passer condamnation, et reconnaître que le règne de Louis XIV est gangrené jusqu'à la moelle, que son éclat extérieur ne cache qu'une incurable *décadence morale*. Exagération des deux parts. Le vrai tort, selon nous, du XVIIe siècle, est d'avoir précédé le XIXe. Sans doute, jamais moment de notre histoire n'a montré réunies tant de perfections morales, tant de grandeurs intellectuelles. Mais ces vertus éminentes, ces incomparables génies ne nous doivent pas faire illusion sur la masse même de la nation. L'ignorance, la crédulité, la superstition y règnent en maîtresses ; le sens moral est à peine éveillé ; le sens humain n'existe pas, même chez les plus honnêtes. Cherchez-le, par exemple, chez cette bonne et charmante Mme de Sévigné, parlant, avec indifférence, de paysans pendus et de maris empoisonnés. La cour, modèle de la ville et de la nation, inspire alors à La Rochefoucauld cet admirable livre des *Maximes*, dans lequel il faut voir non pas une peinture de l'homme, mais un portrait vivant de l'homme de cour. Les Mancines, qui seraient des monstres aujourd'hui, ne sont, en ce temps-là, que des enfants gâtés. Ces belles désœuvrées, à l'étroit cerveau, voluptueuses par tempérament ou par ennui, habituées à tout vouloir et à tout pouvoir, naturellement et nécessairement égoïstes, sont les produits monstrueux de la monarchie absolue. Il n'y a plus, ou il n'y a pas encore de peuple ; il y a une cour, qui est tout ou se croit tout. De là ces impertinences de passion, ces insolences de crime : la loi n'est pas faite pour les dieux. De là cette grossièreté des cœurs, alliée à tous les raffinements de l'esprit. Au fond de cette société factice, dort le vieil esprit de la nation, un peu sceptique, très-honnête ; mais l'imitation de la cour, la fausse dévotion à l'italienne, l'immoralité ultramontaine, étouffent encore ces bonnes qualités. Vienne le jour de l'affranchissement, la masse fera vite éclater ses vertus propres, comme ses vices particuliers ; vertus moins hautes que celles d'un Bossuet, d'un Fénelon, d'un Beauvilliers, d'un Chevreuse ; vices moins noirs que ceux d'une Brinvilliers, d'une Olympe de Mancini. La moralité générale s'étend et s'abaisse comme le génie ; elle devient, comme lui, plus humble, plus bourgeoise, et c'est ainsi qu'il se peut faire qu'en notre siècle d'égalité, le plus obscur d'entre nous ait tout ensemble plus de lumières et plus de sens moral que les plus illustres du grand siècle. Ce n'est donc pas le XVIIe siècle, avec ses légions d'empoisonneurs, qui est en décadence ; c'est le XIXe siècle qui est en progrès.

MANDRIN (1755).

« Un genou à terre, et le glaive à la main, Mandrin fait des invocations magiques » (Page 11).

Malheur! malheur aux commis!
A nous, bonheur et richesse!
Le peuple à nous s'intéresse,
Il est de nos amis.

Ce refrain de Béranger était depuis longtemps le mot d'ordre des paysans français avant que notre grand chansonnier eût popularisé dans ses vers ces hardis compagnons, héros ou bandits, *qu'on chante dans nos campagnes, et dont le fusil redouté*,

En frappant l'écho des montagnes,
Peut réveiller la liberté.

Le poëte de tous les droits, c'est-à-dire de toutes les révoltes, qui ne fut pas assez souvent, peut-être, le poëte des devoirs, a glorifié, en véritable Tyrtée du libre échange, les protestants de la frontière, volontaires intrépides qui, bien avant qu'A-dam Smith et Horace Say levassent, dans leurs écrits, le drapeau du libre commerce, l'arborèrent sur nos côtes ou dans nos montagnes. La chanson du contrebandier est tout un programme d'économie nouvelle :

Aux échanges l'homme s'exerce ;
Mais l'impôt barre les chemins.

Passons, c'est nous qui du commerce
Tiendrons la balance en nos mains.

Il est vrai de dire qu'à y regarder de près, ceux qui tenaient autrefois en leurs mains la balance du commerce s'appelaient *faux sauniers*, contrebandiers de *faux tabac*, rebelles et brigands s'ils se rassemblaient en troupes, et s'ils résistaient, les armes à la main, aux gens du Roi. Ils étaient justiciables des galères, et leurs chefs expiraient sur la roue. Brigandage et contrebande étaient synonymes, et le plus célèbre de nos libre-échangistes à main armée est en même temps le type du brigand de grand chemin : c'est *Mandrin*.

Mandrin, dont nous entreprenons de raconter l'histoire et le châtiment, fut-il l'apôtre d'une vérité sociale, un combattant du droit de vivre, et, par amour du libre échange, nous faut-il ajouter au martyrologe social un saint Mandrin? Ou bien fut-il tout simplement un routier, un malfaiteur vulgaire, mettant au service de ses passions et de ses vices une énergie peu commune, un instinct singulier du commandement, les qualités d'un grand capitaine? Voilà ce que dira ce récit fidèle.

Il nous faut d'abord constater que si, vraiment,

Mandrin fut le héros économiste que certains ont prôné, ses exploits et son dévouement à la cause populaire n'ont eu pour récompense que la plus complète ingratitude. Pour le peuple, Mandrin est le brigand par excellence et n'est pas autre chose. L'instinct populaire a sa valeur en pareil cas, et la tradition ne commet pas souvent de ces erreurs grossières.

Il y a deux histoires de Mandrin : l'une, légendaire, qui, tantôt, fait de lui une sorte de paladin égaré dans le XVIIIᵉ siècle, un chevalier errant déclassé, généreux à ses heures, redresseur de torts, héros de roman *féru* d'amour comme un chevalier de la Table Ronde ; tantôt, le dépeint comme un scélérat de la pire espèce. L'autre histoire, la vraie, s'appuie sur les documents officiels, ne reconnaît comme vrai que ce qui est prouvé, montre les crimes du célèbre bandit, mais les explique et les rapporte à leur véritable cause.

De ces deux histoires, la première ne doit pas être dédaignée. La légende retient toujours quelque chose de la vérité. Les sources les plus fécondes de l'histoire primitive, l'*Iliade*, l'*Odyssée*, les *Niebelungen*, ne sont pas autre chose que d'admirables légendes.

Écoutons donc la légende de Mandrin, telle que nous la racontent un petit volume contemporain, *La vie et la mort de Mandrin*, par l'abbé Regley, Paris, 1755, in-8º ; *La Mandrinade*, ou l'*Histoire curieuse, véritable et remarquable de la vie de Louis Mandrin*, Saint-Geoirs, 1755, in-8º de 48 pages ; le *Précis de la vie de L. Mandrin*, in-4º de 4 pages ; l'*Histoire de Louis Mandrin, depuis sa naissance jusqu'à sa mort*, Chambéry, in-8º de 159 pages ; l'*Oraison funèbre de messire L. Mandrin, colonel-général des contrebandiers de France*, Lyon, 1755, in-4º de 8 pages ; la *Complainte*, ou *Chanson sur la vie de Louis Mandrin, augmentée de sa mort*, Lyon, 1755. C'est de ces sources diverses que Richer, en 1788, et, après lui, tous les faiseurs de *Causes célèbres*, ont tiré cette biographie légendaire, mêlée, à doses inégales, d'erreurs et de vérités, dont le type le plus populaire est l'in-18 sur papier à chandelles, orné d'un portrait rébarbatif, qui, depuis cent ans, se vend sur les quais de Paris par milliers d'exemplaires, et fait concurrence à l'histoire tout aussi authentique de *Cartouche* et de *Collet*.

Il y avait une fois, c'est le commencement obligé de tous les contes, un jeune homme, né dans les montagnes du Dauphiné, les uns disent en 1715, les autres en 1722 ou 1723. Sa mère était une honnête femme, craignant Dieu et *bien vivante ;* son père était maréchal ferrant, d'aucuns ajoutent faux monnayeur et voleur par surcroît. Le jeune homme, nommé Louis Mandrin, fut, même avant sa naissance, un enfant terrible. Sa mère, Magdelaine, femme pieuse entre toutes celles de Saint-Étienne de Saint-Geoirs, le conçut dans les larmes, l'enfanta dans l'angoisse. De sinistres présages accompagnèrent sa naissance ; le ciel ne pouvait moins faire pour annoncer à la terre un de ses plus grands fléaux. Quelque temps avant l'accouchement, Magdelaine fut saisie d'effroyables douleurs, que calma enfin un sommeil bienfaisant. Mais ce sommeil se termina par un rêve épouvantable. Magdelaine vit sortir de ses flancs un long serpent, noir et velu.

Ce serpent se roulait sur la terre, et sifflait d'une manière horrible. Il s'éloigna d'abord ; puis, revenant sur elle, en formant sur la poussière mille replis, il semblait qu'il allait la dévorer ; mais un chariot passa subitement par-dessus le reptile, et le coupa en plusieurs morceaux.

L'effroi fit accoucher Magdelaine avant terme, et, lorsque l'enfant se présenta, un coup de tonnerre ébranla la pauvre maison. Tout le village de Saint-Geoirs fut enveloppé de feu, et le père de Mandrin fut tellement frappé d'épouvante, qu'il fit un signe de croix, le premier, dit-on, qu'il eût fait de sa vie.

L'enfant ainsi annoncé ne ressemblait guère au fils d'un chrétien ; il était tout couvert de poils, et plus semblable à un bouc qu'à un homme. Les parents s'assemblèrent, et on décida qu'il n'y avait pas moyen de porter à l'église cette immonde petite créature ; ce que voyant, le père, qui avait repris son sang-froid, emporta le monstre dans une chambre voisine, l'épila bel et bien, malgré ses cris, et le rapporta tout sanglant à sa mère. Le petit Mandrin ayant repris figure humaine, le curé de Saint-Geoirs le baptisa sans difficulté.

L'enfant, bien que né avant terme, était fort et dru ; il avait toutes ses dents. La mère voulut le nourrir ; il fallut y renoncer. Deux nourrices, successivement appelées, refusèrent, à leur tour, le sein à ce petit démon qui les mordait à belles dents. On recourut aux vaches. La première dura quinze jours ; le petit Mandrin en usa trois, jusqu'au jour où on ne put le mettre à la bouillie et à la viande, qu'il déchirait comme un vrai cannibale.

Louis Mandrin devenait, cependant, fort, grand à étonner. Il est robuste comme le petit Mandrin, disait-on à Saint-Geoirs. A deux ans, le petit diable jurait, sacrait, à faire trembler, d'une voix rauque et tonnante. Il se livrait, à trois ans, à des plaisanteries terribles ; il tirait, à tort et à travers, les pistolets de son père : un jour, il faillit tuer sa mère Magdelaine.

Plus grand, Louis Mandrin rossait, à plaisir, tous les gamins du village. Une de ses manies était de leur faire prendre par force d'énormes prises de tabac : plus d'un en fut malade ; un, dit-on, en mourut. Mandrin ne fit qu'en rire, et continua à se donner le plaisir de voir éternuer ses victimes.

Ses instincts pervers se développaient peu à peu. Il volait, avec une incroyable subtilité de main, les boutons de cuivre des habits de ses petits camarades ; il les aplatissait au marteau, les arrondissait et les faisait passer pour des liards. Quelquefois, il les frottait de vif-argent, pris derrière le miroir de sa mère Magdelaine, et les donnait comme sous marqués.

Le bon curé de Saint-Geoirs, consulté par la mère, voulut mettre un terme à ces débordements. Il fit venir le jeune gars, le semonça vertement, lui promit l'échafaud dans cette vie et l'enfer dans l'autre, s'il ne revenait au bien. Le jeune Mandrin écouta l'admonestation avec une sourde rage, et résolut de s'en venger. Un jour, en plein midi, il rencontre le pauvre curé dans un petit bois voisin de Saint-Geoirs ; il l'accable d'injures, le roue de coups et lui prend sa bourse.

Il avait lors quinze ans. Le bon curé n'avait pas été le seul à prédire au garnement une mauvaise fin. Des Bohémiennes passant un jour par Saint-Geoirs, Louis Mandrin leur avait demandé sa bonne aventure. La plus vieille des sorcières, à l'inspection de sa main, lui dit : — « Tu seras pendu une fois. Tu seras roué deux fois. Prends garde à toi, tu seras *mal avalé.* »

Mandrin n'eut cure de la prédiction, qui lui sembla absurde. Il n'avait garde de comprendre les jeux de mots de la Bohémienne. L'avenir lui en réservait l'explication.

A cet âge de quinze ans, Mandrin avait une taille avantageuse, une force peu commune; ses cheveux étaient noirs, ses sourcils épais, ses yeux bleus, très-doux quand il le voulait bien, farouches et terribles lorsque quelque passion violente y allumait des éclairs. Son nez aquilin, ses traits réguliers, sa large poitrine, sa démarche aisée donnaient l'idée de la grâce unie à la vigueur. Il avait ce qu'un paysan n'a pas d'ordinaire, la jambe belle, la main délicate et blanche. Avec tout cela, un grand air de commandement, un instinct de supériorité native qui le rendit, dès son plus jeune âge, le chef naturel de tous les jeunes gens de Saint-Geoirs en Dauphiné.

Un jour, il arriva que le père de Mandrin fut dénoncé par un faux frère, et poursuivi comme faux monnayeur. Traqué dans la montagne, il fit feu sur la maréchaussée, et fut tué dans le combat. D'autres disent que le père de Mandrin fut pendu. La tradition ne s'inquiète guère de l'alternative; car elle nous représente cet homme comme un misérable qui jurait, sacrait, « battait sa femme quand il était saoul, et il l'était souvent, car il ne buvait que de l'eau-de-vie; il disait que c'était la mode à Paris de ne boire que de l'eau. »

Dès lors, le jeune Mandrin jura de venger son père sur les gens du Roi. Héritier des talents paternels, il s'exerça à contrefaire les monnaies, à les altérer.

Ici, les traditions varient. Il en est une qui veut que Mandrin, peu content d'exercer ses talents sur un petit théâtre, ait fait alors son tour de France et soit même venu à Paris. Là, dit la *Mandrinade*, Mandrin mena à peu près la vie que, quelque trente ans auparavant, avait menée Cartouche. Il fréquenta les brelans, les cafés, les théâtres, volant au jeu, fouillant les poches, décrochant les montres et les épées. L'auteur de la *Mandrinade*, qui semble fort animé contre les gazetiers et les raisonneurs, veut même que Mandrin ait fait des livres, et il le dépeint comme un *philosophe*. C'est là une des aménités du temps.

Les libelles n'ayant rapporté à Mandrin que peu d'écus et beaucoup de coups de canne, notre héros, dégoûté d'ailleurs des visites fréquentes qu'on lui faisait faire à Bicêtre, au For-l'Evêque et aux Petites-Maisons, résolut de fuir une ville si peu hospitalière aux gens d'esprit et d'adresse, et retourna dans le Dauphiné.

La guerre survint. Mandrin s'enrôla, fit partie des troupes qui entrèrent en Italie, et se distingua par sa bravoure aux batailles de Parme et de Guastalla, livrées aux Impériaux par les Français et par les Sardes. Mais le cardinal de Fleury, alors premier ministre, ayant fait la paix avec l'Autriche, l'armée française repassa les Alpes.

Mandrin, resté à l'arrière-garde, et déjà las du mousquet, déserta, emmenant avec lui deux de ses camarades.

Son capitaine, qui avait su apprécier ce courage à toute épreuve, ce naturel décidé, ne voulut pas le déclarer, et n'envoya pas son signalement suivant l'usage. Il pensait que la réflexion le ramènerait bientôt à son poste. Ménagement fatal, qui permit au jeune Mandrin de s'associer, en toute sécurité, à quelques mauvais sujets dans la montagne, et de former avec eux une troupe de contrebandiers et de faux monnayeurs. Deux de ses frères, selon le *Précis*,

faisaient partie de cette troupe, qui choisit Louis Mandrin pour son chef.

On lui trouvait, disent les récits contemporains, de l'esprit, de l'adresse, et cette grande qualité du capitaine, le bonheur. Il avait une éloquence naturelle qui persuadait, une imagination vive, l'audace qui conçoit les grandes entreprises, la prudence qui sait tirer parti du succès. Mais, au fond de tout cela, dormait un naturel farouche, qui ne reculait pas devant un crime nécessaire à ses projets. Hypocrite, d'ailleurs, quand il fallait tromper les honnêtes gens, « ses discours roulaient toujours sur la probité. »

Il est, dans les montagnes du Dauphiné, un lieu « escarpé, presque inaccessible, » qu'on appelle la côte de Saint-André. C'est là que Mandrin établit son quartier général. Les anfractuosités des rochers y composaient de sûres retraites, où quelques hommes déterminés pouvaient se dérober à tous les yeux; les défilés de la montagne, les *ports*, si bien connus du chef et de ses hommes, pouvaient être facilement gardés par quelques bons tireurs contre les commis de la Ferme et contre toute la maréchaussée de la province.

Mandrin installa dans ce lieu sauvage son atelier de fausse monnaie. Les dix ou douze déserteurs, qu'il avait initiés à sa criminelle industrie, travaillaient, pendant la nuit, dans la plus profonde des cavernes que recèle la côte de Saint-André. Le jour, Mandrin, ou quelqu'un de ses lieutenants, courait les foires, faisant des emplettes, achetant des objets de peu de valeur, et s'adressant de préférence aux marchands venus des cantons les plus éloignés, de peur que le grand nombre des fausses espèces ne causât une panique dans le pays. Souvent, Mandrin se cachait sous un travestissement, aujourd'hui militaire, demain religieux, un autre jour marchand forain.

Bientôt, la fausse monnaie inonda tout le pays. Les honnêtes Dauphinois n'y voyaient que du feu; il fallut un Bas-Normand pour leur ouvrir les yeux. Un jour, un homme de Domfront venait de vendre un cheval à la foire; le marché était excellent; le Dauphinois avait été des plus accommodants. Le Bas-Normand, ne se sentant pas d'aise, jeta en l'air un des écus qui remplissaient sa sacoche; la pièce, retombant, se brisa comme verre, et c'était, en effet, « un mélange de verre, d'étain et de mercure. » L'alarme fut donnée; mais déjà le faux-monnayeur avait disparu. Toute la province fut en émoi; l'argent, par tout le pays, se brisait dans les mains. Mandrin dut, quelque temps, renoncer à son petit commerce.

Trois ans s'étaient écoulés dans cette vie assez triste, quand l'ancien capitaine de Mandrin reparut dans le pays. Il fit dire à la famille de son soldat déserteur que si celui-ci ne rejoignait pas le régiment, il le dénoncerait sans délai et le ferait punir selon toute la rigueur des lois militaires. Cette nouvelle, portée à Mandrin, le jeta dans une fureur inexprimable. Puis, contenant sa violence, il s'informa patiemment des habitudes de l'officier. Un jour que ce dernier devait passer par un chemin qui serpente au bas de la côte, Mandrin s'établit sur ce chemin, portant des pistolets cachés sous sa souquenille. Du plus loin qu'il vit venir l'officier, il prit à la main son chapeau, et s'avançant, d'un air humble : — « Ne me perdez pas, Monsieur, lui dit-il. Je suis un pauvre homme, qui ne veux ni ne fais de mal à personne. Je n'ai pu supporter la vie mi-

4

litaire, et je ferai, s'il le faut, le sacrifice d'une somme d'argent pour acheter mon congé. »

Tout en parlant, Mandrin indiquait à l'officier une pauvre chaumière. — « C'est là mon asile, lui dit-il; c'est la maison de ma mère. Ayez cette bonté d'y entrer, pour accorder les choses. Je ferai selon qu'il vous plaira. »

L'officier, sans défiance, tourna bride, descendit de cheval, et s'apprêta à descendre l'étroit ravin au fond duquel s'élevait la chaumière. Mais, à peine fut-il engagé dans le défilé que Mandrin, tirant un de ses pistolets, lui cassa les reins d'une balle. L'officier était accompagné d'un domestique, qui avait pris en main les brides des deux chevaux. Mandrin se retourna sur cet homme, et lui brûla la cervelle.

Les deux corps furent enterrés, les deux chevaux vendus, et le crime ignoré demeura impuni. Mandrin continua son dangereux commerce.

Cependant, le chef de faux monnayeurs avait 23 ans. Beau comme il était, né pour inspirer l'amour et pour le ressentir, il avait vécu jusqu'alors de la vie d'un sauvage. Un jour qu'il courait le grand chemin, monté sur sa fameuse jument noire, dont il retournait quelquefois les fers pour dépister ses ennemis, il rencontra, à quelque distance de la ville de Saint-Amour, une jeune et charmante personne, chevauchant sur une mule et suivie de sa chambrière. A voir sa jupe de taffetas noir garnie de dentelles et sa mante de siamoise, surtout ses façons de faire qui sentaient la bonne maison, il ne fut pas difficile à Mandrin de deviner qu'il avait devant les yeux une demoiselle de qualité. Il s'approcha, fit un salut courtois. La nuit s'approchait; la demoiselle prit peur de se voir ainsi abordée par un inconnu sur la grand'route. Mais Mandrin fit son compliment avec une grâce si rassurante, qu'Isaure, c'était son nom, ne put refuser son escorte jusqu'au petit village qu'elle habitait près de Saint-Amour.

Mandrin, touché de la beauté de la demoiselle, ne voulut pas quitter le pays sans savoir son nom. Elle se nommait Isaure de Chavailles; son père, chef d'une des meilleures familles du Dauphiné, était mort récemment, laissant deux filles parfaitement belles. Isaure était la cadette.

L'amour s'empara du cœur tout neuf de Mandrin avec une violence singulière; toutes les passions s'exaltaient jusqu'à la démence dans ce cœur d'enfant sauvage. Il oublia son industrie, ses compagnons, il oublia tout, jusqu'à la prudence. Il écrivit des lettres brûlantes à la jeune Isaure; on le vit souvent rôder, son manteau sur les yeux, autour de la demeure de celle sans laquelle il ne lui semblait plus possible de vivre. Isaure avait regardé Mandrin avec complaisance; elle n'était pas insensible à sa beauté, à ses fières allures : mais Isaure avait de la vertu; son bel inconnu s'annonçait en héros d'aventures, en amant, plus qu'en mari. Elle ne répondit pas à ses lettres, elle refusa ses présents.

Mandrin, ainsi éconduit, tomba dans un sombre désespoir. Un jour, comme il rêvait près de la forge, la tête dans ses mains : — « Maître, lui dit Roquairol, un de ses fidèles, vous avez le cœur blessé; cela se devine. Vous n'avez plus de goût à rien, pas même au danger. Il faut vous guérir, et je m'en charge. »

— « Si tu fais ce miracle, Roquairol, je te fais mon second. Mon lieutenant Perrinet n'a plus cette activité, cette vigilance, cette heureuse audace qui le distinguaient autrefois. A toi ma confiance, si je puis arriver au comble de mes vœux. »

Mandrin raconta à Roquairol sa rencontre, son amour, sa déconvenue.

— « N'est-ce que cela, maître, reprit Roquairol; je n'ai pas de peine à deviner où vous en êtes tous deux. La fille en tient, j'en mettrais ma main dans ce feu, et il faudrait que la petite fût bien dégoûtée pour n'avoir pas distingué un cavalier comme vous. Mais elle est noble, et c'est là où le bât vous blesse. On ne sait qui vous êtes, et on craint de donner son cœur à un croquant. Croyez-moi, changez de note. A partir de ce jour, vous êtes monsieur de Mandar; vous parlez à tout bout de champ de vos grands biens, de vos chevaux, de vos terres; vous dites, à tout propos, mes gens, mon équipage. Au besoin, vous vous bâtissez un château en Espagne ou en Gascogne, et vous laissez entendre que vos vues sont pures comme votre blason; et que le diable m'étouffe si la petite ne vient pas à composition ! »

— « Je veux te croire, dit Mandrin, et vais de ce pas essayer de la recette; mais pourrai-je soutenir ce personnage? »

— « Allez, allez, maître, rien de plus facile. Donnez-vous un petit laquais, qui vous dira : Monsieur le baron; prenez un petit air aisé, suffisant même, cela ne gâte rien; regardez du haut de la tête tout ce qui sent la roture; ne reconnaissez personne; répondez par monosyllabes, caressez votre menton, chiffonnez votre jabot; étendez-vous dans un fauteuil; levez-vous brusquement en fredonnant quelque air; marchez en pesant sur vos pointes, sans appuyer sur le talon, ce qui serait du dernier bourgeois : en voilà assez pour passer baron dans un village. »

Nanti des instructions de son Mascarille, Mandrin reprit, tout léger, la route de Saint-Amour. Dès que le bel inconnu se fut annoncé comme baron, il fut agréé; on écouta ses protestations de tendresse éternelle, on compatit à ses feux (style du temps), et on ne refusa plus désormais ni ses présents, ni ses lettres.

Pendant que Mandrin faisait l'amour, les affaires allaient de mal en pis à la caverne.

Les plaintes des marchands avaient éveillé l'attention de l'autorité sur le nombre énorme de fausses espèces répandues dans le pays. Ordre fut donné aux différentes maréchaussées de faire une battue générale. Deux hommes de la bande furent arrêtés. Conduits à Grenoble, jugés et condamnés, on leur demanda le nom de leurs complices; ils se refusèrent à révéler. Appliqués à la question, l'un des deux fut étouffé à la treizième pinte; l'autre parla, nomma Mandrin, donna son signalement, fit connaître ses habitudes.

Quelque temps après, un des compagnons de Mandrin, frappé d'horreur par un meurtre inutile qu'avait commis la bande, disparut. Le vigilant Roquairol, déjà investi d'une partie de l'autorité de son capitaine, ne douta pas que le fugitif n'eût l'intention de vendre ses camarades. Il s'empressa de faire enlever les marteaux, le balancier, les coins, les espèces et les matières préparées. Bien lui en prit; la maréchaussée n'était pas loin. Le déménagement était à peine terminé, que les archers se présentèrent à l'entrée de la caverne. Le brigadier mena grand bruit, et se précipita, en criant : Tue! Tue! Tous pénétrèrent à sa suite, et ne trouvèrent que quelques outils de rebut, fourneaux démolis, soufflets éventrés. Dans un enfoncement masqué par une grosse pierre, le nonchalant Perrinet s'était endormi, en compagnie d'un ivrogne de la bande. Les archers ne les trouvèrent même pas. Le brigadier résolut de faire bivouaquer là ses hommes : on alluma du feu, on posa des sentinelles, pensant prendre les faux monnayeurs dans la souricière. Mais les oiseaux étaient dénichés.

Mandrin, informé de l'événement, loua la prudence de Roquairol, envoya au diable cet imbécile de Perrinet, qu'il croyait aux mains des archers. Il fallut penser à sauver les débris de la bande. Après une marche pénible, et de fréquentes alertes, Mandrin s'arrêta sur le versant d'une montagne inculte. Une énorme roche y sortait de terre; il fit creuser une fosse profonde sous l'abri de cette roche; on soutint les terres sablonneuses avec des éperons, et on ouvrit une sortie à quelque distance, dans un creux garni d'épaisses broussailles.

Ainsi placée à l'abri d'une surprise, la bande s'installa et son chef alla à la découverte.

Un château s'élevait à quelque distance, sur un mamelon qui dominait toute la campagne; c'était une vieille habitation seigneuriale, avec un bon fossé, des tours et des remparts percés de meurtrières et de sarbacanes, de vastes souterrains; une demeure, en un mot, de baron de moyen-âge, moitié chevalier errant, moitié voleur; cela était fort propre à soutenir un siège.

— « Voilà justement ce qu'il me faudrait, » se dit Mandrin. Quelques paysans, interrogés, lui apprirent que ce château avait appartenu à un vieux procureur, qui avait passé récemment de vie à trépas. Ceci confirma Mandrin dans la pensée de s'emparer de ce nid d'épervier. L'adroit Roquairol et quelques autres de la bande s'introduisirent secrètement dans le château, qu'habitait encore la veuve du défunt propriétaire. La nuit venue, nos coquins se mirent à faire sabbat dans la chambre à coucher du procureur, agitant les rideaux sur leurs tringles, renversant tables et fauteuils. A ce beau bruit, la veuve, effarée, se jeta à bas de son lit et gagna la cuisine. Alors, Roquairol commença à se plaindre comme un homme qui brûle. A l'autre bout du château, s'élevèrent en même temps des voix terribles, comme de démons se disputant une âme. Des traînées de feu illuminèrent les couloirs, et une vilaine odeur de soufre se répandit par les chambres. Enfin, parut dans les appartements, où s'étaient réfugiées les femmes de la procureuse, un diabolique cortége. Roquairol, couvert d'un suaire, sur lequel se détachaient en rouge les flammes de *san-benito*, ouvrait la marche, représentant le procureur; à la suite, venaient des diables et des diablotins, chacun torche en main, secouant des chaînes. Les femmes s'évanouissaient, en poussant des cris aigus; palefreniers, laquais, se cachaient à l'écurie ou dans les caves.

La scène dura jusqu'au petit jour, et recommença la nuit suivante. Plus de doute, le château était hanté; le procureur, puni pour ses méfaits, *revenait* et reviendrait, jusqu'à ce que les prières des âmes chrétiennes l'eussent arraché au diable. La veuve, demi-morte, s'enfuit du logis inhabitable, et ses gens la suivirent.

C'est ce que voulait Mandrin. Mais il y avait alors des esprits forts, même en Dauphiné. Quelques-uns tournèrent la chose en ridicule, et firent des gorges chaudes de ces bonnes gens qui avaient vu le diable. Deux abbés, trois clercs de procureur et un capucin, des plus barbus, firent la partie d'aller passer la nuit dans le château hanté, d'y souper et d'y sabler le vin de Champagne, au nez de monsieur Lucifer et de ses suppôts. Ils menèrent avec eux huit domestiques bien armés et trois servantes.

Mais, déjà, la bande de Mandrin avait pris possession des lieux. Roquairol, informé de la visite qu'il allait recevoir, avait machiné son château comme une scène d'opéra. Le souper devait avoir lieu dans la salle d'honneur, tapissée des portraits d'illustres chevaliers que le robin s'était, à bons louis comptant, donnés pour ancêtres. De massives panoplies y faisaient reluire, sur le cuir sombre de la tenture, leurs lames damasquinées et les canons polis de leurs arquebuses.

Les soupeurs arrivèrent, menant un branle joyeux, déjà échauffés de vin, prêts à mieux faire. Les huit domestiques, l'épée au poing, se placèrent aux issues de la salle, et les convives prirent place à l'immense table de chêne chargée de flambeaux, de fleurs et de viandes appétissantes.

Le capucin déboucha une poudreuse bouteille d'un vin fumeux de l'Ermitage, remplit son verre jusqu'au bord, et l'élevant à la lumière, en connaisseur : — « Messieurs, dit-il, à la santé du diable ! »

— « A la santé du diable ! » répétèrent en chœur les convives.

— « Merci ! » répondit une voix sourde et puissante, qui semblait sortir du mur. Les convives s'arrêtèrent, étonnés; les femmes se signèrent, et deux des domestiques s'élancèrent dans la vaste antichambre qui précédait la salle; ils n'y virent que l'ombre de leurs corps s'allongeant sur la muraille; ils n'y entendirent que le bruit de leurs pas sur les dalles.

— « Allons ! allons ! dit, en riant, un des abbés, c'est quelque mauvaise plaisanterie d'un de nos robins en herbe. Messieurs de la basoche, on ne nous fait pas peur à si bon marché. Buvons. »

Les verres se remplirent de nouveau, et l'un des convives s'apprêtait à porter une santé nouvelle, quand un rauquement étrange se fit entendre, et, se tournant, non sans un secret effroi, ils aperçurent, près de la vaste crédence, un ours d'une taille prodigieuse, qui se dandinait en flairant les plats et en grognant sourdement. A cette vue, les femmes jetèrent des cris; les convives se levèrent et se serrèrent instinctivement les uns contre les autres, adossés à la cheminée, dont le manteau remplissait presque tout un côté de la salle. Bien qu'on fût en été et qu'il n'y eût pas de feu dans le foyer, une vive flamme, à reflets verdâtres, s'en éleva, avec une forte odeur de soufre. En même temps, un grand singe, tout velu, grimaçant et grinçant des dents, sauta sur la table et renversa les flambeaux. Nos intrépides étaient déjà à demi morts de terreur, quand, pour les achever, le mur de la salle s'ouvrit et laissa voir quatre démons cornus, portant des torches ardentes, qui précédaient huit autres démons traînant un spectre tout vêtu de blanc, chargé de chaînes. C'était l'âme en peine, qui criait, d'une voix lamentable : — « Je brûle ! je brûle ! Bien mal acquis, malheur à ceux qui l'habitent ! Ils brûleront avec moi. »

Le cortége diabolique fit quatre fois le tour de la table, se recrutant, à chaque tour, de deux autres démons plus petits, armés de crocs et de fourches; ceux-là sortaient de la cheminée. Enfin, parut, au milieu du foyer, une figure gigantesque, affublée de cornes, vêtue d'une peau de taureau, escortée de quatre petits Maures, portant sabres et flambeaux.

Les femmes étaient, depuis longtemps, sous la

table; clercs et abbés n'en valaient guère mieux; les domestiques s'étaient enfuis, ou ne savaient pas même s'ils avaient des armes. Le capucin, seul, faisait bonne contenance, et paraissait considérer avec plus de défiance que de crainte l'étrange procession. Alors, pour en finir, un des diables lui brûle la barbe avec son flambeau; d'autres, au même temps, mettent le feu aux perruques et aux habits des convives. Chacun gagne la porte au plus vite; la déroute fut générale : on les reconduisit à grands coups de torche dans le derrière.

La bande resta ainsi maîtresse du souper et du château. C'était l'ingénieux Roquairol qui avait imaginé toute cette comédie. Il avait fait pratiquer une ouverture dans l'intérieur du mur, et l'avait masquée au moyen d'une tapisserie. Il avait crevé le tuyau de la cheminée à la hauteur d'un grenier obscur, où il avait caché une partie de ses acteurs. C'était lui qui avait revêtu la peau de l'ours, et Mandrin avait joué le rôle du Lucifer à peau de taureau.

Les convives mis en déroute, l'orgie commença. Les vins fins des clercs et des abbés mirent les bandits en gaieté, et la cave du procureur fit le reste. Les accents bruyants de cette joie, les coups de pistolet tirés par les prétendus diables allèrent, dans la nuit, redoubler la terreur des pauvres esprits forts, qui couraient, éperdus, par la montagne.

Pendant quelques nuits, les faux monnayeurs entretinrent les craintes de leurs voisins en allumant des fusées et des pots-à-feu sur la plate-forme du château, en tirant d'un cor, à minuit, des sons lamentables, en traînant des chaînes et en élevant des flambeaux. Pendant le jour, un ours gardait la porte, prêt à se jeter sur les imprudents visiteurs.

Assuré d'un asile que personne ne se hasarderait à violer, Mandrin fit monter ses fourneaux dans les souterrains de sa nouvelle demeure, et y transporta tout ce qu'il avait sauvé de la caverne. Il fit fermer la grande entrée du château, et en ouvrit une qui donnait dans le bois par un sentier détourné.

La bande fabriqua là une grande quantité d'espèces, dont elle inonda le royaume. Mandrin, qui entretenait des intelligences avec la frontière, fabriqua même des monnaies étrangères.

La sécurité et le succès rendirent bientôt Mandrin à ses amours. Isaure avait pleuré son absence; il l'expliqua par un voyage indispensable à ses intérêts. Pardonné, accueilli par les deux sœurs comme s'il était déjà de la famille, M. de Mandar ne tarda pas à s'apercevoir que l'aînée jalousait la fortune de sa sœur cadette; elle l'appelait quelquefois, en riant, mais avec un dépit mal déguisé, madame la baronne. Une rivalité pouvait être préjudiciable aux amours de Mandrin; il imagina de détourner l'orage en occupant la sœur d'Isaure. Roquairol était joli garçon, bien tourné, beau parleur; il l'équipa en gentilhomme, lui donna un titre, des aïeux, des terres, et le présenta aux deux sœurs comme un de ses meilleurs amis. Roquairol fut aimable, galant avec l'aînée; il eut peu de peine à lui plaire, et, bientôt, les deux amants parlèrent de mariage.

Cette fois, cependant, Mandrin n'oubliait pas les affaires pour les plaisirs. On travaillait assidûment au château. Une discipline exacte était établie dans cette cour des monnaies. Une partie de l'équipage était employée à la garde du trésor, ou à la fabrication; une autre fournissait les sentinelles. Quatre des bandits maquignonnaient au profit de la bande, allaient acheter des chevaux jusque sur les fron-

tières d'Espagne, et répandaient la fausse monnaie sur toute la route. D'autres faisaient le commerce des indiennes et du tabac. Ainsi, Mandrin commandait à la fois à de faux monnayeurs, à des maquignons et à des contrebandiers.

Un beau jour, toute cette prospérité s'écroula. Quelques malheureux, égarés dans les bois voisins du château, avaient disparu. La justice, déjà avertie des scènes étranges qui faisaient de cette demeure un lieu formidable, donna ordre à la maréchaussée d'y faire une descente. La troupe de Mandrin fit une belle défense, mais dut céder à la force, et se retirer par la porte secrète.

Dans la poursuite, on arrêta deux bandits, qui furent conduits à Grenoble et mis à la question. L'un d'eux parla de Mandrin, et on reconnut l'homme déjà signalé dont on avait perdu les traces. Les archers le guettèrent, et, un jour qu'il sortait de la maison d'Isaure, une dizaine de cavaliers travestis en bourgeois se précipitèrent sur lui et le mirent hors d'état de se défendre.

Isaure, voyant des inconnus insulter son amant, appela en toute hâte ses gens au secours. Comme ils s'avançaient l'épée ou le bâton hauts : — « Qui ose ici, s'écria le chef des cavaliers, s'opposer à l'exécution des ordres du Roi? Celui-ci est un contrebandier, un faux monnayeur, un scélérat couvert de tous les crimes; en un mot, c'est le fameux Mandrin. »

Isaure demeura sans voix; sa confusion, son désespoir furent extrêmes, et, demi-pâmée, elle se retira dans sa chambre, pour y pleurer ses amours détruits. Bientôt, l'indignation et l'horreur remplacèrent dans son âme la honte et la douleur; elle déchira les lettres de son indigne amant, foula aux pieds tous les présents qu'il avait osé lui offrir, et elle courut cacher son dépit à tous les yeux dans le fond d'un couvent.

Une autre tradition assigne une cause différente à cette première dispersion de la bande. Un jour, dit la *Mandrinade*, le chef des faux monnayeurs rencontra sur son chemin une femme qui faisait la même route que lui. Il allait le grand galop, et l'eût bientôt jointe; mais la femme n'ayant pu s'écarter assez tôt, et lui n'ayant pas voulu détourner son cheval, il la renversa et lui passa par-dessus le corps : elle mourut sur-le-champ. Le cheval avait fait sauter à trente pas la moitié du crâne avec un des yeux qui y était demeuré attaché. Cette femme, se sentant frappée, joignit les mains et leva les yeux au ciel, comme pour recommander son âme à Dieu. La justice, le lendemain, la trouva les mains jointes, et un œil tourné vers le ciel. Le Parlement de Grenoble prit connaissance de cette affaire, et ayant reconnu que Mandrin était l'auteur de cet horrible assassinat, le condamna à être rompu. La femme tuée avait six enfants, beaux comme le jour.

Mais cette tradition fait échapper Mandrin, qui se sauve en Savoie. Il fut seulement pendu en *effigie*, et la première des prédictions de la Bohémienne se trouva ainsi réalisée.

Suivons la tradition, plus généralement adoptée, qui fait arrêter Mandrin sous les yeux d'Isaure.

Surpris, enchaîné avant de pouvoir penser à la résistance, Mandrin fut conduit à Valence, et plongé dans un cachot, où il resta longtemps étendu sur la paille, anéanti, stupide. Tout à coup, il se réveilla : ce fut le réveil du tigre. Un effort puissant brisa ses fers comme paille. Le geôlier accourut; Mandrin l'envoya à dix pas d'un revers. On le saisit, on l'enchaîna de nouveau; le lieutenant criminel se présenta pour l'interroger : il n'en put tirer que des blasphèmes et des insultes. On se décida à dompter ces violences par la privation d'air, de lumière, d'exercice, par une nourriture insuffisante. Quelques jours de ce régime eurent raison de Mandrin; il tomba gravement malade. L'opinion du médecin fut que le mal allait soustraire le criminel au supplice; on pressa le jugement. Soit que sa maladie fût feinte, soit que la volonté réagit sur le corps, Mandrin recouvra tout à coup sa vigueur première, et il chercha les moyens d'échapper au bourreau.

Il avait remarqué que sa bonne mine, et peut-être aussi sa terrible réputation, avaient intéressé quelques dévotes de la ville. Ces bonnes âmes l'avaient visité dans son cachot, avaient montré un grand zèle pour la conversion de ce pécheur endurci. Mandrin, sûr d'alarmer leur charité, refusa les secours des prêtres, se répandit en blasphèmes, annonça que, puisqu'on le traitait avec tant de dureté, autant valait pour lui mourir dans l'impénitence finale.

Grand émoi dans le camp des dévotes; elles coururent par la ville, représentant que cet homme s'en allait se damner, qu'un peu d'humanité sauverait cette âme. Quelques-unes de ces dames avaient une grande influence; elles persuadèrent le lieutenant criminel, qui fit tirer Mandrin du cachot pour le placer dans une chambre saine et commode. On recommanda au geôlier d'avoir pour son prisonnier quelques égards; une bonne nourriture retrempa les forces de Mandrin, et son procès fut retardé.

Aussitôt, le prisonnier changea de note; le *pater* et les *ave* remplacèrent, sur ses lèvres, les f... et les b... dont il émaillait ses discours; il fit demander un capucin, se confessa très-dévotement, édifia ses protectrices. Peu s'en fallut que le bandit ne devint un saint, et cette conversion inspira une telle confiance, que la surveillance en fut relâchée.

Mandrin, plus libre, songea à préparer ses moyens d'évasion. Il rompit un barreau, et il eût pu sortir dès cette nuit même; mais la cassure était si nette, qu'un peu de mie de pain mélangée de rouille la rendait absolument invisible. Le brigand se dit qu'il serait toujours temps de profiter de ce moyen-là, et il en chercha un autre plus digne de lui. Il ne se servit du ce barreau rompu que pour visiter, pendant la nuit, les autres prisonniers, et leur faire part d'un plan qu'il avait conçu pour leur rendre à tous la liberté comme à lui-même.

Le lendemain était le jour de Saint-Louis, fête de Mandrin. Il demanda humblement son confesseur s'il ne serait pas possible qu'on lui permit de solenniser ce jour en donnant un dîner d'adieu à ses camarades captifs; il leur conseillerait la résignation, et les ramènerait à Dieu par l'autorité de sa parole. Le capucin en parla aux dévotes, qui en parlèrent au lieutenant criminel. Celui-ci se fit tirer l'oreille; mais il céda.

Le geôlier assista au repas, qui fut des plus édifiants. Mandrin y déploya l'éloquence d'un Bridaine; les convives y montrèrent la docilité de chrétiens convaincus. Le geôlier, touché, consentit à boire. Le vin était choisi. Insensiblement, la conversation s'écarta des idées solennelles de mort, de péché, de pénitence; on se porta des santés, puis des défis. Au bout d'une demi-heure, le geôlier roulait sous la table, et Mandrin et ses camarades ouvraient tout simplement les portes avec les clefs du bonhomme, et s'en allaient processionnellement, en chantant par les rues à tue-tête.

Quelques heures après, un domestique apporta au prévôt de la maréchaussée un gros paquet qu'on avait jeté dans une de ses chambres, en brisant un carreau; on y trouva les clefs de la prison. Le père capucin recevait, de son côté, une épître railleuse, écrite sur la première table de cabaret qu'avaient rencontrée les brigands. En vain on détacha une brigade à la poursuite des fugitifs; ils restèrent introuvables.

A peine rendu à la liberté, Mandrin reforma une bande. La perte du château, la dispersion de l'ancienne troupe lui avaient enlevé ses meilleures ressources. Il ne possédait plus ni outils, ni argent. Il se rappela alors qu'au temps de sa prospérité, il avait caché au pied d'un arbre une grosse somme d'argent. Ses hommes creusèrent; le trésor avait disparu. Mandrin s'informa, et apprit que des paysans d'un village voisin avaient trouvé l'argent et en avaient fait usage. Furieux, Mandrin eut d'abord la pensée de mettre à sac le village; mais le politique l'emporta sur l'homme. Il était trop dangereux de se mettre à dos les habitants de la côte.

Il fallait pourtant s'établir. Las d'habiter des cavernes, comme une bête fauve, Mandrin envoya quatre de ses hommes s'emparer d'un ermitage admirablement situé sur le penchant d'une colline; l'ermite fut saisi, dépouillé, enfermé; le chef des bandits fit revêtir à un des siens les habits du saint homme, et, affublé d'une barbe postiche, le nouveau frère alla trouver le grand-vicaire supérieur de l'ermitage, avec une fausse obédience du visiteur de son ordre. Il lui apprit que son prédécesseur avait été rappelé, et lui demanda sa protection. De son côté, Mandrin se donnait pour un officier retiré du monde, qui cherchait une sainte et paisible solitude pour soigner à la fois son âme et sa santé. Le bras en écharpe, la croix de Saint-Louis sur la poitrine, caché sous un nom d'emprunt, il obtint facilement du grand-vicaire la permission d'habiter l'ermitage avec quelques domestiques.

Les deux bandes réunies montaient alors à trente-huit hommes, la plupart déserteurs ou criminels échappés des prisons. Tout cela s'installa dans une caverne, située à quelque distance de l'ermitage, avec lequel fut établie une communication souterraine. Pour plus de précaution, trois issues secrètes furent pratiquées dans les flancs de la montagne. L'une de ces issues n'était pas autre chose que le tronc creux d'un vieux chêne; les gens du pays ont longtemps gardé le souvenir du *chêne à Mandrin*.

L'entrée de la caverne était dissimulée par d'épaisses broussailles, et, pendant quelque temps, les faux monnayeurs purent y continuer en secret leur industrie. Mais, un jour, une jeune femme qui cherchait une chèvre égarée, eut le malheur d'apercevoir l'ouverture. La sentinelle, placée là d'habitude, n'était pas à son poste. La femme entend un bruit sourd, régulier; ce sont les coups du balancier; elle prête l'oreille, soupçonne quelque dangereux mystère, et, saisie de frayeur, s'enfuit. Dans cet instant, Mandrin se présente à l'entrée; il voit une femme qui fuit, l'arrête, et appelle la sentinelle. Ni la sentinelle, ni aucun des gens de la caverne ne connaissent cette femme; Mandrin la saisit, l'entraîne malgré ses cris, malgré ses larmes, dans le coin le plus éloigné du repaire.

— «Tu as voulu voir, dit-il à la malheureuse, eh bien! vois donc. Vois cet or, vois cet argent; c'est le trésor de l'État; je suis roi, voilà mes sujets. Veux-tu être reine, et partager avec moi richesses et puissance?»

La femme était jolie. — « Hélas! mon Dieu! dit-elle, en sanglotant de terreur à cette proposition, que deviendraient mon enfant et mon mari?»

— « Ton mari, peux-tu bien le préférer à un homme tel que moi? Qu'on l'enferme, et qu'on la laisse réfléchir. »

Le lendemain, Mandrin renouvela sa proposition, laissant à la pauvre femme le choix entre son lit ou la mort. Elle refusa courageusement. Le cachot, le pain noir et l'eau, la bastonnade, rien ne put la dompter. Alors, Mandrin la fit dépouiller de ses habits, et attacher nue à un poteau. Au même temps, un de ses espions lui apprenait que cette femme

était celle d'un des paysans qui avaient découvert son trésor.

— « Ah! s'écria-t-il, transporté de rage, tu m'as volé et tu ne serais pas punie par la mort! » — — « Hélas! répondit-elle, savais-je à qui appartenait cet argent? Laissez-moi libre, et je ne tarderai pas à vous le rendre. » — « Non, non, il faut que tu meures. »

Et, désignant le plus jeune de ses hommes, il lui met un poignard dans la main. — « C'est toi, dit-il, qui seras l'exécuteur de mes volontés. Tu n'es pas encore aguerri; je veux te rendre digne de mes plus vaillants. Avance, et frappe cette femme.... Tu hésites! vois cet autre poignard; je te perce toi-même si tu balances encore. Frappe au cœur. »

Et, comme la main du novice tarde trop à en-

« Il ne se servit de ce barreau que pour visiter, la nuit, les autres personnes » (PAGE 7).

foncer le fer, Mandrin le pousse violemment de sa propre main. Le sang jaillit avec force, la victime jette un cri aigu, et tombe sans vie.

On commençait, cependant, à parler de scènes scandaleuses qui se passaient à l'ermitage. Le beau chevalier de Mont-Joly, c'était le nom que Mandrin s'était donné, s'enivrait avec l'ermite, et il était question de femmes séduites et de filles mises à mal. Le grand-vicaire manda l'ermite. Le chevalier de Mont-Joly conjura l'orage en se présentant lui-même, et en plaidant, avec une hypocrisie digne de Tartuffe, la cause du saint homme et la sienne. Le scandale s'accrut d'autant, et le grand-vicaire voulut voir enfin cet ermite à qui on prêtait de si étranges aventures. L'ermite parut devant son supérieur; il était, en apparence, vieux, ridé, sordide, À cette vue, dit l'auteur de la *Mandrinade*, le grand-vicaire, encore plus étonné qu'indigné, s'écria : — « Quoi! fait comme vous êtes, vieux, laid, mal vêtu, hideux, vous allez faire l'aimable dans les villages!

Voilà dix enfants que l'on vous met sur le corps! — Ah! Monseigneur, je n'ai pas interrompu pour cela l'office divin; je ne les ai faits que dans mes heures de récréation. »

Le grand-vicaire chassa le drôle, à coups de pied.

Bientôt, les choses en vinrent à tel point, que mères et maris coururent, un beau soir, mettre le feu à l'ermitage.

Comme la maison fut entièrement consumée, et qu'on ne vit reparaître ni le chevalier, ni l'ermite, tout le pays crut que ces deux mécréants avaient péri dans les flammes.

Huit jours après, Mandrin faisait reparaître un nouvel ermite, encore plus vieux celui-là, infirme et cassé, qui, avec force jérémiades, condamna et détesta les égarements de son prédécesseur, en demandant publiquement pardon aux fidèles. On l'aida à rebâtir la bicoque qui menaçait ruine.

Mais ce jeu ennuya bientôt Mandrin, qui ne pouvait plus reparaître. Il se mit à voyager, et son ab-

sence fut la perte de la bande. L'autorité de Roquairol fut méprisée; les faux monnayeurs se ha-
sardèrent insensiblement à sortir, à se montrer
dans les cabarets. Ils y excitèrent du tumulte; on
les suivit, et le repaire fut découvert.

Aussitôt, comme on savait de quoi cette espèce
de gens était capable, les maréchaussées de Grenoble, de Valence et autres villes voisines furent
averties de marcher sans bruit à l'attaque de la caverne. La montagne fut investie, et l'ermitage assiégé. On s'attendait à une vigoureuse résistance;
les portes furent enfoncées sans coup férir, et,
pendant que les assaillants s'avançaient avec défiance par les détours de cette demeure, Roquairol
et Perrinet faisaient échapper la bande par un
boyau secret qui les conduisit loin de l'enceinte
gardée par les assaillants. En se retirant, ils mirent
le feu, et une mine, pratiquée par Mandrin, fit
sauter la plus vaste des salles. Roquairol crut tous
ses ennemis détruits d'un seul coup; il se trompait:
l'explosion n'avait renversé qu'une sentinelle, et les
archers purent sonder les mystères de la caverne,
où ils découvrirent, dans un cachot, le véritable ermite. Ce pauvre diable raconta les crimes dont sa
captivité l'avait rendu témoin.

Tout le pays prit les armes, et le tocsin sonna.
Le chef des faux monnayeurs, qui revenait d'une
excursion lointaine, ignorant ces événements, ne les
apprit que par la fermentation qui régnait par les
campagnes. Habilement grimé, comme toujours,
il feignit de se joindre aux villageois et aux archers,
et, par là, réussit à savoir qu'on poursuivait la

Mandrin installa dans ce lieu sauvage son atelier de fausse monnaie (Page 3).

bande, enfin aperçue dans la montagne. Il courut
retrouver les siens, et, comme la fuite était impossible, il fit retrancher son monde derrière des arbres
abattus à la hâte, et exhorta chacun à bien faire.

Le prévôt qui commandait les archers était le
même que celui qui avait donné l'assaut au château
du procureur; il savait qu'il avait affaire à des coquins dangereux; il ne crut pas devoir exposer
témérairement ses hommes. Il ordonna donc aux
paysans de se munir de fagots, qu'ils élevèrent devant eux en approchant du retranchement impro-
visé par Mandrin. Ces fagots, jetés tout enflammés
contre les chevaux de frise, y mirent le feu, dont
la flamme et la fumée incommodèrent vivement les
assiégés. Mandrin, quand il vit cela, cria de sa voix
tonnante: — «Camarades, nous ne nous laisserons
pas griller comme des rats; chargeons!» Et, donnant l'exemple, il déboucha par le côté que respec-
tait la flamme, suivi de ses brigands formés en bataillon carré. Une décharge générale l'accueillit,
mais ne lui blessa que quelques hommes. Il y répondit par un feu nourri, avançant toujours. Alors,
le prévôt ordonna aux paysans de s'ouvrir et de se
former sur deux haies, d'où partait une fusillade
continuelle. Mandrin, au lieu de s'engager plus
avant dans ce défilé, se replia brusquement sur une
petite colline. Mais sa troupe, déjà peu nombreuse,
était affaiblie par ses pertes. Le prévôt, voyant de
l'hésitation parmi la bande, fondit sur elle avec
quelques cavaliers, et la détruisit à coups de sabre.
Plusieurs des faux monnayeurs restèrent sur la
place; d'autres s'enfuirent, mal en point. Mandrin
fut pris, couvert de sang, avec ses deux frères et
cinq des siens. Il eût pu fuir; mais il continua jusqu'au bout une résistance impossible, afin de couvrir la retraite de ses camarades. Il fut terrassé
par deux employés des Fermes de la brigade voisine,
et c'est de ce jour qu'il conçut contre les Fermes
cette haine implacable qui fit couler tant de sang.

Le bandit se montra calme et fier dans sa défaite. Entouré de huit fusiliers la baïonnette au bout du fusil, chargé de lourdes chaînes, il semblait commander encore. Il demanda un verre d'eau. — « J'ai assez combattu, dit-il, pour être altéré. »

On mena les siens, sous bonne escorte, dans les prisons de Grenoble. Quant à lui, on pressa son procès, et on prit, cette fois, toutes les précautions possibles contre l'audace et l'habileté du redoutable captif. Condamné à mort, on le conduisit au supplice. Il n'avait demandé, pour toute grâce, que de marcher à pied, le front haut. Ses bras étaient liés de grosses cordes. Il marcha, dans cet équipage, jusqu'en vue de l'échafaud. Là, ce spectacle décuplant ses forces, il rompit ses cordes, étendit les bras, culbuta confesseur, bourreau, archers, donna tête baissée dans la foule, gagna la porte de la ville et disparut dans la montagne.

Ses deux frères et ses camarades furent roués ou pendus; lui seul, il échappa au juste châtiment de ses crimes.

Le populaire ne manqua pas d'attribuer ces évasions successives à la vertu secrète de quelque herbe magique; la maréchaussée, moins crédule, se piqua au jeu, et résolut d'avoir raison du bandit. Son signalement fut envoyé par toute la province; des espions furent mis sur pied. Lui cependant, après une longue marche, était arrivé aux portes de la Grande Chartreuse, ce nid d'aigle habité par des colombes que les disciples de saint Bruno avaient bâti dans une âpre gorge des Alpes; ce lieu, aujourd'hui encore d'un difficile accès, était alors presque inaccessible. Notre brigand conçut le projet de se faire oublier quelque temps dans ce saint asile. Il portait sur lui, à tout hasard, de fausses lettres du vicariat de Valence; il se présenta, et demanda humblement à être reçu comme frère convers ou frère portier. Les bons pères examinèrent longtemps le novice; un secret instinct les mit en défiance contre ce vigoureux garçon, à l'œil dur, à la parole brève et hardie, malgré son apparente humilité; Mandrin fut refusé.

Il se retira dans un bois voisin, n'ayant plus pour ressource que de dévaliser les rares voyageurs qui se hasarderaient dans ces gorges sauvages. Le premier qui se présenta fut un cordelier. Mandrin, l'accostant : — « Bon père, lui dit-il, vous pouvez confesser un chrétien qui a besoin des derniers secours? — Sans doute, mon frère, j'en ai reçu les pouvoirs. — Venez donc au plus vite; un mien ami est là, dans ce bois, réduit à l'extrémité par une chute affreuse. »

Le cordelier suit Mandrin, sans défiance. Dans le bois, le bandit change de ton, ordonne au moine de quitter ses habits, et lui abandonne les siens. — « Je suis Mandrin, lui dit-il, et bien fin qui me reconnaîtra sous ce costume. »

Le cordelier, tremblant, croit que c'en est fait de lui. Mais Mandrin le laisse vivre. Le moine s'en va publier partout que le redouté bandit se cache sous la robe de bure; c'est ce que veut Mandrin. Il connaît les traditions de la grand'route; il sait qu'un disciple du fameux Cartouche a fait, en Normandie, main basse sur une riche abbaye de Saint-Hubert; il imitera cet exemple, et s'enrichira aux dépens d'une somptueuse abbaye. Il lui faut un compagnon pour ce coup de maître; il s'ouvre à un contrebandier de sa connaissance. Mais, décidément, Mandrin est dans une mauvaise veine. Le contrebandier s'est fait honnête homme, par crainte de la hart; il dénonce Mandrin et le livre aux archers,

On est à une journée de marche de Grenoble. Les archers, qui connaissent leur homme, le chargent de fers et de cordes, et, par surcroît de précaution, le descendent dans une citerne, qu'ils croient sans issue. Ils roulent de grosses pierres sur l'embouchure, y placent deux sentinelles, qu'on relève de deux heures en deux heures, et font avertir la prévôté de Grenoble.

On arrive, on dégage l'orifice de la citerne, et on n'y trouve plus personne. Mandrin, resté seul, a brisé cordes et fers; il a trouvé un briquet dans sa poche, et s'en est servi pour examiner les lieux. Les parois de la citerne lui ont laissé voir la trace d'une porte murée. Il ébranle et déracine quelques pierres, à l'aide de ses fers brisés, pénètre dans une cave, force quelques portes, et le voilà de nouveau dans la montagne.

Cette fois, il a résolu de dépayser ses ennemis en s'éloignant pour quelque temps du théâtre de ses exploits. Il marche, de nuit, jusqu'à Embrun, descend à Avignon, remonte l'autre rive du Rhône et se rend à Viviers. Là, il apprend des nouvelles de ses camarades échappés au dernier combat. On lui dit que Roquairol est mort de ses blessures. Perrinet et quelques autres sont vivants. Mandrin continue sa route, et se rend à Lyon, où il s'engage. Mais ce n'est là pour lui qu'une ressource du moment. En quelques jours, il a su gagner la confiance de son capitaine; il lui débauche trois hommes de recrues, et se sauve avec la caisse de la compagnie. Perrinet, secrètement averti, le rejoint avec quatre de ses anciens camarades. La nouvelle bande compte bientôt quatorze coquins, prêts à tout. On est sur les frontières qui séparent la France de la Savoie, sur cette montagne abrupte qui voit naître, à quelques pas de distance l'une de l'autre, la Doire paisible, qui va féconder le Piémont, et la turbulente Durance, qui va ravager le Comtat et la Provence. L'hiver sévit, la neige couvre les cimes alpestres; la vue s'étend d'un côté sur la riche Savoie, de l'autre sur les plaines arrosées par le Rhône. C'est ce lieu imposant que Mandrin a choisi pour théâtre d'une scène solennelle. Un vaste projet est éclos dans son cerveau; il veut frapper ses compagnons par la majesté d'une cérémonie mystérieuse, afin de les enchaîner plus étroitement à ses desseins.

Par ses mains, un autel est dressé, fait de pins abattus, de rochers et de terre. Il place dessus un trépied, des charbons allumés, sur lesquels fume l'encens. Il déploie un parchemin, couvert de signes cabalistiques, et passe sur la flamme une lame d'acier. Quatorze sièges sont préparés avec de la terre; un quinzième, plus élevé, se dresse en avant des autres; Mandrin s'y assied, fait signe à ses compagnons de prendre place, et, enfonçant d'un revers vigoureux son chapeau sur sa tête, il prend la parole.

Nous n'inventons, bien entendu, ni cette mise en scène, ni ce discours, assez naïvement imité de ceux que Tite-Live met, avec plus ou moins d'à-propos, dans la bouche de ses héros. La harangue de Mandrin est tout aussi authentique que celles de Fabius ou d'Annibal, et, n'était le style assez médiocre et le risible emphase, on croirait, en la lisant, lire une page du classique *Conciones*. N'y changeons rien, et respectons jusqu'au bout la légende. Mandrin, donc, parle en ces termes :

« Vous voyez, chers compagnons, un chef qui a su braver plusieurs fois les caprices de la fortune et les périls des combats. Eprouvé depuis longtemps par *les bizarreries du sort*, j'ai vu ma puissance affermie tour à tour et ruinée. J'ai commandé en souverain, j'ai vécu dans les fers, et, dans ces différents états, mon âme inébranlable a vu d'un œil égal ses pertes et ses succès. Un seul souvenir m'afflige. Ne croyez point, chers compagnons, que je porte mes regrets sur cette abondance d'or qui aurait pu éblouir mes yeux, ou sur les *plaisirs tranquilles* de cet ermitage qui devait être cher à mon cœur. Que des archers, acharnés à ma perte, m'aient traité avec infamie, j'excuse leurs fureurs ; que des juges, *imbus des prétendues idées du bien public*, m'aient envoyé au supplice, j'oublie l'erreur de leur conduite. Les uns ont des maîtres, ils doivent obéir ; les autres ont des lois, ils ont dû les suivre. Mais le dirai-je ? que de vils employés aient porté sur moi leurs perfides mains, qu'ils m'aient terrassé dans le combat, qu'ils m'aient insulté avec outrage, et qu'ils attribuent à la bravoure ce qu'ils ne doivent qu'à la fraude ou à l'épuisement de mes forces, voilà, chers compagnons, ce qui fait l'opprobre de mes jours, et ce que je n'envisage qu'avec horreur. Mais ce glaive, ce bras qui a pu combattre, sauront venger l'affront qui m'a été fait. Oui, je jure à cette race odieuse une haine implacable ; je veux leur porter une guerre terrible, qui ne s'éteindra que dans leur sang ou dans le mien. Si ma mort devient nécessaire à l'exécution de mes projets, puissé-je, dès ce moment, immoler toutes ces victimes à ma vengeance, et descendre chez les morts ! Cet autel, cet encens, ces feux, sont les garants des serments que je fais. C'est ici que je les prononce aux dieux du ciel et des enfers, je vais les écrire de mon sang. Approchez, chers compagnons, et jurez avec moi. »

Mandrin, à ces mots, s'avance vers l'autel ; ses compagnons l'entourent. Un genou en terre, et le glaive à la main, il dirige la pointe d'acier sur son bras, ouvre la veine, et, du sang qui s'échappe, trace sur le parchemin de mystérieux caractères. Puis, il fait sur le trépied des invocations magiques, jette de nouveau l'encens sur la flamme, et jure à la Ferme et aux employés cette haine inextinguible qu'Annibal, autrefois, jura aux Romains. La cérémonie achevée, le chef se place une seconde fois sur son trône, et, montrant à ses compagnons, avec un sourire plein de fierté, l'immense panorama de la France et de la Savoie, comme étendues à leurs yeux :

« Chers amis, leur dit-il, promenez vos regards sur ces riches contrées : Voilà notre royaume ; voilà le théâtre de nos expéditions futures. L'une de ces terres a des richesses que l'autre refuse d'admettre ; transportons-les d'un royaume dans un autre, et favorisons ainsi le commerce des deux nations. Je vous en donne le droit, et, dès ce moment, je renonce à l'obscure industrie qui imite, dans l'ombre, la monnaie des souverains. Aujourd'hui, c'est le fer et le fusil en main qu'il nous faut travailler. Si les employés veulent nous faire obstacle, mort aux employés ! »

Et à partir de ce jour, Mandrin et sa bande, incessamment recrutée, pratiquèrent en grand la contrebande.

La *Mandrinade* nous montre, en cette occasion, un Mandrin moins poétique et plus féroce. Il y a aussi un serment, une cérémonie, mais la solennité classique est remplacée par une orgie de cannibales. Un enfant a été volé par la bande, dans un faubourg de Grenoble ; le malheureux doit servir de victime, et l'association nouvelle sera cimentée de son sang. — « Qui de vous, s'écrie Mandrin, osera sacrifier cet enfant ? — « Moi, » répond Brok, le plus farouche des compagnons du bandit, Brok qui mérita par ses crimes, par sa vigueur et par son audace, de succéder à Mandrin. Brok se saisit du petit malheureux, lui enfonce le couteau dans la gorge. Le sang jaillit, et Mandrin le reçoit dans un grand plat à soupe. Chacun des associés s'avance, tenant un pistolet armé dans la main gauche, et plonge la droite nue dans le sang fumant. Lorsque tous ont ainsi juré d'exterminer les commis, Mandrin coupe en morceaux le petit cadavre, et chaque bandit en met une part dans sa poche.

Quoi qu'il en soit, les traditions diverses indiquent un moment où Mandrin renonce aux obscures industries du faux monnayage, du maquignonnage et du vol de grande route, pour se livrer aux opérations plus étendues de la contrebande. Ici, la légende se confond avec l'histoire, et nous montre comme elle, avec quelques variantes et quelques détails nouveaux que nous rapporterons en leur lieu, le chef de faux monnayeurs et de voleurs de grand'route se transformant en chef d'insurgés contre la douane et l'impôt ; puis, bientôt, capitaine, conduisant contre la Ferme, et même contre les troupes du Roi, une armée véritable ; inondant de marchandises prohibées le Dauphiné, le Languedoc, une partie de l'Auvergne, le Rouergue, le Lyonnais, le Mâconnais, la lisière de la Franche-Comté.

Arrêtons-nous donc ici, et contrôlons, par l'histoire véritable, la légende de Mandrin.

Selon notre constante habitude, indiquons avant tout les sources de cette histoire authentique. Elles sont peu nombreuses, mais excellentes.

Ce sont d'abord les Archives de Saint-Etienne de Saint-Geoirs, où se trouve tout un dossier relatif à Mandrin. Les pièces de ce dossier étaient restées, pour la plupart, inédites, jusqu'au jour où un jeune avocat de la Cour impériale de Paris, M. A.-Paul Simian, eut l'idée de fouiller ces Archives, et d'y chercher des renseignements officiels sur le fameux bandit. Il en composa une histoire vraie, toute nouvelle, de Mandrin, qu'il publia pour la première fois dans la *Revue des Alpes*, 3e année, et, plus tard, en 1860, dans un petit in-12 de 80 pages, faisant partie de la Petite Bibliothèque des Chemins de fer du Dauphiné, sous ce titre : *Un Brigand au XVIIIe siècle ; Mandrin, Etude extraite de Documents inédits conservés dans les Archives de Saint-Etienne de Saint-Geoirs*, Grenoble, 1860.

C'est aussi un recueil conservé dans les Archives de la préfecture de la Drôme, et dont un légiste distingué, M. Ch. Berriat Saint-Prix, conseiller à la Cour impériale de Paris, a, le premier, signalé l'existence dans son petit et excellent ouvrage intitulé : *Justice du Grand Criminel aux XVIIe et XVIIIe siècles, jusqu'en 1789.*

M. Berriat Saint-Prix dit que ce volume grand in-folio lui a paru, à son état déprimé, avoir servi longtemps de siège à quelque commis ou scribe. Il se compose de 325 placards imprimés, intitulés, soit *Jugements*, soit *Extraits de Jugements souverains*, portés au nom d'une juridiction spéciale sur laquelle nous aurons à revenir, la Commission extraordinaire de Valence. Le nombre des jugements est considérable, certains placards renfermant jusqu'à 24 extraits. Le premier est du 19 septembre 1733, le dernier du 31 janvier 1760. De 1755 à 1760, plusieurs des condamnations se rapportent à la bande de Mandrin. Le jugement du chef a, d'ailleurs, été plus d'une fois publié.

C'est encore le *Mercure de France*, qui rend compte des mesures exceptionnelles nécessitées par les entreprises armées de Mandrin.

A l'aide de ces divers documents, nous allons reconstituer la physionomie véritable du bandit.

Louis Mandrin naquit, non en 1715, ou en 1722, ou en 1724, mais le 11 février 1725, à Saint-Etienne de Geoirs, que la plupart des biographes écrivent à tort Saint-Etienne de Geoire. Saint-Etienne de Geoirs, ou mieux Saint-Etienne de Saint-Geoirs était un bourg de la généralité de Grenoble, élection de Romans. La famille de Mandrin vivait obscurément et honnêtement de l'agriculture et du commerce, et tirait son origine de l'Allemagne. Le grand-père de notre héros, juif converti, s'était établi à Saint-Etienne dans les premières années du XVIIe siècle. Son père, François-Antoine Mandrin, exerçait la profession de marchand de chevaux, ou, si mieux on l'aime, était maquignon; profession qui suppose, non pas peut-être, de toute nécessité, l'habitude du vol, mais une certaine improbité qu'on appelle, en pareil cas, de l'adresse. La mère de Mandrin était une Marguerite Veyron-Churlet. Noms et dates sont authentiques; M. Simian les a relevés sur les registres de l'état civil de la paroisse de Saint-Etienne de Saint-Geoirs, tome IV, folio 167.

Nous prenons donc ici la tradition en flagrant délit d'erreur; et cependant, elle ne se trompe qu'à moitié. Si le père de Mandrin ne fut jamais faux monnayeur, s'il ne fut ni tué ni pendu, il fut, tout au moins, maquignon, ce qui ne veut pas dire un petit saint. Si la mère de Mandrin ne s'appelait pas Magdelaine, elle fut bien la pieuse femme de la légende.

Fils aîné de ces deux paysans, Louis Mandrin eut, sans doute, les deux frères que lui donne la légende, car on retrouve leur trace jusque dans les documents officiels; mais l'état civil est muet sur leur compte, et M. Simian ne croit qu'à l'existence d'un seul frère, Claude Mandrin, que nous retrouverons plus tard en compagnie de son aîné, c'est-à-dire en assez mauvaise compagnie. L'acte de naissance de ce Claude a disparu; mais M. Simian a retrouvé celui d'une sœur, Marie Mandrin, née le 18 septembre 1726.

Le père de Mandrin ne fut donc ni faux monnayeur, ni voleur, comme le dit l'histoire légendaire, et, bien que maquignon, il éleva honnêtement ses fils. Marguerite Veyron-Churlet était bonne chrétienne, et Louis suça les bons principes avec le lait.

Sa jeunesse promit des qualités singulières, intelligence ouverte, vivacité, force physique, activité infatigable. La profession de son père, visiteur habituel des foires célèbres du Dauphiné, celles par exemple de Burcin et de Beaucroissant, initia le jeune Louis à cette vie errante, que notre Béranger proclame *enivrante*, mais qui n'est pas peut-être la plus saine pour l'âme d'un enfant. C'est du Poitou, du pays de Tarbes, même de l'Espagne, que le commerce des chevaux tirait alors ses meilleurs produits, et sans doute le jeune Mandrin dut visiter ces contrées lointaines. Vagabondage, astuce, furent ses premières leçons.

A vingt ans, en 1745, Louis Mandrin était passé maître en maquignonnage; il remplaça son père. Ici donc, nous prenons encore la légende en défaut. Mandrin ne s'engagea pas, ne prit aucune part aux batailles de Parme et de Guastalla, ne fit pas, en un mot, la guerre en Italie sous le duc de Coigny, par cette excellente raison que le duc de Coigny ayant gagné, avec Broglie, ces deux batailles en 1734, Mandrin n'avait alors que 9 ans.

Mandrin n'eut, pendant sa jeunesse, d'autres rapports avec les armées du Roi que la fourniture des chevaux.

Encore moins visita-t-il Paris. Son excursion dans la grande ville eût laissé des traces dans sa vie, et il y a justement dans Mandrin quelque chose qui le sépare profondément des vulgaires voleurs de la capitale. C'est un hardi compagnon de province frontière, non un coupeur de bourses.

Mais ce qui ajoute à son originalité, ce qui, en un point, justifie la légende, c'est que ce fils de paysan maquignon se montre, dès sa première jeunesse, plus cultivé qu'on ne pourrait s'y attendre. Il sait lire, écrire, cela est certain. Cartouche, le Parisien, est un ignorant, qui ne sait pas même sa croix de par Dieu. Mandrin ne fit pas de livres, sans doute; mais il a fourni, dans tout le cours de sa carrière, les preuves d'une instruction alors assez rare même chez les bourgeois des villes.

Quelle cause l'arracha à cette vie paisible, pour le jeter dans une existence aventureuse et criminelle? Ceci est intéressant à connaître. Nous l'apprenons par une correspondance très-curieuse et, jusqu'alors inédite, échangée entre le Lieutenant de châtellenie à Saint-Etienne, M. Buisson, et le Procureur général au Parlement de Dauphiné, M. de Moydieu. M. Simian, né dans le pays, a trouvé, dans les traditions locales, la confirmation des faits avancés dans cette correspondance. Mandrin fut tout simplement poussé à mal par une mortalité sur les chevaux, et par les embarras que lui causèrent divers comptes non soldés de fournitures faites au gouverneur du Dauphiné.

Nous avons donné le portrait légendaire du bandit; rapprochons de ce portrait, tout de fantaisie, le signalement véritable, tel que l'ont publié, d'après une lettre du lieutenant Buisson, M. Victor Teste dans le *Moniteur Viennois* de 1849, et M. Simian dans sa petite et excellente Notice. Le voici :

« Taille cinq pieds quatre pouces, cheveux chastain tirant beaucoup sur le blond, courts et non frisés, yeux gris ou roux enfoncés, sourcils non fournis, visage gros, ovale, un peu marqué de petite vérole; nez proportionné et assez bien tiré; la bouche assez grande, un peu enfoncée; les lèvres ny grosses ny petites, le menton un peu pointu et un peu avancé en dehors; bonne mine, les épaules grosses, le reste du corps de même; robuste, bien planté, gros gras de jambe; portant toujours une ceinture de la longueur de demi-pied, dans laquelle on dit qu'il tient son argent; portant un habit de drap d'Elbeuf gris qui a été tourné sans paremens aux manches, y ayant seulement une pièce de la même étoffe avec quatre boutonnières, ce qu'on appelle *à la Cuisinière;* portant un grand chapeau dont l'aile de derrière est presque toujours abattue, il la met ordinairement devant, de manière qu'elle luy couvre une partie du visage; culotte de peau forte, assez usée, y ayant quelques dessins à côté et au-dessous des boutonnières du genouil; portant presque toujours des guestres, il en a actuellement de ratine couleur de gris d'épine presque neuves; il a une camisole de mouleton croisée qu'il porte presque toujours sous son habit avec une vieille veste rompue de la même étoffe que son habit...

« Voilà, Monsieur, le signalement tel que j'ai pu le faire, sans avoir Louis Mandrin sous les yeux. »

Ce n'est pas là, sans doute, le majestueux héros de mélodrame que l'on sait; mais il y a encore, dans ce signalement, de quoi composer une figure assez pittoresque.

A quelle époque Mandrin débuta-t-il dans sa triste carrière? Ici, encore, les Archives de Saint-Etienne nous serviront de guide.

Au commencement de l'année 1748, le Premier président du Parlement de Dauphiné, M. de Piolenc, lança contre un habitant de Saint-Etienne, le maréchal-ferrant Claude Jouy, une injonction de comparoir, une sorte de mandat d'amener. Claude Jouy était signalé par la rumeur publique comme fabriquant secrètement de la fausse monnaie. Voici cette pièce, qui donne une idée de certaines formules peu connues, employées à cette époque en matière d'instruction criminelle :

Honoré-Henry de Piolenc, chevalier, seigneur de Beauvoisins, Thoury, La Tour d'Origny, etc., conseiller du roy en tous ses conseils, premier président en sa cour de parlement, aydes et finances de Dauphiné.

Il est ordonné au nommé Claude Jouy, maréchal-à-forge, habitant au lieu de Saint-Etienne de Saint-Geoirs, de venir incessamment nous rendre compte de sa conduite, à peine de prison.

A Grenoble, le 12 mars 1748.

Signé : PIOLENC.

Et plus bas,

Par Monseigneur : CHENAVIER.

Or, ledit Claude Jouy avait pour aide et pour élève Louis Mandrin. Tous deux furent, à partir de ce moment, poursuivis par la maréchaussée, et, bon gré, mal gré, il leur fallut se joindre aux *outlaws* qui pullulent d'ordinaire dans les pays de montagnes placés sur la frontière. Naturellement, ces déclassés de la civilisation se livraient au métier lucratif et dangereux par excellence, celui de la contrebande.

Ici, ouvrons une parenthèse. Une digression sur la situation économique de la France et du Dauphiné, au milieu du XVIIIe siècle, ne saurait être un hors d'œuvre, quand il s'agit de raconter la vie d'un contrebandier fameux.

Et d'abord, constatons l'état de la pénalité pour ce crime, alors si sévèrement puni. La matière était régie par une déclaration célèbre du 2 août 1729, enregistrée par la Cour des aides le 12 septembre de la même année. Voici, dans sa teneur authentique, ce document peu connu :

Declaration du roy qui establit des peines contre les contrebandiers, donnée à Versailles le 2 aoust 1729, registrée en la Cour des aydes.

Louis, etc.

Art. 1er. Ceux qui seront convaincus d'avoir porté du tabac, toiles peintes et autres marchandises prohibées, en contrebande ou en fraude, par attroupement au nombre de cinq au moins, avec port d'armes, seront punis de mort et leurs biens confisqués, même dans les lieux où la confiscation n'aura pas lieu; et s'ils sont sans armes et au-dessous du nombre de cinq, ils seront condamnés aux galères pour cinq ans, et en mille livres d'amende chacun, payable solidairement.

Art. 2. Les commis et employés de nos fermes qui seront d'intelligence avec les fraudeurs et contrebandiers et favoriseront leur passage seront punis de mort.

Art. 3. Les contrebandiers qui forceront les postes et les corps de garde establis dans les villes, villages, ou à la campagne, et gardés par les gardes de nos fermes, seront punis de mort, encore qu'ils n'eussent lors aucunes marchandises de contrebande, et qu'ils fussent moins de cinq.

Art. 4. En cas de rébellion de la part des contrebandiers contre les commis de nos fermes, ordonnons aux susdits commis d'en dresser leur procès verbal sur le champ, et d'en donner avis dans vingt-quatre heures aux juges qui en doivent connaître, à peine d'être déclarés incapables de tous employs, même de punition corporelle s'il y échoit.

Art. 5. Dans le cas de l'article précédent, ordonnons à nos dits juges d'informer des dites rébellions dans les vingt-quatre heures après qu'ils en auront eu avis, à la requeste du fermier ou de nos procureurs, à peine de trois cens livres d'amende et d'interdiction.

Art. 6. Ceux qui porteront ou débiteront du faux tabac ou autres marchandises de contrebande dans notre bonne ville de Paris ou autres lieux de notre royaume, et pareillement tous receleurs, complices ou fauteurs desdits fraudeurs ou contrebandiers, seront condamnez pour la première fois aux galères pour trois ans, et en cinq cens livres d'amende; et, en cas de récidive, aux galères perpétuelles et en mille livres d'amende. Voulons que les femmes qui se trouveront dans l'un des cas cy-dessus marqués, soient condamnées au fouet, à la fleur de lys, au bannissement pour trois ans, et en cinq cens livres d'amende pour la première fois, et en cas de récidive, au bannissement à perpétuité, et en mille livres d'amende, ou à estre renfermées pendant leur vie dans l'hôpital, ou maison de force, le plus près du lieu où la condamnation aura esté prononcée.

Art. 7. Deffendons aux cabaretiers, fermiers et autres gens de la campagne, de donner retraite aux contrebandiers ou à leurs marchandises, à peine de mille livres d'amende pour la première fois, et de bannissement en cas de récidive, même d'être poursuivis comme complices des dits contrebandiers, et d'être condamnés, s'il y échoit, aux peines portées par l'art. précédent, si ce n'est que dans les vingt-quatre heures au plus tard ils aient requis le juge le plus prochain, ou les officiers de la maréchaussée, de se transporter en leurs maisons, à l'effet d'y dresser procès verbal de la violence que les contrebandiers auroient faite pour se procurer l'entrée dans leurs dites maisons, à laquelle requisition les dits juges ou les dits officiers de maréchaussée seront tenus de satisfaire sur le champ à peine d'interdiction. Voulons en outre que les dits cabaretiers ou fermiers soient tenus, dans le même delay, de faire avertir les brigades de nos fermes qui sont les plus proches du lieu de leur demeure, à l'effet de courre sur les contrebandiers, et ce sous les mêmes peines que dessus.

Art. 8. Ordonnons aux syndics, manans et habitans des bourgs et villages par lesquels il passera des particuliers attroupés avec port d'armes et des ballots sur les chevaux, de sonner le tocsin, à peine de cinq cens livres d'amende, qui sera prononcée solidairement contre les communautés.

Art. 9. Ceux qui auront été employez dans nos Fermes, en qualité de commis ou de gardes, qui seront arrestez avec du tabac ou autres marchandises de contrebande, seront condamnez aux galères pour cinq ans et en cinq cens livres d'amende, quoy qu'ils ne fussent attroupez ni armez.

Art. 10. Voulons, etc , etc. »

Des pénalités aussi rigoureuses supposent des délits nombreux, inquiétants pour les finances, et décèlent une situation économique des plus déplorables.

Les peuples et les gouvernements ne se sont aperçus qu'hier de ces vérités aujourd'hui passées en axiomes : En fait d'industrie et de commerce, le secret de la vie et de la puissance, c'est la liberté ; les lois sont impuissantes contre la force des choses ; les contrées diverses, les nations différentes, n'existent en droit et ne sont créées de Dieu que pour vivre les unes des autres, pour échanger leurs produits. Le poëte de la contrebande et du libre échange l'a bien dit : elles doivent

> Filer la même laine,
> Sourire au même vin.

Au XVIIe et au XVIIIe siècle, la France en est encore aux antipodes de ces vérités fécondes. Colbert, grand ministre sans doute, homme de génie, organisateur énergique, avait, avec les meilleures intentions du monde, établi un système économique des plus funestes, fondé sur cette contre-vérité qu'un pays doit et peut se suffire à lui-même.

Il y a, dans tout système absolu, une part de vérité. Par exemple, il est juste de dire que toute société naissante a le droit et le devoir de se protéger elle-même ; que l'industrie et le commerce d'une nation ne sauraient, sans imprudence, être abandonnés aux périls d'une lutte inégale. Le douanier est le soldat de cette industrie encore mineure, la sentinelle avancée du travail national. Les barrières qu'un peuple élève à ces moments de son existence, si elles ne sont pas infranchissables, ont l'utilité du rempart qui s'ouvre pour laisser passer l'inoffensif ou l'ami, qui se dresse contre l'adversaire.

Un autre aspect de cet état défensif le justifie, ou plutôt l'excuse ; c'est la nécessité, pour un gouvernement, de vivre et de remplir sa fonction. De là, la légitimité de l'impôt, source ordinaire des droits de douane défensifs.

Voilà la part de vérité contenue dans le système de Colbert, ou, pour mieux dire, dans celui qui triompha chez nous jusqu'à nos jours. La part d'erreur, c'est l'exagération de la défense, qui a nom prohibition ; poussée à ce point, la défense est fatale au protégé, qui s'endort dans la routine ; elle est contraire à la loi divine de sociabilité universelle. L'erreur, c'est encore l'exagération de l'impôt, sa répartition inégale, oppressive pour la masse sans défense, favorable aux puissants. Si, à ces causes de désordre, s'ajoutent un fractionnement de la nation, une division du territoire en une foule de parcelles régies par des règlements différents, des obstacles aux communications des membres d'un même corps les uns avec les autres, alors le mal est au comble, la misère sévit sur les populations, et l'esprit de révolte est partout dans l'air.

Il en était ainsi de la France, au temps où naquit Mandrin.

Le mal était vieux comme le pays lui-même, et, pour qu'on puisse bien comprendre les succès passagers du bandit dans nos provinces de l'Est, du Centre et du Midi, il est nécessaire d'expliquer en peu de mots l'organisation générale de l'impôt et des douanes dans le royaume, leur organisation particulière dans ces provinces un moment livrées à la contrebande armée.

L'impôt, quelle que fût sa nature, était autrefois recueilli, au nom du roi, par les gens du roi, qui, de toutes les parties de la France, rendaient compte à l'argentier du roi. Supprimez, par la pensée, les chemins nombreux, rapidement, librement parcourus ; supprimez la savante centralisation de notre administration moderne, la magnifique unité de nos lois, le concours puissant de cent mille volontés uniformes, disciplinées, embrigadées ; supprimez, enfin, l'outillage perfectionné de notre civilisation, comptabilité parfaite, télégraphes, etc., et vous comprendrez combien le système que nous venons de décrire était vicieux, impossible. C'était la centralisation, mais la centralisation désarmée.

Aussi, fallut-il chercher un système plus simple ; car la centralisation ainsi comprise, c'était la complexité, l'anarchie. L'impôt passait dans tant de mains, le contrôle était si difficile, qu'il n'en entrait qu'une bien faible partie dans le trésor royal. On imagina une organisation de la perception mieux accommodée à l'état du royaume. Certains impôts indirects, objets d'un monopole, le sel et le tabac par exemple, furent abandonnés, dans chaque province, à des capitalistes qui en firent le recouvrement à leur profit, moyennant une somme fixe dont ils traitaient, et qu'ils versaient annuellement et directement dans les caisses de l'État. De là, le nom de *traitants*.

Le reste de l'impôt fut affermé à d'autres capitalistes, nommés *fermiers généraux*, et l'ensemble de leur administration fut appelé *Ferme*.

L'origine de la Ferme générale remonte à 1372. La *gabelle*, c'est-à-dire la traite du sel, est contemporaine des grandes nécessités d'argent nées de la guerre avec l'Anglais, c'est-à-dire de Philippe VI de Valois.

L'administration des intendants royaux se régularisa seulement à partir des règnes de Louis XII et de François Ier. Sous Henri II, apparaît pour la première fois la taxe protectrice qui grève, à l'entrée, les produits étrangers.

Henri IV trouva, à son avénement, la féodalité installée plus vigoureusement que jamais, les droits de passage multipliés à chaque pont, à chaque bac, à chaque carrefour par l'avidité des seigneurs et des abbés. La fraude, alors subie par le trésor royal, est énorme. Sully réunit à cette époque toutes les branches du revenu, les afferme ; là, remonte l'origine des cinq grosses fermes.

Richelieu, très-libéral au fond, comme tous les grands hommes d'État, mais forcé de procéder avant tout à l'établissement de l'unité française, et à la forte constitution de l'autorité royale, fait passer la politique avant les finances. Mazarin, cupide avant tout, ne voit dans le peuple qu'une matière imposable.

Quant à Colbert, nous l'avons dit, ses **intentions** sont excellentes, mais trop souvent barrées par les résistances du passé. Son principe économique est, d'ailleurs, faux et stérile. Il simplifie, il unifie, il réduit les droits à l'entrée sur les matières premières; à la sortie, sur les produits manufacturés. Son édit de septembre 1664 renverse les barrières intérieures et reporte les douanes à la frontière. Mais il voit se dresser contre sa volonté opiniâtre des habitudes plus opiniâtres encore; la routine et le privilége s'adossent, pour résister, à l'antique régime d'arbitraire et d'anarchie.

Ici, regardons de plus près; nous allons voir se développer la singulière organisation douanière qui rendit possibles les brigandages armés de Mandrin.

Douze provinces avaient accepté l'organisation et les tarifs de 1664; ce furent la Normandie, la Picardie, la Champagne, la Bourgogne, la Bresse, le Bugey, le Bourbonnais, le Berry, le Poitou, l'Aunis, l'Anjou et le Maine. Ce fut là le territoire des cinq grosses Fermes.

Treize provinces restèrent ce qu'elles avaient été jusqu'alors, c'est-à-dire que, dans le système général des douanes, elles continuèrent d'être assimilées à l'étranger. Ce furent la Bretagne, l'Angoumois, la Marche, le Périgord, l'Auvergne, la Guyenne, le Languedoc, la Provence, le Dauphiné, la Flandre, l'Artois, le Hainaut, la Franche-Comté.

Trois provinces refusèrent de reconnaître l'organisation et les tarifs de 1664; ce furent l'Alsace, la Lorraine, les Trois-Evêchés, à quoi il faut ajouter les pays de Gex, et les ports francs de Marseille, de Bayonne, de Lorient et de Dunkerque.

Les treize provinces anciennement assimilées à l'étranger reçurent le nom d'*étranger effectif;* les trois provinces nouvellement refusantes furent dites *réputées étrangères.*

C'est la belle époque de Colbert, celle de ses efforts intelligents vers la liberté industrielle et commerciale. Dès 1667, il revient à l'idée de protection exagérée. Il oublie ce qu'il a dit un jour aux échevins de Lyon, que «les privilèges sont comme béquilles pour apprendre à marcher.»

Après lui, les béquilles se changent en chaînes, et le peu d'ordre qu'il avait établi disparaît dans le vieux chaos. C'est à la révolution, fondatrice de la véritable unité nationale, qu'était réservé l'honneur d'organiser nos douanes et d'abaisser définitivement les barrières intérieures.

Ces quelques lignes suffiront à faire comprendre, dans la suite de ce récit, quelles résistances l'autorité royale devait rencontrer, quelles souffrances le mauvais système d'impôts, la difficulté des communications et les prohibitions exagérées devaient causer dans les provinces que parcourut la bande de Mandrin.

Pour ne parler en ce moment que du Dauphiné, cette province avait, depuis le traité de cession fait par le dernier Dauphin, en 1349, conservé la prétention de former un Etat à part dans l'Etat. Classée dans l'étranger effectif, elle avait considéré comme des empiètements illégaux chacun des pas faits par la royauté vers la concentration du pouvoir et l'unité de la France. Si la réforme trouva tant d'échos dans cette contrée, si la guerre civile put y éclater et s'y maintenir, si cette magnifique portion de notre France moderne fut, cinquante ans durant, ravagée, pillée, inondée de sang, il faut chercher la cause de ces malheurs beaucoup moins dans les dissensions religieuses que dans l'instinct d'indépendance surexcité par la tyrannie d'un mauvais système économique.

Sous Colbert, par suite de ce déplorable état de choses, la misère est si grande en Dauphiné, qu'on y mange l'herbe des prés et l'écorce des arbres. Les plus heureux s'y nourrissent de pain de gland et de pain de fougère. Le paysan y est, en réalité, ce déshérité dont parle le moraliste La Bruyère, de qui la misère saisit le cœur, qui redoute l'hiver et appréhende de vivre; cet *animal farouche, attaché à la terre, qu'il fouille et qu'il remue avec une opiniâtreté invincible, qui se retire la nuit dans des tanières où il vit de pain noir, d'eau et de racines.* Le tabac, cette consolation du misérable, le sel, ce sucre du pauvre, lui sont mesurés d'une main avare; une loi impie les lui permet ou l'en prive, selon qu'il demeure en deçà ou au delà d'un certain fleuve, d'une certaine montagne. La gabelle vend le sel un sou en Bretagne, treize sous dans le Maine. Encore faut-il que le commis aggrave la loi, qu'il trompe, pour faire sa main, sur le prix, sur la qualité, sur la mesure. Il n'est pas même permis de se priver de ces denrées qui coûtent si cher; chaque imposable est tarifé à un *minimum* de consommation.

A tous ces maux, la contrebande est un remède naturel, nécessaire; elle est le correctif des législations vicieuses. C'est la sourde protestation de l'opprimé. Quand règne la prohibition, elle se transforme en industrie organisée, armée. La guerre qu'elle déclare à la douane a fait, plus d'une fois, lever des prohibitions mortelles au commerce.

Au XVIIIᵉ siècle, la contrebande règne sur la plus grande partie du territoire. Le paysan manceau va chercher le faux sel en Bretagne, franchissant pieds nus et dans l'ombre des nuits les douves et les haies, une lourde besace pendue à l'épaule, et la main sur la *ferte*, ce long bâton de cornouiller dont, au besoin, il assommera le commis. Car, s'il est pris vivant, il s'agit pour lui des galères ou de la potence. Le paysan dauphinois franchit, armé du fusil, les ports de la montagne, et rapporte, à travers rochers et neiges, le ballot de tabac qu'il est allé quérir en Savoie *sur le cuir* de ses pieds. L'armée du faux sel bat souvent la campagne jusqu'aux portes de Paris, et quelque temps après le procès de Cartouche (*Voyez* ce nom), des bandes de faux sauniers écument les routes dans l'Ile-de-France et menacent la royauté pour le compte de l'Espagne.

Tout cela nous explique Mandrin.

Ce fut vers 1750 que ce brigand fameux commença à s'associer quelques hommes de sa trempe, pour faire, en grand, la contrebande. La troupe se composa d'abord de quelques parents et amis de Saint-Etienne de Saint-Geoirs, Claude Mandrin, Pierre Fleuret dit *Court-Toujours*, Antoine Saulze-Coquillou et Jacques Ferrier. Tous ces noms sont authentiques. M. Simian les a trouvés dans une Lettre du Lieutenant-Châtelain Buisson au Procureur général de Moydieu, en date du 31 mars 1753, et dans un mandat d'arrêt du même Procureur général, en date du 30 mars de la même année.

Nous savons déjà quelle cause particulière avait fait de Louis Mandrin un mauvais sujet, un faux monnayeur. Les documents trouvés dans les Archives de Saint-Etienne nous diront quels événements jetèrent Mandrin et les siens dans cette entreprise désespérée de la contrebande.

Le 3 janvier 1752, le sacristain de l'église de Saint-Etienne, Michel Boulier, s'apprêtait, vers les cinq heures du soir, à en fermer les portes, quand il aperçut une ombre glisser derrière un banc de la chapelle. Etait-ce quelque fidèle attardé, quelque animal égaré dans le saint lieu? Le sacristain voulut s'en assurer. Il s'approcha de l'endroit où lui avait apparu cette vision rapide, et ne trouva rien. Sûr que personne n'avait pu sortir de l'église, Michel Boulier ferma les portes, et s'en fut, un peu inquiet, conter le cas à son père, Jean Boulier, procureur d'office à Saint-Etienne. Celui-ci fit ouvrir l'église, et, accompagné du vicaire Biessy, il chercha l'ombre disparue, tandis que quelques habitants faisaient bonne garde à la sortie, armés de fusils et de fourches. On chercha longtemps; enfin, sous le banc de M. de Monts de Savasse, ancien banc seigneurial de Saint-Etienne, on trouva l'ombre blottie. L'ombre n'était autre chose qu'un grand drôle en haillons, qui, interrogé sur ce qu'il faisait là, répondit, d'un air benoît, que, sans pain et sans asile, il s'était résigné à passer la nuit dans la maison du Seigneur. On fouilla le vagabond, et on ne fut pas peu surpris de trouver dans ses poches 350 livres et 18 deniers en argent et menue monnaie, plus un petit flacon rempli de glu. On visita les troncs de l'église; celui des réparations était brisé, vide d'argent; celui des âmes du purgatoire était intact en apparence : mais, quand on l'ouvrit, on trouva, à la place des offrandes des fidèles, quelques petits morceaux de bois englués, et un peu de glu à l'orifice. Vide, également, la cassette qui renfermait l'argent pour le luminaire, et, près de la cassette, une mince et longue baguette engluée, qui disait assez quel procédé le mendiant employait pour sa pêche aux offrandes.

C'était alors un crime horrible que le vol des choses sacrées, et ce cas, comme celui de polygamie, était cas pendable, voire pis; le coupable était justiciable du bûcher.

On conduisit le vagabond chez M. Buisson, châtelain, c'est-à-dire juge ordinaire dans le mandement de Saint-Etienne, quelque chose comme un juge de paix d'aujourd'hui. Le drôle, interrogé, déclara se nommer Ennemond Diot, né dans la banlieue de Lyon, vagabond de profession, couchant à l'aventure, dînant du vol et soupant de la charité.

Mais l'intéressant fut qu'il avoua pour complice un jeune homme du pays, Claude Mandrin, le propre frère de notre héros.

Ennemond Diot, sentant déjà le fagot, fit si bien, qu'il s'échappa de la prison vermoulue de Saint-Etienne; mais Claude Mandrin dut aller chercher dans la montagne un plus sûr asile que la maison paternelle.

A cette époque, Louis Mandrin s'était retiré déjà dans la célèbre *Balme*, où il frappait sa fausse monnaie, et on peut encore aujourd'hui voir, dans le roc, un ancien foyer tout noirci par la flamme, et sur lequel devait être suspendue une vaste chaudière.

Le danger couru par son frère, le désir de punir ceux qui le menaçaient et qui avaient arrêté Diot, un de ses compagnons, ramena Louis Mandrin à Saint-Etienne. Sa fureur choisit pour victime le vicaire Biessy, devenu, depuis le mois de mai 1752, curé de Saint-Etienne. Le digne curé fut si bien gardé par ses ouailles, que le bandit n'en put approcher. Il se vengea en ravageant et en pillant les propriétés du prêtre. Il fit couper par ses hommes cent vingt mûriers, une centaine de souches et une douzaine de châtaigniers.

Ici, encore, la légende complète l'histoire. Rappelons-nous les fureurs du jeune Mandrin contre le pauvre curé de Saint-Geoirs. Evidemment, Mandrin est un *philosophe* qui ne croit ni à Dieu, ni à diable, ni à prêtre.

L'épouvante fut bientôt dans Saint-Etienne. Le châtelain lui-même dut craindre pour sa vie; on lui avait rapporté d'horribles menaces proférées par Mandrin. La terreur inspirée par les faux monnayeurs devint si grande, que le curé fut contraint de s'enfuir, pour ne pas succomber.

Le Procureur général au Parlement de Grenoble s'émut enfin de ces désordres, et prit des mesures pour protéger cette commune livrée en proie à quelques brigands. Il lança le mandat d'arrêt dont nous avons parlé, et dont voici la copie littérale :

Gaspard-François de Berger, chevalier, seigneur de Moydieu et de Villette, conseiller du roy en ses conseils, conseiller honoraire et procureur général au parlement, aydes et finances de Dauphiné.

Il est ordonné aux officiers de la communauté de Saint-Etienne de Saint-Geoirs de commander le nombre nécessaire de paysans, pour arrêter et saisir au corps Louis et Claude Mandrin frères, Benoît B.... et Pierre Fleuret, et les conduire dans les prisons du bailliage de Saint-Marcellin, comme aussi il est ordonné aux officiers et cavaliers de maréchaussée de cette province, de prêter tout le secours, ayde et main-forte nécessaires auxdits officiers et paysans, et de se transporter partout où besoin sera, à leur requis et à l'exhibition de nos ordres, pour faciliter la capture et traduction desdits Mandrin, Benoît B.... et Fleuret; prions tous ceux qui sont à prier, et ordonnons à tous ceux qu'il appartiendra de n'apporter aucun trouble ny empêchement auxdits officiers, cavaliers et paysans, pour l'exécution du présent, et au contraire de les ayder en tout ce qu'ils auront besoin pour son entière exécution.

Fait à Grenoble, sous l'empreinte de nos armes et le contreseing de notre secrétaire, le 30 mars 1753.
Signé : MOYDIEU.

Et plus bas :
Par Monseigneur,
GIRART.

La lettre du 31 mars nous fait connaître l'état déplorable auquel Mandrin avait réduit son pays natal. Voici ce qu'écrivait, à cette date, le châtelain de Saint-Etienne à M. de Moydieu :

« Nous ne savons plus que devenir; les désordres augmentent tous les jours; tout le pays est en alarme; plusieurs personnes n'osent plus sortir de chez elles. L'on attaqua hier, sur environ une heure après midi, quatre personnes, dans le grand chemin qui va de Saint-Etienne à la Forteresse, à la distance d'un demi-quart de lieue de Saint-Etienne, l'une desquelles n'eut la force que d'aller mourir à quelques pas delà. Sur les six heures du soir, je fus faire la levée du corps mort, j'en dressai un procès-verbal, dès que je fus arrivé icy, n'ayant pu le faire sur les lieux, parce qu'il étoit nuit close, et que, d'ailleurs, il faisoit un grand vent. Je fis apporter ce cadavre à Saint-Etienne sur un brancard, il étoit couvert de sang et de blessures; je n'ay pu en faire dresser rapport par un chirurgien, parce que nous n'en avons point ici. Je l'ai fait ensevelir dans le cimetière, luy ayant trouvé dans ses poches trois livres de piété; l'un intitulé : *Méditations sur la Passion de N. S. J.-C.*; l'autre, *Pensées chrétiennes*, et le troisième, *Chemin du Ciel*.

« On pourra le faire déterrer pour en faire la visite, on l'a cacheté sur le front et sur les mains.

Plusieurs personnes ont vu commettre ce mulctre; dès qu'on vouloit s'avancer, les mulctriers mettoient le fusil en joue; heureusement on fit faux feu une fois sur l'une de ces personnes. On m'a dit que les auteurs de cet assassinat sont Louis Mandrin, Benoît B...., Pierre Fleuret dit *Court-Toujours* et Antoine Saulze-Coquillou, tous quatre de Saint-Etienne. J'ay écrit aujourd'huy à M. Mante, vostre substitut au bailliage de Saint-Marcellin, je luy ay envoyé une copie du procès-verbal que j'ay fait, je luy ay marqué les noms de ces mulctriers et ceux des témoins, qui sont au nombre de seize. J'ai oublié de lui marquer qu'il seroit fort à propos de faire la procédure sur les lieux, parce que ces témoins seront très-exposés en chemin.

« Ces misérables, en effet, ne parlent que de tuer, brûler et saccager; ils se voient perdus, ils agissent en désespérés; tout le monde les craint; nos habitants sont si lâches, qu'il n'est pas possible de les porter à faire un coup de main pour les arrester; ils paroissent tous les jours icy d'un air des plus hardis, même encore aujourd'huy. Je viens d'apprendre que le frère du défunt, dont j'ay fait la levée du corps, qui étoit du nombre des quatre particuliers

« Accueilli par les deux sœurs comme s'il était déjà de la famille » (PAGE 6).

arrestés, est mort aussi chez luy, n'ayant eu le temps que de s'y rendre sur un cheval.

« Ces pauvres gens sont de Beaucroissant, et leur nom est Roux; celui qui est mort icy s'appeloit Joseph, suivant qu'il l'avoit marqué sur les livres qu'on luy a trouvés dans ses poches. Plusieurs personnes d'icy les connoissent; elles disent que c'étoient de fort braves gens, aisés et un peu hors du commun. »

Voilà les premiers meurtres, officiellement constatés, qu'ait commis Mandrin. Quel en fut le mobile? Fut-ce vengeance ou violence de voleur à main armée? Le document suivant nous renseigne à cet égard; c'est un jugement de l'intendant du Dauphiné, conservé dans les Archives de Saint-Etienne:

«Pierre-Jean-François de la Porte, chevalier, marquis de Presles, Mers, Saint-Chartier, Sarzay et autres lieux, seigneur de Meslay, Saint-Firmin et Linières, conseiller du roy en tous ses conseils, maître des requêtes ordinaires de son hôtel, intendant de justice, police et finances en Dauphiné.

« Vu le procès-verbal du tirage de la milice des communautés de Beaucroissant, Saint-Paul d'Izeaux et la Forteresse, dressé en présence des officiers municipaux desdites communautés, le 30 mars dernier, celui dressé le même jour par le sieur Maucune de Beauregard, commissaire pour la levée des milices, contenant que, s'étant rendu le 29 mars au lieu d'Izeau, pour procéder à la levée d'un soldat de milice sur les communautés de Saint-Paul d'Izeau et la Forteresse, il auroit fait l'appel des garçons assemblés sujets au tirage, au nombre desquels était Pierre Brissaud, accompagné de Claude Brissaud son père, qui lui auroit fait quelques représentations pour dispenser ledit P. Brissaud du tirage; qu'ayant renvoyé à statuer sur ces représentations après l'appel, ledit C. Brissaud auroit fait évader son fils pour le dispenser de tirer au sort, ce qui auroit mis ledit sieur Maucune de Beauregard dans le cas de déclarer P. Brissaud fugitif, et de donner au nommé Pierre Roux, milicien, la permission d'arrêter P. Brissaud; ce qu'ayant voulu faire le 30 mars dernier dans le territoire de Saint-Etienne de Saint-Geoirs, assisté de Joseph et François Roux ses frères, de Joseph Tournier et Mathieu Baronnat, ils en auroient été empêchés par les nommés Benoît B...., Louis Mandrin, P. Fleuret et A. Saulze, qui avoient été prévenus de ce fait par G. Brissaud, fils de Claude, ce qui a donné lieu à une rixe arrivée à Saint-Etienne, dans laquelle J. Roux a été tué, et F. Roux blessé mortellement, ce qui donne lieu à une poursuite et instruction criminelle actuellement pendante au parlement de cette province.

«Nous, intendant, ordonnons que P. Brissaud, milicien fugitif, dont l'évasion a été favorisée par C. Brissaud son père, sera tenu, conformément à l'art. 35 de l'ordonnance du roi du 6 août 1748, de faire le service de la milice, pendant dix années dans le bataillon de Romans, à la décharge de P. Roux, à l'effet de quoi P. Brissaud sera tenu de se trouver aux assemblées dudit bataillon, toutes les fois qu'elles seront indiquées; et attendu que C. Brissaud, père dudit Pierre, l'a excité à s'absenter, l'avons condamné en 500 livres d'amende applicables, savoir, 100 livres au profit de la brigade de maréchaussée à la résidence de Saint-Marcellin, pour les courses extraordinaires qu'elle a été obligée de faire pour la capture de P. Brissaud et du nommé Benoît B..., 100 livres pour les frais de l'information faite les 12 et 13 avril dernier, et 300 livres au profit de l'hôpital général de Grenoble, le tout payable dans la huitaine de la signification de la présente ordonnance; et faute de ce faire par ledit C. Brissaud, il y sera contraint par toutes voyes dues et raisonnables, même par corps.

«Faisons de nouveau très-expresses inhibitions et défenses à toutes personnes de donner retraite ou de favoriser l'évasion d'aucun garçon sujet au sort de la milice, sous les peines portées par les ordonnances du roi.

«Ordonnons que la présente sera exécutée nonobstant opposition ou appellation quelconque, etc., etc.

« Fait à Grenoble, le 22 may 1753. »
Signé DE LA PORTE.
Et plus bas:
Par monseigneur :
LA SALLE.

Pour la première fois, nous trouvons ici Mandrin et ses compagnons en révolte ouverte contre les lois de la province. Il y a, dans le combat contre les frères Roux, quelque chose de plus que du brigandage : c'est ce qu'on appellera plus tard de la chouannerie. Mandrin apparaît ici comme un redresseur de torts, comme un protecteur du paysan insoumis, comme un protestant contre l'impôt du sang prélevé par la milice.

Qu'arriva-t-il de l'affaire du 30 mars? Nous l'apprenons par le certificat suivant, trouvé par M. Simian dans les Archives de Saint-Etienne.

« Nous, lieutenant châtelain de Saint-Etienne de Saint-Geoirs, certifions que, dans ledit lieu, les nommés L. Mandrin, Benoît B....; P. Fleuret et A. Saulze, ont été accusés d'avoir commis un assassinat en la personne de Joseph Roux, de Beaucroissant, le 31 mars dernier, à raison de quoi nous

avons informé, à la requête du procureur d'office de ce lieu; que le procès a été jugé définitivement, sur les réquisitions de monseigneur le procureur général au parlement de Grenoble, par arrest du 21 du présent mois de juillet.

«Certifions de mesme que Pierre et Louis Mandrin de ce lieu, ainsi que Jacques Ferrier, ont, par le mesme arrest, été condamnés pour crime de fausse monnaie.

« Fait à Saint-Etienne, ce 29 juillet 1753. »
Signé BUISSON,
Lieutenant châtelain.

Benoît B.... fut seul arrêté, pendu comme voleur et assassin de grande route. Sa tête fut tranchée, et, pour l'exemple, exposée sur la place principale de Saint-Etienne de Saint-Geoirs.

Jusqu'à présent, il n'est question dans les lettres du châtelain Buisson, dans les mandats d'arrêt, dans l'instruction de Grenoble, que de vols, de déprédations à main armée, de résistance à la loi de milice, de fausse monnaie. Le fait de contrebande en troupe et avec armes ne ressort pas clairement des pièces officielles. Il est seulement infiniment probable qu'une bande assez nombreuse et assez hardie pour donner des inquiétudes au gouvernement du Dauphiné, cantonnée d'ailleurs dans les montagnes de la frontière, dût se livrer à d'autres opérations que des arrestations, des pillages, l'émission et la fabrication de fausses espèces. On peut croire qu'elle dut se recruter de tous les aventuriers, de tous les *outlaws*, parmi lesquels les protestants du faux sel et du faux tabac devaient être en grand nombre. En ce temps et dans ces contrées, la contrebande est l'instinct naturel, la ressource et l'asile de toutes les révoltes.

Les excès commis par cette bande avaient, à la fin de l'année 1753, atteint un tel degré de gravité, que le gouvernement de la province appela l'attention du Roi, par un Mémoire détaillé, sur la situation déplorable de ces contrées. La jalousie qu'inspiraient à l'autorité royale les priviléges du Dauphiné, fit refuser les secours qu'implorait le gouverneur. Il fut répondu que la province avait les moyens de se défendre elle-même.

Tout cela suppose, dans la bande de Mandrin, une organisation puissante, déjà dangereuse aux intérêts de l'administration provinciale.

C'est au commencement de l'année 1754 que le rôle de Mandrin se dessine et s'agrandit. Le 5 janvier de cette année eut lieu la première grande expédition de contrebande bien constatée. La bande alla, sur les terres de Savoie, faire un énorme chargement de marchandises prohibées, qu'elle déposa, en Dauphiné, au village de Curson. Mandrin s'occupait d'écouler les marchandises, quand un espion lui apprit que cinq employés de la brigade de Romans avaient eu vent de l'expédition, et s'étaient mis en route pour saisir les ballots. Il avait avec lui une douzaine d'hommes; il en laissa cinq, bien armés, à la garde des marchandises, en plaça trois en observation dans les sentiers autour de Curson, et, avec quatre seulement, s'avança au-devant des employés. Ceux-ci, voyant venir à eux cinq hommes armés, qui s'approchaient le fusil à l'épaule, saluant de la main et du chapeau, crurent avoir affaire à des employés d'une autre brigade. Mandrin les entretint dans cette erreur, en les abordant poliment et en leur demandant des nouvelles. Mais, tout à coup, il remet son chapeau; c'est un signal convenu. Un décharge générale tue un employé, en blesse deux autres, et jette par terre, sans vie, le brigadier de la maréchaussée qui guide les agents de la ferme. Mandrin, vainqueur, s'équipe à la brigadière ; il endosse le manteau bleu, se coiffe du chapeau bordé en or, et monte le beau cheval de sa victime. Ses hommes s'équipent de leur côté.

Des deux employés blessés, l'un ne tarda pas à succomber.

Fier de sa victoire, Mandrin retournait à Curson, quand il apprit qu'un brigadier du Grand-Lemps, Dutriet (Durret selon les pièces officielles), regrettait vivement de ne s'être pas trouvé avec la brigade de Romans, pour combattre avec ses camarades. Le bandit jura de faire payer cher à ce brave homme son dévouement et son courage. Il promit de lui rendre visite, et tint parole. Dans la nuit du 8 au 9 janvier, il prend quelques hommes et va frapper à la porte du brigadier. C'est Dutriet qui ouvre lui-même. — « Tu voulais me voir de près, lui dit Mandrin, me voici. » Le pauvre homme, à demi nu, ne peut que s'enfuir, non sans recevoir de nombreux horions. On tire sur le lit sa femme, et Mandrin l'oblige à ouvrir elle-même portes et armoires. La tradition dit que cette femme assista, avec une fermeté singulière et un sang-froid tout viril à l'œuvre de pillage et de destruction. Mandrin, à l'en croire, aurait été touché de cette force d'âme, et aurait renoncé à poursuivre le mari. Les documents officiels ne parlent pas de pillage, et disent simplement que Mandrin vola les armes et le cheval du brigadier. Ceci paraît plus probable. C'est une expédition toute de forfanterie et d'intimidation, et si les actes judiciaires ne reprochent pas à Mandrin d'avoir, en cette occasion, volé des meubles et des effets, on ne voit pas pourquoi on mettrait à sa charge ce nouveau méfait.

Par ces entreprises à main armée, par ces attaques contre les agents des Fermes, la bande de Mandrin changeait de caractère. Elle n'était plus ce qu'elle fut évidemment à l'origine, une réunion fortuite de quelques mauvais sujets d'un même bourg, forcés par leurs crimes de déclarer la guerre à l'autorité, à la société elle-même. Du moment où elle levait contre la Ferme l'étendard de la révolte, elle ralliait à sa cause tous les besogneux, tous les ennemis de la prohibition et de l'impôt. La victoire remportée sur les agents de Romans, le succès du grand coup de Curson attirèrent un certain nombre de recrues à Mandrin ; des déserteurs, des contrebandiers d'habitude, déjà condamnés ou au moins poursuivis, voilà ceux qu'il recevait de préférence. La tradition ajoute qu'il refusait d'admettre les simples voleurs ou les assassins ; tant de scrupule étonnerait chez un pareil homme. Il est à supposer que tout malfaiteur, connaissant parfaitement sa montagne, rompu aux ruses de la contrebande, et ne reculant pas devant l'échange de quelques coups de feu, devait trouver sa place dans la bande.

Pendant l'hiver et le printemps de 1754, la petite troupe de contrebandiers, profitant des rigueurs de la saison et de sa connaissance des passages, inonda de ses marchandises prohibées le Dauphiné, le Languedoc, le Lyonnais, le Mâconnais, et une partie de l'Auvergne. On dit même qu'elle étendit ses opérations jusqu'à la frontière suisse de la Franche-Comté.

La route du Rhône, les grands chemins de la Bourgogne, du Languedoc et de la Provence devinrent si peu sûrs, que, si l'on en croit les traditions locales, les commerçants qui se rendaient aux foires ne marchaient plus qu'en troupe, ou avec de fortes escortes ; ce qui prouverait que Mandrin se rendait également redoutable aux commis et aux particuliers.

Le 7 juin, nous retrouvons Mandrin dans le Dauphiné, théâtre ordinaire de ses exploits. A la tête de trente hommes, il s'attaque au corps de garde des employés de la Ferme, au pont de Claix, sur le Drac. Selon son habitude, il procède par surprise. Il frappe à la porte, demandant l'hospitalité, et une décharge tue, blesse ou met en fuite les défenseurs du poste. Mandrin s'empare des armes, des effets, et ses hommes font également main basse sur les effets d'un habitant voisin du corps de garde.

L'*Histoire de Louis Mandrin*, etc., raconte avec plus de détails cette expédition, et donne au chef des contrebandiers un caractère qu'on cherche presque toujours vainement dans les pièces officielles. Mandrin arrive, avec trente hommes, sur les bords du Drac, près de Vienne. Le torrent, grossi par la fonte des neiges, ne saurait être passé à gué. Mandrin se décide à forcer le pont de Claix, que barre une maison de péage, gardée par les commis de la Ferme. Perrinet se revêt d'un costume d'officier, attache à sa poitrine une croix de Saint-Louis, et, suivi d'un domestique, se présente à la porte-barrière. Un garde entr'ouvre la porte, et, rassuré par l'apparence des deux voyageurs, s'efface pour livrer passage. Le faux officier et son domestique passent lentement ; mais, au moment où le garde va refermer la porte, il se trouve face à face avec Mandrin, qui lui brûle la cervelle. Perrinet et son compagnon, Mandrin et vingt-huit brigands qui le suivent, s'élancent dans le poste de la Ferme, en criant : Tue ! Pas de résistance ; le coup de pistolet a fait disparaître les commis. La maison est livrée au pillage, et, quand il n'y a plus rien à prendre, les bandits enfoncent la porte d'une maison contiguë. Le propriétaire crie, se lamente, invoque Mandrin, lui représente qu'il n'est pas commis : — « Continuez, mes garçons, dit froidement Mandrin ; prenez tout ici à votre fantaisie : cet homme-ci est trop proche voisin des commis pour être un honnête homme. » Et la maison du voisin fut pillée de fond en comble.

Cette haine de Mandrin pour la Ferme et pour tout ce qui en dépend, est attestée par trop de traditions, par trop de documents, pour n'être pas authentique. Quelques serments, bizarres ou sauvages, qu'il eût imposés à ses hommes, il est encore certain qu'ils partageaient ses inimitiés et les exagéraient quelquefois. L'*Histoire de L. Mandrin* raconte les raffinements de torture que les bandits faisaient subir à leurs prisonniers.

On les mettait en cage, dit le naïf historien, et, tous les jours, on leur faisait faire *l'exercice de la Ferme.* Cet exercice, *auquel ils eurent peine à s'accoutumer*, consistait à paraître nus en chemise devant la troupe assemblée, à se prosterner aux pieds du chef, et à lui demander humblement pardon des dommages qu'on lui avait causés. Le grand pénitencier les relevait ensuite, et leur demandait lequel était plus de leur goût de la bastonnade ou du fouet. Il fallait opter ; et alors on leur déchargeait quarante ou cinquante coups de bâton sur le dos, ou sur la plante des pieds, en les assurant que c'était pour le bien de leur âme. Lorsqu'ils avaient choisi le fouet, pour varier, on les étendait sur une grosse poutre de bois, à peu près comme on amarine sur un canon, et on frappait sur le derrière avec un jonc fendu en quatre, au bout duquel étaient des cordes nouées, et lorsque la peau s'ouvrait sous les coups, on frottait la partie affligée avec du vinaigre dans lequel on avait fait infuser du poivre d'Espagne, puis on appliquait promptement un emplâtre de bouc et de sel. Quelquefois, on les suspendait en l'air pour les amuser pendant le repas, et on les faisait tourner à grands coups de verges. Ils avaient défense de se tenir sur leurs pieds; l'ordre portait qu'ils ramperaient comme les bêtes, et, dans cet état, on leur jetait des morceaux de pain que la faim leur faisait dévorer.

Trois jours après la surprise du pont de Claix, le 10 juin, des employés de la brigade de Taulignan suivaient le grand chemin de cette ville à Montélimart. A la hauteur du village de Laine, ils furent, tout à coup, assaillis par un feu bien nourri, qui leur tua un homme, et leur en blessa trois autres, dont un mourut dans la semaine. C'était Mandrin qui les accueillait ainsi. Depuis quelques heures, il campait à Laine. Ses mouches l'informèrent du prochain passage des employés, et Mandrin voulut *les saluer au passage*. Comme ces commis marchaient sans défiance, séparés les uns des autres, le brigand imagina une ruse infernale pour les réunir sous le feu de ses hommes postés à l'avance dans un épais buisson. Il jeta au milieu du chemin une lettre à sa propre adresse, et un mouchoir d'indienne. Ce qu'il avait prévu arriva. Le premier des commis qui fit la trouvaille, appela ses camarades, et les malheureux se groupèrent pour commenter la découverte.

Le lendemain, la bande se reposait et faisait bombance dans un cabaret de Tioulle, paroisse de Saint-Bozille en Vivarais. Une de leurs sentinelles vint les prévenir qu'un sergent du régiment de Belsunce l'avait abordée, et avait cherché à tourner la conversation sur Mandrin. Ce sergent était aviné. Mandrin, informé que la Ferme avait mis des espions à ses trousses, s'imagina que cet homme feignait l'ivresse, qu'il était une mouche ou un employé déguisé. Aussitôt, le sort de ce malheureux fut décidé. On le fit placer, à genoux, sous une croix de fer que surmontait une petite image de la Vierge, et on le fusilla à bout portant. Le malheureux s'était informé de Mandrin par curiosité pure; il venait recruter en Vivarais.

Du Vivarais, les contrebandiers se transportèrent dans le Rouergue. Là, encore, Mandrin se signala par des cruautés inutiles. Le 23 juin, à Saint-Rome de Tarn, il vit, à la table de l'auberge où il dînait lui-même, un voyageur, portant besace et bâton, vêtu de mauvais habits rapiécés et coiffé d'un méchant chapeau, dont la ganse pendait sur l'épaule. Cet homme dîna de fort bon appétit, but sa bouteille d'un excellent vin blanc de Gaillac, et tira, d'une lourde sacoche qui sonnait l'argent, un bel écu de six livres dont il paya sa dépense. Mandrin, dont la défiance était toujours éveillée, flaira un espion dans ce mendiant à riche escarcelle. Le pauvre diable était tout simplement un marchand qui, ayant à traverser le Rouergue pour se rendre à Valence, avait pris un costume qui, selon lui, devait le préserver des mauvaises rencontres.

Sorti de l'auberge, le marchand ne tarde pas à s'apercevoir que des hommes à figures suspectes suivent tous ses mouvements. Il prend peur, enfile une ruelle du faubourg de Saint-Rome, et joue des jambes. Il entend des pas précipités s'obstiner à sa poursuite; sa terreur s'en accroît: il se précipite aveuglément dans une maison, traverse en courant la cuisine, se jette dans une cour, saute une haie, franchit un petit mur, et le voilà sauvé.

Mais un des hommes de Mandrin a suivi d'assez près le fuyard pour le voir entrer dans cette maison. Il la désigne au chef. Mandrin s'élance, envahit la maison, place des sentinelles aux issues. Une femme descend au bruit; elle est seule, son mari est aux champs, elle ne sait ce qu'on veut dire avec ce fuyard qu'on lui réclame. Mandrin culbute les armoires, renverse la huche, le saloir, défonce les portes, cherche sous les lits. On fouille le bûcher, le poulailler; rien. Le chef de contrebandiers, furieux de voir échapper sa proie, menace la femme, lui présente la pointe de sa baïonnette et jure, avec d'effroyables serments, de la tuer si elle ne parle. La malheureuse se contente de pleurer, de prier; elle est grosse: rien ne touche le féroce bandit, qui lui plonge l'arme dans le ventre.

Ainsi, toujours, dans la vie authentique de Mandrin, la férocité domine. Par ses exactions ou par ses meurtres inutiles, il terrifie et soulève contre lui le pauvre peuple des campagnes. Le prétendu chevalier errant de la liberté commerciale n'est pas autre chose qu'un brigand.

Quelques jours après l'assassinat de Saint-Rome de Tarn, la bande se signalait par une entreprise plus audacieuse en apparence qu'en réalité, mais dont l'effet fut immense dans les provinces limitrophes du Rouergue. Elle avait bivouaqué, le 29 juin, dans une mine abandonnée de Cransac. Le lendemain matin, elle entrait, sans coup férir, dans la capitale du Rouergue, que défendaient assez mal contre une surprise les fortifications ruinées, élevées en 1351 contre l'Anglais. D'ailleurs, ses murs eussent-ils été en meilleur état, Rodez n'avait personne pour le défendre. Toute la force de la province, consistait en *quarante* cavaliers de la maréchaussée! Aussi, voit-on Mandrin se présenter dans la ville avec *cinquante-deux* hommes, et la traiter en place conquise.

Les hommes de Mandrin conduisaient une dizaine de mulets chargés de ballots; ils rangèrent leurs montures sur la place du Bourg, déjà encombrée de paniers et d'éventaires: car c'était jour de marché; leur chef se fit indiquer, par quelques paysans qui étalaient leurs marchandises, la maison de l'entreposeur de la Ferme. Cet homme demeurait rue Saint-Just. Arrivé devant la porte, Mandrin fit ranger sur deux lignes ses cinquante-deux hommes, la baïonnette au bout du fusil; les mulets furent placés au milieu. Cela fait, Mandrin entra. L'entreposeur ne vit pas sans surprise ce gaillard à mine sinistre, à l'habit gris déchiré par les broussailles; au visage caché par l'aile rabattue de son vaste chapeau, portant un grand sabre de cavalerie battant sur des culottes de peau noircies par le frottement du fer, et dont la large ceinture laissait voir les pommeaux brillants de deux courts pistolets d'arçon. — « Je suis marchand, Monsieur, dit Mandrin avec un sourire ironique, marchand de tabac pour vous servir. Je fais, comme vous l'allez voir par vos yeux, une petite concurrence à la Ferme, et je vous engage fort à profiter de l'occasion. Elle est admirable. Mon tabac est des meilleurs, et je le laisse, par charité pure, à quarante sols la livre. Mais venez, et jugez-en par vos yeux. »

Le pauvre homme voulut protester, regimber; le grand sabre, les pistolets, la mine farouche du quidam, et, plus que tout cela, les cinquante-deux baïonnettes reluisantes au soleil, qu'il aperçut par l'huis entr'ouvert, lui ôtèrent toute pensée de résistance. Il lui fallut faire entrer les dix mulets dans sa cour, aider à décharger les ballots, et compter la somme fort ronde que lui demanda poliment le bandit. L'argent touché, le chef de la troupe donna à l'entreposeur un reçu en bonne forme, signé : *Le capitaine Mandrin.*

Ce n'était pas assez pour l'humiliation de la Ferme. Mandrin avait appris que, deux ans auparavant, des contrebandiers du Rouergue avaient été saisis par la brigade ruthenoise. Leurs armes avaient été déposées à la Maison de ville de Rodez. De la même plume qui venait de signer l'impudent reçu, il traça un billet court et expressif. Le billet fermé : — «Faites porter cela, dit-il à l'entreposeur, à M. le subdélégué de l'Intendance.» Mandrin demandait très-poliment les armes de ses confrères en contrebande. Le subdélégué, déjà averti par la rumeur publique de l'invasion étrange de ces terribles pillards, dont la peur des Ruthenois grossissait encore le nombre, se hâta d'obéir. Les armes furent apportées; Mandrin les fit lier aux mulets, et prit triomphalement congé des habitants de Rodez.

La capitale du Rouergue était alors divisée en deux cités distinctes, ayant chacune leur enceinte propre, mais reliées par des fortifications communes; on les nommait le Bourg et la Cité, et ces dénominations existent encore aujourd'hui, bien que fortifications communes et enceintes particulières aient également disparu. Mandrin traversa le Bourg, s'arrêta un instant sur la place de la Cité, descendit le Terral, rue qui s'étend entre la cathédrale et l'évêché, et alla établir, dans une auberge du faubourg de Saint-Cyrice, un dépôt public de contrebande. Pendant tout le reste de la journée, il débita ses marchandises, sans craindre un retour offensif des Ruthenois ou de leur invisible brigade.

Il n'est Ruthenois un peu cultivé qui ne connaisse, par la tradition, cette étrange aventure d'une ville forte, de 7,000 âmes, prise en plein jour sans coup férir, et mise à contribution par cinquante-deux bandits. Les *Mémoires de la Société des Lettres et des Arts de l'Aveyron* (t. II, 1840) racontent le fait tel qu'il s'est conservé dans la mémoire des habitants, et ce récit, sauf une erreur de date, concorde avec les récits légendaires et les documents officiels. Nous avons voulu savoir si les Archives municipales de la ville de Rodez avaient gardé quelque trace d'un événement aussi singulier. L'amour-propre blessé des autorités ruthenoises n'a pas souffert, sans doute, qu'un fait de ce genre fût relaté dans les écritures de ville; et cependant on en peut surprendre l'effet dans plusieurs délibérations des mois de juin et suivants. Avant l'équipée de Mandrin, le lieutenant de la maréchaussée Camboulas demande instamment qu'on fasse des réparations aux casernes de sa brigade; les consuls le renvoient à l'intendant, qui le renvoie aux consuls. Puis, tout à coup, lorsque l'apparition de Mandrin a donné raison au lieutenant, le conseil de ville s'assemble, sous la présidence de M. Joseph de Séguret, conseiller du roi, juge mage et lieutenant-général de la sénéchaussée et du siège présidial de la Cité et du Bourg de Rodez, et il est voté, à l'unanimité et d'urgence, des fonds pour les casernes et pour des réparations indispensables à la porte de l'Ambergue, «vû qu'il s'est fait certaines brèches ou détériorations à la muraille du parapet qui soutient la terrasse qui est devant la porte de

l'Ambergue, qu'il conviendroit de faire réparer, pour empêcher que ladite muraille ne se dégrade entièrement, ce qui arriveroit dans peu de temps.»

Mieux vaut tard que jamais, dit-on; toutefois, il était un peu tard : Mandrin était déjà sur la route de Mende.

Le soir du 1er juillet, la bande avait demandé l'hospitalité au marquis de Bournazel, dont le château, magnifique construction de la renaissance, s'élevait à six lieues de Rodez, près de Rignac. Mandrin n'était pas un de ces hôtes qu'on refuse; le marquis lui fit très-courtoisement et très-largement les honneurs de son logis. Au départ, Mandrin, pour lui prouver sa reconnaissance de ce gracieux accueil, fit présent au marquis d'un curieux couteau de chasse, que nous avons vu au Musée de Rodez. C'est une arme allemande, solide, plus commode qu'élégante. La lame, damasquinée près de la coquille, porte ces mots écrits : *Mauberger Franck-furth.* De chaque côté, est gravée au trait une petite figure de cavalier. La coquille est ornée d'un aigle, et la poignée de cuivre est en forme de pied de biche. Au fourreau de cuir sont adaptés deux petits fourreaux, dans un desquels est un petit couteau de table, dans l'autre une fourchette à deux dents. L'arme entière, lame et manche, mesure 50 centimètres.

L'histoire authentique est, ici encore, appuyée et contrôlée par les faits légendaires. L'*Histoire de L. Mandrin* rapporte des faits à peu près semblables qui se seraient passés en Bourgogne. Un jour, dit-elle, le chef des bandits se présenta, pour passer la nuit, chez un riche gentilhomme bourguignon. Mandrin, en récompense d'une hospitalité magnifique, fit présent à la dame châtelaine d'une pièce de mousseline à fleurs brodées; cadeau inestimable pour l'époque.

Le 3 juillet, Mandrin était à Mende. Là, même visite à l'entreposeur de la Ferme, même compliment, même succès.

Légère de tabac, les poches pleines de beaux écus sonnants, la troupe reprit le chemin de la Savoie, pour s'y approvisionner de nouveau. L'occasion était trop belle, pour Mandrin, de visiter le bourg natal. Il n'y voulut pas manquer. Mais ce qui l'attirait sur ce premier théâtre de ses exploits, ce n'était pas le désir de réveiller dans son âme les doux souvenirs d'enfance; Mandrin n'eut jamais que dans les romans, ou dans les mélodrames, de ces poétiques retours. Il n'apparaissait à Saint-Etienne de Saint-Geoirs que pour y exercer une atroce vengeance.

Un ancien employé de la Ferme, nommé Moret, s'était retiré à Saint-Etienne, et y vivait pauvrement du produit de son champ. Louis Mandrin soupçonnait Moret d'avoir mis les agents sur les traces de son frère Pierre, que la maréchaussée avait recherché activement depuis l'arrêt du 1er mars 1753. Or, il paraît que, moins heureux que son aîné, Pierre Mandrin avait été arrêté, et pendu haut et court. Mandrin s'était juré à lui-même de faire un terrible exemple. Il envoya ses hommes s'attabler dans un cabaret de Saint-Etienne, et se dirigea seul vers la chaumière de Moret.

Il entre, le sabre nu; Moret, qui reconnaît le bandit, pâlit et veut fuir : il n'est plus temps. — «Tu as été employé de la Ferme, dit Mandrin, et c'est grâce à toi que Pierre a eu sa cravate de chanvre. C'est ton tour aujourd'hui; il faut mourir!»

Le malheureux s'est réfugié dans un coin de la

chambre, près du berceau de son fils, un enfant de dix-huit mois. Il prend dans ses bras la pauvre petite créature, espérant fléchir la bête féroce. Mais Mandrin est sans pitié. Il sabre aveuglément le père et l'enfant, et ne s'arrête que quand il les voit tous deux sans vie, affreusement tailladés et baignant dans leur sang.

De Saint-Étienne, Mandrin alla en Savoie; à la fin de juillet, il en revint, ravitaillé, chargé de contrebande. Malgré la terreur qu'inspirait son nom, les brigadiers de Mouthe et de Chauneuve ne reculèrent pas devant un devoir bien dangereux à remplir. Postés, avec leurs hommes, dans un défilé de la frontière franc-comtoise, ils attendirent les contrebandiers, dont un espion leur avait signalé l'approche. Mais Mandrin, lui aussi, avait ses espions. Il connaissait, mieux que pas un agent de la Ferme ou que pas un archer de la maréchaussée, les sentiers presque inaccessibles de la montagne. Il tourna les deux brigades, les attaqua par derrière, leur tua et leur blessa quelques hommes, et ôta à tous les autres postes de la province toute envie de se mêler de ses affaires.

A partir de ce jour, Mandrin règne en maître sur une vaste contrée. Il impose ses caprices à la Ferme. Il rayonne, avec une rapidité de mouvements vraiment admirable, sur un espace énorme de terrain, qui ne correspond pas à moins de douze départements d'aujourd'hui : l'Isère, le Doubs, le Jura, le Puy-de-Dôme, la Lozère, la Haute-Loire, l'Allier, l'Ain, Saône-et-Loire, la Loire, le Rhône, la Côte-d'Or. Sur cette campagne de contrebande armée, les détails manquent; mais une simple énumération des expéditions de la bande suffit à faire comprendre son audace et sa force sans cesse croissantes, l'impuissance de ses ennemis.

On voit, le 20 août, Mandrin revenir de Savoie avec un riche chargement. Le 26, il est à Brioude, où, suivant sa méthode ordinaire, il force l'entreposeur à lui compter une grosse somme contre *le dépôt* de ballots de tabac. Le 28, c'est le tour des débitants de Crapone. Puis, il court en faire autant à Montbrison, où, de plus, il ouvre la prison de ville et met en liberté les malfaiteurs, qu'il adjoint à sa bande. Les contrebandiers, recrutés ainsi de onze scélérats capables de tous les crimes, se dirigent sur la Bresse. Le 2 septembre, à Pont-de-Veyle, petite ville située à sept lieues de Bourg, ils rencontrent deux employés de la brigade de Cormoranche, portant la sacoche qui contient la solde de leurs camarades; ils les en allégent. Trois jours après, ils écument la route étroite qui surplombe le Doubs, à l'entrée des gorges de la Cluse et de Verrières, près du château fort de Joux, à deux lieues de Pontarlier. Une demi-brigade d'employés les rencontre pour son malheur; ils la fusillent, lui tuent un homme, en blessent quelques autres et restent maîtres de la frontière. Rentrés en Savoie, ils en reviennent bientôt, au nombre de plus de cent hommes, et font, à travers le Bugey, une promenade militaire. Le 4 octobre, à Nantua, Mandrin place, avec ses formalités ordinaires, bon nombre de ballots de tabac chez tous les receveurs de la province pour l'adjudicataire général des Fermes. Le lendemain, on le voit à onze lieues de là, à Bourg-en-Bresse. Le 6, à Châtillon-les-Dombes. Le 9, à Charlieu. Le soir de ce même jour, il n'est plus qu'à dix-huit lieues de Lyon, à Roanne. Thiers, Ambert, Marsal, Arlanc, la Chaise-Dieu, petites villes du Puy-de-Dôme et de la Haute-Loire

d'aujourd'hui, lui payent l'impôt forcé, les 10, 11, 12, 13 et 14 octobre.

Déjà l'habitude est prise : quand la troupe de Mandrin se présente, l'argent est prêt. On a hâte de se débarrasser de cette inquiétante visite. Le 16 octobre, Mandrin apprend que l'entreposeur du Puy-en-Velay vient de remplir ses greniers de blé fraîchement dépiqué. Le contrebandier, qui regarde comme siens tous les biens des gens de la Ferme, vient camper sous le mont Corneille, et envoie à l'agent l'ordre d'apporter ses sacs. Le sous-traitant ne se le fait pas dire à deux fois, et il commence à charger. Toutefois, il représente humblement que ce blé n'est qu'un dépôt, fait par un marchand du pays. Mandrin goûte l'observation, laisse le blé, mais frappe d'une amende de 600 livres le véritable propriétaire, pour lui apprendre à ne plus mêler son bien à celui des commis.

Pradelle, Langogne, Tance, Saint-Didier, Saint-Bonnet-le-Château, voient, du 17 au 22 octobre, les receveurs, les entreposeurs, les débitants payer tribut au contrebandier déjà fameux. C'est le tour des contrées qui formeront plus tard la Loire et la Lozère. Le 23, nouvelle visite à Montbrison et à Boën; le 25, nouvelle apparition à Charlieu.

Le 7 novembre, la bande est devenue une petite armée; elle parcourt les rives de la Saône. Entre Saint-Rambert et Villefranche, le coche d'eau de Châlon à Lyon vient à sa rencontre. Mandrin soupçonne que des employés ou des espions sont à bord; il court sur le postillon, le jette à bas d'un coup de pistolet, tue un des chevaux. Ses hommes halent sur la corde, amènent le bateau près de la rive, et Mandrin, seul, le sabre en main, saute dans le coche et le visite du haut en bas. Ce n'est plus lui qui fuit les commis; ce sont les commis qui se sauvent à son approche. A Saint-Just-en-Chevalet, par exemple, où l'ont amené, le 9 novembre, les hasards de sa vie errante, il trouve la porte de la Ferme abandonnée. Il cherche les employés, les découvre dans une grange, les dépouille et les salue, en partant, d'une décharge qui en laisse un par terre, fort maltraité.

Sept jours après, Mandrin retourne au Puy; cette fois, il saccage de fond en comble la maison de l'entreposeur, emporte tout ce qui peut être emporté, brise les meubles, répand et souille le tabac du roi. Deux employés, laissés à la garde de l'entrepôt, veulent faire résistance; tous deux sont grièvement blessés. Saint-Didier, Saint-Bonnet servent encore, les 21 et 22 novembre, de théâtre à ses exactions. Le 25, il est à Cluny; le 27, à Saint-Trivier; le 28, à Saint-Laurent de Franche-Comté, où un malheureux employé trouve la mort. C'est une guerre sans pitié, qui a tout à la fois le caractère de la déprédation et celui de la vengeance.

Sa troupe s'accroît sans cesse, et prend chaque jour un caractère plus menaçant pour les propriétés publiques. Il force partout les prisons, délivre tous les voleurs, tous les déserteurs, tous les contrebandiers que contiennent les geôles de Roanne, de Bourg, de Thiers, du Puy, de Montbrison, de Cluny, de Pont-de-Vaux, de Saint-Amour et d'Orgelet.

C'est à la tête de plusieurs centaines d'hommes qu'il va faire, en Suisse, un nouveau chargement. Il rentre en France par la Franche-Comté, et s'apprête à recueillir les fruits de cette expédition gigantesque. Mais alors enfin, le gouvernement royal s'est inquiété. Ce que n'avaient pu faire les justes plaintes des provinces, l'intérêt du trésor royal l'a rendu nécessaire. Les souffrances du commerce, l'insécurité des voyageurs, l'abandon des grosses foires du centre et du Midi n'ont pas ému la déplorable administration de Louis XV; mais la Ferme est aux abois; le faux tabac la ruine. On se décide, à Versailles, à ordonner des mesures décisives.

M. de Machault, ministre de la guerre, a laissé aller si loin les choses, qu'il faut se résoudre à diriger contre le redoutable contrebandier une véritable expédition militaire. Un camp est formé devant Valence. Six régiments d'infanterie et deux régiments de cavalerie le composent. Ce sont les régiments de Navarre, de Bretagne, de Bigorre, de Nice, de Vaubecourt et de la Roche-Aymon; les dragons de Dauphiné et de Languedoc. Déjà, depuis quelque temps, le régiment d'Harcourt est cantonné sur les frontières méridionales de la Bourgogne. C'est une véritable armée; le temps des Camisards est revenu. Un maréchal de camp, le marquis de Voyer, inspecteur général de la cavalerie, prend le commandement de ces forces. Un autre maréchal de camp, le marquis de Monteynard, lui sert de second; deux généraux de brigade d'infanterie, les comtes de la Queuille et de la Roche-Aymon, un brigadier de dragons, d'une vieille famille du Rouergue, M. de Sévérac de Jussac, servent sous leurs ordres. Le chevalier de Soupire remplit les fonctions de maréchal général des logis (1).

Ce n'est pas tout : pour enlever aux bandits leur retraite favorite, et pour leur fermer leur passage ordinaire en Suisse et en Savoie, toutes les brigades dauphinoises de maréchaussée se concentrent près de Grenoble; un fort détachement occupe le Grand-Lemps; un autre s'établit sur les bords de la Frette, au pied de la Côte Saint-André.

Averti de ces dispositions menaçantes, Mandrin trompe l'ennemi et fait une pointe hardie en Bourgogne. Il remonte la Saône. Le 16 décembre 1754, il n'est plus qu'à une dizaine de lieues de Beaune. Ce jour-là, sa troupe a fait halte dans un cabaret de village, où elle sable le joli vin du pays. Tout à coup, on entend des pas de chevaux; ce sont des cavaliers du régiment d'Harcourt qui rejoignent le camp. Mandrin trouve plaisant de leur annoncer sa présence. Il sort avec quelques hommes, couche en joue les cavaliers, en jette un à bas, prend son cheval, ses habits, son manteau, son chapeau bordé d'or, et c'est dans ce costume qu'il conduit son monde à l'attaque des employés de Seurre. Le lendemain matin, il entre triomphalement dans cette jolie petite ville, qui s'élève sur la rive gauche de la Saône, à cinq lieues de Beaune. A son approche, la brigade de la Ferme a disparu. Mandrin se fait indiquer la demeure du capitaine général, en enfonce les portes et la met à sac. Puis, il fait avertir les receveurs du grenier à sel et de l'entrepôt de tabac d'avoir, sous peine de mort, à se rendre à ses ordres. Ils arrivent, tremblants. — « Messieurs, leur dit-il, j'ai grand besoin d'argent; mais mes habitudes vous sont connues : voici de bons ballots, bien bourrés, dont vous allez me donner le prix; pour la régularité de vos écritures, je vous en ferai ma reconnaissance, et j'aurai eu le plaisir de faire avec vous un loyal commerce. » Il reçoit et donne en échange sa signature si connue : *Le capitaine Mandrin*.

La nouvelle, cependant, de cette apparition terrible était arrivée rapidement à Beaune. La garde bourgeoise y prit les armes, et passa la nuit dans les transes, derrière ses remparts. Le 18, au matin, la troupe de Mandrin se déploya dans la plaine, et s'avança, en bon ordre, jusqu'à cent pas d'une des portes. Là, elle fut accueillie par un feu assez vif, mais mal dirigé, qui ne toucha pas un des bandits. Ceux-ci, au contraire, tireurs exercés, ripostèrent, et leur feu tua deux bourgeois et en blessa quelques autres. Le désordre se mit dans les rangs des bourgeois; ils tinrent encore quelque temps, jusqu'à ce qu'une autre décharge portât par terre un soldat d'infanterie en congé, qui avait organisé et soutenu la résistance de ces pacifiques bourgeois.

En ce moment, voyant l'hésitation des assiégés, Mandrin s'avance seul au pied du rempart, et, d'une voix tonnante, commande qu'on mette bas les armes; sinon, il va attacher un pétard à la porte, et la faire sauter. A cette menace, les bourgeois jettent leurs fusils et gagnent au pied. Les bandits attaquent la porte avec des haches, avec des poutres, l'enfoncent, et les voilà dans la ville. Mandrin arrête un fuyard, le rassure et lui ordonne d'aller chercher le maire. Celui-ci, cédant aux instances de la population, se rend aux ordres du contrebandier, qui lui dit : — « Ce n'est pas à vous que j'en ai, mais à ces messieurs de la Ferme. Vous avez ici deux bureaux qui me doivent des droits : je les taxe à 20,000 livres. Prévenez les receveurs du sel et du tabac, et que cette somme me soit comptée sous une heure. A ce prix, je vous pardonne votre vaine résistance. Si l'argent ne vient pas, tremblez. »

On ne se le fit pas dire deux fois; les 20,000 livres furent comptées.

Mis en goût par cette fructueuse expédition, Mandrin se présente, le lendemain 19, devant Autun. A un quart de lieue de la ville, il rencontre une troupe de jeunes séminaristes, qui s'en allaient, sous la conduite d'un sous-prieur, recevoir les ordres à Châlon. Presque tous sont enfants d'Autun, et des meilleures familles; ils serviront d'otages au bandit. Il les fait placer dans les rangs de ses hommes, et vient camper près du pont d'Arroux. Là, il donne ses instructions à un des jeunes prisonniers, qui s'en vient, tout éploré, frapper à l'une des portes de la ville. Les bourgeois s'étaient armés et faisaient bonne garde. Mais Mandrin leur fait dire que s'ils ne se rendent pas au plus vite, les monuments splendides qui font l'orgueil de la vieille cité gauloise, le temple de Janus, les portes d'Arroux et de Saint-André, la tour de François Ier, le grand séminaire, ne seront bientôt plus qu'un amas de décombres. Qu'on ouvre les portes, que 20,000 livres de rançon soient comptées par la Ferme, ou la ville est mise à feu et à sang, les otages égorgés. Les parents des pauvres jeunes gens courent à l'Hôtel de Ville, supplient le maire de contenter le bandit. Les portes s'ouvrent, la troupe de Mandrin se range, les fusils hauts, devant l'hôtel de ville, et lui-même, accompagné de deux de ses lieutenants, monte pour conférer avec le maire, qui s'empresse de payer la rançon exigée. En se retirant, Mandrin force les portes de la prison et arme les voleurs qu'elle renferme.

Cependant, un détachement de soldats d'infanterie, de dragons et de hussards avait été envoyé, un peu tard, au secours de Beaune. Mandrin le rencontre au village de Guenand, près de Brion. Il est supérieur en nombre aux troupes royales; il n'hésite pas à les attaquer.

Ici, la tradition et les documents officiels sont en

(1) *Mercure de France* de janvier 1756, p. 180.

CAUSES CÉLÈBRES.

complet désaccord; et, chose assez rare, les actes judiciaires donnent au chef des contrebandiers le beau rôle, tandis que la tradition le fait battre à plate couture.

Si nous en croyons celle-ci, les troupes royales, commandées par le colonel de Fitscher, trouvèrent les bandits établis derrière des retranchements plus réguliers qu'on n'aurait cru devoir l'attendre de ces hordes indisciplinées. L'audace même de Mandrin le perdit. Ne voyant devant lui que des hommes harassés par une longue marche, peu rassuré d'ailleurs sur les intentions des gens du pays, qui pouvaient, pendant l'action, attaquer ses derrières, il se hasarda à sortir et à fondre sur les royaux. Monté sur sa jument noire, le sabre au poing, il s'élance le premier, selon son habitude, et commande à ses hommes une décharge générale. Les hussards et les dragons, vieux soldats éprouvés par la guerre d'Allemagne, soutiennent le feu et ripostent avec avantage. L'action s'engage corps à corps. Mandrin se multiplie; il commande en capitaine, il combat en soldat. Un de ses lieutenants, Piedmontois, tombe mort à ses pieds. Mandrin ramasse sa pique, ramène les siens, qui déjà pliaient, les encourage et fait, à son tour, reculer les royaux. A sa droite, son major, Saint-Simon, perd le terrain qu'a gagné le chef; Mandrin s'en aperçoit, y court, et rétablit le combat de ce côté. Mais voilà que la gauche, commandée par Perrinet, est vivement menée par les hussards; il la soutient, la conduit trois fois à l'ennemi. Mais, enfin, les trois corps des contrebandiers sont enfoncés presque à la fois, et les

« Monté sur sa jument noire, le sabre au poing, il s'élance » (PAGE 24).

royaux les poursuivent la baïonnette et le sabre dans les reins.

Voilà le récit, passablement épique, que nous a conservé la légende. Ce n'est pas celui des actes judiciaires, qui, plus simplement, nous montrent Mandrin, dans cette affaire, tuant et blessant plusieurs officiers, soldats, dragons et hussards. Et ce qui semble prouver qu'il remporta l'avantage, c'est que, de Guenand, Mandrin, au lieu de fuir, va vider la prison de Seurre, où il signe, de sa propre main, le registre d'écrou. Le lendemain même du combat sous Brion, il arrête, à Dompierre-sur-Bèbre, gros bourg à cinq lieues de Moulins, quatre cavaliers de la maréchaussée, dont il prend les chevaux, le fourniment et les armes. Le 22, à Brucil, il fait passer par les armes cinq employés de la brigade de Vichy : deux de ces malheureux se jetèrent la face contre terre et implorèrent leur grâce à genoux, sans pouvoir obtenir la vie sauve. Le 23, il est à Saint-Clément. Un paysan, arrêté par ses hommes,

se refuse à indiquer le lieu où les employés de l'endroit ont cherché un refuge; Mandrin fait fusiller le pauvre homme. Le 24, il attaque les brigades de Cervières et de Noire-Table, les rançonne, et, dans ce dernier bourg, fait faire une décharge générale sur la porte du brigadier, qui ne s'ouvre pas assez vite. La femme du brigadier, qui s'empressait d'accourir, tombe frappée de plusieurs balles, et meurt quelques jours après. Le 25, visite fructueuse à la Chaise-Dieu. Le 28, la troupe rencontre la cavalerie des volontaires de Flandre et de Dauphiné, la charge près de la Sauvetat, dans le Velay, et la disperse, après lui avoir tué un maréchal-des-logis.

Ici, se trouve dans l'histoire du bandit une lacune de quatre mois, que ne comblent ni la tradition, ni les actes judiciaires. La tradition suppose qu'après sa prétendue défaite de Guenand, Mandrin, n'ayant plus avec lui que les débris de sa troupe, n'échappe que par des marches et contre-marches continuelles, aux cavaliers royaux qui le harcèlent.

Le procès saute brusquement de l'affaire du 26 décembre 1754 avec les volontaires de Flandre et de Dauphiné, à la condamnation. Deux lettres, jusqu'alors inédites, et trouvées par M. Simian dans les archives de Saint-Etienne de Saint-Geoirs, permettent de comprendre ce qu'est devenu Mandrin dans l'intervalle.

L'une est de la fin de novembre 1754; l'autre, du milieu de mai 1755; l'une est adressée par le gouverneur du Dauphiné au châtelain de Saint-Etienne; l'autre, par l'intendant du Dauphiné aux municipaux de Saint-Etienne.

Voici la première :

« Grenoble, le 3o novembre 1754.

« Je dois vous informer, Monsieur, qu'en conséquence des ordres du Roi, qui m'ont été adressés par M. le comte d'Argenson, il est deffendu aux habitants des villes, bourgs et villages de cette province de donner azile aux Contrebandiers, et de les favoriser en quelque manière que ce puisse être; leur enjoignant, au contraire, de sonner le tocsin, lorsqu'ils approcheront de quelque lieu, et de leur courre sus, comme à des ennemis de l'Etat et des perturbateurs de la tranquillité publique.

« Je dois vous prévenir aussi que des ordres ont été donnés aux Troupes du Roi, pour suivre les bandes de Mandrin partout où elles iront dans le royaume; ainsi, si ces troupes du Roi passent dans votre territoire, vous aurez soin de leur faire fournir, en payant, les vivres dont elles auront besoin,

« Je suis marchand, Monsieur, marchand de tabac pour vous servir. » (Page 20).

et tous les secours qui leur seront nécessaires; mais le logement doit leur être fourni gratis.

« Je suis, Monsieur, parfaitement à vous,

« Le comte de MARCIEU.

«A Monsieur le châtelain Buisson, à Saint-Etienne de Saint-Geoirs, élection de Romans, par l'entremise de M. de Maucune, subdélégué, à Romans. »

Cette lettre n'est autre chose qu'un rappel pressant des obligations imposées aux communes par la déclaration royale de 1729, et on y voit commencer le mouvement général des corps commandés par le marquis de Voyer.

Cinq mois et demi après, quatre mois et demi après le combat de la Sauvetat, voici ce qu'écrit l'intendant du Dauphiné aux consuls et officiers municipaux de la communauté de Saint-Etienne :

« A Paris, le 14 mai 1755.

« Le bien du service du Roi exigeant, Messieurs, que je sois exactement informé de l'entrée dans le royaume des bandes de Mandrin, qui, depuis quelque temps, infestent le Dauphiné, du jour, de l'heure de leur passage dans les différentes communautés de cette province, afin de pouvoir prévenir les excès et les violences qu'elles pourroient y commettre, vous aurez à l'avenir la plus sérieuse attention à informer sur le champ, par des lettres que vous enverrez par des exprès au plus prochain de mes subdélégués, ou à moi directement, de tous les passages de bandes armées qui viendront à votre connoissance, du jour, de l'heure à laquelle ils auront eu lieu, du nombre d'hommes à pied et à cheval dont elles seront composées, si elles conduisent des marchandises, ou si elles marchent à vuide; de la route par laquelle elles seront parvenues dans votre communauté, celle qu'elles auront suivie en en sor-

tant, du lieu dans lequel elles auroient publié être
dans le dessein de se rendre, si elles ont commis
quelques excès, ou fait quelques exactions; en un
mot, vous ne laisserez rien ignorer de tout ce qui
viendra à votre connoissance à ce sujet.

« Je vous préviens, Messieurs, que dans le cas
auquel il viendroit à ma connoissance, que vous auriez négligé de satisfaire à l'ordre que contient cette
lettre, je ne pourrai me dispenser vis-à-vis de vous,
de faire exécuter à la rigueur les ordonnances du
Roi. Je vous crois trop zélés pour le bien de son service pour n'être pas persuadés que dans une occasion
aussi intéressante que celle-ci pour l'État, vous ne
me donnerez que lieu de rendre un compte avantageux de votre exactitude.

« Je suis, Messieurs, votre serviteur,
« DE LA PORTE. »

Il ressort de cette lettre que, le 14 mai 1755, on
considère encore, à Paris, *les bandes de Mandrin*
comme dangereuses pour le royaume. En tenant
compte de la difficulté des communications à cette
époque, il est donc permis de conclure qu'à la fin
d'avril 1755, Mandrin tient encore la campagne et
exécute fréquemment, à la tête de rassemblements
nombreux, le passage de France en Savoie et de Savoie en France.

Mais ce que ne peut savoir encore M. de la Porte,
c'est qu'au moment où il envoie ces ordres si sévères, indices d'une situation toujours très-grave, le
chef des contrebandiers est déjà, depuis trois jours,
entre les mains des royaux.

Comment se fit l'importante capture? Ici, point
de détails. Voici ce qu'on trouve, à ce sujet, dans
les Annales de la ville de Valence (1):

« Le dimanche 11 mai 1755, les troupes de Magallon de la Morlière arrêtent, près de Saint-Genis,
en Savoie, au château de Rochefort, le fameux bandit Louis Mandrin. Le mardi 13 mai, sur les neuf
heures du matin, il est mis en prison à Valence.
En douze jours, M. Levet instruit son procès. Le 24
mai, Louis Mandrin est jugé. »

Le *Précis de la vie de Louis Mandrin*, etc., imprimé et vendu, à Valence, le jour même de l'exécution, ajoute quelques détails à cette sèche notice.
« Mandrin, y est-il dit, avec Saint-Pierre, frère
de son major, et cinq à six autres de ses gens, furent
surpris, la nuit du dix au onze mai, par les commis
des Fermes du Dauphiné, qui s'étaient déguisés. Il
ne fit aucune résistance, et on le conduisit à Valence, sous une forte escorte. »

Que Mandrin ait été arrêté par les troupes de
Magallon de la Morlière, en terre étrangère, ou que,
ce qui est moins probable, il ait été surpris par ses
vieux ennemis, il n'en est pas moins certain que le
procès commença immédiatement, et fut mené rapidement.

Quelle juridiction fut chargée d'instruire sur les
crimes de Mandrin et de ses compagnons? Il semble que ce dût être le Parlement; il n'en fut rien.
La Commission extraordinaire de Valence s'attribua
la connaissance du procès.

Ce terrible Tribunal qui, dit M. Berriat Saint-
Prix, malgré l'intervention de Malesherbes et des
Cours des Aides de Paris et de Dijon, subsista jus-

(1) Extrait publié par M. Martin, curé de Clausayes, dans la
Revue de Vienne, année 1840.

qu'au 30 septembre 1789, fut successivement présidé, de 1733 à 1760, par Colleau père et par Levet,
seigneur de Malaval. Colleau père était lieutenant-
criminel au présidial de Melun. Levet ne prend
que dans les dernières années le titre de seigneur
de Malaval. Chacun d'eux était assisté de six gradués, avocats aux Parlements de Paris, de Grenoble
et de Dijon. Le Procureur du roi de la Commission
de Valence était un gradué du nom de Bottut.

Levet avait déjà pris le titre de seigneur de Malaval, quand il eut à instruire contre Mandrin et ses
complices; aussi ne manqua-t-on pas de dire que
la Bohémienne de Saint-Geoirs avait encore raison,
puisque Mandrin était *Malavalé*.

Levet, seigneur de Malaval, que les Richer, les
Saint-Edme, et la plupart des autres historiens,
nomment à tort Laverde-Morval, fit subir à Mandrin
de longs interrogatoires, mais en le traitant avec
douceur. La tradition prête à Mandrin, pendant son
procès, une attitude fanfaronne qui paraît n'avoir
pas été la sienne. Nous en sommes réduits, pour la
fin de ce brigand fameux, aux détails donnés par le
Précis de Valence. Nous ne pouvons mieux faire que
de les citer :

«Les quatre premiers jours on permit à tout le
monde de parler au prisonnier; il répondit assez poliment à toutes les questions qu'on lui faisoit, quand
elles n'étoient pas indiscrètes; d'autres fois il répon-
doit brusquement, surtout aux religieux et aux
ecclésiastiques : il est vrai qu'il ne s'est échappé
que lorsqu'il étoit dans le vin. M. Levet avoit ordonné qu'on lui donnât ce qu'il demanderoit; il est
faux que Mandrin lui ait tenu des discours insolents,
comme on l'a dit; loin de là, il lui a toujours parlé
avec respect. On l'examinoit soir et matin; on le
confronta avec deux de ses valets; Mandrin répondit à la confrontation de l'un d'eux, nommé le Grand
Bertier, qu'il ne falloit pas s'en tenir à la déposition
d'un valet. Le nommé Lapierre, conducteur de ses
chevaux, et déserteur des volontaires de Gantés,
répliqua qu'on ne devoit pas le suspecter d'en imposer à la justice de la terre, se trouvant sur le point
d'aller paroître devant le souverain Juge. Il fut successivement confronté avec d'autres prisonniers de
sa troupe, témoins de ses forfaits; mais il répondit que la probité exigeoit de lui de ne rien dire sur
le fait d'autrui, que cela ne le regardoit pas. Un
garçon perruquier, détenu comme lui pour fait de
contrebande, fut élargi, sur la preuve établie, après
la déposition de Mandrin, que ce dernier l'avoit
forcé quelques jours auparavant d'entrer dans sa
troupe uniquement pour le raser. Quelque résolu
que parut Mandrin, le supplice de deux de ses camarades et leurs bonnes dispositions à souffrir la
mort pour expier leurs crimes, firent sur lui quelque
impression, au moment surtout que l'exécuteur de
la justice s'en saisit pour les conduire sur l'échafaud; mais il alla bientôt noyer dans le vin les sombres pensées qui l'agitoient. Endurci dans le crime
il n'avoit point de confiance aux ecclésiastiques; il
avoit déclaré qu'il ne vouloit se confesser ni à prêtre ni à religieux de la ville. Une dame de la charité
qui l'avoit vu tous les jours dans la prison, renou-
vella son instance pour l'engager à se confesser, le
samedi vingt-quatre mai, jour auquel il avoit été
jugé; mais cette dame respectable ne put rien obtenir. Le lendemain elle fut plus heureuse : elle lui
parla avec tant d'onction, qu'elle lui fit verser des
larmes. Le voyant touché, elle lui proposa pour con-

fesseur le père Gasparini, jésuite italien, homme
de mérite, de la maison de Tournon, qui étoit pour
lors chez M. l'évêque de Valence. Elle fut dire à
M. Levet l'état où elle avoit laissé Mandrin. M. Levet se fit porter à la prison, et lui annonça qu'il
venoit le voir non pas comme son juge, mais comme
son ami; qu'il vouloit lui procurer ce dont il pouvoit avoir besoin, qu'il ne pouvoit assez l'exhorter à
rentrer en lui-même et retourner à Dieu. M. Levet
le toucha si fort, qu'il répandit beaucoup de larmes.
Il lui envoya le révérend père Gasparini dont il avoit
fait un éloge pour le toucher davantage. On rapporte que ce père entra d'abord avec lui en conversation sur des sujets indifférens, qu'il lui parla ensuite de l'affaire de son salut, et qu'enfin il le détermina à se confesser. Le criminel vouloit le remettre au lendemain; mais ce père, qui savoit que
Mandrin devoit être exécuté le vingt-six, l'engagea
à commencer sa confession le dimanche, il l'acheva
le lundi, après qu'on lui eut lu son jugement. Il fit
cette œuvre de religion avec les démonstrations de
la plus vive douleur. Ce grand criminel fut exécuté
sans avoir été appliqué à la question, parce que à
l'instant qu'on commençoit à l'y présenter, il avoua
quelques crimes dont il n'avoit pas voulu convenir
auparavant. Il porta sur l'échaffaud le même front
qu'il avoit eu aux combats de Beaune et de Guenand, mourant plus chrétiennement que le nombre
et la gravité de ses crimes ne sembloient le promettre. Il encourageoit ceux qui s'étoient chargés
de l'exhorter, il étoit bien différent de lui-même et
du moment où, parlant à l'un des siens pris avec
lui, il lui disoit d'un ton de fanfaronnade, le voyant
beaucoup pleurer, qu'il ne valoit pas la peine de
s'attrister, qu'un mauvais quart d'heure est bientôt
passé. Sa physionomie, qui n'avoit rien de farouche
au premier coup d'œil, intéressoit tout le monde.
Ses juges forcés de le condamner ne purent lui refuser de la pitié, le bourreau même ne put retenir
ses larmes. Ce n'est pas moi, lui dit Mandrin, ce
sont mes crimes que tu dois pleurer; puis l'embrassant : Fais ton devoir, mon ami, le plus prompt-
tement que tu pourras. Il s'étoit arrêté à deux pas
de l'échaffaud pour en examiner la construction
avec une hardiesse qui sans doute étoit le signe
d'une parfaite résignation. Il monta avec fermeté,
et parla peu, et on ne put entendre que ces paroles:
Jeunesse, prenez exemple sur moi; et vous, employés, je vous demande pardon. Auroit-on cru que
c'étoit la voix de cet homme qui tant de fois leur
causa tant de grandes alarmes? Dans l'instant où on
alloit le frapper : J'ai besoin, dit-il, de toutes mes
forces; donnez-moi, s'il vous plaît, de l'eau de la côte;
le père Gasparini, qui avoit de cette liqueur, lui en
présenta. Mandrin en but. On lui en frotta le visage.
Le révérend père, qui se trouva mal, s'en servit aussi.
Mandrin s'étoit déshabillé lui-même, il avoit fait
signe qu'il étoit inutile de lui couvrir le visage. A
peine eut-il reçu les neuf coups, qu'il fut étranglé :
adoucissement à son supplice qui honore l'humanité de ses juges. Ainsi expira à cinq heures et demie
du soir, le lundi vingt-six mai 1755, et termina sa
bruyante carrière ce chef des contrebandiers qui
avoit eu la témérité de combattre M. de Fitscher,
et que le hazard favorisa au point de lui échapper.
Ainsi finit moins troublé que tous les spectateurs,
Louis Mandrin, âgé, disent les uns, de vingt-neuf
ans, et les autres, de trente-neuf, deux années après
son entrée dans la contrebande. Il étoit d'une taille
d'environ cinq pieds quatre pouces, très-bien prise;

il avoit le regard vif, la jambe belle, le visage long,
les yeux bleus et les cheveux châtain-roux; tout
prévenoit dans sa figure. Il n'étoit pas absolument
dénué de certaines qualités de l'âme; il avoit la re-
partie vive et juste. S'il eût cultivé en lui les bonnes
influences de la nature, on présume qu'il eût pu être
autre chose qu'un grand scélérat. Il étoit très-
robuste, juroit beaucoup, fumoit sans cesse, buvoit
et aimoit excessivement la bonne chère; il étoit en
tout tems moins sanguinaire que ses camarades. Le
matin de l'exécution, son confesseur lui parlant
d'un commis au coche du Rhône à qui il avoit donné
la vie sauve, Mandrin répondit : J'oublie aisément
mes bienfaits.

«Il avoit demandé d'un autre ton à la dame qui lui
parloit de confession et de salut, combien il y avoit
de cabarets d'ici en paradis, ajoutant qu'il n'avoit
que six livres à dépenser sur la route. Ces mots et
d'autres recueillis de la bouche de Mandrin serviront à caractériser le fond de son âme.»

Les *Annales* de Valence disent, plus laconique-
ment :

«Le jeudi suivant fut le jour de son exécution,
à la vue de plus de six mille étrangers. Voici comment cela se passa :
« Les portes de la ville étant closes, le régiment
de Talaru et les brigades de maréchaussée de Tournon et de Saint-Vallier escortant Louis Mandrin, il
fit amende honorable à la porte de l'église de Saint-
Apollinaire. Le R. P. Gasparini, jésuite, son confesseur, l'accompagna à l'endroit du supplice.
Louis Mandrin, après avoir montré un grand repentir de ses crimes, monte avec courage à l'échafaud
dressé sur la place aux Clercs, défait les boutons de
ses manches, retrousse sa chemise et sa culotte, et
reçoit d'un air calme, sans le moindre soupir, neuf
coups sur les bras et sur les jambes. Huit minutes
après, on l'étrangla.
«Monseigneur de Milon, évêque de Valence, fit
faire le portrait de Louis Mandrin par Treillard,
peintre de Lyon.»

Voici le texte du jugement rendu par le Conseil
extraordinaire, présidé par M. Levet. Il a pour titre : «Jugement souverain, qui a condamné à *la
mort* Louis Mandrin, de Saint-Etienne de Saint-
Geoirs en Dauphiné, principal chef des contrebandiers qui ont commis les crimes et désordres men-
tionnés audit jugement du 24 mai 1755, exécuté le
26 dudit mois.

«Gaspard Levet, seigneur de Malaval, conseiller,
secrétaire du roi, commissaire du conseil, nommé
par arrêts des 3 décembre 1738, 2 octobre 1742 et
2 avril 1743, pour instruire et juger souverainement, et en dernier ressort, les procès criminels des
contrebandiers, employés infidèles, et ceux des faux
sauniers, leurs fauteurs et complices, dans les provinces de Dauphiné, Provence, Languedoc, Lyon-
nois, Bourgogne, Auvergne, Rouergue et Quercy.
«Vu ledit arrêt de conseil, du 3 décembre 1738, et
la commission du grand-sceau sur icelui du même
jour, etc.
«Nous, commissaire du conseil susdit, par jugement souverain, et en dernier ressort, en vertu du
pouvoir attribué par ledit arrêt du 3 décembre 1738,
de l'avis des gradués, juges assesseurs de la commission, au nombre requis par l'ordonnance, avons

déclaré Louis Mandrin, natif de Saint-Etienne de Saint-Geoirs, en cette province du Dauphiné, dûment atteint et convaincu d'avoir fait la contrebande avec attroupement et port d'armes, depuis deux années qu'il a été obligé de quitter son domicile audit lieu de Saint-Geoirs, à l'occasion des poursuites faites contre lui pour raison d'accusations de fabrication et exposition de fausse monnoie, et d'un assassinat. Et notamment d'avoir été le principal chef de la bande de onze à douze contrebandiers, dont cinq à six se détachèrent au village de Curson, le 7 janvier de l'année dernière, pour aller à la rencontre de cinq employés de la brigade de Romans, qui se laissèrent approcher, croyant qu'ils étoient de quelqu'autre brigade, et, profitant de cette surprise, les fusillèrent, en tuèrent deux, en blessèrent deux autres, dont un mourut deux jours après de ses blessures; volèrent les armes desdits employés, le cheval du brigadier qui fut du nombre des morts, son manteau et son chapeau bordé en or, que ledit Mandrin a porté, et la nuit du 8 au 9 allèrent chez le nommé Durret, employé de la brigade à cheval du Grand-Lemps, et après l'avoir maltraité et menacé de la mort, volèrent ses armes et obligèrent sa femme de les conduire à l'écurie, où ils prirent le cheval dudit Durret. De celle de plus de trente, qui, le 7 juin suivant, attaqua les employés dans leur corps de garde, au Pont de Claix, sur le Drac, après en avoir fait ouvrir la porte par surprise, tua un desdits employés, en blessa plusieurs, vola leurs armes et effets, ainsi que quelques-uns appartenant à un particulier qui avoit son habitation près dudit corps de garde. De ceux faisant la plus grande partie de ladite bande, qui, le 10, firent feu près du village de Laine, sur des employés de la brigade de Taulignan, qui suivoient le grand chemin de cette ville à Montélimart, pour se rendre à leur poste, en tuèrent un, en blessèrent trois autres, dont un mourut peu de jours après. Du nombre des trois de la même bande qui, le lendemain 11, étant restés au cabaret de Tioulle, paroisse de Saint-Bazile, en Vivarois, fusillèrent devant ledit cabaret un sergent du régiment de Belsunce, le supposant être un employé ou un espion, laquelle bande alla dans le Rouergue où elle commit plusieurs désastres, et entre autres, le 23, tua une femme enceinte à Saint-Rome de Tarn, chez laquelle un particulier, poursuivi par quelques-uns desdits contrebandiers, vouloit se réfugier. Le 30, força l'entreposeur de Rhodez à prendre de leur tabac, et de les païer au prix que ledit Mandrin fixa; et elle écrivit au subdélégué de l'intendance pour faire rendre les armes déposées à la Maison de Ville, saisies quelques années auparavant sur d'autres contrebandiers. Le 3 juillet suivant, fit aussi prendre de force des tabacs à l'entreposeur de Mende. Et le 9 dudit mois, d'avoir, ledit Mandrin; se retirant en Savoie ou en Suisse, et passant avec sa troupe audit lieu de Saint-Etienne de Saint-Geoirs, tué le nommé Sigismond-Jacques Moret, ci-devant employé, et un enfant de dix-huit mois qu'il tenait entre ses bras, soupçonnant ledit Moret d'avoir été cause que Pierre Mandrin, son frère, qui a subi la peine de mort pour fausse monnoie, avoit été arrêté. D'avoir été le principal chef de celle qui pénétra sur la fin du mois de juillet dernier dans la Franche-Comté, tua, blessa et vola plusieurs employés des brigades de Mouthe et Chauneuve. Et aussi le principal chef de celle qui pénétra de Savoie en France le 20 août suivant. Força, le 26, l'entreposeur de tabac à Brioude, de lui compter une somme d'ar-

gent, sous prétexte d'un dépôt dans son bureau de quelques balots de tabac. Le 28, des débitants de Crapone à lui païer aussi une somme, pour raison de la remise de quelques tabacs, ainsi que l'entreposeur de Montbrison, où elle força les prisons et en fit sortir onze prisonniers. Arrêta, le 2 septembre, passant à Pont de Velle en Bresse, deux employés de la brigade de Cormoranche, auxquels elle vola la plus grande partie des appointements de la brigade, dont ils étoient porteurs. Et le 5 tira, près du château de Joux, sur des employés qu'elle rencontra, dont un fut tué et d'autres blessés. D'avoir été de la nombreuse bande, aussi comme principal chef, qui pénétra de Savoie en Bugey, la nuit du 3 au 4 octobre dernier, fit des exactions sur plusieurs receveurs de l'adjudicataire général des Fermes du Roi, sous prétexte qu'elle leur laissoit quelques balots de faux tabac. Le 4 à Nantua, le 5 à Bourg en Bresse; le 6, à Châtillon-les-Dombes, le 9, à Charlieu, à Roanne le même jour; les 10, 11, 12, 13 et 14, à Thiers, Ambert, Marsal, Arlan et la Chaise-Dieu. Le 16, fit payer une somme de six cents livres aux propriétaires des grains qui étoient dans les greniers de la maison occupée par l'entreposeur du Puy, pour ne pas les enlever. Les 17, 18, 20, 21 et 22, continua ses exactions sur les receveurs, entreposeurs et débitants, à Pradelle, Langogne, Tance, Saint-Didier, Saint-Bonnet le Château. Le 23 à Montbrison et à Boën, et le 24, pour la seconde fois, à Charlieu. Tira, le 7, sur le postillon conduisant la diligence par eau de Lyon à Châlon, blessa un des chevaux, et ledit Mandrin monta sur ladite diligence pour voir si quelques personnes qu'il cherchoit n'y étoient pas. Le 9, passant à Saint-Just en Chevalet, y fit perquisition des employés, sur lesquels il fut tiré, et l'un d'eux blessé dangereusement; les armes et effets, ainsi que ceux du brigadier, furent pillés et volés. Força le 16, le bureau de l'entrepôt du Puy et maison de l'entreposeur, vola, pilla ou brisa le tabac, effets et meubles dudit entreposeur, blessa deux employés qui avoient été préposés à la garde dudit entrepôt; pilla aussi le 21, à Saint-Didier; le 22, à Saint-Bonnet, le 25 à Cluguy et le 27 à Saint-Trivier, les maisons des divers employés desdits lieux, ainsi que le 28 à Saint-Laurent en Franche-Comté, où elle tua un employé, vola aussi différents effets dans une maison d'Argelet, le 27. Força les prisons de Bourg, Roanne, Thiers, le Puy, Montbrison, Clugny, Pont-de-Vaux, Saint-Amour et Orgelet, et y enleva plusieurs prisonniers, comme encore de s'être trouvé à la tête de celle qui pénétra de Suisse en Franche-Comté, la nuit du 14 au 15 décembre dernier. Tira le 16 sur des régiments de cavalerie d'Harcourt, qui passoient près d'un cabaret où ladite bande étoit arrêtée, en tua un, vola ses armes, habits, chapeau et manteau. Le 17, se rendit à Seurre en Bourgogne, y fit perquisition des employés, vola les effets du capitaine général, après avoir enfoncé les portes de son appartement et commode; força les receveurs du grenier à sel et de l'entrepôt du tabac à lui païer une somme d'argent, et ce dernier à lui donner une reconnoissance d'un nombre de balots de faux tabacs, qu'elle laissa dans son bureau, où il fut obligé de les recevoir. Força le 18, la garde bourgeoise d'une des portes de la ville de Beaune, après avoir fait ses dispositions à quelque distance de ladite ville pour y réussir, sur l'avis qu'elle eut qu'on y montoit la garde, tua deux bourgeois qui en faisoient partie, et en blessa d'autres; tua aussi un soldat qui étoit dans ladite ville par congé, qui se trouva par hasard sur le rempart près ladite porte, obligea le maire à venir au faubourg parler audit Mandrin, pour traiter de la somme qu'elle vouloit exiger ; contraignit ledit maire d'écrire aux receveurs du grenier à sel et de l'entrepôt du tabac d'apporter la somme convenue, et fixée par ledit Mandrin à 20,000 livres, ce qui fut exécuté par lesdits receveurs ; laquelle bande força encore le 19 le maire et les habitants d'Autun, à lui ouvrir les portes de la ville, menaçant d'en escalader les murs, de mettre les faubourgs à feu et à sang, et d'emmener avec elle un nombre de jeunes ecclésiastiques qu'elle avoit rencontrés à quelque distance de ladite ville, allant recevoir les ordres à Châlon, qu'elle avoit obligés de revenir avec elle, et gardés par forme d'otage jusqu'à ce qu'elle eût reçu la somme qu'elle vouloit du receveur du grenier à sel et de l'entreposeur de tabac, laquelle fut réglée et convenue dans la Maison de Ville, où ledit Mandrin et deux autres de sa troupe se rendirent, la plus grande partie de la bande étant demeurée au-devant dudit Hôtel de Ville. Combattit le 20 au village de Grenant, paroisse de Brion, contre les troupes du roi, sur lesquelles elle fit feu la première, tua et blessa plusieurs officiers, soldats, dragons et hussards, et tant à Seurre qu'à Autun, força les prisons et en fit sortir les prisonniers ; d'avoir rassemblé ensuite trente-un ou trente-deux desdits contrebandiers de ladite bande, à la tête desquels ledit Mandrin se mit ; lesquels volèrent le 21 quatre chevaux, armes et équipages de quatre cavaliers de la maréchaussée au lieu de Dompierre en Bourbonnois. Le 22 assassinèrent au lieu du Brueil, cinq emploïés de la brigade de Vichy, quoique quelques-uns demandassent la vie à genoux ; le 23 un particulier au lieu de Saint-Clément, sous prétexte qu'il ne vouloit pas leur indiquer les maisons où étoient les emploïés, qu'ils croïoient qu'il y avoit dans ledit lieu ; le même jour et le 24, obligèrent par différentes violences et menaces, les receveurs de Cervières et de Noire-Table, à leur compter une somme d'argent, et dans le dernier lieu tirèrent contre la maison du brigadier des Fermes, blessèrent sa femme qui étoit derrière pour l'ouvrir, laquelle mourut quelques jours après de sa blessure ; le 25, firent exaction sur un des débitans de la Chaise-Dieu, et le 26, firent feu sur la cavalerie des volontaires de Flandre et de Dauphiné, au lieu de la Sauvetat dans le Velay, et tuèrent un maréchal des logis ; et enfin ledit Mandrin, d'avoir en outre écrit et signé la plus grande partie des reçus des sommes exigées desdits receveurs, entreposeurs et débitans, dans quelques-uns desquels il a déclaré que les sommes exigées ne lui avoient été payées qu'à force de violences et de menaces ; et d'avoir écrit lui-même sur les registres d'écrou des prisons de Bourg et de Seurre, l'attentat par lui fait sur lesdites prisons. Pour réparation de quoi, et des autres crimes et cas résultant du procès, avons condamné ledit Louis Mandrin à être livré à l'exécuteur de la haute justice, qui le mènera nu en chemise, la corde au col, aïant un écriteau où seront ces mots en gros caractères : «Chef des contrebandiers, criminels de lèze majesté, assassins, voleurs et perturbateurs du repos public », et tenant en ses mains une torche de cire ardente, du poids de deux livres, au-devant de la porte de l'église cathédrale de cette ville, qui fait face à la rue de la Pérollerie, où ledit Mandrin, nue tête et à genoux, fera amende honorable, et déclarera à haute voix qu'il demande pardon à Dieu, au roi et à la justice, de tous ses crimes et attentats, sera ensuite conduit à la place des Clers, et là aura les bras, jambes, cuisses et reins rompus vif, sur un échafaud qui sera à cet effet dressé ; mis ensuite sur une roue, la face tournée vers le ciel pour finir ses jours ; après quoi son corps mort sera par ledit exécuteur exposé aux fourches patibulaires de cette dite ville, préalablement ledit Mandrin appliqué à la question ordinaire et extraordinaire, pour avoir par sa bouche la vérité d'aucuns faits résultant du procès, et la révélation de ses complices. Déclarons tous et chacun ses biens confisqués au roi, sur ceux préalablement pris la somme de dix mille livres d'amende en cas que confiscation n'ait lieu au profit de Sa Majesté, et encore sur iceux pris la somme de mille livres d'amende envers ledit Jean-Baptiste Bocquillon, adjudicataire général des Fermes, et les dépens du procès : à quels amendes et dépens, avons condamné ledit Mandrin, envers ledit Bocquillon, aïant égard à la requête du jour d'hier. Et sera le présent jugement imprimé, lu, publié et affiché dans toutes les villes et lieux dénommés icelui, et partout ailleurs qu'il appartiendra. Donné dans la chambre criminelle du présidial de Valence, en Dauphiné, le 24 mai 1755. Signés, *Levet, Gaillard, Luillier, Bolozon, Bachasson, Rouveire, de Letang* et *Cozon.* »

Et au bas est écrit : «Le 26 mai 1755, le jugement ci-devant a été lu par moi, greffier de la commission soussigné, audit Louis Mandrin, et exécuté le même jour, suivant sa forme et teneur. Signé, *Leorier.* »

Ce qu'on peut remarquer tout d'abord dans ce jugement, c'est qu'il ne tient nul compte des actes de Mandrin étrangers à la contrebande. Il y est dit seulement que le condamné a dû quitter son domicile de Saint-Étienne, à l'occasion de poursuites faites contre lui pour raison d'accusations de fabrication et exposition de fausses monnaies et d'*un* assassinat.

C'est qu'en effet la juridiction spéciale de Valence était établie dans le seul intérêt des Fermes, et n'avait pas à connaître des crimes ou des délits autres que le faux saunage, le faux tabac, résistance ou attaque à main armée au préjudice des receveurs, entreposeurs ou débitants, non-payement des amendes encourues, infidélités d'employés, etc. Presque toutes les condamnations aux galères à temps, par exemple, qui figurent dans le registre de Valence, sont uniquement motivées par le défaut de payement des amendes encourues pour faits de contrebande.

Seulement, il est à croire que si Mandrin avait réellement compté parmi ses prouesses passées toutes celles que lui prête la tradition, le jugement y ferait quelques allusions. Or, nous ne voyons dans cette pièce que ce que nous ont montré les archives de Saint-Étienne de Saint-Geoirs. Un faux monnayeur, poursuivi, forcé de fuir sa patrie, s'y représentant en armes, y combattant les représentants de la loi et assassinant en plein jour le milicien Joseph Roux. C'est pour ces deux crimes, l'habitude du faux saunage et *un* assassinat, que Louis Mandrin encourut la condamnation capitale que fait connaître le lieutenant-châtelain Buisson, dans son certificat du 29 juillet 1753.

Il semble donc qu'il faille reléguer parmi les fables tous les autres assassinats que la légende met au compte de Mandrin avant l'époque où il pratiqua en grand la contrebande. Il reste assez de méfaits de ce genre à lui imputer depuis l'expédition de Curson, la mort du sergent de Belzunce, celle de Moret, celle du cavalier d'Harcourt, celles des cinq employés de la brigade de Vichy, celle du particulier de Saint-Clément, faits qui ont tous le caractère d'assassinats commis par surprise et sans résistance. Mais les évasions miraculeuses du chef de brigands disparaissent de l'histoire authentique de sa vie.

Nous l'avons dit cependant, il ne faut pas, parce qu'on l'aura prise en flagrant délit d'erreur ou de mensonge, mépriser la légende. Elle a ses mérites comme ses défauts. Elle fait vivre à nos yeux le bandit dont elle exagère les proportions; elle est l'écho des imaginations populaires, surexcitées par une terreur qui est elle-même une indication historique.

Un point que les documents officiels n'éclaircissent guère, c'est le nombre, l'origine et l'importance individuelle des complices de Mandrin. Le jugement parle, en passant, de Pierre Mandrin, son frère, exécuté pour crime de fausse monnaie. Ceci nous reporte à la première partie de la vie criminelle de Mandrin et ne nous apprend rien sur la composition de *ses bandes* armées de 1754. Claude Mandrin, l'autre frère, Pierre Fleuret dit *Court-Toujours*, Antoine Saulze Coquillon, Jacques Ferrier, Ennemond Diot, Benoît B..., sont des camarades d'enfance ou des associés de la première jeunesse. Nulle part ailleurs que dans les récits légendaires, on ne rencontre ses lieutenants Perrinet, Roquairol, Piedmontois, Saint-Simon, Saint-Pierre, Brock. En ce qui concerne Perrinet, l'unanimité des récits traditionnels peut faire conclure à son existence, bien que le registre de Valence ne désigne comme complices de Mandrin que des inconnus comme le Grand Bertier et Lapierre.

En ce qui touche Roquairol, ce nom se trouve surtout dans les récits les moins admissibles. La tradition locale, la mémoire des vieillards du pays ne l'ont pas conservé. Quelques notices, toutefois, nous donnent sur ce personnage des détails bien précis.

Roquairol, dit l'*Histoire de L. Mandrin*, qui d'abord cache le nom du lieutenant sous une initiale, Roquairol était le neveu de ce R... qui fut espion pour les Cévenols en 1704, et qui rama dix ou douze ans sur les galères de Marseille. Il y eut en effet un Roquairol compromis dans la lutte acharnée qui, à la fin du XVIIe siècle et au commencement du XVIIIe, eut pour théâtre cette chaîne d'âpres montagnes qui, au sud-est de la France, relie les Pyrénées aux Vosges, et se rattache aux pics de l'Auvergne par les monts Margeride. Ces retraites séculaires des Albigeois et des Vaudois, où la réforme trouva un terrain tout préparé, et, longtemps, de sûrs asiles, fournirent au protestantisme cette armée de paysans héroïques qui tint quelque temps en échec les troupes de Louis XIV. Jean Cavalier, le garçon boulanger de Ribaute, Roland et quelques autres chefs intrépides, vengèrent, sous le nom de Camisards, les atrocités des dragonnades. L'intolérance de Louvois et de Mme de Maintenon souleva ces contrées où le fanatisme fleurit comme une fleur naturelle de la montagne, et la persécution comme toujours sema le martyre. Le maréchal de Montrevel ne put, avec toute une armée, avoir raison de ces malheureux désespérés; il fallut pour les vaincre l'habileté et la douceur d'un Villars.

Or, parmi les plus dangereux de ces Camisards, se fit remarquer un Roquairol, l'oncle, dit la légende, du lieutenant de Mandrin. Ce Cévenol, aussi adroit diplomate que soldat redoutable, sut longtemps par ses ruses tromper l'Intendant du Dauphiné, surprendre ses courriers, faire tomber les gens du Roi dans ses embûches. Vers 1704, il commandait un régiment d'insurgés; le colonel fut pris par Villars avec une partie de ses hommes. Le prince Eugène fit demander sa grâce, et obtint que la cour de Versailles se contentât d'envoyer l'intrépide colonel aux galères. Il y resta jusqu'à la mort de Louis XIV. Gracié à cette époque, le camisard prit du service en Hollande; il y vécut quelque temps encore d'une pension que lui servaient les Etats.

Tel aurait été l'oncle et le modèle de Roquairol. N'est-il pas curieux de surprendre ici une filiation entre la grande révolte des Cévennes et la levée de drapeaux des contrebandiers du Sud-Est? Toutes deux, à cinquante ans de distance, luttent avec succès contre le gouvernement royal; toutes deux nécessitent l'emploi de grandes mesures militaires et l'intervention d'une armée véritable. Et, si l'on y regardait de près, on s'apercevrait bien vite que les passions religieuses ne furent qu'un élément de la rébellion vaincue en 1704. La déplorable administration économique de la France fournit, peut-être, plus de soldats à Jean Cavalier que le fanatisme. Il y a, au fond de tous ces soulèvements, plus de questions d'impôts, de dîmes, d'exactions qu'on ne le pense.

Une autre publication, qui fit quelque bruit en 1835, a rappelé le nom de Roquairol. Elle a pour titre : *Confessions de Jacques-Antoine Delcroix, dit Roquairol, lieutenant du capitaine Mandrin*. Elle parut, à la fois, dans divers recueils, entre autres dans un journal *illustré*, comme on parle aujourd'hui, le *Musée des Familles*, recueil de gravures dont le texte ne saurait faire autorité littéraire ou historique. Ces *Confessions* y furent publiées sous le patronage du célèbre chef de la brigade de sûreté, Vidocq.

Vidocq accompagnait les Mémoires du lieutenant Roquairol de cette Note :

« Les termes d'argot, employés par Delcroix dit *Roquairol*, présentent un mélange des trois langages bien distincts, particuliers, chacun aux assassins, aux voleurs de Paris et aux voleurs de province. Cela s'explique par la réunion, dans la bande de Mandrin, d'individus appartenant à ces trois classes.

« Il y a des expressions tout à fait inusitées aujourd'hui. Tel est, par exemple, le mot *trifaille*, que le sens indique devoir être traduit par *enfants*.

« Quelques expressions ont changé de sens en vieillissant.

« Enfin, les Mémoires de Roquairol présentent plusieurs fragments qui se trouvent presque textuellement dans une vie de Mandrin, assez répandue dans le commerce de la librairie; ce qui donne à supposer que si ces confessions n'ont point été publiées du vivant ou après la mort de Roquairol, du moins elles n'étaient pas inconnues à l'auteur de la vie de Mandrin, qui y a puisé sans façon. »

Pour donner une idée du *style* de ces Confessions, nous en citons le premier paragraphe.

« Cette présente histoire pouvant tomber dans les *louches* (mains) de ma *largue* et de ses *trifailles*, qui perdraient le respect qu'ils me doivent, en apprenant les faits dont je *mange le morceau* (révéler), je prends le parti d'*entraver* (parler argot) en plusieurs endroits, défendant à mes enfants de chercher à comprendre le reste, et leur ordonnant de brûler ces papiers après ma mort, que je rends ainsi obscure à dessein. »

En voilà déjà assez pour faire comprendre que ce langage n'a rien de celui qu'aurait pu parler un bandit au milieu du XVIIIe siècle. Les quelques mots d'argot semés çà et là ne feront illusion à personne. Vidocq a traduit, à sa façon, les passages les plus amusants et les moins authentiques de la vie populaire de Mandrin. On retrouve dans ces quelques pages l'aventure du château du procureur, presque textuellement reproduite; pas un fait nouveau, pas un détail de mœurs, de costume, rien qui sente son siècle, rien qui rappelle cette langue imagée du Dauphiné qui, surtout à cette époque, a une originalité bien autre que celle de l'argot de nos sentines parisiennes. Le prétendu lieutenant de Mandrin ne sait pas même comment se nomme son chef, qu'il appelle *Henri* Mandrin, et qu'il fait naître à Saint-Étienne-de-Saint-*Gérost*.

Le père de Mandrin y est, contre toute vérité, travesti en *faiseur de poussière* (faux-monnayeur), et y meurt, les armes à la main, dans un combat contre les *liéges* (gendarmes).

Tout cela est transparent, et il n'y a qu'à retourner les termes de l'assertion de Vidocq; son prétendu Roquairol a puisé *sans façon* dans les histoires légendaires; il s'est seulement donné la peine de les émailler de ces locutions argotiques, dont la saveur chatouillait alors les palais blasés, et qui firent à peu près tout le succès des *Mémoires de Vidocq* et des *Mystères de Paris*.

Il nous reste à faire connaître la curieuse complainte publiée à Lyon, l'année même de l'exécution de Mandrin. La voici :

Or écoutez, jeunes et vieux,
L'histoire d'un homme fameux,
Qui fait tant parler de sa vie,
Et qui par sa grande industrie,
De paysan devint un Monsieur,
C'est ce qui lui porta malheur.

Il naquit donc en Dauphiné,
Mandrin qu'on a déjà roué,
Pays si fertile en grands hommes,
Avouons-le tant que nous sommes,
Que tous les gens qui y sont nés,
Y voient bien plus loin que leur nez.

Qui fut sa mère? On le sçait bien;
Son père en lui fit un vaurien :
Mais enfin quel qu'il dût être,
On lui donna de très-bons maîtres,
Qui le firent en peu de mois
Un vrai madré des plus adroits.

Il n'avoit pas encore huit ans,
Qu'il montroit déjà des talens
Beaucoup au-dessus de son âge;
Tous les enfans de son village
Ils l'appelaient le fin renard.
Mais il courut de grands hazards.

Hélas! nous le sçavons bien tous,
Que le mérite a des jaloux :
A Grenoble ainsi qu'à Valence
Mandrin en fit l'expérience;
Je m'en vais vous dire comment :
Écoutez attentivement.

L'an mil sept cent cinquante-deux,
Antoine, le cadet des deux,
De Louis il était le frère,
Pour certaine fâcheuse affaire,

Fut pendu très-réellement
Par ordre exprès du Parlement.

Le même jour, Louis, hélas!
Fut roué, mais il n'y étoit pas;
Car il le fut en effigie,
Et si, pour conserver sa vie,
Il n'eût pris la fuite bien fort
Il auroit été mis à mort.

Élu chef de contrebandiers,
A tous nos seigneurs les fermiers
Il se mit à faire la guerre
Et sur les eaux et sur la terre.
Dieu préserve ses serviteurs,
De la potence et des voleurs!

On l'a vu dedans Montbrison,
A Bourg, à Cluny près Mâcon,
Qui sont des pays de cocagne,
Et bien meilleurs que l'Allemagne,
Enfiler avec grand fracas
Les commis et les chapons gras.

Il massacroit de tout côté,
De personne il n'avoit pitié,
Et les dames toutes tremblantes
S'enfuyoient avec leurs servantes;
Il ne craignoit Dieu ni le Roi,
Le méchant n'avoit point de foi.

Allant aux bureaux de tabac,
Il en grapilloit plus d'un sac
Qu'il vendoit à cent sols la livre.
Il pilloit or, argent et cuivre,
Aux fermiers donnait ses billets,
Qui les trouvoient assez mauvais!

Tôt ou tard le Dieu souverain,
Punit un homme libertin.
Il permit qu'aux portes de France,
Mandrin dormant sans défiance
Fût pris miraculeusement.
Dieu lui pardonne au jugement!

Par des gardes il fut enlevé,
Qui le tinrent très-resserré;
On le conduisit à Valence,
Lieu remarquable dans la France.
Quand il y fut emprisonné,
Il parut un peu étonné.

La Justice avec grand'raison,
Le fit présenter à question,
Pour lui faire avouer ses crimes,
Au Puy, Beaune, Autun, ses victimes;
Mais l'impoli fit un gros pet
Pour dernier coup de pistolet.

Le juge pardonna le coup,
Pour de sa bouche sçavoir tout.
Mandrin avoua ses offenses.
Mon ami, fais-en pénitence;
Si tu meurs aussi criminel,
Tu feras un péché mortel.

Or donc, monsieur le juge en pleurs
Parloit comme un prédicateur :
Mais Mandrin s'amusoit à boire
Au lieu de changer et de croire
Une troupe de gens pieux
Qui venoient lui parler de Dieu.

Une dame de grand renom,
Qui le visitoit en prison,
L'exhortoit à sauver son âme;
Mais l'impie lui dit : Madame,
Allant d'ici en paradis,
Combien compte-t-on de logis?

Le malheureux ne vouloit point
Se confesser en bon chrétien;
Il blasphémoit comme un corsaire,
Il envoyoit faire lanlaire
Petits collets, grands capuchons,
Sans y mettre trop de façons.

Alors on dit que Monseigneur,
Qui se connoit en directeur,
Lui en choisit un fort habile,
Depuis peu venu à la ville.
Mon père, lui dit-il, je veux,
Que vous meniez Mandrin aux cieux.

Le saint homme obéit d'abord.
Il dit à Mandrin qu'il a tort.
Mon enfant, ta cause est jugée;
Tu vois ta fortune changée;
Tu pourrois bien être roué,
Et même perdre la santé.

Je n'oserai jamais te voir
Dans la peine et le désespoir,
Tu seras en grandes détresses,
Il faut que tu te confesses,
Sinon, je t'assure aussitôt
Que tu mourras en huguenot.

Par la grâce du Saint-Esprit,
Alors Mandrin se convertit,
Il se confessa tout de suite;
Son confesseur plein de mérite,
Sur l'acte de contrition,
Lui donna l'absolution.

Il embrassa de tout son cœur
Le bourreau son exécuteur;
En passant devant une église,
Quoiqu'il n'eût rien que sa chemise
Il fit la génuflection
Tant il avoit de dévotion.

Il fut conduit à l'échafaud
Que l'on avait dressé en haut.
Sur la croix soudain on le couche
Le bourreau n'ouvroit pas la bouche;
Mais le père lui dit: Mon fils,
Tu souperas en Paradis.

Enfin le bourreau lui cassa
Les os des jambes et des bras,
Avec ceux des reins et des cuisses,
Et Mandrin, pendant ses supplices,
Prioit bien fort l'agneau Paschal,
Et disoit qu'on lui faisoit mal.

Quand il eut les membres rompus,
Sur la roue il fut étendu.

À la fin, par miséricorde,
On lia son cou d'une corde,
Par ordre de monsieur Levet,
Pour qu'on lui coupât le sifflet.

Or, prions tous dévotement
Dieu et ses saints semblablement,
Qu'ils nous préservent de mal faire,
Tant que nous serons sur la terre,
De peur de tomber en enfer
Avec Judas et Lucifer.

Peuple chrétien, qui m'écoutez,
De cet exemple profitez:
Ne faites plus la contrebande,
Pleurez vos fautes qui sont grandes,
Et vous pourrez comme Mandrin
Faire une glorieuse fin.

Il est à remarquer que cette complainte, écrite par un contemporain, publiée dans une province limitrophe du Dauphiné, réduit la vie du héros de grands chemins à ses éléments véritables. Sauf l'erreur de prénom, qui transforme en Antoine le frère de Mandrin, Pierre, nous retrouvons là tout le Mandrin authentique.

Qu'est-ce donc, pour finir, que Mandrin? Un mauvais sujet de village, doué d'une intelligence rare pour sa caste, poussé par de mauvais instincts et par une singulière énergie, d'abord à la révolte contre les lois, puis à l'insurrection contre la société même. S'il a personnifié, un moment, la protestation de la misère contre une organisation politique, administrative et financière des plus vicieuses, s'il a tenu en échec les forces d'un grand royaume, c'est moins à sa valeur personnelle qu'à l'impuissance du gouvernement royal qu'il faut attribuer ses succès éphémères. Sans doute, comparé à Cartouche, Mandrin est un brigand de haut vol; mais il faudrait quelque imagination pour voir en lui un héros féodal ou, simplement, un chevalier errant du libre échange. La voix populaire ne s'y est pas trompée: elle a jugé Mandrin sur ses instincts de rapace, sur sa férocité inutile, et, aujourd'hui encore, le peuple donne aux plus vulgaires bandits le nom significatif de *Clique à Mandrin.*

« Une demeure de baron du moyen âge » (PAGE 5).

www.ingramcontent.com/pod-product-compliance
Lightning Source LLC
Chambersburg PA
CBHW061104220326
41599CB00024B/3902